ISBN 978-0-260-67588-0
PIBN 10963677

DOCUMENTS DE LA SESSION

VOLUME 13

CINQUIÈME SESSION DU HUITIÈME PARLEMENT

DE LA

PUISSANCE DU CANADA

SESSION 1900

VOLUME XXXIV

VIXXX

☞Voir aussi la liste numérique, page 5.

INDEX ALPHABÉTIQUE

DES

DOCUMENTS DE LA SESSION

DU

PARLEMENT DU CANADA

CINQUIÈME SESSION, HUITIÈME PARLEMENT, 1900.

A

B

C

Y

☞Voyez aussi l'Index alphabétique, page 1.

LISTE DES DOCUMENTS DE LA SESSION

Arrangés par ordre numérique, avec leur titre au long ; les dates auxquelles ils ont été ordonnés et présentés aux deux Chambres du Parlement ; le nom du député qui a demandé chacun de ces documents, et si l'impression en a été ordonnée ou non.

CONTENU DU VOLUME 1.

(Ce volume est relié en deux parties.)

1. Rapport de l'Auditeur général pour l'exercice terminé le 30 juin 1899. Présenté (en partie) le 6 février 1899, par l'hon. W. S. Fielding. Présenté (en partie) le 27 février 1900. *Imprimé pour la distribution et les documents de la session.*

CONTENU DU VOLUME 2.

2. Comptes Publics du Canada, pour l'exercice terminé le 30 juin 1899. Présentés le 5 février 1900, par l'hon. W. S. Fielding. ....*Imprimés pour la distribution et les documents de la session.*

2a. Estimations des sommes requises pour le service du Canada pour l'année expirant le 30 juin 1901. Présentées le 27 février 1900, par l'hon. W. S. Fielding. *Imprimées pour la distribution et les documents de la session.*

2b. Estimations supplémentaires des sommes requises pour le service du Canada pour l'année expirant le 30 juin 1900. Présentées le 1er mai 1900, par l'hon. W. S. Fielding. *Imprimées pour la distribution et les documents de la session.*

2c. Estimations supplémentaires des sommes requises pour le service du Canada pour l'année expirant le 30 juin 1900. Présentées le 15 mai 1900, par l'hon. W. S. Fielding. *Imprimées pour la distribution et les documents de la session.*

2d. Estimations supplémentaires additionnelles des sommes requises pour le service du Canada pour l'année expirant le 30 juin 1900. Présentées le 22 mai 1899, par l'hon. W. S. Fielding. *Imprimées pour la distribution et les documents de la session.*

2e. Le budget supplémentaire des sommes requises pour le service du Canada pour l'année expirant le 30 juin 1901. Présenté le 26 juin 1900, par l'hon. W. S. Fielding. *Imprimé pour la distribution et les documents de la session.*

2f. Budget supplémentaire additionnel des sommes requises pour le service du Canada pour l'année expirant le 30 juin 1901. Présenté le 10 juillet 1900, par l'hon. W. S. Fielding. *Imprimé pour la distribution et les documents de la session.*

3. Liste des actionnaires des banques chartées du Canada, à la date du 31 décembre 1899. Présentée le 4 mai 1900, par l'hon. W. S. Fielding. *Imprimée pour la distribution et les documents de la session.*

3a. Rapport des dividendes restant impayés, et des montants ou balance non réclamés depuis cinq ans ou plus, avant le 31 décembre 1899, dans les banques chartées du Canada. Présenté le 29 mai 1900, par l'hon. W. S. Fielding.... ..*Imprimé pour la distribution et les documents de la session.*

CONTENU DU VOLUME 3.

4. Rapport du surintendant des assurances, pour l'année terminée le 31 décembre 1899. *Imprimé pour la distribution et les documents de la session.*

4a. Relevés préliminaires des affaires des compagnies d'assurances sur la vie, au Canada, pour l'année 1899. Présentés le 20 avril 1900, par l'hon. W. S. Fielding. *Imprimés pour la distribution et les documents de la session.*

CONTENU DU VOLUME 4.

5. Rapport du département du Commerne pour l'exercice expiré le 30 juin 1899. Présenté le 6 avril 1900, par l'hon. J. Sutherland... . *Imprimé pour la distribution et les documents de la session.*

CONTENU DU VOLUME 5.

6. Tableaux du Commerce et de la Navigation du Canada, pour l'exercice expiré le 30 juin 1899. Présentés le 27 février 1900, par l'hon. W. Paterson.
Imprimés pour la distribution et les documents de la session.

CONTENU DU VOLUME 6.

7. Rapport, relevés et statistiques du Revenu de l'Intérieur du Canada, pour l'exercice expiré le 30 juin 1899. Présentés le 26 février 1900, par sir Henri Joly de Lotbinière.
Imprimés pour la distribution et les documents de la session.

7*a*. Inspection des poids et mesures, gaz et éclairage électrique, pour l'exercice expiré le 30 juin 1899. Présentée le 26 février 1900, par sir Henri Joly de Lotbinière.
Imprimée pour la distribution et les documents de la session.

7*b*. Falsification des substances alimentaires, pour l'année expirée le 30 juin 1899. Présentée le 26 février 1900, par sir Henri Joly de Lotbinière.
Imprimée pour la distribution et les documents de la session.

8. Rapport du Ministre de l'Agriculture de la Puissance du Canada, pour l'année expirée le 31 octobre 1899. Présenté le 15 mai 1900, par l'hon. S. A. Fisher.
Imprimé pour la distribution et les documents de la session.

8*a*. Rapport du directeur et des officiers des fermes expérimentales pour l'année 1898. Présenté le 29 mai 1900, par l'hon. A. S. Fisher...... *Imprimé pour la distribution et les documents de la session.*

CONTENU DU VOLUME 7.

8*b*. Statistique criminelle pour l'année 1899. *Imprimée pour la distribution et les documents de la session.*

8*c*. Rapport sur les archives du Canada 1899. Présenté le 1er juin 1900 par l'hon. S. A. Fisher.
Imprimé pour la distribution et les documents de la session.

CONTENU DU VOLUME 8.

9. Rapport annuel du Ministre des Travaux Publics, pour l'exercice clos le 30 juin 1899. Présenté le 17 mai 1900, par l'hon. W. Mulock.
Imprimé pour la distribution et les documents de la session.

10. Rapport annuel du Ministre des Chemins de fer et Canaux, pour l'exercice terminé le 30 juin 1899. Présenté le 2 mai 1900, par l'hon. A. G. Blair.
Imprimé pour la distribution et les documents de la session.

CONTENU DU VOLUME 9.

11. Rapport annuel du ministère de la Marine et des Pêcheries, pour l'année expirée le 30 juin 1899. —Marine. Présenté le 7 mars 1900, par sir Louis Davies.
Imprimé pour la distribution et les documents de la session.

11*a*. Rapport annuel du ministère de la Marine et des Pêcheries, pour l'exercice expiré le 30 juin 1899. —Pêcheries. Présenté le 12 mars 1900, par sir Louis Davies.
Imprimé pour la distribution et les documents de la session.

11*b*. Rapport des Commissaires du havre, etc., 1899.
Imprimé pour la distribution et les documents de la session.

CONTENU DU VOLUME 10.

12. Rapport du Directeur général des Postes, pour l'année expirée le 30 juin 1899. Présenté le 28 avril 1900, par l'hon. W. Mulock...........*Imprimé pour la distribution et les documents de la session.*

13. Rapport annuel du ministère de l'Intérieur, pour 1899. Présenté le 1er mai 1900, par l'hon. J. Sutherland..........................*Imprimé pour la distribution et les documents de la session.*

CONTENU DU VOLUME 11.

13*a*. Rapport sommaire de la Commission Géologique pour l'année 1899. Présenté le 5 juillet 1900, par l'hon. J. Sutherland ....*Imprimé pour la distribution et les documents de la session.*

14. Rapport annuel du département des Affaires des sauvages, pour l'année expirée le 30 juin 1899. Présenté le 28 mars 1900, par l'hon. J. Sutherland.
Imprimé pour la distribution et les documents de la session.

14*a*. Relevé supplémentaire des récoltes pour l'année terminée le 31 décembre 1899.
Imprimé pour la distribution et les documents de la session.

CONTENU DU VOLUME 12.

15. Rapport du commissaire de la Gendarmerie à cheval du Nord-Ouest, 1898. Présenté le 10 mai 1900, par sir Wilfrid Laurier.. .... *Imprimé pour la distribution et les documents de la session.*

16. Rapport du Secrétaire d'Etat pour 1898. Présenté le 27 mars 1899, par sir Wilfrid Laurier.
Imprimé pour la distribution et les documents de la session.

16*a*. Liste du Service Civil du Canada, 1899. Présentée le 12 avril 1900, par sir Wilfrid Laurier.
Imprimée pour la distribution et les documents de la session.

16*b*. Rapport du Bureau des Examinateurs du service civil, pour l'année 1899. Présenté le 2 mai 1900, par sir Wilfrid Laurier...... .....*Imprimé pour la distribution et les documents de la session.*

16*c*. Rapport annuel du département de l'Imprimerie et de la Papeterie publiques, pour l'exercice clos le 30 juin 1899. Présenté le 5 juin 1900, par l'hon. S. A. Fisher.
Imprimé pour la distribution et les documents de la session.

17. Rapport des bibliothécaires conjoints du Parlement. Présenté le 1er février 1900, par l'hon. Orateur ....*Imprimé pour la distribution et les documents de la session.*

CONTENU DU VOLUME 13.

18. Rapport du Ministre de la Justice sur les Pénitenciers du Canada, pour l'exercice clos le 30 juin 1899. Présenté le 1er mai 1900, par sir Wilfrid Laurier.
Imprimé pour la distribution et les documents de la session.

18*a*. Etat relatif à la position prise par le gouvernement au sujet de la fabrication et de la vente de la ficelle manufacturée par les prisonniers. Présenté le 2 avril 1900, par sir Wilfrid Laurier.
Imprimé pour la distribution et les documents de la session.

18*b*. Rapport du commissaire chargé de faire une enquête sur les affaires du pénitencier de Dorchester. Présenté le 6 juillet 1900, par l'hon. C. Fitzpatrick.
Imprimé pour la distribution et les documents de la session.

19. Rapport du ministère de la Milice et de la Défense du Canada, pour l'année expirée le 31 décembre 1899. Présenté le 1er mai 1900, par l'hon. F W. Borden.

20. Correspondance concernant l'envoi de contingents militaires coloniaux dans le Sud-Africain. Présentée le 5 février 1900, par sir Wilfrid Laurier.
Imprimée pour la distribution et les documents de la session.

20*a*. Réponse supplémentaire au n° 20. Présentée le 5 février 1900, par sir Wilfrid Laurier.
Imprimée pour les documents de la session.

21. Copie d'un arrêté du conseil concernant la délivrance de licences à des navires de pêche des Etats-Unis. Présentée le 5 février 1900, par sir Louis Davies.................... .....*Pas imprimée.*

CONTENU DU VOLUME 13—*Suite.*

22. Etat de toutes les pensions et allocations de retraite accordées à des employés du service civil, donnant le nom et le grade de chaque employé pensionné ou mis à la retraite, son âge, son traitement et ses années de service, son allocation et la cause de sa retraite, et indiquant si la vacance créée a été remplie par promotion ou nouvelle nomination, et le salaire du nouveau titulaire, durant l'année expirée le 31 décembre 1899. Présenté le 5 février 1900, par l'hon. W. S. Fielding..*Imprimé pour les documents de la session.*

23. Relevé conforme à la clause 17 de l'Acte d'assurance du service civil, pour l'année expirée le 30 juin 1899. Présenté le 5 février 1900, par l'hon. W. S. Fielding.
Imprimé pour les documents de la session.

24. Rejets par le conseil du Trésor des décisions de l'Auditeur général entre les sessions de 1899 et 1900. Présenté le 5 février 1900, par l'hon. W. S. Fielding... ....*Pas imprimés.*

25. Relevé des depenses à compte de frais imprévus du 1er juillet 1899 au 1er février 1900. Présenté le 5 février 1900, par l'hon. S. W. Fielding.......................................*Pas imprimé.*

26. Relevé des mandats du Gouverneur général émis depuis la dernière session du parlement à compte de l'exercice 1899-1900. Présenté le 6 février 1900, par l'hon. W. S. Fielding...... *Pas imprimé.*

27. Réponse à une adresse de la Chambre des Communes, en date du 10 juillet 1899,—Copie du Traité de 1825 entre la Grande-Bretagne et la Russie, concernant l'Alaska, et copie des projets, protocoles et correspondance échangés entre le gouvernement impérial et le gouvernement russe au sujet du dit traité et subséquemment à ce traité, et copie de la correspondance échangée entre le gouvernement impérial et l'ambassadeur anglais à Saint-Petersbourg pendant la négociation du dit traité. Présentée le 6 février 1900.—*M. McCarthy.* .*Imprimée pour les documents de la session.*

28. Réponse à un ordre de la Chambre des Communes, en date du 19 avril 1899.—Copie de toutes lettres ou rapports, de nature officielle ou autre, adressés au département de l'Agriculture ou à tout autre département, ou en la possession des dits départements concernant des taux de fret pour transport entre des ports du Canada ou autres ports océaniques sur ce continent et des ports européens. Aussi, copie de toutes lettres ou rapports concernant des taux de fret entre Chicago et autres localités et des ports océaniques, Montréal, New-York ou autre port. Aussi, copie de toutes lettres ou rapports concernant les taux de fret entre Chicago ou autres points et Liverpool. Présentée le 6 février 1900.—*M. Davin*... ....*Pas imprimée.*

29. Etat en détail de toutes les obligations et les garanties enregistrées au département du Secrétariat d'Etat du Canada depuis le dernier état (29 mars 1899) soumis au parlement du Canada en vertu de l'article 23 du chapitre 19 des Statuts revisés du Canada. Présenté le 13 février 1900, par l'hon. C. Fitzpatrick.......................................*Pas imprimé.*

30. Règlements généraux et ordres de la cour de l'échiquier du Canada. Présentés le 13 février 1900, par l'hon. C. Fitzpatrick.......................................*Pas imprimés.*

31. Réponse à une adresse du Sénat, en date du 26 juillet 1899, demandant copie du rapport du délégué envoyé par le gouvernement du Canada au congrès médical sur la tuberculose, tenu à Berlin, Allemagne, pendant le mois de mai dernier. Présentée le 6 février 1900.—*Hon. M. Power.*
Pas imprimée.

32. Copie des règlements en rapport avec l'Acte des travaux publics (hygiène) de 1899. Présentée le 9 février 1900, par sir Wilfrid Laurier.......................................*Pas imprimée.*

33. Réponse à un ordre de la Chambre des Communes, en date du 19 avril 1896,—Copie de toutes commissions, ordres et instructions données par le département de l'Intérieur à l'administrateur ou autres fonctionnaires dans le district du Yukon, avec les dates auxquelles ils ont été expédiés. Présentée le 12 février 1900.—*M. Foster*.......................................*Pas imprimée.*

33a. Réponse supplémentaire à un ordre de la Chambre des Communes, en date du 24 avril 1899,—Copie de tous rapports adressés au ministre de l'Intérieur, ou au département de l'Intérieur ou à aucun officier de ce département par William Ogilvie ou par le conseil du district du Yukon ou par aucun membre de ce conseil au sujet de l'administration du dit district, ou se rapportant à quelque question relative à l'administration du dit district. Présentée le 12 février 1900.—*M. Borden (Halifax)*.......................................*Pas imprimée.*

33b. Réponse à un ordre de la Chambre des Communes, en date du 8 mai 1899,—Copie de tous rapports, lettres et télégrammes adressés par M. Ogilvie, le commissaire pour le Territoire du Yukon, à aucun membre du gouvernement ou à aucun département, et des réponses ou instructions données à ce sujet. Présentée le 12 février 1900.—*Sir Charles Hibbert Tupper* .. .... *Pas imprimée.*

CONTENU DU VOLUME 13—*Suite.*

33c. Réponse à un ordre de la Chambre des Communes, en date du 8 mai 1899,—Copie de tous rapports, lettres et télégrammes adressés par le major Walsh alors qu'il était commissaire pour le Territoire du Yukon, à aucun membre du gouvernement ou à aucun département, et de toutes réponses on instructions qui lui ont été données. Présentée le 14 février 1900.—*Sir Charles Hibbert Tupper*...*Pas imprimée.*

33d. Ordonnances du Territoire du Yukon pour 1898, conformément à l'acte 61 Vic., chap. 6, clause 7. Présentées le 16 février 1900, par sir Wilfrid Laurier..........................*Pas imprimées.*

33e. Réponse à un ordre de la Chambre des Communes, en date du 10 mai 1899,—Copie de toutes demandes, correspondance, octrois et autres détails concernant une section de deux milles et demi du Creek Bunker, division minière du Klondike, district du Yukon, concédés pour y faire des travaux de mines au moyen de la force hydraulique. Présentée le 26 mars 1900.—*Sir Charles Hibbert Tupper*...*Pas imprimée.*

33f. Réponse à une adresse de la Chambre des Communes, en date du 19 mars 1900,—Etat indiquant le nombre des concessions minières dans le Yukon qui ont été données en compensation pour des concessions que l'on prétend avoir été frustrées par suite d'erreurs commises par des fonctionnaires ou autrement, et copie de tous papiers, correspondance, rapports et ordres se rapportant à ce sujet, et de tous règlements ou instructions y relatifs. Présentée le 5 avril 1900.—*M. Foster.* *Pas imprimée.*

33g. Réponse à un ordre de la Chambre des Communes, en date du 7 février 1906.—Etat, sous forme de tableaux, de tous contrats et arrangements pour le service postal entre Victoria et Vancouver, et entre Vancouver et le district du Yukon, pour l'exercice 1898-99, donnant les noms des parties anx contrats, les routes spécifiées, les montants payés ou à payer pour le dit service. Aussi, un état similaire pour l'exercice 1899-1900. Présentée le 17 avril 1900.—*M. Foster*....*Pas imprimée.*

33h. Réponse à une adresse de la Chambre des Communes, en date du 19 mars 1900,—Etat demandant tous les permis pour liqueurs dans le district du Yukon accordés par le gouvernement ou par le commissaire en conseil du conseil du Yukon, depuis juillet 1898, le montant et les noms de ceux à qui ils ont été accordés. Présentée le 24 avril 1900.—*M. Foster*............*Pas imprimée.*

33i. Réponse à un ordre de la Chambre des Communes, en date du 7 février 1900,—Copie des instructions données à M. F. C. Wade, qui n'ont pas encore été soumises à la Chambre, et qui sont mentionnées à la p. 15 du rapport ultérieur de William Ogilvie, écr, déposé sur la table en 1899. Aussi, copie des lettres et papiers sur le même sujet mentionnés à la p. 16 du dit rapport, et qui n'ont pas encore été soumis à la Chambre; et copie de toute note ou mémoire portant l'approbation du département de l'Intérieur à Ottawa, mentionné à la p. 19 du dit rapport. Présentée le 24 avril 1900.—*Sir Charles Hibbert Tupper*.................................*Pas imprimée.*

33j. Réponse supplémentaire au n° 33*e*. Présentée le 23 avril 1900.—*M. Foster*..........*Pas imprimée.*

33k. Réponse à un ordre de la Chambre des Communes, en date du 25 avril 1900,—Copie de toutes pétitions, correspondance, etc., au sujet de la représentation du Territoire du Yukon dans la Chambre des Communes du Canada. Présentée le 25 avril 1900.—*Sir Wilfrid Laurier.* *Pas imprimée.*

33l. Réponse à un ordre de la Chambre des Communes, en date du 10 mai 1899,—Etat indiquant à quelles dates ont été expédiées à Dawson les malles de Vancouver ou Victoria, depuis le 1er juillet 1898 jusqu'à ce jour, et les dates de leur arrivée respectives à Dawson; par quelles routes elles ont été expédiées; à quelles dates les malles ont été expédiées de Dawson depuis le 1er juillet 1898, et quand elles sont arrivées à Vancouver ou à Victoria, et par quelles routes. Présentée le 4 mai 1900.—*M. Foster*.................................*Pas imprimées.*

33m. Ordonnances du Territoire du Yukon pour 1899, conformément à l'acte 61 Vic., chap. 6, clause 7. Présentées le 7 mai 1900, par sir Wilfrid Laurier..........................*Pas imprimées.*

33n. Réponse à un ordre de la Chambre des Communes, en date du 8 mai 1899,—Copie de tous rapports, lettres et télégrammes adressés par aucun membre du conseil pour le Territoire du Yukon à aucun membre du gouvernement ou à aucun département, et de toutes réponses ou instructions données à ce sujet. Présentée le 7 mai 1900.—*Sir Charles Hibbert Tupper*.........*Pas imprimée.*

33o. Réponse supplémentaire à une adresse de la Chambre des Communes, en date du 19 avril 1899,—Copie de toutes communications, ordres et instructions donnés par le département de l'Intérieur à l'administrateur ou autres fonctionnaires dans le district du Yukon, avec les dates auxquelles ils ont été expédiés. Présentée le 15 mai 1900.—*M. Foster*.................*Pas imprimée.*

CONTENU DU VOLUME 13—*Suite.*

33p. Réponse à un ordre de la Chambre des Communes, en date du 22 mai 1900, pour copie de la correspondance avec le département des Douanes au sujet du steamer *Yukon*. Présentée le 22 mai 1900.—*M. Paterson*..*Imprimée pour la distribution.*

33q. Réponse à un ordre de la Chambre des Communes, en date du 30 mai 1900, pour un relevé des droits régaliens payés par Alexander McDonald, du Territoire du Yukon. Présentée le 30 mai 1900.—*M. Sutherland*..*Pas imprimée.*

33r. Réponse à un ordre de la Chambre des Communes, en date du 30 mai 1900, pour copie de la correspondance et des papiers concernant certaines demandes de J. M. Guerin, de Montréal, pour des permis de dragage dans certaines rivières dans le Territoire du Yukon. Présentée le 30 mai 1900.—*M. Sutherland*..*Pas imprimée.*

33s. Réponse à un ordre de la Chambre des Communes, en date du 7 février 1899,—Etat détaillé du nombre de gallons de liqueurs spiritueuses et de liqueurs de malt importées dans le district du Yukon depuis la période couverte par l'état n° 63*g* (1899), donnant le nombre de permis émis à cet effet, les noms et domiciles des personnes ou compagnies qui ont obtenu ces permis, et le montant payé à ce sujet. Aussi, copie de toute correspondance s'y rapportant. Présentée le 5 juin 1900.—*M. Foster*..*Tableaux imprimés.*

33t. Réponse à une adresse de la Chambre des Communes, en date du 19 mars 1900,—Relevé de l'échelle des allocations pour subsistance actuellement en vigueur en ce qui concerne les fonctionnaires du Yukon, et copie de tous ordres en conseil à ce sujet. Présentée le 7 juin 1900. *M. Foster*..*Pas imprimée.*

33u. Réponse à un ordre de la Chambre des Communes, en date du 7 juin 1900, pour copie du rapport de M. William Ogilvie, commissaire du Territoire du Yukon, sur l'administration des affaires dans cette région. Présentée le 7 juin 1900.—*Hon. J. Sutherland.*
Imprimée pour la distribution et les documents de la session.

33v. Copie de certaines résolutions adoptées à une réunion plénière des sujets britanniques du Territoire du Yukon tenue à Dawson le 23 mars 1900, et copie de certaines pétitions du comité des citoyens,—demandant d'être représentés dans le conseil du Territoire du Yukon et aussi dans le parlement fédéral. Présentées le 11 juin 1900, par sir Wilfrid Laurier............*Pas imprimée.*

33w. Réponse à une adresse de la Chambre des Communes, en date du 7 février 1900,—Copie de toutes demandes, dossiers, rapports, lettres et mémoires concernant les lots miniers n°s 18 et 26 et 16*b* mentionnés aux pp. 197 et 204, y compris la lettre de Alexander McDonald au major Walsh, pp. 197 et 198. (Enquête sur le Yukon, 1899). (*a*) Aussi, les dossiers ou papiers, les dates d'échéance des droits régaliens et quand les dits droits ont été perçus dans le district du Yukon en 1897 et 1898, dans le cas des lots et intérêts miniers de Alexander McDonald. (*b*) Lettre de Alexander McDonald en date du 20 juillet, p. 211 de l'enquête du Yukon. (*c*) Etat ou rapport du major Walsh *re* droits régaliens, p. 211 de l'enquête du Yukon. (*d*) Rapports et papiers concernant le cas de Jenkin Llewellyn, pp. 211, 212 et 213 (même enquête). (*e*) Rapports et papiers concernant les cas réglés d'après la décision du juge McGuire, p. 246 (même enquête). (*f*) Rapports et papiers concernant le cas de Phil. Miller, p. 247 (même enquête). (*g*) Rapports et papiers concernant le cas de Murphy, p. 247 (même enquête). Présentée le 13 juin 1900.—*Sir Charles Hibbert Tupper*..*Pas imprimée.*

33x. Réponse supplémentaire au n° 33*f*. Présentée le 30 juin 1900....................*Pas imprimée.*

34. Relevé au sujet des dépenses se rattachant aux primes de pêche pour 1898-99. Présenté le 13 février 1900, par sir Louis Davies..*Pas imprimé.*

35. Réponse à une adresse du Sénat, en date du 9 février 1900,—1. Copie de l'énoncé du cas soumis aux conseils anglais pour obtenir leur opinion au sujet de la compétence du parlement du Canada à changer, par une loi, les divisions électorales du Dominion, excepté au retour des époques décennales du remaniement proportionnel de la représentation, prévu par l'Acte de l'Amérique Britannique du Nord, 1867, après l'exécution de chaque recensement. 2. Copie de l'opinion donnée par ces conseils. 3. Un état des honoraires ou émoluments payés ou accordés à ces conseils pour leur consultation. 4. Copie de la correspondance échangée entre le gouvernement, l'un de ses membres ou toute personne au nom du gouvernement, et les dits conseils ou l'un ou l'autre d'entre eux, au sujet de cet énoncé de cas ou de l'opinion exprimée sur son contenu ; aussi, copie de tous messages, mémoires ou documents relatifs au dit énoncé de cas ou à la dite consultation. 5. Les noms des conseils à qui on s'est adressé pour obtenir cette consultation, la date à laquelle on l'a demandée, et le nom des personnes qui en ont fait la demande. Présentée le 1er mars 1900.—*Hon. sir Mackenzie Bowell*..*Pas imprimée.*

CONTENU DU VOLUME 13—*Suite.*

CONTENU DU VOLUME 13—*Suite.*

46. Réponse à une adresse du Sénat en date du 30 mai 1899, demandant un état indiquant : 1. Les noms et les résidences des parties qui ont produit en cour d'Echiquier des réclamations contre la Couronne, de juillet 1893 à mai 1899. 2. La date de la production de ces réclamations, leur nature et les montants réclamés. 3. La date de l'audition de chaque cause. 4. La date de l'inscription des jugements rendus ; les montants et les frais adjugés. 5. La date à laquelle ont été payés les montants et les frais adjugés. 6. Les appels portés à la cour Suprême ou à d'autres cours contre les décisions rendues par la cour de l'Echiquier. 7. Les noms et les résidences des parties appelantes ; la date de leurs appels avec indication des sommes réclamées par elles en première instance. 8. Le résultat des appels et les montants adjugés dans chaque cas. 9. Le montant des frais accordés en appel. 10. La date à laquelle les montants des jugements en appel ont été payés. Présentée le 1er mars 1900. *Hon. M. Clemow*.... .. .. *Pas imprimée.*

47. Réponse à un ordre la Chambre des Communes, en date du 7 février 1900,—Copie de toute correspondance en la possession du gouvernement concernant les offres faites par le major général Hutton pour servir dans la guerre Sud-africaine ; aussi, copie de toute correspondance entre le département de la Milice et de la Défense et le major général Hutton concernant l'organisation des contingents canadiens expédiés en Afrique. Présentée le 2 mars 1900.—*M. Bourassa.*
Imprimée pour les documents de la session.

48. Réponse à un ordre de la Chambre des Communes, en date du 19 février 1900,—Copie de tous télégrammes, lettres, rapports et documents quelconques échangés entre le département de la Milice et de la Défense, ou aucun membre du gouvernement, et J. H. Wilson, M.D. et ex-M.P., ou toute autre personne ou personnes en son nom, concernant le terrain d'exercices militaires à Saint-Thomas, Ontario, pour lequel un fort montant a été inséré dans le budget de l'an dernier. Présentée le 2 mars 1900. *M. Ingram*........................ .... *Pas imprimée.*

48a. Réponse supplémentaire au n° 48. Présentée le 20 juillet 1900..... ....*Pas imprimée.*

49. Copie d'ordres en conseil, ordres généraux, nominations, et ordres de la milice relatifs aux contingents et se rapportant à l'envoi de la force militaire coloniale dans le Sud-africain. Présentée le 5 mars 1900, par l'hon. F. W. Borden............. *Imprimée pour les documents de la session.*

50. Réponse à un ordre de la Chambre des Communes, en date du 26 février 1900,—Copie des règlements en vertu desquels des primes sont payées pour l'exploitation du plomb argentifère (58-59 Vic., chap. 7.) Présentée le 6 mars 1900.—*M. Foster* .... *Pas imprimée.*

51. Réponse à un ordre de la Chambre des Communes, en date du 19 février 1900,—Copie du rapport de M. Coste, ci-devant ingénieur du département des Travaux publics, au sujet de la route du chemin de fer du lac Teslin. Présentée le 6 mars 1900.—*M. Davin* .... *Pas imprimée.*

52. Relevé de toutes les terres vendues par la Compagnie du chemin de fer du Pacifique Canadien depuis le 1er octobre 1898 jusqu'au 1er octobre 1899. Présenté le 6 mars 1900, par l'hon. J. Sutherland............... ....*Pas imprimé.*

53. Réponse à un ordre de la Chambre des Communes, en date du 7 février 1900,—Copie de (1) toute correspondance entre M. James Ross, M.A.L., ministre des Travaux publics dans le gouvernement des Territoires du Nord-Ouest et le département de l'Agriculture du Canada, exposant qu'il serait à désirer que ce dernier fît transporter les céréales dans les mêmes conditions que les produits de laiterie afin de faire parvenir sur les marchés anglais la meilleure qualité de blé du Nord-Ouest ; et copie (2) des lettres comprises dans la dite correspondance qui ont été échangées entre M. A. J. Hunter, fermier de l'Assiniboïa, T.-N.-O., et un meunier de Plymouth au sujet d'un échantillon de blé. Présentée le 7 mars 1900.—*M. Davin*......... ....*Pas imprimée.*

54. Réponse à un ordre de la Chambre des Communes, en date du 26 février 1900,—Copie des formules employées pour le recensement dans les années 1871, 1881 et 1891 respectivement, en ce qui concerne le lieu de naissance, l'origine et la nationalité. Présentée le 7 mars 1900.—*M. LaRivière.*
Pas imprimée.

55. Réponse à un ordre de la Chambre des Communes, en date du 8 mars 1900,—Copie de certaines lettres et câblegrammes concernant le projet de câble du Pacifique. Présentée le 8 mars 1900.—*Hon. W. Mulock*................... *Imprimée pour la distribution et les documents de la session.*

55a. Réponse à une adresse de la Chambre des Communes, en date du 26 février 1900,—Copie de toute correspondance non encore soumise à la Chambre, avec le gouvernement impérial, aucune des colonies ou tous particuliers au sujet du câble du Pacifique, et de tous papiers, lettres, télégrammes et rapports concernant les délais apportés à l'exécution de ce projet. Présentée le 14 mars 1900.—*Sir Charles Tupper*... . ...*Imprimée pour la distribution et les documents de la session.*

CONTENU DU VOLUME 13—*Suite.*

55*b*. Réponse au Sénat : copie de certains documents relatifs à la question du câble du Pacifique. Présentée le 25 juin 1900, par l'hon. R. W. Scott.
Imprimée pour la distribution et les documents de la session.

56. Réponse à un ordre de la Chambre des Communes, en date du 24 avril 1899,—Etat indiquant : 1. Le nombre de (*a*) wagons à voyageurs, (*b*) wagons-salons, (*c*) wagons à marchandises, et (*d*) autres wagons achetés par le gouvernement pour l'Intercolonial ou autres chemins de fer de l'Etat depuis le 1er janvier 1898. 2. Le nombre de locomotives achetées par le gouvernement pour les susdits chemins de fer pendant la même période. 3. Les noms, domicile et siège d'affaires de la compagnie, maison ou personne de qui chacun de ces wagons ou locomotives a été acheté. 4. Le prix payé pour chacun des dits wagons et locomotives. Présentée le 12 mars 1900.—*M. Pope.*
Pas imprimée.

56*a*. Réponse à un ordre de la Chambre des Communes, en date du 12 février 1900,—Etat indiquant : (*a*) Combien de billets de passage de 1re classe ont été émis aux stations respectives de Sydney et Sydney-Nord, sur la ligne de l'Intercolonial, du 1er septembre 1899 au 25 janvier 1900 ; (*b*) Combien de billets de 1re classe ont été émis pour chacune des susdites stations pendant la même période ; (*c*) Combien de billets de char-palais ont été émis à et pour chacune des susdites stations pendant la même période ; (*d*) Combien de wagons à marchandises, et quel nombre total de tonnes de marchandises ont été expédiés et reçus à et de chacune des susdites stations pendant la même période ; (*e*) Le montant total des recettes perçues à chacune des susdites stations ou reçues d'icelles, pour voyageurs et fret, pendant la même période. Présentée le 12 mars 1900. *M. Gillies*.. *Imprimée pour les documents de la session.*

56*b*. Réponse à un ordre de la Chambre des Communes, en date du 10 mai 1899,—1. Copie de tous tarifs locaux et autres et de tous tarifs supplémentaires en vigueur le 1er juillet 1898 sur l'Intercolonial et sur toutes les lignes affermées ou exploitées par le gouvernement en rapport avec l'Intercolonial. 2. Copie de tous les dits tarifs locaux et autres et de tous tarifs supplémentaires en vigueur sur l'Intercolonial et les dites autres lignes le 1er avril 1899. 3. Un état ou liste donnant le détail complet de tous les taux spéciaux ou autres concessions accordés à tous marchands, commerçants, manufacturiers ou autres personnes en ce qui concerne le transport du fret sur l'Intercolonial et les susdites autres lignes et qui étaient en vigueur aux dates respectives qui suivent : (*a*) Au 1er juillet 1898. (*b*) Au 1er avril 1899. 4. Copie de toutes lettres, rapports, télégrammes et communications écrites adressés en 1898 par M. A. H. Harris à titre de gérant général du trafic sur l'Intercolonial ou gérant du dit chemin de fer au sujet du remaniement ou de la revision des tarifs sur l'Intercolonial ou des règles et règlements relatifs au transport des voyageurs et du fret sur le dit chemin de fer. Présentée le 2 avril 1900.—*M. Pope*......................... *Pas imprimée.*

56*c*. Réponse partielle à un ordre de la Chambre des Communes, en date du 29 mai 1899,—Copie de toutes réclamations présentées au gouvernement pour des terrains achetés ou expropriés pour la construction ou en rapport avec l'exploitation de l'embranchement Saint-Charles de l'Intercolonial. Aussi, état indiquant les montants de chaque réclamation, les noms des personnes dont les réclamations ont été réglees, (1) pour des terrains achetés ou expropriés ; et (2) pour des terrains endommagés ou autres dommages ; les noms des postulants et les montants demandés par eux pour les réclamations non réglées ; les comptes présentés pour dépenses légales ou autres et le montant payé à chaque personne ou société. Présentée le 2 mai 1900.—*M. McMullen.*
Pas imprimée.

56*d*. Réponse à une adresse du Sénat en date du 3 avril 1900, demandant : 1. Copie de tous avis donnés par le chemin de fer Intercolonial, depuis mai 1896, demandant des soumissions pour la fourniture d'huile pour le dit chemin de fer ; aussi, copie de toutes les soumissions reçues en réponse aux dits avis, et des contrats faits à la suite des dits appels de soumissions. 2. Un état indiquant le parcours en milles des locomotives, des wagons à voyageurs et à marchandises sur le chemin de fer Intercolonial, pour l'année terminée le 31 octobre 1899. 3. Aussi, un état indiquant le montant total net payé pour l'huile fournie au chemin de fer Intercolonial pour l'année terminée le 31 octobre 1899, et les noms des personnes à qui ces paiements ont été faits. Présentée le 10 mai 1900.—*Hon. M. Ferguson*.. *Pas imprimée.*

56*e*. Réponse à un ordre de la Chambre des Communes, en date du 7 mai 1900,—Etat indiquant : 1. Quel est le chiffre total des comptes entre l'Intercolonial et le Pacifique Canadien pour le fret échangé mutuellement par ces deux compagnies pendant l'année expirée le 30 juin 1897, (1) à

CONTENU DU VOLUME 13—*Suite.*

Saint-Jean, N.-B.; (2) à Montréal, et pour le fret d'entier parcours livré (1) à Saint-Jean, N.-B.; (2) à Montréal, et le chiffre total de ces mêmes comptes pour l'année expirée le 30 juin 1899; 2. Quel est le montant total alloué à l'Intercolonial et au Pacifique Canadien comme leur part respective dans la répartition des recettes provenant des voyageurs d'entier parcours (*a*) *via* Montréal; (*b*) *via* Saint-Jean, N.-B., pendant l'année expirée le 30 juin 1897, et le montant similaire pour l'année expirée le 30 juin 1899. Présentée le 16 mai 1900.—*M. Foster* ..... *Pas imprimée.*

56*f*. Réponse à un ordre de la Chambre des Communes, en date du 7 mai 1900,—Etat indiquant,—Quel est le montant total des recettes pour fret et voyageurs perçus par le Pacifique Canadien et portées par lui au crédit de l'Intercolonial pour les années expirées respectivement le 30 juin 1897 et 1899. Présentée le 16 mai 1900.—*M. Powell*.......... *Pas imprimée.*

56*g*. Réponse à un ordre de la Chambre des Communes, en date du 7 février 1900,—Copie de toute correspondance entre le ministre des Chemins de fer ou aucun des officiers du département et la Compagnie du Pacifique Canadien au sujet d'arrangements de trafic sur l'Intercolonial, et de tous rapports, conventions et instructions à ce sujet. Présentée le 7 juin 1900.—*M. Foster.* *Pas imprimée.*

56*h*. Réponse à un ordre de la Chambre des Communes, en date du 8 avril 1900, pour un état indiquant quels rails et matériel roulant ou autre, (s'il en est) ont été vendus ou autrement cédés par le chemin de fer Intercolonial, chaque année depuis le 1er juillet 1896, à qui ils ont été vendus ou cédés, et si les ventes ont été faites par voie de soumission ou de contrat public. Présentée le 8 juin 1900.—*M. Blair*.......... *Pas imprimée.*

57. Réponse à un ordre de la Chambre des Communes, en date du 7 février 1900,—Copie de tous papiers, correspondance, télégrammes, mémoires et convention intervenue entre ou au nom des gouvernements du Canada et de l'Ile du Prince-Edouard au sujet de la construction d'un pont de chemin de fer et de trafic sur la rivière Hillsborough, I.P.-E. Présentée le 12 mars 1900.—*M. Martin.* *Imprimée pour les documents de la session.*

58. Réponse à une adresse de la Chambre des Communes, en date du 26 février 1900,—Copie de l'ordre en conseil en date du 3 août 1898, nommant Joseph Eno Girouard à la charge de régistrateur du Territoire du Yukon. Présentée le 12 mars 1900.—*M. Bergeron*.......... *Pas imprimée.*

59. Réponse à une adresse de la Chambre des Communes, en date du 12 février 1900,—Copie de toutes dépêches, ordres en conseil, papiers et correspondance non encore soumis à la Chambre, concernant les traitements des juges de cours de comtés dans la province de la Colombie Anglaise. Présentée le 13 mars 1900.—*Sir Charles Hibbert Tupper* .... *Pas imprimée.*

60. Réponse à un ordre de la Chambre des Communes, en date du 26 février 1900,—Copie de toute correspondance, pétitions et autres documents concernant la demande d'une subvention pour aider à la reconstruction de cette partie du chemin de fer de Montréal, Portland et Boston actuellement appelé chemin de fer de Montréal à la ligne provinciale, qui s'étend depuis Farnham *via* Stanbridge-Est et Frelighsburg jusqu'à la ligne provinciale, dans le comté de Missisquoi. Présentée le 13 mars 1900.—*M. Moore*.......... *Pas imprimée.*

61. Réponse à un ordre de la Chambre des Communes, en date du 12 février 1900,—Etat donnant le nombre de permis pour la coupe de bois de construction, de chauffage, ou des deux, émis en 1899 par Martin Jérôme ou sur sa recommandation par l'inspecteur des bois de la Couronne, ou par tout autre officier du bureau des bois de la Couronne, à Winnipeg, les dates de ces permis, le montant des honoraires perçus ou dus et la date des paiements à faire en tout ou en partie; aussi, les noms des personnes auxquelles ces permis ont été donnés. Présentée le 13 mars 1900.—*M. LaRivière*.......... *Pas imprimée.*

62. Réponse à un ordre de la Chambre des Communes, en date du 19 février 1900,—Copie de toute correspondance, rapports, télégrammes ou papiers échangés entre le gouvernement ou aucun de ses membres et le président de la conférence de Montréal de l'Eglise méthodiste en Canada ou aucun des membres du comité des missions de cette Eglise chargée de faire une enquête sur les griefs des colons méthodistes de la Baie du Renard, sur l'Ile d'Anticosti. Présentée le 13 mars 1900.—*M. Taylor*.......... *Pas imprimée.*

63. Réponse à un ordre de la Chambre des Communes, en date du 12 février 1900,—Copie de tous rapports, correspondance et papiers concernant le steamer *John C. Barr*, enregistré en Canada, à Dawson. Présentée le 13 mars 1900.—*Sir Charles Hibbert Tupper*... *Imprimée pour la distribution.*

CONTENU DU VOLUME 13—*Suite.*

63*a*. Réponse supplémentaire au n° 63. Presentée le 19 avril 1900........*Imprimée pour la distribution.*

63*b*. Autre réponse supplémentaire au n° 63. Présentée le 10 mai 1900...*Imprimée pour la distribution.*

64. Réponse à un ordre de la Chambre des Communes, en date du 26 février 1900,—Copie de toutes lettres, télégrammes, preuve, rapports, documents et papiers concernant la destitution de Isaac Dick et Bartholomew Brown, gardes-pêche spéciaux dans le comté de Charlotte, N.-B. Présentée le 13 mars 1900.—*M. Ganong*.... ....*Pas imprimée.*

64*a*. Réponse supplémentaire à une adresse de la Chambre des Communes, en date du 14 mars 1900,—Copie de tous ordres en conseil, papiers, dépositions, rapports, preuve, correspondance et documents concernant toutes accusations portées contre Peter S. Archibald, ci-devant ingénieur en chef de l'Intercolonial, ou concernant toute demande faite par le dit Peter S. Archibald pour une allocation de retraite ou autrement, ou concernant la retraite ou la destitution du dit M. Archibald de sa charge sur l'Intercolonial. Présentée le 14 mars 1900.—*M. Borden (Halifax).* *Pas imprimée.*

64*b*. Réponse à une adresse du Sénat, en date du 28 avril 1899, demandant les noms de tous les commissaires nommés, par arrêté du conseil ou autrement, depuis le 9 avril 1897, pour faire une enquête et un rapport sur les accusations d'ingérence abusive dans la politique ou de mauvaise conduite portées contre tout employé du gouvernement, permanent ou temporaire. 2 Les rapports des dits commissaires ou de commissaires nommés auparavant, qui n'ont pas encore été présentés, avec indication de la détermination prise par le gouvernement à la suite de ces rapports. 3. Les sommes payées à chaque commissaire, depuis le 9 avril 1897, pour honoraires, allocations quotidiennes, frais de voyages et autres dépenses incidentes. 4. Les noms, l'âge, l'emploi et le salaire de tous les employés, temporaires ou permanents, du service intérieur ou extérieur du gouvernement qui, depuis le 9 avril 1897, ont été renvoyés du service par destitution, mise à la retraite ou autrement, sur le rapport d'un commissaire ou autrement; spécifiant dans chaque cas la raison du renvoi et le montant de la pension ou de la gratification accordée ; aussi, l'âge, l'emploi, le salaire ou rémunération de toute et chaque personne nommée à la place de l'employé destitué, ou en conséquence de cette destitution. Présentée le 20 mars 1900.—*Hon. sir Mackenzie Bowell.* *Imprimée en forme de résumé.*

64*c*. Réponse supplémentaire au n° 64*b* (département de la Marine et des Pêcheries). Présentée le 29 mars 1900...*Voir* 64*b*.

64*d*. Réponse à un ordre de la Chambre des Communes, en date du 2 avril 1900,—Copie de toute correspondance, télégrammes et rapports concernant la destitution de M. E. H. Jones, ci-devant maître de poste à Kamloops, C. A. Présentée le 25 avril 1900.—*M Prior*........ *Pas imprimée.*

64*e*. Réponse à un ordre de la Chambre des Communes, en date du 19 mars 1900,—Copie de tous papiers, pétitions, affidavits, rapports, accusations et correspondance entre le gouvernement et toutes personne ou personnes, en rapport avec la destitution de R. W. Miller, maître de poste d'Actinolite, comté de Hastings. Présentée le 25 avril 1900.—*M. Carscallen*...................*Pas imprimée.*

64*f*. Réponse à un ordre de la Chambre des Communes, en date du 28 mars 1900,—Copie de toute correspondance, télégrammes, mémoires ou pétitions, avec signatures y apposées, en la possession du gouvernement ou d'aucun de ses membres ou fonctionnaires, concernant la destitution de M. R. K. Brace, inspecteur de gazomètres dans la province de l'Ile du Prince-Edouard. Présentée le 2 mai 1900.—*M. Martin*........................ ....*Pas imprimée.*

64*g*. Réponse supplémentaire à 64*b*. Présentée (au Sénat) le 11 mai 1900................... *Voir* 64*b*.

64*h*. Réponse à un ordre de la Chambre des Communes, en date du 18 mai 1900,—Copie du rapport de l'inspecteur des postes, W. W. McLeod, sur certaines accusations de partisannerie politique portées contre M. C. A. Gass, maître de poste de Moosejaw, Assiniboïa-Ouest. Présentée le 16 mai 1900.—*M. Mulock*..*Pas imprimée.*

64*i*. Réponse à un ordre de la Chambre des Communes, en date du 23 avril 1900,—Copie de tous papiers, lettres, télégrammes, etc., entre le département des Postes ou aucun des membres du gouvernement et toutes personnes quelconques au sujet de la destitution de D. McLeod Vince, comme maître de poste de Woodstock, N.-B. ; aussi, copie du rapport de la commission qui a fait une enquête sur cette affaire, et de la preuve faite devant elle. Présentée le 4 juin 1900.—*M. Hale.* *Pas imprimée.*

CONTENU DU VOLUME 13—*Suite.*

64*j*. Réponse à une adresse de la Chambre des Communes, en date du 28 mars 1900,—Etat indiquant quel montant total a été payé depuis le 1er juillet 1896 pour toutes les commissions et enquêtes autorisées par le gouvernement, faisant la distinction entre les paiements pour services et les paiements pour dépenses, et donnant les détails nécessaires pour indiquer les sommes payées pour chaque commission ou enquête. Présentée le 11 juin 1900.—*M. Foster*... ....*Voir* 64*b*.

64*k*. Réponse à une adresse de la Chambre des Communes, en date du 28 mars 1900,—Etat indiquant,—Quels sont les montants payés depuis le 1er juillet 1896 jusqu'à date pour les enquêtes faites sur les cas de prétendue partisannerie politique contre les employés du gouvernement, à qui ces montants ont-ils été payés, et quel montant a été donné à chaque commissaire pour ses services et ses dépenses, respectivement; quel montant a été payé depuis le 1er juillet 1896 jusqu'à date pour les enquêtes sur les affaires des pénitenciers, à qui les paiements ont été faits, et quel montant a été payé à chacun pour ses services et ses dépenses, respectivement; quel montant a été payé jusqu'à date depuis le 1er juillet 1896 pour services et dépenses, respectivement, et à qui, en ce qui concerne la commission chargée de l'enquête sur le tarif, quelles sont les dépenses analogues pour des fins semblables, qui ont été payées depuis le 1er juillet 1890 jusqu'au 1er juillet 1896. Présentée le 11 juin 1900.—*M. Foster*..... .. ..*Voir 64b*.

64*l*. Réponse à un ordre de la Chambre des Communes, en date du 9 avril 1900,—Copie de toute correspondance, accusations, enquêtes, rapports et autres papiers concernant la destitution de J. P. Alexander comme sous-percepteur des douanes à Deloraine. Présentée le 12 juin 1900.—*M. Rutherford*...*Pas imprimée.*

64*m*. Réponse à une adresse de la Chambre des Communes, en date du 14 février 1900,—Copie de toutes lettres, télégrammes, preuves, rapports, papiers et autres documents concernant l'enquête faite au sujet de Henry Hall, du département des Douanes, et sa destitution. Présentée le 13 juin 1900.—*M. Tisdale*.. ... .*Pas imprimée.*

64*n*. Réponse supplémentaire à une adresse de la Chambre des Communes, en date du 28 mars 1900,—Etat indiquant combien d'employés du gouvernement ont été destitués ou mis à la retraite pour cause de prétendue partisannerie politique depuis le 1er juillet 1896, et quel en est le nombre dans chaque département, et dans combien de cas la destitution ou la mise à la retraite a été précédée d'une enquête officielle. Présentée le 9 juillet 1900.—*M. Foster*.......................*Voir 64b*.

65. Réponse à une adresse de la Chambre des Communes, en date du 26 juin 1899,—Copie de la preuve faite par Collingwood Schreiber, E. H. Parent, G. F Desbarats et L. G. Papineau devant la Commission Royale chargée de faire une enquête sur la construction des ponts de la rue Wellington et du Grand-Tronc sur le canal de Lachine à Montréal. Présentée le 14 mars 1900.—*M. McInerney*..*Pas imprimée.*

66. Réponse à une adresse de la Chambre des Communes, en date du 26 février 1900,—Etat faisant connaître les commissions d'enquête qui ont été nommées ou qui sont en exercice depuis le 1er juillet 1899, avec les indications suivantes: (1.) Noms des commissaires. (2.) Salaires et dépenses des commissaires. (3.) Autres dépenses des commissions. Présentée le 15 mars 1900.—*M. Foster*...*Voir 64b*.

67. Réponse à un ordre de la Chambre des Communes, en date du 14 février 1900,—Etat donnant toute la correspondance, enquête, rapports et mesures administratives en rapport avec le cas de H. A. Lemieux, sous-inspecteur des douanes, à Montréal, que l'on prétend avoir pris part à l'élection de 1896 dans les Iles de la Madeleine sous le faux nom de H. A. Lamirande. Présentée le 15 mars 1900.—*M. Foster*..*Pas imprimée.*

67*a*. Réponse supplémentaire au n° 67. Présentée le 11 avril 1900.......................*Pas imprimée.*

68. Réponse à un ordre de la Chambre des Communes, en date du 26 février 1900,—Etat indiquant les relevés mensuels du capital payé, circulation et dépôts de la banque Ville-Marie, depuis le 1er juillet 1892. Présentée le 15 mars 1900.—*M. Foster*... ....*Pas imprimée.*

68*a*. Réponse à un ordre de la Chambre des Communes, en date du 7 février 1900,—Copie de toute correspondance entre le département des Finances et les directeurs et les officiers de la banque Ville-Marie depuis le 1er janvier 1890, et de tous rapports sur l'état de la dite banque par les officiers du département des Finances. Aussi, relevé de toutes sommes payées par le gouvernement et de toutes réclamations adressées au gouvernement en rapport avec les poursuites intentées contre les directeurs et les officiers de la dite banque depuis sa suspension. Présentée le 15 mars 1900.—*M. Monk*....... .. ..*Pas imprimée.*

CONTENU DU VOLUME 18—*Suite.*

69. Réponse à une adresse de la Chambre des Communes, en date du 7 février 1900,—Copie de toute correspondance par lettre ou télégraphe, et de tous rapports concernant l'enquête faite en vertu d'une Commission Royale en date du 7 octobre 1898, y compris les questions se rattachant aux sujets qui suivent : (*a*) Les limites assignées à l'enquête, mentionnées dans le livre bleu de la preuve, 1899, *re* Affaires du Yukon, pp. 12, 13, 34, 35, 72, 73, 74, 75, 76, 85, 131, 132, 133, 134, 135, 196, etc. (*b*) Demande par M. Oliver pour une autre commission ou pour une prolongation de la dite commission, pp. 72, 74, 75, 76 du livre bleu ci-dessus. Présentée le 15 mars 1900.—*Sir Charles Hibbert Tupper*.................. *Pas imprimée.*

70. Réponse à un ordre de la Chambre des Communes, en date du 14 février 1900,—Copie de toute correspondance, télégrammes, rapports ou papiers échangés entre le gouvernement ou aucun de ses membres et toutes personne ou personnes ou corporation au sujet d'un ou plusieurs octrois de terres ou de lots miniers, ou les deux, dans le voisinage immédiat des Rapides du Cheval-Blanc, dans le Territoire du Yukon, pendant les derniers six mois. Présentee le 15 mars 1900.—*M. Prior.* *Pas imprimée.*

71. Réponse à un ordre de la Chambre des Communes, en date du 26 février 1900,—Copie du rapport de l'agent du département de la Marine et des Pêcheries à Saint-Jean, N.-B., concernant la nécessité d'ériger un phare aux Narrows, près de Seal-Cove, Grand-Manan, N.-B. Présentée le 15 mars 1900.—*M. Ganong*.................. *Pas imprimée.*

72. Réponse à un ordre de la Chambre des Communes, en date du 26 février 1900,—Copie de toutes lettres, télégrammes, rapports et autres papiers concernant la demande formulée au commencement de 1898 par Goff et Batson pour obtenir le privilège de placer des nasses sur le côté est de Frye's-Head, Campo-Bello. Présentée le 16 mars 1900.—*M. Ganong*.......... *Pas imprimée.*

72*a*. Réponse à un ordre de la Chambre des Communes, en date du 19 mars 1900,—Copie de tous papiers, lettres ou autres communications entre le département de la Marine et des Pêcheries ou aucun autre département public et toutes personne ou personnes au sujet de la demande de Goff et Batson pour placer des nasses sur le côté est de Frye's-Head, Campó-Bello, N.-B., ou au sujet du refus d'accorder cette demande en 1897 et 1898. Présentée le 4 avril 1900.—*M. Ganong.* *Pas imprimée.*

73. Réponse à une adresse de la Chambre des Communes, en date du 12 février 1900,—Copie de tous ordres en conseil, rapports et correspondance non encore soumis à la Chambre, concernant les lois de cabotage sur les côtes du Pacifique en Canada et aux Etats-Unis. Présentée le 19 mars 1900.—*Sir Charles Hibbert Tupper*.................. *Imprimée pour les documents de la session.*

74. Réponse à un ordre de la Chambre des Communes, en date du 7 février 1900,—Etat, sous forme de tableaux, de toutes soumissions, soumissions acceptées et conventions administratives pour la fourniture de rails d'acier pour les chemins de l'Etat, donnant en détail les quantités et les prix, les dates, les lieux de livraison et les quantités livrées, depuis le 1er juillet 1896 jusqu'à date. Présentée le 20 mars 1900.—*M. Foster*.................. *Pas imprimée.*

75. Réponse à un ordre de la Chambre des Communes, en date du 26 février 1900,—Copie de toutes pétitions et autres papiers en la possession du gouvernement, demandant au nom des sauvages de Caughnawaga le retour à l'ancienne forme de gouvernement des tribus. Présentée le 20 mars 1900.—*M. Quinn*.................. *Pas imprimée.*

76. Réponse à une adresse de la Chambre des Communes, en date du 7 février 1900,—Copie de tous rapports, ordres en conseil, papiers et correspondance concernant la concession aux navires des Etats-Unis des privilèges de cabotage sur les lacs de la Puissance en 1899. Présentée le 20 mars 1900.—*M. Foster*.................. *Imprimée pour la distribution et les documents de la session.*

76*a*. Copie d'un ordre en conseil du 16 octobre 1899 et d'autres papiers concernant la suspension des lois de cabotage, et permettant aux navires des Etats-Unis de transporter des chargements entre Fort-William ou Port-Arthur, Ontario, et tout autre port en Canada, pendant le reste de l'année 1899. Présentée le 14 mai 1900, par sir Wilfrid Laurier. *Imprimée pour la distribution et les documents de la session.*

77. Réponse à un ordre de la Chambre des Communes, en date du 19 février 1900,—Copie de toute correspondance, télégrammes et câblegrammes qui ont pu être échangés entre le major général Hutton et le lieutenant-colonel Samuel Hughes, M.P., ou entre ces officiers et aucun membre du

CONTENU DU VOLUME 13—*Suite.*

gouvernement ou autres personnes, touchant la conduite du lieutenant-colonel Hughes, M.P., en rapport avec les offres qu'il a faites pour prendre du service actif dans l'Afrique-Sud, y compris toutes lettres, câblegrammes et télégrammes expédiés dans le Sud-Africain, en Angleterre ou ailleurs, et les réponses reçues ; aussi, copie de tout rapport ou rapports faits par le major général Hutton sur la conduite du lieutenant-colonel Samuel Hughes, M.P., au sujet de la dite offre ou des dites offres pour service actif. Présentée le 22 mars 1900.—*M. Domville.*
Imprimée pour la distribution.

77a. Réponse à un ordre de la Chambre des Communes, en date du 7 février 1900,—Copie de toute correspondance entre aucuns membres du gouvernement, le département de la Milice, le général Hutton ou tout autre officier du département, et le colonel Hughes au sujet du contingent expédié dans l'Afrique-Sud. Aussi, copie de toute correspondance, s'il en est, entre le gouvernement du Canada et les autorités impériales à ce sujet. Présentée le 22 mars 1900.—*M. Corby.*
Imprimée pour la distribution.

77b. Réponse à une adresse de la Chambre des Communes, en date du 28 mars 1900,—Copie de tous papiers, correspondance, télégrammes et câblegrammes concernant la démission du major général Hutton du commandement de la milice canadienne, y compris tous ordres en conseil, minutes du conseil et communications avec le gouvernement impérial à ce sujet. Aussi, copie de sa démission avec la date de sa réception par le gouvernement et la date à laquelle elle a été acceptée. Présentée le 9 avril 1900.—*M. Prior*.... *Pas imprimée.*

78. Réponse à un ordre de la Chambre des Communes, en date du 19 février 1900,—Copie de toute correspondance, télégrammes et papiers se rapportant en quelque manière à la réclamation de Henry Halcro, de Prince-Albert, T.N.-O., pour une indemnité à raison de pertes subies par lui pendant le soulèvement du Nord-Ouest en 1885. Présentée le 22 mars 1900.—*M. Davis.*
Pas imprimée.

79. Réponse à un ordre de la Chambre des Communes, en date du 26 février 1900,—Copie de toutes lettres, pétitions, rapports et autres documents concernant l'ouverture au public, pour inscriptions de homesteads, des sections impaires dans les townships 7, 8 et 9, rangs 7, 8 et 9, à l'est du premier méridien principal, dans la province du Manitoba. Présentée le 22 mars 1900.—*M. LaRivière*.... *Pas imprimée.*

80. Réponse à un ordre de la Chambre des Communes, en date du 29 mai 1899,—Copie du rapport de W. H. Lynch mentionné par le ministre de l'Intérieur le 19 avril dernier, *Débats,* p. 1896. Présentée le 26 mars 1900.—*Sir Charles Hibbert Tupper*.... *Pas imprimée.*

80a. Réponse supplémentaire au n° 80. Présentée le 13 juin 1900.... *Pas imprimée.*

81. Réponse à une adresse de la Chambre des Communes, en date du 19 mars 1900,—Copie de l'ordre en conseil en vertu duquel a été émise la Commission royale au sujet de l'expédition et du transport des céréales, copie de la commission, et aussi de la lettre du ministre de l'Intérieur annonçant la nomination de la commission à feu le juge Senkler, président de la dite commission. Présentée le 26 mars 1900.—*M. Davin*..*Imprimée pour la distribution et les documents de la session.*

81a. Réponse partielle à un ordre de la Chambre des Communes, en date du 19 mars 1900,—Copie du rapport de la Commission royale sur l'expédition et le transport du grain, et de la preuve faite devant elle. Présentée le 4 avril 1900.—*M. LaRivière.*
Imprimée pour la distribution et les documents de la session.

81b. Réponse supplémentaire au n° 81*a*. Présentée le 25 avril 1900 .... *Pas imprimée.*

82. Réponse à un ordre de la Chambre des Communes, en date du 19 mars 1900,—Etat indiquant combien d'enveloppes, et de quelle espèce, ont été fournies au département du Commerce ou à aucun de ses officiers ou employés depuis le 1er août 1899 jusqu'au 1er janvier 1900. Présentée le 27 mars 1900.—*M. Taylor*.... *Pas imprimée.*

83. Réponse à un ordre de la Chambre des Communes, en date du 19 mars 1900,—Copie de toute correspondance entre le département de la Marine et des Pêcheries et des particuliers de la province de l'Ile du Prince-Edouard, en 1898-99, au sujet du transfert de la lumière d'alignement de l'Ile Savage aux collines de sable du havre de Cascumpec, I.P.-E. Présentée le 27 mars 1900.—*M. Martin*.... *Pas imprimée.*

CONTENU DU VOLUME 13—*Suite.*

CONTENU DU VOLUME 13—*Suite.*

CONTENU DU VOLUME 13—*Suite.*

105. Réponse à un ordre de la Chambre des Communes, en date du 7 février 1900,—Copie de toute correspondance, demandes, concessions et autres papiers concernant la superficie, ou partie d'icelle, couverte par les demandes suivantes (y compris les dites demandes et les papiers s'y rapportant) mentionnés dans le document sessionnel n° 83, 3me session, 6me parlement, 61 Victoria, 1898 : W. J. Lindsay, Brandon, Stewart River ; P. C. Mitchell ; A. E. Philp, Klondike ; F. Burnett, Vancouver, Hootalinqua ; F. Burnett, Colborne, Indian-River ; J. G. Burnett, Edmonton, Peace-River ; F. Burnett, Colborne, Teslin-River ; A. E. Philp, Ottawa, S. Fork Stewart ; G. Philp, London, L. Salmon ; A. E. Philp, Ottawa, Indian-River ; A. D. Cameron, Ottawa, Stewart-River ; F. A. Philp, Ottawa, Teslin-River ; W. L. Parish, Ottawa, Pelly-River. Présentée le 11 avril 1900.—*Sir Charles Hibbert Tupper*............*Imprimée pour la distribution.*

106. Réponse à un ordre de la Chambre des Communes, en date du 14 février 1900,—Etat indiquant : 1. Le montant payé chaque année, pendant dix ans, pour les impressions du gouvernement des Territoires du Nord-Ouest, savoir : de 1889 à 1899 inclusivement, ou jusqu'au temps où l'audition des dépenses du dit gouvernement a été enlevée à l'auditeur général. Présentée le 11 avril 1900. *M. Foster*.......*Pas imprimée.*

107. Réponse à un ordre de la Chambre des Communes, en date du 17 mai 1900,—Etat donnant les renseignements demandés par sir Charles Hibbert Tupper au sujet des navires américains enregistrés à Dawson (voir *Débats* du 8 mai 1899), comprenant les noms et le tonnage des navires construits aux Etats-Unis qui ont été enregistrés en Canada par le percepteur des douanes à Dawson depuis le 1er juillet 1898 jusqu'à la date la plus récente, les droits payés, le chiffre de l'évaluation de chaque navire, le nom de l'évaluateur et les noms des propriétaires anglais de ces navires. Présentée le 18 avril 1900.—*Sir Charles Hibbert Tupper*.................*Pas imprimée.*

108. Réponse à un ordre de la Chambre des Communes, en date du 19 mars 1900,—Copie de toute correspondance, télégrammes et rapports, depuis le 1er septembre 1899, entre le ministre de la Milice ou ses agents, et l'officier commandant le district militaire n° 11 ou aucune autre personne, au sujet du champ de tir à la Pointe-Clover, C. A. Présentée le 18 avril 1900.—*M. Prior.* *Pas imprimée.*

109. Réponse à un ordre de la Chambre des Communes, en date du 28 mars 1900,—Copie de toutes les plaintes faites depuis le 1er janvier 1890 au ministère de l'Agriculture, ou au commissaire ou sous-commissaire des brevets, au sujet des prix excessifs exigés par les propriétaires de la lumière Auer pour l'usage de cet article breveté sous l'autorité du paragraphe (*a*), clause 37 de l'Acte des brevets, et copie de toute correspondance avec le ministre, le commissaire ou son adjoint, au sujet de ces plaintes. Présentée le 18 avril 1900.—*M. Gibson*....................*Pas imprimée.*

110. Réponse à un ordre de la Chambre des Communes, en date du 9 avril 1900,—Copie de toutes lettres et documents de toute espèce échangés entre le département de l'Intérieur, ou aucun membre du gouvernement, et D. H. Macdowall, ex-M.P., ou aucune autre personne au sujet de la réclamation de John C. McNevin, de Kirkpatrick, Saskatchewan, pour pertes subies pendant le soulèvement du Nord-Ouest, en 1885. Présentée le 18 avril 1900.—*M. Davis*....*Pas imprimée.*

111. Réponse à une adresse de la Chambre des Communes, en date du 28 mars 1900,—Copie de tous états, mémoires, réclamations, correspondance et télégrammes avec le gouvernement de l'Ile du Prince-Edouard et une délégation venue de cette province durant le présent mois de février, composée de l'honorable Donald Farquharson, premier ministre de la province, l'honorable D. A. McKinnon, procureur général, et l'honorable Benjamin Rogers, au sujet de toutes les questions en litige entre le gouvernement de l'Ile du Prince-Edouard et le Canada. Présentée le 23 avril 1900.—*M. Martin*..........*Pas imprimée.*

112. Réponse à un ordre de la Chambre des Communes, en date du 23 avril 1900, pour copie de la correspondance concernant le commerce avec la Trinidad. Présentée le 23 avril 1900.—*Sir Louis Davies*..........*Imprimée pour la distribution et les documents de la session.*

113. Réponse à un ordre de la Chambre des Communes, en date du 9 avril 1900,—Copie de toute correspondance entre George Hood et autres et le ministre de l'Intérieur ou autres membres du gouvernement au sujet de la crue des eaux dans le lac Dauphin. Présentée le 24 avril 1900.—*M. Roche*..........*Pas imprimée.*

CONTENU DU VOLUME 13—*Suite.*

114. Réponse à un ordre de la Chambre des Communes, en date du 28 mars 1900,—Copie de toutes lettres adressées depuis le 1er janvier 1899 au ministre de l'Intérieur ou à aucun officier de son département au sujet d'avances faites par toute personne ou compagnie aux colons fixés sur des terres dans le Manitoba ou les Territoires du Nord-Ouest, en vertu des dispositions de la clause 44 (telle qu'amendée) de l'Acte des terres fédérales, et copies des réponses faites aux dites lettres; copie de toutes lettres, circulaires, cédules ou autres papiers expédiés par la malle par le dit ministre ou quelque officier de son département à toute personne ou compagnie, depuis la même date, sur le même sujet, et copie de toutes réponses faites ou de toute autre communication se rapportant en quelque manière à ce même sujet, reçues par le département de l'Intérieur; et aussi, copie de toutes cédules préparées par le département de l'Intérieur depuis la date ci-dessus mentionnée, des terres ainsi endettées dans le Manitoba ou les Territoires du Nord-Ouest, donnant le nom du colon, la description usuelle de la terre endettée, le chiffre de la dette et le taux de l'intérêt, le nom de la personne ou compagnie qui a fait l'avance, le nom du syndic lorsqu'il y a eu cession, et le nom du concessionnaire et la date des lettres patentes dans les cas où de telles lettres ont été délivrées. Présentée le 24 avril 1900.—*M. Douglas*................*Pas imprimée.*

115. Réponse à une adresse de la Chambre des Communes, en date du 9 avril 1900,—1. Copie de toute correspondance échangée entre aucuns membre ou membres de l'Exécutif des Territoires du Nord-Ouest ou aucuns membre ou membres du Conseil législatif ou de l'Assemblée législative, et aucuns membre ou membres du gouvernement fédéral concernant le montant de la subvention votée pour assurer le fonctionnement du gouvernement des Territoires du Nord-Ouest et le montant qui aurait dû être voté pendant les deux dernières années. 2. Aussi, copie de tous mémoires adressés par le conseil du Nord-Ouest ou par l'Assemblée législative des Territoires du Nord-Ouest au Gouverneur général en conseil au sujet de la dite subvention. Présentée le 24 avril 1900.—*M. Davin*...........................*Pas imprimée.*

116. Réponse à un ordre de la Chambre des Communes, en date du 19 mars 1900,—Copie de toute correspondance, devis, plans, soumissions reçues, contrat ou contrats passés par le gouvernement ou en son nom, concernant le redressement d'environ deux milles du chemin de fer de l'Ile du Prince-Edouard, entre Colville et Loyalist. Présentée le 1er mai 1900.—*M. Martin*......*Pas imprimée.*

117. Réponse à une adresse de la Chambre des Communes, en date du 19 mars 1900,—Copie de tous contrats, pétitions de droit, mémoires, lettres, correspondance, ordres en conseil et autres papiers et documents concernant les réclamations de John W. Broderick, Elliott H. Fuller, Lewis A. Dickie, W. B. Harrison, Charles W. McDormand, Margaret Chapman, Thomas D. Curtis, James Barclay Havelock, H. Mosher, James Hermigas, D. Sauntry, Jerome Scott, William Neville, Graham Timmons, George W. Stone, George Moffatt, Peter S. Rose, Samuel Sloan, Samuel Squires, Elizabeth Coke, Albert H. Hagen, E. J. Smith, Joseph W. Rinn et John Medd Caulson, respectivement, au sujet de contrats passés par les susdites personnes respectivement, pour le transport des malles, ou à raison de résiliation des dits contrats par le ministre des Postes. Présentée le 26 avril 1900.—*M. Borden (Halifax)*...........*Pas imprimée.*

118. Réponse à un ordre de la Chambre des Communes, en date du 26 février 1900,—Copie de toutes pétitions ou autres communications reçues par le département des Travaux publics, depuis juin 1896, concernant la construction d'un quai ou brise-lames publics, à Grand-Manan, N.-B. Aussi, copie du rapport et des évaluations par E. T. P. Shewen, ingénieur local à Saint-Jean, N.-B., ou par tout autre officier pour ces travaux. Présentée le 1er mai 1900.—*M. Ganong*...*Pas imprimée.*

119. Papiers relatifs aux commissions dans l'armée impériale. Présentés le 1er mai 1900, par sir Wilfrid Laurier...........................*Pas imprimés.*

120. Réponse à un ordre de la Chambre des Communes, en date du 19 mars 1900,—1. Noms de tous les fonctionnaires du département de l'Intérieur, y compris la division des Sauvages, dans le Manitoba et l'Assiniboïa. 2. Les endroits où se trouvaient ces fonctionnaires entre le 15 novembre et le 15 décembre 1899, et la nature particulière des travaux auxquels ils étaient employés. Présentée le 1er mai 1900.—*M. Roche*...........................*Pas imprimée.*

121. Réponse à une adresse de la Chambre des Communes, en date du 12 juin 1899,—Copie de toutes pétitions, demandes, correspondance, charte et rapports concernant la Compagnie du canal à navires de Toronto à la Baie-Georgienne. Présentée le 2 mai 1900.—*M. Wallace*...*Pas imprimée.*

CONTENU DU VOLUME 13—*Suite.*

122. Réponse à une adresse de la Chambre des Communes, en date du 19 avril 1899, —Copie de toutes lettres ou avis adressés aux entrepreneurs par le ministre des Chemins de fer et Canaux ou par l'ingénieur en chef au sujet d'une nouvelle adjudication des travaux sur les diverses sections du canal Soulanges et des réponses qui ont été faites par les entrepreneurs. Présentée le 2 mai 1900.—*M. Taylor*.................. ....*Pas imprimée.*

123. Réponse à un ordre de la Chambre des Communes, en date du 19 mars 1900,—1. Etat faisant connaître les noms ou le nombre officiel des garçons dans la maison de réforme de Penetanguishine et de filles dans le refuge industriel de Toronto, dont les sentences ont été suspendues pendant les deux ans qui ont précédé le 1er janvier 1900. 2. La date à laquelle les pétitions ou les demandes de suspension ont été reçues par le département de la Justice. 3. A quelle date le rapport du juge (s'il en est) a été reçu. 4. Quand le rapport du surintendant a été reçu. 5. Quand la suspension de la sentence a été accordée. Présentée le 2 mai 1900.—*M. Clark*. ... .*Pas imprimée.*

124. Réponse à un ordre de la Chambre des Communes, en date du 7 février 1900,—1. Copie de toute correspondance échangée entre le ministre de l'Intérieur, ou aucun des officiers de son département, et toute personne dans les Territoires du Nord-Ouest ou dans le Manitoba au sujet du fonctionnement de l'Acte passé en 1899, concernant les garanties de la dette pour grains de semence. 2. Copie, surtout, de toute correspondance concernant la demande formulée par tout propriétaire de homestead pour ses lettres patentes, laquelle demande aurait pu être refusée en alléguant que le dit propriétaire s'est rendu caution pour la dette pour grains de semence contractée par d'autres particuliers, et aussi copie de la demande formulée par le propriétaire de homestead et des lettres refusant de lui accorder sa demande. Présentée le 2 mai 1900.—*M. Davin*.. .....*Pas imprimée.*

125. Réponse à un ordre de la Chambre des Communes, en date du 19 mars 1900,—Copie de tous règlements passés au sujet de la vente de liqueurs dans les cantines militaires depuis 1890, spécifiant ceux qui sont actuellement en vigueur, et copie de toute correspondance avec le département de la Milice ou aucun de ses officiers, depuis 1890, au sujet de l'application des règlements actuels dans les camps de la milice. Présentée le 2 mai 1900.—*M. Foster*. . .. .*Pas imprimée.*

126. Réponse à une adresse du Sénat, en date du 25 avril 1900, demandant copie de tous papiers, correspondance et ordres en conseil relatifs à la réclamation de E. J. Walsh, ingénieur civil, contre le gouvernement du Canada, le département du secrétaire d'Etat pour les colonies et le gouvernement des îles Sous-le-Vent, pour services professionnels rendus au gouvernement des des dites îles Sous-le-Vent; aussi, copie de tous papiers et correspondance se trouvant au département des Chemins de fer et Canaux, ou entre les mains du député du ministre de ce département, se rapportant à l'engagement ou aux services comme susdit, du dit E. J. Walsh, ingénieur civil. Présentée le 2 mai 1900.—*Hon. sir Mackenzie Bowell*...................... .. .. . *Pas imprimée.*

127. Réponse à un ordre de la Chambre des Communes, en date du 23 avril 1900,—Copie de toute correspondance entre l'analyste en chef du département du Revenu de l'Intérieur ou tout autre officier ou autres personnes dans le département et les représentants ou agents canadiens des *Chemical Works* (ci-devant H. et E. Albert). Présentée le 3 mai 1900.—*M. Domville.* *Pas imprimée.*

128. Réponse à un ordre de la Chambre des Communes, en date du 14 février 1900,—Etat indiquant les demandes pour nominations dans l'état-major des divers contingents envoyés ou qui sont actuellement en voie de formation pour service dans le Sud-Africain, les noms, âge, domiciles et qualifications de chacun pour ce service et le cours d'instruction qu'il a suivi, ainsi que les noms des candidats acceptés. Présentée le 4 mai 1900.—*M. Foster*.. ....*Pas imprimée.*

129. Réponse à un ordre de la Chambre des Communes, en date du 3 avril 1900,—Etat indiquant le montant total payé, chaque année, depuis le 1er juillet 1892 jusqu'au 30 juin 1899, sous les chapitres suivants: 1. Traitement du Gouverneur général. 2. Dépenses de voyage du Gouverneur général. 3. Dépenses pour Rideau-Hall—Compte du capital; entretien; terrains, compte du capital; terrains, entretien. 4. Ameublement et fournitures de toute espèce pour Rideau-Hall. 5. Allocation au Gouverneur général pour combustible et éclairage. 6. Dépenses autres en rapport avec le bureau du Gouverneur général. 7. Dépenses autres en rapport avec les terrains de Rideau-Hall. 8. Dépenses totales de toute espèce, depuis le 1er juillet 1892, en rapport avec le bureau du Gouverneur général. 9. Dépenses totales de toute espèce en rapport avec Rideau-Hall et ses terrains, pour la même période. Présentée le 4 mai 1900.—*M. Wilson.* *Imprimée pour les documents de la session.*

CONTENU DU VOLUME 13—*Suite.*

130. Réponse à un ordre de la Chambre des Communes, en date du 9 avril 1900,—Copie de toute correspondance, mémoires, pétitions, etc., en la possession du gouvernement ou d'aucun de ses membres ou officiers concernant la démission de M. John McPhee comme maître de poste à Murray-Harbour-Road, I.P.-E., et la nomination de son successeur. Présentée le 4 mai 1900.—*M. Martin.*
Pas imprimée.

131. Réponse à une adresse du Sénat, en date du 2 avril 1900, demandant un état indiquant: 1. Le nombre et les noms des personnes à qui des commissions ont été accordées dans le corps de police à cheval du Canada, depuis juin 1896. 2. Le temps de service de chaque personne qui a reçu une commission dans ce corps de police. 3. Les titres de cette ou ces personnes à cette ou ces commissions au cas où elles n'auraient pas fait de service dans ce corps de police. Présentée le 7 mai 1900. *Hon. sir Mackenzie Bowell*.......... ....*Pas imprimée.*

132. Réponse à un ordre de la Chambre des Communes, en date du 7 février 1900,—Copie des devis, plans, soumissions reçues et contrats passés par le gouvernement concernant la construction de dix milles du chemin de fer connu sous le nom de chemin de fer de Belfast à Murray-Harbour, I.P.-E. Présentée le 9 mai 1900.—*M. Martin*............ . . ..*Pas imprimée.*

133. Réponse à une adresse de la Chambre des Communes, en date du 2 avril 1900,—Copie de tous ordres en conseil, mémoires, rapports et états concernant la vente du bois sur les terres de l'artillerie à la Pointe-Pelée, dans le comté d'Essex; aussi, l'état actuel des comptes entre l'acheteur et le gouvernement. Présentée le 9 mai 1900.—*M. Cowan*................ ....*Pas imprimée.*

134. Réponse à un ordre de la Chambre des Communes, en date du 19 mars 1900,—Copie de toute correspondance, télégrammes, mémoires et papiers en la possession du gouvernement ou d'aucun de ses membres ou officiers concernant l'entrée de Terreneuve dans la Confédération. 2. Copie de tous documents semblables concernant toutes propositions quelconques pour établir des relations commerciales entre Terreneuve et le Canada. Présentée le 9 mai 1900.—*M. Martin.*
Pas imprimée.

135. Réponse à une adresse du Sénat, en date du 23 mars 1900, demandant: 1. Copie de la correspondance échangée entre les députés de Montmagny, à différentes époques, et le gouvernement au sujet de la construction d'un bureau de poste dans la ville de Montmagny. 2. Copie de toute communication à ce sujet faite au gouvernement par le conseil de ville ou par toute personne de la ville de Montmagny. 3. Copie des actes passés à cet effet entre le gouvernement et le séminaire de Québec, pour la vente du terrain sur lequel a été construit le bureau de poste de Montmagny, ainsi que de tous actes constituant les titres de la propriété en question. Présentée le 9 mai 1900.—*Hon. M. Landry*............ .. .. *Pas imprimée.*

136. Réponse à une adresse du Sénat, en date du 25 avril 1900, demandant un état détaillé du coût et de la nature de toutes les réparations et changements faits au steamer *Minto* depuis son arrivée dans les eaux canadiennes, avec indication des noms des personnes employées à faire ces réparations et changements, et du montant payé à chacune d'elles. Présentée le 9 mai 1900.—*Hon. M. Ferguson* ... .*Pas imprimée.*

137. Réponse partielle à un ordre de la Chambre des Communes, en date du 28 mars 1900.—Copie de toute correspondance, télégrammes et rapports depuis 1894 entre le gouvernement et ses agents dans la Colombie Anglaise ou toute autre personne, au sujet de la nécessité d'employer un autre navire pour faire, de concert avec le steamer *Quadra*, le service des phares et de la protection des douanes et des pêcheries sur le littoral de la Colombie Anglaise. Présentée le 10 mai 1900.—*M. Prior*...................... ... .*Pas imprimée.*

138. Réponse à un ordre de la Chambre des Communes, en date du 23 avril 1899,—Copie de toute correspondance, rapports et papiers entre le département de la Marine et des Pêcheries ou tout autre département ou ministre du gouvernement et toutes personne ou personnes au sujet de la prohibition de l'exportation du poisson pris dans les eaux des lacs Manitoba et Winnipegosis pendant les mois d'été. Présentée le 10 mai 1900.—*M. Roche*...........................*Pas imprimée.*

138*a*. Réponse à un ordre de la Chambre des Communes, en date du 15 mai 1900,—Copie de toute correspondance, rapports et papiers concernant la défense d'exporter le poisson pris dans les lac Winnipegosis et Manitoba, depuis la date de la demande faite à ce sujet le 23 avril 1900 jusqu'à aujourd'hui. Présentée le 23 mai 1900.—*M. Roche*...................... ....*Pas imprimée.*

CONTENU DU VOLUME 18—*Suite.*

139. Réponse à une adresse de la Chambre des Communes, en date du 10 mai 1900, demandant copie des ordres en conseil et de la correspondance concernant l'admission des valeurs inscrites en Canada sur la liste des garanties sur lesquelles les fidéicommissaires en Angleterre sont autorisés à placer les fonds qui leur sont confiés. Présentée le 10 mai 1900.—*Hon. W. S. Fielding.*
Imprimée pour la distribution et les documents de la session.

140. Réponse à une adresse du Sénat, en date du 25 avril 1900, demandant un état indiquant les dépenses et les recettes du steamer *Stanley* pendant qu'il a fait le service d'hiver entre l'Ile du Prince-Edouard et la terre ferme en 1892, 1893, 1894, 1895, 1896, 1897, 1898 et 1899. Un état semblable au sujet du steamer *Minto* pour l'hiver 1900—ces états ne devant pas comprendre les réparations faites à l'un ou l'autre de ces steamers. Présentée le 11 mai 1900.—*Hon. M. Ferguson.*
Pas imprimée.

141. Relevé des noms et salaires de toutes les personnes nommées ou promues dans le service civil en 1898. Présenté le 14 mai 1900, par sir Wilfrid Laurier.................... *Pas imprimé.*

142. Réponse à un ordre de la Chambre des Communes, en date du 19 mars 1900,—Copie de tous comptes rendus par le capitaine S. M. Hatfield, gardien de pêcheries pour Yarmouth. Aussi, état faisant connaître tous les montants qui lui ont été payes comme salaire et comme dépense de voyage, chaque année, depuis sa nomination. Présentée le 14 mai 1900. *M. Borden (Halifax)*.................... *Pas imprimée*

143. Réponse à une adresse du Sénat en date du 25 avril 1900, demandant un état détaillé indiquant le montant de l'indemnité payée ou offerte aux propriétaires pour dommages éprouvés par eux ou pour terrains expropriés lors de la construction du chemin de fer de Charlottetown à Murray-Harbour, cet état indiquant la quantité de terrain prise de chaque propriétaire. Présentée le 14 mai 1900.—*Hon. M. Ferguson*.................... *Pas imprimée.*

144. Réponse à un ordre de la Chambre des Communes, en date du 26 février 1900,—Copie de toutes pétitions ou autres communications reçues par le département des Travaux publics depuis juin 1896 concernant la réparation et l'extension du brise-lames de Wilson's-Beach, N.-B. Aussi, copie de toutes évaluations et rapports faits par les ingénieurs du gouvernement au sujet de ces travaux. Présentée le 21 mai 1900.—*M. Ganong*.................... *Pas imprimée.*

145. Réponse à un ordre de la Chambre des Communes, en date du 9 avril 1900,—Copie de tous papiers, pétitions, correspondance et rapports concernant une demande faite aux autorités du pénitencier de Saint-Vincent-de-Paul pour charroyer les déchets de pierre le long de la rive de la rivière des Prairies, à Saint-Vincent-de-Paul, afin d'empêcher les dommages causés par la dite rivière à la voie publique dans la dite localité. Présentée le 22 mai 1900.—*M. Fortin*......... *Pas imprimée.*

146. Rapport du commissaire sur la condition des mineurs et des mines dans la Colombie-Anglaise. Présenté le 23 mai 1900, par sir Richard Cartwright.................... *Pas imprimé.*

146a. Second rapport du commissaire sur la condition des mineurs et des mines dans la Colombie-Anglaise. Présenté le 6 juin 1900, par sir Wilfrid Laurier.................... *Pas imprimé.*

147. Réponse à un ordre de la Chambre des Communes, en date du 29 mai 1900, pour copie des papiers concernant l'achat de bottes pour la police à cheval. Présentée le 29 mai 1900.—*Sir Wilfrid Laurier*.................... *Pas imprimée.*

148. Réponse à un ordre de la Chambre des Communes, en date du 1er juin 1900, pour copie de la correspondance concernant les navires à obtenir pour transporter du foin et autres produits de Saint-Jean aux ports du Sud-Africain. Présentée le 1er juin 1900.—*Hon. S. A. Fisher*..*Pas imprimée.*

149. Réponse à un ordre de la Chambre des Communes, en date du 26 février 1900,—Copie de toutes lettres, télégrammes, pétitions et observations du conseil de Sydney, Cap-Breton, et de la Chambre de Commerce du Cap-Breton ou de toutes autres personnes adressés au département des Chemins de fer ou à aucun membre du gouvernement protestant contre le système actuel de faire circuler tout le train rapide aller et retour, deux fois par jour, entre la jonction de Sudney-Nord et le quai de Sydney-Nord, distance de six milles environ, alors que ce train se rend de l'ouest au terminus du chemin de fer à Sydney, ou *vice versa*. Présentée le 29 juin 1900.—*M. Hale*....*Pas imprimée.*

150. Réponse à un ordre de Chambre des Communes, en date du 23 avril 1900,—Copie de toute correspondance, lettres et rapports échangés entre le département de la Marine et des Pêcheries et M. W. W. Stumbles, agent du ministère de la Guerre, en rapport avec sa visite récente dans la Colombie-Anglaise. Présentée le 4 juin 1900. *M. Prior*.................... *Pas imprimée.*

CONTENU DU VOLUME 13—*Suite.*

151. Copie d'un ordre en conseil nommant une commission pour faire une enquête sur les fraudes électorales. Présentée le 4 juin 1900, par sir Wilfrid Laurier
Imprimée pour la distribution et les documents de la session.

152. Réponse à un ordre de la Chambre des Communes, en date du 2 avril 1900,—Copie de toute correspondance; papiers, rapport ou rapports concernant la demande faite pour l'établissement d'un bureau de poste à Lavalle, dans le township de Devlin, district de la Rivière-à-la-Pluie. Présentée le 4 juin 1900.—*M. Sproule*..*Pas imprimée.*

153. Réponse à une adresse du Sénat, en date du 7 mai 1900, demandant: 1. Un état indiquant le nombre de wagons arrivés à Halifax et à Saint-Jean respectivement, avant le 10 avril dernier, et qui à cette date n'avaient pas été déchargés. 2. Les dates de leur arrivée. 3. Les noms des consignataires de ces wagons. 4. Les stations où les wagons avaient été chargés. 5. Les noms des expéditeurs. 6. Les dates d'expédition. Présentée le 6 juin 1900.—*Hon. M. Wood.*
Pas imprimée.

154. Réponse à une adresse du Sénat, en date du 15 mai 1900, demandant copie des pétitions, mémoires ou autres communications reçus par le gouvernement depuis 1895, au sujet de la construction du chemin de fer d'embranchement dans l'Ile du Prince-Edouard. Présentée le 6 juin 1900.—*Hon. sir Mackenzie Bowell*..*Pas imprimée.*

155. Réponse à une adresse du Sénat, en date du 10 mai 1900, demandant copie du rapport du capitaine Smith relativement à la perte du steamer *Portia*, au large de Sambro, Nouvelle-Ecosse, le 10 juillet 1899, et des témoignages pris à l'enquête qui a été faite subséquemment au sujet de la perte du dit steamer. Présentée le 6 juin 1900.—*Hon. M. Ferguson* ....*Pas imprimée.*

156. Réponse à une adresse du Sénat, en date du 7 mai 1900, demandant copie de la communication de J. L. P. O'Hanley, ingénieur civil, au Gouverneur en conseil, sur l'état dangereux du pont de chemin de fer qui traverse le canal Lachine à la rue Wellington, à Montréal. Présentée le 6 juin 1900.—*Hon. M. O'Donohue*..*Pas imprimée.*

157. Réponse à une adresse du Sénat, en date du 1er mars 1900, demandant copie de tous les arrêtés du conseil désavouant des actes adoptés par quelqu'une des législatures des provinces du Dominion, ou par l'Assemblée législative des Territoires du Nord-Ouest, depuis le premier août 1896, et de la correspondance à ce sujet. Aussi, copie de toute la correspondance échangée entre le gouvernement fédéral et quelqu'un des gouvernements provinciaux, relativement à toute proposition de changement ou modifications à quelqu'un des actes qui peuvent avoir été adoptés par ces législatures locales. Présentée le 6 juin 1900.—*Hon. sir Mackenzie Bowell*..............*Pas imprimée.*

158. Réponse à un ordre de la Chambre des Communes, en date du 12 juin 1900, pour copie de la correspondance, etc., concernant les rations de marche (*Emergency rations*). Présentée le 12 juin 1900.—*Hon. F. W. Borden*..*Pas imprimée.*

159. Réponse à un ordre de la Chambre des Communes, en date du 7 février 1900,—Copie de toute correspondance entre aucun officier du département de l'Intérieur et aucun officier du service intérieur de la police à cheval du Nord-Ouest, à Ottawa, au sujet de l'adjudication de contrats d'approvisionnements pour la police à cheval du Nord-Ouest depuis le 23 juin 1896. Copie de toute correspondance entre M. Fred. White, contrôleur de la police à cheval du Nord-Ouest et le colonel Herchmer ou tout officier de la police à cheval du Nord-Ouest au sujet de l'adjudication de contrats pour l'achat d'approvisionnements pour la police à cheval du Nord-Ouest depuis le 23 juin 1896. Copie de toute correspondance échangée entre Walter Scott, de Régina, et le ministre de l'Intérieur ou aucun officier de son département, en 1899, concernant l'achat de grandes quantités de thé d'un marchand de Régina. Présentée le 12 juin 1900.—*M. Davin*..........*Pas imprimée.*

160. Réponse à une adresse du Sénat, en date du 2 mai 1900, demandant: 1. Copie des devis d'après lesquels a été rédigé le contrat passé pour la construction du steamer *Minto*. 2. Copie des avis contenant la demande de soumissions pour la construction du bateau. 3. Copie de toutes les soumissions reçues à la suite de ces avis. 4. Un état de ce que le steamer a effectivement coûté, avec mention séparée et des prix spécifiés au contrat et des *extras*. 5. Un relevé détaillé de la nature de ces dernières dépenses. Présentée le 11 juin 1900.—*Hon. M. Ferguson*...*Pas imprimée.*

CONTENU DU VOLUME 13—*Suite.*

161. Réponse à une adresse de la Chambre des Communes, en date du 23 avril 1900,—Copie du contrat passé entre le gouvernement du Canada et la ligne de steamer *Beaver* pour le transport des malles entre le Canada et l'Angleterre, et de tous ordres en conseil à ce sujet. Aussi, état indiquant la durée de chaque voyage des steamers de la dite ligne entre Liverpool et Halifax et Halifax et Liverpool, pendant la saison d'hiver de 1899-1900. Présentée le 13 juin 1900.—*Sir Adolphe Caron*..... .... *Pas imprimée.*

162. Réponse à un ordre de la Chambre des Communes, en date du 28 mars 1900,—Copie de tous papiers et de toute correspondance concernant la réclamation de J. Wilson pour services rendus au département de la Marine et des Pêcheries en rapport avec le phare de l'île aux Œufs, C.-A. Présentée le 22 juin 1900.—*Sir Charles Hibbert Tupper*.............. ....*Pas imprimée.*

163. Réponse à un ordre de la Chambre des Communes, en date du 22 juin 1900, pour copie de la correspondance entre le département des Finances et la Banque Canadienne de Commerce concernant les affaires de banque du gouvernement dans le district du Yukon. Présentée le 22 juin 1900.—*Hon. W. S. Fielding*.. .... *Pas imprimée.*

164. Réponse supplémentaire à une adresse du Sénat, en date du 15 mai 1900, demandant copie des pétitions, mémoires ou autres communications reçus par le gouvernement depuis 1895, au sujet de la construction de chemin de fer d'embranchement dans l'Ile du Prince-Edouard. Présentée le 19 juin 1900.—*Hon. sir Mackenzie Bowell*..*Pas imprimée.*

164a. Réponse supplémentaire au n° 164. Présentée le 25 juin 1900...................*Pas imprimée.*

165. Réponse à une adresse du Sénat, copie de toutes lettres et correspondances échangées entre le gouvernement ou quelqu'un de ses membres et les intéressés, au sujet du chemin de fer de la Baie-des-Chaleurs, du chemin de fer de l'Atlantique au lac Supérieur, du chemin de fer projeté connu sous le nom de chemin de fer de la ligne courte de Gaspé, et du chemin de fer de la Rive-Sud, relativement à l'octroi ou paiement de subvention ou à la concession de privilèges à quelqu'une des compagnies de ces chemins de fer; ainsi que copie de toutes requêtes, pétitions, résolutions ou autres documents concernant ces chemins de fer. Présentée le 21 juin 1900.—*Hon. M. Landry*.................................. ....*Pas imprimée.*

166. Réponse à une adresse du Sénat, en date du 25 avril 1899, demandant: 1. Un état du nombre d'acres de terre réservées pour des fins d'éducation dans la province du Manitoba et dans les Territoires du Nord-Ouest, respectivement, sous l'autorité du chapitre 54 des Statuts revisés du Canada, article 23. 2. Le nombre d'acres vendues dans le Manitoba et dans les Territoires du Nord-Ouest, les paiements faits et les montants restant dus sur ces ventes. 3. Le montant total au crédit du dit fonds détenu par le Dominion, la nature des placements opérés et le taux d'intérêt en provenant. 4. Le montant avancé sur le principal pour venir en aide à l'enseignement dans le Manitoba et les Territoires du Nord-Ouest. 5. Le montant rapporté au dit principal sur le produit de la vente des terres réservées pour les fins de l'enseignement et le montant actuellement dû au dit principal. 6. Et toute correspondance relative à quelque nouvelle avance à faire sur le dit fonds scolaire soit au Manitoba ou au Nord-Ouest. Présentée le 26 juillet 1899.—*Hon. sir Mackenzie Bowell.*
Pas imprimée.

167. Réponse à une adresse du Sénat, en date du 8 mars 1900, demandant copie du rapport supplémentaire de J. L. P. O'Hanly, I.C., au sujet de l'effet que pourrait avoir le canal de drainage de Chicago sur le niveau des grands lacs. Présentée le 25 juin 1900.—*Hon. M. O'Donohue.*
Pas imprimée.

168. Réponse à un ordre de la Chambre des Communes, en date du 28 mars 1900,—Etat indiquant quelles quantités de vieux fer ont été vendues par le département des Chemins de fer depuis le 1er juillet 1896, à quelles dates et pour quel prix, à quelles personnes des ventes ont été faites, et si ces ventes ont été faites après demande publique de soumissions ou autrement, et si c'est par voie de soumission, quelles soumissions ont été reçues, et quels prix y étaient stipulés. Présentée le 27 juin 1900.—*M. Foster*................... ....*Pas imprimée.*

169. Réponse à un ordre de la Chambre des Communes, en date du 23 avril 1900,—Copie de toutes soumissions, contrats et correspondance concernant l'achat de locomotives et de matériel roulant pour les chemins de fer de l'Etat depuis le 15 juillet 1896 jusqu'au 15 avril 1900.—*M. Haggart.*
Pas imprimée.

CONTENU DU VOLUME 13—*Fin.*

170. Réponse à un ordre de la Chambre des Communes, en date du 28 juin 1900, pour copie de toute correspondance et rapports des inspecteurs des postes au sujet de prétendues irrégularités commises dans le bureau de poste de Kinnear's-Mills, Québec. Présentée le 28 juin 1900.—*Hon. M. Mulock*.. *Pas imprimée.*

171. Réponse à une adresse de la Chambre des Communes, en date du 28 mars 1900,—Copie de tous rapports, papiers, correspondance et ordres concernant la retraite du lieutenant-colonel Domville du service actif dans la milice du Canada. Présentée le 30 juin 1900.—*M. Foster*...*Pas imprimée.*

172. Réponse à un ordre de la Chambre des Communes, en date du 3 juillet 1900,—Etat faisant connaître les travaux de dragage à la Rivière-du-Loup (en haut) pendant l'exercice 1899-1900. Présentée le 3 juillet 1900.—*Hon. M. Mulock*.. *Pas imprimée.*

172a. Réponse à un ordre de la Chambre des Communes, en date du 3 juillet 1900, pour une copie du mémoire au ministre intérimaire des Travaux publics sur les travaux de dragage à Miller's-Landing, Sumas, rivière Fraser, C.-A. Présentée le 3 juillet 1900.—*Hon. M. Mulock.*
Pas imprimée.

173. Réponse à un ordre de la Chambre des Communes, en date du 3 juillet 1900, pour un état donnant les prix du bois acheté pour refaire les estacades dans la rivière Saint-Maurice. Présentée le 3 juillet 1900.—*Hon. M. Mulock*.. *Pas imprimée.*

174. Réponse à une adresse du Sénat, en date du 3 juillet 1900, demandant copie de la correspondance échangée entre le premier ministre, le secrétaire d'Etat ou tout autre membre du gouvernement et le lieutenant-gouverneur de la Colombie-Britannique, au sujet de la révocation des premiers ministres Turner et Semlin par le dit lieutenant-gouverneur et à l'invitation faite à M. Robert Beaven et M. Jos. Martin ou à toute autre personne de former un cabinet, ainsi que tous rapports, arrêtés du conseils ou autres documents relatifs à cette révocation et à la formation de ces cabinets. Présentée le 7 juillet 1900.—*Hon. sir Mackenzie Bowell.*
Imprimée pour la distribution et les documents de la session.

175. Réponse à une adresse du Sénat, en date du 14 juin 1900, demandant copie des plans, devis, profils, coût estimatif, et tous autres documents relatifs à la construction du pont projeté sur la rivière Hillsborough, à Charlottetown, Ile du Prince-Edouard, les dits documents devant comprendre le contrat passé entre le gouvernement du Canada et celui de l'Ile du Prince-Edouard au sujet de ce pont ; aussi, copie de la correspondance échangée à ce sujet entre les deux gouvernements, et de tous arrêtés du conseil ou du ministère des Chemins de fer déterminant l'emplacement du dit pont. Présentée le 10 juillet 1900.—*Hon. M. Ferguson*.......................... *Pas imprimée.*

176. Réponse à une adresse du Sénat, en date du 20 juin 1900, demandant un état détaillé indiquant les travaux exécutés, les dépenses encourues, et les résultats obtenus au sujet des expériences faites l'année dernière relativement à la culture des vergers dans l'Ile du Prince-Edouard, les noms de toutes les personnes employées à l'exécution de ces travaux, le montant payé à chacune d'elles, et sur quelle recommandation ces personnes ont été employées. Présentée le 13 juillet 1900.—*Hon. M. Ferguson*.. *Pas imprimée.*

RAPPORT

DU

MINISTRE DE LA JUSTICE

SUR LES

PENITENCIERS DU CANADA

POUR

L'EXERCICE TERMINÉ LE 30 JUIN

1899

IMPRIMÉ PAR ORDRE DU PARLEMENT

OTTAWA
IMPRIMÉ PAR S. E. DAWSON, IMPRIMEUR DE SA TRÈS EXCELLENTE
MAJESTÉ LA REINE.
1900.

[No 18—1900.]

A Son Excellence le très honorable sir Gilbert John Elliot, comte de Minto, C.C.M.G., etc., etc., Gouverneur général du Canada.

PLAISE À VOTRE EXCELLENCE :

J'ai l'honneur de soumettre à Votre Excellence le rapport annuel de l'inspecteur des pénitenciers pour l'exercice clos le 30 juin 1899.

J'ai l'honneur d'être,
De Votre Excellence le très obéissant serviteur,

DAVID MILLS,
Ministre de la Justice.

TABLE DES MATIÈRES.

RAPPORT DE L'INSPECTEUR

RAPPORT

DE

L'INSPECTEUR DES PÉNITENCIERS

POUR

L'EXERCICE 1898-99.

L'honorable

DAVID MILLS, C.R.,

Ministre de la Justice.

MONSIEUR,—J'ai l'honneur de vous présenter les rapports relatifs aux pénitenciers du Canada et aux prisons territoriales, pour l'exercice clos le 30 juin 1899.

Les relevés sommaires ne comprennent pas les prisons territoriales. Les statistiques relatives à ces prisons se trouvent dans les annexes M et N.

POPULATION DES PÉNITENCIERS.

Pénitencier.	Détenus le 1er juillet 1898.	Reçus.		Total.	Libérés.						Détenus le 30 juin 1899.
		Des prisons.	Par transfert		A l'expiration de leur peine.	Graciés.	Evadés.	Transférés.	Décédés.	Par ordre de la cour.	
Kingston	605	152	14	771	156	33	....	5	6	1	570
Saint-Vincent de Paul	418	199	3	620	134	25	....	10	4	....	447
Dorchester	225	108	2	335	85	17	....	2	5	....	226
Manitoba	88	33	15	136	18	4	....	0	1	1	112
Colombie-Britannique	110	37	....	147	29	1	...	17	....	....	90
	1,446	529	34	2,009	432	80	...	34	16	2	1,445

Moyenne de la population journalière pendant les cinq derniers exercices :—

1894-95	1,250
1895-96	1,314
1896-97	1,353
1897-98	1,415
1898-99	1,447

TABLEAU comparatif du nombre des prisonniers graciés, décédés, évadés.

Exercice.	Graciés.	Décédés.	Evadés.
1894-5	73	18	2
1895-6	52	8	1
1896-7	56	16	2
1897-8	53	8	2
1898-9	80	17	0

Age des détenus :—

	1897.	1898.	1899.
Détenus âgés de moins de 20 ans	131	159	154
" 20 à 30 ans	637	654	659
" 30 à 40 "	339	357	350
40 à 50 "	168	174	185
50 à 60 "	85	72	69
plus de 60 ans	22	30	28
	1,382	1,446	1,445

Durée des condamnations :—

Moins de 2 ans (prisonniers militaires)	2
2 ans	188
Plus de 2 ans et moins de 3	62
3 ans	325
Plus de 3 ans et moins de 4	12
4 ans	123
Plus de 4 ans et moins de 5	6
5 ans	285
Plus de 5 ans et moins de 6	5
6 ans	36
7 "	128
8 "	13
9 "	6
10 "	85
11½ "	2
12 "	18
13 "	2
14 "	34
15	25
16 "	2
17	1
20	16
21 "	2
22 "	1
23 "	1
25 "	5
30 "	1
A perpétuité	59
	1,445

Races :—

Blanche	1,324	
Africaine, pure ou mélangée	74	
Indigène	24	
Métisse	10	
Mongolienne	13	
	1,445	

Pays d'origine :—

Sujets britanniq.	Canada	1,070	
	Angleterre	115	
	Irlande	55	
	Ecosse	26	
	Terre-Neuve	2	
	Gibraltar	1	
	La Barbade	1	
			1,270
Etrangers.	Etats-Unis	107	
	Italie	16	
	Allemagne	14	
	Chine	11	
	France	9	
	Danemark	3	
	Japon	3	
	Pologne	3	
	Norvège	2	
	Suède	2	
	Russie	1	
	Hongrie	1	
	Finlande	1	
	Cap-Vert	1	
	Grèce	1	
			175
			1,445

Etat civil :—

Célibataires	949
Mariés	488
Veufs	8
	1,445

Habitudes :—

Abstentionnistes	154
Tempérants	842
Intempérants	449
	1,445

Instruction :—

Ne sachant ni lire ni écrire	254
Sachant lire seulement	110
Sachant lire et écrire	1,081
	1,445

Religion :—

Catholiques	713
Anglicans	285
Méthodistes	193
Presbytériens	120
Baptistes	85
Luthériens	13
Juifs	7
Congrégationalistes	3
Unitaire	1
Universaliste	1
Adventist	1
Protestant français	1
Disciple	1
Mennonite	1
Christian scientist	1
Latter Day Saint	1
Religion inconnue	18
	1,445

ETAT comparatif.

—	Nombre de détenus.	Proportion de la population pénitentiaire.	Pour chaque 10,000 de la population d'après dernier recensement.
Anglicans	285	19·03	4·42
Catholiques	713	49·33	3·57
Baptistes	85	5·88	3·3
Méthodistes	193	13·34	2·29
Presbytériens	120	8·3	1·59

FINANCES.

*DÉPENSES brutes, recettes et dépenses nettes, 1898–99.

	Dépenses brutes.	Recettes.	Dépenses nettes.
	$ c.	$ c.	$ c.
Kingston	167,212 28	38,090 86	129,121 42
Saint-Vincent de Paul	94,671 11	2,934 05	91,737 06
Dorchester	48,149 23	2,625 85	45,523 38
Manitoba	40,913 62	2,546 57	38,367 05
Colombie-Britannique	42,074 24	1,855 52	40,218 72
	393,020 48	48,052 85	344,967 63

* Les dépenses pour enquêtes spéciales ne sont pas comprises dans cet état.

ÉTAT comparatif du coût par tête, 1898-99.

	Kingston.	Saint-Vincent de Paul.	Dorchester.	Manitoba.	Colombie-Britannique.
	$ c.	$ c.	$ c.	$ c.	$ c.
Personnel	137 34	111 83	132 28	249 17	250 99
Entretien des détenus	42 33	45 76	41 03	56 62	70 54
Dépenses afférentes aux libér. et sorties	6 27	6 46	6 56	7 44	31 19
Frais généraux	37 85	47 33	17 74	63 61	64 04
Outillage et mobilier	6 81	9 05	1 83	6 80	2 97
Industries	0 94	10 41	15 71	16 29	34 73
Terrains, murs, etc	3 67	0 43	....	10 22	0 35
Divers	2 28	1 33	1 29	5 78	1 32
	237 49	233 50	216 44	416 03	456 13
A déduire pour revenu	63 93	6 96	11 20	24 72	20 02
	173 56	226 54	205 24	391 31	436 11

ÉTAT comparatif du coût par tête pour les les trois derniers exercices.

	1897.	1898.	1899.
	$ c.	$ c.	$ c.
Kingston	220 53	203 59	173 56
Saint-Vincent-de-Paul	237 38	214 52	226 54
Dorchester	258 63	219 28	205 24
Manitoba	484 60	459 63	391 31
Colombie-Britannique	396 04	416 73	436 11

ETAT comparatif des dépenses nettes pendant les cinq derniers exercices.

—	1894-5.	1895-6.	1896-7.	1897-8.	1898-9.
	$ c.	$ c.	$ c.	$ c.	$ c.
Kingston	204,630 19	126,687 48	106,733 13	81,460 59	129,121 42
Saint-Vincent-de-Paul	113,879 98	95,855 61	87,059 80	78,426 74	91,737 06
Dorchester	43,492 27	42,635 48	43,050 64	45,178 91	45,523 38
Manitoba	36,691 01	43,828 33	35,359 55	34,724 38	38,367 05
Colombie-Britannique	42,729 11	36,122 88	39,022 01	39,487 06	40,218 72
Totaux	441,422 56	345,129 78	311,825 13	279,277 68	344,967 63
Moy. de la popul. quotidienne	1,250	1,314	1,353	1,415	1,447

Cout effectif :—

Valeur des existences en main, le 1er juillet 1898		$ 80,843
Dépenses, 1898-9		393,020
		$473,863
A déduire—Existences en main, le 30 juin 1899	$110,394	
Valeur approximative du travail pénitiaire employé à la production du revenu et du capital	75,000	
		185,394
Coût net		$288,469
Coût par tête		$192 51
" jour		0 53

RELEVÉ SOMMAIRE.

—	1895-6.	1896-7.	1897-8.	1898-9.
	$ c.	$ c.	$ c.	$ c.
Dépenses brutes	389,284 88	396,002 40	356,366 96	393,020 48
Dépenses nettes	345,129 78	311,825 13	279,377 68	344,967 63
Coût effectif	292,286 00	348,412 00	329,517 00	288,469 00
Coût par tête	222 44	257 51	232 87	192 51
Coût par jour	0 61	0 70	0 64	0 53

PRISON DE RÉGINA.

ETAT comparatif de la population et des dépenses pendant les cinq derniers exercices.

—	Moyenne de la population quotidienne.	Dépenses.	Coût par tête par année.
		$	$
1894-5	23¼	9,548	410
1895-6	22½	9,055	402
1896-7	21½	8,151	379
1897-8	20¾	7,576	375
1898-9	15¾	7,722	477

Je suis, monsieur, votre obéissant serviteur,

DOUGLAS STEWART,
Inspecteur des pénitenciers.

SAINT-VINCENT DE PAUL,
30 décembre 1899.

ANNEXE A

RAPPORT DES PRÉFETS

PÉNITENCIER DE KINGSTON.

KINGSTON, 1er juillet 1899.

M. DOUGLAS STEWART,
Inspecteur des pénitenciers,
Ottawa.

MONSIEUR,—J'ai l'honneur de vous présenter mon premier rapport annuel, avec les états des finances et les statistiques ordinaires des divers départements du pénitencier de Kingston.

Le crédit affecté aux dépenses pendant l'exercice qui a pris fin était de $167,000. Les déboursés se sont élevés à une somme totale de $165,212.28, ce qui laisse entre les mains du gouvernement une balance de $1,787.82.

L'augmentation de $13,185.50 sur les dépenses de l'exercice précédent a été occasionnée, en grande partie, par le paiement extraordinaire de la somme de $12,864.28 pour gratifications à quatorze employés qui ont dû se retirer du service à cause de leur âge et de leurs infirmités. De plus, je dois ajouter que le coût de la matière première pour la manufacture de la ficelle d'engerbage a presque doublé par suite de la perturbation causée sur le marché par la guerre des Philippines.

Les recettes de l'année se sont élevées à la somme de $37,743.84, soit $32,670.84 de moins que pendant l'exercice précédent. Cette grande diminution s'explique par le fait que, en 1897-98, la plus grande partie du produit annuel de la manufacture de ficelle d'engerbage avait été livrée et payée avant la fin de l'exercice, tandis qu'en 1898-99, bien que le produit ait été vendu, il y en a eu comparativement peu d'expédié et payé avant le 30 juin.

Le coût par tête, après déduction faite du revenu, s'élève à $174.16, indiquant une diminution apparente de $29.43 sur celui de l'exercice précédent. En voici l'explication : vers la fin de l'année, il a été reçu pour $14,456.66 valant de chanvre, qui sera payé à même le crédit voté pour l'exercice qui vient de commencer. Si cette consignation de chanvre eût été payée lors de sa réception, le coût par tête, pour l'année, aurait été de $198.27—laissant encore une différence en moins de $5.32.

Le tableau suivant indique les mouvements des détenus pendant l'année qui vient de finir :

	Hommes.	Femmes.	Total.	Hommes.	Femmes.	Total.
Restant, à minuit, le 30 juin 1898............				579	26	605
Reçus depuis :—						
Des prisons communes...	151	1	152			
Des autres pénitenciers...	11	3	14			
				162	4	166
				741	30	771
Libérés depuis :—						
A l'expiration de peine...	149	7	156			
Graciés..............	32	1	33			
Transférés............	3	2	5			
Décédés..............	6	1	7			
				190	11	201
Restant à minuit, le 30 juin 1899..............				551	19	570

Reçus pendant l'exercice clos le 30 juin 1899.......... 166
" " 1898....... 160

Augmentation	6
Libérés pendant l'exercice clos le 30 juin 1899	201
" " 1898	166
Augmentation	35
Réintégrés au pénitencier pendant l'exercice clos le 30 juin 1898.	25
" " " 1899.	19
Diminution	6

Il y a évidemment une amélioration sensible dans la conduite des prisonniers, comparativement aux années précédentes, et il n'y a eu que deux tentatives d'évasion.

Rapports et punitions pendant l'exercice clos le 30 juin 1898.	1,242
" " " 1899.	998
Diminution	244

Les diverses industries ont donné des résultats satisfaisants ; elles ont procuré un travail sain aux détenus, ont produit un revenu considérable, et ont contribué largement aux améliorations faites aux édifices et dépendances. J'espère que l'on m'accordera à l'avenir des contrats pour la fourniture d'articles requis par le gouvernement, tels que les effets d'équipement pour la milice, les sacs de malle et les vêtements pour les sauvages.

En tenant compte des frais de production, de l'intérêt sur le capital, des salaires et du coût de la matière première, la manufacture de ficelle d'engerbage a laissé un excédent. Si l'on considère la hausse rapide survenue dans le prix de la matière brute après la vente par contrat du produit de l'année, le résultat est certainement satisfaisant.

Les problèmes les plus difficiles dans l'administration d'une institution comme celle-ci sont :

L'emploi utile des détenus relégués dans la prison d'isolement ;

Le soin, la surveillance et le traitement de ceux internés à l'asile ;

La classification de détenus appartenant à tant de métiers différents.

N'ayant eu qu'un mois pour faire mes observations, j'espère que l'on me pardonnera si j'attends que mon opinion soit formée avant de faire des suggestions ou des recommandations sur ces importants sujets.

Depuis mon entrée en fonctions comme préfet de ce pénitencier, je n'ai pas été sans remarquer l'universelle sympathie exprimée à mon prédécesseur dans son affliction et les efforts constants que font les employés de tout grades pour faciliter les commencements de mon administration, sans se plaindre de ce qu'elle a encore d'imparfait.

Je suis redevable au préfet intérimaire Foster de ses précieux conseils et de l'aide qu'il m'a donnée, et je dois vous remercier de l'indulgence que vous m'avez témoignée, ainsi que de la promptitude avec laquelle vous avez répondu à mes nombreuses demandes de renseignements.

J'ai l'honneur d'être, monsieur,

Votre obéissant serviteur,

J. M. PLATT,

Préfet.

ANNEXE AU RAPPORT DU PRÉFET.

PÉNITENCIER DE KINGSTON, 1er janvier 1899.

Mémoire pour le préfet.

J'ai l'honneur de présenter le rapport suivant concernant divers travaux exécutés pendant l'exercice clos le 30 juin 1899.

Prolongement de l'aile sud.—Ce bâtiment a été ouvert et occupé le 15 août 1898.

Prolongement de l'aile de l'ouest.—La moitié est des anciennes cellules a été reculée jusqu'au mur du dôme, et on a fait une excavation de dix pieds au-dessous du niveau du sol pour des cellules nouvelles. La fondation des cellules et des conduites est en pierre; les travaux avancent; tous les départements ont des quantités de matériaux prêts pour la construction

Département du gardien-chef.—On a agrandi le magasin en utilisant l'extrémité sud du bâtiment qui servait comme dépôt pour les appareils à incendie. Avec ce local additionnel, le département répond à tous les besoins.

Dépôt des appareils à incendie.—Les deux chambres situées du côté nord de la loge ouest, à l'entrée, ont été aménagées pour recevoir les appareils à incendie. On y a installé deux dévidoirs pour boyaux, une voiture à échelles, des haches, etc.

Chapelle protestante.—Les murs de la chapelle ont été décorés et les bancs peinturés; le plafond de la sacristie a été recouvert en métal. La salle d'école a été divisée, à son extrémité est, afin de donner une classe pour le chapelain protestant.

Département de l'économe.—Le bureau de l'économe, qui se trouvait du côté ouest, a été transféré du côté est.

Salle des gardiens.—La salle des gardiens a été considérablement agrandie par l'enlèvement du mur en pierre et de la cloison en bois, à l'extrémité nord; elle mesure maintenant cinquante pieds de long par vingt et un de large. On y a fait un plancher en bois franc, installé un coffre-fort en acier pour les clefs, posé des barreaux de fer aux châssis.

Grand vestibule.—Un grillage en acier poli, avec portes, a été placé à l'extrémité sud du grand vestibule.

Bureau du préfet.—Les changements qui ont été opérés dans le bureau du préfet y donnent plus d'espace. Une porte, pratiquée dans le mur du grand vestibule, donne une entrée dans le bureau du préfet en passant par celui du secrétaire. On y a construit une voute en brique avec portes en acier. Le plafond, dans le bureau du secrétaire, a été recouvert en métal et peinturé. Des châssis neufs, à grands carreaux, ont été mis à toutes les fenêtres.

Loge nord ou grande entrée.—Des doubles châssis ont été posés à toutes les ouvertures de l'entrée, ce qui rend l'édifice plus confortable pendant les temps froids.

Infirmerie.—La boiserie, la pierre, les murs et les plafonds ont été peinturés et huilés et les cellules blanchies à la chaux.

Etable.—On a placé sur le toit un ventilateur auquel correspondent les conduits d'air des stalles.

Hangar à bois.—Un hangar pour recevoir le bois de service a été construit à l'angle nord-ouest du bassin.

Grand mur d'enceinte.—Le rejointoiement est terminé. Un grand nombre de vielles pierres ont été remplacées. Le chaperon a été renouvelé en plusieurs endroits.

Bouée.—La bouée indiquant l'extrémité du tuyau de prise d'eau a été mise en place.

Tour d'eau.—L'intérieur a été planchéié, latté et plâtré.

Hangar à chaux.—Recouvert en bardeaux et peinturé.

Dôme-sud.—Des portes et cadres avec chassis vitrés ont été placés dans les arches conduisant au dôme.

Carrière.—On a construit à la carrière un bâtiment convenable servant de bureau et de magasin pour l'instructeur de métiers.

Ferme.—Les granges ont été peinturées. On a fait une cave pour les racines, dans le sous-sol, à l'extrémité est de la grange n° 1. On a ajouté aux clôtures en fil de fer.

Chemins.—Les chemins adjacents aux terrains du pénitencier ont été macadamisés.

Système d'égouts.—La pose des tuyaux est à peu près terminée. Des ouvertures et regards pour le service et pour le curage ont été pratiqués partout où il y en avait besoin. Deux réservoirs pour le compost ont été construits sur la ferme, à des endroits convenables, pour recevoir les matières déversées par les égouts.

Porcherie.—On a posé des planchers neufs dans les loges, les uns en pin, d'autres en épinette blanche et épinette rouge ; on tient note des espèces qui conviennent le mieux à cette destination.

Département des impressions.—On a installé à peu de frais un matérisl d'imprimerie. Une grande quantité de formules ont été imprimées pour cette institution et les autres pénitenciers. Quoique le matériel ne soit pas considérable, les impressions ont peu coûté jusqu'à présent. Quand nous aurons une machine à régler, nous espérons faire le réglage des formules.

Tissage.—On a construit trois métiers à la main pour le tissage des serviettes. Les détenus ont fait quelque progrès et, quand ils seront devenus plus habiles, nous espérons pouvoir faire le tissage des serviettes pour tous les pénitenciers.

Ateliers du tailleur et du cordonnier.—Les détenus y ont été employés à confectionner des uniformes pour les officiers de cette institution et ceux du pénitencier du Manitoba et des prisons de Régina et de Prince-Albert, des vêtements et des chaussures pour les sauvages du Nord-Ouest, ainsi que les habillements pour les détenus de ce pénitencier et les prisonniers libérés.

On a fait des réparations considérables aux édifices et beaucoup de travaux pour les autres départements.

E. J. ADAMS,
Instituteur en chef des métiers.

PÉNITENCIER DE SAINT-VINCENT-DE-PAUL.

(Textuel.)

PÉNITENCIER DE SAINT-VINCENT DE PAUL, 1er juillet 1899.

MONSIEUR,—J'ai l'honneur de vous soumettre mon rapport pour l'exercice terminé le 30 juin dernier, avec les rapports officiels d'usage.

Le premier de juillet 1898, il y avait 418 détenus ; au 1er de juillet suivant il y en avait 447, une augmentation de 29.

Dans le courant de l'année nous avons reçu 199 prisonniers et nous en avons trois venant de Kingston.

Il y a eu 134 prisonniers libérés après l'expiration de leurs sentences, 25 pardonnés, et 10 transférés au pénitencier de Kingston.

Enfin 4 ont été enlevés par la mort, dont deux subitement. Le coroner du district a été appelé au sujet de la mort d'Angus Jacob. Verdict : mort naturelle.

Il y a	326	détenus sous une	première	sentence.
"	80	"	2ème	"
"	30	"	3ème	"
	6		4ème	
	3		5ème	
	1		6ème	
	1		7ème	

Rang d'âge.—Il y a 35 détenus au-dessous de 20 ans.
" 195 " de 20 à 30 ans.
" 121 " de 30 à 40 ans.
" 65 " de 40 à 50 ans.
" 27 " de 50 à 60 ans.
" 4 " au-dessus de 60 ans.

De nos 447 prisonniers, il y en a 172 de mariés et 275 qui ne le sont pas.

Valeur.—Les bâtisses du pénitencier et la ferme, la maison du préfet et ses dépendances, la maison de brique et ses dépendances, la maison du ministre et dépendances, l'aqueduc, le palais d'eau et ses accessoires, le tramway, les canaux d'égouts, la carrière, le mur d'enceinte et le reste réprésentent une valeur de $846,225.

Education des prisonniers.—L'instituteur de l'établissement a donné l'enseignement à 126 pupilles, tant anglais que français. Je recommande la lecture de son rapport.

Coût des dépenses.—Le percentage du coût des dépenses du pénitencieur s'élève à $230.25 pour chaque détenu, le total des dépenses générales étant de $98,417,59 ; et le revenu net de l'institution est exprimé par le chiffre $1,371. Dans mon rapport de l'année dernière, je vous faisais des remarques suggestives relativement aux besoins dont l'opportunité et la nécessité me paraissaient évidentes dans l'intérêt et de l'institution et de la population qu'elle contient.

Sûreté du pénitencier.—Le mur d'enceinte, malgré son apparence imposante, offre un point faible pour la sécurité de l'établissement, c'est-à-dire, la portion inachevée du mur sur la façade, protégée par simple clôture en bois. Cette partie est encore dans le même état, et est une cause permanente d'anxiété pour les autorités en ayant la charge. L'exécution de ce travail superlativement important ne sera pas retardée plus longtemps ; des mesures ont été prises pour que ce mur soit completé sans délai.

Bâtisse pour abriter les tailleurs de pierre.—Dans la conr du pénitencier il y a une grande bâtisse en bois tellement délabrée qu'il faut la reconstruire. Cette bâtisse sert d'atelier aux tailleurs de pierre. Les détenus qui y travaillent sont exposés à de nombreux inconvénients, contre lesquels ils doivent être protégés. Je suggère que sa reconstruction se fasse en pierre de taille, afin de la mettre d'une manière permanente à l'abri des rigueurs du temps.

Travaux.—Les travaux faits dans le cours de l'année fiscale sont indiqués dans le rapport ci-annexé du *Chief trade Instructor.* Ce rapport mérite d'être consulté.

Hôpital.—Rien n'a été fait pour l'hôpital, dont l'insalubrité et l'insuffisance sautent aux yeux de tout le monde. Et les nombreux rapports du médecin en font foi. En face de cet état menaçant pour la salubrité, j'ai converti une salle vacante en hôpital d'isolement pour les maladies contagieuses. Situé au troisième étage, cet hôpital rendra de grands services en temps d'épidémie. C'est le temps de dire que le rapport du médecin établit que la salubrité de l'institution laisse beaucoup à désirer ; ce rapport est un point d'interrogation qui se dresse formidable devant notre sollicitude commune. Nous sommes à la recherche des causes de cet état malheureux.

Dans ce rapport, il y a des remarques très opportunes sur les avantages de l'emploi du lait comme aliment et elles me fournissent l'occasion de suggérer la production du lait par l'institution, comme la chose se pratique dans trois pénitenciers du Dominion.

Il est facile d'avoir et d'entretenir des vaches, et d'autant plus facile que nous avons une ferme pouvant subvenir à leur entretien ; et les détenus feraient le reste. De cette façon, le lait produit coûterait moins cher que le lard, le bœuf et le poisson.

Egouts.—L'architecte du pénitencier avait inauguré un essai de système d'égouts moderne, essai qui fut la cause de plaintes générales et provoqua même un protêt de la part du maire de Saint-Vincent-de-Paul, dans l'intérêt de la santé publique.

Les égouts du pénitencier, se jetant dans le ruisseau traversant une partie des propriétés de M. Hector Lussier, sont l'objet d'un litige devant nos tribunaux. Il me semble que la solution de cette affaire n'est pas impossible. Dans tous les, ce n'est pas un essai dispendieux qui sera bienvenu, mais un système scientifique, mûri, qui est réclamé.

Eclairage.—Le moindre cultivateur, un peu à l'aise, rougirait de s'éclairer avec l'ancienne chandelle de suif ; ma foi, de nos jours, c'est aussi humiliant pour une institution importante comme la nôtre d'être éclairée à la lampe, à l'huile de charbon. La lumière électrique pénètre jusque dans les profondeurs de nos campagnes, mais à Saint-Vincent-de-Paul, dans le voisinage immédiat de la grande métropole canadienne, le pénitencier est condamné à l'usage de la lampe du pauvre, tandis qu'il y a des engins puissants en dedans de ses murs.

Département des femmes.—Je réclame un département pour les femmes condamnées au pénitencier.

Pourquoi les envoyer à Kingston ?

Nous pouvons en avoir soin avec les mêmes garanties de dévouement et de science qu'à Kingston.

Boutiques d'industrie.—Le nombre des prisonniers augmentant continuellement, il nous faut augmenter la variété des industries pour occuper constamment et permanenment ces malheureux. Je demandais et je demande l'industrie dans nos murs de la broche à engerber, spécialement.

Ferme.—Tout le monde est d'accord sur l'utilité et les avantages des travaux agricoles par le détenu ; il en résulte pour celui-ci un bien-être physique et moral d'une valeur inappréciable. Je m'intéresse d'une manière particulière à ce département que je recommande à votre protection en, par vous, favorisant l'agrandissement de la ferme du pénitencier.

Système d'isolement.—Je réclame l'érection dans notre pénitencier de cellules d'isolement pour les grands criminels, les récidivistes et les aliénés. Je la réclame avec la même bonne foi et avec la même intensité de conviction de son utilité que l'an passé.

Je crois à l'efficacité de l'emprisonnement complètement isolé. La solitude bien dirigée, soutenue par le travail, par la lecture de livres moraux et instructifs, par les exhortations, les encouragements des âmes généreuses et charitables qui pourraient être admises à les visiter, aura sur le plus grand nombre des malfaiteurs et des prisonniers un effet de répression et de salut plus prompt que la crainte de la mort. Les plus grands criminels se recueillent parmi les ignorants, les brutes et les paresseux. Condamnés a travailler toute leur vie, ou au moins pour une grande partie, ne pouvant entrevoir d'autres perspectives, on peut croire à l'amendement de quelques-uns, au changement moral de quelques autres, et la société en bénéficiera.

Notre pénitencier est vaste, et avant longtemps il contiendra une population de 500 ; son importance, et la part énorme des revenus fournis par Québec, m'autorisent ou mieux me font un devoir de réclamer pour nous ces avantages dont jouit depuis longtemps le pénitencier de Kingston. La situation d'infériorité imposée à notre pénitencier devient de plus en plus humiliante et irritante, même.

L'usage du téléphone a été remis en pratique dans le cours de l'année, mais il n'est pas assez indépendant de la curiosité des voisins ; inconvénient qui n'est pas sans danger.

Aliénés.—Huit aliénés ont été envoyés à Kingston.

Oscar Gagné.—Un petit idiot, arrêté dans son développement physique et mental, fut envoyé au pénitencier par les autorités de Trois-Rivières. Son arrivée provoqua mon indignation parce que je vis, dans cet évènement judiciaire, l'égoïsme municipal repoussant un malheureux irresponsable, au nom de la justice. Il va retourner à la prison de Trois-Rivières d'où il nous est venu, pour de là aller dans un asile d'aliénés. Ce sera une leçon bien méritée par ceux qui ont commis cette iniquité.

Ecurie.—Une vaste écurie en pierre de taille est en construction ; et un canal d'égout, partant de cette écurie, va se jeter dans le canal central. Cette construction sera terminée dans le cours de l'année qui commence.

Tir à la cible.—J'ai le plaisir de vous dire que les officiers du pénitencier pratiquent l'exercice du tir à la cible avec un entrain qui me donne beaucoup de satisfaction.

Elargissement de la rue.—Les travaux que vous avez ordonnés pour l'élargissement de la rue en face du pénitencier sont poussés d'une manière continue. Ces travaux donnent lieu à des plaintes acerbes de la part des propriétaires troublés dans la possession et la jouissance de leur propriété ; et, commencés en l'automne de 1897, ils ne pourront être terminés que l'an prochain.

Je remercie tout le personnel attaché au service de notre institution, du respect, des égards et du dévouement qu'il ne cesse de me témoigner.

J. A. DUCHESNEAU,
Préfet.

DOUGLAS STEWART, Ecr.,
Inspecteur des pénitenciers,
Ottawa.

ANNEXE AU RAPPORT DU PRÉFET.

Mémoire pour le préfet,

Ayant pris la direction du département des industries le 20 février, il va s'en dire que mon rapport pour le dernier quartier de l'exercice sera très court.

Hopital pour les maladies contagieuses.—Les travaux avancent assez rapidement ; Les appartements sont presque terminés et pourraient être occupés si cela était nécessaire.

Nouvelle chapelle protestante.—Les travaux ont été poussés avec vigueur. La chapelle, presque terminée, sera d'un bel aspect.

En faisant disparaître l'ancienne chapelle, on a construit un nouvel escalier qui conduit de la cuisine à la chapelle neuve, à l'école et à l'infirmerie, ce qui ajoute beaucoup à l'apparence de cette partie de l'édifice. On arrive ainsi directement de la cour à l'infirmerie, à la chapelle, etc., au lieu de passer par la cuisine et le corridor conduisant à la salle des gardes.

Les vieux degrés conduisant de la cour à la cuisine ont été enlevés ; la porte a été reculée plus à l'est ; l'ancienne porte a été convertie en fenêtre, et on a posé un escalier en fer conduisant de la cour à la nouvelle porte. Construit puits d'aérage en brique. L ancienne cheminée de brique, servant de conduit d'air, a été complètement enlevée et l'espace ainsi obtenu dans le bâtiment principal sera utilisé pour les bains, lavoirs, etc., sur chaque étage. L'enlèvement de la cheminée a nécessité le renforcement des planchers sous les réservoirs, ce qui a été fait en posant de nouvelles solives. La tour, qui reposait aussi sur la cheminée, a été solidement appuyée.

Nouveau ventilateur.—On a pratiqué un nouveau ventilateur allant de la cuisine au toit à travers l'école et le grenier, et on a construit une nouvelle coupole. On est ainsi parvenu à ventiler la cuisine beaucoup mieux qu'avec l'ancien puits d'aérage en brique.

Installations sanitaires—Le mécanicien est très occupé à changer la disposition des appareils sanitaires dans le bâtiment principal. Les tuyaux d'égoûts et de décharge et le tuyau principal d'alimentation, qui se trouvaient dans des appartements différents, ont été réunis dans l'espace occupé par l'ancien puits d'aérage. Ce changement rendra le travail du mécanicien plus facile à l'avenir, vu que tous les tuyaux se trouveront dans un même endroit, facile d'accès en tout temps en cas de rupture, etc.

Bureau du comptable.—Le bureau du comptable a été complètement réparé et bien peinturé. On y a mis une nouvelle grille et un nouveau mobilier en noyer, comprenant un pupitre avec dessus mobile, une armoire pour la papeterie, une bibliothèque, une table pour la presse à copier. un garde-robe et des chaises.

Etable neuve,—Les travaux à la nouvelle étable sont poussés aussi rapidement que possible. J'espère voir ce bâtiment terminé de bonne heure cet automne.

Nouvelle loge—Je suis heureux d'apprendre que le département a décidé de terminer ce bâtiment ; les travaux seront repris aussitôt que ceux à l'étable seront assez avancés.

Nivellement du chemin de front.—On est à faire le nivellement du chemin de front ou chemin principal. Comme il y a beaucoup d'obstacles, les travaux se font lentement ; mais, une fois terminés, ils seront une grande amélioration.

Atelier de ferblanterie.—L'ancien atelier des charpentiers a été aménagé pour les ferblantiers. Le rez-de-chaussée a été réparé ; on y a posé un pavé en dalles et installé un moulin à moudre pour l'usage de l'instructeur agricole.

Logement du sous-préfet.—Le logement du sous-préfet a été complètement remis à neuf. Le papier des murs du salon, des passages et de la salle à manger a été renouvelé. Les chambres à coucher ont été peinturées ; on a changé la tuyauterie et les installations sanitaires, posé un nouveau bain et closet, etc.

Logement du préfet.—La résidence du préfet n'a pas été oubliée. On y a posé une toiture neuve en métal ; la galerie, en avant de la maison, a été peinturée ; la fontaine, en très mauvais état, a été réparée, les allées ont été couvertes de gravier. Toutes ces améliorations ajoutent beaucoup à la valeur de la propriété.

Téléphone.—Une grande commodité, c'est la communication téléphonique avec la cité, qui a été rétablie, mais beaucoup plus économiquement qu'auparavant.

Outre les travaux énumérés ci-dessus, il a été fait beaucoup de menues réparations.

Je n'ai pas donné le détail des travaux. On le trouvera aux plans et devis de l'architecte, qui ont été scrupuleusement suivis.

GEO. A. PRATT,
Instructeur en chef des métiers.

PÉNITENCIER DE DORCHESTER.

DORCHESTER, N.-B., 1er juillet 1899.

MONSIEUR,—J'ai l'honneur de vous présenter mon rapport annuel, avec les états ordinaires, pour l'exercice clos le 30 juin 1899.

Le 30 juin 1898, il restait au pénitencier 225 détenus ; reçus depuis, 110 ; libérés à l'expiration de leur peine, 85 ; graciés, 17 ; décédés, 5 ; transférés au pénitencier de Kingston, 2, total, 109 ; restant le 30 juin 1899, 222 hommes et 4 femmes, total, 226 détenus, soit une augmentation d'un prisonnier sur l'exercice précédent.

La moyenne de la population journalière a été de 234, soit une augmentation de 17 sur celle de l'année précédente.

La dépense totale pour l'exercice qui vient de finir a été de $48,217.28, contre $46,945.68 pour 1897-98, soit une augmentation de $1,271.59.

Le coût par tête a été de $205.24, contre $219.28 pour l'exercice précédent, soit une diminution de $14.04.

Les travaux de la ferme ont été assez satisfaisants. Toutes les récoltes—foin, grain, légumes—ont réussi. Environ 10 acres de terre ont été défrichés et mis en culture. D'après les apparences, les récoltes de l'année seront très abondantes.

On a employé cette année un plus grand nombre de prisonniers à la carrière, à extraire la pierre nécessaire pour terminer le réservoir en construction, bâtir un hangar et pour faire d'autres travaux nécessaires dans la cour du pénitencier.

La demande de tinettes pour le beurre diminue graduellement. Nous en avons vendu très peu cette année et nous avons cessé d'en fabriquer.

Je regrette de dire que nous recevons encore un nombre considérable de très jeunes prisonniers. Quarante deux garçons agés de vingt ans et moins ont été admis au pénitencier pendant l'année qui vient de finir ; neuf d'entre eux n'avaient pas seize ans.

La conduite et le travail des prisonniers ont été généralement très bons. Il n'y a pas eu d'évasions.

Je suis heureux de dire que, pendant le temps où j'ai rempli les fonctions de préfet, j'ai reçu toute l'aide possible du sous-préfet intérimaire, M. Pipes, ainsi que des autres membres du personnel.

J'ai l'honneur d'être, monsieur,
Votre obéissant serviteur,

CHARLES ROSS,
Préfet intérimaire.

M. DOUGLAS STEWART,
Inspecteur des pénitenciers,
Ottawa.

ANNEXES RAPPORT DU PRÉFET.

Mémoire pour l'inspecteur.

Permettez-moi de vous soumettre, pour votre information, un rapport détaillé des travaux qui, suivant moi, devraient être exécutés.

Comme vous avez représenté, dans vos rapports annuels, qu'il y avait des améliorations et réparations urgentes à faire à ce pénitencier, j'ai été envoyé ici, en avril dernier, avec instruction de faire un relevé des travaux nécessaires, de préparer les plans et devis, d'indiquer le coût probable, de faire un rapport et, lorsque ce rapport serait adopté, de commencer les travaux.

Barrière d'entrée.—Le préfet intérimaire m'a fait remarquer que les portes ouvraient et fermaient difficilement. Après examen, j'ai constaté que le cadre principal n'était pas de niveau. En creusant tout autour et en mettant à découvert les poteaux et le seuil, j'ai trouvé la partie inférieure du cadre toute pourrie, de sorte que les portes étaient dans un état dangereux et pouvaient se rompre du bas en battant ou sous l'action du vent. Le cadre a été complètement renouvelé et les anciennes portes ont été remises en place. La salle des gardiens a été remise à neuf et on a posé un nouveau trottoir en bois devant le corps de garde. La tour des gardes a été transportée du côté est de la loge à l'angle sud-ouest ; elle offre ainsi un meilleur point d'observation et plus de protection tant à l'intérieur qu'à l'extérieur de la clôture et de la barrière.

Cette barrière d'entrée, située du côté sud de la palissade et tout près de l'angle sud-ouest, comprend une structure unique et grotesque ressemblant beaucoup à un hangar, construite du côté de la cour apparemment pour prévenir l'invasion du dehors ; elle n'a qu'une paire de portes. Le corps de garde est insalubre, ressemble à une cave avec des marches pour y descendre et n'a pas de plancher. Comme il est question de construire prochainement un mur d'enceinte et une loge en pierre, on n'a songé qu'à faire des réparations.

Agrandissement de la boulangerie.—Ce bâtiment détaché, en bois, situé du côté sud de la cour, mesure 33 pieds x 18 pieds et contient, en partie, un four de 14 pieds x 14 pieds, laissant un espace libre de 17 pieds x 18 pieds pour le travail. L'ancien four, de forme presque circulaire, est devenu trop petit pour les besoins de l'institution. Des plans ont été faits et approuvés pour la construction d'un nouveau bâtiment de 40 pieds x 43 pieds et d'un four mesurant 11 pieds x 11 pieds 9 pouces à l'intérieur. La bâtisse est terminée et l'on est à construire le four. Cet agrandissement donnera tout l'espace nécessaire pour les opérations de la boulangerie, l'emmagasinage des farines, le dépôt des fournées et des ustensiles.

Atelier pour les tailleurs de pierre.—La nécessité d'un atelier pour les tailleurs de pierre était urgente. Des plans et devis ont été faits et approuvés pour la construction d'un bâtiment de 147 pieds x 45 pieds, à un étage, avec toit "Monitor" pour la ventilation. La bâtisse sera construite en grès tiré de la carrière du pénitencier : pierre dressée sur face, cours d'assise pour les parements extérieurs pour correspondre avec les autres édifices ; même pierre, dressée au marteau, pour les parements intérieurs ; comble moisé avec toiture pleine recouverte en lames de métal posées sur papier goudronné ; deux entrées de huit pieds, bien éclairées ; barreaux aux fenêtres inférieures ; châssis à coulisses, s'ouvrant de moitié ; installations pour deux cabinets d'aisance et approvisionnement d'eau. Ce bâtiment, en voie de construction, est le premier des ateliers permanents projetés et occupe l'extrémité nord. Le terrain se trouvant élevé à cet endroit, il a fallu creuser à une profondeur de trois pieds pour mettre le plancher au niveau de la cour. Des tranchées de trois pieds six pouces de profondeur ont été faites pour recevoir les murs de fondement. On est à extraire la pierre de la carrière et à la dégrossir ; les boiseries seront préparées durant l'hiver et on se hâtera de terminer les travaux le printemps prochain. Cet atelier comblera un grand vide et permettra d'employer les prisonniers, pendant l'hiver et la saison pluvieuse, à préparer la pierre nécessaire pour les autres ateliers permanents projetés, le mur d'enceinte et la barrière d'entrée.

Grand réservoir en bois.—Ce réservoir en bois, ayant 100 pieds de long, 24 pieds de large et 12 pieds de profondeur, contenant 180,000 gallons mesure impériale, a été construit en 1883. La partie supérieure est protégée par un bâtiment en bois avec toit en bardeau. Cette construction est entourée d'une couche de glaise, et l'eau qui dégoutte du toit ayant pourri les seuils et l'extrémité des pôteaux et du revêtement de planche, ce dernier n'était plus sûr. Les seuils ont été renouvelés et on a raccourci les pôteaux et le revêtement d'environ 15 pieds ; on a aussi enlevé toute la partie pourrie du bois et on a abaissé toute la construction sur les nouveaux seuils ; on a ajouté à la charpente des aisseliers pour donner plus de solidité à l'assemblage. La toiture en bardeau a été réparée et devra être renouvelée l'été prochain.

Petit réservoir en bois.—Ce premier réservoir a été construit en 1881 ou 1882 ; il a 18 pieds de long, 10 pieds de large, 9 pieds 10 pouces de profondeur, et contient environ 10,500 gallons mesure impériale ; il est situé à l'extrémité nord du premier lot d'un acre acquis pour le pénitencier. La source qu'on y a découverte se trouve en bas d'une haute colline, mais à un niveau beaucoup plus élevé que le terrain sur lequel est construit le pénitencier, à environ un mille franc nord-est de celui-ci. Une conduite en fonte, de 6 pouces de diamètre, porte l'eau des deux réservoirs à la prison et donne une pression de 50 livres au pouce carré dans le sous-sol. Ce petit réservoir n'était plus étanche ; on décida de le remplacer par un autre en pierre de taille, de 30 pieds de long, 15 pieds de large et 12 pieds de profondeur, pouvant contenir environ 30,000 gallons mesure impériale. Ce réservoir aura un double fond de bois et sera recouvert d'un toit de protection.

Nouveau réservoir en pierre.—En prenant la direction des travaux, je décidai de ne rien négliger pour protéger le pénitencier contre le danger des incendies pouvant se déclarer dans les bois qui couvrent les terrains de la prison, comprenant maintenant environ quinze acres. J'ai en conséquence préparé les plans de ce nouveau réservoir qui remplacera l'ancien. Il comprend deux compartiments de 30 pieds de long par 9 pieds de large et 10 pieds de profondeur pouvant contenir environ 35,000 gallons mesure impériale ; murs en pierre de taille, épais de 2 pieds 1½ pouce jusqu'à la ligne d'eau, voute en brique, le tout lié par du mortier ciment ; fond en béton et ciment ; voute plâtrée au ciment ; regard en pierre de taille avec couverture en dalles ; quatre ventilateurs en fonte de 6 pieds de diamètre, dans la voute ; toute la construction recouverte d'une couche de glaise de trois pieds d'épaisseur, formant talus revêtu de gazon. Le tuyau de distribution du réservoir, avec soupape de 6 pouces, relié au conduit d'approvisionnement de 6 pouces est pourvu de tuyaux de trop-plein et de vidange. Ce réservoir est maintenant terminé et l'ouvrage a été bien fait. Grâce à la constante énergie du préfet-intérimaire, les travaux ont pu être exécutés avant la mauvaise saison. Manier les matériaux et les transporter sur ces hautes collines a été une rude besogne pour les hommes et pour les attelages.

Source.—Cette source était en très mauvais état. On s'était contenté de creuser dans le sol un trou que l'on avait entouré de quelques pierres détachées et recouvert de deux ou trois bouts de madriers. L'eau était portée au vieux réservoir par un tuyau de bois en partie pourri ; lorsque ce tuyau fut mis à découvert, on s'apperçut qu'il laissait perdre une grande quantité d'eau. Pour remédier à cet état de choses, on a creusé un puits, revêtu de maçonnerie au pourtour intérieur, avec fond concave en béton et couverture en dalles, où se concentrent les eaux des sources. Deux tuyaux de fonte de six pouces de diamètre, avec soupapes de six pouces sur le puits, portent l'eau, l'un au nouveau réservoir, l'autre au grand réservoir en bois. Pour protéger d'avantage la source et le puits, la construction en bois, qui recouvrait le vieux réservoir et qui a été remplacée par une autre en pierre, a été enlevée, réparée et mise sur le puits ; la porte en est fermée avec des cadenas.

Terrain des réservoirs.—J'ai fait mesurer ce terrain, qui comprend maintenant environ 15 acres, et fait placer des bornes en pierre à chaque angle et sur la ligne de profondeur pour en marquer la limite. Tout le sous-bois autour des réservoirs a été coupé et le terrain a été nettoyé pour empêcher les feux de buissons qui pourraient se déclarer d'atteindre le grand réservoir en bois. La partie est du terrain, sur la côte, d'une contenance d'environ 12 acres est couverte de grands arbres et de sous-bois. La partie basse, à l'ouest des réservoirs, est dénudée ; on y plantera environ deux acres de jeunes érables. Ce terrain doit être entouré d'une clôture en fil de fer.

Hopital.—La vielle fournaise à air chaud, qui a servi au chauffage de ce bâtiment depuis dix-huit ans, était devenue défectueuse par l'usage ; elle coulait, et le gaz s'en échappait dans les salles. On l'a remplacée par une fournaise améliorée, du même modèle. Cette bâtisse a besoin de réparations. Des changements devront être faits dans la salle de chirurgie et dans le bureau du médecin que l'on pourrait agrandir en utilisant le passage d'entrée et en plaçant la porte en arrière. La cave, en avant, et la chambre pour la fournaise devront aussi être réparées.

Cave aux racines et grange.—Ce bâtiment, mesurant 80 pieds x 36 pieds, comprend une cave en maçonnerie avec, au-dessus, une grange en bois. La chaleur de la cave et le manque de ventillation suffisante ont fait pourrir la plus grande partie du double plancher, les lambourdes, les poutres et l'extrémité des poteaux. Le tout a été renouvelé. Trois grands conduits d'air, partant du plafond de la cave, vont aboutir à des coupoles sur le toit. L'aire de la cave a été creusée d'environ quinze pouces ; cet espace a été rempli de gros macadam que l'on a recouvert d'une couche de gravier et de cendre comprimée au rouleau. Des bases en pierre ont été mises aux piliers qui supportent le plancher.

Egouts.—Tout le système d'égouts est défectueux, insalubre et mal diposé. Les tuyaux passent sous les édifices et sont en matière vétrifiée, ce qui est dangereux. Les tuyaux sous les édifices devraient être en fonte avec emboîtements et esses convenables. Il n'y a pas de tuyaux de prise d'air, et les tuyaux de descente des cabinets d'aisance n'ont point de ventillateurs de même grosseur allant jusqu'au toit. On se propose de remédier à ces inconvénients, lorsqu'on fera les réparations, en plaçant deux égouts, l'un devant la façade du bâtiment, vers l'est, et l'autre parallèlement à l'aile est ; ils se raccorderaient à un égout intercepteur, établi le long du côté est des ateliers permanents, qui les réunirait aux canaux projetés, en dehors du mur d'enceinte ; on reliera les conduits latéraux venant des édifices à l'égout principal. On établira à toutes les intersections des regards en pierre de taille pour le service et, par intervalles, des regards pour lampes. Un nouveau regard en pierre de taille a été pratiqué sur l'égout actuel, du côté sud.

Travaux d'égouts.—Des plans pour nouveaux travaux d'égouts seront bientôt prêts. L'inclinaison du sol, à l'est du pénitencier, se prête bien à ce projet. Avec la main-d'œuvre et les matériaux à notre disposition, les travaux pourront être exécutés à peu de frais.

Drains.—Les drains en bois, allant vers l'ouest, qui servent à l'écoulement des eaux de la buanderie, de l'hopital et de la prison des femmes, ont été renouvelés dans les parties endommagées et recouverts d'une épaissé couche de glaise.

Canaux pour les hydrantes.—On a creusé et construit en pierre des canaux partant de deux hydrantes dont l'un se trouve près de la résidence du préfet et l'autre en face des habitations du personnel. Ils servent à l'écoulement des eaux qui s'accumulent et empêcheront à l'avenir les hydrantes de geler.

Drains de la cour.—Pour drainer le sous-sol de la boulangerie et de la boutique de forge, on a creusé et construit en pierre des drains qui vont aboutir au canal en bois, dans l'angle sud-est.

Canal en bois.—On a construit, dans l'angle sud-est de la cour, un canal intercepteur en bois, recouvert, qui reçoit les eaux des drains partant de la boulangerie, du moulin, de la boutique de forge, et les eaux de surface de cette partie de la cour. Ces eaux sont déversées dans le ruisseau, à travers le champ, par le canal extérieur en bois.

Remblayage de la partie basse de la cour.—La glaise que l'on a sortie du sous-sol de la boutique de forge, les escarbilles et les cendres ont été répandues dans la partie basse de la cour pour en élever le niveau.

Trottoirs.—Un trottoir recouvert d'une couche d'escarbilles a été posé en face du terrain du pénitencier sur la grande route, à partir du chemin d'approche de la prison, au sud, et un autre sur le chemin d'approche en face de la résidence du préfet, pour remplacer les trottoirs en bois endommagés.

Chemin macadamisé.—Le chemin allant de la barrière d'entrée à la porte principale du pénitencier a été élevé d'un pied avec de la pierre concassée et le milieu arrondi.

Nivellement de la cour.—En établissant les ateliers permanents sur le côté est, il faudra donner une pente à la cour pour régler le niveau du plancher de bas, d'après les indications des plans, et toute la cour à l'est des ailes qui s'étendent au nord et au sud devra être nivelée. Ces travaux prendront au moins trois saisons et procureront amplement de l'ouvrage aux détenus à qui on ne permet pas d'aller travailler au dehors ; cela vaudra mieux que de leur faire casser de la pierre pour laquelle on n'a aucun usage, vu qu'il y a sur la ferme un lit de gravier congloméré convenable pour l'empierrement des routes.

Tuyaux pour l'eau dans la cour.—En réglant le niveau de la cour, je constate que les tuyaux d'alimentation sont posés assez bas dans la partie est où il faudra faire le déblai. A l'endroit où les conduites de 4 pouces de diamètre s'embranchent avec le tuyau d'alimentation de 6 pouces et traversent la nappe d'eau souterraine, dans la partie la plus basse de la cour, en face du nouvel atelier des tailleurs de pierre, le tuyau se trouverait à environ 7½ pouces au-desous du nouveau nivellement. Il faudra en conséquence abaisser les conduites à une profondeur suffisante pour qu'elles soient couvertes de quatre pieds de terre. Il est évident qu'il y a eu négligence grossière dans la pose de ces conduites d'eau à travers la cour. Il semblerait qu'on a suivi les contours du terrain pour établir la ligne de nivellement, tandis qu'on aurait dû se guider sur l'aile est du pénitencier déjà construite.

Dimension actuelle de la cour.—La cour du pénitencier a actuellement une superficie de 16 acres, 2 rods, 28¾ perches. Elle est entourée d'une palissade haute de 18 pieds, en bois d'épinette de 8 à 10 pouces de diamètre dressé sur deux faces, enfoncée à cinq pieds dans le sol, avec, fixées au moyen de fiches sur la surface extérieure, deux traverses longitudinales de 4 x 8 pouces. Cette clôture se détériore vite à la ligne de terre ; de fait, le côté de l'est commence à pencher et il faudra l'étayer ; la barrière de derrière devra également être renforcée. Comme cette clôture ne peut être maintenue en bon état pendant plusieurs années, on devra bientôt commencer la construction d'un nouveau mur d'enceinte.

Nouvelle cour.—La nouvelle cour projetée aura une superficie de 7 acres 2 rods, 26 perches. Vu sa forme, un rectangle mesurant 810 pieds du nord au sud et 412 pieds de l'est à l'ouest, quatre officiers, un à chaque angle, suffiront pour garder le mur d'enceinte et la cour. Du haut des tours, l'un ou l'autre des gardes pourra exercer la surveillance et voir dans toutes les parties de la cour, ce qui est très désirable.

Ateliers permanents.—Les ateliers permanents projetés, en pierre, seront construits du côté est de la cour. Ils auront deux étages, sauf l'atelier des tailleurs de pierre qui n'en aura qu'un, et mesureront 720 pieds de long par 45 pieds de large. La façade, ou ligne ouest, sera du côté est de la grande cheminée de la chambre des chaudières. Le derrière, ou ligne est, sera parallèle au mur d'enceinte de l'est et à 45 pieds de celui-ci. Il y aura un espace de 45 pieds entre les extrémités du bâtiment et le mur d'enceinte. On y fera les installations suivantes, en commençant à l'extrémité nord : atelier des tailleurs de pierre, chambre des appareils pour la lumière électrique et atelier des peintres au-dessus ; ateliers des forgerons et mécaniciens et atelier des charpentiers au-dessus ; centre ouvert jusqu'au toit, avec coupole ; lavoir, buanderie, chambre de rechange, et ateliers des tailleurs et des cordonniers au-dessus ; appartement pour les seaux de nuit et magasin au-dessus ; glacière, avec dépôt pour la provende au-dessus ; écurie et remise, avec grenier au-dessus pour le foin et la paille. Ce bâtiment comprendra les ateliers nécessaires pour répondre à tous les besoins de cette institution. Il sera, autant que possible, construit en matériaux incombustibles et remplacera tous les bâtiments en bois disséminés dans la cour qui non seulement la déparent, mais sont encore une menace pour les ailes et le corps principal du pénitencier.

Plan d'ensemble.—J'ai préparé un plan d'ensemble indiquant les édifices actuels et ceux projetés, l'ancienne et la nouvelle cour. Il servira de guide dans l'exécution des travaux,

Mur d'enceinte et loge.—Le nouveau mur d'enceinte en pierre, avec loge, entourera la cour neuve ; il y aura trois tours pour les gardes, aux angles nord-ouest, nord-est et sud-est. La loge d'entrée sera à l'angle sud-ouest et placée à un angle de 45 degrés avec les murs sud et ouest. Dans ce bâtiment, il y aura une large porte, avec corps de garde et salle d'armes d'un côté du rez-de-chaussée, bureau pour le garde magasin et chambres pour les approvisionnements, de l'autre. L'étage supérieur servira de dépôt. Le tout sera bâti en grès, pour correspondre avec les autres édifices.

Moulin.—C'est une bâtisse en bois, à trois étages, située du côté sud de la cour' Au rez-de-chaussée se trouve la scierie ; au premier étage, on fabriquait les tinettes et les seaux ; le second étage était occupé par les charpentiers et les peintres. Comme il y a peu ou point de demande pour les tinettes et les seaux, on en a suspendu la fabrication, ce qui a laissé un atelier vacant, et on a fait les changements suivants : les machines servant à cette industrie ont été enlevées et vendues ; les charpentiers et les peintres seront installés dans cet atelier du premier étage, et l'étage au-dessus (l'atelier des charpentiers) sera amenagé pour recevoir les tailleurs et les cordonniers, qui abandonneront le local qu'ils occupent actuellement sur le côté nord de la cour. Les travaux sont commencés et seront terminés vers le 1er février 1900. Les deux équipes d'ouvriers seront ainsi réunies dans un même local, ce qui rendra la surveillance plus facile et plus efficace.

Lavoir, buanderie et chambre de rechange.—Aussitôt que les tailleurs et les cordonniers seront transférés dans leurs nouveaux ateliers, au moulin, on se propose de changer la disposition du bâtiment en bois situé du côté nord de la cour, occupé par le lavoir, la buanderie, l'atelier des tailleurs au rez-de-chaussée et l'atelier des cordonniers au premier étage, et d'y installer, dans l'extrémité ouest du rez-de-chaussée, une buanderie et lavoir modernes comprenant : laveuse et tordeuse centripète à vapeur, machine à vapeur et bouilloire à vapeur, séchoir avec douze chevalets, douze bains ; l'extrémité est servira de chambre de rechange. Le besoin de ces nouvelles installations se faisait sentir depuis longtemps. Quand la chambre de rechange sera prête, on y transportera les hardes qui sont actuellement déposées dans un compartiment de la cuisine, car on a besoin de ce dernier local pour agrandir celle-ci. Le lavoir, les bains et le séchoir sont malpropres et insalubres. En lavant le linge dans des cuves au moyen de pilons, il est impossible de le nettoyer parfaitement, sans compter que, par ce procédé, on l'use et le déchire. Les repoussantes cuves à bains, qui sont une menace de contagion, sont tellement placées qu'elles ne peuvent être surveillées par les employés. Le séchoir est imprégné d'humidité et, pendant l'hiver, il faut se servir du séchoir à bois pour le linge. La chaudière verticale à eau chaude qui est actuellement dans ce bâtiment et qui sert à chauffer l'eau pour le lavage et les bains et à sécher le linge, sera convertie en chaudière à vapeur.

Améliorations à la cuisine, etc.—Il y a ici d'importants changements à faire ; ils seront exécutés en même temps que ceux de la buanderie, etc. La cuisine est située dans le sous-sol, sous les bureaux de l'administration. Elle est dans le genre d'une cuisine de maison privée, ayant dépense, cellier, et ne contient pas moins de sept compartiments séparés par un passage sombre de 62 pieds de long et dix pieds de large ; elle nécessiterait le service d'au moins quatre employés pour en faire la surveillance suivant les règlements du pénitencier. Pour servir les aliments, il faut les transporter à 120 pieds, puis jusqu'au dôme par un étroit escalier tournant. L'appareil primitif de cuisine, comprenant un grand fourneau bas chauffé au charbon et nombre de chaudrons, poêlons et ustensiles, est usé ; un poêle craqué, en fonte, pour la cuisine des officiers, une grande chaudière à *porridge*, des tables et dressoirs avec tiroirs fermant à clef, forment un attirail culinaire qu'il ne me plaît point de décrire. Avec l'argent dépensé en achat de fourneau, de divers articles et en réparations, on aurait pu installer un fourneau à vapeur de première qualité. Il y a aussi une glacière pour la viande ; elle est sale et sans ventilation. Ce sous-sol servant de cuisine est planchéié et revêtu de bois : les planchers sont usés et ne peuvent être tenus propres ; le revêtement de bois est un nid à vermine et le tout est un milieu des plus propices à la propagation des "coquerelles." Il est heureux quil y ait dans ce sous-sol huit foyers de cheminées entraînant les mauvaises odeurs de ce milieu insalubre.

On se propose de faire les améliorations suivantes : enlever trois murs, supporter les parties supérieures au moyen de poutres en acier laminé et de colonnes en fontes et prendre le passage qui s'étend jusqu'aux murs extérieurs, ce qui donnerait une cuisine de 30 pieds 6 pouces de long par 17 pieds de large, éclairée et aérée des deux côtés ; enlever les planchers et le revêtement en bois, établir un pavé de béton et de granolithe et enduire les murs de mortier-ciment de Portland ; réparer, peinturer, etc. ; installer un nouvel appareil à vapeur pour la cuisine comprenant quatre marmites en fonte, avec double chemise, de la capacité de 80 gallons mesure impériale, une chaudière de 80 gallons pour le thé, un fourneau en acier, une bouilloire à vapeur pour chauffer l'eau et un réfrigérateur "artic" ; installer un magasin et un dépôt pour le pain. Ces changements agrandiront la cuisine et les détenus travailleront tous sous l'œil du surveillant. C'est aussi l'intention de pratiquer une entrée allant de la cour sous le dôme ; on servirait à cette entrée les aliments aux détenus lorsqu'ils passent pour monter à l'étage des cellules. Elle sera près de la cuisine et l'économe pourra de la sorte servir les repas chauds.

Ventilation des cellules.—En compagnie du médecin du pénitencier, j'ai examiné le système de ventilation des deux ailes où se trouvent les cellules. Nous avons trouvé que l'aérage se faisait assez bien. On chauffait alors à la vapeur, ce qui favorisait la circulation de l'air dans les cellules par les conduits ventilateurs. Le médecin m'a dit qu'il était satisfait de la ventilation ; mais il désire avoir des ventilateurs au plafond des corridors pour l'aérage pendant l'été ; il l'obtient actuellement jusqu'à un certain point en ouvrant la partie supérieure des chassis aux deux extrémités des passages. Les garnitures en fonte des ventilateurs des cellules ne sont pas assez fortes ; dans plusieurs cellules, les détenus ont percé des trous à travers ces minces garnitures dans le mur de séparation et peuvent ainsi se parler. Comme il n'y avait aucun moyen d'accès sous le toit de l'aile de l'est, j'ai fait pratiquer une trappe par le mécanicien et, avec lui, j'ai examiné les gros conduits d'air. Je les ai trouvés en bon état.

Changements dans l'aile nord.—Les rampes des galeries de cette aile sont si basses qu'elles sont dangereuses ; elles seront mises à la même hauteur que celles de la galerie du dôme. Les escaliers conduisant aux galeries sont placés entre le mur du dôme et l'extrémité de la rangée de cellules ; ils sont ainsi hors de la vue du surveillant posté dans le dôme. Cela est contraire aux règles à suivre dans la construction d'une prison et donne aux détenus qui montent et descendent l'occasion de faire bien des choses non permises. Ces escaliers seront enlevés et placés dans le côté du dôme de façon qu'ils soient tous bien visibles. Dans l'espace laissé libre par l'enlèvement des escaliers seront construites douze cellules avec grandes portes et ventilateurs, waterclosets, lavabos, lits pliants, tables et tablettes. L'entrée actuelle sera convertie en fenêtre et on pratiquera une entrée avec degrés et porche conduisant directement au dôme par la salle de guet des gardes ; elle sera pourvue de portes et garnitures de sûreté.

Embranchement de chemin de fer.—Cette voie latérale, que vous avez obtenue du chemin de fer Intercolonial pour la propriété du pénitencier, sera d'un grand avantage ; elle se trouve éloignée de toute route ou station. Le déchargement du charbon, des farines, etc., peut se faire plus sûrement, sans embarras et à proximité du chemin de la prison.

Equipe des carrières.—Le petit nombre de prisonniers employés cette année à extraire la pierre de la carrière a fait un bon travail. Pour les besoins des grands travaux projetés, il faudra augmenter cette équipe à au moins trente hommes. L'extraction de la pierre devra être commencée au printemps et poursuivie systématiquement de manière que les travaux de la carrière et ceux du nivellement puissent s'exécuter simultanément ; on devra tirer suffisamment de pierre pour employer les tailleurs de pierre l'été et l'hiver.

Bureau du sous-préfet.—On est à préparer un bureau pour le sous-préfet dans l'angle sud-ouest de l'appartement du garde-magasin, au rez-de-chaussée. De la, il aur une bonne vue sur la cour, la barrière d'entrée et le centre des ateliers, ce qui lui permettra de répondre immédiatement aux besoins du moment. Les travaux sont commencés et e bureau pourra être occupé de bonne heure au printemps.

Quartier des femmes.—On est à préparer une salle de travail pour les prisonnières, au rez-de-chaussée. Le passage conduisant aux cellules, l'ancienne salle d'armes et les waterclosets seront réunis en un seul appartement. La porte de la salle d'armes et du cabinet d'aisance sera murée en brique ; la salle platrée et peinturée, etc. Les waterclosets seront installés dans le *basement* du dôme. Ces travaux seront commencés bientôt.

Cour de la porcherie.—On se propose d'agrandir la cour de la porcherie en reconstruisant celle-ci plus à l'est, de niveler le terrain, d'enlever le vieux bâtiment en bois menaçant ruine, sur le côté est de la cour, et de le remplacer par un autre avec pavé et grenier ayant de grandes portes, où l'on remisera les voitures et les machines ; de construire, sur le côté sud de la cour, un grand bâtiment en bois de 200 pieds de long par 60 pieds de large, le bas installé dans le genre moderne pour une étable à vaches, la partie supérieure devant servir de grenier à foin. Tous ces bâtiments seront couverts en lames de métal.

Maison de ferme.—On a l'intention de construire un joli petit logement en bois et une étable à l'extrémité de la ferme, du côté ouest du chemin faisant face à l'est. Ce logement sera occupé par un employé qui remplira les fonctions de gardien.

Etable dans la cour.—On a posé un tuyau pour fournir l'eau à l'étable ; il passe dans le canal qui draine les fondations du nouvel atelier des tailleurs de pierre.

Vieux bâtiments.—Les bâtisses connues sous le nom de logements Weldon et Chandler et la maison d'école, vieilles et tombant en décadence, ont été démolies par ordre du bureau des inspecteurs ; le bois et la pierre ont été transportés dans la cour. Le bureau a aussi résolu de faire disparaître les trois vieux bâtiments en bois dépendant de la résidence du préfet ; l'un a été enlevé, et les deux autres seront démolis au printemps. La cuisine d'été et le hangar à combustible ont été reconstruits, l'étable rapprochée et améliorée.

Aile sud.—Tout en recommandant les travaux énumérés ci-dessus et en admettant qu'ils sont de la plus haute importance, il ne faut pas oublier la construction de l'aile sud, indispensable pour les nouveaux besoins du pénitencier. En centralisant les départements, on obtiendra de meilleurs résultats pour la discipline., la surveillance et l'économie. On devrait installer dans cette aile la cuisine, la boulangerie, l'infirmerie, les cellules isolées et la salle d'école, ou bien y faire une chapelle plus grande et convertir la chapelle actuelle en salle d'école et en bibliothèque.

Visite de l'inspecteur.—Votre visite au pénitencier a été très opportune ; sans elle, nous n'aurions pu prendre une décision aussi favorable au sujet des changements et améliorations à faire, de la délimitation de la cour, de la construction du mur d'enceinte et des tours pour les gardes, de la localisation de la loge d'entrée et des ateliers permanents. Quels que pussent avoir été mes calculs, mon travail eut été pour partie fait en vain, car il n'est pas encore né celui qui peut prévoir tous les désirs des autres, surtout en ce qui concerne les besoins d'un pénitencier.

JAMES ADAMS,
Architecte.

Décembre 1899.

PÉNITENCIER DU MANITOBA.

MONTAGNE-DE-PIERRE, MAN., 1er octobre 1899.

MONSIEUR,—J'ai l'honneur de vous présenter mon rapport annuel pour l'exercice clos le 30 juin 1899.

Les mouvements des détenus pendant l'année ont été comme suit :

Restant, à minuit, le 30 juin 1898	88	
Reçus depuis	48	
		136
Libérés : à l'expiration de peine	18	
" graciés	4	
" par ordre de la cour	1	
décédé	1	
		24
Restant, à minuit, le 30 juin 1899		112

La moyenne quotidienne pendant l'année a été de 102¾ contre 80 pour l'année précédente.

Le coût par tête est de 18 centins moins élevé que l'année dernière. Ce coût par tête, en sus des frais d'entretien tels que nourriture, vêtements, salaire des employés, comprend les dépenses encourues pour la construction du mur, la pose d'une couverture métallique sur le corps principal du pénitencier, les clôtures et autres travaux faits pour le pénitencier.

La légère augmentation des dépenses est due à l'augmentation de la population pénitentiaire, aux frais de voyage jusqu'à la Colombie-Britannique payés aux détenus libérés à l'expiration de peine et à l'achat de lames en fer galvanisé et de matériaux pour le renouvellement de la couverture des édifices du pénitencier.

Depuis mon dernier rapport, des réparations ont été faites aux édifices ; le toit du corps principal a été recouvert en métal. Je recommande fortement que tous les édifices soient recouverts de la même façon. M. E. J. Adams, instructeur en chef des métiers au pénitencier de Kingston, homme très capable, fut envoyé ici pour surveiller ces travaux et préparer des plans et devis pour la reconstruction d'une buanderie, d'une étable sur la ferme et d'un abattoir. L'abattoir est terminé. J'espère que l'on commencera la construction de l'étable l'an prochain.

Comme je le disais dans mon dernier rapport, nous avons absolument besoin d'une nouvelle bâtisse pour les cachots ; le bâtiment actuel est vieux et peu sûr. Je recommande que l'on construise sans délai un édifice dans le goût moderne et que l'on convertisse le bâtiment actuel en entrepôt.

J'espère que notre appareil de chauffage sera bientôt remplacé par un système plus nouveau.

Comme je l'ai déjà dit, tous les logements du pénitencier sont en très mauvais état et devraient être réparés de suite ; ils seront bientôt devenus inhabitables, et il est impossible aux fonctionnaires de se trouver des logements ailleurs.

Les vieux bains ont été remplacés par des nouveaux de forme moderne.

Le demi-mille de chemin public que nous avons nivelé l'année dernière a été terminé cette année par l'addition d'une couche de pierre cassée et de gravier. Nous avons été bien retardés dans nos travaux à cause du nombre insuffisant d'attelages. Je recommande l'achat d'autres chevaux, car il est impossible sans cela de pousser les travaux d'une manière satisfaisante.

Je suis heureux de pouvoir dire de nouveau qu'il n'y a pas eu d'évasions depuis que j'ai pris charge de ce pénitencier, il y a sept ans.

Je recommande encore que l'on installe sous les combles un autre réservoir de la capacité de 5,000 gallons.

Comme je le disais l'an passé :

" J'ai commencé à planter des arbres le long de la réserve qui s'étend parallèlement au chemin principal et, avec le temps, je compte en planter sur toute l'étendue de ce terrain. Je suis fortement d'opinion que, dans l'intérêt du pays et des forçats eux-mêmes, la meilleure chose est de les employer à cultiver le sol et à améliorer les routes. Le but que nous avons en vue est de faire de cette ferme une ferme modèle où les cultivateurs prendraient des leçons de choses et qui serait une attraction pour les colons intentionnels. J'irai même jusqu'à dire que l'on devrait ajouter une aile à ce pénitencier et y faire venir des prisonniers de Kingston où, me dit-on, il n'y a pas assez d'ouvrage pour les tenir continuellement employés. Chaque pied de terrain propre à la culture devrait être cultivé, et on ne peut trouver pour les détenus un travail qui soit plus avantageux pour le pays en général "

Nous avons maintenant une magnifique ferme. Elle est en pleine vue du corps principal du pénitencier, ce qui permet d'exercer une constante surveillance sur les détenus. Ce qu'il nous faut maintenant, ce sont des troupeaux de bestiaux. Je recommanderais fortement l'achat de bêtes à cornes de race pure (cornes courtes) et d'animaux de trait pour les travaux de la ferme. Il y a, près de la prison, certaines terres à foin que je conseillerais d'acheter ; cela est absolument nécessaire, car il faut nourrir le bétail, et chaque année je suis forcé d'acheter le droit de couper le foin sur ces terres.

Je recommanderais la construction d'un gymnase et d'une salle de lecture pour les employés. La salle de lecture qu'il y a actuellement dans le pénitencier est peu fréquentée parce que les emyloyés, après avoir été dans la prison tout le jour, ont hâte de s'en éloigner.

La conduite des détenus et leur application au travail ont été très satisfaisantes.

Vous trouverez ci-annexés les états et rapports ordinaires.

J'ai l'honneur d'être,
Votre obéissant serviteur,

A. G. IRVINE
Préfet.

M. Douglas Stewart,
Inspecteur des pénitenciers,
Ottawa.

PÉNITENCIER DE LA COLOMBIE-BRITANNIQUE.

NEW-WESTMINSTER, C.-B., 1er juillet 1899.

MONSIEUR,—J'ai l'honneur de vous présenter mon troisième rapport annuel, avec les états ordinaires, sur le pénitencier de la Colombie-Britannique, pour l'exercice clos le 30 juin 1899.

Le crédit affecté à l'entretien de ce pénitencier pendant l'année qui a pris fin était de $45,700. Sur cette somme il a été dépensé $42,354.95. Reste une balance non employée de $3,345.05.

Le 30 juin 1898, il restait au pénitencier 109 hommes et une femme. Reçus pendant l'année, des prisons communes, trente-six hommes et une femme. Libérés à l'expiration de leur peine, 39 ; gracié, 1 ; transférés au pénitencier du Manitoba, 15 ; transférés au pénitencier de Kingston, 2 ; ensemble, 57 sortis durant l'année. Il restait donc, le 30 juin 1899, quatre vingt-dix prisonnier en tout. La moyenne quotidienne de la population criminelle à ce pénitencier pendant l'année a été de quatre vingt-douze.

La conduite des prisonniers et la discipline ont été bonnes.

Comme je l'ai fait observer dans un rapport antérieur, nous avons grand besoin d'autres installations. Nous pouvons maintenant faire toute la brique nécessaire ; les frais de construction seraient en conséquence considérablement réduits. Nous avons envoyé quinze détenus au pénitencier du Manitoba parce que nous ne pouvions pas les loger ici. Je dois dire que ce fait se répète tous les ans.

Nous avons perdu deux employés pendant l'année, l'un pour cause de mauvaise santé, l'autre par décès. Le premier, le garde Muldoon, n'a pu continuer à remplir les pénibles devoirs de sa position. L'autre, le garde-magasin Jackson, a été enlevé bien soudainement. Il n'a été malade que quelques jours ; c'était un parfait *gentleman*, d'un beau physique, et le département a perdu en lui un fidèle serviteur.

Notre système d'alimentation d'eau et d'appareils à douches fonctionne bien.

Nous sommes à défricher tout notre terrain ; nous aurons avec le temps vingt-cinq ou trente acres cultivables en sus des trente acres actuellement en culture.

Je dois de nouveau exprimer le regret que vous ne nous ayiez pas visités cette année ; il y a maintenant près de quatre ans que vous n'êtes pas venu à ce pénitencier.

Je suis, monsieur,
Votre obéissant serviteur,

J. C. WHYTE,
Préfet.

M. DOUGLAS STEWART,
Inspecteur des pénitenciers,
Ottawa.

ANNEXE B

COÛT PAR TÊTE

PÉNITENCIER DE KINGSTON 1898-99.

COÛT PAR TÊTE.

(Moyenne quotidienne, 596).

—	Matériel en main, 1er juillet 1898.	Dépenses, 1898-99.	Produits du pénitencier consommés.	Total.	Moins matériel en main, 30 juin 1899.	Coût net.	Coût par tête.
	$ c.	$ c.	$ c.	$ c.	$ c.	$ c.	$ c.
Personnel	2,567 74	80,384 63	....	82,052 37	1,100 11	81,852 26	137 34
Entretien des détenus	2,762 65	22,523 19	2,595 06	27,880 90	2,654 74	25,226 16	42 33
Dép. relatives aux libérations	628 15	3,436 79	....	4,064 94	328 00	3,736,94	6 27
Régie	12,451 48	19,581 18	1,040 88	33,073 54	10,518 60	22,554 94	37 85
Mobilier et fournitures	704 38	3,747 89	53 50	4,505 77	448 04	4,057 73	6 81
Industries	24,501 08	32,978 46	....	57,479 54	*56,919 23	560 31	0 94
Capital	3,066 79	1,201 31	....	4,268 10	2,079 14	2,188 96	3 67
Dépenses diverses	....	1,338 83	....	1,338 83	....	1,388 83	2 25
Dépenses diverses spéciales	....	20 00	....	20 00	....	20 00	0 03
	46,682 27	165,212 28	3,689 44	215,583 99	74,047 86	141,536 13	....

Coût brut	$237.49
A déduire pour revenu	63.93
Coût net par tête	$173.56
Coût par jour, par homme	47·5c.

* Ce montant comprend $14,458.66 valant de chanvre livré quelques jours avant la fin de l'exercice, qui n'a été payé qu'au commencement de 1899-1900.

ROBT. R. CREIGHTON,
Comptable.

PÉNITENCIER DE SAINT-VINCENT-DE-PAUL.

(Moyenne quotidienne, 421.)

—	Matériel en main, 1er juillet 1898.	Dépenses, 1898-99.	Produits du pénitencier consommés.	Total.	Moins matériel en main, 30 juin 1899.	Coût net.	Coût par tête.
	$ c.	$ c.	$ c.	$ c.	$ c.	$ c.	$ c.
Personnel	624 31	47,054 46	30 55	47,709 32	573 62	47,135 70	111 83
Entretien des détenus......	7,032 32	16,378 49	1,109 08	24,519 89	5,231 86	19,288 03	45 76
Dép. relatives aux libérations	393 61	2,760 83	....	3,154 44	433 38	2,721 06	6 46
Régie	5,191 45	20,161 62	735 94	26,089 01	6,140 35	19,948 66	47 33
Mobilier et fournitures.....	578 78	4,002 11	....	4,580 89	386 11	4,194 78	9 95
Industries................	1,098 11	3,600 34	1,187 91	5,886 36	1,497 39	4,388 97	10 41
Capital..	45 50	152 78	....	198 28	18 37	179 91	0 33
Dépenses diverses..........	....	560 48	....	560 48	....	560 48	1 33
	14,964 08	94,671 11	3,063 48	112,698 67	14,281 08	98,417 59	....

Montant du revenu pour l'exercice clos le 30 juin 1899.........	$1,371 08
Coût par tête..	$ 233 50
A déduire pour revenu	6 96
Coût net par tête.........	$ 226 54

J. A. DUCHESNEAU,
Préfet.

G. S. MALEPART,
Comptable.

PÉNITENCIER DE DORCHESTER.

(Moyenne quotidienne, 234.)

—	Matériel en main le 1er juillet 1898.	Dépenses, 1898-9.	Produits du pénitencier consommés.	Total.	Moins matériel en main, 30 juin 1899.	Coût net.	Coût par tête.
	$ c.	$ c.	$ c.	$ c.	$ c.	$ c.	$ c.
Personnel	347 90	30,889 25	100 87	31,338 02	339 54	30,998 48	132 28
Entretien des détenus	1,218 87	8,892 61	860 11	10,971 59	1,355 83	9,615 76	41 03
Dép. relatives aux libérations	136 11	1,517 29	....	1,653 40	116 68	1,536 72	6 56
Régie	849 81	4,067 17	216 00	5,132 98	975 23	4,157 75	17 74
Mobilier et fournitures	23 18	690 65	....	713 83	285 04	428 79	1 83
Industries	4,399 95	1,857 68	2,434 70	8,692 33	5,011 64	3,680 69	15 71
Dépenses diverses	....	302 63	....	302 33	....	302 63	1 29
	6,975 82	48,217 28	3,611 68	58,804 78	8,083 96	50,720 82	....

Montant du revenu pour l'exercice clos le 30 juin 1899 .... $2,625 85

Coût brut .... $216 44 par tête.
A déduire pour revenu 11 20

Coût réel par tête $205 24

JOHN A. GRAY,
Comptable.

CHAS. ROSS,
Préfet intérimaire.

PÉNITENCIER DU MANITOBA.

(Moyenne quotidienne, 102).

—	Matériel en main le 30 juin 1898.	Dépenses, 1898-9.	Produits du pénitencier consommés.	Total.	Moins matériel en main, 30 juin 1899.	Coût net.	Coût par tête.
	$ c.	$ c.	$ c.	$ c.	$ c.	$ c.	$ c.
Personnel	218 31	25,725 91	19 42	25,963 64	361 94	25,601 70	249 17
Entretien des détenus	1,128 27	5,229 95	720 21	7,078 43	1,259 71	5,818 72	56 63
Dép. relatives aux libérations	160 96	683 55	....	844 51	80 05	764 46	7 44
Régie	2,336 60	6,166 51	....	8,503 11	1,967 56	6,535 55	63 61
Mobilier et fournitures	161 48	707 13	....	868 61	160 55	708 06	6 89
Industries	138 50	776 27	983 27	1,898 04	224 39	1,673 65	16 29
Capital	56 99	1,029 69	....	1,086 68	35 65	1,051 03	10 22
Dépenses diverses	....	594 20	....	594 20	....	594 20	5 78
Totaux	4,201 11	40,913 21	1,722 90	46,837 22	4,089 85	42,747 37	......

Coût brut	$ 416 03
A déduire pour revenu	24 72
Coût réel par tête	$ 391 31

JNO. MUSTARD,
Comptable.

A. G. IRVINE,
Préfet.

PÉNITENCIER DE LA COLOMBIE-BRITANNIQUE.

(Moyenne quotidienne, 92.)

—	Matériel en main le 30 juin 1898.	Dépenses, 1898-9.	Produits du pénitencier consommés.	Total.	Matériel en main le 30 juin 1899.	Coût net.	Coût par tête par année.
	$ c.	$ c.	$ c.	$ c.	$ c.	$ c.	$ c.
Personnel	586 93	23,685 81	1 25	24,273 99	1,019 04	23,254 95	250 99
Entretien des détenus	2,401 85	5,919 68	608 16	8,929 69	2,394 30	6,535 39	70 54
Dép. relatives aux libérations	137 18	2,956 22	....	3,093 40	203 74	2,889 66	31 19
Régie	1,461 90	6,263 92	463 00	8,188 82	2,255 15	5,933 67	64 04
Mobilier et fournitures	2,303 64	1,231 08	....	3,534 72	3,259 62	275 10	2 97
Industries	1,103 47	1,874 60	970 78	3,948 85	731 11	3,217 74	34 73
Capital	....	....	32 50	32 50	....	32 50	0 35
Divers	25 00	127 95	....	152 95	30 00	122 95	1 32
Total	8,019 97	42,059 26	2,075 69	52,154 92	9,892 96	42,261 96	....

Montant du revenu $1,855 52

Dépense nette par tête $456 13
A déduire pour revenu 20 02

Coût net par tête par année $436 11

J. C. WHYTE,
Préfet.

J. W. HARVEY,
Comptable.

ANNEXE C

RAPPORTS DES MÉDECINS

PÉNITENCIER DE KINGSTON.

KINGSTON, 1er septembre 1899.

MONSIEUR,—J'ai l'honneur de vous présenter mon rapport annuel pour l'exercice clos le 30 juin 1899.

L'état sanitaire du pénitencier est aussi parfait que possible. Chaque département a été scrupuleusement surveillé au point de vue de l'hygiène et j'ai été aidé en cela par ceux qui ont la garde des diverses parties de la prison. Les cabinets d'aisance sont sous la surveillance d'employés chargés de voir à ce qu'ils soient toujours propres et exempts de mauvaises odeurs. Ces précautions aident, dans une grande mesure, à prévenir les maladies contagieuses qui, sans cela, pourraient envahir le pénitencier. Les ailes et les cellules ont une telle apparence de propreté qu'on ne peut raisonnablement trouver matière à reproche. On prend le plus grand soin et toutes les précautions possibles pour que les dortoirs et les ateliers soient parfaitement aérés tous les jours, et je suis heureux de pouvoir déclarer que la bonne santé des détenus peut être attribuée en partie à ces mesures sanitaires. Le système de chauffage dans toute la prison est ce que l'on pourrait désirer de mieux, même dans une maison privée ; ceux qui sont chargés de cette partie du service intérieur sont toujours à leur poste et prêts à répondre aux besoins des divers départements.

Il y a peu à dire du nouveau système d'égouts qui ne laisse rien à désirer. Il n'y a rien à désirer. Il n'y a plus de mauvaises odeurs dans la maison des pompes et ses environs et les terrains d'épuration, avec leurs allées propres et bien entretenues, pourraient être pris par un étranger pour un magnifique parterre en fleurs. Les matières d'égouts sont amenées et répandues sur la ferme et l'enrichissent. On donne à ce service beaucoup de soin et d'attention et les espérances que l'on entretenait au sujet de l'efficacité du système ont été en tout point réalisées.

Souvent, pendant l'année, j'ai analysé l'eau pour boire et j'y ai trouvé quelquefois une quantité infinitésimale de maticre organique dangereuse. Si on avait toléré cet état de choses, une épidémie aurait pu se déclarer ; mais les promptes mesures que l'on a prises pour prévenir la contamination par l'eau de surface méritent une mention spéciale.

L'état des prisonniers en général a été très bon, et on a fait tous les efforts raisonnables pour subvenir à leurs besoins et pour les tenir en bonne santé. Il n'y a pas eu d'épidémie de fièvre pendant l'année ; nous le devons à l'observation scrupuleuse des règlements sanitaires dans tout le pénitencier et ses dépendances.

Les vêtements fournis aux détenus sont chauds et confortables ; mais je recommanderais l'usage d'une étoffe plus légère pour les chemises et les habits d'été car, dans bien des cas, les maladies sont dues à la lourdeur des vêtements que portent les prisonniers pendant la saison chaude. Il n'est ni sain ni raisonnable de porter des vêtements de même étoffe en hiver et en été. Je suis heureux de pouvoir dire que l'inspecteur a pris ce sujet sous sa considération.

Les aliments sont nutritifs, sains, fournis en abondance et répondent aux exigences légales ; parfois, cependant, les légumes ont été inévitablement rares.

L'usage du tabac est restreint à ceux qui sont activement et constamment employés au travail malpropre du département des égouts. Sauf cette exception, je suis contre l'usage du tabac par les prisonniers pour plusieurs raisons. Il est, avant tout, désirable que la prison soit tenue propre et exempte de toute odeur non seulement désagréable, mais dangereuse. Cela ne pourrait se faire si l'on permettait l'usage du tabac indistinctement ; car les expectorations dans tout le bâtiment, sur les murs et le plancher des cellules, saliraient les quartiers et les rendraient malsains. Une cellule ne peut être salubre lorsque le parquet en est couvert de jus de tabac qui fermente et se putréfie.

Les prisonniers se procurent souvent du tabac, le font sécher, le roulent en forme de cigarettes et fument dans leurs cellules, ce qui rend l'air très malsain. Le vilain trafic qui se fait entre les prisonniers par l'échange de tabac pour d'autres articles cause de graves abus et le fait que des prisonniers qui ne font pas usage de tabac s'en procurent pour le vendre à ceux qui en font usage sont autant de bonnes raisons pour en interdire l'entrée au pénitencier. Bien souvent l'habitude du tabac a été acquise à la prison.

Une autre raison grave contre l'usage du tabac au pénitencier, c'est le danger que des prisonniers communiquent à d'autres l'infection syphilitique quand les uns et les autres mordent à la même palette de tabac ou, si le tabac est rare, en se passant une chique de l'un à l'autre, ce qui se fait fréquemment. Il est bien établi que cette épouvantable maladie a été communiquée de cette manière. Si l'on songe au grand nombre de prisonniers qui souffrent d'ulcères syphilitiques aux lèvres, à la langue, aux gencives et à la gorge, on comprend de suite combien facilement le poison peut se transmettre.

Je suis heureux de pouvoir dire que l'ancien et blamable usage des seaux de nuit dans les cellules sera bientôt discontinué, car la construction des ailes neuves, pourvues des installations sanitaires les plus modernes, avance rapidement ; cependant, à cause de la nature même de ces travaux, il faudra encore plusieurs mois pour les terminer. Il est vraiment surprenant que la bonne santé ait pu se maintenir en dépit de ce vilain système si propre à engendrer des maladies de toute sorte.

Une grande partie de la population pénitentiaire a souffert de l'influenza pendant l'année, ce qui a exigé beaucoup de soins. En certains temps, tous les lits de l'hôpital étaient occupés et nous avons dû traiter dans leurs cellules ceux qui ne pouvaient être admis à l'infirmerie. Cette maladie a pour effet d'affaiblir considérablement et d'énerver ceux qui en sont atteints, et plusieurs prisonniers ont eu une convalescence longue et tardive. Nous avons eu la preuve évidente qu'elle diminue la force de résistance et augmente la prédisposition aux autres maladies. Par surcroît, le choléra-morbus s'est déclaré au pénitencier. Mais un changement immédiat dans la diète des prisonniers et l'administration des remèdes eurent un effet salutaire.

Comme d'habitude, il nous vient un grand nombre de prisonniers dont la constitution est complètement ruinée par la maladie, l'ivrognerie, des habitudes de malpropreté et de vice et toute une vie de crime. J'imagine qu'il arrive plus de ces malheureux au pénitencier de Kingston que dans aucune autre prison du Dominion, car nous avons ici les types les plus dégradés et les criminels les plus endurcis. La plupart d'entre eux, élevés dans le crime au sud de la frontière où les occasions sont plus nombreuses, ont fui la loi en passant de ce côté-ci, où on les a retrouvés adonnés à leurs anciennes habitudes. Un grand nombre aussi, après avoir subi une condamnation dans les prisons des Etats-Unis, traversent d'eux-mêmes les lignes et continuent ici leur vie criminelle jusqu'à ce qu'ils soient arrêtés. Nous avons peu de jeunes délinquants sous nos soins.

Conformément à vos instructions, j'ai examiné les officiers de police du pénitencier et j'ai fait un rapport sur leur état physique, suivant les indications contenues dans votre rapport officiel au ministre de la Justice.

Malgré les nombreux cas de maladie survenus pendant l'année, il n'y a eu que six décès. Comme à l'ordinaire parmi les prisonniers condamnés à perpétuité et ceux subissant un long terme, la mort vient par la consomption ; nous prenons toutes les précautions possibles contre la contagion du mal.

Nous n'avons pas eu d'accidents graves pendant l'année.

Notre hôpital est tenu dans une propreté scrupuleuse ; il est bien éclairé, bien ventilé, et notre *clientèle* a reçu tous les soins médicaux et chirurgicaux que l'on peut donner dans une institution parfaitement aménagée. Les règlements concernant l'hygiène et la santé sont rigoureusement mis en vigueur et jamais on n'a vu la contagion se répandre dans l'hôpital. Les malades reçoivent tous les soins et toute l'attention possibles, et la nourriture qu'on leur sert égale, en qualité et en variété, celle que l'on donne dans les meilleurs hôpitaux du pays. Une pharmacie bien garnie, sous la direction d'un homme pratique et expérimenté, ajoute au service effectif de cè département.

On continue d'envoyer au pénitencier, pour des offenses légères, des hommes fort avancés en âge. Il est évident que les municipalités désirent confier à nos soins une classe de personnes qui devraient être gardées dans les prisons communes ou dans les hospices de pauvres de comté. Ces prisonniers, incapables de travailler, sont généralement envoyés à l'infirmerie et mis au nombre des incurables.

Quartier des criminels aliénés.—Jamais, dans l'histoire de cette institution, nous n'avons eu autant d'aliénés sous nos soins et jamais nous n'avons été si bien préparés pour les recevoir. En diverses occasions, nous avons utilisé la prison d'isolement pour les fous tranquilles et inoffensifs qu'on pouvait sans danger employer à un travail facile. Ils paraissaient heureux du changement et se rendaient généralement utiles. Il est actuellement question d'ajouter quelques cellules additionnelles à l'extrémité nord du corridor de ce quartier. Il y a maintenant des asiles pour les criminels aliénés dans l'enceinte des terrains de plusieurs grandes institutions pénitentiaires des Etats-Unis et d'Europe, ce qui est une addition essentielle et convenable pour ces institutions.

Les notions plus éclairées que nous avons aujourd'hui sur la nature de la folie nous apprennent que c'est une maladie comme une autre, pouvant être traitée d'après des principes connus. On a cru autrefois que les fous étaient possédés des mauvais esprits et qu'il fallait employer la flagellation et d'autres formes de torture pour les exorciser. Ces idées ne sont plus de notre temps. De nos jours, on accorde à ces malades la liberté que peut admettre leur propre sûreté et celle de leurs surveillants. Dans cette institution, on prend le plus grand soin du criminel aliéné et on lui fournit l'occasion de se récréer soit dans la cour, qui a été récemment nivelée et embellie, soit dans la grande salle des jeux. On donne de l'emploi à ceux qui le désirent et sont en état de travailler. Aussitôt guéri, le malade sort du quartier des aliénés et retourne à ses occupations ordinaires. Cet hôpital offre la meilleure occasion pour l'étude du criminel aliéné; étude d'autant plus intéressante que, de nos jours, on plaide invariablement folie, souvent avec succès, dans les cas de crimes entraînant la peine de mort. Il est bien reconnu que les cas de folie sont très fréquents parmi les prisonners; mais bien que l'imprisonnement, les mauvaises habitudes, la vie sédentaire, la perte de la liberté, la pensée du crime, la syphilis et diverses influences morales puissent contribuer à affecter leur état mental, il faut aussi admettre que la plupart des criminels aliénés sont nés de parents pervers et d'un cerveau débile. Le mal ne réside pas tant dans la prison que chez le prisonnier lui-même. La présence d'esprit et le jugement, le sang-froid, le courage, la patience, le tact et la vigilance, telles sont quelques unes des qualités que doivent posséder ceux qui sont chargés de ce département. Le nombre des internés à l'asile à la fin de l'exercice était de 44; admis, pendant l'année, 33; venus de ce seul pénitencier, 23; tranférés à l'asile provincial, 3; sortis de l'asile guéris, 16; retablis suffisamment pour pouvoir reprendre l'ouvrage, 2; reçus du pénitencier de Saint-Vincent de Paul, 8; du pénitencier de Dorchester, 2.

Quartier des femmes.—La santé des prisonnières a été très bonne; les installations sanitaires ont donné entière satisfaction et le chauffage a été parfait. L'infirmerie attachée à cette partie du pénitencier est tenue en parfait ordre, bien éclairée et offre toujours une apparence agréable. Pendant l'année, une prisonnière est morte d'un ulcère de l'estomac, et deux ont été transférées au pénitencier de Dorchester. La nourriture était de bonne qualité, abondante, et livrée promptement.

Prison d isolement.—La condition sanitaire de cette prison, les appareils de chauffage, etc., ont donné entière satisfaction. Les prisonniers jouissent en général d'une excellente santé; on leurs permet de faire tous les matins une marche d'une heure dans la cour. La prison est tenue propre et en bon ordre.

Prescriptions.—Le nombre des prescriptions distribuées pendant l'année a été de 643 pour les fonctionnaires, de 729 pour la prison d'isolement, de 352 pour l'asile des aliénés, de 594 pour les femmes. et de 5,081 pour les hommes, indépendamment des malades traités à l'infirmerie. Extraction de dents, 138; nombre de jours à l'hôpital 3,755.

Il me fait plaisir de pouvoir dire qué l'administration du département médical m'a été rendue bien facile par la promptitude avec laquelle vous avez répondu à toutes mes demandes, et par l'aide cordiale que m'a donnée M. Gunn, l'infirmier en chef, dans l'accomplissement de mes devoirs officiels.

Relevé des dépenses pour drogues et médicaments :—

Existences en main, le 30 juin 1898	$179.42
Achat de drogues	472.12
	$651.54
Existences en mains, le 30 juin 1899	195.26
	$456.28
Reçu pour médicaments fournis au personnel	80.09
Dépense nette pour l'année	$376 19
Coût par tête, 63c.	

On trouvera ci-annexés les relevés ordinaires.

J'ai l'honneur d'être, monsieur,
Votre obéissant serviteur,

DANIEL PHELAN,
Médecin.

M. Douglas Stewart,
Inspecteur des pénitenciers,
Ottawa.

RELEVÉ ANNUEL des maladies traitées à l'infirmerie, du 1er juillet 1898 au 30 juin 1899.

Maladie.	Restés.	Admis.	Total.	Décédés.	Sortis.	Restant.
Abcès	...	9	9	...	9	...
Acné	...	1	1	...	1	...
Amaurose	...	3	3	...	3	...
Angine pect.	...	1	1	...	1	...
Anorexie	...	1	1	...	1	...
Apoplexie	...	1	1	...	1	...
Asthme	...	5	5	...	5	...
Bronchite	...	29	29	...	29	...
Brûlures	...	1	1	...	1	...
Maladie de Bright	...	2	2	...	1	1
Cardialgie	...	2	2	...	2	...
Céphalalgie	...	5	5	...	5	...
Cholelithiase	...	1	1	...	1	...
Choléra morbus	...	17	17	...	17	...
Coliques	...	17	17	...	16	1
Contusions	...	3	3	...	3	...
Congestion cérébrale	...	2	2	...	2	...
Conjonctivite	...	1	1	...	1	...
Constipation	1	13	14	...	14	...
Cystite	...	1	1	...	...	1
Diarrhée	...	31	31	...	31	...
Dysenterie	...	2	2	...	2	...
Dyspepsie	...	3	3	...	3	...
Démence	...	1	1	...	1	...
Débilité	...	11	11	...	11	...
Diabète	...	1	1	...	1	...
Eczéma	...	2	2	...	2	...
Epilepsie	...	7	7	...	7	...
Emésis	...	1	1	...	1	...
Empyème	...	1	1	...	1	...
Fièvre légère	...	15	15	...	15	...
Fièvre rémittente	...	1	1	...	1	...
Fièvre typhoïde	...	10	10	...	8	2
Engelures	...	1	1	...	1	...
Furoncles	...	1	1	...	1	...
Gonorrhée	...	1	1	...	1	...
Haemoptysie	...	2	2	...	2	...
Hémorragie	1	7	8	...	8	...
Hémorrhoïdes	...	2	2	...	2	...
Maladie de cœur	...	4	4	...	4	...
Hydro-thorax	...	2	2	...	1	1
Influenza	...	78	78	...	78	...

Maladie.	Restés.	Admis.	Total.	Décédés.	Sortis.	Restant.
Blessure à l'œil	...	6	6	...	6	...
Insomnie	...	1	1	...	1	...
Jaunisse	...	2	2	...	2	...
Lumbago	...	4	4	...	4	...
Malaria	1	9	10	...	10	...
Maladie simulée	...	7	7	...	7	...
Manie	...	2	2	...	2	...
Méningite	...	1	1	1	...	...
Myalgie	...	3	3	...	3	...
Neurasthénie	...	1	1	...	1	...
Opér. de la cataracte	...	1	1	...	1	...
Opthalmie	...	6	6	...	6	...
Palpitations	...	2	2	...	2	...
Paralysie	...	3	3	...	2	1
Péritonite	1	...	1	...	1	...
Pleurésie	...	1	1	...	1	...
Phthisie	...	2	2	1	1	...
Pneumonie	...	17	17	...	17	...
Phimosis	...	1	1	...	1	...
Phimosis (opération)	...	1	1	...	1	...
Rétention d'urine	...	1	1	...	1	...
Rhumatisme	...	28	28	...	26	2
Rubeola	...	2	2	...	2	...
Sclerotite	...	1	1	...	1	...
Effort	...	4	4	...	4	...
Syncope	...	4	4	...	4	...
Entorse	...	1	1	...	1	...
Stricture (opération)	...	2	2	...	2	...
Synovite	...	2	2	...	2	...
Syphilis	...	3	3	...	2	1
Ulcère syphilitique de la gorge, avec hémorragie	...	2	2	1	1	...
Amygdalite	...	5	5	...	5	...
Orteils amputés	...	4	4	...	4	...
Tumeur	...	1	1	...	1	...
Ulcère de l'estomac	...	2	2	1	1	...
Ulcère de la cornée	...	1	1	...	1	...
Urticaire	...	1	1	...	1	...
Blessures	...	6	6	...	6	...
Total	4	439	443	4	429	10

RELEVÉ ANNUEL des décès à l'infirmerie du pénitencier de Kingston, du 1er juillet 1898 au 30 juin 1899.

Numéro.	Nom.	Age	Maladie	Date de l'admission à l'infirmerie.	Date du décès.	Pays d'origine.	No. de jours à l'infirmerie
517	Cardinal, George.....	22	Méningite..........	27 sept. 1898..	3 oct. 1898..	Canada	6
356	Cummings, Wm. ..	33	Ulcère syphilitique de la gorge, avec hémorragie...... ...	10 mars 1899..	16 mars 1899..	E.-U.A.....	6
552	Boutet, Eusèbe.. ..	61	Ulcère de l'estomac..	21 avril 1899..	7 mai 1899..	Canada	16
561	Kearney, John......	20	Phthisie	17 mars 1899..	16 juin 1899..	"	91

Nous n'avons eu aucun accident sérieux pendant l'année.

DANIEL PHELAN, M. D.,
Médecin.

RELEVÉ ANNUEL des aliénés criminels internés à l'asile du pénitencier de Kingston, du 1er juillet 1898 au 30 juin 1899.

Distribution.	Homm's	Femmes	Total.
Restés en traitement le 30 juin 1898..............................	34	....	34
Reçus depuis—			
Du pénitencier de Kingston......	23	....	23
" de Saint-Vincent-de-Paul....	8	....	8
" de Dorchester..................	2	....	2
" du Manitoba....	....	....	
" de la Colombie-Britannique.....	....	....	
Total des aliénés en traitement pendant la période ci-dessus...	67	....	67
Renvoyés—			
Guéris............................	16	....	16
Suffisamment rétablis pour retourner au travail..........	2	....	2
Transférés à l'asile provincial à l'expiration de leur peine.	3	....	3
Décédés..................................	2	....	2
Restant en traitement le 30 juin 1899.	44	....	44

MORTALITÉ.

Numéro	Nombre	Age.	Date du décès.	Durée de la folie.	Cause prochaine de la mort.
1	7,699	81	9 janvier 1899......	27 ans, 185 jours...............	Marasme.
2	C 734	54	29 mai 1899......	1 an, 271 jours.	Parésie.

LISTE NOMINALE des détenus admis dans le quartier des aliénés du pénitencier de Kingston, du 1er juillet 1898 au 30 juin 1899.

Numéro.	Nom.	Date de l'admission.	D'où reçus.			Ce qu'ils sont devenus.		Restant en traitement le 30 juin 1899.	Observations sur l'état actuel de ceux en traitement.
			Pénitencier de Kingston.	Pénitencier de St-Vincent-de-Paul.	Pénitencier de Dorchester.	Sortis guéris.	Assez rétablis pour travailler.		
1	Bishop, Ernest	4 juillet 1898.	1				1		
	"	4 sept. 1898.	1				1		
	"	23 mars 1899.	1					1	Rétabli.
2	Bishop, Charles	14 juillet 1898		1			1		
	"	13 août 1898.	1				1		
	"	21 sept 1898.	1					1	"
3	Kane, James	14 juillet 1898.		1				1	"
4	Gallagher, Charles	4 août 1898.	1				1		
	"	6 sept. 1898.	1			1			
5	LeBar, Edward	9 août 1898.	1			1			
6	Hoey, F. W	31 " 1898.	1			1			
7	Delair, John	2 sept. 1898.	1				1		
	"	23 " 1898.	1			1			
8	Phillips, Harry	8 " 1898.	1				1		
	"	22 " 1898.	1				1		
	"	1er fév. 1899.	1					1	"
9	Lawlor, Charles	14 sept. 1898.		1				1	Incurable.
10	Chandler, John	22 " 1898.	1			1			
11	McDonald, Wm	24 " 1898.	1					1	Rétabli.
12	Cram, Charles	24 " 1898.	1				1		
	"	2 déc. 1898.	1					1	"
13	Shea, Wm	24 oct. 1898.	1				1		
	"	9 nov. 1898.	1			1			
14	Latourneau, Edward	24 oct. 1898.		1				1	Incurable.
15	Roy, Napoléon	24 " 1898		1		1			
16	Colombe, Charles	24 " 1898.		1		1			
17	Hughbanks, Charles	23 nov. 1898.	1					1	Rétabli.
18	Smith, John	26 " 1898.	1					1	Incurable.
19	O'Connell, Bernard	27 déc. 1898.	1			1			
20	Bowman, Adam	14 " 1898.	1			1			
21	Duprey, Paul	28 " 1898.		1			1		
	"	3 janv. 1899.	1					1	"
22	Bowker, Albert	13 " 1899.	1					1	Rétabli.
23	Glassford, John	18 " 1899.	1				1		
	"	11 fév. 1889.	1					1	"
24	Deverne, Wm	19 mars 1898.	1				1		
	"	10 mai 1899.	1					1	"
25	Handley, J. R	22 avril 1899.			1			1	Incurable.
26	Fraser, Alex	22 " 1899.			1			1	"
27	Kahue, Edward	2 mai 1899.	1					1	Rétabli.
28	Dunn, John, alias Elliott	3 " 1899		1				1	"
29	Henderson John	17 " 1899.	1			1			
30	Phillips, Wm	23 " 1899	1					1	"
31	Spellman, W. J	13 juin 1899.	1					1	"
32	Arnold, Isaac	19 " 1899.	1					1	"
33	Kelly Edward	25 " 1899.	1					1	"
			36	8	2	11	13	22	

DANIEL PHELAN, M.D.,

Surintendant médical de l'asile.

PÉNITENCIER DE SAINT-VINCENT-DE-PAUL.

Textuel.

BUREAU DU MÉDECIN, 1er août 1899.

MONSIEUR,—J'ai l'honneur de vous présenter mon rapport pour l'exercice annuel clos le 30 de juin 1899.

La population du pénitencier était de 418 têtes le premier de juillet 1898 ; elle était de 447 le premier de juillet 1899. Une augmentation de 29.

Il y avait 5 patients à l'hôpital le dernier jour de l'exercice qui vient de se terminer.

Il appert par l'analyse de mon journal que 2,180 cas pathologiques ont été confiés à ma sollicitude ! chiffre énorme qui me défend de dire que la santé des détenus a été prospère durant l'année qui vient de finir.

Deux épidémies ont visité le pénitencier, laissant deux décès comme souvenir de leur passage : une épidémie de fièvre continue dont quelques cas revêtirent le caractère typhoïde ; l'autre, une épidémie d'Influenza (Grippe) pendant les mois de janvier et février 1899.

Soixante-six—66—patients ont été traités à l'hôpital ; un plus grand nombre aurait dû y être admis, mais l'exiguité du local nous a forcé de traiter un bon nombre de cas graves dans les cellules. Le médecin, seul, est en état d'apprécier les nombreux inconvénients résultant d'un tel état de choses. Et pendant l'épidémie de fièvre continue, il nous a fallu convertir en hôpital d'isolement un appartement vacant qu'il y avait à l'étage d'au-dessus. Mon prédécesseur avait déjà signalé à votre attention, dans deux rapports antérieurs, l'insuffisance et l'insalubrité de notre hôpital, sans succès, et c'est la deuxième fois que je vous fais la même observation dans l'intérêt de la population renfermée dans les murs du pénitencier. J'espère que, l'an prochain, le médecin de cette institution aura l'occasion de constater un changement dont le besoin devient de plus en plus pressant. C'est le temps de dire que, grâce à l'intervention judicieuse du préfet, l'appartement converti en hôpital d'isolement a subi des réparations qui permettront dans quelques jours d'y recevoir des malades, avec bain et *water-closet* à leur disposition. Ce petit hôpital sera toujours d'une utilité majeure pour le traitement des maladies contagieuses.

En jetant un regard sur le tableau des maladies traitées, le lecteur sera surpris du nombre élevé des affections du tube digestif enregistrées : 355 cas de diarrhée, 66 cas de dysenterie, 120 de dyspepsie, sans compter une foule d'autres maladies ayant siégé dans ce canal important, constituent des éléments d'une statistique alarmante pour l'institution.

Il est évident que le canal alimentaire, par son étendue relativement excessive, est l'endroit le plus vulnérable de l'économie animale ; mais dans le cas actuel, il y a évidemment excès. En face de ces désordres extraordinaires, je fus tenté d'accuser l'eau comme en étant la cause ; en conséquence, des échantillons de notre eau furent soumis à l'expertise d'un homme compétent dont le rapport fit disparaître mes doutes. En même temps, M. l'architecte Adams avait déjà inauguré un système d'égout temporaire qui provoquait une réprobation générale dans le village de St-Vincent-de-Paul. Je visitai le champ d'épuration soumis à l'expérience : je vis de mes yeux une foule de petits filets d'égoût impur fuyant dans le susdit champ, et les déjections alvines de 400 détenus s'y promenaient diluées sous les rayons d'un soleil d'été. Le 29 d'août, je fis rapport au préfet de ce que je viens de relater ; le 29 du mois suivant je vous présentai un rapport semblable à propos de l'expérience de M. Adams ; vous étiez à Saint-Vincent-de-Paul, y remplaçant temporairement le préfet gravement malade ; vous avez refusé de prendre mon susdit rapport en considération, en mettant pour condition une déclaration de ma part qui n'était qu'un odieux guet-à-pens ; heureusement que j'évitai le piège tendu à ma bonne foi.

Tant que dura cette expérience malheureuse, les égoûts profonds, arrêtés dans leur cours ordinaire, forcèrent les bouches des dits égoûts profonds, tant en dedans qu'en dehors du mur d'enceinte, à donner issue à des émanations délétères que durent resp er tous les jours un grand nombre de détenus obligés de circuler dans le voisinage immédiat des dites bouches d'égoûts. Et voilà !

Maintenant, le régime alimentaire doit être pour quelque chose dans cet excès de maladies du canal alimentaire ?

L'expérience de tous les jours nous permet de constater que les aliments digérés par l'estomac sans inconvénient, sans douleur, varient presque autant que les sujets ; quelques personnes ne peuvent supporter que du lait ; les autres sont moins fatiguées par les viandes que par les légumes ; celles-là recherchent les pâtes et les préparations du même genre.

Ces dispositions individuelles doivent être prises en considération ; *il est impossible d'imposer à tout le monde une nourriture identique* ; il faut considérer les susceptibilités spéciales, et, quelques bizarres qu'elles puissent paraître, suivre les indications qu'elles présentent, le patient sachant nous renseigner lui-même parfaitement à ce sujet.

Lors de mon entrée en fonction comme médecin de ce pénitencier, en avril 1898, l'usage du lait était presque ignoré et, la carte des rations n'en faisant pas mention, j'éprouvai un embarrras très grand. J'en recommandai cependant l'usage à quelques détenus offrant d'en payer le coût. Vous avez défendu la chose immédiatement. Heureusement que le rapport du ministre de la Justice, pour l'exercice terminé le 30 juin 1897, me fit voir une dépense de 2,357 gallons de lait au pénitencier de Kingston ; il va sans dire que je ne tardai pas à faire disparaître mon embarras.

Je suis en faveur de l'usage du lait, parce que le lait est le véritable type des aliments complets par ses principes albuminoïdes, sa matière grasse, son sucre et ses sels. C'est le meilleur de tous nos toniques alimentaires, du moins au point de vue de l'étendue et du nombre de ses applications au traitement des maladies et au régime des malades. Le lait est un aliment doux qui porte et entretient le calme dans l'organisme, et par son action locale et par son action générale ; il nourrit sans fatigue. Cet aliment s'adresse à tous les cas auxquels conviennent les toniques en général et la diète animale. Comme tonique, sa principale indication se trouve dans sa richesse nutritive et sa facile digestion. Le *lait domine la thérapeutique des maladies qui pullulent dans le tube digestif* : et son action bienfaisante se fait aussi sentir dans un grand nombre d'autres maladies qu'il serait ennuyeux d'énumérer.

Aliénés.—Huit détenus ont été envoyés à l'asile de Kingston pour cause d'aliénation mentale. Les aliénés Bishop, Kane, Coulombe et Létourneau, ont fait un séjour trop prolongé dans le pénitencier de Saint-Vincent-de-Paul après avoir été signalés à votre attention. Je ne vois pas l'utilité de rappeler des choses désagréables et fort irritantes.

Idiot.—A la fin du mois d'août 1898, Oscar Gagné, âgé de 16 ans, était envoyé au pénitencier par le magistrat du district des Trois-Rivières. Son arrivée provoqua l'hilarité des détenus, la surprise des officiers et l'indignation du préfet.

Le malheureux condamné est un disgracié de la nature, arrêté dans son développement physique et mental et fortement entaché de crétinisme ; son aspect seul provoque un sentiment de répulsion mêlé de compassion.

Le 30 de septembre suivant, je vous présentai un rapport sur l'état mental de Gagné ; vous étiez à Saint-Vincent-de-Paul, y remplaçant le préfet malade depuis quelque temps. Le 2 de novembre de la même année, vous retourniez à Ottawa ; et, quelque jours après votre départ, le secrétaire du préfet me remettait mon rapport ci-dessus mentionné sur l'état mental du petit Gagné. Le 5 de décembre suivant j'envoyai directement le susdit rapport à l'honorable ministre de la Justice qui lui accorda, lui, l'attention officielle qu'il méritait. En effet, le 13 janvier 1899, je recevais la réponse suivante :

" Secrétariat d'Etat,
" Canada.

" OTTAWA, 13 janvier 1899.

" MONSIEUR,—En réponse à votre lettre du 5 du mois dernier à l'honorable ministre " de la Justice, relativement au cas du jeune Gagné, je suis chargé de vous informer " qu'après avoir examiné le dossier de ce détenu, Son Excellence le Gouverneur-Général

" considère qu'il ne serait pas à propos de le gracier sans avoir l'assurance que quelqu'un " s'occupera de cet enfant et pourvoiera à ses besoins.

"J'ai l'honneur d'être, monsieur,

" Votre obéissant serviteur,

" P. PELLETIER,

" *Sous-secrétaire d'Etat suppléant.*"

Dévouement d'un détenu.—Michel Skinner, détenu attaché au service de l'hôpital, est un homme que je ne dois pas oublier. Jour et nuit il est au chevet des malades, attentif, zélé, se prodiguant pour soulager; et, en temps d'épidémie, j'admire sa délicatesse, sa patience, son habileté, son abnégation et son intrépidité ; une mère ne pourrait faire mieux ; c'est un modèle de dévouement, c'est une perle d'un grand prix, brillant dans les ténèbres de la détention. Sa santé est souvent chancelante, obligé qu'il est de séjourner constamment dans notre abominable petit hôpital.

Aliments gâtés.—Pour aucune raison du monde l'économe ne devrait laisser partir une once de mauvais beurre ou de viande gâtée pour être servie aux forçats ; c'est une imprudence qui peut faire éclater un imprévu fort désagréable, dangereux même. Je dois déclarer que la chose n'est pas arrivée souvent.

Balcon.—En septembre 1898, je présentais un rapport à monsieur le préfet à propos de l'opportunité d'ériger un balcon pour l'usage exclusif des patients traités à l'hôpital, lui demandant s'il ne conviendrait pas d'attirer l'attention du ministre de la Justice sur l'utilité d'une telle amélioration. Je vous fis part personnellement de mon intention ; et vous vous êtes montré hostile au projet en remarquant qu'un balcon constituerait un danger d'évasion. Le mot impossible est incompatible avec notre siècle de progrès ; un balcon peut être érigé dans le voisinage immédiat de l'hôpital, avec une armature à l'épreuve de toutes les tentatives d'évasion de la part des malades.

Ce n'est pas une faveur que je demande, mais simplement une amélioration que possède aujourd'hui plusieurs de nos grandes institutions publiques ayant charge de malades.

Pourquoi un balcon? Pour permettre aux patients de prendre l'air frais du dehors et bénéficier des rayons du soleil. L'air et la lumière sont les agents de la force médicatrice de la nature, ces agents faisant leur travail en silence, promptement et d'une manière parfaite. L'été est la saison propice au traitement des maladies chroniques et le temps convenable d'enrichir sa constitution d'une réserve de vitalité pour l'hiver. La lumière du soleil stimule tous les êtres organisés en leur donnant plus de vitalité ; les humeurs du corps humain parcourant leurs canaux plus librement, la nutrition s'améliore et les produits nuisibles s'éliminent plus facilement. En parlant de la lumière du soleil comme moyen thérapeutique, je n'entends pas dire qu'on doit exposer le patient aux rayons ardents d'un soleil brûlant, énervant. Non !

L'air pur est le meilleur tonique des névroses et des maladies chroniques. Un balcon, ici, serait l'équivalent du parc faisant les délices du citadin suffoqué.

En juillet et août dernier (1898) la température de notre hôpital a été de 75 à 92 dégrés de Fart. Une vraie fournaise!

Bureau du médecin.—Le médecin et le gardien de l'hôptal occupent ensemble un local étroit, mesurant à peine 7 x 14 pieds—un vrai régime cellulaire—une disgrâce, une honte. C'est dans cette taupinière que nous passons la journée ensemble, mutuellement gênés dans l'exercice de nos fonctions respectives.

Au commencement de mon rapport je vous ai dit que 2,180 cas de maladies avaient été confiés à ma sollicitude. Je dois vous informer maintenant que le nombre de patients traités à l'hôpital s'élève au chiffre de 66 ; ce nombre de patients a requis de ma part 2,035 visites ou consultations avec ordonnance. Je pourrais doubler ce chiffre déjà respectable, vu que je visite les malades de l'hôpital deux fois par jour.

Le grand total de mes visites rendues aux patients traités, et à l'hôpital et dans les cellules, s'exprime par les chiffres 7,819, dont 41 en dehors de mes visites de jour.

Voici le tableau des maladies traitées :

Maladies traitées dans la prison durant l'année 1898-9 :

Non de la maladie.	Patients admis.	Patients rétablis.	Patients restants.	Remarques.
Acidité de l'estomac	17	17	......	
Adénite	2	2	......	
Anus, fissure à l'	1	1	......	
Alopécie	1	1	......	
Anévrisme, de l'Aorte abdom	1	....	....	Occupé à un travail aisé
Angine tonsillaire	64	64	....	
Anémie	2	2	....	
Ascarides	2	2	....	
Anorexée	22	22	....	
Abcès, petits	2	2	....	
Balanite	1	1	....	
Bronchite	12	12	....	
Blépharite	3	3	....	
Bubon	1	1	....	
Céphalalgie	47	47	....	
Coliques	37	37	....	
Constipation	84	84	....	Il y un certain nombre de constipation habituelle dont les porteurs continuent à travailler.
Carboncules	4	4	....	
Chancre	4	4	....	
Coriza bénin	13	13	....	
Contusion	2	2	....	
Cardiaque	3	2	1	Mais occupé à travail aisé.
Catarrhe bronchique chronique	3	3	....	Mais sujets à rechute, l'hiver.
Dartres simples	115	115	....	
Diarrhée	355	355	....	Plusieurs soumis à un régime spécial, dans
Dysenterie	66	66	....	les cas chroniques ; plusieurs récidives.
Dyspepsie	120	120	....	Bon nombre de récidives.
Dents cariées	26	26	....	
Douleurs rhumatismales	61	61	....	Récidives fréquentes.
Dysurie	21	21	....	
Diphthérie	1	1	....	
Débilité	58	58	....	
Dilatation du cœur	1	....	....	Incurable.
Ecchymoses de la cornée opaque	2	2	....	
Epistaxis	9	9	....	
Eruptions cucanées diverses	34	33	1	Un cas d'eczéma étendu, invétéré, n'obéissant qu'à l'arsenic.
Embarras gastrique	9	9	....	
Entorse	1	1	....	
Ephélides	2	2	....	
Fièvre éphémère	18	16	2	
Fièvre typhoïde	10	9	....	Un de mort.
Fistule au scrotum	1	....	....	De plusieurs années.
Fluxion dentaire	2	2	....	
Furoncle	1	1	....	
Furonculose	1	1	....	
Fièvre intermittente	2	2	....	Anciens cas contractés à l'étranger
Gingivite	4	4	....	
Gonorrhée	26	26	....	
Gastralgie	53	53	....	Il y a des récidives dues au régime.
Goître	2	2	....	
Hémorrhoïdes internes	6	6	....	
Hémorrhoïdes externes	23	23	....	
Hernie inguinale	2	2	....	Avec bande "ad hoc".
Hémopthisie	10	10	....	Quelques cas repétés sur le même sujet.
Hémorrhagie, intestinale	1	1	....	
Hémorrhagie, dentaire	2	2	....	
Hématémèse	4	4	....	
Héméralopie	4	4	....	
Insomnie	162	162	....	
Influenza bénin	3	3	....	
Influenza épidémique, "Grippe"	108	107	....	1 cas de mort par complication bronchique.
Laryngite	2	2	....	
Luette, chute de la	1	1	....	

MALADIES traitées dans la prison durant l'année 1898-9 :

Non de la maladie.	Patients admis.	Patients rétablis.	Patients restants.	Remarques.
Lombago	74	74	....	Plusieurs rechutes.
Morpions	2	2	....	
Migraine	2	2	....	
Myopie	11	11	....	Avec lunettes.
Névralgie	6	6	....	
Neurasthénie	15	15	....	
Œsophage rétréci	1	....	....	Incurable.
Onixis, latéral	34	34	....	Pas d'extirpation.
Otite	5	5	....	
Otalgie	13	13	....	
Ophthalmie	30	30	....	
Orchitis	4	3	1	Engorgement double.
Pyrosis	12	12	....	
Pericardite	2	2	....	
Palpitations du cœur	100	100	....	Récidives fréquentes pour causes morales et physiques.
Placés	3	3	....	
Presbytie	2	2	....	Avec lunettes.
Punais	1	1	....	
Pharyngite	3	3	....	
Rhume	115	115	....	
Rhumatisme articulaire	24	24	....	Un sujet mordu au cœur.
Rétention d'urine	4	4	....	
Rectum, chute du	1	1	....	
Stomatite	58	58	....	Avec récidives.
Spermatorrhée	23	23	....	
Scrofule	5	4	1	Il y a amélioration notable, mais la détention nuit.
Syphilis	13	....	....	Quelques cas paraissent guéris ; d'autres sont partis sans traitement.
Stricture	7	7	....	Pas de cas menaçants.
Sciatique	7	7	....	
Tuberculose	1	....	1	
Tænia	4	4	....	
Tumeur, petite	1	1	....	
Torticollis	1	1	....	
Ulcère	7	7	....	
Vers intestinaux	3	3	....	
Vomissements	27	27	....	

DÉCÈS arrivés au pénitencier depuis le 1er juillet 1898 au 1er juillet 1899.

Nom.	Maladie.	Quand admis à l'hôpital.	Date de la mort.	Pays.	Jours passés à l'hôpital.
1898.					
Edward Bergin	Fièvre typhoïde	22 juillet	12 août	Canada	22
Angus Jacob (il y a eu enquête par le coroner	Syncope	Mort subitement dans sa cellule	22 sept.	"	....
1899.					
Séraphin Cloutier	Rupture d'anévrisme	Mort subitem.	20 janv.	"	....
Damase Brunet	Bronchite après Grippe	4 février	2 mars	"	27

Je n'ai point entré dans mon journal les visites faites aux officiers de l'institution, que je dois traiter gratuitement. A quoi bon, d'ailleurs ?

Ma besogne est déjà assez pénible en allant, à pied, porter mes soins à ces patients disséminés dans le village de Saint-Vincent-de-Paul, en tout temps et en toute saison de l'année.

Et il m'a fallu faire 54 rapports, en triplicata, par-dessus le marché, pendant mes douze mois d'exercice.

Enfin, je termine mon rapport en remerciant tous les officiers, indistinctement, de leur politesse et de leur bienveillance à mon égard, spécialement le préfet. M le Dr Duchesneau, dont le concours éclairé et l'empressement à m'être utile me procurent une satisfaction intime indéfinissable. Je suis enchanté du zèle de M. J. O'Shea, le surveillant de l'hôpital, et pas un seul nuage de mécontentement de l'un envers l'autre n'a encore assombri la cellule nous servant de bureau en commun.

DROGUES ET MÉDICAMENTS.

Existences en main, le 1er juillet 1898..................	$174.97
Valeur des médicaments achetés pendant l'année 1898-99..	431.20
	$606.17
A déduire, existences en main, 30 juin 1899......... ...	160.62
Médicaments distribués aux détenus, pendant l'année 1898-9	$445.55
Coût par tête..........	$ 0.99$\frac{352}{447}$

J'ai l'honneur d'être, monsieur,

Votre très humble serviteur,

L. A. FORT ER, M.D.

Médecin du pénitencier de Saint-Vincent-de-Paul.

Monsieur DOUGLAS STEWART,
Inspecteur des pénitenciers,
Ottawa.

PÉNITENCIER DE DORCHESTER.

DORCHESTER, N.B., 15 août 1899.

MONSIEUR,—J'ai l'honneur de vous présenter mon rapport annuel pour l'exercice clos le 30 juin 1899.

L'état sanitaire du pénitencier est bon. Les appareils de ventilation et de chauffage donnent toujours entière satisfaction, et nous n'avons pas eu à y faire de changements importants depuis que la prison est ouverte. Les égouts sont en bon ordre et, avec les lavages fréquents à grande eau, il ne s'échappe pas de gas des cabinets d'aisance ni des tuyaux. L'abondant approvisionnement de notre nouveau réservoir contribue à la santé et au confort des fonctionnaires et de leurs familles. Il alimente les trente habitations et laisse couler constamment un fort courant de trop-plein.

Cent huit hommes et deux femmes on été admis au pénitencier pendant l'année. Ils se divisent comme suit : âgés de 16 ans ou moins, neuf ; de 16 à 20 ans, trente-trois ; de 20 à 40 ans, cinquante-huit ; de 40 à 60 ans, sept ; de plus de 60 ans, trois.

Je suis heureux de constater que les jeunes garçons sont en moindre nombre que les années précédentes ; il est regrettable qu'il n'en soit pas ainsi pour les jeunes gens de 16 à 20 ans, âge ou l'homme de bonne conduite peut le plus aisément gagner sa vie.

L'état physique des prisonniers pendant l'année n'a été que passable ; plusieurs, à leur entrée, souffraient de maladies aiguës résultant de leurs habitudes vicieuses et aggravées par leur malpropreté et leur vie dissolue.

Nous avons reçu pendant l'année plusieurs prisonniers, la plupart des jeunes gens, à demi idiots. Je me demande si quelques-uns d'entre eux sont responsables de leurs actes. Cependant, ils sont en général obéissants, faciles à conduire et ne donnent aucun trouble. Ces malheureux doivent être surveillés avec plus de soin et traités avec plus de bonté que les prisonniers ordinaires, car il en est qui ont à peine assez d'intelligence pour faire connaître leurs besoins.

Un nombre considérable des jeunes gens admis au pénitencier semblent avoir souffert sous le rapport de la nourriture ; quelques-uns sont scrofuleux, d'autres sont déjà atteints de phthisie ou d'affections glandulaires. C'est en grand partie pour eux que sont achetés les médicaments dispendieux employés dans ce pénitencier. Peu de ces prisonniers, cependant, sont envoyés à l'infirmerie. On les occupe aux travaux en plein air autant que possible ; au bout de quelques semaines, les habitudes régulières, la nourriture saine et le traitement médical ont sur eux un effet sensible, et la plupart d'entre eux sortent de la prison en bonne santé. L'effet moral de la vie pénitentiaire n'est peut être pas tout ce qu'on pourrait désirer, mais, au point de vue de l'état physique, elle est un bienfait pour cette classe d'hommes.

L'interdiction de l'usage du tabac dans le pénitencier, il y a environ deux ans, a produit de bons résultats et les murmures ont cessé. On peut plus facilement tenir la prison et les cellules en état de propreté, et les jeunes gens n'ont pas la tentation de contracter, aux dépens du public, une habitude qui, pour dire le moins, est dispendieuse et nuisible.

La santé des prisonniers en général n'a pas été aussi bonne que l'année dernière. Il y a eu un plus grand nombre de cas de maladies des bronches et de la gorge dûs, je crois, à la variabilité de la température ; celle-ci a été si mauvaise que les hommes qui travaillent dans la cour n'ont pu sortir autant qu'ils le font d'ordinaire pendant l'hiver. Pendant l'été, les prisonniers travaillent au dehors, et souvent il n'en reste pas un seul dans la prison pour cause de maladie. En août et septembre, un certain nombre de prisonniers sont souvent pris de diarrhée et parfois de dysenterie. Il y a des cas très graves où les malades doivent être envoyés à l'hôpital. L'année dernière n'a pas fait exception sous ce rapport.

L'article 52 des règlements a été strictement mis en vigueur et tous ceux qui, à mon avis, devaient être vaccinés, l'ont été. Quelques-uns d'entre eux ont été très malades et envoyés à l'infirmerie. J'ai, dans le temps, adressé au département un rapport à ce sujet.

Un aliéné criminel a été envoyé à l'asile de Kingston ; un autre a été gracié et remis aux autorités du comté d'où il venait.

Nous n'avons eu ni accidents sérieux, ni maladies contagieuses ou épidémiques.

Cinq détenus sont morts pendant l'année ; un, d'hydropisie, un de fièvre secondaire, après vaccination ; un de tuberculose ; un s'est pendu dans sa cellule ; le dernier est mort subitement,—il était sujet aux convulsions.

Il y a eu 64 malades envoyés à l'infirmerie ; ils y ont passé en tout 1,348 jours. Le nombre des prescriptions distribuées aux hommes, en dehors de l'infirmerie, a été de 6,154.

Valeur des drogues et médicaments en mains le 1er juillet 1898	$ 162 90
Valeur des drogues et médicaments achetés pendant l'année	162 52
	$ 325 42
Valeur des drogues et médicaments distribués pendant l'année	136 34
Valeur des drogues et médicaments en mains le 30 juin 1899	$ 189 08
Coût par tête	$ 0 58

Suivent les tableaux indiquant les cas envoyés à l'infirmerie et ceux traités dans les cellules.

J'ai l'honneur d'être, monsieur,
Votre obéissant serviteur,

ROBERT MITCHELL, M.D.,
Médecin.

M. Douglas Stewart,
Inspecteur des pénitenciers,
Ottawa.

Cas traités au pénitencier durant l'exercice 1898-9.

Maladie.	Restés.	Admis.	Sortis.	Restant.	Maladie.	Restés.	Admis.	Sortis.	Restant.
Abcès	....	21	21	....	Hemorrhoïdes	....	12	7	5
Anasarque	....	2	2	..	Incontinence	....	7	5	2
Anthrax	....	1	1	....	Indigestion	....	23	23	....
Asthme	....	1	1	....	Folie	5	2	4	3
Furoncles	....	9	9	....	Lumbago	....	9	9	....
Bronchite	...	7	7	....	Maladies simulées	4	6	5	5
Bubon	....	1	1	....	Névralgie	....	3	3	....
Brûlures	....	2	2	....	Otite	....	11	11	....
Catarrhe	....	21	21	....	Orchite	....	2	1	1
Céphalalgie	....	12	12	....	Ophthalmie	....	24	24	....
Rhume	....	48	48	....	Pleurodynie	....	4	4	....
Coliques	....	7	7	....	Phthisie	2	3	4	1
Comedon	....	3	2	1	Psoriasis	....	5	4	1
Contusions	...	24	24	....	Pterygion	....	1	1	....
Convulsions	....	1	1	....	Pyrosis	....	3	3	....
Constipation	....	23	23	....	Rhumatisme	....	20	20	....
Eruptions cutanées	....	4	4	....	Brûlures	....	1	1	....
Cystite	....	2	2	....	Scrofule	5	3	5	3
Débilité	....	4	4	....	Maux de gorge	....	49	49	....
Diarrhée	....	51	51	....	Entorses	....	12	12	....
Dysenterie	....	12	12	..	Stomatite	....	12	12	....
Dyspepsie	....	3	3	....	Syncope	....	2	2	....
Eczema	....	10	10	...	Synovite	....	2	2	....
Erythème	....	2	2	....	Syphilis	....	1	1	....
Fistule	....	3	3	....	Stricture	....	1	1	....
Engelures	....	4	4	....	Extraction de dents	....	70	70	....
Gonorrhée	....	7	7	....	Amygdalite	....	10	10	....
Cardialgie	....	6	6	....	Ulcères	....	1	1	....
Maladie de cœur	....	6	6	....	Urticaire	....	3	3	....
Hematurie	....	1	1	....	Vaccination	....	54	54	...
Hemoptysie	....	1	1	....	Varicocèle	....	1	1	....
Hernie	3	2	4	1	Panaris	....	1	1	....
Herpès	....	3	3	....	Blessures	....	25	25	...

CAS traités à l'infirmerie pendant l'exercice 1898-99.

Maladie.	Restés.	Admis.	Sortis.	Décédés.	Restant le 30 juin '99.	Observations.
Abcès	....	2	2	....	....	
Amputation de doigts	1	...	1	....	....	
Bronchite	...	1	1	....	....	
Coliques	....	1	1	....	...	
Contusions	....	2	2	....	....	
Diarrhée	....	3	3	....	....	
Hydropisie	....	3	1	1	1	
Dyspepsie	...	1	1	....	...	
Eczema de la tête	....	1	....	....	1	
Entérite	....	1	1	....	....	
Fistule	....	2	2	...	....	
Maladie de cœur	....	1	1	....	...	
Hématurie	....	1	1	....	....	
Hémoptysie	....	3	3	....	....	
Folie	....	1	1	....	....	
Orchite	...	2	1	...	1	
Syncope	....	2	2	....	....	
Synovite	....	1	1	....	....	
Syphilis	....	1	1	....	....	
Amygdalite		4	4	...	...	
Tuberculose	1	1	1	1	...	
Vaccination	....	27	26	1	....	
Blessures	....	1	1	....	...	
Totaux	2	62	58	3	3	

RELEVÉ des décès, exercice clos le 30 juin 1899.

N°	Nom.	Crime.	D'où envoyé.
1	Charles Bone	Larcin	Pictou, N.-E.
2	Gilbert Gallant	Bris de maison et larcin	Charlottetown, I.P.-E.
3	Richard Mansworth	Désertion	Halifax, N.-E.
4	John Hopkins	Incendie	Barrington, N.-E.
5	James Collicutt	"	Summerside, I.P.-E.

ROBERT MITCHELL, M.D.,
Médecin.

PÉNITENCIER DU MANITOBA.

MONTAGNE-DE-PIERRE, 19 septembre 1899.

MONSIEUR,—J'ai l'honneur de vous présenter mon rapport pour l'exercice clos le 30 juin 1899.

Je regrette d'avoir à dire que la ventilation du pénitencier est toujours défectueuse.

La santé des prisonniers en général a été assez bonne.

Je n'ai à signaler aucun accident ni blessure de nature sérieuse.

La prison et l'infirmerie sont toujours propres et en bon état.

M. Beaupré, l'infirmier en chef, a été très attentif à ses devoirs, et je dois le remercier de l'aide qu'il m'a donnée.

Ci-annexés, les états ordinaires.

J'ai l'honneur d'être, monsieur,
Votre obéissant serviteur,

RODERICK MACDONALD, M.D.
Médecin.

M. DOUGLAS STEWART,
Inspecteur des pénitenciers.
Ottawa.

ETAT des dépenses pour l'infirmerie, exercice clos le 30 juin 1899.

Médicaments en main, le 30 juin 1898	$ 417.60½
" reçus pendant l'année	264.86
Total	682.46½
Médicaments en main, le 30 juin 1899	367.49½
Dépense	314.97
Médicaments fournis aux employés sur remboursement	35.80
Dépense nette	279.17

Coût par tête $2.71.

L'augmentation des dépenses sur celles de l'année dernière s'explique par l'achat des articles suivants pour les détenus :

1 bas élastique	$ 3.50
1 genouillière	3.00
15 suspensoirs	6.90
6 bandages	15.34
27 brosses	3.26
Total	32.00

CAS traités dans les cellules pendant l'exercice 1898-99.

Maladie.	Nombre de cas.	Maladie.	Nombre de cas.
Abcès	31	Lumbago	27
Angina pectoris	2	Laryngite	25
Aphonie	1	Névralgie	1
Etat bilieux	39	Etat nerveux	2
Affection de la vessie	14	Emissions nocturnes	4
Furoncles	33	Orchite	29
Contusions	17	Otite	15
Brûlures	1	Palpitations du cœur	3
Catarrhe	13	Pemphigus	1
Coliques	15	Pyrosis	1
Rhume	128	Rhumatisme	75
Toux	46	Entorse	24
Constipation	26	Scrofule	3
Conjonctivite	27	Masturbation	2
Pellicules de la tête	4	Stricture	4
Débilité	2	Orgelet	8
Diabète	1	Syphilis	11
Diarrhée	22	Mal de dents	7
Dyspepsie	27	Extraction de dents	5
Enuresie	2	Torpeur du foie	12
Erythème	1	Tumeurs	3
Eczema	10	Varices	2
Engelures	2	Vertige	1
Gonorrhée	9	Vomissements	1
Mal de tête	2	Vers	2
Cardialgie	1		
Hernie	34	Demandes de tabac	1
Hémorroïdes	2	" chang. de diète	22
Hydrocèle	4	" " de travail	7
Indigestion	34	" diète plus subst	44
Influenza	1	" vêtements addit	8
Insomnie	7	" brosses	27

RELEVÉ des décès, exercice 1898-99.

N°.	Nom.	Age.	Pays d'origine.	Maladie.	Date de l'admission.	Date du décès.	Nombre de jours à l'infirmerie
56	John Wilson	46	Indes occidentales.	Anévrisme	9 oct. 1898	21 déc. 1899	72

LISTE des détenus aliénés, exercice 1898-99.

N°.	Nom.	Condamnation.	Crime.	Observations.
42	Paul Brown	A perpétuité	Meurtre	

Cas traités à l'infirmerie pendant l'exercice 1898-99.

Maladie.	Restés.	Admis.	Sortis.	Décédés.	Restant.	Nombre de jours à l'infirmerie.
Anévrisme	.....	1	.....	1	.....	72
Angina pectoris	.....	1	1	.....	.....	32
Abcès	1	3	3	.....	1	255
Fièvre bilieuse	.....	1	.....	.....	1	122
Furoncles	.....	2	2	.....	.....	9
Débilité	2	.....	2	.....	.....	223
Folie	1	.....	1	.....	.....	206
Diarrhée	.....	1	1	.....	.....	4
Hématémèse	.....	1	1	.....	.....	6
Hernie	.....	1	1	.....	.....	46
Hydrocèle	.....	4	4	.....	.....	215
Orchite	.....	3	2	.....	.....	129
Pemphigus	.....	1	1	.....	.....	31
Rhumatisme	1	3	3	.....	1	457
Entorse	.....	1	1	.....	.....	17
Total	5	23	24	1	3	1,824

RODERICK MACDONALD, M.D.,
Médecin.

PÉNITENCIER DE LA COLOMBIE-BRITANNIQUE.

New-Westminster, C.-B., 1er juillet 1899.

Monsieur,—J'ai l'honneur de vous présenter mon rapport annuel, comme médecin de ce pénitencier, pour l'exercice clos le 30 juin 1899.

La santé des prisonniers, à tout prendre, a été bonne ; nous n'avons eu ni maladies sérieuses, ni décès. Le nombre de cas traités à l'infirmerie est un peu plus grand que l'année dernière, 34 au lieu de 32 ; d'un autre côté, les maladies ont été plus bénignes, et les malades ont passé beaucoup moins de jours à l'infirmerie—346 contre 685 l'an dernier. Comme à l'ordinaire, un certain nombre de détenus ont été traités dans leurs cellules et, pour eux, les prescriptions ont été de 1,175.

Je regrette d'avoir à signaler le décès d'un employé, le garde-magasin Jackson, mort presque subitement d'empoisonnement urémique.

Nous avons toujours grand besoin d'une infirmerie convenable. Le local actuellement employé à cet usage fait la disgrace de cette institution, comme je l'ai déjà dit dans mes rapports antérieurs. Je regrette de voir qu'on ne paraît faire aucun effort pour remédier à cet état de choses.

L'inconvénient de se procurer les médicaments à Montréal subsiste encore.

Comme je le disais dans mon dernier rapport, nous devons commander une grande quantité de drogues pour ne pas être exposées à en manquer ; le résultat, c'est que certains articles se détériorent avant que nous puisions nous en servir. Souvent aussi l'article fourni est d'une qualité inférieure. J'ai mentionné ces faits à plusieurs reprises.

Je désire attirer votre attention sur la distinction qui est faite entre le médecin et les autres employés au sujet des vacances. On accorde chaque année à ceux-ci dix jours de repos ; le médecin n'a aucun congé. Depuis douze ans que je suis le médecin de ce pénitencier, je n'ai jamais eu de vacance ; c'est-à-dire que je n'ai pu m'absenter sans fournir un substitut à mes frais, ce que les autres fonctionnaires ne sont pas tenus de faire. Même lorsque j'ai été malade, j'ai dû payer quelqu'un pour me remplacer.

J'appelle votre attention sur l'avantage qu'auraient les médecins des divers pénitenciers à se réunir entre eux et à rencontrer quelquefois les autres membres de la profession, par exemple à l'assemblée annuelle de l'association médicale du Canada.

L'infirmier en chef, M. Carroll, remplit toujours ses devoirs officiels de la manière la plus satisfaisante.

J'ai l'honneur d'être, monsieur,
Votre obéissant serviteur,

W. A. DEWOLF SMITH, M. D.,
Médecin.

M. DOUGLAS STEWART,
Inspecteur des pénitenciers,
Ottawa.

CAS traités à l'infirmerie.

Maladie.	Restant le 30 juin 1898.	Admis.	Total.	Décédés.	Sortis.	Restant le 30 juin 1898.	Observations.
Accidents—							
Meurtrissure du nez	....	1	1	.....	1	....	
" pouce	.....	1	1	....	1	.....	
Coupure au pied	....	1	1	.....	1	.....	
Abcès	.....	2	2	.....	2	.....	
Rhumes	.....	14	14	.....	14	.....	
Diarrhée	....	2	2	.....	2	.....	
Dyspepsie	....	2	2	.....	2	.....	
Lumbago	....	1	1	....	1	....	
Névralgie	.....	2	2	...	2	....	
Douleurs dans le dos	....	3	3	...	3	....	
" le côté	.....	1	1	.....	1	.....	
Phthisie	....	1	1	.....	1	.....	
Amygdalite	....	1	1	.....	1	.....	
Rhumatisme	.....	1	1	....	1	.....	
Syphilis	1	...	1	....	1	.....	
Totaux	1	33	34	.....	34	.....	

CAS traités dans les cellules.

—	Nombre de cas.	—	Nombre de cas.
Abcès	4	Mal de tête	37
Adénite	3	Helminthiase	1
Acné	1	Hernie	1
Etat bilieux	3	Herpès	1
Bronchite	4	Indigestion	36
Contusions	6	Insomnie	4
Brûlure au bras	1	Lipome	1
Catarrhe	18	Lumbago	5
Gerçures aux mains	10	Mastite	1
Rhumes	87	Névralgie	9
Coliques	24	Otite	1
Conjonctivite	4	Douleur dans le dos	24
Constipation	344	Pediculix pubis	1
Coryza	10	Phtisie	1
Toux	57	Pleurodynie	10
Coxalgie	1	Rhumatisme	44
Coupure au pied	2	Extractions de dents	50
Diarrhée	11	Amygdalite	14
Dyspepsie	5	Mal de dents	17
Exzéma	2	Urticaire	2
Epistaxis	1		
Gingivite	3	Total	867
Hémorroïdes	6		

ETAT des drogues et médicaments, 1898-99.

Drogues et médicaments en main, le 30 juin 1898	$237 65	
Valeur des drogues, etc., achetés pendant l'exercice 1898-99	205 19	
		$442 84
Valeur des drogues, etc., en main, le 30 juin 1899	234 92	
Remboursement par les employés, pour drogues, etc., 1898-99	45 93	
		280 85
Valeur des drogues, etc., fournis aux détenus		161 99

Coût par tête par année, $1.75.

W. A. DEWOLF SMITH, M.D.,
Médecin.

ANNEXE D.

RAPPORT DES AUMÔNIERS.

PÉNITENCIER DE KINGSTON.

KINGSTON, 30 juin 1899.

MONSIEUR,—J'ai l'honneur de vous présenter mon rapport annuel pour l'exercice clos le 30 juin 1899.

Mes devoirs ont été beaucoup les mêmes que l'an dernier, sauf que j'ai eu plus de visites à faire à l'infirmerie, et moins à la prison d'isolement.

La chapelle a été repeinturée par le détenu Andrew McGuire, qui s'est donné beaucoup de peine pour les travaux de dessin et de peinture, lesquels sont presque terminés.

Outre les détenus internés dans le quartier des aliénés, il y a quelques idiots, des épileptiques, et un certain nombre adonnés à l'usage de ces poisons du cerveau, l'alcool et l'opium. Parmi ces idiots, quelques-uns avaient reçu des blessures à la tête. Comme le dit Mandsley, "la démence, l'épilepsie, la fièvre ou une blessure à la tête transforment la nature morale d'un homme." De plus, une grande proportion de nos criminels—une bonne moitié, je crois—ont, pour une raison ou pour une autre, quitté le toit paternel en bas âge. Plusieurs nous disent : "J'avais cinq ans lorsque j'ai perdu ma mère ; treize ans quand mon père est mort. Je ne pouvais m'accorder avec ma belle-mère et j'ai quitté la maison." Ou encore : "J'ai été arrêté la première fois pour vagabondage. J'avais alors dix ans ; ma belle-mère m'avait chassé."

À part les aliénés et les abandonnés, il y a deux classes de criminels : les accidentels et les professionnels. Par criminel accidentel, j'entends celui qui, une fois dans sa vie, succombe à une forte tentation et est arrêté. Le criminel de profession est sain d'esprit mais moralement dépravé.

Bien que je sois convaincu que la plupart de nos criminels sont devenus tels par des causes en dehors de leur contrôle, comme l'hérédité et l'entourage, je reconnais qu'ils doivent être soumis à la contrainte. La question est de savoir quelle doit être la nature et la durée de cette contrainte.

Et d'abord, quelle doit en être la durée ? Ce que j'ai appris de la relation qui existe entre le crime et la folie me porte à dire que la contrainte doit durer jusqu'à la guérison ; mais il faut se conduire d'après les faits. L'accomplissement d'une tâche déterminée dans un temps déterminé pourrait être considéré comme une preuve de guérison. Cela, cependant, ne pourrait s'appliquer au cas d'un voleur de profession, qui serait assez avisé pour exécuter sa tâche afin de pouvoir retourner à ses habitudes de vol. Dans ce cas, des condamnations cumulatives, augmentant avec chaque récidive, pourraient avoir un résultat effectif.

Ce que nous avons observé de la relation du crime et de la folie nous porte à penser que le crime peut être le résultat de la parésie ou d'une autre forme de démence. Le traitement des criminels devrait donc se faire d'après les principes modernes applicables au soin des aliénés. On se garderait toutefois de rendre le crime attrayant pour les fainéants, les déréglés et les débauchés. Il faudrait les mettre au travail et leur en faire comprendre la nécessité. "Le travail qui, par la loi universelle de la nature, est un élément de santé, a un effet spécialement avantageux sur les aliénés." Le dictionnaire de Tukes et Saint-Paul le recommandent comme remède contre l'inclination au vol. En accordant au détenu une petite somme d'argent pour l'accomplissement d'une tâche et en lui laissant une certaine liberté dans l'emploi de cet argent, on ferait naître chez lui l'amour du travail et le désir d'apprendre les métiers les plus profitables ; en exerçant une surveillance convenable pour empêcher que le travail ne fût fait trop à la hâte, on combattrait par là la paresse et, par suite, dans bien des cas, le penchant au vol.

Des livres bien choisis, que l'on peut consulter souvent pendant les heures non consacrées au travail, nonseulement donnent de la récréation à l'esprit, mais, en fournissant à l'âme une nourriture solide et saine, ils aident à chasser les pensées du vice et du crime.

Comme l'a observé récemment le major Arthur Griffeths, l'un des inspecteurs des prisons d'Angleterre, les communications fréquentes par lettre avec leurs amis humanisent les criminels et atténuent leur hostilité contre la société.

Ci-suit le tableau des croyances religieuses :

PRISONNIERS le 30 juin 1899.

—	Hommes.	Femmes.	Total.
Catholiques romains	201	9	
Anglicans	116	5	
Méthodistes	126	4	
Presbytériens	67	1	
Baptistes	31	....	
Luthériens	4	....	
Disciple	1	....	
"Christian Science"	1	....	
Libre penseur	1	....	
Mennonite	1	....	
Saint du dernier jour	1	....	
Païen	1	....	
Total	551	19	570

C. E. CARTWRIGHT,
Chapelain protestant.

J. M. PLATT, écr,
Préfet.

KINGSTON, 1er novembre 1899.

MONSIEUR,—J'ai l'honneur de vous présenter mon rapport comme aumônier catholique du pénitencier de Kingston.

A la fin de l'exercice il y avait, inscrits sur les registres, les noms de 200 hommes et 2 femmes. Durant les derniers douze mois, la mort a fait quelques vides dans nos rangs ; elle nous a enlevé deux détenus condamnés à perpétuité et un aliéné. La clémence de l'exécutif avait été étendue à l'un des prisonniers condamnés pour la vie, mais, malheureusement, la lettre de grâce arriva vingt-quatre heures après sa mort.

Le système de "permis de libération" est actuellement l'unique sujet de conversation parmi les détenus ; et la grande majorité d'entre eux attendent avec impatience la date de son entrée en vigueur, espérant en tirer un grand avantage.

La conduite des hommes est des plus satisfaisantes et je n'ai que des éloges à leur faire.

Qu'il me soit permis, en terminant, de rendre témoignage à la bonté et à la courtoisie de notre nouveau préfet, le docteur Platt, et de tous les fonctionnaires du pénitencier avec qui j'ai de si fréquentes relations dans l'accomplissement de mes devoirs d'aumônier.

Je suis, monsieur,
Votre respectueux serviteur,
M. McDONALD,
Aumônier catholique.

M. DOUGLAS STEWART,
Inspecteur des pénitenciers,
Ottawa.

PÉNITENCIER DE SAINT-VINCENT-DE-PAUL.

Textuel.

SAINT-VINCENT-DE-PAUL, 30 juin 1899.

MONSIEUR L'INSPECTEUR,—J'ai l'honneur de vous adresser mon rapport annuel sur ce qui concerne la chapelle catholique romaine, la bibliothèque et l'école.

Nous comptons aujourd'hui 336 catholiques. 170 hommes, dans le cours de l'année dernière, nous sont venus des cours de justice : 1 nous est arrivé de la chapelle protestante ; 1 de Kingston ; 111 terminèrent leur peine ; 7 furent envoyés à Kingston ; 21 reçurent leur pardon ; 4 moururent.

Le nombre des communions a beaucoup augmenté durant l'année, et cette progression avantageuse montre les dispositions qui règnent dans notre congrégation.

Notre organiste est un artiste zélé, inférieur en rien à la personne distinguée qu'il a remplacée Il mérite en tout point, et je réclame instamment pour lui, un salaire plus convenable.

Nos lecteurs prennent un plus grand soin des livres qui sont actuellement plus nombreux et plus intéressants que jamais.

L'école compte un plus grand nombre et un meilleur choix d'élèves, et notre instituteur déploie toujours le même zèle et rencontre un plus encourageant succès.

La société, dans toutes les classes, avec ses pernicieux exemples d'ivrognerie, de paresse, d'insatiable rage pour des jouissances qui absorbent des sommes de toute provenance, envoie ses victimes toujours plus nombreuses remplir les prisons et se trouve ainsi punie d'avoir trop méconnu l'avertissement du Saint-Esprit, au livre des psaumes : "Servez le Seigneur avec crainte et réjouissez-vous en lui avec tremblement." Ps II.

Avec la rapidité de l'éclair, la presse, divulguant partout les moindres détails des scandales publics ou privés, devient une cause constante de démoralisation pour les hommes qui, fatalement, s'imitent et s'entraînent surtout dans le mal.

Le premier pas vers la réforme générale des mœurs, c'est, surtout pour les hommes en vue et les classes dirigeantes, la mise en pratique de ces paroles de l'Apôtre saint Paul aux Corinthiens : "Soyez mes imitateurs, comme je le suis moi-même de Jésus-Christ" I. Cor., iv. XVI.

Laissez-moi, monsieur l'inspecteur, présenter à monsieur le préfet et à son frais, mais habile et dévoué sous-préfet, ainsi qu'à tous les officiers, mes sincères remercîments. A vous l'expression de ma profonde gratitude pour votre bienveillant concours.

Votre humble serviteur,

L. O. HAREL, Ptre,
Aumônier.

DOUGLAS STEWART, écuier,
Inspecteur des pénitenciers,
Ottawa.

SAINT-VINCENT-DE-PAUL, 31 août 1899.

MONSIEUR,—J'ai l'honneur de vous présenter mon rapport annuel pour l'exercice clos le 30 juin 1899.

Détenus au pénitencier le 30 juin 1898	76
" reçus pendant l'exercice	28
Total	104

Mouvement de la population pendant l'exercice :—

Libérés	23
Graciés	6
Transférés	1
Décédés	0
Restant le 30 juin 1899	74

CROYANCES RELIGIEUSES.

Anglicans	64
Méthodistes	15
Presbytériens	14
Congrégationalistes	3
Luthériens	3
Baptistes	2
Universaliste	1
Unitaire	1
Sans religion	1

LIEU D'ORIGINE.

Canada	51	Australie	1
Angleterre	19	Etats-Unis	15
Ecosse	7	Suède	2
Irlande	6	France	1
Galles	2		

La conduite des détenus à la chapelle est exemplaire ; ils assistent en plus grand nombre aux services, chantent avec plus d'ensemble et plus de zèle, ce qui indique, je l'espère, qu'ils apprécient de plus en plus leurs privilèges religieux.

Quatorze des détenus confiés à mes soins ont profité des avantages qu'offre l'école, et les progrès faits par quelques-uns d'entre eux sont une preuve qu'ils désirent sérieusement s'améliorer. S'il m'était permis de faire une suggestion, je recommanderais que la présence à l'école soit rendue obligatoire pour tous les prisonniers qui ne savent pas lire.

La bibliothèque, sous la surveillance de M. Dorais, a été assidûment fréquentée par les détenus. Nous avons reçu pendant l'année un nombre considérable de volumes nouveaux ; les vieux livres ont été proprement et solidement reliés à l'atelier de reliure, par les prisonniers. On a tiré profit de l'excellence du travail exécuté dans ce département en faisant relier à neuf un grand nombre de bibles, de livres de prières et d'hymnes hors d'usage appartenant à la chapelle, ce qui nous a exemptés d'en acheter des neufs.

Depuis que j'ai quitté la maison que me fournissait le gouvernement, il m'a été impossible de donner un service pour les familles des employés protestants. Comme ce sont les seuls protestants résidant à Saint-Vincent-de-Paul et qu'ils ne s'y trouvent que parce qu'ils sont à l'emploi du pénitencier, je me permets de soumettre à votre considération la nécessité de prendre des arrangements qui puissent leur fournir l'avantage d'assister au service divin, au moins une fois le dimanche

En terminant, je ne saurais trop dire combien j'apprécie la bonté et la courtoisie du préfet, du sous-préfet et des employés généralement.

Je demeure, monsieur,
Votre obéissant serviteur,
J. ROLLIT,
Aumônier protestant.

M. DOUGLAS STEWART,
Inspecteur des pénitenciers,
Ottawa.

PÉNITENCIER DE DORCHESTER.

DORCHESTER, 1er juillet 1899.

MONSIEUR,—J'ai l'honneur de vous présenter mon rapport annuel, comme chapelain protestant de ce pénitencier, pour l'exercice clos le 30 juin 1899.

J'avais, ce jour-là, 131 détenus sous mes soins spirituels contre 114 à la même date l'année dernière.

Trois prisonniers confiés à mes soins sont morts pendant l'année, mais nous n'avons eu qu'un seul enterrement, les corps des deux autres ayant été remis à des amis.

Bien que le fonctionnement normal de cette institution ait été nécessairement troublé par une longue enquête sur son administration séculière, l'atmosphère religieuse est restée calme. Là, au moins, a régné le Prince de la Paix. Les services religieux pendant l'année ont été conduits avec, je pourrais dire, l'ordre et le décorum ordinaires. La conduite de la congrégation a été au-dessus de tout reproche. Le chant et les répons se sont faits avec âme et, selon moi, avec autant de ferveur et de dévotion que dans aucune église paroissiale du pays.

Après une année d'expérience, je suis convaincu qu'il est préférable que l'orgue soit tenu par un homme.

Ma classe de bible ne cesse de me donner un consolant espoir. Quarante détenus y ont assisté l'année dernière; bien que la population pénitentiaire n'ait pas augmenté, je suis heureux de pouvoir dire que, cette année, près de cinquante prisonniers l'ont suivi et ont profité de ce moyen de grâce.

Je n'ai que des éloges à faire de la manière dont M. Papineau remplit ses devoirs d'instituteur et de bibliothécaire. Bien que demandant une surveillance continuelle, la bibliothèque est mieux tenue que jamais.

Tout en regrettant le départ, en mai dernier, de l'attentive directrice, madame Bartlet, je suis heureux d'être secondé, dans les devoirs que j'ai à rendre aux prisonnières, par une personne aussi compétente que miss McMahon.

Résumons. Malgré les quelques désappointements que j'ai eus dans des cas particuliers, j'ai de très bonnes raisons de croire que, lorsque les prisonniers nous quittent, il en est quelques-uns parmi eux qui ont bien compris le sens du mot "pénitencier"—lieu de repentir.

Le tableau suivant indique le nombre de détenus appartenant aux différentes sectes religieuses, le 30 juin dernier :

Anglicans	46
Baptistes	44
Méthodistes	23
Presbytériens	15
Adventiste	1
Luthérien	1
Protestant	1
Total	131

J'ai l'honneur d'être, monsieur,
Votre obéissant serviteur,

J. ROY CAMPBELL,
Aumônier protestant.

M. DOUGLAS STEWART,
Inspecteur des pénitenciers,
Ottawa.

DORCHESTER, 1er octobre 1899.

MONSIEUR,—J'ai l'honneur de vous présenter mon rapport annuel, comme aumônier catholique romain de ce pénitencier, pour l'exercice clos le 30 juin 1899.

A la clôture de l'exercice j'avais, inscrits sur mon registre, les noms de 92 détenus du sexe masculin et 3 du sexe féminin, ensemble 95, contre 110 qui y figuraient douze mois auparavant.

Il y a eu quatre décès dans l'année : trois morts naturelles et un suicide.

Je crois de nouveau témoigner de l'excellente conduite des détenus confiés à mes soins, pendant le service divin et dans tous mes rapports avec eux.

J'exprime encore mon regret de voir que l'on continue d'envoyer ici un grand nombre de jeunes garçons, pour y être détenus avec de vieux criminels endurcis. Les germes de vices qui, dans des circonstances plus favorables, pourraient être étouffés chez ces jeunes gens ne peuvent que se développer et devenir des habitudes de crime, au contact journalier et inévitable de prisonniers foncièrement corrompus. Je prends donc encore humblement la liberté d'attirer l'attention du ministère de la Justice sur cet important sujet.

C'est avec plaisir que je le constate ici, l'école et la bibliothèque, autant que je puis juger, sont bien conduites.

En terminant, je désire remercier sincèrement tout le personnel du pénitencier de leurs égards pour moi dans mon service d'aumônier.

CROYANCES religieuses des détenus.

Catholiques romains	95
Anglicans	46
Baptistes	44
Méthodistes	23
Presbytériens	15
Luthérien	1
Adventiste	1
Protestant	1
Total	226

A. D. CORMIER,
Aumônier catholique romain.

M. DOUGLAS STEWART,
Inspecteur des pénitenciers,
Ottawa.

PÉNITENCIER DU MANITOBA.

MONTAGNE-DE-PIERRE, MAN., août 1899.

MONSIEUR,—J'ai l'honneur de vous présenter mon rapport annuel, comme aumônier protestant du pénitencier du Manitoba, pour l'exercic clos le 30 juin 1899.

Détenus inscrits sur mon registre le 1er juillet 1898		64
" transférés ici du pénitencier de la Colombie-britannique.	6	
" " de l'église catholique romaine	1	
" reçus des cours de justice	23	
Total détenus reçus pendant l'année	30	30
Ensemble		94
Libérés—		
A l'expiration de leur peine	13	
Graciés	4	
Décédé	1	
Transféré à l'église catholique romaine	1	
Total, détenus libérés	19	19
Nombre des détenus restant sous mes soins le 1er juillet 1899		75

Suivant leur déclaration à leur entrée, ils se répartissent comme suit sous le rapport religieux :

Anglicans	37
Méthodistes	14
Presbytériens	14
Baptistes	4
Luthériens	3
Païen	1
Sans religion	2
Total	75

Je me suis acquitté de mes devoirs le mieux possible et j'ai constaté que le service du dimanche se fait avec beaucoup de solennité, comme par le passé, et est suivi révérencieusement. Nous avons le grand désavantage de n'avoir point de musique pour accompagner le chant ; notre bel orgue reste silencieux faute d'organiste. Dans un endroit isolé comme celui-ci, il est difficile de trouver quelqu'un pour toucher l'orgue. Le garde Ward continue à se rendre très utile en exerçant le chœur et en dirigeant le chant sacré.

L'un de nos détenus est mort dans la foi et l'espérance de l'Evangile ; il a éte respectueusement mis dans la tombe avec l'espoir certain d'une glorieuse résurrection.

J'emploie l'après-midi du dimanche à expliquer la vérité aux détenus confiés à mes soins et je constate qu'un grand nombre d'entre eux apprécient mes efforts.

M. Beaupré et son personnel de moniteurs font un bon travail dans l'école.

La bibliothèque a besoin d'être regarnie de livres, car plusieurs détenus m'assurent qu'ils ont lu tout ce qu'elle contient.

J'approuve entièrement l'idée d'une bibliothèque générale exempte de toute aigreur sectaire et propre à élever l'esprit et le moral du lecteur.

Je désire offrir mes remerciements à la "Bible Institute Colportage Association", de Chicago, et à son digne président, M. D. L. Moody, pour leur envoi gracieux de livres pour les détenus, qui en apprécient toute la valeur.

Je dois aussi remercier sincèrement le préfet et son personnel de la bienveillance et des égards qu'ils m'ont témoignés dans l'accomplissement de mes devoirs.

Croyances religieuses des détenus :—

Catholiques romains	37
Anglicans	37
Presbytériens	14
Méthodistes	14
Baptistes	4
Luthériens	3
Païen	1
Sans religion	2
Total	112

J'ai l'honneur d'être, monsieur,
Votre obéissant serviteur,

F. M. FINN,
Aumônier protestant.

M. DOUGLAS STEWART,
Inspecteur des pénitenciers,
Ottawa.

MONTAGNE-DE-PIERRE, MAN., 2 juillet 1899.

MONSIEUR,—J'ai l'honneur de vous présenter mon rapport annuel pour l'exercice clos le 30 juin 1899.

A cette date, je comptais 37 détenus sous mes soins. Je dois dire qu'ils m'ont, en général, donné satisfaction. La conduite de quelques-uns a été excellente.

J'espère que tout ira bien cette année.

J'ai l'honneur d'être, monsieur,
Votre obéissant serviteur,

G. CLOUTIER,
Aumônier catholique romain.

M. DOUGLAS STEWART,
Inspecteur des pénitenciers,
Ottawa.

PÉNITENCIER DE LA COLOMBIE-BRITANNIQUE.

Juillet 1899.

MONSIEUR,—J'ai l'honneur de vous présenter mon rappòrt annuel pour l'exercice clos le 30 juin 1899.

Nombre des détenus sous mes soins le 30 juin 1898..........	63
" reçus pendant l'exercice..............	24
" libérés "	23
gracié	1
transférés au pénitencier du Manitoba...	6
" " " de Kingston....	2
" restant le 30 juin 1899.................	55

Réincarcérations, 3 ; détenus venant d'autres prisons, 5.

Croyances religieuses :

Anglicans..................................	17
Méthodistes................................	11
Presbytériens..............................	9
Baptistes..................................	4
Luthériens.................................	2
Sans religion..............................	12

Les offices du dimanche et du mercredi ont eu lieu régulièrement, et la conduite des prisonniers à l'église a été excellente. La plupart aiment les services et j'espère que plusieurs en ont profité spirituellement. Je continue de donner l'instruction religieuse à quelques-uns des jeunes gens, immédiatement après le service du dimanche matin. J'espère obtenir de bons résultats de mes efforts.

Tous les dimanches matin, je cause quelque temps avec les détenus. Ils sont amenés séparément dans la chapelle où nous pouvons librement nous entretenir des choses de la religion. Je considère ces entretiens comme très importants, et je crois qu'il en résulte beaucoup de bien. Je remercie le département de m'avoir envoyé des exemplaires des Ecritures pour donner aux prisonniers à leur sortie du pénitencier ; il en est parmi eux qui n'ont jamais eu une bible, et ils paraissent heureux d'emporter avec eux le livre de la vie, qu'ils promettent de lire. Quelques-uns des détenus ont lu presque tout ce que contient la bibliothèque ; comme il y a bientôt trois ans que rien n'y a été ajouté, il serait bon d'avoir quelques nouveaux livres.

Le nouveau règlement qui ne permet aux prisonniers d'écrire à leurs amis qu'une seule fois tous les deux mois paraît bien sévère pour quelques-uns, surtout pour les hommes mariés et pour les jeunes gens ayant un père et une mère qui attendent impatiemment de leurs nouvelles. Ce règlement a sans doute été fait dans un bon but ; mais si le préfet avait le pouvoir discrétionnaire d'accorder une permission d'écrire dans certains cas, cela serait, à mon avis, opportun et hautement apprécié. Personne ne peut avoir autant d'influence sur un mari qu'une bonne épouse, ou sur un fils, qu'une sage mère. Je dois remercier tous les employés pour leur constante bienveillance à mon égard et pour l'aide qu'ils me donnent volontiers dans l'accomplissement de mes devoirs officiels.

J'ai l'honneur d'être, monsieur,

Votre obéissant serviteur,

THOMAS SCOULER,

Aumônier protestant.

M. DOUGLAS STEWART,

Inspecteur des pénitenciers,

Ottawa.

NEW-WESTMINSTER, C.-B., 14 août 1899.

MONSIEUR,—J'ai l'honneur de vous présenter mon rapport pour l'exercice clos le 30 juin 1899.

Je suis entré en fonction comme aumônier catholique romain de ce pénitencier le 8 janvier de cette année. J'avais alors sous mes soins spirituels 40 prisonniers. Depuis, plusieurs ont été libérés et 4 nouveaux ont été reçus. Mon premier soin a été de faire connaissance avec mes nouvelles ouailles, de me renseigner le mieux psssible sur la cause et les circonstances de leur malheur, afin de pouvoir apporter à chacun les consolations convenables. Ces conversations intimes avec les détenus sont pour l'aumônier un puissant moyen d'action ; par elles, il calme, il conseille, il encourage. Quelques-uns des détenus m'ont donné beaucoup de consolation ; d'autres m'en eussent donné également si j'avais réussi à les convaincre de la justice de leur condamnation. La différence entre les sentences prononcées par nos juges et celles prononcées dans l'est est la principale raison pour laquelle un plus grand nombre ne s'est point rendu à mes exhortations.

Quelques-uns des prisonniers se sont conduits d'une manière exemplaire. Au service divin, ils sont tous attentifs et écoutent avec respect les diverses instructions données en commun. Les classes de catéchisme, en particulier, sont bien suivies.

Je suis bien content des détenus ; sauf une ou deux exceptions, tous se conduisent bien, du moins extérieurement, et paraissent avoir un vif désir de bien faire.

L'école, sous la direction de M. W. Carroll, fait une bonne œuvre. La plupart de mes prisonniers sauvages peuvent maintenant lire et parler l'anglais assez bien ; l'instruction primaire en arithmétique, etc., donnée aux détenus d'autres nationalités, leur sera d'un grand secours quand ils quitteront cette institution.

Je dois aussi exprimer à M. Carroll ma reconnaissance pour l'aide qu'il a donnée à Mlle Bourke, l'organiste.

En terminant, je désire offrir mes sincères remerciements au préfet, au sous-préfet, et aux autres employés pour leur bienveillance constante à mon égard.

J'ai l'honneur dê'tre, monsieur,
Votre obéissant serviteur,

CH. L. DE VRIENDT,
Aumônier catholique romain.

ANNEXE E

RAPPORT DES INSTITUTEURS

PENITENCIER DE KINGSTON.

PORTSMOUTH, 1er juillet 1899.

MONSIEUR,—J'ai l'honneur de vous présenter mon quatrième rapport annuel sur l'école attachée à ce pénitencier, pour l'exercice clos le 30 juin 1899.

Le nombre total des élèves portés au registre, pendant l'exercice, a été de quatre-vingt-cinq. De ce nombre, dix-neuf sont sortis du pénitencier sachant lire et écrire et ayant une connaissance satisfaisante des règles élémentaires de l'arithmétique. Seize ont quitté l'école, quelques-uns à l'expiration de leur peine, quelques-uns pour manque d'application.

La présence est actuellement de 50, et les études se divisent comme suit :

Lecture dans la partie I	5
" " II	10
" le deuxième livre, et écriture	24
" le troisième livre, écriture et arithmétique	11

Je dois dire que ceux qui fréquentent l'école ont été très studieux et qu'ils montrent un grand désir de profiter des avantages qu'on leur offre de s'instruire, tant à l'école que, le soir, dans leurs cellules.

La conduite et la discipline dans la classe ont été exemplaires.

M. Thompson, l'assistant instituteur, a rempli ses devoirs de la manière la plus satisfaisante.

J'ai l'honneur d'être, monsieur,

Votre obéissant serviteur,

W. A. GUNN,

Instituteur.

M. DOUGLAS STEWART,
Inspecteur des pénitenciers,
Ottawa.

ETAT des bibliothèques, exercice clos le 30 juin 1899.

—	Total des volumes aux bibliothèques.	Volumes ajoutés pendant l'année.	Nombre des détenus qui ont pris des livres.	Total des livres sortis pendant l'année.
Bibliothèque générale	4,110	42	509	23,318
" protestante	350	Aucun.	120	1,040
" catholique	500	Aucun.	100	5,680
Totaux				

Les 42 volumes ajoutés à la bibliothèque générale pendant l'exercice sont des magazines qui ont été reliées au pénitencier.

DEGRÉ D'INSTRUCTION.

—	Hommes.	Femmes.	Total.	—	Hommes.	Femmes.	Total.
Sachant lire et écrire....	438	19	457	Ne sach. ni lire ni écrire.	94	....	94
Sachant lire seulement..	19	....	19	Total......		....	570

W. A. GUNN.

PÉNITENCIER DE SAINT-VINCENT DE PAUL.

SAINT-VINCENT DE PAUL, 30 juin 1899.

MONSIEUR,—J'ai l'honneur de vous présenter mon dix-septième rapport sur l'école et la bibliothèque de cette institution, pour l'exercice clos le 30 juin 1899.

Quatre-vingt-onze élèves ont été admis à l'école pendant l'exercice. La moyenne quotidienne de présence a été de 46. L'école a été fréquentée par 124 élèves, divisés comme suit :

Elèves français ayant appris le français....................	57
" " l'anglais	41
Elèves anglais ayant appris l'anglais..................	10
" " le français....................	18

Le nombre des élèves inscrits au registre à cette date est de 60.

Neuf apprennent la grammaire française et l'analyse gramaticale; quatorze lisent dans le troisième livre et font des exercices d'écriture; huit apprennent à épeler et à former les lettres sur le tableau noir; neuf lisent dans le cinquième livre, font la traduction du français en anglais et des exercices anglais; quatorze lisent dans le premier livre et écrivent des exercices sur l'ardoise; enfin, six, parlant l'anglais, lisent le français et traduisent dans les deux langues.

Je suis heureux de pouvoir constater combien le retour à l'ancien système d'enseignement a été avantageux pour les élèves et satisfaisant pour l'instituteur. La visite faite aux prisonniers dans leurs cellules pendant l'heure du dîner causait beaucoup d'inconvénients aux élèves; le bruit fait en donnant les leçons troublait dans leurs cellules ceux qui prenaient leur repos et, dans leur impatience, ils faisaient entendre des cris dans le voisinage des élèves.

Grâce aux visites encourageantes du préfet à l'école, un plus grand nombre de prisonniers ont demandé d'y être admis et je suis heureux d'exprimer ma satisfaction des progrès que la plupart d'entre eux ont fait. La conduite des détenus à l'école est généralement bonne.

La bibliothèque est en très bon état. On y a ajouté un bon nombre de livres nouveaux, à la satisfaction générale des lecteurs.

Vu que la salle d'école était déjà trop petite et que les élèves étaient dérangés par le travail des relieurs, l'atelier de reliure a été transporté dans le département des cordonniers.

Avant de terminer ce rapport, permettez-moi, monsieur l'inspecteur, de vous offrir mes sincères remerciements pour la bienveillance avec laquelle vous m'avez dispensé du soin de réunir et de ramener les élèves dans leurs quartiers respectifs.

Je désire aussi remercier l'aumônier et les officiers supérieurs pour l'aide qu'ils m'ont donnée dans l'accomplissement de mes devoirs officiels.

J'ai l'honneur d'être, monsieur,

Votre obéissant serviteur,

J. T. DORAIS,

Instituteur.

M. DOUGLAS STEWART,
Inspecteur des pénitenciers,
Ottawa.

DEGRÉ D'INSTRUCTION.

—	Nombre.	—	Nombre.
Sachant lire et écrire	313	Ne sachant ni lire ni écrire	90
Sachant lire seulement............	44	Total...............	447

ETAT de la bibliothèque.

Nombre de volumes à la bibliothèque....................	3,301
" " ajoutés pendant l'année	233
" des détenus qui ont pris des livres..	327
" des livres sortis pendant l'exercice	34,008
Total des dépenses de l'exrercice........ $150 00	

J. T. DORAIS,
Bibliothécaire.

PÉNITENCIER DE DORCHESTER.

DORCHESTER, N.-B., 16 octobre 1899.

MONSIEUR,—J'ai l'honneur de vous présenter mon second rapport annuel sur l'école attachée à ce pénitencier, pour l'exercice clos le 30 juin 1899.

Cent quarante-huit élèves ont été inscrits sur le registre de l'école pendant l'année. Le plus grand nombre inscrit en un mois a été de quatre-vingt-sept, et la moyenne de l'assistance quotidienne a été de soixante et trois.

A la fin de l'exercice, l'école était fréquentée par soixante-dix-huit élèves, faisant les matières suivantes :—

Lecture, écriture et arithmétique..............................	46
Lecture et écriture..	22
Lecture seulement	10

Quatorze élèves lisaient dans le 5e livre, dix-sept, dans le 4e, dix, dans le 3e, vingt dans le 2e, sept dans le 1er, et dix dans l'alphabet.

La conduite des élèves pendant la classe a été très bonne et ils ont donné à leurs leçons l'attention la plus satisfaisante.

J'ai l'honneur d'être, monsieur,
Votre obéissant serviteur,

G. B. PAPINEAU,
Instituteur.

M. DOUGLAS STEWART,
Inspecteur des pénitenciers,
Ottawa.

DEGRÉ d'instruction des détenus le 30 juin 1899.

—	Nombre.	—	Nombre.
Ne sachant pas lire	41	Sachant lire et écrire	148
Sachant lire seulement	37	Total	226

ETAT des bibliothèques, exercice clos le 30 juin 1899.

—	Total des volumes aux bibliothèques.	Volumes ajoutés pendant l'exercice.	Nombre des détenus qui ont pris des livres.	Total des livres sortis pendant l'exercice.
Bibliothèque genérale	603	164	170	8,840
" protestante	112		55	1,430
" catholique	289		65	1,690
	1,004	164	290	11,960

G. B. PAPINEAU,
Bibliothécaire.

PENITENCIER DU MANITOBA.

MONTAGNE-DE-PIERRE, 10 août 1899.

MONSIEUR,—J'ai l'honneur de vous présenter mon rapport annuel pour l'exercice clos le 30 juin 1899, sur l'école et la bibliothèque à ce pénitencier.

Même nombre d'élèves que l'an passé. Les vingt-neuf détenus qui ont fréquenté l'école ont été, lors de leur entrée, divisés comme suit : un (Chinois) a dû apprendre l'alphabet; dix ont étudié le 1er livre, quatre le 2e, et trois le 3e; neuf ont étudié l'arithmétique élémentaire, et deux, l'arithmétique commerciale.

Les promotions suivantes, d'une division à une autre, ont eu lieu pendant l'exercice : huit élèves ont passé du 1er au 2e livre; six du 2e au 3e. Neuf ont étudié l'épellation, la lecture, et l'arithmétique; trois l'arithmétique et la grammaire, alternativement, et tous ont pratiqué l'écriture dans leurs cellules.

La plupart d'entre eux ont fait de bons progrès et leur conduite à l'école a été des plus satisfaisantes.

La moyenne de l'assistance quotidienne a été de 12·48. Cinquante-trois prisonniers ont été fournis de livres d'école pour étudier dans leurs cellules, et quelques-uns d'entre eux ont fait beaucoup de progrès.

Pendant l'exercice, 339 volumes de la bibliothèque et 49 livres d'école ont été reliés ou réparés à l'atelier de reliure, en sus des travaux qui ont été exécutés pour les divers départements.

Je désire exprimer ma gratitude à mes supérieurs pour l'aide qu'ils m'ont donnée dans l'accomplissement de mes devoirs.

J'ai l'honneur d'être, monsieur,
Votre obéissant serviteur,
J. O. BEAUPRÉ,
Instituteur.

M. DOUGLAS STEWART,
Inspecteur des pénitenciers,
Ottawa.

DEGRÉ D'INSTRUCTION.

Sachant lire et écrire	95
Sachant lire seulement	9
Ne sachant ni lire ni écrire	8
Total	112

ETAT des bibliothèques, exercice clos le 30 juin 1899.

—	Nombre de volumes aux bibliothèques.	Nomb. de volumes ajoutés pendant l'exercice.	Nombre de détenus qui ont pris des livres.	Total des livres sortis pendant l'exercice.
Bibliothèque générale	305	....	133	3,352
" protestante	240	....	89	2,514
" catholique	236	53	44	506
Total	871	53	....	6,462

185 volumes de la bibliothèque protestante et 66 volumes de la bibliothèque catholique ont été transférés pendant l'année à la bibliothèque générale.

J. O. BEAUPRÉ,
Bibliothécaire.

PÉNITENCIER DE LA COLOMBIE-BRITANNIQUE.

NEW-WESTMINSTER, C.-B., 1er juillet 1899.

MONSIEUR,—J'ai l'honneur de vous présenter mon rapport annuel pour l'exercice clos le 30 juin 1899, sur l'école attachée à ce pénitencier.

Je suis heureux de pouvoir dire que les élèves qui ont fraquenté l'école pendant l'exercice ont fait de bons progrès. La conduite des prisonniers pendant l'heure de classe a été très satisfaisante.

Vingt détenus ont été admis à l'école pendant l'année, et la moyenne de l'assistance quotidienne a été de 23·65. Sur les vingt prisonniers admis à l'école, dix ont dû apprendre l'alphabet.

J'ai actuellement à l'école 21 détenus : 10 sauvages, 2 Japonais, 3 Chinois, 4 blancs et 2 nègres.

Ci-suivent les matières enseignées et le nombre des élèves qui les étudient :

LECTURE.

Alphabet	7	2e livre	4
1er livre, 2e partie	5	3e livre	2

ARITHMÉTIQUE.

Addition	6		
Soustraction	2	Orthographe	2
Multiplication	6	Ecriture	2
Division	2		

Parmi ceux qui ne fréquentent pas l'école, plusieurs sont fournis de livres et d'ardoises et étudient dans leurs cellules.

En terminant, je dois remercier mes supérieurs de l'aide qu'ils m'ont donnée dans l'accomplissement de mes devoirs.

DEGRÉ D'INSTRUCTION, 1898-99.

Sachant lire et écrire	66
Ne sachant ni lire ni écrire	21
Sachant lire seulement	1
Sachant lire et écrire le japonais	2
Total	90

J'ai l'honneur d'être, monsieur,
Votre obéissant serviteur,

W. J. CARROLL,
Instituteur.

M. DOUGLAS STEWART,
Inspecteur des pénitenciers,
Ottawa.

ETAT des bibliothèques, exercice clos le 30 juin 1899.

	Bibliothèque générale.	Bibliothèque protestante.	Bibliothèque catholique.
Nombre de volumes dans chaque bibliothèque	682	354	164
" " ajoutés pendant l'année	27	Aucun	11
" des détenus qui ont pris des livres	70	30	25
Circulation	7,280	2,100	555

H. McKEE,
Bibliothécaire.

ANNEXE F

RAPPORTS DES DIRECTRICES

PÉNITENCIER DE KINGSTON.

KINGSTON, 30 juin 1899.

MONSIEUR,—J'ai l'honneur de vous présenter mon rapport annuel, avec les états ordinaires, pour l'exercice clos le 30 juin 1899.

Pendant l'exercice, sept prisonnières ont été libérées, quatre ont été admises, une a été graciée et une est décédée ; deux ont été transférées à Dorchester ; il reste actuellement dix-neuf prisonnières dans ce pénitencier.

A quelques exceptions près, la conduite et le travail des prisonnières ont été très satisfaisants.

J'ai l'honneur d'être, monsieur,

Votre obéissante servante,

R. A. FAHEY,
Directrice.

M. DOUGLAS STEWART,
Inspecteur des pénitenciers,
Ottawa.

RELEVÉ de l'ouvrage fait à la prison des femmes, pendant l'exercice clos le 30 juin 1899.

Nomb. d'articles.	Articles confectionnés.	Journées d'ouvrages.	Valeur de la journée.	Montant.	Total.
	Pour la prison des hommes.		$ c.	$ c.	$ c.
164	Chemises pour criminels libérés	164	0 20	32 80	
540	" de flanelle	540	0 20	108 00	
140	" de coton	140	0 20	28 00	
89	" (contrat)	89	0 20	17 80	
86	Paires de caleçons	86	0 20	17 20	
268	" de manches	268	0 20	53 60	
566	" de chaussettes	566	0 20	113 20	
306	Draps	31	0 20	6 20	
620	Mouchoirs	62	0 20	12 40	
2,139	Serviettes	213	0 20	42 60	
258	Taies-d'oreillers	53	0 20	10 60	
130	Bandages	10	0 20	2 00	
16	Couvertures de matelas	16	0 20	3 20	
2	Tabliers	1	0 20	0 20	
806	Paires de chaussettes rac., à 5c		0 20	40 30	
					488 10
	Blanchissage des employés		0 20		116 50
	Lavage, etc	3,730	0 20		746 00
	Pour la prison des femmes.				
15	Paires de bas	30	0 20	6 00	
28	Tabliers de toile	14	0 20	2 80	
32	" de couleur	16	0 20	3 20	
6	Bonnets et 25 serviettes	6	0 20	1 20	
24	Chemises	24	0 20	4 80	
6	Corsages et 18 robes	24	0 20	4 80	
2	Caracos et 13 paires de caleçons	15	0 20	3 00	
7	Jupons de flanelle	3	0 20	0 60	
4	Taies d'oreillers, 4 draps	2	0 20	0 40	
					26 80
					1,377 40

PÉNITENCIER DE DORCHESTER.

DORCHESTER, 30 juin 1899.

MONSIEUR,—J'ai l'honneur de vous présenter mon premier rapport annuel sur le quartier des femmes dans ce pénitencier.

J'ai été nommée directrice le 1er mai 1899 ; je remplissais depuis quelques mois les fonctions de sous-directrice.

Le 30 juin 1898, il nous restait cinq prisonnières ; nous en avons reçu deux du pénitencier de Kingston ; trois ont été libérées pendant l'année ; il y a donc actuellement quatre femmes dans cette prison.

La conduite des prisonnières a été excellente et leur travail très satisfaisant.

J'ai l'honneur d'être, monsieur,

Votre obéissante servante,

E. McMAHON,
Directrice.

M. DOUGLAS STEWART,
Inspecteur des pénitenciers, Ottawa.

RELEVÉ de l'ouvrage fait à la prison des femmes, pendant l'exercice clos le 30 juin 1899.

Nomb. d'articles.	Articles confectionnés.	Journées d'ouvrages.	Valeur de la journée.	Montant.	Total.
	Pour la prison des hommes.		$ c.	$ c.	$ c.
18	Paires de chaussettes	36	0 20	7 20	
1,794	" " raccommodées	150	0 20	30 00	
472	Nappes de toile pr salle à manger des officiers	52	0 20	10 40	
25	Linge de toile pour la chapelle	5	0 20	1 00	
					48 60
	Pour la prison des femmes.				
4	Robes	4	0 20	0 80	
10	Tabliers	5	0 20	1 00	
4	Jupons	2	0 20	0 40	
6	Paires de caleçons	3	0 20	0 60	
4	" de bas	8	0 20	1 60	
6	Chemises	6	0 20	1 20	
4	Draps	2	0 20	0 40	
4	Taies d'oreillers	1	0 20	0 20	
4	Serviettes	1	0 20	0 20	
2	Femmes employ. au lavage, à la cuisine, etc.	730	0 20	146 00	
					152 40
					201 00

ANNEXE G

STATISTIQUES CRIMINELLES

MOUVEMENTS DES DÉTENUS.

KINGSTON.

—	Hommes.	Femmes.	Total.	Hommes.	Femmes.	Total.
Restant, à minuit, le 30 juin 1898	.....	....	.	579	26	605
Reçus depuis—						
Des prisons communes	151	1	152			
Des autres pénitenciers	11	3	14			
				162	4	166
				741	30	771
Libérés depuis—						
A l'expiration de leur peine	149	7	156			
Graciés	32	1	33			
Transférés	3	2	5			
*Décédés	5	1	6			
Transféré par ordre de la cour	1	....	1	190	11	201
Restant, à minuit, le 30 juin 1899	..	....	......	551	19	570

SAINT-VINCENT DE PAUL.

—	Hommes.	Femmes.	Total.	Hommes.	Femmes.	Total.
Restant, à minuit, le 30 juin 1898	....	.....	...	418	...	418
Reçus des prisons communes	198	1	199			
Reçus du pénitencier de Kingston	3	...	3			
				201	1	202
				619	1	620
Libérés depuis—						
A l'expiration de leur peine	134	.....	134			
Graciés	25	.....	25			
Transférés au pénitencier de Kingston	9	1	10			
Décédés	4	.....	4			
				172	1	173
Restant, à minuit, le 30 juin 1899	...	....	.....	.....	....	447

* Y compris un aliéné envoyé à l'asile provincial.

DORCHESTER.

—	Hommes.	Femmes.	Total.	Hommes.	Femmes.	Total.
Restant, à minuit, le 30 juin 1898	220	5	225			
Reçus depuis—						
Des prisons communes	93	....	93			
De la prison militaire	15	.....	15			
Du pénitencier de Kingston	...	2	2	328	7	335
Libérés depuis—						
A l'expiration de leur peine	82	3	85			
Graciés	17	....	17			
Suicidé	1	....	1			
Décédé	4	..	4			
Transférés au pénitencier de Kingston	2	...	2	106	3	109
Restant, à minuit, le 30 juin 1899	....	....	....	222	4	226

MANITOBA.

—	Hommes.	Femmes.	Total.	Hommes.	Femmes.	Total.
Restant, à minuit, le 30 juin 1898	..	.....	....	88	....	88
Reçus depuis—						
Des prisons communes	33	.....	33			
Du pénitencier de la Colombie-Britannique	15	.....	15	48	.....	48
Libérés depuis—						136
A l'expiration de leur peine	18	....	18			
Graciés	4	.....	4			
Par ordre de la cour	1	....	1			
Décédé	1	....	1	24	.....	24
Restant, à minuit, le 30 juin 1899	..	....	....	...	.....	112

COLOMBIE-BRITANNIQUE.

—	Hommes.	Femmes.	Total.	Hommes.	Femmes.	Total.
Restant, à minuit, le 30 juin 1898	109	1	110			
Reçus depuis—						
Des prisons communes	36	1	37	145	2	147
Libérés depuis—						
A l'expiration de leur peine	39					
Gracié	1					
Transférés	15	2	17	55	2	57
Restant, à minuit, le 30 juin 1899	.....	....	....	90	.....	*90

MOUVEMENT DES DÉTENUS PENDANT LES DIX DERNIÈRES ANNÉES.

Pénitencier de Kingston.

Exercices.	Reçus.			Libérés.															Restant à la fin de l'exercice.			Moyenne quotidienne.
				A l'expiration de leur peine.		Graciés.		Décédés.		Suicidés.	Envoyés à l'asile.		Evadés.	Transférés à d'autres pénitenciers	Transférés par ordre de la cour.	Total.						
	Hommes.	Femmes.	Total.	Hommes.	Femmes.	Hommes.	Femmes.	Hommes.	Femmes.	Hommes.	Hommes.	Femmes.	Hommes.	Hommes.	Hommes.	Hommes.	Femmes.	Total.	Hommes.	Femmes.	Total.	
1889-90	180	8	188	113	6	17	5	7	1	......	3	....	6	...	......	146	12	158	565	21	586	577 120/365
1890-1	156	14	170	126	9	17	1	8	1	...	5	....	2	.....	.....	158	11	169	562	24	586	577
1891-2	108	8	116	121	2	32	2	8	1	......	1	1	2	......	...	164	6	170	506	26	532	562 82/365
1892-3	107	11	118	137	3	17	1	7	....	1	3	....	......	.....	......	165	4	169	448	33	481	513 336/365
1893-4	166	7	173	121	7	14	....	14	....	.....	3	1	......	...	...	152	8	160	462	32	494	472 302/365
1894-5	160	10	170	95	12	19	3	6	....	......	6	....	2	1	.....	129	15	144	493	27	520	510 127/365
1895-6	221	9	230	104	10	25	....	5	....	......	......	...	1	......	......	135	10	145	579	26	605	550 205/365
1896-7	183	12	195	139	10	25	....	8	....	1	......	....	2	2	2	179	10	189	583	28	611	612 123/365
1897-8	157	3	160	130	3	20	1	3	....	1	2	1	2	2	1	161	5	166	579	26	605	615 303/365
1898-9	162	4	166	149	7	32	1	5	1	....	.....	...	...	5	1	190	11	201	551	19	570	596 36/365

MOUVEMENT DES DÉTENUS—*Suite.*

PÉNITENCIER DE SAINT-VINCENT DE PAUL.

Exercices.	Restant à minuit, le 30 juin 1899.	Reçus.						Libérés.										Restant à la fin de l'exercice.		Moyenne quotidienne.
		Prisons communes.		Repris.	Total.			A l'expiration de peine.	Graciés.	Envoyés à l'asile.	Evadés.	Décédés.	Transférés à d'autres pénitenciers.		Total.					
		Hommes.	Femmes.	Hommes.	Hommes.	Femmes.	Total.	Hommes.	Hommes.	Hommes.	Hommes.	Hommes.	Hommes.	Femmes.	Hommes.	Femmes.	Total.	Hommes.	Total.	
89 90	32	119		1	120	4	24	89	4	....	2	1	4	4	00	4	04	342	342	37
90 -1	82	30	6	....	130	6	36	12	6	.....	.....	4	.....	6	22	6	28	350	350	33
91 -2	50	48	1	....	138	1	39	04	9	.....	.....	1	.....	1	14	1	15	374	374	53
92 -3	34	99	6	....	99	6	05	84	10	.....	.....	3	2	6	99	6	05	374	374	80
93 4	374	131	2	1	32	2	34	31	12	1	1	2	1	2	17	2	19	359	359	58
94 -5	59	50	2	....	50	2	52	96	3	.....	.....	3	1	2	13	2	15	396	396	36
1895-6	396	115	5	...	15	5	120	114	10	.....	.....	1	3	5	28	5	33	383	383	97
1896-7	383	149	6	....	49	6	155	114	17	.....	.....	2	3	6	36	6	42	396	96	379
1897-8	396	163	3	....	63	3	166	112	15	.....	.....	1	13	3	41	3	44	418	48	02
1898-9	447	198	1	...	98	1	199	134	25	.....	.....	4	9	1	172	1	73	447	47	21

MOUVEMENT DES DÉTENUS—*Suite.*

Pénitencier de Dorchester.

Exercices.	Reçus.						Libérées.											Restant à la fin de l'exercice.			Moyenne quotidienne.
	Des prisons communes.		Du pénitencier de Kingston.	Total.			Expiration de peine.		Graciés.	Suicidés.	Décédés.	Evadés.	Transférés au pénitencier de Kingston.		Total.						
	Hommes.	Femmes.	Femmes.	Hommes.	Femmes.	Total.	Hommes.	Femmes.	Hommes.	Hommes.	Hommes.	Hommes.	Hommes.	Femmes.	Hommes.	Femmes.	Total.	Hommes.	Femmes.	Total.	
1889-90	70	2	....	70	2	72	33	....	22	....	1	1	1	2	58	2	60	174	....	174	173
1890-91	46	2	....	46	2	48	41	....	9	....	1	....	....	2	51	2	53	168	....	169	175
1891-92	72	4	....	72	4	76	54	....	13	....	1	1	....	4	69	4	73	172	....	172	170
1892-93	66	4	....	66	4	70	40	....	20	....	....	....	1	3	61	3	64	177	1	178	175
1893-94	62	1	....	62	1	63	37	....	16	....	1	....	....	1	54	1	55	185	1	186	179
1894-95	75	3	....	75	3	78	50	....	29	....	8	..	7	3	94	3	97	166	1	167	180
1895-96	77	3	....	77	3	80	37	....	16	....	2	....	....	....	55	....	55	188	4	192	181
1896-97	76	2	....	76	2	78	61	1	6	....	4	....	....	....	71	1	72	193	5	198	188¼
1897-98	96	2	....	96	2	98	54	2	12	....	1	2	....	....	69	2	71	220	5	225	217
1898-99	108	....	2	108	2	110	82	3	17	1	4	....	2	....	106	3	109	222	4	226	234⅓

MOUVEMENT DES DÉTENUS—*Fin.*

Pénitencier du Manitoba.

Exercices.	Reçus.						Libérés.											Restant à la fin de l'exercice.			Moyenne quotidienne.
	Des prisons communes.		Du pénitencier de la C.-B.	Total.			A l'expiration de leur peine.	Graciés.		Transférés au pénitencier Kingston		Transférés au pénitencier de la C-B	Décédés.	Evadés.	Total.						
	Hommes.	Femmes	Hommes	Hommes.	Femmes	Total.	Hommes.	Hommes.	mes	Hommes.	Femmes	Hommes.	Hommes.	Hommes.	Hommes.	Femmes	Total.	Hommes.	Femmes	Total.	
1889-90	34			34		34	23	2					1	1	27		27	73		73	69¼
1890-91	27	1		27	1	28	13	12		2	1		1	1	29	1	30	71		71	72
1891-2	34	2		36	2	36	28	1			1			2	31	1	32	74	1	75	70
1892-3	20			20		20	20	1	1	1				1	23	1	24	71		71	73
1893-4	32			32		32	21	5					1		27		27	76		76	70½
1894-5	30		12	42		42	20	2							22		22	96		96	82½
1895-6	14			14		14	28	2							30		30	80		80	89
1896-7	25			25		25	25	2					1		28		28	77		77	75¼
1897-8	22		13	35		35	19	3		1			1		24		24	86		86	80
1898-9	33		15	48		48	16	6				1	1		24		24	112		112	102¾

MOUVEMENT DES DÉTENUS—*Fin.*

Pénitencier de la Colombie-Britannique.

Exercices.	Restant, à minuit, le 30 juin 1898.	Reçus.							Libérés.															Restant à la fin de l'exercice.			Moyenne quotidienne.
		Des prisons communes.		Repris.	Revenus sur ordre de la cour.	Total.			À l'expiration de leur peine.		Graciés.		Décédés.	Renvoyés sur ordre de la cour.	Transférés au pénitencier de Kingston.		Évadés.	Envoyés à l'asile des aliénés.		Trans. au pénitencier du Manitoba.	Total.						
		Hommes.	Femmes.	Hommes.	Hommes.	Hommes.	Femmes.	Total.	Hommes.	Femmes.	Hommes.	Femmes.	Hommes.	Hommes.	Hommes.	Femmes.	Hommes.	Hommes.	Femmes.	Hommes.	Hommes.	Femmes.	Total.	Hommes.	Femmes.	Total.	
1889-90	91	18	....	....	....	18	....	18	25	....	8	....	....	....	....	....	....	....	....	....	33	....	33	75	1	76	86½
1890-91	76	33	....	....	....	33	....	33	33	....	1	1	1	....	....	....	....	....	....	....	35	1	35	73	....	73	68¾
1891-2	73	19	1	....	....	19	1	20	15	....	1	....	....	....	....	....	2	....	....	....	18	....	18	74	1	75	73
1892-3	75	38	....	1	....	39	....	39	20	....	2	....	1	....	....	1	....	....	....	....	23	1	24	89	1	90	84
1893-4	90	38	1	....	....	38	1	39	13	....	1	1	1	....	....	....	1	4	....	....	20	1	21	107	1	108	99⅕
1894-5	108	37	....	....	....	37	....	37	29	....	4	1	1	....	....	....	....	....	....	12	46	1	47	98	....	98	102
1895-6	98	33	....	....	....	33	....	33	28	....	2	....	....	....	....	....	....	....	....	....	30	....	30	101	....	101	97⅓
1896-7	101	36	....	....	....	36	....	36	31	....	6	....	....	....	....	....	....	....	....	....	37	....	37	100	....	100	99
1897-8	100	50	1	....	2	52	1	53	25	....	2	....	....	2	2	....	....	1	....	12	44	....	44	108	1	109	$103\frac{93}{365}$
1898-9	109	36	1	....	....	36	1	37	40	....	....	....	....	....	....	2	....	....	....	15	55	2	57	90	....	90	$92\frac{238}{365}$

PRISONNIERS ÉCROUES PENDANT L'EXERCICE CLOS LE 30 JUIN 1899.

Pénitencier de Kingston.

Date de l'entrée au pénitencier.	Nom.	Age.	D'où envoyés.	Crime	Date de la condamnation.	Durée de la condamnation.
4 juill. 1898	Walter Talbot	24	Sandwich	Vol de cheval	30 juin 1898	4 ans.
5 " "	Patrick Burke	60	Brampton	Effraction et infraction avec intention	30 " "	3 "
5 " "	John Houghton	19	Pembroke	Faux et emploi de faux document	2 juill. "	3 "
6 " "	Samuel Allison	65	Ottawa	Tentative de suicide	5 " "	2 "
8 " "	[illegible]as Loughway	21	Owen-Sound	Vol	5 " "	2 "
8 " "	John Sanford	55	Sudbury	Effraction nocturne et possession d'outils d'effraction	6 " "	5 "
14 " "	Louis Viau	55	Dist. de Montréal, Q	Recel d'objets volés et décharge d'arme à feu avec intention de meurtre	6 mars 1886	25 "
14 " "	James Kane	40	"	Blessures faites avec intention	25 " 1898	10 "
14 " "	Charles Bishop	43	Dist. de St-François, Q	Vol	15 oct. 1897	2 "
14 " "	Frank DeSilveau	55	Sudbury	Bestialité	9 juill. 1898	5 "
18 " "	Albert Chandler	22	Chatham	Vol d'un bicycle	11 " "	3 "
18 " "	Adam Loudon	44	Brampton	Parjure	7 " "	2 "
18 " "	James Small	43	"	"	7 " "	2 "
18 " "	Ines Sammons	51	"	"	7 " "	2 "
21 " "	Thomas Dolan	30	Kingston	Vol avec violence et menaces	16 " "	7 "
26 " "	John Parr	53	Stratford	Incendie	25 " "	5 "
29 " "	James Stevens	28	Saint-Thomas	Bris de magasin et vol	26 " "	7 "
29 " "	James Dorsey	24	"	" "	26 " "	7 "
29 " "	John Monihan	27	"	" "	26 " "	7 "
1er août "	Edward Egan	27	Guelph	Vol	15 " "	3 "
5 " "	Edward McKenna	26	London	Recel d'objets volés	19 " "	2½ "
9 " "	Robert Norton	38	Owen-Sound	[illegible]ce charnel avec une fille de moins de 14 ans	3 août "	20 a., 20 c. f.
10 " "	Thomas Carlyle	28	Toronto	Tentative de déchar. une arme à feu et tentat. d'évasion	1er " "	12 ans.
15 " "	Samuel W. Betts	21	"	Bris de maison et vol	20 juill. "	5 [illegible] "
15 " "	Timothy Dohinsy	28	"	Tentative de tuer avec un rasoir	12 août "	5 "
15 " "	William Coe	21	Pembroke	Effraction nocturne et évasion	12 " "	2 "
17 " "	Ira Fields	23	Chatham	Effraction, infraction et vol	5 " "	3 "
17 " "	William Butler	19	"	"	5 " "	3 "
19 " "	Eugene Owins	36	Barrie	Bris de maison et vol	15 " "	3 "
22 " "	George Gaudreau	44	Pembroke	Avoir fait des blessures avec intention	16 " "	2 "
22 " "	E. Laundrie	20	"	Bris de magasin et vol	15 " "	4 "
1er sept. "	George Taylor	26	London	Vol	18 " "	2 "
3 " "	George Hibbett	21	Toronto	Bris de magasin et vol	31 " "	3 "
3 " "	George Webber	19	"	" "	31 " "	3 "
3 " "	William Madden	21	Windsor	Bris de maison avec intention de voler	30 " "	4 "

3	"	"	William Carroll	45	"	"	30 "	"	4	"
7	"	"	Charles Hamilton	18	Owen-Sound	Incendie	31 "	"	7	"
8	"	"	Fred Renfrey	19	Belleville	Bris de magasin avec intention	6 sept.	"	2	"
12	"	"	Thomas Donaldson	23	Stratford	Viol	8 "	"	15	"
14	"	"	John Smith	31	Fort-William	Bris de magasin et vol	5 août	"	3	"
14	"	"	Charles Lawlor	...	Montréal	Vol	16 fév.	"	2	"
16	"	"	Wm. Goodchild	60	Sandwich	Commerce charnel avec une idiote	15 sept.	"	2½	"
20	"	"	Alonzo Sutherland	19	Guelph	Incendie	12 "	"	10	"
23	"	"	Frank Osier	34	Saint-Thomas	Bris de magasin	21 "	"	4½	"
23	"	"	Thomas Campbell	19	Stratford	Vol	19 "	"	3	"
24	"	"	Albert Edw. Lyons	45	Berlin	"	20 "	"	2	"
24	"	"	Henry O'Brien	40	Toronto	Bigamie	22 "	"	5	"
24	"	"	John Franklin	29	"	Vol	21 "	"	2½	"
26	"	"	Wellington Thompson	42	Cayuga	Décharge d'arme à feu avec intention	23 "	"	3	"
30	"	"	R. L. Middleton	30	Woodstock	Bigamie	28 "	"	7	"
3	oct.	"	R. W. Davis	34	Brockville	Incendie	1 oct.	"	5	"
3	"	"	John Hamilton	46	Brampton	Parjure	28 sept.	"	2	"
10	"	"	Martha Wolfe	21	Victoria, C.-B.	Meurtre	31 mai	"	5	"
19	"	"	James Ledgerwood	24	Pembroke	Incendie	17 oct.	"	7	"
24	"	"	Edw. Letourneau		Rimouski	Vol	13 avril	"	3	"
24	"	"	Napoléon Roy	24	Dist. de Montréal	"	16 sept.	1897	3	"
24	"	"	Charles Coulombe	49	"	"	12 août	"	4	"
26	"	"	Isaac Arnold	29	Sudbury	Bris de magasin avec intention	12 oct.	1898	7	"
26	"	"	Charles Cotter	17	"	Effraction nocturne	14 "	"	3	"
29	"	"	William Freeman	17	Toronto	Incendie	27 "	"	5	"
30	"	"	Daniel Daniels	17	"	"	27 "	"	5	"
2	nov.	"	David B. Johnston	29	Barrie	Viol	25 "	"	3	"
4	"	"	Joseph Johndreau	20	"	Vol	29 août	"	4	"
4	"	"	James Ferguson	27	Perth	Larcin	2 nov.	"	2	"
4	"	"	Michael McQuade	25	"	"	2 "	"	3	"
7	"	"	Austin Bowen	21	Ottawa	Conspiration	28 oct.	"	7	"
7	"	"	Baptiste Leduc	40	"	Vol de cheval, voiture et harnais	20 "	"	3	"
9	"	"	Joseph Quinlan	28	Pembroke	Faux et circulation de faux document	7 nov.	"	2 1/12	"
11	"	"	Samuel Washington	25	Welland	Vol	3 "	"	2	"
12	"	"	Sidney Slocum	38	Toronto	Incitation au parjure	10 "	"	5	"
14	"	"	William Webster	18	Ottawa	Effraction, infraction et et vol	7 "	"	3	"
14	"	"	Nellie Thurstan	26	Montréal	Vol	3 "	"	3	"
16	"	"	James McInerney	25	Hamilton	Bestialité	15 "	"	6	"
17	"	"	Joseph Smith	27	Peterborough	Vol	9 "	"	5	"
19	"	"	William White	19	Toronto	Effraction nocturne	18 "	"	3	"
19	"	"	James Brady	23	"	"	18 "	"	4	"
23	"	"	Albert Reece	23	Welland	"	21 "	"	2½	"
23	"	"	Antoine Renaud	24	North-Bay	Vol	19 "	"	2 1/12	"
24	"	"	Gerald Link	18	Sainte-Catherine	Vol sur la personne	21 "	"	5	"
26	"	"	William McKishney	29	Chatham	Avoir fourni une substance délétère	16 "	"	2	"
26	"	"	Alexander P. Burnett	76	Toronto	Faux	23 "	"	3	"
26	"	"	James Wilson	21	London	Vol	16 "	"	3	"
26	"	"	Belle Adams	24	Victoria, C.-B.	Homicide involontaire	27 juin	"	5	"
29	"	"	Christian Olsen	23	Ottawa	Vol de cheval, voiture et harnais	25 nov.	"	5	"
29	"	"	Mathias Haley	23	North-Bay	Effraction nocturne	23 "	"	3	"

PRISONNIERS ÉCROUÉS, ETC.—*Suite.*

PÉNITENCIER DE KINGSTON.—*Fin.*

Date de l'entrée au pénitencier.	Nom.	Age.	D'où envoyés.	Crime.	Date de la condamnation.	Durée de la condam-nation.
1 déc. 1898	Charles Charters	22	Toronto	Effraction, infraction et vol	29 nov. 1898	3 ans.
1 " "	Henry May	22	"	" "	29 " "	3 "
1 " "	John Thackery	32	"	" "	30 " "	3 "
6 " "	Robert Mackie	36	Napanee	Effraction nocturne	3 déc. "	10 "
10 " "	Louis Martell	32	Sault Sainte-Marie	Commerce charnel avec une fille de moins de 14 ans	1 " "	7 "
13 " "	J. T. Niblock	31	Ottawa	Faux	12 " "	3 "
13 " "	G. O. Mann	28	"	Vol	1 " "	2 "
19 " "	William Ross	38	Peterborough	Faux	1 " "	3 "
20 " "	James Curley	32	Welland	Effraction nocturne	14 " "	4 "
20 " "	Stanley Dafoe	35	Cornwall	Vol	14 " "	2 "
21 " "	Louis Moses	27	Port-Arthur	Homicide involontaire	19 " "	10 "
21 " "	Joseph Moses	32	"	"	5 " "	10 "
22 " "	William Carson	25	Sainte-Catherine	Effraction nocturne	5 " "	3 "
24 " "	Charles Dafoe	39	Toronto	Vol (3 accus.)	17 " "	7 "
27 " "	Norman Staley	21	Barrie	Effraction et vol	17 " "	$2\frac{2}{12}$ "
28 " "	Paul Dupuis	...	Montréal	Vol	5 janv. 1897	4 "
3 janv. 1899	William Ringer	26	Hamilton	Bris de maison et vol	6 août "	3 "
6 " "	Joseph Agustine	42	Toronto	Circulation de fausse monnaie	31 déc. 1898	$2\frac{1}{2}$ "
6 " "	Raffaile Semione	40	"	" "	5 janv. 1899	$2\frac{1}{2}$ "
13 " "	Samuel Currie	37	Ottawa	Voies de faits et intention de viol	5 " "	7 "
19 " "	James Beaverstock	50	Belleville	Inceste	11 " "	3 "
21 " "	Michael Duffy	25	Toronto	Effraction nocturne	13 " "	$2\frac{1}{2}$ "
24 " "	Miles Parker	25	Woodstock	Larcin	19 " "	4 "
24 " "	John L. Bradshaw	42	Cobourg	Faux	20 " "	3 "
25 " "	Albert Webber	27	Sandwich	Vol de cheval	18 " "	5 "
25 " "	Henry Ronald	24	"	"	23 " "	5 "
2 fév. "	John Brooks	20	Chatham	Effraction nocturne	23 " "	3 "
2 " "	John Franklin Harper	24	Kingston	Evasion de prison	23 " "	2 "
2 " "	Thos. J. Kearney	31	Cornwall	Effraction nocturne	2 fév. "	5 "
3 " "	Challes Phillips	21	Sault Sainte-Marie	Vol de la poste de Sa Majesté	31 janv. "	3 "
3 " "	Joseph Luc Boucher	20	Ottawa	Vol de cheval	23 " "	2 "
17 " "	James Williams	24	"	"	30 " "	4 "
18 " "	Louis Umbach	22	Berlin	"	16 fév. "	3 "
18 " "	George Hilker	20	"	"	15 " "	3 "
18 " "	Ruben Hilker	17	"	"	15 " "	3 "
23 " "	Michael Roach	43	Cayuga	Effraction nocturne	15 " "	2 "
25 " "	Wm. James McHarq	28	London	Vol au bureau de poste	16 " "	3 "
6 mars "	William Anthony	21	Chatham	Effraction nocturne	22 " "	$2\frac{1}{2}$ "

6	"	"	John McGregor	47	"	Vol	2	mars	"	3	"
6	"	"	Albert W. Brown	42	"	Effraction nocturne	27	fév.	"	7	"
9	"	"	Frank Lewis	38	Portage-du-Rat	Tentative de faire lésions corporelles graves	2	mars	"	3	"
10	"	"	Frank Harrison	30	Chatham	Avoir forgé des billets du Dominion	9	"	"	15	"
10	"	"	Charles Kivell	19	Hamilton	Faux	7	"	"	2½	"
1	"	"	Daniel Stevens	23	Brantford	Homicide involontaire	8	"	"	20	"
1	"	"	John W. Prior	33	Windsor	Parjure	9	"	"	4	"
1	"	"	George Slack	24	Toronto	Voies de fait avec intention de voler	10	"	"	12	"
1	"	"	Fred. Chambers	18	"	" "	10	"	"	10	"
30	"	"	James A. Valley	32	Cornwall	Recel d'objets volés	29	"	"	5	"
31	"	"	Geo. W. Cline	55	Ste-Catherine	Décharge d'arme à feu avec intention de tuer	17	mai	1898	6	"
31	"	"	Charles LeBar	38	Toronto	Commerce charnel avec une fille de moins de 14 ans	21	mars	1899	3	"
31	"	"	John Watts	30	"	Vol de cheval et larcin	21	"	"	5	"
31	"	"	James Spring	40	"	" "	21	"	"	5	"
6	avril	"	Richard Thompson	38	Guelph	Possession d'explosifs	6	avril	"	10	"
15	"	"	Elizabeth Kettles	37	Toronto	Vol sur la personne	13	"	"	2½	"
19	"	"	Stanley Cassels	43	Kingston	Attentat à la pudeur	19	"	"	2	"
20	"	"	Joseph Stanley	23	Toronto	Effraction nocturne	18	"	"	4	"
20	"	"	Thomas O'Connor	18	"	" "	18	"	"	3	"
22	"	"	Alexander Fraser		Halifax, N.-E.	Avoir mis le feu au bureau de poste de Sa Majesté et volé un sac postal	18	août	1898	10	"
22	"	"	Joseph Handley	..	"	Blessures faites avec int., etc.	20	mars	1897	10	"
1er	mai	"	Michael J. Doyle	44	Perth	Commerce charnel avec une folle	29	avril	1899	3	"
3	"	"	John Dunn		Montréal	Vol	10	mai	1898	4	"
3	"	"	Joseph B. Duff	30	Sault Sainte-Marie	"	25	avril	1899	2	"
6	"	"	William White	25	Windsor	"	4	mai	"	3	"
12	"	"	Joseph St. Lawrence	26	Portage-du-Rat	Obtention d'argent sous de faux prétextes et circulation d'un billet faux	4	"	"	3	"
13	"	"	William Stradwick	23	Toronto	Blessures	11	"	"	2½	"
13	"	"	John Doudy	25	"	"	11	"	"	2½	"
20	"	"	William Phillips	20	Kingston	Tentative de suicide	19	"	"	2	"
23	"	"	George Kendrick	19	Toronto	Vol et recel	17	"	"	5	"
24	"	"	Joseph I. Vipond	41	Bracebridge	Viol	18	"	"	10	"
29	"	"	Harry Anderson	35	Perth	Incendie	26	"	"	5	"
3	juin	"	Fristbrook E. Clark	23	Toronto	Vol de bicycles	1er	juin	"	3	"
3	"	"	Frederick Joyce	20	"	Vol sur la personne	2	"	"	3	"
6	"	"	William Jas. Ball	22	Brockville	Vol dans les sacs postaux	5	"	"	3	"
7	"	"	Henry Cameron	30	Sainte-Catherine	Vol	2	"	"	2	"
7	"	"	Joseph West	24	Toronto	Vol sur la personne	5	"	"	3	"
20	"	"	William Brownlee	17	Sudbury	Vol	27	mai	"	2	"
21	"	"	Gregory Rossler	54	Ottawa	"	16	juin	"	3	"
22	"	"	John Copeland	23	Napanee	"	21	"	"	5	"
27	"	"	Henry Oaten	42	Bracebridge	"	20	"	"	3	"
30	"	"	John Mullin	78	Toronto	"	27	"	"	3	"
30	"	"	William Courtney	28	Portage-du-Rat	Tentative de bestialité	9	"	"	5	"

PRISONNIERS ÉCROUÉS, ETC.—*Suite.*

PÉNITENCIER DE SAINT-VINCENT DE PAUL.

Date de l'entrée au pénitencier.	Nom.	Age.	D'où envoyés.	Crime.	Date de la condamnation.	Durée de la condamnation
4 juill. 1898	Théophile Boutin	21	Saint-François	Bris de magasin	28 juin 1898	4 ans.
4 " "	Joseph Patenaude	19	"	"	28 " "	3 "
4 " "	W. H. Brissette	19	"	"	28 " "	3 "
4 " "	Alexandre Rouleau	22	"	"	28 " "	4 "
6 " "	Michel Gibault, *dit* Grandbois	16	Richelieu	Vol	5 juil. "	2 "
6 " "	Frans. Xav. Desrosiers	26	"	Voies de fait et vol	4 " "	3 "
11 " "	Alexandre Lachapelle	45	Bedford	Vol et effraction	7 " "	2 "
12 " "	Avila Bourdeau	36	Montréal	Vol	12 " "	5 "
16 " "	Elzia Vermette	45	Québec	"	15 " "	2 "
16 " "	Eugène Desmarteau	20	Montréal	"	14 " "	3 "
18 " "	Alexis Laurent	17	"	"	15 " "	2 "
18 " "	Omer Jacques	33	"	"	15 " "	5 "
21 " "	Alexis Manceau	33	Bedford	"	19 " "	2 "
30 " "	Adolphe Moquin	30	Montréal	"	28 " "	4 "
2 août "	Ovila Gamache	19	Iberville	Vol de cheval	1er août "	5 "
5 " "	Honoré Frappier	54	Joliette	Vol	4 " "	2 "
5 " "	Octavien Brissette	34	"	"	4 " "	2 "
13 " "	Chas. Coulombe *alias* Colon	49	Montréal	"	12 " "	4 "
13 " "	Aimé Léonard	34	"	Bris de magasin	12 " "	2 "
15 " "	Ovila Lachapelle	26	"	Vol d'une lettre déposée à la poste	13 " "	3 "
24 " "	Oscar Gagné	16	Trois-Rivières	Effraction nocturne	23 " "	4 "
24 " "	Joseph Fontaine	20	"	"	23 " "	6 "
29 " "	George Ainsworth	19	Saint-François	Vol de cheval	25 " "	3 "
2 sept. "	Joseph Métivier	39	Joliette	Vol	31 " "	2 "
5 " "	Urbain Maldemay	37	Québec	Parjure	29 " "	2 "
10 " "	Isidore Caron	32	"	Vol de cheval	8 sept. "	5 "
12 " "	John F. Cunningham	27	Kingston	Effraction	4 " 1894	7 "
12 " "	William Dease	45	"	Recel d'objets volés	11 juin 1896	7 "
14 " "	Mathew Crowe	31	Montréal	Bris de magasin	13 sept. 1898	3 "
14 " "	Arthur Gravel	51	"	Vol	13 " "	5 "
17 " "	Robert Curtis	38	Iberville	Possession illégale d'outils d'effraction	16 " "	2 "
26 " "	John Nesbitt	31	Montréal	Blessures faites avec intent., etc	22 " "	5 "
26 " "	William Wallace	30	"	Décharge illég. d'arme à feu av. int. de causer d. bless. cor.	22 " "	5 "
26 " "	Arthur Déchêne *alias* Portelance	38	"	Vol	19 " "	4 "
27 " "	J. Bte. Guillemain	18	Saint-Hyacinthe	Meurtre	11 juil. "	A perpét.

"	28 "	William Larocque	28	Montréal	Vol	"	13 sept.	2 ans.
"	30 "	Patrick Lacey	31	Québec	Vol d'argent	"	28 "	2 "
"	4 oct.	Raoul Gareau	19	Montréal	Bris de magasin	"	4 oct.	7 "
"	4 "	Gaudias Fournier	18	"	"	"	4 "	7 "
"	4 "	Chas. Granger	18	"	"	"	4 "	7 "
"	4 "	Louis Giguère	17	"	"	"	4 "	7 "
"	4 "	Ernest Héroux	19	"	"	"	4 "	7 "
"	4 "	Peter Ray	17	"	"	"	4 "	7 "
"	6 "	Séraphin Clouthier	48	"	Vol	"	6 "	2 "
"	6 "	Henri Lafonde	21	"	Tentative de faire commettre grossière indécence	"	6 "	2 "
"	6 "	Alfred Addy	21	"	Bris de maison	"	6 "	3 "
"	12 "	William St. Martin	25	Bedford	Décharge d'arme à feu avec intent. de faire bless. corp.	"	11 "	4 "
"	13 "	Wilfred Landreville	22	Montréal	Vol	"	12 "	4 "
"	13 "	John McMullen	30	"	Vol à main armée	"	13 "	2 "
"	13 "	John McGuire	28	"	"	"	13 "	2 "
"	20 "	Ernest Thériault	17	"	Vol	"	19 "	4 "
"	25 "	Adélard Vezeau	40	"	Bris de magasin	"	25 "	5 "
"	7 nov.	Nellie Thurston		"	Vol	"	3 nov.	3 "
"	7 "	Chas. Khlemens	26	"	Vol de lettre	"	7 "	3 "
"	8 "	George Ham	19	"	Vol	"	8 "	2 "
"	12 "	John Cole	28	"	Recel d'objets volés	"	10 "	3 "
"	12 "	Narcisse Picard	53	"	Vol	"	11 "	5 "
"	12 "	André Larrivée	37	"	"	"	11 "	3½ "
"	16 "	John Stewart	62	St-François	Attentat à la pudeur	"	12 "	2 "
"	17 "	Raphaël Dutemple	45	Montréal	Bris de magasin	"	15 "	2 "
"	18 "	Raoul Bédard	21	St-François	Vol d'une lettre déposée au bureau de poste	"	17 "	3 "
"	18 "	Isaïe Lasobonière	42	Montréal	Vol	"	16 "	5 "
"	21 "	John Landry	45	Richelieu	"	"	19 "	7 "
"	21 "	Chas. *alias* Jos. Lajoie	22	Montréal	"	"	19 "	7 "
"	21 "	Frank South	17	"	Bris de magasin	"	21 "	3 "
"	21 "	Alfred Gosselin	35	"	"	"	21 "	2 "
"	21 "	Edward Lamoureux	40	"	Recel d'objets volés	"	21 "	3 "
"	21 "	William McDonnough	28	"	Faux	"	21 "	3 "
"	22 "	Joseph Labrie	29	"	Recel d'objets volés	"	22 "	3 "
"	26 "	Arthur Dagenais *alias* Vezeau	21	"	Bris de magasin	"	25 "	2 "
"	26 "	Zénophile Riopel	55	"	Viol	"	26 "	10 "
"	26 "	Pierre Godin	23	Québec	Vol	"	25 "	2 "
"	28 "	Edmond Daigle	19	Bedford	Bris de magasin	"	26 "	10 "
"	28 "	Edgar Daigle	16	"	"	"	26 "	3 "
"	29 "	Stanislas Vallée	21	Montréal	Vol	"	29 "	3 "
"	1er déc.	Isidore Therrien	30	"	Bris de magasin	"	1er déc.	5 "
"	9 "	David Rousseau	44	Bedford	Inceste	"	7 "	5 "
"	9 "	Joseph Habe	29	Montréal	Vol	"	7 "	2 "
"	10 "	Elzear Mann	27	"	Meurtre	"	4 nov.	A perpét.
"	14 "	James Hunt	30	St-François	Bigamie	"	10 déc.	2 ans.
"	14 "	Charles Ethier	20½	Montréal	Bris de magasin	"	13 "	5 "
"	15 "	Arthur Gauthier	24	"	"	"	15 "	5 "
"	15 "	Henri Levesque	23	"	"	"	15 "	5 "
"	15 "	Augustus Joly	48	"	Vol	"	15 "	7 "
"	15 "	Armand Legault	19	"	"	"	15 "	5 "

PRISONNIERS ÉCROUÉS, ETC.—*Suite.*

PÉNITENCIER DE SAINT-VINCENT-DE-PAUL.—*Suite.*

Date de l'entrée au pénitencier.	Nom.	Age.	D'où envoyés.	Crime.	Date de la condamnation.	Durée de la condamnation
1898—15 déc.	Adolphe Houle	19	Montréal	Vol	1898—15 déc.	4 ans.
" 20 "	J. Edouard Garry	25½	"	Pris de magasin	" 20 "	5 "
" 21 "	Charles Désormeau	34	"	"	" 20 "	3 "
" 23 "	Israël Robillard	30	"	Vol	" 23 "	2 "
" 23 "	Albert Marcheterre	25	"	"	" 23 "	2 "
" 23 "	Joseph Gagné *alias* Tardif	27	"	Bris de magasin	" 27 "	7 "
" 27 "	Arthur Lavallée *alias* Paquette	23	"	"	" 27 "	7 "
" 27 "	Ed. P. Decubellis	23	"	Contrefaçon	" 27 "	5 "
" 27 "	Angelo Decubellis	32	"	"	" 27 "	5 "
" 27 "	Ferdinand [illegible]llis	25	"	"	" 27 "	5 "
" 30 "	André Riopelle	23	Ottawa	Homicide involontaire	" 29 "	4 "
" 30 "	B. J. S. Stackhouse	29	"	Usage de drogues avec intent. de provoquer l'avortement	" 29 "	3 "
1899— 2 janv.	Valmore Dufresne	23	Québec	Blessures faites intentionnellement	" 24 "	2 "
" 10 "	Adolphe Champoux	17	Montréal	Vol	1899—10 janv.	3 "
" 10 "	Jules Massey	48	"	Attentat à la pudeur	" 10 "	2 "
" 12 "	Pierre Liard	21	"	Bris de magasin	" 12 "	2 "
" 12 "	Félix Dupont	16	"	Blessures faites avec intention	" 12 "	7 "
" 12 "	Henri Lalonde	35	"	Bris de magasin	" 12 "	5 "
" 17 "	Alphonse Vallière	25	"	"	" 17 "	5 "
" 18 "	Francis Deslauriers	21	Richelieu	Vol	" 17 "	2 "
" 18 "	Edouard Boucher	32	"	"	" 17 "	2 "
" 19 "	André Panneton	46	Trois-Rivières	Blessures corporelles faites avec intention, etc.	" 16 "	15 "
" 23 "	Ls. David A. Ducharme	17	Richelieu	Vol	" 20 "	3 "
" 23 "	Louis Langlade	18		"	" 20 "	3 "
" 26 "	Edmond Racette	19	Montréal	Bris de magasin	" 26 "	5 "
" 26 "	Alphonse Pelletier	19	"	"	" 27 "	3 "
" 27 "	J[illegible] Nolin	27	Iberville	Recel d'objets volés	" 23 "	3 "
" 27 "	Adolphe Savageau	44	"	Vol	" 23 "	3 "
" 27 "	Pacificique Marcil	23	"	Recel d'objets volés	" 23 "	2 "
" 28 "	Albert Danis *alias* St. Martin	21	St-François	Décharge d'arme à feu avec intention	" 26 "	3 "
" 30 "	David Godin	20	Montréal	Vol	" 27 "	3 "
" 30 "	Louis Godin	20	"	"	" 27 "	2 "
" 31 "	Henry Ford	24	"	Vol de grand chemin	" 31 "	4 "
" 4 fév.	Joseph Brassard	17	St-François	Bris de magasin	" 3 fév.	2 "
" 7 "	William Hickman	28	Montréal	"	" 7 "	2 "

9	"	"	Philias A. Laymans	17	Richelieu	Vol	4	"	"	3	"
14	"	"	Arthur Labrecque	23	Montréal	Récel d'objets volés	18	"	"	3	"
14	"	"	John O'Loughlin	27	"	Effraction	14	"	"	3	"
14	"	"	John Larney *alias* Molly Matches	61	"	Vol sur la personne	14	"	"	7	"
15	"	"	George Benoit	31	Ottawa	Vol	9	"	"	$2\frac{4}{12}$	"
15	"	"	Jacques Léroux	23	"	"	14	"	"	$2\frac{4}{12}$	"
18	"	"	Joseph Meilleur	18	Montréal	"	17	"	"	4	"
18	"	"	Alfred Kilmaine	29	"	"	17	"	"	5	"
22	"	"	Wilfred Lejour	19	"	"	21	"	"	3	"
1er	mars	"	Alfred Martin	21	Bedford	Bris de magasin	28	"	"	5	"
2	"	"	Adolphe Sénécal	31	Montréal	Vol sur la personne	28	"	"	2	"
8	"	"	Carl John Bendson	46	"	Recel d'objets volés	7	mars	"	2	"
13	"	"	J. Bte. Pouliot	30	"	Vol de grand chemin	13	"	"	5	"
13	"	"	Almayor Lefebvre	28	"	"	13	"	"	5	"
13	"	"	Chas. Bruneau	40	"	Vol	13	"	"	2	"
13	"	"	Jean Chevalier	24	"	"	13	"	"	3	"
13	"	"	Henri Larose	28	"	"	13	"	"	3	"
13	"	"	Urgéle Legault	25	"	Recel d'objets volés	13	"	"	4	"
13	"	"	Albert Legault	25	"	"	13	"	"	4	"
13	"	"	Louis Archambault	35	"	Vol sur la personne	13	"	"	3	"
17	"	"	Ernest Boulanger	22	"	"	17	"	"	3	"
17	"	"	Edouard Chartrand	24	"	"	16	"	"	3	"
17	"	"	Frank Norinburg *alias* Shewn	33	"	Vol	16	"	"	3	"
17	"	"	William O'Hara	18	"	Bris de magasin	16	"	"	3	"
18	"	"	William L'Heureux	22	Saint-François	Vol de grand chemin	14	"	"	7	"
22	"	"	Léon Lalonde	18	Montréal	Vol sur la personne	22	"	"	3	"
23	"	"	John Peebles	23	Saint-François	Vol de cheval	22	"	"	5	"
27	"	"	Carl Brown	18	"	Faux	25	"	"	2	"
27	"	"	John Farrell	30	Montréal	Tentative de bris de magasin	27	"	"	$2\frac{1}{2}$	"
27	"	"	Stanislas Dhronze	25	"	Décharge d'armes à feu avec intent. de meurtre	27	"	"	3	"
29	"	"	William Ryan	24	"	Recel d'objets volés	28	"	"	3	"
29	"	"	Xavier Bonin	20	Beauharnois	Vol	28	"	"	2	"
4	avril	"	Alphonse Belisle	29	Montréal	Bris de magasin	4	avril	"	6	"
4	"	"	Archie Demers	19	"	"	4	"	"	2	"
4	"	"	William Harris	17	"	"	4	"	"	2	"
5	"	"	Homidas Sénécal	40	Iberville	Inceste	1	"	"	3	"
8	"	"	Joseph Couture	22	Saint-François	Bris de maison	6	"	"	2	"
12	"	"	Joseph Guérin	30	Montréal	Bris de magasin	11	"	"	3	"
17	"	"	Victor Coursol	18	Terrebonne	Vol	6	"	"	3	"
18	"	"	Arthur Fiset	33	Montréal	Vol et faux	18	"	"	7	"
18	"	"	Vinceyo Parese	26	"	Vol sur la personne	18	"	"	3	"
18	"	"	Michel de Tonio	30	"	"	18	"	"	3	"
19	"	"	Allan Sandiland	26	"	Vol	28	"	"	2	"
21	"	"	Rodolphe Cantant	23	"	Bris de magasin	20	"	"	5	"
24	"	"	John Dickson	16	Québec	Homicide involontaire	11	"	"	14	"
24	"	"	Léon Morin	23	"	Vol à main armée, avec circonst. aggravantes	21	"	"	5	"
25	"	"	Chas. Gagnon *alias* Rémillard	23	Montréal	Bris de magasin	25	"	"	3	"
28	"	"	Amédée Doré	50	"	"	20	"	"	9	"
2	mai	"	Alfred Auger	27	"	Vol	2	mai	"	2	"
2	"	"	William Downey	29	"	"	2	"	"	2	"

PRISONNIERS ÉCROUÉS, ETC.—*Suite.*

SAINT-VINCENT DE PAUL.—*Fin.*

Date de l'entrée au pénitencier.	Nom.	Age.	D'où envoyés.	Crime.	Date de la condamnation.	Durée de la condamnation.
1899— 4 mai	Joseph Morrissette	22	Saint-François	Tentative de viol	1899—29 avril	2 an
" 4 "	James Daniel Dunn	24	Montréal	Faux	" 4 mai	2 "
" 4 "	Joseph Champagne	32	"	Vol	" 2 "	5 "
" 4 "	Xavier Champagne	40	"	"	" 2 "	7 "
" 4 "	Ovila Lajoie	48	"	"	" 2 "	5 "
" 6 "	Frank Rivers *alias* David Bernstein	20	"	"	1896—24 sept.	5 "
" 10 "	Herbert Eaton	20	"	Faux	1899— 9 mai	3 "
" 10 "	Thomas Jones	61	"	Vol sur la personne	" 9 "	2 "
" 16 "	Frank Nebbs	21	"	Bris de magasin	" 16 "	3 "
" 16 "	Thomas Lyons	26	"	"	" 16 "	3 "
" 19 "	Patrick Griffen	31	"	Voies de fait avec intention de voler	" 18 "	4 "
" 19 "	Thos. Jones	18	"	" "	" 18 "	5 "
" 19 "	William Crépeau *alias* Drapeau	21	"	Vol	" 18 "	2 "
" 25 "	Henri Royer	24	Bedford	"	" 22 "	3 "
" 25 "	Isiah Royer	22	"	"	" 22 "	3 "
" 31 "	Arthur Goupil Dupuis	29	Montréal	Vol à main armée	" 30 "	5 "
" 31 "	Stanley Cooper	20	"	Bris de magasin	" 30 "	2 "
" 2 juin	Bruno Busseau	22	"	Vol	" 1 juin	3 "
" 2 "	Chas. Landreville	68	"	Bris de magasin	" 1 "	5 "
" 14 "	Frank Lamb	32	"	Vol	" 13 "	4 "
" 14 "	Louis *alias* Paul Vermette	56	"	Attentat à la pudeur sur un homme	" 13 "	5 "
" 19 "	Alexis Beauséjour	43	Richelieu	Nuisance publique	" 16 "	2 "
" 20 "	Honoré Cassavant	36	Montréal	Vol	" 20 "	2 "
" 20 "	Edward Shannon	26	"	Bris de magasin	" 20 "	4 "
" 20 "	Joseph Denis	20	"	Homicide involontaire	" 20 "	5 "
" 20 "	Majorique Gagnon	34	"	Vol	" 20 "	3 "
" 23 "	Etienne Hug	41	"	"	" 21 "	3 "
" 28 "	Joseph Fitzstephen	33	Ottawa	Effraction nocturne	" 7 "	7 "
" 28 "	Sebastiano de Lucca	53	Montréal	Blessures faites, etc	" 27 "	2 "
" 28 "	George Cuerrier	18	"	Vol	" 27 "	2 "
" 30 "	Henri Berti	19	"	Bris de magasin	" 29 "	4 "
" 30 "	Edouard Chouinard	32	"	Faux	" 29 "	4 "

PRISONNIERS ECROUÉS, ETC.—*Suite.*

PÉNITENCIER DE DORCHESTER.

Nom.	Durée de la condamnation.	Date de l'entrée au pénitencier.	Lieu d'origine.	Religion.	Etat civil.	Lieu de la condamnation.	Age	Occupation.	Crime.
		1898.							
George Robard	$2\frac{1}{6}$ ans	5 juillet	Canada	Anglican	Marié	Yarmouth, N.-E.	40	Journalier	Blessures faites, etc.
Joseph Robard	$2\frac{1}{6}$ "	5 "	"	"	Célibat	"	17	"	"
Patrick Lennon	6 mois	5 "	Irlande	Catholique	"	Halifax, N.-E.	20	Soldat	Vol d'argent.
Thomas Jacobs	6 "	5 "	"	"	"	"	23	"	"
Frederick Churchill	$2\frac{1}{12}$ ans	11 "	Canada	Anglican	"	"	17	Cordonnier	Dommages à la propriété.
Charles McMichael	7 "	14 "	"	"	"	St-Jean, N.-B.	23	Matelot	Larcin.
Frank Morris	3 "	14 "	"	Catholique	Marié	"	24	Journalier	"
Alonzo Hawksworth	6 "	18 "	"	Méthodiste	Célibat	Lunenburg, N.-E.	30	Forgeron	"
Charles Crabb	10 "	22 "	"	Baptiste	"	Woodstock, N.-B.	22	Cultivateur	Incendie.
Melvin Crabb	10 "	22 "	"	"	"	"	19	"	"
Daniel Kennedy	5 "	26 "	"	Catholique	Veuf	Georgetown, I.P.-E.	25	Journalier	Bris de maison et larcin.
John A. Power	$3\frac{1}{2}$ "	26 "	"	"	Célibat	"	25	Ferblantier	" "
Stanley Arnberg	5 "	11 août	"	Baptiste	"	Shelburne, N.-E.	18	Journalier	Effraction et larcin.
Charles Bone	2 "	12 "	"	Presbytérien	Marié	Pictou, N.-E.	41	Boucher	Larcin.
Eldon Embleton	2 "	13 "	"	Baptiste	Célibat	Woodstock, N.-B.	17	"	"
John Niles	$2\frac{1}{3}$ "	13 "	"	"	"	"	20	Journalier	"
Reuben Niles	$2\frac{1}{3}$ "	13 "	"	"	"	"	20	"	"
Fred. Smith	$2\frac{1}{6}$ "	13 "	"	"	"	"	17	"	"
John McLeod	$2\frac{1}{2}$ "	17 "	Angleterre	Anglican	"	Cap-Breton, N.-E.	34	Matelot	"
Alexander Fraser	10 "	19 "	Canada	Presbytérien	"	Halifax, N.-E.	21	Forgeron	" et incendie.
Henry Birkenhead	$2\frac{1}{12}$ "	19 "	"	Anglican	"	"	23	Maçon	Effraction, infraction et vol.
Edward Connors	$2\frac{1}{4}$ "	19 "	"	Catholique	Marié	"	24	Palefrenier	" "
Thomas McCormack	4 "	19 "	Irlande	"	Célibat	"	25	Soldat	" "
James Mullins	$4\frac{1}{2}$ "	19 "	"	"	"	"	24	"	" "
Richard Mansworth	9 mois	17 sept.	"	"	Marié	"	36	"	Désertion.
Edward Nickerson	5 ans	21 "	Angleterre	"	Célibat	Kentville, N.-E.	18	Matelot	Effraction, infraction et vol.
Peter Toney	5 "	21 "	Canada	"	"	"	20	Cordonnier	" "
Peter Touffit	3 "	23 "	France	"	Marié	Yarmouth, N.-E.	21	Matelot	" "
James Atkinson	3 "	23 "	Canada	"	"	"	24	Charpentier	" "
Arthur McLean	3 "	27 "	"	Méthodiste	Célibat	Windsor, N.-E.	21	"	Recel d'objets volés.
John Fox	3 "	27 "	"	"	"	"	23	Peintre	" "
Thomas Lonergan	112 jours	27 "	Irlande	Catholique	"	Halifax, N.-E.	20	Soldat	Larcin.
James Ryan	6 mois	27 "	"	"	"	"	23	"	"
John Arvidson	2 ans	29 "	Suède	Luthérien	"	Dalhousie, N.-B.	28	Voilier	Attentat à la pudeur.
Francis Maher	6 mois	1er oct.	Canada	Catholique	"	Halifax, N.-E.	19	Soldat	Larcin.

PRISONNIERS ÉCROUÉS, ETC.—*Suite.*

PÉNITENCIER DE DORCHESTER—*Fin.*

Nom.	Durée de la condamnation.	Date de l'entrée au pénitencier.	Lieu d'origine.	Religion.	Etat civil.	Lieu de la condamnation.	Age	Occupation.	Crime.
		8961							
William Smith	3 ans	6 oct.	Canada	Presbytérien	Marié	Guysboro', N.-E	34	Journalier	Viol.
Lall Hill	3 "	8 "	"	Baptiste	Célibat.	Halifax, N.-E.	24	"	Larcin.
Andrew Beals	20 "	8 "	"	"	Marié	"	38	"	Viol.
Henry Lavisconte	3 "	1 "	Indes Occid.	"	Célibat	Yarmouth, N.-E.	22	"	Effraction, infraction et vol.
Michael Monaghan	5 "	11 "	Irlande	Catholique	Veuf.	Summerside, I.P.-E.	67	Forgeron	Blessures faites avec intention.
John J. McDonald	2 "	1 "	Canada	"	Célibat.	"	16	Journalier	Attentat à la pudeur.
Joseph Jarvis	5 "	18 "	"	Anglican	Marié	Digby, N.-E.	43	Cultivateur	Avoir tué un bœuf.
Maynard Jenkins	2½ "	18 "	"	"	"	"	32	Journalier	Recel d'objets volés.
Sydney Stockton	3 "	18 "	"	Méthodiste	Célibat.	Hampton, N.-B.	16	"	Larcin.
Vincent Desmond	3 "	20 "	"	Baptiste	"	Guysboro', N.-E	16	"	"
William Jackson	3 "	20 "	"	"	Marié	"	25	"	"
Richard Reid	3 "	20 "	"	"	"	"	65	"	"
Arthur Medley	3 "	22 "	"	Méthodiste	Célibat.	Bridgewater, N.-E.	16	"	Vol d'un cheval.
John Lehane	9 mois.	22 "	Irlande	Catholique	"	Halifax, N.-E	21	Soldat	Larcin.
Thomas McArthur	3 ans	25 "	Canada	Presbytérien	"	Sydney, N.-E.	17	Blanchisse'r	Faux.
John Corbey	9 "	4 nov.	"	Baptiste	Veuf.	Liverpool, N.-E.	63	Journalier	Larcin.
Edward Walsh	2 "	5 "	"	Catholique	Marié	Halifax, N.-E.	31	Peintre	Effraction, infraction et vol.
Fred Downey	2 "	7 "	"	Baptiste	Célibat.	Dorchester, N.-B.	18	Journalier	Larcin.
Nicholas Power	6 mois	12 "	Irlande	Catholique	"	Halifax, N.-E.	22	Soldat	"
Richard Church	3 ans	21 "	Canada	Baptiste	"	Hampton, N.-B.	18	Journalier	"
Henry Davidson	Perpétuité	26 "	"	Catholique	"	Antigonish, N.-E.	35	Charpentier	Meurtre.
James Cox	84 jours	30 "	Irlande	"	"	Halifax, N.-E.	20	Soldat	Larcin.
Abner Keddy	$2\frac{1}{12}$ ans	14 déc.	Canada	Anglican	"	Kentville, N.-E.	20	Journalier	"
William Keddy	$2\frac{1}{12}$ "	14 "	"	"	"	"	23	"	"
Henry Jessop	2 "	14 "	"	"	"	"	20	"	"
		8991							
Peter Gilbert	84 jeurs	7 janv	Ecosse	"	"	Halifax, N.-E	22	Soldat	"
Richard Fennell	84 "	7 "	Irlande	Catholique	"	"	25	"	"
Joseph Gaffney	84 "	7 "	"	"	"	"	21	"	"
John Barry	84 "	7 "	"	"	"	"	20	"	"
James Murphy	3 ans	1 "	"	"	"	"	18	"	Effraction, infraction et vol.
Christopher O'Toole	5 "	11 "	"	"	"	"	21	"	" "
Michael Baker	112 jours	1 "	"	"	"	"	19	Tonnelier	Larcin.
Samuel Churchill	3 ans	1 "	Canada	Anglican	"	"	21	Cordonnier	Effraction, infraction et vol.

James Ash	2 "	10 fév.	"	Baptiste	"	Guysboro', N.-E.	21	Matelot	Larcin.
Ado Izzard	2 "	10 "	"	Anglican	"	"	17	Journalier	"
Frank Izzard	3 "	10 "	"	Catholique	"	"	16	Forgeron	"
Stanley Izzard	3 "	10 "	"	Baptiste	"	"	17	Journalier	"
Frank Butler	2 ans et 7 jours	24 "	"	Catholique	"	Amherst, N.-E.	22	"	"
Norman Kelly	3 ans	27 "	"	Baptiste	Marié	Kentville, N.-E.	22	Cultivateur	"
William Doyle	2 "	1er mars	"	Catholique	Célibat	Charlottet'wn, I. P.-E	14	Journalier	"
George Donovan	3 "	1er "	"	"	Marié	"	26	M. de tabac	Recel d'objets volés.
William LeBlanc	8 "	9 "	"	"	Célibat	Dorchester, N.-B.	24	Journalier	Effraction et vol.
Frederick Day	2 "	10 "	"	Méthodiste	"	Sunbury, N.-B.	27	"	"
William Hudlin	3 "	16 "	"	Baptiste	"	"	20	"	Larcin.
Frank Hachey	5 "	21 "	"	Catholique	"	Ristigouche, N.-B.	21	"	Incendie.
Alexander McLillan	2 "	31 "	"	Anglican	"	Annapolis, N.-E.	22	"	Effraction et vol.
John Whitman	2 "	31 "	"	"	"	"	22	"	"
Frederick Dixon	4 "	31 "	"	Baptiste	Marié	Windsor, N.-E.	35	Sellier	Larcin et bris de prison.
Joseph Legacy	5 "	3 avril	"	Catholique	Célibat	Ristigouche, N.-B.	20	Journalier	Obstruction de chemins de fer.
William Moore	3 "	4 "	"	Presbyterien	"	Halifax, N.-E.	25	"	Larcin.
James Dean	2½ "	4 "	"	"	Marié	"	38	"	"
James Jackson	2 "	4 "	"	Anglican	Célibat	"	56	"	Voies de fait.
Louis Brideaux	3 "	10 "	"	Catholique	Marié	Newcastle, N.-B	45	"	Recel d'objets volés.
Joseph Laplante	3 "	10 "	"	"	Célibat	"	20	"	Larcin.
John L. Brideaux	3 "	10 "	"	"	"	"	18	"	"
Vincent Guy	3 "	17 "	"	Anglican	Marié	Shelburne, N.-E.	36	"	"
Elsworth Atkins	4 "	17 "	"	Adventiste	Célibat	"	18	"	Effraction, infraction et vol.
George Provo	2 "	17 "	"	Baptiste	"	"	23	"	Larcin.
Patrick Keating	4 "	17 "	"	Catholique	"	"	22	"	Effraction, infraction et vol.
Reuben Goodick	3 "	17 "	"	Baptiste	"	"	19	"	Larcin.
Peter Doucette	3 "	19 "	"	Catholique	"	Ristigouche, N.-B.	31	"	Incendie.
Lavinia Lindsay	A perpét.	26 "	"	Anglican	"	Saint-Jean, N.-B.	43	"	Homicide involontaire.
Mary Ann Golly	14 ans	26 "	Irlande	Catholique	Veuve	Halifax, N.-E.	56	"	Blessures faites avec intention.
John Murphy	2½ "	29 "	Terreneuve	Anglican	Célibat	Digby, N.-E.	18	"	Larcin.
Thomas Donnelly	2 "	4 mai	Canada	Presbytérien	"	Dorchester, N.-B.	32	Corroyeur	Voies de fait.
Martin Guthro	5 "	13 "	"	Catholique	"	Victoria, N.-E.	27	Journalier	Effraction nocturne et vol.
Hugh Le Coutre	5 "	15 "	"	Presbytérien	"	Richmond, N.-E.	27	"	Blessures faites avec intention.
Charles Seath	10 "	23 "	"	Catholique	"	Dorchester, N.-B.	17	"	Effraction nocturne et vol.
Anthony Gallant	5 "	23 "	"	"	"	"	16	"	Recel d'objets volés.
Edward Howe	10 "	23 "	"	Anglican	"	"	16	"	Effraction nocturne et vol.
Howard M. Madison	2 "	23 "	Etats-Unis	Méthodiste	"	Queen, N.-E.	16	"	Larcin.
Thomas McAndrew	6 mois	7 juin	Angleterre	Catholique	"	Halifax, N.-E.	30	Soldat	Engagement frauduleux.
Joseph Maurice	3 ans	13 "	France	"	Marié	Kent, N.-B.	58	Matelot	Effraction, infraction et vol.
Fitz Shears	4 "	15 "	Canada	Méthodiste	Célibat	Cumberland, N.-E.	19	Journalier	" "
William Bryanton	5 "	22 "	"	"	"	Prince, I. P.-E.	22	"	Faux.

PRISONNIERES ÉCROUÉES, Etc.—*Suite.*

Pénitencier du Manitoba.

Nom.	Durée de la condamnation.	Date de l'entrée au pénitencier.	Nationalité.	Religion.	Etat civil.	Lieu de la condamnation.	Age.	Occupation.	Crime.
		1898.							
Albert Pitts	2	12 juillet	Anglais	Anglican	Célibat.	Winnipeg	17	Corroyeur	Bris de magasin.
Chen Isn.	3	28 "	Chinois	Sans religion	"	Régina	45	Cuisinier	Incendie.
Edward Nelson	7	6 août	Sauvage métis.	Anglican	"	"	18	Journalier	Viol et évasion.
Geo. Smith	4	11 "	Anglais	"	"	Winnipeg	28	Tailleur	Recel d'objets volés.
Robt. Milsom *alias* Linden	5	11 "	Irlandais	"	"	"	24	Journalier	Bris de magasin et vol.
Wm. Bennet	2	20 "	Anglais	Catholique	"	"	22	Commis	Vol.
Mike Gilboy	2	20 "	Irlandais	"	"	"	19	Matelot	"
Frank Dempsey	2	20 "	"	"	"	"	24	Journalier	"
Thos. Brown *alias* Harrison	3	27 "	Canadien	Méthodiste	"	"	26	Machiniste	Faux, altération de doc. et condam. antérieure.
Jos. Barrata	7	8 sept.	Sauvage.	Catholique	Marié	Victoria, C.-B	47	Journalier	Blessures faites avec intention.
Jimmy Courtchan	7	8 "	Canadien.	"	"	New-Westm'str, C.-B	32	"	Voies de fait avec intention de faire des blessures graves.
Wm. Liddle	5	8 "	Ecossais	Presbytérien	Célibat.	Kamloops, C.-B.	32	Cultivateur	Vol de bestiaux.
Johnny Alterteetyah	10	8 "	Sauvage can.	Anglican	Marié	[illegible]n, C.-B.	37	Journalier	Viol.
Jachan	5½	8 "	Canadien.	"	"	New-Westm'str, C.-B	27	"	Vol à main armée, deux accusations; évasion.
Hy. Wilkinson	10	8 "	Nègre amér.	Méthodiste	Célibat.	"	33	Emp. de ch. fer	Décharge d'arme à feu avec intent.
Jos. Pelletier	5	8 "	Canadien	Catholique	Marié	Kamloops, C.-B	29	Journalier	Vol de bestiaux.
Matthew Shea	2	8 "	"	"	Célibat.	Nanaïmo, C.-B.	30	Boulanger	Vol.
John Williams	7	8 "	Américain	"	Marié	Victoria, C.-B	39	Aubergiste.	Vol d'argent.
Wm. King	5	8 "	Canadien	Méthodiste	Célibat.	Caribou, C.-B.	33	"Rancher"	Effraction et vol.
Julian Freitag	7	8 "	Allemand	Catholique	"	New-Westm'str, C.-B	28	Journalier	" nocturne.
Sonyer	Pr la vie	8 "	Sauvage can.	"	Marié	Nanaïmo, C.-B.	21	Cultivateur	Tentative de meurtre.
Chas. Harris	5	8 "	Canadien.	Méthodiste	Célibat.	Kamloops, C.-B	41	Mineur.	Bestialité.
Wm. Favel	5	8 "	"	Anglican	Marié	Vernon, C.-B.	45	Meunier	Prostit. d'une fille âgée de m. de 14 ans.
Jimmy Page	15	8 "	"	Catholique	Célibat.	New-Westm'str, C.-B	37	Tailleur	Homicide involontaire.
Jas. Mulvaney	2	4 oct.	"	"	"	Winnipeg	22	Journalier	Recel d'objets volés.
Jas. Black	3	1er déc.	Américain	Presbytérien	"	Régina	22	"	Vol.
		1899.							
A. H. Long	2	24 janv.	Anglais	Anglican	"	Winnipeg	27	Charretier	Vol à main armée.
Jas. Dunn	2	24 "	Canadien.	Presbytérien	"	"	22	Journalier	"
Geo. Cameron	2	24 "	"	"	"	"	28	Machiniste	"
C. H. Costello	3	24 "	"	"	"	"	29	Journalier	Vol, deux accusations, et condamnation antérieure.

Sam McCormick	5	31	janv.	Irlandais	Catholique	Célibat.	"	30	Charpentier	Vol.
Bert Carr	2	31	"	Canadien	Baptiste	Marié	"	32	Peintre	"
G. E. Dunsterville	5	2	fév.	Anglais	Protestant	Célibat.	Brandon	36	Teneur de liv.	Incendie.
Paul Brown	A perp.	9	"	Nègre améc.	"	"	Winnipeg	37	Journalier	Meurtre.
Jas. Armstrong	2	23	"	Irlandais	Catholique	"	"	69	"	Recel d'objets volés, 3 accusations, 3 condamnations ant.
Karl Lindbert	2	7	mars	Danois	Protestant	"	"	22	"	Bris de magasin et vol.
Hy. Cole	3	23	"	Canadien	Anglican	"	Portage-la-Prairie	20	Peintre	Homicide involontaire.
Albert Price	3	25	"	Américain	Baptiste	Marié	Winnipeg	22	Cultivateur	Décharge d'arme à feu avec intent.
Jas. Watson	2	25	"	Anglais	Anglican	Célibat.	"	2	Journalier	Bris de maison avec intent.
John Conley	3	25	"	Canadien	Catholique	"	"	24	"	" "
Chas. Foley	5	1er	avril	Irlandais	"	"	"	25	"	Bris de magasin et condamnations antérieures.
Frank Webber	5	4	"	Américain	Sans religion	"	Moosomin	25	Charretier	Vol de bestiaux.
A. McWilliams	2	13	"	Canadien	"	"	Winnipeg	17	Journalier	Bris de magasin, vol, et 3 condamnations antérieures.
John A. Wallace	2	22	"	"	"	"	"	43	Chauffeur	Faux et condamnations antérieures.
[illegible]ce Williams	3	22	"	Américain	Protestant	"	Edmonton	29	Journalier	Vol.
James Stone	2	13	mai	Canadien	Méthodiste	"	Winnipeg	31	Barbier	Vol; 3 condamnations antérieures.
John Wells	2½	31	"	Anglais	Catholique	"	"	29	Mineur	Bris de magasin et larcin.
Charles Johnson	7	26	juin	Irlandais	"	"	"	26	Journalier	Vol à main armée, 3 condamn. antér.

PRISONNIERS ÉCROUÉS, ETC—*Fin.*

PÉNITENCIER DE LA COLOMBIE-BRITANNIQUE.

Nom.	Durée de la condamnation.	Date de la condamnation.	Nationalité.	Religion.	Etat civil.	Lieu de la condamnation.	Age.	Occupation.	Crime.
		1898.							
David Benson	3 ans.	11 août	Anglais	Presbytérien	Célibat	Revelstoke	21	Journalier	Tentat. de faire dér. un t. de ch. f.
James Weston	2½ "	14 oct.	Canadien	Anglican	"	Victoria	26	"	Effraction, infraction et vol.
Gin Sing	3 "	26 sept.	Chinois	Protestant	"	"	19	"	" "
Belle Adams	5 "	27 juin	Américaine	Congrégationaliste	Mariée	"	23	Servante	Homicide involontaire.
F. M. Preston	2 "	17 oct.	"	Méthodiste	Célibat	New-Westminster	21	Journalier	Effraction, infraction et vol.
James Murphy	5 "	21 "	Anglais	Catholique	"	Nanaïmo	25	Matelot	" "
James Morrisey	5 "	21 "	Gallois	"	"	"	19	"	" "
Thos. Smith, *alias* Mansfield	6 "	21 "	Anglais	"	"	"	30	"	" "
A. P. Williams	2 "	25 "	Américain	Méthodiste	"	Vancouver	56	Barbier	Avoir permis à une fille âgé de plus de 14 ans et de moins de 16 ans, de rester chez lui dans le but d'av. un comm. charnel avec un homme.
Samien	A perp.	30 mai	Canadien	Catholique	"	Clinton	17	Journalier	Meurtre.
Joseph R. Wilson	14 ans.	1er nov.	Allemand	Luthérien	"	New-Westminster	49	Mouleur	Bris de magasin.
"	2 "	5 "	"	"	"	"	49	"	Tentative de bris de prison.
Robert Calhoun	2 "	5 "	Américain	Catholique	"	"	33	Garçon de t.	" "
Felix Benedict	5 "	1 "	Canadien	"	Marié	"	21	Journalier	" viol.
Roger Cheney	2 "	1 "	"	"	Veuf	"	52	"	Bris de magasin.
James Thompson	7 "	14 "	H. Barbades	Anglican	Célibat	Vancouver	23	"	Tentative de viol.
Joseph Perry	6 "	14 "	Hab. des Iles du C. Vert	Catholique	"	"	25	Matelot	" "
O. Miura	A perp.	22 "	Japonais		"	Nanaïmo	29	Mineur	Homicide involontaire.
Alexander Duteau	5 ans.	21 "	Canadien	Catholique	Marié	Vernon	31	Journalier	Bris de maison.
K. Finlayson	2½ "	19 déc.	"	Presbytérien	Célibat	Victoria	21	Commis	Vol.
Quee Duck	3 "	30 "	Chinois	Aucune	"	Nanaïmo	28	Journalier	Vois de fait, acc. de blessure corp.
Imai Kohai	2 "	30 "	Japonais	Méthodiste	"	New-Westminster	26	"	" "
		1899.							
Henry Cherd	2 "	10 janv.	Canadien	Catholique	Marié	"	19	"	Circulation d'un chèque forgé.
David Craigie	3 "	27 "	"	Presbytérien	Célibat	Victoria	27	"	Recel d'objets volés.
Lee-On-Queen	4 "	9 fév.	Chinois	Aucune	"	Vancouver	38	"	Possession illégale d'outils d'effraction.
Frederick Budden	2 "	26 janv.	Anglais	Anglican	"	Ashcroft	20	"	Effraction nocturne.
William Robertson	6 "	21 fév.	Canadien	Baptiste	"	Victoria	23	Forgeron	Effraction, infraction et vol.
George Rosson	4 "	22 "	"	"	"	"	19	Journalier	" "

W. C. Snider	4 〃	24 〃	〃	Anglican	〃	〃	25	〃	〃 〃
John J. Sweeney	5 〃	11 mars	Anglais	Catholique	〃	Vernon	30	〃	〃 〃
F. W. Smith	5 〃	11 〃	Américain	〃	〃	〃	28	〃	〃 〃
Gin Far Gick	3½ 〃	16 avril	Chinois	Protestant	Marié	Vancouver	40	Cordonnier	Effraction nocturne.
Ah Sam	2 〃	24 〃	〃	Aucune	Célibat.	New-Westminster	22	Journalier	Vol.
Sin, *alias* Ling Sing	2½ 〃	26 mai	〃	〃	〃	Vancouver	47	〃	Tent. de bris de magasin et d'inf.
George Varty	2 〃	5 janvier	Canadien	Anglican	〃	Victoria	17	Pos. de lattes	Effraction, infraction et vol.
George Morzes	2 〃	5 〃	〃	Catholique	〃	〃	18	Boulanger	〃 〃
Joseph Stenager	6 〃	30 mai	Ecossais	Baptiste	〃	Nelson	41	Charpentier	Tentative d'inceste.
James Sinclair	2 〃	30 〃	〃	〃	Marié	〃	47	Télégraphis.	Vol.

RÉINCARCÉRATIONS.

Pénitencier de Kingston.

Numéro.	Nom.	Réincarcération.	Crime.	Lieu de la condamnation.	Date de la condamnation.	Durée de l'emprisonnement	Observations.
					8981		
1	Samuel Allison	1e	Tentative de suicide	Ottawa	5 juillet	2 ans	
2	Thomas Carlyle	1e	Tent. de déch. arme à feu et tent. d'éva.	Toronto	1er août	12 "	
3	Samuel W. Betts	1e	Bris de maison et vol	"	29 juillet	5$\frac{12}{365}$ ans.	
4	Timothy Dohinsey	1e	Tentative de mutiler avec un rasoir	"	12 août	5 ans	
5	William Carroll	3e	Bris de maison avec intention de voler	Windsor	30 "	4 "	
6	Alonzo Sutherland	1e	Incendie	Guelph	12 septembre	10 "	
7	Isaac Arnold	3e	Bris de maison avec intention, etc	Sudbury	12 [illegible]	7 "	
8	Michael McQuade	1e	Larcin	Perth, comté de Lanark	2 novembre	3 "	
9	Austin Bowen	1e	Conspiration	Ottawa	28 octobre	7 "	
					8991		
10	Samuel Currie	2e	Voies de fait avec tentative de viol	"	1 janvier	7 "	
11	John F. Harper	1e	Evasion de la prison	Kingston	2 février	2 "	
12	Thomas J. Kearney	1e	Effraction nocturne	Cornwall	31 janvier	5 "	
13	James Williams, *alias* Hughes	1e	Vol	Ottawa	16 février	4 "	
14	Louis Umbach	1e	Vol	Berlin	15 "	3 "	
15	Albert W. Brown	1e	Effraction nocturne	Chatham	27 "	7 "	
16	Frank Harrison, *alias* Stevens	1e	Faux de billets du Dominion	"	9 mars	15 "	
17	John Watts, *alias* Watson	2e	Vol de cheval, etc	Toronto	21 "	5 "	
18	James Spring	2e	"	"	21 "	5 "	
19	John Copeland	1e	Vol	Napanee	21 juin	5 "	

Nombre des détenus subissant une première condamnation au pénitencier	466
" " deuxième " "	69
" " troisième " "	20
" quatrième " "	12
" " cinquième " "	2
" sixième " "	1
Total	570

RÉINCARCÉRATIONS—*Suite.*

PÉNITENCIER DE SAINT-VINCENT DE PAUL.

Nombre.	Nom.	1re réincarcération.	2me réincarcération.	3me réincarcération.	4me réincarcération.
1	François-Xavier Desrosiers	1			
2	Elzéar Vermette	1			
3	Adolphe Moquin	1			
4	Charles Colombe			1	
5	William Dease			1	
6	Mathew Crowe	1			
7	Arthur Gravel	1			
8	Robert Curtis		1		
9	Arthur Déchêne			1	
10	William Larocque			1	
11	Adelard Vézeau	1			
12	André Larriver	1			
13	J. Lasobonnierre	1			
14	Joseph Landry		1		
15	Ed. Lamoureaux	1			
16	William McDonnough	1			
17	Pierre Godin	1			
18	Isidore Thérien			1	
19	Arthur Gauthier	1			
20	Augustin Joly		1		
21	Israël Robillard		1		
22	Jos. Gagnon, dit Tardif		1		
23	A. Lavallée, dit Paquette	1			
24	Valmore Dufresne	1			
25	Henri Lalonde		1		
26	Alphonse Vallierre	1			
27	Edmond Racette	1			
28	Edouard Nolin	1			
29	Adolph Savageau	1			
30	David Godin	1			
31	John O'Loughlin	1			
32	Urgèle Legault		1		
33	Albert Legault		1		
34	Ernest Bélanger	1			
35	Alphonse Belisle		1		
36	Amedée Doré		1		
37	Joseph Champagne	1			
38	Xavier Champagne		1		
39	Chas. Landreville			1	
40	Louis Vermette	1			
41	Alexis Beauséjour				1
42	Magonoque Gagnon	1			
43	Joseph Fitzstephen	1			
44	Edouard Chouinard	1			
	Total	26	11	6	1

Nombre des détenus subissant une première condamnation au pénitencier	326
" " deuxième " "	80
" " troisième " "	30
quatrième " "	6
cinquième " "	3
sixième " "	1
septième " "	1
Total	447

RÉINCARCÉRATIONS—*Suite*

PÉNITENCIER DE DORCHESTER.

Nom.	Réincarcération.	Crime.	Lieu de la condamnation.	Date de la condamnation.	Durée de la condamnation.
				1898.	
Chas. McMichael	1re	Larcin	Saint-Jean, N.-B.	11 juin	7 ans.
Frank Morris, *alias* Nixon	"	"	"	28 "	3 "
John Fox, *alias* Carter	"	Recel d'objets volés	Windsor, N.-E.	26 sept.	3 "
Andrew Beals	"	Viol	Halifax	7 oct.	20 "
John Corbey	"	Larcin	Liverpool	30 août	9 "
				1899.	
Wm. LeBlanc, *alias* Gould	"	Effraction et vol	Dorchester, N.-B.	8 mars	8 "
Alex. McLellan	"	"	Annapolis, N.-E.	18 "	2 "

PÉNITENCIER DU MANITOBA.

Nom.	Réincarcération.	Crime.	Lieu de la condamnation.	Date de la condamnation.	Durée de la condamnation.
				1898.	
Sam. McCormick	1	Vol	Winnipeg	30 janv.	5
G. E. Dunsterville	1	Incendie	Brandon	26 "	5
				1899.	
Paul Brown	1	Meurtre	Winnipeg	9 fév.	A perpét.

PÉNITENCIER DE LA COLOMBIE-BRITANNIQUE.

Nom.	Réincarcération.	Crime.	Lieu de la condamnation	Date de la condamnation.	Durée de la condamnation.
Thomas Smith, *alias* Thomas Mansfield	1re	Effraction, infraction et vol	Nanaïmo	21 oct. '98	6 ans
David Craigie	"	Recel d'objets volés	Victoria	27 janv. '99	3 "
Gue sar Gick	"	Effraction nocturne	Vancouv'r	18 avril '99	3½ "
Sin, *alias* Ling Sing	"	Tentative d'effraction et d'infraction	Vancouv'r	26 mai '99	2½ "

Relevé du nombre des prisonniers ayant subi des condamnations dans des institutions pénales et actuellement détenus dans le pénitencier de Kingston.

—	Condamnation.	Dans les pénitenciers.			Dans les prisons étrangères.			Dans la prison centrale.			Dans les maisons provinciales de réforme.			Dans les prisons de comté.		
		Hommes.	Femmes.	Total.	Hommes.	Femmes.	Total.	Hommes.	Femmes.	Total.	Hommes.	Femmes.	Total.	Hommes.	Femmes.	Total.
Détenus subissant leur	1re	49	17	466	12	....	12	89	...	89	22	2	24	51	4	55
"	2e	68	1	69	2	....	2	15	...	15	....	....	....	11	....	11
"	3e	19	1	20	1	....	1	4	...	4	....	....	....	10	....	10
"	4e	12	...	12	....	....	....	....	....	....	....	....	....	3	....	3
"	5e	2	....	2	....	....	....	....	....	....	....	....	....	....	....	....
"	6e	1	....	1	....	....	....	....	....	....	....	....	....	1	....	1
"	7e	....	....	....	....	....	....	....	....	....	....	....	....	....	....	....
"	8e	....	....	....	....	....	....	....	....	....	....	....	....	....	....	....
"	9e	....	....	....	....	....	....	....	....	....	....	....	....	....	....	....
"	10e	....	....	....	....	....	....	....	....	....	....	....	....	....	....	....
"	11e	....	....	....	....	....	....	....	....	....	....	....	....	....	....	....
"	12e	....	....	....	....	....	....	....	....	....	....	....	....	1	....	1
Total	....	551	19	570	15	....	15	108	...	108	22	2	24	77	4	81

PÉNITENCIER DE SAINT-VINCENT-DE-PAUL.

—	Dans les pénitenciers du Canada.	Dans la prison centrale.	Dans les maisons de réforme.	Dans les autres pénitenciers.
	Hommes.	Hommes.	Hommes.	
Détenus subissant leur 1ère condamnation...	326	44	12	6
" 2e " ...	80	15	1	....
" 3e " ...	30	9	....	....
4e " ...	6	4	....	....
5e " ...	3	1	....	....
6e " ...	1	3	....	....
7e " ...	1	....	....	....
8e " ...	....	....	....	....
10e " ...	....	2	....	....
16e " ...	....	1	....	....
	447	79	13	6

PÉNITENCIER DE DORCHESTER.

Subissant une 1ère condamnation à la prison	192
" 2e " au pénitencier du Dominion	28
" 3e " " "	4
" 4e " " "	2
Ayant subi une condamnation antérieure dans les prisons à l'étranger	2
" 1 " " " provinciales	95
" 2 " " "	30
" 3 " "	5
" 4 " "	4
" 5 " " "	1
" 6 " "	3
" 9 " "	3
" 40 " " "	1

PÉNITENCIER DU MANITOBA.

Nombre des prisonniers qui ont subi une ou des condamnations antérieures dans des prisons ou écoles de réforme sous le contrôle des provinces	41
Nombre des prisonniers qui ont subi une ou des condamnations antérieures dans des prisons à l'étranger	11
Nombre des prisonniers qui ont subi une ou des condamnations antérieures dans les pénitenciers du Dominion	17
Nombre des prisonniers subissant leur première condamnation dans le pénitencier du Manitoba, qui n'ont jamais été en prison auparavant	67

PÉNITENCIER DE LA COLOMBIE-BRITANNIQUE.

—	Hommes.
Prisonniers subissant une 1ère condamnation au pénitencier	85
" 2e " "	4
" ayant subi une condamnation dans des pénitenciers à l'étranger	1
" " " des prisons provinciales	4

LIEU DE LA CONDAMNATION.

PÉNITENCIER DE KINGSTON.

Comté.	Hommes.	Femmes.	Total.	Comté.	Hommes.	Femmes.	Total.
Algoma	7	....	7	Parry-Sound	1	...	1
Brant	6	....	6	Prescott et Russell	2	....	2
Carleton	29	1	30	Prince-Edouard	2	....	2
Dufferin	5	....	5	Perth	9	....	9
Elgin	5	....	5	Peterborough	3	....	3
Essex	27	1	28	Peel	10	....	10
Frontenac	14	....	14	Renfrew	15	1	16
Grey	10	....	10	District de la Rivière La Pluie	6	....	6
Haldimand	4	..	4	Simcoe	22	....	22
Halton	2	....	2	Stormont, Dundas et Glengarry	7	....	7
Huron	3	2	5	District de la Baie du Tonnere	6	....	6
Hastings	11	....	11	Victoria	5	....	5
Kent	29	....	29	Wentworth	30	....	30
Lennox et Addington	3	....	3	Waterloo	14	....	14
Lincoln	13	1	14	Welland	16	....	16
Lanark	7	....	7	Wellington	11	....	11
Lambton	7	....	7	York	106	3	109
Leeds et Grenville	12	....	12				
Muskoka, District de	3	..	3	Colombie-Britannique	4	2	6
Middlesex	18	....	18	Dorchester	6	....	6
Northumberland et Durham	5	....	5	Manitoba	1	....	1
Norfolk	3	....	3	Saint-Vincent-de-Paul	21	8	29
Nipissing, District de	13	....	13				
Oxford	7	....	7	Total	551	19	570
Ontario	1	....	1				

PÉNITENCIER DE SAINT-VINCENT DE PAUL.

District ou comté.	Hommes.	District ou comté.	Hommes.
Montréal	305	Report	427
Québec	35		
Richelieu	14	Arthabaska	4
Saint-François	10	Beauharnois	3
Rimouski	10	Beauce	3
Bedford	9	Sweetsburg	2
Iberville	10	Sorel	2
Trois-Rivières	9	Kamouraska	1
Joliette	10	Byson	2
Montmagny	6	Chicoutimi	1
Saint-Hyacinthe	5	Ottawa	2
Sherbrooke	4		
		Total	447
A reporter	427		

LIEU DE LA CONDAMNATION.

Pénitencier de Dorchester.

Province.	Comté.	Hommes.	Femmes.	Total.
Nouvelle-Écosse...	Halifax....... ..	33	3	36
	King..	11	....	11
	Guysboro'...... ..	10	....	10
	Cumberland	9	..	9
	Hants...	8	....	8
	Shelburne........	8	...	8
	Antigonish.	6	....	6
	Digby.	5	....	5
	Queen.....	5	....	5
	Pictou..	5	...	5
	Yarmouth	5	....	5
	Lunenburg.......	3	....	3
	Colchester........	3	....	3
	Annapolis	3	...	3
	Inverness	2	....	2
	Cap-Breton.......	2	....	2
	Victoria..........	1	....	1
	Richmond.....	1	....	1
	Total	120	3	123
Nouv.-Brunswick..	Saint-Jean........	20	1	21
	Westmoreland....	15	....	15
	Carlton	8	....	8
N.-Brunswick—*S'te*	York	7	....	7
	King.............	6	....	6
	Ristigouche	7	....	7
	Northumberland..	4	....	4
	Albert	3	....	3
	Sunbury..	3	....	3
	Kent	3	....	3
	Victoria..........	2	....	2
	Madawaska	1	....	1
	Total	79	1	80
Ile du P.-Edouard.	Queen............	15	....	15
	Prince............	6	....	6
	King..	2	....	2
	Total	23	....	23
Total par provinces	Nouvelle-Ecosse..	120	3	123
	Nouv.-Brunswick.	79	1	80
	Ile du P.-Edouard	23	....	23
	Total	222	4	226

Pénitencier du Manitoba.

—	Homm's	Femmes	Total.
Manitoba—			
District judiciaire de l'Est..........	51	....	51
" " du Centre........	6	....	6
" " de l'Ouest........	3	....	3
Territoires du Nord-Ouest—			
Edmonton..........	5	....	5
Calgary..........	7	....	7
Moosomin..........	3	....	3
Régina..........	1	....	1
Lethbridge..........	3	....	3
Whitewood..........	1	....	1
Grenfell..........	1	....	1
Prince-Albert..........	1	....	1
Colombie-Britannique—			
Clinton..........	5	....	5
Vancouver..........	5	....	5
Nanaimo..........	2	....	2
Victoria..........	4	....	4
Kamloops..........	6	....	6
Vernon..........	2	....	2
New-Westminster..........	5	....	5
Cariboo..........	1	....	1
Total..........	112	....	112

LIEU DE LA CONDAMNATION.—*Fin.*

Pénitencier de la Colombie Britannique.

District.	Hommes.	Femmes.	Total.	District.	Hommes.	Femmes.	Total.
Ashcroft	5	.....	5	Nanaïmo	10	......	10
Clinton	3	.....	3	Nelson	6	....	6
Grand-Forks	1	.....	1	New-Westminster	22	......	22
Greenwood	1	.....	1	Revelstoke	2	......	2
Kamloops	6	.....	6	Vancouver	10	......	10
Midway	1	.....	1	Vernon	5	......	5
150 Mile-House	2	.....	2	Victoria	16	......	16
				Total	90	......	90

CRIMES.

PÉNITENCIER DE KINGSTON.

Crime	Hommes.	Femmes.	Total.
Incendie, bris de magasin, vol et évasion	1		1
Avoir fait prendre du poison, avec int. de meurtre		1	1
Enlèvement d'une fille	1	1	2
Complicité de meurtre	1		1
" d'avortement	1		1
Incendie	31	2	33
Av. permis la prost. d. sa maison		2	2
Vol à main armée, avec circonst. aggravantes	4		4
Voies de fait	1		1
" et vol à main armée.	10		10
" et blessures	2		2
" avec intent. de viol.	2		2
" " de vol.	2		2
Tentative de suicide	2		2
" de viol	1		1
" de meurtre et de viol.	1		1
" de meurtre	5	1	6
" de vol	1	1	2
" de décharg. arme à feu avec int. de s'évader.	1		1
" de mutil. av. un rasoir	1		1
" de comm. la bestialité	1		1
" de décharg. arme à feu avec int. de meurtre.	1		1
Bigamie	5	1	6
Effraction, infraction et vol	10		10
Bestialité	9		9
Effraction nocturne	47		47
" et évasion	1		1
" et vol	6		6
" et port d'armes offensives	3		3
" et port d'outils d'effraction	1		1
" vol, et blessures avec intention.	1		1
Effraction et infraction avec intention	2		2
Commerce charnel avec une fille de 4 ans	1		1
Commerce charnel avec une fille de moins de 14 ans	11		11
Comm. charnel avec une idiote.	1		1
" " folle	1		1
Contrefaçon	4		4
Conspiration	2		2
Vol de bestiaux	7		7
Evasion de prison	1		1
Faux	10		10
" et circulation de faux documents	2		2
Altérat. fraudu. de b. de banque	1		1
Faux prétextes et conspiration	2		2
Grossière indécence	1		1
Voies de fait et bless. corp. grav.		1	1
Vol de grand chemin	5		5
Effraction et voies de fait	1		1
" et larcin	21		21
Effraction	14		14
" avec intention	2		2
	242	10	252

Crime.	Hommes.	Femmes.	Total.
Vol de cheval	11		11
Effraction et port de substances explosives	2		2
Ayant en sa possession des substances explosives	1		1
Ay. en sa pos. des outils de contr.	1		1
Avoir fait des bless. corp. graves	1	1	2
Inceste	6		6
Attentat à la pudeur	5		5
Incitation au parjure	1		1
Larcin	17	1	18
Meurtre	18	1	19
Homicide involontaire	22	1	23
Obstruction sur ch. de fer et destruction de propriété	7		7
Obtention d'argent sous de faux prétextes	2		2
Obtention d'arg. sous de f. prét. et circ. d'un bil. de banq. forgé	1		1
Vol au bureau de poste	1		1
Empoisonnement de bestiaux	1		1
Parjure	6		6
Filouterie	3		3
Avoir gardé des objets volés	2		2
Recel d'objets volés	3		3
Recel d'objets volés et décharge d'arme à feu avec intention de meurtre	1		1
Vol sur la personne	1		1
Vol à main armée	12		12
" acc. de violence	2		2
Viol	13		13
Avoir arrêté la poste	1		1
Sodomie	2		2
Décharge d'arme à feu avec int.	8		8
Décharge d'arme à feu avec int. de meurtre	2		2
Bris de magasin	15		15
" et vol	24		24
" avec int. de voler	1		1
Vol	8	2	10
" d'un bicycle	2		2
" de cheval, harnais et voiture	2		2
" avec violence et menaces	1		1
" de la poste de Sa Majesté	2		2
Avoir proc. des substances délét.	1		1
Avoir mis le feu au bureau de poste et vol de lettres	1		1
Vol	70	3	73
" sur la personne	8		8
" et fraude	1		1
" et recel	2		2
" et faux	2		2
" et recel d'objets volés	2		2
" et avoir apporté en Canada des objets volés	1		1
Circul. d'un faux billet de banq.	1		1
Circulation de monnaie fausse	2		2
Blessures faites	4		4
" avec intention	6		6
	309	9	318
	242	10	252
Total	551	19	570

CRIMES—*Suite.*

PÉNITENCIER DE SAINT-VINCENT-DE-PAUL.

Crime.	Hommes.	Crime.	Hommes.
Vol	171	Larcin	3
Bris de magasin	89	Tentative de viol	2
Recel d'objets volés	18	Inceste	3
Bris de maison	3	Possession illégale d'instruments d'effraction	1
Blessures faites avec intention	16	Empoisonnement de bestiaux	2
Vol sur la personne	9	Voies de fait sur un fonctionnaire public dans l'exercice de ses devoirs	2
Vol à main armée	5	Vol et possession illégale d'armes à feu	2
Effraction de nuit	7	Tentative de meurtre	1
Viol	5	Vol d'une lettre déposée au bureau de poste	3
Incendie	5	Voies de fait et vol	2
Vol de cheval	9	Vol et effraction	1
Voies de fait avec intention	6	Apporter en Canada des objets volés	1
Homicide involontaire	8	Vol de grand chemin	5
Décharge d'arme à feu avec intention	6	Tentative de vol sur la personne	1
Grossière indécence	5	Parjure	1
Emploi d'un faux document	4	Effraction	1
Faux	10	Décharge illégale d'arme à feu avec intention	1
Meurtre	5	Vol d'argent	1
Tentative de viol	3	Attentat à la pudeur	1
Obtention d'argent sous de faux prétextes	4	Contrefaçon	3
Décharge d'arme à feu avec intention de tuer	3	Usage de drogues pour provoq. l'avortement	1
Commerce charnel avec une fille de moins de 14 ans	2	Vol et bris de magasin	1
Tentative de bris de magasin	2	Vol sur la personne	1
Vol à main armée et circonst. aggrav	3	Attentat à la pudeur sur un homme	1
Bigamie	3	Nuisance publique	1
Avoir illégalement en sa possession des substances explosives	3	Total	447

PÉNITENCIER DE DORCHESTER.

Crime.	Hommes.	Femmes.	Total.	Crime.	Hommes.	Femmes.	Total.
Incendie	11	....	11	Larcin et bris de prison	1	....	1
" et effraction nocturne	2	....	2	Meurtre	2	....	2
" et larcin	2	....	2	Homicide involontaire	1	1	2
Voies de fait	4	2	6	Obstruction sur chemin de fer	1	....	1
Tentative de meurtre	2	....	2	Obtention d'argent sous de faux prétextes	1	....	1
" de viol	2	....	2	Viol	6	....	6
Bigamie	1	....	1	Viol et vol à main armée	1	....	1
Effraction et infraction	10	....	10	Recel d'objets volés	11	....	11
" " et vol	40	....	40	Vol à main armée	1	....	1
" nocturne	1	....	1	" " et voies de fait	1	....	1
" " et larcin	4	....	4	Séduction	1	....	1
Faux	2	....	2	Bris de magasin	3	....	3
Engagement frauduleux	1	....	1	Décharge d'arme à feu et larcin	1	....	1
Grossière indécence	1	....	1	" " avec intention	2	....	2
Vol de cheval	5	....	5	Commerce criminel avec une fille mineure	1	....	1
Bris de maison et larcin	9	....	9	Blessures	2	....	2
Attentat à la pudeur	5	....	5	Blessures faites avec intention	4	1	5
Blessures faites à un cheval	1	....	1				
Dommages à la propriété	1	....	1				
Avoir tué des bestiaux	2	....	2				
Larcin	76	....	76	Total	222	4	226

CRIMES—*Suite.*

PÉNITENCIER DU MANITOBA.

Crime.	Hommes.	Femmes.	Total.	Crime.	Hommes.	Femmes.	Total.
Incendie	3	.....	3	Viol	3	.....	3
" et tentative meurtre	1	.....	1	Viol et évasion	1	.....	1
Voies de fait avec intention	1	.....	1	Recel d'objets volés	2	.....	2
Voies de fait, déch. d'armes à feu avec int., et voies de fait avec circonstances aggravantes	1	.....	1	" " 3 accusat., 3 condamnations antérieures	1	.....	1
Bestialité	1	.....	1	Vol de grand chemin	5	.....	5
Apporter en Canada des objets volés	1	.....	1	" " 3 condamnations antérieures	1	.....	1
Effraction nocturne	2	.....	2	Vol de grand chem., 2 condamnations antér. et évasion	1	.....	1
" " et vol	2	.....	2	Vol de grand ch., avec violence.	1	.....	1
Commerce charnel avec une fille âgée de moins de 14 ans	2	.....	2	Décharge d'armes à feu avec intention	4	.....	4
Vol de bestiaux	5	.....	5	Bris de magasin	1	.....	1
Faux et condamnat. antérieure.	1	.....	1	" " et larcin	5	.....	5
" et emploi de faux document	2	.....	2	" " et vol	10	.....	10
Vol de grand chemin	1	.....	1	" " vol et condamnation antérieure	4	.....	4
Vol de cheval	1	.....	1	Vol	1	.....	1
" voiture, harnais, etc.	1	.....	1	Vol d'un sac postal	1	.....	1
Bris de maison et voies de fait	1	.....	1	Vol d'argent	1	.....	1
" avec intention	2	.....	2	Vol	8	.....	8
Possession illégale d'outils d'effraction	1	.....	1	Vol et faux	1	.....	1
Homicide involontaire	15	.....	15	Vol et condamnations antér.	4	.....	4
Meurtre	7	.....	7	Bris d'entrepôt et vol	2	.....	2
Parjure	1	.....	1	Blessures faites avec intention.	2	.....	2
Prostitution de sa fille âgée de moins de 14 ans	1	.....	1	Total	112	.....	112

PÉNITENCIER DE LA COLOMBIE-BRITANNIQUE.

Crime.	Hommes.	Femmes.	Total.	Crime.	Hommes.	Femmes.	Total.
Voies de fait avec circons. aggr.	1	.....	1	Possession illégale d'outils de contrefaçon	1	.....	1
" et blessures corpor.	3	.....	3	Possession illégale d'outils d'effraction	2	.....	2
Complicité d'effraction d'entrepôt et de vol	2	.....	2	Recel d'objets volés	4	.....	4
Tentative de faire dérailler un train de chemin de fer	1	.....	1	Vol à main armée, avec violence	1	.....	1
Tentative de bris de prison	1	.....	1	Décharge d'arme à feu avec intention	4	.....	4
" d'effraction et d'infr.	1	.....	1	Garder chez soi une fille âgée de plus de 14 ans et moins de 16 ans pour qu'elle ait un commerce charnel avec un homme.	1	.....	1
" de viol	3	.....	3	Vol de bestiaux	3	.....	3
" de commettre l'inceste	1	.....	1	Vol dans une maison d'habitat.	3	.....	3
Effraction et infraction	16	.....	16	Vol	12	.....	12
Bris de magasin	5	.....	5	Circulation de fausse monnaie.	1	.....	1
Effraction nocturne	6	.....	6	Circulation d'un chèque forgé.	1	.....	1
Commerce charnel avec une fille âgée de moins de 14 ans	1	.....	1	Blessures faites avec intention.	2	.....	2
Détournement	1	.....	1				
Faux	2	.....	2				
Vol de cheval	2	.....	2				
Attentat à la pudeur	1	.....	1				
Meurtre	4	.....	4				
Homicide involontaire	4	.....	4	Total	90	.....	90

OCCUPATION DES DÉTENUS, ANTÉRIEUREMENT À LEUR CONDAMNATION.

PÉNITENCIER DE KINGSTON.

Occupation.	Homm's	Femmes	Total.
Comptables	2	.....	2
Agents	4	.....	4
Commis de buvettes	6	.....	6
Boulangers	4	.....	4
Vannier	1	.....	1
Barbiers	7	.....	7
Forgerons	5	.....	5
Briquetiers	2	.....	2
Courtier	1	.....	1
Teneurs de livres	2	.....	2
Bouchers	10	.....	10
Fabricant de bouilloires	1	.....	1
Serre-frein	1	.....	1
Cigariers	2	.....	2
Charpentiers	14	.....	14
Commis	10	.....	10
Cowboy	1	.....	1
Tonnelier	1	.....	1
Cocher	1	.....	1
Cuisiniers	9	.....	9
Ouvrier en cercueils	1	.....	1
Fabricant de chandelles	1	.....	1
Cardeur	1	.....	1
Dentistes	2	.....	2
Agent de police	1	.....	1
Ingénieurs	4	.....	4
Cultivateur de fruits	1	.....	1
Cultivatteurs	69	.....	69
Pêcheur	1	.....	1
Pompiers	5	.....	5
Fourreur	1	.....	1
Jardiniers	3	.....	3
Doreur	1	.....	1
Souffleur en verre	1	.....	1
Gambler	1	.....	1
Hôtelier	1	.....	1
Commis d'hôtels	1	.....	1
Dompteurs de chevaux	3	.....	3
Sellier	1	.....	1
Cocher de place	1	.....	1
Logeurs	.....	6	6
Servante	.....	1	1
Ouvrier en fer	1	.....	1
Jockeys	2	.....	2
A reporter	187	7	194

Occupation.	Homm's	Femmes	Total.
Report	187	7	194
Journaliers	234	.....	234
Avocats	3	.....	3
Maçons	6	.....	6
Mouleurs	3	.....	3
Meunier	1	.....	1
Polisseur de marbre	1	.....	1
Mécaniciens	5	.....	5
Musicien	1	.....	1
Porteur de malle	1	.....	1
Journaliste	1	.....	1
Opticien	1	.....	1
Editeur	1	.....	1
Peintres	13	.....	13
Plombiers	3	.....	3
Poseur de tuyaux	1	.....	1
Modeleur	1	.....	1
Colleur de papier	1	.....	1
Imprimeurs	2	.....	2
Maître de poste	1	.....	1
Photographe	1	.....	1
Employé de chemin de fer	1	.....	1
Matelots	7	.....	7
Cordonniers	7	.....	7
Monteurs d'appareils à vapeur	6	.....	6
Tailleurs de pierre	7	.....	7
Commissionnaires	2	.....	2
Poêliers	3	.....	3
Artiste scénique	1	.....	1
Domestiques	.....	11	11
Fabric. de formes de chaussures	1	.....	1
Fabricant de ressorts	1	.....	1
Instituteur	1	.....	1
Machiniste (théât.)	1	.....	1
Tailleurs	20	.....	20
Couturière	.....	1	1
Ferblantiers	7	.....	7
Charretiers	7	.....	7
Télégraphiste	1	.....	1
Tapissier	1	.....	1
Garçons de table	4	.....	4
Tisserand	1	.....	1
Tourneurs en bois	3	.....	3
Horloger	1	.....	1
Total	551	19	570

OCCUPATION DES DÉTENUS—*Suite.*

PÉNITENCIER DE SAINT-VINCENT-DE-PAUL.

Occupation.	Homm's	Occupation.	Homm's
Comptables	2	Report	186
Agent	1	Journaliers	132
Barbiers	10	Coupeurs en cuir	5
Commes de buvettes	3	Facteurs	2
Forgerons	4	Souffleur de verre	1
Teneurs de livres	3	Mécaniciens	6
Boulangers	7	Maçon	1
Fabricants de chaudières	2	Mouleur	1
Serre-freins	3	Tailleur de marbre	1
Finisseurs en cuivre	2	Marchands	2
Briquetiers	5	Mécanicien de tramway	1
Bouchers	12	Notaire	1
Charpentiers	21	Plaqueur en nickel	1
Charretiers	25	Navigateur	1
Cigariers	9	Peintres	20
Confiseur	1	Commis des postes	1
Typographe	1	Plombiers	3
Cuisinier	1	Plâtriers	2
Commis	7	Portefaix	2
Pointeurs	15	Imprimeurs	2
Teinturier	1	Carrier	1
Bouvier	1	Restaurateur	1
Dentiste	1	Cordier	1
Ingénieurs	7	Couvreur	1
Graveur	1	Etudiant	1
Cultivateurs	20	Matelots	2
Pompiers	6	Selliers	2
Jardiniers	5	Cordonniers	25
Orfèvre	1	Garçons d'écurie	3
Grooms	2	Tailleurs de pierre	6
Epicier	1	Monteurs d'appareils à vapeur	5
Chapelier	1	Tailleurs	15
Herboriste	1	Ferblantiers	6
Hôtelier	1	Commerçants	3
Palefreniers	2	Garçons de table	2
Interprète	1	Sans occupation	1
A reporter	186	Total	447

PÉNITENCIER DE DORCHESTER.

Occupation.	Nombre.	Occupation.	Nombre.
Barbiers	4	Imprimeurs	3
Forgerons	3	Cordonniers	10
Bouchers	2	Tailleurs de pierre	2
Charpentiers	7	Maçons	2
Cuisiniers	1	Matelots	11
Corroyeur	1	Voilier	1
Ingénieur	1	Soldats	6
Electricien	1	Télégraphiste	1
Cultivateurs	5	Tailleurs	2
Sellier	1	Ferblantier	1
Palefrenier	1	Marchand de tabac	1
Journaliers	153	Médecin vétérinaire	1
Blanchisseur	1		
Machiniste	1	Total	226
Peintres	3		

OCCUPATION DES DÉTENUS—*Fin.*

PÉNITENCIER DU MANITOBA.

Occupation.	Hommes.	Femmes.	Total.	Occupation.	Hommes.	Femmes.	Total.
Boulangers	2	.....	2	Corroyeur	1	.....	1
Barbiers	3	.....	3	Mécaniciens	2	.....	2
Forgerons	3	.....	3	Constructeur de moulins	1	.....	1
Teneur de livres	1	.....	1	Mineurs	4	.....	4
Fondeur en cuivre	1	.....	1	Peintres	4	.....	4
Briquetier	1	.....	1	Imprimeur	1	.....	1
Charpentiers	4	.....	4	Employés de chemin de fer	2	.....	2
Commis	1	.....	1	"Ranchers"	2	.....	2
Cuisinier	1	.....	1	Matelots	3	.....	3
Electro-plaqueur	1	.....	1	Aubergiste	1	.....	1
Mécanicien, (locomotive)	1	.....	1	Tailleurs	4	.....	4
" (bateau à vapeur)	1	.....	1	Charretiers	2	.....	2
Cultivateurs	7	.....	7	Tapissier	1	.....	1
Homme de ferme	1	.....	1	Garçons de table	2	.....	2
Pompier	1	.....	1	Horloger	1	.....	1
Groom	1	.....	1	Sans occupation	18	.....	18
Infirmier	1	.....	1				
Journaliers	32	.....	32	Total	112	.....	112

PÉNITENCIER DE LA COLOMBIE-BRITANNIQUE.

Occupation.	Nombre.	Occupation.	Nombre.
Comptable	1	Mineurs	3
Boulangers	2	Mouleur	1
Barbier	1	Peintre	1
Forgeron	1	Fabricant de pompes	1
Briquetier	1	Sellier	1
Charpentiers	2	Matelots	6
Cuisiniers	4	Cordonniers	3
Commis	3	Télégraphiste	1
Pêcheurs	2	Ferblantier	1
Cultivateurs	2	Garçon de table	1
Journaliers	50		
Poseurs de lattes	2	Total	90

DURÉE DE LA CONDAMNATION.

PÉNITENCIER DE KINGSTON.

Condamnation.	Hommes.	Femmes.	Total.	Condamnation.	Hommes.	Femmes.	Total.
Deux ans	34	1	36	Douze ans	12	.....	12
Plus de deux ans et moins de trois	28	1	29	Treize ans	1	.....	1
Trois ans	112	5	117	Quatorze ans	16	....	16
Pl. de trois ans et moins de quatre	7	......	7	Quinze ans	15	.....	15
Quatre ans	41	4	45	Dix-sept ans	1	.....	1
Pl. de quatre ans et moins de cinq	4	......	4	Vingt ans	11	.....	11
Cinq ans	99	5	104	Vingt et un ans	2	.....	2
Pl. de cinq ans et moins de six	1	....	1	Vingt-deux ans	1	..	1
Six ans	18	....	18	Vingt-cinq ans	3	.....	3
Sept ans	56	1	57	A perpétuité	30	1	31
Huit ans	9	.....	9				
Neuf ans	1	.....	1		92	1	93
Dix ans	48	1	49		459	18	477
Total	459	18	477	Total	551	19	570

PÉNITENCIER DE SAINT-VINCENT-DE-PAUL.

Condamnation.	Nombre	Condamnation.	Nombre
Deux ans	76	Dix ans	13
Plus de deux ans et moins de trois	4	Douze ans	1
Trois ans	120	Quatorze ans	11
Plus de trois ans et moins de quatre	1	Quinze ans	2
Quatre ans	47	Seize ans	1
Cinq ans	105	Vingt ans	1
Six ans	6	Vingt-trois ans	1
Sept ans	47	A perpétuité	7
Huit ans	1		
Neuf ans	3	Total	447

PÉNITENCIER DE DORCHESTER.

Condamnation.	Nombre	Condamnation.	Nombre
Six mois	1	Cinq ans et six mois	1
Neuf mois	1	Six ans	7
Deux ans	34	Sept ans	11
Deux ans et sept jours	1	Huit ans	1
Deux ans et un mois	4	Neuf ans	1
Deux ans et deux mois	4	Dix ans	11
Deux ans et trois mois	3	Douze ans	4
Deux ans et quatre mois	3	Treize ans	1
Deux ans et six mois	5	Quatorze ans	3
Deux ans et neuf mois	1	Quinze ans	4
Trois ans	54	Vingt ans	2
Trois ans et un mois	1	Vingt-cinq ans	2
Trois ans et six mois	1	Trente ans	1
Quatre ans	20	A perpétuité	6
Quatre ans et six mois	1		
Cinq ans	36	Total	226
Cinq ans et trois mois	1		

DURÉE DE LA CONDAMNATION—*Fin.*

PÉNITENCIER DU MANITOBA.

Condamnation.	Homm's	Condamnation.	Homm's
Deux ans	18	Neuf ans	1
Deux ans et deux mois	1	Dix ans	11
Deux ans et trois mois	1	Onze ans et six mois	2
Deux ans et six mois	1	Douze ans	1
Deux ans et neuf mois	1	Quatorze ans	3
Trois ans	15	Quinze ans	4
Quatre ans	6	Vingt ans	2
Cinq ans	22	A perpétuité	9
Cinq ans et six mois	1		
Six ans	1	Total	112
Sept ans	12		

PÉNITENCIER DE LA COLOMBIE-BRITANIQUE.

Condamnation.	Homm'	Condamnation.	Homm's
Deux ans	24	Cinq ans et un mois	1
Deux ans et six mois	3	Six ans	4
Deux ans et neuf mois	1	Sept ans	1
Trois ans	19	Huit ans	2
Trois ans et six mois	2	Dix ans	1
Quatre ans	5	Quatorze ans	1
Quatre ans et neuf mois	1	Seize ans	1
Cinq ans	18	A perpétuité	6
		Total	90

LIEU D'ORIGINE.

PÉNITENCIER DE KINGSTON.

Lieu d'origine.	Nombre	Lieu d'origine.	Nombre
Canada	437	Suède	1
Irlande	25	Danemark	2
Angleterre	48	Gibraltar	1
Ecosse	8	France	1
Etats-Unis	36	Chine	1
Allemagne	4	Italie	3
Finlande	1		
Bavière	1	Total	570
Bohême	1		

LIEU D'ORIGINE—*Suite.*

PÉNITENCIER DE SAINT-VINCENT-DE-PAUL.

Lieu d'origine.	Nombre	Lieu d'origine.	Nombre
Canada	247	Italie	9
Etats-Unis	34	Allemagne	5
Angleterre	20	Suède	1
Irlande	11	Pologne	3
Ecosse	9	Grèce	1
France	7	Total	447

PÉNITENCIER DE DORCHESTER.

Lieu d'origine.	Nombre	Lieu d'origine.	Nombre
Canada	196	Terre-Neuve	2
Etats-Unis	10	France	1
Angleterre	8		
Irlande	9	Total	226

PÉNITENCIER DU MANITOBA.

Lieu d'origine.	Homm's	Lieu d'origine.	Homm's
Canada	50	Hongrie	1
Chine	1	Norvège	1
Danemark	1	Russie	1
Angleterre	26	Ecosse	3
Irlande	8	Etats-Unis d'amérique	15
Italie	3		
Allemagne	2	Total	112

PÉNITENCIER DE LA COLOMBIE-BRITANNIQUE.

Lieu d'origine.	Nombre	Lieu d'origine.	Nombre
Canada, blancs	22	Japon	3
" métis	7	Norvège	1
" sauvages	11	Italie	1
Angleterre	13	Allemagne	1
Ecosse	6	La Barbade	1
Irlande	2	Iles du Cap-Vert	1
Etats-Unis	12		
Chine	9	Total	90

AGE DES DÉTENUS.

PÉNITENCIER DE KINGSTON.

Age.	Nombre	Age.	Nombre
Ayant moins de 20 ans	37	De 60 à 70 ans	14
De 20 à 30 ans	265	Ayant plus de 70 ans	3
De 30 à 40 "	143	Total	570
De 40 à 50 "	79		
De 50 à 60 "	29		

PÉNITENCIER DE SAINT-VINCENT-DE-PAUL.

Age.	Nombre	Age.	Nombre
Ayant moins de 20 ans	35	Report	416
De 20 à 30 ans	195	De 50 à 60 ans	27
De 30 à 40 "	121	Ayant plus de 60 ans	4
De 40 à 50 "	65	Total	447
Carried forward	416		

PÉNITENCIER DE DORCHESTER.

Age.	Nombre	Age.	Nombre
Ayant moins de 20 ans	53	De 50 à 60 ans	9
De 20 à 30 ans	107	De 60 à 70 "	5
De 30 à 40 "	36		
De 40 à 50 "	16	Total	226

PÉNITENCIER DU MANITOBA.

Age.	Nombre	Age.	Nombre
Ayant moins de 20 ans	11	De 50 à 60 ans	....
De 20 à 30 ans	55	Ayant plus de 60 ans	1
De 30 à 40 "	29		
De 40 à 50 "	16	Total	112

AGE DES DÉTENUS—*Fin*.

Pénitencier de la Colombie-Britannique.

Age.	Nombre.	Age.	Nombre.
Ayant moins de 20 ans	18	De 40 à 50 ans	9
De 20 à 30 ans	37	De 50 à 60 "	4
De 30 à 40 ans	21	Ayant plus de 60 ans	1
		Total	90

HABITUDES MORALES.

Pénitencier de Kingston.

—	Hommes.	Femmes.	Total.	—	Hommes.	Femmes.	Total.
Abstentionnistes	86	....	86	Intempérants	69	12	81
Tempérants	396	7	403	Total	551	19	570

Pénitencier de Saint-Vincent-de-Paul.

—	Hommes.	—	Hommes.
Tempérants	233	Intempérants	214
		Total	447

Pénitencier de Dorchester.

—	Hommes.	Femmes.	Total.	—	Hommes.	Femmes.	Total.
Abstentionnistes	52	1	53	Intempérants	54	2	56
Tempérants	116	1	117	Total	222	4	226

HABITUDES MORALES—*Fin.*

Pénitencier du Manitoba.

—	Hommes.	—	Hommes.
Abstentionnistes	9	Intempérants	63
Tempérants	40	Total	112

Pénitencier de la Colombie-Britannique.

—	Hommes.	—	Hommes.
Abstentionnistes	6	Intempérants	35
Tempérants	49	Total	90

ÉTAT CIVIL.

Pénitencier de Kingston.

	Hommes.	Femmes	Total.		Hommes.	Femmes	Total.
Célibataires	331	18	339	Mariés	220	11	231
				Total	......	......	570

Pénitencier de Saint-Vincent-de-Paul.

	Hommes.		Hommes.
Mariés	172	Célibataires	275
		Total	447

Pénitencier de Dorchester.

	Nombre		Nombre
Mariés	43	Veufs	7
Célibataires	176	Total	226

ÉTAT CIVIL—*Fin.*

Pénitencier du Manitoba.

	Hommes.		Hommes.
Célibataires	87	Mariés	25
		Total	112

Pénitencier de la Colombie-Britannique.

	Hommes.	State.	Hommes.
Mariés	17	Veuf	1
Célbataires	72	Total	90

RACE.

Pénitencier de Kingston.

Race.	Nombre	Race.	Nombre
Blanche	537	Indigène	4
Africaine, pure ou mélangée	29	Total	570

Pénitencier de Saint-Vincent-de-Paul.

Race.	Hommes.	Race.	Hommes.
Blanche	444	Indigène	1
Africaine, pure ou mélangée	2	Total	447

Pénitencier de Dorchester.

Race.	Nombre	Race.	Nombre
Blanche	186	Indigène	3
Africaine, pure ou mélangée	37	Total	226

RACES—*Fin.*

PÉNITENCIER DU MANITOBA.

Race.	Hommes.	Race.	Hommes.
Blanche	100	Mulâtre	1
Métisse	3	Nègre	2
Indigène	5		
Mongolienne	1	Total	112

PÉNITENCIER DE LA COLOMBIE-BRITANNIQUE.

Race.	Nombre	Race.	Nombre
Blanche	57	Mongolienne	12
Métisse	7	Nègre	3
Indigène	11		
		Total	90

RELEVÉ DES DÉTENUS GRACIÉS.

PÉNITENCIER DE KINGSTON.

Numéro	Nom.	Crime.	D'où envoyé.
1	John Dahen	Larcin et effraction	Baie-du-Tonnerre.
2	David Moore	Larcin	Renfrew.
3	James Macey	Port de substances explosives	Kent.
4	Harry Davey	Vol	Peterboro'.
5	Wm. Soome	Obstruction sur ch. de fer	Lincoln.
6	Wm. Orman	Tentative de vol	Frontenac.
7	Frank Conlin	Filouterie	Wentworth.
8	Wm. Allen	Séduction	Grey.
9	Frank Dwyer	Tentative de commettre la bestialité	York.
10	Ephraim Convey	Homicide involontaire	Oxford.
11	Daniel Forsythe	Effraction nocturne et vol	York.
12	Wm. Coolican	Parjure	Leeds et Grenville.
13	Allan Murphy	Contrefaçon	Waterloo.
14	Richard Murphy	"	"
15	Bridget Blasdell	Avortement	Wentworth.
16	L'Orpha Davis	Vol	Lincoln.
17	Chas. Storms	Vol de cheval	Waterloo.
18	Wm. Delaney	Incendie	Dufferin.
19	Wellington Murphy	Contrefaçon	Waterloo.
20	Henry Woods	Effraction et vol	Muskoka.
21	Morley Allison	Incendie	Wentworth.
22	Harry Lester	Tentative d'incendie	"
23	John Gray	Viol	Muskoka.
24	John Hanold	Faux	Lincoln.
25	Thos. Bridger	Vol et faux	Waterloo.
26	Arthur Ouillette	Vol de grand chemin	Carleton.
27	F. P. Williams	Vol	York.
28	Wm. McMillan	Incendie	"
29	David Moore	Viol	Middlesex.
30	Wm. Murphy	Contrefaçon	Waterloo.
31	Adolph Gauther	Faux	Carleton.
32	James Frew	Effraction, infraction et vol	Lanark.
33	Matt Matson	Homicide involontaire	Algoma, district d'.

RELEVÉ DES DÉTENUS GRACIÉS *Suite.*

PÉNITENCIER DE SAINT-VINCENT-DE-PAUL.

Numéro	Nom.	Crime.	D'où envoyé.
1	John Huddle	Vol	Montréal.
2	Henri Blanchard	Effraction nocturne	St-Hyacinthe.
3	C. A. Schiller	Vol d'une lettre	Bedford.
4	William Oliver	" sur la personne	Montréal.
5	Alex. Choquette	Effraction nocturne	St-Hyacinthe.
6	Damien Bonin	Viol	Montréal.
7	Alfred Piche	Vol	"
8	Michel Guilbault	"	"
9	Antoine Prudhomme	Décharge d'arme à feu avec intention	"
10	Victor Chaput	Recel d'objets volés	"
11	Joseph Shon	Vol et effraction	"
12	William McGovern	Bris de magasin	"
13	William Pellerain	"	Montmagny.
14	Donat Metivier	Vol	Montréal.
15	John Beiser	Incendie	"
16	Louis Gagnon	Recel d'objets volés	"
17	Romeo Dubois	Vol	"
18	John Fox	Viol	Rimouski.
19	Daniel Sheehan	Homicide involontaire	Montréal.
20	Angus Jacobs	" "	"
21	Adolphe Choquette	Vol	"
22	William Higgins	" sur la personne	"
23	Frank Cunningham	Effraction	Sudbury.
24	Adelard Demers	Tentative de vol à main armée et voies de fait.	Iberville.
25	Pierre Laurent	Vol	Montréal.

PÉNITENCIER DE DORCHESTER.

Numéro	Nom.	Crime.	D'où envoyé.
1	Michael Walker	Larcin	Halifax, N.-E.
2	Norman Beals	Vol d'un bœuf	Yarmouth, N.-E.
3	Wm. Jarvis	"	"
4	James Jarvis	"	"
5	Wm. McDonald	Vol à main armée et larcin	Bridgewater, N.-E.
6	John Magee	Larcin	St-Jean, N.-B.
7	John O'Brien	Vol de cheval et voiture	Kentville, N.-E.
8	Charles Brennan	Larcin	Halifax, N.-E.
9	Frederick Webb	Bigamie	"
10	Jos. M. Gallant	Effraction et larcin	Summerside, I.P.-E.
11	John Evans	Larcin	Windsor, N.-E.
12	Blair White	Faux	Dorchester, N.-B.
13	Geo. F. Craig	Voies de fait	Woodstock, N.-B.
14	John Fraser	Larcin	Halifax, N.E.
15	William Ross	Incendie et larcin	Frédéricton, N.-B.
16	Murdoch Cameron	Vol de cheval	Pictou, N.-E.
17	Wm. McKenzie	Larcin	Andover, N.-B.

PÉNITENCIER DU MANITOBA.

Numéro	Nom.	Crime.	D'où envoyé.
1	Mulligan, Wm	Effraction et larcin	Moosomin.
2	Shoults, Fred	Bris de magasin	Calgary.
3	Alderman, Alf	Comm. charnel av. une fille âgée de m. de 14 ans	Nanaïmo, C.-B.
4	Rodgers, Frank	Bestialité et évasion du pénitencier de la C.-B.	New-Westminster, C.-B.
5	Johnson, Chas	Recel d'objets volés	Brandon.
6	Scheibe, Kurt	Vol et condamnation antérieure	Winnipeg.

PÉNITENCIER DE LA COLOMBIE-BRITANNIQUE.

(Aucun).

RELEVÉ DES DÉCÈS.

PÉNITENCIER DE KINGSTON.

Nombre	Nom.	Crime.	D'où envoyé.
1	Geo. Cardinal	Faux	Carleton.
2	Wm. Black	Viol	"
3	Wm. Cummings	Effraction et attentat à la pudeur	Lincoln.
4	Oliver Prevost*	Larcin	Renfrew.
5	E. Boutet	Meurtre	Québec.
6	Joseph. Stanefish.	Larcin	Oxford.
7	John Kearney	Meurtre	Victoria.

*Transféré par ordre de la cour, et pendu pour meurtre, à Port-Arthur.

PÉNITENCIER DE SAINT-VINCENT DE PAUL.

Nombre	Nom.	Crime.	D'où envoyé.
1	Angus Jacobs	Vol	Caughnawaga.
2	Damasse Brunet	Meurtre	Plantagenet.
3	Edward Burgin	Vol	Montréal
4	Seraphin Cloutier	"	"

PÉNITENCIER DE DORCHESTER.

Nombre	Nom.	Crime.	D'où envoyé.
1	Charles Bone	Larcin	Pictou, N.-E.
2	Gilbert Gallant	Effraction et larcin	Charlottetown, I.P.-E.
3	Richard Mansworth	Désertion	Halifax, N.-E.
4	John Hopkins	Incendie	Barrington, N.-E.
5	James Collicutt	"	Summerside, I.P.-E.

PÉNITENCIER DU MANITOBA.

Nombre	Nom.	Age.	Lieu d'origine.	Maladie.	Date de l'entrée au pénitencier.	Date du décès.	Nombre de jours à l'infirmerie.
56	John Wilson	46	Indes-Occident.	Anévrisme	9 octobre 1898.	21 déc. 1898.	72

PÉNITENCIER DE LA COLOMBIE-BRITANNIQUE.

(Aucun.)

LISTE DES DÉTENUS ATTEINTS D'ALIENATION MENTALE.

PÉNITENCIER DE KINGSTON.

Numéro.	Nom.	Date de l'admission.	Sortis guéris.	Assez rétablis pour retourner au travail.	Restant sous traitement le 30 juin 1899.	Observations.
1	Bishop, Ernest	4 juillet '98		1		
	" "	4 septembre '98		1		
	" "	23 mars '99			1	Amélioration.
2	Bishop, Charles	13 août '98		1		
	" "	21 septembre '98			1	"
3	Gallagher, Charles	4 août '98		1		
	" "	6 septembre '98	1			
4	LeBar, Edward	9 août '98	1			
5	Hoey, F. W	13 août '98	1			
6	Delair, John	2 septembre '98		1		
	" "	23 septembre '98	1			
7	Phillips, Harry	8 septembre '98		1		
	" "	22 septembre '98		1		
	" "	1er février '99			1	Amélioration.
8	Chandler, John	22 septembre '98		1		
9	McDonald, Wm	24 septembre '98			1	"
10	Cram, Charles	24 septembre '98		1		
	" "	2 décembre '98			1	"
11	Shea, William	24 octobre '98		1		
	" "	9 mars '98	1			
12	Hughbanks, Charles	23 novembre '98			1	"
13	Smith, John	26 novembre '98			1	Incurable.
14	O'Connell, Bernard	27 décembre '98	1			
15	Bowman, Adam	14 décembre '98	1			
16	Duprey, Paul	3 janvier '99			1	Incurable.
17	Bowker, Albert	13 janvier '99			1	Amélioration.
18	Glassford, John	18 janvier '99		1		
	" "	11 février '99			1	"
19	Deverne, William	19 mars '99		1		
	" "	10 mai '99			1	"
20	Kahue, Edward	2 mai '99			1	"
21	Henderson, John	17 mai '99	1			
22	Phillips, William	23 mai '99			1	"
23	Spellman, W.	13 juin '99			1	"
24	Arnold, Isaac	19 juin '99			1	"
25	Kelly, Edward	25 juin '99			1	"

PENITENCIER DE SAINT-VINCENT-DE-PAUL.

Liste des détenus atteints d'aliénation mentale, envoyés à l'asile du pénitencier de Kingston, pendant l'exercice 1898-99.

Chs. Bishop,
James Kane,
Charles Lawlor,
Charles Coulombe,
Edouard Letourneau,
Napoleon Roy,
Paul Dupuis,
John Dunn.

PÉNITENCIER DE DORCHESTER.

Nom.	Crime.	Condamnation.	Observations.
Patrick Dowling.......	Incendie....	15 ans......	Transféfé à Kingston, le 24 août 1899...............

PÉNITENCIER DU MANITOBA.

Aucun.

PENITENCIER DE LA COLOMBIE-BRITANNIQUE.

Aucun.

RELEVE SOMMAIRE DES PUNITIONS.

PÉNITENCIER DE KINGSTON.

Punition.	Nombre.	Punition.	Nombre.
Envoyés à la prison d'isolement............	41	Mis au pain et à l'eau........	47
Réduits en grade...........................	8	Privés de lumière et de la bibliothèque	39
Mis au cachot, au pain et à l'eau...........	131	Privés de la bibliothèque.................	3
Mis en reclusion solitaire, au pain et à l'eau..	181	Enchaînés à la porte de la cellule..........	5
Fouettés	4	Envoyé pour empiler de la pierre...........	13
Privés de rémission de peine......	388	Admonestés...........	135
Privés de lumière...	3		

PÉNITENCIER DE SAINT-VINCENT-DE-PAUL.

Punition.	Nombre.	Punition.	Nombre.
Privés de lumière................	330	Mis au pain et à l'eau................	73
Condamnés à coucher sur la dure............	372	Admonestés.............................	720
Mis au cachot, au pain et à l'eau...........	396	Privés de rémission de peine...	614
Mis en reclusion solitaire, au pain et à l'eau..	152		

PÉNITENCIER DE DORCHESTER.

Punition.	Nombre.	Punition.	Nombre.
Mis au cachot, au pain et à l'eau.........	167	Privés de livres.........................	30
Mis au pain et à l'eau.....	195	" de lampe..........................	35
Privés de rémission de peine................	182	Renvoyés de l'école......................	6
" de correspondance...........	32		

RELEVÉ SOMMAIRE DES PUNITIONS—*Fin.*

PÉNITENCIER DU MANITOBA.

—	Nombre de fois que la punition a été donnée.	Nombre de prisonniers qui ont subi les punitions ci-dessous indiquées.	Nombre de prisonniers qui n'ont pas subi les punitions ci-dessous indiquées.
Admonestés	13	11	101
Réprimandés	53	35	77
Réprimandés sévèrement	13	9	103
Mis au pain et à l'eau	15	11	101
"	11	7	105
" au boulet et à la chaîne	5	5	107
Mis en reclusion solitaire	11	8	104
Privés de la rémission de peine	53	33	79

Nombre de prisonniers qui ont subi les punitions ci-dessus une fois ou plus	66
" qui n'ont pas été punis	46
Total	112

PÉNITENCIER DE LA COLOMBIE-BRITANNIQUE.

Punition.	Nombre.	Punition.	Nombre.
Mis au pain et à l'eau	55	Condamnés à la reclusion cellulaire	6
Admonestés	19	Privés de la rémission de peine	25
Mis au cachot, au pain et à l'eau	19	Total	124

DISTRIBUTION DES DÉTENUS.

PÉNITENCIER DE KINGSTON.

Comment employés.	Nombre.	Comment employés.	Nombre.
A l'atelier des tailleurs	32	Au département de gardien en chef	10
" cordonniers	16	A l'ateliers des charpentiers	25
" forgerons et mécaniciens	18	A l'infirmerie	19
A casser de la pierre	46	Dans la prison d'isolement	55
A tailler de la pierre	31	A l'asile	38
Comme maçons	26	A l'atelier des ferblantiers et des peintres	12
A la boulangerie	7	Sur la ferme, aux jardins et aux étables	31
Au départ. de l'instruct. en chef	2	Dans l'équipe du travail forcé	11
A l'atelier de fab. de ficelle	38	A la buanderie	6
A la cham. des mac. et au dép. de la lum. élect.	23	Au magasin	2
A la carrière	23	Dans la cour	11
A l'économat	20	Dans les ailes à la bibliothèque et aux bur.	31
A la chambre de toilette	16	A la prison des femmes	19
A la barrière du nord	1		
" de l'ouest	1	Total	570

DISTRIBUTION DES DÉTENUS—*Suite.*

PÉNITENCIER DE SAINT-VINCENT-DE-PAUL.

Comment employés.	Nombre.	Comment employés.	Nombre.
A la porcherie	6	Report	352
Sur la ferme	26	A la boulangerie	4
A tailler de la pierre	39	A la barrière	1
A casser de la pierre	37	A l'atelier nes mécaniciens	9
Aux excavatious	27	Au logement du sous-préfet	2
Sur le chemin neuf	19	Au bureau du sous-préfet	1
A l'atelier des tailleurs	30	" du comptable	1
A la carrière	22	" de l'instruct. en chef de métiers	1
A l'atelier des cordonniers	19	A la chapelle	2
" des charpentiers	28	Comme messagers	2
A la chambre de toilette	13	A l'infirmerie (aides)	4
Au jardin du préfet	10	" (malades)	4
A la cuisine	28	Dans les ailes	33
A l'atelier des forgerons	11	Dans les cellules des malades	8
Aux machines	4	Nouveaux venus	6
Dans la cour	5	Dans les cellules de reclusion	10
Comme maçons	13	Aux écuries	5
Comme charretiers	5	Aux bibliothèques	2
Comme ferblantiers	10		
		Total	447
A reporter	352		

PÉNITENCIER DE DORCHESTER.

Comment employés.	Nombre.	Comment employés.	Nombre.
A l'atelier des cordonniers	15	Report	115
" des tailleurs	20	Dans la cour à casser de la pierre	52
" des charpentiers	4	Sur les terrains	10
" des forgerons	5	A la cuisine	8
" des mécaniciens	4	A l'ordinaire	15
A la scierie	15	Aux étables du pénitencier	5
A la boulangerie	4	" de la ferme et à la porcherie	4
Sur la ferme	7	Aux travaux de la maison	1
A la carrière	13	Au service des départements	3
Comme tailleurs de pierre	22	Dans les cellules	5
A la buanderie	6	Malades	8
A reporter	115	Total	226

DISTRIBUTION DES DÉTENUS—*Fin.*

PÉNITENCIER DU MANITOBA.

Comment employés.	Nombre.	Comment employés.	Nombre.
Charpentiers, logement du préfet	8	Report	74
A casser de la pierre et au mur enceinte	17		
A la carrière	7	A la chambre des machines	3
Au décharg. de la pierre	4	Dans les dépendances	4
A l'atelier des tailleurs	12	En reclusion solitaire	3
" des cordonniers	7	A la buanderie	4
A la boutique des peintres et barbiers	3	Service de la chapelle	1
Service du sous-sol	1	" de l'infirmerie	1
A la cuisine	4	Malades	5
A la boulangerie	2	Au jardin	2
Service de l'économat	1	Sur la ferme, d. la cour, aux étables, à la porc.	10
Service de la prison	6	Service de vestibule	1
Dans les cellules	2	Aux clôtures	4
A reporter	74	Total	112

PÉNITENCIER DE LA COLOMBIE-BRITANNIQUE.

Comment employés.	Nombre.	Comment employés.	Nombre.
A la boulangerie	2	Report	43
A l'atelier des forgerons	3		
" des charpentiers	5	A couper le bois	8
A la buanderie	6	Sur la ferme	16
A l'atelier des cordonniers	6	A la boutique du barbier	8
" des tailleurs	8	Service de la prison	6
Au jardin	2	A la bibliothèque et comme messager	1
Sur la ferme	3	Service du vestibule	1
Aux étables	2	" du bureau	1
A la porcherie	1	Dans les dépendances	2
Service du sous-sol	1	Sur les terrains et dans le jardin du préfet	3
" de la cuisine	3	Dans le jardin du sous-préfet	
" du magasin	1	A l'asile provincial des aliénés	1
A reporter	43	Total	90

RELEVÉ DES ACCIDENTS.

PÉNITENCIER DE KINGSTON.

Aucun.

PÉNITENCIER DE SAINT-VINCENT-DE-PAUL.

Aucun.

PÉNITENCIER DE DORCHESTER.

Aucun.

PÉNITENCIER DU MANITOBA.

Aucun.

RELEVÉ DES ACCIDENTS—*Fin.*

PÉNITENCIER DE LA COLOMBIE-BRITANNIQUE.

No.	Nom.	Date.	Comment employé.	Nature de l'accident.	Cause de l'accident.	Nom. de j. à l'infirme.
94	Brodeur........	28 juil. '98	Sur les terrains..	Coupure au pied.	Blessé avec une hache........	28
50	Seery.	30 sept. '98	A miner le roc.	Contusion du nez	Blessé avec une pierre par le détenu n° 9...........	16
17	Ah Quong......	1er fév. '99	Sur les terrains.	Pouce écrasé....	Blessé par la chute d'une p. bois	9

PRISON D'ISOLEMENT.

LISTE des détenus admis et libérés, prison d'isolement de Kingston, pendant l'exercic clos le 30 juin 1899.

Date de l'entrée au pénitencier.		Nom.	Nombre de fois condamnés.	Age.	Crime.	Durée de la condamnation.	Nombre de fois condam. à la p. d'isol.	Date de la condamnation à la prison d'isolement.	Pour combien de temps — Mois.	Pour combien de temps — Jours.	Date de la sortie de la prison d'isolement.
								1898.			1899.
14 juill.	1898	Louis Viau.	3	45	Recel d'objets volés, etc.........	25 ans.	1	14 juill.	10	7	1 juin
14 "	1898	François Dasylva..	1	55	Bestialité	5 "	1	14 "	5	28	12 janv.
											1898.
27 mai	1896	Charles Gallagher.	2	25	Effraction nocturne....	3 "	2	25 "	6	....	19 fév.
											1899.
15 nov.	1897	H. Dalton........	1	21	Vol, voies de fait, et tent. de faire des blessures corp................	3 "	1	5 août	7	26	1 avril
25 janv.	1895	J. Connors..	1	28	Filouterie............	7 "	1	5 "	6	1	6 fév.
9 août	1898	R. Norton........	1	38	Séduc. d'une fille min're.	20 "	1	9 "	6	...	9 "
10 "	1898	T. Carlyle	3	29	Décharge d'arme à feu avec int. de tuer.....	12 "	1	13 "	6	....	13 "
16 avril	1894	H. Richardson....	1	58	Homicide involontaire..	A perp..	1	27 "	12	6	....
3 sept.	1898	W. Carroll...... .	4	45	Effraction nocturne....	4 ans..	1	6 sept.	6	....	6 mars
12 "	1898	Thomas Donaldson	1	23	Viol	15 "	1	13 "	6	....	15 "
16 "	1898	J. W. Goodchild..	1	60	Commerce charnel avec un idiote...	2½ "	1	" 17	6	....	17 "
4 "	1895	R. McCorkell.. ..	2	29	Effraction......	7 "	1	1 oct.	6	....	1 avril
26 "	1896	Jas. Anderson....	2	25	Larcin.......	3 "	1	1 "	6	...	1 "
7 avril	1897	W. H. Wilkinson.	4	33	Effraction nocturne....	15 "	2	8 "	12	....	....
26 oct.	1898	Isaac Arnold......	4	29	Vol	7 "	2	27 "	6	12	8 mai
2 nov.	1898	D. B. Johnston....	1	29	Viol	3 "	1	2 nov.	6	6	8 "
19 juin	1897	Chas. Leonard....	3	27	Effraction nocturne....	7 "	2	3 "	6	6	8 "
16 nov.	1898	Jas. McInerney...	1	25	Voies de fait	6 "	1	16 "	6	....	16 "
— déc.	1896	C. Hughbank.....	1	21	Vol....	4 "	1	23 "	....	....	....
19 "	1890	Louis Martel......	1	32	Voies de fait et commerce charnel......	7 "	1	10 déc.	6	....	10 jiun
								1899.			
25 mai	1896	John Henderson..	1	30	Décharge d'arme à feu avec inten. de tuer...	15 "	1	1 janv.	6	....	....
13 janv.	1899	Samuel Currie....	3	37	Voies de fait et commerce charnel..... .	7 "	1	" 14	6	...	....
19 "	1899	James Beaverstock	1	49	Inceste...............	3 "	1	" 19	6	....	....

LISTE des détenus admis et libérés, prison d'isolement de Kingston—*Suite.*

Date de l'entrée au pénitencier.	Nom.	Nombre de fois condamnés.	Age.	Crime.	Durée de la condamnation.	Nombre de fois condam. à la p. d'isol.	Date de la condamnation à la prison d'isolement.	Pour combien de temps		Date de la sortie de la prison d'isolement.
								Mois.	Jours.	
							1899.			1899.
8 oct. 1897	P. S. Kennedy....	1	19	Vol...	$2\frac{1}{4}$ ans	1	27 janv.	12	....	....
3 janv. 1898	T. Bell.....	1	21	Effraction nocturne...	3 "	1	24 "	12	....	....
3 " 1898	S. J. Washington.	1	25	Vol	2 "	1	24 "	....	3	27 janv.
3 " 1898	J. Curly..........	1	32	Effraction nocturne....	4 "	1	24 "	....	2	26 "
9 juin 1896	J. Delaire	1	18	Vol à main armée......	5 "	2	24 "	12	....	....
3 " 1898	A. Powell	1	18	Effraction nocturne ...	3 "	1	24 "	12	....	....
....	R. Spencer........	3	34	Effraction............	10 "	1	24 "	....	1	25 janv.
11 nov. 1896	M. Crowley........	2	35	Effraction nocturne....	7 "	1	24 "	12	....	....
24 mai 1896	C. McDonald.....	1	30	Décharge d'arme à feu avec int. de tuer.. ..	15 "	1	24 "	6	....	....
18 " 1896	M. Horan	1	23	Vol de grand chemin et voies de fait.........	12 "	1	24 "	6	....	....
11 " 1893	T. Wilson	1	32	Homicide involontaire..	12 "	2	24 "	12	....	....
24 juill. 1895	J. O'Brien........	3	32	Obstruc. sur ch. de fer..	5 "	1	24 "	6	....	....
24 " 1895	C. McKnight.....	1	37	" " ..	5 "	1	24 "	6	.	.. ..
1 août 1895	E. Biddle.........	2	25	Effraction nocturne....	5 "	3	24 "	6	....	....
....	F. W. Hoey	1	16	Bris de magasin........	$4\frac{1}{2}$ "	1	25 "	....	1	26 janv.
9 mars 1898	E. Jacques........	1	23	Voies de fait	3 "	1	25 "	6	....	....
9 1898	H. Harvey........	1	21	Effraction...	7 "	1	25 "	....	2	27 janv.
9 " 1898	H. May..........	1	22	Effraction nocturne...	3 "	1	25 "	....	2	27 "
10 nov. 1896	J. Robinson	1	24	" "	5 "	1	25 "	12	....	....
....	L. Sutherland.....	2	19	Incendie	10 "	1	25 "	....	1	26 janv.
21 avril 1897	A. Angus..	1	18	Filouterie.............	3 "	1	25 "	12	....	....
6 mars 1897	J. Lyner..........	2	27	Larcin	3 "	1	25 "	6	....	....
15 juin 1897	H. Rimington.....	2	29	Effraction............	4 "	1	25 "	12	....	....
25 mai 1898	R. Kennedy	1	38	Effraction nocturne....	3 "	1	25 "	12	....	....
16 " 1896	M. Thomkins.....	1	25	Vol à main armée......	12 "	1	25 "	6	....	....
26 " 1896	J. Connors........	1	25	Effraction nocturne....	7 "	1	25 "	12	....	.....
... .	J. Fletcher...	1	19	Effraction et vol.......	5 "	1	25 "	....	2	27 janv.
31 déc. 1894	J. W. Kelly.	1	21	Vol.................	5 "	2	25 "	12	....	... .
3 avril 1894	W. Wady..........	1	23	Enlèvement......	7 "	1	25 "	12	....	....
24 mai 1896	J. McMurry......	1	27	Effraction nocturne....	10 "	1	25 "	6	....	....
26 juill. 1898	J. Monahan	1	28	" "	7 "	1	25 "	6	....	....
21 juin 1897	E. Dyer	1	25	Vol de grand chemin...	7 "	1	25 "	6	....	....
5 mai 1897	F. W. Hoey......	2	18	Effraction nocturne....	$4\frac{1}{2}$ "	2	28 "	12	...	....
16 " 1894	J. Harrigan	1	23	Tentative de filouterie..	10 "	1	31 "	12	....	....
28 janv. 1895	R. Morrison	1	26	Effraction nocturne.. .	8 "	1	31 "	12	....	....
23 fév. 1898	C. Edwards.......	1	20	" "	7 "	1	31 "	12	....	....
1 janv. 1898	J. Tighe..........	1	30	Vol..	5 "	1	31 "	12	...	....
24 août 1894	J. Brothers.	2	37	Effraction.......	15 "	2	31 "	12	....	....
5 oct. 1897	E. Keely.........	1	22	"	5 "	1	31 "	12	....	....
16 avril 1894	J. O'Brien........	1	26	Effraction nocturne....	7 "	1	31 "	12	....	....
3 fév. 1899	J. F. Harper......	2	23	Evasion....	2 "	1	3 fév.	6	....	....
31 mars 1899	C. LeBar..... ..	1	38	Séduction.....	3 "	1	1 avril	6	....	....
31 " 1899	J. Watts.........	3	30	Effraction nocturne....	5 "	1	1 "	6	....	....
31 " 1899	J. Spring.........	3	40	" "	5 "	1	1 "	6	....	....
1 sept. 1898	Geo. Taylor......	1	26	Larcin	2 "	1	11 "	6	....	......
3 déc. 1897	W. O'Reiley......	2	28	Effraction nocturne....	7 "	1	11 "	6	....	....
1 mai 1899	Michael Doyle....	2	44	Commerce charnel avec une idiote......... ..	3 "	1	1 mai	6	....	....
24 " 1899	J. Vipond........	1	41	Viol	10 "	1	25 "	6	....	....
30 juin 1899	J. Mullins.......	4	71	Larcin	3 "	2	30 juin	6	....	....
30 " 1899	W. Courtney......	1	28	Tentative de sodomie..	5 "	1	30 "	6	....	....

Restant le 30 juin 1898	35
Reçu jusqu'au 30 juin 1899	73
Total	108
Libérés au 30 juin 1899	61
Restant le 30 juin 1899	47

Prisonniers condamnés aux travaux forcés détenus dans la prison d'isolement, le 30 juin 1899		47
" ordinaires " " "		53
" malades et aliénés reçus durant l'exercice	23	
" " " libérés "	17	
" aliénés restant le 30 juin 1899		6
Total		106

RELEVÉ sommaire de l'ouvrage fait pendant l'exercice clos le 30 juin 1899.

—	Jours.	—	Jours.
Tricot de chaussettes	1,241½	Réparer mitaines doublées en cuir	192½
Raccomm. "	16	" vêtements p. chambre de rechange	102½
Confection d'habillements	579½	" " prison d'isolement	200½
Triage du chanvre	679½	" un câble pour l'aide	1
Marquage des sacs	179½	" des matelas	4
Assortir les étiquettes	10	" des pantoufles, etc	1½
Etiqueter les échantill. de ficelle d'engerb.	74½	Moudre de la brique	2
Faire des boutonnières de bretelles	49	Défaire des chaussettes	3
Tricoter des mitaines	347	Nettoyage	1,439½
Finir "	76	Service	924½
Trier des fèves	61½	Messager	303
Faire des paniers	6½		
Doubler des mitaines	10	Grand total	6,504

ANNEXE H

VALEUR DU TRAVAIL ET DISTRIBUTION DES DETENUS

RELEVÉ DE LA VALEUR DU TRAVAIL DES DÉTENUS.

PÉNITENCIER DE KINGSTON.

—	Nombre de jours.	Taux par jour.	Valeur.
		$ c.	$ c.
Charpentiers	7,264 1/10	0 30	479 23
Forgerons et mécaniciens	6,603½	0 30	1,981 05
Maçons	7,775⅓	0 30	2,232 69
Ferblantiers et peintres	3,112⅓	0 30	933 69
Carriers	7,251½	0 30	2,175 45
Tailleurs de pierre	35,334	....	10,515 89
Tailleurs	6,313⅓	0 30	1,894 00
Cordonniers	3,675¾	0 30	1,102 72
Imprimeurs	102¼	0 30	30 68
Boulangers	2,178	0 30	653 40
Blanchisseurs	1,853	0 30	555 90
Département de la ficelle d'engerbage	10,794	0 30	3,238 20
Chambre de rechange et raccommodage	6,002	0 30	1,800 60
Cour à bois	3,209	0 30	962 70
Département du mécanicien	8,390	0 30	2,517 00
Cuisine et ordinaire	8,010	0 30	2,403 00
Ailes et cellules	9,929	0 30	2,978 70
Prison d'isolement	12,216	0 30	3,664 80
Infirmerie et asile	2,388	0 30	716 40
			40,836 10

PÉNITENCIER DE SAINT-VINCENT-DE-PAUL.

—	Nombre de jours.	Taux par jour.	Valeur.
		$ c.	$ c.
Carrière	5,481	0 30	1,644 30
Excavation	8,245¼	0 30	2,473 58
Maçons, mur d'enceinte et nouveau chemin	4,955	0 30	1,486 50
Mécaniciens	2,806	0 30	841 80
Boulangerie	1,234	0 30	370 20
Tailleurs	10,573¾	0 30	3,172 13
Cordonniers	6,711	0 30	2,013 30
Charpentiers	9,639½	0 30	2,891 85
Ferme	5,721¾	0 30	1,716 53
Porcherie	1,286	0 30	385 80
Étables	1,005	0 30	301 50
Charretiers	1,477	0 30	443 10
Chambre de rechange	4,680	0 30	1,404 00
Tailleurs de pierre	10,517	0 30	3,173 10
Forgerons	4,063½	0 30	1,219 05
Remise à bois et casseurs de pierre	11,911	0 30	3,573 30
Ferblantiers	2,658½	0 30	797 55
Dôme	9,402	0 30	2,820 60
Économat	11,581	0 30	3,474 30
Institution	106	0 30	31 80
			34,234 29

RELEVÉ DE LA VALEUR DU TRAVAIL DES DÉTENUS—*Suite.*

Pénitencier de Dorchester.

——	Nombre de jours.	Taux par jour.	Valeur.
		$ c.	$ c.
Cordonniers	4,360	0 30	1,308 00
Tailleurs	5,794	0 30	1,738 20
Charpentiers	2,613	0 30	783 90
Forgerons	1,510	0 30	453 00
Machines	1,082	0 30	324 60
Scierie	934	0 30	280 20
Boulangerie	966	0 30	289 80
Ferme	4,133	0 30	1,239 90
Grange, étables et charretiers	3,172	0 30	951 60
Maçons et tailleurs de pierre	3,632	0 30	1,089 60
Carrière	1,142	0 30	342 60
Réparations à la digue	1,002	0 30	300 60
Lavage	1,370	0 30	411 00
Cuisine	2,660	0 30	798 00
Garçons de table, &c	3,889	0 30	1,166 70
Barbiers	604	0 30	181 20
Bouilloires	638	0 30	191 40
Casseurs de pierre	11,487	0 30	3,446 10
Fabrication d'articles en bois	448	0 30	134 40
Bibliothèques	573	0 30	171 90
Polissage des portes	647	0 30	194 10
Abattage du bois	1,047	0 30	314 10
Entrée du charbon et de la glace	337	0 30	101 10
Pelletage de la neige	19	0 30	5 70
Jardinage et blanchissage à la chaux	71	0 30	21 30
Réparations, prison des femmes, etc	1,005	0 20	201 00
			16,440 00

VALEUR DU TRAVAIL ET DISTRIBUTION DES DÉTENUS—*Suite.*

PÉNITENCIER DU MANITOBA.

—	Nombre de jours.	Taux par jour.	Valeur.
		$ c.	$ c.
Ferme	1,276	0 30	382 80
Porcherie	318	0 30	95 40
Etables	559	0 30	167 60
Jardin	431	0 30	129 30
Etables de la prison	296	0 30	88 80
Logement du préfet	431	0 30	129 30
Service du vestibule	441	0 30	132 30
" de la prison	2,204	0 30	661 20
" de la chambre de toilette	328	0 30	98 40
" de l'économat	325	0 30	97 50
" du sous-sol	331	0 30	99 30
" de la chapelle	270	0 30	81 00
" de l'infirmerie	314	0 30	94 20
" du bureau du préfet	87	0 30	26 10
" " sous-préfet	76	0 30	22 80
Emploi général	3,240	0 30	972 00
Barbier	155	0 30	46 50
Boulangers	613	0 30	183 90
Murs	4,910	0 30	1,473 00
Cuisine	1,196	0 30	358 80
Buanderie	1,017	0 30	305 10
Chambre des chaudières	343	0 30	102 90
Entretien des édifices	656	0 30	196 80
Reliure	313	0 30	93 90
Sous-préfet	55	0 30	16 50
Coupe du bois	178	0 30	53 40
Atelier des cordonniers	1,100	0 30	329 98
" tailleurs	2,005	0 30	601 46
" charpentiers	1,314	0 30	293 90
" forgerons	369	0 30	110 68
" du mécanicien	108	0 30	32 45
			7,577 27

VALEUR DU TRAVAIL ET DISTRIBUTION DES DÉTENUS—*Fin.*

PÉNITENCIER DE LA COLOMBIE-BRITANNIQUE.

——	Nombre de jours.	Taux par jour.	Valeur.
		$ c.	$ c.
Atelier des boulangers	611½	0 30	183 45
" forgerons	962	0 30	288 60
Briqueterie	1,208½	0 30	362 55
Const. d'une cave, logement du sous-préfet	33	0 30	9 90
Atelier des charpentiers	1,472½	0 30	441 75
Nettoyage des portes de cellules	43	0 30	12 90
Déchargement du charbon	100	0 30	30 00
Ferme et jardin potager	3,831½	0 30	1,149 45
Réparation aux clôtures	83	0 30	24 90
Terrain du préfet	304	0 30	91 20
" sous-préfet	304	0 30	91 20
Service du vestibule	517	0 30	155 10
Chauffage	357	0 30	107 10
Service de l'infirmerie	296	0 30	88 80
Coupe de la glace	32½	0 30	9 75
Service de la cuisine	998	0 30	299 40
" de la buanderie	1,439½	0 30	431 85
" de la bibliothèque	310	0 30	93 00
Fabrication de paillassons	73	0 30	21 90
" de matelas	42	0 30	12 60
Service des bureaux	339	0 30	101 70
Réparations à la porcherie	15½	0 30	4 65
" aux ateliers	609	0 30	182 70
Chemins	370½	0 30	111 15
Cave aux racines	133	0 30	39 90
Domestiques	766½	0 30	229 95
Barbiers	216½	0 30	64 95
Atelier des cordonniers	1,947	0 30	584 10
Etables	308	0 30	92 40
Tailleurs de pierre	829½	0 30	248 85
Service du magasin	304	0 30	91 20
Dépendances	1,767	0 30	530 10
Tailleurs	2,386½	0 30	715 95
Charretiers	1,264	0 30	379 20
Soin des vaches	308	0 30	92 40
" porcs	308½	0 30	92 55
Aqueduc	14½	0 30	4 35
Service des ailes	1,332	0 30	399 60
Coupe de bois	71	0 30	21 30
	26,308		7,892 40

ANNEXE I

ÉTAT DES RECETTES

ÉTAT DES RECETTES.

Pénitencier de Kingston.

1898.		$ c.	1899.	Recettes.	$ c.	$ c.
	Compte de certificat de transp., vêtements p. sauvag.	798 95	30 juin	Département de la ficelle à engerber	34,292 45	
Juillet	Remises à l'honorable receveur général	5,087 34		" des tailleurs	1,187 71	
Août	" "	232 10		" des cordonniers	627 77	
Septembre	" "	2,716 77		" des charpentiers	185 94	
Octobre	" "	368 07		" du mécanicien	1 81	
Novembre	" "	643 10		" des tailleurs de pierre	761 52	
Décembre	" "	338 54		" des forgerons	219 93	
Janvier	" "	6,366 21		" des ferblantiers et peintres	45 52	
Février	" "	206 62		" de l'économe	1 84	
Mars	" "	2,214 14		" de l'imprimerie	3 40	
Avril	" "	401 45		" du gardien en chef	0 15	
Mai	" "	266 32		" du garde-magasin	1 27	
Juin	" "	18,451 25		" de la ferme	51 65	
				Prison des femmes	122 63	
				Infirmerie	50 47	
				Prison d'isolement	12 30	
				Carrière	1 25	
				Travail des détenus	1 10	
				Rations	112 46	
				Aqueduc	12 00	
				Loyer de maison	24 00	
				Fonds des amendes	25 85	
						37,743 02
				Recettes casuelles.		
				Département du mécanicien	29 61	
				" des charpentiers	6 06	
				" du garde-magasin	23 00	
				" des tailleurs	0 75	
				" des forgerons	0 23	
				" des boulangers	40 50	
				Aqueduc	202 28	
				Ateliers généralement	5 58	
				Mobilier et fournitures	39 83	
						347 84
		38,090 86				38,090 86

ÉTAT DES RECETTES—*Suite.*

Pénitencier de Saint-Vincent-de-Paul.

1898.		$ c.	$ c.
11 août. ..	Traite en faveur de l'hon. receveur général No. 589.	39 79	
11 " ..	" " 686.	149 85	
9 sept. ..	" " 882.	450 00	
9 " ..	" " 883.	48 60	
9 " ..	" " 884.	40 18	
17 oct.	" " 1099.	8 34	
17 " ..	" " 00.	124 46	
17 " ..	" " 1101.	2 82	
15 nov. ...	" " 83.	249 82	
15 " ..	" " 84.	84 13	
12 déc. ..	" " 220.	123 31	
1899.			
9 janv. ..	" " 329.	126 59	
14 fév	" " 468.	91 76	
14 " ..	" " 469.	59 88	
14 " ..	" " 470.	1 60	
1 mars...	" " 563.	80 63	
11 " ..	" " 564.	30 47	
14 avril...	" " 708.	1 60	
14 " ..	" " 709.	3 25	
14 " ..	" " 710.	65 53	
15 mai. ...	" " 863.	218 61	
15 " ..	" " 862.	76 04	
15 " ..	" " 860.	37 52	
8 juin. ..	" " 002.	169 50	
8 " ..	" " 1001.	12 95	
8 " ..	" " 000.	128 70	
28 juill...	" " 1291.	115 87	
28 " ..	" " 1293.	354 94	
28 " ..	" " 1293.	244 99	
			3,151 73
			3,151 73

1899.	*Recettes ordinaires.*	$ c.	$ c.
30 juin. ..	Atelier des cordonniers.	385 68	
	" des tailleurs de pierre.	241 63	
	" des charpentiers.	232 26	
	Loyer.	170 56	
	Atelier des ferblantiers.	88 54	
	" des tailleurs.	83 99	
	Amendes.	61 00	
	Atelier des forgerons.	30 82	
	Ferme.	27 54	
	Porcherie.	18 00	
	Etable de la ferme.	11 90	
	Economat.	7 50	
	Atelier de reliure.	6 38	
	" du mécanicien.	5 06	
	Etable du pénitencier.	0 15	
	Boulangerie.	0 07	
			1,371 08
	Remboursement de dépenses.		
	Economat.	119 04	
	Atelier des forgerons.	113 44	
	" des charpentiers.	53 64	
	Salaires.	23 34	
	Boulangerie.	22 72	
	Atelier des tailleurs.	21 03	
	" des cordonniers.	16 33	
	" des ferblantiers.	15 11	
	Infirmerie.	9 55	
	Ferme.	5 38	
	Etable de la prison.	0 50	
			400 08
	Recettes casuelles.		
	Atelier des tailleurs.	490 93	
	Bureau d'arpentages.	433 57	
	Etable du pénitencier.	350 25	
	" de la ferme.	100 00	
	Ferme.	5 82	
			1,380 57
			3,151 73

G. S. Malepart, *comptable.*

J. A. DUCHESNEAU, *préfet.*

ETAT DES RECETTES—*Suite.*

PÉNITENCIER DE DORCHESTER.

1898.		$ c.	$ c.	1899.	*Recettes ordinaires.*	$ c.	$ c
5 août...	Déposé au crédit du receveur général....	103 72		30 juin...	Fabrication d'articles en bois	448 28	
3 sept....	" "	99 77			Ferme........	708 40	
1er oct....	" "	87 60			Atelier des cordonniers.....	175 32	
2 nov....	" "	102 89			Atelier des tailleurs	107 89	
2 déc....	" "	177 54			Atelier des mécaniciens..........	52 70	
31 "	" "	277 29			Atelier des charpentiers	15 58	
1899.					Atelier des forgerons..........	3 35	
					Travail des détenus	31 75	
31 janv...	" "	186 72			Economat.........	15 08	
3 mars...	" "	203 17			Perceptions à la barrière..............	9 00	
5 avril...	" "	174 00			Garde des prisonniers militaires......	1,058 50	
1er mai...	" "	222 15					2,625 85
2 juin....	" "	173 36			*Remboursement de dépenses.*		
28 "	" "	897 97			Boulangerie..................................	62 28	
					Economat..	18 05	
							80 33
			2,706 18				2,706 18

JOHN A. GRAY,
Comptable.

CHAS. ROSS,
Préfet intérimaire.

ETAT DES RECETTES—*Suite.*

PÉNITENCIER DU MANITOBA.

1898.			$ c.	$ c.	1899.	*Recettes ordinaires.*	$ c.	$ c.
5 août...	Déposé au crédit du receveur général, No.	460.	7 33		30 juin...	Ferme	1,788 47	
2 sept...	" "	623.	34 75			Atelier des cordonniers	152 85	
3 oct...	" "	817.	27 80			Atelier des tailleurs	41 35	
2 nov...	" "	980.	79 47			Fournitures à l'infirmerie	18 64	
2 déc...	" "	1138.	145 82			Atelier des forgerons	2 55	
1899.						Atelier des charpentiers	26 71	
						Buanderie	4 52	
4 janv...	" "	1305.	174 96			Entretien des édifices	30 00	
3 fév...	" "	1489.	150 03			Atelier de reliure	6 77	
3 mars...	" "	1643.	112 59			Atelier des mécaniciens	1 15	
4 avril...	" "	1824.	175 12			Boulangerie	1 03	
3 mai...	" "	1996.	286 09			Coupe du bois	53 36	
2 juin...	" "	2162.	276 68			Amendes	2 74	
7 juillet..	" "	2361.	662 20			Travail des détenus	2 70	
				2,132 84				2,132 84
1898.						*Recettes casuelles.*		
5 août...	" "	460.	1 39					
2 sept...	" "	623.	44 79			Chauffage	168 30	
3 oct...	" "	817.	0 89			Rations	64 81	
2 nov...	" "	980.	0 10			Ustensiles pour la prison	7 00	
2 déc...	" "	1138.	50 89			Instruments aratoires	0 55	
1899.						Meubles et fournitures	1 05	
						Fournitures pour l'infirmerie	17 37	
4 janv...	" "	1301.	59 12			Eclairage	4 65	
3 fév...	" "	1489.	28 08					
3 mars...	" "	1644.	13 36					
4 avril...	" "	1825.	27 63					
3 mai...	" "	1997.	22 76					
2 juin...	" "	2163.	14 72					
				263 73				263 73
				2,396 57				2,396 57

JNO. MUSTARD,
Comptable.

A. G. IRVINE,
Préfet.

PÉNITENCIER DE LA COLOMBIE-BRITANNIQUE.

1898.		$ c.	$ c.	1898.	*Recettes ordinaires.*	$ c.	$ c.
4 août ..	Déposé au crédit du receveur général...... ...	96 64		30 juin...	Atelier des boulangers	390 21	
9 sept. ..	" "	152 26			" forgerons..................	10 52	
8 oct. ..	" "	104 99			" charpentiers	248 09	
7 nov. ..	" "	124 50			Ferme	206 23	
7 " ..	" "	137 99			Terrains..................	75 00	
7 déc. ..	" "	150 06			Porcherie..................	22 75	
7 " ..	" "	94 21			Vêtements pour les détenus..................	133 22	
1899.					Atelier des cordonniers	144 79	
9 janv. ..	" "	72 00			Magasin..................	87 03	
7 fév. ..	" "	132 29			Atelier des tailleurs..................	159 09	
9 mars ..	" "	225 61			Fonds des amendes et de la barrière..................	4 75	
5 avril ..	" "	113 79					1,481 68
5 " ..	" "	23 50			*Recettes casuelles.*		
10 mai ..	" "	84 07			Magasin..................	258 79	
10 " ..	" "	5 00			Atelier des cordonniers..................	15 00	
6 juin ..	" "	109 12			Salle d'armes..................	13 50	
6 " ..	" "	126 63			Transferts..................	86 55	
10 juill. ..	" "	102 86					373 84
			1,855 52				
			1,855 52				1,855 52

JAS. W. HARVEY,
Comptable.

J. C. WHYTE,
Préfet.

ANNEXE J

DÉPENSES

ÉTAT DÉTAILÉ DES DÉPENSES.

PÉNITENCIER DE KINGSTON.

Appointements—Direction générale.	$ cts.
Préfet, J. H. Metcalfe, 10 m. 16 j. à $2,000	1,754 27
Préfet, J. M. Platt, 1 m. 15 j. à $2,000	247 30
Médecin, D. Phelan, 1 an	1,800 00
Aumônier protestant, rév. C. E. Cartwright, 1 an	1,200 00
Aumônier catholique, rév. J. V. Neville, 1 an	1,200 00
Comptable, Robt. R. Creighton, 6 m. à $1,100, 6 m. à $1,150	1,125 00
Ingénieur, Wm. H. Derry, 11 m. 26 j. à $1,000	986 30
Secrétaire du préfet, J. R. Forster, 1 an	600 00
Garde-magasin, Thos. W. Bowie, 1 an	700 00
Asst. garde-magas., T. A. Keenan, 1 an	600 00
Econome, C. H. Martin, 1 an	700 00
Infirmier en chef, W. H. Gunn, 1 an	800 00
Asst. infirmier en chef, Thos. Thompson, 1 an	600 00
Directrice, Rose A. Fahey, 1 an	600 00
" temporaire, Mary E. Walsh, 27 j. à $600, 10 j. à $500	58 08
Sous-directrice, Mary Smith, 1 an	400 00
" temporaire, M. H. Smith, 16 j. à $400	17 53
Electricien, Chas. Baylie, 1 an	800 00
Asst. electricien, R. McDonald, 1 an	500 00
Surveillant des travaux d'égout, C. A. Sullivan, 8 m. à $500, 4 m. à $550	516 66
Messager, M. J. Kennedy, 1 an	600 00
Chauffeur, W. Coffey, 7 m. à $500	291 62
" P. Healy, 1 m. 25 j. à $500	75 91
" R. Irwin, 1 an	500 00
" I. Seymour, 9 m. 27 j. à $500	413 36
" temporaire, W. Coffey, 5 j. à $400	5 48
" " W. Gilmour, 2 m. 25 j. à $400	94 25
" " C. H. Fenning, 1 m. 26 j. à $400	62 37
	17,248 13
A déduire—Remb. par J. H. Metcalfe	1 57
	17,246 56

Appointements—Service industriel.	$ cts.
Instructeur en chef, E. J. Adams, 1 an	1,000 00
Surint. dépt. ficelle, T. P. Connor, 1 an	1,500 00
Asst. " " John Price, 1 an	900 00
Inst. des métiers, 10, chacun 1 an à $700	7,000 00
" 1, 6 m. à $690, 6 m. à $700	695 00
" 1, 6 m. à $660, 6 m. à $690	675 00
" 1, 1 m. 26 j. à $500	77 28
Gardes des étables, 4, chacun 1 an à $500	2,000 00
	13,847 28

Appointements—Police.	$ cts.
Sous-préfet, D. O'Leary, 1 an	1,500 00
Gardien en chef, etc., W. S. Hughes, 11 m. 26 j. à $1,200	1,183 56
Gardiens, 2, chacun 1 an à $700	1,400 00
" 6, chacun 1 an à $600	3,600 00
" 1, 8 m. à $600	400 00
" 1, 4 m. à $600	200 00
" 1, 6 m. à $560 et 4 m. 6 j. à $590	486 30
Gardes, 33, chacun 1 an à $500	16,500 00
" 1, 11 m. 1 j. à $500	459 15
" 2, chacnn 10 m. à $500	833 32
" 1, 9 m. à $500	374 94
" 1, 8 m. à $500	333 33
" 1, 2 m. 20 j. à $500	110 72
" 1, 1 m. 12 j. à $490	56 94
" 2, chacun 6 m. à $490 et 6 m. à $500	990 00
" 2, chacun 6 m. à $460 et 6 m. à $490	950 00
" 1, 1 m. 12 j. à $400 et 10 m. 19 j. à $500	489 17
" 1, 2 m. à $400 et 10 m. à $500	483 32
" 1, 5 m. 18 j. à $400 et 5 m. 22 j. à $500	424 84
" 1, 1 an	400 00
" 1, 11 m. 26 j. à $400	394 52
" 1, 11 m. 21 j. à $40..0	389 66
" 1, 10 m. 16 j. à $400	350 86
" 1, 9 m. 11 j. à $400	312 05
" 1, 3 m. 24½ j. à $400	127 94
" 1, 3 m. à $400	100 00
" 1, 2 m. à $400	66 66
" 1, 15 j. à $400	16 44
	32,933 72

Uniformes.	$ cts.
Boutons de pant., 72 grosses à 8c	5 76
" de gilet 5 " 40c	2 00
" baril 2 " $10.80	21 60
Boucles de pant., 1 " 12½c	0 13
Batiste, 248½ vgs à 8¾c	21 74
" 497½ vgs à 8¼c	41 04
Toile dite "cheese cloth," 1,043½ vgs à 3c	31 31
" satinée, 1,111 vgs. à 8c	88 88
Grosse toile française, 450 vgs à 6¾c	30 38
" 500 " 6¼c	31 25
Doublure en Mohair, 73 vgs à 25c	18 25
Coutil, 474¼ vgs à $5\frac{11}{16}$c	26 97
Toile de Hollande, 281½ vgs à 10½c	29 56
" " 405¾ vgs à 9½c	38 55
Ouate, 6 balles à $4.75	28 50
Brandebourg, 4 grosses à $5.10	20 40
" 3¼ " $4	13 00
" ¼ " $2.65	0 66
" 3 " $1.50	4 50
Soie pour machine, 5 liv. à $5.62½	28 12

ÉTAT DÉTAILLÉ DES DÉPENSES.

PÉNITENCIER DE KINGTTON—*Suite.*

Uniformes—Suite.	$ c.
Soie torse, 6 liv. à $4.25	25 50
Coton jaune, 1,086 vgs à 4⅞c	52 94
Serge, 726½ vgs à 85c	617 53
" 790 " 72½c	572 75
" 18 " 60c	10 80
Coutil, 334½ " 6¾c	22 58
Drap écarlate, 12½ vgs à $2.75	34 38
Grosse toile (*duck*) 202¾ vgs à 13½c	27 37
Soie à coudre, 1 liv	10 00
Agraffes et porte-agraffes, 1 grosse	0 12
" " 1 "	0 15
Tissu élastique, 450 vgs à 4⅞c	28 12
Plaques pour "Helmets," 5 douz	27 15
Mitaines, 11 paires à $1.10	12 10
" 1 " à $1.10	0 75
Bonnet en mouton, 1	5 00
Bonnets-peau de phoque, 2 à $2.25	4 50
Visières, 1 douz	2 50
Pardessus en caoutchouc, 1	8 00
Peaux de mouton, 2 à $7	14 00
"Blanco," 5 douz. à $1.25	6 25
Doublure, 15 vgs à 12½c	1 88
Batiste, 6 vgs à 20c	1 20
Grosse toile, 3 vgs à 15c	0 45
Brandebourg, 15 vgs à 2c	0 30
Rouleaux de fil, 3 à 5c	0 15
" de soie, 3 à 5c	0 15
Buscs d'acier, 3 à 15c	0 45
Agraffes et porte-agraffes	0 09
Modèle	0 20
Veau français, 119¼ liv. à $1	119 25
Cuir, 26¾ liv. à 50c	13 38
Cuir de vache grenelé, 424 liv. à 12c	50 88
Chevreau poli, 8 peaux à $1.75	14 00
Veau français, 1 peau	3 50
Cuir verni, 4 peaux, $2.50	10 00
Veau français, 191¼ liv. à 70c	133 88
Peaux de mouton, 1 douz	4 00
" bleues, 44 liv. à 10c	4 40
Cuir à trépointe, 119½ liv. à 35c	41 84
Veau grenelé, 35¾ liv. à 20c	7 15
Cuir espagnol à semelles, n° 1, 388½ liv. à 21c	81 59
Cuir à ceintures, 69¼ liv. à 25c	17 31
Doubl. p. chauss. et guêtres, 9 roul. à 25c	2 25
Elastique p. chaussures, 3 vgs à 35c	1 05
Ardasse, 2½ liv. à $5.50	13 75
Clous en fer, 170 liv. à 4c	6 80
" en zinc, 40 liv. à 11c	4 40
" 6 liv. à 16c	0 96
Pointes pour formes, 40 liv. à 15c	6 00
Agraffes, 6 boîtes à 30c	1 80
Œillets, 12 boîtes à 15c	1 80
Tiges d'acier, 10/12 grosse à 75c	0 63
Ciment à cuir, 1 boîte	1 00
Cirage, 5 gals à 45c	2 25
Bidon cirage	0 50
Huile de pied de bœuf, 5 gals à 75c	3 75
Bidon à huile	0 50
Fil jaune, 3 liv. à 70c	2 10
Boucles p. chaussures, 3 douz. à 5c	0 15
Lacets en toile, 8 grosses à 50c	4 00
Déclaration en douane	0 25
Fret	2 88
Frais de messagerie	1 15
Charriage	0 50
	2,529 61
A déduire—Rembours. de dépenses	120 57
	2,409 04

Allocations de retraite.	$ c.
William Coffey	444 45
Robert McCauley	1,307 63
Michael Brennan	1,553 75
Thomas Conley	512 03
James Evans	1,439 43
William Hurst	932 40
Edward Mooney	1,607 36
John Mills	1,123 46
J. B. P. Matthewson	2,148 55
William Newman	336 68
Alexander Spence	182 99
Lawrence Walsh	827 77
Chester Woods	242 94
Isaac Houghton	204 74
	12,864 28
Mess de la police.	
Bœuf, 7,384 liv. à $5.89	434 91
Mouton, 900 liv. à $5.89	53 01
Farine, 30 182/196 brls à $3.92	121 24
Lait, 730 gals à 12⅜c	97 83
Pommes sèches, 120 liv. à 7c	8 40
Pruneaux, 50 liv. à 8½c	4 25
Canneberges, 1 brl	6 00
Citrons, 35 douz. à 15c	5 25
Beurre, 1,150½ liv. à 15c	172 58
Café, 210 liv. à 15c	31 50
Amidon de maïs, 84 liv. à 6c	5 04
Œufs, 102 douz. à 16c	16 32
Moutarde, 56 liv. à 19c	10 64
Tapioca, 90 liv. à 4c	3 60
Sagou, 70 liv. à 4c	2 80
Raisins, 168 liv. à 5c	8 40
Poisson blanc, 1,093 liv. à 7c	76 51
Marinades, 5 gals à 45c	2 25
Crème de tartre, 20 liv. à 20c	4 00
Muscade, 3 liv. à 70c	2 10
Essence de citron et de vanille, 4 douz. à 60c	2 40
Gingembre moulu, 1 lb	0 15
Epices, 3 liv. à 20c	0 60
Sucre granulé, 294 liv. à 4¾c	13 97
	1,083 75
Rations.	
Farine, 1,563 154/196 brls à $3.92	6,130 04
Bœuf, 1,285 liv. à $5.90	75 82
" 125,579 liv. à $5.89	7.396 61
Mouton, 3,869 liv. à $5.89	227 89
Gruau d'avoine, 15,484 liv. à 2c	309 68
Riz, 13,000 liv. à $3.60	468 00
Levain, 32 liv. à 32c	10 24
" 364 liv. à 30c	109 20
Sucre, 21,968 liv. à $3.45	756 87
Sel, 45,731 liv. à 35c	160 05
Sel fin, 10 brls à $1.25	12 50
" 10 " $1.20	12 00
" 10 " $1.10	11 00
Lard fumé, 9,118 liv. à 7⅛c	649 64
Thé noir, 4,964 liv. à 10¾c	531 71
" du Japon, 63 liv. à 11c	6 93
" " 90 " 20½c	18 45
Fèves, 13,216 liv. à 1¼c	165 21
Pois fendus, 1,400 liv. à 1½c	21 00
Pois entiers, 14,904 liv. à 1½c	223 58
Orge, 5,800 liv. à 1½c	87 00
Pommes de terre, 53 9/90 sacs à $1.10	58 41
" " 158 9/90 " 40c	63 24
" " 131 21/90 " $1.12	146 98
" " 9 70/90 " $1.00	9 78

PÉNITENCIER DE KINGSTON—*Suite.*

Rations—Suite.	$ c.
Pommes de terre, 49 1/3 sacs à 85c.	41 93
" 9 55/60 boiss. à 75c.	7 44
" 348 13/60 boiss. à 40c.	139 29
" 29,000 liv. à 1c.	290 00
Lard, 160 liv. à 6 1/2c.	10 40
Vinaigre, 302 galls à 14c.	42 28
Melasse, 502 1/2 galls à 25c.	125 63
Farine de maïs, 7,575 liv. à 1c.	75 75
Oignons, 799 liv. à 1 1/4c.	9 99
" 710 liv. à 1 3/4c.	12 43
" 316 liv. à 1 1/2c.	4 74
" 156 liv. à 2c	3 12
" 7 brls à $3.25	22 75
" 12 liv. à $3.50	42 00
Navets, 3 1525/2000 tonnes à $7.	26 58
Choux, 255 têtes à 6c.	15 30
" 268 têtes à 7c	18 76
" 96 têtes à 8 1/3c	8 00
Carottes, 11 sacs à 40c.	4 40
Morue, 3,445 liv. à 3c.	103 35
Salpêtre, 20 liv. à 2c.	2 00
Poivre, 337 1/2 liv. à 9c.	30 38
Biscuits "Soda", 4 liv. à 6c.	0 24
Sucre granulé, 3 liv. à 5c.	0 15
Charriage de la farine.	75 95
Hospice pour les orphelins—Entretien de Gertrude Nalis, 21 sept. 1897 au 21 sept. 1898, 12 mois à $2.	24 00
Extras de la Noël.	
Suif, 100 liv. à $5.89	5 89
Raisins "Sultana", 149 1/2 liv. à 11c.	16 45
Raisins "Valencia", 84 liv. à 5c.	4 20
Raisins de Corinthe, 206 liv. à 6c.	12 36
Pelures d'or. et citrons, 26 liv. à 15c.	3 90
Pelures de citrons, 10 liv. à 20c.	2 00
Essence de citrons, 2 douz. à 60c.	1 20
Muscade, 1 liv. à 70c.	0 70
Epices, 9 liv. à 20c.	1 80
Poudre à pâte, 5 liv. à 10c.	0 50
Sucre, 265 liv. à $3.45	9 14
Sucre granulé, 50 liv. à $3.75	1 88
Beurre, 116 liv. à 15c.	17 40
Café, 30 liv. à 15c.	4 50
Lait frais, 15 galls à 13 3/8c.	2 01
Lait écrémé, 15 liv. à 8c.	1 20
Œufs, 30 douz. à 16c.	4 80
Pommes, 6 barils, à $3.	18 00
	18,906 62
A déduire—remb. de dépenses.	63 89
	18,842 73
Vêtements des détenus.	
Chapeaux, paille, 550 à 7c.	38 50
Boutons, pantalons, 36 grosses à 8c.	2 88
" habits, 15 grosses à 65c.	9 75
" habits, 25 grosses à 40c.	10 00
" en os, 4 grosses à $1.08	4 32
Boucles de pant., 5 grosses à 12 1/2c.	0 63
Cotonnade, 279 1/4 vgs à 13 5/8c.	38 04
Coton jaune, 311 1/2 vgs à 5 1/4c.	16 35
" 400 vgs à 4 7/8c.	19 50
Cariset, 417 3/4 vgs à 16 1/2c.	68 93
" 3,112 3/4 vgs à 23 3/4c.	739 28
Coton à chemises, 294 3/4 vgs à 7 3/4c.	22 85
Coutil, 470 3/4 vgs à 5 11/16c.	26 77
Toile "Forfar", 190 vgs à 12c.	22 80
Grosse t. croisée "Duck", 47 1/2 vgs à 8 3/4c	4 15
" de Hollande, 48 vgs à 9 1/2c	4 56

Vêtements des détenus—Suite.	$ c.
Galon, 9 grosses à 45c.	4 05
Fil de toile n° 40, 9 liv. à $1.41.	12 69
" n° 60, 6 liv. à $1.96.	11 58
Laine, 1,512 liv. à 30 1/2c.	461 16
Cuir à empeigne, 726 1/4 liv. à 33c.	239 68
Peaux de mouton, 5 douz. à $4.	20 00
Cuir à semelles esp. n° 1, 4,815 liv. à 21c.	1,011 21
Veau canadien, 186 liv. à 45c.	83 70
Cuir de vache grenelé, 43 1/4 pds. à 15c.	6 49
Toile à pantoufles, 64 vgs à 10c.	6 40
Lacets toile, 1 grosse.	0 50
" cuir, 41 grosses à $1	41 00
Pointes, 3 boiss. à $1.10	3 30
Clous, fer, 55 liv. à 4c.	2 20
" zinc, 25 liv. à 11c.	2 75
Broquettes, 10 liv. à 15c.	1 50
" assort., 3 grosses à 25c.	0 75
Œillets, 2 boîtes à 15c.	0 30
Agraffes, 4 boîtes à 30c.	1 20
Chanvre, 10 liv. à 70c.	7 00
Cire, 10 liv. à 10c.	1 00
Noir à chaussures, 5 galls à 45c.	2 25
Bidon, 1 à 50c.	0 50
Ciment pour cuir, 1 douz. à $1.	1 00
Encre d'imprimerie, 6 liv. à 37c.	2 22
Boules à mites, 5 liv. à 15c.	0 75
Camphre, 3 liv. à 30c.	0 90
Bottes en caouct., hommes, 22 prs à $3.	66 00
" " " 6 prs à $2.50.	15 00
Chaussures, enfants, 1 pr. à	0 75
" " 1 pr. à	0 80
" " 1 pr. à	0 50
Fret, charriage, frais de messagerie.	4 05
	3,042 49
A déduire—remb. de dépenses.	148 98
	2,893 51
Infirmerie.	
Drogues, instruments, etc	448 62
Alcool Meth., 5 galls à 1.10	5 50
Bidon, 1 gall.	1 25
Fret.	0 70
Whisky, 6 galls à $3	18 00
Moutarde de Keen, 2 liv. à 50c.	1 00
Coton en feuilles, 12 liv. à 8 1/2c.	1 02
Epingles de sûreté, 6 douz. à 5c	0 30
Lait, 1,532 3/4 galls à 13 3/8c.	205 41
Beurre, 454 liv. à 15c.	68 12
Œufs, 67 douz. à 16c.	10 72
Sucre granulé, 160 liv. à 4 3/4c.	7 62
Biscuits, 126 1/2 liv. à 6c.	7 59
Amidon de maïs, 42 liv. à 6c.	2 52
Tabac, 96 liv. à 40c.	38 40
	816 77
A déduire—remb. de dépenses.	29 82
	786 95
Vêtements aux forçats libérés.	
Cravates, 17 douz. à $1.20.	20 40
Bretelles, 3 douz. à $1.08.	3 24
" 12 douz. à $1.	12 00
Chapeaux, feutre, 2 douz. à $5·50.	11 00
" " 11 1/2 douz. à $4.75.	54 63
Camisoles et caleçons, 10 douz. à $2.	20 00
" " 24 douz. à $3.85.	92 40
Mouchoirs, 18 douz. à 45c	8 10
Gants, 1 douz. à	2 40

PÉNITENCIER DE KINGSTON—*Suite.*

Vêtements aux forçats libérés,—Suite.	$ c.
Manteaux, 4 à $2.50	10 00
" 1 à	4 00
Gilet, 1 à	2 50
Châles, 4 à $2.50	10 00
Chapeaux, 7 à $1.50	10 50
Bonnet, 1 à	2 00
Collets, 4 douz. à $1.15	4 60
Cache-nez, 4 douz. à $3	12 00
Etoffe à robe, $64\frac{3}{8}$ vgs à 25c	16 09
Doublure, 55 vgs à 10c	5 50
"Tweed", 898 vgs à 30c	269 41
Coton à chemise, $453\frac{1}{4}$ vgs à 9c	40 79
Batiste, $323\frac{3}{4}$ vgs à $5\frac{5}{8}$c	18 21
Toile satinée, $58\frac{1}{4}$ vgs à 8c	4 66
" de Hollande, 95 vgs à $9\frac{1}{2}$c	9 02
Coutil, $118\frac{1}{2}$ vgs à $5\frac{11}{16}$	6 74
Tissu élastique, 150 vgs à $6\frac{1}{4}$c	9 38
Roul. de fil, 200 vgs, $\frac{1}{6}$ grosses à $3.60	0 60
Laine, 100 liv. à $30\frac{1}{2}$c	30 50
" 12 liv. à 30c	3 60
Boutons d'habits, 6 grosses à 65c	3 90
" en os, 2 grosses à 60c	1 20
Veau canadien, $231\frac{1}{4}$ liv. à 45c	104 07
	803 94
Allocations de voyage.	
Détenus, 1 à	5 00
" 2 à $6	12 00
" 13 à $8	104 00
" 4 à $9	36 00
" 31 à $10	310 00
" 50 à $12	600 00
" 5 à $13	65 00
" 3 à $14	42 00
" 36 à $15	540 00
" 5 à $16	80 00
" 9 à $17	153 00
" 6 à $18	108 00
" 14 à $20	280 00
" 2 à $22	44 00
" 1 à	24 50
" 3 à $25	75 00
" 1 à	30 00
	2,508 50
Transferts.	
Dépenses de voyage	436 60
A déduire—remb. de dépenses.	340 95
	95 65
Inhumations	40 70
A déduire—remb. de dépenses.	12 00
	28 70
Chauffage.	
Houille à grilles, $1,431\frac{310}{2000}$ ton. à $3.14	4,493 86
" "Chestnut", $21\frac{310}{2000}$ ton. à $3.14	66 43
" grasse, $20\frac{870}{2000}$ ton. à $2.18	44 55
Bois dur, $105\frac{5}{8}$ cordes à $3.97	419 33
" mou, $205\frac{1}{4}$ cordes à $2.47	506 97
Gasoline, 5 galls à 20c	1 00
Disques "Jenkin", 12 8c	0 96
Fonte, 354 liv. à $3\frac{1}{2}$c	12 39
Coudes, 6 à 16c	0 96
" 6 à $2\frac{1}{2}$c	0 15
" 6 à 3c	0 18
Robinets, 2 à 60c	1 20
Tés, 1 à 60c	0 60

Chauffage—Suite.	$ c.
Soupape p. l'appar. "Toby", 1 à $8.75	8 75
Grilles pour le four, 3	7 50
Déclarations en douane	2 25
Fret	7 75
	5,574 83
A déduire—remb. de dépenses.	17 00
	5,557 83
Eclairage.	
H. passée à la claie, $1,026\frac{1830}{2000}$ t. à $1.89	1,940 87
Houille p. grilles, $534\frac{630}{2000}$ ton. à $3.14.	1,677 75
Pétrole, $616\frac{31}{100}$ galls à 13c	80 12
Chandelles, 378 liv. à 10c	37 80
Allumettes, 60 boîtes à 9c	5 40
Mèches de lampe, 1 rôle à	0 45
" " 1 rôle à	0 60
" " 1 rôle à	0 65
Fil mét, n° 12 R. C., 2,000 pd. à $1.44.	28 80
" n° 14 " 2,022 pd. à $1.04.	21 03
" n° 16 " 1,630 pd. à 95c	15 49
" n° 16 " 1,000 pd. à $1	10 00
" n° 18 ann., $14\frac{10}{16}$ liv. à 25c	3 66
" n° 18 cuivre, $10\frac{1}{4}$ liv. à 21c	2 15
" n° 18 fusée amp., 5 liv. à 21c	2 00
Corde à lampes, 100 vgs à 8c	8 00
Lampes, 10 c. p., 105 v., 400 à 20c	80 00
" 16 " 105 v., 100 à 20c	20 00
" 25 " 105 v., 100 à 23c	23 00
" 32 " 105 v., 200 à 28c	56 00
Porte-lampes, 1 douz. à 45c	0 45
Port sur lampes	0 12
Brûleurs de lampes, 6 à $12\frac{1}{2}$c	0 75
Lanterne, 1 à 75c	0 75
Globes de lanternes, 1 à $1.40	1 40
" " 1 douz. à	0 70
" " 1 douz. à	0 85
" " 1 douz. à	0 75
Douilles pour clefs, 2,000 à 12c	24 00
Douilles de garnitures	0 20
Carbones, 100 à $2.85	2 85
Fusées, 24 à 20c	4 80
Fusées, 24 à 5c	1 20
Cuivre laminé, 10 liv. à 55c	5 50
Reverbère, 1 à	1 92
Mica, 3 liv. à $5.40	16 20
Bic. potasse, 1 liv. à	0 30
Briques réfract., 500 à $32	16 00
Recharger commutateurs, 2 à $85	170 00
Boyau pur caoutc., $\frac{1}{2}$-pc., 6 pd. à 20c	1 20
Déclarations, douane	2 75
Fret et charriage	5 22
Frais de messagerie	9 00
	4,280 68
Approvisionnement d'eau.	
Fer en barres, 506 liv. à $1.75.	8 86
Tuyau en fer, 752 liv. à 2c	15 04
" de renvoi en fonte, 24 pds à 80c.	19 20
" " moyen, 20 pds à 20c	4 00
" en fer galvan., $38\frac{3}{4}$ pds à 15c	5 81
" " $515\frac{1}{2}$ pds à $7\frac{1}{10}$c.	36 57
" " $522\frac{7}{12}$ pds à $5\frac{3}{25}$c.	26 76
" " $724\frac{1}{3}$ pds à $4\frac{1}{4}$c.	30 78
" " $462\frac{1}{2}$ pds à $3\frac{3}{4}$c.	17 34
" en plomb, 3 longueurs	2 64
Coudes, 719 liv. à 3c	21 57
" 385 liv. à $2\frac{3}{4}$c	10 59
" 1 seul à	0 75
" 1 "	1 25

Pénitencier de Kingston—*Suite.*

Approvisionnement d'eau—Suite.	$	c.
Coudes, 7 à $1.15	8	05
" 2 à 38c	0	76
" 1	0	75
" 7 à 5c	0	35
" 3 à 6c	0	18
" 2 à 10c	0	20
" 7 à 7c	0	49
" 30 à 4c	1	20
" 12 à 12c	1	44
" 6 à 15c	0	90
" 1	1	17
" 4 à 45c	1	80
" 4 douz. à 32½c	1	30
" 4 " 43¾c	1	75
" 3 " 66⅔c	2	00
" 3 " 80c	2	40
" 3 " $1.16⅔	3	50
Robinets, 1 douz.	7	00
" 1 "	5	50
" 1	0	70
Rondelles, 2 à 10c	0	20
Croix, 1	0	12
Robinets, 2 à $5.75	11	50
Boucles, 2 à 7c	0	14
" 3 à 5c	0	15
" 2 douz. à 20c	0	40
" 2 " 25c	0	50
" 2 " 27½c	0	55
" 2 " 40c	0	80
" 2 " 30c	0	60
" 2 " 32½c	0	65
" 2 " 45c	0	90
" 2 " 60c	1	20
Robinets 3 à 85c	2	55
Tés, 1	1	75
" 1	0	11
" 1	0	45
" 3 à 12c	0	36
" 6 à 6c	0	36
" 1	0	08
" 1	0	20
" 2 à 20c	0	40
" 1	0	14
" 1	0	53
" 2 douz. à 32½c	0	65
" 2 " 47½c	0	95
" 2 " 35c	0	70
" 2 " 60c	1	20
Joints, 4 à 90c	3	60
" 4 à $2.65	10	60
Tampons, 40 à 3c	1	20
" 1	0	13
" 8 douz. à 10c	0	80
" 2 " 15c	0	30
" 2 " 17½c	0	35
" 2 " 20c	0	40
" 2 " 30c	0	60
Coussinets, 2 à 18c	0	36
" 1	0	30
" 2	1	10
" 6 douz. à 57½c	3	45
" 2 " 37½c	0	75
" 2 " 25c	0	50
" 2 " 20c	0	40
" 2 " 17½c	0	35
Lumières, 8 à 85c	6	80
Y, 1	0	75
" 2 à 70c	1	40
Manchons d'accouplem., 12 à 12½c	1	50
Tuyau réducteur, 1 à 30c	0	30
Soupapes à boulet, 1	1	12
" " 1 douz.	18	50
Soupapes à boulet, 1 douz.	12	25
" " 2 " à $8.75	17	50
" " 1 "	6	00
" " 1 "	4	55
" " 1 "	3	40
" " 1 "	2	50
" " 1 "	1	25
" à angle 3 à 25c	0	75
" " 3 à 40c	1	20
" " 1	0	65
" " 2 à $2.30	4	60
Soupapes, 1	6	08
" 1	6	84
Raccords, 3 à 15c	0	45
" 24 à 10½c	2	52
" 24 à 12c	2	88
" 24 à 13c	3	12
" 24 à 16c	3	84
" 24 à 20c	4	80
" 24 à 27c	6	48
" 2 douz. à 70c	1	40
" 2 " 75c	1	50
" 2 " 85c	1	70
" 2 " $1c	2	00
" 2 " $1.37½	2	75
" 2 " $2.25	4	50
U, 4 à 51c	2	04
" 2 à 37c	0	74
" 2 à 41c	0	82
Penture cuivre N. P., 1	0	25
Boyau, 4 doubles, ¾-pc, 7 pds à 17c	1	19
" 4 " 1-pc, 150 pds à 23c	34	50
Lance, 1	1	00
Tampon pour hydrante, 1	1	00
Tablettes mét. p. plafond, 1-pc, 8 à 9c	0	72
" " " 1¼-pc, 6 à 12c	0	72
Grosse toile, 40-pces, 2 vgs à 35c	0	70
Gasoline, 25 galls à 20c	5	00
Pompe pour le puits, 1	23	00
Tringle p. pompe, 48 liv. à 2½c	1	20
Manchons d'accouplem., 6 à 6c	0	36
Filteurs	0	50
Déclarations en douane	2	25
Fret et frais de messagerie	10	78
	518	38
A déduire remb. de dépense	0	79
	517	59

Etables du pénitencier et voitures.	$	c.
Jantes, 1¾ X, 1 assort	1	30
" ½ assort. à $1.80	0	90
Rais, 1¾ XX, 1 assort	3	10
" 2¾, 1 bdl.	2	75
" 1½, 1 assort	2	50
Moyeux, 7 x 9, nº 1, 1 assort	1	60
" voiture, ½ "	0	03
Essieux, 1 assort	6	50
Boutons, 2 grosses à 50c	1	00
Cuir à harnais, 70½ liv. à 28c	19	74
Boucles (Japon), 2 grosses à $1	2	00
Ressorts p. harnais, ¼ grosse à $2.75	0	69
Anneaux " ¼ grosse à 80	0	20
Aiguilles " 6 papiers à 8c	0	48
Fouet, 1	0	65
Couverture en toile cirée, 1	3	00
Robes, 2 à $7.50	15	00
Mousse, 25 liv. à 10c	2	50
Eponges, grossières, ½ douz. à $2	1	00
" fines, ½ douz. à $2.50	1	25
" p. voiture, 3 à 40c	1	20

Pénitencier de Kingston—*Suite.*

Etables du pénitencier et voit.—Suite.	$ c.
Brosses à chevaux (fibre), 12 à 25c ...	3 00
Balais d'écurie, 3 à 65c........... ..	1 95
Cirage à à harnais, 6 ptes à 50 c......	3 00
Graisse à essieu, ½ grosse à $4.50.....	2 26
Savon mou, 1 boîte.......... .. .	0 60
Huile de ricin, 10 liv. à 12c..........	1 20
Salpêtre, 10 liv. à 10c	1 00
Sel, 1 brl	1 10
Farine de gr. de lin, 100 liv. à 3c.....	3 00
Son, ½ tonne à $17	8 50
Avoine, 100 boiss. à 36c............ .	36 00
Liniment p. chevaux....	1 00
M. Dolan, couvrir le garde-crotte en cuir verni..........	7 00
W. S. Nicholls, M. V., services professionnels....	13 00
	150 00
Entretien des bâtiments.	
Vitre, 7 boîtes à $1.50.............	10 50
" 15 " $1.40....	21 00
" 1 "	2 25
" 3⅓ douz. lumières à $2.70	9 00
" 35 verres à 43c	15 05
" 33 " 35c....	11 55
" 2 " 85c....	1 70
" 8 " 75c..	6 00
" 2 " 70c...............	1 40
" 2 " $1.50	3 00
" 6 " 50c	3 00
" 5 " 25c................	1 25
" 2 " 21c.............. ...	0 42
" 3 " 20c................	0 60
" 2 " 15c..	0 30
Clous à couvrir, 4 brls à $3.25........	13 00
" coupés, 2 brls à $1.81..... ...	3 62
" " 4 " $1.86	7 44
" " 1 "	1 91
" " 1 "	1 96
" " 2 " $2.46	4 92
" broche, 3 " $2.15	6 45
" " 3 " $2.90	8 70
" " 3 " $2.65	7 95
" " 2 " $2.35	4 70
" " 2 " $2.25	4 50
" " 1 "	3 00
" " 2 " $2.45	4 90
" à finir, paq., 3 douz. à $1.05......	3 15
" à moulures, 6 liv. à 6¼c	0 38
" " 6 " 6¾c........	0 41
" " 6 " 7c	0 42
" " 6 " 8¾c........	0 53
Rivets, 136 liv. à 4¾c	6 47
" 60 " 5c............	3 00
" 10 " 5¼c..............	0 53
" 10 " 6c	0 60
" 35 " 7c..	2 45
Vis, 6 grosses à 11c........	0 66
" 18 " 14c	2 52
" 18 " 15c	2 70
" 6 " 17c....	1 02
" 6 " 18c........	1 08
" 6 " 19c...............	1 14
" 12 " 21c...	2 52
" 6 " 26c..............	1 56
" cuivre, 1 grosses à.............	0 27
" " 1 "	0 70
Boulons, cuivre, 4 à 10c.............	0 40
" " 4 à 25c......... ...	1 00
" voiture, 100	0 51
" " 100.....	0 52

Entretien des bâtiments—Suite.	$ c.
Boulons, voiture, 100...	0 62
" poêle, 100.	0 19
" " 100..	0 21
Couplets, 4 douz. à 21c	0 84
" 6 " 27c..	1 62
Poids de châssis, 1 douz............	0 50
Pentures, 76 liv. à 4¼c	3 23
Fermetures, châssis, 2 douz. à $1.....	2 00
" à serr. cuiv. à tiroir, 1 douz	4 50
" armoire, 1	0 50
Loquets, Yale, 6 à $1.60............	9 60
" " 2 à $2	4 00
Rondelles, fer, 105 liv. à 4½c..... ...	4 74
Anneaux, 2 grosses à 53c.	1 06
Agrafes et porte-agr., 18 gross. à 15c .	2 70
Boutons jap., 4 douz. à 10c..........	0 40
Coudes, 2 à $1 15..................	2 30
Tuyau calibre réduit, 1	2 58
" " augmenté, 1	1 10
Tuyau, fer, 102 pds à $1.04	106 08
Angle, fer, 1,040 liv. à $1.10	11 44
Fer, 9,230 liv. à $1.70....	156 92
" 840 " $1.75	14 71
" 1,880 " $1.85.	34 78
" 116 " $2.15.	2 49
" 289 " $2.45....... ...	5 06
" 92½ " $3.20.	2 96
" 143 " $2.05..........	2 93
" galvanisé, 1,530 liv. à $4.25.....	65 03
" " 3,043 liv. à $4.50	137 03
Acier 488 liv. à $6.25...............	30 50
Etain en blocs, 296½ liv. à 18c	53 19
Zinc, 90 liv. à 6½c	5 85
Fil de fer tordu p. clôt., 602 liv. à 4c..	24 08
Toile métal., 125 pds à 9c....... ...	11 25
" 33⅓ vgs à 14c...........	4 67
" 3 vgs à 20c..	0 60
" ondul., 148 pds car. à 12c	17 76
Tarière flexible, 1	31 50
Plafond métal, 1....	41 50
" 1.	17 50
" 1.	16 00
Pin, qual. moyenne, 1,200 pds à $25..	30 00
" bon, ordin., 30,975 pds à $18 ..	557 61
" t. et r., 16,500 pds à $18	297 00
" colombage, 2,317 pds à $15......	34 75
Tilleul, 4,000 pds à $15..............	60 00
Chêne, 1,947 pds à $45..............	87 62
" 700 pds à $40.	28 00
Orme, 1,500 pds à $10..............	15 00
Erable p. plancher, 1,000 pds.........	28 00
Frêne, 2,000 pds à $15..............	30 00
Merisier, 570 pds à $18	10 26
Epinette, 5,301 pds à $13....... ..	68 91
Pruche, 3,664 pds à $13.............	47 63
Erable, 400 pds à $18	7 20
Bardeaux, 4,000 à $2.40.............	9 60
Lattes, 20,000 à $1.50.	30 00
Sable, 22⅓ vgs à $1..	22 33
Ciment, Portland, 50 brls à $2.17½....	108 76
Pierre brune C. V., 3 pces..... . . .	45 00
Céruse sèche, 10 liv. à 8c............	0 80
" de Johnston, 4,000 liv. à $5.25.................	210 00
Alabastine, 100 liv. à 7c.......	7 00
" 190 liv. à 6c	11 40
Ocre jaune, 50 liv. à 1½c	0 75
Vermillon anglais, 10 liv. à $1.25.. ..	12 50
" américain, 5 liv. à 25c	1 25
" " 5 liv. à 30c	1 50
Blanc de chaux, 336 liv. à 90c	3 02
Terre de Sienne, brute, 50 liv. à 4c ...	2 00

Pénitencier de Kingston—*Suite.*

Entretien des bâtiments—Fin.	$ c.
Rouge venitien, 650 liv. à $1.25.......	8 13
Vert de Frankfort, 100 liv. à 8c......	8 00
Bleu marine, 145 liv. à 10c.	14 50
Terre d'ombre, 100 liv. à 6c.........	6 00
Minium, 212 liv. à $4.50	9 54
Térébenthine, 180 galls à 45c.........	81 00
Peinture, bleu de Prusse, 13 bid. à 60c	7 80
" verte, 1 boîte.........	0 30
" " 1 "	0 20
" jaune, 12 bidons à 22c......	2 64
" " 6 " à 20c..	1 20
" imit. de chêne, 6 liv. à 25c.	1 50
" couleur de vin, 6 bid. à 30c.	1 80
" 6 " à 35c.	2 10
" gris foncé, 3 bidons à 20c...	0 60
" " 6 " à 45c..	2 70
" ombre brut, en laque, 6 bid. à 35c	2 10
" terre sienne brûlée, en laque, 6 bidons à 35c	2 10
Peint., couleurs assort., 10 tubes à 10c.	1 00
Huile bouillie, 86 galls à 51c	43 86
" crue, 43¼ galls à 48c......	20 75
Siccatif, 5 galls à 55c....	2 75
Vernis, 1 gallon....	3 95
Huile froide, 20 galls à $1.10.........	22 00
Acide, muriatique, 5 galls à 35c.......	1 75
Bronze d'aluminum, 1 liv............	2 50
Colle, 50 liv. à 15c...	7 50
" 111 liv. à 10c	11 10
Mastic, 484 liv. à $2.25.....	10 89
" 999 liv. à $1.85.....	18 47
Borax, 100 liv.	5 75
Câble de Russie, 30½ liv. à 13¼c.......	4 04
Argile réfractaire, ¼ ton. à $14	3 50
" $1\frac{32}{2000}$ tonne à $10..	10 20
Papier de toilette, 4,000 paq.. à $55...	220 00
Couperose, 356 liv. à 75c...	2 67
Alumin. ferrique, 23,258 liv..... .. .	189 74
Chlorure de chaux, 480 liv. à 3c .. .	14 40
" 25 liv. à 5c........	1 25
Fluide sanit. de Hobbs, 472$\frac{42}{100}$ galls à $1.25...........	590 54
Lessive *Phœnix*, 784 liv. à 7c.........	54 88
" 3,445 liv. à 5c.	172 25
Barils pour lessive *Phœnix*, 5 à 30c.....	1 50
Phenyle, 367 à 10c....	36 70
Sel de soude, 11,250 à 95c	106 87
Savon, 12,985 à 3c..........	389 55
" méd., 280 à 8c................	22 40
Poudre à laver *Silver dust*, 14,339 à 5c	716 95
Barils pour poudre à laver, 48 à 10c...	4 80
Papier sablé, 15 mains à 14c.....	2 10
Caoutchouc, 8½ liv. à 85c.	7 23
Papier "Cyclone", 20 roul. à 50c. ...	10 00
Temps d'un homme, fourneau à chaux, 5 jours à $1.50...	7 50
Entretien des égouts......	64 00
Déclarations en douane..............	0 75
Fret, charroi, frais de messagerie.....	81 84
	5,819 16
A DÉD.—Remb. de dépenses ..	3 44
	5,815 72

Entretien des machines.	$ c.
Fonte, 1,024 liv. à 2½c....	25 60
" 611 liv. à 3½c	21 40
Métal "Babbit", 98 liv. à 15c.......	14 70
" "Magnolia", 56 liv. à 23c......	12 88

Entretien des machines—Suite.		$ c.
Cuivre laminé, 90 liv. à 55c....		49 50
Acier, 888 liv. à $2.15...	$19 09	
Moins 3 pour 100.....	0 57	
		18 52
Tubes de chaudière, 1,120 pds à 14c...		156 80
Souder les tubes, 62 hrs à 25c... ..		15 50
Modèle de boîte pour dynamo, 1 heure		0 30
Boîte, cuivre, 22 liv. à 30c...........		6 60
Forer sa boîte, 19 hrs à 40c......... .		7 60
Ajuster " ½ h. à 30c.		0 15
Réparer chaudières, 616 hrs à 30c.....		184 80
Souder les tubes, 3 à 85c............		2 55
Chandelles, 1 liv........		0 15
Boulon, 1.........		0 30
Forer les poulies, 4 h. à 40c..........		1 60
Changer les engrenages............		0 15
Engrenage, 1........		1 45
Rouleaux pour la tordeuse, 2.........		11 00
Verres à niveau, 1 douz		1 50
Poulies, bois, 2 à $1.85...... .. .		3 70
" " 1		4 00
Soupape de pression, 1............ ..		4 00
Garnitures de piston, caoutchouc, 24..		0 55
Balles, caoutchouc, ⅚ douz. à $15.....		10 00
Ventilateurs, 2 douz. à $2..... . .		4 00
Lubrificateurs, 6 à $6.....		36 00
Vis de cuivre, 1 grosse....		0 38
" p. le commutateur, 3 grosses à 40c.		1 20
Taraud-mère, 1.....		0 30
Taraud, 1....		0 30
Fil de cuivre, 5 liv. à 19c......		0 95
Papier sablé, 6 mains à 15c.....		0 90
Soude caustique, 25 liv. à 4½c........		1 13
" 120 liv. à 6c		7 20
Sel ammoniac, 25 liv. à 12c...........		3 00
Gasoline, 5 galls à 20c.....		1 00
Déchets de coton, 1,138 liv. à 6½c.		73 97
Garniture Garlock, 19$\frac{1}{16}$ liv. à 65c....		12 38
" " 11¼ liv. à 70c....		7 88
" " 69⅝ liv. à 60c.....		41 77
" caoutchouc, 154½ liv. à 45c.		69 53
" asbeste, 21 liv. à 50c.......		10 51
" plomb, 3 liv. à 20c.........		0 60
Mèches à chandelle, 5 liv. à 20c		1 00
Fileter un tuyau		0 75
Fibre, 3½ liv. à 30c.................		1 05
Cuir à lacet, 5 liv. à 70c.............		3 50
" 10¼ liv. à 57c............		5 84
Cuir à courroie prép. au tan de chèvre, 12 pc., 80 pds à $1.24.	$99 20	
Moins, 3 p. 100.......	2 98	
		96 22
Cuir à c. p. au tan chèv., 5 pc., 28 pd. à 60c		16 80
" 3 pc., 12 pd. à 14c.		1 68
Rép. la courroie app. électriq., 4½ j. à $3		13 50
Ciment pour la courroie app. élect.		4 25
Boyau à incendie, ⅝ pouce, 23 pds à 30c...		6 90
Tuyau p. la vap., 1 pce, 52 pds à 35c..		17 50
" 1 pce, 100 pds à 41c..		41 00
Boyau, 3 doubles, ¾ pce, 25 pds à 17c..		4 25
Nettoyeur, fil de fer, 1............		1 75
" " 6 à $1.55. ...		9 30
" " 2 à $1.60.......		3 20
" " 6 à $1.90.......		11 40
Virole, cuivre, 1.................		0 24
Boîtes, cuivre, p. graisse et résine, 1..		1 10
Coupe-rondelles, 1		1 00
Piston plongeur, 1..................		0 50
Indicateur de vitesse, 1............		1 50
Huile de ricin, 2 liv. à 12c..........		0 24
" d'olive, 2⅞ galls à 70c...		2 02

Pénitencier de Kingston—*Suite.*

Entretien des machines—Suite.		$ c.
Huile à cylindre, 175 $\frac{31}{100}$ galls à 50c...		87 66
" machine, 261 $\frac{86}{100}$ " 33c...		86 41
" douce, ½ gall. à 70c		0 35
" à machine, 43 galls à 22c. ...		9 46
" de pétrole, 41 $\frac{92}{100}$ galls à 13c.....		5 45
Vaseline, 25 liv. à 20c..............		5 00
Composition "Albany", 40 liv. à 20c..		8 00
Glycerine, 13½ liv. à 17c.............		2 27
Déclarations en douane		0 25
Fret, quaiage, charroi et frais de messagerie		26 83
		1,306 47
A DÉD.—Remb. de dépenses..		0 80
		1,305 67
Entretien de la salle d'armes.		
Soin de la salle d'armes, 12 m. à $4...		48 00
Vaseline, 2 liv. à 20c.......		0 40
Réparer revolvers		0 75
Aiguilles, 12..		4 81
" 6 à 60c..........	$ 3 60	
Ressorts d'aiguilles, 6 à 5c. ..	0 30	
Chiens D.A., 6 à 50c....... .	3 00	
	6 90	
Moins 25 %..	1 72	
		5 18
Port sur "		0 12
Cartouches "Marlin", 4,000.........		92 40
Fret..................................		1 50
Déclarations en douane.............		0 25
		153 41
Entretien des chapelles—Chapelle protestante.		
Tapis, 62⅞ vgs à $1.35...............		84 88
"Rep" cramoisi, 12 à $1.25.......		15 00
Paillassons " 2 à $1.50........		3 00
Soie d'or, 1 verge....................		0 90
Flanelle verte, 6 vgs à 50c...........		3 00
Frange, 15 vgs à $1.10......		16 50
Cordonnet, 4 vgs à 10c.		0 40
Papier, 50 vgs à 7c.....		3 50
Manuels pour le chœur, 6 à 35c.		2 10
" " 6 à 25c.....		1 50
Livres d'hymnes, 12 à 90c...........		10 80
Chants sacrés, 12........		3 75
Cantiques, 12 à 30c.................		3 60
Papier de musique, 1 main..		0 40
Bible primaire, 1....		1 50
Craie blanche, 1 boîte..............		0 06
Réparer et accorder l'orgue....... ...		20 00
" "		25 00
Tuyau d'orgue........................		3 00
Vin pr l'autel, 2 bout. à 50c..........		1 00
		199 89
Chapelle catholique.		
Tapis, 57¼ vgs à $1.......		57 25
Papier, 40 vgs à 7c..................		2 80
Tailler le tapis		1 50
Vases, 1 paire		0 60
" 1 "		0 70
Pots de fleur, 4 à 30c...............		1 20
Grands verres, 6 à 12½c.		0 75
Peluche brochée, 1½ vge à $2.50......		3 75

Chapelle catholique—Fin.		$ c.
Guipure, 5½ vgs à 10c.		0 55
Fibre, 15 liv. à 5c..........		0 75
Nappes d'autel, 2....		4 00
Sous-nappes d'autel, 2		1 75
Pierre d'autel, 1....		0 40
Dentelle pour l'autel.		2 50
Guipure "		1 40
Etole pourpe, 1		0 75
Essuie-mains, toile, ½ douz...........		2 70
Ruban rouge, 4 vgs à 12c.		0 48
" blanc, 4 vgs à 12c		0 48
Fleurs artificielles....		16 00
Réparer les aubes, 3...............		1 35
Purificateurs, 4....		1 58
Colliers de vêtement, 5 à 25c		1 25
Manchettes en soie rouge pour aube ..		1 11
Rubans, 4 vgs à 15c..........		0 60
Réparer soutanes		1 60
" surplis de l'aumônier.........		1 10
Corporal.........		1 25
Couvertures de calice en patène, 2....		0 50
Lavage et repassage, 1 vg....		10 00
Au soin de l'autel, 1 vg..............		14 00
Catéchismes de Butler, 3 douz. à 38c..		1 14
Livres de prières en français, 3.		0 85
Confrérie de St-Pierre, 12 à 38c.. . .		4 56
Livres d'hymnes, 12 à 52c...... .. .		6 24
Chants grégorien, 12 à 70c...........		8 40
Papier de musique, 4 mains à 40c. .		1 60
Réparer et accorder l'orgue		38 00
Charbon de bois, 4 boîtes à 50c.......		2 00
Huile d'olive, 3½ galls à 70c..........		2 45
Encens, 6 boîtes à $1....		6 00
Flotteurs, 12 " 10c...............		1 20
" 12 " 12½c............		1 50
Cierges, 67½ liv. à 50c................		33 75
Vin de messe, 7 bout. à 50c		3 50
Grandes hosties, 200		0 70
Petites " 1,000............ ..		2 00
		248 54
Chapelle protestante.......	$ 199 89	
" catholique........	248 54	
		448 43
Entretien de l'école.		
Géographies, 6 à 60c....		3 60
"First readers", part. 1, 3 douz. à 96c.		2 88
" " 2, 3 dz. à $1.44		4 32
Arithmétiques pr les écoles publiques, 3 douz. à $2.40..................		7 20
Ardoises, 1 douz.....................		0 72
Crayons d'ardoise, 2 boîtes à 11c......		0 22
		18 94
Papeterie.		
Articles divers du dépt. de la papeterie		276 39
" de l'imp. de la Reine..		710 99
Fret et frais de messagerie		11 99
		999 37
		$ cts.
Timbres-poste		127 00
Télégrammes		66 74

Pénitencier de Kingston—*Suite.*

Service téléphonique.	$ c.
Bureau du préfet, résidence et bureau du garde-magasin	80 50
Résidence du mécanicien	25 00
Infirmerie	28 75
Message	0 30
	134 55
Charriage	3 50
Fret	1 75
Meubles et fournitures.	
Articles de bureau	106 51
Tapis liège, 45 vgs à $1	45 00
Emballage de tapis	0 75
Linoleum, 43⅓ vgs à 75c	34 00
Prélart, 29⅓ vgs $1.10	32 27
" 1½ vgs à 30c	0 45
" 6 vgs à 25c	1 50
Velours, 2 vgs à 50c	1 00
Feutre, 1⅛ vgs à 75c	0 84
Indienne, 12 vgs à 10c	1 20
Etamine, 10 vgs à 30c	3 00
Stores, 2 à $3.50	7 00
" 8 à 65c	5 20
" 1	1 45
" 1	1 95
Nattes de coco, 2 à $2	4 00
" 1	1 50
" 1	2 50
Miroirs, 3 à 75c	2 25
Imitation de cuir, 2 vgs à 45c	0 90
" 1$\frac{7}{16}$ vgs à 50c	0 60
Garniture, cuir, 51½ pds à 18½c	9 53
" 26½ " 18c	5 04
Horloge en chêne, 1	5 00
Réparer horloges	8 00
Cadran, 1,000	8 00
Abat-jour, 8 à 50c	4 00
" 3 à 40c	1 20
" 2 à 35c	0 70
" 1	0 75
Boîtes pour abat-jour	0 15
Crachoirs, 2 à 25c	0 50
Pot à l'eau, 1	0 30
" 1	0 35
Grands verres à boire, 1½ douz. à $1	1 50
Cuvettes en marbre, 2 à $14.50	29 00
Supports de cuvettes, 3 à 12½c	0 38
Bain émaillé	28 50
Robinets doubles N.P. pour bain	2 00
App. à douche N.P. pour bain	3 00
Closet automatique	28 80
Boîte et charroi	1 00
Appareils automatiques pour closet, 8 à $21	168 00
Cuvette de closet, 1	4 00
"Flushometers" en cuivre, 5 à $9.50	47 50
Dessus de calorifères et supports, 24 à $12.90	309 60
Serrures d'armoires, ½ douz. à $11.75	5 88
" de tiroirs, 1½ " à $4.50	6 75
Poignées de tiroirs, 1 douz	1 80
" " 2 douz. à $4.50	9 00
Boutons de portes, cuiv., 6 douz. à $1.75	10 50
Roulettes, 4 jeux à 20c	0 80
Fonds de chaises, 6 à 20c	1 20
" 6 à 25c	1 50
Cloches I. B., 4-pcs, 6 à 55c	3 30

Meubles et fournitures—Suite.	$ c.
Boutons de portes, bois, 6 à 9c	0 54
Batteries, 24 à 40c	9 60
Zinc pour batteries, 144 à 5c	7 20
Ficelle, 31 liv. à 18c	5 58
" 24 " 24c	5 76
" 5 " 37c	1 85
" 3 " 40c	1 20
Essuie-mains en toile, 4 douz. à $1.75	7 00
" " 13 " $1.80	23 40
Grosse toile à essuie-m., 100 vgs à 7¾c	7 75
" 1,995 " 6¾c	134 67
Galon blanc, 1 grosse	0 45
Chapelets, 6 douz. à $1.20	7 20
Scapulaires, 12 douz. à 60c	7 20
Déclarations en douane	0 25
Fret, charroi, frais de messagerie	8 86
Droits	0 40
	1,190 31
A DÉDUIRE—Remb. de dépenses	4 80
	1,185 51
Machines.	
Chauffeur mécanique	950 00
Machine à peinture	8 00
Séparateur vertical Austin	22 00
Econom. de vapeur, Heintz, 2 à $13.87½	27 75
Presse Gordon, 13 x 19, 1	180 00
Coupe-papier, 1	50 00
Presse	22 50
Coupe-plomb	2 00
Relieuse Acme	9 00
Fret	1 00
	1,272 25
Literie.	
Fonte, 289 liv. à 6c	17 34
Baril, 1	0 25
Coutil, 332¾ vgs à 12$\frac{11}{16}$c	42 22
Coton jaune croisé, 1,606 vgs 6⅞c	110 41
Couvertes, 150 à $1.60	240 00
Empaquetage	0 80
Toiles caoutchouc, 6 x 3, 6 à $1.50	9 00
Aug. hyd. fort, 5 liv. à 40c	2 00
Fret, charroi et frais de messagerie	1 80
	423 82
A DÉDUIRE—Remb. de dépenses	14 40
	409 42
Ustensiles.	
Cuillers, 1 grosse	3 25
" 2 douz. à $1.25	2 50
" 1	0 10
Tasses et soucoupes, 3 douz. à $1.20	3 60
Tasses en agate, 1 douz	1 00
Pot, 1	0 40
Couteaux de bouchers, 3 à 50c	1 50
" " 3 à 35c	1 05
" " 1	3 50
Scie de boucher, 1 à $1.75	3 50
Couteaux au pain, 2 à $1.25	2 50
Grand pot, 1	0 85
Rateaux en acier, 1 douz	3 49
Grandes pelles, 1½ douz. à $7.80	11 70
" ½ " $8.35	4 18
Pelles à neige, 2 douz. à $3	6 00
Corde, 15 liv. à 35c	5 25

Pénitencier de Kingston—*Suite.*

Ustensiles—Fin.	$ c.
Tondeuse pour gazon, 1	6 00
" " 1	5 00
Balances, 1	7 00
" 2 à $4.50	9 00
Plateforme de balance, 1	12 00
Réparations de balances	16 50
Inspection "	2 25
Pots à fleurs, 98 à 1½c	1 47
" 47 à 3¼c	1 53
" 47 à 5c	2 35
" 12 à 10c	1 20
Balais, 104 douz. à $1.45	150 80
Epoussettes, 6 douz. à $1	6 00
Brosses à plancher, 6 à $1.50	9 00
" " 1	1 25
Balais, 6 à 90c	5 40
Plumeaux, 1	0 35
Brosses à laver, 15 douz. à 75c	11 25
" à chaussures, 4 douz. à $2	8 00
" à miner, 6 à 20c	1 20
" à plancher, 4 douz. à $5	20 00
Savonettes, ½ douz. à $4	2 00
" 6 à 20c	1 20
Brosses à cheveux, 1 à 85c	0 85
" " ¼ douz. à $3	0 75
Peignes, 4 à 15c	0 60
" 1 douz. à $1.50	1 50
" 1 " à $1	1 00
Rasoirs, 1 douz	9 00
Ressorts pour tondeuse, ½ douz	0 25
Pierre à aiguiser, 1	1 75
" " 1	0 75
Savon à barbe, "Williams," 30 liv. à 35c	10 50
Broches à cheveux, 2 liv. à 5c	0 10
Briques à couteaux, 8 douz. à 45c	3 60
Poli "Putz," ½ gall	0 90
" 32 douz. chop. à $3	96 00
Cirage, 9 douz. à 75c	6 75
Sapolio, 19½ douz. à $1.20	23 40
Mine de plomb, ½ grosse à $2.25	1 13
Poli à métal, 48 liv. à 25c	12 00
Fichoirs, 1 boite	0 60
Planches à laver, 3 à 20c	0 60
" 3 à 25c	0 75
Caoutchouc, 15 liv. à 40c	6 00
Cuir, 10½ liv. à 25c	2 63
Fer étamé, 309 liv. à 6c	18 54
Etain I.X.X., 20 boites à $4.75	95 00
Cuivre en feuilles, 74 liv. à 45c	33 30
Divers, du département de la papeterie	25 33
Frais de messagerie	0 60
	689 30
Bibliothèque.	
Histoire du Canada, du Dr Kingsford, 1 volume	3 00
Abonnement au "Plumber's Journal," jusqu'à octobre 1899	2 00
Magazines	24 75
"Allsopp's Practical Bell Fitting"	1 25
'Fahie's House Lighting by Electricity'	0 80
'Hawkins' Catechism of the Indicator'	1 00
Abonnement au "Daily Globe"	4 00
" " "Whig"	6 00
Etoffe noire pour reliure, 10 vgs	1 68
Plioirs en corne, 2 à 10c	0 20
Fret	0 70
	45 38

Livres pour les bureaux.	$ c.
Almanach des adresses de Kingston	2 00
Divers articles du dép. de la papeterie	46 04
Fret	2 11
	50 15
Service de protection contre l'incendie.	
Epinette, 240 pds à $25	6 12
Essieux	3 00
Rais	1 75
Jantes	0 85
Moyeux	0 70
Cuir, 23½ liv. à 30c	7 05
" 19 liv. à 25c	4 75
Compensateur, 2½ pcs	8 00
Anneaux compens., 12 à $1.80	1 80
Bandes pour boyaux de toile, 12	7 50
Rondelles p. boyau, 1½ liv. à $1.50	2 25
Tuyaux cuivre, calibre réduit, 3 à $3.50	10 50
Lances G. P. Imp., 3 à $10	30 00
Haches de pompier, ½ douz. à $22	11 00
Soude à pâte, 5 liv. à 4c	0 20
1 caisse	0 10
Frais de messagerie	0 30
	95 88
Ferme.	
Pom. de terre de sem., 100 22/60 boiss. à 60c	60 22
Graines de légumes et de jardin	36 99
Vert de Paris, 50 liv. à 17c	8 50
Engrais	97 60
Pesage de l'orge	1 50
Battage du grain, 2,628 boiss. à 1½c	39 42
Fret et frais de messagerie	1 09
	245 32
Instruments aratoires.	
Herse	0 40
Dents de rateaux, 4 à 25c	1 00
Support et anneau	1 00
Fonte	0 30
Came et anneau	2 75
Pointes, 3 à 25c	0 75
Socs de charrue, 21 à 25c	5 25
Soc	1 15
Fourches à fumier, 3 à 50c	1 50
" " 3 à 65c	1 95
Soc de charrue, 1 à 30c	0 30
Pierre à faux, 1	1 00
Rivets, etc., pour rateaux	1 22
	18 57
Porcherie.	
Verrat	14 00
Boyau, ¾-pce, 75 pds à 14c	10 50
Lance et raccord	1 00
Fret sur cochons de Montréal	6 25
J.A. McCaugherty, dépenses de voyage	1 66
W. Nicholls, M.V., services profession.	1 00
G. W. Bell, M.V. " "	2 00
	36 41
Ateliers généralement.	
Fonte, 1,107 liv. à 3½c	38 76
Fer, 200 liv. à $1.85	3 70
" No 22 noir, 133 liv. à $2.75	3 66
" étamé, 276½ liv. à $8	22 28
" de Russie, 284 liv. à $10	28 40

Pénitencier de Kingston—*Suite.*

Ateliers généralement—Suite.	$	c.
Fer feuillard ⅝ pc. 403 liv. à $2.90....	11	69
" " 1 pc., 695 liv. à $2.50 ...	17	38
" " 1½ pcs. 200 liv. à $2.50 ...	5	00
Acier, 17½ liv. à $45	7	88
" Black Diamond, 200 liv. à $6.35.	12	70
" " 498 " $6.25	31	13
Etain, 12 liv. à 60c	7	20
Cuivre étamé, 34½ liv. à $30..........	10	35
" en barres, 15½ liv. à $22.......	3	41
Verre à vitres "Canada" 3 bts à $2.25	6	75
Broquettes (papiers), 2 douz. à 14½c...	0	29
" " 4 " 13c..	0	52
" " 4 " 14c..	0	56
" " 2 " 15½c .	0	31
" " 1 " 19c..	0	19
" 6 pqts à 5c..........	0	30
Vis, N. P. 1 douz..	0	30
" cuivre, 1 grosse..........	0	40
" 1 "	0	30
" 1 "	0	50
" 3 " à 60c	1	80
" 1 "	0	55
" 1 "	0	75
Œillets à vis, 1 douz..............	0	20
" " 1 "	0	30
Crochets à vis, 2 douz. à 8c	0	16
Agrafes et œillets, 1 grosse..........	0	48
" " 1 "	0	60
" " 1 "	0	72
Fil de cuivre, 19½ liv. à 25c	4	88
" fer 100 " 2c.........	2	00
" d'acier 148 " $3.65.........	5	40
" " 55 " $2	1	10
" à cadre 6 roul. à 10c............	0	60
Limes, 1 douz. à	0	52
" 4 " 69c.................	2	56
" 1 "	0	70
" 3 " 62c..	1	86
" 1 "	1	03
" 3 " $1.14	3	42
" 1 "	2	33
" 5 " $1.69	8	45
" 2½ " $1.92................	4	80
" 1 "	1	34
" 1 "	1	50
" 2 " $1.11................	2	22
" 2 " $1.45..	2	90
" 3 " $3.40................	10	20
" 1 "	1	79
" ½ " $2.47................	1	24
Forets, ½ " $7.26.	3	63
" 1 "	3	78
" 2 " $1.89	3	78
" ½ " $15.39	7	70
" 1 " $5.61	5	62
" 1 " $2.19................	2	19
" 1 "	10	26
" 1 "	5	04
" 1 "	0	90
" 1 "	0	80
" 1½ " $3.51..	5	28
" ½ " $4.32.,...............	2	16
Rivets, 85 liv. à 5c.................	4	25
" " 5½c.................	4	69
" cuivre, 2 liv. à 40c............	0	80
Clef anglaise de Coe, 1⅙ douz. à $3.75.	4	38
" 7/12 " $5.25.	3	07
" 3/12 " $14.	3	50
" 1/6 " $8.50.	1	42
Ecrous, 50 liv. à $3.25...............	1	63
" 90 " $4.25............	3	83
" 105 " $4.60...............	4	83

Ateliers généralement—Suite.		$	c.
Escrous, 50 liv. à $5.25..............		2	63
" 25 " $6.75..............		1	69
" 15 " $8.25..............		1	24
Robinet, 1 à		0	54
Frais de port.........................		0	06
Robinet, 1 à	45c.		
"	55c.		
"	60c.		
"	90c.		
	2 50		
Moins 50 p. c.	1 25		
		1	25
Filières, 1 pr. à............	$1 50		
" 2 "	2 00		
" 2 "	2 50		
" 1 "	1 75		
" 1 "	2 00		
	9 75		
Moins 25 p. c....... ...	2 44		
		7	31
Houes, ½ douz. à $2.92		1	46
Passe-partout, ¼ douz. à $2....		0	50
Poignées de bidon à lait, 12 prs à		3	00
" "		2	75
Oreilles de chaudron étam., 50 liv. à 14c		7	00
"Turn webs", ⅚ douz. à $1.25.........		1	04
Fer à repasser, 24 liv. à 5c..........		1	20
Cisailles, 6 prs à $2.25..........		13	50
Compas, 6 à 35c.........		2	10
Tenailles, 2 prs à $1.20..............		2	40
Mâchoires p. tourne à gauche de 14 pcs, 3 à 50c..............................		1	50
Mach. p. tourne à gauche de 14 pcs, 1 à		0	90
Roue émeri, 2 à $3.50.................		7	00
Compas, ½ douz. à $1.75		0	88
Pelles, 1 douz. à....................		6	50
Vilebrequin, 1 à......................		0	07
Règles de bois, 3 douz. à 70c.		2	10
Torches à la gazoline, 2 $2.40.........		4	80
Pinces, ½ douz. à $6..................		3	00
" " $4.50.....................		2	25
Chaudières à charb., 1½ douz. à $8.75..		13	13
Oil gates, 6 à 60c...		3	60
" 6 à 30c....................		1	80
Ciseaux à boutonn., 3 douz. à $2.50. ..		7	50
Cisailles, 11 pcs, 2 douz. à $15...		30	00
Outils p. châssis, 4 pcs, 1 douz. à.....		0	55
" " 6 pcs, 1 douz. à.....		0	80
Manc. de mart. à deux m., 2 doz. à $2.40		4	80
Manches de pelles, 3 douz. à $1.75.....		5	25
" " 1 douz. à.. .		1	00
Carreau de tailleur, 40 liv. à 5c.......		2	00
Houille de forge, 8 925/1000 tonnes à $6....		53	55
Toile émeri, 40 mains à 35c............		14	00
" 71 " 44c		31	24
Papier sablé, 15 " 12c		1	80
" 20 " 14c		2	80
Poudre émeri, 25 liv. à 5¼c..		1	31
" 15 " 2¾c..........		0	41
Poids de 100 liv., 1 à...............		0	40
Etau de forgeron, 40 liv. à 15c.......		6	00
Serrure, 1 à..		0	40
Port sur serrure.....................		0	02
Pinceaux à vernis, 1½ douz. à $2.15. ..		3	23
" " 1 douz. à		1	46
" "		1	26
" "		3	10
" d'artistes, 2 " 80c.......		1	60
" en p. de cham., ½ douz. à $4.		2	00
Brosses, 5, 1 douz. à..		6	40
" 4 x 4 en soies, 1½ douz. à $7.20		10	80

Pénitencier de Kingston—*Suite.*

Ateliers généralement—Suite.	$ c.
Brosses à blanchir, 2 douz. à $4.80....	9 60
" " 4 x 8, $\frac{1}{2}$ douz. à $11.20....	5 60
" " 8 x 8, $\frac{1}{2}$ douz. à $22.	11 00
Clous coupés, $21\frac{1}{2}$ liv. à $5\frac{1}{2}$c..........	1 19
Clous à ferrer, 2 boîtes à $2.66........	5 32
Fer à chevaux, 4 brls à $3.75.........	15 00
Fusé, D. T. 1,000 pds à.	5 00
Poudre à miner, 12 brls à $1.80.. .. .	21 60
Dynamite, 12 batons à 20c.........	2 40
Argile réfract., 1,510 liv. à $10.	7 55
Charbon de bois, 200 " 16c	32 00
Soufre, 45 " 3c.....	1 35
Aiguiser cisailles, 7 prs à 25c	1 75
Rép. aux machines à coudre et tricoter..............................	7 95
Aig. pour mach. à coudre, 36 douz. à 25c	12 60
Aig. " à tricoter, 500 à $2\frac{1}{2}$c ..	12 50
Aig., 444 papiers à $2\frac{1}{2}$c......... .. .	11 11
Broches à tricoter, 2 papiers à 10c. ...	0 20
" 5 " 4c....	0 20
Aig. d'emballage, 2 pqts à 6c	0 12
Etoupe, 35 liv. à 5c..................	1 75
Gomme adrag., 2 liv. à 40c	0 80
Camphre, 5 liv. à 30c..........	1 50
Corde "Manille," $547\frac{1}{2}$ liv. à $12.41...	71 30
Manille "Mastodon," 2 rames à $8....	16 00
" " $7.50...	15 00
" " $6......	12 00
Empois, 131 liv. à 5c............	6 55
Bleu, 20 liv. à 20c.	4 00
Amidon de maïs, 18 liv. à 6c..........	1 08
Craie, 25 liv. à $1.15.......	0 29
Crayons, 3 boîtes à 75c...............	2 25
Laque, $38\frac{7}{8}$ galls à 55c	21 39
Huile bouillie, $86\frac{7}{8}$ galls à 52c...	45 18
" $44\frac{4}{9}$ " 51c.	22 67
Résine, 354 liv. à $1\frac{1}{4}$c.......	4 43
Ammoniac liquide, 1 pinte à..........	0 20
Huile douce, $\frac{1}{2}$ gallon à 70c..........	0 35
Acide oxalique, 2 liv. à 10c....	0 20
Laque blanche, 20 liv. à 16c..........	3 20
Benzine, $89\frac{35}{100}$ galls à 20c.	17 87
Laque, 7 galls à $2..	14 00
Baril pour laque, 1 à.......	0 50
Bidon "	0 40
Vernis "Damar," 1 gall. à	2 00
Gasoline, $26\frac{3}{4}$ galls à 20c.............	5 35
" 10 galls à 23c.	2 30
Alain, 2 liv. à 5c................ ..	0 10
Or en feuilles, 24 livrets à 32c....	7 68
Sel ammoniac, 100 liv. à 12c..........	12 00
Râpes, 3 douz. à $2.50.....	7 50
Tranchets F. W. C., 1 douz. à..	3 25
Couteaux " 3 douz. à $4.50...	4 50
Manches d'aleines, 2 douz. à $75c.. ..	1 50
Aleines à coudre, 3 liv. à 25c....	0 75
" p. trépointe, 1 à 25c...... ...	0 25
Couteaux, $\frac{1}{2}$ douz. à $3......... ...	1 50
Lames de plane, 1 douz..	5 00
Aleines, 11 grosses à 80c....	8 80
" 2 grosses à $1.50...........	3 08
Tiges, 1 grosses..	0 75
Cire, 30 liv. à 10c...	3 00
Cire d'abeilles, $5\frac{1}{4}$ liv. à 30c...........	1 58
" 25 liv. à 60c..... .	15 00
Bandes émeri, $1\frac{1}{2}$ douz. à $1.75.......	2 63
Aig. à harnais, 3 papiers à 8c.........	0 24
Formes de chauss., 43 paires à 30c....	12 90
" plaque, 30 paires à 40c........	12 00
Huile de p. de bœuf, 20 galls à 75c....	15 00
Ligneul, 21 liv. à 70c.........	14 70

Ateliers généralement—Suite.	$ c.
Clous zingués, 40 liv. à 11c...........	4 40
Clous, fer, 65 liv. à 4c............ ..	2 60
Agrafes, 6 boîtes à 30c	1 80
Cirage "Boston," 5 galls à 75c..	3 75
1 bidon de cirage.....	0 50
Ciment, 1 boîte..................	1 00
" 1 gall...............	2 00
1 bidon de ciment.........	0 25
Œillets, 16 boîtes à 15c...	2 40
Doublure pour chauss., 6 roul. à 25c...	1 50
Eponges, 1 douz.......................	0 20
Galons à mesurer, 4 douz. à 35c	1 40
Dés, 4 douz. à 20c........	0 80
Veau français, $6\frac{1}{2}$ liv. à $1............	6 50
Galon, 2 grosses à 45c.........	0 90
Boutons "Crown," 2 grosses à 5.37\frac{1}{2}$.	10 75
Rouleaux fil, $6\frac{1}{6}$ grosses à $3.41.......	21 03
" 2 douz. à 34c......	0 68
Fil toile, 12 échev. à 25c......... .. .	3 00
" n° 40, 55 liv. à $1.42.........	78 10
" n° 60, 50 liv. à 1.83\frac{1}{2}$........	91 75
Bonnets en mouton, 3 à $5...........	15 00
Chapeaux feutre, 10 à $1..	10 00
" 1	0 85
Mitaines, 3 paires à $1.10............	3 30
Gants, 1 pr..........................	1 25
Mouchoir, soie, 9 à 75c..	6 75
" 1 à................	0 80
Chaussettes, $\frac{3}{4}$ douz. à $2.25.	1 69
Imprimerie, caractère et matériel.....	87 94
Divers articles, du département de la papeterie.......	61 09
Déclaration en douanes.	0 75
Fret, charriage et frais de messagerie.	10 36
	1,661 20
A DÉDUIRE—Remb. de dép....	298 32
	1,362 88
Département de la ficelle à engerber.	
Chanvre, de la Nouvelle-Zélande, 2,149 qtx, 3 brls, 25 liv. à 25s. par qtx....	13,078 96
Chanvre, de la Nouvelle-Zélande, 589 qtx, 2 brls, 18 liv. à £20 10s. par tonn	2,941 43
Chanvre, de la Nouvelle-Zélandre, 500 qtx, 11 liv. à £20 12s. 6d. par tonne	2,509 86
Chanvre de Manille, secondes qualités, $62\frac{1}{2}$ tonnes à £23 par tonnes........	6,994 93
Intérêt sur $5,214.77 pour 61 jours à 5 p.c. par année	43 57
Huile à cordage, 5,083 galls à 9c....	457 47
" 9,557 " 7c.....	668 99
Huile à l'asphalte, 870 " 10c....	88 00
Barils à l'huile, 308 à $1.........	308 00
Houille grasse passée à la claie, $684\frac{1228}{2000}$ tonnes à $1.89	1,293 92
"Toes" pour chai. du jenny, 24 prs à 10c	2 40
Commandes de cabestan pour le jenny, 40 à 40c.....	16 00
Aiguilles, 500 à 15c................ ...	0 75
" brisés, 500 à $3.25...	16 25
" étal., 500 à $2......	10 00
" fines, 500 à $1.60...........	8 00
83 dents d'engrenage, 3 à $6.........	18 00
83 " 3 à $7.50	22 50
" " addit., 3 à $3....	9 00
Boîte pour engrenage..	1 50
"R. & L. toes" pour le briseur, 50 à 80c.	30 00
Changer modèle d'engrenage.	0 30
Modèle d'engrenage en fonte, 1 à.....	10 35

Pénitencier de Kingston—*Fin.*

Dépt. de la ficelle à engerber—Suite.	$ c.
Cabestans du "Jenny", forés et tournés, 15 à $1.25	18 75
Engrenages d'acier, 2 à $3.25	6 50
" " 2 à $4.25	8 50
Chapeaux de paliers, 4	2 98
Fonte, 14 pièces à 40c	5 60
Boîte pour fonte	0 25
Fonte, 21¼ liv. à 7c	1 48
" 1,108 liv. à 3½c	38 80
Foier un cylindre, 21½ hrs à 40c	8 60
Têtes de bobines, 525 à 5½c	29 42
Boîtes pour bobines, 2	1 00
Acier pour machine, 120 liv. à 3¼c	3 90
Plaque de bouilloire, 109, liv. à 2¼c	2 45
Ressort de bob. "Biederman", 8 à $1.25	10 00
Rondelles de bobine, 71 liv. à 13c	9 23
Fil d'acier pour ressort, 25 liv. à 5c	1 25
Vis de pression, 3 douz. à 50c	1 50
Couteaux, 2 douz. à $1.50	3 00
Cire, 149 liv. à 5c	7 45
Suif, 59½ liv. à 5c	2 98
Courroie, cuir, 5/16, 150 pds à 6c	9 00
" 1¼ 400 " 7½c	30 00
" 1½ 250 " 10c	25 00
" 2¼ 288 " 13c	37 44
" 3 350 " 14c	49 00
" 3 296 " 15c	44 40
Garde-courroie, 100	2 50
" 100	5 00
" 150 à $3	4 50
Rép. courroie, 1 jour	3 00
Ciment pour courroie	0 25
Pinceaux à étamper, 12 à 25c	3 00
Caractères en caoutchouc, 3 à $2.75	8 25
Numéros, 1	0 75
Ficelle fantaisie, 12 pelottes	0 60
Etiquettes, 75,000 à 20c	15 00
Sacs de toile, 5,000 à 6½c	325 00
Papier à envelop., 22,234 liv. à 2¼, moins, 4 p. 100	480 26
H. N. Bate & Sons. Remb. de ce que payé de trop sur ficelle d'engerbage	1 00
T. J. Mathers, services professionnels, pour John Connors	28 68
Kerr, Macdonald, Davidson & Paterson, services professionnels, pour la "Ontario Twine Co."	3 31
A. Ballantyne, services comme arbitre	500 00
Télégrammes	23 44
Timbres-poste	25 00
Annonces p. soumis. p. ficelle d'engerb.	497 00
Fret, chanvre	453 13
Fret, charriage, frais de messagerie	289 71
Déclarations en douane	3 25
	31,562 29
A DÉDUIRE—Remb. de dépenses	247 01

Bâtiments.	$ c.
Tuyaux, fonte, 979 liv. à 2½c	24 48
"Cantilevers", 4,620 liv. à 2¾c	127 05
Ventilateurs doubles, 400 liv. 2¾c	11 00
" simples, 1,047 liv. à 2½c	28 80
Fer, 5,003 qtx à $1.70	85 05
" 1,312 " à $1.50	19 68
" 4,713 " à $1.15	54 20
" 317 " à $1.05	3 33
Acier, 964 " à $2	19 28
" 1,335 " à $2.65¾	35 61
Tablettes m. galv. p. couv., 16 c. à $5.25	84 00
Clous de couvreurs, 50 liv. à 5c	2 50
Chaîne de cuivre, 200 pds à 4c	8 00
" " pour cric, 202 vgs à 15c.	30 30
Crochets de cuivre en S, 174 à ¾c	1 31
Crochets vis en fil de fer, 5 gros. à 60c.	3 00
Taquets, fer galv., 3 douz. à $3	9 00
Vis à œillets, 1 grosse	0 50
Pin, 657 pds à $22	14 45
" 2,571 pds à $18	64 28
" T. & G., 3,500 pds à $18	63 00
Cèdre, 640 pds à $18	11 52
" 144 l. pds à 12c	17 28
Sable, 233 vgs c. à 90c	209 70
Ciment, 102 barils à $2.50	255 00
Fret et charriage	18 24
Déclarations en douane	0 75
	1,201 31

Annonces.	
Appels de soumissions p. fournitures	241 30

Dépenses de voyages.	
Douglas Stewart	275 00
George L. Foster	155 95
W. H. Derry	140 00
E. J. Adams	100 00
P. A. Moncrieff	50 00
J. R. Forster	42 05
H. G. Smith	24 72
"Kingston, Portsmouth and Cataraqui Electric Railway", billets	49 75
"British American Hotel", pension de George L. Foster	601 17
	1,438 64
A DÉDUIRE—Remb. de dépenses.	341 11
	1,097 53

Divers spéciaux.	
Prix pour tir au revolver	20 00

RÉCAPITULATION.

		$ c.	$ c.	$ c.
Personnel :—				
Appointements, direction générale	$ 17,248 13			
A déduire, remb. de dépenses	1 57			
		17,246 56		
Appointements, service industriel		13,847 28		
" police		32,933 72		
			64,027 56	
Uniformes		2,529 61		
A déduire, remb. de dépenses		120 57		
			2,409 04	
Allocations de retraite			12,864 28	
Mess de la police			1,083 75	
				80,384 63
Entretien des détenus :—				
Rations		18,906 62		
A déduire, remb. de dépenses		63 89		
			18,842 73	
Vêtements des détenus		3,042 49		
A déduire, remb. de dépenses		148 98		
Fournitures pour l'infirmerie		816 77		
A déduire, remb. de dépenses		29 82		
			786 95	
				22,523 19
Frais de sortie :—				
Vêtements aux forçats libérés			803 94	
Allocations de voyage			2,508 50	
Transferts		436 60		
A déduire, remb. de dépenses		340 95		
			95 65	
Inhumations		40 70		
A déduire, remb. de dépenses		12 00		
			28 70	
				3,436 79
Dépenses d'entretien et de service :—				
Chauffage		5,574 83		
A déduire, remb. de dépenses		17 00		
			5,557 83	
Eclairage			4,280 68	
Alimentation d'eau		518 38		
A déduire, remb. de dépenses		0 79		
			517 59	
Etables et voitures			150 00	
Entretien des bâtiments		5,819 16		
A déduire, remb. de dépenses		3 44		
			5,815 72	
Entretien des machines		1,306 47		
A déduire, remb. de dépenses		0 80		
			1,305 67	
Entretien de la salle d'armes			153 41	
Entretien des chapelles—				
Chapelle protestante		199 89		
" catholique		248 54		
			448 43	
Entretien de l'école			18 94	
Papeterie			999 37	
Port postal			127 00	
Télégrammes			66 74	
Service du téléphone			134 55	
Camionnage			3 50	
Fret			1 75	
				19,581 18
Fournitures du pénitencier :—				
Meubles et fournitures		1,190 31		
A déduire, remb. de dépenses		4 80		
			1,185 51	
Machines			1,272 25	
Literie		423 82		
A déduire, remb. de dépenses		14 40		
			409 42	
Ustensiles			689 30	
Bibliothèques			45 38	
Livres de bureau			50 15	
Service de protection contre l'incendie			95 88	
				3,747 89

RÉCAPITULATION—*Fin.*

	$ c.	$ c.	$ c.
Industries :—			
Ferme		245 32	
Instruments aratoires		18 57	
Porcherie		36 41	
Ateliers—généralement	1,661 20		
A déduire, remboursement de dépenses	298 32		
		1,362 88	
Ficelle à engerber	31,562 29		
A déduire, remboursement de dépenses	247 01		
		31,315 28	
			32,978 46
Capital :—			
Bâtiments			1,201 31
Divevs :—			
Annonces		241 30	
Frais de voyages	1,438 64		
A déduire, remboursement de dépenses	341 11		
		1,097 53	
			1,338 83
Divers " spéciaux " :—			
Prix pour tir au revolver			20 00
			165,212 28

ROBT. R. CREIGHTON,
Comptable.

PÉNITENCIER DE SAINT-VINCENT-DE-PAUL.

RELEVÉ SOMMAIRE DES DÉPENSES.

	$ c.		$ c.
Appointements	43,213 32	Report	85,102 28
Uniformes	2,398 58		
Allocation de retraite	695 00	Papeterie et imprimeur de la Reine	1,171 32
Mess de la police	747 56	Port postal	81 80
Rations	12,506 09	Meubles et fournitures	178 67
Extras de la Noël	78 78	Machines	1,873 67
Vêtements des prisonniers	2,447 95	Literie	550 57
Infirmerie	1,345 67	Ustensiles	187 27
Vêtements aux forçats libérés	1,013 33	Bibliothèques	191 41
Allocations de voyages	1,583 00	Livres de bureau	4 75
Transferts	153 25	Service de protection contre l'incendie	1,015 77
Inhumations	11 25	Ferme	443 27
Chauffage	5,663 26	Etables de la ferme	583 98
Eclairage	1,159 43	Instruments aratoires	752 73
Alimentation d'eau	1,402 52	Porcherie	393 88
Etables du pénitencier	1,575 72	Ateliers généralement	730 48
Entretien des bâtiments	7,462 00	Carrière	152 78
" des machines	374 61	Briqueterie	696 00
" de la salle d'armes	448 45	Concours de tir à la carabine	50 00
" des chapelles	264 09	Evasions	21 06
Fret	481 91	Annonces	76 42
Télégrammes	26 66	Frais de voyages	382 25
Téléphones	46 85	Honoraires d'avocats	30 75
Papeterie	3 00		
A reporter	85,102 28		94,671 11

J. A. DUCHESNEAU,
Préfet.

G. S. MALÉPART,
Comptable.

PÉNITENCIER DE SAINT-VINCENT-DE-PAUL.

APPOINTEMENTS DU PERSONNEL.

Direction générale.

Occupation.	Nom.	Durée.		Appointements.	Montant payé.
		Mois.	Jours.		
				$ c.	$ c.
Préfet	J. A. Duchesneau			2,000 00	2,000 00
Médecin	L. A. Fortier			1,500 00	1,500 00
Aumônier catholique	L. O. Harel			1,200 00	1,200 00
" protestant	J. Rollit			800 00	800 00
Comptable	G. S. Malepart			1,100 00	1,100 00
Secrétaire du préfet	E. Lachapelle			600 00	600 00
Garde-magasin	G. B. Lamarche			900 00	900 00
Mécanicien	E. Champagne			900 00	900 00
Econome	N. Charbonneau			800 00	800 00
Infirmier en chef	D. O. Shea			680 00	680 00
Instituteur	J. T. Dorais			700 00	700 00
Aide-mécanicien	E. Trudeau	5	19	500 00	233 83
"	E. Leclair	6	6	500 00	258 10
Messager	C. Taillon			500 00	500 00
					12,171 93

Service industriel.

Occupation.	Nom.	Mois.	Jours.	Appointements.	Montant payé.
Instruct. en chef des métiers	L. O. Labelle	8		1,000 00	666 64
"	Geo. A. Pratt	4	9	1,000 00	360 14
Instructeur agricole	E. Kenny			700 00	700 00
Instructeurs, 4				700 00	2,800 00
Instructeur, 1		6		690 00	345 00
" 1		6		700 00	350 02
" 1		6		630 00	315 00
" 1		6		660 00	330 00
" 1		11		700 00	641 63
" 1		1		700 00	58 37
" 1		1		700 00	58 33
Charretier, 1		6		400 00	199 98
" 1		11		400 00	366 63
Garde des étables, 1		3		400 00	99 99
" 1		3		500 00	125 06
" 1		1		500 00	41 70
					7,458 49

PÉNITENCIER DE SAINT-VINCENT-DE-PAUL—*Suite.*

Appointements du personnel—*Fin.*

Police.

Occupation.	Nom.	Durée. Mois.	Durée. Jours.	Appointements.	Montant.
				$ c.	$ c.
Sous-préfet	O. Beauchamp	4	12	1,500 00	553 57
Gardien en chef	C. N. Contant	9		900 00	675 00
"	U. Chartrand	1	24	900 00	135 00
"	"	1		800 00	66 66
Gardien, 1	"	9	6	600 00	460 00
Gardiens, 4				600 00	2,400 00
Gardien, 1		6		590 00	294 90
Gardiens, 6		6		600 00	300 00
Gardien, 1		6		590 00	295 04
" 1		6		560 00	279 96
" 1		3	24	600 00	190 00
" 1		8	6	500 00	341 61
" 1		2	24	600 00	140 00
Gardes, 17				500 00	8,500 00
" 4		6		500 00	999 84
" 3		6		490 00	734 94
" 3		6		500 00	750 12
" 2		6		490 80	490 04
" 2		6		460 00	459 96
" 1		9	6	500 00	383 27
" 3		9		500 00	1,125 06
" 3		3		400 00	299 97
" 2		7		500 00	666 72
" 2		3		400 00	199 98
" 1		6	10	500 00	263 85
" 1		2		500 00	83 32
" 4		3		500 00	500 24
" 4		3		400 00	399 96
" 3		2	14	400 00	246 63
" 1		2	11	400 00	78 88
" 1		2		400 00	66 66
" 1		1		400 00	33 33
					22,414 57

Service spécial.

Occupation.	Nom.	Mois.	Jours.	Appointements.	Montant.
Architect	James Adams	9	16	1,500 00	1,191 67

RÉCAPITULATION.

Direction générale	$12,171 93
Service industriel	7,458 49
Police	22,414 57
Service spécial	1,191 67
Total	$43,236 66
A déduire—Remb. de dépenses	23 34
	$43,213 32

Pénitencier de Saint-Vincent-de-Paul—*Suite.*

Uniformes.	$	c.
Boutons, 1 $\frac{2}{3}$ douz	0	20
Brandebourg	8	89
Boutons barils, 2 douz	4	50
Boutons d'uniforme, 9$\frac{3}{12}$ grosses	22	66
Couronnes militaires, 2	3	00
Cuir à semelle, 475 liv	99	75
Veau français, 184$\frac{1}{2}$ liv	184	50
Trépointe, 71 liv	24	85
Ardasse, 4 liv	22	00
Doublure, 3 paquets	1	05
Œillets d'agrafes, 4 boîtes	1	20
Soies, 1 liv	5	50
Cirage, 2 galls	1	50
Bidon, 1 gall	0	30
Bonnets p. de phoque, 19	28	50
Doublure de crin, 2 vgs	0	75
Peaux de mouton, 65 liv	22	93
Doublure, 121$\frac{1}{4}$ liv	12	13
Mitaines p. de daim, 2 prs	2	40
Gants, 6 prs	6	00
Boîte, 1	0	25
Aiguilles de fourreurs, 1 pqt	0	15
Cuir espagnol, 150 liv	31	50
Lacets de chaussure, 3 douz	0	60
Huile de Cuba, 1 gall	3	50
Gutta percha, $\frac{1}{2}$ liv	0	88
Carbone, $\frac{1}{2}$ gal	0	75
Veau français, $\frac{1}{2}$ douz	24	25
Brandebourg, 5$\frac{5}{12}$ grosses	18	00
Agrafes et œillets, 3 gross	72	00
Lincnette, 184$\frac{3}{4}$ vgs	24	94
Mitaines d'officiers, 5 douz	45	00
Grosse toile, 390 vgs	27	83
Bonnets d'uniforme, 11	44	00
Visières de casque, 6 douz	12	00
Bandes " 6 douz	4	70
Insignes, 1 douz	6	00
Grosse toile française, 500 vgs	31	25
Batiste noire, 325 vgs	18	69
Boutons d'ivoire, 7 grosses	2	40
Soie p. boutonnières, 4 liv	17	00
" machine, 4 liv	25	00
Boutons barils, 2 grosses	18	00
Doublure, 415 vgs	20	75
Etoffe p. poches, 300 vgs	20	63
Soie, 248$\frac{3}{4}$ vgs	62	19
Boutons, 6 douz	4	50
"Helmets," 63	157	50
Boutons dorés, 2	0	58
Etoiles, 1 pr	1	00
Guingan, 119$\frac{1}{2}$ vgs	5	96
Cravates, 5 douz	5	00
Soie brune de Hollande, 186 vgs	17	67
Batiste de fantaisie, 307$\frac{1}{4}$ vgs	26	97
Manteaux, 48	84	00
Paramatas, 2	16	00
Peaux de mouton, 17	93	50
Ratine, 247$\frac{3}{4}$ vgs	113	97
Serge, 1,140 vgs	902	13
Peaux de chevreau français, 2	6	00
Etoffe à habits, 10 vgs	20	00
Brandebourgs militaire, 4 grosses	12	00
Mentonnières, 4 douz	1	60
Cirage, 1 douz	0	50
Cuir grenelé, 14$\frac{1}{4}$ liv	2	14
Peaux de phoque	33	00
	2,417	61
A déduire p. remb. de dépenses	19	03
	2,398	58

Allocation de retraite.	$	c.
C. N. Contant	695	00
Mess de la police.		
Bœuf, 4,945 liv	283	10
Mouton, 964 liv	48	20
Pommes sèches, 250 liv	28	25
Muscades, 5$\frac{3}{4}$ liv	4	02
Œufs, 253 douz	45	16
Lait, 268$\frac{1}{2}$ galls	53	72
Essence de citron, 2 liv	1	80
Poudre "Currie," 3 liv	1	80
Raisins, 112 liv	6	72
Moutarde, 25 liv	4	75
Hadock, 295 liv	13	68
Café, 80 liv	26	40
Sucre granulé, 601 liv	30	05
Thé, 60 liv	21	00
Poisson, 548 liv	28	02
Gingembre, 12 liv	3	60
Dinde, 40 liv	4	80
Cuillers à thé, 1 douz	0	30
Epices, 85 liv	21	25
Soude, 10 liv	0	50
Carvi, 4 liv	0	40
Raisins secs, 89$\frac{1}{2}$ liv	5	37
Poudre à pâte, 18 pqts	4	50
Beurre, 571 liv	99	93
Assiettes à soupe, 1 douz	0	80
Essence de vanille, 2 liv	3	00
Morue, 141 liv	5	64
Tasses et soucoupes, 1 douz	0	80
	747	56
Rations.		
Farine, 1,232 brls	4,903	36
Bœuf, 64,298 liv	3,686	80
Mouton, 5,250 liv	262	50
Lard, 94 lbs	1,622	00
Mélasse, 824 galls	263	68
Orge, 3,050 liv	61	00
Suif, 300 liv	13	50
Poivre, 860 liv	86	00
Hareng, 37 brls	166	50
Lait, 2 galls	0	40
Lessive concentrée, 208 liv	62	40
Graisse, 600 liv	42	00
Pois, 4,220 liv	84	40
Sel, 12,890 liv	41	25
Oignons, 12 brls	28	75
Vinaigre, 132$\frac{8}{10}$ galls	22	58
Motzos, 77$\frac{1}{2}$ liv	9	69
Sucre en pain, 10 liv	0	60
Morue, 224 liv	9	52
"Shallots"	23	15
Pommes de terre, 732$\frac{27}{60}$ sacs	505	01
Farine de maïs, 400 liv	6	00
Fèves, 6,719 liv	134	38
Farine d'avoine, 6,460 liv	145	35
Fromage "Kosher," 5 liv	2	00
Sucre, 7,134 liv	267	52
Extrait de malt, 100 liv	10	00
Beurre "Kosher," 4$\frac{1}{2}$ liv	1	80
Thé du Japon, 582 liv	96	03
	12,558	17
A déduire p. remb. de dépenses	52	08
	12,506	09

Pénitencier de Saint-Vincent de-Paul—*Suite.*

Extras de la Noël.	$	c.
Beurre, 207 liv	36	23
Pommes, 5 brls	17	50
Œufs, 95 douz.	16	
Lait, 10 galls	2	
Essence, 1 liv	0	15
Poudre à pâte, 12 boîtes	6	90
	78	78
Vêtements des prisonniers.		
Laine, 651½ liv.	214	09
Grosse toile, 200 vgs	12	50
"Tweed", 732¼ vgs.	314	36
Flanelle, 317¼ vgs	47	59
Flanellette, 1,772¼ vgs	159	50
Machine à tricoter, 1	35	00
Boutons d'habits, 4 grosses	0	48
Boucles de pantalons, 12 grosses	2	16
Coutil, 400 vgs.	27	50
Chapeaux de paille, 37½ douz.	28	13
Toile "Duck", coul. tan, 183½ vgs.	26	61
Broches à tricoter, 150	3	00
Chaussettes, 8¾ douz.	17	50
Cuir espag., 950¾ liv	199	66
" veau 960½ "	432	23
" fendu 445 "	102	35
" mouton, 141 "	49	36
Broquettes, 27 liv	4	95
Acide oxaliq., 2 liv	0	50
Gomme adragante, 1 liv	0	90
Cuir de marsoin, 32½ liv	48	75
Formes de chaussures, 12 prs	3	60
Encre, 2 galls	0	90
Bidons, 4	1	95
Huile de pied de bœuf, 20 galls	15	00
Clous, fer, 60 liv	2	40
Rivets, 30 liv	2	10
Chevilles, 3½ boiss	3	85
Pointes pour formes, 21 grosses	3	15
Etoffe pr poches, 504 vgs	34	65
Huile à machine, 1 gall	0	95
Instructions sur le tricot	2	50
Fil de toile, 44 liv.	61	72
Cire, 30 liv	3	00
Craie, 1 boîte	0	45
Dés, 1 qr	1	50
Coton croisé, 457¾ vgs.	59	51
Bordure, 3 grs	1	50
Coton, 560¾ vgs	27	37
Guingan, 310 vgs	21	70
Fil pour machine, 12 gr.	40	92
Galon, 7 gr	3	50
Cariset, 1,051¼ vgs	250	99
Cuir à semelle, 1,819¾ liv	382	15
Ligneul, 24 liv	16	80
Cuir de veau, rouge, 198 liv	138	60
Boutons pour pantalons, 12 grs.	3	60
Riz, 3,000 liv.	120	00
Aiguilles, 1,000 liv	0	80
Brandebourg, 1 gr	3	00
Boutons blancs, 12 grs	3	60
	2,938	88
A DÉDUIRE—pour remb. des dép.	490	93
Infirmerie.	2,447	95
Beurre, 1,817 liv	317	99
Fromage, 5 liv	0	72
Œufs, 52 douz	9	83
Muscade, 1¼ liv	0	88
Tomates	1	26
Biscuits, soude, 11 boîtes	2	75

Infirmerie—Fin.	$	c.
Sucre granulé, 145 liv	7	25
Coton, 20 vgs	1	20
Café, 5 liv	1	75
Lait, 2,626¾ galls.	525	31
Médicaments	431	20
Assiettes, ½ douz	0	50
Thym, 4 pqts	0	20
Citrons, 18 douz	2	16
Jelée, 1 boîte	0	25
Amidon de maïs, 6 pqts	0	60
Nappes, 4 vgs.	1	40
Poudre à pâte, 6 pqts	1	50
Marmelade, 11 boîtes	2	49
Alcool méthyl., 15 galls.	17	10
Volailles, 4	1	60
Clous de girofle, 1 liv	0	25
Seringle, 1	5	00
Biscuits, gingembre, 4 liv	0	60
Pommes, 4 douz	0	36
Maïs sucré, 2 boîtes	0	20
Coton ouaté, 10 vgs	1	00
Lunettes, 1 paire	2	00
Tabac, 22 liv	8	81
Gingembre moulu, 1 liv	0	35
Moutarde, 4 liv	0	76
Biscuits mélangés, 3 liv	0	30
Coton léger, 10 liv	0	50
Whiskey, 2 galls	7	00
Etoffe verte, 1 verge	0	15
	1,355	22
A DÉDUIRE—Pour remb. de dép.	9	55
Vêtements pour forçats libérés.	1,345	67
Boutons, 6 grosses	0	72
Cuir à semelles, 625 liv	131	25
Ligneul, 21 liv	14	70
Œillets, 16 boîtes	3	20
"Tweed", 1,075 vgs	349	37
Cravates, 9 douz	9	00
Mouchoirs, 14 douz	6	30
Bretelles, 14 douz	16	10
Chapeaux, 14½ douz	63	38
Flanelle, 1,846 vgs	249	21
Aiguilles, 90 papiers	1	80
Cuir fendu, 108 liv	24	84
Rivets, 30 liv	2	10
Clous, 20 liv	1	50
Coton jaune, 320 vgs	15	60
Gants de laine, 4 douz	9	00
Ouate en feuilles, 120 douz	24	00
Toile brune de Hollande, 286½ vgs	27	22
Trépointe, 26½ vgs	9	28
Broquettes, 10 liv	1	50
Encre, 2 galls	0	90
Bidon, 1	0	30
Acide oxaliq., 1 liv	0	25
Gomme adragante, 1 liv	0	90
Œillets d'agrafes, 2 boîtes	0	60
Chanvre, 12 liv	8	40
Batiste, 335 vgs	19	26
Grosse toile, 250 vgs	15	62
Chevilles, 1 boiss	1	10
Cuir de buffle, 82¾ liv	10	76
Boutons, faïence, 12 grosses	0	30
Batiste couleur foncée, 203 vgs	13	20
	1,031	66
A DÉDUIRE—Pour remb. de dép.	18	33
	1,013	33

Pénitencier de Saint-Vincent-de-Paul—*Suite.*

Allocations de voyages.	$ c.
Libérations, 1 à $6	6 00
" 9 " 7	63 00
" 59 " 8	472 00
" 2 " 9	18 00
" 59 " 10	590 00
" 1 " 11	11 00
" 4 " 12	48 00
" 17 " 15	255 00
" 6 " 20	120 00
	1,583 00
Transferts	153 25
Inhumations	11 25
Chauffage.	
Epinette rouge, 25 cordes	100 00
Erable, 50 cordes	257 50
Merisier, 50 "	250 00
Houille grasse, $396\frac{450}{2000}$ tonnes	1,462 07
" à fournaise, $510\frac{1470}{2000}$ tonn	2,605 00
" grosse, $148\frac{1380}{2000}$ tonnes	787 74
" poêle, $41\frac{1830}{2000}$ "	222 41
Appareil de chauffage "Quebec", 1	14 25
Grilles, 5	0 80
Barres, etc., p. grilles, 2 assort	5 53
Argile réfractaire, 50 liv	2 50
	5,707 80
A DÉD.—Pour remb. de dépenses	44 54
	5,663 26
Eclairage.	
Pétrole, $5,632\frac{18}{100}$ galls	760 33
Cheminées de l., 528 douz	307 68
Boîtes vides, 72 douz	28 80
Boîtes, 1 douz	0 40
Appliques pour lampes, $\frac{1}{3}$ douz	2 92
Lampes, 11 douz	31 55
Brosses plates, 1 douz	1 00
" ovales, 1 "	0 60
Brûleurs, 3 grs	33 00
Cheminées de l. spéciales, 1 douz	1 65
Brûleurs de lampes, 36 douz	30 00
Collets " 2 grs	4 80
Allumettes	0 20
	1,202 93
A DÉDUIRE—Pour remb. de dépenses	43 50
	1,159 43
Alimentation d'eau.	
Houille, 265 tonnes	977 85
Tuyau, fonte, $3\frac{1182}{2000}$ tonnes	103 85
Coudes " 262 liv	5 90
Chauffeur et purificateur breveté, 1 liv	80 00
Grillages, 900 liv	36 00
Inspection du service d'eau	20 00
Tubes de chaudières, 2	5 50
Réparations	9 55
Asbeste, 24 liv	2 40
Claie, 1	0 25
Pompe automatique "Bundy", 1	150 00
Fonte, 292 liv	10 22
Modèle	1 00
	1,402 52

Etable du pénitencier.	$ c.
Avoine, $629\frac{3}{8}$ sacs	479 12
Service du médecin vétérinaire	168 62
Eponges, 2	0 20
Attelles échangées, 1 pr	1 00
Balais de bouleau, 15 douz	6 00
Son, 2 tonnes	28 00
Savon mou, 10 liv	1 00
Ferrage de chevaux	61 69
Couvertures p. chevaux, 1 douz	9 00
Cirage à harnais, 1 douz	3 00
Chevaux, 4	505 00
"Putz", 3 douz	1 04
Harnais double	50 00
Etriers, 1 paire	0 60
Poison à rats, 2 boîtes	0 50
Huile, 18 galls	1 71
Mors, 2	0 80
Fouet, 1	1 25
Alcool, 2 galls	9 40
Attelles, 1 pre	1 25
Foin, $10\frac{964}{2000}$ tonnes	131 78
Paille, $16\frac{1110}{2000}$ "	63 21
Huile d'olive, 1 gall	1 90
Peignes à crinière, 1 douz	1 20
Cadenas, 2	0 50
Tondeuses pr chevaux, 1	2 00
Selle mexicaine, 1	27 30
Huile de pied de bœuf, 3 galls	2 25
Bidon, 1	0 50
Crochets de selle, 2	0 60
Boules pr mites, 5 liv	1 00
Crochets à boucles, 1 douz	0 35
Lampe, 1	0 15
"Top props"	0 60
"Joint ends"	0 40
"Stump joints", 4	0 60
Concealed joints, 1 pr	0 15
Douilles tubuleuses, 1 assort	1 00
Boucles, $1\frac{1}{4}$ douz	0 73
Aiguilles triang., 1 papier	0 15
Boucles, 2	0 10
Vernis, 1 bidon	1 00
Toile caoutchouc, 6 vgs	4 32
Etoffe, $1\frac{1}{2}$ vg	5 25
	1,576 22
A DÉDUIRE—Pr remb. de dépenses	0 50
	1,575 72
Entretien des bâtiments.	
Serrures, 60	97 08
Zinc, $21\frac{1}{4}$ liv	2 28
Huile de lin, $227\frac{3}{4}$ galls	117 25
Térébenthine, 183 "	87 39
Limes, $11\frac{1}{2}$ douz	35 73
Vert impérial, 225 lbs	34 50
Vis, 504 grosses	35 10
Clous, 3,339 liv	77 06
Savon, 8,835 liv	287 14
Lessive conc., 120 douz	42 00
Agrafes et œillets, 1 grosse	2 25
Toile métallique, $35\frac{1}{3}$ vgs	12 25
Grille, 1	30 60
22 p. scies à lame sans fin	3 30
Rép. bouchardes, 2 douz	35 30
Ciment, 38 brls	68 40
"Tanglefoot", 2 boîtes	0 70
Crapaudines, 6 boites	3 00
Laque rouge, 1 liv	1 50
Bardeaux, 45 pqts	90 15

Pénitencier de Saint-Vincent de Paul—*Suite.*

Entretien des bâtiments—Suite.	$ c.
Bardeaux, 1,000 caisses	3 00
" 5 car.	14 30
Poison aux rat, 8 boîtes	5 65
Corde, 414½ liv	64 41
Roulettes, 18 ass.	21 35
Noir jai, 10 boîtes	5 00
Brosses, 12 douz	20 10
Pearline, 9 boîtes	45 60
Merisier, 1,125 pds	39 38
Chêne, 5,739 pds	412 34
Orme, 2,043 ft	63 19
Fer, 22,965 liv	396 06
Cuivre, 13½ liv	2 97
Acier en feuille, 1,687 liv	39 44
Brides circulaires, 170 liv	5 10
Rivets, 55¾ liv	5 02
Robinets de cuivre, 18 liv	10 60
Poignée, 1 liv	0 25
Meule, 662 liv	6 62
Pierre à l'huile, 1 liv	1 40
Vitres, 45 boîtes	72 15
F. D., 1	3 00
Bleu de Prusse, 5 liv	2 25
Clefs	0 82
Boulons, 1,000 liv	9 33
Fil métallique, 406 liv	8 79
Bois de service, 94,652 pds	2,374 68
Boutons, ½ grosse	10 50
Boutons de cloche, 1 grosse	1 00
Verre à vitres, 56 long	30 80
" 24 carr	12 00
Boulons, 75 douz	15 00
Papier sablé, 4 rames	9 92
Blanc de chaux, 1,087 liv	4 90
"Putz," 4 gr	16 60
Pierre ponce, 4 liv	0 45
Huile crue, 20 galls	11 48
Chaîne, 100 pds	3 10
Céruse, 2,500 liv	137 50
Ligne de maçon, 7¾	3 88
Mâchoires de tenailles, 3	5 25
Pentures longues, 32 liv	1 60
Poignées de cuivre, 10 douz	3 75
Pentures, $2\frac{3}{12}$ douz	4 75
" 2 prs	9 90
" 1½ gr	2 48
Vermillon, 30 liv	21 25
Oléine, 5 liv	3 75
Vis d'étau, 3	1 80
Niveaux à esprit de vin, 2	5 00
Tenailles, 1 pre	0 90
Equerres d'acier, 14	18 75
Réservoir "H.W.," 1	55 00
Soupapes, 33	57 71
Ventilateurs, 41	48 15
Acier, 2,959 liv	174 68
Colle, 200 liv	29 00
Laque, 15 galls	31 50
Glace "Canada," 6 boîtes	12 90
Fil métallique, 253¼ liv	6 18
Cisailles à main, 1 pre	1 70
Ecrous, 50 liv	2 13
Etain, 24 boîtes	173 75
Noyer, 560 pds	80 22
Tuyaux d'égoût et raccord	129 04
Trappes, 2	4 33
Cadre, 1	0 75
Gasoline, 3 galls	2 00
Terre d'ombre brûlée, 10 galls	1 25
Crochets, 2½ douz	1 90
Tuyau d'égoût et raccord	57 85
Lavabos et accessoires	73 78

Entretien des bâtiments—Suite.	$ c.
Charroi	1 50
Chanvre du Mexique, 31½ liv	2 36
Plâtre, 4 brls	6 40
Garniture en caoutchouc, 59½ liv	19 64
Riz, 30 liv	4 50
Sable	71 80
Poids p. châssis, 1	3 25
Levées d'imports, 4	2 00
Tuyaux en fer galv	15 06
Métal "Babbit," 55 liv	7 15
Tée et coudes, 53 liv	2 92
Erable, 3,444 pds	103 32
Laque noire, 70 galls	42 00
Loquets, 16	10 72
Grilles, 1,020 liv	42 00
Leviers, 3	0 45
Chaîne, 20 pds	0 60
Fonte p. clôture, ½ douz	1 50
Pelles à neige, 165 douz	33 00
Poix, 4 liv	0 08
Rép. chaudière	20 00
Rouge vénitien, 830 liv	47 20
Benzine, 5 galls	3 00
Eponges, 14	2 40
Savon de toilette, 12 douz	2 40
Désinfectant, 100 galls	52 00
Papier à tenture et bordure	50 56
Planes, 12	6 12
Haches, 3	1 75
Fers de varlope, 6	2 85
Clefs, 3 douz	0 80
Rabots, ½ douz	1 50
Clous de cuivre, 1,000 liv	1 35
Assiettes de porcelaine, 2	1 50
Feutre rouge, 5 vgs	3 75
Minium, 75 liv	7 50
Plafond métallique, 1	73 25
Rondelles, 22 liv	1 39
Clefs, 50	4 40
Appareil à nettoyer, 1	10 00
Tour en acier fondu	8 00
Colle dorée, 1 gall	2 60
Bronze, 18 pqts	3 90
Poignée de porte, 1	0 65
Etain en feuilles, 250 liv	23 04
Indicateur de niveau d'eau, 1 doz	2 40
Ressorts, caoutchouc et cuivre, 120 liv	69 00
Trusquins à lame, 2	5 50
Chlorure de chaux, 344 liv	10 32
Acier, 1,292½ liv	64 63
Fer malléable, 329 liv	23 43
Coudes en acier, 9	1 35
Poignées en cuivre, 25	4 27
Crochets en cuivre, 22	4 45
Vis à ressort, 2	3 00
Papier huilé, 420 liv	4 00
" 8 roul	7 20
Vernis, 3 galls	11 15
Noyer dur, 3⅞ cordes	67 00
Plombagine, 1 grosse	1 90
Bleu "Victoria," 6 liv	0 93
Siccatif, 2 liv	0 12
" 2 galls	1 50
Garniture de fer 1	8 75
Sciure de bois, 54 sacs	3 66
Couplets, $\frac{7}{12}$ grosses	3 35
Poulie, 1	0 10
Borax, 567 liv	28 35
Tubes, 3 pds	0 60
Peinture jaune, 142½ liv	8 13
Tilleul, 2,367 pds	54 94
Terre-sienne brûlée, 11 liv	1 65

Pénitencier de Saint-Vincent de Paul—*Suite.*

Entretien des bâtiments—Suite.	$ c.
Bleu marin, 38 liv	7 60
Pin, 1,050 pds	47 25
Garde fenêtres, 9	62 40
W. C. complet, 5	68 15
Planches d'épinette, 2,039 pds	18 35
Dosses, 5,010 pds	70 14
Cuivre en barres, $26\frac{1}{2}$ liv.	4 17
Broquettes, 96 pqts	2 02
Limes "Eureka," 1 douz	8 00
Etain en lingot, 325 liv	38 63
"Russian plate," 83 liv	5 81
Colle, 50 liv	2 20
Laque noire, 5 liv	1 00
Epinette, 3,069 pds	27 62
Rognures caoutchouc, $4\frac{3}{4}$ liv	4 28
Ciment	0 95
Boutons de portes, 2	1 30
Cloche de porte	0 95
Boules pour mites, 7 liv	1 05
Peinture rose, 5 liv	1 00
Fuseaux, 3	0 82
Toile émeri, 2 rames	1 90
Gouttières, 2	0 23
Câble d'acier, 160 pieds	17 20
Frêne, 1 corde	10 00
Essieux, 3	1 50
Perches, 6	1 50
Pôteaux de téléphone, 55	140 00
Fonte pour chèvre	2 50
Boulons "Acme," $33\frac{1}{3}$ douz	6 67
Fer de Suède, 51 liv	1 50
Cadran, 1 boîte	4 00
Réparer horloge	4 55
" porte	1 95
Photographie	3 00
Soudure	1 25
Cloche de porte	3 00
	7,644 19
A DÉDUIRE—Remb. de dépenses	182 19
	7,462 00
Entretien des machines.	
Huile à machine, $139\frac{1}{2}$ galls	68 10
Huile à cylindre, 83 galls	61 85
Déchets de coton, 582 liv	45 11
Courroie, 90 pds	58 91
Mèches de coton, 10 liv	2 50
Composition p. la chaudière, 1,221 liv	122 10
Roue motrice de tour	8 00
Engrenage de tour	5 00
Lacets de courroie, $3\frac{1}{16}$ liv	3 04
	374 61
Entretien de la salle d'armes.	
Cartouches de carabine, 10,000	201 00
" revolver, 2,500	19 50
Clavettes de la cheville, 12	3 00
Vis	4 00
Réparer revolvers, 4	3 50
Tournevis	1 75
Vis à ressort, 12	3 12
Carabines et bretelles, 12	141 38
Réparer carabines, 5	12 00
Applique de lampe	0 65
Revolvers, 12	56 70
Aiguilles et extracteurs, 6	3 49
	450 09
A DÉDUIRE—Remb. de dépenses	1 64
	448 45

Entretien des chapelles.	$ c.
Echarpe de soie	20 00
Scapulaires, 2 grosses	5 00
Lavage, etc., 6	24 00
Hosties, petites, 1,500	2 25
" grandes, 120	0 43
Cierges, 25 liv	11 25
Salaire de l'organiste	99 96
Régistre des décès	2 00
Chapelets, 1 grosse	6 00
Lavage de surplis	0 50
Livres, 60	18 00
Visites, 104	26 00
Livres de mission, 60	24 00
Réparer ornements	2 70
Encens, 1 boîte	4 00
Vin, 4 galls	7 00
Huile d'olive	8 25
Cierge pascal	2 25
Huile, 1 bout	0 50
	264 09
Fret.	
Fret	481 91
Télégrammes.	
Télégrammes	26 66
Service téléphonique.	
Service téléphonique	46 85
Imprimeur de la Reine et papeterie.	
Imprimeur de la Reine et papeterie	1,171 32
Papeterie.	
Papeterie	3 00
Port de lettres.	
Port de lettres	81 80
Meubles et fournitures.	
Fournaises, 3	32 50
Dés, 1 douz	3 00
Savonnier	0 40
Essuie-mains (bureau)	3 00
App. de chauffage, 3	32 66
Anneaux pour clefs, 1 douz	0 33
Nattes de laine, 3	4 80
Couchettes, 6	65 40
Clefs, 3	0 45
Balais de maïs, 12 douz	25 20
Matelas en fil de fer et accessoires	5 00
Feutre, 4 vgs	2 93
Rideaux	2 25
Garniture de cuir	0 75
	178 67

Pénitencier de Saint-Vincent de Paul—*Suite.*

Machines.	$ c.
Mach. à tourner et planer, complète..	1,377 24
Régulateur du régist. de boite à fumée.	125 00
Régistre de la boite à fumée..........	10 00
Rép. "Korting".....................	9 75
Machine à tuyaux, complète...... ..	351 68
	1,873 67

Literie.	$ c.
Ficelle, 85½ liv.....	22 72
Feuilles de palmier, 7,050 liv.	352 95
Couvertes grises, 101 prs	163 65
Toile, 93¾ vgs	11 25
	550 57

Ustensiles.	$ c.
Tondeuses, 2......................... ..	5 50
Balais, 48 douz........	100 80
Petits balais, 6 douz............... .	5 40
Gr. verres à boire, 1 1/12 douz........ ...	3 25
Pot.......	0 39
Cuillers étamées, 3 grosses...	14 40
Savon de barbier, 4 boites	14 00
Poêle à frire, 3......................	0 80
Gr. paniers.	1 50
Ressort..........................	0 15
Rasoirs, 1 douz.................... ...	10 50
Peignes "Crambo", 3 grosses.... ...	19 20
Balances "Union"..	4 75
Ciseaux de barbier, ¼ douz........ ...	1 38
Poêle à gazoline......................	5 25
	187 27

Bibliothèques.	$ c.
Toile, 5 vgs	1 50
Histoire du Canada, 1 vol...... ...	3 00
"Scientific American".....	3 00
Livres, 381 vols...	153 31
Abonnements aux journaux..... .	27 00
Coutil impérial, 48 vgs..............	3 60
	191 41

Livres de bureau.	$ c.
"Cruikshand Magistrate Guide".....	4 00
"Sauvable Guide".................	0 60
Port de lettres......................	0 15
	4 75

Service de protection contre l'incendie.	$ c.
Plomb en saumons, 221 liv...........	8 62
Etoupe, 56 liv...	3 60
Boyau caoutchouc, 1,006 pds..	551 35
Caisses, 4...........................	2 20
Appareils extincteurs, 30...	450 00
	1,015 77

Cultures.	$ c.
Vert de Paris, 300 liv................	52 00
Poivre, 15 liv........................	2 50
Ellébore, 20½ liv.....................	6 15
Paniers à pommes de terre, 4 douz ..	12 00
Pressage du foin, 19 tonnes.........	19 00
Machine "Eclipse".................	5 00
Pom. de terre de semence, 299½ sacs...	209 65
Oignons pour semence, 2 barils......	7 00
Graines..............................	54 60

Cultures—Fin.	$ c.
Plâtre, 15 barils.	15 75
Engrais, 2 tonnes	65 00
	448 65
A DÉDUIRE, remb. de dépenses...	5 38
	443 27

Etables de la ferme.	$ c.
Chevaux, 3.........	345 00
Avoine, 54 sacs..................	89 02
Services du médecin vétérinaire	41 00
Clous à ferrer, 75 liv..........	8 03
Son, 2 tonnes.......................	28 00
Fers à chevaux, 100 liv..	3 22
Goudron de pin 10 galls	4 00
Balais de bouleau, 10 douz	4 00
Foin, 8 tonnes.....	60 00
Paille, 10 880/2000 tonnes.	40 61
Couvertes pour chevaux, 4..	8 00
Attelles doubles, 2 prs	2 50
	583 98

Instruments aratoires.	$ c.
Pierres à faux, 1 douz......	0 72
Javelleurs, 3.....	8 25
Rép. faucheuse.	7 00
Cuir à harnais, 153 liv..	42 98
Boucles, 5 grosses......	6 25
Presse à foin:.........	240 00
Moulin à battre	235 00
Dents de herse, 6	3 60
Pelles, 3 douz.........	20 07
Bêches, ½ douz	4 50
Traits de charrue, 2 paires..	1 20
Socs " 1 1/12 douz..	5 70
Cep "	0 50
Feutre jaune, 20 liv..	10 00
Marches de manège, 12.............	6 00
Crible..	2 75
Meule en bois	4 85
App. à nettoyer les chemins.........	10 00
Arracheur pommes de terre..... . .	3 00
Fonte, 2 pcs..	1 75
Anneaux à ressort, 2 douz...........	5 50
Moissonneuse et lieuse...............	110 00
Cultivateur	10 00
Fourches à fumier, 1 douz..........	4 12
Rateaux, ½ douz..........	1 08
Houes, ½ douz	1 38
Fourches-bêches, ½ douz............	2 08
Cordeaux de charrue, 3 prs.....	1 40
Fonte et caoutchouc pour semeuse....	2 45
	752 73

Porcherie.	$ c.
Pois, 31½ boiss......................	22 05
Avoine, 45⅛ sacs...................	36 12
Hache-paille.........................	57 93
Fret "	3 27
Boyau, 150 pds.	24 00
Lance pour boyau...	0 75
Raccords " 3............	0 90
Services du médecin vétérinaire......	56 25
Grain moulu.........	41 61
Moulin......	135 00
Verrat "Yorkshire"...........	16 00
	393 88

Pénitencier de Saint-Vincent de Paul—*Fin.*

Ateliers généralement.	$ c.
Fers de varlopes, ½ douz	2 25
Outils pour chassis, 2 douz.	2 50
Clefs, 2½ douz	0 13
Scies à main, ¾ douz	8 70
" " 7	11 35
Marteaux, 10	3 38
Vilebrequin, ½ douz	4 75
Ciseaux de menuisier, 2 douz	6 28
Mèches de tarière, 8	1 80
Couteaux, 3 7/12 douz	6 56
Boîte	0 35
Manches d'alènes de sellier, ½ douz	0 75
Emporte-pièce, 4	1 00
Bandes à l'émeri, 2 douz	3 50
Tranchets, 6 douz	54 00
Pinces, 2 douz	8 00
Etampe, acier	1 43
Pelles, 2 douz	13 38
Roues à couper, 18	2 28
Râpes à chevaux, 7/12 douz	3 83
Scies ruban, 16 pds	3 35
Pierres à l'huile, ¼ douz	1 00
Forets, 30	22 55
Alènes de selliers, 1 douz	0 13
Ressorts pour tondeuse, 1 douz	1 50
Niveaux, 2	0 65
Cisailles de ferblantier, 2 prs.	3 40
Dents en acier	0 25
Aiguilles pour machine, 3 douz	0 92
Planes allemandes, ½ douz	2 61
Limes, 3 douz	14 70
Règles d'un pied, 3 douz	8 85
Brosses, 34	15 54
Robinet de bois	0 25
Ciseau	0 43
Soies, 34 liv	61 10
Riz, 26 liv	3 90
"Tampico", 16 liv	1 20
Aiguiser bouchardes, 17	21 15
Rép. marteau	1 00
Daviers, 3	1 20
Aiguille	0 40
Poinçons de sellier, 2	0 45
Cisailles à main, 3 prs	6 90
Poinçon	4 50
Meules de bois, 2	6 75
Machine à coudre	45 00
Pinceaux à marquer, 1 douz	0 65
Coupe-tuyau, 2	4 65
Accessoires	9 12
Boîte de bobine	0 90
Eponges, 4 douz	5 40
Savon médicinal, 2 liv	0 16
Maillets de tailleurs de pierre, 2 douz.	43 20
Poinçons, 1 assort	1 53
Plombs, ½ douz	0 40
Cisailles, 1½ douz	13 75
Rép. machine	26 60
Planes, 3	4 50
Ressorts, 3	0 15
Tourne-à-gauche	1 00
Diamant	5 25
Nettoyeurs de tube, 5	11 25
Hache-paille	4 75
Peignes "Crambo", 12 douz	3 60
" de barbier, 1 douz	1 75
Aiguilles, 3,425	7 65
" 230 papiers	4 60
Craie de tailleurs, 8 boîtees	3 60
Polisseurs pour tiges, 3	1 95
" pour talons, 3	1 50

Ateliers généralement—Fin.	$ c.
Fers d'angle, 21	7 35
Alènes, 3 grosses	4 50
Râpes, 3½ douz	9 60
Aiguilles à harnais, 20 papiers	1 60
Alènes à talons, 2 boîtes	1 60
Limes bâtardes, 1½ douz	5 25
Compas, 1 10/12 douz	2 60
Alènes, 2 douz	4 00
Galons-mesures, 2⅓ douz	1 70
Couteaux à trépointe, 1 douz	2 00
Alènes à coudre, 1 grosse	1 50
Brosses à chaussures, 1 douz	3 00
Cuir vernis	16 00
Ciseaux, 4	1 55
Oreilles de chaudrons, 25	3 75
Tiers-point, 4 douz	3 60
Filière	1 60
Mèches de tourne-vis, 1 douz	1 20
Manches d'alènes à talons, 1 douz	0 75
Pointes, 30 papiers	9 00
Brosses plates, 1 douz	5 25
Pincettes fil de fer 1 paire	5 25
Limes à scies, 2 douz	7 00
Pinceaux à lettrer, ½ douz	0 60
Vis d'étau, 1 douz	3 25
Robinets	0 45
Pierres "Washita", 2¼ liv	0 73
Couteau de jardinier	0 35
Chiffres, 1 assort	2 50
Machine à tourner, compl	98 34
Varlopes, 3	4 50
Couteaux de fourreur	0 40
Peigne "	0 25
	730 48
Carrière.	
Goujons en fer, 224 liv	8 40
Huile à l'asphalte, 10 galls	4 25
"Airmoter"	110 00
Soupapes, 2	9 00
" 2	5 00
Poudre à mines, 150 liv	11 63
Fusée, 1,000 pds	4 50
	152 78
Briqueterie.	
Epinette rouge, 174 cordes	696 00
Concours de tir.	
Concours de tir	50 00
Evasions.	
Evasions	21 06
Annonces.	
Annonces	76 42
Frais de voyages.	
Frais de voyages	382 25
Honoraires d'avocats.	
Honoraires d'avocats	30 75

PÉNITENCIER DE DORCHESTER.

RELEVÉ SOMMAIRE DES DÉPENSES.

		$ c.	$ c.
Personnel :—			
Direction générale	$10,683 30		
Services industriels	5,483 33		
Police	13,455 88		
		29,622 51	
Uniformes		883 53	
Mess de la police		383 21	
			30,889 25
Entretien des détenus :—			
Rations		6,260 02	
Vêtements		2,144 54	
Fournitures à l'infirmerie		328 05	
Garde des détenus aliénés		160 00	
			8,892 61
Dépenses afférentes aux libérations et sorties :—			
Vêtements aux libérés		524 00	
Allocations de voyages		770 00	
Transferts		197 66	
Inhumations		25 63	
			1,517 29
Frais généraux :—			
Chauffage		2,118 96	
Eclairage		245 26	
Entretien des bâtiments		414 04	
" machines		269 77	
" de la chapelle		151 00	
Imprimeur de la Reine		472 82	
Papeterie		258 08	
Port de lettres		60 12	
Télégrammes		25 60	
Service du téléphone		31 50	
Fret		20 02	
			4,067 17
Outillage et mobilier :—			
Meubles et fournitures		68 06	
Lits et literie		471 66	
Ustensiles		126 68	
Bibliothèque		18 00	
Service de protection contre l'incendie		6 25	
			690 65
Industries :—			
Cultures		274 95	
Etables de la ferme		868 86	
Instruments aratoires		152 98	
Porcherie		15 00	
Ateliers divers		545 89	
			1,857 68
Divers :—			
Evasions		18 53	
Annonces		119 92	
Dépenses de voyages		47 93	
Honoraires d'avocats		48 20	
Commission du pénitencier—dépenses de voyages		68 05	
			302 63
			48,217 28

Pénitencier de Dorchester.

Appointements—direction générale.	$	c.
Préfet, John B. Forster.	2,400	00
Médecin, Robt. Mitchell	1,400	00
Comptable, John A. Gray	1,200	00
Aumônier protestant, Rév. J. Roy Campbell	600	00
Aumônier catholique, Rév. A. D. Cormier	600	00
Garde-magasin, F. A. Landry	700	00
Econome, W. J. Macleod	700	00
Mécanicien, James A. Piercy	900	00
Infirmerie en chef et institution, G. B. Papineau	800	00
Directrice, Mme Bartlett, 10 mois	416	60
" Mlle McMahon, 2 mois	83	40
Sous-direct., Mlle McMahon, 10 mois	333	30
Messager, Jas. McDougall	550	00
	10,683	30
Appointements—service industriel.		
Architecte, Jas. Adams, 2 mois 14 jrs.	308	33
Charpentier instructeur, Chas. Miller	700	00
Forgeron " John Downey	700	00
Cordonnier " Nathan Tattrie	700	00
Tailleur " W. R. Burns	700	00
Boulanger " A. M. McDonald	675	00
Fermier " A. B. Pipes	700	00
Gardes des étables, 2 à $500	1,000	00
	5,483	33
Appointements—police.		
Sous-préfet, Charles Ross	1,500	00
Gardiens, 3 à $600	1,800	00
Gardes, 18 à $500	9,000	00
" 1 " 500, 6 mois	249	96
" 1 " 500, 4 mois 13 jrs	185	98
" 1 " 490	489	96
" 1 " 460, 6 mois	229	98
	13,455	88
Uniformes.		
123½ vgs serge à 85c	104	97
256½ " " à 72½c	185	96
159½ " ratine	76	56
36 " doublure de manche	9	36
77¾ " " pardessus	16	33
22½ " étoffe pour poches	2	25
2¾ " écarlate	13	75
36 "helmets" à $1	36	00
1 bonnet p. de phoque	1	50
2 bonnet, bran debour doré	6	00
2¼ liv. soie p. machine	15	73
1 " soie torse	5	56
2 grosses, boutons de pardessus	3	50
1 pr. couronnes dorées	2	00
1 grosse brand. tabul	3	65
1 " noir "	4	50
½ " "Connaught"	2	00
2 " agrafes et œillets	0	28
15 paires revers de guêtres	18	75
32 " tiges de bottes, veau	48	00
33 " " "oxford"	36	30
7 douz. peaux de mouton	30	00
46¾ liv. veau	21	04
203¾ " cuir à semelle, n° 1	42	79
193¼ " " n° 2	38	65
167 " veau	116	90
1 veau verni	3	75
3 côtés, trépointe	13	50
4 pièces de doublure à chaussures	1	40

Uniformes—Fin.	$	c.
17 liv. broquettes	2	55
Abonn. aux "Tailor's Journals," 2 ans	20	00
	883	53
Mess de la police.		
3,224 liv. bœuf	172	37
674 " sucre	26	45
20 galls mélasse	5	74
16 liv. riz	0	60
53 " oignons	1	32
4 galls vinaigre	0	80
732 liv. beurre	135	43
56 " thé	9	80
184 " raisins	10	12
20 " poivre	2	00
12 " poudre à pâte	4	20
2½ brls farine	11	10
6 pqts amidon de maïs	0	60
2 bout de citron	1	10
½ liv. muscade	0	40
½ liv. gingembre	0	28
3 " cannelle	0	90
	383	21
Rations.		
614½ brls farine	2,728	38
41,909 liv. bœuf	2,233	77
8,500 " morue	286	88
4,176 " sucre	167	70
42 brls farine d'avoine	181	44
26 " farine de maïs	58	60
1,651 liv. oignons	41	29
807 " thé	96	84
857 galls mélasse	244	21
788 liv. pois fendus	15	76
70 " poivre	7	00
432 " riz	16	20
784 " orge	14	51
2,586 " fèves	49	14
54 galls vinaigre	10	91
7,036 liv. gros sel	26	39
200 " sel fin	1	25
20 " houblon	3	00
45 " malt	1	80
250 " graisse	17	50
20 " suif	2	00
290 " oies	29	00
1 douz. hareng	0	20
75 boiss. pommes de terre	26	25
	6,260	02
Vêtements des prisonniers.		
231½ vgs étoffe à carreaux	99	54
260¼ " " gris et noire	122	32
718 " " rouge, gris et noire	346	11
428 " coton croisé	30	50
1,058½ " cariset gris	256	68
260 " toile grosse franc	17	23
95 " toile	9	26
162 " étoffe dite "cheese cloth"	5	47
243 " coton jaune	13	11
51 " grosse toile de coul. *duck*	7	65
50½ " " "	5	56
107½ " coton rayé bleu	13	98
248¼ " cotonnade	33	51
41½ " flannelle grise	6	64
103½ " toile écrue	7	76
2 roul. galon	0	10

Pénitencier de Dorchester—*Suite.*

Vêtements des prisonniers—Fin.	$ c.
303 liv. laine	98 48
180 chapeaux de paille	18 00
12 paires mocassins	17 00
40½ douz mouchoirs	24 72
12 grosses rouleaux de fil	42 12
16 liv. fil de toile	29 52
3 grosses boutons de pantalons	5 40
1,412 liv. cuir à semelle n° 1, 21c	296 63
1,618½ " " n° 2, 20c	323 70
431 liv. cuir à empeigne	142 23
24 liv. clous, fer	0 96
135 liv. " zinc	14 85
110 liv. " de Hongrie	11 00
8 grosses broquettes p. formes	1 60
24 bouteilles encre	3 60
7 boiss. chevilles	7 70
1 assort. embauchoirs	3 00
12 liv. fil	7 20
6 boîtes œillets	2 10
2 grosses alênes à talon	1 60
2 douz. râpes	4 00
4 douz. manches d'alênes	1 00
10 liv. encre d'imprimerie	3 00
2,640 liv. savon	85 80
1,568 liv. sel-soude	16 45
Fret	7 46
	2,144 54
Infirmerie.	
Drogues et médicaments	142 02
5 thermomètres de clinique	8 50
3¼ gallons "scotch whisky."	20 50
19½ liv. "soda biscuit."	1 07
16 liv. "pilot biscuit"	0 80
3 douz. œufs	0 36
1 douz. pommes	0 10
256 vgs coton blanc	15 70
Services du Dr Teed	139 00
	328 05
Garde des détenus aliénés.	
32 semaines de pension, asile provincial des aliénés à $5	160 00
Vêtements aux forçats libérés.	
315 vgs "tweed"	179 46
65 " étoffe grise	40 20
247 " batiste de fantaisie	22 23
168 " " noire	15 17
243 " " satinée	21 92
20 liv. fil de toile	5 00
5¾ liv. soie p. machine	43 22
2 liv. "	11 12
2 liv. soie p. coudre	16 00
3½ liv. cire d'abeilles	1 23
2½ balles ouate	9 50
30 papiers d'aiguilles	0 90
2 chapeaux de femme	2 30
30 douz. mouchoirs blancs	18 00
3 grosses boutons de pant	5 40
8 douz. camisoles	26 00
8 douz. caleçons	26 00
7¼ douz. chemises	24 45
7⅓ douz. chapeaux	35 00
1 douz. bonnets	4 80
7 douz. cravates	7 00
7 douz. bretelles	9 10
	524 00

Allocations de voyages.	$ c.
Alloc. de voy. aux dét. lib., 28 à $ 6	168 00
" " 3 à 7	21 00
" " 19 à 8	152 00
" " 24 à 10	240 00
" " 5 à 12	60 00
" " 1 à 14	14 00
" " 5 à 15	75 00
" " 2 à 20	40 00
	770 00
Transfert des détenus.	
1 détenu aliéné transféré à Windsor, N.-E	15 01
3 détenus transférés au pénitencier de Kingston	182 65
	197 66
Inhumations.	
Vêtements, cercueils et accessoires	25 63
Chauffage.	
808 tonnes houille grasse à $2.39	1,931 26
37½ " anthracite à 5.00	187 70
	2,118 96
Eclairage.	
1,533⅖ gall. pétrole à 15c	230 01
20 grosses allumettes	5 60
1 lampe	0 65
12 douz. brûleurs de lampe à 65c	7 80
6 douz. collets de lampe	1 20
	245 26
Entretien des bâtiments.	
34 ton. de chaux	44 50
44⅝ galls huile crue	20 94
43½ galls huile bouillie	21 12
6 brls clous, 10d	12 30
6 " 8d	12 60
6 brls chevilles, 6-pces	12 30
20 M briques rouges à $8	160 00
Accessoires de four	45 00
1,395 liv. papier goudronné	23 02
9 serrures à palâtre	2 48
10 boutons de porte	0 83
2 serrures de nuit	2 00
30 liv. poudre à miner	4 80
100 pds fusé	0 50
3 boiss. crin	1 50
1,200 liv. savon	39 00
Access. de chambre de bain	2 03
2 btes p. robinets eau froide	0 50
1 trappe	2 00
1 bassine	0 95
Fret, ch. de fer	5 67
	414 04
Entretien des machines.	
1 scie à bardeaux, ajustée 36-pcs	20 25
55 pds courroie dble en chêne 12-p.	92 07
40 pds courroie	6 69
2 côtés cuir à lacet	9 00
48¾ gall. huile à machine	14 23
5 gall. gasoline	3 00
5 gall. vernis E. E.	4 25

Pénitencier de Dorchester—*Suite.*

Entretien des machines—Fin.	$ c.
2 joints glissants, 2-pcs	19 50
4 douz. btes. robinets, ecu chaude	1 00
2 disques comp.	0 50
2¾pcs I. P., robinets	3 00
24 coudes, 1-pc R. & L.	4 99
89 pds tuyau W. I.	4 85
188½ " 1-pc et 2-pcs	13 06
3 coudes, R. et L., 1 raccord	0 73
1 boîte glace Canada	2 75
2 sacs charbon de bois	1 40
2 sacs d'argile réfractaire	2 50
1 5-pcs net. tube	0 75
3 galls peinture métall.	3 00
600 boulons à poêle	1 30
50 liv. vermillon	4 00
100 liv. fer galv.	4 25
4 qrs toile émeri	2 60
3 liv. poudre émeri	0 24
10 liv. poudre	1 60
100 pds fusée	0 60
Réparer alimentateur	6 75
100 dents de scie	3 50
10 liv. ciment élastique	1 20
2 brls sal-soda	4 70
400 cadrans d'horloge électr	3 20
6¼ liv. acide muriatique	0 75
Réparer machine à coudre	0 18
1 feutre pour chaudière	0 75
Inspection de chaudières	10 00
Fret, ch. de fer	16 63
	269 77
Entretien des chapelles.	
Organiste C. R., Mme LeBlanc	50 00
Organiste protestant, W. C. Forster	50 00
1 ass. vêtements C. R.	16 00
6 liv. cierges	2 50
1 boîte encens	2 00
4 douz. chapelets	2 00
1 " catéchismes	0 50
1 surplis	3 00
Réparer et accorder l'orgue	25 00
	151 00
Papeterie.	
Imprimeur de la Reine	472 82
Papeterie	258 08
	730 90
Port de lettres	60 12
Télégrammes	25 60
Téléphone	31 50
Fret	20 02
	137 24
Meubles et fournitures.	
Réparer horloges	18 00
2 grilles pour l'appareil Globe	2 10
5 grilles C. S	4 26
1 grille de fournaise	1 53
1 pot à feu, "Globe"	0 90
8 liv. fontes p. poêle	0 48
215 " doublage de poêle	9 68
85 liv. fer galv.	3 19
239 " en feuilles	5 38
1 douz. briques réfractaires	0 35
1 clé de cuvette	2 00
3 liv. corde	0 42

Meubles et fournitures—Fin.	$ c.
1 poêle "Red Cloud" n° 1	6 67
1 briques pour "Little Gem"	0 75
1 grille pour "	1 75
1 anneau et grille	1 30
1 ass. briques	1 50
104 vgs toile à essuie-mains	7 80
	68 06
Literie.	
102 vgs grosse toile n° 1, 26-pcs	32 64
100 couvertes simples	160 00
1,022 vgs coton à drap	201 85
444 " coutil	57 17
100 " toile française	20 00
	471 66
Ustensiles.	
26 douz. balais	44 20
1 " petits balais	1 25
5 ratières	6 25
6 souricières	1 38
1 tondeuse à main	3 00
Réparer tondeuse	3 68
1 pot à l'eau	0 30
1 beurrier	0 15
1 poêle à frire	0 35
1 chaudière	19 20
1 pot à feu	1 85
19½ liv. fer	0 97
6 douz. outils à peler les pommes de t.	5 47
1 grosse cuillers de table	4 50
15 liv. savon de barbier	5 70
1 douz. peignes "	0 85
1 pot, 6 galls	1 75
1 marmite	0 65
1 douz. cuvettes à laver	7 00
2 liv. mèches à lampe	0 24
3 " asbeste	0 99
2 pots, 2-gal	1 00
1 douz. pelles à charbon	12 00
1 p're manchons	1 25
1 théière	0 55
1 poêle à frire	0 25
1 casserole	0 40
25 liv. plombagine	1 50
	126 68
Bibliothèque.	
1 vol. histoire du Canada, Kingsford	3 00
2 ex. "Canadian Magazine," 3 ans abon	15 00
	18 00
Service de protection contre l'incendie.	
50 pds boyau caoutch., ¾-pcs, raccord	6 25
Culture.	
Graines	153 80
10 boiss. pommes de terre à $1	10 00
87 " " "	36 90
2 tonnes phosphate à $33	66 00
50 liv. vert de Paris	8 25
	274 95

Pénitencier de Dorchester--*Fin.*

Etables de la ferme.	$ c.
1 cheval	125 00
1 "	110 00
1 attelage de bœufs	77 50
1 "	75 08
1,000 boiss. avoine	415 60
12,300 liv. paille	20 67
1 tonne son	20 00
6¼ liv. corde manille	0 97
224 liv. soufre	6 72
2 douz. brosses à chevaux	2 50
1 " étrilles	0 90
Services du médecin vétérinaire	14 00
	868 86
Instruments aratoires.	
1 douz. rateaux à foin	2 75
1 " fourches à 5 fourchons	8 00
1 " manches de fourches	1 20
1 " houes	1 90
1 " faux	4 50
½ " manches de faux	3 25
3 " pierres à faux	0 90
3 " rivets	0 23
52 sections de machine	2 72
1 douz. arrosoirs	14 40
12 bêches	18 00
65 liv. ficelle à engerber	7 47
32 coutres de herse	8 00
2 charrues	22 00
6 socs de charrue	1 32
9 "plow-points"	3 60
2 7/12 douz. paniers	6 80
2 ass. jantes de roue	5 00
2 " rais "	5 30
2 paires moyeux	3 10
2 bidon laque noire	0 44
2 douz. pelles	10 00
Rép. roues et essieux de voitures	22 10
	152 98
Porcherie.	
1 verrat de pure race chinoise	15 00

Ateliers.	$ c.
2,320 liv. feuillard galv. ½ pouce	81 20
3,507 " fer affiné	66 92
456 " fer en lames	10 26
121 " fer galv	4 54
527 " fer d'angle	15 81
2,455 " acier fondu	177 99
482 " acier S.S	12 05
50 " clous à ferrer	12 00
3 " borax	0 24
22½ " M rivets fer	1 73
1 douz. haches	5 50
2 hâches	1 00
1 douz. manches de haches	0 90
4 boîtes d'étain	20 00
2 douz. équerres d'acier	14 00
1 poêle à gaz de plombier	5 00
1 doublure en tôle	1 00
1 lumière en verre	5 25
1 brl blanc de chaux	2 80
525 liv. céruse	31 50
5 gallons siccatif	3 25
5 " térébenthine	2 35
Access. pour machine à coudre	2 76
4 liv. pointes	0 18
24 grosses vis	2 31
6 galons-mesures 5 pds	0 30
½ douz. O. K. pinceaux	8 10
2 " crayons de charpentier	1 50
1 " règles	2 00
1 " couperets	10 80
1 paire tenailles	2 75
2 sacs argile réfract.	2 70
2 " charbon de bois	1 30
11½ tonnes houille de forgeron	17 26
Fret de chemin de fer	18 64
	545 89
Divers.	
Evasions	18 53
Annonces	119 92
Frais de voyages	47 93
Honoraires d'avocats	48 20
Commission du pénitencier—frais de voyages	68 05
	302 63
Total	48,217 28

PÉNITENCIER DU MANITOBA.

RELEVÉ SOMMAIRE DES DÉPENSES.

Personnel.		$ c.
Appoint. direction général.	$9,630 91	
" police	9,299 86	
" serv. des industries	4,632 09	
		23,562 86
Uniformes		1,113 83
Allocations de retrnite.		948 19
Mess de la police.........		101 03
		25,725 91
Entretien des détenus.		
Rations....................		3,480 18
Vêtements des prisonniers...... .. .		1,453 85
Fournitures à l'infirmerie............		295 92
		5,229 95
Frais de libération.		
Vêtements.........................		121 10
Allocations de voyages.		562 45
		683 55
Frais généraux.		
Chauffage..........................		2,851 52
Eclairage..........................		263 61
Alimentation d'eau.......		12 26
Etables et voitures		31 67
Entretien des bâtiments		1,807 27
" des machines..............		12 00
" de la salle d'armes.........		29 80
" de la chapelle........		106 13
" de l'école..		1 25
Papeterie et impressions		488 40
Port postal		40 00
Télégrammes.................... ...		142 00

Frais généraux—Fin.	$ c.
Service du téléphone....	150 00
Fret	230 60
	6,166 51
Outillage et mobilier.	
Meubles et fourniture..................	81 37
Lits et literie................	244 79
Bibliothèque	103 57
Livres de bureau................	20 50
Ustensiles...	213 30
Armes pour la police	43 60
	707 13
Industries.	
Cultures.................	308 89
Etables de la ferme....	176 25
Instruments aratoires........	87 98
Porcherie	37 34
Ateliers divers.......................	165 81
	776 27
Capital.	
Murs.....................	1,029 69
Divers.	
Annonces...........................	61 85
Dépenses de voyages.	519 35
Honoraires d'avocats	13 00
	594 20
Total....	40,913 21

Pénitencier du Manitoba—*Suite.*

Appointements.	$ c.
Préfet, lt.-col. A. G. Irvine, 6 m. à $2,150, 6 m. à $2,200	2,175 00
Sous-préfet, A. Manseau, 9 m. 29 jrs à $1,500	1,245 84
Rév. F. M. Finn, aumônier protestant	800 00
Rév. G. Cloutier " catholique	800 00
" " arrérages, 12 m. 14 jrs	830 10
Médecin, R. McDonald	1,500 00
Comptable, John Mustard	1,050 00
Secrétaire du préfet, Wm. Durden, 11 m. 20 j. à $750	725 81
Garde-magasin et économe, B. F. Power	950 00
Infirmier en chef et instituteur, J. O. Beaupré	800 00
Mécanicien et forgeron instructeur, John Smith, 6 m. à $960, 6 m. à $990	975 00
Tailleur-instructeur, F. Mercer, 1 m. 2 j. à $700	62 09
Charpentier-instructeur, E. Lusignan.	700 00
Maçon " D. Farquhar.	1,000 00
Cordonnier " T. Miller	700 00
Fermier " Wm Grahame, 6 m. à $690, 6 m. à $700	695 00
Gardien, Wm Abbott, 6 m. à $600	300 00
" E. Harris, 6 m. à $600	300 00
Gardes, 3 à $650	1,950 00
" 4 à $600	2,400 00
" 1, 2 m. 1 j. à $600	101 66
" 1 à $590	590 00
" 1, 11 m. à $560	513 26
" 1, 6 m. à $500	250 00
" 2 à $500	1,000 00
" 1, 9 m. à $500	374 94
" 1, 2 m. à $500, 27 j. à $400	113 33
" 1, 1 m. 21 j. à $400	55 91
" 1, 1 m. 14 j. à $500	60 48
" 1, 1 m. à $400	33 33
" 1, 10 j. à $400	11 11
" et chauffeur de nuit	500 00
	23,562 86

Uniformes.	$ c.
Patiences, 12	1 80
Brosses, 12	2 40
Serge, 564¼ vgs	447 70
Pardessus imperméable, 1	7 00
Glycerine espag., 3 douz	6 30
Savon de toilette, 8 douz	2 40
Rouleaux de fil, 2 douz	30
Feutre, 30⅜ vgs	13 67
Toile brune de Hollande, 29¼ vgs.	2 70
Grosse toile, 225 vgs	15 47
Coutil, 60 vgs	3 60
Cirage à chaussure, 1 boîte	25
Boutons, cuivre, 26 douz	12 95
Ciment caoutc., 6 boîtes	4 20
Brandebourg tub., 2 grosses	10 50
Agrafes et œillets, 2 "	30
Fil de toile, 4 liv	7 40
Batiste, 104¼ vgs	7 56
Doublure "Mohair", 15 vgs	3 97
Soie à boutonnière, 6 liv.	33 42
" à machine, 5 liv	35 00
Cuir à trépointe, 55½ liv	22 20
Peaux de mouton, 2 douz	21 33
" de chèvre "Dongola", 5	6 25
Veau français, 81 liv	76 95
Peaux de "Kangaroo", 6.	9 00

Uniformes—Fin.	$ c.
Feutre de Dolge, 21 liv	10 50
"Anti squeak", 20 liv	2 40
Agrafes "Balmoral", 3,000	2 25
Cirage à chaussure, 3 douz	6 00
Doublure de guêtres, 2 pièces	80
Ciment pr cuir, 2 douz	2 50
Tiges d'acier, 12 douz	3 60
Terre à pipe, 5 liv	75
Doublure de pardessus, 105 vgs	13 13
" satinée, 120½ vgs	22 90
Ratine, 119¼ vgs	54 85
Pardessus en fourrure, 2	40 00
Ouate en feuilles, 12½ douz	3 13
Tissus de crin, 20 vgs	7 00
Casques de mouton de Perse, 5	24 00
Noir à chaussures, 3 douz	75
Uniformes, 4	143 49
Bonnets, fourrure, 3	4 50
Toile croisée brune (*Duck*), 99¾ vgs	15 83
Gants, 1 paire	83
	1,113 83

Allocations de retraite.	
Wm. Abbott	948 19

Mess de la police.	
Beurre, 134 liv	21 44
Bœuf, 1,159 liv	60 82
Sucre, 150 liv	7 89
Thé, 68 liv	10 88
	101 03

Rations.	
Beurre, 318¼ liv	50 92
Bœuf, 31,559 liv	1,656 84
Farine, 264 barils	1,029 60
Sucre, 2,559 liv	121 56
Riz, 1,198 liv	51 92
Fèves, 1,973 liv	49 33
Farine d'avoine, 3,259 liv	82 07
Houblon, 25 liv	3 20
Levain, 4 douz	3 00
Café Java, 323 liv	109 82
Vinaigre, 131 galls	32 75
Poivre, 50 liv	7 50
Sel, 2,870 liv	30 71
Biscuits soda, 32 liv	2 35
Thé, 257 liv	41 12
Glace, 60 tonnes	30 00
Graisse, 100 liv	6 63
Poisson frais, 1,029½ liv	43 91
Mouture du blé, 583 boiss	72 87
Sacs vides, 226	18 08
Pois, 695 liv	22 59
Œufs, 3 douz	45
Pommes, 2 barils, extras de la Noël	9 40
Extr. de citron, 2, "	1 00
Raisins secs, 9 liv. "	72
" 25 liv. "	1 75
Cannelle, ½ liv. "	10
Amidon de maïs, 3 liv. "	19
Pelures mélangées, 5 liv. "	1 25
Muscade, ½ liv. "	40
	3,482 03
A DÉDUIRE pour remb. de dépenses	1 85
	3,480 18

Pénitencier du Manitoba—*Suite.*

Vêtements des prisonniers.	$ c.
Coton jaune, 203 vgs	15 08
Chapeaux, paille, 8 douz	5 10
Savon, 2,076 liv	102 28
Boutons, 38 grosses	8 58
Flanelle, 53 vgs	7 68
"Tweed", 502½ vgs	251 13
Savon médecinal, 21½ liv	1 94
Empois, 24 liv	1 27
Bleu à laver, 11 liv	1 21
Toile croisée "Duck", 159 vgs	17 89
Coton ouaté, 365 vgs	36 51
"Duffle", 25 vgs	30 00
Toile à essuie-mains, 357 vgs	28 43
Fil, 28 liv	71 85
Cuir de vache, 300 liv	111 00
Peaux de caribou, 28 liv	35 00
Cuir à mocassin, 201 liv	70 35
Pâte parisienne, 10 liv	2 00
Chanvre, 10 liv	7 00
Encre à brunir, 8 bout	1 60
Œillets, 10 M	2 00
Gomme adragante, 1 liv	80
Boucles, 12 douz	90
Clous à ferrer, 90 liv	11 00
Cariset, 525¾ vgs	130 12
Cuir à semelle, 1,047 liv	230 34
Coton croisé, 320¾ vgs	44 10
Soude à laver, 1,300 liv	19 52
Cire d'abeille, 5 liv	2 25
Galon, 3 grosses	1 65
Laine, 200 liv	68 00
Peaux d'orignal, 6	30 00
Vêtements des détenus, 15	102 07
Lessive concentrée, 8 douz	5 20
	1,453 85
Fournitures à l'infirmerie.	
Médicaments	215 06
Bandages, 14	14 10
Eau-de-vie, 4 bouteilles	7 05
Citron, 5 douz	1 50
Vaporisateurs, 6	4 20
Seringues, 18	4 70
Brosses, 6 douz	9 00
Cuillers à médicam., 4 douz	70
Bouchons, 36 douz	82
Lunettes, 1 douz	68
Bas élastiques, 1 paire	3 50
Bandages, 2 douz	3 46
Whiskey, ½ gallon	2 10
Dr McLeod (enquête)	25 85
Tabac à fumer, 4 liv	3 00
Compte-gouttes, ½ douz	20
	295 92
Vêtements aux forçats libérés.	
Vêtements aux forçats libérés, 2	16 00
Chaussures, 2 paires	4 50
Batiste, 224½ vgs	19 01
Cache-nez, 12	6 50
Boutons, 7 grosses	6 94
Soie pour machine, 1 liv	7 00
Cuir grenelé, 108½ pds	15 19
Maroquin, 121¼ liv	23 61
Bretelles, 1 douz. prs	1 75
Mouchoirs, 1 douz	0 50
Gants, ½ douz	2 10
Caleçons, 1 douz	3 50
Camisoles, 1 douz	3 50
Bonnets, fourrure, 1 douz	11 00
	121 10

Allocations de voyages.	$ c.
Détenus, 7 à $20	140 00
" 1 à $15	15 00
" 10 à $10	100 00
" 3 à $5	15 00
Billets de ch. de fer	297 45
	567 45
Chauffage.	
Epinette, 242 cordes	1,210 89
Peuplier, 82¼ "	240 94
Houille grasse, 221 tonnes	1,415 36
	2,867 19
A déduire pour remb. de dépenses	15 67
	2,851 52
Eclairage.	
Huile à brûler, 10 galls	7 00
Pétrole, 958 "	221 17
Brûleurs de lampe, 6 douz	4 52
Verres " 15 "	7 20
Mèches " 3 "	1 95
Réparations aux lampes	0 50
Fontaines de lampe, ½ douz	0 60
Allumettes, 20 grosses	8 00
Lanternes, 9	6 31
Verres de lampes, 2 douz	2 58
Chandelles, 1 boîte	3 78
	263 61
Alimentation d'eau.	
Tuyau, fer, 102 pds	2 81
Coudes, 12	0 20
Soupapes à boulet	0 25
Pompes	9 00
	12 26
Etables du pénitencier et voitures.	
Ferrage de chevaux	3 45
Brides, 2	8 00
Rênes doubles	2 25
Eponges, 3	1 45
Mors de bride	1 90
Timons de traîneau	1 00
Tilleul, 170 pds	7 65
Réparer voitures	1 87
Licou	0 60
Fout	0 50
Vernis à voitures, ½ gall	3 00
	31 67
Entretien des bâtiments.	
Lessive concentrée, 8 douz	5 20
Toile émeri, 16¾ douz	5 03
Huile bouillie, 87½ galls	58 65
" crue, 5 galls	3 50
Barils vides, pétrole, 12	10 80
Loyer de hangar à houille, 2 ans	2 00
Bois dur, 760 pds	41 80
" mou, 23,963 pds	564 19
Chlorure de chaux, 16½ douz	18 14
Rondelles, ½ liv	0 05
Fer, 3,657½ liv	94 05
Peinture, humide, 880 liv	57 95
" sèche, 608 liv	59 28
Vernis, 10 galls	18 00
Mastic, 100 liv	3 25

Pénitencier du Manitoba—*Suite.*

Entretien des bâtiments—Suite.	$ c.
Colle, 198 liv	46 95
Térébenthine, 48½ galls	30 26
Lacque, 15 galls	18 15
Siccatif, 2 galls	5 00
Fer galvanisé, 3,882 liv	203 80
Clous de couvreurs, 25 liv	1 00
Vis, 45 grosses	7 49
Acide muriatique, 2½ galls	2 88
Etain en blocs, 143 liv	31 46
Charbon de bois, 110 boiss	24 75
Salamoniac, 11 liv	1 90
Cadenas, 2	3 17
Papier goudronné, 34 roul	17 80
Clous de couvreurs, 200 liv	6 50
Chevron pour couverture, 50 pds	7 50
Email d' "Aspinall," 1 douz	5 50
Clous, 475 liv	11 15
Anneaux pour clefs, 1 douz	0 35
Lattes, 1,000	3 00
Bardeaux, 3,000	8 25
Sulfate de fer, 379 liv	9 48
Rivets, 17 liv	3 43
Toile métallique, 11⅜ vgs	2 20
Pointes de vitrier, 3 pqts	0 30
Vitres, 200 pds	9 00
Fil à tuyau de poêle, 3 liv	0 30
Ecrous, 20 liv	1 40
"Hip roll," 100 pd	7 00
Tablettes métalliq. p. couv., 61 carrés	322 86
Briques réfractaires, 200	10 00
Coudes, 21	4 68
Tuyau de fer, 75 pds	3 75
Coussinets, 3	0 08
Tuyaux de poêle, 25 long	2 25
Clefs, 1 douz	0 80
Coudes, tuyau de poêle, 4	0 80
Zincs de batterie, 1 douz	1 20
Blanc de chaux, 6 barils	9 00
Plâtre de Paris, 1 baril	3 50
Corde pour châssis, 4 échev	1 60
" 8 liv	2 80
Ressorts de portes, 4	0 68
Pommade, "Putz" 2 douz	1 10
Boutons de portes, 2	1 01
Bronze, 9 onces	1 80
Ciment, 2 barils	9 50
Poignées de portes	0 95
Rivets, 10 liv	0 70
Pâte à blattes, 1¼ liv	1 25
Boulons pour voitures, 25	0 55
"Plasterers' hair," 1 boiss	0 25
Bloks, 4	0 20
Glace anglaise	6 10
	1,802 27
Entretien des machines.	
Inspection des chaudières	12 00
Salle d'armes.	
Huile, ½ gall	0 65
Cartouches, 750 rondes	7 15
Menottes, 4 paires	22 00
	29 80
Entretien des chapelles.	
Huile d'olive, 10 galls	12 00
Organiste catholique, M. Beaupré	50 00
" protestant, Wm. Durden	5 78
Livres d'office, 12 vols	10 50

Entretien des chapelles—Fin.	$ c.
Tapis pour l'autel	5 00
Encens, 2 liv	2 00
Lavage	14 85
Cierges, 6 boîtes	4 50
Lampe	0 75
Anneau et chaîne	0 75
	106 13
Entretien de l'école.	
Bible chinoise	1 25
Papeterie.	
Imprimeur de la Reine	314 62
Papeterie	173 78
	488 40
Port de lettres.	
Port de lettres	40 00
Télégrammes.	
Télégrammes	142 00
Service du téléphone.	
Service du téléphone	150 00
Fret.	
Fret	230 60
Meubles et fournitures.	
Poêle à huile	0 90
Miroirs, 2 douz	3 00
Tapis ciré de table, 3 roul	6 00
Etamine, 90 vgs	15 75
Serrures d'armoire et de tiroirs, 19	14 03
Pavillon	11 25
Fonds de chaises, 6	1 20
Broquettes en cuivre, 1 boîte	1 00
Couplets " 1 douz	1 50
Broquettes à tapis, 1 douz. pqts	0 35
Etoffe rouge, 2½ vgs	8 00
Crétonne, 4⅝ vgs	2 80
Crochets pour écran, 4	0 73
Tissu métallique, 183⅓ pds	3 67
Feutre vert, 6 vgs	4 50
Argile réfractaire, 1 sac	2 75
Poignées de stores, 9	0 90
Réparer les poêles	3 04
	81 37
Literie.	
Couvertes, 80	128 80
Coton jaune, 457½ vgs	27 76
Coutil, 107¾ vgs	14 55
Coton croisé	73 68
	244 79
Ustensiles.	
Brosses à plancher, 4 douz	8 40
" à chaussures, 7 douz	1 60
" à escalier, 5 douz	18 75
Balais de maïs, 7 douz	15 05
Chaudrons étamés, 6	12 00

Pénitencier du Manitoba—*Suite.*

Ustensiles—Fin.	$ c.
Bidons à lait, 4	0 45
Peignes, 6 douz	6 00
Cuillers de table, 5 douz	1 13
Tasses en étain, 5 douz	3 00
Pelles à balayures, 2 douz	5 50
Poivrières, 9 douz	2 70
Mesure pour le grain	0 40
Savonnettes, 5 douz	8 25
Cuvettes, 5 douz	21 25
Tasses à thé, 5 douz	8 25
Epoussettes, ½ douz	0 63
Tondeuses de barbiers, 2 paires	2 50
Seaux galv., 3½ douz	11 50
Planches à laver, 3	0 52
Chaîne, cuivre, 24 vgs	2 28
Passoires, 2	1 45
Théières, 5	9 65
Pelles à charbon, 6	5 43
Cafetières, 2	1 30
Tasses et soucoupes, ½ douz	0 80
Scies, ½ douz	2 38
Casserole	0 40
Poêles, 6	3 90
Soudure d'argent, 2 onces	2 50
Manches de pelles, 6	1 25
Rasoirs, 4	4 00
Marteaux, 12	7 50
Fourchette à viande	0 15
Manches de haches, 12	2 25
Boulons de voitures, 250	1 60
Sas	0 75
Urinoir	12 50
"Dober"	0 10
Seaux de la nuit, 12	12 00
Cordes à linge, 3	1 08
Balais de crin, 9	2 50
Seaux de fibre, 12	4 75
Boîtes à allumettes en étain	4 00
Manches de marteaux, 6	0 90
	213 30
Bibliothèque.	
Ficelle, 1¾ liv	0 87
Etoffe à reliure, 10 vgs	2 50
Livres, 10 vols	39 75
Journaux	23 00
" illustrés	18 50
Magazines	15 00
Coton, 10 vgs	0 60
Carton, 10 feuilles	2 00
Almanachs, 2	1 35
	103 57
Livres de bureaux.	
Livres de médecine, 3 vols	10 50
"Medical record"	5 00
Almanach des adresses	5 00
	20 50
Armes pour la police.	
Revolvers, 7	43 60
Cultures.	
Ficelle à engerber, 670	60 00
Battage du grain	113 46
Graines pour jardin	25 60
Transport du grain au moulin à battre	15 00
Fil de fer barbelé, 1,107 lbs	35 54

Cultures—Fin.	$ c.
Crampes pour clôtures, 45 liv	1 66
Orge de semence, 100 boiss	50 00
Sacs vides, 50	5 00
Pierre bleue, 25 liv	2 63
	308 89
Etables de la ferme.	
Panneaux, 8	4 00
Services du médecin vétérinaire	33 00
Clous à ferrer, 5 liv	0 80
Taureau	100 00
Ferrage des chevaux	23 85
Huile de pied de bœuf, 1 gall	1 25
Chaînes, 6	1 25
Anneau pour le taureau	0 15
Brosses "Dandy," 6	2 00
Etrilles, 6	0 88
Balais d'écurie, 6	3 50
Couvertes pour chevaux, 4	2 67
Peinture, 4 liv	1 60
Vernis à voiture, ½ gall	1 30
	176 25
Instruments aratoires.	
Tringles, 17	0 51
Faux, 4	2 79
Manches de faux, 3	1 56
" fourches, 18	2 63
Huileurs, 4	0 45
Pierres à faux, 3	0 30
Huile à machine, 5 galls	3 75
Seaux galv., 2	0 59
Noire de fumée, 1 liv	0 10
Graisse à essieux, 2 douz	3 25
Meule	2 13
Rouleau	1 00
Boulons de voitures, 550	3 40
Charrue	20 00
Socs de charrue, 4	15 50
Ebouseuses, 2	6 00
Réparer instruments aratoires	3 00
Jantes de roues, 2	1 58
Rais de roues, 28	2 58
Acier à ressorts, 159 liv	4 77
Boucles de rênes, 36	1 65
Manches de houes, 4	0 22
Manches de bêches et de fourches, 4	0 62
Bêches à jardin, 4	3 50
Rateaux " 6	2 20
Savon à harnais, 6	0 95
Patins de traîneau, 4	2 95
	87 98
Porcherie.	
Verrat	10 00
Truies, 2	27 34
	37 34
Ateliers.	
Toile, 5 vgs	3 25
Encre indélébile, 1 bout	0 35
Brosses à blanchir, 14	13 55
Aiguilles de tailleurs, 100 paquets	3 00
Dés, 24	0 40
Papier à modeler, 1 roul	3 50
Crayons de charpentiers, 2 douz	0 50
Lames de scies	0 30
Limes, 8½ douz	10 08

Pénitencier du Manitoba—*Fin.*

Ateliers—Suite.	$ c.	*Ateliers*—Fin.	$ c.
Aiguiser ciseaux, 7 paires	1 40	Toile à calquer, 5½ vgs.	2 58
Bâtons courbes, 2	1 50	Forets, 2	1 30
Craie de tailleurs, 1 boite	0 75	Formes de chaussures, 11 prs	4 40
Aiguilles p. mach. à coudre, 6½ grosses	15 06	Anneaux caoutchouc, 6	0 25
Ressorts, 6	0 60	Outils pour chassis, 24	2 31
Ciseaux de taillenrs, 1 paire	8 50	Etau de forgeron	7 75
Galons-mesures, 12	1 00	Marteaux de charpentiers, 2	1 40
Tranchets, 12	1 50	Rép. machine à coudre	1 50
Râpes à chaussures, 12	2 25		
Papier sablé, 12 m	2 40		165 81
Soies, 1 liv	7 50	*Murs.*	
Pointes pour chaussures, 4 liv	0 80		
Oeillets	0 65	Poteau pour chèvre	4 50
Bandes à l'émeri, 12	2 00	Gages des maçons, 305 jours	915 00
Alènes, 24 douz	3 50	Boulons de voitures, 500	2 87
Manches d'alènes, 24	2 00	Rép. levier	5 25
" " à coudre, 36	0 90	Pics de carriers, 6	2 88
Alènes, 12 douz	0 90	Manches de marteaux, 7 douz	8 85
Acide oxalique, 1 liv	0 10	Chaux, 255 boiss	40 80
Diamant de vitrier	7 00	Levier	17 00
Pinceaux, 30	7 59	Houille de forge, 2 tonnes	24 00
Cisailles de ferblantier	2 00	Erable, 42 pds	2 73
Pot à feu	3 00	Fer, 129 liv	5 81
Broches à tricoter 150	3 65		
Brosses à habits, 4	3 36		1,029 69
Ressorts, 12	0 50	*Annonces.*	
Huile à machine, 1 gall	2 00		
Ammoniac, 1 gall	1 00	Annonces	61 85
Râpes, 6	3 90		
Borax, 5 liv	0 50	*Frais de voyages.*	
Planes de charpentiers, 12	11 00		
Etaux d'établi, 3	1 75	Inspecteur, D. Stewart	125 00
Maillets, 4	1 69	Préfet, A. G. Irvine	260 55
Règles-mesures, 3	0 90	Instructeurs et gardes	133 80
Grille pour tailleurs	0 30		
Tarières	0 70		519 35
Fiches, 6	2 25	*Honoraires d'avocats.*	
Equerre de tailleur	2 50		
Pierre moulue, 4 liv	0 40	Honoraires d'avocats	13 00

COLOMBIE-BRITANNIQUE.

RELEVÉ SOMMAIRES DES DÉPENSES.

Personnel.	$ c.
Appoint., direct. générale.$ 7,600 00	
" serv.d. industries 4,177 78	
" police.......... 10,890 06	
	22,667 84
Uniformes	710 65
Allocations de retraite	300 00
Mess de la police	7 32
	23,685 81
Entretien des détenus.	
Rations	4,953 27
Vêtements des prisonniers	758 24
Fournitures à l'infirmerie	254 37
	5,965 88
Frais de libérations.	
Vêtements	299 94
Allocations de voyages	1,047 95
Transferts	1,763 63
	3,111 52
Frais généraux.	
Chauffage	1,200 09
Eclairage	1,503 96
Alimentation d'eau	84 32
Etables et voitures	70 86
Entretien des bâtiments	2,476 26
" des machines	58 18
" de la salle d'armes	140 41
" des chapelles	109 31
Papeterie et impressions	404 89
Port postal	39 00
Frais généraux—Fin.	$ c.
Télégrammes	122 70
Service du téléphones	101 05
Fret	46 16
	6,357 19
Outillage et mobilier.	
Meubles et fournitures	103 20
Machines	122 45
Literie	215 59
Ustensiles	161 37
Bibliothèque	20 00
Armes pour la police	77 07
Service de protection contre l'incendie	532 32
	1,232 00
Industries.	
Cultures	304 84
Etables de la ferme	704 87
Instruments aratoires	146 42
Porcherie	395 95
Ateliers généralement	322 52
	1,874 60
Divers.	
Annonces	75 95
Frais de voitures	11 00
Honoraires d'avocats	6 00
Allocation spéciale	35 00
	127 95
Total	42,354 95

Pénitencier de la Colombie-Britannique.

—	Appointements annuels.	Total payé.
Direction générale.	$ c.	$ c.
J. C. Whyte, préfet, 12 mois	2,000 00	2,000 00
Rév. Thos. Scouler, aumônier protestant, 12 mois	800 00	800 00
Rév. Fayard, aumônier catholique, 6 mois 12 jours	800 00	426 66
Rév. Chas. DeVriendt, aumônier catholique, 5 mois 18 Jours	800 00	373 34
W. A. DeWolf Smith, médecin, 12 mois	600 00	600 00
Adam Jackson, garde-magasin, 10 mois	700 00	583 30
Benjamin Burr, " 2 mois	700 00	116 70
J. W. Harvey, comptable et secrétaire du préfet, 12 mois	1,200 00	1,200 00
R. J. Robertson, économe, 12 mois	700 00	700 00
W. J. Carroll, infirmier en chef et instituteur, 12 mois	800 00	800 00
		7,600 00
Service des industries.		
2 instructeurs, 12 mois	750 00	1,500 00
1 " 10 " 8 jours	700 00	602 78
2 " 12 "	700 00	1,400 00
1 " 6 "	660 00	330 00
1 " 6 "	690 00	345 00
		4,177 78
Police.		
D. D. Bourke, sous-préfet, 12 mois	1,500 00	1,485 00
1 gardien, 12 mois	700 00	700 00
1 " 12 "	600 00	600 00
7 gardes, 12 "	600 00	4,200 00
1 " 10 "	600 00	500 00
1 " 9 "	600 00	450 00
2 " 12 "	560 00	1,120 00
3 " 12 "	500 00	1,500 00
1 " 3 "	500 00	125 06
1 " 1 " 21 Jours	500 00	71 31
1 directrice intérim. 3 mois 10 jours	500 00	138 69
		10,890 06

RÉCAPITULATION.

Direction générale	7,600 00	
Service des industries	4,177 78	
Police	10,890 06	
Total	....	22,667 84

Pénitencier de la Colombie-Britannique.

Uniformes.	$ c.
Cuir esp. à semelles, n° 1, 386$\frac{3}{4}$ liv....	86 06
Cuir à trépointe, 20 pds.	8 00
Chevreau français, 53$\frac{17}{28}$ liv.	45 55
Cuir à sem. prép. à l'éc. de chên., 105 liv	47 25
Peau de kangaroo, 66$\frac{1}{2}$ pds.	13 98
Cuir roussâtre, 9 liv...	2 88
Veau grené, 11$\frac{1}{4}$ liv....	7 65
Cuir grenelé, 16$\frac{3}{4}$ pds..................	2 62
Maroquin, 26$\frac{5}{8}$ pds....	3 73
Peaux de moutons, 1$\frac{2}{3}$ douz	6 67
Soie pour machine (chauss.) 1$\frac{3}{8}$ douz..	6 25
" fil de toile " 1 douz ..	2 40
Œillets, 15 grosses................	1 50
Agrafes de chauss., 9 grosses.........	0 90
Doublure de chuass., 50 vgs..........	1 50
Elastique " 3 vgs.	1 20
Feutre, 1 verge.	0 12
Ciment caoutchouc, 2 onces, $\frac{1}{2}$ douz...	0 70
Toile satinée, 159$\frac{1}{4}$ vgs...............	15 72
Batiste noire, 44$\frac{1}{8}$ vgs................	3 20
Grosse toile française, 112$\frac{1}{2}$ vgs	8 44
Batiste brune, 87$\frac{7}{12}$ vgs...............	6 99
" fantaisie 41$\frac{1}{3}$ vgs....	4 13
Feutre à bourrure, 26$\frac{1}{4}$ vgs.....	9 19
Doublure "Mohair," 35 vgs.........	9 45
Serge, 197$\frac{1}{2}$ vgs.........	146 93
Tissu de crin, 12 vgs.	3 90
Brandebourg "Mohair," 431$\frac{1}{2}$ vgs ...	47 51
Toile caoutchouc, 1$\frac{1}{2}$ boîte............	1 88
"Helmets," 2 douz...............	18 00
Essuies-mains turq., 3 douz..........	10 50
Soie à "machine," 7$\frac{1}{16}$ liv	57 95
Pardessus militaire imperm., 2.......	29 00
Bonnets de police-officiers, 3........ }	
Baudriers, 2 paires .... }	23 00
Boutons, 12 .... }	
Savon, $\frac{1}{2}$ douz.	1 50
Boutons barils, 1 grosse	12 00
Brosses pour cuivres, $\frac{1}{2}$ douz.	0 72
Fil de toile, 1$\frac{2}{3}$ boîte	3 11
Bandes de casques, 47	13 63
Agrafes et œillets militaires, 2 grosses.	0 40
Gants, 29 prs.	29 50
Visières de casques, droites, 2 douz...	4 00
" " inclinées, 1 douz..	2 00
Noir à chaussures, 1 douz...........	0 60
Fret sur serge........	6 92
Echange, traite de Londres.........	0 15
Boutons mét., 7 grosses........ .	0 74
" " 7 grosses......... .. .	0 63
	710 65
Allocation de retraite.	
E. J. Muldoon.	300 00
Mess de la police.	
Tasses à café, 1$\frac{1}{2}$ douz............	1 87
Assiettes à dîner, 1$\frac{1}{2}$ douz...........	1 50
Pot au lait, $\frac{1}{2}$ gall., 1....	0 40
" 1 pinte, 2...............	0 40
Cuillers à thé, 1$\frac{1}{2}$ douz..............	0 45
" tables, 1$\frac{1}{2}$ douz	0 75
Théière "agate," 1..	0 60
Bifteck, 15 liv....	1 35
	7 32

Rations.	$ c.
Farine, 305 barils	1,708 00
Farine d'avoine, 1,350 liv..	45 75
Riz, 100 liv....	3 50
Asile des aliénés..........	260 70
Savon ordinaire, 3,600 liv............	108 00
Bœuf, 22,646$\frac{1}{2}$ liv	2,039 86
Saumon, 3,626$\frac{1}{2}$ liv........	217 59
Flétan, 399 liv.......	27 93
Morue fraîche, 67 liv...	4 02
Sel, 75 liv	4 13
Farine de maïs, 1,050 liv..	19 80
Poivre, 60 liv	6 00
Fèves, 2,897 liv....................	50 73
Sel fin, 1,400 liv....................	14 00
Gros sel, 2,200 liv..................	14 30
Sirop, 325$\frac{3}{4}$ gallons.........	121 70
Sucre, 2,900 liv..	130 50
Thé, 556 liv......	77 84
Pommes de terres, 1,000 liv	5 00
Pois, 514 liv.	6 43
Epices, 15 liv.....	5 25
Vinaigre, 68 gallons................	20 00
Graisse, 170 liv...	17 00
Savon jaune, 500 liv.....	25 00
Moutarde, 8 liv......	2 00
Orge mondé, 155 liv..........	5 44
Houblons, 40 liv	5 00
De la Noël.	
Raisins, 30 liv	2 25
" corinthe, 30 liv	2 25
Pelures candies, 8 liv............ ...	1 20
Cannelle, 1 liv.........	0 25
Muscades, 2 douz	0 15
Ess. de citron, 2 bout...............	0 70
Poudre à pâtre. 5 liv..	1 00
	4,953 27
Vêtements des prisonniers.	
Bottes caoutchouc, 12 prs............	33 00
Chapeaux paille, 14$\frac{1}{2}$ douz...........	15 30
Toile croisée (*duck*), 163 vgs........	19 23
Coutil, 118$\frac{1}{2}$	7 41
Batiste brune, 32$\frac{7}{12}$ vgs........	2 44
" noire 16$\frac{3}{4}$ "	1 20
" fantaisie 41$\frac{1}{3}$ "	4 13
Toile de Hollande, 184$\frac{1}{4}$ vgs.........	21 19
Coutil, 56 vgs	4 48
Coton croisé bleu, 109 vgs.....	15 81
Toile (*duck*) jaune, 103$\frac{1}{2}$ vgs.... ...	17 08
Toile "Forfar," 207$\frac{1}{2}$ vgs.......... .	44 61
Toile écrue pour essuie-mains, 156 vgs	12 48
Flanelle grise, 466$\frac{1}{2}$ vgs........	62 63
Cariset gris, 224$\frac{1}{2}$ vgs	56 13
Fil de toile, 16$\frac{2}{3}$ boîtes	12 47
Laine, 184 liv	65 31
Boutons métal. pant., 4 grosses..	0 42
" 4 grosses... ...	0 36
Boutons noire et blanc, os, 14 grosses.	2 10
" " 24 " .	3 12
Boutons d'habits, os, 5 grosses.	4 25
Boutons de gilets, os, 5 grosses. . ..	3 75
Savon à barbe "Williams," 20 grosses	8 00
Divers articles, vêtements, pour femmes......	33 09
Cuir esp. à semelles, n° 2, 521$\frac{3}{8}$ liv.....	110 85
" " 1, 149 liv.	33 16
Cuir jaune, 108 pds...........	15 12

Pénitencier de la Colombie-Britannique—*Suite.*

Vêtements des prisonniers—Fin.	$ c.
Cuir grenelé, 63 pds	9 55
Maroquin, $26\frac{5}{8}$	3 73
Veau français, $3\frac{9}{16}$ liv	3 33
" canadien, 39 liv	19 50
Cuir à empeignes, 162 liv	64 80
Peaux de moutons, $1\frac{2}{3}$ douz	6 67
Grosse toile jaune, 25 vgs	3 75
Clous fer, 82 liv	3 69
" cuivre, 70 liv	14 00
Pointes à chaussures, 15 liv	1 80
Cire " 9 liv	0 90
Soie pour machine, $1\frac{2}{3}$ douz	6 25
Fil de toile " 2 douz	4 80
Fil ciré, 3 liv	3 45
Noir à chaussures, $\frac{1}{2}$ grosses	0 90
Rivets tub., 4 liv	2 00
	758 24
Fournitures à l'infirmerie.	
Beurre, $62\frac{1}{4}$ liv	11 21
Œufs, 54 douz	10 80
Amidon de maïs, 4 liv	0 32
Sucre granulé, 10 liv	0 75
Café, 6 liv	1 85
Thé, 1 liv	0 50
Cocoa, 18 liv	16 20
Mouton, 20 liv	2 49
Bœuf, 54 liv	4 86
Elastique	0 20
Médicaments	193 16
Accessoires	12 03
	254 37
Vêtements aux forçats libérés.	
Cuir à semelles n° 2, $178\frac{1}{3}$ liv	38 64
Veau canadien, $24\frac{1}{2}$ liv	17 15
Cuir roussâtre, $8\frac{1}{2}$ liv	2 72
" grenelé, $11\frac{1}{4}$ liv	7 65
Maroquin, $5\frac{1}{4}$ liv	7 17
Cuir jaune, 68 liv	9 52
" grenelé, $16\frac{3}{4}$ liv	2 61
Peaux de mouton, $1\frac{2}{3}$ douz	6 66
Soie pour machine (chaus.), $\frac{2}{3}$ douz	2 50
Grosse toile française, $112\frac{1}{2}$ vgs	8 44
Doublure satinée, $165\frac{1}{4}$ vgs	20 82
Batiste brune, $32\frac{7}{12}$	2 44
" noir, $47\frac{1}{6}$ vgs	3 87
" de fantaisie, $41\frac{1}{3}$ vgs	4 14
Soie pour machine, $7\frac{3}{4}$ liv	57 95
Boutons couverts, habits, 1 grosses	1 00
" " gilets, 1 "	0 75
" mét. pantalons, 4 "	0 42
" " 4 "	0 36
Toiles caoutchouc, $1\frac{1}{2}$ boîtes	1 87
Fil de toile, $1\frac{2}{3}$ boîte	3 12
Tissu de crin, 12 vgs	3 90
Chapeaux feutre, $5\frac{3}{4}$ douz	47 50
Bretelles, $2\frac{1}{4}$ douz	4 00
Cravates, 2 douz	3 80
Bourrure feutre, $26\frac{1}{4}$ vgs	9 18
Flannelle grise, $233\frac{1}{3}$ vgs	31 26
Boucles pant., 2 grosses	0 50
	299 94
Allocations de voyages.	
7 hommes à $20.00	140 00
1 " 19.50	19 50
3 " 19.00	57 00
3 " 18.50	55 50

Allocations de voyages—Fin.	$ c.
3 hommes à 18.00	54 00
1 homme à 16.00	16 00
2 hommes à 15.00	30 00
2 " 14.00	28 00
4 " 12 50	50 00
5 " 12.00	60 00
1 homme à 11.50	11 50
3 hommes à 10 00	30 00
1 homme à 9 00	9 00
1 " 8.00	8 00
1 " 7.55	7 55
1 " 6.50	6 50
1 " 5.00	5 00
Billets ch. de fer	460 40
	1,047 95
Transferts.	
1 billet 1ère classe, de New-Westminster à Montagne-de-pierre	25 55
1 billet 1ère classe de Montagne-de-pierre à New-Westminster	25 55
1 billet 2e classe, de New-Westminster à Montagne de-pierre	20 55
18 billets 2e classe, de New-Westminster à Montagne-de-pierre	369 90
4 billets 2e classe, de Montagne-de-pierre à New-Westminster	82 20
1 billet 1ère classe, de New Westminster à Kingston	65 95
6 billets 2e classe, de New-Westminster à Kingston	333 90
2 billets 2e classe, de Toronto à New-Westminster	111 60
4 billets 2e classe, touriste	31 00
1 billet 1ère classe, char-dortoir, de New-Westminster à Renfrew	20 00
Dépenses incidentes	656 40
Bœuf salé, 8 boîtes	2 15
Langue de bœuf, 5 boîtes	2 95
Jambon désossé, 2 boîtes	0 30
" S. C., 12 liv	1 70
Homard, 3 boîtes	1 05
Saumon, 6 boîtes	0 60
Marinades, 4 bouteilles	1 15
Sauce W., 1 bouteille	0 25
Maïs, 2 boîtes	0 20
Pois, 2 boîtes	0 40
Lait, 10 boîtes	1 30
Sucre, 5 liv	0 28
Beurre, 4 liv	0 80
Biscuits soda, 15 liv	0 95
" mélangés 6 liv	1 10
Marmalade, 6 boîtes	1 80
Ananas, 4 boîtes	1 40
Poires, 3 boîtes	0 65
Pêches, 3 boîtes	0 90
Café, 2 boîtes	0 75
Fromage, $2\frac{1}{4}$ liv	0 35
	1,763 63
Chauffage.	
Houille, 1re q. C.-B., 178 ton. 220 liv.	869 86
" "Comox", 79 tonnes 960 liv.	298 05
" anthracite, 1 tonne	7 00
Pelles, $\frac{1}{2}$ douz	5 50
Grilles et br. réfract, 2 assort	16 83
Fonte pour fourneau	2 85
	1,200 09

Pénitencier de la Colombie-Britannique—*Suite*

Eclairage.	$ c.
Gaz, 690,800 pds	1,376 80
" résidence du préfet	22 00
Pétrole, 82⅓ galls	21 76
Allumettes, 2 boîtes	3 50
Chandelles, 12 liv	1 92
Tablettes pour lumières "Auer", 8	6 00
Cheminées " " 7	1 05
Globes pour gaz, ½ douz	2 10
Réflecteurs, 1 11/12 douz	8 63
Stores, 22	44 00
Auvents, 8	4 00
Candélabre pour vestibule	11 50
Brûleurs	0 40
Fret sur globes	0 30
	1,503 96
Alimentation d'eau.	
Eau de la cité	79 52
Vis de cuivre pour vanne	4 80
	84 32
Etables du pénitencier et voitures	
Tissu caoutchouc, 5½ vgs	5 50
Etoffe verte pour voitures, 4½ vgs.	2 90
Œillets, 2½ douz	0 25
Boutons pour voitures, 3 douz	0 30
Agrafes pour rideaux, ½ douz	1 00
Boutons, 1½ douz	0 10
Cuir pour tablier de voitures, 21 pds	4 20
Porte-fouet, 1	0 35
Molleterie	1 00
Douilles, 1 paire	1 75
Charrette 1	40 00
Timons de boghei, 1 paire	2 00
Bouts de timons de boghei	0 20
Flèche, 1	0 25
Chêne, 18 pds	2 16
Rondelles cuir, 2	0 15
Demi-jantes, 2	4 00
Raies noyer dur, ½ douz	1 20
Couvertures doublées, 2	2 80
"Anti-rattlers", 5 paires	0 75
	70 86
Entretien des bâtiments.	
Bois de construction	909 86
Peintures diverses	82 73
Vernis, 10 galls	32 95
Fer et acier, 2,115½ liv	117 66
Pentures, assort., 13¾ douz	12 41
Clous, 2,170 liv	74 96
Huile, 116⅜ galls	97 25
Tuyaux et access., soupapes, etc	268 67
Céruse et minium, 1,500 liv	96 50
Vis en bois, 72 grosses	19 84
Serrures, etc, 6 5/12 douz	25 16
Ciment, 27 barils	118 25
Mastic, 177½ liv	6 22
Térébenthine, 43 44/100 galls	41 89
Colle, 98½ liv	15 34
Chaux, 37 barils	47 50
Goudron, 3 barils	21 00
Goudron "Stockholm", ½ gall	0 35
Verre, 586 pds	34 30
App. sanitaires	212 39
Broquettes, 6 douz. pqts	2 10
Glace, 3,244 liv	16 22
Lessive, 274 liv	27 40
Asphalte, 9½ galls	9 60

Entretien des bâtiments—Fin.	$ c.
Tissu métallique, 1 rôle	4 00
" 16¾ vgs	2 50
Papier sablé, 64 douz.	8 20
Becs-de-cane pour fenêtre, 2 douz	0 80
Aiguilles de tapissier, 2	0 25
Pierre ponce moulue, 2 liv	0 24
Papier à mouches, 6 boîtes	4 50
Croix de tuyau, ¾-pc., 6	0 90
Coude nickelé, 1	2 25
Bouts de tuyau, R. et L., 6	1 00
Corde à châssis, 11 liv	4 40
Blanc de chaux, 1 baril	5 40
Plâtre de Paris, 1 baril	6 00
Brique réfractaire, 100	6 00
Sel ammoniac, 25 liv.	3 65
Zincs La clanche, 2 douz	2 40
Tasses poreuses, 2	0 80
Fil de cuivre à ressort, 2 liv	0 50
Rouleaux de châssis, 1 douz	0 75
Garniture caoutchouc, 6 liv	1 80
Verres indicateurs, 2	0 40
Tuyau, poêle et coudes	1 25
Crochets fil de fer p. chapeaux, 2 douz.	0 25
Appliques pour le gaz, 102 joints, 4	4 67
Cloche de porte rot., 1	0 90
Crochets et œillets, 2 douz	0 50
Clefs ébauchées, 2½ douz	1 00
Papier à tenture	40 75
Mèches à chandelles, 1 douz. pelottes	0 60
Roulettes, 2-pc., 1 paire	0 50
Brosses à blanchir, 1 douz	2 00
Sapolio, 2 douz	2 50
Corde, 246 liv	35 01
" manille, 76 liv	11 24
Etain en blocs, 20 liv	6 00
Palans simples et doubles, 4	2 50
Ficelle à voile, 6 liv	1 50
Chêne, 1 pièce	1 25
Rép. cloches électriques	4 60
Poulies de châssis, 6 douz	2 40
Robinet, 1	0 75
Borax, 10 liv	0 70
Couteaux à mastic, 6	1 20
Vis à main, 6	1 50
Toquets d'armoires, 1 douz	0 60
Pièges à souris, 1 douz	1 00
" à rats, 1¼ douz	3 00
Tissu mét., 3-p. x 3-p. x 30-p. 4½ pds	1 20
	2,476 26
Entretien des machines.	
Fonte	38 14
Courroie, 2-pcs, 18 pds.	2 76
" 2½-pcs, 37 pds	7 40
" 1¼-pcs, 8 pds	0 80
Garniture Garlock, ¾ liv	0 75
Huile à machine, 5 galls	2 50
Verres indicateurs, 2	0 25
Garniture caoutchouc, 3/16-pc., 11 liv	3 08
Métal Babbitt, 10 liv	2 50
	58 18
Entretien de la salle d'armes.	
Salaire de l'armurier	24 00
Cartouches, 38·55, 500	16 10
" 44 W.C.F., 1,000	15 90
" Canadien S. et W. 38, 1,500	12 00
" 45 90, 1,000	35 13
" Americain S. et W. 38, 1,000	11 28
" Martini-Henri, 1,500	22 50

Pénitencier de la Colombie-Britannique—*Suite.*

Entretien de la salle d'armes—Fin.	$ c.
Réparer canon	2 25
Fret et charroi, munitions	1 25
Entretien des chapelles.	140 41
Salaires des organistes	100 00
Cierges, 6 liv	0 96
Nouv. Testaments japonais, 3	1 65
Anciens " " 3	1 95
Livres d'hymnes " 5	1 75
Lexiques, 6	3 00
Impressions et papeterie.	109 31
Fournitures	404 64
Sceaux, 1 boîte	0 25
Port de lettres.	404 89
Timbres-poste	34 00
Loyer de boîte au bur. de poste	5 00
Télégrammes.	39 00
Compte du télégraphe	122 70
Téléphone.	
Loyer d'instruments	99 00
Service, ligne principale	2 05
Fret.	101 05
Fret	46 16
Meubles et fournitures.	
Doublure, 6 vgs	0 20
Fers, etc., p. chaise tournante, 2	6 00
Cadrans, 500	4 00
Registre, 1	93 00
Machines.	103 20
Applique pour scie à bande sans fin et access	122 45
Literie.	
Coton à draps, 114 vgs	8 83
Toile croisée "duck", 18 onc., 202 vgs	66 06
Feutre de crin, 1,800 pds c	102 60
Ficelle à voile, 6 liv	1 50
Fret sur feutre	36 00
Ustensiles.	215 59
Seaux fer galv. et couv., 7 douz	36 75
Cuvette à laver en bois, 1	0 55
Rasoirs, 1⅚ douz	15 00
Tondeuses B. & S., 3 prs	15 00
Outil p. ouvrir boîtes, 1	0 30
Cuillers d'étain, ½ grosse	1 50
Poêles en fer, 4	1 17
Chaudières à charbon fer galv., 3	1 50
Assiettes en étain, 6 douz	2 70
Seaux, 3 pts., 2 douz	2 40
Peignes, ¼ grosse	3 00
" de barbier, 1	0 50
Tasses en ferblanc, 12 douz	11 00
Assiettes, 6 douz	1 92

Ustensiles—Fin.	$ c.
Briques à couteaux, 1 douz	0 70
Brosse à cheveux, 1	1 50
" à habits, 1	0 50
Ciseaux de barbier, 1 paire	1 00
Cuvettes en fer galv., 3	3 00
Ecuelle, 21 pts, 1	0 40
Epingles à linge, 1½ douz. pqts	1 80
Pot à barbe, 1	0 35
Balais de crin et brosse de barbier, 1	2 00
Plumeaux, ½ douz	2 50
Grandes cafetières, ½ douz	10 50
Bidons à sirop, ½ douz	1 25
Planches à laver, ½ douz	1 50
Balais de maïs, 7 douz	19 25
Petits balais, 6 douz	6 00
Brosses à plancher, 7½ douz	13 13
Pièges à souris	1 50
Bibliothèque.	161 37
Histoire du Canada, 1	3 00
Abonnem. au "Canadian magazine," 2 ans	5 00
Abonnement au "Vancouver Daily World," 1 an	5 00
Abonnem. au "Toronto Globe," 1 an	2 00
" "Criminal Record," 1 an	3 00
" "Evening Journal," 1 an	2 00
Armes pour la police.	20 00
Fers, 15 paires	67 50
Vis pour fers "Lenninger", 6	1 50
Frais de mess. p. fers	8 07
Service de protection contre l'incendie.	77 07
Extincteurs, 6	90
Boyau, 1,750 pds	405 50
Raccords, 25	24 00
Fret sur boyaux et raccords	12 82
Culture.	532 82
Engrais, 297 charges	148 50
Graines, trèfle rouge, 125 liv	15 50
" pois, 2,000 liv	40 00
" avoine, 1,000 liv	12 50
" fromental, 400	32 00
" divers	22 50
Arbustes assortis	7 75
Service des taureaux	26 00
Etables.	304 84
Fourrage haché, 22 ton. 76 liv	528 91
Services de vétérinaire	18 00
Harnais, 1	45 00
Courroies p. harnais, 2 douz	6 00
Boucles-ressort, 1 douz	3 00
Bourrure de collier, ½ douz	4 50
Colliers, 1 douz	2 50
Cuir à harnais, 78½ liv	23 55
Attelles, 1 paire	2 25
Ferrage de chevaux	2 00
Graisse à essieux, 1½ douz	2 50
Fers à chevaux, 299 liv	13 95
Clous à ferrer, 28 liv	4 20
Eponges d'étables, 1½ douz	7 50
Savon médicinal, 25½ liv	3 08
Bandes de roues de charr., 4 pcs, 1 jeu	20 25
Brosses "Dandy," 1 douz	2 00

Pénitencier de la Colombie-Britannique—*Fin.*

Etables—Fin.	$ c.
Balais d'étable, ⅓ douz	2 33
Cuir vernis, 3 pièces	4 05
Anneaux-ressort, 2 douz	1 00
Bourrelets de collier, zinc, ¼ douz	3 00
Porte-fouet, 1	25
Coussinet de charrette	1 50
Etrilless, ½ douz	1 25
Médicaments	1 90
Rabots fer, 2	40
	704 87
Instruments aratoires.	
Manches de pics, 1 douz	2 50
Machine à vanner, 1	27 50
Manches de haches, 4 douz	8 00
Tondeuse de gazon	8 00
Osserets, 8	4 00
Pelles, 6 douz	57 00
Coussinets de charrette	1 50
Socs de charrue, ½ douz	6 00
Fourches à fumier, 2 douz	18 00
Râteaux de jardin, ½ douz	2 00
Houes, 1 douz	3 00
Pierres à faux, 2 douz	1 75
Parties de moissonneuse, 1 douz	1 50
Rivets p. " ½ douz	0 15
Faux, 3	3 00
Chaîne, 20 pds	2 52
	146 42
Porcherie.	
Grain de brasserie, 186 charges	93 00
Maïs entier, 2,138 liv	252 45
Portes et cadres p. fournaise, 2 sets	6 00
Barres à feu, 300 liv	9 00
Chaudrons, en fer galv., 60 galls., 2	30 00
Verrat, 1	5 50
	395 95
Ateliers généralement.	
Atelier des cordonniers—	
Alènes à talon, 4 grosses	3 20
" à coudre, 2 "	3 20
" carrées, 1 "	1 60
Manches d'alène à coudre, 3 douz	0 60
" " à talon, 2 douz	1 60
Tranchets, 1 douz	2 50
Râpes, 1 douz	2 00
Tiges d'acier, 1 grosse	0 70
Cuirs à aiguiser, 1 douz	0 75
Rivets tubulaires, 4 M	2 00
Bouisses, 4	0 80
Cirage, 2 galls	2 00
Soies, 9 onces	4 50
Tire-bottes "Acme," 2	25 00
Poinçons, 2	4 00
Encre à chaussure, 2 galls	1 00
Cire " 10 liv	1 00
Bandes émeri, doubles, 2 douz	1 50
Huile, ½ gall	2 50
Ciment à caoutchouc, 2 douz	2 80
Atelier de charpentiers—	
Peinture, vernis, etc., pinceaux, 4 10/12 douz	18 32
Manches de marteaux, 2 douz	3 60
Scies de scierie et limes assorties, 12¼ douz	15 25
Marteaux d'établi, 4	3 34
Planes, 4	3 40
Fers de planes, 4	1 20
Plane ajustable de "Stanley," 1	2 75
Couteau à mastic, 1	0 20

Ateliers généralement—Fin.	$ c.
Atelier de charpentiers—	
Clé à vis, 10-pcs, 1	1 00
Œillet de tarière, 1	1 83
Alènes plates, 1 douz	0 50
Etau de Hutter	6 40
Limes à corne, 2 douz	5 76
Manches de pics, 1 douz	2 50
Cordeau, 400 pds	1 00
Scie circulaire à vap., 1	2 50
Règles, cordeau cuivre, ½ douz	1 80
Serpe, 1	1 00
Haches, 1 douz	7 50
Manches de hache, 1½ douz	3 38
Doloires, ⅛ douz	0 60
Scie à dents de lance et manches, 8 pds, 1	6 00
Vilebrequin, 1	0 20
Vrille, 1	0 10
Mèches, 4	0 90
Pointes de verrier, 12 pqts	1 20
Equerre d'acier, 1	1 25
Emporte-pièce, 1	0 10
Atelier de forgerons—	
Houille Cumberland, 4 ton. 1,988 liv	95 39
Manches de pics, 2 douz	5 00
Brosses à goudron, 2	0 50
Limes de scie, 2 douz	2 50
"Fuse," 50 pds	0 50
Couteau de maréchal-ferr., 1	0 35
Râpes p. chevaux, 2	1 10
Atelier de tailleurs—	
Poêles de tailleur, 2	23 00
Aiguilles de mach. à coud., 18 douz	18 00
" à raccom., 6 pqts	0 30
" de tailleur, 56 pqts	1 68
Crayons, 2 boîtes	1 70
Eponges, 2 douz	2 40
Dés, 3 douz	0 45
Aiguilles à voile, ½ douz	0 15
Broches à tricoter (machine) 150	2 33
Abonnement aux journaux	10 00
Boulangerie—	
Tamis, ⅛ douz	0 34
	322 52
Annonces.	
"The Times P. & P. Co."	26 10
" Columbian "	30 60
" Vancouver World."	11 00
" Inland Sentinel."	8 25
	75 95
Frais de voyages.	
J. C. Whyte	11 00
Honoraires d'avocats.	
A. Malins	6 00
Special.	
Réparer	5 00
Cuillers d'argent (concours de tir à la carabine et au revolver), 2½ douz	30 00
	35 00
Total	19,687 11
A ajouter, appointements	22,667 84
Grand total	42,354 95

ANNEXE K

EMPLOYÉS

LISTE DES EMPLOYÉS, LE 30 JUIN 1899, INIDIQUANT LE GRADE, LA RELIGION, LA DATE DE LA NOMINATION, DE LA NAISSANCE, LES APPOINTEMENTS.

Pénitencier de Kingston.

Nom.	Grade.	Religion.	Date de la première nomination.	Date de la nomination à l'emploi actuel.	Date de la naissance.	Appointements.
						$
J. M. Platt	Préfet	Méthodiste	17 mai '99	17 mai '99	18 avril '40	2,000
D. O'Leary	Sous-préfet	Catholique	9 août '97	9 août '97	15 oct. '53	1,500
D. Phelan, M.D	Médecin	"	4 " '97	4 " '97	8 sept. '54	1,800
R. R. Creighton	Comptable	Presbytérien	1er fév. '82	29 déc. '92	29 août '61	1,100
Rév. C. E. Cartwright	Aumônier protestant	Anglican	25 oct. '75	25 oct. '75	15 mai '37	1,200
Rév. J. V. Neville	" catholique	Catholique	28 déc. '93	28 déc. '93	6 déc. '62	1,200
J. R. Forster	Secrétaire du préfet	Anglican	1er juil. '94	1er jan. '98	14 août '75	600
W. S. Hughes	Gardien-chef et commis des industries	Presbytérien	13 janv. '93	1er " '96	2 Juin '61	1,200
T. W. Bowie	Garde-magasin	"	5 août '97	5 août '97	6 avril '41	700
E. J. Adams	Inst. en chef des métiers	"	6 avril '94	1er fév. '96	26 fév. '61	1,000
W. H. Derry	Mécanicien	Congrégationaliste	1er sept. '97	1er sept. '97	12 juil. '47	1,000
Chas. Baylie	Electricien	"	1er oct. '90	1er oct. '90	19 janv. '69	800
R. McDonald	Aide-électricien	Catholique	1er juin '94	1er juin '94	8 mars '52	500
C. H. Martin	Econome	Méthodiste	4 août '97	4 août '97	5 fév. '58	700
W. A. Gunn	Infirmier-chef et instituteur	Anglican	1er juin '90	1er juin '90	16 " '45	800
T. Thompson	Aide-infirmier et instituteur	Méthodiste	1er fév. '69	1er mars '96	17 janv. '43	600
T. A. Keenan	Aide-garde-magasin	Catholique	4 août '97	4 août '97	16 avril '64	600
T. P. Connor	Surint. du dép. de la ficelle d'engerbage	"	1er juil. '94	1er juil. '94	2 nov. '62	1,500
Jno. Price	Aide-surint. du dép. de la ficelle d'engerbage	Anglican	1er " '94	1er " '94	16 avril '48	900
Rose A. Fahey	Directrice	Catholique	6 mars '86	6 mars '86	15 août '49	600
Mary Smith	Sous-directrice	Presbytérien	1er juin '89	1er juin '89	4 janv. '52	400
C. A. Sullivan	Sur. des tr. serv., égouts	Catholique	1er jan. '94	1er juil. '96	25 mars '69	550
*J. B. P. Mathewson	Tailleur-instruct., aide	"	1er sept. '59	28 nov. '91	4 juil. '36	700
Wm. Coward	Boulanger "	Méthodiste	6 juin '78	6 juin '78	19 juin '55	700
Richard Young	Maçon "	"	6 avril '86	22 déc. '90	31 oct. '50	700
Robt. Pogue	Cordonnier "	Anglican	1er sept. '87	1er sept. '87	1er juin '48	700
Thos. Conley	Tailleur "	Méthodiste	20 janv. '88	20 janv. '88	25 fév. '36	700
P. Moncrieff	Ferblantier "	Presbytérien	1er août '88	5 sept. '95	6 mars '62	700
B. H. Sherring	Taill. de pierre "	Anglican	22 " '92	1er oct. '94	13 mai '51	700
J. A. McCaugherty	Fermier "	Presbytérien	1er avril '93	1er avril '93	22 déc. '65	700
Jno. Gordon	Maçon "	"	2 oct. '94	2 oct. '94	7 mai '60	690
R. J. Burns	Charpentier "	Anglican	1er juin '95	1er juin '95	23 juil. '55	700
T. W. Gibson	Carrier "	Méthodiste	8 juil. '96	8 juil. '96	6 nov. '57	700
H. L. Walker	Forgeron "	Anglican	3 " '97	3 " '97	25 mars '65	700
Edward Mooney	Gardien "	Catholique	7 sept. '64	1er " '87	10 août '43	600
M. Brennan	" "	"	3 oct. '65	1er " '89	4 juil. '43	600
Jas. Evans	" "	Anglican	16 janv. '68	1er nov. '81	12 " '36	600
†John Kennedy	" "	Catholique	1er mai '70	24 sep. '95	12 juil. '52	600
John Mills	" "	Méthodiste	12 " '74	1er août '89	1er jan. '51	600
Alex. Atkins	" "	Presbytérien	1er juil. '78	1er juil. '91	— avril '57	600
Thos. Moore	" "	Anglican	9 mai '70	1er mars '99	8 août '44	600
P. O'Connor	Gardien départ. de la ficelle d'engerbage	Catholique	18 déc. '82	18 déc. '93	7 " '53	700
‡Æ. D. O. Macdonell	Gardien prison d'isolement	"	26 sept. '76	5 fév. '94	8 juin '46	700
Lawrence Walsh	Garde	"	18 déc. '76	18 déc. '76	19 janv. '44	500
Chas. Bostridge	"	Anglican	10 avril '82	10 avril '82	20 nov. '48	500

* A démissionné le 4 juillet 1869 ; nommé de nouveau le 2 novembre 1869.

† A démissionné le 31 mars 1872 ; nommé de nouveau (charretier) 1er janvier 1877.

‡ Nommé garde au pénitencier du Manitoba, le 21 septembre 1876. Congédié le 9 septembre 1892. Nommé à l'emploi actuel à la date ci-dessus.

PÉNITENCIER DE KINGSTON—*Suite.*

Nom.	Grade.	Religion.	Date de la première nomination.	Date de la nomination à l'emploi actuel.	Date de la naissance.	Appointements.
						$
J. A. Rutherford	Garde	Méthodiste	1ermars'84	1ermars'84	17 fév. '51	500
P. M. Beaupre	"	Catholique	10 janv.'85	10 janv.'85	29 juil. '60	500
Jno. Bannister	"	Méthodiste	23 mai '85	23 mai '85	13 sept. '51	500
Jas. Doyle	"	Catholique	27 " '85	27 " '85	19 oct. '60	500
A. McConville	"	"	1er juil. '85	1er juil. '85	4 juil. '62	500
Wm. Mooney	"	Méthodiste	4 " '85	4 " '85	1ermars'58	500
Michael Koen	"	Catholique	12 " '86	12 " '86	25 mai '42	500
*Thos. Tobin	"	"	1ersept.'87	1ersept.'87	20 nov. '49	500
Wm. Newman	"	Presbytérien	1er oct. '88	1er oct. '88	23 déc. '48	500
Patrick Madden	"	Catholique	1er août'89	1er août'89	27 avril '64	500
Thos. Fowler	"	"	1er " '89	1er " '89	22 mars '64	500
A. Thompson	"	Anglican	1er " '89	1er " '89	20 juin '50	500
Wm. Holland	"	"	1er " '89	1er " '89	26 mars '50	500
E. R. Davis	"	Méthodiste	1erfévr. '90	1er fév. '90	29 " '50	500
Wm. Ryan	"	Catholique	31 mai '90	31 mai '90	14 nov. '53	500
J. R. Birmingham	"	Méthodiste	8 sept. '90	8 sept. '90	16 déc. '58	500
C. W. Wood	"	"	1er jan. '91	1er jan. '91	10 avril '56	500
Jno. Givens	"	Catholique	7 juin '92	7 juin '92	6 juin '66	500
Alex. Spence	"	Anglican	9 " '92	7 " '92	12 août '54	500
C. S. Wheeler	"	"	23 juil. '92	23 juil. '92	7 oct. '52	500
Edward Johnson	"	Catholique	23 août '92	23 août '92	21 nov. '51	500
Geo. McCauley, jr.	"	"	24 " '92	24 " '92	19 sept. '63	500
F. Hornibrook	"	Anglican	1ersept.'92	1ersept.'92	15 déc. '55	500
Wm. Kenny	"	Méthodiste	1ermars'93	1ermars'93	5 nov. '58	500
Jno. O'Neil	"	Catholique	1er fév. '94	1er fév. '94	5 déc. '60	500
Jas. Bennett	"	Anglican	14 " '94	14 " '94	8 janv.'54	500
R. Corby	"	Catholique	7 mai '94	7 mai '94	9 mai '69	500
R. Patterson	"	Méthodiste	7 août '94	7 août '94	1er avril'49	490
John Hughes	"	Catholique	22 fév. '95	22 fév. '95	4 nov. '69	490
Saml. McCormack	"	Presbytérien	26 juil. '95	26 juil. '95	3 " '55	500
G. H. T. Marsh	"	Anglican	25 sept. '95	25 sept. '95	23 août '66	500
T. H. Hennessy	"	Catholique	26 " '95	26 " '95	13 nov. '61	500
S. J. Greer	"	Méthodiste	1er oct. '95	1er oct. '95	17 mars '59	500
W. H. Carrighan	"	Presbytérien	1er jan. '96	1er jan. '96	16 août '74	500
R. D. Dowsley	"	"	6 mai '96	6 mai '96	3 déc. '58	500
R. Bryant	"	Méthodiste	1er jan. '98	1er jan. '98	12 fév. '72	500
Thos. Reid	"	Presbytérien	1er " '98	1er " '98	9 nov. '71	500
J. B. Toner	"	Méthodiste	23 sept. '95	23 sept. '95	6 juil. '70	500
Geo. Sullivan	"	Catholique	22 août '98	22 août '98	20 avril '75	500
Victor Eccles	"	"	1ersept.'98	1ersept.'98	27 mai '65	500
M. P. Reid	"	Anglican	24 août '98	24 août '98	3 janv.'71	500
Robt. Irwin	Chauffeur	"	1ersept.'98	1ersept.'98	12 oct. '67	500
I. Seymour	"	Catholique	10 janv.'99	10 janv.'99	2 déc. '67	500
I. Houghton	Charretier	Anglican	1er déc. '91	1er déc. '91	20 mars '38	500
Michael Tobin	"	Catholique	7 " '91	7 " '91	— '46	500
P. Stover	"	Méthodiste	1ersept.'94	1ersept.'94	6 avril '54	500
James Weir	"	"	4 mai '96	4 mai '96	4 août '56	500
M. J. Kennedy	Messager	Catholique	1eravril'72	1er mai '84	12 juil. '52	600

* A démissionné le 22 août 1898; nommé de nouveau le 1er mars 1899.

PÉNITENCIER DE SAINT-VINCENT-DE-PAUL.

Nom.	Grade.	Religion.	Age.	Date de la nomination.	Appointements.
					$ c.
*J. A. Duchesneau	Préfet	Catholique	66	13 avril 1898	2,000 00
Rev. Mr. Harel	Catholique	"	50	27 " 1887	1,200 00
Rev. J. Rollit	Protestant	Anglican	57	25 oct. 1895	800 00
Geo. S. Malepart	Comptable	Catholique	49	21 sept. 1880	1,100 00
L. A. Fortier, M.D.	Médecin	"	65	13 avril 1898	1,500 00
E. Lachapelle	Secrétaire du préfet	"	30	7 mai 1898	600 00
G. B. Lamarche	Garde-magasin	"	50	20 " 1873	900 00
N. Charbonneau	Econome	"	48	1er juill. 1873	800 00
E. Champagne	Mécanicien	"	44	1er fév. 1890	900 00
D. O'Shea	Infirmier en chef	"	38	23 août 1882	680 00
J. T. Dorais	Instituteur	"	54	24 juill. 1882	700 00
E. Kenny	Fermier instructeur	"	47	1er janv. 1876	700 00
D. O'Borne	Maçon "	"	55	1er juin 1877	700 00
A. Rochon	Boulanger "	"	55	1er mars 1882	700 00
F. Nantel	Forgeron "	"	52	10 " 1887	700 00
V. Lortie	Cordonnier "	"	44	15 juill. 1895	630 00
W. Prevost	Carrier "	"	37	31 août 1896	700 00
C. Normand	Tailleur	"	44	18 mai 1898	700 00
U. Chartrand	Gardien	"	55	1er janv. 1878	600 00
G. Chartrand	"	"	56	1er juill. 1876	600 00
J. B. Lemay	"	"	60	1er juin 1879	600 00
G. Nixon	"	Anglican	51	6 août 1883	560 00
W. W. Gibson	"	"	54	6 " 1886	600 00
V. Bisson	"	Catholique	48	12 juill. 1884	600 00
J. D. Fitzgibbon	"	"	38	25 juin 1887	600 00
A. Plouffe	Garde	"	51	14 " 1883	500 00
F. Lesage	"	"	52	29 août 1883	500 00
J. E. Bartrand	"	"	39	1er " 1885	500 00
J. Charlebois	"	"	52	4 mai 1887	500 00
G. Charbonneau	"	"	50	30 juin 1888	500 00
D. J. McLennan	"	"	42	16 août 1888	500 00
H. Roger	"	"	57	1er janv. 1889	500 00
F. Clermont	"	"	35	10 juill. 1889	500 00
P. Forster	"	Anglican	25	1er sept. 1889	500 00
J. B. Charbonneau	"	Catholique	47	22 août 1891	500 00
J. Flood	"	"	49	1er mars 1892	500 00
A. Desjardins	"	"	35	9 nov. 1893	500 00
M. Despre	"	"	31	1er mai 1894	500 00
P. J. G. Lynch	"	"	28	1er " 1894	500 00
H. C. Fatt	"	Anglican	30	22 août 1894	400 00
E. Letang	"	Catholique	30	27 avril 1894	400 00
J. Lawlor	"	"	..	18 sept. 1896	500 00
P. Blondin	"	"	27	19 oct. 1896	500 00
H. Sigouin	"	"	26	8 mars 1897	500 00
J. Desjardins	"	"	23	1er oct. 1897	500 00
W. Grece	"	Anglican	..	1er " 1897	500 00
C. Clermont	"	Catholique	23	13 " 1897	500 00
L. Normand	"	"	24	2 nov. 1897	500 00
T. Mulroney	"	"	..	5 " 1897	500 00
H. Peloquin	"	"	38	6 mai 1898	500 00
I. Cloutier	Charretier	"	54	4 nov. 1881	500 00
C. Taillon	Messager	"	58	1er mai 1880	500 00

*Nommé en premier lieu le 15 décembre 1895; révoqué le 24 janvier 1881.

Pénitencier de Dorchester.

Nom.	Grade.	Religion.	Date de naissance.	Date de la première nomination.	Date de la nomination à l'emploi actuel.	Appointements.
						$
*John B. Forster	Préfet	Anglican	5 avril 1842	25 juin 1879	11 avril 1887	2,400
Charles Ross	Sous-préfet	Presbytérien	5 mars 1835	1er nov. 1867	4 june 1889	1,500
Robert Mitchell, M.D.	Médecin	"	25 juin 1835	1er juill. 1880	1er juill. 1880	1,400
†John A. Gray	Comptable	"	30 mai 1853	1er sept. 1880	1er sept. 1880	1,200
Rev. J. Roy Campbell	Aumonier prot.	Anglican	7 août 1841	1er oct. 1883	1er oct. 1883	600
Rev. A. D. Cormier	" cath.	Catholique	27 nov. 1854	1er déc. 1889	1er déc. 1889	600
Ferdinand A. Landry	Garde-magasin.	"	28 janv. 1843	15 nov. 1886	1er janv. 1898	700
William J. Macleod	Econome	Presbytérien	7 août 1868	1er janv. 1896	1er " 1898	700
James A. Piercy	Mécanicien	Méthodiste	15 " 1852	12 mai 1885	12 mai 1885	900
Gordon B. Papineau	Infirmier en ch. et instituteur.	Catholique	22 juin 1856	1er janv. 1886	1er janv. 1898	800
Elizabeth McMahon	Directrice	"	7 avrli 1870	21 " 1898	1er mai 1899	500
Charles Miller	Charpentier ins	Anglican	13 nov. 1847	1er mars 1868	1er mars 1879	700
John Downey	Forgeron "	Baptiste	17 mars 1840	1er mai 1868	1er mai 1868	700
Nathan Tattrie	Cordomnier "	Presbytérien	3 avril 1844	1er sept. 1877	1er sept. 1877	700
William R. Burns	Tailleur "	Catholique	14 mars 1858	10 mai 1891	10 mai 1891	700
‡Angus M. McDonald	Boulanger "	"	26 nov. 1865	1er juin 1891	1er nov. 1894	690
Arthur B. Pipes	Fermier	Anglican	31 oct. 1853	25 " 1889	25 juin 1889	700
William Hogan	Gardien	Catholique	17 avril 1843	1er janv. 1869	1er juill. 1897	600
Henry Godsoe	"	"	25 déc. 1833	1er août 1869	1er " 1897	600
William Alexander	"	Méthodiste	31 août 1846	1er juill. 1880	1er janv. 1898	600
John Corcoran	Garde	Catholique	12 avril 1847	1er " 1880	1er juill. 1880	500
James A. Lane	"	"	14 oct. 1843	1er " 1880	1er juin 1882	500
Robert Colburn	"	"	10 juill. 1856	1er août 1881	1er janv. 1882	500
James Luther	"	Méthodiste	1er juin 1840	9 mai 1882	9 mai 1882	500
Joseph LeBlanc	"	Catholique	29 " 1849	11 " 1883	1er " 1883	500
Adolphus Allain	"	"	1er fév. 1855	0 juill. 1883	1er déc. 1883	500
Lorenzo H. Chambers	"	"	20 avril 1853	1er mai 1886	1er nov. 1888	500
John McDougall	"	"	6 mai 1861	5 avril 1891	1er oct. 1891	500
T. Frank Gillespie	"	Anglican	3 juill. 1873	18 oct. 1891	1er " 1892	500
Nicholas A. Burden	"	"	25 " 1852	1er " 1892	1er fév. 1893	500
Angus A. McDonald	"	Catholique	27 fév. 1866	1er fév. 1893	1er " 1893	500
Leonard S. Hutchinson	"	Anglican	18 oct. 1874	1er " 1893	1er mai 1894	500
John McCaull	"	Presbytérien	1er mars 1850	23 juill. 1894	23 juill. 1894	490
Charles S. Elsdon	"	Méthodiste	4 sept. 1869	23 " 1895	23 " 1895	500
Sinclair McDougall	"	Presbytérien	18 oct. 1871	23 " 1895	23 " 1895	500
Arthur Brown	"	"	26 sept. 1864	1er janv. 1898	1er janv. 1898	500
George Drillio	"	"	27 avril 1865	1er " 1898	1er " 1898	500
John H. DeForest	"	Anglican	26 juin 1870	1er " 1898	1er " 1898	500
Stephen H. Getson	"	Presbytérien	3 fév. 1873	1er " 1898	1er " 1898	500
John McLeod	"	"	20 sept. 1860	1er " 1898	1er " 1898	500
§Patrick Connell	"	Catholique	6 août 1849	1er juill. 1880	15 fév. 1899	500
John S. Milton	Garde aux étab.	Baptiste	22 nov. 1853	1er mai 1894	1er juil. 1898	500
Thomas Walsh	"	Catholique	1 janv. 1859	1er déc. 1896	1er " 1898	500
James McDougall	Messager	Presbytérien	19 juill. 1841	1er janv. 1873	1er " 1883	550

*Employé sur le chemin de fer Intercolonial du 1er décembre 1868 jusqu'à juillet 1874. †Dans le service d s dou nes du 1er décembre 1879 au 1er sept. 1880. ‡A démissionné le 31 mars 1894. Nommé boulanger-instructeur le 1er novembre 1894. §S'est retiré du service le 31 décembre 1897. Nommé de nouveau le 15 février 1899.

PÉNITENCIER DU MANITOBA.

Nom.	Grade.	Religion.	Date de la nomination à l'emploi actuel.	Appointements actuels.	Date de la naissance.	Date de la première nomination.
				$		
Irvine, A. G..	Préfet	Anglican	13 oct. 1892	2,150	7 déc. 1837	1er mai 1870
Manseau, A.	Sous-préfet.	Catholique...	2 sept. 1898	1,500	14 janv. 1858	1er juill. 1891
‡Macdonald, R., M.D	Médecin... ..	"	16 fév. 1898	1,500	9 " 1852	1er sept. 1877
Finn, rév. F. M......	Aumôn'r protest.	Méthodiste..... .	1er mars 1898	800	9 fév. 1832	1er mars 1898
*Cloutier, rév. G....	" cathol.	Catholique........	11 fév. 1898	800	1er " 1851	4 avril 1883
Mustard, J....	Comptable......	Presbytérien.. ...	1er juill. 1894	1,050	2 juin 1844	16 " 1883
Power, B. F.........	Garde-magasin..	Catholique.......	" " 1894	950	14 " 1846	18 fév. 1892
Beaupré, J. O.......	Infirmier en chef et instituteur..	"	1er nov. 1892	800	2 juill. 1859	28 juill. 1885
Smith, J............	Mécanicien et forgeron......	Anglican	1er " 1889	990	8 déc. 1848	10 déc. 1883
§Lusignan, E.. . ..	Charpent'r-instr.	Catholique	1er avril 1892	700	11 mai 1852	1er avril 1892
†Farquar, D..... ...	Maçon "	Presbytérien......	16 mars 1893	1,000	15 fév. 1849	16 mars 1893
Grahame, W........	Fermier "	"	24 oct. 1893	700	19 oct. 1860	1er juill. 1891
Miller, T	Cordonnier "	Anglican	23 juill. 1895	700	17 déc. 1857	10 nov. 1892
Mercer, F.	Tailleur "	Presbytérien.....	30 mai 1899	700	27 fév. 1845	30 mai 1899
Harris, E..	Gardien...	Baptiste.........	1er janv. 1899	600	15 juill. 1867	10 nov. 1895
Freeman, E... ..	Garde	Anglican	1er juin 1886	650	12 mai 1856	1er fév. 1886
‖Eddles, W	"	"	19 août 1885	650	17 juill. 1858	19 août 1885
¶Addison, G... ...	"	Méthodiste... ...	20 oct. 1885	650	15 mai 1838	29 sept. 1881
McFarlane, P.. ...	"	Presbytérien	1er fév. 1888	600	29 mars 1854	1er sept. 1888
Sutherland, D. G....	"	"	11 déc. 1888	600	6 " 1850	11 déc. 1888
Gingras, C....... .	"	Catholique........	1er fév. 1891	600	27 janv. 1867	1er fév. 1891
Bourke, E.....	"	Anglican	1er sept. 1891	600	2 mars 1867	1er sept. 1891
Bourke, W	"	"	6 déc. 1892	590	20 avril 1863	6 déc. 1892
Gillies, A., jr..... ...	"	Presbytérien	1er mars 1898	500	9 oct. 1865	1er mars 1898
Ward, A	"	Anglican	1er mai 1898	500	6 juin 1858	1er mai 1898
Shead, W. H........	Chauffeur.	"	1er " 1898	500	4 " 1869	1er " 1898
French, W. H......	Garde.... ...	Méthodiste.... ..	4 avril 1899	500	24 mars 1873	4 avril 1899
Hogue, J.	"	Catholique.... ..	11 mai 1899	500	13 nov. 1874	11 mai 1899
Douglas, T...	"	Méthodiste.......	1er juin 1899	500	8 fév. 1869	1er juin 1899

*Rév. G. Cloutier, congédié le 7 janvier 1898; nommé de nouveau le 11 février 1898.
‡Dr Macdonald s'est retiré du service le 31 juin 1881 " 16 " 1898.
§Lusignan, E., destitué le 14 février 1898 " 1er mai 1898.
‖Eddles, W. " " "
†Farquar, D., s'est retiré du service en juillet 1890 " 16 mars 1893.
¶Addison, G. " " le 30 avril 1884 " 20 octobre 1885.

Pénitencier de la Colombie-Britannique.

Nom.	Grade.	Religion.	Date de la naissance.	Date de la première nomination.	Date de la nomination à l'emploi actuel.	Appointements.
						$ c.
J. C. Whyte	Préfet	Presbytérien	2 août 1861	27 nov. 1896	27 nov. 1896	2,000 00
D. D. Bourke	Sous-préfet	Catholique	15 " 1845	23 juill. 1886	1er avril 1896	1,500 00
Rév. T. Scouler	Aumônier protestant	Presbytérien	10 juill. 1843	1er janv. 1897	1er janvier 1897	800 00
Rév. Chas. DeVriendt	" catholique	Catholique	7 avril 1861	13 " 1899	13 " 1899	800 00
W. A. DeWolf Smith, M.D.	Médecin	Episcopalien	6 oct. 1859	1er nov. 1887	30 juin 1890	600 00
J. W. Harvey	Comptable et secrétaire du préfet	"	23 fév. 1856	29 juin 1895	27 février 1896	1,200 00
Benjamin Burr	Garde-magasin	Episcopalien réformé	26 mars 1844	1er oct. 1888	1er mai 1899	700 00
R. J. Robertson	Econome	Presbytérien	28 juin 1865	11 " 1887	1er octob. 1895	700 00
W. J. Carroll	Infirmier en chef et instituteur	Catholique	15 mars 1860	23 juill. 1886	1er " 1895	800 00
George McKenzie	Cordonnier-instructeur	Presbytérien	4 juill. 1852	1er nov. 1883	1er nov. 1883	750 00
Alex. Coutts	Forgeron "	"	13 sept. 1850	1er oct. 1886	1er octob. 1886	750 00
James Miller	Boulanger "	"	18 mai 1841	24 sept. 1888	24 sept. 1888	700 00
H. Disney	Charpentier "	Episcopalien	17 déc. 1866	1er mars 1895	1er mars 1895	690 00
J. N. Aitchison	Tailleur "	Presbytérien	14 mars 1868	9 août 1898	9 août 1898	700 00
T. W. Quilty	Gardien	Catholique	1er juill. 1850	18 janv. 1882	10 nov. 1890	700 00
Hamilton McKee	"	Presbytérien	24 mai 1849	7 nov. 1884	2 octob. 1895	600 00
John McNiven	Fermier-instructeur	"	6 " 1856	1er juin 1889	1er " 1895	700 00
F. Stewart	Garde	"	16 août 1852	1er avril 1885	1er avril 1885	600 00
James Doyle	"	Catholique	8 mars 1862	1er oct. 1886	1er octob. 1886	600 00
Patrick Smyth	"	"	17 " 1843	21 fév. 1879	21 février 1879	600 00
Thomas Sampson	"	"	25 mai 1859	1er avril 1890	1er avril 1890	600 00
D. McMaster	"	"	28 oct. 1864	1er nov. 1888	1er février 1891	600 00
W. A. Patchell	"	Episcopalien	12 août 1862	18 août 1890	18 août 1890	600 00
Richard Atkins	"	Méthodiste	3 déc. 1860	1er avril 1885	1er sept. 1892	600 00
Ralph Dynes	"	Catholique	31 oct. 1867	1er janv. 1894	1er janv. 1894	560 00
Alex. McNeill	"	Presbytérien	17 juin 1862	29 " 1894	29 " 1894	560 00
J. A. Johnson	"	Méthodiste	7 juill. 1856	1er oct. 1895	1er octob. 1895	500 00
Thos. G. Lobb	"	Episcopalien	31 mai 1857	1er " 1895	1er " 1895	500 00
Wm [illegible]h	"	Catholique	14 fév. 1864	1er juin 1896	1er juin 1896	500 00
R. J. Sansbury	"	"	31 déc. 1872	1er avril 1899	1er avril 1899	500 00
Edward Walmsley	"	Episcopalien	8 fév. 1878	10 mai 1899	10 mai 1899	500 00

ANNEXE L

RAPPORTS SUR LES FERMES

RAPPORTS DES FERMIERS INSTRUCTEURS.

Pénitencier de Kingston.

Dr.

Articles.	Quantité.	Prix moyen.	Montant.	Total.
		$ c.	$ c.	$ c.
Instruments aratoires, outils, etc.			64 30	
Papeterie			2 59	
Houille			24 43	
Bois dur			58 40	
Engrais			97 60	
Frais de messagerie, cochons			6 25	
" " graines			0 35	
Fret, graines			0 74	
Alex. Tait (battage du grain) ... boiss.	2,628	0 01½	39 42	
Chaux (porcherie)			0 75	
Semences sur la ferme			256 96	
Pesage de l'orge			1 50	
1 verrat			14 00	
Frais de voyage (J. McCaugherty)			1 66	
Travail des détenus sur la ferme .. jours.	2,851	0 30	855 30	
Service des attelages			395 50	
Dr Nicholl, services professionnels			1 00	
Dr Bell, "			2 00	
Orge (porcherie) ... boiss.	493		192 70	
Pois " ... "	245		135 00	
Pommes de terre (porcherie) ... "	33		9 90	
Racines (porcherie) ... "	480		116 25	
Paille " ... "			120 00	
Salaire du fermier instructeur ... "			700 00	
" des charretiers (2) ... "			1,000 00	
				4,096 60
Balance				530 99
				4,627 59

Av.

Articles.	Quantité.	Prix moyen.	Montant.	Total.
		$ c.	$ c.	$ c.
Pommes ... boiss.	7	0 38	2 66	
Betteraves ... "	212⅓	0 60	127 40	
Fèves, vertes ... "	3	0 75	2 25	
" ... livres.	540	0 01½	8 10	
Orge ... boiss.	533	0 39¾	212 45	
Os ... livres.	2,530	0 00½	12 65	
Œufs ... douz.	11⅛	0 33¼	3 70	
" ... têtes.	1,133	0 03	33 99	
Céleri ... bottes.	174	0 03⅞	6 48	
Maïs ... douz.	16	0 10	1 60	
Carottes ... bottes.	50	0 04	2 00	
" ... boiss.	364 3/10	0 29½	107 46	
Foin ... tonn.	67 3/15	5 50	371 83	
Laitue ... têtes.	125	0 01	1 25	
Oignons ... bottes.	963	0 03⅕	30 93	
" ... boiss.	65½	0 65⅔	42 87	
Avoine ... "	2,374	0 29¼	689 58	
Lard ... livres.	31,115	0 05¼	1,633 54	
Pommes de terre ... boiss.	1,502	0 44⅓	666 01	
Pois ... "	283	0 55⅘	157 80	
Racines (porcherie) ... "	480	0 23⅕	116 25	
Rhubarbe ... bottes.	61	0 05	3 05	
Sauge ... "	25	0 05	1 25	
Navets ... boiss.	31½	0 18⅛	5 70	
Paille ... tonn.	58¼	4 00	234 46	
Panais ... boiss.	106	0 60	63 64	
Tomates ... "	46½	0 51	23 89	
Trav. des détenus (ch. du pénit.) . jours.	168	0 30	50 40	
" (J. C. McCaugherty) "	2	0 30	0 60	
" (jard. du sous-préfet) "	46	0 30	13 80	
				4,627 59

JOHN A. McCAUGHERTY, *fermier instructeur.*

PÉNITENCIER DE SAINT-VINCENT DE PAUL.

SAINT-VINCENT DE PAUL, 30 juin 1899.

MONSIEUR,—J'ai l'honneur de vous présenter mon rapport annuel pour l'exercice clos le 30 juin 1899. Je suis heureux de pouvoir déclarer qu'il y a eu, comparativement à l'année dernière, augmentation des produits de la ferme et diminution des dépenses.

Je n'ai pu améliorer la ferme comme je l'aurais désiré. Vu les travaux nécessaires que l'on est à exécuter ici, je n'ai pas eu assez d'aide pour m'occuper d'autre chose que de faire les récoltes. La propriété du pénitencier, y compris la cour de la prison et les dépendances, les chemins et les carrières, la résidence du préfet et terrains, etc., contient environ cent soixante-et-dix acres. Un ravin profond traverse la ferme et en rend une portion considérable peu propre à la culture. Si l'on prend en considération le revenu produit par une aussi petite étendue de terrain, il est évident que les travaux de la ferme constituent l'industrie la plus rémunérative du pénitencier. Avec une somme égale à celle que l'on dépense actuellement, on pourrait cultiver deux cents acres de plus et fournir à l'institution tous les produits de la ferme dont elle aurait besoin. Je recommande donc l'achat de deux cents acres de terre, aussi près que possible du pénitencier.

Nous avons plus de porcs qu'à l'ordinaire. Le nombre en a été augmenté en vue de fournir au pénitencier tout le lard dont on aurait besoin ; mais nous n'avons pas assez de place et je demanderais que la porcherie soit agrandie aussitôt que possible.

Je dois vous remercier, monsieur, de la bienveillance que vous m'avez témoignée. Je désire aussi offrir mes remerciements au sous-préfet et au gardien en chef pour l'aide qu'ils m'ont donnée dans l'accomplissement de mes devoirs.

Je suis, monsieur,

Votre très respectueux serviteur,

E. LEMAY,

Instructeur.

M. DOUGLAS STEWART,

Inspecteur des pénitenciers,

Ottawa.

COMPTE de la ferme, pénitencier de Saint-Vincent de Paul, pour l'exercice clos le 30 juin 1899.

Dr.	$ c.	Av.	c.	$ c.
Stock en main, le 1er juillet 1898	1,113 50	1.595 pqts oignons à 2c	31 90	
Graines, vert de Paris, engrais, etc	303 46	49 bois. oignons à 50c	24 50	
Comptant, porcherie, services du médecin vétérinaire, etc	174 93			56 40
Travail des détenus, 7,008 jours à 25c	1,752 00	5,700 liv. better. fourr. à $5 ton.	14 25	
Travail des chevaux, 1,330 jours à 50c	665 00	23 charges betteraves fourrag	63 25	
Salaire du fermier-instructeur (deux tiers)	466 66			77 50
Légumes pour la porcherie	820 85	12 pqts betteraves	0 25	
Balance	319 56	22 bois. " à 25c	5 50	
		1 bois. " à 40c	0 40	
				6 15
		12 pqts navets	0 25	
		30 bois. " à 20c	6 00	
		91½ bois. " à 25c	22 88	
		10 bois. " à 30c	3 00	
		15 sacs " à 37c	5 55	
		17 bois. " à 40c	6 80	
		1,210 liv. " à $5 la tonne	3 02	
				47 50
		5,102 têtes de choux à 2c	102 04	
		300 " " 1c	3 00	
		705 " " 1c	7 05	
				112 09
		3 pqts de foin à 25c	0 75	
		1 tonne " $4	4 00	
		¼ " " $6	1 50	
		4 " " $8	32 00	
		$4\frac{1}{10}$ " " $9	36 90	
		$5\frac{5}{8}$ " " $9	50 63	
		$10\frac{411}{2000}$ " $9	91 84	
		5,003 liv. " $8 la tonne	20 01	
		16½ tonnes " $12	198 00	
		5,780 liv. " $12 la tonne	34 68	
		14,640 liv. " $13 la tonne	95 16	
				565 47
		60 bois. pommes de terre à 20c	12 00	
		278 sacs " 25c	69 50	
		6½ bois. " 25c	1 63	
		5,110 liv. " 25c. bois.	21 29	
		2,015 sacs " 45c	906 75	
		2 sacs " 50c	1 00	
		161¼ sacs " 70c	112 88	
				1,125 05
		639 bois. avoine à 34c	217 26	
		22,158 liv. " 1c	221 58	
		800 liv. " 1c	8 00	
				446 84
		12 pqts carottes	0 25	
		800 pqt. " à 2c	16 00	
		108 bois. " 25c	27 00	
		3¼ tonnes " $8	26 00	
				69 25
		662 liv. fil de fer barbelé à 1c	6 62	
				6 62
		30 poteaux de cèdre à 15c	4 50	
		12 " 25c	3 00	
				7 50
		500 liv. de paille à $3 la tonne	0 75	
		7½ tonnes " $3	22 50	
		15,030 liv. " $3.75 la ton.	28 19	
		2 pqts " 4c	0 08	
		7 tonnes " $4	28 00	
		3 tonnes " $5	15 00	
		5,570 liv. " $5 la tonne.	13 92	
		32,853 liv. " $4 la tonne.	65 70	
		2 tonnes " $6	12 00	
		5,914 liv. " $6 la tonne.	17 74	
				203 88
		184 bois. orge à 70c	128 80	
		51 bois. " 60c	30 60	
		1,990 liv. " 1c	19 90	
		1,640 liv. " 60c. le bois	20 50	
				199 0

COMPTE de la ferme, pénitencier de Saint-Vincent de Paul—*Fin.*

Dr.	$ c.	Av.	$ c.	$ c.
		2 pan. pommes sauvages à 10c.	0 20	0 20
		8 bois. grain mélangé à 40c.	3 20	
		15,084 liv. " 1c.	150 84	154 04
		Fourrage.	1 50	1 50
		5 liv. paille hachée	0 10	0 10
		64 bois. panais à 25c.	16 00	16 00
		1 bois. légumes mélangés	0 25	0 25
		Coupe de la glace	11 43	11 43
		1 lot de couvertes condamnées.	0 25	0 25
		1 lot de vieilles clôtures	3 00	3 00
		1 lot d'engrais	2 25	2 25
		7 bois. de pois à 60c.	4 20	
		11 bois. " 80c	8 80	
		2,786 liv. " 1c.	27 86	40 86
		720 charg. de fumier d'eng. à 30c	216 00	216 00
		A divers, lard	18 00	18 00
		350 liv. de graisse à 5c.	17 50	17 50
		13,637 liv. de lard 6c.	818 22	
		3,608 liv. " 7c.	252 56	1,070 78
		Stocks en main, savoir :		
		208 cochons à $5	1,040 00	
		2 cochons	15 00	
		1 tonne de fourrage	25 00	
		50 sacs de grain	50 00	
		3 tonnes de paille à $3.25	9 75	1,139 75
	5,615 96			5,615 96

Pénitencier de Dorchester.

Dt.	$ c.	Av.	$ c.
Foin, grain, graines de légumes	200 70	300 tonnes de foin à $5.	1,500 00
Engrais	66 00	56 " " $3.	168 00
Vert de Paris, 50 liv.	8 25	50 " d'ensilage à $4.	200 00
Sel, 744 liv.	2 77	1,243 boiss. d'avoine à 30c.	372 90
Huile de pieds de bœuf, 11¼ galls. ...	12 25	100 " d'orge à 50c.	50 00
Soufre, 224 liv.	6 72	30 " de sarrasin à 35c.	10 50
Instruments aratoires, outill., rép., etc.	149 45	1,866 " pommes de terre à 30c. ...	559 80
Salaire du fermier instructeur	700 00	2,500 " de navets à 20c.	500 00
" d'un charretier.	500 00	423¼ " de carottes à 30c.	126 98
Usage de six chevaux	750 00	92⅓ " de betteraves à 35c..	32 35
4,133 journ. de travail de détenus à 30c	1,239 90	100 " de panais à 30c.	30 00
		200 " de betteraves fourrag. à 25c	50 00
		1,364 galls de lait à 20c.	272 80
		1,232 liv. de bœuf à $5.33 le qtl	65 66
		4,907 " de lard à 6c	294 42
		140 " d'oignons à 2½c.	3 50
		821 têtes de choux à 5c..	41 05
		8 bœufs vendus	470 00
		3 veaux vendus	40 00
		61 jeunes cochons vendus	148 25
		Service du verrat	9 00
Balance	1,312 17	Pâturage.	3 00
	4,948 21		4,948 21

A. B. PIPES,

Fermier instructeur.

Pénitencier du Manitoba.

Dt.	$ c.	Av.	$ c.
Salaire du fermier instructeur	695 00	1,191 boiss. de blé à 54c.	1,191 24
440 journ. d'ouvr. des attelages à $1.25	550 00	2,544 " d'avoine à 25c.	636 00
2,618 journ. de travail des détenus à 30c	785 40	923 " d'orge à 20c..	184 60
Stock de ferme	130 00	2,158 " de pommes de terre à 20c.	413 60
Services du médecin vétérinaire	33 00	408 " de navets à 15c.	61 20
Battage du grain.	113 46	118 " de betteraves à 30c	35 40
Graines, champs et jardins..... ...	188 10	52 " de carottes à 30c.	15 60
Ficelle d'engerbage	60 00	14,672 liv. de choux à ½c.	73 36
Clôtures	105 89	199 " d'oignons à 1c.	1 99
Instruments aratoires, outils et répar.	141 09	1,312 " de légumes verts à ½c.	6 56
		1,046 " de bœuf à 5¼c.	54 92
		32 " de suif à 5¼c.	1 68
		80 " de peaux à 6c.	4 80
		4,719 " de lard à 5¼c	247 74
		8,204 " de cochons à 4¾c	389 69
		98 tonnes de foin à $2.50.	245 00
		999 galls de lait à 10½c.	104 90
		1 verrat	8 00
		Service du taureau.	7 00
Balance	888 09	" du verrat.	6 75
	3,690 03		3,690 03

W. R. GRAHAME,

Fermier instructeur.

PÉNITENCIER DE LA COLOMBIE-BRITANNIQUE.

	$ c.		$ c.
Travail des détenus, 4,140 jours à 30c.	1,242 00	101,460 liv. de pommes de terre.	507 32
Graines, (pom. de terre, avoine, etc.)..	180 09	27,749 " de carottes	92 49
297 charges d'engrais	148 50	10,196 " de navets	34 00
Instruments aratoires, outils, etc	123 39	2,297 " d'oignons	11 51
Réparations	32 69	3,509 " de choux	11 72
1,000 liv. houille B. B. C	2 58	920 " de panais	3 07
5,410 " " C. N	10 14	2,615 " de betteraves	8 71
186 charges de grain de brasserie...	93 00	109 " de choux-fleurs	0 37
17,163 liv. de maïs	205 95	78 " de fèves vertes	0 26
44,091 " de pommes de terre	220 46	95 " de rhubarbe	0 36
3,000 " de navets	10 00	38 " de salsifis	0 12
3,000 " de carottes	6 67	3,182¼ " de pois	39 77
1,000 " de betteraves	3 33	78 " de poireaux	0 39
1 verrat	5 50	84 " de radis	0 42
Service du taureau	26 00	528 " de bœuf	47 52
Travail des chevaux, 207 jours à 50c..	103 50	6,745 " de lard	351 58
Salaire du fermier instructeur	700 00	25 cochons de lait	22 75
		9,280 liv. d'avoine	92 80
		1,600 " d'orge	24 00
		39,600 " de betteraves fourragères..	132 00
		839½ galls de lait	167 81
		230 cordes de bois	460 00
		30 tonnes de foin	270 00
		6 " de paille	30 00
		3 veaux	37 68
		1 pre de cornes de vache..	0 25
		8 charges d'engrais	4 00
		Charriage	0 50
		Travail des détenus, 122 jours..	36 60
		Balance	725 80
	3,113 80		3,113 80

J. McNIVEN,
Fermier instructeur.

ANNEXE M

PRISON DE RÉGINA

PRISON DE RÉGINA.

RÉGINA, T.N.-O., 27 novembre 1899.

MONSIEUR,—J'ai l'honneur de vous présenter mon rapport annuel, ainsi que divers états, pour l'exercice clos le 30 juin 1899. Un détenu a été gracié pendant l'année ; nous n'avons eu ni évasions ni décès à enregistrer.

Le coût net par tête, $477.54, est élevé ; mais il n'est pas excessif si l'on considère que la moyenne quotidienne des prisonniers n'a été que de $15\frac{317}{365}$, et qu'il a fallu dépenser $131.17 pour remplacer le puisard, les pompes et accessoires, brûlés au cours de l'hiver dernier, et aussi $444.89 pour la construction d'une clôture d'enceinte autour des 160 acres dépendant de la prison.

En égard à la petite étendue de terre en culture, la production a été satisfaisante ; nous avons eu assez des légumes et de l'avoine pour en vendre une bonne partie, après avoir amplement pourvu aux besoins de la prison. Pendant l'année, on a labouré cinq acres de terre neuve ; avec les sept acres préparés l'année dernière, nous nous trouvons avoir un champ de douze acres de terre neuve que nous ensemencerons quand nous en aurons arraché les racines de rosiers sauvages et de saules. Je dois dire ici que je ne puis faire autant de culture que je le voudrais vu que le personnel est peu considérable et qu'il faut consacrer beaucoup de temps à l'entretien de la prison et aux nombreuses réparations nécessaires.

Notre système d'égouts est imparfait ; il faut pomper et charrier toutes les matières déversées au puisard par les canaux. L'eau dont on se sert à la prison est aussi tirée du puits situé près des habitations des employés. Tout le travail est fait par les détenus. Il arrive souvent qu'un ouvrage en dehors des murs de la prison ne demande qu'un ou deux prisonniers, mais il faut qu'un garde les accompagne ; le tourne-clefs, à l'intérieur, se trouve alors avoir trop de prisonniers à surveiller, vu qu'il a la responsabilité de l'aile des cellules, du sous-sol et de la prison.

La conduite des employés, sauf ceux au sujet desquels je vous ai fait rapport, a été bonne. A ce sujet, permettez-moi de vous exprimer ma surprise de voir que l'officier qui m'a assailli dans la prison, le 24 décembre 1898, était encore en possession de l'un des cottages des employés à la fin de l'exercice, nonobstant les rapports qui vous ont été envoyés et la décision de la cour ; l'on semble ainsi faire des dépendances de la prison un asile pour les *rowdies* venus des Etats-Unis.

J'ai l'honneur d'être, monsieur,

Votre obéissant serviteur,

A. L. LUNAN,
Geôlier.

M. DOUGLAS STEWART,
Inspecteur des pénitenciers,
Ottawa.

RAPPORT DU MÉDECIN.

RÉGINA, T.N.-O., 27 novembre 1899.

MONSIEUR,—J'ai l'honneur de vous présenter mon rapport annuel pour l'exercice clos le 30 juin 1899.

La santé du personnel en général a été bonne et celle des détenus assez bonne.

Régina peut maintenant se féliciter d'avoir un petit hôpital. Les personnes traitées comme vagabonds et qui, en réalité, étaient malades, seront dorénavant, pour ce qui regarde ce district, envoyées à l'hôpital et non plus à la prison comme autrefois.

Pendant l'année, l'administration du Nord-Ouest a passé une ordonnance qui permet de tenir les aliénés sous garde à leur résidence, pendant l'examen nécessaire dans chaque cas. Si on trouve qu'ils doivent être envoyés à l'asile, on les y conduit directement. On en amène encore quelques-uns à la prison lorsque la preuve médicale fait défaut ou est insuffisante, et ils y sont détenus jusqu'à ce que le médecin de l'institution fasse son rapport. De la sorte, nous n'aurons plus à garder à la prison, en attendant leur transfert à l'asile, des personnes qui étaient une cause de dérangement et d'incommodité vu le peu d'espace que nous avons à notre disposition.

Cette prison a été mal construite ; il y a des parties de l'édifice qui sont inhabitables pendant la saison des grands froids et des vents. Durant l'hiver dernier, à certains jours, bien que l'appareil de chauffage à vapeur fonctionnât, la température était à quarante degrés dans le quartier C, ainsi que dans les bureaux du geôlier et du trésorier, en bas ; en haut, le thermomètre marquait quatre degrés au-dessous de zéro. Sauf cette exception, l'état sanitaire de la prison est bon

J'ai l'honneur d'être, monsieur,

Votre obéissant serviteur,

O. C. EDWARDS, M.D.,

Médecin de la prison.

M. DOUGLAS STEWART,

Inspecteur des pénitenciers,

Ottawa.

CAS traités dans les cellules.

Maladie.	Nombre de cas.	Maladie.	Nombre de cas.
Constipation	3	Episatoxis	1
Catarrhe	5	Furoncles	1
Rhumatisme inflammatoire	1	Lumbago	1
Amygdalite	1	Conjonctivite	2
Mal de tête	4	Néphrite	1
Débilité générale	7	Diarrhée	3
Pleurodynie	1	Ongle incarné	1
Rhumatisme musculaire	8	Vomissements	2
Empyæmie	1	Scrofule	1
Chancroïde	1	Cystite	1
Indigestion	10	Hystérie	2
Mal de dents	14	Eczéma	1
Abcès	2	Paralysie	1
Bronchite	6	Mal d'oreilles	1

Aliénés examinés pendant l'année.......... 30

Médicaments en mains, le 30 juin 1898	$197 00
" " 1899	173 02

RAPPORT DE LA DIRECTRICE,

RÉGINA, T.N.-O., 27 novembre 1899.

MONSIEUR,—J'ai l'honneur de vous présenter mon rapport annuel pour l'exercice clos le 30 juin 1899.

Ci-dessous, un état des prisonnières confiées à mes soins pendant cette période :—

En prison, le 30 juin 1898		1
Reçues depuis		4
Total		5
Libérées	4	
Graciée	1	
		5

Les prisonnières ont été employées à divers travaux : couture, lavage, etc. Leur conduite a été bonne.

J'ai l'honneur d'être, monsieur,

Votre obéissante servante,

FLORA HOURIE,
Directrice.

M. DOUGLAS STEWART,
Inspecteur des pénitenciers,
Ottawa.

MOUVEMENTS des détenus.

—	Aliénés.			En prison avant et après condamnation.				
	Hommes.	Femmes.	Total.	Hommes.	Femmes.	Total.	Total.	
Restant à minuit le 30 juin 1898	....	....	....	11	1	12	12	
Reçus depuis	28	2	30	36	4	40	70	82
Libérés :—à l'expiration de leur peine	....	....	....	26	4	30	30	
Graciés	....	....	....	....	1	1	1	
Aliénés transférés à l'asile de Brandon	23	2	25	....	....	....	25	
" libérés sur l'ordre du lieut.-gouverneur	5	....	5	....	....	....	5	61
								21
Restant à minuit le 30 juin 1899	....	....	....	21	....	21	....	21
Nombre de prisonniers condamnés, reçus pendant l'année, y compris ceux ci-dessus	....	....	....	28	4	32	....	....

PRISON DE RÉGINA.

LISTE des prisonniers reçus pendant l'année.

Nom.	Durée de la condamnation.	Date de l'emprisonnement.	Lieu d'origine.	Religion.	Etat civil.	Résidence.	Age	Occupation.	Crime.
		1898.							
Albert E. Hillsden	Aliéné	5 juillet	Angleterre	Anglican	Célibat	[illegible]ge	27	Tapissier	
Modeste Mc. Gillies	"	6 "	Canada	Catholique	Marié	Wood-Mountain	55	"Rancher"	
James Sterling	"	14 "	"	Presbytérien	Célibat	Qu'Appelle	27	Journalier	
Robert Crofts	"	18 "	Angleterre	Méthodiste	"	Estevan	30	Cultivateur	
Edward Rawlinson	1 mois	20 "	"	Anglican	"	Moosomin	2[illegible]	Journalier	Fffraction nocturne.
James W. Hawkes	E. A. son P.	22 "	Canada	Méthodiste	"	Régina	27	Cultivateur	Vol.
William Daniel	2 mois T. F.	23 "	"	Catholique	Marié	Touchwood-Hill	28	"	Voies de faits.
Clara Jacobs	1 " "	26 "	Autriche	"	Célibat	Régina	14	Domestique	Vol.
Web. Kennemore	Aliéné	28 "	Etats-Unis	"	Marié	"	45	Briquetier	
Joseph Patton	"	29 "	"	Méthodiste	Célibat	Calgary	48	"Rancher"	
James ———	"	4 août	"	Baptiste	"	Estevan	50	Journalier	
Frank Adams	19 mois T.F.	11 "	Angleterre	Anglican	"	Wolsely	19	"	Vol.
Spogan (sauvagesse)	1 " "	11 "	Canada	[illegible]de.	Mariée	Whitewood	30		Ivrognerie.
Charles Semoni	Aliéné	15 "	"	Catholique	"	Régina	50	Journalier	
Joseph Pritchard	2 ans T. F.	21 "	"	"	"	Fort-Qu'Appelle	21	"	Vol.
Lewis Hudson Salter	Aliéné	22 "				Yorkton			
Charles W. Cowan	2 ans T. F.	22 "	Angleterre	Anglican	Marié	Moose-Jaw	21	Ferblantier	"
Byron [illegible]	Aliéné	29 "	Canada	Plymouth Br.	"	Oxbow	38	Cultivateur	
Jas. A. Williamson	E. A. son P.	1er sept.	"	Presbytérien	Célibat	Régina	43	Journalier	Effraction.
George Dowling	"	1er "	"	"	Veuf	"	39	"	"
Simon Crow Moccasin	1 an T. F.	6 "	"	Armée du salut	Marié	"	22	Charpentier	Vol.
Berton McEwan	Aliéné	13 "	"	Méthodiste	Célibat	"	27	Journalier	
Samuel Prior	"	18 "	Angleterre	Anglican	"	Qu'Appelle	18	"	
Robert Lowrie	2 ans T. F.	24 "	Irlande	"	"	Régina	24	Cuisinier	Vol.
Alexander Goyer	" "	30 "	Canada	Catholique	Veuf	Fort-Qu'Appelle	38	Cordonnier	"
Baptist Robillard	E. A. son P.	9 oct.	"	"	Célibat	"	20	Journalier	Parjure.
James W. Hawkes	1 an T. F.	2 "	"	Méthodiste	"	Régina	27	Cultivateur	Vol.
G. W. L. McLeod	Aliéné	19 "	Ecosse	Presbytérien	Marié	[illegible]in	37	"	
Henry Ham	"	29 "	Angleterre	Anglican	Célibat	Régina	48	"	
Julia Heisinger	6 mois T. F.	18 nov.	Hongrie	Catholique	Mariée	Whitewood	19		Vol.
Edward D. Habgood	Aliéné	19 "	Angleterre	Anglican	"	[illegible]n.	35	Confiseur.	
Ignatz Dristovitz	"	20 "	Pologne			Qu'Appelle			
David Calder	"	22 "	Canada		Marié	Medicine-Hat	35		
Richard Moses Bailey	E. A. son P.	24 "	"	Méthodiste	"	Fort-Qu'Appelle	40	Cultivateur	Manquer de soin à son enfant.
Adam Engel	2 mois T. F.	28 "	Hongrie	Catholique	Célibat	Indian-Head	1	Journalier	Vol.

James Black	Att. procès	28 ″	Etats-Unis	Presbytérien	″	Régina	20	″	Vol.
John Smith	″	28 ″	Canada	″	″	″	20	″	″
Edward Sprague	1 mois T. F.	30 ″	Etats-Unis	Congregation	″	″	22	″	″
Daniel Taylor	Aliéné	5 déc.	Canada	Méthodiste	″	Olds	28	″	
Mrs. Sidney Watt	″	20 ″	Irlande	Presbytérien	Mariée	Calgary	37		
		1899.							
Campbell Kip Johnson	″	8 jan.	Etats-Unis		″	″	40	Journalier	
Frederick James Gordon	″	9 ″	Canada	Méthodiste	Célibat	Régina	35	Cultivateur	
Arthur W. Sellars	″	12 ″	Ecosse	Episcopalien	″	″	30	"Rancher"	
Dan. Murray	1 an T. F.	18 ″	Etats-Unis	Baptiste	″	″	24	Journalier	Vol.
Nicolai Monolulak	3 mois ″	20 ″	Autriche	Grec	Marié	Saltcoats	33	Cultivateur	Vagabondage.
G. T. Marsh	4 ″ ″	23 ″	Canada	Presbytérien	″	Moosomin	44	″	Mépris de cour.
George E. Bassett	24 heures	24 ″	Angleterre	Anglican	Célibat	Régina	28	Ferronnier	Vol.
Alexander Martin	Aliéné	4 fév.				″		Cultivateur	
Edward Cameron	2 mois T. F.	10 ″	Canada	Presbytérien	Célibat	Moose-Jaw	20	Chauffeur	Faux.
Baptiste Robillard	1 mois ″	14 ″	″	Catholique	″	Régina	20	Journalier	Parjure.
Julia Ann Ockenden	Aliénée	18 ″	″	Anglican	Mariée	Fort-Qu'Appelle	26		
John Samuel Nevill Horner	″	18 ″	Angleterre	Méthodiste	Célibat	Fleming	26	Journalier	
William Waddell	2 mois T. F.	23 ″	Ecosse	Presbytérien	″	Régina	40	Paysagiste	Vagabondage.
J. S. N. Horner	Aliéné	14 mars	Angleterre	Méthodiste	″	Fleming	26	Journalier	
John Dargie	″	10 avril	Ecosse		″	Medicine-Hat	33	Berger	
John K. Welsh	2 ans T. F.	14 ″	″	Presbytérien	Marié	Qu'Appelle	41	Agent	Attentat à la pudeur.
W. M. Kennedy	30 jours ″	14 ″		Aucune	Célibat	Oxbow	35		Vagabondage.
Joseph Swallow	1 an ″	17 ″	Angleterre	Anglican	″	Indian-Head	20	Journalier	Vol.
May Lafontaine	1 mois ″	18 ″	Etats-Unis	Catholique	Mariée	Wolseley	19		Prostitution.
Danl. McFadden	2 ans ″	20 ″	Ecosse	Presbytérien	″	Edmonton	30	Mécanicien	Séduction.
The Young Saulteaux (Ind'n)	15 mois ″	20 ″	Canada	Aucune	″	Grenfell	27	Journalier	Effraction nocturne.
Fred. Sylvester	Att. procès	29 ″	Angleterre	Anglican	Célibat	Régina	21	″	Circular. de lettres de menaces.
Daniel Wilkinson	Aliéné	1er mai	″	″	″	″	37	Cultivateur	
Reuben	3 mois T. F.	5 ″	Etats-Unis	Catholique	Marié	Fort-Qu'Appelle	30	Journalier	Donné de la boisson aux sauvag.
Louis Nobbes	4 ″ ″	5 ″	Canada	″	″	″	31	Forgeron	″ ″
Rudolf Pachal	1 an ″	11 ″	Russie	Baptiste	″	Yorkton	24	Journalier	Effraction.
John Bumfrey	Aliéné	1er juin	Angleterre	Anglican	″	Moose-Jaw	40	Cultivateur	
John F. Kline	1 an T. F.	7 ″	Canada	Méthodiste	″	Sintaluta	25	Maçon	Vol.
Alexander McGowan	6 mois ″	9 ″	″	Presbytérien	Célibat	Moose-Jaw	23	Electricien	″
Frank Hockin	Aliéné	14 ″	″	″	Marié	Medicine-Hat	40	Marchand	

COUT PAR TÊTE.

MOYENNE QUOTIDIENNE $15\frac{317}{365}$.

—	Existences en main le 1er juillet 1898.	Dépenses 1898-1899.	Produits de la prison employés.	Total.	Moins, existences en main le 30 juin 1899.	Coût Net.	Coût par tête.
	$ c.	$ c.	$ c.	$ c.	$ c.	$ c.	$ c.
Personnel	15 95	4,423 23	....	4,439 18	21 50	4,417 68	278 39
Entretien des détenus	1,894 90	851 58	105 26	2,851 74	1,821 79	1,029 95	64 91
Frais de libérations	8 95	127 00	....	135 95	18 45	117 50	7 40
Frais d'administration	202 18	2,050 44	110 00	2,362 62	305 48	2,057 14	129 64
Outillage et mobilier	501 31	92 75	....	594 06	540 53	53 53	3 37
Industries	31 15	31 65	....	62 80	27 20	35 60	2 25
Capital	....	....	....	....	....	....	....
Divers	....	76 00	....	76 00	....	76 00	4 79
	2,654 44	7,652 65	215 26	10,522 35	2,734 95	7,787 40	

Coût par tête	$490 75
A déduire pour le revenu $209.55=	13 21
Coût net par tête	$477 54

J. G. BLACK,
Trésorier.

A. L. LUNAN,
Geolier.

ETAT comparatif du mouvement des prisonniers, depuis l'ouverture de la prison.

—	RECUS.							LIBÉRÉS.															Restant à la fin de l'année.			Moyenne quotidienne.
	Prisonniers en général.		Aliénés.		Total.			A l'expiration de la peine.		Graciés.		Envoyés aux asiles d'aliénés.		Décédés.		Evadés.		Envoyés aux autr. pris. ou pénitenc.		Total.						
	Hommes.	Femmes.	Hommes.	Femmes.	Hommes.	Femmes	Total.	Hommes.	Femmes.	Hommes.	Femmes.	Hommes.	Femmes.	Hommes.	Femmes.	Hommes.	Femmes.	Hommes.	Femmes.	Hommes.	Femmes.	Total.	Hommes.	Femmes.	Total.	
1890-91	13	....	1	1	14	1	15	6	....	....	....	....	....	....	....	....	....	....	....	6	....	6	8	1	9	6
1891-2	40	2	12	3	52	5	57	40	2	1	...	2	4	....	..	....	....	....	...	43	6	49	17	...	17	17
1892-3	37	2	9	4	46	6	52	39	....	....	....	9	4	1	....	....	....	....	....	49	4	53	14	2	16	15
1893-4	55	....	13	5	68	5	73	51	1	....	....	13	5	2	....	....	....	3	....	69	6	75	13	1	14	19
1894-5	55	4	11	2	66	6	72	46	2	1	....	10	2	....	....	1	....	2	....	60	4	64	19	3	22	23
1895-6	20	5	18	5	38	10	48	16	3	....	....	17	4	1	....	....	....	....	....	34	7	41	23	6	29	22
1896-7	34	3	15	3	49	6	55	33	6	....	....	18	3	....	....	....	....	....	....	51	9	60	21	3	24	21
1897-8	31	2	15	6	46	8	54	40	4	1	....	15	6	...	....	....	....	....	....	56	10	66	11	1	12	20
1898-9	36	4	28	2	64	6	70	31	4	....	1	23	2	....	....	....	..	....	....	54	7	61	21	....	21	15

Degré d'instruction.

—	Nombre.
Sachant lire et écrire	23
Ne sachant ni lire ni écrire	9
Total	32

Occupation antérieure.

—	Nombre.	—	Nombre.
Forgeron	1	Journaliers	11
Charpentier	1	Paysagiste	1
Cuisinier	1	Chauffeur de locomotive	1
Domestique	1	Maçon	1
Electricien	1	Télégraphiste	1
Mécanicien	1	Matelot	1
Cultivateurs	3	Cordonnier	1
Agent général	1	Ferblantier	1
Ferronnier	1	Marchands de vin	3
		Total	32

Tableau des crimes.

—	Nombre.	—	Nombre.
Voies de fait	1	Attentat à la pudeur	1
Tentative de vol	1	Parjure	1
Effraction nocturne	1	Prostitution	1
Mépris de cour	1	Séduction	1
Ivrognerie	1	Fournit. de boisson énivr. aux sauvages	2
Faux	1	Vol	16
Effraction	1	Vagabondage	3
		Total	32

Relevé sommaire des punitions.

—	Nombre.
Mis au cachot et au pain et à l'eau	24
Privé de l'usage de la bibliothèque et de lampe	1
" lampe	1
Condamné à coucher sur la dure et mis au pain et à l'eau	1
Réprimandés	18
Total	45

CONDAMNATIONS antérieures.

—	Hommes.	Femmes.	Total.	—	Hommes.	Femmes.	Total.
Première incarcération	27	4	31	Incarcération antérieure dans un pénitencier du Canada	1	....	1
				Total	28	4	32

ETAT civil.

—	Hommes.	Femmes.	Total.	—	Hommes.	Femmes.	Total.
Célibataires	15	1	16	Veuf	1	....	1
Mariés	12	3	15	Total	28	4	32

HABITUDES morales.

—	Hommes.	Femmes.	Total.	—	Hommes.	Femmes.	Total.
Abstentionnistes	11	1	12	Intempérants	5	2	7
Tempérants	12	1	13	Total	28	4	32

RACES.

—	Hommes.	Femmes.	Total.	—	Hommes.	Femmes.	Total.
Blanche	21	3	24	Métisse	4	....	4
Indigène	3	1	4	Total	28	4	32

LIEU d'origine.

Canada	13	Russie	1
Angleterre	5	Autriche	2
Etats-Unis	4	Hongrie	2
Ecosse	4		
Irlande	1	Total	32

Détenus graciés.

Nom.	Crime.	Résidence.
Julia Hiesinger	Vol	Whitewood

Age des détenus.

Age.	Nombre.	Age.	Nombre.
Agés de 10 à 20 ans	8	Agés de 40 à 50 ans	2
" 20 à 30 "	16	Total	32
" 30 à 40 "	6		

Religion des détenus.

Catholiques	10	Armée du Salut	1
Anglicans	6	Congrégationalistes	1
Presbytériens	6	Eglise grecque	1
Aucune	3		
Methodistes	2	Total	32
Baptistes	2		

Durée de la condamnation.

Condamnation.	Hommes.	Femmes.	Total.	Condamnation.	Hommes.	Femmes.	Total.
24 heures	1	....	1	1 an	6	...	6
30 jours	1	...	1	15 mois	1	....	1
1 mois	3	3	6	19 "	1	....	1
2 "	5	....	5	2 ans	6	....	6
3 "	2	....	2				
4 "	1	....	1	Total	28	4	32
6 "	1	1	2				

Dt. Compte de la ferme. Av.

—	Amount.	—	Amount.
	$ c.		$ c.
Graines de semence	1 20	11 tonnes d'avoine en gerbes à	110 00
5 liv. de ficelle d'engerbage à 9c.	0 45	9 boiss. de carottes à 25c.	2 25
4 cochons à $5	20 00	6 " de panais à 25c.	1 50
5 " $2	10 00	352 " de navets à 10c.	35 20
Travail des détenus, 300 jours à 30c.	90 00	408 " de pommes de terre à 30c.	122 40
Usage des bœufs de la prison	50 00	1,503 têtes de choux à 2c.	30 06
Balance	228 16	945 liv. de lard à 6c.	56 70
		834 liv. de cochons à 5c.	41 70
	399 81		399 81

DÉTAIL des dépenses, 1898-9.

Appointements—Direction générale.	$ c.
Geôlier, A. L. Lunan, 1 an	1,000 00
Médecin, O. C. Edwards, M.D., 1 an	360 00
Trésorier, J. G. Black, 1 an	600 00
Chauffeur, J. McDougall, 1 an	500 00
Directrice intér., Flora Hourie, 1 an	200 00
Aide de la directrice Bessie Kennedy, 5 jours à $1	5 00
	2,665 00
Police.	
Gardiens, 2 pend. 1 an à $500	1,000 00
" 1 " 6 mois à $500	249 96
" 1 " 6 mois et 2 jours à $500	252 66
" 1 " 13 jours à $500	17 50
Instructeur militaire, 10 exercices à $1	10 00
	1,530 12
Uniformes.	
1 uniforme pour le geôlier	14 00
1 " " trésorier	13 50
1 " " chauffeur	12 00
3 " " gardiens	24 00
2 bonnets, p. geôlier et trésorier à $2	4 00
1 " chauffeur	1 50
3 " gardiens à $1	3 00
6 paires de bottes à $1.50	9 00
1 boîte	1 24
Rép. uniformes	12 00
Fret	4 59
1 uniforme pour le geôlier	14 50
2 uniformes pour le trésorier à $14	28 00
3 " " gardiens	25 54
1 " " pompier	12 00
4 pardessus	46 00
1 paire de grandes bottes	3 65
5 " bottines lacées à $2.90	14 50
6 " mitaines	6 60
1 bonnet, peau de mouton	5 00
1 boîte	0 85
Rép. uniformes	38 00
Camionnage	0 50
Fret	6 14
Messagerie	1 00
Camionnage	0 50
	301 61
Remb. de dépenses	73 50
	228 11
Rations.	
7 douz. œufs à 15c	1 05
Sucre granulé	3 00
1 seau marmalade	1 00
265 pts lait à 5c	13 27
23 liv. beurre à 15c	3 45
5,260 liv. bœuf désossé à 4c	210 40
15 " 10c	1 50
77½ liv. beefsteak à 10c	7 75
657 liv. jarret de bœuf à 1c	6 57
19 liv. suif à 8c	1 52
10,572½ liv. pain à 3c	317 17
4 douz. œufs à 20c	0 80
7 " 25c	1 75
386 pts lait à 7c	27 01
1 seau marmalade	0 85
48½ galls mélasse à 48c	23 28
257 liv. café moulu à 17c	43 69
20 liv. poivre noir à 15c	3 00

Rations—Fin.	$ c.
2,000 liv. far. d'avoine granul. à $2.45	49 00
111 liv. thé noir à 16c	17 76
4 boîtes biscuits soda à 25c	1 00
20 liv. riz à 10c	2 00
13 liv. lard fumée à 12½c	1 65
5 douz. œufs à 30c	1 50
280 liv. sel à 9/10c	2 52
18 liv. pruneaux à 10c	1 80
98 liv. pois fendus à 2¾c	2 70
100 liv. riz à 4¾c	4 75
100 liv. sucre brun à 5¼c	5 25
Camionnage	0 50
	757 49
Remb. de dépenses	0 90
	756 59
Extras de la Noël.	
1 bout. essence de vanille	0 25
Muscades	0 05
3 douz. œufs à 25c	0 75
Epices	0 10
Poudre à pâte	0 25
Pelures mélangées	0 20
Raisins de corinthe	0 35
Raisins	0 35
Suif	0 50
Farine	0 20
30 liv. morue à 10c	3 00
	6 00
Vêtements des prisonniers.	
10 liv. camphre à 75c	7 50
12 camisoles à 45c	5 40
2 douz. paires bretelles à $2.75	5 50
10 vgs coton à draps à 12½c	1 25
5 liv. fil de toile 80c	4 00
2 liv. laine à 50c	1 00
1 douz. rouleaux de fil	0 40
54½ vgs toile à essuie-mains à 12½c	6 81
	31 86
Fournitures à l'infirmerie.	
1 liv. coton absorbant	0 65
5 vgs coton de filature à 10c	0 50
3 douz. épingles de sûreté à 5c	0 15
2 onces tissu et gutta-percha à 25c	0 50
3 liv. filasse à 90c	2 70
20 vgs toile dite "cheese cloth" à 5c	1 00
1 vg tissu caoutchouc	0 60
½ douz. paires lunettes à $5.50	2 75
4 paires forceps pour dents à $2.50	10 00
2 bouteilles pour eau chaude à $2.75	5 50
Médicaments	32 78
	57 13
Vêtements aux forçats libérés.	
1 Vêtement complet	7 00
1 habit	4 00
1 paire pantalons	3 00
1 douz. paires caleçons	6 00
1 paire bottines à boutons p. femmes	2 00
1 " " lacées "	1 25
Rouleaux de fil	0 20
Velours	0 60
Buscs de corsets	0 15
Agrafes	0 05
Grosse toile	0 60

DÉTAIL des dépenses—*Suite*.

Vêtements aux forçats libérés—Fin.	$ c.
Bas	0 50
Mitaines	0 50
Mouchoirs	0 15
Flannelle	1 75
Flanellette	1 00
7 vgs doublure à 15c	1 05
2 vgs étoffe à $1.75	3 50
1 gilet	7 50
1 paire pardessus à $2.25	2 25
1 châle	0 90
1 chapeau de femme	1 75
	45 70
Allocations de voyages.	
1 à $1.30	1 30
1 à $1.80	1 80
1 à $2.30	2 30
1 à $3.30	3 30
2 à $4.30	8 60
1 à $5.50	5 50
1 à $7.55	7 55
1 à $8.30	8 30
1 à $8.75	8 75
1 à $17.20	17 20
1 à $21	21 00
	85 60
A déduire, p. remb. de dépenses	4 30
	81 30
Chauffage.	
200 tonnes houille "Souris" à $3.70	740 00
21 cordes bois à $3.60	75 60
1 poêle	15 00
	830 60
Eclairage.	
5 douz. verres de lampes à 90c	4 50
622·38 galls pétrole à 26c	161 81
1 douz. brûleurs de lanternes	1 20
1 " mèches de lampes	0 20
1⅔ " collets de lampes à 50c	0 84
½ " lanternes	4 50
⅓ " collets de lampes à 50c	0 17
1 " brûleurs de lampes	1 50
¾ " collets de lampes à 50c	0 37
	175 09
Etables de la prison.	
1 gall. huile de ricin	2 00
20 tonnes foin	100 00
Médicament pour bœuf	3 45
Médecin vétérinaire	8 00
1 bouvillon	50 00
2 fouets en peau crue à $1	2 00
20¼ liv. cuir à harnais	6 85
5 boucles à 20c	1 00
6 anneaux à 10c	0 60
4 chaînes pour attelles à 20c	0 80
1 bourrure en feutre	1 50
2 bidons de cirage à harnais à 50c	1 00
2 pains de savon à harnais à 25c	0 50
15 boiss. avoine à 50c	7 50
Ferrage des chevaux	2 00
	187 20

Entretien des bâtiments.	$ c.
40 liv. plaque d'acier à 10c	4 00
Couper rail d'acier	1 00
21½ liv. plaque d'acier à 10c	2 15
1 baril ciment de Portland	6 25
20 liv. céruse sèche à 10c	2 00
75 liv. peinture rouge vénitien à 6c	4 00
Rép. horloges	6 00
1 gall. fluide de "Jeys"	3 00
1 morceau canne	1 00
24 carreaux de verres, 12 x 12	2 64
12 " " 24 x 24	4 32
12 " " 18 x 30	3 84
12 " " 16 x 30	3 36
1 paire pentures T, 12-pcs	0 50
2 supp. pour cloche pneumatique	1 25
300 liv. savon à laver à $5.20	15 60
1 douz. pains de savon	0 25
1 brosse à ongles	0 15
6 douz. bidons pom. "Putz" à 90c	5 40
1 gall. térébenthine	0 90
7 " " à 95c	6 65
2 rouleaux pour tordeuse	6 00
1 soupape	0 35
277 liv. sal soda à 3c	8 31
2 pompes doub. cuivre, p. égout à $31	62 00
5 galls huile bouillie à 90c	4 50
5 " " à 85c	4 25
1 verge de fer	1 32
160 pds de plancher à $32.50	5 20
420 pds boisure à $28.50	11 97
1,240 pds palplanches à $22	27 25
486 pds planche ord. à $20	9 72
2,000 bardeaux	7 01
100 pds ½-pc. rond	1 00
2 rouleaux papier goudronné à $1.50	3 00
1 porte et cadre	4 60
1 châssis	1 60
2,000 pds bois ord. à $20	40 00
100 pds cordes à châssis	1 00
30 liv. ocre doré à 6c	1 80
4½ liv. ¾-pc. fer rond à 4c	0 18
2,317 liv. fil de fer barbelé à $3.75	86 89
60 liv. crampes fil de fer à 5c	3 00
6 boiss. chaux à 60c	3 60
50 liv. céruse à 9c	4 50
35½ liv. cuivre à 50c	17 75
6 douz. crochets vis	0 40
1 bidon teinture chêne	0 30
10 pieux, 15 pds x 8 pcs, à $1.40	14 00
34 " 10 pds x 6 pcs, à 85c	28 90
1,208 pot. cèdre, 7 pds. x 4 pcs, à 14½c	175 16
6,645 pds colombages, 2 x 4 x 16, à $20	132 90
1 barrière	4 04
Camionnage	0 50
Fret	2 57
	749 83
Entretien des machines.	
Louage de deux vérins	2 00
1 morceau de fer	1 50
Inspection de la chaudière	18 25
2, 2-pcs robinets à air à 30c	0 60
4, 3-pcs " à 45c	1 80
50 liv. déchets de coton à 12c	6 00
5 galls huile à l'asphalte à 60c	3 00
25 liv. minium à 9c	2 25
12 ⅜-pcs. soupap. à boulets, cuivre à 60c	7 20
5 galls huile à machine à 55c	2 75
	45 35

DÉTAIL des dépenses—*Fin.*

Papeterie.	$ c.	*Ustensiles*—Fin.	$ c.
Fret	4 03	½ douz. limes 3½ pcs	0 50
Camionnage	0 50	1 clef anglaise	0 65
		6 pelles à charbon à $1.40	8 40
	4 53	5 pinceaux à 25c	1 25
Frais de port.		5 " à 20c	1 00
		6 limes plates de 14 pcs à 50c	3 00
Loyer de boîte, bur. de poste	6 00	6 blanchissoirs à $1	6 00
Timbres	6 21	1 soudure, fer	0 75
		4 blanchissoirs à $2.75	11 00
	12 21	1 douz. limes pointues de 6 pcs	1 10
Télégrammes.		1 " " 3½ "	0 60
		4 " soupières en granit à $1.80	7 20
Divers	15 13	1 " pot à l'eau	7 80
			67 50
Téléphone.		*Bibliothèque.*	
Loyer	30 00	Hist're du Canada de Kingsford, vol. 10	3 00
		Culture.	
Camionnage	0 50		
		Graines	1 20
Machines.		*Instruments aratoires.*	
1 machine à forer	13 00	5 liv. ficelle d'engerbage à 9c.	0 45
4 mèches	2 00	*Porcherie.*	
	15 00		
		4 cochons à $5	20 00
Literie.	$ cts.	5 " à $2.	10 00
58 vgs coton à 12½c	7 25		30 00
Ustensiles.		*Annonces.*	
		Appels de soumissions pr fournitures	11 00
3 outils pr châssis	0 25		
Pots de 8 gall., fer, 2 à $5.25	10 50		
½ douz. manc. de balais à laver à $2.40	1 20	*Frais de voyages.*	
4 " feuilles de papier sablé	0 80		
1 " balais	5 50	Douglas Stewart, *re* inspection	65 0

RELEVÉ SOMMAIRE DES DÉPENSES.

		$ c.	$ c.
Personnel :—			
Appointements—Direction générale	$2,665 00		
" Police	1,530 12		
		4,195 12	
Uniformes		228 11	
			4,423 23
Entretien des détenus :—			
Rations		756 59	
Extras de la Noël		6 00	
Vêtements des prisonniers		31 86	
Fournitures à l'infirmerie		57 13	
			851 58
Dépenses afférentes aux libérations :—			
Vêtements aux détenus libérés		45 70	
Allocations de voyages		81 30	
			127 00
Dépenses d'entretien du service :—			
Chauffage		830 60	
Eclairage		175 09	
Etables et voitures		187 20	
Entretien des bâtiments		749 83	
" machines		45 35	
Papeterie		4 53	
Frais de port		12 21	
Télégrammes		15 13	
Service du téléphone		30 00	
Camionnage		0 50	
			2,050 44
Fournitures de la prison :—			
Machines		15 00	
Literie		7 25	
Ustensiles		67 50	
Bibliothèque		3 00	
			92 75
Industries :—			
Culture		1 20	
Instruments aratoires		0 45	
Porcherie		30 00	
			31 65
Divers :—			
Annonces		11 00	
Frais de voyages		65 00	
			76 00
			7,652 65

ETAT DES RECETTES.

1898.		$ c.	$ c.	1899.	Recettes de la prison.	$ c.	$ c
10 oct.	Traite en faveur du receveur général	4 30		30 juin	Compte de la ferme	184 55	
22 "	" " "	47 25			*Recettes casuelles.*		
31 "	" " "	13 00					
30 nov.	" " "	25 00		30 "	Vente d'un bœuf	25 00	
30 déc.	" " "	61 70					209 55
31 "	" " "	72 50			*Remboursement de dépenses.*		
1899.							
1er avril	" " "	1 00		30 "	Personnel	73 50	
31 mai	" " "	20 90			Entretien des détenus	0 90	
30 juin	" " "	42 60			Dépenses afférentes aux libérations	4 30	
			288 25				78 70
			288 25				288 25

J. G. BLACK,
Trésorier.

A. L. LUNAN,
Geolier.

EMPLOYÉS le 30 juin 1899.

Nom.	Grade.	Religion	Date de la naissance.	Date de la première nomination.	Date de la nomination à l'emploi actuel.	Appointements.
						$ c.
Alexander L. Lunan	Geôlier	Presbytérien	22 déc. 1851	28 mars 1887	28 mars 1887	1,000 00
Oliver C. Edwards, M.D.	Médecin	Baptiste	12 sept. 1850	1er août 1894	1er août 1897	360 00
John G. Black	Trésorier	Presbytérien	29 août 1870	15 " 1897	15 " 1897	600 00
John McDougall	Chauffeur	Baptiste	16 oct. 1857	15 " 1897	15 " 1897	500 00
Flora Hourie	Directrice intérimaire	Anglican	22 avril 1871	1er déc. 1895	1er déc. 1895	200 00
Arch. McDougall	Guichetier	Baptiste	27 " 1861	1er oct. 1896	1er oct. 1896	500 00
Alexander B. Dunnett	"	Presbytérien	12 août 1861	1er juin 1898	1er juin 1898	500 00
William M. Grant	" intérim	"	20 sept. 1868	29 déc. 1898	29 déc. 1898	500 00

ANNEXE N

PRISON DE PRINCE-ALBERT

RAPPORT DU GEOLIER.

PRINCE-ALBERT, 30 juillet 1899.

MONSIEUR,—J'ai l'honneur de vous présenter mon premier rapport annuel.

Le premier prisonnier reçu depuis l'ouverture de la prison l'a été le 13 octobre 1898

Mouvements des prisonniers :—

Restant à minuit, le 30 juin 1898		00
Reçus depuis		36
		36
Libérés depuis :—		
A l'expiration de leur peine	29	
Transférés à l'asile de Brandon	2	
		31
Restant à minuit, le 30 juin 1899		5

Cette prison a été ouverte au cours de l'exercice. Les prisonniers qui y ont été reçus étaient condamnés pour la première fois. Leur nombre, trente-six, est assez grand pour la première année ; mais, vu la courte durée des sentences, la moyenne quotidienne est peu considérable.

A première vue, le coût par tête paraît élevé ; mais si l'on considère qu'il nous a fallu bâtir une extension à l'aile de l'ouest pour les cabinets d'aisance, construire un hangar pour le charbon et un autre pour les outils, clôturer les terrains, construire un nouveau bâtiment pour l'appareil à gaz acétylène, outiller et meubler complètement la prison, on admettra que nos dépenses ne sont pas plus fortes que celles des autres institutions de ce genre.

Nous avons actuellement grand besoin d'un meilleur approvisionnement d'eau. Je recommanderais fortement que l'on creuse un puits artésien ; car, dans le cas où nous recevrions un nombre quelque peu considérable de prisonniers, nous manquerions d'eau.

Nous n'avons pas assez de terrain, et l'on devrait en acheter 10 ou 12 acres dans le voisinage de la prison ; cela nous permettrait de donner de l'emploi aux prisonniers et de cultiver les racines et les légumes dont nous avons besoin.

Il nous faudrait aussi un cheval, un harnais, une charrette et une barouche (buck board). Si nous avions un cheval et un tombereau, nous pourrions vider le puisard toutes les deux ou trois semaines (c'est ce qui devrait se faire au point de vue sanitaire); l'économie que l'on effectuerait rembourserait en moins de deux ans le prix de l'attelage, car il en coûte de $5 à $10 chaque fois pour faire vider ce puisard.

La conduite des prisonniers a été très bonne ; je n'ai pas eu à donner de punitions pendant l'année.

Nous n'avons point de local d'hôpital et il faut soigner les malades dans leurs cellules. Il y a là une lacune à remplir.

Deux aliénés ont été confiés à mes soins pendant l'exercice ; ils ont été gardés à la prison deux semaines avant d'être transférés à l'asile de Brandon. Des mesures devraient être prises pour que ces malheureux soient envoyés directement à l'asile. Le bruit et la confusion causés par ces deux prisonniers pendant leur séjour ici ne pouvaient que nuire à la discipline.

Je suis très satisfait de mes employés et je ne puis trop faire leur éloge ; ils ont fait tout en leur pouvoir pour aider à maintenir la discipline dans la prison.

Le palais de justice et la prison ne formant qu'un seul édifice, il y a quelquefois certaine friction entre les fonctionnaires de ces deux institutions. Nous sommes très à l'étroit dans mon quartier et dans les bureaux ; nous avons aussi besoin de chambres de dépôt pour les approvisionnements. Je recommanderais fortement que tout le bâtiment soit consacré exclusivement aux besoins de la prison.

Les prisonniers ont été employés à divers travaux : nivellement des terrains, jardinage, sciage de bois, creusage des canaux d'égouts, lavage et nettoyage, entretien de la prison généralement.

J'ai l'honneur d'être, monsieur,

Votre obéissant serviteur,

H. J. MONTGOMERY,

Geôlier.

M. DOUGLAS STEWART,
Inspecteur des pénitenciers,
Ottawa.

RAPPORT DU MÉDECIN.

PRINCE-ALBERT, 26 juillet 1899.

MONSIEUR,—J'ai l'honneur de vous présenter mon rapport pour les huit derniers mois de l'exercice clos le 30 juin 1899.

La santé générale a été bonne.

Les dispositions sanitaires de l'institution sont, à tout prendre, satisfaisantes. Le puisard est actuellement en bon état ; mais je crains qu'il ne devienne une cause d'embarras dans l'avenir, car il est construit en bois et situé de telle manière que, s'il venait à couler, la matière déversée se répandrait nécessairement dans la partie principale de la ville de Prince-Albert.

Il faudrait protéger le derrière des édifices en creusant, le long de l'extrémité sud, un fossé pour drainer l'eau qui se porte sur ce point pendant la saison des pluies et le printemps, à la fonte des neiges.

L'approvisionnement d'eau est insuffisant pour les besoins généraux de l'institution ; s'il y avait un plus grand nombre de détenus à la prison, il faudrait nécessairement qu'il fût augmenté.

Nous n'avons rien en fait d'infirmerie. Je joins à ce rapport un état des cas que j'ai traités pendant que j'ai eu la charge de la prison.

J'ai l'honneur d'être, monsieur,

Votre obéissant serviteur,

H. A. LESTOCK REID, M.D.,

Médecin visitant.

M. DOUGLAS STEWART,
Inspecteur des pénitenciers,
Ottawa.

RELEVÉ des maladies traitées, du 10 novembre au 30 juin 1899.

Maladie.	Numbre de cas.	Maladie.	Nombre de cas.
Dysménorrhoée	1	Dent ulcérée	1
Rhumatisme musculaire	1	Influenza	3
Parotidite	5	Eczéma (séborrhée)	1

Aliénés examinés et envoyés à l'asile pendant l'année..... 2

Médicaments.

Existences en main, le 30 juin 1898	$ 0 00
Médicaments, etc., achetés pendant l'exercice	18 23

RAPPORT DE LA DIRECTRICE.

PRINCE-ALBERT, 30 juillet 1899.

MONSIEUR,—J'ai l'honneur de vous présenter mon premier rapport annuel pour l'exercice clos le 30 juin 1899.

Ci-dessous est un état des prisonnières confiées à mes soins pendant cette période :—

Restant, à minuit, le 30 juin 1898	0
Reçues depuis	10
Total	10
Libérées depuis	7
Restant, à minuit, le 30 juin 1899	3

Les prisonnières ont été employées à divers travaux, tels que lavage, nettoyage, raccommodage, couture et jardinage. Leur conduite a été bonne.

J'ai l'honneur d'être, monsieur,
Votre obéissante servante,
MARY MONTGOMERY,
Directrice.

DOUGLAS STEWART, ESQ.,
Inspecteur des pénitenciers,
Ottawa.

MOUVEMENTS DES PRISONNIERS.

—	Aliénés.			En prison avant ou après condamnation.				
	Hommes.	Femmes.	Total.	Hommes.	Femmes.	Total.	Total.	
Restant, à minuit, le 30 juin 1898.*								
Reçus depuis	1	1	2	24	10	34	36	36
Libérés depuis—								
A l'expiration de leur peine	......	......	......	22	7	29	29	
Transférés à l'asile de Brandon	1	1	2	....	......	......	2	31
Restant, à minuit, le 30 juin 1899	......	......	...	2	3	5	5	5

* Premier prisonnier (depuis l'ouverture de la prison), reçu le 13 octobre 1898.

LISTE DES PRISONNIERS REÇUS.

Nom.	Durée de la condamnation.	Date de l'emprisonnement.	Religion.	Etat civil.	Résidence.	Age.	Occupation.	Crime.
		1898.						
Charles Smith	1 mois	13 oct.	Méthodiste	Marié	Prince-Albert	50	Journalier	Avoir fourni de la boiss. à un sauv.
Josephine Smith	1 "	13 "	Catholique	"	"	20	Domestique	" "
Mary Clifford	1 "	13 "	"	"	"	30	"	" "
Fanny (indien)	1 "	13 "	Aucune	Célibat	"	35	Aucune	Ivrognerie et tapage.
Mme Moses Cameron	Aliénée	25 "	Anglican	Mariée	Fort-La-Corne	51	"	
[illegible]	"	25 "	"	Célibat	"	21	Trappeur	
Peter Smith	3 mois	19 nov.	"	"	Kinistino	18	"	Avoir fourni de la boiss. à un sauv.
George [illegible]	15 jours	19 "	"	"	"	20	Journalier	Ivrognerie.
Joseph Mièvre	Renvoyé	23 "	Catholique	"	Duck-Lake	39	Cultivateur	Empoisonnement de chevaux.
Joseph Percher	"	23 "	"	Marié	"	39	"	" "
August [illegible]	"	23 "	"	Célibat	"	25	"	" "
Alice Spence	1 mois	30 "	"	"	Prince-Albert	16	Domestique	Avoir fourni de la boiss. à un sauv.
Mary Staveley	1 "	29 "	"	Mariée	"	40	"	" "
Gregoire P. Murray	15 jours	29 "	"	Célibat	Duck-Lake	29	Aucune	Ivrognerie.
Arthur Pruden	30 "	5 déc.	Anglican	"	Prince-Albert	22	Journalier	Larcin.
Helen Linklater	1 mois	17 "	Catholique	Mariée	"	40	Domestique	Avoir fourni de la boiss. à un sauv.
John Na-pe-sis	1 mois et 4 jours	17 "	Anglican	"	Sturgeon-Lake	30	[illegible]	Ivrognerie.
Alex. Badger	1 mois	17 "	"	"	"	37	"	"
Hillaire Patenaude	1 "	20 "	Catholique	"	Prince-Albert	70	Journalier	Avoir fourni de la boiss. à un sauv.
Alex. Généreux	6 "	20 "	"	"	"	33	"	" "
Thérèse Patenaude	1 "	20 "	"	"	"	70	Domestique	" "
Thomas Monkman	30 jours	21 "	Anglican	Célibat	"	20	Journalier	Larcin.
Daniel Laframboise	1 mois	23 "	Catholique	Marié	"	29	"	Avoir fourni de la boiss. à un sauv.
Joseph Ballantine	1 "	23 "	Anglican	"	Buttler's Settlement	24	"	" "
		1899.						
David Caswell	2 mois	4 jan.	Presbytérien	Célibat	Osler	41	Cultivateur	Enlèvement de meubles sous saisie
Donald Gamble	1 mois et 14 jours	24 "	"	"	Duck-Lake	22	Aucune (traité indien)	Ivrognerie.
Napoléon Ledoux	2 mois	1 mars	Catholique	"	"	23	Journalier	Vol.

William G. Baker	2 "	8 "	Anglican	"	Prince-Albert	33	Agent	"
Moïse Charette	Attend. son procès	20 "	Catholique	Marié	Duck-Lake	29	Journalier	Viol.
W. Russell Farr	"	11 mai	Presbytérien	Célibat	Saskatoon	13	"	Vol de cheval.
Modeste Generoux	3 mois	29 "	Catholique	"	Prince-Albert	19	"	Tentative de vol.
Edwin Anderson	Attend. son procès	13 juin	Anglican	"	"	26	Cultivateur	Vol de cheval.
Bessie Generoux	30 jours	19 "	Catholique	Mariée	"	30	Domestique	Prostitution.
Josephine Smith	30 "	29 "	"	"	"	20	"	Ivresse et tapage.
Simon Pelly	30 "	29 "	"	"	"	29	Journalier	Avoir f. de la boisson à un sauvage
Betsy Generoux	30 "	30 "	"	Célibat	"	23	Domestique	Ivresse et tapage.

MOYENNE QUOTIDIENNE $2\frac{350}{365}$.

—	Dépenses 1898-9.	Produits de la prison employés.	Total.	Moins existences en main le 30 juin 1899.	Coût net.	Coût par tête.
Personnel	2,629 14	....	2,629 14	....	2,629 14	888 55
Entretien des détenus	850 76	....	850 76	405 23	445 23	150 56
Frais de libérations	5 70	....	5 70	....	5 70	1 92
Frais d'administration	680 37	....	680 37	149 29	531 08	179 49
Outillage et mobilier	799 56	....	799 56	146 90	652 66	220 53
Industries	5 70	....	5 70	....	5 70	1 92
Capital	541 72	....	541 72	....	541 72	183 08
Divers	74 60	....	74 60	....	74 60	25 21
	5,587 55	....	5,587 55	701 42	4,886 13	1,651 31

Coût brut par tête.......................................$ 1,651 31
A déduire pour le revenu, $47.95—$16.20 par tête........ 16 20

Coût net par tête par année ....$ 1,635 11

H. J. MONTGOMERY,
Geôlier.

F. W. KERR,
Trésorier.

OCCUPATION ANTÉRIEURE.

	Hommes.	Femmes.	Total.	—	Hommes.	Femmes.	Total.
Agent	1	......	1	Aucune	4	1	5
Cultivateur	1	......	1				
Journaliers	11	......	11				
Domestiques	.....	9	9				
Trappeur	1	......	1	Total	18	10	28

DEGRÉ D'INSTRUCTION.

—	Hommes.	Femmes.	Total.
Ne sachant ni lire ni écrire	9	11	20
Sachant lire et écrire	7	....	7
Sachant lire seulement	1	....	1
	17	11	28

CRIMES.

—	Hommes.	Femmes.	Total.	—	Hommes.	Femmes.	Total.
Tentative de vol	1	....	1	Prostitution	....	1	1
Attendant procès	3	....	3	Renvoyé	3	....	3
Ivresse et tapage	....	3	3	Enlèvement de meubles sous saisie	1	....	1
Ivresse	5	....	5	Avoir fourni de la boiss. à des sauvag.	7	6	13
Aliénés	1	1	2	Vol	2	....	2
Larcin	2	....	2	Totaux	25	11	36

RÉINCARCÉRATIONS.

Nom.	Réincarcération.	Crime.	Lieu de la condamnation.	Date de la condamnation.	Durée de l'emprisonnement
Josephine Smith	1re	Ivresse et tapage	Prince-Albert.	29 juin 1899	30 jours.

PUNITIONS.

Aucune.

ETAT CIVIL.

—	Hommes.	Femmes	Total.	—	Hommes.	Femmes	Total.
Mariés	8	7	15	Célibataires	10	3	13
					18	10	28

CONDAMNATIONS ANTÉRIEURES.

Première incarcération.		Incarcération antérieure dans un pénitencier ou une prison du Canada.		Total.
Hommes.	Femmes.	Hommes.	Femmes.	
18	9	....	1	28

Habitudes morales.

	Hommes.	Femmes	Total.		Hommes.	Femmes	Total.
Abstentionnistes	......	......	......	Intempérants	16	10	26
Tempérants	2	......	2		18	10	28

Races.

Blanche	3	......	3	Métisse	11	9	20
Indigènes	4	1	5		18	10	28

Lieu d'origine.

Canada	25	Etats-Unis	2
Angleterre	1		28

Détenus graciés.

Aucune.

Age.

	Nombre.		Nombre.
Agés de moins de 30 ans	15	Agés de 30 à 60 ans	1
" 30 à 40 ans	7	Agés de plus de 60 ans	2
" 40 à 50 "	3		28

Religion.

	Nombre.		Nombre.
Catholiques	16	Méthodiste	1
Anglicans	8	Aucune (sauvage)	1
Presbytériens	2		28

Durée de l'emprisonnement.

	Hommes.	Femmes	Total.		Hommes.	Femmes	Total.
15 jours	2	......	2	2 mois	3	......	3
30 "	3	3	6	3 "	2	......	2
1 mois	5	7	12	6 "	1	......	1
1 " 4 jours	1		1				
1 " 14 "	1	......	1		18	10	28

Dépenses.

Personnel.	$ c.
Appoint., direction générale $1,645 27	
" police......... 624 96	
	2,270 23
Uniformes....................	358 91
	2,629 14
Entretien des prisonniers.	
Rations	144 21
Extras de la Noël............. .. .	2 40
Vêtements des détenus	678 92
Fournitures à l'infirmerie	25 23
	850 76
Frais de libérations.	
Allocations de voyages.............	5 70
Frais d'administration.	
Chauffage	428 22
Eclairage.	75 95
Entretien des bâtiments.	124 99
" de la salle d'armes........	40 18
Port de lettres	4 00
Télégrammes.........................	7 03
	680 37
Outillage et mobilier.	
Meubles et fournitures........	199 35
Literie..........................	357 11
Ustensiles............................	243 10
	799 56
Industries.	
Graines pour le jardin et la ferme....	5 70
Capital.	
Edifices	541 72
Divers.	
Annonces..	3 30
Allocations de voyages.	71 30
	74 60
	5,587 55
Appointements—Direction générale.	
Geôlier, H. J. Montgomery...........	759 92
Médecin (visitant), H. A. L. Reed, 7 mois 20 jours, à $120..............	76 6[illegible]
Trésorier, F. W. Kerr..............	375 00
Chauffeur, Jos. Savard..............	249 96
Directrice, Mary Montgomery, 8 mois 18 jours, à $200..................	143 73
	1,645 73
Appointements—Police.	
Aide-geôlier, F. W. Kerr.......	375 00
Gardien, Jos. Savard.....	249 96
	624 96

Uniformes.	$ c.
Uniformes pour le geôlier, été '98, 2..	25 00
" " trésorier " 1..	13 50
" " gardien " 1..	8 00
Bonnets, 3 a $1.25..................	3 75
" 1..........	1 00
Pardessus imperméable.......	7 50
Changer l'uniforme du geôlier........	1 00
Chaussures d'hiver, 3 paires à $3.50 .	10 50
Uniformes d'hiver p. le geôlier, 2 à $14	28 00
" " trésorier, 2 à $13	26 00
" " gardien, 2 à $8.80	17 60
Boîte d'emballage...................	0 72
Chaussures, directrice, 1 paire........	2 75
Pardessus, 3 à $11.50...............	34 50
Bonnets peau de mouton, 3 à $5......	15 00
Mitaines, 3 paires à $1.10......	3 30
Boîte d'emballage	0 30
Mesures l'uniformes....	1 50
Bottes, longues, 3 paires à $6.66⅔.....	20 00
Robe d'uniforme, directrice.....	6 13
Chaussures, directrice, 1 paire........	3 50
Chaussures, officiers, 3 paires à $3.50.	10 50
Chang. uniforme de la directrice......	1 25
Uniformes d'été, 1899, geôlier, 2	27 46
" " trésorier, 2....	25 67
" " gardien, 2.... .	19 16
Bonnets, 3 à $2......................	6 00
Bonnets en serge bleu, 3 à $1.50......	4 50
Serge bleue, 3 vgs à 73c............	1 46
Boîte d'emballage..	0 35
Chang. uniformes....................	4 00
Bonnets de service, 3..	2 02
Fret	23 18
Messagerie..	3 81
	358 91
Rations.	
Fèves, 38 liv. à 3¾c..	1 42
Orge mondé, 100 liv. à 3¾c.......	3 75
Sucre, 100 liv. à 5½c...	5 50
Mélasse, 13 gal. à 40c..............	5 20
Beurre, 10 liv. à 15c......	1 50
Thé, 20 liv. à 18c.	3 60
Pois fendus, 20 liv. à 4c..	0 80
Sel, 100 liv. à 1¼c	1 25
Lard, 50 liv. à 10½c.	5 25
Café, 20 liv. à 18c.	3 60
Poivre, 5 liv. à 20c..	1 00
Pain, 1,658 liv. à 2¾c......	45 59
Bœuf, 552 liv. à 8c.	44 16
" (jarret) 46½ liv. à 3c...... ...	1 39
Farine d'avoine, 440 liv. à 3c.......	13 20
Pommes de terre, 28 boiss. à 25c.. ...	7 00
	144 21
Extras de la Noël.	
Pommes	1 00
Oranges..........	0 75
Raisins de Corinthe......	0 20
Raisins	0 20
Epices	0 35
Œufs..................	0 20
	2 40
Vêtements des prisonniers.	
Vêtements des prisonniers, 24 à $7.25	174 00
Pantalons addit., 24 à $3.10....	72 00
Chemises de flanelle, 48 à $1.50....	72 00
Caleçons de flanelle, 24 à $1.25......	30 00

DÉPENSES—*Suite.*

Vêtements des prisonniers—Suite.	$ c.
Camisoles en laine, 2 douz. à $4.75....	9 50
Bonnets, 24 à 40c	9 60
Boîtes d'emballage.	3 65
Ciseaux, 1 paire..	0 85
Chaussettes 12 paires à 20c.	2 40
Flanellette, 33 vgs à 15c.	4 95
Etoffe, 26 vgs à 15c.	3 90
Mitaines, 6 paires à 25c	1 50
Flanelle, 18 vgs à 30c	5 40
Coton, 21 vgs à 6c.	1 26
"Gingham," 7 vgs à 10c.	0 70
Bas de femmes, 6 paires à 25c.	1 50
Aiguilles à raccommoder	0 20
Talon, 5 à 5c.	0 25
Laine....	0 15
Boutons, 3 douz. à 10c.	0 30
Dé.	0 05
Gilets de femmes, 10 à 35c.	3 50
Coton rouge, 2 vgs à 12½c.	0 25
"Brogans," 24 paires à $1.65.	39 60
Chaussettes grises, 72 paires à 12½c...	9 00
"Brogans," 84 paires à $1.75....	147 00
Boîtes d'emballage	0 70
Chaussures de femmes, 12 prs à $1.70.	20 40
Soude à laver, 7 liv. à 5c.	0 35
Coton, 30 vgs à 10c	3 00
Laine, 3 liv. à 60c.	1 80
Flanellette, 14 vgs à 12½c,	1 75
Broches à tricoter, 4 jeux à 5c.	0 20
Fil, 1 douz	0 50
Boutons, 3 douz. à 5c...	0 15
Mitaines, 12 paires à 20c.	2 40
"Gingham," 15 vgs à 9c.	1 35
Flanellette, 10 vgs à 5c.	0 50
Talon.	0 25
Peau de mouton, doublure de mitaines	1 75
Fil de toile.	0 25
Bretelles, 12 paires à 45c.	5 40
Fil de toile, 12 à 10c.	1 20
Chapeaux de paille, 6 à 20c.	1 20
Fret	41 26
Charrirge....	1 00
	678 92
Fournitures à l'infirmerie.	
Seringue	1 50
Médicaments.	13 20
Térébenthine.	0 15
Riz, 5 liv.	0 33
Huile électrique.	0 25
Huile jaune..	0 25
Emplâtre "Menthol".	0 25
Bouteille à eau chaude.	1 50
Coton absorbant.	0 80
Services professionnels, H. A. L. Reid, M.D., avant sa nomination.	7 00
	25 23
Allocations de voyages.	
Prisonniers, 1.	2 80
" 2 à $1.45.	2 90
	5 70
Chauffage.	
Raccords, 2 à 62½c.	1 25
Tuyau en fer galvanisé, 10 à 20c ...	2 00
Houille, 61$\frac{1320}{2000}$ tonnes à $5.25...	323 41
Bois, 41⅓ cordes à $1.70.	70 26
Chauffage—Suite.	$ c.
Levier, poêle	0 20
Charriage.	30 50
Coudres, fer gal., 3 à 20c	0 60
	428 22
Eclairage.	
Appliq. de lampes, corridor, 12 à $1.15	13 80
Verres de lampes, 48 à 8⅓c.	4 00
Lanternes, 6 à $1	6 00
Torches, 2 à 45c	0 90
Pétrole, 144·39 à 33c.	47 65
Allumettes, 8 boîtes à 12½c.	1 00
Fret.	2 60
	75 95
Entretien des bâtiments.	
Meule et accessoires.	2 00
Clous coupés, 1 paquet.	0 25
Lavage de la prison.	2 25
Savon, 100 liv. à 6c.	6 00
Corde à linge, métallique	0 35
Fichoirs, 5 douz. à 5c.	0 25
Limes à scies, 2 à 10c.	0 20
Corde à linge.	0 15
Verre, 1 carreau 20 x 30.	0 55
Limes, 6 à 20c.	1 20
Mine pour poêle, 4 à 25c.	1 00
Cordes à linge, 2 à 20c.	0 40
Soupapes.	3 50
Serrure.	0 15
Tuyau fer galv., 2½ pds.	0 60
Enclume et étau comb.	5 00
Scie.	0 50
Boulons et rondelles, 4 à 30c.	1 20
Ferrures, claie à charbon, 2 à $1.82½..	3 65
Boulon, fer forgé, pour barrière	1 00
Bois pour tablettes, bureau.	2 65
Temps du charpentier, 19 hrs à 35c....	6 65
" " châssis d'orage, 6 hrs	2 00
Châssis d'orage, 2 à $2.	4 00
Clous, 2 liv. à 7½c.	0 15
Colle, 1 liv.	0 25
Boyau en cuir pour le puisard.	4 50
Chlorure de chaux.	0 90
Epoussettes coton, 12 à 10c.	1 20
Térébenthine, 1 gall.	1 50
Laque, 1 gall.	2 00
Bidons d'un gallon, 2 à 35c.	0 70
Nettoyeur de châssis en caoutchouc...	0 50
Pinceau à vernis.	0 30
Vernis à tuyau, 2 à 25c.	0 50
Savon, 100 liv. à 6c.	6 00
Rép. tuyau à l'eau.	2 00
Cadenas.	0 60
Moraillon.	0 15
Loquet pour la barrière	0 50
Poinçon acier solide.	0 15
Scie à refendre	2 50
Passe-partout.	2 25
Planes, 2.	1 80
Hachette.	0 90
Mèches de tarière, ¼ pce à 1 pce.	2 75
Vilebrequin.	0 85
Marteaux, 2 à 75c	1 50
Pierre à l'huile.	0 65
Doloire..	0 75
Ciseaux, 3, 1 à 60c., 1 à 50c., 1 à 35c..	1 45
Règle, buis.	0 45
Scie à deux mains, 6 pds.	3 90
Truelle.	0 75

DÉPENSES—*Suite.*

Entretien des bâtiments—Fin.	$ c.
Garnitures caoutchouc, 2 à 10c.	0 20
Liasse et manche	0 60
Liasse n° 6	0 20
Liasse ronde	0 20
Clef à tuyau comb	3 25
Clef "Alligator"	0 80
Clef pour instruments aratoires	0 50
Tourne-vis	0 50
Ciseau à froid	0 25
Mèche de chandelle	0 10
Marteau de mécanicien	1 25
Tenailles	1 25
Nettoyage de puisard, 3 fois	20 00
Fret	7 49
Charriage	0 50
	124 99
Entretien de la salle d'armes.	
Menottes, 3 paires	12 83
Chaînes pour jambes, 3 à $9	27 00
Fret	0 35
	40 18
Télégrammes.	
Télégrammes	7 03
Port de lettres.	
Port de lettres	4 00
Meubles et fournitures.	
Pupitre à couvercle roulant	50 00
Table de bureau	8 00
Chaise de bur., chêne, siège en cuir	9 00
Bibliothèque	16 00
Tables ordinaires, 3 à $4.75	14 25
Chaises ordinaires, 12 à 70c	8 40
Tabourets pour cellules, 24 à 60c	14 40
Horloges, 8 jours	5 25
Fourneau pour cuisine	63 00
Ajustage des fourneaux, 9½ hrs à 40c	3 80
Horloge, cuisine	4 75
Thermomètres, 2 à $1.25	2 50
	199 35
Literie.	
Lits en fer, 40 à $5	200 00
Posage des lits, 20 à $1	20 00
Coutil, 76 vgs à 18c	13 68
Rouleaux fil, 1 douz	0 50
Dés, ¼ douz	0 25
Aiguilles	0 10
Draps, 48 à 30c	14 40
Coutil, 11 vgs à 18c	1 98
Foin pour lits	3 00
Fret	102 20
Charriage	1 00
	357 11
Ustensiles.	
Grands pots de fer avec couv., 2 à $1.25	2 50
Théière	0 70
Gril à rôtir le pain	0 20
Casseroles, 4 à 36¼c	1 45

Ustensiles—Fin.	$ c.
Balances	10 50
Plats à laver en granit, 2 à $1.35	2 70
Chaudrons	1 10
Cuillers à cuisine, 6 à 15c	0 90
Brouettes, 3 à $3.75	11 25
Cuvettes en papier, 4 à $1.90	7 60
Seaux fer galv., 16 pinte, 6	2 50
Balais, 6 à $3.75 la douz	1 97
Balais à laver, 6 à 45c	2 70
Couteaux de boucher, 2 à 45c	0 90
Fourchettes, cuisine, 2 à 17½c	0 35
Scie à viande	1 75
Cuillers en fer étamé, 2 douz. à 35c	0 70
Soupières, 24 à 20c	4 80
Assiettes à dîner, 24 à 20c	4 80
Tasses à café, 24 à 14⅞c	3 50
Balances plate-forme	35 00
Scies, 2 à 70c	1 40
Haches et manches, 2 à $1.25	2 50
Pics et manches, 2 à $1.25	2 50
Bèches, 6 à $1.25	6 90
Pelles, 6 à $1.20	7 20
Râteaux d'acier, 3 à 45c	1 35
Houes d'acier, 3 à 45c	1 35
Fourches d'acier, 3 à 90c	2 70
Pots à l'eau, granit, 24 à 55c	13 20
Boîtes à café, cuivre, 2 à $3.65	7 30
Boîte de dist	1 75
Seaux granit, 14 pintes, 6 à 90c	5 40
Seaux de nuit, 6 à $1	6 00
Anneaux et chaîne pour clef, 3 à 25c	0 75
Grand plateau	0 90
Pelle à balayures	0 25
Peignes, 7 à 15c	1 05
Toile à essuie-m., 12 vgs à 9c	1 08
" 6 vgs à 8c	0 48
Essuie-m. turque, 2 à 22½c	0 45
Seau à melasses	0 25
Brosses à cheveux, 1 paire	1 75
Ciseaux de barbiers, 2 paires à 90c	1 80
Brosses à cheveux	0 35
Peignes de barbiers	0 20
Rasoirs, 2 à $1.50	3 00
Cuirs à repasser rasoirs, 2 à 52½c	1 05
Savonnettes, 2 à 30c	0 60
Essuie-mains, 48 à 10c	4 80
Seaux de nuit avec couvercle, 24 à 80c	19 20
Bidon à eau, 2 à 35c	0 70
Boîtes d'emballage	0 50
Vis, 1 paquet	0 25
Brosses à plancher, 3 à 35c	1 05
Essuie-mains, 2 à 25c	0 50
Toile à essuie-m., 7 vgs à 10c	0 70
Peignes, 6 à 15c	0 90
Plateaux, 2 à 90c	1 80
Brosses à poêles, 3 à 40c	1 20
Pelles à balayures, 2 à 25c	0 50
Balais, 1 douz	3 75
Cuvettes, 6 à 50c	3 00
" 24 à 20c	4 80
Tordeuse	5 00
Bouilloire à linge	3 75
Savonnières granit, 2 à 20c	0 40
Arrosoirs	0 80
Pot à gruau granit	0 60
Fret	16 72
	243 10
Ferme.	
Graines diverses pour jardin	5 70

DÉPENSES—*Fin.*

Bâtiments.	$ c.	*Bâtiments*—Fin.	$ c.
Gages du contrem., 11 jrs à $4.50....	49 50	Pentures et vis, 2 paires à 35c........	0 70
" briquetier 2 " 4.00....	8 00	Vis, 2½ pcs, 2 douz. à 5c..........	0 10
" charpentiers 11 " 3.00....	33 00	Céruse, 25 liv. à 10c	2 50
" journaliers 6½ " 1.75....	11 37	Rouge indien, 3 liv. à 10c	0 30
" " 1 " 1.75....	1 75	Siccatif, 1 pinte..................	0 15
" peintres 8½ " 3.00....	25 50	Mastic, 2 liv. à 7½c................	0 15
" homme et att. ½ " 4.00....	2 00	Térébenthine, ½ chop..........	0 15
Bois d'épinettes, 1,507 pds à $18....	27 12	Clous, 4 pcs, 75 liv. à 5c	3 75
" 874 pds à $19.....	16 60	" 3 pcs, 25 liv. à 5c	1 25
Joint "V," 1,000 pds..............	24 00	" 2½ pcs, 25 liv. à 5c.........	1 25
Doublage non blanchi, 1,400 pds à $14	19 60	" à bardeaux, 10 liv. à 7c......	0 70
Bois blanchi, 93 pds à $19............	1 76	" 2½ pcs, 100 liv. à 4c..........	4 00
Doublage non blanchi, 300 pds à $14..	4 20	" 4 pcs, 100 liv. à 4c...........	4 00
Colombage 2 x 4, 184 pds à $18.	3 30	Pentures T, 3 paires à 20c	0 60
Bardeaux cèdre, 6 M à $3	18 00	Cadenas, 1..........................	0 20
Gages du contrem., 12 jrs ½ $4.50.....	54 00	Loquets, barr. en fer, 2 à 45c........	0 90
" charpentier 11½ jrs à $3......	34 50	Vis, 1 paquet......................	0 35
" " 9½ jrs à $2.50...	23 75	Chevilles, 6 pcs, 5 liv. à 5	0 25
" peintre, 6 jrs à $3...........	18 00	Huile de lin, 5 gallons à $1	5 00
" briquetier, 1 jour à..........	4 00	Rouge indien, 1 liv..................	0 25
Blanc de chaux, 15 liv. à 5c.........	0 75	Vitre et mastic......................	0 20
Céruse, 25 liv. à 10c................	2 50	Galv. iron evetrough................	1 87
Térébenthine, 3 pintes à 25c..........	0 75	Barils pour l'eau..................	2 20
Laque, 1 pinte	0 25	Peinture grise, 1 bidon.............	0 50
Pinceaux...........................	0 20	" terra-cotta, 1 bidon.........	0 30
Bouton de porte.....................	0 15	Rouge indien, 1 bidon...............	0 30
Colle, 2½ liv. à 26c................	65 00	Agrafes et œillets, 2 à 5	0 10
Vis, 1 paquet.......................	0 35	Pentures T, 1 paire.................	0 25
Huile de lin, 1 bidon...............	0 40	Verre, 1 carreau....................	0 15
Noir de fumée, 1 paquet..............	0 30	Vis, 1 paquet.......................	0 35
Céruse, 25 liv. à 10c	2 50	Mastic, 5 liv. à 7c	0 35
Huile de lin, 1 gallon à $1..........	1 00	Maçon, 53 hrs à 30c..................	15 90
Laque, 1 bidon......................	0 35	Chaux, 26 boiss. à 30c...............	7 80
Céruse, 25 liv. à 5c................	1 25	Bois, dimension, 1,181 pds à $18......	21 25
Pinceaux, 1.........................	0 50	" préparé, 364 pds à $19	6 90
Bleu, ½ liv. à 30c	0 15	Serr. à un seul pène, 2 à $1.15.......	2 30
Rouge vénitien, ½ liv. à 30c........	0 15	Bois non blanchi, 1 pc., 500 pds à $14.	7 00
Clous à bard., 25 liv. à 6c	1 50	Bardeaux cèdre, 2 M à $3............	6 00
" 4 pcs, 100 liv. à 4½c....	4 50	Bois pour plaf. V, 150 pds à $24....	3 60
" 3 pcs, 100 liv. à 4½c	4 50	Bois pour planc., 170 pds à $24......	4 08
" 2½ pcs, 60 liv. à 5c.	3 00	Bois blanchi, 200 pds à $19	3 80
" 10 liv. à 5c...........	0 50	" 96 pds à $19..........	1 82
Boulons, 2 à 5c	0 10	Charriage, 10 hrs à 40c	4 00
Céruse, 25 liv. à 10c................	2 50		541 72
Pentures, 2 paires à 30c.............	0 60	*Dépenses de voyages.*	
Vis, 1 paquet.......................	0 30		
Moraillons, 5 à 10c..................	0 50		
Cadenas, 3 à 35c....................	1 05	F. W. Kerr.........................	31 30
" 1	0 85	D. Stewart	40 00
Pentures, 1 paire	0 20		71 30
Agrafes et œillets, 3 à 5c..........	0 15	*Annonces.*	
Clous, 2½ pcs, 10 liv à 5c...........	0 50		
Serrure à un seul pêne, 1.	1 25		
Ocre doré, 10 liv. à 5c..............	0 50	Appels de soumissions pour bois......	3 30
Rouge vénitien, 3 liv. à 10c.........	0 30		
Huile de lin, 7 gallons à $1.........	7 00		5,587 55
Cadenas, 2 à 85c	1 70		

DT. RECETTES. AR.

1899.		$ c.	1899.	*Recettes casuelles*	$ c.
31 mars.	Déposé au crédit du recev. général	38 25	31 mars.	Vente de poêles..	38 25
26 mai.	" " ..	9 70	26 mai.	Remise à W. White 1,000 briques..	9 70
		47 95			47 95

H. J. MONTGOMERY,
Geolier.

F. W. KERR,
Trésorier.

EMPLOYÉS.

Nom.	Grade.	Religion.	Date de la naissance.	Date de la nomination.	Appointements
					$ c.
H. J. Montgomery....	Geôlier.	Presbytérien.....	28 août 1841.	2 nov. 1897.	800 00
F. W. Kerr	Aide-geôlier et trésorier..	Baptiste..........	3 janv. 1858.	20 mai 1898.	750 00
H. A. L. Reid, M.D...	Médecin visitant...... ..	Anglican.........	14 oct. 1868.	10 nov. 1898.	120 00
Joseph Savard........	Gardien et chauffeur	Presbytérien......	15 août 1855.	1er mai 1898.	500 00
Mary Montgomery ...	Directrice........	Presbytérienne....	21 avril 1863.	13 oct. 1898.	200 00

COMMENT S'OPÈRENT

PAR

LES SOINS DU GOUVERNEMENT

LA

PRODUCTION ET LA VENTE DE LA FICELLE À ENGERBER

QUE FOURNIT

LA MAIN D'ŒUVRE PÉNITENTIAIRE

(POUR LE RENSEIGNEMENT DES MEMBRES DU PARLEMENT)

OTTAWA
IMPRIMÉ PAR S. E. DAWSON, IMPRIMEUR DE SA TRÈS EXCELLENTE MAJESTÉ LA REINE
1900

[N° 18*a*—1900]

COMMENT S'OPÈRENT PAR LES SOINS DU GOUVERNEMENT
LA
PRODUCTION ET LA VENTE DE LA FICELLE À ENGERBER
QUE
FOURNIT LA MAIN-D'ŒUVRE PÉNITENTIAIRE.

Il me sera permis de dire ici que les critiques exprimées à propos de l'emploi des détenus dans les pénitenciers à des travaux industriels, ne m'ont pas échappé. Au contraire, j'ai noté avec soin toutes celles ayant quelque importance ; car je suis toujours prêt à profiter des avis que je trouve utiles pour la régie de ces institutions.

Tels détails, assez insignifiants au point de vue financier, acquièrent, quelquefois, une réelle importance politique à raison de l'intérêt personnel qu'un nombre considérable de citoyens y peuvent avoir. La fabrication du fil à engerber rentre, jusqu'à un certain point, dans cette catégorie-là. Elle fut introduite, il y a quelques années, au pénitencier de Kingston pour y tenir occupés des détenus, leur faire gagner en partie leur subsistance, et décharger d'autant le trésor public.

Un problème difficile que l'Etat doit résoudre, est celui d'une occupation convenable à la population de ses prisons. Il n'est point douteux que si les individus dont cette population se compose avaient été laborieux et honnêtes, ils jouiraient de la liberté et feraient concurrence aux travailleurs comme eux ; mais, n'étant ni honnêtes, ni, la plupart, portés au travail, il importe de leur trouver quelque occupation, et de telle nature que son exercice impose au public le moins de charge possible. Question sérieuse, que ce choix d'un travail, d'un métier pouvant fournir des ressources à nos établissements pénitentiaires. Qu'on ne l'oublie pas, les citoyens industrieux et soumis aux lois n'ont pas seulement à subvenir à leur propre subsistance, mais ils ont aussi à contribuer à celle de tous ces condamnés pour infractions aux lois du pays, que l'intérêt de la société ne permet point de libérer. Autre point important à envisager. Si beaucoup de condamnés à la prison et au pénitencier, ont une véritable prédisposition au crime, appartiennent à la classe des dégénérés au physique et au moral, il y en a beaucoup d'autres qui, parce que leurs parents n'ont pas bien veillé sur eux, ou parce qu'ils ont trop fréquenté des fainéants ou des vicieux, ont été entraînés au mal ; ces derniers ne sont pas toujours foncièrement pervertis ; et, dans bien des cas, on peut les soustraire à leurs tendances criminelles et les ramener au respect des lois. C'est pourquoi l'Etat doit tendre, entre autres choses, à les réformer, conformément aux principes chrétiens d'humanité; et, pour y réussir, surtout quand le détenu est jeune, il paraît bien essentiel de l'appliquer, durant sa prison, à un travail qui lui fournisse plus tard un moyen d'existence, après sa sortie ou après sa libération de toute surveillance, s'il vient à obtenir son élargissement sur parole.

On s'est plaint, un jour, très vivement que les pénitenciers, convertis en établissements industriels, mettaient en danger le succès des maisons légitimement engagées avec leurs propres capitaux dans les industries manufacturières auxquelles la main-d'œuvre pénitentiaire faisait une active concurrence. Je ne discuterai pas ici cette question ; je me contente de dire que le gouvernement est dans l'intention bien arrêtée, par rapport aux industries exercées aux pénitenciers, d'éviter autant que possible toute concurrence dont puissent souffrir injustement ceux-là qui se livrent aux mêmes industries et qui emploient d'honnêtes et laborieux ouvriers. Aussi l'administration a-t-elle soin de n'entrer dans aucune rivalité nuisible aux manufacturiers ordinaires, et de ne point les exposer, en vendant meilleur marché aux consommateurs, à des pertes ruineuses, eux qui payent à leur monde des salaires raisonnables. Du reste, il n'est guère possible qu'un établissement d'Etat se donne à une concurrence active, même de la manière que quelques-uns préconisent et nous reprochent de ne pas adopter ; toute tentative pareille aboutirait, à coup sûr, à une déception Le gouvernement ne pourrait avec avantage faire voyager des agents à ses frais par le pays pour vendre aux marchands détaillants ; il courrait par là trop de risques, et ferait trop de dépenses. Nos prédécesseurs, comme je vais le raconter, en ont tenté l'expérience pendant deux ans ; le résultat n'a pas été assez heureux pour nous engager à la reprendre. En y persistant, le ministre ne tarderait pas à voir son administration décréditée. Cependant on laisse entendre, non pas que le système serait fâcheux, mais qu'il existe tout un *ring* formé pour exploiter les fermiers qui ont besoin de ficelle à engerber et faire d'énormes profits à leurs dépens. Il n'y a point d'assertion plus mal fondée, ni que les faits démentent davantage.

La question, depuis surtout les critiques proférées dans la Chambre des Communes, à la session dernière, par M. Taylor, par le Dr Sproule, par d'autres encore, est assez importante pour que j'entre dans des détails qu'autrement je passerais sous silence. L'expérience faite par nos prédécesseurs, en 1895, n'a guère profité en somme au public, puisqu'une partie du prix des ventes est encore impayée. En février 1896, l'ex-administration résolut de vendre par l'intermédiaire d'un agent la ficelle d'engerbage aux marchands en détail. Pour ses services cet agent recevrait une commission fixée à 10 p. 100. Qui allait la payer, cette commission ? Serait-elle ajoutée au prix de la marchandise? ou bien constituerait-elle une perte mise à la charge du public? Mais passons. Quatre personnes demandèrent l'emploi : M. Rees, M. Mucklestone, M. Chown, et M. Kelly, de Montréal. M. Rees écrivit à M. George Taylor, député de Leeds, pour avoir son appui. M. Taylor communiqua sa lettre à M. Dickey, ministre de la Justice dans le temps, en l'accompagnant d'une recommandation ; les amis du gouvernement dans la localité, disait-il, étaient favorables à M. Rees. M. Mucklestone aussi écrivit à M. Taylor, qui, cette fois encore, envoya la lettre à M. Dickey, avec, au bas, une apostille ; il avait répondu à M. Mucklestone, y disait-il, qu'en communiquant sa lettre au ministre, il avait appuyé sur sa parfaite compétence. Ainsi l'on voit M. Taylor assurer également M. Rees et M. Mucklestone de son aide, quand il savait qu'un seul agent serait nommé. Tous les deux sans doute en ont été reconnaissants. D'autre part, M. Mucklestone fut appuyé par M. Haggart, sir Mackenzie Bowell, l'honorable J. F. Wood, M. Uriah Wilson, M.P., et M. Hugh John Macdonald. Quant à ce dernier, il prit soin d'expliquer qu'il désirait que M. Mucklestone fût nommé pour la province d'Ontario seulement ; que l'emploi dans le Manitoba d'une personne étrangère pour la vente du fil à engerber ne serait pas bien vu ; que cette province était jalouse de ses droits ; que le sentiment provincial y était plus vif que jamais ; et qu'il vaudrait mieux nommer un des habitants qu'une personne du dehors. Quoi qu'il en soit, on sentait qu'un ami actif mis en campagne chez les fermiers, à l'époque des élections générales, pour vendre une ficelle d'engerbage à meilleur marché, serait un utile auxiliaire politique ; aussi fallait-il en avoir un convenable. Aucun des candidats de M. Taylor ne fut choisi.

On finit par charger M. Kelly de vendre, pour le compte du gouvernement, la production de l'année. Les trois premiers mois de 1896 s'étaient consumés, à ce qu'il semble, à décider lequel des candidats devait obtenir la préférence. M. Kelly, employé de la *Cordage Company*, fut donc nommé agent pour cinq ans, c'est-à-dire jusqu'au

1er septembre 1900. Il devait répondre personnellement de la valeur totale de la ficelle vendue au prix fixé, à la réserve de 10 p. 100, représentant sa rétribution. A cet effet, il avait à fournir un cautionnement de $30,000. En outre, il ne fallait pas que les crédits excédassent jamais à la fois $20,000. La raison pour laquelle M. Kelly fut nommé, c'est, la chose est ostensible, qu'il était appuyé par une maison d'entreprise de fournitures largement intéressée dans le commerce de corderies ; et l'on disait que sa nomination déplairait moins aux autres manufacturiers que celle d'aucun autre des candidats. Le cautionnement offert par M. Kelly était destiné à garantir le public contre toute fraude de sa part, et non pas à assurer le payement du prix des ventes qu'il viendrait à opérer. Il se refusa à se rendre responsable des dettes des acheteurs ; et, en conséquence, comme il ne fournit point tout le cautionnement voulu, les arrangements arrêtés avec lui prirent fin en août 1896. Et cependant, après cette tentative de vente à commission, tentative si malheureuse, M. Taylor déclare au parlement que la vente des ficelles à engerber du temps de nos prédécesseurs, s'est toujours faite par adjudication, après ouverture d'un concours public, alors qu'il est bien certain que la façon d'agir adoptée cette fois par l'ancienne administration n'admettait pas une demande de soumissions. A noter que la quantité de ficelle manufacturée au pénitencier de Kingston est de cinq cents tonnes environ par année ; et que la consommation du pays se monte à huit fois autant ; l'où il suit que, si nous réduisons le prix demandé à l'acheteur au revient de ces cinq cents tonnes, cela ne pourrait amener un abaissement général, puisqu'il resterait au moins trois mille cinq cents tonnes, indispensables à la consommation annuelle, qu'il faudrait acheter ailleurs, au cours du marché, à des manufactures fondées sur de légitimes espérances de tirer un profit raisonnable du fruit de leur travail et de leurs capitaux. Et probablement arriverait-on à ce résultat, de faire tomber quelques manufactures particulières, et de priver ainsi d'ouvrage une population ouvrière, très travailleuse, employée par elle.

Donc, M. Taylor, aux Communes, dans la sesion dernière, avait entrepris de critiquer la vente de la ficelle fabriquée au pénitencier de Kingston. Ai-je besoin de dire que son effort n'a pas été heureux ? Il ne pouvait l'être, car mon prédécesseur immédiat sir Oliver Mowat et moi-même nous avons toujours suivi la ligne droite.

M. Taylor a avancé qu'il prouverait que le gouvernement avait vendu, en 1896, toute la ficelle d'engerbage, aussitôt faite, sans la mettre en adjudication, et l'avait livrée à la *Hobbs Hardware Company*. Cette assertion n'est aucunement fondée en fait. Le produit manufacturé n'a pas été vendu à la maison Hobbs, mais à Coll frères, de Saint-Jean, N.-B., et après appel public de soumissions par voie d'annonces. La vente se fit en décembre 1896, parce que la ficelle manufacturée pendant l'hiver et l'été précédents n'avait pas été mise au marché, et que l'essai de vente en détail, pour accommoder les consommateurs, disait-on, avait mal réussi. Voilà pourquoi se faisait cette vente aux MM. Coll frères. Mais ceux-ci n'étaient acheteurs que pour la consommation pendant l'année suivante. Or, ce marché-là ils le cédèrent, le 25 janvier 1897, à la maison Hobbs, laquelle avait un grand commerce de ficelle à engerber. MM. Coll frères pouvaient, sans difficulté, la lui céder comme à toute autre Sa transaction, autant que je sache, était de celles que les deux parties avait droit de conclure. Le gouvernement n'y pouvait rien. M. Taylor a dit que le département avait vendu la ficelle au prix de 4 *cents*. Je donne les prix stipulés : Agavé (Sisal), 4 *cents ;* Castor, 4 *cents ;* Feuille d'érable, 5 *cents*. La maison Hobbs convint de prendre livraison de la ficelle et de payer le département conformément au marché passé avec MM. Coll frères. En exigeant que la marchandise fût payée comptant, on était assuré d'en toucher le prix. La ficelle, je pense, était bonne au moment de sa fabrication ; mais elle était restée en magasin trop longtemps ; l'huile nécessaire pour la rendre souple était en partie séchée. L'expérience nous apprit alors l'avantage qu'il y aurait toujours à vendre toute la ficelle manufacturée au pénitencier, dès la saison même de sa production.

Au dire de M. Taylor, l'ancienne administration se défaisait de la ficelle en vendant aux marchands par tout le pays, et en mettant en campagne des agents, ce qui obligeait les autres manufacturiers à faire comme elle pour leur marchandise. Est-ce bien cela ? Alors d'où vient que toute la production d'une année était encore là, après la moisson passée ? M. Taylor assure aussi que le gouvernement fut payé de toutes ses ventes. C'est une erreur. Une partie n'en est pas encore payée ; il y a, en ce moment, une instance pendante, devant la cour de l'échiquier, en recouvrement par la Couronne de $9,000 environ. Le système tenté par l'ancienne administration fut fâcheuse de toute manière ; la vente à la maison Coll frères, en septembre 1896, de la ficelle qui aurait dû se vendre en février ou en mars précédent, montre combien il était peu fait pour réussir. Après cela, quel fut le résultat de cet effort pour créer un modique patronage politique, en nommant un agent ,—le résultat d'une entreprise échouée sitôt ? Tout simplement que, le 6 août 1896, le préfet du pénitencier mandait qu'il y restait 1,001,500 livres de ficelle, après le temps de la moisson fini, sans chance de les placer que l'année suivante, et que même alors il fallait s'attendre à perdre par la détérioration de la marchandise.

M. Taylor attaque le premier ministre. "Il était, a-t-il dit, l'obligé de MM. Bate et fils". Mais M. Taylor a dû se rétracter le lendemain. Ses autres assertions n'étaient pas plus exactes. Le premier ministre, j'en suis certain, n'avait eu aucune connaissance de la soumission présentée par M. M. Bate et fils. Suivant M. Taylor, ces négociants, outre leur achat de la production du pénitencier de Kingston, contrôlaient celle de la fabrique de Brantford; grâce à ce monopole, disait-il, ils avaient pu vendre leur ficelle 13 *cents* et demi la livre. Jusqu'à 16 *cents* la livre, affirme le Dr Sproule. Est-il nécessaire de déclarer qu'aucune de ces assertions--ni pour le monopole, ni pour les prix--n'a le moindre fondement ? M. Taylor et le Dr Sproule, à coup sûr, seraient bien embarrassés s'ils avaient à justifier leurs paroles. La seule année où la production de Brantford ait été contrôlée par les acheteurs de la production de Kingston, est l'année 1895, sous la précédente administration. En 1898, nous vendîmes la ficelle manufacturée à Kingston à MM. Bate et fils. Il n'était pas venu d'antre soumission que la leur. Du reste, elle nous procurait quelque profit sur le prix de revient. Leur maison revendit peu après à une autre moyennant une augmentation de prix très modérée. A cela, je crois, se borne toute son opération sur la ficelle d'engerbage. Elle n'avait pas acheté ailleurs.

J'ai pris la peine de consulter plusieurs commerçants. Il résulte de leurs témoignages avec une pleine évidence qu'il n'y a pas eu de *ring* ou coalition d'aucune sorte pour élever les prix demandés aux consommateurs. Partout, et les marchands en gros et les manufacturiers ont continué de vendre aux détaillants leur marchandise en quantités égales aux besoins probables des localités. La diversité de leurs prix contredit ces histoires d'entente entre eux ; elle montre aussi que les prix demandés aux marchands en détail diffèrent peu de ceux que nous avons reçus de l'acheteur en gros. Naturellement, celui qui vend l'article en détail en veut plus que le prix qu'il a payé. Personne n'entreprend un commerce sans compter sur un profit ; à moins que cette espérance ne se réalise, il n'y persiste pas. L'an dernier, à cause de la guerre dans les îles Philippines, les matières premières ont monté beaucoup ; et les marchands possédant un stock de ficelle, fabriqué dans le temps du bon marché, ont, comme bien on pense, saisi cette occasion pour en hausser le prix. Où sont ceux qui ne l'eussent pas fait ? Comment, en agissant autrement, pourraient-ils tenir ? Le marchand a à se soumettre aux pertes d'argent dans le temps où il lui faut vendre sous une baisse ; aussi est-il raisonnable, quand le marché lui est favorable, qu'il en bénéficie. On ne s'attend pas, assurément, que le cultivateur voudra vendre ses denrées au-dessous des prix courants ; il les vendrait plutôt au-dessus. Pourquoi dénierait-il aux autres un droit dont il est prêt à user lui-même : le droit de tirer tout le parti possible des circonstances ? Les marchands en détail, eux, demandent de leur ficelle à engerber un prix supérieur à ce qu'elle leur a coûté, d'abord, parce qu'ils se chargent d'un risque, une baisse étant toujours possible, et, ensuite, parce qu'ils ne sont pas sûrs d'écouler toute leur marchandise pendant la saison ouverte et qu'il leur faudra peut-être en reporter une partie à l'année suivante, au risque de perdre à la fois par quelque abaissement des prix et par la détérioration de l'article.

Voyons, par exemple, ce qui s'est passé dans le comté de Grey, dont justement le Dr Sproule, un de nos censeurs, représente une section. Les agences de Plymouth y ont vendu leur ficelle à nombre de marchands (j'ai leurs noms sous les yeux) à des prix de 5 *cents* et demi à 7 *cents* la livre, avec réduction de $5 par tonne en cas de charges de wagons. Le prix moyen obtenu des marchands détaillants par les marchands de gros, fut de 6 *cents* la livre. Dans le village de Markdale, où le Dr Sproule réside, la maison Hobbs vendait la ficelled 'engerbage 5 *cents* et demi à 6 *cents* et demi. Le prix moyen reçu par elle des détaillants, pour les quantités vendues dans le comté de Grey, fut de 6 *cents*, à une minime fraction près. D'autre part, les ventes que la *Deering Co.*, de Chicago, y faisait, allaient, en moyenne, à 5 *cents* et sept-huitièmes la livre ; prix quelque peu inférieur à celui obtenu par telle ou telle autre compagnie. Ces faits sont concluants : il n'y eut aucune coalition entre les marchands en gros et manufacturiers pour élever les prix. S'il y a eu coalition, c'est par d'autres, après que ceux-là, ayant vendu leur marchandise, n'avaient plus de contrôle sur elle. Il suffit d'y réfléchir un instant, pour demeurer convaincu aussi que les marchands en détail n'auraient pu davantage se concerter ensemble. Les détaillants, dans le pays, se comptent par milliers ; grande commodité pour les cultivateurs, qui achètent rarement la ficelle avant le jour où ils en ont besoin. Prétendre que les quincailliers partout s'entendent ensemble, j'entends ceux qui tiennent cet article à l'usage de leur clientèle rurale, est trop absurde pour mériter réfutation. La vérité est que, depuis que la guerre hispano-américaine est commencée, la matière de corderie a énormément renchéri. Cet enchérissement (en 1898) survint quand déjà la plupart des ventes en gros étaient effectuées ; et sur la fin de la saison il y eut une nouvelle hausse. Aux premiers jours de mars (1898), le prix était monté d'un quart de *cent* par livre ; veurs la fin du mois, autre augmentation d'un quart de *cent ;* en juin, le prix varia de 9 *cents* un quart à 10 et demi la livre, suivant la qualité du fil. Parmi les marchands en détail, ceux qui s'étaient pourvus au commencement de l'année, alors que les prix étaient bas, ont dû réaliser un gros profit ; en quoi, du reste, ils n'ont fait rien autre chose que ne font tous ceux qui ont une marchandise à vendre: demander le plein prix de la hausse en cours. J'ai les noms de seize maisons, établies dans le comté de Grey et les localités circonvoisines, qui, en 1898, achetèrent de la ficelle à engerber pour la revendre aux fermiers: elles l'eurent des marchands en gros au prix de 5 *cents* et demi à 7 *cents* la livre. En juillet et août, après la hausse, telles quantités trouvèrent acheteurs à 8 *cents* trois quarts et jusqu'à 10 *cents ;* mais c'étaient des quantités fort petites ; presque tout les détaillants ayant, comme je l'ai dit, leur fourniture assurée depuis longtemps.

Je m'adresse maintenant à ceux que la question intéresse plus spécialement : si le gouvernement avait, à l'exemple de l'administration précédente, employé un agent à vendre aux marchands en détail, en lui payant une commission de 10 p. 100, en quoi le consommateur se trouverait-il mieux qu'il n'est à cette heure ? Il lui faudrait encore acheter aux mêmes marchands—nos marchands détaillants—qui seront toujours les intermédiaires ordinaires entre le producteur ou le marchand en gros et le consommateur en fin de compte. Il y aurait pourtant cette différence : aujourd'hui, les ventes se font au comptant ; sous l'autre système, elles se faisaient à crédit en grande partie. La perte retombait sur le gouvernement. Elle serait beaucoup plus forte pour lui qu'elle ne peut l'être pour le marchand en gros ; car le gouvernement n'a et ne peut avoir les mêmes facilités que lui pour se faire payer promptement.

M. Taylor dit que l'ancienne administration ne laissa pas se former de *ring.* J'ai montré, il me semble, qu'elle ne fit rien pour l'empêcher. Au reste, avec la ligne de conduite qu'elle avait adoptée, quelle action pouvait-elle avoir sur les cours de l'article ? Lorsque M. Taylor prétend que le marché de vente de la ficelle a été passé, en 1897, sans aucune demande de soumissions, il dénature les faits. En décembre 1896, plusieurs journaux, entre les principaux du Canada, publièrent une demande de soumissions cachetées et portant chacune en suscription : " Soumission pour la ficelle d'engerbage ", lesquelles seraient ouvertes le 20 janvier suivant : quantité à vendre, 500 tonnes des trois variétés ; livraison à prendre au pénitencier avant le 1er août. En réponse à cet appel la *Hobbs Hardware Company* envoya une soumission. Ce fut la seule. Elle était accompagnée, comme assurance de bonne foi, d'un chèque de $2,397.50. Les trois sortes de ficelle furent vendues à cette maison aux prix respectifs de $4.40, $4.75 et $5.25 les cent livres, suivant la qualité ; et ces prix s'éloignent peu de ceux obtenus par les autres manufacturiers. L'année suivante, ce fut la maison Bate et fils qui acheta. Des circulaires avaient été envoyées à toutes les principales maisons faisant commerce de ficelles à engerber. Il ne vint aucune réponse que celle de MM. Bate et fils, qui présentèrent une soumission et qui achetèrent les quantités livrables aux taux de $4.15, $4.25 et $4.95 les cent livres. M. Taylor avance que leur offre était le résultat d'une coalition. De coalition, il n'y en a eu aucune, ni signe quelconque. Les faits prouvent tout le contraire. Et si le département, au lieu de traiter avec quelqu'un prêt à acheter toute la quantité, avait vendu aux détaillants, notre magasin aurait été encombré de la marchandise invendue, perdant de sa valeur par détérioration avant le retour de la saison de vente. Par cette raison, il importe de ne point laisser passer les premiers mois de l'année sans demander les soumissions. Autrement, le département courrait le risque de n'avoir que le commerce de détail pour clientèle, c'est-à-dire à qui vendre toute sa production.

On s'est plaint que nous avions vendu, en 1898, après avoir envoyé de simples circulaires, et sans avoir publié d'annonces dans les journaux. Mais, comme je l'ai dit, nous nous étions adressés à toutes les principales maison du pays. Au commencement de l'année 1898, les très bas prix cotés sur la place de New-York retinrent le département : je sentais bien qu'en nous pressant d'offrir notre ficelle à engerber, nous recevrions des propositions peu satisfaisantes ; et puis nous espérions que les prix ne tarderaient pas trop à se relever. Nous attendîmes jusqu'à la fin de février. La saison étant alors avancée, nous résolûmes d'envoyer des circulaires. L'inspecteur eut l'ordre d'inviter les maisons qui seraient probablement en disposition de traiter avec nous, à soumissionner. Ses instructions ne disaient point de se limiter à celles politiquement sympathiques au gouvernement. La liste des maisons qui furent invitées à concourir, contient les noms de compagnies composées de libéraux, de conservateurs, de membres de la Grange des protecteurs de l'industrie agricole. Ainsi, les maisons Dalton et Strange de Kingston, Rice Lewis et d'autres de Toronto, et plusieurs établissements dirigés par des hommes qu'on ne pouvait supposer enclins à favoriser le parti libéral. Il a été dit que MM. Massey, Harris et Cie ne furent pas invités à faire leur offre. Cela est vrai ; mais ils avaient déjà, dans le temps, un arrangement avec la Compagnie de corderie des consommateurs pour employer à leur usage les ateliers de Port-Hope et en tirer leurs fournitures. Comme cette compagnie, ils étaient donc des concurrents en fabrication. M. Taylor nous reproche d'avoir adressé la circulaire à M. John Hallam, de Toronto, qu'il appelle un meneur politique, et à MM. Coll et frères, de Saint-Jean, N.-B., qui ne faisaient pas dans la corderie. Mais, pour ces derniers, il suffit de répondre que, déjà auparavant, la maison Coll frères avait acheté à l'ancienne administration, un jour, toute la production du pénitencier, et qu'on pouvait croire qu'à l'occasion elle soumissionnerait encore. Quant à M. Hallam, il avait eu, pendant une saison et davantage, la manutention de la production à la prison centrale de Toronto; il n'était nullement déraisonnable de supposer qu'il voudrait, lui aussi, soumissionner pour la ficelle fabriquée au pénitencier de Kingston ; ce qui paraissait d'autant plus probable qu'il avait écrit à mon prédécesseur que, l'année précédente, l'annonce avait échappé à son attention, et qu'il demandait, quand on mettrait en vente le prochain lot de ficelles à engerber, qu'on voulût bien l'en informer. Doncs, pour résumer, une seule soumission en 1897, celle de la *Hobbs Hardware Company* ; et, en 1898, une seule encore, présentée par la maison Bate et fils. Cela étant, parler de monopole est absurde. Le concours était incontestablement ouvert à quiconque voudrait présenter soumission ; et si les bénéfices ont été aussi gros que M. Taylor le donne à entendre, il est bien étrange, puisque l'occasion était si belle de faire fortune, que si peu de personnes se soient montrées disposées à la saisir.

M. Taylor prétend que le gouvernement conservateur a établi la manufacture de la ficelle à engerber en vue de régler le cours de cet article. C'est inexact. Le gouvernement ne pouvait point en régler et n'en a point réglé le prix. Cette industrie a été introduite au pénitencier pour y procurer du travail à beaucoup de détenus, tout en faisant à l'industrie privée le moins de concurrence possible. Les essais de vente par agents, sous l'ancienne administration, ne furent ni satisfaisants ni profitables, et, dès la seconde année, il fallut discontinuer, en voyant tout le produit d'une année entière s'entasser en magasin et se détériorer comme je l'ai dit.

M. Clancy, à la Chambre des Communes, l'année dernière, a exprimé l'opinion que le gouvernement aurait pu garder les cinq cents tonnes de ficelle manufacturées au pénitencier comme une sauvegarde contre les accaparements possibles. Suivant lui, le gouvernement aurait empêché les renchérissements en restant en possession de cette réserve, dont aucune nécessité ne pouvait l'obliger à se défaire. M. Clancy va jusqu'à suggérer que nous demandions un crédit sur le trésor public pour acheter la valeur de plusieurs mille piastres de matière brute à faire la ficelle. A son avis, nous devrions nourrir et habiller les détenus à l'aide d'un crédit spécial, distinct de l'autre ; salarier le personnel, fournir les outillages, entretenir les édifices ; et, après toutes ces dépenses faites, que voudrait-il ? Nous interdire de vendre notre ficelle à engerber dans la saison où justement nous avons chance d'en avoir un prix satisfaisant. Autrement dit, il veut que nous fabriquions cette ficelle, non pour qu'elle soit utilisée, consommée à la moisson prochaine, mais seulement pour en faire la régulatrice des cours du marché. Je le demande, pendant combien de temps, à votre idée, le parlement mettrait-il ainsi à ma disposition une grosse somme d'argent, non pour procurer le travail aux détenus, ni pour réduire par le travail leurs frais d'entretien ; mais pour intimider le marché de la même corderie ; sauf à vendre ensuite à forte perte après le temps de la moisson écoulé, si l'article pouvait encore trouver acheteur, ce dont je doute. On le voit, le simple exposé de la proposition, en fait apparaître toute la puérilité.

Je tiens de MM. Bate et fils que sur les quantités de ficelles achetées de nous, ils en ont revendu à Wood, Vallance et Cie environ 179,000 livres en chanvre de Manille sans mélange, et 174,000 livres en matière mélangée ; à la maison Massey, Harris et Cie, 200,000 livres des deux sortes; et qu'ils ont expédié à d'autres acheteurs de petites quantités de la marchandise. Leurs prix ont varié de $4.90 à $5.40 les cent livres. Ainsi, contrairement à l'assertion de M. Taylor, pas une livre de ficelle n'a été vendue à la maison Hobbs ; et les factures de ventes accusent à peine un demi *cent* de majoration par livre sur le prix qui nous avait été payé.

On oppose les prix auxquels s'est vendue la ficelle manufacturée dans le pénitencier à ceux que les consommateurs ont eu à payer. J'ai déjà expliquer cet écart. Les mêmes différences se produisent pour toutes les autres marchandises, chaque fois que, par telle ou telle cause, celles-ci enchérissent. La matière brute de la ficelle chanvre de Manille était cotée à New-York, au commencement de l'année 1898, à $4.18 *cents* et demi les cent livres. La fabrication coûte environ 75 *cents*. Ensemble, $4.93½. Or, MM. Bate et fils ont payé $4.95 l'article acheté par eux au département. Le département a donc réalisé un certain profit. M. Taylor a dit encore que ces marchands n'avaient été soumis à aucune obligation de garantie. Erreur. MM. Bate et fils avaient remis au département leur chèque, d'une somme de $2,000 ; et ils ont payé le prix de l'achat intégralement, en prenant livraison de la ficelle.

Je demeure pleinement convaincu qu'il est tout à fait impossible au gouvernement d'avoir des agents en campagne dans tout le pays, pour vendre aux marchands détaillants, sans nuire beaucoup aux établissements privés et sans éprouver de telles pertes qu'il faudrait bientôt cesser la manufacture au pénitencier, et chercher forcément quelque autre genre d'occupation pour les détenus qui sont appliqués à cette industrie.

Nous pourrions, je pense, profiter de l'expérience d'autrui. A la prison de l'Etat de Minnesota, par exemple, où la fabrication de la ficelle à engerber va à 2,500 tonnes par année, les données montrent clairement quels sont les effets d'un système qui est assez approchant de celui que quelques personnes voudraient introduire ici. A remarquer que cette prison d'Etat fournit en très grande partie à la consommation générale. Sur le nombre de 2,500 tonnes de ficelle qu'elle produit, 150 tonnes sont réservées pour se vendre directement aux fermiers : le prix de cette réserve, que l'on fixe en mai, est supérieur d'un demi-*cent* par livre à celui auquel se cote la ficelle qui est vendue par lots de charges de wagon. Excepté en 1898, la quantité vendue directement aux fermiers en une seule et même année, n'a jamais excédé 75 tonnes; il faut toujours reporter à l'année suivante la moitié de la réserve. En 1898, vu la guerre dans les îles Philippines, on éleva cette réserve à 400 tonnes. Les autorités de la prison fixèrent le prix de la tonne à 6 *cents* et demi pour les charges de wagons et à 7 *cents* pour les quantités moindres. Sur les entrefaites, la matière brute se mit à monter rapidement, et aussi le produit manufacturé par l'industrie privée. Le bruit se répandit d'un resserrement probable de la production. En peu de temps, les 400 tonnes réservées s'écoulèrent. La population rurale était frappée de panique. Une quantité énorme de commandes arrivèrent de partout. Il était impossible d'y suffire. La presse l'annonça. L'alarme redoubla dans les campagnes ; et la ficelle en la possession des spéculateurs et des commerçants prit une valeur inusitée. Il est dit dans le rapport qu'une très petite partie de la population avait pu se pourvoir à des prix modérés ; et que le grand nombre dut se soumettre à acheter beaucoup plus cher que les circonstances ne le demandaient. Mais on apprend là qu'il n'y a pas un fermier sur deux, au Minnesota, qui achète sa ficelle à la prison malgré tous les efforts pour l'y engager. Du reste, le bureau de direction le déclare dans son rapport sur l'exercice 1898 : "la vente par charges de wagons aux marchands a été mise en usage après constatation faite du peu de disposition parmi les fermiers à adresser leurs commandes directement à la prison d'Etat."

Je passe aux ventes pour l'année qui a pris fin en août dernier. Il y avait eu annonce insérée dans nombre des principaux journaux, en sorte que les personnes y ayant intérêt étaient prévenues. Malgré cette grande publicité, nous ne reçûmes au département que quatre soumissions. Cette fois le prix obtenu fut plus élevé que les années précédentes, par suite de l'enchérissement de la matière brute. Le marché fut adjugé au plus haut soumissionnaire. Les opérations s'étaient faites selon toutes les règles de droiture et de justice. Voici les prix reçus:

Chanvre de Manille.........................	$7.25	les 100 livres.
En mélange	6.15	"
Agavé (sisal)......................................	6.00	"

Si le gouvernement doit continuer la fabrication de ficelle d'engerbage au pénitencier pour y occuper les détenus, qu'on le laisse disposer du produit conformément aux principes usités en affaires. Je le répète, en 1896, dans la tentative de se créer un patronage politique en traitant avec les détaillants par tout le pays, on perdit la saison; et, après la moisson passée, le département se retrouva chargé de la production d'une année entière. Ai-je besoin d'ajouter qu'il serait impossible de poursuivre l'opération avec cette méthode ? La ficelle d'engerbage, gardée en magasin, se déprécie. Si la perte était forte par cette dépréciation, ceux qui aujourd'hui censurent le département, parce qu'en exploitant une industrie il ne s'écarte pas de la ligne suivie en affaires, pour alléger, après tout, les charges du trésor public, ceux-là seraient les premiers sans aucun doute à condamner l'administration d'ajouter à ces charges. La question du travail dans les pénitenciers veut être envisagée avec soin sous toutes ses faces. Il ne faut pas seulement y tenir toujours occupé le détenu, mais il faut aussi appliquer ses bras à un genre de travail qu'il puisse continuer à exercer après sa prison faite et sa libération. Le gouvernement manquerait assurément à son devoir et envers la société et envers les détenus eux-mêmes, si, par la nature de la besogne à laquelle il les met, ces derniers avaient plus tard, à leur sortie, trop de difficulté à trouver de l'occupation. Cet homme que l'on cherche à réformer, à habituer au travail, si, un jour, il est rendu à la liberté, et qu'il rentre au sein de la société, n'ayant appris qu'une besogne sans usage parmi les hommes libres, s'il lui faut aller çà et là en quête d'ouvrage, dénué de tout, ne serait-il pas exposé, et trop fortement, à la tentation de reprendre le chemin des lieux qu'il fréquentait autrefois, de retourner à ses anciens dérèglements ? Pourquoi, par exemple, ne pas employer à la culture, dans le voisinage de la plupart de nos pénitenciers, ceux qui ont du goût pour les travaux de ferme? Pourquoi n'en pas employer d'autres aux industries mécaniques, pour la confection d'objets nécessaires à ces institutions ? C'est ainsi qu'on réduirait autant qu'il est possible la concurrence faite par la main-d'œuvre pénitentiaire au travail libre ; mais préconiser, comme quelques-uns le font, l'établissement de droits protecteurs élevés pour que le manufacturier vende ses produits à des prix rémunérateurs, et ensuite avoir une institution qui, dans la même partie, ne peut fournir qu'une minime part de ce que la consommation réclame, et néanmoins se servir de sa production pour déprimer les cours, voilà, à coup sûr, une étrange façon d'agir; qui l'adopterait, ne pourrait que se déconsidérer ; la raison et la conscience également, même chez ses prôneurs, y contrediraient. Ceux-là ne la proposent que pour gagner à leurs intérêts quelques individus, d'ailleurs indifférents à ce qu'elle aurait d'injuste.

Il m'a paru nécessaire de faire cet exposé sincère et complet, afin que le public s'assure que ni nous-mêmes, après avoir fabriqué la ficelle d'engerbage au pénitencier, ni ceux à qui nous l'avons vendue, nous n'en avons demandé un prix fort. Peut-être n'y a-t-il aucune marchandise qui rapporte moins au marchand en gros que la ficelle à engerber. L'an dernier, à cause de la guerre aux îles Philippines, les matières premières ont été très chères, par l'extrême difficulté de leur sortie. Pour cette raison, après l'année terminée en août, nous avons réalisé toute notre production, n'étant pas sûrs que la guerre ne finirait pas brusquement et que par suite la matière brute n'aurait pas une baisse rapide. L'intérêt public m'impose le devoir de prévenir, quand cela est possible, les pertes d'argent ; voilà pourquoi nous nous sommes montrés prêts à vendre, aussitôt la ficelle livrable, à quiconque voulait acheter. Nous avons vendu aux détaillants disposés à payer comptant, et aux fermiers qui accompagnaient de la somme leurs demandes. Au mois de mars, nous comptons traiter avec des marchands en gros pour toute notre production jusqu'au 15 août, époque où la moisson commence dans le Nord-Ouest. C'est le seul parti sûr à prendre; autrement, il y aurait à craindre encombrement dans le magasin, sans aucune chance de pouvoir vendre avant la fin de la moisson. J'ai toujours visé à avoir les matières premières à des prix raisonnables argent comptant ; et nous avons toujours cherché à vendre avantageusement l'article manufacturé, pour ne pas occasionner de pertes au trésor public. Comme mandataires du public, nous en avons le devoir, et ce devoir je mets mes soins à le remplir très consciencieusement.

DAVID MILLS,

Ministre de la Justice.

Janvier 1900.

SUPPLÉMENT

AU

RAPPORT

DU

MINISTRE DE LA JUSTICE

SUR LES

PÉNITENCIERS DU CANADA

POUR

L'EXERCICE TERMINÉ LE 30 JUIN

1899

IMPRIMÉ PAR ORDRE DU PARLEMENT

OTTAWA
IMPRIMÉ PAR S. E. DAWSON, IMPRIMEUR DE SA TRÈS EXCELLENTE MAJESTÉ LA REINE
1900

RAPPORT DU COMMISSAIRE

NOMME POUR FAIRE UNE ENQUETE SUR L'ADMINISTRATION DU PENITENCIER DE DORCHESTER.

L'honorable DAVID MILLS,
Ministre de la Justice, Ottawa.

Je, Edward M. Bill, nommé, par commission en date du 24e jour de novembre, en l'an de Notre Seigneur mil huit cent quatre-vingt dix huit, pour tenir une enquête et faire un rapport sur l'administration du pénitencier de Dorchester, et sur les accusations qui ont été portées en différents temps contre le préfet et les autres fontionnaires de cette institution, ai l'honneur de présenter le rapport suivant :

Jointes à la commission se trouvaient certaines accusations spécifiques portées contre le préfet du pénitencier, sur lesquelles vous m'avez autorisé à faire une enquête en même temps que sur toutes accusations qui pourraient être portées devant moi. Ces accusations spécifiques étaient les suivantes :

1. Le préfet, John B. Forster, a été accusé de faire servir sa position à promouvoir les intérêts du parti conservateur dans la politique tant fédérale que provinciale, en avertissant certains gardes ou autres fonctionnaires, soupçonnés d'appartenir au parti libéral, de ne pas voter pour ce parti sous peine d'être renvoyés du service du pénitencier ; d'avoir fait les mêmes menaces à certains instructeurs de métiers ; d'avoir, dans toutes les transactions commerciales faites au nom du pénitencier, favorisé indûment et au préjudice de l'intérêt public les marchands du parti conservateur, à l'exclusion de ceux appartenant au parti libéral ; d'avoir, depuis l'arrivée au pouvoir du gouvernement actuel, fait renvoyer du service ceux qui ne partageaient pas ses opinions politiques.

2. De s'être prévalu de sa position officielle pour employer, à son projet et avantage personnels et sans en rendre compte, le travail des détenus, des gardes, des instructeurs de métiers et d'autres personnes sous sa juridiction.

3. De s'être approprié, pour son usage personnel et sans en payer la valeur, des effets du pénitencier ; d'avoir fait cultiver par les gardes et les détenus une ferme lui appartenant, appelée "Willow Farm," sans rendre au département un compte complet et détaillé de ces travaux ; d'avoir fait nourrir ses animaux sans frais sur la ferme du gouvernement attenant au pénitencier ; d'avoir à maintes reprises échangé avec le fermier du pénitencier ses bestiaux, chevaux, machines, etc., pour ceux du gouvernement.

4. D'avoir construit des granges pour son usage avec des matériaux appartenant au gouvernement et d'avoir requis pour ces constructions le travail pénitentiaire, pour lequel il n'a donné aucune valeur ni rien payé en àcompte ; de s'être servi des chevaux du pénitencier pour épargner les siens ; de s'être servi à sa résidence, sans en rendre compte, des produits de la laiterie du gouvernement, et cela dans un temps où on avait besoin de tout le lait pour les prisonniers malades; d'avoir trafiqué avec les employés soumis à sa juridiction en leur vendant le foin de sa ferme, leur louant des pâturages et leur fournissant du charbon. Dans ces transactions, ses prix étaient plus élevés que ceux du marché ; et lorsque lui-même achetait des produits de la ferme du pénitencier, il payait moins cher que les employés.

5. D'avoir pris à l'infirmerie, pour son propre usage, des drogues, médicaments, etc., sans rien payer.

6. D'avoir fait faire gratuitement de l'ouvrage au pénitencier pour ses amis.

7. D'avoir gardé au pénitencier des détenus libérés, de les avoir employés, contrairement aux règlements établis pour la bonne administration de l'institution, et d'avoir permis à ces détenus libérés de communiquer avec ceux subissant la détention. Des prisonniers ont été employés dans la résidence du préfet, sans garde, et l'un d'eux fut envoyé promener dans les campagnes un étalon, pour le compte du préfet. D'autres ont été envoyés travailler, sans gardes, sur la ferme du préfet, et quelques-uns en ont profité pour s'évader.

8. De s'être absenté du pénitencier sans congé ou sans cause, et d'en avoir laissé la surveillance à ses subordonnés.

9. D'avoir, à diverses reprises, emprunté de l'argent de ses employés et d'avoir été leur débiteur.

10. D'avoir acquis pour son compte une étendue considérable de terrains marécageux dans Dorchester. Il recommanda et obtint qu'une digue fut construite pour protéger le marais du pénitencier; elle fut faite de façon à entourer les terrains qu'il avait achetés, sans qu'il contribuât aux frais de construction, ce qui augmenta de plusieurs milliers de piastres la valeur de sa propriété. Il acheta des terrains d'un nommé John Mitten, qu'il nomma charretier au pénitencier, avec promesse d'avancement comme acquit partiel du prix de la terre ainsi achetée.

11. D'avoir acheté une terre d'un nommé John N. Chapman et d'en avoir vendu la partie boisée au gouvernement pour l'usage du pénitencier, faisant cette transaction de manière à obtenir du gouvernement une somme suffisante pour payer l'immeuble en entier. D'avoir agi de la même façon dans l'achat de meubles et dans différents autres marchés.

12. D'avoir obtenu des positions dans le service du pénitencier pour ses neveux Percy Forster et Russell Forster qui, lors du changement de gouvernement, furent transférés, l'un à Kingston et l'autre à Saint-Vincent de Paul. Il est accusé d'avoir forcé ceux-ci à lui remettre une partie de le leurs appointements, prétendant que leur père décédé lui devait une somme de $1,800 dont il se rembourse par des retenues sur le salaire de ses neveux qu'il a fait nommer à cette fin.

13. D'avoir obtenu, par l'entremise du médecin intérimaire, contre un nommé Patrick C. Connell, à cause de ses opinions politiques, un rapport d'incapacité physique, bien que le dit Patrick C. Connell ne fut pas invalide, comme on le représentait, et qu'il fut encore capable de remplir les fonctions de garde au pénitencier.

14. De n'avoir pas remis aux prisonniers, lors de leur libération, des effets leur appartenant.

15. D'avoir refusé à certains prisonniers l'occasion de communiquer avec leurs amis, ou d'adresser au ministère de la Justice une plainte légitime contre sa conduite.

Ayant reçu la commission et copie des accusations, je me rendis aussitôt à Dorchester, où j'arrivai le 12 décembre 1898; un appartement convenable fut retenu à l'Hôtel Windsor, et j'y commençai l'enquête. Je notifiai de mon arrivée le préfet du pénitencier de Dorchester. Lorsqu'il se présenta, je lui lus les accusations, et lui enjoignis d'être présent le mercredi matin, 14 décembre, jour où la commission fut lue régulièrement et où commença l'interrogatoire des témoins. L'enquête s'est continué, à l'exception de trois jours à Noël, jusqu'au 5 janvier dernier; elle fut alors ajournée au 8 février, et continuée depuis cette date jusqu'au 8 juin courant, sauf quelques courts ajournements. Outre l'interrogatoire des témoins, le recueillement des témoignages et l'examen des livres du pénitencier ont pris un temps considérable. Le 22 décembre, le préfet fut suspendu de ses fonctions sur l'observation par moi faite au ministère de la justice que certains témoignages déjà reçus établissaient des faits formant preuve *prima facie* contre lui et qu'il était évident que les témoins, tous employés sous son contrôle, étaient fortement influencés par le fait qu'il exerçait encore son autorité. Après sa suspension, le préfet fut autorisé, sur sa propre demande, à se faire assister d'un conseil ; et pendant tout le reste de l'enquête, à compter du 29 décembre, il fut représenté par M. Mariner G. Teed, avocat, de Dorchester.

PREMIERE ACCUSATION.

Il paraît que quelques jours avant les élections générales de juin 1896, auxquelles M. Powell, de Sackville, cousin du préfet, était le candidat conservateur pour Westmoreland, le préfet a dit, en présence de quatre de ses employés, à la barrière de la prison, qu'il était allé à Sackville et que, là, il avait été informé que quelques-uns membres du personnel, dont on lui avait donné les noms, étaient des libéreaux et avaient voté pour le candidat libéral à la dernière élection. Il ajouta, d'après deux des employés présents, MM. Godsoe, instructeur de métiers, et Cormier, garde, que les hommes feraient mieux d'être prudents ; et il leur fit entendre que, s'il leur arrivait quelque chose après les élections, ils n'auraient que faire de venir à lui pour se plaindre. Cormier dit qu'il a compris que le préfet leur donnait le conseil de ne pas parler de leur vote, mais qu'il n'a pas porté grande attention à ses observations et qu'il ne s'en est pas occupé. Il appartenait au parti conservateur.

Le garde Colborne, appelé comme témoin par le préfet, déclare qu'il n'a pas compris que ce dernier faisait des menaces, mais qu'il donnait plutôt un conseil. Dans son contre-interrogatoire, il refuse de contredire le témoignage donné par M. Godsoe sur ce qu'a dit le préfet en forme d'avertissement ou de menace. Il n'a pas voulu jurer que le préfet n'avait pas dit que les employés n'auraient pas besoin de venir se plaindre à lui après les élections, comme l'ont témoigné MM. Cormier et Godsoe. Le garde McCaull, le quatrième employé présent à la barrière lors de la conversation en question, jure que, dans son souvenir, les observations du préfet allaient à dire que si des employés votaient pour le parti libéral et étaient découverts "ils feraient bien d'être sur leurs gardes," ou "que Dieu les aide," ou quelque chose d'équivalent. Il déclare lui aussi qu'il n'a pas cru que ces observations le visaient. Evidemment, cette conversation inquiétait M. Godsoe, car, le lendemain matin, il alla voir le préfet à son bureau et lui demanda si son nom (à Godsoe) était parmi ceux mentionnés par les gens de Sackville. Le préfet lui répondit que oui, le taquina parce qu'il avait peur, parce qu'il était libéral, et lui dit qu'il ferait bien d'être prudent et de ne pas voter contre le parti qui lui faisait gagner son pain. C'est là le témoignage de M. Godsoe. Le préfet le contredit en tout, sauf en ceci : que M. Godsoe était venu à son bureau, lui avait demandé les noms des libéraux soupçonnés et qu'il (le préfet) les lui avait donnés. Le préfet jure qu'il n'a fait, à la barrière, aucune menace contre les employés qui voteraient pour le parti libéral, mais qu'il a dit aux hommes de voter comme ils le jugeraient à propos et de n'en rien dire à personne ; et cela, après leur avoir répété ce qu'il avait entendu dire à Sackville.

M. Hogan, alors instructeur de métiers, jure qu'il a eu une conversation avec le préfet, dans le bureau de ce dernier, le samedi précédant les élections. Le préfet lui dit qu'il était allé la veille à Sackville, et M. Powell l'avait informé que certains membres du personnel avait l'habitude de voter contre le gouvernement. Il (le préfet) avait en sa possession une liste de ces employés qu'il lut à M. Hogan ; elle contenait les noms de MM. Hogan, Godsoe, Tattree et Downey, et celui d'une autre personne qu'il avait oublié. Après avoir lu les noms, le préfet dit que "sûrement aucun catholique ne voterait cette fois contre le gouvernement," qu'il pourrait y avoir des changements après l'élection et que, s'il s'en faisait, lui (Hogan) n'aurait que faire de venir le trouver, car il ne ferait rien pour lui. Le préfet déclare, de son côté, que Hogan est venu à son bureau pour lui demander congé ; qu'ils ont parlé un peu politique et que, au cours de l'entretien, il fit part à Hogan de ce qu'il avait entendu dire à Sackville au sujet des employés. Le préfet nie avoir menacé Hogan ou tenté de l'influencer ; il déclare au contraire avoir dit à Hogan de ne parler de son vote à personne et de ne pas se créer d'embarras au sujet de l'élection.

Le garde Leonard S. Hutchinson jure qu'il fut appelé de son poste par le préfet qui lui dit être allé à Sackville, un jour ou deux auparavant, et avoir rencontré là une personne qui l'avait informé que Hutchinson et quelques autres employés étaient des libéraux et ne pourraient rester au service du pénitencier s'ils votaient pour le parti libéral. Le préfet lui dit que le gouvernement aurait des difficultés au sujet de la loi remédiatrice, et qu'il (Hutchinson) devait appuyer le parti qui lui faisait gagner son pain. Le préfet déclare qu'il a eu en effet un entretien avec Hutchinson au sujet de la politique; que Hutchinson est impulsif et qu'il voulait l'empêcher de se créer des embarras au sujet de l'élection, mais qu'il n'a pas fait de menaces et n'a rien dit pour l'influencer. Hutchinson déclare que son père, Willard Hutchinson, qui avait fait partie du personnel du pénitencier, appartenait au parti libéral et qu'il avait lui-même les mêmes opinions. Environ neuf mois après l'élection, lorsque le bruit se répandit qu'une commission devait être chargée de faire une enquête sur l'administration du pénitencier, le préfet parla à Hutchinson de l'entretien qu'ils avaient eu et l'assura qu'il n'avait pas eu l'intention de lui faire de menaces, mais de lui donner un conseil d'ami.

Le charretier John S. Mitten dépose qu'un soir, avant les élections, comme il retournait chez lui après sa journée faite, il fut arrêté par le préfet qui le fit entrer dans son bureau. Le préfet lui dit alors qu'il avait été informé qu'il (Mitten) n'était pas pour "bien" voter. Mitten assura le préfet qu'il votait toujours "bien," et celui-ci lui dit que, s'il faisait autrement, il aurait à "quitter le penitencier sans délai." Le préfet dénie tout ceci, et il jure que jamais de sa vie il n'a parlé de politique à Mitten.

Ce sont là les seules circonstances où, d'après les dépositions des témoins, le préfet aurait tenté d'influencer les membres du personnel au sujet de leur vote aux dernières élections générales. M. Powell, M.P., déclare qu'il a toujours pensé que tous les employés du pénitencier, sauf un ou deux, étaient ses partisans. Presque tous les fonctionnaires étant conseravteurs, il ne semblerait pas qu'il y eût grande occasion pour le préfet d'employer son influence à les faire "bien" voter. Lors des dernières élections, il est certain que la loyauté de quelques employés était mise en doute, et il est remarquable que ce soit justement ceux-ci que l'on ait approchés et à qui l'on ait "donné de sages conseils," dit le préfet—que l'on ait "mis en garde et menacés," déclarent les fonctionnaires. MM. Godsoe et Hogan sont dans le service depuis trente et un ans; autant que j'ai pu m'en assurer, leurs antécédents sont excellents et ce sont des hommes intelligents. Le préfet dit lui-même qu'il n'a jamais rien entendu dire au pénitencier contre leur véracité. Ils se rappellent positivement ce qu'a dit le préfet; celui-ci déclare qu'il ne se rappelle pas la teneur de sa conversation avec Hogan au sujet de l'élection, mais qu'il n'a rien dit qui pût le blesser. Il dit avoir donné à M. Godsoe les noms des fonctionnaires qu'on lui avait désignés comme devant voter pour le parti libéral; mais, interrogé sous serment, il ne peut se rappeler ces noms, sauf celui de M. Godsoe. Je ne puis comprendre quel but le préfet avait en vue en donnant à MM. Hogan et Godsoe les noms des employés soupconnés d'être libéraux, si ce n'est de les influencer au sujet de leur vote. M. Hutchinson, un autre des fonctionnaires à qui le préfet a parlé à ce sujet, est un jeune homme intelligent, et la manière dont il a rendu son témoignage m'a convaincu qu'il disait la vérité. Le garde des étables Mitten déclare que, dans une courte entrevue qu'il eût avec le préfet, il fut averti que s'il ne votait pas "bien," il aurait à quitter le service. Pour un homme de sa condition, c'est là une menace qu'il ne pouvait vraisemblablement pas oublier, pas plus que toute autre personne dans sa position. Il est peu probable que ces hommes, qui n'ont aucun intérêt dans cette enquête, se soient entendus pour se parjurer de propos délibéré; d'après les témoignages reçus, toutes les circonstances tendent à établir que le préfet, comme il est allégué dans la première accusation, a averti certains gardes et instructeurs, lors des dernières élections générales, qu'ils étaient soupçonnés d'appartenir au parti libéral, et qu'il les a menacés de les renvoyer du service du pénitencier s'ils votaient pour ce parti.

Il n'y a pas de preuve à l'appui d'une accusation de même nature portée contre le préfet au sujet de son intervention dans les élections provinciales. Il paraît, cependant, d'après le témoignage du garde Legère, que, pendant l'élection locale dans le comté d Westmoreland, en 1891, dans laquelle MM. Powell et Stevens (opposition) se portaient candidats contre MM. McQueen et Killam (gouvernement) il (Legère) fut chargé par le préfet de conduire M. Powell à une assemblée politique à Pré d'en Haut, à neuf milles environ du pénitencier, et qu'il y alla avec une voiture du gouvernement. M. Powell était le seul orateur à cette asemblée. Le préfet déclare qu'il ne se rappelle pas tous les faits, mais il est certain que ce sont ses propres chevaux que Legère conduisait en cette circonstance. Il admet, cependant, que c'est à sa connaissance et avec son consentement que Legère alla avec M. Powell à Pré-d'en-Haut. Legère déclare que, lors de cette même élection, le préfet l'emmena en voiture pour voter et lui donna des bulletins de Powell pour qu'il les remît aux voteurs au bureau de votation. Le préfet nie avoir conduit Legère en voiture pour voter, mais il dit qu'il peut l'avoir pris sur la route et l'avoir emmené dans cette direction. (Legère devait donner son vote à neuf milles du pénitencier, et il partit le soir précédent l'élection afin d'être au bureau de votation le lendemain matin.) Le préfet nie avoir donné des bulletins à Legère. M. Powell, appelé par le préfet, déclare qu'en cette circonstance il a envoyé lui-même des bulletins à Legère, mais il ne se rappelle pas s'il les a envoyés directement à Legère, ou au préfet pour qu'il les lui remît. Le témoignage donné par Legère à l'enquête se rapportait à un long espace de temps et à de nombreux détails; il est généralement exact et il a été démontré clairement que sa mémoire est pour le moins aussi sûre que celle du préfet.

En rapport avec cette élection locale de 1891, le préfet a produit à l'enquête un document signé par les gardes et autres fonctionnaires du pénitencier, et qui se lit comme suit: "Attendu qu'à une assemblée publique des électeurs du comté de Westmoreland, tenue dans le palais de justice, le jeudi, 17 février, on a affirmé à plusieurs reprises que le préfet du pénitencier avait gêné la liberté civile des employés et s'était servi de son influence pour les forcer à voter contre leurs convictions; nous, soussignés, composant tout le personnel, déclarons que ces assertions sont fausses, diffamatoires, de nature à nuire à notre réputation d'hommes de cœur, et injustes pour le préfet de cette institution."

Le préfet déclare qu'il trouva ce document sur son pupitre, signé comme il l'est maintenant, un jour ou deux après l'asemblée en question, qu'il n'en connaissait rien personnellement et qu'il n'a eu rien à faire avec sa préparation. Il ajoute qu'il se rappelle s'être dit dans le temps combien c'était délicat de la part des employés de lui présenter ce "memorial" sans sollicitation de sa part. Il dit plus loin dans son témoignage que le révérend M. Campbell, qui avait écrit ce document, ne l'avait pas signé encore quand il le trouva sur son pupitre, mais qu'il le signa ensuite en sa présence. Le sous-préfet déclare que, au meilleur de son souvenir, le préfet lui lut le document en question et lui demanda de le signer. Le garde Luther dit que lui et la majorité des employés ont signé ce document dans la salle d'armes, sur la demande du sous-préfet, M. Ross. Le garde Chambers déclare que le préfet leur lut le document, à lui et à deux ou trois autres employés, dans son bureau et le leur fit signer. Ce papier fut produit à la fin de l'enquête, et les trois témoins en dernier lieu mentionnés, ont été les seuls entendus sur ce sujet; j'ai jugé qu'il n'était pas nécessaire d'en interroger d'avantage puisque le préfet pouvait facilement faire entendre M. Campbell, qui avait écrit le document, et toutes autres personnes qui s'étaient intéressées à le faire circuler parmi les employés.

Il ressort des témoignages donnés par MM. Legère et Connell que, lors d'une autre élection, le préfet demanda aux gardes qui se trouvaient au pénitencier de donner leur vote en faveur de l'un des candidats. C'était à l'occasion de l'élection de coalition dans le comté de Westmoreland, en 1890, lorsque MM. Hannington, Melanson, Anderson et Killam se présentaient contre MM. Powell et Stevens. Il paraît que M. Hannington, tout en combattant le gouvernement Blair, se présentait avec le même programme que les amis du gouvernement. MM. Legère et Connell votaient pour l'opposition et, d'après leur déclaration, le préfet leur suggéra à chacun d'eux séparément de voter pour M. Hannington. Dans les circonstances, cela pouvait se faire sans qu'ils eussent à omettre de leur bulletin soit le nom de Stevens ou celui de Powell, vu qu'il y avait quatre candidats à élire. M. Connell déclare que le préfet écrivit le nom de M. Hannington sur un bulletin qu'il lui donna. Le préfet nie positivement qu'il ait sollicité les votes de Connell et Legère pour cette élection. Il dit aussi qu'il a été vingt ans au service du pénitencier et que pendant cette période il n'a jamais pris part à aucune élection. Je ne crois pas que cette déclaration soit exacte, et je ne vois aucune raison de ne pas admettre les dires de MM. Connell et Legère dans cette circonstance; je trouve que le préfet a sollicité leur vote, comme ils le déclarent.

Il n'y a pas de preuve à l'appui de l'accusation que le préfet a favorisé, indûment et au préjudice de l'intérêt public, les marchands conservateurs à l'exclusion des marchands libéraux dans les transaction du pénitencier. L'accusation qu'il aurait, depuis l'arrivée au pouvoir du gouvernement actuel, fait renvoyer du service les employés qui ne partageaient pas ses opinions politiques, n'est pas prouvée non plus.

DEUXIEME ACCUSATION.

Il a été abondamment prouvé que le préfet s'est prévalu de sa position officielle pour employer, à son profit et avantage personnels et sans en rendre compte, le travail des détenus, des gardes, des instructeurs de métiers et autres fonctionnaires du pénitencier. Qu'il en ait rendu compte ou non, il a grandement profité personnellement du travail pénitentiaire depuis 1890. Il commença à acheter cette année là des terrains marécageux et en a acquis en différents temps, de sorte qu'il est aujourd'hui propriétaire d'environ quatre vingt-dix acres. En 1892, il possédait dix-huit acres de terre d'aboiteau et une grande étendue de marais salins. En 1894, il acheta encore 33 acres de marais sous digue. Il a admis que, avant 1894, il faisait faire ses foins par les prisonniers et que le coût de ce travail ne lui a pas été chargé. Il est impossible d'établir la valeur du travail ainsi fait par les détenus, car les entrées dans les livres au titre "gardes" ne mentionnent que l'item "fenaison", sans indiquer si les travaux ont été exécutés sur les terrains du pénitencier ou sur ceux du préfet. Une partie des terrains du préfet sur lesquels du foin a été fauché par les détenus à cette époque se trouve à un mille et demi du pénitencier. Outre qu'il faisait faucher son foin par les prisonniers, il avait l'habitude d'acheter de l'herbe debout et de la faire couper par eux, sans faire porter à son débit le coût de ce travail. Dans l'état n° 57, remis au comptable par le préfet et ayant rapport à des foins faits pour le compte de ce dernier, il se débite de 67 jours d'ouvrage à 30 cents. Cet état est en date du 3 septembre 1895. Le préfet dit qu'il a fait erreur et que ces travaux ont été faits en 1894. Il ne dit pas qui a fait les travaux pour lui, ni où il a trouvé un état du temps des hommes, et aucun compte n'a été fourni au comptable par l'employé qui avait la surveillance des détenus. Le compte du préfet n'a été débité de ces travaux que l'année suivante, lorsqu'il remit lui-même cet état au comptable. C'est le seul compte que l'on trouve contre lui pour la fenaison. Le préfet déclare que, après 1895 inclusivement, il n'a pas fait faire son foin par les détenus. Le témoin Legère a juré avoir vu Archie Martin, l'homme du préfet, un ex-forçat, travailler aux foins avec un détenu, sur la terre du préfet. Cela n'a pas été contredit. Martin est sorti du pénitencier en février 1895; c'est donc pendant la saison de 1895, ou pendant une saison suivante, qu'il se serait fait aider par le détenu en question. Je crois qu'à partir de 1896 le préfet n'a plus fait faire ses foins par les prisonniers. Les travaux ci-dessus mentionnés ne comprennent pas ceux faits sur la "Willow Farm."

Pendant plusieurs années, le préfet a employé deux prisonniers, quelquefois trois, à sa résidence et dans ses étables. Il avait droit, je crois, d'avoir un prisonniers comme domestique, et il a essayé de prouver que l'autre détenu était employé à travailler sur les terrains. Le livre où est entré le temps des hommes indique que ce détenu additionnel a été employé pendant les mois d'hiver et le préfet admet qu'il ne pouvait alors y avoir de travaux à faire sur les terrains. Il a déclaré ensuite qu'il employait deux prisonniers toutes les fois qu'il en avait besoin, et que l'un deux travaillait à sa grange. Il dit qu'il avait le droit d'en employer autant qu'il le voulait pour travailler sur sa propriété. Il n'y avait pas de garde pour surveiller ces hommes, et le prix de leur travail n'est pas porté au compte du préfet.

Il a été prouvé que le préfet a employé les détenus à faire des fossés sur une étendue considérable de ses terrains marécageux. On ne retrouve que deux états concernant ces travaux: l'état n° 53 pour nettoyage, par le garde Legère, d'un fossé de ligne, et l'état 55, pour des travaux faits par le garde Chambers. Il n'existe pas d'état ou de compte pour les fossés faits par Legère et son équipe de prisonniers sur le marais salin ou sur la savane appartenant aussi au préfet. Legère jure positivement qu'il a fait ces ouvrages et son témoignage est corroboré, pour ce qui est des fossés sur le marais salin, par le garde Chmbers, qui travaillé avec lui à la même époque. Chacun de ces fonctionnaires avait avec lui une équipe de prisonniers et tenait compte du temps de ses hommes. Le préfet déclare que les fossés qu'il a fait faire sur le marais salin figurent à l'état n° 55; mais, plus tard, il jure qu'il ne sait pas qui a fait les fossés en 1894, à qui il a donné ordre de les faire, ni avec qui il a réglé ce compte. Il semble donc évident que les fossés sur le marais salin et la savane ont été faits comme le disent les gardes Legère et Chambers, et que rien n'a été chargé au compte du préfet pour l'ouvrage fait par Legère, sauf ce que est mentionné à l'état n° 53. Il est impossible d'établir exactement combien Legère a fait d'ouvrage, vu que les entrées dans son livre ne mentionnent que "travaux sur le ferme" ou "fossés", sans indiquer l'endroit où les travaux ont été exécutés. Cependant, la garde Chambers déclare qu'il y a eu au-delà de douze fossés de faits en 1894 sur le marais salin par lui et Legère et que ce dernier a été avec lui presque tout le temps qu'ont duré les travaux. Dans l'état 55, Chambers charge au préfet 65 jours d'ouvrage. Les deux états sont écrits de la main du préfet. Legère déclare qu'il n'a tenu aucun compte de l'ouvrage fait et que l'entrée dans son livre mentionne "travail sur la ferme," où il était employé immédiatement avant de commencer les fossés. Il semblerait donc que cet état a été préparé par le préfet, sans consulter Legère.

De 1891 à 1897, les bestiaux du préfet, trente ou quarante têtes, pendant qu'ils étaient dans les granges de la "Willow Farm" ont été soignés par les prisonniers sous la surveillance d'employés du pénitencier. Le préfet prétend que, en vertu de l'arrangement conclu au sujet de cette ferme, l'ouvrage devait être fait par les détenus. Je reviendrai sur ce point dans la partie de mon rapport traitant de la "Willow Farm."

En mars 1894, le préfet a fait couper du bois sur cette terre pour son usage et pour en vendre aux employés. La coupe du bois a été faite par le garde Chambers, aidé du garde Colborne, et une équipe de prisonniers. Le livre de M. Chambers fait voir que sept hommes ont aravaillé six jours pendant la semaine expirée le 17 mars 1894, et huit hommes cinq jours pendant la semaine expirée le 24 mars 1894. Il n'y a aucune charge contre le préfet pour ce travail. Ce dernier dit qu'il a donné en paiement au pénitencier 21 cordes de bois, mais les livres ne font aucune mention de ce bois. Cette omission est étrange, car il prenait un soin tout particulier d'entrer dans son "compte spécial," dont je parlerai plus tard, les états de livraison de bois. Il n'a pu expliquer comment il en est venu à la conclusion que vingt et une cordes de bois représentaient la valeur du travail des prisonniers dans cette circonstance. On n'a pas pu rendre compte de ce bois et, à part la déclaration verbale du préfet, il n'y a aucune preuve que le pénitencier l'ait eu. Je doute fort que le pénitencier ait reçu quoique ce soit en retour du travail des détenus.

Des gardes et des prisonniers ont été employés à presser du foin pour le compte du préfet et à le transporter au chemin de fer avec les attelages du pénitencier. Le compte du préfet n'en fait aucune mention, bien que cela se soit continué pendant plusieurs années. Il a aussi employé les prisonniers et les attelages à transporter du foin qu'il avait vendu aux gardes, et d'autre qu'il prenait à la prison pour son usage. En deux occasions différentes, le garde Chambers a recouvert en partie les toits de deux granges à la "Willow Farm." Le compte du préfet est débité de quatre jours d'ouvrage pour posage de bardeaux, en octobre 1894, dans un état remis par lui-même au comptable. Cet état (n° 55) ne dit pas où les bardeaux ont été posés, ni qui a fait l'ouvrage; il est écrit de la main du préfet, sauf l'article de quatre jours pour le posage du bardeau, qui est de l'écriture de M. Gray, le comptable. Le garde Chambers ne se rappelle pas d'avoir été présent quand l'état a été préparé, bien que le reste du compte se rapporte à des travaux faits par lui à la digue et à des fossés creusés pour le compte du préfet. D'autre travaux exécutés à la "Willow Farm", sur l'ordre du préfet, n'ont pas été portés à son compte : exhaussement des poutres du plancher, nettoyage et blanchissage de la maison par le garde Chambers et des prisonniers ; posage d'un fondement pour la fournaise, nettoyage du canal d'égoût par le garde McDougall et des prisonniers. Le préfet explique qu'il ne croyait pas que l'ouvrage fait à la fournaise et au canal dût être porté à son compte, parce qu'il était exécuté dans l'intérêt de la bâtisse—dont il devint cependant peu après propriétaire. Lorsque les chevaux du préfet étaient malades, ils étaient soignés au pénitencier par un détenu qui est médecin vétérinaire. Ce dernier a, en différents temps, chatré des poulains pour le préfet. Aucun de ces services n'est chargé au compte de ce dernier.

Il est difficile d'établir quel ouvrage a été fait pour le préfet par les différents instructeurs de métiers, vu qu'ils ne tenaient pas de livres convenables (sauf le tailleur) ; et ce n'est que par exception, paraît-il, que le préfet faisait une requisition pour ce dont il avait besoin. Par exemple, une presse à foin a été réparée pour lui. D'après les témoignages donnés sur la nature de ces réparations, elles ont dû prendre un certain temps et, cependant, elles ne sont pas portées en compte. Le préfet n'est pas non plus débité pour des travaux exécutés sur la digue lui appartenant. Il admet lui-même qu'environ quatre-vingt dix-huit journées de travail des détenus, sous la surveillance du garde Hutchison, en 1892, n'ont pas été portées à son compte et qu'il devrait en être débité, de même que de trois cent neuf journées, en 1893; aussi, pour la digue, de trois cent journées de travail sous la surveillance du garde Corcoran, et de neuf journées, sous celle du garde Chambers. Durant l'hiver de 1892-93, le garde Legère, avec cinq prisonniers et des attelages du pénitencier, fut envoyé par le préfet à environ quatre ou cinq milles de la prison pour couper et transporter des pilotis pour la digue. Ces hommes partaient de bonne heure le matin, quelque fois avant que les autres prisonniers fussent sortis, et revenaient tard le soir. Il n'a pas été fait de compte pour ces travaux ; les explications qu'en donne le préfet, et dont nous reparlerons quand il s'agira du marais et de la digue, sont moins que satisfaisantes. Le garde Hutchinson dit qu'il ya été employé pendant les hivers de 1893 et 1894 et que, durant l'hiver de 1894, tous les attelages du pénitencier, avec aussi des attelages du dehors, ont transporté de ces pilotis. Il conduisait un attelage du pénitencier, et le garde Connell, un attelage appartenant au préfet. Il n'a été fait dans les livres à ce sujet, aucune entrée du travail de MM. Hutchinson et Connell, non plus que de celui des attelages, et rien n'est porté au compte du préfet.

TROISIEME ACCUSATION.

"*Willow Farm.*"—Le 16 mars 1891, le préfet écrivit ce qui suit à l'inspecteur : "Je désirerais cultiver plus de légumes et de céréales. Actuellement, nous ne pro- "duisons pas assez de pommes de terre et presque pas de grain. Je crois que je puis "avoir pour cette fin, en attendant que notre propre terrain soit défriché, l'usage d'une "terre, en donnant la proportion ordinaire des récoltes que l'on y ferait. Cette terre "se trouve à environ un mille et demi de la prison. Si je puis l'obtenir aux conditions "ci-dessus, je recommanderais qu'on la prenne d'année en année, tant que nous en "aurons besoin. Veuillez m'informer aussitôt que possible de la décision du ministre." Le 25 mars 1891, un bail de la "Willow Farm," avec dépendances, y compris tous et chacun les cours, jardins, vergers et bâtiments y appartenant, tous et chacun les enclos, pièces ou morceaux de terre arable, prairies, pâturages, bois et terres à bois, contenant, d'après estimation, 280 acres, fut consenti par Mary S. Gilbert, de la cité de Saint-Jean, veuve, et Sarah K. Gilbert, fille majeure, du même lieu, à John B. Forster, à commencer de la date ci-dessus jusqu'au 1er mai prochain et, de là, pour un terme de dix ans, au loyer annuel de $300, payable en quatre versements trimestriels, le premier paiement devenant dû le premier jour d'aût alors prochain. Le locataire se réservait la liberté de résilier le dit bail à l'expiration de la première année, en donnant trois mois d'avis. Les bailleresses se réservaient dans le bail tout le bois de construction, les arbres de haute futaie et tous autres arbres (sauf ceux qui pourraient être employés pour les réparations et pour le chauffage des bâtiments) sur pied et en état de croissance sur la propriété.

Une lettre du ministère, en date du 3 avril 1891, se lit comme suit: "Le ministre de la Justice approuve la suggestion que vous avez faite d'obtenir la terre dont vous parliez dans votre lettre du 16 du mois dernier."

Il y a sur cette "Willow Farm" 32 acres de terrain élevé défriché et, à côté, 53 acres de terrain marécageux produisant du foin. La terre à bois comprend 159 acres. Le pénitencier a ensemencé la terre cette année, fournissant semence, travail, attelages et machines, et la récolte a été transportée à la prison. Le préfet n'a rien fourni, pas même l'engrais dont il sera plus tard si souvent question. Tout le foin du terrain élevé et du marécage a été fauché par le gouvernement et engrangé sur la "Willow Farm." L'inspecteur Moylan visita le pénitencier en octobre 1891 et fit l'entrée suivante au livre d'ordres (*order book*): "Conformément à la sanction du ministre, le préfet a loué à son propre compte la "Willow Farm", située à environ un mille et demi de la prison. Pendant la saison dernière, une partie considérable de cette terre a été labourée et ensemencée par les détenus, le pénitencier fournissant le grain de semence. La récolte a donné: 1,000 boisseaux de pommes de terre, 500 boisseaux d'avoine, et 60 boisseaux d'orge, le tout valant environ $570.

"Comme équivalent pour le travail des détenus, le préfet donnera au gouvernement les deux tiers de la récolte, en retenant un tiers et le foin pour payer le loyer ($300). Il propose en plus de fournir au pénitencier, dans le cours de l'hiver, 1,000 cordes de bois de chauffage pris sur la ferme, valant en moyenne vingt cents la corde; aussi, dix tonnes de paille, à $4 la tonne. Aussi longtemps qu'il gardera possession de la ferme, le préfet entend s'en tenir à l'arrangement par lequel il offre de donner au gouvernement les deux tiers des récoltes, moins le foin, en compensation pour le travail des détenus et le grain de semence.

Ci-suit copie de la note que m'a remise le préfet à ce sujet:

"Madame W. J. Gilbert, par le ministère de ses avocats, m'a écrit qu'elle désirait louer la "Willow Farm" pour un terme de dix ans. Je ne pourrais recommander au département de louer pour un aussi long terme parce que j'ai l'intention de faire défricher notre propre terre à bois, ce qui ne prendra pas plus de deux ou trois ans, je l'espère; mais j'ai pensé que je pourrais utiliser avantageusement jusque-là une partie de cette ferme pour le grain et les pommes de terre et qu'en la prenant à mon nom je pourrais dans le temps m'en défaire sans perte. J'étais convaincu que l'institution trouverait son compte dans cette transaction vu qu'elle n'avait pas de déboursés à faire, que j'assumais personnellement tous les risques, le pénitencier recevant la récolte et n'ayant à payer, pour l'usage de la terre et les engrais, qu'un tiers du produit des semailles."

(Signé) J. B. FORSTER.

Pénitencier de Dorchester, N.B.,
14 octobre 1891.

"Le préfet m'informe que $75 à $100 représenteraient le coût du travail des prisonniers, à trente cents par tête par jour. Il ajoute que les autres travaux n'ont pas été négligés et n'ont pas souffert parce que les prisonniers ont été employés sur la "Willow Farm." Il me semble que, puisque le gouvernement n'assume aucune responsabilité, cet arrangement est avantageux, et je le recommande à la sanction du ministre."

Le 10 décembre 1891, l'inspecteur écrivit au préfet, entre autres choses, ce qui suit : "La proposition que vous faites de donner au pénitencier les deux tiers de la récolte de la "Willow Farm," moins le foin, en retour du travail des détenus et des semences, est acceptée."

Au cours de son rapport pour l'année expirée le 30 juin 1891, présenté au ministre en janvier 1892, l'inspecteur dit à ce sujet :

"Avec votre approbation, le préfet a loué la "Willow Farm", située à un mille environ du pénitencier, aux conditions suivantes: la ferme sera cultivée par les détenus, le pénitencier fournissant la semence et le préfet assumant la responsabilité de payer lui-même le loyer pendant les cinq années pour lesquelles il a loué la terre. Comme équivalent du travail des prisonniers et du grain de semence, il donnera au pénitencier les deux tiers de la récolte, en gardant lui-même un tiers et tout le foin pour payer le loyer ($300). Le produit de la ferme, l'an dernier, a été évalué à $570. Outre la proportion ci-dessus mentionnée des produits du sol, le préfet a l'intention d'envoyer de la ferme au pénitencier, cet hiver, dix tonnes de paille à $4 la tonne et 1,000 cordes de bois de chauffage de la valeur marchande de 20 cents la corde. Le préfet se propose de s'en tenir à cet arrangement tant qu'il gardera la ferme. Il m'a informé que la valeur du travail des prisonniers sur la ferme, à 30 cents par tête par jour, ne dépassera pas $100 pour la saison, et que les autres travaux n'en souffriront pas ni ne seront négligés. Le gouvernement n'encourant aucune responsabilité dans la transaction faite par le préfet, l'arrangement proposé parait satisfaisant et n'offre pas d'objection. C'est pourquoi je l'ai recommandé à votre approbation."

Tel est l'arrangement en vertu duquel la "Willow Farm" a été exploitée par le gouvernement. Il n'est pas clairement établi que le ministre de la Justice ait compris tout d'abord, lors de la passation du bail, que le gouvernement devait être de part avec le préfet dans son exploitation agricole. Il semblerait que la première nouvelle que le ministère ait eue qu'il faisait affaire avec lui dans cette transaction, ait été après la visite de l'inspecteur, en octobre 1891. Cependant, aucune objection ne fut faite, et le préfet et l'inspecteur réglèrent le mode de partage des récoltes. On remarquera que, bien que l'inspecteur connaisse le produit de la ferme en grains et pommes de terre, il ne dit pas s'il a été informé du rendement du foin. Il ressort des témoignages entendus que le prix du foin était élevé ces années-là. Lorsqu'il s'est agi de louer la "Willow Farm", le préfet aurait pu ajouter, dans sa lettre du 16 mars, que, outre les légumes et les céréales, le pénitencier ne produisait pas non plus assez de foin, vu qu'il a fallu en acheter des quantités considérables, chaque année, jusqu'en 1895. Le fermier, M. Pipes, donne une estimation du foin récolté sur la "Willow Farm" en 1891. Il en a été fauché 15 tonnes sur les terrains élevés et 45 tonnes au marais. En décembre 1891, le pénitencier a acheté 12 tonnes de foin anglais à $9 la tonne, huit tonnes de foin mélangé à $6, et il en avait acheté d'autre pendant l'année. (L'état des dépenses, pour l'exercice clos le 30 juin, indique que le pénitencier a acheté cette année-là 52 tonnes de foin au coût de $390.97).

Le préfet a certainement reçu cette année-là de la "Willow Farm" pour au-delà de $500 valant de foin, ce qui, avec sa part dans la récolte des grains et racines, environ $190, lui laisserait un gain très satisfaisant après le loyer payé. Il déclare avoir dit à M. Moylan qu'il ne désirait faire aucun profit dans la transaction et qu'il n'agissait que dans l'intérêt du pénitencier. Ses actes ne semblent pas s'accorder avec ses paroles. Lorsque l'arrangement a été conclu, toutes les récoltes étaient faites et il devait savoir exactement ce qu'elles représentaient. L'inspecteur dit que "outre la proportion ci-dessus mentionnée des produits du sol, le préfet a l'intention d'envoyer de sa ferme au pénitencier, cet hiver, dix tonnes de paille à $4 la tonne et 1000 cordes de bois de chauffage de la valeur marchande de 20 cents la-corde." Ce bois se composait de bois tombé et de têtes d'arbres abandonnées après la coupe en billots. C'était du bois comme celui ramassé les années précédentes sur les terrains du pénitencier; on en avait aussi acheté au-delà de 500 cordes des propriétaires voisins, à 10 cents la corde. Ce bois n'avait aucune valeur ni pour le marché, ni pour les propriétaires, qui se considéraient assez payés quand on l'enlevait de leurs terres. Il n'aurait pu se bruler dans des poêles ordinaires, mais on s'en servait pour la fournaise du pénitencier. Je ne puis comprendre, d'après les termes de l'arrangement relatif à la "Willow Farm", que le préfet dût recevoir le prix du bois qu'il devait envoyer au pénitencier durant l'hiver de 1891-92 en sus "de la proposition ci-dessus mentionnée des produits." Ce bois ne coûtait rien au préfet; cependant, en août 1892, il porte à son crédit dans son "compte spécial" 909 cordes à 20 cents, soit $181.80, et il se paye en faisant travailler les détenus sur ses propriétés à raison de 30 cents par jour. Ces 909 cordes comprennent le bois commun de le "Willow Farm" mentionné à l'arrangement et du bois semblable ramassé sur la terre avoisinante de Bradford H. Gilbert. Le 30 avril 1893, le préfet se crédite d'une autre somme de $85.40 pour 427 cordes, à 20 cents, de bois pris sur la "Willow Farm" et sur la terre de M. Bradford H. Gilbert, a qui il a payé $50 pour ce privilège. L'employé chargé de la surveillance des prisonniers qui ont fait l'ouvrage est d'avis qu'il a été ramassé plus de bois sur les terrains Gilbert que sur la "Willow Farm." Je ne trouve rien qui pût autoriser le prèfet à faire ces ventes de bois au pénitencier. Je parlerai plus tard des circonstances dans lesquelles s'est effectué l'achat du privilège de ramasser du bois sur les terres de M. Bradford Gilbert et de la manière dont le bois a été mesuré. Les livres du pénitencier, non plus que les livres bleus, ne font aucune mention de ce bois ni du temps des détenus employés par le préfet à ce travail.

Dans le cours du printemps de 1898, le préfet s'imagina qu'il pouvait interpréter les termes de la convention comme lui donnant droit à toute la paille de la "Willow Farm" et lui permettant en outre d'en vendre dix tonnes tous les ans au pénitencier au prix de $4 la tonne. Il alla voir le fermier et lui demanda de préparer, d'après des chiffres qu'il lui donna de mémoire, un état de la quantité de paille récoltée sur la ferme pendant tout le temps que les prisonniers y avaient travaillé. Le préfet avait reçu chaque année une partie de la paille. Le fermier déclare que, selon lui, le préfet avait eu la part qui lui revenait, que la paille était comprise dans la récolte dont deux tiers allaient au pénitencier et un tiers au préfet. Quoi qu'il en soit, M. Pipes prépara l'état demandé et le remit à M. Gray, qui l'épingla au "compte spécial", dans le *petty ledger* personnel. Le préfet avait soldé ce compte le 31 décembre 1898, en payant comptant une faible balance de $4.04 qui restait à son débit. C'est là, soit dit en passant, le seul paiement en argent comptant qui figure au "compte spécial." Lorsqu'on fit observer au préfet qu'il avait soldé le compte avant de faire sa réclamation, il répondit qu'il avait oublié la paille. D'après cet état et cette réclamation du préfet, le pénitencier lui devrait, pour la paille de la "Willow Farm" de 1891 à 1897, 68 tonnes à $4 la tonne, une balance de $272. Au dire du préfet, ce prix de $4 avait été fixé par M. Moylan. Il est étrange que ce dernier ait pu fixer le prix de la paille pour des années à venir. Le préfet dit lui-même que le pénitencier en avait acheté à meilleur marché. Je suis d'avis que la paille fait partie de la récolte dont le pénitencier devait recevoir deux tiers et le préfet un tiers, et que ce dernier a reçu sa part. Le pénitencier n'exploitait qu'une portion comparativement petite de cette ferme, environ vingt acres par année autant que j'ai pu m'en assurer, ce qui est moins que le tiers du terrain élevé arable. Environ six acres ont été ensemencés de pommes de terre; sur le reste on semait du grain, de l'avoine, chaque année, et de l'orge et du sarrasin tous les deux ans. Une partie des côteaux était en pâturage, à l'usage du préfet. Il faisait paître ses vaches, au nombre de quatre ou cinq, sur la propriété du pénitencier, et nous savons par lui et M. Pipes qu'un nombre égal de bêtes à cornes appartenant au pénitencier étaient nourries sur la "Willow Farm." Il n'a pas été prouvé qu'il y eût là d'autres animaux du pénitencier. Dans un état donné à l'inspecteur, le préfet évalue à $75 ou $100 le travail des détenus employés à cultiver la ferme, au taux de 30 cents par tête par jour. Cela serait, je le suppose, pour cultiver la ferme comme elle l'a été en 1891, et comme étaient cultivées celle du pénitencier et les autres fermes de Dorchester. Cette estimation ne paraît pas comprendre la valeur du travail des attelages et on ne voit nulle part que l'attention de l'inspecteur ait été attirée sur ce point. Tous les attelages employés appartenaient au pénitencier. Durant l'hiver de 1892 et les hivers suivants, de grandes quantités de vase de marais ont été transportées des bords de la rivière, située à environ un mille, pour engraisser la partie du terrain que l'on se proposait d'ensemencer d'avoine la saison suivante. Cette vase, parait-il est un bon engrais pour l'avoine et le foin. Le terrain était labouré à l'automne et on y transportait la vase de marais pendant l'hiver. On y semait ensuite de l'avoine et de l'herbe, et le bon effet de la vase durait plusieurs années. Cet engrais augmentait la récolte du grain, et la terre était mise en bon état pour produire du foin les années suivantes. D'après le témoignage de M. Pipes, le fermier, il est évident que le coût du transport de cette vase chaque année était plus du double de celui mentionné dans l'état fourni à l'inspecteur par le préfet. En y ajoutant la valeur du travail des prisonniers et des attelages employés sur la ferme, le coût du fauchage et de l'engrangement du foin récolté sur 45 acres de marais et au moins 20 acres de terrain élevé, on trouve que les frais d'exploitation de cette ferme par le gouvernement dépassaient de beaucoup l'estimation fournie par le préfet. Ce dernier admet que le gouvernement a fait les clôtures, et prétend qu'il y était tenu en vertu de la convention. Cela n'est pas prouvé, et il n'est certainement pas raisonnable de prétendre que le gouvernement fût obligé de clôturer toute la ferme quand il ne partageait que dans le produit de 20 acres. Durant l'année 1892, le préfet acheta un grand nombre de bêtes à cornes et les envoya sur la "Willow Farm." Il ajouta à son troupeau jusqu'à ce qu'il comptât 30 ou 35 têtes. Il garda ce nombre d'animaux sur la ferme jusqu'à ce que le gouvernement mit fin au bail, en 1897. Le préfet y gardait en outre 15 à 20 chevaux. Il déclare qu'il ne gardait ces animaux que pour avoir du fumier pour l'usage de la ferme. Il admet que, pendant cette période, ils ont été entretenus presque exclusivement par les prisonniers et il prétend que, la ferme bénéficiant de l'engrais, l'entretien des animaux devait être à la charge du gouvernement. Il a admis aussi qu'il achetait, vendait et échangeait chevaux et bêtes à cornes quand l'occasion se présentait. Quoique la valeur du fumier soit mise en compte dans le rapport d'un pâturage, je ne sache pas qu'on garde les animaux pour cette seule considération, et il semble qu'ici le préfet a employé à son profit les terres à foin de la ferme et le travail du détenu pour faire de l'élevage. A mon sens, rien dans la convention n'autorisait le préfet à se servir des prisonniers pour l'entretien de ses animaux ; et tel parait aussi avoir été son avis pendant un temps, puisqu'il admet avoir envoyé ses fils pour en prendre soin. Il est de plus prouvé que l'instructeur de métiers Miller y fut envoyé pour la même raison et qu'il y est resté environ deux semaines, pendant qu'il était suspendu de ses fonctions. J'en conclus que le préfet ne jugeait pas alors que le gouvernement fût obligé de faire ce service, puisqu'il envoyait pour le faire un homme qui n'était plus à l'emploi du gouvernement. Dans sa lettre du 16 mars 1891, le préfet représentait à l'inspecteur qu'il serait avantageux de prendre la "Willow Farm" en attendant qu'une partie des terrains du pénitencier fût défrichée. Plus tard, il donna à l'inspecteur l'assurance que les autres travaux ne souffriraient pas ni ne seraient négligés par suite de l'emploi des prisonniers sur la ferme. M. Pipes, le fermier, dit que son intention était de défricher les terrains non en culture du pénitencier, environ 100 acres, quand il est entré dans le service, en 1889. Jusqu'à 1894, rien n'a été fait; on a commencé vers ce temps à défricher, mais sur une petite étendue évidemment puisque, dans l'inventaire de cette même année, ces terrains ne sont pas mentionnés comme terre en culture. L'inspecteur, lors de sa visite officielle, en avril 1895, fit l'inscription suivante dans son livre de minutes: "A l'heure qu'il est, une grande étendue de bonne terre n'est pas encore en culture, et l'attention du préfet et du fermier a été attirée sur la possibilité de cultiver d'avantage." Après 1895, quelques acres, 4, 5 ou 6, furent défrichés chaque année et, en 1898, l'inventaire préparé par le comptable et le fermier indique que 25 acres de ce terrain ont été mis en culture. Ces 25 acres comprendraient tout ce qui a été fait jusqu'en 1898. Le fermier déclare que 15 acres seront ajoutés à l'inventaire de 1899, ce qui indique que le défrichement avance rapidement depuis qu'on a mis fin à l'arrangement concernant la "Willow Farm." Il dit que, pendant l'exploitation de cette ferme, on a défriché autant de terrain qu'on le pouvait; mais il ajoute que si les hommes n'avaient pas été employés sur la ferme, ils auraient pu défricher le terrain du pénitencier et qu'il aurait été de l'intérêt de l'institution de les employer sur ses terres. Le fermier dit aussi que si la vase de marais avait été déposée sur la ferme du pénitencier et si on y avait fait une somme égale de travail sur une même étendue de terre, le pénitencier en aurait retiré un plus grand profit que de l'exploitation de la "Willow Farm" ; la récolte eut été aussi bonne que sur cette ferme, et le terrain du pénitencier aurait bénificié des travaux. Le préfet a cherché à faire croire que le terrain n'avait pu être défriché plus promptement parce qu'il était dangereux de conduire les prisonniers au bois à d'autres époques que le printemps et l'automne, à cause du danger d'évasion. Il a dû changer d'avis à ce sujet en 1898, si l'on compare le défrichement fait alors avec celui opéré pendant les premières années de l'exploitation de la "Willow Farm." Je ferai plus tard allusion aux évasions des prisonniers et aux occasions qu'on leur donnait; ce n'était pas seulement quand ils étaient à défricher. Le charriage à la "Willow Farm" de grandes quantités de vase de marais a beaucoup ajouté au travail des attelages du pénitencier. Pendant les premières années on y en a transporté environ 1,000 charges chaque hiver, et de 1,500 à 1,800 charges pendant les deux dernières saisons. Le préfet dit lui-même que le charriage sur les terrains du pénitencier était retardé par celui que l'on faisait sur la ferme. Le fermier déclare que c'est pendant ce temps que l'ouvrage à faire au pénitencier s'accumulait, et que c'est la raison pour laquelle le préfet jugea nécessaire d'employer ses propres chevaux au service de la prison. Je reviendrai sur ce point plus tard.

D'après la convention fait avec le gouvernement, le préfet devait recevoir un tiers de la récolte de grains et de racines. Cependant, comme question de fait, pendant toute la durée de la convention, il a pris en avoine la valeur de ce tiers de récolte. Pour cela, il évaluait sa part des récoltes au prix courant, mettait le même prix sur l'avoine et en prenait une quantité égale en valeur à sa part de pommes de terre, navets, sarrasin ou orge. Le préfet déclare qu'il ne voulait pas des pommes de terre, et le fermier explique qu'il est plus facile de disposer de l'avoine que des pommes de terre, et que celles cultivées dans les environs de Dorchester ne sont pas de bonne qualité. Je crois aussi qu'il y a beaucoup de perte dans le commerce des pommes de terre parce qu'elles pourrissent, etc. Le pénitencier a acheté de l'avoine tous les ans ; on y apportait chaque automne la récolte de la "Willow Farm." La division ne se faisait pas alors. Le préfet prenait sa part par petites quantités, en différents temps. selon son désir. Le fermier déclare qu'il en prenait note dans un petit livre, et qu'il donnait chaque mois les quantités au préfet, qui en gardait un mémoire. A la fin de l'exercice, ils comparaient le livre et les mémoires et faisaient un règlement de compte. Le préfet était alors débité d'un certain montant pour l'entretien de ses poulains et chevaux qu'il gardait sur la ferme du pénitencier quand ils n'étaient pas employés. M. Pipe tenait un livre pour chaque année, dans lequel il inscrivait ces comptes. Les livres du fermier et les états préparés par le préfet sont les seuls documents faisant foi de ces règlements de compte entre eux; les livres du pénitencier n'en font aucune mention, ni même de la balance revenant à l'un ou à l'autre. J'ai demandé au préfet et à M. Pipes de produire ces états et ces livres. M. Pipes n'a pu produire un seul livre ou mémoire. Le préfet a produit des états pour les exercices clos le 30 juin 1897 et le 30 juin 1898. A mon avis, il est étrange que ces états et ces livres, contenant, au dire du préfet et du fermier, le seul mémoire qu'il y ait de la division des récoltes et de ce qui a été porté au compte du préfet pour l'entretien de ses animaux, ne se trouvent pas dans le bureau et ne puissent être poduits par l'un ou l'autre. Pendant l'enquête, le préfet, quand il l'a voulu, n'a pas eu de difficulté à produire des états concernant des choses sans importance et datant d'au moins dix ans passés. Lors de sa visite officielle au pénitencier, en 1895, l'inspecteur écrivit ce qui suit dans son livre d'ordres, à la date du 10 avril : " Le fermier instructeur tiendra le compte des dépenses, y compris le travail des prisonniers sur la ferme ; il fera des comptes séparés pour la ferme du pénitencier, la ferme louée, les étables, la porcherie, etc. Le camionnage pour les ateliers et le pénitencier devrait être porté au crédit de la ferme, car, autrement, il serait impossible d'établir le résultat exact de l'exploitation agricole ". Le fermier déclare qu'on ne lui a jamais dit de tenir un compte de l'avoir et du débit de l'exploitation de la " Willow Farm," qu'il n'a jamais reçu instruction de le faire et ne savait que cela devait être fait. Il avait pensé dans le temps qu'il serait plus régulier de tenir un compte de l'avoir et du débit de la ferme ; il croit avoir demandé au préfet s'il ne devait pas le faire et que celui-ci lui dit que cela n'était pas nécessaire. Le préfet ne nie pas ceci. Il dit qu'il a vu l'ordre de l'inspecteur à ce sujet ; que l'inspecteur était " nouveau " alors. Le compte exigé par l'inspecteur ne pouvait être tenu pour les étables et la porcherie. Il ne sait pas pourquoi on n'a pas tenu un compte pour la "Willow Farm." Ce compte manquant, il est regrettable que l'on n'ai pu se procurer les petits livres tenus par M. Pipes et les états préparés par le préfet antérieurement au 30 juin 1896.

Le préfet a aussi prétendu que le pénitencier était supposé faire le transport de tout le foin de la " Willow Farm " qu'il vendait et expédiait sur le marché. D'après les témoignages, il est évident que cela s'est fait quelquefois, et que des quantités considérables de foin ont été expédiées par les gardes, avec l'aide des prisonniers et des attelages du pénitencier, pour le compte du préfet, et que ce dernier n'a pas été débité de la valeur de ce travail. Je ne puis voir que le préfet eût un droit quelconque à faire faire cet ouvrage par les détenus sans en payer la valeur.

Par acte en date du 19 septembre 1894, le préfet a acheté, sans réserve, la " Willow Farm " et le marécage l'avoisinant, à l'exception de la partie connue sous le nom de " Far Marsh ". Le préfet n'a eu aucune correspondance avec le ministère au sujet de l'achat de cette propriété ; il n'a pas notifié le département qu'il l'avait acquise et paraît avoir continué à agir suivant les termes de la convention conclue entre le ministère et lui.

Le préfet déclare que, en avril 1895, il informa l'inspecteur Stewart qu'il avait acheté la ferme. La raison qu'il donne de cet achat, c'est que le propriétaire succédant aux Gilbert demandait la résiliation du bail parce qu'il (le préfet) avait coupé du bois pour l'employer ailleurs que sur la propriété. Le 22 août 1894, il recevait la lettre suivante des avocats du propriétaire:

" M. JOHN B. FORSTER,
Dorchester, N.B

CHER MORSIEUR,—Nous avons reçu instruction de M. W. J. Skinner de vous intenter une action pour avoir enlevé illégalement du bois sur la " Willow Farm," en violation d'une des conditions de votre bail. A moins qu'un arrangement ne soit pris sans délai, nous serons forcés d'instituer une action en résiliation de bail.

Sincèrement à vous,

G. C. ET C. J. COSTER."

Il s'est écoulé près d'un mois entre la réception de cette lettre et l'achat de la propriété par le préfet. Il ne paraît pas que ce dernier ait fait le moindre effort pour en arriver à un arrangement avec le propriétaire d'alors au sujet de la plainte de MM. Coster, ni qu'il ait notifié le département. La déclaration à l'inspecteur, en avril 1895, est la seule communication que le ministère ou l'un des fonctionnaires du département ait reçu du préfet à ce sujet, bien que l'ex-inspecteur, M. Moylan, fut allé au pénitencier environ un mois après le transfert de la propriété; et il n'appert pas que ce dernier ait notifié le ministre. A mon avis, les circonstances étaient complètement changées par cet achat qui donnait au nouveau propriétaire le bénéfice des améliorations acquises à la ferme par la manière dont elle avait été exploitée par le pénitencier et, par conséquent, le préfet devait nécessairement en donner avis au ministère.

J'ai expliqué cette transaction comme je l'ai comprise d'après les témoignages entendus. Il parait certain que la "Willow Farm," propriété du préfet, a été exploitée par le travail des gardes et des prisonniers de ce pénitencier et qu'il n'a pas été rendu un compte complet et exact de cette exploitation au ministère.

Animaux de ferme.—Quant à cette partie de la troisième accusation qui se lit comme suit: "D'avoir fait nourrir ses animaux, sans frais, sur la ferme du gouvernement attenant au pénitencier," il a été prouvé, par plusieurs témoins qui n'ont pas été contredits, que les chevaux appartenant au préfet ont été gardés pendant plusieurs années dans l'écurie du pénitencier. Le département fournissait au préfet le fourrage pour son cheval de voiture. A part ce cheval, il gardait chaque hiver un poulain dans un box à l'écurie de la prison. Il y gardait parfois aussi d'autres chevaux. Quant à ceux-ci, le préfet prétend qu'ils étaient employés aux travaux du pénitencier et qu'il était le l'intérêt de l'institution et nécessaire qu'il et fût ainsi. Quand ses chevaux ne travaillaient pas pour la prison, il réglait de compte avec M. Pipes pour leur entretien, d'après une estimation fournie par ce dernier. Il dit qu'il a envoyé du foin pour remplacer celui fourni à ses bêtes, et que les règlements de compte figurent aux états qui ont été perdus. Le fermier déclare que, en différentes occasions, le préfet a amené des poulains au pénitencier pour les faire châtrer; qu'il les y a laissés jusqu'à dix jours à la fois et que, dans ces cas, il n'y a pas eu de foin d'envoyé. Il n'a pas été tenu compte du foin fourni aux jeunes poulains gardés à l'écurie du pénitencier, mais le fermier en envoyait chercher aux granges du préfet pour le remplacer. Les témoins se contredisent quelque peu sur le nécessité qu'il y avait d'employer les chevaux du préfet. Ce dernier dit qu'il n'avait pas d'ouvrage pour ses chevaux. Il en avait quatre environ, dit-il, mais on en a compté jusqu'à six ou sept lui appartenant dans un même temps, à part un grand nombre de poulains. Il les gardait seulement pour faire du fumier pour la "Willow Farm." Il déclare que bien qu'il eût environ quinze chevaux—et il a été prouvé que, dans le cours de quelques années, il en avait vendu quinze et échangé plusieurs autres—il n'en faisait pas commerce. Il semble évident que le préfet avait un faible pour les chevaux trotteurs. Il élevait sans cesse des juments, mais il n'a jamais élevé de chevaux de trait. Ces juments, lorsqu'elles étaient pleines, étaient gardées au pénitencier jusqu'au moment où elles devaient pouliner,—et il est prouvé que l'une d'elles a pouliné deux fois au pénitencier. Le garde Hutchinson, alors charretier et ayant charge de la grange, déclare qu'en différentes occasions, pen-

déposé qu'il y avait généralement de trois à six chevaux du préfet dans l'écurie du pénitencier. Le préfet déclare que ses chevaux n'étaient gardés au pénitencier que lorsqu'on en avait besoin pour aider aux travaux. Il a été prouvé clairement qu'une paire de chevaux, conduits par le charretier Burden, témoin appelé par le préfet, ont été amenés à la prison et gardés pendant un hiver pour être domptés par M. Burden. Le préfet demanda à cet employé s'il avait de l'expérience dans le domptage des jeunes chevaux et, sur sa réponse affirmative, lui dit qu'il en avait une paire qu'il lui amènerait pour qu'il les domptât. Il envoya les deux pouliches, Luce et Fan. Elle n'avaient pas encore quatre ans et n'étaient pas domptées. La pouliche Luce tomba malade pendant l'hiver; elle fut gardée au pénitencier et traitée par le prisonnier vétérinaire. Cette jument fut plus tard échangée pour un poulain du pénitencier. Pendant que M. Burden les domptaient, ces jeunes chevaux furent gardés à l'écurie du pénitencier et employés à charrier du bois. Les témoins ont déclaré que les chevaux du préfet arrivaient maigres au pénitencier et qu'ils en repartaient en bon état. Jusqu'à l'hiver de 1894-95, lorsqu'il fit l'acquisition de la ferme Chapman, le préfet n'avait que deux stalles pour ses chevaux dans sa grange située sur la propriété du pénitencier, et il ne paraît pas qu'il gardât d'autres chevaux que des poulains sur la "Willow Farm." Les chevaux étaient sans cesse changés d'une étable à l'autre, de sorte qu'il est difficile de dire combien ont été entretenus aux frais du pénitencier.

Lorsque les chevaux du préfet ont été employés au service de la prison, cela n'a jamais été à la demande du fermier, et il ne paraît pas que le préfet ait en aucun temps notifié le département qu'il fallait un plus grand nombre d'attelages.

Lors de la dernière visite officielle de l'inspecteur Moylan, en novembre 1894, le préfet présenta l'état et réclamation ci-dessous:—

"Quelques-uns de nos chevaux étant devenus trop vieux pour travailler, j'ai vendu le vieux cheval Charlie, acheté l'année de l'ouverture du pénitencier, et j'ai fait tuer son compagnon Maud; comme nous avions quelques jeunes poulains qui seront en état de travailler dans une couple d'années, je n'ai pas jugé qu'il était prudent d'acheter une autre paire de chevaux, vu que les prix étaient alors très élevés. J'avais une paire de jeunes chevaux que j'ai fait travailler jusqu'à ce que les poulains fussent assez vieux, et je prends en échange du travail des détenus."

Memo.

1892—2 chevaux, 138 jours à 60	$82 80
1893—1 cheval, 300 jours à 30 cents	90 00
7894—1 cheval, 300 jours à 30 cents	90 00
1 paire de bœufs, 3 ans	75 00
	$337 80

JOHN B. FORSTER,
Préfet.

"Je certifie que l'état ci-dessus est correct, et que les prix sont modérés et dans l'intérêt de cette institution." (Ceci est de l'écriture du préfet et signé par A. B. Pipes, fermier.) L'inspecteur écrivit en marge de l'état :—"Je considère l'évaluation du travail des chevaux et des bœufs très raisonnable, et je suis d'avis que ce montant doit être payé au préfet avec du travail pénitentiaire. (Signé) James G. Moylan, inspecteur, Dorchester, N.-B., 19 novembre 1894."

Le préfet déclare qu'il a préparé ces chiffres de mémoire, avec le fermier, en se rapportant à trois ans en arrière. Pour expliquer pourquoi cette déclaration n'a pas été portée plus tôt à la connaissance de l'inspecteur, il dit que ce dernier ne venait pas tous les ans au pénitencier ; quand on lui prouva que l'inspecteur était allé à Dorchester, en visite officielle, le 4 novembre 1892 et le 30 mai 1893, le préfet déclara qu'il ne pouvait dire pourquoi l'inspecteur n'avait pas été informé de cette réclamation.

Le 30 novembre 1894, le préfet fut crédité de la somme de $317.80 dans le "compte spécial". Ce même compte indique que, lorsqu'il présenta sa réclamation, il devait plus que ce montant pour travail des détenus. Les jeunes chevaux mentionnés à l'état sont évidemment ceux qui ont été domptés par le charretier Burden, pendant l'hiver de 1892-93, et employés à des travaux faciles jusqu'à ce que l'un d'eux, Luce, devint incapable de travailler. L'une des premières choses qu'on ait fait faire à ce charretier d'expérience a été le domptage des poulains du préfet. Ils furent dressés et gardés dans l'écurie du pénitencier, et le préfet charge à l'institution une somme de $82.80 pour valeur de leur travail. Durant l'hiver de 1895, le préfet obtint d'un M. Wallace une paire de jeunes chevaux qu'il fit travailler pour la valeur de leur entretien. L'un avait cinq ans, l'autre quatre, et le fermier déclare qu'ils devaient peser environ 1,100 livres chacun. Le préfet dit qu'il prit ces chevaux pour transporter de la vase sur le marais de la prison. Comme il l'admet lui-même, il a mis peu de vase sur ce terrain du pénitencier, mais il en a été transporté de grandes quantités sur son propre marais, et c'est à cela qu'ont été employés ces chevaux. M. Wallace jugeait évidemment que l'entretien, l'entraînement et la garde de ses poulains étaient une compensation suffisante pour leur travail. Il n'y a rien pour établir de quels chevaux en particulier il est question dans le compte du préfet pour 1893 et 1894. Quant aux bœufs, le fermier déclare qu'ils ont été employés généralement, pendant deux ans ou plus. Il dit qu'il ne s'est jamais plaint qu'il n'y eût pas assez d'attelages de bœufs pour faire l'ouvrage; il s'est trouvé que ces bœufs n'avaient rien à faire. Il ne les a ni demandés, ni envoyé chercher, et il ne sait pas comment ils sont venus au pénitencier. L'inventaire fait voir que, en 1892, le pénitencier avait six paires de bœufs, un bœuf seul et cinq bouvillons âgés de trois ans; en 1893, six paires de bœufs, un bœuf seul et deux paires de bouvillons de trois ans; en 1894, cinq paires de bœufs, un bœuf seul et sept bouvillons de trois ans. C'était le nombre ordinaire des bêtes de travail au pénitencier. Il ne faut pas oublier que le pénitencier a dû, ces années-là, acheter du foin et de l'avoine. Le préfet prétend qu'il a été transporté une quantité énorme de bois et de billots en 1892 et 1893; de fait, il en a été transporté beaucoup. Pendant ces deux hivers, le bois fut pris sur la "Willow Farm" et sur la propriété Gilbert, et transporté par les bœufs et les chevaux. Il ressort clairement du témoignage de M. Hutchinson que la plus grande partie de ce bois fut transporté par des bœufs, en 1893 au moins. Durant tous ces hivers, des quantités considérables de vase, au moins 1000 charges chaque hiver, ont été transportées sur la "Willow Farm"; le préfet n'en parle pas. Le fermier déclare que, par suite, le travail de la prison fut retardé, que des attelages additionnels (ceux du préfet) ont été employés, et que si les chevaux n'avaient pas été mis à charroyer la vase, ils auraient pu l'être à transporter du bois. J'ai remarqué que, même pendant la grande presse de travail durant ces années, on trouva le temps d'employer les attelages de la prison à transporter des pilotis et des broussailles pour la digue du préfet, et qu'aucune mention n'en est faite dans son compte. Le transport des billots de pin et d'épinette pour les industries non plus que celui du charbon n'étaient pas un travail si considérable pour le nombre de bœufs et de chevaux gardés au pénitencier. Pendant l'hiver de 1893-94, un cheval de M. Palmer fut gardé sans frais pour son travail.

Rien ne fait voir que le ministère ait jamais eu connaissance de cet échange du travail des bœufs et des chevaux du préfet pour celui des prisonniers ou qu'il l'ait approuvé. Si ces chevaux et ces bœufs ont été employés pour le service du pénitencier, il n'en a pas été fait mention dans les livres; il n'est pas prouvé que cela fut nécessaire. Il est évident que si on s'est trouvé dans cette nécessité, cela n'a été que par suite du retard dans les travaux du pénitencier, occasionné par d'autres travaux auxquels le préfet était intéressé comme le transport de vase sur la "Willow Farm" (l'exploitation de cette ferme était supposée ne pas devoir retarder les travaux du pénitencier), celui de pilotis et de broussailles pour la digue du préfet, et la livraison de son foin aux acheteurs locaux et aux stations de chemin de fer.

Le préfet a présenté un autre état pour du travail fait par l'un de ses chevaux. Cet état est aussi écrit de sa main et se lit comme suit: "Memo.—Usage de l'un des chevaux du préfet par le mesager, le sien étant incapable de travailler par suite d'une maladie d'yeux, 151 jours à 30 cents par jour, $45.30." James McDougall, le messager, signa le certificat suivant, écrit par le préfet au bas de l'état: "Je certifie que je me suis servi du cheval du préfet pour faire mon service, comme dit ci-dessus, le mien ne pouvant travailler à cause d'une maladie d'yeux."

"Dorchester, 31 juillet 1897."

Le préfet a porté ce montant à son crédit dans le "compte spécial." En premier lieu, il a été prouvé, et le préfet ne l'a pas nié, que le cheval du messager n'a été malade que pendant très peu de temps, environ dix ou douze jours; le préfet déclare lui-même que le cheval n'a pas été malade pendant tout le temps mentionné à l'état. En second lieu, il n'a pas été établi que, pendant la maladie du cheval du messager, on n'aurait pas pu prendre un autre cheval du pénitencier pour le remplacer. Quand le cheval du messager fut rétabli, on le mit à un autre ouvrage, et le messager continua de se servir du cheval du préfet. Deux témoins jurent positivement que, lorsque le cheval du messager fut mieux, on l'employa pendant un certain temps à transporter du bois de charpente pour une grange du préfet. Ce dernier ne peut se rappeler que ce cheval transportait du bois de charpente pour sa grange mais, plus tard, il dit qu'il a été employé à transporter du bois et des billots dans la cour du pénitencier. Pendant que le messager se servait du cheval du préfet, il le gardait et le nourrissait à l'écurie du pénitencier.

Il paraît que trois ou quatre paires de bouvillons furent amenées de la "Willow Farm" au pénitencier, dans le printemps de 1895 ou 1896, qu'ils furent gardés là, et qu'un nombre égal de bêtes à cornes du pénitencier furent envoyés sur la "Willow Farm." Un témoin a dit que les animaux étaient domptés au pénitencier, et le préfet a déclaré qu'ils travaillaient pour le service de la prison; mais il ne veut pas jurer qu'ils étaient employés tout le temps. L'employé en charge de la grange dit que ces animaux y furent gardés depuis janvier à mai, lorsqu'on les vendit. Dans l'intervalle, ils avaient été domptés à la prison. Le préfet a déclaré que le fermier n'a eu rien à faire à cela et qu'il n'avait pas demandé d'attelages additionnels; à part le charriage de vase sur la "Willow Farm" et de quelques billots, il ne peut dire à quoi les boeufs étaient employés. Ces faits sont récents et il paraît étrange que le préfet ne puisse expliquer pourquoi ces animaux se trouvaient là. D'après l'inventaire, le pénitencier avait, en 1895, neuf chevaux, cinq paires de bœufs, un bœuf seul, une paire de bouvillons de quatre ans et deux paires de bouvillons de trois ans; et, en 1896, neuf chevaux, neuf paires de bœufs, un bœuf seul, et deux paires de bouvillons de trois ans. Il devait y avoir en marche des travaux extraordinaires pour nécessiter autant d'attelages additionnels; le préfet n'ayant pas expliqué ce qu'étaient ces travaux, je suis porté à croire qu'il avait quelqu'autre objet en vue en gardant ces animaux dans les étables du pénitencier jusqu'à ce que tous, au dire de l'employé en charge des étables, ou quelques-uns, au dire du préfet, fussent vendus. On a prouvé, et cela n'a pas été nié, que les animaux du préfet n'étaient pas bien entretenus à la "Willow Farm" et que leur valeur en était diminuée. Selon M. Pipes, les bêtes à cornes étaient toujours tenues en bonne condition aux étables du pénitencier et, comme il le dit lui-même, elles étaient "difficiles à battre." Les animaux du pénitencier envoyés à la "Willow Farm" pour faire place à ceux du préfet ne devaient pas évidemment profiter du changement. Il ne paraît pas que le département ait été en aucune manière informé que les bêtes à cornes du préfet étaient gardées aux étables du pénitencier. Il a été prouvé que des veaux appartenant au préfet ont été gardés aux étables du pénitencier pendant plusieurs années. Le préfet déclare qu'il envoyait de sa maison de quoi les nourrir. Cette déclaration est corroborée par M. Colborne et le fermier, et elle n'est contredite par aucun témoin. Jusqu'à 1891 inclusivement, le préfet a gardé, sans frais, une vache au pénitencier. Le fermier dit qu'il croyait alors que le préfet avait droit de garder une vache. Le préfet n'a fait aucune allusion à ce sujet et n'a donné aucune explication.

Pendant l'hiver de 1895-96, la vache de M. Melanson, alors charretier, fut gardée, nourrie et entretenue au pénitencier. Il dit avoir payé pour cela $18. Il n'a pas mis de foin dans la grange pour la nourrir. Le fermier déclare que le préfet a fourni deux tonnes et demie de foin; mais il n'existe aucune charge dans les livres pour l'entretien de cette vache. L'argent payé par M. Melanson fut donné au préfet. M. Piercy, le mécanicien, a gardé une vache pendant un an dans l'étable des chevaux. M. Pipes dit que cette vache fut nourrie aux frais du gouvernement et que le comptable, dans son rapport, a débité M. Piercy de la somme de $18. M. Piercy informa le comptable qu'il avait payé le préfet en lui donnant un billet de $46 lors de l'achat de la vache, soit $28 pour le prix d'achat et $18 pour l'entretien pendant la première année. Le préfet déclare que cela est vrai, mais qu'il a fourni le foin pour la vache. Il ne sait pas d'où venait le foin, ni quand il l'a fourni. Il déclare qu'il savait, quand il a vendu la vache à Piercy, que ce dernier n'avait pas de foin et qu'elle devait être gardée à l'étable du pénitencier. M. Pipes, ou le préfet, fait évidemment erreur; c'est le résultat de leur négligence et cette transaction n'est mentionnée dans aucun livre. Il est établi clairement que, de 1891 à 1896, des chevaux du préfet qui n'étaient pas employés, des juments pleines, des chevaux et des poulains sous les soins du vétérinaire, des chevaux dont les enfants du préfet se servaient tous les jours pour aller à l'école à Sackville, ont été pendant une grande partie du temps gardés aux étables du pénitencier. On ne trouve, ni aux livres ni ailleurs, aucune mention de leur entretien ou du temps qu'ils ont passé dans les écuries de la prison. On me demande de croire que le préfet a réglé de compte tous les ans avec M. Pipes au sujet de l'entretien de ces chevaux et poulains; cependant on ne peut produire aucune preuve écrite, le préfet ayant perdu ses mémoires et le fermier, ses livres. En supposant que M. Pipes ait agi régulièrement en gardant ces chevaux au pénitencier et en réglant de compte avec le préfet pour leur entretien, ne devrait-on pas trouver un état quelconque indiquant ce que sont devenus les effets du gouvernement qui ont été consommés, le foin et le grain ? A mon avis, ces transactions sont absolument irrégulières et louches. J'ai des doutes sérieux que ces règlements de compte aient jamais été faits; s'ils l'ont été, il résulte clairement du témoignage de M. Pipes qu'ils sont incomplets en ce qui concerne les chevaux et poulains du préfet gardés aux étables du pénitencier; il n'y a pas la moindre preuve que l'entretien de trois ou quatre paires de bœufs, pendant qu'ils n'étaient pas employés, soit compris dans ces règlements de compte faits entre le préfet et M. Pipes. Ce dernier déclare qu'il ne croit pas que l'on avait besoin de ces bœufs pour les travaux du pénitencier, et le préfet dit qu'il ignore à quoi ils étaient employés, s'ils ont travaillé tout le temps ou non. Le fermier est muni d'un brouillard où sont mentionnées les transactions faites dans son département. Il a aussi un livre de stock où il est censé inscrire la quantité des grains, racines, foin, etc., reçus pendant l'année, afin de pouvoir en tout temps indiquer ce qu'il en a donné et ce qui lui reste en magasin. Ni l'un ni l'autre de ces livres ne fait voir que, pendant la période en question, du foin ou du grain ait été donné aux animaux du préfet dans les étables de la prison, que le préfet en ait fourni pour ses animaux ou pour les vaches dont l'entretien a été payé à lui-même par les employés, ou qu'il en ait emprunté au pénitencier. Il a été prouvé que le fermier lui-même a gardé un cheval à l'écurie de la prison pendant quelques années. Il n'y a aucune charge dans son compte pour l'entretien de cet animal et le préfet n'a pu expliquer en vertu de quel arrangement ce cheval se trouvait là.

Les explications fournies par le fermier et le préfet au sujet de l'entretien des chevaux de ce dernir aux établs du pénitencier, et de la manière dont l'institution a été remboursée de ses frais, sont tout à fait insuffisantes. Je ne puis en venir à d'autre conclusion que, sur ce chef, l'accusation a été prouvée.

Marchés et échanges.—Il a été clairement établi que des marchés ont été faits entre le préfet et le fermier (au pénitencier) ; que des chevaux et des bêtes à cornes du préfet ont été échangés pour des animaux appartenant au gouvernement. L'accusation d'échange de machines n'a pas été prouvée.

En 1887, le préfet recommanda l'achat de deux juments poulinières, en vue d'élever les poulains dont le pénitencier pourrait avoir besoin. Ayant reçu l'autorisation nécessaire, il acheta deux juments dans l'Ile du Prince-Edouard. L'une, d'après son journal, était une "magnifique bête." Elle était issue de "Dean Swift," un étalon trotteur de renom, et on l'appela par la suite la jument "Dean Swift." Le préfet ne faisait pas grand cas de l'autre bête ; d'après son journal, "elle ne paraissait pas avoir l'allure qu'il aimait, bien qu'elle pût être une bonne bête de trait, ce qu'elle était sans doute ; mais il aimait plus d'allure." Il renvoya cette jument et en eut une autre en échange qui lui convenait mieux. Il mena la jument "Dean Swift" à Amherst, en juin 1888, la fit couvrir par un étalon trotteur de race pure—"Peter Blair"—et en eut un poulain dans le pritnemps de 1889. Quand ce poulain eut un peu plus d'un an, le préfet dit à l'inspecteur, alors au pénitencier, qu'il désirait l'échanger pour un des poulains lui appartenant, et le pria d'obtenir pour lui du département le permission de faire cet échange. Le 4 août 1890, l'inspecteur écrivit ce qui suit dans son livre d'ordres : "Le préfet désire échanger un de ses poulains pour un autre de même âge et de même valeur appartenant au pénitencier, vu que chacun d'eux apparierait mieux celui qu'on lui destine comme compagnon." Le 26 novembre, le préfet reçut l'avis suivant du département. "Le ministre accorde la demande que vous faites d'échanger un de vos poulains pour un autre appartenant au pénitencier." Il ne paraît pas que l'inspecteur ait vu l'un ou l'autre des jeunes chevaux ; il s'en est simplement rapporté aux dires du préfet, et il est évident qu'il a été mis sous une fausse impression. Le préfet déclare que ce n'était pas du tout une question d'appariement ; qu'il voulait cette jument pour élever des poulains, ayant un faible pour les chevaux. L'échange eut lieu ; le préfet donna un poulain du même âge environ, appelé "Billy," pour la pouliche appartenant au pénitencier et qu'on appelait "Lady Blair." Le préfet déclare que l'un des deux poulains pouvait apparier tout animal qui aurait pu former une paire avec l'autre. Il n'y a pas de doute, et le préfet l'admet, que "Lady Blair" était le meilleur poulain des deux et qu'elle promettait beaucoup. Il est admis que c'était une belle bête. Le préfet paya $40 pour la faire dompter ; il la fit couvrir quatre ou cinq fois, toujours par des chevaux rapides, l'envoyant à cette fin à l'Ile du Prince-Edouard et payant jusqu'à $50 pour les services d'un étalon et $25 de dépenses. C'était un animal plus pesant que Billy à l'époque de l'échange, et elle a toujours eu plus de poids que ce dernier qui n'a jamais pesé plus que 800 livres et qui était trop léger pour être attelé seul.

En 1893, il y eut un autre marché de fait entre le préfet et le fermier : ce fut l'échange de la jument Luce, âgée de quatre ans et appartenant au préfet, pour Winnie, une pouliche de trois ans, née de la jument "Dean Swift" et du même étalon, "Peter Blair." Le préfet n'avait obtenu aucune permission de faire cet échange. Hutchinson, l'employé en charge de l'écurie, déclare que Luce était devenue infirme après février 1893, et qu'elle était alors à l'écurie du pénitencier, sous les soins du vétérinaire. On constata qu'elle souffrait d'un éparvin, qui n'a fait qu'augmenter depuis. A l'époque du marché, Winnie était une superbe bête pour la voiture. Le préfet, paraît-il, avait eu l'intention de la dresser pour la selle pour son neveu qui venait de recevoir une commission dans le service impérial. Quelque temps après, Winnie prit froid dans une course et tomba malade, et le préfet l'échangea pour un cheval que M. Pipes avait au pénitencier. Luce était un bon cheval ordinaire. Si elle était apparemment saine à l'époque du marché, elle avait boité quelque temps auparavant, et elle a boité et souffert d'un éparvin depuis.

Il y eut un autre marché de fait en 1893 : l'échange du cheval "Barney," appartenant au préfet, pour la pouliche "Belle," du pénitencier. Le 17 juillet 1893, le préfet écrivit à l'inspecteur que le pénitencier manquait de chevaux de travail, parce qu'il en était mort un et qu'on en avait vendu un autre ; qu'ils avaient des poulains encore trop jeunes pour travailler ; qu'il proposait de donner au pénitencier son cheval de famille et de prendre en échange un poulain de trois ans ; que son cheval était un très bel animal et avait plus de valeur pour le pénitencier que le poulain, dont l'entretien coûtait à la prison. On lui avait offert $150 de son cheval quand il avait trois ans ; il en avait maintenant sept et était dans toute sa vigueur. Il ne faisait cette proposition que dans l'intérêt du pénitencier. Le 22 du même mois, il reçut une réponse du ministre disant qu'il acceptait sa proposition. Il donna alors le cheval "Barney" au pénitencier et prit en échange non pas un poulain de trois ans, mais une pouliche d'un an, "Belle," le troisième poulain de la jument "Dean Swift." Cette pouliche avait un autre père que les autres poulains et était issue d'un étalon trotteur d'Amherst. Elle était grande et promettait beaucoup ; elle avait été bien nourrie et on en avait pris grand soin. D'après le témoignage de M. Hutchinson, qui entra au service du pénitencier, en qualité de charretier, en février 1893, "Barney" avait été autrefois un beau cheval, mais il était alors faible des jambes de devant. Le préfet s'en servait généralement pour la voiture. M. Hutchinson déclare que, du temps où le préfet en était encore propriétaire, il (Hutchinson) avait attelé "Barney" avec un autre cheval à une très lourde charge et que le préfet l'avait réprimandé, disant qu'on ruinait son cheval au service du pénitencier et qu'il aurait à s'en trouver un autre. Ceci n'est pas contredit par le préfet. C'est après cela que ce dernier échangea son cheval pour le poulain du pénitencier. Le préfet déclare que son cheval n'était pas faible des jambes de devant, mais il ajoute qu'il ne croyait pas pouvoir découvrir les tares des chevaux par un simple examen. Le garde Colborne, témoin assigné par le préfet, dit qu'il ne s'est aperçu que "Barney" était faible des jambes de devant que trois ans après l'échange, mais il n'est pas prêt à jurer qu'il ne l'était pas quand l'échange eut lieu. Le cheval était évidemment assez bon pour travailler, mais cette infirmité diminuait sa valeur.

Le préfet, le fermier et certains témoins ont cherché à prouver que, dans ces échanges, le pénitencier avait eu l'avantage, tandis que d'autres témoins affirment que tout le profit a été pour le préfet. Le fermier et d'autres témoins déclarent qu'on n'avait pas besoin de chevaux trotteurs au pénitencier, et il est évident que, pour le service de la prison, des chevaux ordinaires de ferme auraient mieux convenu que des chevaux de race. Le fermier n'a pas été consulté au sujet de la monte. Le préfet s'en est occupé lui-même. Il a fait couvrir cette jument par des étalons trotteurs, après les avoir vus et s'être assuré de leur pedigree et, sous un prétexte ou un autre, il a réussi à obtenir trois de ses premiers poulains. La raison du premier échange, telle que donnée par l'inspecteur dans son livre d'ordres, n'est pas celle qu'en donne le préfet dans son témoignage. Quant aux deuxième et troisième échanges, le préfet m'informe qu'il voulait donner au pénitencier de bons chevaux pour les poulains de la jument "Dean Swift," en réparation de la "bévue" qu'il avait commise en faisant couvrir cette jument par des étalons trotteurs. On remarquera que, dans l'un de ces cas de *réparation*, il obtenait du pénitencier un cheval qu'il considérait assez bon pour l'usage d'un capitaine dans l'armée impériale et, dans l'autre, un beau poulain issu de la même jument "Dean Swift" et d'un étalon trotteur qu'il n'avait pas essayé auparavant. Je crois que le fermier était à peu près dans le vrai en disant qu'il supposait que le préfet avait pris ces poulains parce qu'ilsc étaient issus d'un cheval trotteur et promettaient beaucoup et que, à son avis, il avait un faible pour les chevaux trotteurs. Les témoignages au sujet de la qualité et de la condition des chevaux donnés par le préfet au pénitencier sont contradictoires. D'après toutes les circonstances qui ont accompagné ces transactions, je suis forcé d'en venir à la conclusion que le préfet, dans ces maquignonnages, avait plutôt ses intérêts en vue que ceux de l'institution qu'il administrait.

Il y a eu aussi des échanges de bestiaux entre le préfet et le fermier du pénitencier. Cela commença en 1892 et dura pendant quatre ou cinq ans. Il n'en est fait aucune mention dans les livres de la prison. De jeunes bêtes à cornes étaient données par le pénitencier en échange de plus vieux animaux de tous âges appartenant au préfet. Les animaux reçus dans ces échanges par la prison étaient abattus pour là viande. Le préfet envoyait un animal de la " Willow Farm " et recevait le même poids, ou à peu près, en jeunes animaux. La raison donnée des premiers échanges est que le foin était rare au pénitencier ; mais le fermier n'a pu expliquer ceux faits après 1894, alors qu'on avait du foin en abondance. Il a déclaré que, dans ces marchés, les vieux animaux du préfet étaient remplacés par des jeunes. Les échanges se faisaient généralement à l'automne. Le pâturage où étaient les bêtes à cornes du préfet, sur les terrains élevés, était de même nature que celui où paissaient les animaux du pénitencier; au dire du fermier, l'un était aussi bon que l'autre. Le préfet déclare que ses animaux étaient engraissées exclusivement au pâturage et le fermier dit que la vache, ou le bœuf, que le préfet échangeait était gras et en bon état pour la boucherie. Je ne puis comprendre comment de vieux animaux, engraissés au même pâturage, pouvaient, dans un même espace de temps, devenir en meilleur état que des animaux plus jeunes, ni en quoi les animaux du préfet pouvaient être préférables. Le fermier dit que ces échanges avaient pour effet de dépeupler le troupeau et que le pénitencier devait ensuite acheter des animaux pour remplacer ceux dont il s'était désaisi. On voit, dans l'état détaillé des dépenses du pénitencier de Dorchester, que des jeunes animaux ont été achetés en 1894, 1895 et 1896, et le fermier déclare qu'ils n'ont jamais gardé assez de bêtes à cornes. Le préfet veut se faire un mérite de ce que le pénitencier, dans un échange fait en 1897, aurait reçu deux vaches pesant 360 livres de plus que les deux bouvillons qu'il a eu en échange. Le marché fut conclu au commencement de l'automne. Les bouvillons étaient en assez bon état. Le fermier déclare que les bêtes à cornes du pénitencier pouvaient difficilement être surpassées en qualité. Il ne peut se rappeler comment on en vint à faire l'échange, mais il se souvient que le préfet lui a dit qu'il voulait vendre ces vaches pour la viande. Elles étaient âgées de sept ou huit ans. Il y avait cette année-là du foin en abondance au pénitencier.

Le préfet déclare qu'il éprouvait de la difficulté à vendre ses animaux à l'automne. Il y avait un avantage réel à se défaire de vieux animaux pour des jeunes. Quelques-uns de ceux qu'il a passés au pénitencier étaient maigres et de qualité inférieure; par exemple, une vache de neuf ou dix ans sortant du pâturage, et un jeune bœuf ayant une enflure à la mâchoire. Le préfet ne prétend pas avoir eu l'autorisation de faire aucun de ces échanges. Il dit qu'il suivait en cela son idée d'administrer le pénitencier le plus économiquement possible et que, par ces marchés, l'institution se trouvait avoir de la viande sans débourser d'argent. Le fermier n'est pas d'accord avec lui sur ce point. Il dit qu'au point de vue du préfet, ce dernier avait tout avantage à obtenir des animaux jeunes et vigoureux. Le préfet achetait des animaux à l'encan pour le pénitencier et il est arrivé une ou deux fois que, par suite de ces échanges, il ait eu des bêtes à cornes acquises par lui pour la prison.

Foin.—Pendant des années, il s'est fait un échange de foin entre le préfet et le fermier. A ce propos, le préfet donne beaucoup d'importance à un prêt de foin qu'il aurait fait au pénitencier en 1891 ou 1892, alors que ce fourrage était rare et d'un prix élevé. Il déclara qu'il en a fourni à la prison douze ou quinze tonnes et que le foin se vendait alors $15 ou $20 la tonne. On le lui rendit lorsqu'il valait $7 la tonne. M. Pipes dit que le pénitencier a une fois emprunté du foin du préfet. C'était en 1891 et c'est le seul emprunt dont il se rappelle; il en a gardé note dans son livre (un de ceux qui ont été perdus). L'emprunt consistait en six ou sept tonnes, peut-être plus: mais il ne croit pas qu'il y en eut dix tonnes, et une charge ou deux étaient de foin mêlé. Il déclare qu'il a acheté du foin cette année-là au prix de $13 la tonne, ce qu'il constate par le livre de stock. Il ne sait si c'était du foin pressé ou non pressé, mais le livre indique que, deux semaines après l'achat en question, le foin se vendait à $10.50 la tonne. Le foin emprunté du préfet lui a été rendu, dans la qualité qu'il a demandé, partie l'année suivante et le neste dans les dix-huit mois. Le livre de stock fait voir que, en 1891, le pénitencier évaluait à $9 le foin récolté sur ses terres; dans le cours de l'année 1892, le pénitencier a acheté du foin au prix de $10 et $12 la tonne et, en octobre 1892, il évaluait à $9 le foin anglais qu'il avait récolté. La mémoire du préfet n'est pas plus fidèle sur ce point que sur d'autres que j'ai signalés. Si son estimation de la valeur du foin à Dorchester en 1891 est juste, ce qu'il en a récolté cette même année sur la "Willow Farm" représenterait deux fois le prix du loyer; et comme c'est de cette ferme, croit-il, que venait le foin prêté au pénitencier, il pouvait aisément faire ce prêt généreux pour lequel il réclame un si grand mérite. Le fermier déclare que, mainte fois, le préfet a eu au pénitencier du foin anglais pour lequel il donnait du foin mêlé en échange; il prenait généralement le foin par charge d'une tonne. Cela a duré pendant plusieurs années. Il disait au fermier qu'il avait besoin de foin et jamais ce dernier ne refusait. Le foin que le préfet obtenait de la sorte était généralement vendu par lui aux employés et il le faisait charroyer par les attelages du pénitencier. Il remettait à la prison, d'après M. Pipes, parfois du foin de même qualité, parfois du foin mêlé, qui n'est pas aussi bon que le foin anglais. Les livres ne font aucune mention de ces emprunts de foin. M. Pipes en gardait un mémoire ; mais, comme tous les mémoires se rapportant aux transactions faites entre le préfet et lui, celui-ci n'a pu être trouvé. Le préfet explique ces échanges de foin en disant qu'il lui était impossible de se rendre à sa grange dans la saison des mauvais chemins. M. Pipes déclare ne se rappeler que de deux occasions où l'emprunt fut fait pour cette raison. Dans un cas, il s'agissait de deux charges de foin vendu par le préfet à un M. Ayer ; dans l'autre, de foin vendu à M. Fraser, le garde-magasin. M. Pipes dit que le préfet donnait généralement une tonne et demie de foin mêlé pour chaque tonne de foin anglais qu'il empruntait. Sans aucune note pour se guider, il est extrêmement difficile de suivre tous ces échanges qui, au dire du fermier, se sont continués pendant des années. Le foin que le préfet vendait au pénitencier était charroyé avec les attelages de la prison, par les gardes et les prisonniers, comme celui qu'il prenait au pénitencier pour le vendre aux employés. Rien n'est porté au compte du préfet à ce sujet pour le travail des détenus et des attelages. Le fermier nous dit qu'une partie du foin remis par le préfet,—quatre ou cinq tonnes de foin mêlé—fut pris sur le marais Brad. Gilbert et charroyé, croit-il, par le garde LeBlanc. Il ajoute que c'était du foin mêlé de bonne qualité, ayant bon goût, et qu'il était présent quand une partie fut déchargée; on en prit aussi dans un hangar situé sur la "Willow Farm". Ce foin était vieux d'un an. D'autre foin, venant du marais du préfet, fut charroyé par le garde Corcoran. Ce dernier et LeBlanc disent tous deux dans leur témoignage qu'ils ont charroyé du foin au pénitencier et qu'ils ont compris que c'était pour remettre celui emprunté par le préfet. Les charretiers Welsh et Mitton disent la même chose. D'après ces derniers, c'était du foin "broadleaf", non pas du foin mêlé, de qualité inférieure, partie vieux d'un an et demi et partie moisi. M. Melanson, un autre charretier, a charroyé de ce foin et, au meilleur de son souvenir, c'était du "broadleaf". Une partie de ce foin fut donné en retour pour du foin pressé que le préfet avait eu du pénitencier et qu'il remettait dans la même proportion d'une tonne et demie pour chaque tonne reçue, sans tenir compte que l'institution avait dû payr $1.15 environ par tonne pour le pressage. Le préfet déclare qu'il avait pris ce foin pressé parce qu'il était à remplir un char et qu'il ne pouvait avoir le sien. Quoiqu'il en soit, il n'a jamais remis de foin pressé. Il a été prouvé qu'il avait aussi emprunté de ce foin pressé et l'avait vendu à un commerçant de bois de l'endroit. Il en a agi ainsi, dit-il parce qu'il n'aurait jamais voulu vendre le foin du pénitencier. La distinction est subtile. Le préfet prenait le foin de la prison, le vendait, recevait l'argent et remettait ensuite au pénitencier du foin de qualité inférieure. Il est de plus établi par les témoignages que le pénitencier a vendu de ce foin pressé au charretier Melanson, qu'il en a reçu le prix, et les livres indiquent que, durant cette saison, des ventes en ont été faites à cinq autres employés.

Bois de sciage.—Il y a eu aussi, de temps à autre, des échanges de bois de sciage entre le préfet et l'instructeur de métiers en charge de la scierie. Comme je le comprends, le préfet recevait de M. Godsoe du bois de charpente qu'il remplaçait par du bois neuf, en allouant une certaine quantité de celui-ci en compensation pour le sciage. Les livres du pénitencier ne font aucune mention de ces transactions; mais le préfet a produit à l'enquête un livre-mémorandum qu'il avait, dit-il, donné à M. Godsoe et dans lequel ce dernier a gardé note des échanges. Il dit qu'il était préfet de l'institution et avait charge de tout ; quand il avait besoin de bois, il en informait M. Godsoe et lui disait d'en garder note. Les entrées faites dans ce livre par M. Godsoe indiquent seulement qu'ils ont réglé de compte à certaines dates et que le préfet lui devait une certaine quantité de bois ou *vice versa.* Comment ils arrivaient à arrêter leur compte ne me paraît pas clair. Pour moi, ce livre n'est pas intelligible. On a prouvé que du sciage avait été fait en certaines circonstances pour le préfet,—par exemple celui du bois de deux granges construites par lui au marais—et il n'en est pas fait mention dans ce livre ni dans aucun autre. Le préfet prétend qu'il a donné en compensation 5,000 pieds de planche, mais on n'en trouve aucune indication ni dans les livres de la prison ni dans celui de M. Godsoe. Cette planche avait été sciée au pénitencier. Le préfet a produit un état, écrit de sa main, en date du 20 juin 1896, signé par lui-même, par le garde-magasin et M. Godsoe, indiquant qu'il a fait scier des madriers, des planches et des bardeaux au pénitencier, pour "la grange", pour un montant de $30.67 qu'il a compensé par six cordes de bois à bardeaux à $2 la corde et par 5,533 billes d'épinette valant $27.67. Ces articles ne sont mentionnés ni dans les livres du pénitencier ni dans celui de M. Godsoe. Comme le dit le préfet, ce sciage a été fait pour ses granges du marais, dont l'une fut construite durant l'été de 1894, et l'autre durant l'été de 1895. Par le fait qu'il n'y a aucune mention de ces travaux dans les livres en 1894 ou 1895, la date de l'état fourni par le préfet est une particularité significative. La première partie de la troisième accusation, à savoir: " de s'être approprié, pour son usage personnel, des effets du pénitencier sans en payer la valeur," correspond aux marchés et échanges dont il vient d'être question.

Le garde Luther a prouvé que du charbon avait été pris au pénitencier, en février et avril 1896, pour l'usage d'un nommé Albert Hicks, alors employé à presser du foin pour le préfet. M. Luther déclare qu'il ne sait si ce charbon a été remis ou non. M. Piercy, qui avait charge de l'approvisionnement de charbon, a gardé note de la quantité qu'en a eue Hicks, environ quatre tonnes. Il n'a pas remis ce mémoire au comptable. Le préfet informa plus tard M. Piercy que ce charbon avait été remis et ce dernier biffa l'article du mémoire, bien qu'il n'eût pas eu personnellement connaissance de la remise. Cette transaction n'est pas mentionnée dans les livres. M. Pipes déclare que le préfet lui a dit combien de charbon avait été donné à Hicks, qu'il en pesa une égale quantité à même du charbon acheté par le préfet et la remit au pénitencier. Ceci se passait en juin 1897. Je n'ai aucune raison de douter que le charbon a été remis, mais je dois condamner l'irrégularité de la transaction. Patrick Connell a déposé qu'il a une fois donné dix ou douze gallons d'huile appartenant au pénitencier pour l'usage de la maison du préfet, à la demande de M. Fraser, le garde-magasin. Il déclare que le préfet avait de l'huile dans un réservoir au pénitencier, que le réservoir avait coulé, et que M. Fraser lui a dit que le préfet avait donné ordre de remplacer l'huile répandue par celle du pénitencier. M. Fraser dit que, en effet, le préfet a eu pendant un temps de l'huile que l'on gardait au pénitencier dans un réservoir et qu'on lui en donnait à demande, mais que le préfet n'a pas reçu de lui d'huile appartenant au pénitencier. Il n'a pas eu connaissance de l'incident dont parle M. Connell. Le préfet déclare qu'il a gardé de l'huile au pénitencier dans un réservoir qu'il avait emprunté parce que le baril qu'il avait chez lui coulait. Il n'a jamais entendu dire que le réservoir eût coulé et n'a jamais reçu, pour son usage, d'huile appartenant au pénitencier. Je n'ai aucune raison de douter que le préfet et M. Fraser soient dans le vrai, et je crois que M. Connell a dû se tromper dans cette circonstance. Le garde-magasin déclare qu'en une ou deux occasions le préfet a eu un baril de farine du pénitencier. Il n'en a pas fait mention dans ses livres. La farine a été remise. Le préfet dit qu'il avait pris cette farine pour en faire l'essai et qu'il l'a rendue en entier. Des plaintes au sujet de la farine avaient été faites à l'inspecteur qui les avaient examinées et les avaient trouvées non fondées. Je n'ai aucun doute que la farine a été rendue, comme on le représente. La caractéristique de la comptabilité du garde-magasin était, évidemment, comme je l'ai dit plus haut, le peu de soin avec lequel il faisait ses écritures au sujet de certaines transactions; ceci est démontré encore par le témoignage du boulanger, M. Macdonald, qui déclare que M. Fraser lui a une fois demandé de donner un reçu (comme s'ils avaient été employés à la boulangerie) pour quatre barils de farine perdus

QUATRIEME ACCUSATION.

Le préfet lui-même déclare que ses deux granges du marais ont été construites par le travail pénitentiaire. Ce sont deux granges à foin ordinaires, de 60 pieds par 30, piliers de 15 pieds. L'une a été bâtie en 1894, et l'autre en 1895. Il dit qu'il a fourni tous les matériaux et qu'il a été débité du travail des prisonniers dans le "compte spécial." Le 17 juillet 1894, le préfet fit et signa une requisition qui se lit comme suit: "Requis, pour John B. Forster, la construction d'une grange au marais." Il donna cette requisition au charpentier-instructeur Miller avec instruction de construire la grange au marais. Miller, avec une équipe de six prisonniers, construisit la grange. Le préfet n'avait pas l'autorisation du département pour employer de la sorte Miller et les détenus et, à mon avis, il n'aurait pas dû le faire sans permission. Je ne puis comprendre que ce soit partie du devoir de l'instructeur de métier d'abandonner son atelier, d'aller, avec une équipe de prisonniers, à une distance d'au-delà d'un mille du pénitencier, et d'y construire une grange pour le préfet ou pour qui que ce soit. Le préfet acheta du bois neuf et le fit convertir en matériaux pour sa grange aux ateliers du pénitencier. Les livres ne font mention d'aucun compte pour sciage de planches; mais, dans l'état du 30 juin 1896, déjà mentionné, le coût du sciage du bois de charpente et du bardeau est compensé par du bois à bardeau et du bois neuf donné par le préfet. Cet état n'est pas entré dans les livres. Le préfet, comme je l'ai dit déjà, prétend avoir donné de la planche qui avait été sur la digue, en compensation du prix du sciage des madriers. Le sciage du bois n'apparaît dans aucun des livres. Dans le compte spécial, le préfet est débité de la somme de $27.30 pour le travail des détenus employés à la construction de la grange, et de celle de $6 pour des pentures faites par le forgeron instructeur pour le même bâtiment. Le préfet fit construire une autre grange au marais, en 1895. Cette fois, il n'a signé aucune requisition. Il acheta encore le bois et le fit préparer au pénitencier. Ce sciage n'a pas été porté au compte, et le préfet déclare qu'il en a payé la valeur de la même manière que pour la première grange. Dans le compte spécial, le préfet est débité de la somme de $30.60 pour le travail des détenus employés à la construction de la grange, et de celle de $6 pour des pentures faites par le forgeron-instructeur. Le forgeron n'a reçu aucune requisition pour ces pentures. Il dit que, dans le premier cas, il en a fixé le coût à $9 et que le préfet a trouvé ce prix trop élevé; la seconde fois, il (Downey) n'a pas fixé le prix ni fait de compte. Ces dernières pentures étaient semblables aux premières, et elles sont mentionnées dans un état daté du 30 juin 1896 et remis au comptable par le préfet. M. Miller remit au préfet un état du temps des hommes employés à la construction des deux granges, et le préfet en fit un compte qu'il donna au comptable. Il est impossible de vérifier l'exactitude de l'état du temps des hommes, soit par les livres de M. Miller, soit par son témoignage. Quant aux matériaux, le préfet avait l'habitude de faire transporter du bois neuf au pénitencier et de l'y faire préparer. Le bois employé à la construction des deux granges venait de la cour de la prison: le préfet déclare qu'il lui appartenait. Rien ne prouve le contraire. De fait, il n'y a aucun état quelconque indiquant la quantité du bois manufacturé ou pris au pénitencier.

Le préfet a fait construire une grange sur la "Willow Farm" en 1897. Sauf la couverture en bardeaux, tout le travail a été fait par les prisonniers, sous la surveillance du garde Chambers. Le préfet a fourni les matériaux de la manière ordinaire, à l'exception des bardeaux de cèdre, qu'il a achetés. Cette grange mesurait 60 pieds par 30 pieds; il y avait un appentis de 16 pieds de large sur toute la largeur du bâtiment. Le préfet a produit, au sujet de cette grange, des états qui sont certifiés par M. Chambers pour le travail des détenus et par M. Godsoe pour le sciage du bois, et il est débité des montants respectifs dans son "compte spécial" au "petty ledger" personnel.

Le préfet n'avait pas la permission d'employer les prisonniers à la construction d'aucune de ces granges. En usant de son autorité de préfet pour obtenir le travail des détenus, il a fait construire ces bâtiments à très peu de frais et sans rien payer en retour au pénitencier. Je trouve néanmoins que la partie de la quatrième accusation qui se lit comme suit: "D'avoir construit des granges pour son usage avec des matériaux appartenant au gouvernement et d'avoir requis pour ces constructions le travail pénitentiaire pour lequel il n'a donné aucune valeur ni rien payé en à-compte" n'est prouvée qu'en ce qui regarde le travail des prisonniers.

Comme je l'ai déjà dit, il a été assez clairement prouvé que le préfet s'est servi des chevaux du pénitencier pour faire ses propres travaux. Outre ce qui a été dit au ujet du charriage du foin, de celui des pilotis et des broussailles pour le marais, il a été prouvé que les attelages du pénitencier ont transporté le bois pour l'une des granges au moins—sans qu'il en soit fait mention dans les comptes—et qu'ils ont aussi transporté des quantités considérables de vase sur le marais appartenant au préfet. Le 9 décembre 1895, il écrivit ce qui suit à l'inspecteur: " Il y aura cet hiver plus de prisonniers inactifs qu'à l'ordinaire, à moins qu'on ne leur trouve un emploi quelconque. Je désirerais faire transporter une certaine quantité de vase sur le marais acheté de M. Turner. Ce terrain sert de pacage depuis au delà de soixante ans et il a été grandement négligé. Pendant les deux automnes derniers nous y avons employé une bande de prisonniers à faire des fossées, à labourer et à remplir les baissières. Par suite de ces travaux, le sol est devenu très mince par endroits et il faudrait le renouveler en y apportant de la vase. On ne peut en trouver ailleurs que sur ma grève. Je possède un demi-mille de grève vaseuse, à portée de ce terrain (voir plan ci-inclus.) C'est le seul endroit où l'on peut trouver de la vase à moins de trois milles. Les propriétaires de grèves demandent dix cents la charge pour la vase. Je donnerai au pénitencier la vase dont il aura besoin en échange du travail des détenus. Je voudrais faire transporter cet hiver de la vase sur une partie de mon marais; si le département veut me permettre d'employer les prisonniers à charger et décharger mes voitures, c'est tout ce que je demanderai pour la vase que je fournirai au pénitencier. Quatre prisonniers peuvent charger une voiture en huit minutes. Une charge de vase déposée sur le terrain est évaluée à 30 cents. Par un beau temps et dans des circonstances favorables, un cheval peut transporter de 15 à 20 charges par jour.

"En vertu de cet arrangement, le pénitencier renouvellera le sol de son marais sans qu'il lui en coûte rien, car les prisonniers devront être enfermés si on ne les emploie à ce travail. Nous devrons nous mettre à l'ouvrage au plus tôt, avant que la glace ne se forme. Si cette offre était faite par un autre que moi, j'en recommanderais fortement l'acceptation."

Le 17 décembre 1895, l'inspecteur informa le préfet qu'il était autorisé à donner suite à l'arrangement suggéré. Mais le marais Turner ne fut pas amélioré. Après avoir reçu la lettre de l'inspecteur, le préfet se mit à faire transporter la vase sur son propre terrain et employa à cet ouvrage non seulement les détenus, mais les attelages du pénitencier et cette paire de jeunes chevaux dont il a déjà été question et que l'on gardait à l'écurie de la prison pour la valeur de leur travail. On transporta pendant l'hiver sur le marais Dickey, appartenant au préfet, de 1,100 à 1,200 charges de vase. Le garde Chambers a eu la surveillance des travaux entre janvier et mars; la plupart du temps on a employé trois paires de chevaux du pénitencier.

Il n'a pas été tenu de compte du travail des détenus ni de celui des attelages ; mais le préfet nous dit que, l'hiver suivant, il donna en retour au pénitencier l'usage de tous ses chevaux. On a prouvé que des attelages à lui ont été employés, en 1896, à transporter des quantitésc onsidérables de vase sur la "Willow Farm," et des bilots pour la prison. Le transport des billots avait été retardé parce que les attelages du pénitencier étaient à charroyer de la vase sur la "Willow Farm." Je n'ai pu m'assurer si les attelages du préfet ont fait d'autre ouvrage pour le pénitencier en 1896. Pendant ce temps, le préfet gardait aux écuries de la prison au moins une paire de chevaux et y faisait dompter trois ou quatre paires de jeunes bœufs.

Il a été également prouvé que le préfet, malgré le grand nombre de chevaux qu'il possédait, avait l'habitude de se servir de ceux du pénitencier pour lui et sa famille. Ses fils les prenaient pour se promener en ville et pour aller à Sackville et Moncton; ils en ont pris jusqu'à deux paires à la fois pour se rendre à un pique-nique, à huit milles du pénitencier. En une certaine occasion, un employé se servit d'une paire de chevaux de la prison pour aller à Shédiac, à 30 milles du pénitencier, engager une servante pour le préfet. Tout cela se faisait sans que ce dernier en fut débité dans son compte.

En se servant ainsi des chevaux du pénitencier, le préfet ménageait les siens. Je trouve que l'accusation portant qu'il s'est servi des chevaux du gouvernement pour épargner les siens a été prouvée.

On a amené des témoins pour prouver que le préfet "s'est servi à sa résidence, sans en rendre compte, des produits de la laiterie du gouvernement, et cela dans un temps où on avait besoin de tout le lait pour les prisonniers malades." Les dépositions sont vagues et contradictoires, et le préfet nie les faits. Je trouve que l'accusation n'est pas prouvée.

Il a été prouvé clairement que le préfet a trafiqué avec ses employés et qu'il leur a vendu du foin de sa ferme. Le préfet semble s'être fait une habitude d'échanger avec les membres du personnel des chevaux, des poulains, des bêtes à cornes, car les témoins ont déclaré que les marchés de ce genre se faisaient fréquemment.

Quant aux ventes de foin à ses employés, on a prétendu que, vu les termes de la convention concernant la "Willow Farm," l'intention du département a dû être que le préfet vendrait le foin récolté sur cette ferme ; que, comme les animaux gardés sur la ferme consommaient presque toute sa part des récoltes et autant de foin, sinon plus, que n'en produisait la terre, il vendait le foin marchand pour payer son loyer et en prenait d'autre pour le remplacer. En admettant qu'il en fut ainsi, je ne vois pas que cela justifiât le préfet de vendre du foin à ses employés, d'accepter leurs billets promissoires en paiement ou de laisser parfois les comptes impayés pendant des mois et d'établir ainsi entre lui et ses employés des relations de débiteurs à créancier. Il a été prouvé en outre que, non satisfait de vendre le foin récolté sur la "Willow Farm," il en achetait ailleurs qu'il faisait faucher par les prisonniers sans rien payer et qu'il vendait soit aux employés, soit à d'autres personnes.

Je trouve que le préfet a vendu du foin à ses sulbalternes et je considère que les raisons qu'il donne pour avoir agi de la sorte ne sont pas suffisantes. On n'a pas prouvé qu'il ait demandé un prix plus élevé que celui du marché pour le foin qu'il a vendu. Si l'on considère que, pendant nombre d'années, il a fait faire ses récoltes par les prisonniers sans rien payer pour ces travaux et que le foin a été transporté en grande partie par les attelages du pénitencier, sans frais, on conçoit que le préfet pouvait le vendre au prix du marché et réaliser encore un gain raisonnable.

Il y a quelques années, le préfet loua, près de la prison, un paturage, appelé paturage Knapp, qu'il sous-loua aux gardes pour l'usage de leurs vaches. On a prétendu qu'il avait loué ce terrain à la demande des employés, et il est prouvé que deux ou trois d'entre eux lui ont en effet demandé de le faire ; mais ceux-ci n'agissaient qu'en leur nom. Le préfet loua le pâturage pour $60 par année et permit aux gardes d'y mettre tel nombre de bêtes qu'ils voudraient, à raison de $6 par saison. On y fit paître d'abord environ douze vaches et le nombre en augmenta chaque année jusqu'à ce que, finalement, quelques-uns des employés trouvèrent que les animaux étaient trop nombreux pour l'étendue et la qualité du pâturage et retirèrent les leurs. Le préfet y mit alors quelques unes de ses juments avec leurs poulains. Il ressort des témoignages que le préfet a loué ce terrain dans un but de spéculation. C'était un endroit commode pour les employés et il fut peut-être loué à leur intention ; mais la preuve me force à croire que le préfet avait une spéculation en vue ; et si les employés avaient contiué à envoyer leurs vaches sur ce terrain en aussi grand nombre pendant les dernières années que pendant les années précédentes, la spéculation eût été heureuse.

Après la première ou deuxième saison, le préfet loua le pâturage pour cinq ans à raison de $52 ou $55 par année ; il devait en sus entretenir les clôtures et payer les taxes, environ $5 par an. Qu'il n'agissait pas comme agent des employés ou en leur nom, cela est évident par le fait qu'il ne leur a jamais rendu de compte, que pas un seul d'entre eux n'a pu dire ce que le préfet payait pour ce pâturage et qu'il ne les a pas consultés avant d'y envoyer ses juments et ses poulains. Il déclare que, lorsque les vaches étaient mises au pâturage pour un court espace de temps, il chargeait en proportion ; qu'il n'a conservé aucun mémoire de ces transactions et que, par conséquent, il ne pouvait produire de livres ou memorandum à ce sujet. Le montant réclamé des employés pour le pâturage était parfois réglé par billet et parfois restait impayé pendant des mois. Il est difficile de concevoir comment toutes ces transactions aient pu se faire sans qu'il en fut gardé un mémoire quelconque. Il n'est pas prouvé que le préfet ait demandé plus que le prix courant pour l'usage de ce pâturage. Je trouve donc que le préfet a en effet loué un pâturage à ses employés, mais qu'il n'a pas demandé plus que le prix ordinaire pour l'usage de ce terrain.

Pour ce qui regarde la fourniture de charbon aux membres du personnel, il paraît que, lors de l'appel des noms, le préfet ou le sous-préfet demandait aux employés qui voulaient acheter du charbon de lui dire le nombre de tonnes dont ils avaient besoin. Quelque fois, il donnait le prix du charbon et le nom de la mine où il se proposait de l'acheter, quelquefois non. La quantité de charbon demandée était livrée aux employés, et ceux-ci payaient le préfet. Ce dernier déclare qu'il ne faisait aucun profit, mais qu'il vendait le charbon à une avance de cinq ou six cents par tonne pour payer les frais de remises à la compagnie de houille, de correspondance, etc. Le montant dû au préfet par certains employés restait souvent impayé pendant des mois. Le préfet n'usait pas de contrainte pour effectuer ces ventes de charbon aux employés. Ces transactions n'étaient pas mentionnes dans les livres ; le préfet inscrivait seulement sur une feuille de papier le nom de l'acheteur, la quantité vendue et le prix. Quand la somme due était payée, l'article était rayé. Aucun de ces mémorandums n'a pu être trouvé ; cependant le préfet a produit certaines factures, supposées être pour du charbon acheté par lui pour les employés pendant certaines années. Elles corroborent son témoignage quant au prix chargé aux hommes pendant cette période. D'après les factures, il est évident qu'il a pu réaliser un profit tout en demandant un prix moins élevé que celui du marché ici. Quoiqu'il en soit, il ne parait pas que les prix demandés par le préfet aient été plus élevés que ceux du marché.

D'après les témoignages, je trouve que le préfet a fourni du charbon à ses employés, mais que ses prix n'étaient pas plus élevés que ceux du marché.

Quant à cette partie de la quatrième accusation allant à dire que, lorsque des produits de la ferme du pénitencier étaient vendus et que le préfet se portait lui-même acheteur, ou les lui faisait payer moins cher qu'aux employés, je trouve qu'elle n'est pas prouvée.

CINQUIEME ACCUSATION.

Cette accusation n'a pas été prouvée et les faits sont niés par le préfet et le médecin. En conséquence, je déclare l'accusation mal fondée.

SIXIÈME ACCUSATION.

Il n'y a pas de preuve que le préfet ait fait faire gratuitement de l'ouvrage au pénitencier pour ses amis. Quelques ouvrages de peu d'importance, pour lesquels il n'y a pas de charge dans les livres, ont été exécutés dans les ateliers du charpentier, du forgeron et du mécanicien sans réquisition de la part du préfet, mais il n'est pas prouvé qu'il ait donné ordre de faire quoique ce soit gratuitement. Les témoins ont fait connaître un fait qui peut se rapporter à cette accusation. Il y a quelques années, le préfet fit faire par le charpentier un certain nombre de bancs pour l'école du dimanche de l'Eglise anglicane de Dorchester. Ces bancs, à dossiers reversibles, furent faits en bois de merisier fourni par le pénitencier, et le charpentier pense que lui et ses hommes ont été employés environ trois semaines à ce travail. Il n'a été fait en cette circonstance ni réquisition ni compte, et le charpentier n'a gardé aucun mémoire du temps des hommes. Le préfet déclare qu'il a reçu en échange pour ces bancs une certaine quantité de bois de pin provenant des vieux bancs de l'église. Les livres ne font aucune mention de ce bois et le préfet ne parait pas avoir été autorisé à faire cet échange.

SEPTIEME ACCUSATION.

Il a été établi que le préfet, en différents temps, a gardé et employé des prisonniers libérés. Lun d'eux, un prisonnier de couleur, nommé Martin, paraît avoir joui de privilèges spéciaux. Lors de sa libération, on lui donna un pardessus, outre l'habillement complet ordinaire; il fut logé pendant un certain temps dans une maison située tout près et en dehors de la barrière, sur les terrains du pénitencier, et, sur l'ordre du préfet, on lui fournit un lit et des couvertures appartenant à la prison. Apparemment, quand il le voulait, il avait accès dans la cour, les granges et les étables du pénitencier ; il parait que lorsque Martin allait dans les granges et les étables, il s'y trouvait quelquefois des détenus sans gardes pour les surveiller. Il paraît aussi que Martin était employé aux mêmes travaux que les prisonniers et qu'il pouvait alors facilement s'entretenir avec eux. Il a été prouvé qu'un détenu a été envoyé avec l'ex-forçat Martin à environ un mille du pénitencier pour travailler sur le marais du préfet. Ils emportaient leur dîner et étaient absents tout le jour. Il n'y avait pas de garde avec eux. Cela s'est continué pendant quelque temps. Un autre prisonnier fut employé avec l'ex-forçat Martin à transporter du bois de la ferme Chapman, appartenant au préfet. Un autre fut employé avec Martin, après sa libération, à transporter des billots, d'une distance de cinq milles du pénitencier. Il a été prouvé aussi que le préfet a souvent employé deux ou trois détenus à sa résidence pendant des mois, durant l'hiver. Il prétend que, en vertu de la loi, il avait le droit de faire cultiver son jardin par les prisonniers et dit que le département a toujours fourni un domestique au préfet gratuitement. Il ajoute que l'un de ces prisonniers était employé aux travaux dans ses granges. Le préfet ne faisait certainement pas cultiver son jardin en hiver et je ne vois rien dans le statut qui l'autorise à faire travailler gratuitement les détenus dans sa grange. Il n'y avait jamais de gardes pour surveiller ceux qui travaillaient ainsi pour le préfet. Il a été prouvé aussi que Martin, pendant qu'il était prisonnier, a accompagné le préfet à Memramcook, à environ sept milles du pénitencier, au temps de la monte, avec un étalon ; qu'il est allé, encore avec le préfet, dans les mêmes circonstances et avec cet étalon, chez un M. Crossman, à trois ou quatre milles du pénitencier. Le préfet admet être allé avec Martin à Memramcook, et il ne nie pas être allé chez M. Crossman.

Pour ce qui est de la dernière partie de l'accusation, il paraîtrait que deux prisonniers sont, de fait, allés travailler sur la ferme " Chapman ", sans gardes, pendant quelques jours du mois de septembre 1895. Le préfet l'admet, mais il dit que ces détenus devaient être libérés sous peu. Le 14 novembre 1894, l'inspecteur écrivit ce qui suit dans son livre d'ordres (order book) :—" C'est agir mal et imprudemment que d'envoyer les détenus en dehors des murs d upénitencier sans un nombre suffisant de gardes. Les meilleurs d'entre eux ne méritent pas la confiance, et l'expiration prochaine de leur peine n'est pas une raison pour qu'ils ne soient pas tentés de s'évader." La ferme " Chapman ", où travaillaient ces prisonniers, est située à environ un mille du pénitencier. Trois détenus s'étaient évadés de cette ferme pendant le mois de novembre 1894, et c'est à cause de cette évasion que l'inspecteur faisait l'observation ci-dessus. Il n'a pas été prouvé que ceux qui y sont allés dans la circonstance cidessus mentionnée se soient évadés.

J'ai déjà dit, au cours de ce rapport, qu'il a été prouvé qu'un prisonnier a travaillé sur le marais du préfet, sans surveillance, pendant presque tout un été. Je déclare, en conséquence, que toutes les allégations de la septième accusation ont été prouvées.

HUITIEME ACCUSATION.

Il n'y a pas de preuve à l'appui de cette accusation et je la déclare mal fondée.

NEUVIEME ACCUSATION.

D'après le témoignage rendu par M. Downey, forgeron-instructeur, il paraît qu'il a prêté au préfet une fois $400, et une autre fois $700. Le premier emprunt fut remboursé quelque temps avant que le second ne fut fait. Il est encore dû à M. Downey environ $200. M. Gray, le comptable, déclare qu'il a aussi, en différents temps, prêté de petites sommes au préfet et qu'il a endossé des billets pour lui. Le préfet ne contredit pas les témoins au sujet de ces transactions.

Je déclare, en conséquence, qu'il est prouvé que le préfet a emprunté de l'argent de ses employés en différentes occasions, et qu'il a été leur débiteur.

DIXIEME ACCUSATION.

Marais et digue.—En avril 1891, le préfet a acheté pour lui-même un marais salin, sans digue, comprenant, tel que établi dans l'acte, 50 acres, plus ou moins, moyennant la somme de $255. Ce marais se trouve en dehors d'un autre marais protégé par un aboideau dont le gouvernement était alors en frais de négocier l'achat avec le propriétaire, un nommé William Turner, également propriétaire du marais acheté par le préfet. Le terrain, désigné dans les témoignages sous le nom de marais "Turner" devint la propriété du gouvernement en 1891.

Dans le cours de l'été de la même année, le préfet entreprit d'endiguer son marais, employant les détenus pour ce travail. Il construisit une digue d'environ trois quarts de mille de longueur, à un mille et demi de la prison. Le préfet ne demanda, ni n'obtint la permission d'employer ainsi les prisonniers. Environ dix-huit détenus, sous la surveillance de trois gardes, ont travaillé à cette digue durant les mois de juillet, août et septembre. Durant l'exécution de ces travaux, deux détenus s'évadèrent et furent repris trois jours plus tard. Deux hommes du dehors, des hommes d'expérience dans la construction des digues, furent aussi employés pour surveiller ces travaux.

Le préfet dit qu'il expliqua la chose à l'inspecteur lors de la visite officielle de ce dernier à la prison, au mois d'octobre de la même année. L'inspecteur fit l'entrée qui suit dans son livre d'ordres: " Relativement au marais acheté de M. William Turner, il aurait absolument fallu construire une nouvelle digue, si le préfet n'en eut construit une sur le marais salin qu'il possède entre la rivière et la propriété du pénitencier. Ces travaux ont nécessité une dépense en argent de $150, plus $200 pour le travail des détenus. La part du pénitencier dans ce montant est de $81 pour les ouvriers et $150 pour le travail des détenus. Je recommande le paiement de ces deniers au préfet qui, au lieu de l'argent comptant, prendra le travail des prisonniers."

Dans son rapport au ministre de la Justice, l'inspecteur dit : "On a acheté environ 45 acres de terrain marécageux. On dit que c'est un bon terrrain pour le prix qu'il coûte et qu'il sera utile comme prairie et pâturage. La digue que le préfet a fait construire en face de son marais exempte le pénitencier d'en faire construire une sur le sien. En conséquence, il en coûte beaucoup moins cher au pénitencier."

Le préfet admet lui-même que l'inspecteur était sous une fausse impression au sujet de la nécessité de cette digue; mais il dit que, bien qu'il eût vu cette entrée dans le livre d'ordres de l'inspecteur, il n'a rien fait pour détruire cette impression et donner au département un exposé exact des faits. Il admet qu'une nouvelle digue n'était pas nécessaire en face du marais Turner acheté par le pénitencier et, de plus, que le pénitencier ne possédait aucun marais salin.

Dans son journal, à la date du 13 octobre 1891, le préfet écrit: "M. Moylan considère qu'il ne serait que juste que le travail des détenus sur la nouvelle digue construite cet été sur mon marais salin, en face du marais Turner, soit fourni par le gouvernement pour la construction d'une nouvelle digue, vu que l'ancienne, en face du marais Turner, a été complètement détruite par le bétail mis là en pâturage depuis des années, et qu'il aurait fallu la reconstruire sans retard si je n'eusse fait la mienne; ce qui aurait nécessité beaucoup de travail, attendu que l'on aurait eu à transporter une longue distance le matériel de construction, si, toutefois on eût pu l'obtenir. Ce qui reste de la vielle digue sera d'une grande utilité lorsqu'il s'agira de niveler le marais. Il faudra tout cela et même davantage.

"Il ne serait pas juste de demander aux propriétaires du marais de contribuer à la reconstruction de l'ancienne digue, vu qu'elle a été détruite par le bétail de Turner avant que nous achetions le marais et que, aujourd'hui, nous remplaçons Turner.

"Pour le travail des ouvriers autres que les détenus, sur cette partie de la digue, j'ai payé $81. Si l'inspecteur croit que le pénitencier doit aussi payer cela, on pourra me fournir le travail des détenus pour ce montant pour l'autre partie de la digue."

Durant sa visite en question, le 16 octobre 1891, l'inspecteur écrivit ce qui suit dans le journal du préfet, au bas de l'entrée ci-dessus: "Le préfet ne croit pas nécessaire d'attirer l'attention sur les entrées faites dans ce livre."

Il ressort clairement de la preuve que le marais Turner, lorsqu'il a été acheté, était suffisamment protégé par la digue d'en face, faisant partie de la digue entourant 1,000 acres de marais de divers propriétaires dûment constituées en corporation et qui voient à l'entretien de ces travaux au moyen de versements à tant l'acre.

Cette vielle digue en face du marais avait été endommagée jusqu'à un certain point par le bétail, mais elle était encore en assez bon état pour protéger le terrain. Son entretien n'avait d'ailleurs jamais coûté cher, et il n'est pas prouvé que l'association ait refusé de faire les réparations nécessaires. Il n'est pas prouvé non plus que les propriétaires considéraient cette digue comme sérieusement endommagée. Il faut se rappeller que tout dommage résultant d'une rupture dans cette digue ne pouvait se borner à l'endroit particulier du marais où telle rupture s'était produite. Le préfet admet que l'eau n'a pas débordé de cette digue sur le marais Turner. Il dit que l'eau passait quelque peu à travers la digue. Le fermier dit que jusque-là la digue avait protégé le marais contre l'eau salée. Dans le cas même où la prison aurait été obligée de réparer les dommages causés par les animaux, cela eut pu être fait par le travail des détenus sans aucun frais. La cotisation du pénitencier pour les réparations à la digue a toujours été payée à l'association en travail pénitentiaire et, à cette époque, elle l'était au taux de 80 cents par jour par détenu. Il est évident que le préfet déclara faussement à l'inspecteur, qui le crut alors, que sans cette nouvelle digue le pénitencier eût été obligé de reconstruire la digue en face du marais. Le préfet croit avoir conduit l'inspecteur au marais pour lui faire voir la digue, mais il ne peut jurer la chose positivement; et bien qu'il soit dit dans le journal que, lors de cette visite, il accompagnait l'inspecteur à la cour, à l'écurie, à la porcherie et sur la partie cultivée de la ferme, au réservoir, aux nouveaux hangars, aux nouvelles cuisines, à toutes les boutiques et à la boulangerie, il n'est nullement question d'une visite au marais et à la digue. Dans son livre d'ordres, l'inspecteur ne fait aucune mention d'une visite au marais et à la digue, tandis qu'il dit avoir visité plusieurs autres endroits. Selon moi, l'inspecteur n'aurait pu se former l'impression sous laquelle il était, s'il eût visité le marais et la digue.

Sur la recommandation de l'inspecteur, le ministre accorda au préfet $150, représentant le travail des détenus à la digue, et $81 comme proportion des déboursés comptant. On observera que, dans son journal, le préfet dit avoir payé $81 aux ouvriers. Dans son témoignage, il dit qu'il ne croit pas avoir payé d'autre somme que celle requise pour les gages des ouvriers, mais il déclare aussi que le déboursé de $150 dont il a fait rapport à l'inspecteur est exact. Il n'a donné aucune explication, produit aucun livre, aucun état de comptes, et je ne puis comprendre cette différence entre l'entrée dans son journal et le montant soumis à l'inspecteur. Le préfet n'a pas d'état détaillé du travail des détenus à la digue. Dans le compte spécial il a porté à son débit 350 jours de travail. Il dit qu'il y a eu en tout 520 jours, sous la surveillance du garde Hutchinson, qui a tenu le temps et lui a donné un état. Or, M. Hutchinson est mort en 1893 et quelques-uns de ses registres des heures de travail, y compris une partie de ceux se rattachant à cette digue, ont été perdus. Le registre tenu par le sous-préfet, préparé dans la matinée et l'après-midi, et indiquant le nombre d'hommes sous chaque officier et l'endroit où ils travaillaient, porte à 856 le nombre de jours de travail des détenus confiés à M. Hutchinson durant ce temps. La déclaration du préfet à l'inspecteur que le travail des détenus représentait $200, implique qu'il a été fait à la digue 666⅔ journées au taux de 30 centins par jour, taux reconnu par le préfet lui-même. Le préfet dit qu'il avait l'intention de payer les autres 170 jours, soit $51, à même le montant de $150 que le département lui accordait pour le travail des détenus à la digue, et qu'il n'entendait pas alors profiter de la balance de $99. Il dit que l'on ne pouvait se fier aux registres pour savoir où les détenus travaillaient toute la journée, que les escouades pouvaient être divisées après leur départ et certains hommes mis à d'autres travaux; et, de plus, que, parmi le groupe de M. Hutchinson, il y avait deux garçons dont le travail est porté à son compte, mais qui n'étaient pas assez vieux pour travailler. Ce registre est le seul document que l'on puisse consulter, à cause de la négligence du préfet à conserver celui se rapportant aux travaux qui l'intéressaient.

Durant l'été de 1892, le préfet a construit un grand aboideau en rapport avec cette digue. Ce travail fut fait par les détenus sous la surveillance d'un constructeur expérimenté, engagé par le préfet. Cette fois encore, M. Hutchinson était chargé des détenus. Il donna au préfet un état du travail, qui fut transmis au comptable et porté au compte spécial du préfet. Cet état comportait 616½ journées de travail par les détenus. Le registre donnait à M. Hutchinson 880 jours à ces travaux. Le préfet réclame quelque chose pour la perte de temps et il y en a eu, sans doute, à cause de la température, durant la construction de cet aboideau. Le registre indique 76 jours de travail pour la semaine expirée le 28 juin. Or, il n'est porté aucun travail au compte du préfet pour cette semaine, et il est dit dans son journal que cela a été une semaine de marées hautes exceptionnelles, et que "l'on aura à interrompre les opérations pour assurer le travail déjà fait". Il est dit dans le registre que, le lundi, M. Hutchinson était à l'aboideau avec l'escouade ordinaire, et le reste de la semaine avec un plus petit nombre d'hommes. Il n'est que juste de supposer qu'il s'occupait de protéger l'aboideau contre la marée. On a employé des attelages de la prison pour la construction de la digue, et il paraît que le temps des conducteurs de ces attelages et des détenus n'a pas été porté au compte du préfet.

Le préfet croit que l'on ne doit pas lui faire payer le temps du prisonnier qui a servi les hommes de l'escouade à la digue et à l'aboideau, préparé leur dîner et fait quelques menus travaux.

Avant que l'on eût dirigé son attention sur les faits mentionnés dans son journal, le préfet était positif qu'aucun attelage de la prison n'avait été employé lorsqu'au printemps l'on transporta des fascines pour l'aboideau. Il n'a été rien réclamé au préfet pour l'emploi des attelages de la prison à ces travaux. Cela se trouverait être la même année que le préfet prétendait avoir employé deux chevaux pour la prison, pendant 138 jours, et réclamait $82.80.

L'aboideau une fois terminé, M. Hutchinson travailla 98 jours à réparer la digue, en octobre 1892. Le préfet admet qu'il n'y a pas eu de compte de fait pour ce travail, et qu'il en est responsable. Dans le compte qu'il fait du travail de Hutchinson à l'aboideau, le préfet a déduit $81 dues pour les gages qu'il avait payés aux ouvriers à la digue, l'été précédent, d'après le journal de l'inspection.

La digne construite l'année précédente avait été poussée trop loin vers la rivière ; la raison pour cela est claire, c'est que plus la digue était près de la rivière, plus elle agrandissait, pour le préfet, l'étendue du marais. Le préfet prétend que le commissaire des égouts et M. Turner étaient avec lui lorsqu'on décida où construire la digue et qu'ils ont approuvé le tracé suivi par la suite. Le commissaire n'avait alors aucune juridiction sur ce marais, qui n'appartenait pas à l'association, et il appert nulle part que lui-même ni M. Turner sussent quelque chose de la construction de la digue. A tout événement, depuis sa construction, cette digue a exigé des réparations considérables chaque année. Le garde Chambers, un homme d'expérience, dit qu'une partie de cette digue a été construite sur du sable mouvant, et que si elle eut été construite environ 20 pieds en deça il n'aurait pas fallu y faire subir d'aussi grandes réparations. En 1892, on fit construire un revêtement, sur la moitié de la longueur de la digue, par des détenus sous les ordres de M. Hutchinson. Le préfet dit que ces travaux sont compris dans son état du temps consacré par M. Hutchinson à l'aboideau. S'il en est ainsi, l'état ne le fait pas voir. Le préfet a prétendu qu'un aboideau construit en 1898, pour remplacer le sien de 1892, et auquel on a affecté surtout le travail des détenus, n'a exigé que 763½ jours de travail (dont 566 pour les détenus) bien que le travail fut plus considérable, et que, par conséquent, le compte de 880 jours pour son aboideau ne serait pas exact. Si le revêtement a été fait par M. Hutchinson pendant qu'il construisait l'aboideau, cet argument manque considérablement de force, vu que le temps mis au revêtement a été donné comme travail à l'aboideau et porté à son compte. Dans l'automne de 1892, on décida qu'il fallait protéger davantage cette digue en construisant une jetée. Le garde Legere, avec une escouade de prisonniers et un ou deux attelages de la prison, fut envoyé par le préfet à quatre ou cinq milles de la prison pour couper le bois nécessaire à ces travaux. J'ai déjà dit que l'on n'avait tenu aucun compte de ce travail du garde Legere avec les détenus et les attelages. Le préfet dit que M. Legere a travaillé environ 25 jours, mais Legere lui-même dit que les travaux ont duré plus de deux mois. Le bois destiné aux travaux projetés fut transporté durant le printemps, par des chevaux du dehors surtout, bien que l'on ait aussi employé les attelages de la prison, sans en tenir compte. Le préfet n'avait aucune permission d'envoyer les détenus couper et transporter ce bois. Voici comment il a payé ce travail : il avait, dit-il, un crédit de $99 ; mais ce crédit n'étant entré dans aucun livre et ne se trouvant mentionné dans aucun état, il l'affecta à ce travail et ne fit aucun compte. C'était le balance qu'il prétendait lui revenir sur l'allocation que le gouvernement lui avait accordée pour la digue et qu'il avait d'abord pensé ne pas devoir accepter. Ce crédit n'apparait dans aucun des livres. Le crédit de $81, provenant également de l'allocation du gouvernement en rapport avec la construction de la digue, avait été accepté par le préfet pour les travaux à l'aboideau, l'année précédente. J'ai déjà dit qu'il n'y avait pas d'état détaillé de ces travaux de construction de la digue. Le préfet avait porté à son débit 350 jours de travail, à 30 cents, $105, donnant à entendre qu'il croyait que c'était la proportion des dépenses qu'il devait payer. En 1893, il réclame $99. Dans ce cas, la proportion qu'il aurait payée pour le travail des détenus à la digue en premier lieu serait $6. L'explication qu'il donne n'est pas satisfaisante. S'il avait droit à une balance de $99 pour des travaux à la digue, pourquoi n'a-t-il pas porté ce montant à son crédit pour l'affecter à ses autres travaux, la construction de son aboideau, comme il a fait des $81? C'est à sa demande que le gouvernement lui accorda une allocation pour la construction de la digue, et il ne semble pas raisonnable de sa part de dire qu'il n'avait pas l'intention d'affecter toute la somme aux travaux ; à moins que, comme je l'ai déjà dit, il n'ait voulu établir par les livres que, d'après son estimation, le travail des détenus à la digue ne lui coûtait que $6.

Le foncage des pieux fut fait durant les étés de 1893 et 1894, sous la surveillance des gardes Corcoran et Chambers. Il n'y a pas de rapport du préfet au sujet de cette partie des travaux faits en 1893. Le garde Corcoran a tenu compte du temps des hommes; d'après le registre, il y a eu 300 jours de travail. Il n'y a pas non plus de rapport pour les neuf jours enmployés à préparer la sonnette, travail fait sous la surveillance de garde Chambers, en 1893. Le garde Chambers était chargé des travaux de pilotage fait par une escouade de détenus durant l'été et l'automne de 1894. Le préfet a soumis un état détaillé, préparé par lui-même, donnant le nombre d'hommes employés chaque semaine, depuis le 18 juin 1894, jusqu'en septembre. Cet état donne 740 jours d'ouvrage, dont le préfet déduit 37 jours pour perte de temps à cause de la température. Le livre de M. Chambers, pour presque chaque ouvrage, donne un homme de plus que ne le fait le préfet dans son exposé, et cet employé, dans son témoignage, dit qu'il ne peut comprendre cette différence, que je ne comprends pas moi-même, si le préfet a préparé cet état avec les chiffres à lui fournis alors par M. Chambers. Ce dernier ne se rappelle pas avoir contribué à cet état bien qu'il ait pu fournir le temps indiqué dans son livre. Il n'a fait aucune déduction pour le mauvais temps. Il avait discuté la question du mauvais temps avec le préfet dans le cas de certains travaux faits par lui. Selon moi, l'état fourni par le préfet est inexact. Il ne s'accorde pas avec le registre ni avec le témoignage du garde qui a surveillé les travaux.

Pour expliquer pourquoi il n'a pas été rendu compte d l'ouvrage de pilotage fait en 1893, le préfet dit qu'il ignorait que le garde Corcoran eut tenu compte du temps. Mais il devait assurément savoir que le travail se faisait. C'était son propre ouvrage fait sous ses ordres, et cela comportait une somme considérable de travail. Il eut été facile de savoir qui tenait compte du temps des hommes. Il n'a été soumis aucun état des travaux faits à la digne en 1893. Dans l'automne de 1894, le terrain du préfet fut réuni à celui de l'association des propriétaires du marais, au compte desquels tous les travaux subséquents ont été portés. Ces propriétaires avaient pris l'aboideau du préfet dans l'automne de 1892. En 1891, ils avaient coupé, à plusieurs endroits, leur digue et leur aboideau dans le but de submerger leur marais et le renouveler. Quand, en 1892, ils décidèrent de fermer l'entrée à la marée, le préfet avait construit sa digue, et comme cela devait servir aux deux aboideaux et obvier à la nécessité de les reconstruire, ils donnèrent au préfet $250 pour le sien. Le pénitencier, étant un des propriétaires du marais, contribua sa quote-part des $250.

Il ressort de la preuve que, pour la somme relativement minime de $255, le préfet est devenu l'acquéreur de quelque 50 acres de terrain marécageux non amélioré situé le long de la rivière et immédiatement endehors d'autres terrains marécageux achetés à la même époque, de la même personne, par le gouvernement. Bien qu'il n'ait pas recommandé la construction d'une digue pour protéger le marais du pénitencier, comme le dit l'accusation, il a fait ce qui équivalait à la même chose ; il a construit un aboideau sur son marais en employant les détenus (sans permission aucune); il a représenté ensuite à l'inspecteur, qui évidemment ne connaissait rien des faits, que la digue qu'il venait de construire faisait disparaître la nécessité d'en construire une nouvelle pour le marais de la prison, et demandé la contribution de la prison à ces travaux. Cette représentation du préfet n'était certainement pas juste. Sur la recommandation de l'inspecteur, le département accorda au préfet $81 comme contribution aux déboursés de $150 qu'il prétendait avoir faits (bien que, autant que j'ai pu l'apprendre de lui, il n'ait dépensé que $81 pour le travail des ouvriers), et $150 pour le travail des détenus, travail qui, d'après les dires du préfet à cette époque, s'était élevé à $200, tandis que, dans son témoignage, il le met à $156, représentant 520 jours de travail, à raison de 30 cents par jour.

En 1892, le préfet construisit un aboideau en rapport avec cette digue, employant les détenus à ces travaux. Il porte à son compte $277.95 pour le travail des détenus et des attelages de la prison. Il n'est pas question, dans son témoignage, qu'il ait fait d'autres dépenses pour l'aboideau. Ces dépenses sont insignifiantes et n'étaient que pour le transport des fascines—qui, elles, ne coûtaient rien, vu qu'on les prenait sur le terrain du pénitencier qu'on défrichait alors—; et le charriage a été fait en partie par les chevaux de la prison. Or, les propriétaires du marais ayant accordé $250 au préfet, il est évident que l'aboideau ne lui a pas coûté cher. Le garde Chambres estime que l'aboideau, s'il eût été construit par des ouvriers du dehors, aurait coûté $900, et que la digue n'aurait pas coûté davantage. Le préfet avait fait creuser des fossés sur ce marais salin par les détenus, et pour une partie du travail il avait fait un compte. Il dit que depuis des années il désirait avoir ce terrain ; qu'il pensait alors qu'il suffirait de faire une digue pour y récolter du foin. Il a obtenu le marais à bon marché, mais il paraît qu'il n'y a pas encore poussé de foin pour la peine. Pour les raisons déjà données, la digue avait besoin de grandes réparations qui furent faites par les détenus. Il faut ici mentionner le fait que le travail des détenus à la digue et à l'aboideau, et aussi aux réparations, a été payé par le préfet avec du bois brut, des têtes d'arbres, etc., et le louage de chevaux, comme on le verra plus loin.

Le préfet prétend que trois acres du marais de la prison sont devenus productifs, grâce à sa digue et son aboideau; que le nouvel aboideau a donné de plus grandes facilités de drainage. Il ressort de la preuve que le marais de la prison—qui, d'après le préfet, a été desséché,—est comme son propre marais salin et qu'il ne produit pas encore. Les autres prétendus avantages, s'ils existent, ce qui n'est pas clair du tout, profiteraient aussi au préfet; dans tous les cas, ils ne sont aucunement appréciables. Le fait qu'il a fallu presque constamment réparer et que l'association du marais a dû remplacer l'aboideau par un nouveau, en 1898, semble contredire fortement la prétention du préfet, allant à dire que cette digue est meilleure et moins coûteuse d'entretien. Le fermier, si bien disposé en faveur du préfet, ne va pas jusqu'à dire que la construction de la nouvelle digue, à tout prendre, a été de quelque avantage pour la prison. Il est évident que ce n'est pas en vue des avantages que la prison pourraient en retirer, directement ou indirectement, que cette digue a été construite.

Il n'est pas prouvé, à mon avis, que la valeur du marais du préfet ait augmenté de plusieurs milliers de piastres par suite de la construction de la digue, comme il est allégué dans l'accusation, mais il est évident qu'il y a eu augmentation de valeur.

Je trouve que les allégations contenues dans la septième accusation, au sujet du marais dont il y est question, ont été en substance prouvées.

Cette partie de la dixième accusation portant que le préfet a donné la position de conducteur d'attelage au pénitencier à John Mitten, avec promesse d'avancement comme acquit partiel du prix d'une tere achetée du dit Mitten, n'est pas soutenue par la preuve. Le préfet nomma Mitten conducteur d'attelage et lui promit de s'efforcer de lui faire avoir les gages de garde s'il se contentait de cette position de conducteur d'attelage, ce à quoi Mitten consentit. La ferme de Mitten, dans Dorchester, était hypothéquée et il y avait en outre un jugement contre lui. Le préfet s'est intéressé au cas de Mitten et a réglé pour $400 l'hypothèque s'élevant à $900 environ. Pour garantir ce montant, il accepta un transport de l'hypothèque avec l'entente que Mitten lui paierait $452 et l'intérêt. Le préfet avait dépensé $8.50 en frais dans cette opération et il lui restait ainsi un certain montant pour payer la peine qu'il s'était donnée. Peu de temps après, Mitten vendit sa ferme $750 et dona au préfet $452, ce dernier n'exigeant pas d'intérêt pour les deux ou trois mois écoulés depuis l'opération. Le préfet obtint aussi une réduction du montant du jugement contre Mitten, et il régla l'affaire presque en même temps que l'hypothèque, immédiatement avant l'entrée de Mitten au service du pénitencier comme conducteur d'attelage. Ce jugement et quelques autres dettes de Mitten furent réglés par le préfet moyennant $150; et, pour cette considération, Mitten consentit à lui céder trois acres de maraisi. La raison donnée par le préfet pour maintenir Mitten à la position de conducteur d'attelage, c'est qu'il voulait avoir un bon homme pour prendre soin des chevaux; que jusque-là les conducteurs avaient à peine compris leur devoir qu'ils étaient promus au poste de garde. Le préfet s'efforça d'obtenir pour Mitten les gages accordés aux gardes. Il n'y réussit que dans le cours de 1897.

ONZIEME ACCUSATION.

La preuve n'est pas suffisante pour maintenir cette accusation.

Je désire attirer votre attention sur une transaction concernant la ferme Chapman. Il ressort des témoignages que, dans l'automne de 1894, le pénitencier a fait labourer environ quatorze acres de cette ferme, qu'il a fait ensemencer d'avoine et de gazon le printemps suivant, en fournissant la semence et la main-d'œuvre. Ce terrain avait été utilisé comme pâturage et était épuisé. Le préfet en était alors propriétaire. Environ quinze à vingt acres de terre boisée furent défrichés par les détenus; le bois fut transporté à la prison et le préfet en reçut crédit. Lors de la moisson, l'avoine, qui constituait la seule récolte, fut portée à la prison et divisée dans la même proportion que les récoltes de la "Wilson Farm," deux tiers allant au pénitencier et un tiers au préfet. M. Pipes déclare qu'il n'a pas recommandé la mise en culture de ce terrain vu qu'il y en avait beaucoup d'autres appartenant au pénitencier. Il ajoute qu'environ un demi-acre de cette ferme fut essouché après que le bois eût été enlevé. Le préfet dit que la raison pour laquelle cette ferme fut mise en culture c'est qu'il n'y avait qu'une très petite étendue de la "Willow Farm" semée en avoine cette année-là. Il y avait alors plus de terre en foin qu'à l'ordinaire. Il explique qu'il a fait défricher parce que le bois offrait un abri aux prisonniers tentés de s'évader. Le résultat de ces travaux fut que le préfet fit labourer et ensemencer un pâturage épuisé, défricher quinze à vingt acres de terre boisée et essoucher environ un demi-acre de terrain ; qu'il vendit une quantité considérable de bois, en paiement duquel il obtint le travail des prisonniers et un tiers de la récolte, le tout sans dépenser un dollar.

Le pénitencier fournissait le grain de semence et le travail, et recevait les deux tiers de la récolte—environ 111 boisseaux d'après M. Pipes, représentant $38.85 au prix auquel l'avoine se payait cette année-là—et le bois. Il semble vraiment que le préfet ne semait en avoine qu'une petite étendue de la "Willow Farm" dans l'intention bien arrêtée de se fournir une excuse pour cultiver et défricher son propre terrain avec le surplus d'argent qu'il retirait de la vente du bois. Le préfet n'était pas autorisé par le département à faire ces travaux, et il ne paraît pas que l'inspecteur en ait été informé lors de sa visite annuelle. Puisque le préfet considérait qu'il était nécessaire d'obtenir la sanction du ministre au sujet de l'arrangement concernant la "Willow Farm," je ne puis comprendre qu'il ne se crût pas obligé d'informer le départemetn des travaux qu'il faisait sur la ferme Chapman.

DOUZIEME ACCUSATION.

Le préfet avait deux de ses neveux parmi le personnel, tous deux nommés pendant son terme d'office, l'un, Russell Forster, comme son secrétaire et l'autre, Percy Forster, comme garde. Depuis le changement de gouvernement, Russell Forster a été transféré à Kingston, et Percy Forster à Saint-Vincent de Paul. Il n'a pas été produit de preuves à l'appui de cette partie de l'accusation disant que le préfet a forcé ses neveux à lui payer une partie de leur salaire sous prétexte que feu leur père lui devait une certaine somme d'argent. Russell Forster a déposé que le préfet n'a jamais reçu aucune partie de son salaire ou de celui de son frère, ni directement ni indirectement.

TREIZIEME ACCUSATION.

Au sujet de cette accusation, j'ai déjà fait un rapport disant que le nommé Patrick C. Connell, dont il est ici question, a été renvoyé du service alors qu'il était encore habile à faire le service. Il n'est pas prouvé que le préfet ait fait congédier le dit Connell à cause de ses opinions politiques.

QUATORZIEME ACCUSATION.

L'acusation est que le préfet n'a pas remis aux prisonniers, lors de leur libération, des effets leur appartenant, et se rapporte à des plaintes faites au département, à différentes reprises, par un ex-forçat nommé John Conroy. J'ai déjà fait mon rapport à ce sujet, disant que Conroy n'a souffert aucune injustice de la part du préfet ou de ses employés pendant son séjour au pénitencier de Dorchester. C'est la seule plainte de cette nature qui ait été portée à ma connaissance.

QUINZIEME ACCUSATION.

Le préfet est accusé d'avoir empêché certains prisonniers de communiquer avec leurs amis, ou d'adresser une plainte légitime au ministère de la Justice contre sa conduite. Cette accusation se rapporte au cas du détenu Stanley Steele, qui m'a été référé, avec instruction de faire une enquête au sujet de certaines plaintes faites au département par Steele et ses parents. J'ai fait l'enquête, et j'ai démontré dans mon rapport que le dit Steele n'avait aucun motif de plainte.

COMPTE SPECIAL.

Outre le compte ordinaire tenu dans le grand livre de l'institution pour lui comme pour chaque membre du personnel, le préfet en avait un autre qui a été désigné dans les témoignages sous le nom de "compte spécial." Ce compte fut ouvert en novembre 1890 et clos le 31 décembre 1897. Il y est fait mention de tout le travail pénitentiaire dont le préfet s'est débité pendant cette période: ouvrages faits à son marais, à la digue et à l'aboideau, construction de ses granges et un ou deux ouvrages moins considérableis faits par le mécanicien et le forgeron; en tout, 2,300 journées de travail à raison de 30 cents par jour. Le préfet porte d'abord en compte contre ce montant le prix de 1,336 cordes de bois, à 20 cents la corde, qu'il aurait fournies au pénitencier en 1892 et 1893. C'est de ce bois dont il est question dans la partie de ce rapport ayant trait à la "Willow Farm". Lors de la location de cette ferme, il y avait une quantité de bois gisant un peu partout sur la portion boisée de la propriété: têtes d'arbres laissées là après la taille des billots, arbres abattus par le vent, bois commun, en grande partie pourri, le tout sans valeur marchande. Il pouvait servir comme combustible dans la chambre des chaudières du pénitencier et, d'après l'inspecteur, le préfet devait en envoyer 1,000 cordes à la prison pendant l'hiver de 1891-92, suivant la convention faite au sujet de la ferme. Ce bois ne coûtait rien au préfet, et il est clair que les propriétaires ne s'opposèrent pas à ce qu'on l'enlevât. L'un des employés qui a aidé à le ramasser dit que la terre gagnait à en être débarrassée. Ce bois fut pris sur les terrains de la "Willow Farm," et sur la propriété voisine, appartenant à M. Brad. Gilbert. Le préfet déclare que, lorsqu'ils ramassèrent le bois, les employés du pénitencier dépassèrent la ligne de division et en prirent sur la propriété de M. Bradford Gilbert; que, ce dernier s'en étant plaint, il convint de lui donner $50, tant pour le bois déjà ramassé que pour celui que l'on pourrait trouver sur son terrain. Le préfet paya cette somme lui-même, et le bois fut transporté au pénitencier. Ce bois n'est pas mentionné dans les livres du garde-magasin, qui ne l'a pas mesuré et n'en connaissait rien. Le préfet déclare que ce bois a été mesuré dans la cour par un employé qui lui a remis son livre, d'après lequel il a lui-même préparé pour chaque année des états qu'il a remis au comptable.

Il dit qu'il a découvert plus tard que le chevalet avec lequel on avait mesuré le bois avait cinq pieds de haut au lieu de quatre; que le pénitencier se trouve ainsi avoir reçu 303 cordes de bois de plus que la quantité portée au compte, mais qu'il n'a jamais rien demandé ni reçu pour cette quantité additionnelle. Aucun employé n'est venu dire qu'il avait mesuré ce bois; on n'a produit aucun livre pour prouver le mesurage, et on n'a trouvé aucun état concernant ce bois parmi ceux que le préfet a remis au comptable et qui sont gardés dans le bureau de ce dernier. Le garde Corcoran, qui a ramassé le bois avec le garde Alexander, ne sait pas qu'il y ait jamais eu d'autre mesurage qu'un calcul imprécis fait par Alexender. Ce dernier déclare, "qu'ils ont calculé à peu près" la quantité de bois pris sur ces terres, (la terre Brad. Gilbert et la "Willow Farm"). Alexander, qui a été employé à faire le bois sur ces deux propriétés et sur la propriété Turner (le pénitencier avait payé $55 le privilège de prendre du bois sur la terre Turner et on estime qu'il y en a été ramassé 550 cordes) dit que, à son avis, on a pris plus de bois sur la propriété Bradford Gilbert que sur la "Willow Farm", et une plus grande quantité encore sur les terrains Turner que sur l'une ou l'autre des deux autres propriétés.

L'article suivant, porté au crédit du préfet dans son "compte spécial", est en date du 30 novembre 1894 : "usage de chevaux et de bœufs, 1892-93 et 1894, $317.80". J'ai déjà dit ce que je pense de cette réclamation faite par le préfet pour l'usage de ses chevaux et de ses bœufs.

Le 30 novembre 1895, le préfet est crédité, pour du bois, de la somme de $117.05, divisée comme suit :—

53½ cordes de bois dur à $1	$53 50
58¾ cordes dépinette à 75 cents	51 55
4 cordes de merisier, pour tinettes à beurre, à $1.50	6 00
½ corde de merisier blanc pour fichoirs	1 00
5 cordes de bois pour le séchoir	5 00

M. Fraser, le garde-magasin, mesura ce bois, mais le préfet lui dit de ne pas en faire mention dans ses livres. L'abattage fut fait par les prisonniers et le charriage par les attelages du pénitencier; le prix ne serait donc que pour la valeur de l'abattis, et fut fixé par le préfet lui-même. Par ce que j'ai pu voir dans les livres au sujet d'autres achats de bois, ce prix est très élevé. Sauf les cinq cordes mentionnées en dernier lieu, ce bois venait de la ferme Chapman, propriété du préfet, et fut coupé par les détenus, sous la surveillance des gardes Alexander et Hutchinson. Le garde Alexander déclare que lui et le garde Hutchinson ont défriché 8 ou 10 acres sur la ferme Chapman, durant l'automne et l'hiver 1894-95, et que le bois qui y fut fait—bois de deuxième croissance et petit—fut transporté au pénitencier. A son avis, le coût du défrichement de la terre était à peu près égal à la valeur du bois. Ils ont coupé tout le bois qui poussait là et ont travaillé tout l'hiver—deux employés et de quatre à six prisonniers. Ils firent environ 2,000 perches pour le préfet, les transportèrent et les laissèrent de place en place sur la propriété, où une clôture fut plus tard construite. Le garde Hutchinson dépose qu'ils ont, vers ce temps, défriché 8 ou 10 acres sur la ferme Chapman et qu'ils ont tout coupé, bois à brûler, bois à perches et sous-bois. Les sous-bois furent brûlés et la terre laissée prête pour l'essouchement. Le bois fut transporté au pénitencier ; c'est celui pour lequel le préfet se crédite de la somme de $117.05. Le préfet déclare qu'il a fait défricher cette terre près du pénitencier pour empêcher les prisonniers de s'y cacher en cas d'évasion. Mais ce lot de terrain n'est pas du tout voisin de la propriété de la prison ; la terre Turner, dont une partie n'est pas défrichée, sépare la ferme Chapman du pénitencier. Le préfet dit que la terre avait plus de valeur lorsqu'elle était boisée. Or, il l'a achetée en 1894 pour $340, et, après en avoir remis une partie en culture, de part avec le pénitencier, en avoir fait défricher une certaine étendue, comme dit ci-dessus, et avoir fait réparer les bâtiments par les détenus, il vendait cette propriété $750 en 1897.

Le 14 mai 1896, le préfet se crédite de "5 cordes de bois, bonne qualité, à $1 = $5; 30 cordes de bois commun, à 50 cents = $15." Le garde-magasin mesura ce bois et n'en fit pas d'entrée dans ses livres. Le préfet, comme d'habitude, fixa le prix d'après la valeur intrinsèque du bois, qui fut abattu par les prisonniers et charrié avec les attelages du pénitencier.

Le 31 octobre 1897, le préfet porte à son crédit: "usage d'un cheval, 151 jours à 30 cents = $45." Le cheval du messager ayant eu mal aux yeux pendant dix jours environ, le préfet prêta l'un de ses chevaux et le fit travailler et entretenir pendant 151 jours, avec le résultat ci-dessus à son avantage.

Le 31 décembre 1897, le préfet solde le "compte spécial" en payant en argent comptant $4.04. C'est la seule fois qu'il est fait mention d'argent comptant dans ce compte. C'est après cela que le préfet produit son "compte pour paille," que le comptable attacha avec une épingle à la feuille du grand livre où se trouve inscrit le "compte spécial". Ce "compte spécial" n'a jamais été mis sous les yeux de l'inspecteur, et il n'y a rien dans l'état détaillé concernant le pénitencier de Dorchester, compris dans les rapports du ministre de la Justice, qui fasse voir que le préfet ait eu cette somme considérable de travail pénitentiaire à 30 cents par jour et même, dans une circonstance, à 25 cents par jour; il n'y a rien non plus qui indique que le préfet ait fourni au pénitencier du bois et des attelages en paiement de ce travail. De plus, le préfet a employé, sans rien payer au pénitencier, des hommes d'expérience, comme le garde Hutchinson, pour construire sa digue et son aboideau; le garde Chambers, un charpentier, aussi pour faire sa digue et son aboideau, réparer la maison et la grange de la "Willow Farm" et la grange de la ferme "Chapman", et bâtir une grange neuve sur la "Willow Farm"; le garde Legère, excellent fermier, pour creuser ses fossés, faire ses foins et transporter des pilotis pour sa digue. L'instructeur de métier Miller a bâti au marais deux granges pour le compte du préfet, qui n'a été débité que du travail des prisonniers à 30 cents par jour.

Je ne trouve rien qui ait pu autoriser le préfet à faire les transactions que revèle le compte spécial, ni à se servir du travail pénitenciaire comme il l'a fait. Quant à la fourniture de bois au pénitencier, son action me semble tomber sous le coup de l'article 31, qui impose une pénalité sévère au préfet ou autre fonctionnaire fournissant des matériaux, des effets ou des provisions pour l'usage du pénitencier. Bien plus, dans le cas présent, le préfet prend sur lui de fixer le prix qu'il devra recevoir pour son bois, et il tient le temps des prisonniers qui travaillent pour lui—j'ai déjà dit avec quels résultats.

ADMINISTRATION GENERALE.

Les témoignages établissent clairement qu'il était d'habitude au pénitencier de Dorchester de faire faire des travaux sans qu'il y eût de requisition de donnée. Comme je l'ai fait observer, ce mépris des règlements a eu souvent pour résultat qu'on n'a gardé aucun mémoire du temps des détenus employés à travailler pour le préfet. On n'a pu me citer qu'une circonstance où il y a eu une requisition pour de l'ouvrage fait pour lui. Le peu de cas qu'il faisait des règlements caracterise un grand nombre de ses transactions avec le pénitencier; et son observation que "le préfet peut faire comme il l'entend" semble expliquer sa manière d'agir avec l'institution dont il était le principal officier. Les livres ne font aucune mention de plusieurs de ses transactions. Il a été prouvé que souvent, lors de ventes faites par lui au pénitencier, le préfet fixait lui-même les prix et recevait crédit en conséquence. On n'a pu trouver des états que pour une faible partie des quantités considérables de bois qu'il a vendues. C'était aussi l'habitude de transférer les détenus d'une bande à l'autre sans l'ordre écrit qu'exigent les règlements. La règle, qui dit que le préfet ne fera aucun contrat affectant les intérêts du pénitencier sans la sanction du ministre, a été violée à mainte reprise, et l'article 31 de l'Acte des pénitenciers semble s'appliquer a certaines autres de ses transactions avec l'institution. Il est établi que le préfet possède et cultive une ferme à Dorchester, qu'il vend de grandes quantités de foin et, à mon avis, qu'il fait une exploitation agricole de la manière ordinaire; j'attire donc votre attention sur l'article 32 du dit Acte. Il a aussi été prouvé hors de tout doute que le préfet faisait faire pratiquement tout ses travaux par les prisonniers, et que jamais il n'a obtenu la permission du ministre avant de les employer. En plus, je dois mentionner le fait que des instructeurs de métiers et des gardes, ayant une connaissance spéciale des ouvrages que faisait alors faire le préfet, ont été souvent pris à l'atelier, détournés de leurs occupations régulières et envoyés à un mille et demi de la prison pour exécuter des travaux pour lui, sans l'autorisation du département. Ces employés n'ont jamais rien chargé pour leur temps; et, cependant, on les a quelquefois employés à des travaux non prévus, à mon avis, par les règlements, comme, par exemple, Hutchinson travaillant dans l'eau et la vase à construire un aboideau pour le préfet. Aucun état du travail des détenus employés par le préfet n'a été envoyé au comptable des pénitenciers, comme l'exigent les règlements. Dans toutes ses transactions avec M. Pipes, le fermier, le préfet ne parait pas avoir rencontré la moindre objection de la part de ce dernier. M. Pipes lui prêtait en tout temps du foin appartenant au pénitencier, échangeait avec lui des animaux, et faisait généralement tout ce qu'il lui demandait. Il n'est pas prouvé que M. Pipes ait jamais refusé de se rendre aux désirs du préfet dans toutes les transactions, marchés et échanges que ce dernier a faits avec le pénitencier, et au sujet desquels il déclare avoir consulté le fermier.

Le préfet semble avoir prêté peu d'attention à la manière dont les divers fonctionnaires tenaient et conservaient leurs livres; il en résulte que les livres de note du fermier, qui seuls, dit-on, contenaient le mémoire des règlements de compte de chaque années entre le fermier et le préfet, ainsi que les états préparés d'après ces livres, n'ont pas été produits et n'ont pu être trouvés. Si ces livres et états ont jamais existé, on a fait preuve de la plus grossière négligence en ne les conservant pas. Il n'est pas prouvé que le préfet, dans ses transactions avec les gens du dehors, n'a pas sauvegardé les intérêts de l'institution; mais il est parfaitement établi que, dans celles qu'il a faites avec le pénitencier, il surveillait plutôt les siens propres et que, suivant moi, il a fait aux dépens de l'institution des gains considérables.

Le préfet a produit un état pour établir qu'il avait réalisé, depuis sa nomination, une économie de $158,347, se divisant comme suit:

5 janvier 1891.

Réduction du personnel—

Gardien en chef à $800, 3 ans	$2,400 00
Econome à $700, 3 ans	2,100 00
Instituteur à $400, 2 ans	800 00
Boulanger	600 00
Uniformes des officiers	200 00
Economie dans le combustible, 3 ans	3,000 00
Congédiement du personnel travaux publics, 2 ans	2,000 00
Coût des matériaux employés aux constructions et réparations, suivant estimation du ministère des Travaux publics en 1888, avant le congédiement du personnel	3,000 00
Réduction de la dépense par tête, de $299 à $224.70	20,747 40
Construction de la nouvelle palissade en épinette, au lieu de cèdre tel que conseillé par le ministère des Travaux publics	13,000 00
	$65,847 40

Estimation supplémentaire de l'économie effectuée jusqu'à date; économie pendant neuf ans résultant du congédiement du personnel des Travaux publics..	72,000 00
Installation de lumière électrique remise	4,500 00
Economie effectuée en achetant la terre à bois "Chapman" au lieu de la terre "Turner"	2,000 00
Economie dans l'achat de la terre à bois "Buck"	4,000 00
Economie de combustible et récoltes par exploitation de la "Willow Farm"	5,000 00
Economie de combustible, autre que la "Willow Farm"	3,000 00
Différence entre le prix payé pour le marais "Turner et Palmer" et celui payé pour marais par l'ex-préfet	2,000 00
Economie	$158,347 40

En 1891, le préfet demanda une augmentation de traitement et basa sa réclamation sur les économies réalisées par lui à cette date et s'élevant à $65,847. Il produit maintenant l'état ci-dessus.

Presque tous les articles de cet état sont discutables. Quant à celui qui a rapport à la réduction du personnel, le préfet n'a pu prouver qu'il y ait été pour quelque chose. Les dossiers du ministère feront voir exactement ce qui a été fait. Je puis dire cependant qu'il réclame avoir fait une économie de $600 dans le salaire d'un boulanger; mais il a fallu après tout en nommer un autre, parce qu'on se plaignait que les prisonniers qui étaient à la boulangerie ne savaient pas cuire le pain convenablement. Il se donne le crédit d'avoir économisé $3,000 sur le combustible jusqu'à 1891; mais, dans sa lettre à l'inspecteur, en date du 5 janvier 1891, il dit que cette ligne de conduite fut décidée par l'ex-préfet, M. Botsford. Pour ce qui est du congédiement du personnel des travaux publics, en raison duquel le préfet prétend avoir réalisé une économie totale de $74,000, il n'est pas prouvé qu'il ait recommandé de retirer ce département du pénitencier. Les témoins qui ont été produits ont prouvé simplement l'existence d'un conflit d'autorité entre M. Turnbull, commis du département au pénitencier, et le préfet, lequel a eu pour résultat la suspension et la réinstallation subséquente de M. Piercy, le mécanicien. Au dit état se trouve aussi un article de $4,500, montant que le préfet dit avoir économisé en faisant au ministère un rapport contre l'installation au pénitencier de la lumière électrique. Il n'appert pas que cette installation dépendit du rapport du préfet, ni que cette dépense n'eût pas été justifiable et d'un grand avantage pour l'institution. Le préfet prétend encore avoir économisé environ $2,000 en achetant la terre à bois Chapman, près du réservoir, au lieu de la propriété Turner. C'est par suite d'une erreur que le préfet entra en négociation au sujet de cette propriété. Il croyait Turner propriétaire de la terre contigue au réservoir, losque de fait c'était madame Chapman. Je ne vois pas qu'il puisse réclamer de crédit pour la correction d'une erreur qu'il avait lui-même commise. Il y a aussi l'économie prétendue de $4,000 dans l'achat de la terre à bois Buck. Le prix en fut fixé sur l'avis de M. Legère, alors garde au pénitencier. La valeur de la propriété a augmenté; mais je ne crois pas que le préfet puisse prétendre avoir réalisé une économie sur cet achat, puisque le pénitencier l'a fait sur le rapport d'un homme compétent, M. Legère, et que toutes les terres à bois ici ont augmenté en valeur. Quant à la somme de $5,000 économisée sur le combustible et les récoltes par l'exploitation de la "Willow Farm," je désire attirer votre attention sur cette partie de mon rapport qui traite de cette ferme et de l'entretien des chevaux du préfet aux écuries du pénitencier pendant qu'ils étaient employés sur cette propriété. Le préfet ne semble pas comprendre dans ces calculs les profits qu'il a lui-même réalisés dans cette exploitation. Il prétend aussi avoir économisé une somme de $3,000 dans l'achat de bois, autre que celui de la "Willow Farm." Je ne sais quel peut être ce bois, à moins que ce ne soit celui de Bradford Gilbert. Le préfet déclare qu'il a été forcé d'en faire l'achat pour éviter une action de "trespass," et il le comprend dans un état des économies qu'il prétend avoir faites par sa bonne administration. Il faut se rappeler qu'il acheta ce bois pour $50 et qu'il le vendit au pénitencier comme du bois venant de la "Willow Farm," à 20 cents la corde ce qui, d'après la quantité prouvée, aurait été une transaction très avantageuse pour lui. Quant à l'économie de $2,000, prétendue différence entre le prix d'achat des marais Turner et Palmer et celui payé par l'ex-préfet pour un marais acquis pendant son terme d'office, je puis dire que nous ne connaissons rien des prix d'alors et d'aujourd'hui; mais il est prouvé que le préfet a acheté pour lui-même de Mitten, en 1894, pour $50 l'acre, un marais voisin du marais Turner acheté par lui pour le pénitencier, et d'une valeur au moins égale. Le marais Turner fut acheté à $66.66 l'acre, prix demandé. Pour ce qui est de l'économie de $20,747.40, réalisée par la réduction de la dépense par tête de $299 à $224.70, je dois dire que cette dépense, pour l'exercice clos le 30 juin 1897, a été de $258.63.

L'économie de la somme de $3,000, supposée être le coût des matériaux employés aux constructions et réparations, d'après estimation du ministère des Travaux publics en 1888, avant le congédiement du personnel de ce département, n'est nullement prouvée ; et rien ne fait voir que cet argent n'a pas été dépensé, en tout ou en partie, par le préfet au lieu de l'être par le département. Quant à la somme de $13,000 que le préfet prétend avoir économisée en construisant la palissade en épinette au lieu de cèdre, c'eût été certainement une grande extravagance d'importer du cèdre quand on avait sur les lieux de l'épinette qui convenait tout aussi bien aux travaux.

Discipline.

Autant que j'ai pu m'en assurer, la discipline et la direction des prisoniers ont toujours été bonnes, et elles le sont encore. Il y a un point, cependant, sur lequel je désire attirer votre attention. A mon avis, les prisonniers n'étaient pas suffisamment gardés lorsqu'ils étaient employés en dehors des murs de la prison. Il ressort des témoignages que le préfet a fait preuve d'une grande négligence à ce sujet lorsque les détenus travaillaient pour lui. Ainsi, plusieurs prisonniers ont été employés à couper des pilots pour la digue du préfet et ont travaillé pendant deux mois, à quatre ou cinq milles du pénitencier, sous la surveilance d'un seul garde ; deux détenus ont été employés sur la ferme Chapman, propriété du préfet, situé à plus d'un mille du pénitencier, sans surveilance aucune; un autre a travallé pendant quelque temps sur le marais du préfet, sans garde pour le surveiller. Les témoignages établissent aussi que des prisonniers employés à divers autres travaux n'étaient pas suffisamment gardés lorsqu'ils étaient en dehors du pénitencier. Comme résultat, deux détenus se sont évadés de la ferme Chapman, deux de la digue et un autre pendant qu'il servait comme domestique du préfet. Les ennuis causés par ces évasions et les frais occasionnés pour reprendre les fugitifs ont été considérables.

Pendant toute cette enquête, j'ai accordé au conseil du préfet la plus grande latitude dans l'interrogatoire et la contre-interrogatoire des témoins. J'ai admis une preuve écrite et orale presque inadmissible et ne se rattachant pas aux faits en cause, sur l'assurance que m'a donnée le conseil qu'il la considérait importante et nécessaire pour bien établir la position de son client. Je dois déclarer ici que M. M. G. Teed, conseil du préfet, a conduit la défense d'une manière irréprochable et, à mon avis, avec beaucoup d'habileté. On a prétendu qu'on ne devrait pas ajouter foi à certains témoignages parce que la mémoire de ces témoins était mauvaise et parce qu'ils étaient hostiles au préfet. J'ai remarqué, cependant, que ce dernier s'est servi de ces mêmes témoins quand il a voulu corroborer son propre témoignage ; mais il voudrait que leurs dépositions soient mises de côté lorsqu'elles lui sont dommageables. Suivant moi, la mémoire du préfet est tout aussi mauvaise que celle de n'importe lequel des témoins qui ont été examinés, et il a tenté à plusieurs reprises de me tromper en répondant à mes questions. Sa conduite a été des plus repréhensibles et, très souvent, il a été d'une grande insolence. Quant à l'hostilité des témoins, je désire attirer votre attention sur les rapports du préfet à l'inspecteur ; dans la plupart, il affirme que les meilleurs sentiments existent parmi ses employés. J'ai donné aux témoignages le poids que j'ai cru qu'ils méritaient ; mais je dois déclarer que les dépositions les plus fortes contre lui ont été faites par des témoins amis, assignés par moi ou par le préfet lui-même. Il a déclaré qu'il ne tenait de livres d'aucune sorte, sauf celui où sont entrées les charges pour service de son étalon. Cependant, quand on eut besoin de ce livre pour corroborer certains témoignages, il ne put le produire. A mon avis, il serait trop irraisonnable de croire que le préfet ne tenait pas de livres de compte, lorsqu'il est prouvé qu'il commerçait continuellement sur le bois, le foin, les bêtes à cornes et les chevaux, qu'il vendait du charbon aux gardes, et qu'il faisait au cours de l'année diverses autres transactions. Je désire aussi attirer votre attention sur le fait qu'une très grande partie de la défense du préfet se rapportant à ses achats et échanges de ferme et d'animaux repose sur son propre témoignage et sur celui de M. Pipes, qui était partie à tous ces marchés et aux prétendus règlements concernant les récoltes de la "Willow Farm" ; que tous les livres contenant les détails de ces règlements et tenus par M. Pipes, et tous les états préparés par le préfet, sauf pour les années 1897 et 1898, sont disparus. Il a ainsi été impossible de trouver le moindre mémoire indiquant comment, pendant plusieurs années, le préfet a payé pour la nourriture consommée par ses chevaux et ses poulains entretenus dans les écuries du pénitencier. Comme presque toutes les irrégularités dont il a été question se sont produites avant l'été de 1896, les témoins ont dû donner de mémoire les détails de transactions faites depuis plusieurs années. L'administration du pénitencier depuis 1896 est grandement améliorée, comparativement à ce qu'elle a été avant cette date, le préfet ayant fait peu d'affaires avec l'institution et ayant peu employé de travail pénitentiaire.

Le tout respectueusement soumis.

EDWARD M. BILL,
Commissaire.

DORCHESTER, 29 juin 1899.

MINISTÈRE

DE LA

MILICE ET DÉFENSE

DU

CANADA

RAPPORT

POUR

L'ANNÉE EXPIRÉE LE 31 DÉCEMBRE

1899

IMPRIMÉ PAR ORDRE DU PARLEMENT

OTTAWA:
IMPRIMÉ PAR S. E. DAWSON, IMPRIMEUR DE SA TRÈS EXCELLENTE
MAJESTÉ LA REINE
1900

[N° 19—1900.]

A Son Excellence le Très honorable sir Gilbert John Elliot, comte de Minto et vicomte Melgund de Melgund, comté de Forfar, dans la pairie du Royaume-Uni, baron Minto de Minto, comté de Roxburgh, dans la pairie de la Grande-Bretagne, baronnet de la Nouvelle-Ecosse, gouverneur général du Canada.

PLAISE À VOTRE EXCELLENCE :

J'ai l'honneur de transmettre à Votre Excellence le rapport ci-joint du ministère de la Milice et Défense du Canada pour l'année expirée le 31 décembre 1899, lequel rapport est respectueusement soumis.

J'ai l'honneur d'être, milord,

De Votre Excellence le très obéissant serviteur,

F. W. BORDEN,

Ministre de la Milice et Défense.

MINISTÈRE DE LA MILICE ET DÉFENSE,
OTTAWA, 24 avril 1900.

TABLE DES MATIERES.

1re PARTIE.

2e PARTIE.

1re PARTIE

RAPPORT

DU

SOUS-MINISTRE

DÉPARTEMENT DE LA MILICE ET DÉFENSE,
OTTAWA, 17 avril 1900.

A l'honorable F. W. BORDEN,
Ministre de la Milice et Défense.

MONSIEUR LE MINISTRE,—Permettez-moi de vous présenter les différents rapports ci-dessous mentionnés, qui ont été soumis par des fonctionnaires du département, et d'y ajouter quelques observations sur les opérations et les travaux de ce dernier pour l'année civile 1899 :—

1. Le rapport de l'officier général commandant la milice, avec des annexes concernant la milice active et les corps permanents ; aussi le rapport de l'officier commandant le collège militaire royal.

2. Le rapport du directeur général des magasins militaires, donnant le détail des effets d'habillement servis à la milice pendant l'année. Ce rapport contient aussi un état des deniers reçus en loyers et pour cartouches, poudre à canon, étoupilles fulminantes, etc., distribuées contre remboursement.

Dans ce rapport l'attention est attirée sur l'opportunité d'avoir en magasin une réserve d'habillement pour au moins une année. Je parlerai de cela plus loin.

3. Le rapport de l'ingénieur en chef du département, montrant les travaux de réparation qui ont été faits sous sa surveillance dans les différents districts militaires.

4. Le rapport du directeur de la cartoucherie et fabrique d'obus de l'Etat. Ce rapport n'est que pour les premiers six mois de l'année civile 1899 ; à l'avenir il embrassera chaque exercice commençant le 1er juillet et finissant le 30 juin suivant. Ce changement est à désirer pour que les détails de travail, matériaux, etc., puissent correspondre avec la période pour laquelle le Parlement vote les crédits de la fabrique, et aussi avec la période qu'embrasse le rapport de l'auditeur général.

Par ce rapport on verra que dans les six mois il a été fabriqué plus de trois quart de million de cartouches à balle, à cordite, du diamètre de ·303 pouce, 3,144 obus à balles pour pièces rayées, de 9, se chargeant par la bouche, 708 obus ordinaires pour les mêmes pièces, et 1,236 obus à balles du calibre de 12.

Il a aussi été fabriqué une petite quantité d'obus de 6, et l'on a commencé la fabrication d'obus à balles de 5 pouces.

La commande d'un approvisionnement d'étoffe de soie pour faire des sachets a été envoyée aux bureaux de la guerre; à l'avenir la cartoucherie fabriquera ces gargousses au lieu de les faire venir d'Angleterre.

Conformément à vos instructions, nous avons aussi placé en Angleterre la commande d'un laminoir qui, une fois installé, sera d'une grande aide pour la fabrication des cartouches à fusil.

Il est agréable de voir que l'excellence de l'instruction générale et technique offerte par le collège militaire royal et de l'éducation qu'on y donne se fait mieux connaître tous les ans et est de plus en plus appréciée, à preuve que l'année dernière il s'est présenté plus d'élèves que le collège n'en pouvait loger.

Il n'y aura pas lieu, désormais, de regarder le succès soutenu du collège comme une affaire de conjectures; le haut rang que ses gradués atteignent dans la vie civile et la vie militaire est maintenant bien connu; l'estime en laquelle ils sont tenus par le ministère de la Guerre en Angleterre se manifeste continuellement par le nombre des commissions qui sont mises à la disposition des élèves.

L'équipement Oliver pour la milice a été tout servi; il a été imprimé et distribué des instructions pour l'entretien voulu et la conservation des cuirs.

La nécessité d'avoir une réserve d'effets d'habillement, de campement et de casernement s'impose sans cesse à mon attention; le fait que nous n'en avons pas même assez en magasin pour subvenir aux besoins ordinaires, avec la promptitude et la satisfaction qui sont si essentielles au maintien d'une milice de volontaires a été maintes fois un sujet d'inquiétude dans le département. Dans son rapport du 1er mars 1898, feu le colonel Panet, alors sous-ministre de la Milice, disait qu "'il n'est pas toujours facile de répondre d'une manière satisfaisante aux demandes d'habillement parce que la quantité d'effets tenue en magasin est relativement faible"; et il recommandait "que les prévisions budgétaires, de ce chef, soient suffisamment augmentées pour que les distributions d'habillement dû n'éprouvent aucun retard". Il recommandait aussi "qu'il soit gardé une faible réserve d'effets en magasin pour être distribuée en cas d'urgence".

Les recommandations du colonel Panet n'ont pas été suivies jusqu'au point—si tant est qu'elles l'aient été—où il me semblerait aujourd'hui nécessaire qu'elles le fussent, dans les conditions nouvelles qui ont surgi depuis ce temps-là; j'appuie sans réserve ses observations et recommandations.

L'insuffisance de nos approvisionnements de l'espèce susmentionnée s'est beaucoup fait sentir quand il s'est agi d'envoyer au Sud-Africain les contingents qui sont allés là prêter main-forte à l'empire; ainsi que vous le savez, il fallut acheter une très grande partie des effets d'habillement, d'équipement, etc., après qu'il eut été décidé que les contingents seraient envoyés.

Il est bon de faire remarquer qu'une considérable quantité d'effets d'habillement et autres, de cartouches, etc., payés à même le crédit voté chaque année par le Parlement au département, est servie par ce dernier contre remboursement, et que les deniers provenant de cette vente, au lieu de retourner au crédit du département, sont versés à la caisse du receveur général. Dans les quinze dernières années il a été ainsi vendu pour plus de $225,000 d'effets d'habillement et autres, et de cartouches dont l'argent est allé au revenu général.

Dans son rapport du 14 décembre 1892, feu le colonel Panet, parlant de cela, dit que "notre budget peut, par conséquent, être considéré comme virtuellemenf rogné d'autant".

Il n'y a pas de doute que le Parlement s'attendait évidemment à ce que toute la somme qu'il accordait à ce département serait dépensée ainsi que prévu au budget, et que les crédits se seraient pas ainsi "virtuellement réduits".

C'est pourquoi je recommanderais que vous demandiez au Parlement d'accorder maintenant, en outre du montant jugé nécessaire pour les dépenses ordinaires dans les conditions de coutume, la somme—ne dépassant pas nécessairement le montant mentionné plus haut comme ayant été versé à la caisse du receveur général depuis 1885—qu'il faudra pour acheter une petite réserve d'effets d'habillement, de campement, d'équipement, etc.—surtout d'habillement.

De tout l'ouvrage qui a été fait dans le département pendant l'année, celui qui se rattachait à l'organisation, l'équipement et l'envoi du premier contingent, ainsi qu'à l'organisation et l'équipement du second contingent, a été, d'une manière, le plus important, et possédait un intérêt plus absorbant qu'aucune particularité des opérations militaires qui se rapportent aux corps permanents, ou bien à l'instruction pratique et aux manœuvres de la milice active.

Je profite de l'occasion pour vous assurer que le sentiment de fidélité et de patriotique dévouement dont les Canadiens de toute croyance et de toute nationalité, où qu'ils vécussent, ont fait preuve à l'égard de la Grande-Bretagne, existait aussi au plus haut degré chez les employés de ce département.

Le travail d'organisation et d'enrôlement des contingents a été fait avec zèle par les officiers de la division militaire de ce département, efficacement secondés par les officiers de districts commandants et les officiers d'état-major dans les différents districts militaires.

Ainsi que je le donne à entendre ailleurs, dans le présent rapport, virtuellement tout l'habillement, l'équipement, etc., a dû être acheté pour les contingents et leur être servi dans l'espace d'environ deux semaines.

Pour accomplir cette tâche les employés du bureau qui préside aux achats et à la tête duquel est le capitaine A. Benoit, ont fait de longues journées de travail, opérant d'une manière systématique qui ne laissait rien à désirer et en véritables hommes d'affaires.

La distribution des effets, bien qu'exigeant une grande somme de travail et un soin exceptionnel, a été faite avec succès par la division de l'intendance sous le contrôle du lieutenant-colonel Macdonald, directeur général des magasins, qui dit que les employés de sa division n'ont épargné ni leur temps ni leur peine pour faire rapidement et parfaitement l'ouvrage qu'exigeait l'équipement des contingents.

Les officiers et employés de toutes les divisions du département regardent l'expérience acquise à l'occasion de l'envoi de ces troupes, comme leur ayant été d'un grand avantage et d'une grande utilité.

Je ne saurais clore ce rapport sans exprimer mon appréciation de l'aide que j'ai eue de tous les employés de ce département depuis que j'exerce les fonctions de sous-ministre. Ces messieurs ont invariablement rempli leurs devoirs d'une manière satisfaisante et empressée. Mais je veux surtout parler de leur zèle—de leur ardeur, pourrais-je dire—à travailler avec une infatigable application aux préparatifs de départ des contingents pour l'Afrique du Sud. Pendant des semaines, certains des commis du département sont restés à leurs bureaux jusqu'à une heure très avancée tous les soirs, et n'ont pas hésité à y venir les dimanches et les jours de fête quand c'était nécessaire ; le fait est qu'un certain nombre d'entre eux ont même sacrifié le jour de Noël et le jour de l'an pour avancer l'ouvrage qui leur incombait particulièrement et ainsi éviter du retard. Le travail a été fait avec une merveilleuse rapidité. C'est grâce, dans une très grande mesure, à l'intelligente manière dont ce service a été fait, qu'il n'y a pas eu d'embarras dans les préparatifs ni de retard inévitable dans l'envoi de ces troupes.

Je profite de l'occasion pour montrer que je reconnais et apprécie le zèle et la capacité dont le personnel du département a fait preuve dans l'accomplissement de ses différents devoirs.

Ci-suit un état récapitulatif des affaires financiaires du département pour l'année :—

ÉTAT FINANCIER pour l'exercice clos le 30 juin 1899.

Crédits affectés aux services de la milice, 1898-99.		Montant dépensé.
		$ c.
Par la loi—		
Traitements du major général, de l'adjudant général et du quartier-maître général....		10,550 30
Par les chambres—		
Solde de l'état-major, des corps permanents et de la milice active, suppléments compris.		334,736 69
Troupe du Yukon........		387,763 41
Exercices annuels de la milice....		422,552 53
Appointements et salaires des employés civils....		68,993 72
Propriétés, travaux et bâtiments militaires....		154,984 12
Munitions de guerre et autres....		79,083 72
Habillement et petit équipement....		169,977 59
Vivres, approvisionnements et chevaux de remonte....		109,972 62
Nouveau champ de tir, Hamilton, Ontario....		2,625 00
Transport d'hommes, de chevaux et d'effets....		44,969 70
Subventions en aide aux sociétés de tir, corps de musique et musées militaires....		42,425 00
Dépenses diverses et imprévues....		25,019 12
Collège militaire royal du Canada....		65,394 66
Comité : plans de défense....		5,878 58
Cartoucherie de l'Etat....		80,134 94
" " pour modifier la cartouche ·303—montant à être remboursé par le gouvernement impérial....		4,141 33
T. B. Winnett—Gratification....		71 50
Dépenses d'Esquimalt, C.-B.—Contribution fédérale au coût des travaux et bâtiments....	$42,207.02	44,669 80
" " Solde et supplem. de solde d'un détachement de l'artillerie de marine ou du génie royal.	$2,462.78	
Gratifications aux officiers à être mis à la retraite et autres....		26,913 52
Terrain de campement, London, Ontario....		26,083 26
Médailles pour services en 1866 et 1870....		4,850 67
Windsor, N.-E., comité de secours aux incendiés, 1897....		500 00
Compte du capital—Armes, munitions et défenses....		387,810 16
Total....		2,489,551 65
Pensions.		
Par les chambres—		
Pensions—Milice, insurrection, 1885....		18,711 87
" " invasions féniennes, etc....		2,583 04
Par la loi—		
Pensions—Milice, Haut-Canada, guerre de 1812....		1,520 00
		22,814 91

REVENU.

	$ c.	$ c.
Revenu casuel....	....	961 00
Munitions, effets d'équipement et d'habillement....	44,315 18	
Divers....	1,993 80	
Loyers....	5,119 60	
		51,428 58
Collège militaire royal....	....	21,535 81
		73,925 39

J. W. BORDEN,
Comptable.

J'ai l'honneur d'être, monsieur le Ministre,

Votre obéissant serviteur,

L. F. PINAULT, lieutenant-colonel,
Sous-ministre de la Milice et Défense.

ANNEXE No I.

DU

RAPPORT DU SOUS-MINISTRE

DE LA

MILICE ET DÉFENSE.

RAPPORT DU DIRECTEUR GÉNÉRAL DES MAGASINS.

DIVISION DE L'INTENDANCE,
OTTAWA, mars 1900.

MONSIEUR—L'année 1899 a été une année d'une activité plus qu'ordinaire dans la division de l'intendance.

A une ou deux exceptions près, les régiments de cavalerie ont été pourvus d'un équipement entièrement neuf—y compris armes, fourniment, sellerie et objets de piquetage.

Trois batteries d'artillerie ont reçu un nouvel armement de six canons de 12 se chargeant par la culasse, avec tous les instruments ou assortiments nécessaires, en échange de leurs pièces de 9 renvoyées en magasin. Aux autres batteries a été servie une quantité considérable d'assortiments ou instruments de bouches à feu pour compléter leur équipement.

Des effets militaires ont été servis aux bataillons d'infanterie et de chasseurs à pied, au besoin.

Nous avons satisfait à plus de 500 demandes d'habillement, dont pas moins de 275 ont été reçues en avril et mai pour exécution immédiate.

Il faudrait faire en sorte que les demandes d'effets militaires pussent être envoyées plus tôt. Celles dont je viens de parler, pour la cavalerie, n'ont été reçues que trois semaines, au plus, avant la date fixée pour l'assemblée en camp. Il est même arrivé que des demandes ont été reçues après que les unités en besoin d'effets eussent quitté leurs chefs-lieux de commandement pour le rendez-vous général.

Il ne semble pas y avoir d'excuse raisonnable pour ce retard, attendu que, dans la majorité des cas, si l'équipement est hors de service il a dû le devenir pendant le précédent campement, et les demandes auraient dû être envoyées immédiatement.

Le rassemblement de virtuellement toutes les troupes, presque simultanément, a fait de la manutention des effets de campement une tâche peu facile, et a exigé les plus grands efforts de la part du personnel très restreint de la division d'intendance. Il faudrait autoriser et publier une échelle gouvernant les sorties d'effets de campement pour aider aux officiers à composer leurs demandes.

Toute modification de modèle d'habillement et d'équipement devrait être publiée pour l'information du service en général, et un double du modèle déposé au bureau de la division d'intendance pour sa gouverne. L'ordre d'effectuer un changement de modèle ne devrait pas être donné avant que le stock ait été épuisé par une usure raisonnable. Actuellement, chaque petit changement de modèle dans le service impérial est habituellement regardé comme une raison suffisante de demander de nouveaux articles, bien que ceux qu'on veut remplacer n'aient pas été plus d'un an (douze jours) en service. C'est ainsi que les modèles se multiplient, et que, souvent, des centaines d'articles restent en magasin et deviennent hors d'usage sans servir à rien. Il semblerait désirable qu'il fût régulièrement constitué une commission à laquelle les modèles devraient être soumis, et dont la décision serait soumise au ministre.

Pour la première fois, l'année dernière, il a été servi des tubes à tir pour les camps d'instruction. Non seulement la plupart de ces tubes, mais plusieurs des fusils Lee-Enfield allant avec, ont été renvoyés en magasin hors de service, faute de soin et de surveillance. Sept tubes, dilatés dans les fusils, ne purent être retirés. Il a été fait rapport que trois tubes à tir et autant de fusils Lee-Enfield, avec une certaine quantité de cartouches, manquaient à la levée du camp de Sussex, N.-B. Nous ne les avons pas revus depuis.

Permettez-moi d'attirer l'attention sur les distributions que nous recevons ordre de faire aux batteries de campagne. Des objets d'équipement pour plus de $50,000 sont délivrés à un officier sans aucune garantie de sûreté, et emmagasinés dans un hangar sans protection suffisante. La plus grande partie de cet équipement est inutile pour les fins d'instruction pratique. Actuellement, l'effectif de chevaux d'une batterie de campagne est de 34, et cependant on sert à cette dernière 78 harnais ; c'est donc 44 harnais qui restent à se détériorer dans le hangar.

Il faudrait que les articles dont on n'a pas besoin pour les fins d'instruction fussent gardés dans un magasin de mobilisation de district sous la surveillance voulue ; et quand il serait nécessaire d'en sortir des effets pour le service il faudrait les y remplacer par un nouvel approvisionnement—ce qui serait le moyen de tout tenir en bon état. Je pourrais citer des cas où le seul résultat du système actuel est qu'on trouve les articles (non en service) soit insuffisants soit hors d'usage quand on vient à en avoir besoin.

Tous les ans il faut un nombre considérable d'objets de casernement pour remplacer les articles usés. On se procure un grand nombre de ces objets sur les lieux, aux plus hauts prix ; il faudrait adopter un modèle uniforme et demander des soumissions pour ces fournitures—chose qui aurait pour résultat une économie considérable.

Je ne saurais trop fortement insister sur l'avantage d'avoir en magasin une réserve d'habillement pour au moins une année. Cela faciliterait beaucoup les distributions ; on serait certain d'avoir toujours une quantité suffisante de vêtements de toute grandeur, et l'on pourrait satisfaire sans peine aux demandes exceptionnelles.

A l'heure qu'il est il ne nous a pas encore été fourni d'aperçu des besoins probables de la milice pour l'exercice 1899-1900 ; comme nous sommes dans le cas de faire venir, des magasins impériaux, un grand nombre des articles d'une nature spéciale, la nécessité de nous envoyer de bonne heure un état saute aux yeux.

Des quinze mitrailleuses Maxim importées d'Angleterre, deux sont présentement dans l'Afrique australe, deux dans le territoire du Yukon, et deux dans la Colombie britannique. Il nous en faudrait davantage. Pour faire face à des besoins possibles, il a été présenté une demande de pièces de rechange pour ces canons automatiques.

Le bâtiment autrefois loué et occupé comme magasin de la milice dans la ville d'Halifax, N.-E., a été vidé dans le mois d'octobre et les effets transportés à l'ancienne salle d'exercice, que l'on se propose d'utiliser ainsi jusqu'à ce que le département ait pris d'autres dispositions.

Ainsi qu'il en a déjà été fait rapport, le besoin de magasins généraux se fait sentir d'une manière pressante à Toronto et à Kingston. A Toronto l'emplacement n'est pas sûr : le feu a déjà été mis deux ou trois fois, par malice, au magasin de poudre. Le besoin de magasins de poudre se fait également beaucoup sentir à London et à Toronto, qui sont des centres de grands districts. Actuellement, il y n'a pas de tels magasins à l'ouest de Kingston.

Pendant l'année il a été servi des fusils Lee-Enfield aux bataillons recommandés pour en recevoir.

A mesure que l'occasion s'en est présentée, les magasiniers ont peu à peu modifié les râteliers d'armes à l'arsenal de Québec, pour les approprier aux fusils Lee-Enfield. L'armurier de ce poste s'est volontairement enrôlé pour les ervice actif, et est actuellement avec le premier contingent dans l'Afrique du Sud. Un apprenti du département, M. F. Thompson, le remplace temporairement.

Il a été fait des distributions du nouvel équipement Oliver à mesure qu'il en a été demandé.

La demande de fusils Martini-Henry pour servir à l'instruction des compagnies d'exercice dans les maisons d'éducation, depuis que l'arrêté en conseil a été étendu aux écoles publiques, a beaucoup augmenté. La quantité de fusils disponible pour cette fin va être bientôt épuisée. Il semblerait à propos d'en restreindre la distribution aux jeunes gens d'un certain âge, car souvent le fusil doit être trop lourd pour les jeunes garçons dont se composent les compagnies.

Aux différents chefs-lieux d'état-major de districts on conserve un ample approvisionnement de cartouches à fusil pour satisfaire aux demandes courantes de la milice.

L'équipement des différents contingents partis pour l'Afrique du Sud a amplement prouvé, j'espère, que la division de l'intendance, telle que présentement organisée, est capable d'exécuter les services, si rudes qu'ils soient, qui peuvent lui être confiés.

La crise ne pouvait pas se présenter plus à point, quand la division était l'objet de beaucoup de critique hostile.

Sans supplément d'aide, jour et nuit, durant trois mois, la tâche a été allègrement et impitoyablement poursuivie et menée à bonne fin.

Dans chaque cas, prévenus à temps par l'honorable Ministre de la Milice nous avons pu faire face à une situation pressante.

Les officiers de ma division au quartier général, ainsi que M. Clarke et les employés des magasins de la milice à Ottawa, sont dignes d'une mention spéciale. Le capitaine Curran, directeur des magasins d'Halifax, et le lieutenant-colonel Forrest, de Québec, auxquels beaucoup de travail de surcroît a été imposé, ont accompli leurs devoirs à mon entière satisfaction. Le fait est que dans chaque district les directeurs de magasins ont rempli leurs fonctions de la manière la plus satisfaisante.

Je désire appuyer, dans les termes les plus énergiques, sur les observations que j'ai faites dans mon rapport de l'année dernière, sur l'inestimable aide que m'a prêtée mon principal adjoint, le major Donaldson. Le travail qu'il a fait pendant l'année est d'un grand bout sorti de l'ordinaire.

Je veux profiter de l'occasion pour dire combien cette division a d'obligation au capitaine Benoit, secrétaire du département, pour la grande aide qu'il a prêtée en équipant les différents contingents partis du Canada pour l'Afrique du Sud. Il a été infatigable dans ses efforts pour se procurer des approvisionnements dans le très peu de temps qu'il avait à sa disposition.

Les propriétés militaires ont été inspectées par les officiers chargés de ce soin, et ces derniers disent qu'elles sont dans un état satisfaisant.

Les tableaux A, B, C, D, E et F, qui suivent, font voir en détail les distributions de cartouches faites pour le tir d'école et contre remboursement ; les quantités de poudre à canon et d'amorces fulminantes servies ; les montants reçus en loyers de propriétés militaires, par districts ; les détails de l'habillement servi pendant l'année, et une récapitulation de tous les deniers déposés au crédit du receveur général.

D. A. MACDONALD, lieutenant-colonel,
Directeur général des magasins militaires.

(A.)—CARTOUCHES à fusil distribuées pour le tir d'école, du 1er juillet 1898 au 30 juin 1899.

Districts militaires.	Cartouches à balle.	Cartouches à blanc.
District militaire n° 1	115,130	42,630
" 2	285,460	188,730
" 3	53,420	7,520
" 4	42,435	14,390
" 5 et 6	294,340	97,700
" 7	100,960	12,740
" 8	13,700	....
" 9	75,610	59,180
" 10	16,700	12,330
" 11	19,200	12,800
" 12	5,480	....
Distribution à des corps de la milice pour les concours de la ligue de tir	164,000	....
Total	1,186,435	$448,020

D. A. MACDONALD, lieutenant-colonel.
Directeur général des magasins militaires.

(B.)—CARTOUCHES à fusil distribuées contre remboursement, du 1er juillet 1898 au 30 juin 1899.

Districts militaires.	Cartouches.	Montants.
		$
District militaire n° 1—London	23,712	299 25
" 2—Toronto	204,285	3,220 94
" 3—Kingston	5,537	73 00
" 4—Ottawa	47,145	743 43
" 5 et 6—Montréal	1,518,000	7,717 00
" 7—Québec	27,091	315 37
" 8—Saint-Jean, N.-B	40,010	490 31
" 9—Halifax	19,115	282 20
" 10—Winnipeg	57,915	799 40
" 11—Victoria	41,399	600 00
" 12—Charlottetown, I.P.-E	26,434	367 68
Total	2,010,643	14,908 58

	Cartouches.
Lee-Enfield—à balle	553,848
Martini-Henry—à balle	68,846
Snider—à balle	1,581,069
" à blanc	280
Lee-Enfield—à blanc	2,400
Tube à tir Morris	4,000
Revolver de Colt	100
Winchester—à balle	100
Total	2,010,643

D. A. MACDONALD, lieutenant-colonel.
Directeur général des magasins militaires.

(C.)—Poudre à canon et étoupilles fulminantes fournies pour le tir d'école et les salves, du 1er juillet 1898, au 30 juin 1899.

Districts militaires.	Localités.	Corps.	Poudre à canon.	Etoupilles fulminantes.
			Livres.	Nombre.
N° 1......	London......	Batteries d'artillerie de campagne..............	1,197	1,600
N° 2......	Toronto..........			
N° 3.....	Kingston...........	Artillerie de campagne et de place, collège militaire royal et artillerie royale canadienne	3,280	1,837
N° 4......	Ottawa............	Batterie de campagne d'Ottawa et salves......	225	115
Nos 5 et 6..	Montréal...........	Artillerie de campagne et de place et salves.....	405	310
N° 7......	Québec.......... ...	" "	5,592	3,240
N° 8....	Saint-Jean, N.-B....	" "	701	91
N° 9......	Halifax............	" "	4,899	250
N° 10.....	Winnipeg...........	Batterie de campagne de Winnipeg et salves ...	1,094	595
N° 12.....	Charlottetown......	Batterie de campagne et salves................	701	165
		Total..	18,133	8,203

D. A. MACDONALD, lieutenant-colonel,
Directeur général des magasins militaires.

[D.] Locataires et loyers, du 1er juillet 1898 au 30 juin 1899.

Nombre de locataires.	Localité.	Loyers touchés.	Observations.
		$ cts.	
3	....Chatham... / ....London.... D. M. n° 1.................. ...	38 00	
5	....Toronto... / ....Niagara.... D. M. n° 2......	219 00	
20	....Kingston.. / ....Ottawa.... D. M. nos 3 et 4...........	529 97	
5	... Montréal, D. M. nos 5 et 6....................	602 25	
45	....Québec, D. M. n° 7..........................	3,456 88	
8	....Saint-Jean, D. M. n° 8.......................	178 25	
12	....Halifax, D. M. n° 9	106 63	
2	...Charlottetown, D. M. n° 12...................	5 87	
100	........Nombre total de locataires..............		
	........Total des loyers touchés..................	$5,136 85	

D. A. MACDONALD, lieutenant-colonel,
Directeur général des magasins militaires.

[E.] Le tableau qui suit fait voir les détails de l'habillement distribué sur demandes officielles pendant l'année :—

SORTIES.

Tuniques, drap.				Tuniques, serge.				Panta-lons, drap.			Pantalons, serge,			Coiffure de petite tenue.					Ca-potes.			Culottes de cava-liers.		Compagnie de brancardiers, Halifax.		
Cavalerie.	Artillerie.	Infanterie.	Carabiniers.	Cavalerie.	Artillerie.	Infanterie.	Carabiniers.	Cavalerie.	Artillerie.	Infanterie.	Artillerie.	Infanterie.	Carabiniers.	Cavalerie.	Artillerie.	Infanterie.	Carabiniers.	Carabiniers.	Cavalerie.	Artillerie.	Infanterie et carabiniers.	Cavalerie.	Artillerie.	Tuniques de serge.	Pantalons.	Coiffure de petite tenue.
16	253	2,151	587	749	3,788	9,660	4,258	186	400	232	1,747	9,410	3,596	709	1,309	5,838	1,075	1,667	593	250	6,431	709	1,309	64	64	61

D. A. MACDONALD, lieutenant-colonel,
Directeur général des magasins militaires.

CERTIFICATS DE DÉPÔT.

[F.] Le tableau qui suit fait voir les montants reçus par la division de l'intendance pour cartouches et effets servis contre remboursement, aussi bien qu'en loyers de propriétés militaires, pendant l'exercice clos le 30 juin 1899.

Cartouches.	Effets militaires et habillement.	Divers.	Loyers.	Total
$ c.	$ c.	$ c.	$ c.	$ c.
14,908.58	29,308.19	0.40	5,136.85	49,354.02

D. A. MACDONALD, lieutenant-colonel,
Directeur général des magasins militaires.

ANNEXE N° 2.

DU

RAPPORT DU SOUS-MINISTRE

DE LA

MILICE ET DÉFENSE.

RAPPORT DE L'INGÉNIEUR EN CHEF.

OTTAWA, 31 décembre 1899.

MONSIEUR,—J'ai l'honneur de présenter mon rapport annuel des travaux exécutés et réparations faites sous la direction de ce bureau, dans les différents districts militaires du Dominion, pendant la période du 1er juillet 1898 au 31 décembre 1900.

DISTRICT MILITAIRE N° 1.

LONDON, ONT.

Caserne Wolseley.—Des réparations générales ont été faites aux bâtiments, etc., de la caserne Wolseley. Il a été installé des cabinets d'aisance et des baignoires dans e quartier des officiers. Le vieil appareil de chauffage à la vapeur a été remplacé par un nouveau mode de chauffage à l'eau chaude qui nous vaut une forte économie annuelle de combustible.

Place de campement de brigade.—Il a été fait des réparations générales aux bâtiments.

Champs de tir.—Réparations générales.

WALKERTON, ONT.

Champs de tir.—Réparations générales.

HESPELER, ONT.

Magasin d'armes.—Des réparations générales ont été faites au magasin d'armes de la compagnie n° 5 du 29e bataillon.

CHATHAM, ONT.

Hangar d'exercice.—La couverture en bardeau de ce bâtiment a été renouvelée.

DISTRICT MILITAIRE N° 2.

TORONTO, ONT.

Caserne Stanley.—Réparations générales aux bâtiments et à la place.
Magasins.—Menues réparations aux bâtiments.
Hangar d'exercice.—Réparations générales aux salles d'armes, etc.

HAMILTON, ONT.

Nouveau champ de tir.—Il a été construit un nouveau champ de tir à onze cibles.
Salle d'exercice.—Réparations générales.

HAGERSVILLE, ONT.

Hangar d'exercice.—Réparations à la couverture.

NIAGARA, ONT.

Terrains de campement.—Il a été fait de menus travaux avant l'assemblée en camp, et la place de campement de cavalerie a été pourvue d'un service d'eau.
Champ de tir.—Réparations générales.

BURFORD, ONT.

Hangar d'exercice.—La couverture a été réparée.

BRANTFORD, ONT.

Hangar d'exercice.—Il a été installé un nouvel appareil de chauffage à l'eau chaude dans ce bâtiment et fait de menues réparations.

MILTON, ONT.

Hangar d'exercice.—Réparations générales aux fenêtres.

SAINTE-CATHERINE, ONT.

Salles d'armes.—Il a été aménagé des salles d'armes temporaires pour la 7e batterie de campagne et le 19e bataillon.

SIMCOE, ONT.

Hangar d'exercice.—Il a été installé un nouvel appareil de chauffage à l'eau chaude et fait des réparations générales.

DISTRICT MILITAIRE N° 3.

KINGSTON, ONT.

Tête de Pont.—Il a été fait des réparations générales aux bâtiments de la caserne.
Ecuries.—Une vielle grange a été transformée en écurie.
Parc d'artillerie.—Il a été fait de menues réparations aux bâtiments et aux terrains.
Fort Henry.—Réparations générales.
Place de campement.—Réparations générales à l'habitation du gardien.
Fort Frédéric.—Réparations générales.

COLLÈGE MILITAIRE ROYAL.

Le logement d'officiers n° 4 a été transformé en chambre d'élèves. Il a été fait des réparations générales aux bâtiments et à la place du collège.

OWEN-SOUND.

Hangar d'exercice.—Il a été aménagé, dans ce bâtiment, une salle d'armes pour une compagnie du 31e bataillon.

PORT-HOPE, ONT.

Hangar d'exercice.—Il a été fait des modifications et des réparations générales.

ASHBURNHAM, ONT.

Hangar d'exercice.—Réparations générales.

BELLEVILLE, ONT.

Champ de tir.—Réparations générales.
Hangar d'exercice.—La lumière électrique a été installée et il a été fait des réparations générales au hangar, au logement d'officiers et à l'appareil de chauffage.

BOWMANVILLE, ONT.

Champ de tir.—Il a été construit un champ de tir.
Hangar d'exercice.—Réparations générales.

DISTRICT MILITAIRE N° 4.

BROCKVILLE, ONT.

Champ de tir.—Le champ de tir a été reconstruit.
Hangar d'exercice.—La lumière électrique a été installée dans ce bâtiment.

CORNWALL, ONT.

Champ de tir.—Il a été construit un nouveau champ de tir.

LANDSDOWNE, ONT.

Hangar d'exercice.—Il a été construit une clôture.

PRESCOTT, ONT.

Champ de tir.—Le champ de tir a été reconstruit et agrandi.

CARLETON-PLACE, ONT.

Champ de tir.—Le champ de tir a été reconstruit.

PEMBROKE, ONT.

Champ de tir.—Réparations générales.

DISTRICT MILITAIRE N° 5.

MONTRÉAL, P. Q.

Magasin d'armes des carabiniers Victoria.—Réparations générales.
Hangar d'exercice.—Réparations générales. Planchers neufs dans les salles d'armes du côté est de l'édifice. Il a été aménagé des salles d'armes pour le 16e hussards. Réparations générales à la plomberie et modifications pour nouveau logement de gardien-chef, et salles d'armes du 5e royal écossais et du régiment de fusiliers Prince de Galles.

ILE SAINTE-HÉLÈNE.

Place de campement.—Cette place a été agrandie et nivelée, et les clôtures ont été renouvelées.
Bâtiments militaires.—Tous les bâtiments ont été réparés, les égouts mis en état, les barrières et les trottoirs renouvelés.

DISTRICT MILITAIRE N° 6.

SAINT-JEAN, P. Q.

Casernes.—Il a été installé un nouvel appareil de chauffage à l'eau chaude qui économise beaucoup de combustible. Les différents logements d'officiers ont été réparés et tous les bâtiments mis en état. Toutes les fenêtres des logements d'officiers, ainsi que les volets, etc., ont été réparées et peinturées. La plomberie et les raccordements d'égout du "bloc" sud ont été mis en état. Il a aussi été fait des modifications et améliorations aux logements de sous-officiers.

RICHMOND, P. Q.

Magasin d'armes du 54e bataillon.—Il a été fait des réparations aux fenêtres de ce bâtiment.

SHERBROOKE, P. Q.

Champ de tir.—Il a été fait une étude d'un champ de tir projeté.

DISTRICT MILITAIRE N° 7.

QUÉBEC.

Murs de fortification.—Les murs suivants ont été réparés ou reconstruits:—Côte de la Montagne, de l'hôtel des postes à la terrasse Dufferin, reconstruit; murs de rempart réparés et en partie reconstruits; mur derrière les magasins de la milice, près de la porte Saint-Louis, réparés; mur faisant face à la Grande Allée et fermant le fossé de la citadelle, réparé; bastion Diamond, réparé; bastion du Roi, réparé; mur à la redoute de Jebbs, reconstruit; mur aux magasins du parc d'en-bas, réparé et couronné d'un chaperon neuf. Des pierres détachées ont été enlevées de la falaise sous les murs de la citadelle. La municipalité de la ville de Québec a démoli et reconstruit une partie du mur de la côte du Palais pour élargir la rue.

Citadelle.—Il a été fait différentes réparations générales à tous les bâtiments. On a posé des planchers neufs dans les casemates et réparé des cheminées. Les latrines n° 2 ont été transformées en un cabinet d'aisances à l'anglaise. Des trottoirs en bois ont été renouvelés aux casemates. Il a été aménagé des casemates pour la compagnie n° 5 du régiment royal canadien d'infanterie. Il a aussi été aménagé des logements d'officiers en général et fait des réparations à ces logements. On est actuellement à construire, autour de la falaise, sous les murs de la citadelle, un trottoir en bois, de douze pieds de largeur, qui ira de la terrasse Dufferin à l'Anse des Mères (*Cove Fields*). Il a été fait des réparations générales à la plomberie. L'on est présentement à reconstruire le système d'assainissement à la redoute de Jebbs.

Magasins.—Une partie de la couverture des bâtiments servant d'ateliers de charpentier et d'armurier a été renouvelée. Il a été fait de menues réparations au logement du chef-ouvrier des magasins et au magasin de Mann. Le pignon du logement des armuriers, à la côte du Palais, a été reconstruit et ses cheminées réparées. Il a aussi été fait des réparations aux magasins du parc d'en-bas.

Hangar d'exercice.—Il a été fait des changements dans le hangar et la sellerie de la batterie de campagne pour y mettre plus de canons, de harnais et d'équipement, vu l'accroissement de l'effectif. Les logements d'officiers des 8e et 9e bataillons ont été montés, et il a été fait des armoires neuves pour les salles d'armes du 8e. Toutes les fenêtres ont été peinturées et les carreaux cassés remplacés. Des réparations générales ont aussi été faites à la couverture.

Manège couvert.—Les murs intérieurs de ce bâtiment ont été lambrissés à neuf. La couverture a été réparée et peinturée, et il a été fait des réparations générales.

Trottoirs.—Les trottoirs attenant aux propriétés de l'Etat sur les rues de l'Esplanade, McMahon, Saint-Patrice, Sainte-Geneviève, du Palais et Saint-Valier ont été renouvelés.

Quartier des hommes mariés, rue Saint-Louis.—Il a été fait des réparations générales, et la plomberie a été mise en état.

Quartier des officiers, rue Saint-Louis.—Des réparations générales ont été faites à ce quartier, et il a été aménagé deux nouveaux logements dans l'ancienne cour.

Caserne de l'artillerie de campagne.—Les planchers des chambres de troupe ont été renouvelés, et il a été fait des modifications et réparations générales. Les couvertures ont été réparées; il a été fait un cendrier, et la couverture du fenil a été peinturée. Les écuries ont été disposées pour loger plus de chevaux, et leurs planchers renouvelés, et il a été pourvu à un bon assainissement de ces bâtiments. Le quartier des officiers a été réparé, et des réparations générales ont été faites à la plomberie.

Bureaux de brigade.—L'extérieur de ce bâtiment a été peinturé. Le local occupé par l'officier de district commandant a été meublé. Il a été aménagé un bureau pour l'officier commandant l'artillerie canadienne, et la lumière électrique a été mise dans tous les bureaux.

Remparts.—Il a été élevé ici un bâtiment pour le télémètre à dépression.

CARTOUCHERIE.

Fabrique principale.—Une partie de la couverture de ce bâtiment a été renouvelée. La construction d'une nouvelle chambre de machine et de chaudière a été achevée. L'on a fait des modifications générales à l'appareil de chauffage, utilisant la vapeur d'évacuation des nouvelles chaudières. Il a aussi été fait des réparations générales. On a installé trois éviers et un séchoir pour préparer et faire sécher les étuis de cartouches.

Fabrique d'obus.—Des réparations générales ont été faites aux murs du bâtiment, et l'on a installé un embrayage à friction pour intercepter la force motrice en cas d'accident.

Logement d'officier.—Réparations générales.

Bureaux.—Réparations générales. L'intérieur a été peinturé et la couverture réparée.

Ateliers d'artificiers, Anse des Mères (Cove Fields).—Couvertures de deux bâtiments renouvelées, logement de gardien mis en état, séchoir et mélangeoir construit pour remplacer ceux qui ont été ruinés par une explosion, nouvelle chambre de chaudière construite et vielle chaudière de la fabrique principale installée là. Réparations générales à tous les bâtiments.

Butte.—Il a été construit une butte à l'Anse des Mère (*Cove Field*) pour éprouver les projectiles.

LÉVIS, P.Q.

Forts.—Il a été préparé des places de campement de brigade aux forts n°s 1 et 2. Le puits et la pompe au fort n° 1 ont été mis en bon état, et les cheminées reconstruites. Réparations générales; murs rejointoyés.

Parc du génie,—Réparations générales à tous les bâtiments et aux clôtures. Bâtiments blanchis à la chaux et couvertures goudronnées.

Champ de tir du fusil.—Réparations au champ de tir; clôtures mises en état.

ILE D'ORLÉANS, P.Q.

Tir d'artillerie.—Réparations générales aux plates-formes et hangars.

DISTRICT MILITAIRE N° 8.

FRÉDÉRICTON.

Quartier des officiers.—Couverture et plafond de véranda réparés et planché renouvelé; clôtures réparées; menues réparations. Gouttières neuves et tuyaux de descente neufs ; puisards. Réparations générales à la plomberie. Fourneau de cuisine neuf pour le mess des officiers.

Caserne de troupe.—Gouttières neuves et tuyaux de descente neufs ; puisards. Réparé les vérandas et posé des planchers neufs. Une chambre de troupe a été transformée en magasin.

Caserne du parc.—Latrines neuves. Gouttières neuves et tuyaux de descente neufs ; puisards. Réparations générales aux logements de sous-officiers. Il a été placé des tuyaux de service d'eau et éviers neufs par tout ce bâtiment.

Salle d'exercice.—Il a été aménagé un nouveau bureau pour l'officier de district commandant et construit un porche neuf au logement du sergent fourrier. Réparations générales.

Infirmerie.—Marches neuves à l'entrée et menues réparations. La plomberie a été mise en bon état.

Champ de tir.—Réparations générales.

SAINT-JEAN, N.-B.

Fort Dufferin.—Magasin réparé ; clôtures mises en état.

Batterie Dorchester.—Clôtures renouvelées.

Caserne de la rue Sydney.—Clôtures réparées ; égouts mis en état.

Tour marine.—Les murs de cette tour ont été réparés à fond et rejointoyés. Réparations générales aux clôtures et aux dépendances.

Magasins.—Réparations générales au logement occupé par le directeur des magasins, et installation de lumière électrique.

Hangar d'exercice.—Les barrières et les clôtures de la place du hangar d'exercice ont été mises en bon état. La couverture du principal corps de bâtiment a été réparée et celle des salles d'armes renouvelée.

Fort Howe.—La couverture en bardeau du principal corps de bâtiment a été renouvelée, et il a été posé un plancher neuf en madrier de 3 pouces. De menues réparations générales ont été faites aux bâtiments, et les tuyaux d'égout du logement du gardien ont été mis en bon état.

WOODSTOCK, N.-B.

Champ de tir—Il a été construit un nouveau champ de tir ici.

DISTRICT MILITAIRE N° 9.

HALIFAX, N.-E.

Nouvelle salle d'exercice.—Ce bâtiment n'est pas encore tout à fait achevé. Il reste encore à faire quelques aménagements à l'intérieur.

Vieille salle d'exercice.—Il a été fait des réparations générales à ce bâtiment, et les clôtures ont été mises en bon état. La couverture du magasin d'habillement du 1er régiment d'artillerie canadienne a été réparée.

ANNAPOLIS, N.-E.

Vieux fort.—Les travaux de restauration du vieux fort ont été achevés.

MAHONE-BAY, N.-E.

Plate-forme.—Il a été construit une plate-forme neuve pour l'artillerie de place.

DISTRICT MILITAIRE N° 10.

WINNIPEG.

Casernes du fort Osborne.—On a renouvelé la couverture en bardeau du quartier des hommes mariés, posé des gouttières neuves et des tuyaux de descente neufs, et fait des réparations générales. Toute la boiserie extérieure du quartier des officiers a été peinturée. Des réparations générales ont été faites aux planchers de la caserne des hommes. Réparations générales à la poudrière.

Hangar d'exercice.—Il a été aménagé de nouveaux magasins de troupe dans ce bâtiment. Le logement du gardien a été réparé. Toute la boiserie extérieure du hangar d'exercice a été peinturée, ainsi que les clôtures. Il a été installé des râteliers d'armes neufs dans les salles d'armes du 90e bataillon.

Ecuries des dragons R. C.—Contre-châssis neufs et réparations générales.

DISTRICT MILITAIRE N° 11.

VICTORIA, C.-B.

Salle d'exercice.—La couverture de ce bâtiment a été réparée et la plomberie mise en bon état, et il a été construit un cendrier.

VANCOUVER, C.-B.

Salle d'exercice.—Le plancher de ce bâtiment a été réparé.

Champ de tir.—Des réparations générales ont été faites au champ de tir du parc central.

DISTRICT MILITAIRE N° 12.

CHARLOTTOWN, I.P.-E.

Casernes Victoria.—Tous les bâtiments ont été blanchis à la chaux et les clôtures réparées. La poudrière a été recouverte en tôle galvanisée et il y a été fait des réparations générales.

Fort Edward.—La voûte et le plancher de la poudrière ont été reconstruits.

Champ de tir de Kensington.—Réparations générales.

Parc Victoria.—Place de campement préparée pour le 4e régiment d'artillerie canadienne.

Camp Brighton.—Place de campement préparée pour le 82e bataillon.

Georgetown, I.P.-E.

Champ de tir.—Réparations générales.

BRIGADE D'OTTAWA.

OTTAWA.

Ancien champ de tir.—Les tranchées de marqueurs, etc., ont été comblées et le terrain nivelé, conformément au bail.

Champ de tir de Rockliffe—Ce champ de tir a été achevé et il y a été construit un bâtiment pour loger le gardien et fournir des bureaux à la société fédérale de tir du fusil, etc.

Magasins.—Les couvertures de ces bâtiments ont été réparées et il a aussi été fait de menues réparations au logement du garde-magasin.

Hangar d'exercice.—Il a été mis un porche neuf à l'entrée du hangar d'exercice. Des réparations générales ont été faites à la maison du gardien ; il y a été mis un nouvel appareil de chauffage à l'eau chaude et aménagé une chambre de bain. Trois cheminées du hangar d'exercice ont été reconstruites ; les salles d'armes des dragons de la garde Princesse Louise ont été modifiées et agrandies, et il a été aménagé un magasin pour les gardes à pied du gouverneur général. Toute la boiserie extérieure du hangar d'exercice et les clôtures autour du square Cartier ont été réparées et peinturées.

BATIMENTS MILITAIRES EN GÉNÉRAL.

Extincteurs.—Les casernes et autres bâtiments militaires de London, Ont., Toronto, Ont., Kingston, Ont., Saint-Jean, P.Q., Québec, P.Q., et Winnipeg, Man., ont été pourvus d'extincteurs chimiques.

Mantelets de marqueurs.—Des mantelets, cibles et abris ont été fournis et dressés à plusieurs des camps annuels pour le tir d'école avec le tube Morris.

J'ai l'honneur d'être, monsieur,

Votre obéissant serviteur,

PAUL WEATHERBE,

Ingénieur en chef, M. et D.

ANNEXE N° 3.

DU

RAPPORT DU SOUS-MINISTRE

DE LA

MILICE ET DÉFENSE

CARTOUCHERIE ET FABRIQUE D'OBUS, QUÉBEC

RAPPORT DU DIRECTEUR, DU 1er JANVIER 1899 AU 30 JUIN 1900.

MONSIEUR,—En conformité d'instructions datées au quartier général, Ottawa, le 17 novembre 1899, demandant un rapport des opérations de la fabrique de cartouches et d'obus pour l'exercice clos le 30 juin 1899, j'ai l'honneur de présenter le rapport qui suit pour les six mois du 1er janvier au 30 juin 1899, ayant déjà soumis un rapport allant jusqu'à la fin de l'année civile 1898.

CARTOUCHERIE.

Voici quelle a été la production de cette fabrique pour la période susmentionnée :—

Cartouche : 303 p. c.,	cordite,	à balle,	de la marque	II,	110,000
" "	"	"	"	IV,	685,300
" "	"	à blanc	"	V,	500,000

Au commencement de l'année nous avions en magasin une certaine quantité de matériaux qui ne pouvaient pas être appropriés à la fabrication des cartouches de la marque IV ; on les employa à celle du plus récent modèle de la marque II, qui fut poussée aussi vite que les circonstances pouvaient le permettre.

Le commencement de l'année 1899 fut marqué par un incident malheureux ; le 12 juin une explosion de fulminate de mercure se produisit dans le séchoir, qui fut entièrement détruit. Par bonheur, les précautions prises pour mettre les ouvriers à l'abri du danger se trouvèrent efficaces, et personne ne fut tué ; le dégât même fut léger.

Le Parlement ayant voté de l'argent pour l'achat d'un matériel de laminage, nous sommes à prendre des mesures pour nous procurer bientôt les machines en question. Avec ce nouvel outillage nous pourrons produire tout le ruban de métal nécessaire pour la fabrication des cartouches à fusil, de sorte que la fabrique se trouvera virtuellement complète et indépendante de sources extérieures. Nous avons amplement de force motrice pour actionner les machines supplémentaires. Il a été préparé, pour ce département, des plans de bâtiment qui seront dûment soumis.

Un polissoir et un rôdoir " Universal " ont été ajoutés à l'outillage.

FABRIQUE D'OBUS.

Voici quelle a été la production de cet établissement, savoir :—

Obus à balles pour pièces rayées, de 9, se chargeant par la bouche..						3,144
Obus ordinaires	"	"	64	"	" ..	708
Obus à balles	"	"	12	"	" ..	1,236

Cette fabrique a completé les commandes qu'elle avait devant elle préalablement à l'installation d'un outillage pour la fabrication de projectiles d'acier, qui finiront par remplacer les projectiles de fonte. Il a été voté de l'argent pour l'achat des machines nécessaires, et l'on espère que la commande pourra être donnée à bref délai.

ATELIER D'ARTILLERIE.

Le contremaître et l'aide nommés à cette division ont été ajoutés au personnel. L'on est à préparer un aperçu des besoins en fait d'outillage et de bâtiments, et cette estimation va être soumise sous peu. Il y aura une forte somme d'ouvrage à faire pour mettre le matériel d'artillerie, les harnais, la sellerie, etc., à l'ordre du jour, conformément aux modifications prévues dans la Liste des changements. C'est chose fort importante et qui nous mettrait dans une position très désavantageuse si nous ne la faisions que lorsque nous serions appelés au service actif. En outre, il y à faire nombre de menues réparations et à remplacer beaucoup d'articles perdus ou manquants—choses qui prendraient aussi considérablement de temps. On est à préparer sur cette division un rapport détaillé qui sera régulièrement soumis.

OBSERVATIONS GÉNÉRALES.

L'installation de machines à vapeur a été complétée et a donné toute satisfaction. L'on pousse aussi rapidement que possible l'établissement d'un laboratoire chimique, sur une petite échelle. On prête une attention particulière aux méthodes électrolytiques, qui sont fort propres à notre besogne. L'augmentation du personnel nécessitant plus de place dans le bâtiment des bureaux, il sera pris des mesures pour satisfaire à ce besoin. La grande hausse du prix des métaux et matériaux en général augmentera quelque peu le coût de fabrication. Bien que nous ayons la bonne fortune d'avoir un gros stock en magasin, il va falloir demander un supplément de fonds, attendu qu'il n'est pas probable que le marché change d'ici à quelque temps.

J'ai l'honneur d'être, monsieur,
Votre obéissant serviteur,

E. M GAUDET, *major*.
Directeur.

Monsieur le Sous-Ministre de la
Milice et Défense, Ottawa.

2 PARTIE.

RAPPORT

DU

MAJOR GÉNÉRAL.

A l'honorable Ministre de la Milice et Défense,
Ottawa.

MONSIEUR LE MINISTRE,—J'ai l'honneur de présenter le rapport qui suit au sujet des troupes dont j'ai le commandement, pour l'année expirée le 31 décembre 1899.

Ce rapport est divisé en deux parties, savoir : 1re partie—Récit des événements de 1899 ; 2e partie—Propositions pour l'année courante 1900.

1re PARTIE.

RECIT DES ÉVÉNEMENTS DE 1900.

Ce qui suit est, pour l'année expirée le 31 décembre 1899, un compte rendu des événements que je crois utile de porter officiellement à votre connaissance, au sujet des troupes placées sous mes ordres :—

CHANGEMENTS DANS L'ÉTAT DE FORCE.

(**1.**) Les changements suivants sont les princlpaux qui ont été faits dans les effectifs régimentaires pendant l'année :—

(*a*) *Unités réformées :*

Une compagnie du 3e régiment d'artillerie de place du Nouveau-Brunswick, et une du 4e régiment d'artillerie de place de l'Ile du Prince-Edouard—afin de mettre tous les régiments d'artillerie de place sur un pied uniforme.

Chasseurs à cheval de Vernon. (Une compagnie.)

Deux compagnies du 51e bataillon, lors de la fusion avec le 50e.

Une compagnie du 79e bataillon, pour cause d'insuffisance.

(*b*) *Corps fusionnés et corps recomposés :*

Les compagnies d'artillerie de place de Digby, de Mahone-Bay, de Pictou et de Yarmouth dans la 2e division du régiment d'artillerie canadienne d'Halifax.

Les compagnies d'artillerie de place de Québec et Lévis pour former le 6e régiment d'artillerie canadienne de Québec et Lévis.

Le 2e bataillon du 5e régiment d'artillerie canadienne est devenu le 6e bataillon de carabiniers à pied.

Le 23e bataillon d'infanterie de la Beauce a été fusionné avec le 92e bataillon d'infanterie de Dorchester, et le 51e bataillon d'infanterie "rangers" d'Hemmingford l'a été avec le 50e "borderers" de Huntingdon.

Les compagnies indépendantes de Rossland, Nelson, Kamloops, Kaslo et Revelstoke finiront par faire partie d'un bataillon qui sera connu sous le nom de "rangers" des Montagnes-Rocheuses.

(c) Corps dont l'organisation a été autorisée :

Deux compagnies de campagne du génie.

Une compagnie de plus pour le 59e bataillon d'infanterie de Stormont et Glengarry, et une pour le 93e bataillon d'infanterie de Cumberland.

Une compagnie indépendante de carabiniers à pied, Thessalon, Ont.

Quatre compagnies, corps d'intendance militaire.

Quatre compagnies de brancardiers, personnel du service de santé.

Quatre hôpitaux de campagne, personnel du service de santé.

(*d*.) Les nouveaux règlements du service de santé sont la cause d'une réduction de 114 dans le nombre des médecins de régiments. Ces officiers compteront comme surnuméraires jusqu'à ce qu'ils aient été peu à peu absorbés. Contre cette réduction le corps des officiers de santé sera de 72.

NOMINATIONS.

(**2**.) La distinction de colonel honoraire et de lieutenant-colonel honoraire a été offerte, entre autre, aux personnes suivantes et acceptée par elles, savoir :—

Au Très honorable comte de Minto, C.C.M.G., Gouverneur général du Canada, dans les gardes à pied du Gouverneur général et le 90e bataillon de carabiniers à pied de Winnipeg ; au Très honorable comte d'Aberdeen, G.C.M.G., dans le 10e grenadiers royaux ; au feld-maréchal le Très honorable G.J. vicomte Wolsely, C.P., etc., commandant en chef de l'armée anglaise, dans le régiment royal canadien d'infanterie ; au Très honorable sir Wilfrid Laurier, C.C.M.G., dans le 9e voltigeurs de Québec, etc.

Le major (lieutenant colonel local) F. G. Stone, *P.S.C.*, de l'artillerie royale, a été nommé, le 1er juin 1899, au commandement de l'artillerie canadienne, et est entré dans l'exercice de ses fonctions le 7 du même mois.

Le lieutenant-colonel Gerald C. Kitson, *P.S.C.*, commandant du collège militaire royal, a été nommé colonel local le 30 août 1899.

Le lieutenant-colonel H. H. Burney *P.S.C.*, des *Gordon Highlanders*, et le lieutenant C. B. O. Symons, du génie royal, ont été respectivement nommés professeurs de stratégie, tactique et services d'état-major, et de fortification et génie militaire, à la place du capitaine (major dans la milice) P. G. Twining, G.R., et du lieutenant (capitaine local) W. B. Lesslie, G.R., qui ont laissé ces emplois vacants.

TROUPE DU YUKON.

(**3**.) La petite troupe de volontaires tirés des corps permanents du Dominion, sous le commandement du major (lieutenant-colonel local) T. D. B. Evans, des dragons royaux canadiens, a été réduite par le retrait de 4 officiers et 93 sous-officiers et soldats, le 8 septembre dernier. La discipline et la valeur et suffisance de cette troupe ont été maintenues d'une manière satisfaisante durant tout le long hiver de 1898-1899 par les efforts soutenus du lieutenant-colonel Evans et de ses officiers à Fort-Selkirk, et j'ai tout lieu d'être très satisfait de la conduite que la troupe en général a tenue dans des conditions quelque peu critiques et difficiles.

Le major (lieutenant-colonel local) T. D. B. Evans ayant été affecté à la troupe de service spécial dans l'Afrique australe, a été remplacé par le major T. D. R. Hemming, du régiment royal canadien d'infanterie. La troupe est aujourd'hui stationnée à Dawson-City, et s'appelle la garnison du Yukon.

Les officiers ci-dessous dénommés composent présentement cette garnison :—

Commandant—le major T. D. R. Hemming, du régiment royal canadien d'infanterie.

Adjudant, payeur et quartier-maître—le capitaine E. W. G. Gardiner, des dragons royaux canadiens.

Médecin—le chirurgien-major G. L. F. Foster, du 68e bataillon du comté de King.

Officier d'approvisionnement—le major D. C. F. Bliss, réserve d'officiers.

	Officiers.	Sous-officiers et soldats.
Dragons royaux canadiens	1	5
Artillerie royale canadienne, section de campagne		4
" " " place		15
Régiment royal canadien d'infanterie	3	59
Milice active	2	....
Total	6	82

La période pour laquelle les officiers, sous-officiers et soldats ci-dessus mentionnés se sont volontairement engagés à servir dans le Yukon expirera sous peu. Il faudra donc, au printemps, prendre des mesures pour les remplacer ou les rengager, si l'intention est encore de maintenir une garnison militaire dans le Yukon.

DRESSAGE DE LA MILICE ACTIVE, 1899.

(4.) A la seule exception du 8e hussards, toute la milice a été exercée. Toute la milice rurale a été mobilisée pour 12 jours, et, à cette fin, elle a été formée en brigades et en divisions avec un état-major bien organisé. L'instruction, donnée dans les camps centraux, a été de la plus grande utilité pour les troupes, en même temps qu'elle a procuré une inestimable expérience aux officiers supérieurs et à l'état-major.

En s'en tenant à l'essentiel de l'instruction pratique on a pu entrer plus avant dans les exercices tactiques du genre de ceux que font toutes les armées modernes. Impossible de parler en termes trop élogieux de l'enthousiasme et du zèle dont il a été généralement fait preuve. Tous se sont montrés déterminés a profiter de l'instruction donnée et de l'occasion qu'ils avaient ainsi d'atteindre à un plus haut degré de dressage militaire qu'il n'avait été tenté jusque-là.

Il ne faut pas s'imaginer, toutefois, qu'une période de douze jours d'exercices par année suffit pour enseigner aux officiers et aux hommes la discipline militaire et les principes d'organisation et de routine militaires, qui, ensemble, sont d'une beaucoup plus grande importance que l'habileté ménanique en manœuvres et une connaissance superficielle de la tactique. Les douze jours présentement alloués pour le dressage militaire comprennent les jours d'arrivée et de départ, avec un dimanche. Il ne reste donc que neuf jours dans lesquels condenser les exercices et l'instruction militaires voulus. Durant les récentes périodes d'instruction en 1899 le temps a été exceptionnement favorable, ce qui a permis de mettre amplement à profit le peu de temps disponible, mais il ne serait pas raisonnable de supposer qu'il fera toujours beau.

Il n'a été possible d'atteindre le degré de suffisance qui a été le trait caractéristique de tous les camps en 1899, qu'en utilisant chaque heure de temps utile, et en invitant officiers et soldats à faire de plus grands efforts que de coutume et à travailler tous les jours durant de longues heures qu'ils n'avaient l'habitude de le faire jusque-là. Toujours les troupes ont répondu de bon cœur aux appels de surcroît qui leur ont été faits à cet égard, et le résultat a été, je crois, aussi flatteur pour les troupes elles-mêmes qu'il l'a assurément été pour ceux qui les commandaient.

Il est incontestablement à désirer que les camps d'instruction soient maintenus surtout pour le dressage militaire et gouvernés en conséquence; mais il est très essentiel qu'on les rende attrayants pour les hommes et que les heures de rude travail soient allégées par la récréation et des amusements salutaires. Par conséquent, dans chaque brigade il a été organisé des comités d'amusement pour l'encouragement des jeux, des concerts et des feux de camp. Dans chaque camp les troupes ont aussi battu une retraite qui a été un attrayant et populaire soulagement aux devoirs et services militaires du dressage. J'attache une grande importance au développement de cette bonne confraternité et camaraderie qui est si essentielle à la prospérité d'une armée nationale comme celle du Canada.

On s'est également appliqué à rende le service divin du dimanche aussi efficace et solennel que possible. Dans plusieurs camps il y a aussi eu de courts exercices religieux tous les jours.

Il importe d'attirer votre attention sur les faits qui précèdent, attendu qu'on leur doit, dans une grande mesure, l'ordre, la régularité et la bonne conduite des troupes—toutes choses qui, généralement parlant, n'auraient guère pu être surpassées.

Il serait très nécessaire de choisir des places de campement annuel pour les différentes divisions et brigades, comme on l'a fait pour le district militaire n° 2, après quoi il y aurait lieu d'y établir un service d'eau avec un système d'éclairage à l'électricité, et s'arranger en outre pour que les régiments pussent emmagasiner là les articles supplémentaires dont leurs hommes auraient besoin durant la période d'exercices. Cela aurait pour effet d'accroître d'une manière importante le bien-être des hommes et contribuerait ainsi à la discipline, à l'ordre militaire et à la régularité des troupes campées. De plus, cela serait économique pour les corps intéressés.

Les règlements interdissant la vente des boissons enivrantes dans les camps ont été observés. Toutefois, il n'est pas possible d'empêcher qu'il se boive de la boisson en camp, et il est également impossible d'empêcher qu'il s'en vende illicitement en dehors du camp, mais tout près de ses limites. A mon avis, il y a lieu de douter si une cantine autorisée à débiter de la boisson dans les camps, sous la surveillance voulue et sous la discipline et le contrôle militaires, ne serait pas préférable au système actuel, qui transporte aux villages et villes voisines le théâtre de désordres possibles.

Les corps urbains n'ont pas pu une seule fois prendre part aux exercices tactiques avec leurs camarades des corps ruraux. C'est très regrettable, attendu que les deux perdent beaucoup par le fait qu'ils sont si rarement associés ensemble, et c'est surtout malheureux pour les corps urbains, vu qu'ils ont si peu d'occasions de pratiquer la tactique de campagne.

Comme, à l'exception de quelques unités isolées, j'ai personnellement commandé tous les corps ruraux du Dominion dans le cours de l'été dernier, les observations suivantes sur les différentes armes du service seront de quelque utilité.

CAVALERIE.

Le Canada ne se prête pas du tout à l'emploi d'une cavalerie organisée, dressée et équipée dans le genre des cavaleries européennes. Un soldat de cavalerie formé à l'usage du sabre ou de la lance demande un cheval également bien dressé. La milice canadienne ne produirait ni l'un ni l'autre qu'après des mois de dressage. Par conséquent, il vaut mieux effectuer peu à peu, dans l'organisation et la tactique de la cavalerie canadienne, le changement susceptible de produire le plus d'effet, étant donné les exigences du pays et le caractère de la population elle-même. Il a été fait beaucoup de progrès pendant la dernière année ; on a porté la plus stricte attention à la discipline d'écurie et au service intérieur ; le système d'escadron a été introduit, et chaque compagnie de cavalerie a été encore subdivisée en groupes permanents ; on a adopté le principe que ceux qui commandent doivent être ceux qui instruisent ; la plus grande attention a été prêtée à l'enseignement du service à pied, et il a été pris de satisfaisantes mesures pour enseigner les services de reconnaissance et d'escorte.

Toute la cavalerie, sans distinction de grades, a montré le plus grand zèle et la plus grande détermination à atteindre le degré de valeur plus élevé qu'on attendait d'elle.

ARTILLERIE DE PLACE.

Je traite de l'artillerie dans un paragraphe distinct, mais il est à propos de consigner ici le très satisfaisant progrès qui a été effectué dans le service des écuries et le service intérieur des batteries de campagne. Le système uniforme d'organisation, de service des écuries et d'organisation de brigade maintenant établi produira les meilleurs résultats. La propreté des bivouacs de chevaux a été une particularité très accentuée des camps d'artillerie de campagne. Le maniement des batteries en divisions de brigades et en masses, particulièrement sur des plans tactiques et stratégiques, a été une particularité populaire de leur dressage, et tous les intéressés y ont pris part avec le plus grand intérêt.

GÉNIE.

A Sussex la compagnie du génie de Brighton a bien été, en égard au peu d'occasions qu'elle a eue de s'instruire.

INFANTERIE.

Tous les bataillons d'infanterie du pays ont été exercés d'après un mode uniforme et conformément aux principes posés dans le Manuel d'infanterie réduit à une petite brochure qui a été servie à tous ceux que cela regardait.

Par l'application des ordres à l'égard du "silence et de la fermeté dans les rangs", et moyennant une connaissance passable de l'école de peloton et des manœuvres de compagnie, il se trouva que grâce à leurs aptitudes militaires les troupes purent être maniées en brigades et en masses avec une facilité qui fut le sujet d'une surprise très générale. Et c'est à l'expérience des officiers choisis comme chefs de brigades et officiers d'état-major général, autant qu'à l'aptitude naturelle des troupes elles-mêmes, que fut dû ce résultat. Mais on se tromperait gravement en supposant que les manœuvres ainsi rendues possibles par des commandants expérimentés seraient également possibles avec des commandants et officiers d'état-major de la milice active moins expérimentés ou moins versés dans cet art d'instruire que seul engendre une longue pratique.

INSTRUCTION, ETC., DES TROUPES PERMANENTES, 1899.

(**5.**) Il est impossible d'estimer à un prix trop élevé l'importance de maintenir chez les corps permanents le plus haut degré d'instruction, d'organisation et de discipline militaires. Les corps permanents sont les corps d'instruction de toutes les troupes de milice canadienne, et leurs officiers sont destinés à devenir, dans le cours ordinaire des événements, les chefs, le personnel administratif et les instructeurs de leurs camarades de la milice active. De la capacité et suffisance des corps permanents dépend donc, dans une très grande mesure, la présente et future valeur militaire de l'armée de milice canadienne.

Il faut en conséquence attacher la plus grande importance à ce que les corps d'instruction soient traités avec toute la considération due à des troupes qui ont de si graves responsabilités. Le plus grand soin devrait être apporté au choix des officiers, sous-officiers et hommes, et tout encouragement et avantage devrait être offert à ceux qui se montrent dignes de faire partie d'un corps d'élite. L'amélioration des logements des troupes s'impose en certains cas, mais par-dessus tout, c'est un plan de retraite pour les officiers et une pension pour les sous-officiers et les hommes qui réclament d'une manière très urgente votre attention.

Il est impossible de parler en termes trop flatteurs de l'excellence du service accompli par les officiers, sous-officiers et hommes de l'escadron A des dragons royaux canadiens, et des batteries A et B de l'artillerie royale canadienne—division de campagne—relativement à l'instruction de leurs camarades de la milice active dans les manœuvres et dans le service intérieur. A eux est indubitablement dû le degré de valeur que ces deux importantes armes du service ont atteint, l'été dernier, dans les manœuvres et exercices, le service des écuries et le service intérieur. Le zèle dont ils ont fait preuve est au-dessus de tout éloge.

Les circonstances ont malheureusement empêché que le dressage annuel de la division de place de l'artillerie canadienne ne fût aussi complet qu'il aurait dû l'être. L'absence d'armement moderne, le manque de bâtiment convenable pour une école de canonnage, et le manque aussi des choses essentielles à un système complet d'instruction, ont contribué à cet insatisfaisant état de choses, auquel il sera, j'espère, remédié l'année prochaine.

ÉCOLES MILITAIRES D'INSTRUCTION.

(**6.**) *Cavalerie et infanterie.*—Grâce à l'avancement des corps permanents en connaissances militaires et à l'accroissement de leur valeur, ainsi que je l'ai dit dans la section (5), le niveau de l'instruction donnée dans les écoles de cavalerie et d'infanterie s'est grandement relevé. Il a été tenu des écoles provisoires d'instruction dans les différents centres militaires, pour subvenir aux besoins des officiers et sous-officiers que leurs devoirs civils empêchaient de quitter leurs emplois pour aller aux écoles régulières. Il est indéniable que l'instruction donnée dans les écoles provisoires n'est pas et ne peut pas être aussi complète que celle qu'on donne dans les écoles militaires. En outre des manœuvres et de la tactique, un officier a à apprendre beaucoup de choses qu'il ne peut pas acquérir aux écoles provisoires. Toutefois, dans les conditions particulières qui caractérisent le système de milice volontaire, il faut tenir compte des nécessités et de la commodité de ceux qui se chargent volontairement des obligations du service militaire, et je me propose de maintenir, dans de certaines limites, ce système d'écoles provisoires, qui a incontestablement fait beaucoup de bien à la milice en général.

Dans différents centres militaires convenables il a été institué des cours volontaires abrégés, de quatre jours, pour les commandants des régiments de cavalerie et de bataillons d'infanterie. Avant les camps d'instruction un très grand nombre d'officiers commandants ont profité de ces cours, qui leur ont été de la plus grande utilité possible.

Pour ce qui est du cours d'état-major, *voir* "Collège militaire royal", section 18.

Artillerie.—La nomination du lieutenant-colonel Stone, de l'artillerie royale, au commandement de l'artillerie canadienne, a produit les meilleurs résultats. Comme il n'y a pas, à Québec, de local propre à une école de canonnage, il n'a pas été possible de mettre cette école sur un pied qui permet de faire suffisamment face aux exigences du canonnage moderne.

On est dans le même embarras pour une école d'artillerie de campagne. Il n'y a absolument pas de place pour une pareille école dans la vieille et incommode caserne occupée par la batterie A à Kingston.

Les officiers suivants ont été en Angleterre suivre des cours d'instruction. savoir :—

Le major R. W. Rutherford, de l'artillerie royale canadienne, division de place : cours complet ;

Le capitaine J. A. Benyon, de l'artillerie royale canadienne, division de place : cours complet ;

Le capitaine C. M. Nelles, des dragons canadiens, cavalerie, infanterie montée, exercices de tir, et

Le capitaine A. O. Fages, du régiment royal canadien d'infanterie : exercices de tir ;

Le colonel l'honorable M. Aylmer, adjudant général. a aussi été en Angleterre, conformément à vos instructions.

Sont recommandés pour des cours en 1900—

Un officier du régiment royal canadien d'infanterie ;

Un officier des dragons royaux canadiens, et

Un officier spécialement choisi pour un cours dans les services d'E.-M. A.

Je ferai aussi remarquer que le lieutenant-colonel Drury, commandant l'artillerie royale canadienne, division de campagne, le lieutenant-colonel Lessard, commandant les dragons royaux canadiens, inspecteur de cavalerie, le major Cartwright (état-major général), et le capitaine Forester, des dragons royaux canadiens, ont, avec la permission du gouvernement impérial, été attachés à l'armée anglaise dans l'Afrique du Sud.

TIR DES BOUCHES À FEU ET DU FUSIL.

(**7.**) (*a*) *Artillerie de campagne.*—Jusqu'ici le tir du canon pendant les exercices annuels a généralement été exécuté dans des conditions très élémentaires, mais il a été fait quelques progrès pendant la dernière saison, bien que l'approvisionnement de munitions fût insuffisant. En outre, onze batteries de campagne ont envoyé des détachements composés des officiers et de deux sous-officiers (Nº 1 et pointeur) à Desoronto, pour exécuter le tir de concours sous le régime des règlements de la société fédérale de tir des bouches à feu. Les canons, les chevaux et les conducteurs ont été fournis par la batterie A, et les cartouches limitées au nombre de coups qui pouvaient être tirés en une demi-heure. Quant aux conditions tactiques et aux cibles, on fit en sorte qu'elles se rapprochassent autant que possible des conditions de guerre. Le résultat de ce tir de concours a accusé une amélioration générale sur celui de 1897, et aussi dans la discipline du tir.

Il est évident, toutefois, que le mode d'instruction de cette arme du service devra faire un très grand pas en avant avant qu'il ne puisse être satisfait aux exigences de l'artillerie de campagne.

(*b*) *Artillerie de place.*—Le tir exécuté a nécessairement été moins bon qu'il l'aurait été avec des pièces modernes, si on en avait eu,

(*c*) *Société fédérale de tir des bouches à feu.*—Cette excellente société continue à faire du bien en encourageant l'artillerie à atteindre un plus haut degré d'instruction, et elle fait beaucoup pour développer un bon esprit de corps parmi ceux qui appartiennent à cette arme du service.

(*d*) *Tir du fusil.*—Relativement à l'instruction du tir, on a temporairement fait face aux sérieuses difficultés résultant de la rareté et insuffisance des champs de tir en recourant à un mode de pratique où la cartouche et la portée sont réduites. C'est pour cela que tous les camps d'instruction ont été pourvus de tubes et de cartouches Morris. Avec votre permission, la recommandation faite à ce sujet l'année dernière a été mise à exécution, et le résultat, en somme, a été fort satisfaisant et a dépassé de beaucoup les espérances qu'un grand nombre de personnes avaient formées de son succès possible. Bien que le fusil à répétition Lee-Enfield n'ait pas encore été servi aux bataillons ruraux, chacun de ces derniers en a reçu, à tour de rôle, un nombre suffisant pour permettre aux hommes d'apprendre le maniement de cette arme et d'exécuter leur tir d'école. Toutes les troupes ont ainsi passé, pour la première fois, par un cours complet—bien que nécessairement abrégé—de tir avec le nouveau fusil, c'est-à-dire quelles ont tiré vingt cartouches par homme dans les feux individuels, au moyen du tube Morris, à des portées et avec des cartouches réduites, et dix cartouches par homme dans les feux d'ensemble avec la cartouche et à des portées de guerre.

Le tube Morris a donné des résultats satisfaisants et les hommes ont pris goût à ce mode de pratique du tir. La brièveté de la période d'exercices fait qu'il est impossible de consacrer au tir du fusil le temps et l'attention que son importance demande. On peut affirmer sans crainte qu'avec la période restreinte de neuf jours ouvrables qui nous est actuellement allouée pour le dressage, ce n'est que par l'adoption du mode réduit de tir à la cible qu'un système suivi de dressage militaire devient possible sans le sacrifice d'autres parties également importantes de l'instruction du soldat.

(*e*) *Société fédérale de tir du fusil.* Le conseil de cette association comprend parfaitement l'importance de rendre ses concours annuels plus pratiques. Il y a une très regrettable tendance à s'attacher aux phases élémentaires du tir au détriment du développement pratique de l'usage du fusil moderne en guerre. Tirer sur un but fixe, aidé d'auxiliaires pour ce qui est de viser, est incompatible avec les exigences pratiques de la guerre. La société fédérale de tir du fusil et autres associations de ce genre recevant de fortes subventions de l'Etat, rempliraient mieux leur rôle si elles se conformaient davantage aux besoins modernes et restreignaient aux commençants le tir sur des buts fixes, pour laisser les longues portées aux spécialistes. Ce qu'il faudrait encourager par tous les moyens c'est le tir sur des objets apparaissant et diparaissant à des endroits et à des portées inconnus, le tir sur des objets se mouvant de côté, en avant et en arrière, et le tir en masse ou collectif et dans la formation d'attaque.

Il y a une indubitable tendance à regarder le tir du fusil comme un passe-temps dans le même sens que les jeux de cricket, de ballon et de hockey, plutôt qu'un exercice national destiné à préparer le citoyen à faire son devoir dans le cas où il serait appelé à défendre le pays.

Le détachement de tireurs canadiens, familièrement appelé "l'équipe de Bisley", est parti pour l'Angleterre le 24 juin dernier, sous les ordres du lieutenant-colonel McLean, du 62e fusiliers. Ce détachement a bien soutenu la réputation du Canada pour l'adresse au tir, et il s'est distingué en gagnant et remportant une satisfaisante part de prix.

INSPECTIONS DE L'OFFICER GÉNÉRAL COMMANDANT

(**8.**) Les camps d'instruction suivants ont été tenus sous mes ordres, savoir :

1re division .... London,
2e " .... Niagara,
3e " .... Laprairie,
4e .... Lévis, P.Q.,
5e .. .. Sussex, N.-B., et Aldershot, N.-E.,

et j'ai aussi inspecté la 6e divison sous le lieutenant-colonel Otter, A.D.C., à Niagara.

L'occasion ainsi fournie m'a permis de tenir les réunions annuelles d'officiers commandants dans chaque district militaire—ce à quoi j'attache une grande importance.

RÉUNION DES OFFICIERS COMMANDANTS DE DISTRICTS.

La réunion annuelle des officiers commandants de districts a été tenue, du 15 au 17 novembre, à Ottawa. Le programme comprenait plusieurs importants développements qui ont fait le sujet d'une soigneuse étude. Les dates pour les exercices annuels 1900 et d'autres affaires ont été discutées.

ARMEMENT D'ARTILLERIE ET D'INFANTERIE.

(**9.**)—(*a*) *Artillerie de campagne.*—La nouvelle pièce de campagne de 12, se chargeant par la culasse, au complet, avec harnais, a été servie à la 5e batterie de Kingstown et à la 8e de Gananoque.

Il reste maintenant neuf batteries de campagne qui sont encore armées des canons rayés, de 9, se chargeant par la bouche.

(*b*) *Artillerie de place.*—Nous avons reçu les canons rayés, de 40, se chargeant par le culasse, et ces pièces ont été servies aux batteries de place en tant qu'il en a été besoin pour l'instruction. On garde le reste en magasin en attendant qu'il y ait des locaux où les mettre. Les obusiers de 5 pouces, se chargeant par la culasse, n'ont pas encore été reçus.

(*c*) *Infanterie.*—Il est bien regrettable qu'il ne soit pas possible de servir à tous les corps le fusil à répétition Lee-Enfield ·303· On aurait grand tort de distribuer ces armes aux corps ruraux avant que chaque bataillon eut un magasin convenable où les mettre, et c'est là une question de la plus grande importance.

MÉDAILLE DE SERVICE GÉNÉRAL ET DÉCORATION D'AUXILIAIRES.

(**10.**) Les médailles de service général ont été reçues et la commission nommée à cette fin est à les distribuer à ceux qui y ont droit.

Il a plu à Sa Très Gracieuse Majesté la Reine accorder une décoration d'auxiliaires pour les officiers, sous-officiers et soldats. On est à préparer l'avis nécessaire pour la *Gazette*, et les demandes des ayants droit seront examinées par une commission spécialement nommée à cette fin.

Autorisation a été demandée de donner à tous les régiments et corps dont les états-majors ont pris part aux opérations militaires pour lesquelles sont accordées les médailles de service général et de la campagne du Nord-Ouest, la permission d'en porter et inscrire le titre sur leurs drapeaux, grand équipement et insignes.

GARNISONS D'HALIFAX ET D'ESQUIMALT.

(**11.**) Le lieutenant général commandant les troupes de Sa Majesté en Canada a bien voulu se rendre à ma prière et a permis que le 1er régiment d'artillerie canadienne d'Halifax, affecté à la défense d'artillerie de cette ville, soit instruit sous la direction des officiers d'artillerie royale de cette garnison. J'ai aussi demandé qu'un pareil arrangement soit fait pour l'artillerie de milice et les sapeurs-mineurs sous-marins affectés à la défense d'Esquimalt.

Le lieutenant général commandant a bien voulu de plus organiser une école provisoire, à Halifax, pour l'instruction de l'infanterie de milice locale—chose qui ne pouvait être qu'avantageuse.

Les troupes nécessaires pour compléter la garnison d'Esquimalt ont été affectées à cette forteresse, et l'on est à prendre des mesures en vue de les mettre à la disposition de l'officier commandant les troupes de Sa Majesté à Esquimalt, pour le service annuel de cette forteresse.

ORDINAIRE.

(**12**.) La cuisine a fait des progrès considérables en camp. Plusieurs régiments et corps ont essayé un système d'ordinaire de troupe embrassant l'usage de tentes, de sièges et de tables, et ils s'en sont bien trouvés.

ORGANISATION.

(**13**.) En vue du développement de la milice canadienne sur une base d'armée, l'organisation des divisions administratives a été commencée—

1° Par la création des service de santé de l'armée de milice, dans le même genre que les services de santé de l'armée impériale.

Comme mesure préliminaire, quatre compagnies de brancardiers et quatre hôpitaux de campagne sont actuellement en voie de formation; ces quatre compagnies de brancardiers et quatre hôpitaux de campagne, avec la compagnie de brancardiers existant déjà à Halifax, formeront le noyau du personnel du service de santé de l'armée de milice;

2° Par la formation de deux compagnies de campagne du génie, en outre des deux compagnies indépendantes qui existent déjà. (L'intention est que ces quatre compagnies constituent, dans l'ordre des choses, le commencement d'un corps du génie canadien);

3° Par l'autorisation de former quatre compagnies d'un corps d'intendance militaire. (J'espère qu'il sera procédé sous peu à l'organisation de ces compagnies.)

On verra ainsi qu'il a été pris d'importantes mesures pour avoir trois des cinq importantes divisions administratives, que, dans la 3e partie—section 36—de mon rapport de 1898, j'ai montré être absolument indispensables à l'organisation d'une armée destinée à des opérations militaires en campagne.

HABILLEMENT.

(**14**.) Le directeur général des magasins mérite beaucoup d'éloge pour la prompte acquisition et distribution de l'habillement nécessaire pour le grand nombre d'hommes exercés pendant l'année. Les vêtements étaient de bonne qualité, et, à tout prendre, il y a eu peu de plaintes à l'égard de la distribution. Ce service a fait beaucoup de progrès.

Il s'est néanmoins produit quelque irrégularité par le fait que des communications relatives à l'habillement sont allées directement à des commandants de compagnies, au lieu de passer par les mains des commandants de régiments et de corps. C'est ainsi qu'ils n'incombe plus à certains officiers commandants de veiller à ce que leurs régiments soient habillés comme il faut. Les instructions nécessaires seront données.

MUSIQUE.

(**15**.) Il a été organisé, à Québec, un corps de musique permanent pour l'artillerie royale canadienne, sous la direction d'un chef compétent.

Sa force aujourd'hui justifie la création de cours d'instruction en musique militaire pour les sergents de musique et les musiciens qui appartiennent aux corps de musique de la milice active.

Le corps de musique en question sera sous peu disponible pour les occasion solennelles.

ACHAT D'ARMEMENT.

Artillerie de campagne.

(**16**.) Il a été pris des mesures pour l'achat de six batteries de pièces de campagne à tir rapide, ainsi que recommandé dans la section 30 de mon rapport pour 1898. La commande a été temporairement tenue en suspens jusqu'à ce que le ministère de la Guerre eut définitivement adopté un modèle de canon à tir rapide.

Les pièces suivantes ont été commandées et devraient être disponibles en 1900 :—

Huit obusiers de 5 pouces, se chargeant par la culasse, commandés en 1898 et pas encore délivrés.

Deux canons de 6 pouces, à tir rapide.

Deux obusiers de 6 pouces, se chargeant par la culasse.

Quatre canons de 4·7 pouces, à tir rapide.

L'équipement suivant, recommandé dans la section 30 de mon rapport pour 1898, a té commandé et devrait être disponible l'année prochaine :—

Campement au complet.

Pour deux divisions d'infanterie et une brigade de cavalerie.

Matériel médical.

Pour quatre compagnies de brancardiers et quatre hôpitaux de campagne, avec un nombre restreint de voitures d'ambulance pour les fins d'instruction.

Equipement.

Pour deux compagnies de campagne du génie.

CONTINGENT CANADIEN.

(**17**.) La décision du gouvernement canadien fut donnée le 14 octobre en faveur de l'enrôlement de huit compagnies d'infanterie pour service spécial dans l'Afrique du Sud, et l'organisation de ces compagnies fut commencée le même soir. Un nombre très considérable de sous officiers et d'hommes des corps permanents offrirent leurs services, et formèrent, en conséquence, un très nécessaire noyau de soldats dressés et expérimentés. Par exception, on prit des recrues parmi ceux qui avaient déjà eu une certaine somme de dressage militaire, mais qui ne faisaient pas partie de la milice active dans le moment ni n'en avaient été membres dans le passé. L'engagement était pour six mois, mais susceptible d'être porté à douze, au besoin. Les compagnies ainsi formées furent subséquemment organisées en un bataillon d'infanterie, conformément aux *War Establishments* de 1898, et devinrent le 2e (service spécial) bataillon du régiment Royal Canadien. La concentration du bataillon commença le 25 octobre, à Québec, par l'arrivée de la compagnie D, d'Ottawa et Kingston, et de la compagnie E, de Montréal ; et le dimanche matin, 29 octobre, le corps entier, comprenant 1,019 hommes de tous grades, était mobilisé, vêtu de l'uniforme récemment choisi, et équipé prêt pour l'embarquement.

J'affirme sans crainte que jamais corps de troupes plus beau ni plus martial n'a représenté une colonie anglaise. Le physique des hommes était d'une qualité insolite, même pour des troupes anglaises.

Son Excellence le Gouverneur général fit la revue du bataillon à midi, et voulut bien adresser la parole aux troupes, après quoi le Très honorable Premier Ministre fit aussi un discours.

Une adresse lue par le maire de Québec couronna les événements de la journée.

Le bataillon monta à bord du *Sardinian* immédiatement après la revue, et sa marche par les rues de Québec, ainsi que le départ du navire à quatre heures de l'après-midi, fut signalée par une populaire démonstration d'enthousiasme qui a rarement été surpassée.

On trouvera à l'annexe E un état de situation complet du bataillon de service spécial et des officiers appartenant ou attachés à ce corps.

La rapidité avec laquelle ce bataillon a été levé, organisé et équipé, est incontestablement satisfaisante.

COLLÈGE MILITAIRE ROYAL.

(**18.**) Avec beaucoup de plaisir j'attire de nouveau votre attention sur l'excellente besogne faite par le commandant (colonel G. C. Kitson) et ses professeurs et instructeurs pendant la dernière année.

J'ai inspecté le collège le 24 novembre, et vu avec plaisir que le haut degré d'éducation, de morale et de suffisance dont je parlais dans mon dernier rapport a été plus que maintenu.

Le nombre des élèves a augmenté de 75 en 1898 à 87 en 1899.

Avec son personnel actuel de professeurs et d'instructeurs, et pour la place dont il peut disposer, le collège ne saurait prendre plus d'élèves qu'il en a actuellement. Reste à considérer s'il ne serait pas à l'avantage du Canada de développer encore davantage cette précieuse institution.

Les récents règlements exigeant qu'à l'avenir les corps permanents ou d'instruction, dans le pays, aient, dans une très grande mesure, des gradués du collège militaire royal pour officiers, ne peuvent manquer d'être du plus grand avantage pour la future valeur de l'armée de milice du Canada. Désormais, ce seront des gradués du collège militaire royal qui seront nommés à tous les emplois dans l'artillerie royale canadienne, et à la moitié de ceux de la cavalerie et de l'infanterie, à mesure que ces emplois deviendront vacants. Et c'est là ce qui a haussé à un degré très important la valeur du collège comme institution de l'Etat.

Pour clore, je dois attirer spécialement votre bienveillante attention sur le très grand succès dont a été couronné l'établissement d'un cours d'état-major pour un nombre restreint d'officiers choisis. Le cours d'état-major tenu du 1er février au 27 mai dernier, couronné qu'il a été d'une "chevauchée d'état-major" sur une vaste échelle, a été de la plus grande utilité pour tous les officiers intéressés, au nombre de 65 à 70. Ont passé par ce cours 12 officiers qui forment aujourd'hui le noyau d'un état-major général. La plupart de ces derniers sont des officiers de grand mérite, et le cours a beaucoup plus fait que réaliser les plus téméraires espérances que j'avais conçues relativement à sa valeur.

Le colonel Kitson, le major Straubenzie, le capitaine Logan et d'autres méritent un mot spécial d'éloge et de félicitation pour l'infatigable travail qu'ils se sont imposé dans le but de faire réussir ce cours d'état-major, dont l'ouvrage pratique à l'occasion de la chevauchée d'état-major a été une importante particularité. Je désire témoigner ici de la précieuse aide que j'ai eue du colonel Kitson. Cet officier a été promu au grade local de colonel, en reconnaissance de ses précieux services.

On trouvera à l'annexe A le rapport annuel du commandant du collège.

2e PARTIE.

PROPOSITIONS POUR L'ANNÉE COURANTE, 1900.

POSITION DU MAJOR GÉNÉRAL COMMANDANT LA MILICE.

(**19**.) Le paragraphe 3 des Règlements de la milice, 1898, a dans une certaine mesure réalisé les recommandations contenues dans la section 16—2e partie—de mon rapport pour l'année 1898, en définissant les devoirs officiels de l'officier général commandant.

CAMPS D'INSTRUCTION, 1900.

(**20**.) J'ai l'honneur de recommander que dans les camps centraux le même mode d'instruction soit suivi en 1900 qu'en 1899. Les excellents résultats qui ont été la conséquence de votre approbation des recommandations faites par moi à ce sujet sont une preuve suffisante que le mode suivi ne pouvait pas être meilleur dans les circonstances.

Je prends la liberté de faire remarquer de nouveau que la période de 12 jours est insuffisante pour la milice en général. Pour ce qui est de la cavalerie, et surtout de l'artillerie de campagne, il est tout simplement impossible de donner, en un si court espace de temps, l'instruction militaire que demande le moindre satisfaisant degré de valeur, et je recommande très fortement que la période d'exercices soit portée à 16 jours.

CHASSEURS À CHEVAL DANS LE MANITOBA ET LE NORD-OUEST.

(**21**.) Avec votre assentiment, je me suis assuré, en allant moi-même aux renseignements, que l'organisation du régiment projeté de chasseurs à cheval de deux bataillons, dont un dans le Manitoba et l'autre dans les Territoires du Nord-Ouest, serait non seulement possible, mais fort populaire. J'ajouterai que l'importante province des Territoires du Nord-Ouest—province qui se développe rapidement—n'est pas présentement comprise dans le système de milice du Dominion.

CRÉATION D'UN ÉTAT-MAJOR GÉNÉRAL.

(**22**.) J'ai déjà attiré votre attention, dans la 1re partie—section 18—du présent rapport, sur le succès qui a couronné l'institution d'un cours d'état-major au collège militaire royal.

Je recommande que le même mode d'instruction d'état-major soit maintenu pendant l'année 1900. Il est à remarquer que huit des douze officiers qui ont passé par le cours d'état-major en 1900 sont allés en service actif dans l'Afrique australe, où leurs connaissances théoriques déjà acquises seront suivies d'expérience pratique sur les champs de bataille.

Il y a lieu de s'attendre qu'avant longtemps, si l'on conserve le système si heureusement inauguré, le Canada possédera dans quelques années un groupe d'officiers qui seront capables d'accomplir les fonctions les plus élevées de l'état-major d'une armée.

ORDINAIRE.

(**23**.) Cette question est traitée dans la 1re partie—section 12—du présent rapport. Je recommande d'encourager par tous les moyens possibles les commandants de régiments à réaliser le système d'une tente d'ordinaire, avec tables et bancs d'ordonnance. Je considère que les officiers commandants devraient être autorisés à toucher le supplément de $6 par compagnie dans le but de développer un pareil système. Il faudrait adopter une tente, etc., spéciale, d'un modèle autorisé et universel, afin d'assurer l'uniformité dans tous les camps. La dépense ne serait pas forte, et le confort que les hommes auraient ainsi de plus serait chose fort importante

HABILLEMENT.

(**24**.) La blouse de serge a été définitivement adoptée comme l'habit d'uniforme universel de la milice active. Il est très désirable que tout en conservant l'uniforme de l'armée impériale et ce qui caractérise son habillement—chose avec laquelle la milice canadienne a toujours été si étroitement identifiée—on y surajoutât quelque marque ou signe distinctif des troupes canadiennes.

Il vous a déjà été soumis des recommandations spéciales à ce sujet. J'ai recommandé l'emploi de "cordons de parure" (le cordonnet de laine pour les sous-officiers et les hommes et le cordonnet d'or ou d'argent pour les officiers) avec deux nœuds de la même matière, qui seront attachés au moyen d'agrafes et portés en travers de la poitrine d'une épaule à l'autre et portés dans la "grande tenue" ou dans les "occasions solennelles". Le surcroît de frais sera léger. Mais il faudrait adopter une couleur différente pour chaque arme du service.

J'ai aussi recommandé d'adopter pour coiffure de la milice le casque du modèle impérial, sur lequel serait porté un petit "puggaree" de toile (de soie pour les officiers), dont il faudrait que la couleur fût différente pour chaque arme du service.

Jusqu'ici le gouvernement n'a pas servi de coiffure aux troupes. Il a été laissé à la générosité ou au zèle des différents corps de se pourvoir eux-mêmes d'une coiffure autre que celle de petite tenue, et je recommande qu'à l'avenir il soit servi un casque, en sus de la coiffure de petite tenue, aux troupes canadiennes, à l'exception de certains corps spécifiés. Il faudrait aussi leur servir, au besoin, pour l'hiver, une tuque qu'il serait facile de se procurer par grandes quantités et à peu de frais.

J'ai de plus recommandé et recommande très fortement la distribution d'une tenue de corvée khaki, consistant en une ample veste à collet droit se rabattant à volonté, avec quatre poches, et une large bande de même étoffe au dos pour serrer la veste à la taille au besoin. Le fourniment se porterait par-dessus cet habit. Avec cela, d'amples pantalons à poches sur la cuisse et dossière ajustable, et taillés très larges. Ces pantalons pourraient ainsi être portés par-dessus le pantalon ordinaire ou la culotte en serge, ou, portés seuls, pourraient être rentrés dans les chaussettes ou repliés au-dessus du pied au moyen de guêtres ou de jambières (*puttees*).

On aurait ainsi une tenue de travail en temps de paix et de campagne en temps de guerre. Cette tenue pourrait être lavée et serrée après chaque période de dressage, et serait sans doute au goût de tous. Chaque homme aurait ainsi une tenue de serge pour la revue et les grandes occasions, et une tenue de bon khaki pour travailler, se coucher tout habillé ou faire campagne. On pourrait virtuellement couvrir le coût d'une pareille tenue en faisant durer la tenue de serge actuelle quatre ans au lieu de trois, de sorte que le surcroît de frais pour le trésor public—si tant est qu'il y en eût—serait peu de chose.

Pour ce qui est des corps urbains, je recommande que la distribution de la tenue de kharki ou de travail soit facultative, et que l'on continue de servir à ceux qui le préféreront une tenue de serge tous les trois ans, ou qu'on leur en donne le prix. En ce dernier cas ils pourront continuer à porter les tuniques, ceintures, etc., actuels; mais j'ai la conviction qu'avant longtemps tous les corps urbains, à l'exception peut-être des highlanders, adopteront le plan que je recommande pour les corps ruraux.

RÈGLEMENTS.

(**25**.) Le besoin de règlements plus complets au sujet de l'habillement et de la tenue se fait sentir d'une manière pressante.

J'ai déjà eu le plaisir de faire rapport qu'il s'est opéré une grande amélioration dans le service de l'habillement pendant l'année 1899. Les plaintes ont été rares, et cela est d'autant plus à l'honneur de la division de l'habillement que cette dernière a eu fort à faire pour subvenir aux besoins résultant de la mobilisation de tous les corps pour le dressege pendant la dernière année.

Il faudrait aussi, pour la solde et les suppléments de solde, des règlements basés sur ceux du service impérial.

Il est de toute nécessité qu'il soit immédiatement adopté des règlements au sujet des bouches à feu, ainsi que pour l'équipement, et pour le soin des poudrières et des munitions.

ACHAT D'ARMEMENT.

(**26**.) (*a*) *Artillerie.*

Artillerie de campagne.—Il a déjà été commandé six batteries de canons à tir rapide du plus récent modèle, avec l'équipement nécessaire. Je recommande que trois batteries de plus soient armées de canons semblables.

Je recommande aussi que les affûts des dix batteries existantes de canons de 12 se chargeant par la culasse soient transformés en affûts de canons à tir rapide, dans l'atelier d'artillerie, à Québec.

Toute l'artillerie de campagne se trouvera ainsi pourvue du plus récent modèle ou modèle approprié de canon de campagne à tir rapide.

Artillerie de place.—Il faudrait que les six canons rayés de 7 pouces, se chargeant par la culasse, actuellement à Québec, Lévis et Kingston, fussent convenablement montés sur les emplacements choisis pour eux.

En sus du léger acompte d'armement mobile (8 obusiers de 5 pouces se chargeant par la culasse) déjà commandé, il sera nécessaire de se procurer au moins encore huit pièces du plus récent modèle, savoir, des canons de moyen calibre, à tir rapide. Je recommande de plus l'achat—à titre d'armement mobile—de six Vickers-Maxim tirant un projectile d'une livre.

Atelier d'artillerie.—L'outillage nécessaire pour la réparation et l'entretien de l'armement est d'un besoin urgent, et le devient davantage à cause de l'arrivée imminente de pièces et montures neuves et modernes.

(*b*) MATÉRIEL DE CAMPEMENT.

Le matériel de campement pour les deux divisions d'infanterie et une brigade de cavalerie, dont je recommandais l'acquisition dans mon rapport pour 1898—2e partie, section 30—a été commandé, et l'on peut s'attendre à ce qu'il soit délivré en 1900. Je recommande qu'un semblable équipement soit acheté pour une ou deux brigades d'infanterie et pour une brigade de cavalerie. Il y aura alors assez de matériel de campement pour les trois divisions d'infanterie, deux brigades de cavalerie et deux brigades indépendantes.

(*c*) EQUIMENT D'UN PERSONNEL DU SERVICE DE SANTÉ.

L'équipement pour quatre compagnies de brancardiers et quatre hôpitaux de campagne, avec un petit nombre de voitures d'ambulance, recommandé dans mon rapport pour 1898—2e partie, section 30—a été commandé, et sera délivré pendant l'année 1900.

Je recommande d'acheter encore, pendant l'année 1900, l'équipement de quatre autres compagnies de brancardiers et de quatre hôpitaux de campagne de plus.

ÉCOLE DE MUSIQUE MILITAIRE.

(**27**.) Avec votre assentiment, je me propose d'ouvrir, avec la coopération du corps de musique récemment organisé de l'artillerie royale canadienne, pour les sergents de musique et les musiciens de la milice active, un cours d'instruction qui, avec le temps, deviendra, j'espère, la très nécessaire école de musique militaire dont je recommandais la formation dans mon rapport pour l'année 1898—2e partie, section 30.

CHAMPS DE TIR DES BOUCHES À FEU ET DU FUSIL.

(**28.**) *(a) Artillerie de campagne.*—Actuellement il n'y a pas de champ qui puisse servir à la fois au tir et à la manœuvre des bouches à feu. C'est indispensable pour dresser comme il faut l'artillerie de campagne. Il existe un champ propre à cela à Deseronto, Ont., et je recommande qu'il soit pris des mesures pour acquérir le droit de s'en servir tous les ans.

(b) Artillerie de place.—L'établissement d'un bon champ de tir en eau (*water range*) pourrait aller de pair avec l'ouvrage militaire projeté à Beaumont, P. Q., et il y aurait moyen d'en établir un semblable à Kingston, Ont. Avec ces deux tirs en sus de celui qu'il y a à Saint-Jean, N.-B., on aurait toutes les commodités nécessaires.

(c) *Infanterie.*—L'établissement de champs de tir du fusil aux principaux centres militaires est une chose qui mérite votre très sérieuse attention.

DIVISIONS ADMINISTRATIVES.

(29.) Dans la 3e partie (section 36) de mon rapport pour l'année 1898, je faisais remarquer l'absence des 'divisions administratives militaires par lesquelles une armée est mise en mouvement, nourrie, ou soignée en cas de maladie', et dans la section 38 (2) du même rapport j'indiquais la manière dont ces divisions pourraient être créées.

Les divisions sont celles-ci :—

(1.) *Corps d'intendance militaire.*—Chargé de l'approvisionnement de vivres, etc., ainsi que du transport des effets militaires, des approvisionnements, des bagages et des malades.

De bonne heure, cette année, j'ai recommandé qu'un officier choisi et deux sous-officiers fussent envoyés en Angleterre suivre un cours d'instruction à Aldershot et ailleurs, afin de les rendre aptes à organiser le corps d'intendance militaire sous ma direction.

Récemment j'ai renouvelé cette recommandation, et j'ai suggéré que l'officier ainsi choisi fût, après une période d'instruction à Aldershot, attaché au corps d'intendance militaire dans l'Afrique du Sud pour y compléter son instruction pratique. Bien que l'effectif de quatre compagnies du corps d'intendance militaire ait été autorisé conformément à mes recommandations sur le sujet, je ne suis pas prêt à effectuer l'organisation de ce département sans l'aide d'un officier instruit à fond et compétent en qui j'aie confiance.

(2.) *Bureau de l'artillerie.*—Chargé de garder, entretenir et servir aux troupes l'équipement, les munitions, les canons et le matériel de guerre de toutes sortes.

Les fonctions de ce bureau sont exercées par une division civile du département de la Milice. Je n'ai pas le contrôle des effets militaires qu'on se procure pour les troupes de la valeur desquelles je suis censé être responsable envers vous, bien qu'ils constituent une partie du "*military command*" établi dans les *Queen's Regulations.*

Etant donné la possibilité d'une prompte livraison des effets de réserve nécessaires, et surtout du matériel d'artillerie moderne, etc., la création de cette division devient une question pressante.

Je compte qu'il pourra être remédié cette année à l'état de choses actuel, et qu'il sera créé un bureau de l'artillerie à même le personnel actuel du département civil, d'après les principes posés dans mon rapport pour l'année 1898—3e partie—et conformément aux règlements du *War Office* sur le sujet. Cela pourrait se faire à peu de frais, si tant est que cela coûtât quelque chose.

(3.) *Services de santé.*—Chargés du soin des malades et des blessés. J'ai le plaisir de pouvoir dire qu'on a fait considérablement de progrès pendant l'année—premièrement, en créant un service de santé complet, et, secondement, en organisant quatre compagnies de brancardiers et quatre hôpitaux de campagne comme premier pas vers la formation d'un personnel complet du service de santé de la milice.

(4.) *Trésorerie militaire.*—Les fonctions militaires de ce département sont présentement exercées par la division financière du département civil, et il n'a pas encore été pris de mesures pour organiser une trésorerie militaire, si indispensable à une armée.

(5.) *Corps du génie.*—Les premières mesures ont été prises pour former un corps du génie. Bientôt on aura besoin d'un ingénieur militaire de haut rang qui devra diriger la construction d'ouvrages militaires, préparer des plans de forts et de défense, et qui commandera et inspectera le corps du génie.

Présentement, tous les ouvrages et bâtiments militaires sont sous les soins et la surveillance d'un ingénieur civil contrôlé par le département civil. Pareil système ne pouvait être possible que dans les conditions qui ont régné jusqu'ici au Canada, où la défense et les besoins militaires n'étaient pas pris au sérieux.

(6.) *Service vétérinaire.*—La création d'un personnel du service vétérinaire, sur les même bases que celles adoptées dans l'organisation des services de santé, est de la plus grande importance. Il serait nécessaire de nommer un médecin vétérinaire chef, et l'on aurait grand besoin d'une école d'instruction pour les vétérinaires et les maréchaux ferrants.

J'ai l'honneur d'être, monsieur,
Votre obéissant serviteur,

EDWARD T. H. HUTTON, major général,
A. D. C. de Sa Majesté la Reine,
Commandant la milice canadienne.

OTTAWA, 1er janvier 1900.

ANNEXE A.

RAPPORT DU COMMANDANT DU COLLÈGE MILITAIRE ROYAL.

A l'officier général commandant la milice canadienne, président du collège militaire royal.

KINGSTON, Ont., 24 novembre 1899.

MONSIEUR,—J'ai l'honneur de présenter mon rapport sur le collège militaire royal pour l'année 1899.

NOMBRE D'ÉLÈVES.

1. Au commencement de l'année 1899 nous avions 75 élèves, dont 14 ont pris leurs degrés en juin dernier et 2 ont été retirés par leurs parents pour cause de maladie, 4 parce qu'ils n'étaient pas capables de passer les examens et 1 à cause de sa mauvaise conduite—ce qui laissait 44 anciens éleves. Une classe de 33 nouveaux étant entrée en septembre, le nombre total des élèves du collège est présentement de 87.

COURS D'ÉTAT-MAJOR.

2. Un cours d'état-major ayant pour but d' "instruire les officiers de la milice canadienne dans les hautes fonctions et responsabilités de l'état-major général d'une armée" a été institué par l'officier général commandant. Ont été choisis pour suivre la classe 14 officiers, dont 12 ont fait le cours complet.

Une étude complète des principes de la stratégie ne pouvait pas être tentée dans un si court espace de temps, mais j'ai tâché de faire le meilleur usage des quatre mois que nous avions devant nous, de donner autant d'instructions pratique que possible, et, en outre, d'encourager les officiers à étudier l'histoire militaire pendant leurs heures de loisir. A cette fin, une liste des ouvrages classiques que contient la bibliothèque du collège fut fournie aux officiers, et il leur fut aussi donné des conférences ayant principalement pour but de leur montrer comment ils pouvaient le mieux extraire les leçons de stratégie des ouvrages militaires qu'ils lisaient. En outre, les officiers furent invités à écrire des essais et à tracer des cartes et des plans dont la production exigeait une étude approfondie du sujet.

Une très grande partie de l'instruction fut faite en plein air, et rien ne fut négligé pour montrer aux officiers à étudier le terrain et comment en tirer parti en temps de guerre. De petits problèmes tactiques, ainsi que de plus grandes manœuvres stratégiques, des plans d'attaque et de défense, la défense de maisons, de villages et de bois, les postes avancés et les avant-gardes furent constamment pratiqués.

L'instruction entière donnée pendant les quatre mois fut couronnée par une série de "chevauchées d'état-major" qui ont été la pierre de touche de l'ouvrage fait pendant le cours.

Il ne saurait guère y avoir de doute que le "cours d'état-major" a été d'une grande utilité pour les officiers intéressés, et le personnel du collège s'attend avec grand plaisir à ce qu'il y ait un semblable cours l'année prochaine.

J'oserai vous faire remarquer que sur les douze officiers qui ont suivi ce cours cette année, pas moins de huit ont été choisis pour accompagner le contingent canadien au Transvaal.

Un rapport distinct sur le "cours d'état-major" vous a été soumis le 21 novembre 1899.

COURS COMPLET.

3. Le " cours complet ' ordinaire pour les officiers de la milice a été tenu dans l'automne. Quatorze officiers ont suivi ce cours pendant le premier mois, mais à cause du départ du contingent canadien, six d'entre eux ont reçu ordre de rejoindre leur état-major.

LEVÉ TOPOGRAPHIQUE.

4. Pendant la vacance d'été, un groupe de 9 élèves, sous la direction du capitaine Leslie, du génie royal, a travaillé au levé topographique dans les environs de Toronto et de London, ajoutant à peu près 850 milles en superficie à l'ouvrage déjà fait.

J'attirerai spécialement votre attention sur le constant usage que l'on fait maintenant des levés topographiques militaires exécutés en ces dernières années par les élèves de ce collège. L'exactitude des cartes de la péninsule de Niagara, que le bureau de reconnaissance du collège militaire royal a mises à la disposition des officiers pour leurs ' chevauchées d'état-major ', a été l'objet de beaucoup d'observations flatteuses, et vous l'avez vous-même remarquée dans le temps.

VISITE À L'UNIVERSITÉ MCGILL.

5. Les élèves de la première classe ont été de nouveau invités à visiter les ateliers de l'université McGill, grâce à l'obligeance du doyen, et plusieurs intéressantes épreuves de matériaux ont été faites en leur présence.

NOUVEAUX BATIMENTS.

6. Le coût d'une nouvelle salle d'exercice et d'une infirmerie a été inclus dans les prévisions budgétaires de la milice pour l'exercice financier 1899-1900, et j'ai tout lieu d'espérer que ces bâtiments pourront être construits dans le printemps de cette année, et seront d'une immense utilité pour le collège pendant les longs mois d'hiver, attendu que nous avons bien peu de place actuellement pour les exercices.

CONDUITE.

7. La conduite des élèves a été très satisfaisante, et à ce sujet je désire attirer spécialement notre attention sur le fait que pendant les trois dernières années que j'ai été commandant de ce collège je n'ai eu à prononcer que sur un seul cas d'infraction grave à la discipline.

Il règne un excellent esprit de corps parmi les élèves, et toutes les fois qu'ils obtiennent le privilège d'aller à Toronto pour prendre part à des parties de ballon, ou à d'autres amusements, on peut se reposer tout à fait sur eux du soin de soutenir la réputation du collège militaire royal.

PERSONNEL DU COLLÈGE.

8. J'attirerai aussi votre attention sur l'excellent service fait par le personnel du collège, sous mes ordres, pendant la dernière année, Les officiers de l'armée impériale ont eu à travailler beaucoup. A cause du cours d'état-major dans le printemps, et du cours complet dans l'automne, les heures de travail de ces officiers ont été grandement augmentées. La préparation de leçons de haute science, appropriées aux officiers du cours d'état-major, a démandé beaucoup de réflexion et de lecture, et j'ai été parfaitement satisfait de tout.

Un instructeur, aide du professeur de génie civil, a maintenant été ajouté au personnel du collège, et l'instruction en dessin géométral et en géométrie d'inscription a été confiée à cette section, ce qui fait que les services des officiers impériaux peuvent être concentrés sur des sujets essentiellement militaires.

INSTRUCTION PRATIQUE.

9. L'instruction en manœuvres et en gymnastique a été beaucoup améliorée pendant la dernière année. Il a été consacré plus de temps et d'enseignement au tir du fusil, que je considère très satisfaisant maintenant. Le tir individuel a fait beaucoup de progrès et l'on a trouvé le temps de pratiquer les feux de tirailleurs et d'attaque ainsi que les feux de salve ordinaires et rapides.

CAMPS DE MILICE.

10. Quarante-deux élèves ont profité du privilège conféré par l'article 96 des règlements pour se faire attacher aux camps d'instruction de la milice canadienne—ceux des 2e et 3e années avec le grade temporaire et la solde de sous-lieutenant, et beaucoup de la première année sans solde. J'ai recommandé que le règlement soit modifié de telle façon qu'il n'y ait d'ainsi attachés que ceux que je recommanderai moi-même. Cette modification m'a paru désirable à cause du grand nombre d'élèves qui voulaient absolument aller au camp et qui, virtuellement, n'étaient d'aucune utilité. Je voudrais faire de ce privilège une sorte de prix pour les élèves les plus intelligents et les mieux exercés.

EXAMENS.

11. En somme, les examens de la mi-été ont été satisfaisants, surtout ceux de la classe sortante. Les 2e et 3e classes n'ont pas fait leur marque, bien que dans les deux il y ait des élèves très capables.

Je constate que la coutume du *farcissage* (répétitions) pour l'examen final est très générale, et qu'il est difficile de maintenir une règle de travail soutenu tout le long de l'année. Pour faire perdre cette habitude, j'ai institué un mode d'examens mensuels et semi-mensuels, avec des points imputables sur le total, et dans l'édition revisée des règlements (actuellement devant le conseil) j'ai demandé de nouveaux pouvoirs m'autorisant à recommander, en quelque temps que je le jugerai à propos, à l'officier général commandant, pour l'approbation du Ministre de la Milice, le renvoi des élèves paresseux.

Dans la 1re classe tous les élèves ont obtenu leurs degrés sans beaucoup de peine, mais il ne faut pas oublier qu'il n'y en avait que 14, et que pendant les deux années précédentes la classe avait été purgée à fond.

Dans la 2e classe un élève a échoué et a perdu son année par application du paragraphe 57 des règlements.

Dans la 3e classe un élève a échoué pour la deuxième fois et a été retiré du collège. Un autre élève ayant irrémédiablement échoué fut rappelé sans retour dans sa famille, sur ma recommandation. Deux autres, qui n'allaient pas bien, furent aussi retirés.

EXAMINATEURS.

12. Comme dans beaucoup de cas il a été impossible de se procurer les services d'examinateurs étrangers à l'institution, ce sont les professeurs qui ont examiné les élèves sur la plupart des sujets militaires, après m'avoir soumis les programmes d'examen. J'ai constamment examiné moi-même les élèves sur le service pratique, et j'ai remarqué avec plaisir une amélioration à cet égard.

COMMISSIONS.

13. La classe sortante, en juin, se composait d'hommes d'élite, qui, au nombre de 14 seulement, étaient tout ce qui restait des classes entrées en 1895 et 1896. Neuf d'entre eux, recommandés pour des commissions dans l'armée impériale, ont été nommés comme il suit, savoir :—

19 juin.—*Artillerie royale* : le sergent-major de compagnie H. R. Poole et le sergent J. Y. H. Ridout.

19 juin.—*Génie royal* : le sergent-major de bataillon E. D. Carr-Harris et le sergent H. L. Bingay.

2 août.—*Indian Staff Corps* : le sergent-major de compagnie Jas. Peters et le sergent R. S. Sweeny.

2 août.—*Royal Warwickshire* : le sergent-major de compagnie H. A. Kaulbach.
Royal Sussex : le sergent A. B. Wilkie.

30 août.—*Hussards de la Reine* : le sergent R. D. Harvey.

DORTOIR.

14. Il me faut attirer votre attention sur le fait que nous avons aujourd'hui virtuellement autant d'élèves que le collège peut en loger ; c'est au point que beaucoup de nouveaux couchent deux dans les plus grandes chambres. J'ai soumis un plan, par lequel six grandes chambres de plus pourraient être ajoutées au dortoir sans grande dépense ; mais il n'y aura pas moyen de faire davantage sans ajouter une autre aile, chose que le gouvernement avait en premier lieu l'intention de faire, m'informe-t-on.

ACCROISSEMENT DE PERSONNEL.

15. Jusqu'à cette année il s'est présenté aux examens d'admission assez d'aspirants pour virtuellement remplir le collège, mais il en a été rejeté bien peu de suffisamment aptes à maintenir notre "standard".

J'ajouterai que toute augmentation du nombre actuel de nos élèves nécessiterait un considérable accroissement du personnel d'enseignement. Nos classes sont maintenant tout ce dont un homme peut se charger ; plus nombreuses, il faudrait les subdiviser—ce qui demanderait plus de surveillance et plus de professeurs.

J'espère que le nombre des aspirants à l'admission, qui a augmenté d'une manière soutenue d'une année à l'autre, atteindra bientôt un chiffre qui me justifiera de recommander au gouvernement la forte augmentation de dépense qu'il faudra faire si l'on veut mettre le collège sur une base plus large.

16. On trouvera une liste des prix et honneurs dans l'annexe ci-jointe.

J'ai l'honneur d'être, monsieur,
Votre obéissant serviteur,

G. C. KITSON, colonel,
Commandant du collège militaire royal.

ANNEXE DU RAPPORT DU COMMANDANT DU COLLÈGE MILITAIRE ROYAL POUR 1899.

PRIX DE CLASSES.

1re classe (ancienne), le sergent-major de bataillon Carr-Harris.
1re classe (cadette), le sergent Sweeny.
2e classe, le sergent McConkey.
3e classe, l'élève Hughes.

PRIX DE MATIÈRES—1re classe.

Génie militaire, le sergent-major de compagnie Peters.

Levée de plans, topographie et reconnaissance, le sergent-major de bataillon Carr-Harris.

Sciences (physique et chimie), le sergent Sweeny.
Arpentage, le sergent major de bataillon Carr-Harris.
Génie civil, le sergent-major de bataillon Carr-Harris.
Français, le sergent-major de bataillon Carr-Harris.
Manœuvres et exercices, le sergent-major de compagnie Poole, H.
Conduite et discipline, le sergent major de bataillon Carr-Harris.

PRIX DE MATIÈRES—2e classe.

Mathémathiques, le sergent McConkey.
Artillerie, le sergent McConkey.
Tactique, Administration et Loi militaire. } Le sergent McConkey.
Anglais, le caporal Baker.

PRIX DE MATIÈRES—3e classe.

Anglais, l'élève Hughes.

PRIX DE LA SOCIÉTÉ FÉDÉRALE DE TIR DES BOUCHES À FEU.

Le sergent-major de bataillon Carr-Harris et le sergent Bingay.
Prix de tir du fusil :—le caporal Anderson.
Prix de tir du revolver :—l'élève Milsom.
Prix d'équitation :—le sergent-major de compagnie Poole.
Prix de gymnastique :—le sergent Caldwell.

DIPLÔMES AVEC HONNEURS.

Le sergent Sweeney, le sergent-major de compagnie Peters, le sergent-major de compagnie Rathbun, le sergent-major de bataillon Carr-Harris, le sergent Bingay, le sergent Ridout et le sergent-major de compagnie Kaulbach.

DIPLÔMÉS :

Le sergent Wilkie, le sergent-major de compagnie Poole, le sergent Mathews, le sergent Poole, le sergent Harvey, l'élève Jago et le sergent Macdougall.

MÉDAILLES DU GOUVERNEUR GÉNÉRAL (POUR LA PLUS GRANDE SOMME DE POINTS FAITE DURANT LE COURS ENTIER).

Médaille d'or :—le sergent-major de bataillon Carr-Harris
Médaille d'argent :—le sergent-major de compagnie Peters.
Médaille de bronze :—le sergent-major de compagnie Rathbun.

G. C. KITSON, colonel,
Commandant du collège militaire royal.

ANNEXE B.

ETAT montrant le nombre des officiers, sous-officiers, soldats et chevaux qui ont été exercés aux chefs-lieux d'état-major ou de commandement respectifs pendant l'année 1899.

District militaire.	Complet autorisé convoqué.			Ont fait 12 jours d'exercice.			Ont fait moins de 12 jours d'exercice.			N'ont pas fait d'exercices.		
	Officiers.	Sous-officiers et soldats.	Chevaux.	Officiers.	Sous-officiers et soldats.	Chevaux.	Officiers.	Sous-officiers et soldats.	Chevaux.	Officiers.	Sous-officiers et soldats.	Chevaux.
N° 1	45	430	7	41	420	7	2	10	.....	2	......	......
N° 2	179	1,937	23	128	1,877	21	51	60	2	.....	......	......
N° 3 } N° 4 }	108	1,104	16	66	922	14	13	67	.....	27	115	2
N° 5	144	1,982	147	136	1,910	142	.....	......	.....	8	72	5
N° 6	38	385	6	31	378	5	.....	......	.....	7	7	1
N° 7	90	966	140	64	924	134	.....	......	.....	26	42	6
N° 8	50	504	4	48	421	4	.....	54	.....	2	29	......
N° 9	80	1,200	8	77	938	4	3	116	.....	.....	146	......
N° 10	36	389	55	26	307	51	5	52	.....	5	30	4
N° 11	37	825	......	49	742	......	.....	56	.....	8	28	......
N° 12	12	197	......	12	167	......	.....	......	.....	.....	30	......
Brigade d'Ottawa	58	699	89	52	636	87	6	63	2	.....	......	......
Total	897	10,619	495	730	9,642	473	80	478	4	87	499	18

ÉTAT montrant le nombre des officiers, sous-officiers, soldats et chevaux qui ont été exercés dans des camps de districts pendant l'année 1899.

District militaire.	Complet autorisé convoqué.			Ont fait 12 jours d'exercice.			Ont fait moins de 12 jours d'exercice.			N'ont pas fait d'exercice.		
	Officiers.	Sous-officiers et soldats.	Chevaux.	Officiers.	Sous-officiers et soldats.	Chevaux.	Officiers.	Sous-officiers et soldats.	Chevaux.	Officiers.	Sous-officiers et soldats.	Chevaux.
Nº 1	316	3,302	396	200	2,677	375	4	.....	.....	82	625	21
Nº 2	370	3,802	614	295	3,552	565	.....	.....	.....	75	250	49
Nº 3 Nº 4 }	282	3,007	574	189	2,631	541	.....	.....	.....	93	436	33
Nº 5	220	2,223	236	159	1,662	219	.....	.....	.....	61	561	17
Nº 6*	169	1,684	276	116	1,275	259	.....	.....	.....	53	409	17
Nº 7	258	2,520	37	171	1,922	33	.....	.....	.....	87	598	4
Nº 8	126	1,424	115	86	1,160	111	13	90	1	27	174	3
Nº 9	191	2,054	103	151	1,907	101	13	13	.....	27	134	2
Nº 10	14	156	159	12	148	152	.....	.....	.....	2	8	7
Nº 11	.....	.....	.....	.....	.....	.....	.....	.....	.....	.....	.....	.....
Nº 12	48	449	4	43	441	4	1	7	.....	4	1	.....
Brigade d'Ottawa	6	95	50	6	95	50	.....	.....	.....	.....	.....	.....
Total	2,000	20,776	2,564	1,456	16,470	2,410	31	110	1	511	3,196	153

RÉSUMÉ.

Camps de district	2,000	20,776	2,564	1,485	17,470	2,410	31	110	1	511	3,196	153
Chefs-lieux	597	10,619	495	730	9,642	475	80	478	4	97	499	19
Total	2,897	31,395	3,059	2,188	27,112	2,883	111	588	5	598	3,695	171

* 79e bataillon.—Une compagnie a reçu ordre de ne pas se porter au rendez-vous.

Effectif total de la milice active, en officiers, sous-officiers et soldats, le 31 décembre 1899 35,684

Effectif total de la milice active—officiers, sous-officiers et soldats—convoqué pour l'instruction en 1899 34,292

Nombre total d'officiers, sous-officiers et soldats de la milice active, exercés ou en partie exercés pendant l'année 1899 29,981

HUBERT FOSTER, colonel,
Chef d'état-major.

ANNEXE C.

LISTE des certificats donnés aux officiers, sous-officiers et soldats de la milice active dans le cours de l'année finissant le 31 décembre 1899.

Arme et localité.	Cours complet.				Cours abrégé.				Cours spécial.				Cours de tir.				Equitation.	Mitrailleuse Maxim.	Cours de trompettes.			Officiers supérieurs.		Capitaines.		Subalternes.		Sergents instructeurs.		Sous-officiers.		Total.	Observations.
	A		B		A		B		A		B		A		B																		
	1re	2e	1re	2e	1re	2e	1re	2e	1re	2e	1re	2e	1re	2e	1re	2e			1re.	2e	3e	Abrégé.	Spécial.	Abrégé.	Spécial.	Abrégé.	Spécial.	Abrégé.	Spécial.	Abrégé.	Spécial.		
Cavalerie, Toronto	..	..	3	..	5	6	3	24	4	4	1	..	..	..	..	..	66	...	3	4	1	....	....	....	....	....	....	....	....	....	....	124	
" Winnipeg	..	..	..	..	2	..	1	12	5	5	..	..	..	..	..	..	2	....	..	..	1	....	....	....	....	....	....	....	....	....	....	28	
Artillerie, Kingston	1	..	..	..	3	.	7	4	3	..	..	..	..	..	..	..	5	....	2	..	..	....	....	....	....	....	....	....	....	....	....	25	
" Québec	..	..	..	..	..	1	7	7	3	4	..	..	..	..	..	..	4	21	..	..	1	....	....	....	....	....	....	....	....	....	....	48	
Infanterie, London	..	..	..	..	2	3	3	18	1	3	..	..	..	..	1	..	....	....	..	..	..	1	3	2	15	....	8	....	....	9	....	69	
" Toronto	..	..	2	..	2	6	2	15	13	27	..	..	..	..	..	..	....	....	..	..	..	2	4	9	18	7	....	....	....	25	...	132	
" Saint-Jean	..	..	1	..	15	6	4	14	4	1	..	..	..	..	..	..	...	4	..	..	..	2	....	...	2	....	....	1	....	2	...	56	
" Frédéricton	..	..	..	..	4	3	4	37	..	..	3	2	..	..	..	..	....	....	..	..	..	....	....	...	....	....	....	....	....	....	....	53	
" Québec	..	..	..	..	..	..	..	..	..	..	..	..	..	..	..	..	....	....	..	..	..	....	....	....	1	2	6	....	....	....	....	9	
" Halifax	..	..	..	..	10	2	8	12	..	..	..	..	..	..	..	..	....	....	..	..	..	....	....	....	...	....	..	....	....	....	....	32	Ecole provisoire.
" Québec	..	..	..	..	..	..	..	...	12	7	..	..	..	..	..	..	....	....	..	..	..	....	....	....	....	....	....	....	....	....	....	19	
Total	1	..	6	..	43	27	39	143	45	51	4	2	..	..	1	..	77	25	5	4	3	5	7	11	36	9	14	1	....	36	...	595	

HUBERT FOSTER, colonel,
Chef d'état-major.

ANNEXE D.

LISTE des batteries de campagne de l'artillerie canadienne qui ont fait les exercices annuels pendant l'année 1899, avec indication du type de canon employé, des munitions dépensées, etc.

Batterie.	Canons.	Type.	Munitions de bouches à feu dépensées par chaque batterie. Obus ordinaires.	Obus à balles.	Endroit où le tir du canon à été exécuté.
			d'essai.		
2e division de brigade { 4e Hamilton	6	R., de 12, C.C.		39	Camp, Niagara.
2e division de brigade { 7e Ste-Catherine	"	"		40	" "
2e division de brigade { 9e Toronto	"	"		40	" "
1re Québec	"	"		40	" Lévis.
2e Ottawa	"	"		40	" Kingston.
3e Montréal	"	"		20	" Lachine.
5e Kingston	"	"		26	" Kingston.
8e Gananoque	"	"		38	" "
Total				283	
			de guerre.		
1re division de brigade { 11e Guelph	6	R., de 9, C. B.	24	16	Camp, Niagara.
1re division de brigade { 16e "	"	"	23	16	" "
6e London	"	"	24	16	" "
10e Woodstock	"	"	24	16	" Sussex.
12e Newcastle	"	"	24	16	" "
13e Winnipeg	"	"	24	16	" Winnipeg.
14e Durham	"	"	24	16	" Kingston.
15e Shefford	"	"	21	14	" Levis.
17e Sydney	"	"	24	16	" Sydney, C.B.
Total			212	142	

W. H. COTTON, lieutenant-colonel,
Aide-adjudant général pour l'artillerie.

COMPTE des munitions de bouche à feu dépensées par des batteries de campagne au TIR DE GUERRE ET DE CONCOURS, à Deseronto, en septembre et octobre 1899.

Batterie de campagne.	Type de canon.	Munitions dépensées.	
		Obus à balles.	Mitraille.
A de l'artillerie royale canadienne	de 12, ch. culasse	107	17
B "	"	102	19
1re division de brigade. 11e Guelph	"	51	7
1re division de brigade. 16e "	"	48	10
2e division de brigade. 4e Hamilton	"	50	15
2e division de brigade. 7e Sainte-Catherine	"	57	14
2e division de brigade. 9e Toronto	"	63	9
1re "Québec", A.C	"	81	14
2e "Ottawa", A.C	"	59	14
3e "Montréal", "	"	53	13
6e "London", "	"	30	13
8e "Gananoque", A.C	"	40	6
14e "Durham", "	"	53	....
		794	151

W. H. COTTON, lieutenant-colonel,
Aide-adjudant général pour l'artillerie.

LISTE des régiments et compagnies d'artillerie canadienne de place qui ont fait les EXERCICES ANNUELS pendant l'année 1899, avec indication du type de canon employé, des munitions dépensées, etc.

ARTILLERIE DE PLACE.	TYPE DE CANON.							Endroit où le tir du canon a été exécuté.
	Rayés, se chargeant par la bouche.					Rayés, se chargeant par la culasse.		
	9 pouces.	de 64.		de 13.		de 40.		
	Boulets Palliser.	Obus		Obus		Obus à balles.	Boulets pleins.	
		ordinaires.	à balles.	ordinaires.	à balles.			
Artillerie de place canadienne, Division de place. { Compagnie n° 1	....	9	4	....	....	8	20	Ile d'Orléans.
" n° 2	....	23	4	....	....	4	10	"
1er régiment A.C. { 1re division	64	....	....	....	....	....	....	Halifax, redoute York.
2e "	32	....	....	....	....	....	....	" "
2e " "	....	20	8	....	....	12	26	Ile d'Orléans.
3e " "	....	41	20	....	....	....	....	Saint-Jean, Fort-Dufferin.
4e " "	....	....	....	....	....	....	62	Charlottetown, I.P.-E.
5e " "	....	....	....	24	36	....	....	Victoria, C.-B.
6e " " { Compagnie n° 1, Lévis	....	....	....	....	....	4	10	Ile d'Orléans.
" n° 2, "	....	....	....	....	....	4	7	"
" n° 3, Québec	....	....	....	....	....	4	8	"
Compagnie de Cobourg	....	9	4	....	....	4	9	"
Total	96	102	40	24	36	40	152	
	*	†	†	*	*	‡	‡	

* Matériel du gouvernement impérial.
† Gouvernement canadien ; pas nécessairement à remplacer cette année.
‡ " " à remplacer.

W. H. COTTON, lieutenant-colonel.
Aide-adjudant général pour l'artillerie.

ANNEXE E.

2E BATAILLON (SERVICE SPÉCIAL), RÉGIMENT ROYAL CANADIEN.—EFFECTIF.

Officiers	41
Sergents de 1re classe et sergents	50
Autres sous-officiers et hommes	928
Total	1,019
Chevaux	7

OFFICIERS ET OFFICIERS POSTICHES.

Commandant :

Otter, lieutenant-colonel W. D., de l'état-major canadien, aide de camp de Son Excellence le Gouverneur général.

Majors : (2).

(COMMANDANTS EN SECOND.)

Buchan, L. (Lieutenant-colonel, régiment royal canadien d'infanterie.)
Pelletier, O. C. C. (Lieutenant-colonel, état-major canadien.)

Capitaines : (8).

Arnold, H. M. (Major, 90e carabiniers, Winnipeg.)
Weeks, W. A. (Major, génie, Charlottetown.)
Stuart, D. (Major, 26e d'infanterie légère, Middlesex.)
Rogers, S. M. (Major, 43e carabiniers, Ottawa et Carleton.)
Peltier, J. E. (Major, 65e carabiniers Mont-Royal.)
Barker, R. K. (Capitaine, 66e fusiliers Princesse Louise.)
Fraser, C. K. (Capitaine, 53e battaillon, Sherbrooke.)

Lieutenants : (24).

Panet, H. A. (Capitaine, artillerie royale canadienne.)
Burstall, H. A. (Capitaine, artillerie royale canadienne.)
Macdonell, A. H. (Capitaine, régiment royal canadien d'infanterie.)
Blanchard, H. G. (Capitaine, 5e régiment d'artillerie canadienne.)
Ogilvie, J. H. C. (Capitaine, artillerie royale canadienne.)
Lawless, W. T. (Capitaine, gardes à pied du Gouverneur général.)
Jones, F. G. (Capitaine, 3e régiment d'artillerie canadienne.)
Hodgins, A. E. (Capitaine, compagnie de carabiniers de Nelson.)
Ross, J. M. (Capitaine, 22e carabiniers Oxford.)
Mason, J. C. (Capitaine, 10e grenadiers royaux.)
Armstrong, C. J. (Lieutenant, 5e royal écossais du Canada.)
Swift, A. E. (Lieutenant, 8e carabiniers royaux).
Willis, R. B. (Lieutenant, 66e fusiliers Princesse Louise.)
Marshall, W. R. (Lieutenant, 13e bataillon.)
Kaye, J. H. (Lieutenant, régiment royal canadien d'infanterie.)

Leduc, L. (Lieutenant, régiment royal canadien d'infanterie.)
Wilkie, C. S. (Lieutenant, 10e grenadiers royaux.)
Caldwell, A. C. (Lieutenant, réserve d'officiers.)
Layborn, S. P. (Lieutenant, régiment royal canadien d'infanterie.)
Laurie, A. (Lieutenant, 1er fusiliers Prince de Galles).
Pelletier, E. A. (Lieutenant, 55e d'infanterie légère Mégantic.)
Stewart, R. G. (Lieutenant, 43e carabiniers Ottawa et Carleton.)
Lafferty, F. D. (Lieutenant, artillerie royale canadienne.)
Oland, J. C. (Sous-lieutenant, 63e carabiniers d'Halifax.)
Temple, R. H. M. (Sous-lieutenant, 48e highlanders.)
McLean, C. W. W. (Sous-lieutenant, 8e hussards Princesse Louise.)

Officier commandant, section d'artillerie automatique.

Bell, A. C. (Capitaine, *Scots Guards*), aide de camp du major général commandant la milice canadienne.

Adjudant-major (1).

MacDougall, J. C. (Major, régiment royal canadien d'infanterie.)

Adjudants du bataillon (2).

Macdonell, A. H. (Capitaine, régiment royal canadien d'infanterie.)
Ogilvy, J. H. (Capitaine, artillerie royale canadienne.)

Quartier-maître (1).

Denison, S. J. A. (Capitaine et major titulaire, régiment royal canadien d'infanterie.)

Officiers du service de santé (2).

Wilson, C. W. (Chirurgien-major, 3e batterie de campagne.)
Fiset, E. (Chirurgien-major, 89e bataillon Temiscouata et Rimouski.)

Attaché pour service d'état-major.

Drummond, L. G. (Major, *Scots Guards*), secrétaire militaire de Son Excellence le Gouverneur général.

Attachés pour services spéciaux.

Drury, C. W. (Lieutenant-colonel, artillerie royale canadienne; aide de camp de Son Excellence le Gouverneur général.)
Lessard, F. L. (Lieutenant-colonel, dragons royaux canadiens.)
Cartwright, R. (Major, régiment royal canadien d'infanterie, aide-adjudant général au quartier général.)
Forester, W. (Capitaine, dragons royaux canadiens.)

Service de santé général.

Osborne, A. B. (Capitaine, personnel du service de santé de la milice canadienne.)
Infirmières :—Pope, Mlle Georgina.
Forbes, Mlle Sarah.
Infirmières :—Affleck, Mlle Minnie.
Russell, Mlle Elizabeth.

Historiographe.

Dixon, F. J. (Capitaine, réserve d'officiers.)

Aumôniers.

Almond, révérend J.
Fullerton, révérend T. F. (Aumônier honoraire du 4e régiment d'artillerie canadienne.)
O'Leary, révérend P. M.

RÉGIMENT ROYAL CANADIEN D'INFANTERIE.

2E BATAILLON (SERVICE SPÉCIAL).

Commandant.

Otter, lieutenant-colonel W. D., état-major canadien, aide de camp de Son Excellence le Gouverneur général.

Majors.

(COMMANDANTS EN SECOND.)

Buchan, L. (Lieutenant-colonel, régiment royal canadien d'infanterie.)
Pelletier, O. C. C. (Lieutenant-colonel, état-major canadien.)

COMPAGNIE A, COLOMBIE-BRITANNIQUE ET MANITOBA.

Capitaine.

Arnold, H. M. (Major, 90e carabiniers de Winnipeg.)

Lieutenants.

Blanchard, M. G. (Capitaine, 5e régiment d'artillerie canadienne.)
Hodgins, A. E. (Capitaine, compagnie de carabiniers de Nelson.)
Layborn, S. P. (Lieutenant, régiment royal d'infanterie canadienne.)

COMPAGNIE B, LONDON, ONT.

Capitaine.

Stuart, D. (Major, 26e d'infanterie légère de Middlesex.)

Lieutenants.

Ross, J. M. (Capitaine, 22e carabiniers d'Oxford.)
Mason, J. C. (Capitaine, 10e grenadiers royaux.)
Temple, R. H. M. (Sous-lieutenant, 48e highlanders.)

COMPAGNIE C, TORONTO.

Capitaine.

Barker, R. K. (Capitaine, carabiniers de la Reine.)

Lieutenants.

Marshall, W. R. (Lieutenant, 13e bataillon.)
Wilkie, C. S. (Lieutenant, 10e grenadiers royaux.)
Lafferty, F. D. (Lieutenant, artillerie royale canadienne.)

COMPAGNIE D, OTTAWA ET KINGSTON.

Capitaine.

Rogers, S. M. (Major, 43e carabiniers d'Ottawa et Carleton.)

Lieutenants.

Lawless, W. T. (Capitaine, gardes à pied du Gouverneur général.)
Stewart, R. G. (Lieutenant, 43e carabiniers d'Ottawa et Carleton.)
Caldwell, A. C. (Lieutenant, réserve d'officiers.)

COMPAGNIE E, MONTRÉAL.

Capitaine.

Fraser, C. K. (Capitaine, 53e bataillon de Sherbrooke.)

Lieutenants.

Swift, A. E. (Lieutenant, 8e carabiniers royaux.)
Laurie, A. (Lieutenant, 1er fusiliers Prince de Galles.)
Armstrong, C. J. (Lieutenant, 5e royal écossais du Canada.)

COMPAGNIE F, QUÉBEC.

Capitaine.

Pelletier, J. E. (Major, 65e carabiniers Mont-Royal.)

Lieutenants.

Panet, H. A. (Capitaine, artillerie royale canadienne.)
Leduc, L. (Lieutenant, régiment royal canadien d'infanterie.)
Pelletier, E. A. (Lieutenant, 55e d'infanterie légère Mégantic.)

COMPAGNIE G, NOUVEAU-BRUNSWICK ET ILE DU PRINCE-EDOUARD.

Capitaine.

Weeks, W. A. (Major, génie de Charlottetown.)

Lieutenants.

Jones, F. C. (Capitaine, 3e régiment d'artillerie canadienne.)
Kaye, J. H. (Lieutenant, régiment royal canadien d'infanterie.)
McLean, C. W. W. (Sous-lieutenant, 8e hussards Princesse Louise.)

COMPAGNIE H, NOUVELLE-ECOSSE.

Capitaine.

Stairs, H. B. (Capitaine, 66e fusilliers Princesse Louise.)

Lieutenants.

Burstall, H. C. (Capitaine, artillerie royale canadienne.)
Willis, R. B. (Lieutenant, 66e fusiliers Princesse Louise.)
Oland, J. C. (Sous-lieutenant, 63e carabiniers d'Halifax.

Officier commandant, section d'artillerie automatique.

Bell, A. C. (Capitaine, *Scots Guards*), aide de camp du major général commandant la milice canadienne.

Adjudant-major (1).

MacDougall, J. C. (Major, régiment royal canadien d'infanterie.)

Adjudants de bataillon (2).

MacDonell, A. H. (Capitaine, régiment royal canadien d'infanterie.)
Ogilvy. J. H. (Capitaine, artillerie royale canadienne.)

Quartier-maître (1).

Denison, S. J. A. (Capitaine et major titulaire, régiment royal canadien d'infanterie.)

Officiers du service de santé (2).

Wilson, C. W. (Chirurgien-major, 3e batterie de campagne.)
Fiset, E. (Chirurgien-major, 89e bataillon Témiscouata et Rimouski).

Attaché pour service d'état-major.

Drummond, L. G. (Major, *Scots Guards*), secrétaire militaire de Son Excellence le Gouverneur général.

Attachés pour services spéciaux.

Drury, C. W. (Lieutenant-colonel, artillerie royale canadienne), aide de camp de Son Excellence le Gouverneur général.
Lessard, F. L. (Lieutenant-colonel, dragons royaux canadiens.)
Cartwright, R. (Major, régiment royal canadien et infanterie, aide-adjudant général au quartier général.)
Forester, W. (Capitaine, dragons royaux canadiens.)

Service de santé général.

Osborne, A. B. (Capitaine, personnel du service de santé de la milice canadienne.)
Infirmières :—Pope, Miss Georgina.
Forbes, Miss Sarah
Infirmières :—Affleck, Miss Minnie.
Russell, Miss Elisabeth.

Historiographe.

Dixon, F. J. (Capitaine, réserve d'officiers.)

Aumôniers.

Almond, révérend J.
Fullerton, révérend T. F. (Aumônier honoraire du 4e régiment d'artillerie canadienne.)
O'Leary, révérend P. M.

Par ordre,

HUBERT FOSTER, colonel,
Chef d'état-major.

QUARTIER GÉNÉRAL, OTTAWA, 27 octobre 1899.

ANNEXE F.

ÉTAT de situation annuel des corps permanents de la milice active (sous-officiers et soldats) pour l'exercice clos le 31 décembre 1899.

Nom du corps.	Complet autorisé.	Effectif au 31 déc. 1898.	Effectif au 31 déc. 1899.	Non-valeurs.								Enrôlement.					Composition du contingent actuel quant à la durée du service.				Servant avec pension du gouvernement impérial.
				Dégagés à prix d'argent.	Congédiés comme impropres au service.	Réformés.	Libérés à l'expiration de leur tem's.	Déserteurs.	Décédés.	Passés dans d'autres corps.	Total.	Enrôlés.	Rengagés.	Venus d'autres corps.	Déserteurs rentrés au corps.	Total.	Ayant moins d'un an de service.	1 à 2 ans.	2 à 3 ans.	Plus de 3 ans.	
Dragons royaux canadiens	147	138	142	20	5	2	15	31	2	5	80	71	8	4	1	84	63	24	13	42	2
Artillerie royale canadienne	391	338	321	20	6	1	24	59	1	28	139	75	12	26	9	122	66	60	52	143	3
Régiment royal d'infanterie canadienne	370	342	347	19	18	5	13	24	3	69	151	124	11	19	2	156	113	52	35	147	1
Total	908	818	810	59	29	8	52	114	6	102	370	270	31	49	12	362	242	136	100	332	6

HUBERT FOSTER, colonel,
Chef d'état major.

CORRESPONDANCE

RELATIVE À

L'ENVOI DE CONTINGENTS MILITAIRES COLONIAUX

DANS LE

SUD AFRICAIN

IMPRIMÉE PAR ORDRE DU PARLEMENT

OTTAWA
IMPRIMÉ PAR S. E. DAWSON, IMPRIMEUR DE SA TRÈS EXCELLENTE MAJESTÉ LA REINE
1900.

[N° 20 et 20*a*]

TABLE DES MATIÈRES.

N° de série.	De qui ou à qui.	Colonie.	Date.	Sujet.	Page.
			1899.		
11	Du gouverneur lord Lamington.	Queensland.	(Reçu le 22 sept.) télégramme.	Demande à savoir au plutôt s'il est probable que l'offre d'un contingent colonial sera acceptée ainsi que des renseignements au sujet des mesures à prendre pour son transport éventuel.	14
12	Du gouverneur lord Brassey.	Victoria	(Reçu le 27 sept.) télégramme.	Demande de quelle ou quelles armes devra se composer le contingent de l'Australie s'il vient à se former.	14
13	Du gouverneur le comte de Ranfurly.	Nouvelle-Zelande.	(Reçu le 28 sept.) télégramme.	Fait rapport d'un vote, par lequel la Chambre des représentants offre les services de deux compagnies de carabiniers montées.	14
14	Au gouveurneur le comte de Ranfurly.	" ..	29 sept., télégramme.	Dit, que le gouvernement de Sa Majesté se prévaudra avec plaisir de l'offre de la législature (n° 13) si l'occasion s'en présente.	15
15	Au lieutenant-gouverneur sir S. W. Griffith.	Queensland.	3 octobre, télégramme.	Expose les désirs du ministère de la Guerre au sujet de la formation de l'infanterie montée, dont la colonie a offert les services et fait connaître les conditions d'engagement.	15
16	Au gouverneur le comte de Ranfurly.	Nouvelle-Zélande.	3 octobre, télégramme.	Fait connaître les désirs du ministère de la Guerre au sujet de l'organisation de l'infanterie montée, dont la colonie a offert les services, ainsi que les conditions d'engagement.	
17	Au gouverneur lord Tennyson (Australie méridionale), Gouverneur comte Beauchamp, Nouvelle-Galles du Sud) et Gouverneur lord Brassey (Victoria).	....	3 octobre, télégramme.	Donne les conditions auxquelles des troupes seront reçues avec plaisir.	16
18	Au gouverneur général le comte de Minto.	Canada. ...	3 octobre, télégramme.	" ..	17
19	Au gouverneur le comte de Beauchamp.	Nouvelle-Galles du Sud.	3 octobre, télégramme.	Annonce que le détachement de lanciers de la Nouvelle-Galles du Sud, actuellement à Aldershot, a offert ses services pour l'Afrique méridionale, et que le gouvernement de Sa Majesté se propose, en cas de mobilisation, de les accepter, avec l'approbation du gouvernement de la Nouvelle-Galles du Sud.	17
20	Au gouverneur sir H. A. Blake.	Hong-Kong.	4 octobre, télégramme.	Exprime la reconnaissance du gouvernement de Sa Majesté pour l'offre loyale et noble des volontaires d'Hong-Kong, mais regrette de ne pouvoir l'accepter.	18
21	Du gouverneur sir Gerard Smith.	Australie occidentale.	(Reçu le 5 oct.) télégramme.	Transmet une résolution par laquelle l'Assemblée législative déclare qu'elle est d'avis que l'Australie occidentale devrait se joindre aux autres colonies australiennes et offrir au gouvernement impérial l'envoi d'un contingent militaire en cas de guerre.	18
22	Du gouverneur lord Brassey.	Victoria	(Reçu le 6 oct.) télégramme.	Référant à n° 17, demande si les unités doivent être accompagnées de transports régimentaires.	18
23	Au gouverneur sir Gerard Smith.	Australie occidentale.	6 octobre, télégramme.	Accepte les services d'une unité aux conditions communiquées le 3 octobre (n° 17) au Gouverneur de l'Australie méridionale.	18

N° de série.	De qui ou à qui.	Colonie.	Date.	Sujet.	Page.
			1899.		
24	Du gouverneur le comte de Beauchamp.	Nouvelle Galles du Sud.	(Reçu le 7 octobre), télégramme.	Dit, que le gouvernement de la Nouvelle-Galles du Sud approuve le détachement de lanciers coloniaux, à Aldershot, qui s'est présenté pour aller servir en Afrique-Sud. Cette approbation sera soumise au parlement, et des instructions définitives seront données aux volontaires à leur arrivée au Cap.	19
25	Du gouverneur le comte de Ranfurly.	Nouvelle-Zélande.	(Reçu le 7 octobre), télégramme.	Dit que le gouvernement de la colonie accepte les conditions et que le contingent partira vers le 20 octobre.	19
26	Du gouverneur intérimaire Dodds.	Tasmanie...	(Reçu le 9 octobre), télégramme.	Demande si le gouvernement de Sa Majesté accepterait les services d'une unité d'infanterie tasmanienne.	19
27	Du lieutenant-gouverneur sir S. W. Griffith.	Queensland.	(Reçu le 10 oct.), télégramme.	Demande si des canons à tir rapide devraient être compris dans le contingent.	19
28	Au gouverneur intérimaire Dodds.	Tasmanie...	10 oct., télégramme.	Accepte les services d'une unité d'infanterie, aux conditions stipulées dans n° 17.	20
29	Du gouverneur le comte de Beauchamp.	Nouvelle-Galles du Sud.	(Reçu le 11 oct.), télégramme.	Dit que ses ministres désirent savoir s'ils peuvent diriger une batterie de campagne complète, pour représenter une des unités de la colonie.	20
30	Du gouverneur lord Brassey.	Victoria ...	(Reçu le 11 oct.), télégramme.	Expédie le texte d'une résolution, votée par l'Assemblée législative, confirmée par le Conseil législatif, et par laquelle ces deux corps délibérants expriment leur loyauté et sympathie au gouvernement impérial, ainsi que l'opinion que Victoria devrait fournir un contingent militaire pour faire campagne avec les troupes impériales. Annonce que les troupes seront embarquées pour Cape-Town le 28 octobre.	20
31	Au gouverneur lord Brassey.	Victoria	11 oct., télégramme.	Exprime la gratitude du gouvernement de Sa Majesté, au sujet des résolutions par lesquelles le parlement colonial approuve la politique suivie dans le Sud-Africain. Dit, en réponse à n° 22, qu'il faudra des équipages régimentaires.	21
32	Au Gouverneur lord Tennyson (Australie méridionale) pour être répété aux gouverneurs de toutes les autres colonies autraliennes et la Nouvelle-Zélande.	....	12 oct., télégramme.	Demande à être renseigné, le plus tôt possible, sur la date du départ des troupes, les noms des navires qui les transportent, et la date probable de leur arrivée en Afrique méridionale.	21
33	Au lieutenant-gouverneur sir S. W. Griffith (Queensland) pour être répété aux gouverneurs de toutes les autres colonies australiennes et la Nouvelle-Zélande.	....	12 oct., télégramme.	Dit que les unités qui possèdent des canons à tir rapide, complètement équipées, peuvent les emmener en Afrique méridionale, à condition que *l'effectif total du contingent* n'en soit pas augmenté ; exprime le désir d'être renseigné, au plus tôt, sur l'intention de joindre du canon à tir rapide aux contingents.	21

N° de série.	De qui ou à qui.	Colonie.	Date.	Sujet.	Page.
			1899.		
34	Du gouverneur intérimaire Dodds.	Tasmanie...	(Reçu le 12 oct.), télégramme.	Dit que le parlement de la Tasmanie désire envoyer des hommes en Afrique méridionale, mais pense qu'en égard à la population, une unité de 80 hommes équivaut au contingent d'autres colonies.	21
35	Du gouverneur intérimaire Dodds.	Tasmanie...	(Reçu le 13 oct.), télégramme.	Annonce que le contingent tasmanien quittera Melbourne le 28 octobre.	22
36	Du gouverneur lord Tennyson.	Australie méridionale.	(Reçu le 13 oct.), télégramme.	Annonce que la législature a approuvé l'équipement et l'envoi de 125 volontaires, pour servir dans l'armée impériale, et que des mesures sont prises pour l'embarquement de ce contingent, en destination du Sud-Africain, le 30 octobre.	22
37	Au gouverneur lord Tennyson.	Australie méridionale.	13 oct., télégramme.	Exprime la satisfaction du gouvernement de Sa Majesté en recevant communication des mesures prises en n° 36.	22
38	Au gouverneur lord Brassey (Victoria) pour être répété à tous les gouverneurs des autres colonies australiennes ainsi qu'à la Nouvelle-Zélande.	....	13 oct., télégramme.	Dit que des équipages régimentaires devraient accompagner les unités qui en sont pourvues. Spécifie ce qui est de rigueur pour l'équipement complet des troupes et demande à connaître, à bref délai, ce qui manque.	22
39	Du gouverneur lecomte de Beauchamp.	Nouvelle-Galles du Sud.	(Reçu le 13 oct.), télégramme.	Annonce que le gouvernement de la Nouvelle-Galles du Sud offre, sauf approbation du parlement, une unité complète, composée d'un personnel médical militaire, qui serait prêt à partir dans 10 jours si l'offre était acceptée.	23
40	Du gouverneur général le comte de Minto.	Canada.....	(Reçu le 14 oct.), télégramme.	Annonce que son gouvernement offre 1,000 hommes d'infanterie.	23
41	Du gouverneur le comte de Ranfurly.	Nouvelle-Zélande.	(Reçu le 14 oct.), télégramme.	Donne la date du départ et de l'arrivée probable en Afrique du contingent de la Nouvelle-Zélande. Le contingent n'aura ni équipages ni artillerie, mais emmènera avec lui 30 chevaux de réserve.	23
42	Du lieutenant-gouverneur sir S. W. Griffith.	Queensland.	(Reçu le 14 oct.), télégramme.	Annonce qu'en attendant la sanction du parlement les ministres prennent les mesures nécessaires pour assurer le départ, au plus tard le 31 octobre, de troupes munies d'artillerie à tir rapide.	23
43	Du gouverneur sir Gerard Smith.	Australie occidentale.	(Reçu le 14 oct.), télégramme.	Annonce que l'on se propose d'expédier de l'Australie occidentale, en même temps que l'unité, deux canons Maxim qui seront prêts à partir en même temps que les unités des autres colonies par le *Medic*.	24
44	Du gouverneur le comte de Ranfurly.	Nouvelle-Zélande.	(Reçu le 15 oct.), télégramme.	Fait connaître la nature des provisions et équipements qu'emportera avec lui le contingent de la Nouvelle-Zélande.	24
45	Au gouverneur général le comte de Minto.	Canada	16 oct., télégramme.	Annonce que le gouvernement de Sa Majesté accepte, avec reconnaissance, l'offre d'un contingent de 1,000 hommes.	24

N° de série.	De qui ou à qui.	Colonie.	Date.	Objet.	Page.
			1899.		
59	Au gouverneur le comte de Beauchamp.	" ...	20 oct., télégramme.	Annonce que le gouvernement de Sa Majesté apprecie hautement, et accepte avec plaisir les arrangements annoncés par n° 58.	28
60	Du gouverneur le comte de Ranfurley.	Nouvelle-Zélande.	(Reçu le 21 oct.), télégramme.	Annonce le départ du contingent de la Nouvelle-Zélande, et dit qu'il faudra peut-être un léger supplément pour l'équipement de ses chevaux.	28
61	Au gouverneur général le comte de Minto.	Canada	23 oct., télégramme.	Annonce que le secrétaire d'Etat pour la guerre accepterait avec plaisir un personnel médical suffisant, pour former un hôpital destiné au contingent canadien.	28
62	Du gouverneur le comte de Beauchamp.	Nouvelle-Galles du Sud.	(Reçu le 24 oct.), télégramme.	Fait connaître les arrangements conclus pour l'envoi des contingents, du personnel médical militaire et des lanciers. Donnera, ultérieurement, des renseignements sur l'envoi de l'infanterie et de l'infanterie montée.	29
63	" "	"	(Reçu le 24 oct.), télégramme.	Annonce que les lanciers de Sydney resteront en service avec les troupes impériales, au Cap, aux conditions spécifiées en n° 17.	29
64	Du gouverneur général le comte de Minto.	Canada ...	(Reçu le 24 oct.), télégramme.	Offre les services de cinq fonctionnaires expérimentés pour le service postal du contingent canadien.	29
65	Au gouverneur lord Tennyson (Australie méridionale) et aux gouverneurs des autres colonies australiennes et de la Nouvelle-Zélande.	....	24 oct., télégramme.	Transmet les remerciments de la Reine pour les offres d'envoi de troupes destinées à aller combattre, avec les armées impériales, dans le Sud-Africain.	29
66	Au gouverneur général le comte de Minto.	Canada	24 oct., télégramme.	Transmet les remercîments de la Reine pour les offres d'envoi de troupes destinées à aller combattre, avec les armées impériales, dans le Sud-Africain.	30
67	Du gouverneur général le comte de Minto.	"	(Reçu le 25 oct.), télégramme.	Annonce, que les populations du Canada ont reçu le message de remercîments de la Reine avec une vive reconnaissance.	30
68	Au gouverneur général de Minto.	"	26 oct., télégramme.	Transmet les remercîments du secrétaire d'Etat pour la guerre, pour l'offre généreuse de fonctionnaires pour le service des Postes, mais dit que l'organisation du service postal pour l'armée est complète.	30
69	Du gouverneur intérimaire Dodds.	Tasmanie...	(Reçu le 27 oct.), télégramme.	Annonce que le contingent de la Tasmanie a quitté la colonie le 26 octobre au milieu du plus grand enthousiasme.	30
70	Au Gouverneur intérimaire Dodds.	"	27 oct., télégramme.	Exprime la satisfaction du gouvernement de Sa Majesté au sujet de l'enthousiasme manifésté par les populations de la Tasmanie.	31
71	Au gouverneur le comte de Beauchamp.	Nouvelle-Galles du Sud.	27 oct., télégramme.	Annonce, en réponse à n° 62, que le gouvernement de Sa Majesté pourvoira aux allèges nécessaires au débarquement.	31
72	Du gouverneur lord Brassey.	Victoria	(Reçu le 28 oct.), télégramme.	Annonce le départ, de Melbourne, des contingents de Victoria et de Tasmanie, par le *Medic*, qui fera escale pour prendre les contingents de l'Australie méridionale et de l'Australie occidentale, et arrivera probablement à Cape-Town le 28 novembre.	31

N° de série.	De qui ou à qui.	Colonie.	Date.	Sujet.	Page.
			1899.		
72A	Au gouverneur lord Brassey.	" . .	28 oct., télégramme.	Exprime la satisfaction du gouvernement de Sa Majesté au sujet des démonstrations d'enthousiasme populaire qui se sont produites à l'occasion de l'embarquement des troupes.	31
73	Du gouverneur le comte de Beauchamp.	Nouvelle-Galles du Sud.	(Reçu le 29 oct.), télégramme.	Transmet un message par lequel ses ministres et des citoyens expriment leur gratitude au sujet du message de la Reine et disant que les populations de la Nouvelle-Galles du Sud sont prêtes à partager toujours les devoirs et responsabilités de l'empire de Sa Majesté.	32
74	Du gouverneur lord Tennyson.	Australie méridionale.	(Reçu le 30 oct.), télégramme.	Transmet les remercîments du contingent de l'Australie méridionale pour le message de la Reine.	32
75	Du gouverneur général le comte de Minto.	Canada	29 octobre.. (Reçu le 30 oct.), télégramme.	Annonce que le contingent canadien partira le 26 octobre et qu'il règne un grand enthousiasme.	32
76	Au gouverneur général le comte de Minto.	"	30 oct., télégramme.	Félicite la Puissance et les autorités militaires pour la rapidité de l'organisation et de l'embarquement du contingent, et déclare que l'enthousiasme dont il est fait preuve est une source de grande satisfaction.	32
77	Au gouverneur le comte de Beauchamp.	Nouvelle-Galles du Sud.	30 oct., télégramme.	Transmet les remercîments de la Reine aux populations de la Nouvelle-Galles du Sud, pour l'assurance qu'elles donnent, qu'elles sont disposées à partager les devoirs et responsabilités de l'Empire.	33
78	Du gouverneur général le comte de Minto.	Canada	30 octobre.. (Reçu le 31 oct.), télégramme.	Annonce que le régiment royal canadien est parti le 30 octobre et que l'on pense qu'il atteindra Cape-Town le 26 novembre, complet et prêt à entrer en campagne, moins les équipages.	33
79	Du gouverneur lord Brassey.	Victoria	(Reçu le 31 oct.), télégramme.	Annonce le départ de deux unités d'infanterie et infanterie montée le 28 octobre.	33
80	Du gouverneur lord Tennyson.	Australie méridionale.	(Reçu le 1er nov.), télégramme.	Annonce le départ du contingent de l'Australie méridionale, au milieu d'un grand enthousiasme.	33
81	Du gouverneur le comte de Beauchamp.	Nouvelle-Galles du Sud.	(Reçu le 1er nov.), télégramme.	Annonce le départ des officiers, soldats et chevaux, pour les lanciers et le personnel médical militaire, le 30 octobre, et leur arrivée probable à Port-Elizabeth vers le 26 novembre.	34
82	Du gouverneur le comte de Ranfurly.	Nouvelle-Zélande.	29 septembre (Reçu le 2 nov.), télégramme.	Transmet une résolution par laquelle la Chambre des Représentants offre les services d'un contingent de carabiniers montés.	34
83	Du gouverneur général le comte de Minto.	Canada	(Reçu le 2 nov.), télégramme.	Dit qu'en présence des revers subis par l'armée anglaise, ses ministres sont disposés à expédier, immédiatement, un nouveau contingent si le gouvernement de Sa Majesté trouve la chose opportune.	35
84	Au gouverneur général le comte de Minto.	"	2 nov., télégramme.	Annonce que l'offre contenue dans n° 83 a été communiquée au secrétaire d'Etat pour la guerre, dont la réponse sera télégraphiée. Exprime sa reconnaissance pour l'offre.	35
85	Du lieut.-gouverneur sir S. W.	Queensland.	(Reçu le 3 nov.), télégramme.	Annonce que le contingent du Queensland est parti le 2 novembre et arrivera probablement à Port-Elisabeth le 28 novembre.	35

N° de série.	De qui ou à qui.	Colonie.	Date.	Objet.	Page.
			1899.		
86	Du gouverneur sir Gerard Smith.	Australie occidentale.	(Reçu le 3 nov.), télégramme.	Annonce que le contingent de l'Australie occidentale s'embarquera le 5 novembre et transmet un message par lequel le Premier Ministre constate, qu'un grand enthousiasme règne au milieu des populations. Il donne à Sa Majesté l'assurance de la loyauté du peuple.	36
87	Au gouverneur sir Gerard Smith.	" ..	3 nov., télégramme.	Annonce que le gouvernement de Sa Majesté a reçu n° 86 avec beaucoup de plaisir, et dit que Sa Majesté est enchantée du message du Premier Ministre.	36
88	Du conseil de la municipalité de la ville d'Ottawa.	Canada	25 octobre.. (Reçu le 6 nov.), télégramme.	Transmet copie d'une résolution votée par le conseil à l'occasion du départ d'Ottawa du contingent canadien.	36
89	Au gouverneur général le comte de Minto.	"	7 nov., télégramme.	Annonce que le secrétaire d'Etat pour la guerre et son conseil militaire regrettent que les circonstances actuelles ne leur permettent pas d'accepter l'offre d'un second contingent faite par le Canada, dont il sera toutefois pris bonne note. Exprime la reconnaissance du gouvernement de Sa Majesté.	37
90	Au gouverneur lord Tennyson.	Australie méridionale.	7 nov., télégramme.	Exprime la satisfaction du gouvernement de Sa Majesté, au sujet de l'enthousiasme qui régnait en Australie méridionale à l'occasion du départ du contingent.	38
91	Au gouverneur général le comte de Minto.	Canada	8 novembre.	Accuse réception de n° 88 et prie de remercier le maire et la corporation de l'envoi d'une copie de la résolution du conseil.	38
92	Au gouverneur le comte de Ranfurly.	Nouvelle-Zélande.	10 novembre	Exprime la reconnaissance du gouvernement et des populations de l'Angleterre pour la part prise par le gouvernement et les populations de la Nouvelle-Zélande dans la défense des intérêts de l'empire.	38
93	Du gouverneur général le comte de Minto.	Canada ...	20 octobre.. (Reçu le 2 novembre)	Contient un arrêté du Conseil privé autorisant l'envoi de 1,000 volontaires pour aller servir dans le Sud-Africain.	39
94	Du gouverneur le comte de Beauchamp.	Nouvelle-Galles du Sud.	(Reçu le 11 novembre)	Annonce le départ de 11 officiers, 193 volontaires et 50 chevaux.	40
95	Au gouverneur général le comte de Minto.	Canada	15 novembre	Fait remarquer que le grand enthousiasme et l'empressement général à prendre part à l'expédition ont causé une grande satisfaction au gouvernement de Sa Majesté et aux populations de l'Angleterre.	41
96	Du gouverneur le comte de Beauchamp.	Nouvelle-Galles du Sud.	(Reçu le 18 novembre)	Annonce le départ de 4 officiers, 57 volontaires et 17 chevaux.	41

CORRESPONDANCE

RELATIVE À

L'ENVOI DE CONTINGENTS COLONIAUX

AU

SUD-AFRICAIN.

N° 1.

QUEENSLAND.

Le gouverneur lord Lamington à M. Chamberlain.

(Reçu à 8 heures du matin le 11 juillet 1899.)

(Télégramme.)

[*Répondu par n° 2.*]

Dans la cas où des hostilités éclateraient avec le Transvaal, Queensland offre les services de 250 hommes d'infanterie montée, avec canons à tir rapide.

N° 2.

QUEENSLAND.

M. Chamberland au gouverneur lord Lamington.

(Expédié à 4.30 heures après-midi le 11 juillet 1899.)

(Télégramme.)

Relativement à votre télégramme du 10 juillet (*), le gouvernement de Sa Majesté apprécie hautement l'offre loyale et patriotique du Qeensland. Il espère que l'occasion ne s'en présentera pas, mais si elle se présentait, il se prévaudrait, avec plaisir de cette offre.

N° 3.

VICTORIA.

Le gouverneur lord Brassay à M. Chamberlain.

(Reçu à 8.38 heures du matin le 12 juillet 1899.)

(Télégramme.)

[*Répondu par n° 8.*]

(Extrait.)

Des offres de services de volontaires ont été reçues pour le Sud-Africain.

(*) N° 1.

N° 4.

ÉTATS FÉDÉRÉS DE MALAISIE.

Le haut-commissaire sir C. B. H. Mitchell à M. Chamberlain.

(Reçu à 8 heures du matin le 17 juillet 1899.)

(Télégramme.)

[*Répondu par n°* 5.]

Le résident général des États de la Malaisie, offre, pour le cas de guerre avec les Boers, les services de 300 hommes appartenant aux " Malay States Guides " (Guides nationaux de Malaisie). Je suis forcé de m'opposer à cette offre, ce régiment constituant, d'après le plan de défense générale, en temps de guerre, une partie considérable de la garnison de Singapore, mais je transmets l'offre comme preuve des bons sentiments qui animent les États indigènes.

N° 5.

ÉTATS FÉDÉRÉS DE MALAISIE.

M. Chamberlain au haut-commissaire sir C. B. H. Mitchell.

(Expédié à 5.45 heures après-midi le 18 juillet 1899.)

(Télégramme.)

En réponse à votre télégramme du 16 juillet (*) veuillez, s. v. p., transmettre les remerciements du gouvernement de Sa Majesté, et assurer qu'il apprécie hautement les sentiments, qui ont inspiré l'offre, mais dites qu'il ne s'attend pas à se trouver dans la nécessité de profiter du secours offert.

N° 5A.

LAGOS.

Le gouverneur sir Wm MacGregor à M. Chamberlain

(Reçu à 8 heures après-midi le 18 juillet 1899.)

(Télégramme.)

[*Répondu par n°* 6*a*.]

Le Conseil législatif de Lagos offre à l'unanimité les services de 300 Hausas pour faire campagne en Afrique-Sud.

N° 6.

NOUVELLE-GALLES DU SUD.

Le gouverneur le comte de Beauchamp à M. Chamberlain.

(Reçu à 10 heures du matin le 21 juillet 1899.)

(Télégramme.)

[*Répondu par n°* 7.]

(Extrait.)

Mon premier ministre m'informe qu'il a reçu des offres de services d'environ 1,860 officiers, sous-officiers et soldats faisant partie de l'armée de la Nouvelle-Galles du Sud, et qui sont prêts, en cas de besoin, à aller combattre en Afrique méridonale.

(*) N° 4.

N° 6A.

LAGOS.

M. Chamberlain au gouverneur sir Wm MacGregor.

(Expédié à midi le 21 juillet 1899.)

(Télégramme.)

En réponse à votre télégramme du 18 juillet (*) le gouvernement de Sa Majesté apprécie hautement la proposition patriotique et loyale qu'il contient. Quoique reconnaissant de l'offre, il ne croit pas que, dans les circonstances actuelles, il soit en situation de profiter du secours offert.

N° 7.

NOUVELLE-GALLES DU SUD.

M. Chamberlain au gouverneur le comte de Beauchamp.

(Expédié à 7 hrs du soir le 26 juillet 1899.)

(Télégramme.)

Reçu votre télégramme du 21. (1) Le gouvernement de Sa Majesté apprécie hautement les sentiments de loyauté et de patriotisme dont font preuve ceux qui ont offert leurs services. Leur proposition est prise en bonne note au ministère de la Guerre. Elle sera l'objet d'une très sérieuse considération, si la nécessité d'envoyer des renforts aux troupes dans le Sud-Africain se fait sentir.

N° 8.

VICTORIA.

M. Chamberlain au gouverneur lord Brassey.

(Expédié à 7.15 hrs du soir le 27 juillet 1899.)

(Télégramme.)

(Extrait.)

J'aimerais que vous feriez savoir à ceux qui ont offert d'aller combattre dans le Sud-Africain, que leur loyauté et leur patriotisme sont justement appréciés par le gouvernement de Sa Majesté. Si la nécessité d'envoyer des renforts aux troupes qui se trouvent actuellement en Afrique méridionale se faisait sentir, leur offre, dont il est tenu bonne note au ministère de la Guerre, serait prise en sérieuse considération.

N° 9.

VICTORIA.

Le gouverneur lord Brassey à M. Chamberlain.

(Reçu à 9.59 hrs matin le 1er août 1899.)

(Télégramme.)

[*Répondu par n°* 17.]

La justesse des griefs des Uitlanders, sur le redressement desquels le gouvernement de Sa Majesté insiste, est reconnue par l'opinion publique dans Victoria. On y a tenu plusieurs assemblées publiques pour approuver la politique du gouvernement. De nombreuses offres de services ont été reçues de la part des troupes de l'armée de la colonie.

* N° 5A.

(1) N° 6.

N° 10.

HONG-KONG.

Le gouverneur sir H. A. Blake à M. Chamberlain.

(Reçu à 8 hrs matin le 31 septembre 1899.)

(Télégramme.)

[*Répondu par n°* 20.]

Deux officiers et environ cinquante hommes des volontaires de Hong-Kong offrent leurs services, avec quatre canons Maxim, pour le cas de guerre au Transvaal. L'officier général commandant est convaincu qu'ils sont en mesure de partir sans délai.

N° 11.

QUEENSLAND.

Le gouverneur lord Lamington à M. Chamberlain.

(Reçu à 8 hrs du matin le 22 septembre 1899.)

(Télégramme.)

[*Répondu par n°* 15.]

Pour le cas où des contingents seraient désirés pour aller combattre en Afrique méridionale, mon gouvernement est désireux de savoir si le gouvernement impérial ou celui du Queensland seront chargés de pourvoir au transport de ces contingents, et dans le cas où ce soin incomberait au Queensland, quel est le port désigné en Afrique méridionale ? Mon gouvernement désire savoir, le plus tôt possible, s'il est probable que son offre d'envoi d'un contingent sera acceptée, afin d'obtenir du parlement les subsides nécessaires.

N° 12

VICTORIA.

Le gouverneur lord Brassey à M. Chamberlain.

(Reçu à 9.50 hrs du matin le 27 septembre 1899.)

(Télégramme.)

[*Répondu par n°* 17.]

Dans le cas de formation d'un corps collectif d'Australie, pour aller combattre dans le Sud-Africain, de quelle arme ou armes devrait-il être composé ?

N° 13.

NOUVELLE-ZÉLANDE.

Le gouverneur comte de Ranfurly à M. Chamberlain.

(Reçu à 7.32 hrs du soir le 28 septembre 1899.)

(Télégramme.)

[*Répondu par n°* 14.]

(Extrait.)

La Chambre des Représentants, avec grand enthousiasme et à une grande majorité, a voté une résolution par laquelle elle offre au gouvernement impérial un contingent de carabiniers montés pour aller combattre au Transvaal, et au cas où cette offre serait acceptée, autorise mon gouvernement à fournir des vivres, équiper et expédier le contingent choisi par le commandant de l'armée. Deux compagnies entières, montées et complètement équipées seront débarquées à bref délai sur tel point qui sera désigné. Le transport et la solde seront à la charge du gouvernement de la Nouvelle Zélande, le gouvernement impérial étant chargé de pourvoir aux vivres après débarquement.

N° 14.

NOUVELLE-ZÉLANDE.

M. Chamberlain au gouverneur le comte de Ranfurly.

(Expédié à 1.40 hre après-midi le 29 septembre 1899.)

(Télégramme.)

Reçu votre télégramme du 28 septembre (*). Le gouvernement de Sa Majesté apprécie hautement et est très reconnaissant de l'offre patriotique et loyale de la législature de la Nouvelle-Zélande, dont il se prévaudra, avec plaisir, si l'occasion se présente, ce dont vous serez informé le plus tôt possible.

N° 15.

QUEENSLAND.

M. Chamberlain au lieutenant-gouverneur sir S. W. Griffith.

(Expédié à 4.15 hrs après-midi le 3 octobre 1899.)

(Télégramme.)

[*Répondu par n° 27.*]

Référant à votre télégramme du 22 septembre (**), le secrétaire d'Etat pour la guerre et le commandant en chef apprécient hautement l'explosion de sentiments patriotiques qui s'est produite parmi les populations du Queensland, et désirent que l'infanterie montée, dont les services ont été offerts par la colonie, soit organisée en deux compagnies de 125 hommes chacune, armées de fusils ou carabines .303, avec des chevaux appartenant aux hommes. Les fusils et carabines seront, au besoin, fournies par le gouvernement impérial. Chaque compagnie n'aura qu'un capitaine et trois officiers subalternes. Le contingent entier pourra être commandé par un officier dont le grade ne sera pas supérieur à celui de major. Les troupes, complètement équipées, devront être débarquées au port d'arrivée, en Afrique méridionale, aux frais du gouvernement colonial. A partir de la date de son débarquement le contingent sera traité comme s'il faisait partie intégrale de l'armée impériale. Après cette date le gouvernement impérial paiera la solde aux taux adoptés par lui, fournira les vivres et les munitions, et en outre paiera les frais de voyage de rapatriement dans la colonie. Il accordera des pensions aux blessés et des indemnités de charité sur la base établie par les lois et règlements impériaux. Les troupes devront partir au plus tard le 31 octobre, et se rendre directement à Cape-Town, où elles attendront des ordres.

N° 16.

NOUVELLE-ZÉLANDE.

M. Chamberlain au gouverneur le comte de Ranfurly.

(Expédié à 4.35 hrs après-midi le 3 octobre 1899.)

(Télégramme.)

[*Répondu par n° 25.*]

Référant à mon télégramme du 29 septembre (*), le secrétaire d'Etat pour la guerre et le commandant en chef apprécient hautement l'explosion de sentiments patriotiques qui s'est produite parmi les populations de la Nouvelle-Zélande et désirent que l'infanterie montée, dont les services ont été offerts par la colonie, soit organisée en deux compagnies de 100 hommes chacune, armées de fusils ou carabines .303, complètement équipées, les chevaux étant la propriété personnelle des hommes. Au besoin les fusils ou carabines seront fournis par le gouvernement impérial.

* N° 13. ** N° 11. * N° 14.

Chaque compagnie n'aura qu'un capitaine et trois officiers subalternes. Un officier, d'un grade ne dépassant pas celui de major, pourra commander en chef le contingent entier. A partir de son débarquement en Afrique méridionale, le contingent sera traité comme faisant partie intégrale de l'armée impériale. Après cette date, le gouvernement impérial se charge: de la solde aux taux établis pour ses troupes, des vivres et munitions; il couvrira les frais de voyage de rapatriement vers la colonie, accordera des pensions aux blessés et des indemnités de charité sur la base établie par les lois et règlements impériaux. Le secrétaire d'Etat pour la guerre prend note de l'offre généreuse, faite par le gouvernement de la Nouvelle-Zélande, de fournir la solde, outre les frais de transport, mais il pense que les conditions mentionnées plus haut doivent être observées pour tous les contingents coloniaux. Les troupes devront être embarquées au plus tard le 31 octobre, et se rendre directement à Cape-Town, où elles attendront des ordres.

N° 17.

M. Chamberlain au gouverneur lord Tennyson (Australie méridionale), au gouverneur le comte de Beauchamp (Nouvelle-Galles du Sud), et au gouverneur lord Brassey (Victoria).

(Expédié à 4.40 heures après-midi le 3 octobre 1899.)

(Télégramme.)

[*Répondu par nos* 36, 58 *et* 47 *respectivement.*]

Le secrétaire d'Etat pour la guerre et le commandant en chef désirent exprimer leur grande satisfaction au sujet des explosions de sentiments patriotiques qui se sont produites parmi les populations de l'Australie méridionale, de la Nouvelle-Galles du Sud et de Victoria, et se sont traduites en offres d'aller combattre dans le Sud-Africain. Ils s'empressent de fournir les renseignements suivants, qui doivent aider à organiser, en unités appropriées aux besoins militaires, les troupes offertes: Premièrement, les unités seront composées de 125 hommes; secondement, elles pourront être d'infanterie, infanterie montée ou cavalerie; eu égard aux effectifs déjà sur pied, l'infanterie est l'arme la plus utile et la cavalerie la moins désirable; troisièmement, chaque unité sera armée de fusils ou carabines .303, qui au besoin seront fournis par le gouvernement impérial; quatrièmement, chaque homme fournira son équipement, et pour la cavalerie, le cheval en sus; cinquièmement, chaque unité n'aura qu'un capitaine et trois officiers subalternes. Quand il y aura plus d'une unité, de la même colonie, le contingent pourra être commandé en chef par un officier occupant un grade ne dépassant pas celui de major. Ayant étudié la question, au point de vue des contingents qui pourront être employés, et guidé par la nature des offres reçues, par le désir de voir chaque colonie convenablement représentée ainsi que par la limite qu'il est nécessaire de tracer, pour permettre, avec l'état-major disponible, d'utiliser efficacement, comme partie intégrale de l'armée impériale, les contingents offerts, le secrétaire d'Etat pour la Guerre accepte, avec plaisir, deux unités de chacune des colonies de la Nouvelle-Galles du Sud et de Victoria, et une unité de l'Australie méridionale. Les conditions sont les suivantes: Les troupes, complètement équipées, devront être transportées au port de débarquement, dans le Sud-Africain, aux frais du gouvernement colonial, ou des volontaires. A partir du jour du débarquement, le gouvernement impérial se charge de la solde des hommes, à ses taux usuels, des vivres et munitions, et des frais du voyage de rapatriement dans la colonie. Il accordera des pensions aux blessés et des indemnités de charité, sur les bases établies par les lois et règlements impériaux. Les troupes devront s'embarquer au plus tard le 31 octobre, et se rendre directement à Cape Town, où elles attendront des ordres.

N° 18.

CANADA.

M. Chamberlain au gouverneur général le comte de Minto.

(Expédié à 5.15 heures après-midi le 3 octobre 1899.)

(Télégramme.)

[*Répondu par n° 40.*]

Le secrétaire d'Etat pour la guerre et le commandant en chef désirent exprimer leur grande satisfaction au sujet de l'explosion de sentiments patriotiques, qui s'est produite parmi les populations du Canada, et qui s'est traduite en offres de services dans l'Afrique méridionale. Ils s'empressent de fournir les renseignements suivants, qui devront aider à l'organisation des contingents offerts en unités appropriées aux besoins militaires. Premièrement, chaque unité se composera d'environ 125 hommes; secondement, elles pourront être d'infanterie, d'infanterie montée ou de cavalerie; en présence des effectifs déjà disponibles, l'infanterie est l'arme la plus utile et la cavalerie la moins désirable; troisièmement, chaque unité sera armée de fusils ou carabines .303, qui, au besoin, seront fournis par le gouvernement impérial; quatrièmement, les hommes fourniront leur équipement, et pour les troupes montées, le cheval en sus; cinquièmement, une unité n'aura qu'un capitaine et trois officiers subalternes. Le contingent entier pourra être commandé par un officier d'un grade ne dépassant pas celui de major. Ayant tenu compte des troupes utilisables et guidé par la nature des offres, par le désir de voir chaque colonie convenablement représentée, et considérant les bornes à garder pour permettre, avec l'état-major disponible, d'utiliser efficacement, comme partie intégrale de l'armée impériale, les contingents offerts, le secrétaire d'Etat pour la Guerre accepte, avec plaisir, quatre unités. Les conditions sont les suivantes: Les troupes, complètement équipées, seront transportées au port de débarquement, dans le Sud-Africain, aux frais du gouvernement colonial ou des volontaires. A partir du jour du débarquement, le gouvernement impérial se charge de la solde des hommes, à ses taux usuels; des vivres et munitions; des frais de voyage de rapatriement dans la colonie. Il accordera des pensions aux blessés et des indemnités de charité, sur les bases établies par les lois et règlements impériaux. Les troupes devront s'embarquer au plus tard le 31 octobre, et se rendre directement à Cape-Town, où elles attendront des ordres. Veuillez communiquer ces renseignements à tous ceux qui ont offert d'enrôler des volontaires.

N° 19.

NOUVELLE-GALLES DU SUD.

M. Chamberlain au gouverneur le comte de Beauchamp.

(Expédié à 5.55 hrs après-midi le 3 octobre 1899.)

(Télégramme.)

[*Répondu par n° 24.*]

Le détachement de lanciers de la Nouvelle-Galles du Sud, se trouvant à Aldershot, présente ses services pour aller combattre en Afrique méridionale. En cas de mobilisation le gouvernement de Sa Majesté se propose d'accepter cette offre, avec l'approbation de votre gouvernement. Ceci est étranger aux arrangements généraux, donnés en détail dans mon télégramme (*) de ce jour adressé au gouverneur de l'Australie méridionale.

* N° 17.

N° 20.

HONG-KONG.

M. Chamberlain au gouverneur sir H. A. Blake.

(Expédié à 2.40 hrs après-midi le 4 octobre 1899.)

(Télégramme.)

Référant à votre télégramme du 21 septembre (†), le gouvernement de Sa Majesté désire exprimer sa vive satisfaction au sujet de l'offre noble et loyale des volontaires de Hong-Kong, mais il lui est impossible de l'accepter.

N° 21.

AUSTRALIE OCCIDENTALE.

Le gouverneur sir Gerard Smith à M. Chamberlain.

(Reçu à 7.7 hrs du soir le 5 octobre 1899.)

(Télégramme.)

Je suis prié par l'Assemblée législative de transmettre, pour être communiquée à Sa Majesté la Reine, et à son gouvernement, la résolution suivante, votée aujourd'hui par la dite assemblée :

"Que cette Chambre désire exprimer ses sentiments de loyauté et de dévouement " à Sa Majesté la Reine, ainsi que sa sympathie pour le gouvernement de " Sa Majesté dans les difficultés qui ont surgi dans l'Afrique méridionale, " et est d'avis que dans le cas où la guerre serait déclarée, l'Australie occi-" dentale devrait se joindre aux autres colonies d'Australie, en offrant un " contingent militaire pour le Transvaal."

N° 22.

VICTORIA.

Le gouverneur lord Brassey à M. Chamberlain.

(Reçu à 12.35 hrs après-midi le 6 octobre 1899.)

(Télégramme.)

[*Répondu par n°* 31.]

(Extrait.)

Reçu votre télégramme du 4 octobre. (*) Les unités seront-elles accompagnées d'équipages régimentaires ?

N° 23.

AUSTRALIE OCCIDENTALE.

M. Chamberlain au gouverneur sir Gerard Smith.

(Expédié à 2 hrs 30 après-midi le 6 octobre 1899.)

(Télégramme.)

Le gouvernement de Sa Majesté est fort touché des sentiments patriotiques qu'exprime la résolution votée par l'Assemblée législative, et accepte avec plaisir une unité, composée de 125 hommes, un capitaine et trois officiers subalternes, aux conditions communiquées au gouverneur de l'Australie méridionale. Priez-le de vous communiquer mon télégramme du 3 octobre (**).

---

† N° 10. *N° 17. **N° 17.

N° 24.

NOUVELLE-GALLES DU SUD.

Le gouverneur le comte de Beauchamp à M. Chamberlain.

(Reçu à 6.45 hrs du matin le 7 octobre 1899.)

(Télégramme.)

Comme suite à votre télégramme du 3 octobre (***), le gouvernement de la Nouvelle-Galles du Sud approuve l'offre d'aller combattre en Afrique méridionale, faite par les lanciers à Aldershot, mais la question devra être soumise à l'approbation du parlement, qui se réunit le 17 octobre. Des instructions ultérieures seront données aux lanciers à leur arrivée au Cap.

N° 25.

NOUVELLE-ZÉLANDE.

Le gouverneur le comte de Ranfurly à M. Chamberlain.

(Reçu à 7.10 hrs du matin le 7 octobre 1899.)

(Télégramme.)

Mon gouvernement accepte les conditions. Le contingent de la Nouvelle-Zélande partira vers le 20 octobre par le steamer *Waiwera*, qui après avoir fait du charbon à Albany cinglera vers Cape-Town, en longeant Natal à portée de signaux.

N° 26.

TASMANIE.

Le gouverneur intérimaire Dodds à M. Chamberlain.

(Reçu à 2 hrs avant midi le 9 octobre 1899.)

(Télégramme.)

[*Répondu par n°* 28.]

Le gouvernement de Sa Majesté voudrait-il accepter une unité d'infanterie tasmanienne, pour aller combattre en Afrique méridionale ?

N° 27.

QUEENSLAND.

Le lieutenant-gouverneur sir S. W. Griffith à M Chamberlain.

(Reçu à 10.57 heures avant-midi le 10 octobre 1899.)

[*Répondu par n°* 33.]

(Télégramme.)

Comme suite à mon télégramme du 10 juillet, ‡ et au vôtre du 3 octobre, § les ministres désirent savoir si une section de canons à tir rapide peuvent être compris dans le détachement.

*** N° 19. * N° 17. † N° 19. ‡ N° 1. § N° 15.

N° 28.

TASMANIE.

M. Chamberlain au gouverneur intérimaire Dodds.

(Expédié à 2.40 après-midi le 10 octobre 1899.)

(Télégramme.)

Comme suite à votre télégramme du 9 octobre, * le gouvernement de Sa Majesté appréciant hautement la générosité de l'offre, acceptera avec plaisir une unité d'infanterie, aux conditions communiquées au gouverneur de l'Australie méridionale le 3 octobre. †

N° 29.

NOUVELLE-GALLES DU SUD.

Le gouverneur le comte de Beauchamp à M. Chamberlain.

(Reçu à 2.50 heures après-midi le 11 octobre 1899.)

(Télégramme.)

[*Répondu par n°* 50.]

(Extrait.)

Mes ministres désirent savoir si leur colonie peut expédier, en Afrique méridionale, comme une de ses unités, une batterie de campagne complète, pied de guerre, six canons de 15, des munitions, de la cordite, des équipages et équipements régimentaires, des officiers, soldats et chevaux, sous le commandement du major Smith, de l'artillerie royale.

N° 30.

VICTORIA.

Le gouverneur lord Brassey a M. Chamberlain.

(Reçu à 3.25 heures après-midi le 11 octobre 1899.)

(Télégramme.)

[*Répondu par n°* 31.]

(Extrait.)

La résolution suivante a été votée à l'Assemblée législative par soixante-sept voix contre treize. "Que cette Chambre d'assemblée désire exprimer ses sentiments "de loyauté envers Sa Majesté la Reine, ainsi que sa sympathie pour le gouverne- "ment de Sa Majesté, dans les événements qui se sont produits en Afrique méri- "dionale, et est d'avis que Victoria devrait envoyer un contingent militaire, pour se "joindre aux troupes impériales dans la république du Transvaal."

Deux unités d'infanterie et infanterie montée, complètement équipées, s'embarqueront le 28 octobre sur le steamer affrêté *Medic* et se rendront à Cape-Town. Les conditions offertes par le gouvernement de Sa Majesté sont justement appréciées. Le contingent sera prêt à prendre part à la défense des intérêts de la Grande-Bretagne, dans le Sud Africain, et les officiers anglais peuvent avoir toute confiance.

Le Conseil législatif a adopté, à l'unanimité, la résolution votée par l'Assemblée législative.

---

* N° 26. † N° 17.

N° 31.

VICTORIA.

M. Chamberlain au gouverneur lord Brassey.

(Expédié à 6.20 heures du soir le 11 octobre 1899.)

(Télégramme.)

Comme suite à votre télégramme du 11 octobre ‡ les résolutions votées par les chambres approuvant la politique suivie dans le Sud-Africain, sont une source de grande satisfaction pour le gouvernement de Sa Majesté, qui a appris, avec beaucoup de plaisir, avec quelle promptitude les mesures pour le départ du contingent de Victoria ont été prises. Ce contingent sera un secours substentiel. Comme suite à votre télégramme du 6 octobre, § des équipages régimentaires seront nécessaires.

N° 32.

M. Chamberlain au gouverneur lord Tennyson (Australie méridionale) pour être répété aux gouverneurs de toutes les autres colonies australiennes ainsi que la Nouvelle-Zélande.

(Expédié à 3.45 heures après-midi le 12 octobre 1899.)

(Télégramme.)
(Extrait.)

Le Secrétaire d'État pour la Guerre ainsi que le général Buller demandent à être renseignés, le plus tôt possible, sur la date du départ, les noms des navires et la date probable de l'arrivée en Afrique méridionale.

N° 33.

M. Chamberlain au lieutenant-gouverneur sir S. W. Griffith (Queensland) pour êtr répété aux gouverneurs de toutes les autres colonies australiennes et la Nouvelle-Zélande.

(Expédié à 3.4 heures après-midi le 12 octobre 1899.)

(Télégramme.)

Comme suite à votre télégramme du 10 octobre, * les unités coloniales qui possèdent des canons à tir rapide, avec équipement complet, peuvent les amener en Afrique méridionale, à condition que l'effectif total de chaque unité déjà organisée n'en soit pas augmenté. Si quelque gouvernement colonial décide de comprendre dans son contingent une section d'artillerie à tir rapide, prière d'en donner avis sans délai.

N° 34.

TASMANIE.

Le gouverneur intérimaire Dodds à M. Chamberlain.

(Reçu à 6.15 heures avant-midi le 12 octobre 1899.)

[*Répondu par n°* 48.]

(Télégramme.)

Le parlement désire expédier un contingent en Afrique méridionale, mais trouve qu'une unité de 80 hommes, est égale aux contingents des autres colonies, eu égard aux populations respectives. Les deux Chambres ont voté les subsides. Les ministres désirent que le gouvernement de Sa Majesté accepte le changement.

‡ N° 30. § N° 22. * N° 27.

N° 35.

TASMANIE.

Le gouverneur intérimaire Dodds à M. Chamberlain.

(Reçu à 9.35 heures avant-midi le 13 octobre 1899.)

[*Répondu par n°* 48.]

(Télégramme.)

Le contingent de Tasmanie quitte Melbourne, le 28 octobre- par le *Medic.*

N° 36.

AUSTRALIE MÉRIDIONALE.

Le gouverneur lord Thompson à M. Chamberlain.

(Reçu à 9.30 heures avant-midi le 13 octobre 1899.)

[*Répondu par n°* 37.]

(Télégramme.)

Les deux Chambres ont approuvé l'équipement et l'envoi de 125 volontaires pour aller servir dans l'armée impériale, dans le Sud-Africain, décidé par le gouvernement de l'Australie méridionale. Des mesures sont prises pour l'embarquement à bord du steamer *Medic*, qui quitte Adelaïde le 30 octobre, se rendant en Afrique méridionale.

N° 37.

AUSTRALIE MÉRIDIONALE.

M. Chamberlain au gouverneur lord Thompson.

(Expédié à 1.40 heure après-midi le 13 octobre 1899.)

(Télégramme.)

Le gouvernement de Sa Majesté apprend avec satisfaction que des mesures sont prises pour le départ du contingent de l'Australie méridionale.

N° 38.

M. Chamberlain au Gouverneur lord Brassey (Victoria) pour être répété aux gouverneurs de toutes les autres colonies australiennes ainsi que la Nouvelle-Zélande.

(Expédié à 2.35 heures après-midi le 13 octobre 1899.)

(Télégramme.)

(Extrait.)

Comme suite à mon télégramme d 11 octobre, * les équipages régimentaires, doivent accompagner les unités qui en sont pourvues. L'équipement complet, qui devrait accompagner chaque unité, s'il est possible, se compose de ce qui suit : L'équipement personnel complet, vêtements, armes, uniformes, tentes. équipements de camp, deux couvertures et un drap imperméables par homme. Pour les troupes montées harnachement, l'équipement d'écurie et l'attirail de campement. Les effets destinés aux armées impériales suffiront pour parer aux lacunes qui pourraient se présenter dans l'équipement des contingents coloniaux. Il serait fort utile au ministre de la Guerre d'être renseigné sans délai sur les lacunes probables.

*N° 31.

N° 39.

NOUVELLE-GALLES DU SUD.

Le gouverneur lord Beauchamp à M. Chamberlain.

(Reçu à 5.55 heures après-midi le 13 octobre 1899.)

[*Répondu par n° 46.*]

(Télégramme.)

La Nouvelle-Galles du Sud offre, sauf approbation du parlement, une unité composée d'un personnel complet de service médical militaire, une demi-compagnie de brancardiers, une ambulance ou hôpital de campagne de cinquante lits, sur pied de guerre, un personnel non militaire, des chevaux d'ambulance, des voitures d'ambulance, voitures de transport, soit 87 équipages de tous genres, 40 chevaux, 5 voitures d'ambulance, 6 charrettes, 6 voitures-réservoirs à eau, qui sont prêts à partir dans 10 jours s'ils sont acceptés.

N° 40.

CANADA.

Le gouverneur général le comte de Minto à M. Chamberlain.

(Reçu à 8.20 hrs avant-midi le 14 octobre 1899.)

(Télégramme.)

[*Répondu par n° 45.*]

(Extrait.)

J'ai grand plaisir à vous annoncer que mon gouvernement offre 1,000 hommes d'infanterie, suivant le plan d'organisation proposé par votre télégramme du 3 octobre (*).

N° 41.

NOUVELLE-ZÉLANDE.

Le gouverneur le comte de Ranfurly à M. Chamberlain.

(Reçu à 9 hrs 30 du matin le 14 octobre 1899.)

(Télégramme.)

Le contingent de Nouvelle-Zélande, qui part le 21 octobre, arrivera en Afrique méridionale vers le 20 novembre. Il n'a pas d'équipages, mais est accompagné de 30 chevaux de réserve. Il n'est pas accompagné de détachement d'artillerie à tir rapide.

N° 42.

QUEENSLAND.

Le lieutenant-gouverneur sir S. W. Griffith à M. Chamberlain.

(Reçu à 10.35 hrs avant-midi le 14 octobre 1899.)

(Télégramme.)

Comme suite à votre télégramme du 12 octobre (*) et à celui que vous adressiez, le même jour, au gouverneur de l'Australie méridionale (†), la motion, pour obtenir la sanction du Parlement a été retardée par la proposition d'un vote de

---

*N° 18. * N° 33. † *Voir* n° 32.

censure, sur lequel la Chambre se prononcera probablement mardi. Entretemps, les ministres prennent des dispositions en vue de l'envoi d'un détachement du corps mentionné, accompagné d'artillerie à tir rapide, par un steamer partant au plus tard le 31 octobre, en destination directe de Cape-Town, faisant escale à Port-Elisabeth pour y prendre des ordres.

N° 43.

AUSTRALIE OCCIDENTALE.

Le gouverneur sir Gerard Smith à M. Chamberlain.

(Reçu à 1.10 h. après-midi le 14 octobre 1899.)

(Télégramme.)

Comme suite à votre télégramme, reçu par le canal du gouverneur du Queensland, le 11 octobre (*), on propose d'envoyer en Afrique méridionale, comme partie de l'unité de l'Australie occidentale, deux canons Maxim .303 à tir rapide, sur affûts d'infanterie de campagne,avec équipement complet. L'unité de l'Australie occidentale sera prête à prendre la mer, à bord du steamer *Medic*, avec les unités des autres colonies.

N° 44.

NOUVELLE-ZÉLANDE.

Le gouverneur le comte de Ranfurly à M. Chamberlain.

(Reçu à 12.55 après-midi le 15 octobre 1899.)

(Télégramme.)

Comme suite à votre télégramme du 13 octobre (†), adressé au gouverneur de Victoria, je vous informe que le contingent de la Nouvelle-Zélande est muni de l'équipement complet pour hommes et chevaux, de bidons de campement d'ordonnance pour l'infanterie, mais ne possède ni valises ni accessoires de campagne. L'équipement de camp ne comprend que les tentes et les ustensiles de cuisine, sans les équipages régimentaires décrits dans le manuel de service de campagne à l'usage de l'infanterie montée, Guerre, 1899, page 12 jusqu'à la fin.

N° 45.

CANADA.

M. Chamberlain au gouverneur général le comte de Minto.

(Expédié à 12.40 hrs après-midi le 16 octobre 1899.)

(Télégramme.)

Le gouvernement de Sa Majesté a reçu, avec très grand plaisir, votre télégramme du 13 octobre (‡), par lequel vous transmettiez l'offre généreuse du Canada de fournir 1,000 hommes, qui a été acceptée avec reconnaissance.

N° 46.

NOUVELLE-GALLES DU SUD.

M. Chamberlain au gouverneur le comte de Beauchamp.

(Expédié à 12.33 hrs après-midi le 17 octobre 1899.)

(Télégramme.)

Comme suite à votre télégramme du 13 octobre (**), l'offre d'un outillage médical militaire complet est acceptée avec plaisir.

* N° 33. † *Voir* n° 38. ‡ N° 40. ** N° 39.

N° 47.

VICTORIA.

Le gouverneur lord Brassey à M. Chamberlain.

(Reçu à 12.30 hrs après-midi le 17 octobre 1899.)

(Télégramme.)
(Extrait.)

Me conformant aux instructions données par votre télégramme du 4 octobre (***), j'ai pris des mesures pour l'envoi de troupes au Cap de Bonne-Espérance, par le *Medic*, de la ligne *White Star*. Le navire partira le 28 octobre, pour arriver à destination le ou vers le 28 novembre, ayant en outre à son bord les contingents de Victoria, Tasmanie, Australie méridionale et Australie occidentale.

N° 48.

TASMANIE.

M. Chamberlain au gouverneur intérimaire Dodds.

(Expédié à 2.50 heures après-midi le 17 octobre 1899.)

(Télégramme.)

Comme suite à vos télégrammes des 12 et 13 courant, || le gouvernement de Sa Majesté acceptera avec plaisir une unité de 80 hommes, et approuve les mesures prises pour l'expédition.

N° 49.

AUSTRALIE OCCIDENTALE.

Le gouverneur sir Gerard Smith à M. Chamberlain.

(Reçu à 3.35 heures après-midi le 17 octobre 1899.)

[*Répondu par n°* 51.]

(Télégramme.)

Le Conseil législatif me prie de communiquer à Sa Majesté la Reine et à son gouvernement la résolution suivante votée aujourd'hui :
" Que cette Chambre désire exprimer sa loyauté et son dévouement à Sa Ma-
" jesté la Reine, ainsi que sa sympathie pour le gouvernement de Sa Majesté à l'oc-
" casion des difficultés qui ont surgi dans l'Afrique méridionale, et est d'avis que
" l'Australie occidentale devrait se joindre aux autres colonies australiennes en
" envoyant un contingent militaire au Transvaal."

N° 50.

NOUVELLE-GALLES DU SUD.

M. Chamberlain au Gouverneur le comte de Beauchamp.

(Expédié à 12 heures 25 après-midi le 18 octobre 1899.)

(Télégramme.)
(Extrait.)

Comme suite à votre télégramme du 11 octobre, * le secrétaire d'Etat pour la Guerre après avoir consulté les autorités militaires, regrette de ne pouvoir accepter l'offre d'une batterie de campagne.

*** N° 17. || Nos 34 et 35. * N° 29.

N° 51.

AUSTRALIE OCCIDENTALE.

M. Chamberlain au gouverneur sir Gerard Smith.

(Expédié à 2.45 heures après-midi le 18 octobre 1899.)

(Télégramme.)

Le gouvernement de Sa Majesté a appris avec grande satisfaction la résolution votée par le Conseil législatif. †

N° 52.

CANADA.

M. Chamberlain au gouverneur général le comte de Minto.

(Expédié à 6.05 heures après-midi le 18 octobre 1899.)

[*Répondu par n°* 55.]

(Télégramme.)

Pour l'information des autorités militaires, les troupes devraient, autant que possible, être pourvues de l'équipement suivant: L'équipement personnel, comprenant vêtements, armes, uniformes, tentes l'équipement de camp, deux couvertures et un drap imperméable par homme, et pour les troupes montées, de harnachement, l'attirail d'écurie et de bivouac. Les effets destinés aux armées impériales suffiront pour parer aux lacunes qui pourraient se présenter dans l'équipement des contingents coloniaux. Il serait fort utile au ministre de la Guerre d'être renseigné sans délai sur les lacunes probables. Les troupes qui en sont pourvues devraient être accompagnées des équipages régimentaires, ainsi que de leur artillerie à tir rapide, avec équipement complet, pourvu, toutefois, que l'effectif déjà arrêté n'en soit pas augmenté. Veuillez nous faire savoir, sans délai, si une section d'artilerie à tir rapide sera jointe au contingent ; quel sont les noms des navires par lesquels le contingent partira, à quelle date aura lieu le départ, et à quelle date le contingent arrivera, probablement, à Cape-Town.

N° 53.

CANADA.

Le gouverneur général le comte de Minto à M. Chamberlain.

(Télégramme.)

(Reçu à minuit le 18 octobre 1899.)

(Extrait.)

Après mûre délibération, mes ministres ont décidé d'offrir un régiment d'infanterie de 1,000 hommes, sous les ordres du lieutenant-colonel Otter.

Mes ministres espèrent que le contingent canadien sera tenu réuni autant que possible, tout en se rendant compte de la nécessité qu'il y a de laisser ce point à l'entière discrétion du ministre de la Guerre et du commandant en chef.

---

† Voir N° 49.

N° 54.

CANADA.

Le gouverneur général le comte de Minto à M. Chamberlain.

(Reçu à 8.05 hrs avant-midi le 19 octobre 1899.)

(Télégramme.)

[*Répondu par n°* 61.]

Plusieurs capitaines et lieutenants, médecins de milice, des infirmières compétentes, offrent leurs services à titre d'auxiliaires du service médical en Afrique méridionale, à la solde payée ordinairement aux auxiliaires. Si leurs services étaient acceptés, le gouver·ement fédéral du Canada accorderait à ces volontaires le voyage gratuit, en compagnie du contingent. L'engagement serait de 6 ou 12 mois. La Société de la Croix-Rouge Canadienne offre d'envoyer deux infirmières à ses frais. Faut-il les faire partir ?

N° 55.

CANADA.

Le gouverneur général le comte de Minto à M. Chamberlain.

(Reçu à 8.05 hrs du matin le 19 octobre 1899.)

(Télégramme.)

En réponse à votre télégramme en date de ce jour (†) veuillez, s'il vous plaît, faire savoir au ministère de la Guerre que le contingent sera pourvu de l'équipement personnel: vêtements, armes, uniformes, tentes, équipement de campement, couvertures, draps imperméables, et 100,000 cartouches de munitions. Il n'y aura probablement aucune lacune. Il n'y a pas d'équipages régimentaires. Deux canons à tir rapide, complètement équipés, accompagneront le régiment, mais sans chevaux de trait. Le navire qui les transportera sera, probablement, le *Sardinian*, de la ligne Allan. Le 31 octobre est la date probable du départ, et la durée du voyage est, vraisemblablement de 3 ou 4 semaines.

N° 56.

QUEENSLAND.

Le lieutenant-gouverneur sir S. W. Griffith à M. Chamberlain.

(Reçu à 8.26 hrs avant-midi le 19 octobre 1899.)

(Télégramme.)

[*Répondu par n°* 57.]

Comme suite à mon télégramme du 14 octobre (*), je vous informe que le vote de censure a été repoussé par 39 voix contre 28. L'envoi de troupes a été approuvé à l'unanimité par l'Assemblée législative. Le contingent s'embarquera pour le Sud Africain à bord du vapeur *Cornwall* vers le 30 octobre, et arrivera probablement en Afrique méridionale le 29 novembre.

---

† N° 52. * N° 42.

N° 57.

QUEENSLAND.

M. Chamberlain au lieutenant-gouverneur sir S. W. Griffith.

(Expédié à 4.50 hrs après-midi le 19 octobre 1899.)

(Télégramme.)

Le gouvernement de Sa Majesté a appris avec grande satisfaction le vote de l'Assemblée législative.

N° 58.

NOUVELLE-GALLES DU SUD.

Le gouverneur le comte de Beauchamp à M. Chamberlain.

(Reçu à 12.38 hrs après-midi le 20 octobre 1899.)

(Télégramme.)

[*Répondu par n°* 59.]

On propose d'expédier, outre les lanciers déjà en route pour le Cap, une unité d'infanterie, une unité d'infanterie montée et une demi-unité de personnel médical militaire, qui partiront vers la fin du présent mois. Réponse s'il vous plaît.

N° 59.

NOUVELLE-GALLES DU SUD.

M. Chamberlain au gouverneur le comte de Beauchamp.

(Expédié à 4.40 hrs après-midi le 20 octobre 1899.)

(Télégramme.)

Comme suite à votre télégramme du 20 octobre (**), le gouvernement de Sa Majesté apprécie hautement et accepte avec plaisir les mesures que vous proposez.

N° 60.

NOUVELLE-ZÉLANDE.

Le Gouverneur le comte de Ranfurly à M. Chamberlain.

(Reçu à 11.50 hrs avant-midi le 21 octobre 1899.)

(Télégramme.)

Comme suite à mon télégramme du 14 octobre (‡), le contingent de la Nouvelle-Zélande est parti aujourd'hui. Peut-être aura-t-il besoin d'un léger supplément d'équipement pour les chevaux.

N° 61.

CANADA.

M. Chamberlain au gouverneur général le comte de Minto.

(Expédié à 2.40 hrs après-midi le 23 octobre 1899.)

(Télégramme.)

Comme suite à votre télégramme du 19 octobre (††), le secrétaire d'Etat pour la Guerre acceptera avec plaisir votre offre d'outillage médical et chirurgical, le personnel médical, les officiers et hommes et les infirmières compétentes, utiles à former un hôpital destiné au contingent canadien. Aux termes de la loi, les troupes anglaises ne peuvent être soignées que par des chirurgiens enregistrés dans le Royaume-Uni, et par des infirmières appartenant à la réserve de l'armée.

**N° 58. ‡N° 41. ††N° 54.

N° 62.

NOUVELLE-GALLES DU SUD.

Le gouverneur le comte de Beauchamp à M. Chamberlain.

(Reçu à 9.53 hrs du matin le 24 octobre 1899.)

(Télégramme.)

[*Répondu par n° 62.*]

Le gouvernement de la Nouvelle-Galles du Sud prend des mesures pour expédier 10 officiers et 130 hommes, qui composent le personnel médical militaire et complètent le détachement de lanciers, ainsi que 200 chevaux, par le bateau à vapeur *Kent*, qui prend la mer le 28 octobre. D'ici le steamer se rend à Albany et Port-Elizabeth, où il arrivera le ou vers le 25 novembre. On suppose que le gouvernement impérial pourvoira aux allèges nécessaires au débarquement. Les arrangements pour l'envoi de régiments d'infanterie et d'infanterie montée sont bien avancés. Je vous tiendrai au courant.

N° 63.

NOUVELLE-GALLES DU SUD.

Le gouverneur le comte de Beauchamp à M. Chamberlain.

(Reçu à 9.53 hrs du matin le 24 octobre 1899.)

(Télégramme.)

Il a été décidé que les lanciers de Sydney resteront avec l'armée impériale, faisant campagne au Cap, aux conditions stipulées par votre télégramme du 3 octobre *.

N° 64.

CANADA.

Le gouverneur général le comte de Minto à M. Chamberlain.

(Reçu à 1.10 hre avant-midi le 24 octobre 1899.)

(Télégramme.)

[*Répondu par n° 68.*]

Mon gouvernement me prie de m'assurer si le ministre de la guerre envoie un service postal militaire en Afrique méridionnale. Dans l'affirmative, le Canada pourrait ajouter au contingent canadien cinq fonctionnaires compétents du service des Postes. Si l'offre est acceptée, veuillez me faire connaître la catégorie de commis désirée. Mon gouvernement soldera tous les frais, ou telle proportion qui sera proposée.

N° 65.

M. Chamberlain au gouverneur lord Tennyson (Australie méridionale) et aux gouverneurs de toutes les autres colonies australiennes et de la Nouvelle-Zélande.

(Expédié le 24 octobre 1899.)

(Télégramme)

Sa Majesté la Reine désire remercier les populations de ses colonies de l'Australie de leurs imposantes manifestations de fidélité et de patriotisme, qui se sont traduites en offres volontaires d'envoyer des troupes pour combattre avec l'armée impériale de Sa Majesté pour le maintien de sa position et des droits des sujets britanniques en Afrique méridionnale. Elle souhaite aux troupes la protection divine et un heureux retour.

---

* N° 17.

N° 66.

CANADA.

M. Chamberlain au gouverneur général le comte de Minto.

(Expédié le 24 octobre 1899.)

(Télégramme.)

[*Répondu par n°* 67.]

Sa Majesté la Reine désire remercier les populations de la Puissance du Canada de leur imposante manifestation de loyauté et de patriotisme, qui s'est traduite en leur offre volontaire d'envoyer un contingent combattre avec l'armée impériale pour le maintien de sa position et des droits des sujets britanniques en Afrique méridionale. Elle souhaite aux troupes la protection divine et un heureux retour.

N° 67.

CANADA.

Le gouverneur général le comte de Minto à M. Chamberlain.

(Reçu à 11.25 hrs après-midi le 25 octobre 1899.

(Télégramme.)

Les populations du Canada ont reçu avec une vive reconnaissance le message par lequel Sa Majesté la Reine* remercie le Canada de sa contribution à l'armée anglaise, qui est actuellement en route pour l'Afrique méridionale. Les bons souhaits que leur souveraine leur adresse inspireront aux volontaires canadiens de vifs sentiments de loyauté et de patriotisme, ainsi qu'une volonté ardente de soutenir la réputation que les volontaires canadiens ont conquise dans l'histoire des événements du passé, dans cette partie de l'Empire.

N°. 68.

CANADA.

M. Chamberlain au gouverneur général le comte de Minto.

(Expédié à 1.20 hre après-midi le 26 octobre 1899.)

(Télégramme.)

Comme suite à votre télégramme du 24 octobre, † le secrétaire d'Etat pour la guerre, quoique reconnaissant de la générosité de l'offre du gouvernement canadien, regrette de ne pouvoir en bénéficier, l'organisation du service postal pour l'armée étant complète.

N° 69.

TASMANIE.

Le gouverneur intérimaire Dodds à M. Chemberlain.

(Reçu à 9.25 hrs avant-midi le 27 octobre 1899.)

(Télégramme.)

[*Répondu par n°* 70.]

Le contingent a quittè la colonie hier au milieu du plus grand enthousiasme. Il se rend à Melbourne pour y prendre le *Medic*.

---

* N° 66. † N° 64.

N° 70.

TASMANIE.

M. Chamberlain au gouverneur intérimaire Dodds.

(Expédié à 1.40 h. après-midi le 27 octobre 1899.)

(Télégramme.)

Comme suite à votre télégramme du 27 octobre, * le gouvernement de Sa Majesté apprend avec satisfaction l'enthousiasme qui a été manifesté par la population de la Tasmanie à l'occasion du départ des troupes.

N° 71.

NOUVELLE-GALLES DU SUD.

M. Chamberlain au gouverneur le comte de Beauchamp.

(Expédié à 6.13 h. après midi le 27 octobre 1899.)

(Télégramme.)

Comme suite à votre télégramme du 24 octobre, (**) le gouvernement de Sa Majesté pourvoira aux allèges pour le débarquement.

N° 72.

VICTORIA.

Le gouverneur lord Brassey à M. Chamberlain.

(Reçu à 2.55 h. après-midi le 28 octobre 1899.)

(Télégramme.)

(*Répondu par n° 72a.*)

Les contingents de Victoria et de Tasmanie ont quitté Melbourne aujourd'hui, à bord du *Medic*, en destination du Sud-Africain. Avant l'embarquement, les troupes ont défilé par les rues de la ville, au milieu des démonstrations du plus grand enthousiasme, auxquelles se livrait la foule immense qui formait la haie sur le parcours. Partout on entendait l'expression des sentiments du patriotisme et de la loyauté les plus ardents. Le *Medic* fait escale à Adélaïde et Albany, pour y prendre les contingents de l'Australie méridionale et de l'Australie occidentale. Il compte atteindre Cape-Town le 28 novembre.

N° 72*a*.

VICTORIA.

M. Chamberlain au gouverneur lord Brassey.

(Expédié à 6.32 h. après-midi le 28 octobre 1899.)

(Télégramme.)

Comme suite à votre télégramme du 23 octobre, (†) le gouvernement de Sa Majesté a appris avec grande satisfaction les démonstrations d'enthousiasme populaire qui se sont produites à l'occasion de l'embarquement des troupes pour l'Afrique méridionale.

(*) N° 69. (**) N° 62. (†) N° 72.

N° 73.

NOUVELLE-GALLES DU SUD.

Le gouverneur le comte de Beauchamp à M. Chamberlain.

(Reçu à 9.40 h. du matin le 29 octobre 1899.)

(Télégramme.)

(*Répondu par n° 77.*)

(Extrait.)

Veuillez transmettre à Sa Majesté la Reine le message suivant, à l'occasion du départ de la première partie du contingent de la Nouvelle-Galles du Sud.

"Je suis prié par mes ministres et une imposante assemblée de citoyens de pré-
" senter leurs humbles hommages à Sa Majesté la Reine et de lui donner l'assurance
" que les populations de cette colonie apprécient et sont reconnaissantes des paroles
" bienveillantes que Sa Majesté leur adresse, et qu'elles s'intéressent vivement au
" contingent qui est sur le point de quitter les rivages de la colonie. La population
" de cette colonie sera toujours disposée à partager les devoirs et les responsabilités
" de l'Empire de Sa Majesté."

N° 74.

AUSTRALIE MÉRIDIONALE.

Le gouverneur lord Tennyson à M. Chamberlain.

(Reçu à 3.25 h. avant-midi le 30 octobre 1899.)

(Télégramme.)

Répondant à votre télégramme du 25 octobre, (*) le contingent de l'Australie méridionale désire exprimer ses humbles, fidèles et cordiaux remercîments pour le message bienveillant et généreux que Sa Majesté la Reine a daigné leur adresser, et dont il a été très profondément ému.

N° 75.

CANADA.

Le gouverneur général le comte de Minto à M. Chamberlain.

(Reçu à 8 heures du matin le 30 octobre 1899.)

(Télégramme.)

(*Répondu par n° 76.*)

29 octobre. Le contingent prend la mer demain à 3 heures de l'après-midi. Il règne un grand enthousiasme ici.

N° 76.

CANADA.

M. Chamberlain au gouverneur général el comte de Minto.

(Expédié à 3.30 h. après-midi le 30 octobre 1899.)

(Télégramme.)

[*Répondu par n° 78.*]

Comme suite à votre télégramme du 29 octobre (||), le gouvernement de Sa Majesté présente ses félicitations cordiales au gouvernement canadien et aux autorités militaires, au sujet de l'organisation rapide et de l'embarquement du contingent. L'enthousiasme dont a fait preuve la population de la Puissance est une source de grande satisfaction ici.

(*) N° 65.

|| N° 75.

N° 77.

NOUVELLE-GALLES DU SUD.

M. Chamberlain au gouverneur le comte de Beauchamp.

(Expédié à 6.33 hrs après-midi le 30 octobre 1899.)

(Télégramme.)

Comme suite à votre télégramme du 29 octobre (*), Sa Majesté la Reine remercie ses sujets de la Nouvelle-Galles du Sud de l'assurance qu'ils ont donnée d'être toujours disposés à partager les devoirs et responsabilités de l'Empire, assurance dont ils viennent de donner une nouvelle et palpable preuve.

N° 78.

CANADA.

Le gouverneur général le comte de Minto à M. Chamberlain.

Reçu à 8.20 hrs du matin le 31 octobre 1899.)

(Télégramme.)

30 octobre. Le steamer *Sardinian*, ayant à son bord le régiment Royal Canadien, dont l'effectif est de 1,015 hommes de tous grades, a quitté Québec aujourd'hui. Le contingent atteindra probablement Cape-Town le 26 novembre, prêt à entrer en campagne, mais n'ayant pas d'équipages. Votre télégramme de ce jour (**) a été fort apprécié ici.

N° 79.

VICTORIA.

Le gouverneur lord Brassey à M. Chamberlain.

(Reçu à 2.02 hrs après-midi le 31 octobre 1899.)

(Télégramme.)

(Extrait.)

Deux unités infanterie montée sont parties le 28 octobre à bord du *Medic*, avec un cadre complet d'officiers, sous les ordres d'un officier général commandant, conformément à votre télégramme du 4 octobre (†) : Infanterie, un major et trois officiers subalternes; infanterie montée: un capitaine et quatre officiers subalternes, un adjudant chirurgien-vétérinaire et un officier de santé. Le *Medic* arrivera à Cape-Town le ou vers le 25 novembre.

N° 80.

AUSTRALIE MÉRIDIONALE.

Le gouverneur lord Tennyson à M. Chamberlain.

(Reçu à 5 hrs du matin le 1er novembre 1899.)

[*Répondu par le n° 90.*]

(Télégramme.)

(Extrait.)

Le *Medic* est parti à 6 heures ce matin, le contingent de l'Australie méridionale quittant au milieu d'un grand enthousiasme.

---

*N° 73. **N° 76. † N° 17.

N° 81.

NOUVELLE-GALLES DU SUD.

Le gouverneur le comte de Beauchamp à M. Chamberlain.

(Reçu à 7 hrs 30 du matin le 1er novembre 1899.)

(Télégramme.)

Le steamer *Kent* est parti le 30 octobre en destination de Port-Elisabeth, faisant escale à Albany vers le 5 novembre. Il porte à son bord 5 officiers, 34 hommes et 131 chevaux, pour les lanciers, ainsi que 6 officiers de santé, 85 hommes et 49 chevaux, pour le corps de service médical militaire, le tout complet avec les équipages régimentaires et l'équipement. On pense que le *Kent* arrivera à Port-Elisabeth vers le 26 novembre. On suppose que le gouvernement impérial enverra des intructions.

N° 82

NOUVELLE-ZÉLANDE.

Le gouverneur le comte de Ranfurly à M. Chamberlain.

(Reçu le 2 novembre 1899.)

[*Répondu par le n°* 92.]

WELLINGTON, 29 septembre 1899.

MONSIEUR,—J'ai l'honneur de vous transmettre ci-inclus une résolution adoptée par la Chambre des Représentants le 28 septembre.

Au moment de la proclamation du résultat du vote, constatant 54 voix en faveur de la résolution et 5 contre, il s'est produit une scène du plus vif enthousiasme, la Chambre entière se levant, entonnant l'hymne national et éclatant en salves d'applaudissements.

2. Le même soir mon premier ministre est venu me faire visite, me priant de télégraphier la résolution et d'offrir les services de deux compagnies de carabiniers montés.

Chaque compagnie se composera de 100 hommes, dans les rangs, et d'au moins quatre officiers.

3. Le gouvernement de la Nouvelle-Zélande pourvoira à l'équipement, au débarquement dans un port africain, aux rations et à la nourriture des chevaux pendant le transport, les rations et les munitions incomberont aux autorités impériales.

La colonie n'a pas de train d'équipages ni, actuellement, aucune des munitions que l'on se propose d'employer là-bas.

On pourra envoyer des tentes, si on le désire.

On se propose d'envoyer 250 chevaux en même temps que les deux compagnies.

4. La solde sera payée au contingent par le gouvernement de la colonie pendant toute la durée du service.

5. Le Conseil législatif a voté une résolution par laquelle il approuve celle adoptée par la Chambre des Représentants.

La résolution a été votée par 36 voix contre 1.

J'ai, etc.,

RANFURLY.

(Annexe au n° 82.)

Adresse de la Chambre des Représentants à Son Excellence le Très-honorable UGHTER JOHN MARK, comte de Ranfurly, chevalier commandeur de l'ordre très distingué de Saint Michel et Saint-George; gouverneur et commandant en chef dans et sur la colonie de Sa Majesté la Nouvelle-Zélande et ses dépendances.

Plaise à Votre Excellence;

Nous les sujets soumis et fidèles de Sa Majesté composant la Chambre des Représentants, réunis en Parlement, désirons informer respectueusement Votre Excellence que nous avons voté aujourd'hui la résolution suivante:

Résolu :

"Qu'une respectueuse adresse soit présentée à Son Excellence le gouverneur, pour le prier d'offrir au gouvernement impérial un contingent de carabiniers montés, pour aller combattre au Transvaal. Que, dans le cas où l'offre serait acceptée, le gouvernement est autorisé à fournir de vivres, équiper et expédier le contingent dont l'officier commandant de l'armée aura fait choix."

G. MAURICE O'RORKE,

Orateur,

Chambre des Représentants.

N° 83.

CANADA.

Le gouverneur général le comte de Minto à M. Chamberlain.

(Reçu à 12.38 hrs après-midi le 2 novembre 1899.)

(Télégramme.)

[*Répondu par n*[os] 84 *et* 89.]

Une profonde émotion a été produite au Canada par la nouvelle de revers éprouvés en Afrique méridionale, mais partout on nourrit un solide espoir qu'il n'y a pas lieu de s'alarmer. Cependant, mes ministres sont disposés à agir sur votre dépêche antérieure (*) et à fournir immédiatement un nouveau contingent, si le gouvernement de Sa Majesté le juge nécessaire.

N° 84.

CANADA.

M. Chamberlain au gouverneur général le comte de Minto.

(Expédié à 9 hrs après-midi le 2 novembre 1897.)

(Télégramme.)

J'ai communiqué au secrétaire d'État pour la guerre l'offre généreuse et patriotique de votre gouvernement d'envoyer un nouveau contingent. Sa réponse vous sera télégraphiée le plus tôt possible. Entre temps, je désire exprimer ma reconnaissance.

N° 85.

QUEENSLAND.

Le lieutenant-gouverneur sir S. W. Griffith à M. Chamberlain.

(Reçu à 9.25 hrs avant-midi le 3 novembre 1899.)

(Télégramme.)

J'ai grand plaisir à vous informer que le *Cornwall* est parti de Moreton-Bay le 2 novembre, emportant le contingent, composé de 14 officiers, 248 sous-officiers et soldats, 2 canons à tir rapide, et 13 fourgons. Le départ a été forcément retardé par le mauvais temps avant l'arrivée du navire à Brisbane. On pense qu'il atteindra Port-Elizabeth le 28 novembre.

---

*N° 18.

N° 86.

AUSTRALIE OCCIDENTALE.

Le gouverneur sir Gerard Smith à M. Chamberlain.

(Reçu à 12.15 hrs après-midi le 3 novembre 1899.)

(Télégramme.)

[*Répondu par n°* 87.]

L'unité de l'Australie occidentale, composée de cinq officiers et 125 hommes, s'embarque à bord du *Medic* le 5 novembre. Les hommes sont d'un physique superbe et capables du plus dur travail. Le premier ministre me prie d'ajouter que l'effort de l'Australie Occidentale de prouver pratiquement sa sympathie pour la défense des intérêts britanniques est accueilli avec grand enthousiasme par la population. C'est avec fierté que, par mon canal, il transmet à Sa Majesté l'assurance de la fidélité des populations de l'Australie occidentale à sa personne.

N° 87.

AUSTRALIE OCCIDENTALE.

M. Chamberlain au gouverneur sir Gerard Smith.

(Expédié à 5.42 hrs après-midi le 3 novembre 1899.)

(Télégramme.)

Comme suite à votre télégramme du 3 novembre (*), le gouvernement de Sa Majesté a reçu avec beaucoup de plaisir le rapport constatant l'enthousiasme de la population de l'Australie occidentale, à l'occasion du départ du contingent. Sa Majesté est très reconnaissante du message du Premier Ministre.

N° 88.

CANADA.

Le conseil municipal de la ville d'Ottawa au ministère des Colonies.

(Reçu le 6 novembre 1899.)

[*Réponse, voir n°* 91.]

OTTAWA, 25 octobre 1899.

MONSIEUR,—J'ai l'honneur de vous transmettre ci-inclus copie d'une résolution adoptée à l'unanimité par le conseil municipal de la ville d'Ottawa, à l'occasion du départ d'Ottawa du contingent de volontaires se rendant en Afrique-Sud.

J'ai, etc.

JOHN HENDERSON,
Greffier de la ville.

Au Très honorable Joseph Chamberlain,
Secrétaire colonial,
Londres.

Annexé au n° 88.

RÉSOLUTION adoptée par le conseil municipal de la ville d'Ottawa le 23 octobre tobre 1899.

L'échevin Morris propose et l'échevin Champagne le seconde :

Que, attendu qu'un grand nombre de nos citoyens loyaux et patriotes se sont enrôlés dans le contingent militaire canadien qui est sur le point de partir pour le Transvaal ;

* N° 86.

Et attendu que notre mère-patrie n'attaque pas le peuple du Transvaal dans un esprit agressif, mais prend, à regret, une attitude qui lui a été imposée, après l'exercice d'une patience et d'une tolérance sans bornes, dans le but d'éviter la guerre;

Et attendu que, ses loyaux enfants dans le monde entier peuvent se dire avec fierté et satisfaction que ses motifs sont honorables et que sa cause est juste et droite, et que son succès dans la lutte qu'elle vient d'entreprendre signifie le triomphe de droits égaux, du progrès, de la civilisation et de la lumière sur l'ignorance et la tyrannie.

Et attendu que nos soldats citoyens font de grands sacrifices en abandonnant leurs foyers et leurs occupations, et en affrontant les périls et les ennuis d'un service militaire dur et rigoureux, pour la défense de leur reine et de leur pays, et l'intégrité des droits de loyaux sujets britanniques dans la république du Transvaal;

Et attendu que ce conseil, en sa qualité de corps public élu, désire enregistrer la haute estime qu'il professe pour les sentiments de loyauté et de patriotisme qui ont poussé plusieurs de nos citoyens à s'enrôler pour la défense de l'empire;

C'est pourquoi il est résolu que ce conseil, maintenant réuni en séance extraordinaire, désire exprimer sa sincère approbation de la politique suivie par le Très honorable Joseph Chamberlain et le gouvernement impérial, ainsi que la haute estime qu'il professe pour les sentiments loyaux et patriotiques qui ont décidé nos soldats-citoyens à offrir leurs services à la mère-patrie; que nous, les membres de ce conseil, comme loyaux sujets britanniques, jouissant sous le gouvernement britannique de la plus grande somme de liberté, désirons exprimer nos remerciements sincères et chaleureux à ces volontaires, qui sont sur le point de nous quitter, pour aller aider à combattre les combats de l'Empire et à assurer aux habitants du Transvaal la somme de liberté dont nous avons le privilège de jouir dans la Puissance; que notre opinion est que si le courage et l'endurance sont des qualités requises pour faire un bon soldat, le contingent d'Ottawa est de ceux qui se feront une réputation spéciale sur le champ de bataille au Transvaal; que nous estimons que c'est un grand honneur pour notre ville de compter tant d'hommes prêts et anxieux de servir leur reine et leur pays dans les circonstances actuelles; que ce conseil souhaite au contingent d'Ottawa la bénédiction de Dieu, un voyage agréable, une campagne prospère et brillante, et un retour heureux dans ses foyers;

C'est pourquoi il est en outre résolu, que ce conseil se rendra en corps à la gare du chemin de fer pour voir partir nos volontaires et leur dire adieu, et que copie de cette résolution, munie du sceau de la ville, soit transmise au Très honorable Joseph Chamberlain, à l'officier commandant le contingent et au capitaine commandant le contingent d'Ottawa.

T. PAYMENT,
Maire.

Pour copie conforme [L S]
JOHN HENDERSON,
Greffier de la ville.

N° 89.

M. Chamberlain au gouverneur général le comte de Minto.

(Expédié à 2 hrs après-midi le 7 novembre 1899.)

(Télégramme.)

L'offre généreux de vos ministres (*) d'envoyer sans délai un second contingent pour combattre dans le Sud-Africain, a fait l'objet de la considération spéciale du secrétaire d'Etat pour la guerre et de ses conseillers militaires, qui regrettent de ne pouvoir l'accepter dans les circonstances actuelles. Il sera, toutefois, tenu bonne note de l'offre, et le gouvernement de Sa Majesté n'hésitera pas à s'en prévaloir si, par suite des événements, la chose devenait désirable.

Le gouvernement de Sa Majesté attache une grande importance à cette nouvelle preuve de la sympathie et de la bonne volonté des Canadiens, et désire exprimer sa reconnaissance et sa satisfaction.

† *Voir* n° 80.

N° 90.

AUSTRALIE MÉRIDIONALE.

M. Chamberlain au gouverneur lord Tennyson.

(Expidié à 6.45 heures après-midi le 7 novembre 1899.)

(Télégramme.)

Le gouvernement de Sa Majesté a été fort heureux d'apprendre, par votre télégramme du 1er courant (*) l'enthousiasme dont a fait preuve la population de l'Australie méridionale à l'occasion du départ du contingent.

N° 91.

CANADA.

M. Chamberlain au gouverneur général le comte de Minto.

DOWNING STREET, 8 novembre 1899.

MILORD,—J'ai l'honneur de vous informer que j'ai reçu du greffier de la ville d'Ottawa copie de la résolution votée par le coneil municipal de cette ville, le 23 octobre 1899, et par laquelle ce corps délibérant exprime son approbation de la politique suivie par le gouvernement de Sa Majesté dans l'Afrique méridionale, et de sa haute estime pour les sentiments de loyauté et de patriotisme de ceux qui sont partis comme volontaires pour prêter assistance militaire à la mère-patrie.

2. J'ai lu cette résolution avec beaucoup de reconnaissance, et je vous serais obligé si vous vouliez présenter à Son Honneur le maire et à la municipalité mes remerciements pour l'aimable envoi d'une copie de la dite résolution.

J'ai, etc.,

J. CHAMBERLAIN.

N° 92.

NOUVELLE-ZÉLANDE.

M. Chamberlain au gouverneur le comte de Ranfurly.

DOWNING STREET, 10 novembre 1899.

MILORD.

J'ai l'honneur d'accuser réception de votre dépêche du 29 septembre dernier** par laquelle vous me transmettez une résolution adoptée par la Chambre des Représentants au sujet de l'offre d'un contingent de carabiniers montés de la Nouvelle-Zélande pour aller servir en Afrique-Sud, et faites connaître les dispositions prises, pour la composition et l'équipement de la troupe.

Le patriotique enthousiasme avec lequel le gouvernement et la population de la Nouvelle-Zélande ont pris leur part de la défense des intérêts impériaux, en Afrique méridionale, a été constaté avec une chaude et vive reconnaissance par le gouvernement et le peuple d'Angleterre. La rapidité avec laquelle les mesures, pour l'envoi du contingent ont été prises, a été vivement appréciée par les autorités militaires.

J'ai, etc.,

J. CHAMBERLAIN.

---

* Annexe au n° 88. ** N° 80.

No 93.

CANADA.

Le gouverneur général le comte de Minto à M. Chamberlain.

(Reçu le 2 novembre 1899.)

(Extrait.)

[*Répondu par no 95.*]

HÔTEL DU GOUVERNEMENT, OTTAWA, 20 octobre 1899.

En réponse à votre dépêche par câble, en date du 3 octobre *, j'ai l'honneur de vous transmettre un arrêté par lequel le Conseil privé autorise l'envoi de 1,000 volontaires qui iront se joindre aux troupes impériales dans le Sud Africain.

On se propose d'organiser ce corps en un régiment de deux bataillons, et d'en donner le commendement au lieutenant-colonel Otter, un excellent officier, qui s'est distingué dans la campagne du Nord-Ouest en 1885, et commande actuellement le district de Toronto.

Pour l'édification du ministère de la Guerre, j'annexe à ma dépêche des copies des ordres du ministère de la Milice qui serviront à expliquer sur quelles bases le contingent est formé.

Mon gouvernement est en pourparlers avec la ligne Allan pour affrêter le steamer *Sardinian*, qui est jugé capable de transporter le contingent entier et qui doit quitter Québec le 31 courant.

Annexe 1 du n° 93.

EXTRAIT d'un rapport du comité de l'honorable Conseil privé, approuvé par Son Excellence le 14 octobre 1899.

Le comité du Conseil privé a délibéré sur une dépêche du Très honorable M. Chamberlain, en date du 3 octobre 1899.

Le Très honorable sir Wilfrid Laurier, à qui la dite dépêche a été soumise, fait remarquer qu'en répondant aux offres de services qui lui ont été adressées de tous les points du Canada, par des Canadiens, exprimant leur volonté et leur ardent désir de servir le gouvernement de Sa Majesté dans la guerre qui depuis longtemps menace d'éclater avec la République du Transvaal, et qui, malheureusement, est maintenant commencée; le secrétaire colonial fait connaître les conditions auxquelles le gouvernement impérial acceptera les offres de cette nature. Ces conditions peuvent se résumer pratiquement à ceci: qu'un certain nombre de volontaires, organisés en unité de 125 hommes, ayant à leur tête quelques officiers, seront reçus en touchant le rivage dans l'armée anglaise, qui opère actuellement en Afrique méridionale, à condition que les frais de leur équipement et de leur transport vers l'Afrique méridionale soient couverts par eux-mêmes ou par le gouvernement colonial.

Le Premier Ministre, en présence du désir manifeste d'un grand nombre de Canadiens d'aller prendre service à de telles conditions, est d'avis que la responsabilité de la modique dépense qu'entraîneraient l'équipement et le transport de ces volontaires, peut facilement être assumée par le gouvernement du Canada sans convocation du Parlement, d'autant plus qu'une dépense de cette nature, faite dans les circonstances présentes, ne peut être considérée comme un mépris des principes bien connus du gouvernement constitutionnel ni des usages coloniaux, ni interprétée comme un précédent pour justifier une conduite future.

A des conditions semblables déjà la Nouvelle-Zélande a envoyé deux compagnies, le Queensland se prépare à expédier 250 hommes, l'Australie occidentale et la Tasmanie, à leur tour, fournissent 125 hommes chacune.

C'est pourquoi, le Premier Ministre recommande que le gouvernement, utilisant les effets actuellement disponibles dans les magasins du ministère de la Milice, se charge d'équiper un nombre de volontaires ne dépassant pas 1,000, et de leur

---

* N° 18. ** Une seule copie imprimée.

transport de ce pays vers l'Afrique méridionale, et que le ministre de la Milice prenne toutes les mesures nécessaires à cet effet.

Le comité propose que Votre Excellence soit priée de transmettre copie du présent procès-verbal au Très honorable Secrétaire d'Etat pour les colonies.

Le tout humblement soumis à l'approbation de Votre Excellence.

JOHN J. MCGEE,
Greffier du Conseil Privé.

(Annexe 2 au n° 93.)

ORDRES DE LA MILICE 1899. N° 211.
QUARTIER GÉNÉRAL, OTTAWA,
Samedi, 14 octobre.

CORPS DE VOLONTAIRES POUR SERVICE SPÉCIAL EN AFRIQUE MÉRIDIONALE.

Son Excellence le Gouverneur général en conseil, ayant bien voulu approuver l'envoi de volontaires canadiens, organisés en huit compagnies d'infanterie destinées au service actif en Afrique méridionale, il est par le présent donné avis que mille volontaires seront acceptés et qu'il a été permis de procéder à leur enrôlement dans les localités mentionnées ci-dessous et aux conditions suivantes, savoir :

(a) Service, aux termes de la loi sur l'armée, pour six mois, susceptible de prolongation jusqu'à un an.

(b) Les vivres, vêtements et équipement seront fournis gratuitement.

(c) La solde sera payée aux taux stipulés pour les corps permanents, dans les règlements de la Milice, depuis l'engagement jusqu'à la date du débarquement en Afrique méridionale, à partir de laquelle date elle sera payée aux taux anglais.

Type : Taille 5 pieds 6 pouces, avec 34 pouces de tour de poitrine.
Age : Minimum 22 ans et maximum 40 ans.

Les enrôlements se feront dans les localités suivantes :

Victoria, Vancouver, Winnipeg, London, Toronto, Ottawa, Kingston, Montréal, Québec, Saint-Jean, N.-B., Charlottetown et Halifax.

Les hommes désireux d'offrir leurs services devront s'adresser, en personne, ou par écrit, au bureau de l'officier commandant le district militaire ou à un officier commandant d'un corps de milice.

Les officiers commandants transmettront immédiatement à l'officier commandant de district les noms qu'ils auront ainsi reçus, et leurs observations.

Por ordre,

HUBERT FOSTER, colonel,
Chef d'état-major.

N° 94.

NOUVELLE-GALLES DU SUD.

Le gouverneur le comte de Beauchamp à M. Chamberlain.

(Reçu à 7.15 hrs avant-midi le 11 novembre 1899.)

(Télégramme.)

Le steamer *Aberdeen*, parti le 3 novembre, en destination de Port-Elisabeth, a fait escale à Melbourne le 5 novembre. Il porte à son bord 11 officiers, 193 hommes et 50 chevaux pour carabiniers montés, et des officiers de services spéciaux, parmi lesquels un correspondant de la presse, qui est un des passagers. Le navire arrivera, le ou vers le 30 novembre.

N° 95.

CANADA.

M. Chamberlain au gouverneur général le comte de Minto.

DOWNING STREET, 15 novembre 1899.

MONSEIGNEUR,—J'ai reçu de vous, le 2 courant, copie d'un procès-verbal approuvé d'une séance du Conseil privé du Canada, en date du 14 octobre 1889, (*) à laquelle vos ministres autorisèrent l'équipement et l'envoi de 1,000 volontaires qui serviront dans l'armée impériale, en Afrique méridionale.

Le gouvernement de Sa Majesté, et la population de l'Angleterre, ont appris avec une grande satisfaction le vif enthousiasme et l'empressement général à prendre une part active à l'expédition militaire, qui malheureusement s'impose pour le maintien des droits et la sauvegarde des intérêts anglais en Afrique méridionale. Cette expression du désir de partager les dangers et les charges de l'empire a été saluée avec plaisir, non seulement comme une preuve de la franche loyauté de la Puissance et de sa sympathie pour la politique suivie en Afrique méridionale par le gouvernement de Sa Majesté, mais encore comme une manifestation de la solidarité de l'empire, qui, dans les dernières années, a marqué les relations entre la mère-patrie et les colonies.

Vos ministres ont plus spécialement droit aux remerciements du gouvernement de Sa Majesté pour la cordialité avec laquelle ils ont entrepris et conduit à bonne fin l'organisation et l'équipement du contingent canadien.

J'ai, etc.,

J. CHAMBERLAIN.

N° 96.

NOUVELLE-GALLES DU SUD

Le gouverneur le comte de Beauchamp à M Chamberlain.

(Reçu à 6.30 hrs avant-midi le 18 novembre 1899.)

(Télégramme.)

Le steamer *Langton Grange* a quitté Newcastle le 14 novembre, en destination de Port-Elisabeth, ayant à son bord quatre officers, 57 hommes et 117 chevaux destinés au premier escadron de cavalerie australienne et les carabiniers montés, y compris huit appartenant au contingent de Tasmanie. Le navire arrivera à destination le ou vers le 8 décembre.

*Annexe au n° 93.

De M. Chamberlain à lord Minto.

(16 octobre 1899.)

Le gouvernement de Sa Majesté a reçu avec beaucoup de plaisir votre télégramme du 13 octobre, communiquant l'offre généreuse du Canada de fournir 1,000 hommes, offre qui est acceptée avec reconnaissance.

CHAMBERLAIN.

SUPPLÉMENT

(20*a*)

Correspondance relative à l'envoi de contingents militaires coloniaux dans le Sud-Africain.

TABLE DES MATIÈRES.

N° de série.	De qui ou à qui.	Date.	Objet.	Page.
		1900.		
113	Le Secrétaire colonial à lord Minto.	3 janv., télégramme.	Félicite le Canada pour la bravoure déployée par le contingent à Sunnyside.	50
114	Le Haut-Commissaire...	....	Annonce le don de £1,000 sur le *Kipling Fund* aux parents nécessiteux des volontaires faisant partie du contingent.	51
115	Le Secrétaire colonial à lord Minto.	5 janvier....	Le ministère de la Guerre désire que le contingent n'emporte avec lui que des munitions pour armes de petit calibre : Mark II.	52
116	Le Secrétaire colonial à lord Minto.	22 janvier...	Le gouvernement de Sa Majesté note avec grande satisfaction l'envoi d'artillerie.	52
118	Le Secrétaire colonial à lord Minto.	17 janvier, n° 13.	Pensions et indemnités de charité aux hommes tués et blessés.	52
119	Sir Wilfrid Laurier à lord Strathcona.	26 janv., télégramme.	Demande des renseignements sur les arrangements intervenus entre le gouvernement britannique et l'Australie, relativement à la solde des hommes servant en Afrique méridionale.	53
120	Lord Strathcona à sir Wilfrid Laurier.	30 janv., télégramme.	Réponse relative aux arrangements intervenus entre le gouvernement britannique et l'Australie.	54

M. Chamberlain à lord Minto.

LONDRES, 2 novembre 1899.

J'ai communiqué au secrétaire d'Etat pour la Guerre l'offre généreuse et patriotique de votre gouvernement d'envoyer un nouveau contingent. Sa réponse vous sera télégraphiée le plus tôt possible. En attendant, je désire exprimer ma reconnaissance.

CHAMBERLAIN.

N° 97.

M. Chamberlain à lord Minto.

DOWNING STREET, 6 octobre 1899.

Au Gouverneur général,
Le Très honorable
Le comte de MINTO, G.C.M.G.,
etc., etc., etc.,

MONSEIGNEUR,—Par mon télégramme du 3 courant, je vous faisais connaître l'acceptation par le gouvernement de Sa Majesté, aux conditions stipulées, des offres de secours militaire en Afrique méridionale qui lui sont parvenues du Canada.

J'ai maintenant l'honneur de soumettre, pour l'information de vos ministres, copie d'une lettre du ministère de la Guerre, sur laquelle mon télégramme était basé.

J'ai, etc.,

J. CHAMBERLAIN.

MINISTÈRE DE LA GUERRE,
LONDRES, S.O., 2 octobre 1899.

Au Sous-Secrétaire d'Etat,
Ministère des Colonies,

MONSIEUR,—En présence des nombreuses offres de troupes pour coopérer avec l'armée de Sa Majesté en Afrique méridionale, faites par les gouvernements coloniaux au nom des colonies, ou officieusement par des officiers et des particuliers au nom de corps dont les hommes leur sont connus, pour le désir de prendre service, le secrétaire d'Etat pour la Guerre sera fort reconnaissant si le secrétaire d'Etat pour les colonies veut bien exprimer aux gouvernements et aux individualités en question les sentiments de gratitude avec lesquels il a reçu les dites offres. Le secrétaire d'Etat pour la Guerre et le commandant en chef apprécient hautement l'expression éloquente des sentiments patriotiques dont les sujets coloniaux de Sa Majesté sont animés.

Lord Lansdowne désire, en outre, communiquer, pour être transmis à qui de droit, les renseignements qui pourraient servir à organiser les troupes offertes en unités appropriées aux exigences militaires de la situation. Il vaut mieux esquisser à grands traits ces exigences et les conditions requises pour répondre et régler les détails après plus ample étude et organisation.

ORGANISATION ET ARMES.

I. Les troupes seront organisées en unités d'environ 125 hommes.

II. Les unités peuvent être d'infanterie, infanterie montée, ou cavalerie. En présence des effectifs de chacune de ces armes déjà disponibles, l'infanterie est l'arme la plus utile et la cavalerie la moins utile.

III. Chaque unité sera armée de fusils ou carabines .303.

IV. Chaque homme pourvoira à son équipement, le cheval en sus pour les troupes montées.

V. Chaque unité aura un seul capitaine et trois officiers subalternes. Quand une colonie enverra plus d'une unité, le contingent entier de cette colonie pourra être commandé par un major, mais aucun officier d'un grade supérieur à celui de major ne devra être envoyé.

CHIFFRE TOTAL DES VOLONTAIRES UTILISABLES.

Dans l'examen de cette question, lord Lansdowne s'est inspiré de la nature des offres déjà faites par les colonies, du désir de donner à chacune d'elles une représentation juste et raisonnable, ainsi que des bornes qu'il est nécessaire d'assigner à ces forces, si l'on veut, avec l'état-major disponible, en tirer la plénitude de son utilité comme partie intégrale de l'armée de Sa Majesté dans le Sud-Africain.

Les gouvernements de deux colonies, savoir: le Queensland et la Nouvelle-Zélande, ont déjà offert respectivement 250 et 200 hommes. Lord Lansdowne accepte ces offres avec reconnaissance, et s'inspirant des besoins d'organisation déjà esquissés, suggère qu'ils soient organisés, dans chaque cas, en compagnies de 125 et 100 hommes respectivement.

Jusqu'ici, aucune autre colonie n'a fait d'offres, mais lord Lansdowne a été informé que 1,260 hommes de la Nouvelle-Galles du Sud, environ 1,000 de Victoria, environ 300 de l'Australie méridionale, 50 de Hong-Kong, et 300 des Etats de Malaisie, sont désireux de s'enrôler.

Lord Lansdowne ne voit pas le moyen d'accepter les offres de Hong-Kong ni de Malaisie, mais de la Nouvelle-Galles du Sud et de Victoria il accepterait, avec plaisir, de chacune de ces colonies deux unités de 125 hommes chacune, et de l'Australie méridionale une unité de 125 hommes.

Jusqu'ici, lord Lansdowne n'a reçu aucune offre définitive du Canada, mais il apprend, que 1,200 hommes demandent à s'engager. Du Canada lord Lansdowne accepterait volontiers quatre unités de 125 hommes chacune.

Si ces propositions sont acceptées les effectifs seraient :

Du Queensland	250
De la Nouvelle-Zélande	200
De la Nouvelle-Galles du Sud	250
De Victoria	250
De l'Australie méridionale	125
Du Canada	500
	1,575

CONDITIONS DE SOLDE, PENSION, TRANSPORT, ETC.

Quoique tenant note de l'offre généreuse du gouvernement de la Nouvelle-Zélande de payer la solde à ses volontaires, outre les frais de leur transport, lord Lansdowne est d'avis que les mêmes conditions devraient être faites à toutes les colonies, savoir :

Chaque contingent colonial sera transporté complètement équipé, au port de débarquement, en Afrique méridionale, aux frais du gouvernement colonial ou du corps qui fournit le contingent.

Le gouvernement impérial, à partir de cette date, pourvoira à la solde, aux taux impériaux, aux vivres et munitions, et couvrira les frais de voyage de rapatriement dans la colonie, quand les services du contingent ne seront plus désirés. Les pensions pour blessures, et les indemnités de charité, seront payées par le gouvernement impérial, aux taux usuels dans l'Empire.

DATE DE L'EMBARQUEMENT ET DESTINATION PROVISOIRE.

Chacun de ces contingents sera, s'il est possible, embarqué, au plus tard, le 31 octobre, et se rendra directement à Cape Town, où il attendra des ordres.

J'ai, etc.,

R. H. KNOX.

N° 98.

CANADA.

M. Chamberlain à lord Minto.

20 octobre 1899.

Comme suite à votre télégramme du 19 octobre, le gouvernement de Sa Majesté accepte avec plaisir l'offre d'officiers de santé et d'infirmières.

(*Confidentielle.*)

Il ne faudrait pas envoyer un personnel plus nombreux que celui qui sera vraisemblablement nécessaire au contingent de la colonie.

CHAMBERLAIN.

N° 99.

M. Chamberlain à lord Minto.

23 octobre 1899.

Comme suite à votre télégramme du 20 octobre, des instructions ont été données au commandant en chef de la marine à Cape-Town, pour fournir au *Sardinian* à son arrivée toute la provision de charbon qui lui sera nécessaire.

CHAMBERLAIN.

N° 100.

M. Chamberlain à lord Minto.

23 outobre 1899.

Comme suite à votre télégramme du 13 octobre, il n'y a aucune objection à l'organisation du contingent telle que proposée, à condition que chaque bataillon d'infanterie soit commandé par un major et qu'il n'y ait qu'un seul lieutenant-colonel nommé pour commander le contingent en entier. Veuillez, s. v. p., communiquer à vos ministres la substance de mon télégramme chiffré du 6 octobre.

CHAMBERLAIN.

N° 102.

DOWNING STREET, 26 octobre 1899.

A l'Administrateur du Canada.

MILORD,—J'ai l'honneur de vous transmettre, pour être communiquée à vos ministres, comme suite de mon télégramme du 26 courant, copie de la lettre transcrite plus bas au sujet de leur offre d'envoyer des fonctionnaires compétents pour être utilisés dans le service des Postes de l'armée dans l'Afrique méridionale.

J'ai, etc.,

EDWARD WINGFIELD,

pour le secrétaire d'Etat.

MINISTÈRE DE LA GUERRE, LONDRES, S. O., 23 octobre 1899.

Au Sous Secrétaire d'Etat,
Ministère des Colonies.

MONSIEUR,—J'ai reçu ordre du secrétaire d'Etat pour la Guerre, d'accuser la réception de votre lettre du 21 courant, 28710, et de vous informer du fait que l'organisation du service des postes de l'armée en campagne dans le Sud Africain, est complète, et que par conséquent il n'y a pas lieu d'accepter l'offre du gouvernement canadien de fournir cinq fonctionnaires compétents pour ce service.

Je dois toutefois vous prier d'avoir l'obligeance de transmettre au gouvernement de la Puissance les remerciements du secrétaire d'Etat pour la Guerre au sujet de son offre patriotique, non seulement des services de ces fonctionnaires, mais encore des frais qu'entraînerait son offre.

Je suis, etc.,

G. FLEETWOOD WILSON.

N° 103.

BUREAU DU HAUT-COMMISSAIRE DU CANADA.
17 rue Victoria,
LONDRES, S. O., 15 novembre 1899.

Le Très honorable,
Président du Conseil privé.
Ottawa, Canada.

MONSIEUR,—J'ai l'honneur de vous transmettre, pour l'information du gouvernement, copie d'une lettre que j'ai reçue du secrétaire de la Ligue Impériale Britannique contenant les termes d'une résolution par laquelle une grand grande reconnaissance est exprimée pour l'acceptation par le gouvernement de Sa Majesté d'assistance coloniale militaire en Afrique méridionale, et qui a été adoptée par le conseil à une réunion tenue mercredi le 8 courant.

J'ai l'honneur d'être, monsieur,
Votre obéissant serviteur,

STRATHCONA,
Haut-commissaire.

LA LIGUE DE L'EMPIRE BRITANNIQUE,
112 rue Canon,
LONDRES, S.O., 10 novembre 1899.

Au Haut-Commissaire du Canada,
17 rue Victoria,
Westminster, S. O.

MILORD,—Au nom de Sa Grâce, le duc de Devonshire, président de la Ligue de l'Empire Britannique, et du Conseil de la Ligue, j'ai l'honneur de vous tranmettre, pour l'information du gouvernement de Votre Seigneurie, la résolution adoptée à l'unanimité par le conseil à une séance tenue ici mercredi dernier, le 8 courant.

"Que le conseil exprime, par la présente, son extrême reconnaissance de ce que le gouvernement de Sa Majesté soit en situation d'accepter les offres loyales et patriotique, de secours militaires dans le Sud Africain, faites par la Puissance du Canada et les colonies de l'Australasie, et espère que la fusion des armées impériales et coloniales pour la poursuite d'un but commun dans les circonstances actuelles, conduira à une organisation plus parfaite des forces militaire et navales de l'Empire, et au développement progressif de relations intimes entre les différentes parties de l'Empire, aussi bien en vue de la paix qu'en vue de la guerre.

J'ai l'honneur d'être,
de Votre Seigneurie l'obéissant serviteur,

C. FREEMAN MURRAY,
Secrétaire.

(Câblegramme suivant le Code.)

N° 104.

Sir Alfred Milner à lord Minto.

CAPE-TOWN, 2 décembre 1899.

1er décembre. Je viens de dire adieu au contingent canadien. Les hommes étaient tous en bonne santé et heureux de partir pour le théâtre de la guerre. Ici, la population a prouvé de manière à ne pouvoir s'y tromper combien elle apprécie la sympathie et le secours du Canada dans l'heure des épreuves de la colonie.

MILNER.

(Câblegramme suivant le Code.)

N° 105.

LONDRES, 16 décembre 1899.

Comme suite à votre télégramme du 7 novembre.—J'ai revu le télégramme suivant, de la Nouvelle-Galles du Sud (commençant) : Le gouvernement de Sa Majesté désire-t-il que les colonies fournissent d'autres troupes pour l'Afrique méridionale (finissant) ? La réponse suivante a été expédiée : Disposé à considérer favorablement les offres ultérieures des colonies. Si de pareilles offres étaient faites, il est probable que des troupes montées seraient préférées. Il est indispensable que les hommes soient bien exercés et bons tireurs, et qu'ils amènent leur propre cheval. Veuillez communiquer ce qui précède à vos ministres pour leur gouverne relativement à leur offre d'un second contingent, que le gouvernement de Sa Majesté accepte maintenant avec plaisir.

CHAMBERLAIN.

N° 106.

M. Cha à lord Minto.

19 décembre 1899.

A propos de l'expression *trained men* (hommes exercés) employée dans mon télégramme du 16 décembre, le secrétaire d'État pour la Guerre l'explique en disant que les volontaires doivent être bons tireurs, cavaliers habiles, mais ne doivent pas nécessairement appartenir à un corps régulièrement exercé militairement.

CHAMBERLAIN.

N° 107.

M. Chamberlain à lord Minto.

LONDRES 18 décembre 1899.

Comme suite à mon télégramme du 16 décembre, je suppose que l'outillage médical et chirurgical sera expédié comme dans le cas du contingent précédent.

CHAMBERLAIN.

N° 108.

Lord Minto à M. Chamberlain.

OTTAWA, 18 décembre 1899.

Comme suite à votre télégramme de samedi, m'annonçant que l'offre de mon gouvernement en date du 7 novembre dernier a été acceptée par le ministère de la Guerre, le ministère de la Milice s'occupe activement de préparer l'envoi du contingent dans le plus bref délai possible.

N° 109.

Lord Minto à M. Chamberlain.

21 décembre 1899.

Comme suite à votre télégramme du 16 courant, mon gouvernement propose de composer le contingent de la manière suivante: Trois escadrons de carabiniers montés, choisis avec soin parmi les bons tireurs et les hardis cavaliers, et une quatrième compagnie d'éclaireurs d'élite des Territoires du Nord-Ouest, chaque escadron comptant 160 hommes. En outre, de l'artillerie de campagne. Environ trois batteries, avec un effectif approximatif de 1,230 hommes de tous grades, 1,124 chevaux et 18 canons. Pourriez-vous me faire savoir si vous approuvez cette organisation, qui sera commencée sans retard dans l'affirmative?

MINTO.

N° 110.

M. Chamberlain à lord Minto.

LONDRES, 22 décembre 1899.

Comme suite à votre télégramme du 21 décembre, le gouvernement de Sa Majesté apprécie très hautement l'offre de vos ministres de fournir un nouveau secours qu'il accepte avec grand plaisir. Cependant, il soumet à la considération de votre gouvernement la question de savoir si, en présence des exigences spéciales du moment, il ne serait pas préférable, dans la composition du contingent, de remplacer une partie de l'artillerie présentée par un plus grand nombre d'hommes montés de la catégorie des troupes montées du Nord-Ouest.

CHAMBERLAIN.

N° 111.

M. Chamberlain à lord Minto.

LONDRES, 24 décembre 1899.

Comme suite à mon télégramme du 22 décembre, le gouvernement de Sa Majesté, après mûre considération, sera heureux, si vos ministres veulent envoyer les batteries d'artillerie, comme ils le proposaient. Elles seraient complètes à tous égards, avec les chevaux, 500 gargousses par canon, si possible, et l'équipage de transport complet. Le gouvernement de Sa Majesté serait heureux, en outre, d'accepter l'offre de fonctionnaires des Postes compétents, reçue par l'intermédiaire du Haut-commissaire le 20 octobre. Les troupes montées devront être organisées en unités de 125 sous-officiers et soldats, un capitaine et quatre officiers subalternes, avec une bonne proportion de forgerons, maréchaux-ferrants et selliers. Elles devront être complètement équipées, apportant, si possible, 500 cartouches *mark two* (marque deux) de munition de guerre, l'équipement personnel et régimentaire, y compris l'équipement de campement, le harnachement, l'attirail d'écurie et de bivouac, des musettes, des nécessaires de pansage, des fers à cheval pour trois mois, des outils de maréchal-ferrant et le matériel de transport régimentaire et autre. Télégraphiez le plus tôt possible la date du départ du contingent et celle probable de son arrivée en Afrique méridionale, avec des détails complets relativement à l'effectif, la composition par armes du contingent, la quantité de munitions et les lacunes inévitables dans l'équipement. Envoyez également, le plus tôt possible, les listes d'appel. Le gouvernement de Sa Majesté se plaît à reconnaître la grande valeur morale et matérielle du secours si promptement offert par vos ministres, ainsi que le patriotique enthousiasme de la population du Canada.

CHAMBERLAIN.

(Câblegramme suivant Code.)

N° 112.

M. Chamberlain à lord Minto.

LONDRES, 3 janvier 1900.

Les transports des contingents coloniaux devront se rendre à Cape-Town pour y prendre des ordres.

CHAMBERLAIN.

(Câblegramme suivant Code.)

N° 113.

De M. Chamberlain au Gouverneur général.

LONDRES, 3 janvier 1900.

Je félicite le Canada de la valeureuse conduite de son contingent à l'engagement de Sunnyside.

CHAMBERLAIN.

N° 114.

BUREAU DU HAUT-COMMISSAIRE DU CANADA,
17 RUE VICTORIA.
LONDRES, S. O., 29 décembre 1899.

Au Très honorable,
Sir Wilfrid Laurier, G.C.M.G., P.C.
Ottawa (Canada.)

MON CHER SIR WILFRID LAURIER,—Je vous ai télégraphié, hier, ce qui suit :—M. Harmsworth, du *Daily Mail*, m'a remis un chèque de mille livres, à titre de don du fonds "Kipling", aux parents nécessiteux des volontaires du contingent canadien. Il ajoute que ce cadeau est fait au Canada en reconnaissance de sa prompte et magnifique réponse à l'appel adressé par la mère-patrie à ses enfants. Le chèque sera transmis par le canal de la Banque de Montréal.

Je saisis l'occasion de la présente lettre pour transmettre copie de la lettre, émanant du bureau du *Daily Mail*, qui accompagnait le chèque de £1,000 ainsi que de ma réponse.

Votre télégramme d'hier m'est parvenu ce matin, comme suit :

" Reçu télégramme. Veuillez s'il vous plaît, remercier M. Harmsworth, au nom du Canada, pour son acte de générosité." J'ai immédiatement communiqué ce télégramme à M. Harmsworth.

J'ai prié M. Lang, de la Banque de Montréal, de porter le chèque de £1,000 à votre crédit à la succursale de la banque à Ottawa.

Croyez moi,
Bien sincèrement à vous,
STRATHCONA.

R. BALCH, 28 décembre 1899.
Bureau du *Daily Mail*,
44 Harmsworth Buildings,
Tallis Street, E.C.

CHER M. BALCH,—J'ai à accuser réception de votre lettre en date de ce jour, et du chèque de £1,000 qui l'accompagnait.

Veuillez avoir l'obligeance de faire savoir à M. Harmsworth que c'est avec grand plaisir que je télégraphie le contenu de votre lettre à sir Wilfrid Laurier.

Sir Wilfrid Laurier et les Canadiens, en général, j'en suis certain, apprécieront justement le sentiment qui a dicté le magnifique cadeau que vous avez fait au fonds destiné aux parents nécessiteux des volontaires du contingent canadien.

Croyez moi, cher M. Balch,
Bien sincèrement à vous,
STRATHCONA.

"DAILY MAIL", HARMSWORTH BUILDINGS,
TALLIS STREET, E. C., 28 décembre 1899.

AU HAUT-COMMISSAIRE DU CANADA.

MILORD,—Inclus, je vous transmets £1,000, don du "Kipling Poem Fund". M. Harmsworth serait charmé si vous vouliez télégraphier le fait à sir Wilfrid Laurier, en ajoutant d'où vient le cadeau, et qu'il a été fait pour reconnaître la prompte et magnifique réponse du Canada à l'appel adressé par la mère-patrie à ses enfants. Le don est destiné aux parents nécessiteux des volontaires du contingent canadien.

Je suis, milord, etc.,
R. BALCH,
Gérant du" Kipling Poem ".

N° 115.

M. Chamberlain à lord Minto.

LONDRES, 5 janvier 1900.

(Câble.)

Le ministère de la Guerre désire beaucoup que le contingent n'emporte pour les armes de petit calibre que des munitions " Mark II " (marque deux).

N° 116.

M. Chamberlain à lord Minto.

LONDRES, 22 janvier 1900.

(Cablegramme suivant code.)

Comme suite à vos télégrammes des 20 et 21 janvier, le gouvernement de Sa Majesté a appris avec grand plaisir l'envoi d'artillerie.

CHAMBERLAIN.

N° 118.

M. Chamberlain à lord Minto.

DOWNING STREET, 18 janvier 1900.

Au Gouverneur général,
Le Très honorable
le comte de Minto, G.C.M.G.,
etc., etc., etc.

MONSEIGNEUR,—J'ai l'honneur de vous transmettre, pour la gouverne de vos ministres, comme suite à mon télégramme du 3 octobre dernier, indiquant les conditions auxquelles des contingents seraient acceptées des colonies pour aller combattre en Afrique méridionnale, copie d'un document reçu du ministère de la Guerre et donnant des détails relativement aux pensions pour blessures et les indemnités de charité octroyées par le gouvernement impérial à des officiers et des hommes blessés ou tués en service actif.

J'ai, etc.,

J. CHAMBERLAIN.

PENSIONS, ETC., POUR BLESSURES REÇUES SUR LE CHAMP DE BATAILLE.

Officiers.

Pour la perte d'un œil ou d'un membre ou pour une blessure équivalant à la perte d'un membre, une indemnité, égale à la solde d'une année entière est accordée dans le première cas. A la fin de l'année, une pension est accordée sur les bases suivantes :

Colonel ou lieutenant-colonel	£300 par an
Major	200 "
Capitaine	100 "
Lieutenant	70

Dans le cas où la blessure n'équivaut pas à la perte d'un membre, quoique bien grave et permanente dans ses effets, l'indemnité accordée est la même, mais la pension n'est que la moitié de celles indiquées plus haut.

Pour des blessures très graves quoique moindres que celles mentionnées plus haut, une indemnité variant de 3 à 12 mois de solde entière est accordée, suivant les circonstances, mais sans pension.

Officiers subalternes, sous-officiers et soldats.

Les sous-officiers et soldats congédiés pour incapacité de servir provenant de blessures, etc., des pensions sont accordées d'après l'échelle ci-dessous, selon le degré d'incapacité du soldat à gagner son existence.

Officiers subalternes, sergents, etc.............	1s. à 3s. 6d. par jour.	
Caporaux, de..............................	9d. à 3s.	"
Soldats, de..............................	6d. à 2s. 6d.	"

PENSIONS, ETC., AUX VEUVES ET ORPHELINS D'OFFICIERS.

Des pensions sont accordées aux veuves et orphelins d'officiers d'après le tableau suivant:

(1) Si l'officier est mort sur le champ de bataille ou (dans les 12 mois) des blessures reçues à la guerre:

(2) Si l'officier est mort dans les 12 mois de sa retraite du service d'une maladie causée par les privations du service actif:

(1)	Veuve	Enfants chacun.	(2)	Veuve	Enfants chacun.
Lieut.-colonel	£180 par an	£24 par an	Col. ou lt.-col...	£135 par an	£20 par an
Major................	140 "	21 "	Major.............	105 "	17 10 0 "
Capitaine.	100 "	18 "	Capitaine........	75 "	15 00 0 "
Lieutenant.	80 "	15 "	Lieutenant......	60 "	12 10 0 "

Si le cas tombe dans la catégorie (1) la veuve reçoit, outre la pension, une indemnité égale à une année entière de la solde du grade de l'officier, et les enfants chacun un tiers de ce montant.

La pension est doublée pour les enfants orphelins de mère.

Quand les veuves ou les orphelins sont riches, aucune des pensions ou indemnités précédentes ne sont payées.

PENSIONS, ETC., AUX VEUVES D'OFFICIERS SUBALTERNES, SOUS-OFFICIERS ET SOLDATS.

Officiers subalternes.—Aux veuves, £20 et £5 à chacun des enfants.

Sous-officiers et soldats.—Les veuves des sous-officiers et soldats ne reçoivent actuellement aucune pension, mais un projet pour leur octroyer des pensions est en ce moment soumis au Trésor. Les veuves reçoivent cependant du fonds "*Royal Patriotic*" des allocations, variant de 5sh. à 6sh. 6d. par semaine, et les enfants des allocations de 1sh. 6d. ou 2sh. par semaine et par enfant.

N° 119.

Laurier à Strathcona.

OTTAWA, 26 janvier 1900.

En présence des discussions soulevées ici, je désire connaître d'une manière exacte les arrangements intervenus entre les différents gouvernements des colonies de l'Australasie, relativement à la solde des volontaires enrôlés dans les contingents coloniaux, après leur débarquement en Afrique méridionale. Y a-t-il des cas où les colonies payent cette solde? Donnez des détails.

Nº 120.

Strathcona à Laurier.

LONDRES, 30 janvier 1900.

Je me suis mis en communication avec le ministère des Colonies au sujet de votre télégramme du 26 courant. Les arrangements faits avec l'Australasie, sont absolument ceux pris avec le Canada. En aucun cas les colonies ne payent leurs contingents, après leur débarquement en Afrique méridionale. Le gouvernement de la Nouvelle-Zélande a offert de fournir la solde à son contingent, mais le gouvernement de Sa Majesté a trouvé qu'il fallait appliquer à tout les contingents coloniaux, l'arrangement en vertu duquel la solde est payée aux taux impériaux, par le Trésor impérial, à partir de la date du débarquement du contingent en Afrique méridionale. *Voir* nos 13 et 16, documents parlementaires, 16 novembre 1898. Des copies ont été expédiées au secrétaire d'Etat le 13 du mois dernier.

(22)

ETAT.

ÉTAT de toutes les pensions et allocations de retraite accordées à des employés du service civil dans le cours de l'année expirée le 31 décembre 1899, donnant le nom et le rang de chaque employé pensionné ou mis à la retraite, son âge, ses appointements, ses années de service et la cause de sa retraite, et indiquant si la vacance créée a été remplie par promotion ou nouvelle nomination, et les appointements du nouveau titulaire.

Services et noms.	Rang ou classe.	Appointements.	Age.	Années de service.	Pension de retraite.	Gratification	Cause de la retraite.	Vacance remplie par	appointements.
		$ c.			$ c.	$ c.			$
Douanes—									
Tessier, L.-J.	Préposé aux arrivages, Montréal.	600 00	56	27	324 00	......	Abolition de l'emploi et dans l'intérêt de l'efficacité du service et de l'économie		
Hamilton, A. G.	Percepteur, North-Sydney	1,100 00	63	20	440 00	.	Age et mauv. santé et int. de l'efficac. du serv.	Nouv. nomina.	1,100
McFarlane, M.	Sous-percep., Sheet-Harbour, N.E	200 00	77	26	104 00	...	Age et incapacité	"	200
Winter, A. W.	Commis, Toronto	750 00	34	9½	150 00	......	Blessures. (Art. 10, loi de la retraite.)	"	600
Leeming, H. B.	Percepteur, Brantford	1,400 00	68	23	644 00	......	Age et mauvaise santé (paralysé)	Promotion	1,400
Deavy, Jno.	Portefaix, Québec	400 00	72	30	240 00	...	Age	Nouv. nomina.	500
Hannon, O.	" "	400 00	68	46	280 00	......	"	"	
Duck, John	Sous-percep., Ridgetown, Ont.	700 00	75	35	470 54	......	Age et mauvaise santé	"	700
Mooney, A. A.	Douanier, Mansonville	500 00	67	21	210 00	......	Age et infirmité	"	500
Rowe, C. S.	Port de Lacolle	500 00	66	12	120 00	......	Age et pour économie	"	200
Covert, Jno.	" Belleville	300 00	74	18	108 00	......	Age et infirmité	"	600
Gow, J. W.	Messager, service intérieur	500 00	62	43	350 00	......	Age	Nominat. prov.	300
Steacy, J. B.	Préposé au débarquement, Ottawa	950 00	72	26	494 00	....	Age et infirmité	"	750
Baldwin, E. O.	Douanier, Dixville, Qué.	500 00	33	7⅓	....	305 50	Pour économie		
Johnston, Wm.	Contrôleur des arr., St-Jean, N.-B	1,000 00	71	46	700 00	......	Age et mauvaise santé		
Fulmer, W. A.	Sous-percepteur, Economy, N.-E.	200 00	69	18	72 00	....	Age et infirmité	Nouv. nomina.	200
		10,000 00			4,706 54	305 50			
Bureau du secrétaire du Gouverneur général—									
Smith, Geo.	Messager	600 00	79	47	420 00	......	Age et infirmité		
Campbell, Wm.	Commis	1,800 00	48	28	1,008 00	......	Pour réduire le personnel		
		2,400 00			1,428 00	......			
Affaires des Sauvages—									
Ross, B. W.	Agt des sauvages, Manitowaning.	800 00	60	20	160 00	......	Age et incapacité. (A payé la retenue pour pension sur $400)	Nouv. nomina.	800

ÉTAT de toutes les pensions et allocations de retraite accordées à des employés du service civil dans le cours de l'année expirée le 31 décembre 1899, etc.—*Suite.*

Services et noms.	Rang ou classe.	Appointements.	Age.	Années de service.	Pension de retraite.	Gratification	Cause de la retraite.	Vacance remplie par	Nouveaux appointements.
		$ c.			$ c.	$ c.			$
Revenu de l'Intérieur—									
Leprohon, R. M.	Percepteur, Joliette, Qué.	1,000 00	66	20	400 00	.....	Age et mauvaise santé	Promotion	600
Yates, J. M.	Officier d'accise, Guelph	850 00	53	28	476 00	.....	Mauv. santé (incapable au moral et au phys.).		
Bennett, Jas.	Sous-percepteur, Toronto	1,500 00	71	28	840 00	.....	Age et mauvaise santé	Nouv. nomina.	1,300
Le Moine, Jas. McP.	Inspecteur, Québec, Qué.	2,500 00	74	52	1,750 00	.....	Age et santé chancelante	"	2,500
Lynes, K.	Officier d'accise, Guelph.	1,300 00	43	17	442 00	.....	Mauvaise santé (insanité)		
Morrow, Jno.	Inspecteur, Toronto	2,500 00	67	33	1,650 00	.....	Age et santé chancelante	Promotion	2,400
Piper, Harry	Inspecteur, Poids et Mesures	1,300 00	60	20	520 00	.....	Age et incapacité	Nouv. nomina.	1,300
		10,950 00			6,078 00	.....			
Intérieur—									
Hall, J. R.	Secrétaire du ministère	2,800 00	52	26	1,456 00	.....	Incapacité. Pour améliorer l'organisation et dans l'intérêt de l'efficacité du service	Promotion	1,800
Marine et Pêcheries—									
Webster, J. S.	Commis de 1re classe	1,450 00	51	19	547 83	.....	Abolition de l'emploi		
Lafleur, Léon	Gardien de phare, St-Antoine	175 00	75	32	112 00	.....	Age	Nouv. nomina.	175
*De Mings, F. J.	" Ile McNutt, N.-E.	400 00	44	19	152 00	.....	Mauv. santé (paralysie des centres nerveux)	"	800
Landry, E	" Carleton, Qué.	300 00	75	27	162 00	.....	Age et infirmité	"	250
Kay, Wm.	" Kincardine	400 00	75	24	185 32	.....	Age et mauvaise santé	"	350
Amero, Basil	" Lac Sissiboo, N.-E.	200 00	80	28	112 00	.....	Age	"	200
Christian, P.	" Ile Betty, N.-E.	500 00	74	24	240 00	.....	Age et infirmité	"	500
		3,425 00			1,511 15	.....			
Gendarmerie à cheval—									
Allan, J. B.	Inspecteur	1,000 00	54	14	280 00	.....	Blessures reçues		
Postes—									
Walmsley, A.	Officier, malle d'Angleterre	960 00	73	42	672 00	.....	Age et dans l'int. de l'effic. du serv. et par écon.		
Matthews, R. F.	Commis de 2e classe London	1,200 00	66	32	768 00	.....	Age et dans l'intérêt de l'efficacité du service.		
Harris, W. H.	Commis de 1re cl., Charlottetown	1,200 00	53	26	624 00	.....	Mauvaise santé et dans l'intérêt de l'efficacité du service et par économie		
Fissette, Mlle A. A.	Commis de 3e classe, Sherbrooke	520 00	32	6 1/12	.....	263 59	Mauvaise santé		
Griffith, Jno.	Courrier sur ch. de f., 2e cl., Ottawa	800 00	69	15	240 00	.....	Age et mauvaise santé (maladie des rognons)	Promotion	720

Postes—*Fin.*									
Burnham, Geo. A.	Sous-inspect. des postes, Toronto.	1,600 00	57	38	1,120 00	.....	Mauvaise santé (fistule dans l'abdomen)		
McCandless, Jno.	Commis de 3e classe "	800 00	45	18	288 00	.....	" (pulmonie)		
Conlon, B.	" 2e " Montréal	1,100 00	60	24	523 33	.....	Age et mauv. santé (asthme des bronches)		
Sims, J. C.	" 2e " "	1,200 00	57	35	840 00	.....	Mauvaise santé		
Matheson, D.	Dir. div. des caisses d'ép., Ottawa.	2,400 00	59	36	1,680 00	.....	"	Promotion	1,800
Wilson, Jno	Facteur, Halifax	600 00	63	28	336 00	.....	Age et mauvaise santé	Nouv. nomina.	360
Dawson, R. J. C.	Dir. de poste, London	2,200 00	64	44	1,540 00	.....	Age, santé chancelante et int. de l'effic. du s.	"	2,200
Devine, A.	Commis de 2e classe, S.I., Ottawa.	1,400 00	39	17	476 00	.....	Maladie (apoplexie) et dans l'intérêt de l'efficacité du service et par économie.	Promotion	1,100
Bell, E. B.	" " "	1,400 00	55	28	784 00	.....	Maladie et dans l'int. de l'efficacité du service.	"	1,100
Lally, C. W.	" " "	1,350 00	42	20	540 00	.....	Mauvaise santé	"	1,100
Laurilliard, H. S.	Facteur, Halifax	600 00	63	26	312 00	.....	Age et dans l'intérêt de l'efficacité du service.		
Hargrave, Wm.	Dir. de poste, Winnipeg	2,800 00	61	25	1,400 00	.....	" " "		
Galbraith, Jno	Commis de 3e classe, Toronto	760 00	38	13	197 60	.....	Mauvaise vue		
Blanstein, S.	Facteur, Montréal	480 00	29	7 7/12	.....	303 33	Maladie (de l'épine dorsale)		
O'Malley, Jno	" Halifax	600 00	77	24	288 00	.....	Age et dans l'intérêt de l'efficacité du service.		
Plouffe, F. X.	Commis de 3e classe, Montréal	800 00	40	16	256 00	.....	Maladie (des rognons)		
McRobert, W. H.	Courrier ch. de f., 2e cl., Halifax.	800 00	45	18	288 00	.....	Mauv. vue et int. de l'efficacité du service		
Goyette, H.	Commis de 2e classe, Montréal	1,200 00	53	33	792 00	.....	Mauvaise vue (cécité incipiente)		
		26,770 00			13,964 93	566 92			
Travaux publics—									
Boulanger, A.	Maître des glissoires	475 00	42	17	161 50	.....	Abolition de l'emploi		
Roy, E.-F.-E.	Secrétaire du ministère	2,100 00	39	18	756 00	.....	Maladie et dans l'intérêt de l'efficacité du serv.		
		2,575 00			917 50	.....			
Chemins de fer et Canaux—									
Thompson, Geo.	Aide-gard. de pont, canal Welland	353 08	73	40	247 15	.....	Age et mauvaise santé	Nouv. nomina.	$45 par m.
Duffin, Samuel	Eclusier " "	360 00	69	24	172 80	.....	Age et infirmité	Promotion	$47 "
Hender, Andre.	Contremaître, canal Chambly	506 00	74	45	354 20	.....	Age et maladie (mal. chronique des yeux)	"	$38 "
O'Neil, Jno.	Percepteur, canal Lachine	2,000 00	63	41	1,400 00	.....	" " (appendicite)	Nouv. nomina.	$1,600 p.a.
Des Grosseilliers, P.	Gard. de pont, canal Beauharnois	486 00	65	23	223 56	.....	" " (asthme)	"	$38 par m.
		3,705 08			2,397 71	.....			

* Le gardien du phare doit fournir un mécanicien pour le sifflet de brume.

RÉCAPITULATION.

Services.	Pension.	Gratification.	Totaux.
	$ c.	$ c.	$ c.
Douanes	4,706 54	305 50	5,012 04
Bureau du secrétaire du Gouverneur général	1,428 00	....	1,428 00
Affaires des Sauvages	160 00	....	160 00
Revenu de l'Interieur	6,078 00	....	6,078 00
Intérieur	1,456 00	....	1,456 00
Marine et Pêcheries	1,511 15	....	1,511 15
Gendarmerie à cheval du Nord-Ouest	280 00	....	280 00
Postes	13,964 93	566 92	14,531 85
Travaux publics	917 50	....	917 50
Chemins de fer et Canaux	2,397 71	....	2,397 71
	32,899 83	872 42	33,772 25

Respectueusement soumis,

J. M. COURTNEY,
Député du ministre des Finances.

MINISTÈRE DES FINANCES,
OTTAWA, 5 février 1900.

ETAT

(23)

Conformément à l'article 17 de l'Acte concernant l'assurance du service civil, pour l'exercice clos le 30 juin 1899.

Fonds en caisse, 30 juin 1898.. $8,138 77

Primes reçues entre le 1er juillet 1898 et le 30 juin 1899 :—

Juillet	$ 203 39	
Août	203 39	
Septembre	200 91	
Octobre	244 01	
Novembre	194 81	
Décembre	183 25	
Janvier	739 85	
Février	186 47	
Mars	186 47	
Avril	180 01	
Mai	180 01	
Juin	180 01	
		$2,882 58
Intérêt au 30 juin 1899		462 47
Total		$11,483 32

Les réclamations suivantes pour décès ont été payées pendant l'exercice :—

28 octobre 1898, Robinson Gardiner	$1,000	
15 décembre 1898, Col. C. E. Panet	2,000	
		$3,009 00
Fonds en caisse, 30 juin 1899		$8,483 82

Dans le cours de l'exercice il a été reçu deux demandes d'assurance pour $2,000 chacune, et deux polices ont été émises.

Une police pour $2,000 a été payée en une seule prime de $503.24.

La prime sur l'autre police de $2,000 est payable mensuellement pendant vingt ans.

Les primes sur la police n° 1 (Robert Henderson) pour $2,000 sont devenues acquittées.

Durant les trois mois qui ont précédé le 1er juillet 1899 nous n'avons pas reçu de primes sur la police n° 38 (J. E. Baldwin, Bathurst, N.-B.) pour $2,000, et demande a été faite pour valeur de la renonciation.

Polices en vigueur au 1er juillet 1898	38 pour $69,000
Polices émises durant l'exercice	2 pour $ 4,000
Police abandonnée durant l'exercice (Baldwin)	1 pour $ 2,000
Polices devenues réclamations durant l'exercice	2 pour $ 3,000
Polices en vigueur au 30 juin 1899	37 pour $68,000
Nombre de vies assurées, 1er juillet 1898	37
Nombre d'assurés nouveaux durant l'exercice	2
Nombre de décès durant l'exercice	2
Nombre d'assurés dont les polices ont pris fin durant l'exercice par abandon (police Baldwin)	1
Nombre de vies assurées au 30 juin 1899	36

L'article 15 de l'Acte concernant l'assurance du service civil se lit comme suit:

" Dans le cas où quelque personne à qui s'applique maintenant l'*Acte des pensions du service civil* profiteront de l'avantage offert par le présent acte, une retenue aux taux de trois pour cent par année sera faite sur le traitement de cette personne à titre de contribution aux allocations de retraite prescrites par le dit acte, cette retenue devant remplacer celle qui est actuellement payable en vertu de l'article six du dit acte."

Cet article était applicable à 37 des 38 polices en vigueur le 1er juillet 1898 et à 1 des deux polices émises durant l'exercice 1898-99. Il était également applicable aux deux polices qui sont devenues réclamations par décès et à la police abandonnée ou discontinuée; en sorte que le dit article est applicable à 25 des 37 polices en vigueur au 30 juin 1899 et qui couvrent une somme de $46,000. Douze polices auxquelles l'article ne s'applique pas, pour $22,000, sur la vie de 11 personnes admises au service civil depuis que l'Acte d'assurance du service civil est devenu loi, forment le total de 37 polices sur la vie de 36 personnes pour $68,000, comme il est dit ci-dessus.

Respectueusement soumis,

W. FITZGERALD,

Surintendant de assurances.

RÉPONSE

(27)

A une ADRESSE de la CHAMBRE DES COMMUNES, datée le 10 juillet 1899, demandant une copie du traité de 1825 conclu entre la Grande-Bretagne et la Russie au sujet de l'Alaska, et copie des projets, protocoles et de la correspondance échangée entre le gouvernement impérial et le gouvernement de la Russie au sujet du dit traité et subséquemment à ce traité, ainsi que copie de la correspondance échangée entre le gouvernement impérial et l'ambassadeur britannique à Saint-Pétersbourg au cours des négociations du dit traité.

R. W. SCOTT,
Secrétaire d'Etat.

(Note pour le premier ministre.)

18 juillet 1899.

Les documents demandés par une Adresse de la Chambre des Communes, datée le 10 juillet 1899, adoptée sur proposition de M. McCarthy, M.P., ne sont pas dans les archives du département du Secrétaire d'Etat ni d'aucun département du gouvernement canadien. Le traité de 1825 conclu entre la Grande-Bretagne et la Russie se trouve dans l'ouvrage *Hertslet's Collection of Treaties*—Vol. 3, page 362. Le projet, les protocoles et lacorrespondance demandés n'ont jamais été publiés, que je sache, sauf comme pièces confidentielles du Foreign Office.

JOHN POPE,
Sous-secrétaire d'Etat.

RÉPONSE

(33*s*)

A un ORDRE de la CHAMBRE DES COMMUNES du 7 février 1900 : Etat détaillé du nombre de gallons de liqueurs spiritueuses et de liqueurs de malt importé dans le Yukon depuis la période couverte par l'état 63*g* (1899), avec indication du nombre de permis émis à cet effet, des noms et domiciles des personnes ou compagnies qui ont obtenu ces permis, ainsi que du montant payé sur ces permis ; aussi, copie de toute correspondance s'y rapportant.

R. W. SCOTT,
Secrétaire d'Etat.

RELEVÉ fourni par le ministère de l'Intérieur en exécution d'un ordre de la Chambre des communes du 7 avril 1900, au sujet des permis accordés pour l'introduction des spiritueux dans le Territoire du Yukon, depuis le relevé d'août 1899.

RELEVÉ A.—Permis accordés à Ottawa par le ministère de l'Intérieur.

Date du permis.	Nom du bénéficiaire.	Adresse du bénéficiaire.	Nombre de gallons pour lequel le permis a été Demandé.	Nombre de gallons pour lequel le permis a été Accordé.
1899.				
12 avril	*E. Jaune de Lamare	Ottawa	125	.....
25 "	F. X. Halder	Dawson	10	10
25 "	A. H. Halder	"	10	10
30 mai	P. C. H. Primrose	Tagish	5	5
30 "	D. A. E. Strickland	"	10	10
1e juin	G. Madore	Montréal	2½	2½
10 "	Loicg de Lobel	Dawson	25	25
10 "	Mme L. de Lobel	"	25	25
10 "	Mlle C. de Lobel	"	25	25
29 août	F. C. Wade	"	20	20
30 "	P. F. X. Genest	Québec	2 chacun.	2 chacun.
30 "	H. E. Baine	Ottawa		
30 "	E. B. Hegler	Ingersoll		
30 "	R. A. Hurdman	Ottawa		
30 "	W. H. Beattie	Seaforth		
30 "	R. B. Switzer	Toronto		
30 "	C. V. Shannon	Goderich		
30 "	G. I. McLean	Hamilton		
30 "	Geo. Craig	Beaverton		
30 "	J. H. Walker	Guelph		
30 "	W. M. McKay	Ottawa	30	25
31 "	A. N. Martin	Aylmer	50	25
31 "	J. Lusk	Winnipeg	50	25
13 sept.	W. E. Anderson	Sandridge	5	5
13 "	L'Eglise catholique romaine	Dawson	1 baril	1 bar. de vin de messe.
14 "	René de Lobel	"	25	10
14 "	Joseph Binet	"	25	10
14 "	Edward Lewin	"	25	10
14 "	Maurice de Lobel	"	25	10
14 "	Geo. Noble	"	25	10
14 "	Chas. Powell	"	25	10
14 "	Chas. Norse	"	25	10
14 "	H. Grotchier	"	25	10
14 "	Geo. Madden	"	25	10
14 "	Eugène Binet	"	25	10
14 "	Arthur Lewin	"	25	10
14 "	Frank Swanson	"	25	10
16 "	D. Doig	"	50	10
16 "	E. O. Finlayson	"	50	10
16 "	S. A. Burpee	"	50	10
16 "	H. F. Stowe	"	50	10
16 "	Percy Stevens	"	50	10
16 "	D. McMullin	"	50	10
16 "	H. H. Norwood	"	15	10
4 nov.	R. A. Kalenbon	"	10	10
15 déc.	Contrôleur de la gendarmerie du N.-O. (pour le service du Yukon)	"	1,470	1,470

N B.—Le bénéficiaire avait à payer un droit de $2.00 par gallon au port d'entrée dans le Yukon avant que les spiritueux pussent être introduits dans le territoire, excepté dans le cas du vin de messe.

* Ce nom a été pris du document de la session 33*h* pour compléter le présent relevé.

RELEVÉ B.—Permis accordés par le commissaire du Territoire du Yukon (depuis le relevé d'avril 1899) et confirmés par le ministre de l'Intérieur, pour la quantité de liqueur en transit avant le 13 août 1899.

Date du permis.	Bénéficiaire.	Adresse du bénéficiaire.	Nombre de gallons pour lequel le permis a été	
			Demandé.	Accordé.
1899.				
16 février...	E. F. Adams, permis transféré à H. B. Jayne..........................	Chicago et Vancouver....	500	250
16 " ...	Ames Mercantile Company, par la Pabst Brewing Company.	Dawson et Milwaukee...	10,000	10,000
20 " ...	Adams & Burns..........................	Toronto..............	10,000	5,000
N'n mention	C. S. Conkling, Ladue Development Co.	Dawson..............	1,000	1,000
" ..	North American Trading and Transportation Company.	Chicago..............	Non mentionné....	5,000
" ..	Alaska Exploration Company	San-Francisco..........	30,000	15,000
" ..	Canadian Development Company	Victoria.............	700	700
" ..	" " "	"	Quantité nécessaire pour la vente sur le steamer de la Cie, saison de 1899.	

N.B.—Le bénéficiaire avait à payer un droit de $2.00 par gallon au port d'entrée dans le Yukon avant que les spiritueux pussent être introduits dans le territoire. Le ministère ne connaît pas la quantité qui a été introduite sous l'autorité de ces permis. Le commissaire a été invité à fournir ce renseignement dans un état supplémentaire.

RELEVÉ C.—Permis accordés ou prétendus avoir été accordés par le commissaire du Territoire du Yukon, et qui n'ont pas été confirmés par le ministre de l'Intérieur.

Date du permis.	Bénéficiaire.	Adresse du bénéficiaire.	Nombre de gallons pour lequel le permis a été demandé.
1898.			
Décembre ..	Ami de A. M. Bergevin..........................	Chicago...............	Non ment.
1899.			
20 février...	Barclay Henley pour C. A. McComber..	San-Francisco.....	12,000
25 mars....	Dr. A. R. Baird..........................	Pipestone (Manitoba)...	600
28 "	Geo. Lyon	Dawson.........	Non ment.
28 "	Macaulay Bros	Victoria................	10,000
N'n mention	F. H. Ames........	San-Francisco.	10,000
" ..	J. H. Houston (?)............................	Dawson	Non ment.
" ..	Charles Reichenback............................ .	"	20,000
" ..	Alaska Commercial Company......................	San-Francisco..........	30,000

COPIE

[33*u*]

Du rapport de M. William Ogilvie, commissaire du Territoire du Yukon, concernant l'administration des affaires dans cette région.

BUREAU DU COMMISSAIRE, DAWSON, T.Y., 20 septembre 1899.

A l'honorable Ministre de l'Intérieur,
Ottawa, Ont.

MONSIEUR,—J'ai l'honneur de vous présenter le rapport suivant de mes actes officiels depuis que j'ai été chargé, en qualité de commissaire, de l'administration des affaires du Territoire du Yukon.

Immédiatement après avoir été notifié par vous de ma nomination en vertu d'un arrêté du Conseil rendu le 5 juillet 1898, je commençai mes préparatifs de départ et je vis à me procurer tout ce qui était nécessaire pour le voyage.

Je fus occupé jusqu'à la fin de juillet à ces préparatifs, à réunir mon personnel et à compléter l'équipage. Entre temps, j'eus avec vous, comme vous le savez, plusieurs entretiens au sujet de questions qui surgiraient probablement et de la ligne de conduite que je devrais suivre au cours de mon administration. Toutes ces circonstances réunies—et je puis dire qu'elles étaient inévitables—retardèrent mon départ d'Ottawa jusqu'au soir du 2 août.

Je fis le voyage *via* le chemin de fer Canadien du Pacifique et la route des lacs, restant une journée à Toronto pour voir à certaines affaires urgentes et attendre le bateau qui fait le trajet entre cette ville et Owen-Sound.

A Portage-du-Rat j'arrêtai aussi afin, comme vous le savez, d'avoir avec vous la dernière entrevue alors possible. Je dus aussi passer deux jours à Winnipeg pour régler certaines matières se rapportant à ma mission de commissaire du Yukon.

Arrivé à Vancouver il fallut y faire un séjour assez prolongé pour certaines affaires officielles, et aussi parce qu'il fut difficile de nous procurer le bateau dont nous avions besoin. J'allai à Victoria et discutai avec le premier ministre de la province, l'honorable Charles Semlin, au sujet de la situation géographique des mines d'or récemment découvertes près d'Atlin—on ne savait pas alors positivement si elles se trouvaient dans la Colombie-Anglaise ou dans le Territoire du Yukon—et il fut entendu qu'à mon arrivée là-bas, si les renseignements que j'obtenais me justifiaient de le faire, je me rendrais à un certain endroit sur le lac Tagish (près de la région d'Atlin) pour établir la latitude d'une manière approximative, afin de constater d'une manière satisfaisante si ces mines tombaient sous le contrôle du commissaire du Territoire du Yukon ou sous celui du gouvernement de la Colombie-Britannique.

Ayant terminé toutes mes affaires de la manière la plus satisfaisante possible dans les circonstances, nous partîmes de Vancouver à bord du steamer *Horsa* le 20 août au soir, arrivant quatre jours plus tard à Skagway, où il nous fallut attendre plusieurs jours pour faire transporter nos bagages par la passe White. Le chemin de fer (maintenant terminé jusqu'à Bennett) ne se rendait alors qu'à quatre ou cinq milles au delà de Skagway, et le reste du trajet devait être fait à pied ou à cheval; mais il était préférable de le faire à pied. Nous avions beaucoup de bagage, ce qui retarda notre marche, de sorte que la traverse de la passe prit assez de temps. Une partie de nos bagages arriva à Bennett en temps pour nous permettre de prendre passage sur le steamer *Nora*, de la "Bennett Lake and Klondike Navigation Company", mais le reste fut retardé quelque part sur la route; et je chargeai deux hommes de confiance d'aller à la recherche de ce bagage et de le rapporter au prochain voyage du bateau ou aussi tôt que possible.

Je désire faire mention de l'aide importante que nous a donnée l'inspecteur Wood, de la gendarmerie à cheval du Nord-Ouest, qui vint à notre rencontre à Skaguay et fit les arrangements nécessaires pour faire transporter nos bagages, et nous servit d'escorte jusqu'à Bennett ; il s'en acquitta d'une manière parfaite. Je désire vous signaler la vigilance, le soin et le dévouement qu'il n'a cessé d'exercer durant tout le trajet. Le retard apporté dans le transport d'une partie du bagage ne peut lui être imputé; on doit, je crois, l'attribuer à la négligence des fréteurs, et aussi à certains accidents qui sont survenus.

Le trajet de Bennett à White-Horse se fit sans incident. On arrêta à Tagish environ une heure, afin de permettre au colonel S. B. Steele, qui nous avait rejoints à Bennett, de conférer avec l'inspecteur Strickland.

Après l'entrevue entre ces deux officiers et moi, nous nous remîmes en route, et il ne survint rien de remarquable jusqu'à Dawson, où nous arrivâmes le 5 septembre au soir. Un logement me fut préparé aux casernes, où il y avait alors foule.

Aussitôt après mon arrivée, je fus assiégé par une multitude de gens qui tous s'attendaient à obtenir ce qu'ils désiraient, et il va sans dire que chacun trouvait sa cause juste et raisonnable et celle des autres injuste. Durant des semaines après mon arrivée je fus obsédé par ces gens; du commencement de la journée jusqu'à la fin—et elle durait de huit heures du matin jusqu'à près de minuit—je n'avais pas un instant de répit. Les uns venaient se lamenter et discuter au sujet de leurs droits et de leurs claims, ou encore exposaient leurs griefs ou parlaient de leurs espérances. On semblait croire que j'étais revêtu de pouvoirs exceptionnels comme seul peut en avoir le plus grand autocrate sur terre; ou s'imaginait que j'allais renverser les décisions déjà rendues sur un simple dire de la personne qui se croyait lésée, et parce que je ne pouvais agir de la sorte on manifesta beaucoup de mécontentement.

Pendant les quatre ou cinq semaines qui suivirent mon arrivée, je n'eus pour tout logement qu'une chambre dans les casernes, et lorsque je vous dirai qu'entre la chambre du colonel Steele et la mienne il n'y avait qu'un cloison en bois d'un pouce d'épaisseur et que tout ce qui se disait dans l'une ou l'autre pouvait être entendu par toute la maison, vous comprenez combien la situation était embarrassante. Beaucoup de personnes qui venaient voir le colonel Steele parlaient de choses qu'elles auraient voulu tenir secrètes, et il en était souvent de même pour moi. Dès lors il ne pouvait être question de tenir quelque chose secret.

A cette époque avancée de l'année il était presque impossible de commencer à construire des bureaux; d'ailleurs, il fallait de toute nécessité ériger d'autres bâtisses, particulièrement pour la gendarmerie, dont les logements étaient insuffisants. On jugea qu'il était nécessaire de faire descendre de Selkirk à Dawson une partie des troupes de campagne du Yukon pour aider la gendarmerie à cheval des Territoires du Nord-Ouest, et il fallait leur procurer le logement.

Jusqu'alors la cour avait siégé à Dawson dans le bureau régimentaire des casernes ou dans une autre salle mise à notre disposition. Le bureau régimentaire était très petit et devait seulement servir de bureau pour les affaires de gendarmerie. C'est aussi dans cette salle que les magistrats entendaient les causes dans lesquelles il s'agissait d'offenses légères ; il était de nécessité urgente de faire construire un palais de justice et une résidence pour le juge, qui devait arriver avant la clôture de la navigation; ce travail fut immédiatement commencé.

Quelques jours après mon arrivée, le colonel S. B. Steele m'apprit qu'une prison destinée aux détenus condamnés à un long terme d'emprisonnement était en voie de construction à Cudahy. Après avoir discuté la chose, le colonel Steele et moi en vînmes à la conclusion que ce n'était pas l'endroit convenable pour une telle prison, la prison principale du Territoire devant être à l'endroit où se trouve le dépôt le plus considérable de la gendarmerie. Il n'y avait à Cudahy qu'un petit détachement de huit ou neuf gendermes, et ils auraient été dans l'impossibilité de maintenir l'ordre avec un grand nombre de prisonniers, comme on en avait alors, et nous avions de plus raison de croire que, comme une partie de la population était composée de criminels venant de tous les pays du monde, le nombre des prisonniers augmenterait. La construction de la prison de Cudahy fut donc discontinuée, et l'on commença les travaux d'agrandissement à celle de Dawson.

La construction du palais de justice, de la résidence du juge, des casernes nécessaires pour le logement des troupes de campagne auxquelles ordre avait été donné de descendre, et d'une aile à la prison, épuisa presque les matériaux à bâtir qu'il y avait à Dawson, et l'on ne pouvait songer à commencer d'autres constructions. Lorsque ces bâtisses furent terminées l'hiver était arrivé, et comme on avait employé dans leur construction presque tout le bois dont on pouvait disposer, il ne fut pas jugé à propos de commencer à bâtir des bureaux pour les besoins du service. Il est excessivement dispendieux de bâtir en hiver des maisons en rondins, en comparaison de ce qu'elles coûteraient l'été; en outre, cet ouvrage ne peut être bien fait l'hiver.

En présence de ces difficultés, je cherchai donc à me procurer des bureaux par d'autres moyens; c'est-à-dire, en en louant; mais, après avoir couru tout Dawson (ce qui, soit dit en passant, ne prit que peu de temps), je ne trouvai que deux bâtisses qui pussent servir. Cependant ni l'une ni l'autre n'étaient terminées. On fit des démarches pour les louer, mais elles ne furent prêtes à nous recevoir que vers la fin d'octobre. Dans une de ces maisons on installa le bureau du régistrateur du Territoire, et celui des Terres fédérales, et l'étage supérieur servit de logement aux fonctionnaires et aux commis. Quant à l'autre bâtisse, on n'en loua que la moitié, et j'y établis mon bureau ainsi que ceux de mon secrétaire et de mes commis, et les bureaux du contrôleur du Territoire; l'étage supérieur fut affecté à mon logement. Cette bâtisse était, à l'exception des magasins des deux compagnies de commerce, la meilleure qu'il y eût alors à Dawson. L'autre partie de la maison servait d'hôtel, et nous étions très incommodés dans nous travaux par le bruit particulier à un hôtel qui reste ouvert jusqu'à une heure avancée de la nuit—on pourrait dire jour et nuit—d'autant plus que les cloisons en planche nous permettaient d'entendre tous les bruits, tout comme s'il n'y avait pas eu de cloison.

Nous occupons encore les maisons louées, et comme j'ai été informé par l'agent du ministère des Travaux publics que nous ne pourrions pas prendre possession, avant le mois de mai prochain les nouvelles bâtisses que nous jugeons nécessaires pour la bonne administration des affaires de ce pays, il nous faut absolument continuer d'habiter ces bâtisses, attendu qu'il n'y en a pas d'autres qui nous conviennent aussi bien malgré leurs nombreuses et sérieuses défectuosités.

Peu de temps après mon arrivée, je reçus une députation composée de membres d'une association appelée "Association des mineurs de Dawson". Ces messieurs me présentèrent une adresse de bienvenue, puis me firent part des scandales dont j'avais entendu parler si souvent. Ils me demandèrent d'instituer immédiatement une enquête sur la conduite des fonctionnaires publics. Je dois dire toutefois qu'ils ne donnèrent aucun nom en particulier et ne portèrent aucune accusation bien définie ; mais ils présumaient sans doute que tous étaient manifestement coupables et me demandaient une enquête sur les faits qu'ils m'avaient exposés. Je leur dis que lorsqu'ils auraient porté devant moi des accusations bien définies et qu'ils m'auraient fourni des preuves d'une nature telle que j'aurais lieu de croire qu'une condamnation pourrait être obtenue, j'ouvrirais alors l'enquête demandée, mais que je ne procéderais pas sur des on-dit; et j'ajoutai qu'en agissant autrement je m'exposerais tout simplement au ridicule.

Je me mis donc en frais de vérifier l'exactitude des faits qui m'avaient été exposés, ce qui me donna beaucoup de travail et me causa bien des ennuis.

Pour vous démontrer la nature de ces plaintes, je vous en citerai deux ou trois.

Un de ceux qui faisaient partie de la députation dont j'ai parlé porta une accusation formelle contre un des employés du bureau du commissaire de l'or et me donna le nom d'une personne qui était, me disait-il, en état de prouver l'accusation. L'accusation portait que cet employé avait reçu d'une maison de commerce de dix à trente piastres par jour pour ouvrage concernant ses intérêts dans les mines fait pendant les heures de bureau, et que le témoin auquel on me renvoyait pouvait prouver ce fait, attendu que c'était lui-même qui avait conclu les arrangements et remis les argents.

Ayant interrogé ce témoin il me déclara que rien de tel n'avait eu lieu. Il avoua bien franchement que sa maison avait payé un certain employé pour le travail qu'il faisait pour elle en dehors de ses heures de bureau, mais il ajouta que cet employé avait lui-même stipulé qu'il ne pourrait être requis de faire quelque ouvrage que ce fût durant ses heures de bureau, et que de fait aucun montant ne lui avait été payé pour ouvrage fait durant ces heures. Ce témoin reconnut aussi volontiers que les sommes payées à ce commis variaient entre dix et trente piastres par jour, tel qu'affirmé, mais que pas un sou de cet argent ne lui avait été payé pour d'autre ouvrage que celui fait en dehors des heures du bureau, c'est-à-dire après quatre heures et demie de l'après-midi et avant neuf heures du matin.

Lorsque je fis remarquer au témoin qu'il y avait déjà là quelque chose de répréhensible, il me répondit qu'il l'ignorait; qu'il pensait que le temps d'un employé du gouvernement, en dehors des heures de bureau, appartenait à cet employé, et qu'il pouvait en retirer tout le bénéfice possible si quelqu'un jugeait à propos de profiter de ses connaissances et de ses services. M'étant enquis de la raison pour laquelle on avait payé de si fortes sommes pour ce travail, le témoin me dit que l'affluence des affaires au bureau du commissaire de l'or était telle qu'il était impossible que l'on prît connaissance de leurs affaires durant les heures de bureau, et qu'ils avaient eu recours aux services de cet employé pour les expédier; et il ajouta: "Ces sommes paraissent considérables, mais il était avantageux de les payer, parce que nous pouvions ainsi expédier nos affaires avec plus de célérité, ce qui attirait la clientèle à nos bureaux, et cet arrangement nous était profitable."

Quelques jours avant cette conversation l'employé en question avait quitté le pays.

Autre exemple :—Un jour, une dame vint à mon bureau en proie à une grande agitation et me dit qu'un monsieur de sa connaissance, qui était sur le point de prendre passage sur un des derniers bateaux en partance, avait payé une certaine somme d'argent à l'un des commis du bureau du commissaire de l'or pour un ouvrage qui entrait dans ses attributions officielles, et se vantait d'avoir réussi à corrompre l'employé. Cette dame était vexée d'avoir dû, par suite des affaires considérables que nous avions à traiter et de la foule qui assiégeait sans cesse mon bureau, attendre plusieurs jours pour y être admise. Lorsqu'elle me fit sa plainte, je lui demandai si elle connaissait le nom du commis ; elle me dit que non. J'envoyai aussitôt mon secrétaire avec cette dame au steamer sur lequel devait prendre passage le monsieur en question, avec instruction de s'enquérir de ce qui en était de cette rumeur, et au cas où elle serait vraie de venir immédiatement m'en informer, afin que je pusse faire une enquête avant son départ. Ils arrivèrent au bateau à temps, et elle désigna celui qui, disait-elle, lui avait fourni le renseignement. Mon secrétaire l'ayant interrogé, ce dernier nia avec indignation les faits et déclara n'avoir jamais donné de tels renseignements à cette dame. Quelques minutes après, elle vint me voir, s'excusa de son importunité et me dit, les larmes aux yeux, "qu'après ce qui venait de se passer elle ne croirait plus à la parole d'un homme".

Avant de clore mes observations sur ce sujet, je dois mentionner une accusation d'une nature bien plus grave qui fut portée contre M. Albert Hurdman dans le cours de novembre. Un homme, que nous désignerons par la lettre "L", vînt à mon bureau et m'informa qu'une personne que nous nommerons "M" lui avait dit, dans une conversation qu'ils avaient eue le matin, que lui "M" avait agi collusoirement avec M.

Hurdman et obtenu de ce dernier des renseignements qui lui avaient permis d'acheter certaines propriétés de grande valeur. Je demandai immédiatement à "L" s'il était prêt à me donner une déclaration solennelle à cet effet. Sa réponse fut : " Oui ". J'en dressai une de suite, la lui fis signer et en envoyai une copie à M. Fawcett, qui était alors commissaire de l'or, avec une lettre lui demandant de donner à M. Hurdman communication de cette déclaration solennelle.

M. Hurdman repoussa avec indignation l'accusation et vint à mon bureau pour expliquer sa conduite (offrant de le faire sous serment). Aussitôt après son départ, " M ", ayant appris ce que j'avais fait, vint au bureau et répudia de la manière la plus solennelle les faits allégués, déclarant qu'il n'avait aucun rapport avec Hurdman; qu'il n'avait eu de Hurdman que les renseignements que tout autre citoyen aurait pu en obtenir et qu'il était prêt à le jurer. Etant très occupé dans le moment, je dis à " M " de repasser et que je recevrais sa déclaration ainsi que celle de M. Hurdman.

Avant que j'eusse le temps de voir à cette affaire, le commissaire de l'or eut à juger une cause dans laquelle " M " était témoin. Au cours de son témoignage " M " déclara que trois personnes avaient des intérêts dans un certain claim, et, contraint de nommer ces personnes, il mentionna Hurdman comme étant l'une d'elles.

Le commissaire de l'or m'amena " M " et me dit ce que ce dernier avait affirmé sous serment. Je demandai à M. " M " pourquoi quelques jours auparavant il avait nié ces faits, et sur mes sollicitations de me donner une réponse catégorique il déclara qu'il jurerait qu'il n'y avait pas collusion entre Hurdman et lui. Il donna une explication très incohérente, mais persista à dire qu'il n'y avait aucune collusion entre eux et qu'il avait donné à Hurdman un tiers dans ce claim pour le bien disposer à son égard,—ajoutant qu'il ne l'en avait pas informé et qu'il n'avait pas l'intention d'agir de la sorte à l'avenir. Il croyait, dit-il, qu'il était de bonne politique de s'assurer ainsi la bienveillance de M. Hurdman. Je suspendis sans délai M. Hurdman jusqu'à ce que l'affaire fut éclaircie. On donna à M. Hurdman quelques jours pour préparer sa défense, et il prétendit que l'acte de transport à lui fait d'un tiers dans le claim lui avait été remis avec d'autres papiers, qu'il ignorait qu'on préparât ce document, et que s'il l'eût su il n'eût pas accepté; et qu'aussitôt qu'il eût reçu cet acte de transoprt et en eût pris connaissance, il l'avait brûlé.

Les archives du bureau ne mentionnent pas qu'un document de cette nature ait été enregistré. Un des commis, appelé à rendre témoignage, corrobora en partie la déclaration de M. Hurdman et déclara que le soir du jour où cet acte de transport avait été remis à M. Hurdman, celui-ci avait traité la chose comme une plaisanterie et lui avait dit qu'il avait brûlé le document.

La preuve faite par les deux témoins entendus dans la cause soumise au commissaire de l'or établissait que l'acte de transport avait été fait en faveur de Hurdman et lui avait été remis; mais ces témoins étaient certains que Hurdman n'avait été partie à aucun arrangement; ils avaient cru tout bonnement qu'il serait utile de s'assurer de ses bonnes grâces, et ils avaient agi en conséquence.

Ces témoignages corroboraient les dires de M. Hurdman, et conséquemment l'accusation portée contre lui tomba d'elle-même, faute de preuve établissant qu'il y eût fraude ou intention de fraude de sa part. M. Hurdman fut donc réinstallé.

Je dois dire que M. Hurdman a tout récemment donné sa démission.

C'est là l'accusation la plus grave qui m'ait été soumise jusqu'à ce que la commission royale eût commencé à siéger. Je vous parlerai plus loin des travaux de la commission.

Pour apaiser autant que possible l'irritation et le mécontentement qui régnaient, je jugeai qu'il était de mon devoir, dans la mesure de mes attributions, d'éclaircir tous les cas qui m'étaient soumis, tout insignifiants qu'ils pussent être, car bien que sans importance à mes yeux, ils en avaient beaucoup pour ceux qui avaient fourni les renseignements, et je dois dire que jusqu'à présent on n'a pu rien prouver dans aucun cas; de fait, la plupart du temps, lorsqu'on remontait à la source des plaintes, on constatait qu'elles n'étaient appuyées que sur des racontars, et que ceux ou celles qui les faisaient se servaient du nom d'autres personnes comme de paravents, quoique ces dernières ne connussent souvent rien de l'affaire.

Il devint bientôt évident que, quelque malhonnêteté qu'il pût y avoir dans le bureau, il en existait énormément au dehors. Je constatai que certains individus réussissaient à obtenir l'enregistrement de claims par des moyens irréguliers et même criminels. Il arrivait souvent que des gens faisaient enregistrer au bureau du commissaire de l'or des claims qu'ils n'avaient jamais vus, quoique, dans l'affidavit qui accompagnait leur demande, ils jurassent qu'ils avaient eux-mêmes jalonné les terrains qu'ils désiraient obtenir. Grand nombre de personnes à Dawson n'avaient aucun respect pour cet affidavit, et ne s'inquiétaient pas plus de se parjurer de cette manière que de saluer un camarade sur la rue. Il est souvent arrivé que des personnes sont allées au bureau du commissaire de l'or pour y obtenir des renseignements, et que ces renseignements obtenus elles ont visité certaines parties du pays, y ont localisé des claims, puis sont revenues au bureau du registrateur pour les faire enregistrer, et là ont constaté que quelqu'un les avait déjà fait enregistrer, quoique, lorsqu'elles avaient visité les lieux, il n'y eût aucun indice que d'autres y fussent allés. On ne put découvrir comment cela était arrivé. La seule explication plausible fut qu'un employé du bureau aurait fourni des renseignements qu'il n'aurait pas dû donner, et que quelqu'un aurait appris que certains terrains étaient vacants, en aurait connu les dimensions et se serait présenté au bureau avec l'affidavit établissant qu'il avait jalonné les terrains en question, et qu'il aurait alors fait enregistrer ces claims.

Ces faits portèrent naturellement le public à croire que les fonctionnaires du bureau du commissaire de l'or étaient corrompus. L'exiguité du bureau du commissaire, qui rendait tout secret impossible est, je crois, la cause principale de cet état de choses. La foule se pressait dans le bureau et il était facile pour tous d'entendre les réponses données à toutes les questions; ces réponses étant entendues par beaucoup d'autres personnes que celle à laquelle elles étaient destinées, il arrivait que quelques heures plus tard l'une d'elles revenait au bureau et faisait enregistrer les terrains dont la description avait été donnée, pendant que celle qui avait demandé des renseignements dans le but de localiser convenablement ces terrains était en route pour s'y rendre. Le fonctionnaire ne pouvait évidemment savoir que la personne qui avait fait enregistrer le claim se parjurait, mais le public ne voulait pas admettre qu'il pût l'ignorer, et l'on était généralement d'opinion que le claim avait été obtenu avec sa connivence.

Dans certains cas, des hommes furent envoyés par certaines gens pour localiser des claims sur des creeks, ce qu'ils firent conformément aux règlements; puis ils revinrent à Dawson et rapportèrent à ceux qui les avaient employés qu'ils avaient jalonné des claims et mis des noms sur les jalons. Les personnes dont les noms avaient été ainsi inscrits allèrent au bureau du commissaire de l'or et firent enregistrer leurs claims, quoiqu'elles ne soient ajmais allées sur le terrain.

On me cita plusieurs exemples de ce genre, et je m'efforçai sans retard de me procurer des renseignements suffisants pour me permettre de porter une accusation de parjure contre tous les coupables; mais il me fut impossible, excepté dans un cas, d'obtenir de preuves assez fortes pour me justifier de porter l'accusation.

Dans le cas exceptionnel dont je viens de parler il s'agissait de claims situés sur un tributaire du creek Twelve-mile, lequel se jette dans le Yukon à environ dix-huit milles de Dawson, sur le côté droit. Ce tributaire avait été, paraît-il, jalonné presque d'un bout à l'autre par trois hommes; un ou deux de ces hommes revinrent à Dawson avec une liste de claims et des noms de personnes qui y avaient été inscrites, et ils firent enregistrer presque tous les claims en faveur de ces personnes. J'employai un agent de la sûreté pour découvrir les faits se rapportant à ce cas et travaillai de concert avec lui depuis le commencement de novembre jusqu'au mois de janvier avant d'obtenir assez de renseignements pour nous justifier de faire une arrestation. Environ soixante individus étaient impliqués dans cette affaire, et comme nous désirions tout d'abord sévir contre les chefs, treize arrestations furent opérées. Les prévenus furent détenus en attendant leur procès sur accusation de parjure et sur celle d'avoir obtenu frauduleusement l'enregistrement de claims. Comme la décision en cette affaire devait être des plus importantes, on prépara la procédure avec grand soin et rien ne fut négligé pour obtenir une condamnation dans le cas où l'accusation serait prouvée.

Deux de ces individus subirent leur procès; l'un fut acquitté par les jurés parce que la preuve n'avait pas suffisamment établi sa culpabilité; dans l'autre cas, les jurés ne s'entendirent pas, quoique la preuve fût concluante, et la cause fut renvoyée aux assises suivantes, alors que de nouveau les jurés ne s'entendirent pas. La preuve dans ce second procès ayant été des plus évidente, on jugea qu'il serait inutile de faire le procès des autres individus, attendu que nous ne pourrions réunir de jurés qui les condamneraient.

Quelques-uns des prévenus s'étant reconnus coupables de parjure et ayant admis le bien fondé des accusations portées contre eux, les autorités judiciaires et moi, après consultation, en vînmes à la conclusion que nous avions atteint notre but, c'est-à-dire, que nous avions établi qu'il y avait eu parjure et que nous avions eu raison de faire opérer des arrestations et de poursuivre les auteurs de ce crime.

Il fut décidé de discontinuer les poursuites, vu que ce serait une perte de temps et d'argent. Les individus qui s'étaient reconnus coupables furent condamnés à une légère amende pour la raison qu'ils avaient avoué leur culpabilité, et aussi parce qu'ils ne pouvaient trouver de cautions et qu'ils avaient été détenus longtemps en prison. Il n'est pas douteux pour moi, non plus que pour les officiers de la loi, que ces faits se répètent actuellement; mais il est à peu près impossible, au point où nous en sommes à Dawson, d'obtenir une condamnation.

BUREAU DE POSTE.

A mon arrivée à Dawson, je trouvai le département des postes dans une condition assez singulière. La bâtisse qui servait de bureau de poste avait été obtenue de Messieurs McDonald et Morrison, par mes prédécesseurs. Ces messieurs n'exigeaient aucun loyer, mais il avait été stipulé qu'ils pourraient reprendre possession de la maison en donnant un avis de vingt-quatre heures, ce qui nous mettait dans l'embarras. Je me mis sans retard en quête d'une bâtisse convenable, vu que Messieurs McDonald et Morrison m'avaient assuré qu'ils avaient besoin de la leur et avaient exprimé le désir que nous en sortîmes, mais sans insister. Il me fut impossible de trouver dans le temps une maison de dimension convenable, et après plusieurs entrevues avec M. Morrison (un des associés), je parvins à louer la bâtisse pour un an à raison de $1,000 par mois. Aussitôt le bail passé, des mesures furent prises pour mettre la maison en état de répondre aux besoins du service des postes en cet endroit. On y disposa environ seize cents casiers et boîtes faites avec le bois et les matériaux qu'on put alors se procurer. Inutile d'ajouter que ces casiers étaient assez grossièrement faits. Dès qu'ils furent terminés, on les mit en place, et le service des postes commença de suite à s'améliorer, au point que seules les personnes qui avaient été à Dawson avant cette époque étaient en état de l'apprécier.

Nous étions en voie de rendre le service des postes très satisfaisant, et déjà les journaux avaient, à plusieurs reprises, parlé de nos travaux avec éloge, quand éclata le grand incendie du 24 octobre ; le bureau de poste fut une des nombreuses bâtisses incendiées. Heureusement, on put sauver toutes les lettres, ainsi que l'ameublement, mais ce dernier fut considérablement avarié. Il devint dès lors absolument nécessaire de construire un bureau de poste ou de se procurer une autre maison. A cette époque de l'année il était à peu près impossible, faute de bois, d'en construire une ayant les dimensions nécessaires. Les propriétaires de la maison dont j'occupais une partie en qualité de commissaire, et dans laquelle se trouvaient les bureaux du contrôleur et de mon secrétaire, ainsi que mon logement, étaient disposés à louer l'autre moitié. Nous louâmes donc cette autre moitié de la maison, et le 16 nous commençâmes à emménager et à installer le bureau de poste. M. I. J. Hartman, le nouveau maître de poste, arriva le 17 au matin, et entra en charge immédiatement. En parcourant son rapport (ci-annexé) vous verrez de quelle manière il jugea la situation, et bien qu'étant à l'étroit, nous pouvons affirmer avec raison que, dans les conditions présentes, le service des postes est très satisfaisant. En tenant compte du fait qu'il y a ici et aux alentours une population de 20,000 adultes, dont plusieurs ont une correspondance considérable avec l'extérieur, et que le seul bureau de poste qu'il y ait dans le district est à Dawson, nous avons, je crois, le droit de nous féliciter de notre succès.

Nous pouvons affirmer que ce bureau de poste donne autant d'ouvrage que celui d'une ville de 150,000 âmes dans un autre pays, vu qu'il n'y a pas de facteurs pour la distribution comme dans les autres villes, et que tous les habitants du territoire, pour obtenir leur courrier, doivent s'adresser au bureau de poste de Dawson par eux-mêmes ou par leurs représentants.

Il en résulte que durant une journée ou deux après la réception d'un courrier considérable on peut voir une foule d'hommes se tenant à la file sur une distance de plus de cent verges et attendant leur tour pour être servis.

On dit qu'avant mon arrivée (et je le crois) des hommes se sont tenus à la file trois jours durant sans pouvoir pénétrer dans le bureau. Je puis dire qu'aujourd'hui personne n'a à attendre plus de deux ou trois heures, et encore seulement quand arrive un courrier volumineux. Vu l'exiguité du bureau de poste il faut, après l'arrivée des malles-poste, le tenir fermé environ une journée et mettre tout le personnel au triage. On se plaint de la chose et non sans raison, car des gens qui viennent de claims éloignés sur les creeks pour chercher leur courrier et qui sont obligés de séjourner à Dawson, où il leur faut dépenser de $3 à $10 par jour, en sont naturellement mécontents, et quoique le public en général soit disposé à accorder, je crois, justice à qui de droit, il arrive parfois, en ces circonstances, qu'il exprime ouvertement son mécontentement.

J'espérais que nous aurions un bon bureau de poste au commencement de cette année, mais la confection de routes et la construction d'édifices publics ayant été confiées au ministère des Travaux publics, il s'en est suivi un retard inévitable ; d'après ce que m'a dit M. Charleson, surintendant des travaux publics dans le Territoire du Yukon, nous ne pouvons espérer occuper un édifice avant le mois de mai prochain. C'est un désappointement. Cependant, il semble impossible d'y remédier, et il nous faut accepter de bonne grâce la situation ; je vais tâcher de profiter des moyens à notre disposition pour maintenir le service des postes dans un état aussi satisfaisant que possible en y opérant des améliorations partout où la chose pourra se faire, en attendant qu'un édifice convenable soit terminé.

BUREAU DU COMMISSAIRE DE L'OR.

A mon arrivée, la petite bâtisse occupée par le personnel du commissaire de l'or servait aussi de bureau au régistrateur du Territoire et au comptable.

Aussitôt que les bâtisses que j'avais louées furent disponibles, le registrateur prit possession de ses nouveaux bureaux, et le contrôleur s'installa dans la bâtisse avec moi ; après le départ du régistrateur et du contrôleur, ainsi que de leur personnel, le commissaire de l'or se trouva moins à l'étroit dans son bureau. Les registres n'étaient pas dans des conditions favorables pour l'efficacité du service. Personne n'était en faute, et ce n'est pas mon intention de jeter le moindre blâme sur qui que ce soit dans le Territoire. On conviendra, je crois, que c'est une tâche prodigieuse que d'administrer les intérêts miniers dans le Territoire du Yukon aux alentours de Dawson, si nous tenons compte du nombre de claims enregistrés à Dawson et du nombre plus grand encore de transports, cessions et hypothèques qu'il faut examiner à propos de ces claims.

A son arrivée en juin 1897, M. Fawcett avait constaté qu'il y avait moins de huit cents claims enregistrés. Il y en avait, lorsque j'arrivai en septembre 1898, au delà de dix-sept mille, sans compter que sur un grand nombre de claims il y avait plusieurs actes de transport; on en comptait jusqu'à quarante sur un claim. Dans un cas on avait enregistré un soixante-douzième de part dans un claim. Je ne veux pas dire que ce claim était divisé en soixante-douze parts distinctes et séparées, mais dans le cas qui nous occupe il y avait, je crois, quarante documents enregistrés concernant ce claim.

Ces chiffres peuvent donner une idée de la lourde tâche qu'avaient à remplir le commissaires de l'or et son personnel, et lorsque nous songeons aux moyens très limités qu'ils avaient à leur disposition et à la condition peu avantageuse de leurs bureaux, il faudra bien reconnaître qu'il était impossible qu'il n'y eût pas de confusion et d'embarras. Je crois pouvoir affirmer en toute sûreté que, dans les circonstances, l'enregistrement des claims se fait ici avec moins de confusion que partout ailleurs.

Aussitôt que possible après mon arrivée, jemployai des surnuméraires pour mettre les registres en bon ordre afin qu'ils pussent être consultés par le public. Un certain nombre de commis durent y travailler le soir, attendu que, le jour, les employés du bureau en avaient constamment besoin pour y enregistrer les nouveaux claims et y faire les recherches nécessaires à l'enregistrement des cessions, hypothèques et autres documents. On tenait un registre aussi bien que possible pour l'usage du public, mais quand il fut rempli on s'aperçut qu'il pêchait sur plusieurs rapports, et particulièrement en ce que les actes de transports, d'hypothèques, etc., n'y avaient pas été enregistrés au fur et à mesure qu'ils s'étaient produits. La cause en est que les commis qui recevaient ces documents n'avaient pas le temps de les enregistrer. Ils recevaient simplement ces documents et donnaient quittance pour l'honoraire payé. L'enregistrement de ces actes aurait exigé les services d'un plus grand nombre de commis, ce qui était impossible, vu l'exiguité du local. Nous ne pouvons mettre les commis dans des bâtisses différentes sans retarder le service, attendu que, dans le temps où ils enregistraient des documents dans un bureau, on pouvait avoir un besoin pressant des registres dans un autre bureau. Je discutai cette question longuement avec le commissaire de l'or, et nous en vînmes à la conclusion que notre seule ressource était de faire exécuter l'ouvrage, le soir, par des employés surnuméraires. Comme je l'ai dit plus haut, c'est ce qui fut fait.

Peu de temps après mon arrivée, je reçus avis que M. Edmund C. Senkler venait remplacer M. Fawcett en qualité de commissaire de l'or. Par suite de contretemps, cependant, ce monsieur n'arriva que vers le 6 décembre, ayant fait une grande partie du trajet au milieu de glaces en dérive. Après son arrivée, il fut décidé entre nous qu'il s'occuperait, pendant deux ou trois semaines, à connaître le pays, à visiter les mineurs, s'enquérir de leurs besoins et à se mettre au fait des affaires du pays avant que d'entrer en fonctions; qu'après s'être familiarisé avec l'état des choses et les fonctions qu'il aurait à remplir, il remplacerait peu à peu M. Fawcett, qui lui laisserait le champ libre, à mesure que le nouveau commissaire se rendrait maître des exigences de la situation.

On a raison de dire que les registres, tout en n'étant pas aussi bien tenus qu'ils pourraient l'être, le sont autant que le permettent les moyens à notre disposition.

Durant l'hiver qui suivit l'entrée en fonctions de M. Senkler, il fut constaté que les matériaux nécessaires à l'enregistrement des documents manquaient complètement, et qu'il était impossible de se les procurer à Dawson. Les blancs et les cahiers indispensables avaient été commandés à Ottawa, mais ils n'arrivèrent qu'après l'ouverture de la navigation au printemps, ce qui veut dire qu'ils ne nous parvinrent que vers le milieu de juin. Depuis lors les commis ont travaillé sans relâche sous les ordres de M. Pattulo, greffier des archives, à mettre tout en ordre, de manière à ce que les affaires se fissent avec promptitude et à la satisfaction du public. Je puis dire que M. Pattullo s'est montré fonctionnaire intelligent, soigneux et actif, et je n'ai aucun doute que d'ici à quelques semaines nous pourrons prétendre avec raison que les registres sont aussi bien tenus à Dawson que dans n'importe quel autre bureau du pays. Et ce n'est pas peu dire, si l'on tient compte du très grand nombre de documents qui passent par nos mains.

BESOINS DU BUREAU DU COMMISSAIRE DE L'OR.

J'ai dit précédemment qu'il y avait bien des lacunes dans ce bureau. Le personnel est présentement composé de vingt-deux commis: M. T. D. Pattullo à la tête du département des archives; M. W. H. Martin, des claims de quartz, et M. Oswald S. Finnie, des claims sur le creek Placer. Plusieurs de ceux qui étaient dans le bureau lors de mon arrivée x Dawson, entre autres messieurs Clarke, Craig, Bolton, Hurdman, Muir et McCleland, et autres, ont depuis quitté le service.

Nous sommes d'opinion, le commissaire de l'or et moi, que si nous avions des bureaux plus spacieux et mieux aménagés, nous pourrions nous dispenser des services de plusieurs employés, et que l'ouvrage se ferait tout aussi bien. Nous espérons, naturellement, qu'il en sera ainsi quand les nouveaux bureaux seront terminés. Il est essentiel d'avoir dans un bureau une voûte à l'épreuve du feu pour y mettre en sûreté les documents enregistrés. S'il fallait qu'un incendie se déclarât, aujourd'hui, et que tous les documents fûssent détruits, il en résulterait un désordre épouvantable. Je vous ai déjà demandé d'expédier les matériaux nécessaires pour la construction d'une voûte à l'épreuve de feu, dans laquelle les documents du bureau du commissaire de l'or seraient en sûreté en cas d'incendie. Nous devons nous contenter pour le présent de la protection que nous offre la présence d'une sentinelle chargée de surveiller la "Bank of Commerce", voisine du bureau du commissaire de l'or, et qui surveille en même temps ce dernier bureau. Cette sentinelle est tenue, dans le cas d'incendie, de donner l'alarme aux gens du voisinage aussi promptement que possible.

On a grandement besoin, dans le bureau du commissaire de l'or, d'un sous-commissaire qui donnerait les renseignements demandés, répondrait au public et participerait à l'ouvrage général du bureau. Il n'est pas à désirer que des commis fassent cette besogne avant de posséder à fond l'esprit des règlements et d'être au fait des décisions qui ont été rendues lorsque des contestations sont survenues sur le sens et la portée de ces règlements. Ce sont là présentement les attributions du commissaire de l'or, mais comme les septhuitièmes de son temps sont absorbés à juger des causes contestées, il ne peut que rarement donner ses services au public pour les choses dont nous venons de parler. Il s'ensuit qu'une grande partie de cet ouvrage retombe sur moi et qu'il faut éviter avec soin de donner une opinion qui ne s'accorde pas avec celle du commissaire de l'or.

Dans tous les cas où l'on me consulte, je prends en note ce qui m'est demandé, et après en avoir conféré avec le commissaire de l'or, je donne l'information ou le conseil demandé; ce qui occasionne très souvent des retards considérables. Bien entendu que, lorsque les décisions rendues par le commissaire de l'or dans des cas semblables me sont connues, je donne l'information de suite, mais on peut dire que bien peu de cas présentent la même physionomie. Je suggérerais donc qu'un sous-commissaire fût nommé aussitôt que possible pour nous libérer, le commissaire et moi, de ces fonctions importantes.

Après mon arrivée à Dawson, la foule qui assiégea mon bureau pour obtenir des conseils et des renseignements était si grande qu'il me restait peu de temps pour faire autre chose; il s'agissait, la plupart du temps, de questions concernant les registres et d'affaires de routine. Je cherchai donc dans mon entourage une personne ayant les connaissances nécessaires pour remplir cette charge, et je trouvai que M. Henri Martin possédait les qualités requises. M. Martin est Canadien-français d'origine, mais il a vécu dans le nord-ouest du Canada si longtemps qu'il possède l'anglais dans toute sa pureté et entend parfaitement le français. Je le nommai commis aux renseignements (*inquiry clerk*), chargé de répondre aux demandes d'information; je l'avertis en même temps d'être très prudent dans ses réponses et de ne jamais donner une opinion ou un conseil sur des qustions contestables, ou d'exprimer son avis sur le sens des règlements. Je puis dire qu'il suivit bien mes instructions et remplit la position d'une manière très satisfaisante jusqu'à l'époque où l'on jugea à propos de lui confier la charge des registres des claims de quartz. Il fut remplacé par M. Pacaud, un autre Canadien-français. Le personnel se compose actuellement de dix-neuf commis anglais et de trois commis canadiens-français.

BUREAU DU REGISTRATEUR.

Le bureau du registrateur comprend le registrateur, M. J. E. Girouard, et son greffier, M. Richard, tous deux Canadiens-français. M. Richard est entré au bureau l'automne dernier, peu de temps après mon arrivée, comme employé temporaire, et y est depuis demeuré attaché. Vu que le pays ne fait que commencer à se développer, il n'y a encore que peu d'ouvrage à faire dans ce bureau, mais viendra un temps où il y en aura beaucoup plus qu'à présent.

Au moment où j'écris, M. Girouard est en congé d'absence de trois mois.

BUREAU DES BOIS ET TERRES DE LA COURONNE.

A mon arrivée, je trouvai M. J. W. Willison en charge du bureau des bois et terres de la Couronne, avec M. T. D. McFarlane comme adjoint. Peu de temps après, M. McFarlane demanda un congé d'absence pour aller dans sa famille, et il lui fut accordé. Il n'est pas encore de retour.

J'avais avec moi trois commis qui devaient faire partie du personnel de ce bureau: M. George Layfield, M. W. H. Montgomery et R. C. Conklin; M. Duncan McRae, qui devait remplir les fonctions d'inspecteur des bois, et M. F. Beauchêne celles de garde-forestier.

Peu de temps après mon arrivée à Dawson, j'appris que M. F.-X Gosselin avait été nommé agent des bois et des terres de la Couronne, et qu'il entrerait en fonctions aussitôt après son arrivée. Il accompagna M. Senkler durant la première partie du voyage, mais, ayant été retardé par les intempéries de la saison, il n'arriva que le 11 janvier 1899.

Il consacra quelques jours à étudier les conditions du pays et à se mettre au fait des affaires de la localité avant de prendre charge de son bureau. M. Willison et M. Gosselin dirigèrent ensuite ensemble les affaires du bureau jusqu'au 24 juin, alors que M. Willison, qui avait sollicité un congé d'absence, partit pour aller voir sa famille dans l'est.

M. Gosselin a fait preuve de beaucoup de zèle et de talent dans son administration du bureau des bois et des terres de la Couronne, et il donne satisfaction à tous ceux qui ont des rapports avec lui.

Je jugeai nécessaire de retenir les services d'un dessinateur pour ouvrages du ressort de ce bureau, ainsi que pour les demandes de droits hydrauliques, et à cette fin j'employai, pendant un certain temps de l'hiver, un jeune homme du nom de Henry Tobin ; ce travail ne lui plaisant plus, il demanda à changer d'emploi, ce qui lui fut accordé. Sur sa demande, on le préposa à la perception des droits régaliens. Il y a quelque temps, j'ai trouvé un dessinateur pour le bureau des bois et terres de la couronne : M. Wilfrid Thibaudeau. Celui-ci est maintenant occupé à dresser, sur une échelle convenable, un plan des terrains demandés pour opérations minières hydrauliques et canaux creusés dans le roc ; aussitôt ce travail terminé, je lui ferai préparer les plans des terrains demandés pour les claims de quartz. La confection de ces plans est absolument nécessaire pour pouvoir s'occuper de ces demandes d'une manière convenable et expéditive.

BUREAU DU CONTROLEUR.

Le bureau du contrôleur est en la charge de M. T. Lithgow, qui a comme commis M. Thomas H. Hinton.

Il serait superflu pour moi de le complimenter sur la manière dont il a géré les affaires de son bureau, étant persuadé que les autorités à Ottawa ont la preuve que c'est un homme ayant toutes les qualités requises pour remplir les fonctions qui lui sont assignées.

GENDARMERIE A CHEVAL DU NORD-OUEST.

La gendarmerie à cheval du Nord-Ouest, sous le commandement du lieutenant-colonel S. B. Steele, a maintenu ses traditions de troupe efficace et utile.

Il m'est inutile de parler de l'officier commandant, vu que sa réputation s'étend sur tout le continent américain ; mais je puis dire que la gendarmerie sous ses ordres a une vaste carrière à remplir, de nombreux services à faire et d'immenses intérêts à protéger, et quand j'ajoute que cette carrière a été remplie, ces services accomplis et ces intérêts protégés d'une manière digne de tout éloge et avec la plus grande efficacité possible, je proclame simplement ce qui est connu de tous dans le Territoire.

La gendarmerie a été d'une grande utilité pour le service de la poste l'hiver dernier. Les steamers naviguant sur la rivière ont transporté les courriers à des intervalles irréguliers pendant l'été ; le dernier steamer chargé pour le dehors quitta Dawson vers le milieu d'octobre, et depuis ce temps jusqu'à la fin de novembre il fut impossible d'expédier de Dawson aucun courrier tant soit peu considérable. Quelques lettres par-ci par-là furent apportées par des gens qui descendaient la rivière avec la glace en courant de grands dangers, mais il était à peu près impossible d'envoyer des lettres pendant que la rivière charriait des glaces, à moins de les confier à des hommes qui devaient les transporter par terre ; il y eut peu de personnes qui s'offrirent à tenter l'entreprise et il y en eut encore moins qui réussirent.

Depuis le départ du premier courrier pour l'extérieur jusque vers le milieu de l'hiver un service de poste bi-mensuel fut fait par la gendarmerie, aller et retour. On avait pensé que l'entrepreneur de la poste ferait aussi un service bi-mensuel, et des mesures paraissent avoir été prises pour cela, mais cette partie du contrat ne fut jamais exécutée. Il avait été entendu que le service de la gendarmerie alternerait avec celui de l'entrepreneur, ce qui aurait assuré à Dawson un courrier hebdomadaire, mais il devînt bientôt visible que l'entrepreneur allait manquer complètement à ses engagements, et aussitôt qu'on en fut bien convaincu, la gendarmerie entreprit de faire un service hebdomadaire. Ce service fut exécuté par la gendarmerie dans à peu près les mêmes conditions que la "poste de la Compagnie de la Baie-d'Hudson" (ainsi qu'on l'appelait) l'était dans les commencements du Manitoba et du Nord-Ouest. Le transport se faisait de poste en poste au moyen de relais d'hommes et de chiens qui n'arrêtaient jamais à un poste plus que quelques minutes ; les ordres portaient qu'on ne devait pas y rester plus de vingt minutes lorsque la température le permettait. Il est arrivé plusieurs fois que le courrier a été transporté de cette manière entre Dawson et Skaguay (distance d'au delà de six cents milles) par la gendarmerie en moins de six jours. Ce que je viens de dire ne peut donner au lecteur ordinaire une idée de la tâche prodigieuse que ces hommes avaient à remplir. Durant les premiers mois de l'hiver la surface inégale de la glace rendit la route pénible, les tourbillons de neige furent fréquents, et les longues nuits d'hiver qui couvrent presque toutes les vingt-quatre heures rendirent le trajet difficile et ennuyeux. Ceux qui connaissent le pays comprennent la difficulté de cette tâche et éprouvent du respect pour les hommes qui l'ont accomplie ; quant à ceux qui ne le connaissent pas, il serait difficile de la leur faire apprécier.

Je crois qu'il serait de l'intérêt public de confier à la gendarmerie à cheval du Nord-Ouest, du moins tant qu'elle sera dans le Territoire, le transport des malles durant l'hiver, vu qu'elle peut s'acquitter de ces fonctions à la satisfaction de tous et avec profit pour le pays. La gendarmerie est une organisation militaire, et elle peut promptement arrêter et faire punir les criminels qu'elle trouve sur la route en quelque endroit et en quelque temps que ce soit, tandis que, avec le mode des contrats, la chose n'est guère possible, attendu que dans l'exécution d'un contrat il entre nombre de considérations qu'il est inutile de détailler ici et qui sont un obstacle à l'accomplissement d'un service de poste aussi complet et aussi efficace que celui exécuté par la gendarmerie à cheval du Nord-Ouest. En outre, celle-ci doit obéir à des ordres, tandis qu'il n'en est pas absolument de même pour les civils.

BUREAU DE POSTE.

Le bureau de poste est actuellement dirigé par M. I. J. Hartman, qui a onze commis sous ses ordres.

L'établissement d'un service de mandats-poste sous la direction de M. Fraser McDonald est d'un grand avantage pour le public. Il était très nécessaire ici, et il donne beaucoup de satisfaction.

L'hiver dernier, je demandai au Directeur général des Postes de m'envoyer tout ce qui était nécessaire pour trois bureaux de poste : un aux "Fourches" des creeks Eldorado et Bonanza, devant être connu sous le nom de "Bonanza" ; le deuxième au creek Dominion, devant être appelé "Dominion" ; et le troisième au creek Thistle, devant être nommé "Thistle". J'ai reçu ce que j'avais demandé et nous sommes à installer ces bureaux avec toute l'économie possible ; ils seront d'une grande utilité pour les gens qui habitent dans les alentours.

Nous avons amélioré le service de la poste à Dawson en plaçant une boîte aux lettres à Klondike-City, située directement au sud de Dawson, sur la rive gauche de la rivière Klondike, et une autre près de la limite nord de la ville. La levée de ces boites se fait chaque matin et elles sont d'un grand service pour ceux qui résident près de là.

Nous avons besoin, à Dawson, d'un nouveau bureau de poste plus spacieux et mieux aménagé, et si nous en avions un la seule objection qui pourrait être portée contre le service serait le retard apporté dans la transmission des courriers. Il existe des plaintes à ce sujet, mais il paraîtrait que le blâme doit être imputé soit aux autorités postales de Skaguay soit à celles de Bennett, on ne sait pas encore exactement auxquelles. On pourrait prétendre que ce retard était dû à la condition imparfaite des transports entre Skaguay et Bennett, mais maintenant que le chemin de fer est terminé entre ces deux endroits, j'ai lieu de croire qu'il n'y aura pas de ce chef beaucoup de plaintes à l'avenir.

En dehors de la région de Dawson, un bureau de poste a été établi à Selkirk, auquel on a donné le nom de "Pelly"; et il devrait aussi y en avoir un à White-Horse.

ADMINISTRATION DE LA JUSTICE.

Les causes de peu d'importance sont jugées par les officiers de la gendarmerie à cheval du Nord-Ouest, lesquels remplissent les fonctions de juges de paix et disposent des causes qui sont du ressort de l'administration de la justice.

En cour Supérieure nous avons l'honorable juge Dugas, qui arriva à Dawson en octobre dernier en entra immédiatement en fonctions. Il remplace M. le juge McGuire, de la cour Territoriale du Nord-Ouest, qui vint au Yukon en février 1898 et y demeura jusqu'en juillet. On me dit que durant cette période il fut très occupé. Les causes s'étaient accumulés entre l'arrivée du commissaire de l'or, M. Fawcett, et celle de M. le juge McGuire, et ce dernier en jugea un grand nombre, mais il en restait beaucoup lorsque M. le juge Dugas arriva, et il en reste encore.

Ces deux messieurs remplirent leurs fonctions avec zèle et assiduité; mais il est impossible à un seul homme d'expédier toutes les affaires du Territoire du Yukon, et je demanderais avec instance qu'un autre juge fût envoyé dans le pays aussitôt que possible.

Dès que M. le juge Dugas fut arrivé et que le Conseil du Yukon (dont il fait partie) fut constitué, plusieurs ordonnances d'intérêt local, en grande partie rédigées par ce monsieur, furent promulguées. Je puis dire que ces ordonnances ont été préparées pour faciliter les affaires locales et rendre plus expéditive l'administration de la justice.

AVOCAT.

L'avocat, M. W. H. P. Clement arriva à Dawson le 11 janvier 1899, en compagnie de M. Gosselin, agent des bois et terres de la Couronne, et entra immédiatement en fonctions. Il prépara les documents concernant les affaires publiques, rédigea les ordonnances et remplit les fonctions indiquées dans l'arrêté du conseil définissant les attributions de ce fonctionnaire dans le Territoire.

Au commencement de juin 1899, il fut jugé à propos d'envoyer M. Clement à Ottawa pour conférer avec le gouvernement au sujet des modifications à faire à la loi du Yukon, et le conseiller sur certaines matières concernant le Territoire du Yukon. Par le départ de M. Clement le Conseil du Yukon se trouve à avoir tout juste un quorum, qui se compose de l'honorable juge Dugas, du colonel S. B. Steele et de moi-même.

CONSEIL DU YUKON.

Les pouvoirs de ce conseil, tels que définis par la loi du Yukon, consistent dans le contrôle des affaires, dépenses et recettes du pays. Jusqu'à présent aucune partie du Territoire du Yukon n'a été constituée en corporation quelconque. Le conseil du Yukon doit aussi remplir les fonctions de maire et de conseil municipal de la ville de Dawson, ce qui agrandit la sphère de mes attributions.

Je remplis les charges de maire et d'ingénieur de la ville ainsi que celle de prévôt des incendies, ce qui donne un surcroît considérable d'ouvrage. Pour maintenir le bon ordre dans la ville il faut beaucoup de soins et exercer une surveillance continuelle.

Au nombre des travaux que nous avons eu à faire en notre qualité d'administrateurs des affaires de Dawson se trouve le drainage de la ville. Dawson est situé dans une vallée bornée de deux côtés par de hautes collines dont l'élévation varie entre 300 et 1,900 pieds, et des deux autres côtés par les rivières Yukon et Klondike. Le sous-sol est de gravier reposant sur le lit de roc primitif. Sur ce gravier il y une couche de 8 à 9 pieds de matières végétales à demi décomposées connues ici sous le nom de "muck". Cette couche dégèle, l'été, à une profondeur d'un peu plus d'un pied. L'eau provenant des pluies et de la fonte des neiges et qui descend des collines voisines filtre au travers de la glaise et du gravier qui couvrent leurs flancs et se répand dans la plaine; jusqu'à présent cette plaine était une véritable fondrière, et il était impossible, même aux époques des grandes sécheresses de l'année, d'y passer sans se mouiller si l'on n'avait pas le soin de chausser des bottes de caoutchouc.

Le printemps dernier, le conseil jugea à propos de mettre à ma disposition, en ma qualité d'ingénieur de la ville de Dawson, une somme d'argent pour faire creuser un fossé au pied de la colline et de le faire communiquer avec la rivière Yukon par un nombre suffisant de sorties. Ces travaux ont coûté environ $5,500. L'eau qui tombe de la coline se jette maintenant dans ce fossé et de là dans la rivière. Il arrivait souvent, le printemps, qu'il y avait un pied d'eau sur la plaine, mais aujourd'hui cette eau disparaît, et la plaine est relativement sèche. Le fossé fut creusé en avril pendant que la terre était encore gelée, parce que l'on trouvait qu'il valait beaucoup mieux faire ce travail à cette époque que lorsque le sol serait mou et boueux, vu que l'été, l'eau qui provient de la tourbière adjacente (comme on pourrait l'appeler) détrempe la terre et retarde les travaux en rendant le creusage pénible et peu satisfaisant. C'est pourquoi il fut décidé de creuser les fossés pendant que le sol était encore gelée, et nous nous trouvâmes bien de cette décision, car lorsque l'eau commença à descendre en abondance de la colline, le fossé était prêt à la recevoir et la charria à la rivière.

Depuis, au fur et à mesure que les circonstances l'exigeaient, nous avons pratiqué plusieurs fossés, et nous sommes parvenus, dans un pays où la main-d'œuvre se paie de $5 à $10 par jour, en dépensant un peu plus de $13,000, à assécher Dawson avec un succès que la confiance la plus hardie ne pouvait espérer. Seules les personnes qui ont vu Dawson les années dernières peuvent apprécier les changements qui s'y son opérés.

Afin de donner une idée du travail accompli, qu'on me permette de dire qu'il y a douze mois il était impossible à un attelage de chevaux de passer sur la plaine sans s'embourber dans un endroit ou un autre; aujourd'hui il n'est pas rare de voir passer sur toutes les rues de Dawson des attelages de chevaux traînant des voitures lourdement chargées.

La ville a fait des progrès considérables sous le rapport du pavage des rues et de la construction des trottoirs.

Un pont solide ayant coûté moins de $5,000 a été jeté sur la fondrière qui se trouve sur la réserve du gouvernement près des casernes de la gendarmerie, et un autre sur la même fondrière dans la cinquième avenue ; c'est une commodité considérable pour la ville.

Le mode de paver les rues ici est quelque chose d'unique. Il consiste d'abord à aplanir les inégalités du terrain (couvert de groupes de graminées connues sous le nom de *têtes de nègre* qui s'élèvent à une hauter d'un pied ou environ). On les abat, on les coupe par morceaux et on les étend sur le terrain; on dispose ensuite trois ou quatre rangs de dosses sur une largeur de vingt pieds ou plus au milieu de la rue, et on les recouvre de sciure de bois de trois à six pouces d'épaisseur. On a ainsi un chemin propre et de très bonne apparence; mais quand un incendie se déclare d'un côté de la rue, la matière du pavage est une source de danger pour les bâtisses de l'autre côté de la rue. Avec du temps et de l'argent les rues de Dawson seront recouvertes de gravier, qu'on peut se procurer sur un banc situé à l'embouchure de la rivière Klondike. La situation avantageuse de ce banc nous permet d'obtenir sans difficulté tout le gravier dont nous pouvons avoir besoin pour la pavage des rues de Dawson et des environs, et aussitôt que nos ressources seront suffisantes nous commencerons ces travaux.

Aujourd'hui toutes les maisons de Dawson sont en bois, et presque toutes en bois rond. Il y a actuellement quelques maisons en bâti et un plus grand nombre en voie de construction. Quelques-unes de ces maisons en bâti sont recouvertes de tôle galvanisée. Au moment ou j'écris on commence la construction d'une maison en briques qui sera achevée avant que ce rapport ne soit livré à la publicité.

Nous n'avons à notre disposition pour le chauffage que des poêles, et les tuyaux de poêles sont présentement d'un usage universel ; mais je suis heureux de dire qu'on a trouvé tout près de Dawson de la glaise d'assez bonne qualité pour en faire de la brique, et déjà l'on a fabriqué une quantité considérable de cet article si utile pour la construction. Une autre briqueterie a été commencée à environ deux milles et demi de la ville, en sorte que les habitants de Dawson pourront bientôt avoir des cheminées de briques qui diminueront les risques d'incendie, risques beaucoup plus grands avec les tuyaux de poêle.

Une ordonnance relative aux incendies a été promulguée pour la ville et elle est strictement appliquée.

Jusqu'à présent le bois de chauffage était le seul combustible à Dawson ; mais on trouve le charbon en abondance en plusieurs endroits sur la rivière Yukon, et l'hiver dernier la "North American Trading and Transportation Company" a exploité une des houillières qu'elle a acquises et en a tiré plusieurs milliers de tonnes, et offre maintenant de la houille en vente à Dawson. La même compagnie a importé un grand nombre de poêles à charbon, ce qui me porte à croire que le charbon sera en grand usage l'hiver prochain.

Les membres de la commission géologique et moi-même avons souvent parlé de cette houille dans nos rapports et en avons donné une analyse. C'est un lignite d'une qualité très supérieure contenant une quantité abondante de gaz inflammables et produisant un feu ardent. Il a été fait récemment plusieurs essais de ce charbon avec la pompe à incendie de Dawson. Un des essais que j'ai faits avait pour but de constater sa puissance de production de vapeur.

La pompe fut tenue constamment en opération durant une heure et quarante minutes, les manomètres indicateurs étant disposés pour indiquer un maximum de 120 livres de pression. Nous constatâmes que, excepté quand de l'eau froide était versée dans la chaudière, la vapeur se maintenait à la limite de tension, alors même que la pompe fonctionnait à toute vitesse. Le mécanicien fît l'expérience de lancer un jet d'eau froide dans la chaudière, ce qui eut pour effet de réduire la pression de 120 à 90 livres, suivant le temps pendant lequel il lançait l'eau froide. Quelques minutes après l'arrêt les pompes, la pression remonta à 120 livres. Au bout d'une heure et quarante minutes il fut constaté qu'il n'y avait dans la grille ni cendres ni scories, et pendant tout ce temps il ne fut pas nécessaire de se servir du tisonnier.

Les deux chauffeurs qui opéraient en cette occasion ont vu et employé beaucoup de houille en leur vie; l'un d'eux a servi en qualité de chauffeur sur le chemin de fer du Grand-Tronc pendant dix-huit ans, et il déclare que c'est là un des meilleurs charbons à production de vapeur qu'il ait jamais employé; l'autre, moins âgé, croit que ce charbon produit le feu le plus ardent qu'il ait jamais vu.

Des essais approximatifs ont démontré qu'une tonne de ce charbon produit autant de chaleur que deux cordes et demie de bois. Or, l'hiver dernier le vois valait à Dawson $15 la corde, et le débitage de $3 à $5, en sorte que le bois revenait à $18 et $20 la corde prêt pour le chauffage.

Le gérant de la "North American Trading and Transportation Company" a, je crois, l'intention de placer cet hiver ce charbon sur le marché en petites quantités au prix de vente d'environ $30 la tonne. Des commandes considérables pourront être remplies à meilleur marché. On voit par là qu'il est possible de se procurer l'équivalent d'une corde de bois à raison de $12 à $15 ; en outre, le charbon prend moins de place que le bois, une tonne de charbon ne couvrant que 40 pieds cubes, tandis qu'une corde de bois en couvre 128. De plus, la chaleur que dégage le charbon est plus intense, et de toutes manières l'usage du charbon, tout en étant impérieux, sera d'un grand avantage pour les habitants de Dawson. Je ne serais pas surpris que le charbon se vendrait, l'année prochaine, à Dawson, de $10 à $15 la tonne, vu que les frais des premiers travaux d'exploitation (lesquels ont été assez élevés) auront été remboursés; et nul doute il y aura aussi concurrence, car d'autres compagnies se préparent à exploiter des terrains houillers.

L'emploi de la houille pour l'exploitation des mines sur les creeks n'est plus qu'une question de temps. J'ai lieu de croire que l'hiver prochain on emploiera, sur les terrains situés dans le bas des creeks Bonanza et Eldorado, du charbon au lieu de bois, vu que le bois coûte en cet endroit environ $50 la corde. Une tonne de charbon peut-être transportée et vendue à Grand-Forks pour un prix beaucoup moindre que celui-là, ce qui voudrait dire que l'équivalent d'une corde de bois coûterait environ $25.

GRAND-FORKS.

Grand-Forks, comme nous l'appelons ici, est une petite ville située au confluent des creeks Eldorado et Bonanza et atteint des proportions très respectables. Il y a été fait un arpentage des lots de ville, et des mesures ont été prises dans le but de mettre à part une partie du terrain pour droits miniers, de manière que la ville ne soit pas exposée à des bouleversements à l'avenir. Aussitôt que tout sera réglé, les lots seront vendus et des titres réguliers seront délivrés. Ceci aura pour effet d'assurer à la ville une population stable. Aussitôt qu'un tramway ou un chemin de voiture aura été construit le long du creek Bonanza, cette ville deviendra le centre des opérations minières sur le creek Eldorado et sur la partie du creek Bonanza qui y est adjacente, et, d'après tous les indices, ces opérations seront considérables d'ici à bien des années, en sorte que Grand-Forks a un avenir rempli de promesses.

RIVIERE STEWART.

L'automne dernier, il régnait une animation considérable sur la rivière Stewart, et un grand nombre de personnes s'établirent sur des terrains situés à l'embouchure. J'ai jugé nécessaire d'y faire délimiter un emplacement de ville afin d'éviter autant que possible toutes difficultés qui pourraient surgir quant à la possession des lots réclamés par chacun. Cette délimitation fut faite, mais depuis la localité est devenue presque déserte.

SELKIRK.

La présence en cet endroit des troupes de campagne du Yukon y attira bon nombre de personnes; mais ici aussi l'agitation s'est calmée et le départ des troupes pour Dawson a, pour le présent du moins, enlevé toute vie à Selkirk. Un arpentage fut aussi fait, et un certain nombre de terrains furent vendus.

CANON ET WHITE-HORSE.

Les obstacles qui interrompent la navigation ont nécessité des villages en amont et en aval, et instruction a été donnée de faire un arpentage qui est en cours d'exécution. Aussitôt, cependant, que le chemin de fer British Yukon sera terminé jusqu'au pied de White-Horse, Canon devra disparaître. White-Horse deviendra probablement une localité importante, grâce à la découverte de vastes dépôts de cuivre dans les environs.

FORTY-MILE ET CUDAHY.

La fondation de Dawson a eu pour effet de diminuer l'importance de ces deux localités, qui ne se sont pas développées du tout depuis. De nouvelles découvertes faite à la source de la rivière Forty-mile leur ont valu un regar dd'intérêt, et il est probable qu'elles reprendront un peu de leur importance première. Des arrangements ont été faits pour permettre le transport en entrepôt de marchandises étrangères jusqu'à la source de la rivière Forty-mile à travers Forty-mile. Ce sera une bonne aubaine pour les mineurs sur le haut de Forty-mile et l'avenir de la ville se trouve par ce moyen assuré.

NOUVELLES DECOUVERTES.

Vers le temps de mon arrivée dans le pays, et depuis, il a été fait bon nombre de découvertes.

Quelque temps auparavant, un creek connu sous le nom de creek Selwyn fut exploré et plusieurs claims y furent localisés, et pendant quelques semaines il y régna une assez grande activité, qui semble s'être calmée depuis. Bien que l'on admette généralement qu'il y ait de l'or sur ce creek, il ne s'y en trouve pas en quantité suffisanté pour engager les mineurs à exploiter les placers; cependant ils pourraient le faire avec profit si l'exploitation se faisait sur une grande échelle au moyen d'une installation hydraulique ou de toute autre aussi avantageuse.

Peu de temps après mon arrivée, le creek Thistle attira beaucoup l'attention, et les rumeurs qui en parvenaient à Dawson étaient nombreuses et contradictoires. Un jour le creek était tenu en haute estime ; quelques jours après il était jugé à peu près sans valeur. Il paraît en effet qu'il y a de l'or de qualité inférieure en quantité considérable sur ce creek, mais on ne l'a pas encore exploré suffisamment pour savoir exactement à quoi s'en tenir. Des explorations y seront probablement faites l'automne et l'hiver prochain.

Il y eut une certaine animation par rapport aux sources du creek Coal, qui se jette dans la rivière Yukon à environ quatre ou cinq milles plus bas que la ville de Forty-mile. Quelqu'un fit circuler la rumeur que de l'or avait été trouvé sur les biefs supérieurs de la fourche sud de ce creek. Je n'ai jamais eu beaucoup de confiance sur ce point, connaissant bien la nature géologique des surfaces sur les biefs supérieurs des deux fourches de ce creek, et sachant qu'il existait de vaste dépôts de houille sur ces deux fourches, et que la nature générale de la roche dans la chaîne ne montagne d'où le creek descendait excluait l'idée d'y trouver de l'or en se basant sur des données géologiques bien admises. Cependant, il s'y porta un grande affluence de personnes. Nombre de gens se donnèrent baucoup de peines et de misères, et c'est tout le résultat qu'ils ont obtenu. On prétend tout de même qu'il se trouve de l'or en petites quantités sur les biefs supérieurs du creek. Je dois dire que le bas du creek a été exploré pendant plusieurs années de suite, et qu'on n'y a fait aucune découverte. Pour ces raisons je doute sérieusement qu'il y ait de l'or sur aucune partie du creek.

On a découvert de l'or sur le creek Kentucky, qui est un tributaire de la rivière Twelve-mile, et sur la rivière Twelve-mile elle-même. On a cru pendant quelque temps que c'était une découverte importante, mais on est d'accord à dire que, bien qu'il s'y trouve de l'or, c'est par petites quantités, et il faudrait une exploitation considérable et systématique pour pouvoir en tirer profit.

Plusieurs nouvelles découvertes ont été signalées à de grandes distances sur la rivière Klondike, mais aucune n'a donné jusqu'ici de résultats tangibles. De fait il a été prouvé dans un ou deux cas que ces rumeurs avaient été lancées dans le seul but de créer de l'agitation; car il y a ici un grand nombre de gens qui paraissent avoir un penchant à provoquer ces agitations, et d'autres à y prendre part.

La rivière Indian et ses tributaires ont été passablement explorés et leur nature assez bien fixée.

Entre les sources des rivières Klondike et Stewart on a découvert un plaine dont la surface est en gravier, et que l'on a supposé être et qui était appelée par les premiers découvreurs l'ancien lit de la rivière Stewart. Des explorations plus récentes ont démontré que cette plaine est trop large pour avoir été le lit d'un cours d'eau tel que la rivière Stewart, et il est bien probable qu'il y avait là autrefois un grand lac.

Cette plaine s'étend, d'après les rapports, sur une longueur de 30 à 50 milles, et sur une largeur de 3 à 7 milles, et l'on y trouve presque partout de l'or donnant un rendement moyen de 1 à 2 et 3 cents au plat. Peu de cours d'eau traversent ce terrain, mais on y rencontre un grand nombre d'étangs, qui sembleraient marquer la place des dépressions dans le lit du lac qui existait autrefois. Il y a eu beaucoup de demandes de terrains pour opérations hydrauliques; si les rapports sont tant soit peu exacts, il y a place pour un bon nombre d'exploitations de ce genre, et si l'eau est d'un accès facile, je n'ai aucun doute que cette plaine demeurera importante dans l'histoire du pays.

Des explorations considérables ont été faites le long de la rivière Pelly, mais elles n'ont encore amené aucune découverte extraordinaire.

On trouve en grande abondance du gravier de qualité inférieure sur les creeks tributaires de la rivière MacMillan, qui est une branche de la rivière Pelly, et nous avons reçu deux ou trois demandes de claims hydrauliques dans cette région.* D'après les renseignements que m'ont fournis ceux qui ont fait ces découvertes, je n'ai pas de doute que cette partie du pays est appelée à devenir une région très importante.*

On a découvert de l'or tout récemment sur le haut d'un cours d'eau tributaire de la rivière Big-Salmon. Cette découverte créa assez d'excitation, parce que l'on prétendait que le terrain était riche, mais cette excitation s'est bientôt calmée, et il est

*Depuis que ces lignes sont écrites, quelqu'un a offert de prouver que cet endroit est assez riche pour y faire une exploitation de placers.

reconnu, aujourd'hui, que celui qui a fait la découverte a grandement exagéré les espérances qu'elle donnait, dans le but de faire un peu d'argent en conduisant les mineurs dans cette région. Toutefois, comme cette partie du pays se trouve directement dans la zone aurifère qui s'étend de l'Alaska dans le Klondike et traverse le haut des rivières Stewart et Pelly et se continue jusqu'à Atlin, dans la Colombie-Anglaise, je n'ai aucun doute qu'on y fera des découvertes importantes.

Il règne aussi une grande excitation par suite d'une découverte d'or sur des cours d'eau à la hauteur des terres et qui coulent vers le Pacifique près de la frontière sud-ouest. Je n'ai aucun doute à ce sujet. Vous avez dû recevoir plus de renseignements que nous n'en avons eus, mais je puis dire que s'il est vrai qu'on y a trouvé de l'or, la découverte n'est pas aussi extraordinaire qu'on l'avait d'abord prétendu.

On a aussi trouvé du gravier de qualité inférieure dans la région à travers laquelle passe la route Dalton, et il a été fait plusieurs demandes de terrains pour opérations hydrauliques. D'après les renseignements communiquées par quelques-unes des personnes qui ont fait ces demandes, je n'ai aucun doute que ces exploitations contribueront pour une large part à augmenter le revenu du Territoire.

QUARTZ AURIFERE.

Jusqu'à présent, au delà de sept cents terrains de quartz ont été enregistrés dans le bureau du commissaire de l'or à Dawson. On y a trouvé quelques échantillons d'une grande richesse, mais dans la plupart des cas les terrains ne sont pas d'une grande valeur. D'après les essais qui ont été faits, il paraîtrait que quelques veines donneraient un rendement de six à dix dollars par tonne de roche. Avec les moyens actuellement à notre disposition, l'exploitation de ces mines ne serait pas lucrative, mais je n'ai aucun doute qu'avec un outillage plus parfait, la main-d'œuvre à meilleur marché et une installation plus complète, plusieurs terrains de quartz actuellement enregistrés pourront être exploités avec profit.

On a signalé, tout récemment, une découverte sur un creek communément appelé Rock (le véritable nom, tel qu'il m'a été donné par les sauvages, est "Sock-creek"). Des échantillons pris sur ce creek ont donné $36 par tonne, et d'autres ont rendu $100 et au delà. Cette veine serait d'une grande étendue et aurait une largeur d'au moins quarante à cinquante pieds, bien qu'elle ne soit pas encore bien déterminée. Cette découverte a créé beaucoup d'excitation ici, et un grand nombre de terrains ont été enregistrés. J'espère que tout ce qu'on en dit est vrai.

Je dois ajouter que les terrains de quartz qui ont été enregistrés jusqu'à présent se trouvent un peu partout dans le pays.

Un très riche échantillon de quartz a été trouvé sur un tributaire de la rivière White, près de sa source, mais la veine dont il provient n'a pas encore été localisée; de fait, les renseignements obtenus à cet égard sont très vagues, et il est possible que ce soit une pure invention. Un sauvage a montré un morceau de quartz à quelques hommes qui m'en firent rapport; le sauvage a déclaré qu'il l'avait trouvé dans le lit d'un creek dont il ne donna pas le nom. Les hommes qui me montrèrent ce morceau de quartz m'annoncèrent qu'ils étaient décidés à se rendre dans les alentours et de consacrer un temps considérable à la recherche de cette veine. L'un d'eux y avait passé quelques mois l'hiver dernier et me dit que, d'après les apparences, il devait y avoir là des veines de quartz. Il ajouta qu'il y avait des indices de placer, mais il ne croyait pas qu'il serait lucratif d'entreprendre une exploitation de ces terrains maintenant, attendu qu'on se trouvait trop éloigné des postes d'approvisionnement et que les moyens de communication étaient trop difficiles.

CUIVRE.

Il y a du cuivre natif en assez grande abondance dans le haut de la rivière White, et quoique toute l'étendue de la zone de cuivre soit encore inconnue, nous savons qu'il y en a là. Quelques blancs essayèrent d'y parvenir dans l'été de 1898, mais sans succès. L'un d'eux, au cours d'une conversation que j'eus avec lui, me raconta les incidents du voyage et m'affirma qu'il avait trouvé du cuivre de formation erratique dans le lit d'un petit cours d'eau tributaire de la rivière White, et que des sauvages qui l'accompagnaient lui avaient dit que les indigènes leur avaient appris qu'à trois jours de marche de l'endroit où ils se trouvaient il y avait un creek qui contenait en assez grand nombre des agglomérations de cuivre de la grosseur du poing, et qu'à deux jours de marche plus loin se trouvait un autre creek dans lequel il y avait des morceaux de cuivre plus gros et en plus grande abondance, et qu'à deux jours de marche encore plus loin ils tombaient sur un creek dont le lit, d'après eux, n'était qu'une masse de cuivre. Mon interlocuteur me fit la description d'une chaîne de montagnes très elevées courant généralement dans une direction est et ouest, et d'où provenaient les cours d'eau qui formaient la rivière White. Il pouvait voir au loin, dans les gorges des montagnes, d'immenses glaciers. Il me dit que le pays était presque couvert de gravier et qu'il y avait peu de traces de végétation.

Je communiquai ces renseignements à la personne qui m'avait informé de la découverte des riches gisements de quartz dont j'ai parlé plus haut, et elle me promit de faire tout en son pouvoir pour s'assurer de l'exactitude des données, en sorte que nous pourrions savoir avant longtemps à quoi nous en tenir sur cette partie du pays.

On a trouvé du minerai de cuivre à peu de distance des rapides White-Horse, et je n'ai pas de doute que ce minerai gît dans la zone de cuivre qui s'étend de là vers le nord-ouest en traversant les réservoirs des rivières White et Tannanah, où l'on trouve aussi du cuivre en très grandes masses. Il n'y a aucun doute que cette partie du pays va devenir d'une grande importance, et j'espère qu'un chemin de fer ayant son point de départ à White-Horse sera construit avant longtemps à travers cette région.

PLATINE.

Partout dans la vallée du Yukon où l'on a trouvé de l'or il était mêlé de platine, mais l'avenir nous dira s'il y en a assez pour qu'on en fasse une exploitation à part. L'hiver dernier, il y eut une certaine excitation causée par la découverte de platine dans le sable noir ou minerai de fer magnétique pulvérisé dans différentes parties du pays, particulièrement à l'embouchure de la rivière Teslin, où, d'après les rapports, il a été trouvé du sable noir contenant du platine pour la valeur de $800 par tonne. A part le platine, il y avait aussi de l'or pour une valeur de $200 par tonne, en sorte qu'une tonne de sable noir valait $',000, moins les frais d'exploitation. Le succès de cette première épreuve, qui semble avoir été faite de bonne foi, n'a pas été confirmé par des essais subséquents. Je dois dire, avant d'en finir sur ce sujet, qu'on nous a informés que le dépôt d'alluvion contenait environ huit livres de sable noir par verge cube, d'où l'on peut calculer quelle quantité il en faudrait pour produire $1,000, sans compter la valeur de l'or qui pourrait s'y trouver.

On a prétendu à une certaine époque qu'un sable contenant des pyrites de fer qui se trouve en abondance sur le creek Sulphur, un des tributaires de la rivière Indian, est très riche en or, l'analyse ayant démontré qu'il en contenait pour des milliers de dollars par tonne. Je n'ai pas su ce qu'un pied cube ou une verge cube de ce dépôt dans la vallée du creek produirait par tonne (de sable pyriteux). On dit aussi qu'un or beaucoup plus riche avait été trouvé sur le lit de roches en dessous de la couche de sable.

Il serait utile de dire ici quelques mots sur les différentes couches du sol. Il y a à la surface des vallées, dans ce pays, une accumulation de matières végétales à moitié décomposées et d'alluvion appelée ici "muck", d'une épaisseur de 2 à 3 pieds et jusqu'à 10 ou 12 pieds. Immédiatement au-dessous de cette couche il y en a une autre de gravier, de sable et de glaise variant en épaisseur de 3 à 4 pieds, et en certains endroits de près de cent pieds, mais en général cette épaisseur ne dépasse pas 10 à 20 pieds. La couche suivante, qu'on est convenu d'appeler ici lit de roche, n'est pas, comme le lecteur serait porté à le croire, le roc solide, mais consiste en roches désagrégées, en blocs angulaires. Les interstices sont remplis de glaise et de sable. Cette couche de roche et de glaise s'appelle ici "lit de roche". On en ignore encore la profondeur.

Les découvertes faites sur ce creek eurent pour résultat d'y attirer une grande affluence de gens à la recherche de strates de quartz. Dans le moment la question est en suspens, et l'on ne connaîtra pas avant l'hiver prochain la valeur de ce lit de roche pour la production de l'or. Quant à moi, je m'attends à des découvertes d'or sur ce lit de roche, comme on l'appelle ici, mais non pas de l'or aussi étonnamment riche qu'on le prétend.

Je dois ajouter avant de clore ce chapitre que de riches découvertes d'or ont été faites sur un creek tributaire de la rivière Forty-mile, près de la frontière internationale. Ce creek est connu sous le nom de "Jack Wade", et d'après les rapports qui nous en ont été faits et qui sont dignes de foi, il serait en état de rivaliser pour la richesse avec les creeks Bonaza et Eldorado. Ce fait démontre que bien qu'un pays ait été exploré et prospecté pendant longtemps, on peut encore y découvrir quelque chose. Les réservoirs de le rivière Forty-Mile ont été exploités. Le creek "Jack Wade" est connu, nais non pas sous ce nom, depuis au delà de dix ans, et a été, je crois, exploré pendant tout ce temps; mais il n'y a que peu de temps qu'on en connaît la valeur. Je n'ai pas de doute que pendant bien des années encore il sera fait des découvertes sur la rivière Indian et dans les vallées du Klondike. Ces découvertes, sans tenir compte des exploitation de quartz, assurent l'avenir de Dawson pour au moins vingt ans, suivant moi, et quand on aura commencé à exploiter le quartz il sera impossible de dire, même d'une manière approximative, quelle sera la durée de son existence.

EXPLOITATION HYDRAULIQUE DES MINES.

Nous avons reçu un grand nombre de demandes de terrains pour exploitation hydraulique dans tout le territoire, particulièrement dans les divisions minières de la rivière Indian et du Klondike, et dans ce qu'on croit avoir été le lit de la rivière Stewart. Nous donnerons prochainement plusieurs permis pour ce genre d'exploitation, conformément aux dispositions contenues dans les règlements concernant les opérations hydrauliques dans les mines. En deux ou trois endroits l'outillage est déjà installé, et j'attends avec hâte le résultat de ces premiers travaux. Personnellement, j'ai l'espoir, et je peux dire la confiance, que ces essais justifieront les dépenses qu'ils nécessitent. Dans le cas de réussite, avant un an ou deux des centaines de milles de terrains maintenant considérés comme sans valeur pour l'exploitation des placers pourront rapporter plus de profit que les plus riches placers actuellement en exploitation, vu que le travail sera fait d'une manière toute différente et à bien moins de frais.

Les premiers essais auront lieu dans les réservoirs de la rivière Indian, et particulièrement sur un creek connu sous le nom de "Australia-Creek" et aux alentours.

DRAGAGE.

Quoiqu'il ait été affermé une grand étendue de terrains pour droits de dragage dans le Territoire du Yukon en 1898, personne n'a pris avantage de ces permis avant l'arrivée de M. John A. McPherson, un Canadien venant des environs de Kingston, et de quelques compagnons, qui apportaient avec eux un bateau dragueur construit spécialement pour l'enlèvement de dépôts de gravier subaquatique. Ce dragueur est à l'œuvre depuis quelques semaines, et j'ai hâte de connaître le résultat de ses opérations. J'ai confiance que ses travaux seront rémunératifs, et dans ce cas avant quelques mois on exploitera les lits de nos rivières sur des centaines de milles, et le rendement de l'or dans le pays sera beaucoup plus considérable. Depuis que j'ai écrit ce qui précède, M. McPherson a tenu son bateau en opération pendant plus d'un mois, mais sans obtenir un succès réel. Il devra faire un grand nombre de changements dans son outillage pour retenir l'or qui s'en échappe, parce que cet outillage n'est pas assez perfectionné.

Bon nombre des terrains affermés sont en eau profonde, à plus de vingt pieds de profondeur, et je conseillerais à ceux qui ont l'intention de se livrer à ce genre d'exploitation de bien établir le profondeur à laquelle ils auront à travailler avant de se procurer un outillage. C'est un point très important qui décidera des profits ou des pertes devant résulter de ces opérations.

EXPLOITATION DE PLACERS.

Avant de conclure mes observations sur ce sujet, je désire dire quelque mots du travail qui se fait sur les creeks par le procédé ordinaire d'exploitation des placers. L'emploi de dégeleurs à vapeur a diminué de beaucoup l'énorme dépense de bois qu'on avait jusqu'ici été obligé de faire, et je m'attends à ce que l'hiver prochain la consommation de bois sera encore moindre. Ces machines dégèlent la terre beaucoup plus rapidement que le feu, et avec moins de bois que par l'ancien procédé. C'est une amélioration d'autant plus importante que le bois est en train de disparaître des creeks à placers, et que l'on est obligé dans bien des cas de l'apporter d'une distance de plusieurs milles.

Si l'on pouvait avoir ici un procédé électrique pour dégeler la terre, ce serait une économie encore plus grande, vu qu'il obvierait à la nécessité d'enlever l'eau que forme la vapeur condensée de la machine, et exempterait le transport du bois à de grandes distances, comme la chose est maintenant nécessaire; car les dynamos produisant l'électricité pourraient être installés sur les bords de la rivière à Dawson ou dans le voisinage, le combustible pourrait être pris dans les mines voisines et le courant serait par des fils comme pour la lumière électrique. Ce mode aurait beaucoup d'avantage sur le dégeleur à vapeur, et entraînerait, je crois, moins de dépenses. Il en résulterait une grande économie de travail, vu que le mineur n'aurait pas à s'occuper du combustible, et je crois que les opérations minières seraient faites à meilleur marché.

Dans tous les cas j'espère que, avant plusieurs mois, on emploiera sur les creeks, pour faire fonctionner les dégeleurs, le charbon, qui coûte moins cher que le bois. J'ai lieu de croire que pendant l'hiver de 1900-1901 qu'on se servira en grande partie de charbon pour ces travaux sur les rivières Klondike et Indian, ainsi que sur leurs tributaires, si le mode actuel d'opérations se continue.

MODE D'EXPLOITATION ET CHANGEMENTS PROBABLES.

Comme je l'ai dit précédemment, le mode d'exploiter les placers consiste à dégeler le gravier. Dans les commencements des feux de bois étaient allumés sur la terre, qui dégelait à une profondeur de quelques pouces. La terre ainsi dégelée était enlevée, on faisait un autre feu, et ainsi de suite. Il est inutile de dire que ce mode était très lent et très dispendieux, et la plus grande partie de la chaleur qui se dégageait de ces feux se perdait dans l'air. Aujourd'hui, le dégeleur à vapeur est généralement en usage. Par cette machine on obtient une pression de vapeur de vingt à quarante livres dans la chaudière, et cette vapeur est transmise dans des tuyaux jusqu'au point qu'il s'agit de dégeler. Le boyau se termine par un conduit de fer dont l'orifice extérieur est petit et sert à laisser échapper la vapeur sur le terrain. La terre dégèle petit à petit et s'amollit, et le conduit baisse par sa propre pesanteur ou est enfoncé jusqu'à ce qu'on ait atteint une profondeur de trois ou quatre pieds. On laisse alors échapper la vapeur assez longtemps pour dégeler environ une demi-verge cube de gravier, puis on répète l'opération plus loin, et ainsi de suite. Mais ce mode est aussi long et ennuyeux. Si ces terrains pouvaient être exploités sur une grande échelle au moyen de procédés hydrauliques, le travail se ferait à bien meilleur marché ; mais l'eau manque dans les creeks, et il a été suggéré bien des moyens pour amener l'eau de quelque source qui pourrait en fournir en abondance, et l'on pourrait ainsi exploiter le terrain sur une grande échelle. Du moment qu'on aura commencé à se servir de procédés hydrauliques, les feux de bois et les dégeleurs à vapeur ne seront plus guère en usage. Comme ce procédé hydraulique peut être employé pour exploiter des terrains qui ne pourraient l'être avec avantage par le système de dégel, il deviendra en usage avant longtemps, et il sera lucratif d'exploiter de grandes étendues qui sont aujourd'hui considérées avoir si peu de valeur qu'on ne veut pas les exploiter par le mode d'exploitation des placers. De fait, c'est l'opinion d'un grand nombre de personnes, opinion appuyée sur l'expérience et qui peut être acceptée avec confiance, que tous les terrains qui ont été, comme on dit, épuisés par le système d'exploitation des placers, seront de nouveau exploités par des procédés hydrauliques. Avec ce dernier mode d'opérations devenu général, le bois et le charbon ne seront pas en aussi grande demande qu'auparavant ; toutefois, il faudra, pour mettre ce système hydraulique en opération, un grand nombre d'employés qui devront résider dans les alentours, et il faudra du charbon en quantités considérables pour les fins domestiques ordinaires.

HOUILLE.

Dans mon rapport de 1889 et aussi dans le Guide Officiel publié en 1898, j'ai mentioné l'existence de houille en divers endroits, particulièrement su rle creek Coal, dans les environs de la rivière Forty-Mile, et sur plusieurs autres points de cette région ; et aussi sur les creeks Twelve-Mile et Fifteen-Mile, entre la rivière Forty-Mile et Dawson. Depuis il a été fait de nombreuses découvertes de charbon dont je ne parlerai pas ici, mais je me contenterai de dire qu'elles démontrent au delà de tout doute que la zone houillère s'étend par tout le pays, traversant la rivière Yukon près de la frontière internationale et se continuant vers le sud-est, en longeant la base d'une chaîne de montagnes appelée la chaîne Ogilvie, jusqu'à la rivière Stewart. Tout récemment, un mineur, avec lequel j'étais en conversation et qui avait exploré la rivière Pelly en tous sens, m'assura qu'à une distance de 60 à 70 milles en allant vers le haut de la rivière, du côté sud, il avait, en creusant pour trouver de l'or, rencontré une veine de charbon qui, disait-il, ayait 22 pieds d'épaisseur. Cela prouve qu'on ne manquera pas de combustible à l'avenir pour les opérations minières dans cette région.

M. McConnell, de la Commission géologique, a exploré l'été dernier une partie de la région de la rivière Indian, et me déclare qu'il a trouvé dans le haut de la rivière des terrains de formation tertiaire. Dans ce cas, il est assez probable qu'on y trouvera du charbon, mais seulement sur une petite étendue de terrain.

Je considère que l'existence de ces terrains houillers aidera beaucoup au développement du pays ; en réalité on peut considérer que ce sera un des facteurs les plus importants pour le développement des industries du pays, et je suis heureux de dire que ces terrains sont d'un accès facile, peuvent être exploités sans difficultés, et sont inépuisables. Quant à la qualité du charbon, j'en ai déjà parlé dans ce rapport quand j'ai mentionné l'essai qui en avait été fait avec la pompe à incendie à vapeur de Dawson, et je puis ajouter sans crainte qu'il peut servir pour toutes les fins ordinaires.

BOIS.

Ainsi que je l'ai dit dans mes rapports précédents, le bois qu'il est possible de se procurer pour les besoins immédiats se trouve sur les vallées le long des cours d'eau, et l'étendue des terres à bois (ici le mot bois signifie bois de commerce) est bien peu considérable en comparaison de l'immensité du pays. Une bonne partie de ce bois est réservée pour les steamers qui font le service de la rivière, et cependant, il ne faudra pas plus qu'un an ou à peu près pour épuiser ce qui en reste.

Le bois du pays, qui consiste principalement en épinette, n'est pas d'une grande valeur pour la construction, vu qu'il est rempli de nœuds et sujet à se tordre et à fendre. Heureusement qu'il y a beaucoup de bon bois sur la côte, et je crois que bientôt il sera importé dans le pays et vendu à un prix probablement moindre que le bois du pays se vent actuellement à Dawson. Il y a un an, le bois de construction se vendait de $125 à $150 ; aujourd'hui, $85 à peu près.

Au cours d'un voyage que je fis dernièrement de Dawson en remontant la rivière jusqu'à Cassiar Bar, distance de 350 milles, j'ai constaté avec un extrême regret que le bois disparaissait rapidement. L'automne dernier, j'ai promulgué un règlement qui défend d'abattre, pour bois de chauffage, des arbres mesurant plus de sept pouces de diamètre à la souche, et bien que ce règlement soit observé, le bois disparaît vite, vu que la plupart des arbres ne sont pas même de cette grosseur. Quand nous songeons que nous avons des steamers naviguant sur la rivière entre Dawson et Cheval-Blanc, qui dépensent plus de cent cordes de bois pour chaque voyage, aller et retour, et que ces voyages durent en moyenne dix jours, il faut bien se pénétrer de l'idée que pendant les quatre mois et demi de navigation il se dépense plus de 13,000 cordes de bois. Je le dis avec regret, et je suis certain d'être dans le vrai, dans un an il sera difficile de se procurer dans le voisinage immédiat des rivières le combustible nécessaire aux steamers ; comme je l'ai déjà fait remarquer dans mon rapport, à une courte distance de la rivière le bois ne se compose plus que de perches de quelques pouces seulement de diamètre, et il faudrait parcourir une grande étendue de terrain pour en obtenir une corde. Il devient donc d'absolue nécessité de faciliter le développement des mines de houille et d'encourager cette industrie le plus possible. Le bois du pays, je regrette de le dire, ne convient nullement aux frais de la construction, vu qu'il se contourne et fend beaucoup en séchant, et de plus qu'il est plein de nœuds.

Je me permettrai d'attirer votre attention sur la nécessité qu'il y a d'importer de l'extérieur du bois dégrossi et séché, dont le besoin se fait sentir impérieusement, et je crois que ce serait là un commerce lucratif. Dans tous les cas, nos forêts seront épuisées avant peu d'années, et il n'y a aucun espoir de les voir se reboiser, attendu que la pousse des arbres est tellement lente, par le fait que la terre est toujours gelée, qu'il faudrait cent ans pour renouveler une forêt d'arbres de 3 à 8 pouces de diamètre.

CHAUX, GLAISE, PETROLE, SOURCES MINERALES, ETC.

Je dois dire en passant qu'on a découvert de la pierre à chaux tout près de Dawson ; il s'en trouve à la surface du sol en face de la ville de l'autre côté de la rivière.

On a aussi découvert de la glaise à briques à Dawson et dans les environs, et plusieurs fours ont été construits.

Dès que ces découvertes auront été utilisées, nous serons en mesure de construire des cheminées et des maisons en briques. Des hommes du métier prétendent que cette glaise est en partie d'excellente qualité.

L'hiver dernier, quelques personnes se sont adressées à moi pour savoir par quels moyens elles pourraient obtenir des terrains à pétrole, et quelle serait l'étendue de leurs droits sur ces terrains, affirmant qu'elles avaient trouvé du pétrole sur la rive ouest de la rivière Lewes, en haut des rapides Five-Finger. L'une d'elles fit une déclaration solennelle à l'effet qu'elle avait vu l'endroit où le pétrole exsudait de la roche ; qu'elle en avait rempli une bouteille, et qu'elle l'avait soumis à toutes les épreuves qui lui étaient familières pour reconnaître le pétrole ; elle ajouta qu'elle avait pendant plusieurs années eu des intérêts dans l'exploitation des puits de pétrole, et que c'était là de l'huile de charbon ou du pétrole. Leur demande fut accueillie favorablement, mais je n'ai pas entendu parler de l'affaire depuis.

Il y a dans le pays un grand nombre de sources minérales dont les eaux sont plus ou moins effervescentes ; quelques-unes sont très gazeuses et très agréables au goût. Une analyse d'une de ces sources située sur le creek Bonanza, près de Dawson, fit constater qu'elle contenait de la lithie, du soufre et du fer ; cette eau est limpide, agréable au goût, et le gaz qu'elle renferme lui donne une saveur piquante. Ces sources sont si nombreuses que si elles possèdent quelques vertus médicinales les habitants du pays devront avoir bonne santé.

TRAVAUX D'AGRICULTURE.

Il a été fait plusieurs demandes de terres arables et plusieurs petites pièces de terre ont été mises en culture cet été, particulièrement une sur la rive nord de la rivière Klondike, à environ deux milles de Dawson, sur le versant d'une colline exposée au midi. Elle est cultivée par un M. Acklin, qui fit la demande d'un terrain près de là pour s'y livrer à l'agriculture. Il en défricha une partie et y cultiva des fleurs et un peu d'avoine, d'orge et de blé. Il ensemença une grande partie de ce terrain de légumes qu'on trouve d'ordinaire dans un jardin, tels que radis, laitue, navets et choux. Je puis dire que la laitue et les radis étaient excellents ; mais au moment où j'écris les choux n'ont pas atteint leur maturité. Les navets, bien que petits, sont de bonne qualité. Tout le monde est émerveillé de ses fleurs, qu'il serait impossible de cultiver avec plus de succès, et qui ne pourraient être surpassées en beauté dans aucune autre partie du Canada. M. Acklin a naturellement choisi les espèces qui convenaient le mieux au climat dans la latitude où elles devaient être cultivées. J'inclus une liste que ce monsieur m'a passée des espèces cultivées et des dates de l'ensemencement.

L'avoine, l'orge et le blé ont atteint un degré de maturité dont j'ai été émerveillé et dont je n'ai pas vu d'exemple dans cette région, bien que j'aie vu des échantillons de grain récolté dans d'autres parties du Territoire. La raison en est, suivant moi, que le sol de la pente où ces céréales ont été récoltées est composé d'argile abondante en gravier, qui absorbe la chaleur du soleil et la retient longtemps. L'inclinaison de cette pente est si forte que le soleil la frappe perpendiculairement, ce qui fait qu'elle absorbe et retient plus de sa chaleur que si elle était sur un plan horizontal, et la terre se réchauffe suffisamment le jour pour préserver l'effet de la gelée pendant la nuit. Il est fort possible que sur des terrains comme celui-ci on pourrait réussir à cultiver les légumes ordinaires. Naturellement, je ne crois pas que les légumes atteindront leur pleine maturité, mais ils mûriront assez pour pouvoir être utilisés, bien qu'il reste à savoir si le prix de revient sera assez bas pour soutenir la concurrence avec les légumes importés du sud. Je doute qu'ils puissent être cultivés sur une grande échelle, mais je crois qu'ils peuvent l'être en quantité assez grande et mûrir suffisamment pour servir d'excellent fourrage aux bestiaux et aux chevaux. L'étendue de terrain propre à cette culture est assez restreinte en comparaison de l'immensité du pays. J'ai déjà fait cette observation dans mes rapports précédents, et je n'en dirai pas davantage ici.

FOIN.

Il y a du gros foin autour des étangs et dans les bas-fonds le long des cours d'eau. Il ne fait pas un très bon fourrage, mais il suffit à la subsistance des chevaux et des bestiaux pendant l'hiver. On trouve aussi en abondance du foin rouge d'excellente qualité sur le versant des montagnes près des cours d'eau, et il n'y a aucun doute qu'il serait possible d'en améliorer beaucoup la qualité par la culture. Cette année, une grande quantité de fourrage a été importée, vu que les chevaux, les mules et les ânes sont continuellement employés à transporter les provisions aux mines. Le transport à dos de cheval est une industrie importante et qui continuera toujours de l'être, bien que la construction de routes carrossables, de tramways et de chemins de fer partant de centres importants comme Dawson et allant aux principaux terrains miniers, est destiné à lui faire une rude concurrence.

ROUTES CARROSSABLES.

Au moment où j'écris, une route carrossable est en voie de construction—je pourrais même ajouter qu'elle est terminée—entre Dawson et le creek Dominion, avec des embranchements allant aux fourches des creeks Eldorado et Bonanza et à Hunker, situé à l'embouchure du creek Gold-Bottom; et il est probable qu'un ou deux embranchements conduisant à d'autres endroits importants seront construits sous peu. Cette route est la voie-mère pour les communications dans le pays, vu qu'elle sera bientôt prolongée jusque près de la rivière Stewart, et d'après ce que m'ont dit ceux qui ont parcouru le pays compris entre le creek Dominion et ce que l'on croit être l'ancien lit de la rivière Stewart dont j'ai déjà parlé, une route carrossable pourrait être construite à peu de frais, car les terrains qu'elle traverse présentent peu de difficultés. C'est là une des principales raisons qui me décidèrent à construire une route sur le sommet des montagnes. Je dus aussi tenir compte de la nécessité qu'il y avait d'atteindre le sommet quelque part par la route conduisant au creek Dominion. Les ingénieurs que j'envoyai pour étudier le projet firent rapport que l'endroit le plus favorable pour atteindre le sommet se trouvait dans la vallée de la gorge Thomas qui se relie à la vallée du Klondike à environ un mille de l'embouchure du creek Bonanza. Les pentes sont assez douces, les plus raides étant au plus de un en dix, et cela sur de faibles distances seulement, la moyenne étant de un en douze. La surface du sommet se prête beaucoup mieux à la construction d'une route, car elle est composée de gravier et de glaise. Le terrain s'y égoutte plus facilement, et ce qui est le plus important, la route ne peut être avariée par les opérations minières.

Dans les vallées des creeks les mineurs s'opposent naturellement à ce qu'on les dérange dans l'exploitation de leurs claims. Un chemin construit à travers les claims est voué à une destruction certaine au bout de quelques mois. A ma connaissance, trois routes ont été construites de Dawson aux Fourches en passant par la vallée de Bonanza. La première fut construite au printemps de 1897, et était tout au plus un sentier de portage. Peu de mois après on apprit que la route était devenue impassable en plusieurs endroits. En interrompant la communication même sur un seul point, la ligne se trouvait hors de service. On m'assure qu'au printemps de 1898 une autre route a été construite, en partie sur l'ancienne, et qu'elle a coûtée $18,000. A mon arrivée en septembre 1898, on disait que la route était impassable ou interrompue en certains endroits, comme il en avait été de la première. Au mois de septembre 1898, quelques semaines après mon arrivée, une route carrossable fut construite le long du creek, avec l'intention d'y établir un tramway. Cette route était connue sous le nom de tramway O'Brien, et elle fut un bienfait public à cette époque. Des poursuites judiciaires furent intentées contre M. O'Brien pour l'empêcher de recevoir un péage des personnes passant sur son chemin. Ces poursuites réussirent, et il en résulta que M. O'Brien cessa de s'occuper du chemin. Comme M. O'Brien ne pouvait plus percevoir de péage, il n'entretint plus la route, et quoiqu'elle fût alors bonne, il n'en reste pour ainsi dire aujourd'hui que des vestiges ça et là, et la plus grande partie est maintenant couverte en rebuts de minerai ou a été emportée par l'eau provenant des mines. Rien ne nous démontre qu'une autre route dans la vallée du creek n'aurait pas le même sort. Au cours d'une conversation que j'eus à ce sujet avec un mineur honnête et digne de foi, je lui demandai s'il respecterait une route construite dans la vallée à travers ses claims, et il répondit qu'il ne le ferait pas si elle lui nuisait dans l'exploitation de ses claims. Plusieurs personnes avec lesquelles je parlais un jour de la chose me déclarèrent qu'elles s'opposeraient à ce que le gouvernement traçât une route passant sur leurs claims, et prétendirent que le droit de tracer cette route devrait leur être laissé à elles-mêmes. Je leur fis remarquer que dans certains cas un mineur pourrait désirer que la route passât d'un côté de son claim, tandis que les propriétaires du claim voisin aimeraient la voir de l'autre côté, et qu'il serait ainsi impossible de tracer une route qui donnerait satisfaction à tous les détenteurs de claims. La justesse de cette observation fut reconnue. Puis quand je leur posai la question suivante: "En admettant que le tracé soit satisfaisant et que la route soit construite, la respecterez-vous dans le cas où la veine de minerai payant s'étendrait sous la route?" Ils me déclarèrent carrément qu'ils ne le feraient pas. Quand je leur demandai à qui il incombait de confectionner une nouvelle route pour remplacer celle qu'ils avaient jugé à propos de détruire, quelques-uns furent d'opinion que c'était à eux-mêmes, tandis que d'autres étaient fortement d'avis que le gouvernement devrait s'en charger: ce qui équivaut à dire que le gouvernement devrait être constamment à construire des routes pour l'utilité des mineurs, ou en d'autres termes, qu'il n'y aurait jamais de routes. Toutes ces considérations nous décidèrent à construire une route-mère sur le sommet des montagnes, où il y aura peu de danger que l'exploitation des mines ne la détruise. Ce qui fut fait, et j'ai la conviction que, quoi que cette route ait été l'objet de bien des récriminations de la part des propriétaires actuels de claims sur les creeks, on finira par s'en servir pour transporter le fret. Un autre raison qui empêchait de construire la route le long du creek était que le conseil du Territoire n'exerce aucun contrôle sur les terres publiques, et à moins que les mineurs ne fussent unanimes à accorder droit de passage, il était impossible, pour les raisons indiquées plus haut, d'obtenir un droit de passage permanent sur les claims. J'apprends que M. O'Brien a obtenu une charte pour la construction d'un tramway partant de Dawson et remontant le creek Bonanza. Un des associés de M. O'Brien dans ce projet était de passage à Dawson dernièrement et il m'en a entretenu. Il aurait voulu que je construisisse dans la vallée du creek une route carrossable assez large pour les voitures et le tramway, et de son côté la compagnie se serait entendue avec moi pour rembourser le gouvernement des dépenses encourues par la construction de la route. Ce monsieur n'avait pas sa charte sous la main, et avant que le chemin ne fût construit il aurait à s'entendre avec les propriétaires de claims et à les dédommager des pertes qui pourraient leur être causées; du moins il me déclara que c'était à ces conditions qu'ils avaient obtenu la charte. Je lui fis remarquer qu'on ne pouvait commencer la construction de cette route avant de régler la question du droit de passage, attendu qu'il fallait prendre arrangement avec chacun des propriétaires de claims le long de la route, ce qui nécessitait un retard de plusieurs mois. D'un autre côté, nous avions besoin de cette route aussi vite que possible et ne pouvions attendre le résultat de ces négociations, en sorte que nous avons poursuivi les travaux de la route commencée sur le sommet.

COMMISSION ROYALE.

Les accusations qui avaient été portées contre les fonctionnaires du territoire du Yukon vous engagèrent, M. le Ministre, à me décerner une commission royale me chargeant d'instituer une enquête afin de savoir si ces accusations étaient vraies ou fausses.

Le dernier courrier arrivé ici avant la saison d'hiver m'apporta, de source personnelle, la nouvelle de ma nomination; mais je n'en reçus l'avis officiel que plusieurs mois après, et par suite du retard survenu dans la réception de la commission elle-même, aussi que dans l'arrivée de l'avocat, il me fut impossible de me mettre à l'œuvre avant le mois de février.

Aussitôt que la chose me fut possible, je tins une séance dans le palais de justice de Dawson. Cette séance préliminaire avait pour but de m'entendre avec le public sur le mode à suivre dans cette enquête et de décider en quel endroit les plaintes devaient être entendues. Les choses se passèrent très paisiblement et très agréablement. Les personnes présentes furent invitées à exprimer les avis qu'elles jugeraient à propos. Je déclarai que mon seul désir était, dans le cours de cette enquête, de faire un examen assez complet et assez approfondi pour qu'il n'y eût pas de discussion après que les travaux de la commission seraient terminés, et j'invitai tous ceux qui étaient présents à formuler toutes les accusations ou à fournir les noms de tous les témoins qui, suivant eux, pourraient donner les renseignements.

Je fis imprimer des avis invitant le public à formuler des accusations et à fournir les noms des témoins pouvant appuyer ces accusations. Je promis d'accorder toute l'aide possible et je donnai l'assurance à tous ceux qui voudraient porter une accusation que l'enquête serait aussi complète que possible.

Les journaux de Dawson parlèrent longuement de l'affaire et engagèrent le public à se rendre à mon invitation. Le *Nugget*, principalement, engagea tous ceux qui avaient des déclarations ou des preuves à produire de "s'avancer et de les produire, ou de se taire à jamais".

Ce journal traita longuement de l'importance de l'enquête et de la nature grave des accusations portées, et il invita avec instance le public à s'en occuper sans retard.

Le rédacteur du *Nugget* (M. George) vint me voir une fois ou deux, et j'offris de lui donner tuote l'aide dont je pouvais disposer pour que cette enquête fût aussi complète et décisive que possible. Je lui donnai des blancs d'assignation signés de ma main, dans lesquels il pouvait insérer le nom de tous témoins qu'il jugerait à propos de faire entendre; je lui demandai seulement de me faire part des noms des témoins, des accusations dont ils devaient faire la preuve, et de la date à laquelle ces témoins devraient arriver à Dawson. Le même avantage fut offert à tous ceux qui voulaient en faire autant.

La commission tint sa première séance dans le palais de justice à Dawson le 22 février, et siégea ensuite de temps à autre jusqu'à ce que j'eusse disposé de toutes les accusations qui m'avaient été soumises.

Les séances furent alors ajournées jusqu'à l'arrivée de Messieurs Wade, McGregor et Norwood, qui avaient été accusés de méfaits.

Ils arrivèrent au mois d'avril, et la commission siégea de nouveau peu de temps après leur arrivée. La preuve qui fut apportée devant la commission et mon rapport à cet égard ont été depuis longtemps livrés à la publicité; je veux simplement protester ici que tout ce que je désirais, et je suis positif à dire que c'était aussi le désir de tous les fonctionnaires qui ont été mêlés à cette enquête, était d'arriver à la découverte de la vérité. Pour y parvenir, toute l'aide possible fut accordée aux personnes qui avaient formulé des plaintes. Elles eurent pleine et entière liberté dans l'examen de tous les témoins ; et, après que j'avais fini d'interroger moi-même les témoins, j'invitais toutes les personnes présentes à leur poser toutes les questions qu'elles croiraient convenables ; je considérais qu'il était avantageux de donner au public l'occasion d'interroger les témoins. Dans quelques cas on se rendit à mon invitation, et quelques questions furent posées ; mais, la plupart du temps, le témoin était interrogé par la personne qui l'avait fait comparaître et par moi-même ; le public paraissait porter peu d'intérêt à l'enquête, et se contentait de se moquer des témoins et des questions des plaignants, qui paraissaient n'avoir d'autre but, à en juger par un grand nombre des questions posées, que de parler pour la galerie, et d'attirer un peu l'attention du public. Au cours des procédures chacun avait la plus grande latitude, et je crois pouvoir dire, sans craindre la contradiction, que dans aucune cour ordinaire de justice la procédure permise par la commission ne serait tolérée un instant. Plusieurs personnes me blâmèrent d'avoir accordé autant de latitude aux plaignants, mais je répondis qu'il était préférable d'en agir ainsi plutôt que d'entraver le cours de la justice. Comme c'était ma conviction sincère que ces gens avaient fait des avancés qu'ils n'étaient pas en état de prouver, j'ai cru de mon devoir de leur laisser toute la liberté possible, de manière à les amener à établir leur propre culpabilité. Je puis dire que c'est précisement ce qui arriva ; mais, au lieu de jeter le blâme à ceux qui le méritaient, un grand nombre s'obstinaient à répéter que leurs accusations étaient fondées, et commentaient la preuve d'une manière partiale, et en tiraient des conclusions qu'ils ne pouvaient certainement pas justifier. Je crois aujourd'hui que les travaux de la commission ont trompé l'attente de ceux qui l'avaient demandé. Ils ont dû abandonner leur position avantageuse, en d'autres termes, la chance de pouvoir avancer des faits quands ils espèrent qu'on ne leur donnera pas l'occasion de les prouver.

Pour se tirer de ce mauvais pas: ils voulurent profiter de ce qu'on appelle les pouvoirs limités de la commission ; c'est-à-dire, que cette dernière ne devait entendre aucune accusation portée après le 25 août. Comme je l'ai expliqué dans mon rapport qui accompagnait la preuve, je les invitai à procéder sur une accusation qui avait été portée après cette date, savoir; l'affaire Kelly-Milner. Il est vrai que le serment ne pouvaient pas être administré aux témoins dans cette affaire, mais ils convinrent d'accompagner leurs témoignages d'une déclaration statutaire. Cette déclaration fut donnée dans un ou deux cas, mais comme il aurait fallu beaucoup de temps pour l'obtenir de tous ls témoins, il fut jugé à propos de discontinuer ce mode et de transmettre la preuve telle qu'elle était.

D'après la preuve recueillie, je crois qu'une personne qui ne serait pas prévenue serait d'avis que les accusations portées contre M. Fawcett en cette circonstance n'ont été nullement prouvées.

Les journaux d'ici et de l'étranger ont parlé de la nature bouffonne de l'enquête ; je suis d'accord avec eux là-dessus ; elle a été bouffonne, mais non pas dans le sens qu'ils l'entendent ; ce qui la rend bouffonne, c'est quelle a demontré que les accusations qui avaient été portées n'avaient d'autre fondement que la rumeur publique, et, je regrette de le dire, la rumeur publique est irresponsable à Dawson plus que partout ailleurs peut-être.

L'enquête a certainement tourné à la bouffonnerie, si on la considère au point de vue des convenances et de l'honneur ; mais on ne saurait traiter de bouffonnerie les efforts honnêtes faits par les fonctionnaires qui en étaient chargés pour la conduire d'une manière convenable, et la rendre aussi décisive qu'il était possible dans les circonstances.

OBSERVATIONS GENERALES.

On est, en général, sous l'impression que le climat du Yukon est excessivement rigoureux, que l'hiver y est très long et très pénible à supporter. Le mercure baisse considérablement dans ce pays, c'est vrai,—par example—j'ai passé quatre hivers ici, et chaque année durant le mois de novembre le thermomètre marquait près de 40 en-dessous de zéro. Durant les trois premières années de mon séjour, il marqua jusqu'à 50 en bas en décembre, plusieurs fois autant en janvier et février, et deux ou trois fois en mars ; en avril nous eumes plusieurs fois 30 à 40 degrés. Dans le mois de janvier 1896, le thermomètre descendit à 60 cinq fois et trois fois en février. L'hiver dernier (1898-99) à été excessivement doux. La plus basse température indiquée par mes thermomètres venant du bureau météorologique de Toronto et par le Standard à été de 47. L'hiver a été exceptionnellement doux, et les personnes qui se trouvaient dans le pays pour la première fois se sont plu à décrire les beautés de la température ; et elles avaient raison d'en parler de la sorte ; mais je demanderai au public en général de ne pas prendre trop à la lettre les éloges que l'on a fait de cette saison d'hiver.

C'est de beaucoup l'hiver le plus doux à ma connaissance dans ce pays, et tous les anciens de la place sont de mon avis. Durant les jours les plus courts de décembre et de janvier, je peux dire que nous avons ici environ quatre heures de soleil. Cela dure environ un mois ; les jours commencent ensuite à allonger, et dans la seconde partie de février ils sont assez longs pour nous permettre de vaquer à nos occupations. Il est parfois très pénible de voyager dans ce pays à raison des vents violents qui soufflent souvent dans les vallées, surtout dans les grandes vallées comme celle de la rivière Yukon. Les hautes montagnes qui bordent la rivière enserrent les vents, qui sont forcés de suivre la direction de la rivière. Quelque fois l'air est si comprimé qu'il s'engouffre dans les parties étroites avec une extrême rapidité ; il est alors fort désagréable, pour ne pas dire dangereux, de se trouver sur la rivière, si le thermomètre marque 30 ou 40 degrés au-dessous de zéro.

Peu de vents l'hiver dernier aux environs de Dawson, ainsi que, je crois, le long de la rivière entre Dawson et d'autres postes, en sorte que sous ce rapport aussi l'hiver a été exceptionnel.

D'un autre côté la rivière a ménagé des surprises aux anciens habitants. En général lorsque la rivière gèle l'hiver, la glace forme des amoncellements qui causent des dommages considérables aux propriétés. Ces amoncellements barrent la rivière et font monter l'eau à une grande hauteur. Je l'ai vue s'élever de cinq à six pieds en autant de minutes. Tout à coup la glace cède sous la pression des eaux, se précipite, et couvre les rives à des hauteurs qui paraîtraient invraisemblables à des personnes habitant sous des climats plus cléments. L'hiver dernier, dans les environs de Dawson du moins, rien de tel ne s'est produit.

La débâcle, le printemps, cause aussi des avaries aux propriétés quand les glaces bloquent la rivière; mais ces dommages sont plus considérables que l'automne; la glace se précipite alors avec une force irrésistible, s'amoncelle sur les rives, déracine les arbres et cause une foule de dérangements. Une maison ordinaire construite sur le bord de la rivière ne pourrait résister à la violence des glaces le printemps. Aussi les propriétaires de steamers et autres redoutent de construire des quais et des bassins, vu qu'il y a lieu de craindre que ces constructions ne soint brisées et détruites par la débacle du printemps. Sous ce rapport aussi la rivière a agréablement trompé l'attente des anciens résidents, car la débâcle s'est opérée si tranquillement que les nouveaux venus crurent que les anciens avaient voulu tout simplement les blaguer.

Généralement, le printemps, la glace commence à se briser dans le haut de la rivière, puis elle descend avec rapidité en se pressant et augmentant en force à mesure qu'elle est entraînée par le courant. Mais il n'en fut pas ainsi le printemps dernier. La glace, dans le voisinage de la frontière, à soixante-dix ou quatre-vingt milles en aval de Dawson, se désagrégea et commença à descendre le 16 mai, à Dawson le 17, et à Selkirk le 21, en sorte que la pression des glaces accumulées dans le haut de la rivière ne s'est pas fait sentir sur cette partie de la rivière. J'appelle l'attention sur ces faits parce que l'année dernière a été exceptionnelle et que je ne voudrais pas que le public fût sous l'impression que c'était une année ordinaire. Avec l'expérience que j'ai du pays, je n'aurais pas du tout raison de prétendre que c'était une année ordinaire, et je puis dire que mon opinion est partagée par tous les anciens que je connais.

L'hiver dernier et durant une grande partie de l'été, il y avait aux alentours de Dawson un bon nombre de personnes sans emploi. Il s'en trouvait, je n'en doute pas, plusieurs qui désiraient réellement obtenir de l'ouvrage et qui ne le pouvaient pas ; mais je n'ai aucun doute, non plus, que beaucoup n'auraient voulu travailler pour aucune considération, mais sont venus ici tout simplement pour vivre d'industrie. Quelques-uns quittèrent le pays et se dirigèrent vers le haut de la rivière; mais la nouvelle que l'on avait découvert de l'or au Cap Nome, dans l'Alaska, en attira beaucoup dans le bas de la rivière. Il en résulta que le pays fut débarrassé de ce surcroît de travailleurs, et je crois que ce fut un avantage, car nous pouvons facilement nous passer aujourd'hui d'un grand nombre de ces travailleurs.

Je ne dis pas que tous n'étaient point des citoyens désirables, mais je dis que nous pouvons aisément nous dispenser d'un grand nombre d'entre eux.

DROIT REGALIEN.

Cette taxe était impopulaire, ainsi que toutes les autres taxes, et comme j'étais persuadé qu'on chercherait à l'éluder, les gens bien pensants en se servant de moyens modérés, et les autres par tous les moyens, même condamnables, je m'appliquai à découvrir un mode de perception qui pût nous donner une idée plus exacte de la production que n'avaient pu le faire les perceptions faites jusque-là.

Je discutai cette question avec le colonel Steele, qui me dit qu'il croyait que les officiers de la gendarmerie étaient plus en état de faire ce service que des civils. Une chose certaine, c'est que le régistrateur des mines ne pouvait faire ce travail.

Si tous les mineurs étaient absolument honnêtes et observaient la loi, nous pourrions espérer que tous paieraient réellement les droits aux régistrateurs des mines ;

mais comme il était inutile d'y songer, je m'empressai d'accepter l'offre du colonel Steele et je postai l'inspecteur Belcher à Grand-Forks, l'inspecteur Scarth à Hunker et l'inspecteur Starnes à Dominion; ce dernier fut ensuite remplacé par l'inspecteur Cartwright.

Ces inspecteurs avaient sous leurs ordres un certain nombre de gendarmes qui devaient surveiller l'exploitation des mines, constater la valeur du minerai, et avoir l'œil sur toutes les opérations minières. En même temps, un ou deux agents de la sûreté furent chargés de voir à ce qu'il ne fût pas commis de vols soit au préjudice des mineurs, par les surveillants ou par les étrangers, ou bien au préjudice du gouvernement.

La somme de droits perçus jusqu'au premier septembre s'éleva à $635,183.75, soit près du double des perceptions de l'année dernière.

La production totale a donné $8,106,024.24, dont $1,744,706 étaient exempts de droits. Le nombre de claims frappés de droits est de 443, sur lesquels l'exemption extraordinaire de $2,500 par claim se monte à $100,750, ce qui, ajouté au montant perçu, forme $735,933.75. En supposant qu'il y aurait eu seulement une exemption de $2,500 comme l'année dernière, si l'on veut établir une comparaison juste, il faut déduire $16,000 pour droits dont le paiement avait été différé de l'année précédente, de même que les droits dus sur plusieurs claims enregistrés moins d'un an avant l'arrêté en conseil imposant un droit régalien, et au sujet desquels le ministre de la Justice aura à se prononcer. Je ne veux pas que l'on conclue de ces remarques que je condamne l'augmentation du droit régalien; loin de là.

Je ne crois pas que les chiffres ci-dessus donnent une idée vraie du rendement réel, car il n'y a pas de doute qu'on a usé de dissimulation dans bien des cas, et il est probable que la production s'élève à près de $10,000,000.

Comme il y avait un grand nombre de claims sur lesquels il n'était pas perçu de droits régaliens, nous pouvons présumer qu'ils ont produit au moins la moitié de cette somme, en sorte que nous aurions cette année une production totale de $15,000,000, et qui pourrait bien être plus près de $20,000,000.

Je ne crois pas que le rendement de l'année dernière ait été beaucoup moindre que celui de cette année. Des gens qui se sont enquis minutieusement des faits l'hiver dernier, et aussi au printemps, m'ont déclaré qu'ils croyaient que la production s'était élevée à $18,000,000, et d'après les faits qu'ils m'ont représentés, j'ai lieu de croire qu'ils avaient raison.

La perception des droits régaliens est un travail qui exige toute l'énergie et les soins attentifs d'un homme avec un personnel de subordonnés. Il est douteux que la gendarmerie puisse continuer à faire ce service à l'avenir. Il pourrait arriver qu'on aurait besoin d'elle pour d'autres travaux pressants juste au moment où elle serait occupé à la perception. Je suggérerais donc de nommer un percepteur des droits régaliens qui resterait en charge aussi longtemps que cette taxe sera imposée. Ce fonctionnaire devrait être à la fois bon comptable, observateur intelligent, et habitué à commander aux autres. C'est une tâche difficile et qui demande beaucoup de tact pour éviter toute friction.

Je me permettrai donc, M. le Ministre, de vous prier de vous occuper sérieusement de cette question et de nommer un percepteur pour l'année prochaine.

LA ROUTE D'EDMONTON.

Peu de temps après mon arrivée à Dawson les gens commencèrent à y affluer, venant du bas de la rivière après avoir descendu le fleuve Mackenzie, traversé jusqu'à la rivière Porc-Epic et descendu cette dernière jusqu'à la rivière Yukon, qu'ils remontèrent jusqu'à Dawson. Ils arrivèrent par petits groupes pendant les mois de septembre, octobre et novembre, et jusqu'au mois de janvier 1899, alors que le dernier groupe nous arriva à ma connaissance après avoir suivi la route indiquée plus haut. Ces derniers arrivés rapportèrent qu'ils avaient remonté la rivière Porc-Epic au lieu de la descendre, traversé à la source de la rivière Taton-duc, descendu cette rivière jusqu'à la rivière Yukon, et de là s'étaient rendus à Dawson. Ce groupe, qui se composait d'abord de cinq ou six hommes, après beaucoup de misères essuyées en remontant la rivière Porc-Epic, se divisa près de la source de ce cours d'eau. Deux ou trois d'entre eux, désespérant d'atteindre Dawson, s'étaient arrêtés à un endroit indiqué sur ma carte de cette route sous le nom "Fishing-Camp". Les autres continuèrent leur voyage, et après avoir atteint la source de Taton-duc, ils retournèrent avec l'intention de persuader à leurs compagnons de revenir avec eux; mais lorsqu'ils arrivèrent à Fishing-Camp, après un mois de séparation, ils trouvèrent fixé à un arbre un billet qui leur apprit que les autres étaient retournés chez Lapierre peu de temps après qu'ils s'étaient quittés. Ils savaient que leurs compagnons étaient à court de provisions et qu'ils avaient même tué un chien pour s'en nourrir; mais ils ne purent les suivre, étant eux-mêmes exténués de fatigue et comprenant que leur seule chance de salut était d'arriver quelque part à la rivière Yukon aussitôt que possible. Ils retournèrent donc avec empressement sur leurs pas et arrivèrent au poste Seventy-Mile, à quelques milles en amont de Taton-duc, où ils racontèrent les faits que je viens de citer. Il paraît qu'aucune tentative n'a été faite pour secourir les malheureux qui s'en retournaient chez Lapierre. Les autres gagnèrent, avec toute la rapidité possible, Dawson, où ils arrivèrent dans les derniers jours de décembre, et sans retard ils me firent part de ces faits. Je m'entretins avec le colonel Steele de la possibilité qu'il pouvait y avoir de rejoindre ceux qui étaient restés en route, et après avoir envisagé la question sous toutes ses faces, nous en vînmes à la conclusion qu'il était trop tard, qu'à cette époque de l'année la chose était impraticable et pouvait entraîner la perte des gens qui feraient partie de l'expédition de secours.

Voici quelle était la situation :—

Lorsque l'on nous donna ces renseignements il nous était impossible d'organiser une expédition de secours avant le 5 ou le 6 janvier. Or, les malheureux qui étaient retournés à la maison de Lapierre étaient partis le 5 novembre, en sorte qu'ils avaient une avance de deux mois, et dans le moment où nous nous occupions de l'affaire ils étaient ou morts ou à la maison de Lapierre, ou encore ils avaient pu faire la rencontre de sauvages. Avant que l'expédition eût pu atteindre l'endroit d'où ils étaient retournés, une distance d'environ 275 milles, on serait bien près du commencement de février, et il y aurait alors beaucoup de neige, et le voyage serait difficile et pénible. Il s'écoulerait ansi près de trois mois entre le jour où les voyageurs étaient retournés sur leurs pas et celui où l'expédition de secours parviendrait au point de leur départ, ce qui rendait encore plus certain que l'expédition ne trouverait jamais les malheureux. S'ils étaient morts peu de temps après s'être remis en route, la neige qui était tombée en abondance aurait effacé tout vestige, et ce serait le plus grand des hasards si l'expédition tombait sur leurs traces ; de plus, comme l'expédition devait durer au moins trois mois et qu'il aurait fallu un grand nombre d'attelages de chiens pour transporter les provisions pour hommes et chiens ainsi que des vêtements, nous en arrivâmes à la conclusion que le projet n'était pas réalisable, et tous ceux qui sont familiers avec les attelages de chiens le comprendront facilement.

Pour ces raisons nous jugeâmes qu'il était inutile d'aller à leur secours, et il ne fallait pas songer à obtenir de nouvelles de ces gens avant l'été suivant. Effectivement, nous avons appris au cours de l'été que des sauvages avaient rapporté que ces gens étaient morts, qu'ils les avaient vus ou qu'ils avaient entendu parler d'eux. Mais je considère ce renseignement trop vague pour être authentique, et je le donne comme simple rumeur.

Une expédition composée de gendarmes et de sauvages fut envoyée, au mois d'août, dans le but d'être fixés sur le sort des malheureux. Cette expédition n'est pas encore de retour, mais nous avons reçu des nouvelles de sa marche.

Quelques-uns de ceux qui partirent d'Edmonton pour le Yukon par la rivière Mackenzie, au lieu de traverser jusqu'à la rivière Porc-Epic, remontèrent la rivière

Peel jusqu'à sa source. Ils ne purent arriver à Dawson avant les mois de juin et de juillet de cette année. D'autrs quittèrent aussi la rivière Mackenzie à Fort-Norman ou à l'embouchure d'une rivière qui se trouve à une courte distance en amont et communément appelée Gravel, indiquée sur les cartes de cette partie du pays sous le nom de rivière Dahadina, mot sauvage désignant le gravier; cette rivière doit son nom au fait que son lit est large, plat et couvert de gravier, et que l'eau y est peu profonde. Des gens qui avaient remonté la rivière Peel m'en firent une description pour tout l'espace qu'ils avaient parcouru; ils me parlèrent des difficultés qu'on y rencontre et des avantages qu'elle offre à la navigation. Ils disent que cette rivière est navigable à eau haute pour des bateaux à roues en arrière jusqu'au premier canyon, lequel, d'après eux, offre beaucoup de dangers, à eau haute, pour toutes sortes d'embarcations, mais qu'on peut y passer facilement à eau basse en descendant la rivière. D'après la description qu'ils en donnent, la rivière fait un détour subit et se précipite dans une gorge ressemblant à un canyon, et bien que la différence de niveau ne soit pas forte, l'eau qui va frapper les falaises revient sur elle-même et forme un tourbillon qui, paraît-il, pourrait engloutir un petit vaisseau et empêcherait de grands bateaux de passer.

En amont il y a plusieurs petits rapides qui paraissent plutôt être le clapotis des eaux sur des bancs de gravier.

J'ai envoyé à l'arpenteur général du ministère de l'Intérieur une carte que j'avais fait préparer par M. Thibodeau et qui était une compilation de deux cartes que m'avaient remises quelques-uns de ceux qui étaient passés par là, parmi lesquels je dois mentionner M. A. J. McGregor, de l'Ontario, et le Dr John Connelly, de Chicago.

En outre des renseignements indiqués sur ces deux cartes, j'en recueillis encore beaucoup plus en conversant avec les gens qui étaient venus par cette route, et en somme je considère que cette carte donne une idée assez exacte de cette partie du pays et comble une lacune qui existait sur notre carte du Canada. M. McGregor corrobre mon rapport de 1887, dans lequel je disais que la source de la rivière Peel (du moins de l'une de ses branches, et elle paraît être la plus considérable) se trouve près de la source de la rivière Porc-Epic; ce cours d'eau était alors indiqué, par le géographe du ministère de l'Intérieur à cette époque, sous le nom de rivière Ogilvie.

Dans mon rapport des opérations de cette même année 1887, je faisais remarquer que les sauvages m'avaient parlé d'un canyon très dangereux qui existait sur cette rivière, et m'avaient conjuré de ne pas y passer ainsi que j'en avais eu l'intention, vu que je périrais infailliblement dans ce canyon. La description que m'en a faite M. McGregor et la manière dont il m'en a parlé corroborent entièrement ce que m'en ont dit les sauvages. Il me dit qu'en prenant les précautions ordinaires on pouvait naviguer la rivière jusqu'au canyon d'aval, où il est nécessaire de faire un portage d'un mille ou environ pour éviter les obstructions.

Ces gens avaient remonté la branche de la rivière Peel, appelée par eux rivière Wind, qui prend sa source à quelques milles d'une branche de la rivière Stewart connue sous le nom de rivière Beaver.

Le portage entre les limites des deux rivières est d'environ treize milles, et l'on dit que la distance de la source d'une rivière à l'autre est bien moins grande.

Ceux qui ont remonté la rivière au Gravier (*Gravel River*), confirment les rapports qui en ont été déjà faits, quant à sa largeur et à son peu de profondeur en général. Elle sort de la même source qui alimente les rivières Mackenzie et Stewart, et le portage d'une rivière à l'autre est très court.

Ils arrivèrent à la rivière Stewart, sur la partie connue comme branche sud, et en cet endroit ils trouvèrent un cours d'eau assez considérable, ce qui indiquait qu'ils devaient se trouver à une assez grande distance de la source de la rivière.

Ils descendirent sur une distance de près de 200 milles, et disent que la navigation y est très difficile. Ils se croyaient alors sur le tributaire McMillan de la rivière Pelly, et ils furent agréablement surpris d'apprendre à une certaine distance en amont des fourches de la rivière Stewart, par une inscription qu'ils trouvèrent sur un arbre, qu'ils étaient sur la branche sud de la rivière Stewart. Ils arrivèrent à Dawson au mois de juillet.

J'ai déjà transmis au bureau de l'arpenteur général des notes que j'ai prises au cours des entrevus que j'eus avec ces gens.

Ceux qui ont remonté la rivière Peel me disent que cette partie du pays contient de l'or qu'on trouve dans les placers et dans le quartz. Ils me firent la description d'un morceau de quartz contenant de l'or qu'un sauvage leur avait montré. Ce dernier prétendait que ce quartz provenait des biefs supérieurs du cours d'eau connu sous le nom de "Bonnet-Plume". Ils trouvèrent de l'or fin dans le gravier, mais comme aucun d'eux n'était mineur ils se contentèrent de prospecter à la surface, et quoiqu'ils aient trouvé de l'or, ils n'en trouvèrent pas à la surface en assez grande quantité pour dire en connaissance de cause que le terrain était riche.

Aussitôt arrivés à Dawson, ils prétendirent que le pays en général ne valait rien, mais après avoir passé quelque temps ici et avoir vu comment les opérations minières étaient conduites et d'où l'or venait, ils m'avouèrent qu'ils connaissaient à peu près rien du pays qu'ils avaient traversé, et qu'il pourrait se faire après tout qu'il fût aussi riche que Bonanza et Eldorado, que de fait ils ne l'avaient pas prospecté du tout; et ils arrivèrent à dire de plus que s'ils avaient visité eu premier lieu Eldorado et Bonanza ils auraient fait sur ces deux creeks le même compte rendu qu'ils avaient donné de la rivière Peel.

Il ne faudrait pas croire que je prétends que ce pays est riche, mais je tiens à donner ici l'opinion que ces gens en avaient après y avoir acquis de l'expérience. Il est possible que les biefs d'amont de la rivière Pelly puissent être exploités avec avantage par les mineurs; mais je conseille à ceux qui, à la lecture de ces lignes, pourraient être tentés de se rendre dans cette partie du pays pour s'y livrer à l'exploitation des mines, d'agir avec beaucoup de prudence. Ils ne devraient pas entreprendre le voyage à moins de faire partie d'une expédition bien organisée qui compterait parmi ses membres des artisans de tous les métiers et des médecins, et qui serait amplement pourvue de provisions et de remèdes. Je désirerais aussi les dissuader de croire que le voyage est facile. Ils peuvent se rendre sans difficultés jusqu'au Fort-McPherson, sur la rivière Peel. En réalité, c'est un voyage de plaisir, comparé avec le reste de la route. En partant de McPherson, ils devraient remonter la rivière Peel en bateau jusqu'au premier cañon ou plus loin, si la chose est possible. Une fois rendus là ou un peu plus haut, ou, mieux, lorsqu'ils seront prêts à commencer les opérations minières, l'hiver sera arrivé, et ils devront se préparer en conséquence, en sorte qu'ils ne peuvent pas s'attendre à se livrer à aucune exploitation de mines durant l'année qui suivra leur départ d'Edmonton.

Les gens qui étaient venus par la rivière Peel disent que, en divers endroits sur la rivière Wind et sur la rivière Peel, ils avaient trouvé en abondance des pyrites de fer et du sable pyriteux, ce qui est encore un indice qu'on pourrait arriver à y trouver de l'or.

Ceux qui ont remonté la rivière du Gravier disent que les dépôts dans le lit de la rivière consistent surtout en pierre à chaux; quoique ceux à qui j'ai parlé de la chose ne me parurent pas bien versés dans la science géologique.

Je mentionne ceci comme étant seulement l'expression de leur opinion.

Ils font la description d'immenses dépôts de soufre et d'une source d'eau chaude située sur le côté gauche ou côté nord de la rivière, près de l'endroit où elle débouche des montagnes, et à une petite distance de la source la rivière charroie le soufre en grande quantité et le dépose sur le parcours d'un ruisseau qui sert de débouché aux eaux de la source et transporte aussi le minerai sur la rivière elle-même en si grande quantité que ces gens prétendent qu'il y a là des milliers de tonnes de soufre natif pur.

Personne n'a constaté quelle était la température de cette source, mais l'un d'entre eux m'assura que la température de l'eau à l'endroit où elle tombe dans la rivière, à environ un demi-mille de la source, était à 76. Cette température fut constatée durant les froids d'hiver, et, naturellement l'eau a dû refroidir beaucoup dans ce parcours d'un demi-mille, si l'on tient compte de la saison et du pays. Tous ceux que j'ai vus étaient unanimes à affirmer que l'eau de la source était chaude, mais ils n'ont pris aucun autre moyen de vérifier la température que celui que je viens de décrire. Ils ne remarquèrent rien d'extraordinaire plus loin ; cependant, un des voyageurs parla d'une montagne qui lui parut être une solide masse de cuivre parce qu'elle avait la couleur de ce métal. Il n'y a rien d'extraordinaire en cela, car on rencontre souvent des rochers qui présentent une couleur rougeâtre due à la végétation dont ils sont couverts; en outre, le cuivre natif ne serait pas rouge après avoir été exposé à l'air pendant quelque temps.

Quelques-uns de ces voyageurs me parlèrent de la découverte de roches métallifères dans les environs du Grand lac des Esclaves, et l'un d'eux me montra un échantillon de galène qu'il me dit contenir une forte proportion d'argent; cet échantillon avait été trouvé sur la rive sud du lac près de son extrémité ouest. C'était la première fois qu'on me parlait de cette découverte d'une manière intelligible. J'espère que leur récit (que je n'ai pas besoin de rapporter ici au long, vu qu'il a été depuis longtemps livré au public) est véridique pour ce qui concerne l'étendue et la richesse de ces mines. *

---

* Depuis que ce qui précède est écrit, j'ai appris qu'un groupe de mineurs se sont frayé un chemin depuis la source de la rivière Klondike jusqu'à celle de l'une des branches de la rivière Peel (la rivière Blackstone, suivant eux), qu'ils ont descendue en passant par le canyon dangereux dont j'ai parlé, et ils disent que ce canyon offre de grandes difficultés, corroborant ainsi ce que les sauvages m'en avaient dit. Ils ajoutent qu'il n'y a pas loin de la source d'une rivière à l'autre, mais je n'ai pu obtenir une idée précise de la distance.

ETAT FINANCIER.

J'ai l'honneur de vous présenter un état des recettes et dépenses de ce territoire depuis le 1er novembre 1898 jusqu'au 27 septembre 1899.

RECETTES LOCALES, TERRITOIRE DU YUKON.

Du 1er septembre 1898 au 1er septembre 1899.

DT. AV.

Recettes.	$ c.	Dépenses.	$ c.
Amendes perçues	54,577 60	Administration de la justice	492 35
Taxe des avocats	570 00	Transport d'indigents hors du territoire	3,832 26
Permis de boissons	63,486 14	Bureau des commissaires des licences	600 00
Licences de colporteurs	1,200 00	Subventions aux routes et sentiers	280 00
Compte de franchise	150 00	Dépenses casuelles	426 00
Licences de mariage	149 00	Sépulture de personnes indigentes	3,021 00
Licences de billards	50 00	Impressions et papeterie	5,848 76
Licences de commerçants d'occasion	300 00	Salaires	3,116 78
Honoraires d'incorporation	50 00	Bibliothèque de droit	781 44
Licences de boissons	84,170 31	Département des incendies	17,380 70
Licences d'encanteurs	850 00	Conseil d'hygiène	1,674 00
Licences d'abattoirs	150 00	Ponts, Dawson	7,292 61
Licences de bateaux-passeurs	250 00	Rues, Dawson	8,701 28
Loyer, droits de grève à Dawson	4,712 75	Soin des aliénés	105 00
Fourrière des chiens	3 00	Sentiers, Bonanza, Dominion, etc.	37,062 65
		Egouts et fossés, Dawson	15,418 11
		Dépenses de l'ingénieur	1,100 00
		Frais de route, inspecteur des licences	844 90
		Frais d'hôtellerie, inspecteur des licences	429 00
		Dons aux hôpitaux, soins des malades indigents	88,437 97
		Solde	13,823 99
	210,668 80		210,668 80

Certifié correct,

J. T. LITHGOW, contrôleur.

Vous verrez par cet état que nous avons dépensé $95,391.23 pour les malades et les indigents, c'est plus de 45 pour 100 de notre revenu.

Je dirai, pour expliquer cette dépense, que le conseil jugea qu'il était absolument nécessaire de l'encourir, qu'il y avait beaucoup de malades à Dawson et dans toute la région des mines, et personne pour en prendre soin; il semble que la pitié était chose inconnue de la plupart des gens. Le Conseil, qui était un gouvernement civilisé, ne pouvait laisser mourir ces malades comme des animaux; conséquemment il nous fallut en prendre soin. Les hôpitaux s'adressèrent en vain au public pour obtenir des secours; le cri universel semblait être: « que le gouvernement prenne soin des malades ! il perçoit toutes les taxes, qu'il occupe de cette affaire ». Dans les commencements, lorsqu'il y avait relativement peu de mineurs dans le pays et qu'ils se connaissaient tous les uns les autres, une telle condition n'aurait pas été tolérée un seul instant; quand un homme était malade, ses voisins lui portaient secours et se montraient généreux à son égard.

La situation a beaucoup changé depuis, la grande affluence du printemps; les gens se connaissaient peu entre eux,—chacun avait l'ambition d'amasser le plus qu'il pouvait, et paraissait avoir perdu tout sentiment d'humanité et de ce bon vouloir qui doit marquer nos rapports quotidiens avec nos semblables.

Depuis que le relevé ci-dessus a été préparé, nous avons payé à un des hôpitaux près de $5,000, ce qui porte notre total à un peu plus de $100,000, soit près de 48 pour 100 des recettes.

Vous remarquez que nous avons porté au compte des dépenses locales les frais des routes conduisant aux mines. Nous avons agi ainsi parce que jusqu'à présent ces déboursés étaient faits à même les recettes locales; mais j'ai été heureux de recevoir de vous l'asurance que le gouvernement fédéral doit prendre à sa charge la construction et l'entretien des grandes routes des mines, et cette nouvelle a été accueillie avec reconnaissance dans tout le Territoire.

J'ai l'honneur de vous donner ci-dessous un relevé de la correspondance rendue nécessaire par les affaires de mon bureau durant l'année. Mon secrétaire a transmis de temps à autre à votre ministère copies des minutes de toutes les séances tenues par le conseil durant l'année, et aussi copies des ordonnances promulguées, lesquelles, naturellement, ne sont pas comprises dans le rapport suivant:

DOCUMENTS EXPEDIES ET REÇUS AU BUREAU DU COMMISSAIRE, A DAWSON, DE SEPTEMBRE 1898 A SEPTEMBRE 1899.

Nombre de lettres générales reçues du public	1,643
Nombre de lettres officielles reçues	654
Total	2,297
Nombre de lettres expédiées	2,287
Nombre de lettres officielles expédiées	625
Total	2,912

AUTRE CORRESPONDANCE.

Contrats, chartes, etc	20
Déclaration sous serment, etc	100
Requêtes	30
Demandes—Ponts, bateaux-passeurs, approvisionnement d'eau, routes, etc	150
Demandes diverses	50
Soumissions, devis, etc	100
Listes, projets, etc	25
Rapports divers	75
Avis publics, formules	25
	425

Ce relevé ne représente qu'une faible partie de l'ouvrage exécuté dans mon bureau, car j'étais occupé le plus souvent à recevoir les solliciteurs de privilèges, à discuter avec eux tous les points de leurs demandes, de leurs plans, de leurs projets et de toutes autres questions se rapportant aux industries du pays; j'avais aussi à m'occuper de questions qui n'étaient pas du tout de mon ressort, comme de donner des conseils et renseignements, et d'une foule d'autres choses qu'il est inutile de mentionner ici.

Les rapports ci-joints du colonel Steele, commandant de la gendarmerie à cheval du Nord-Ouest, de M. Edmund Senkler, commissaire de l'or, de M. F. X. Gosselin, agent des bois et terres, et de M. Hartman, maître de poste, n'embrassent pas toutes leurs opérations jusqu'à cette date.

Je regrette de m'être trouvé dans l'impossibilté de vous transmettre le présent rapport plus tôt.

J'ai l'honneur d'être, monsieur,

Votre obéissant serviteur,

WILLIAM OGILVIE,

Commissaire.

RÉPONSE

(47)

A un ORDRE de la CHAMBRE DES COMMUNES, daté le 7 février 1900, demandant copie de toute correspondance en la possession du gouvernement concernant l'offre faite par le major général Hutton de servir dans la guerre sud-africaine; ainsi que de la correspondance échangée entre le ministère de la Milice et de la Défense et le major général Hutton concernant l'organisation des contingents canadiens expédiés en Afrique.

R. W. SCOTT,
Secrétaire d'Etat.

MINISTÈRE DE LA MILICE ET DE LA DÉFENSE,
OTTAWA, 20 février 1900.

Au Sous-Secrétaire d'Etat,
Ottawa.

MONSIEUR,—En vous renvoyant l'ordre de la Chambre, daté le 7 février courant (M. Bourassa) demandant la correspondance échangée avec le major général Hutton au sujet de l'offre de ses services dans la guerre sud-africaine et de l'organisation des contingents canadiens expédiés en Afrique, j'ai l'honneur de vous apprendre qu'il n'y a dans ce département, aucun document établissant que le major général Hutton ait offert de servir dans la guerre sud-africaine. Si cette offre a été faite, elle doit avoir été non-officielle.

Quant à la correspondance échangée avec le major général Hutton au sujet de l'organisation des contingents canadiens expédiés en Afrique, j'ai l'honneur de dire que si ce qui est demandé par la Chambre est une correspondance se rattachant à la question de l'envoi de contingents canadiens en Afrique Sud, il n'en existe point.

J'ai l'honneur d'être, monsieur,

Votre obéissant serviteur,

L. J. PINAULT, lt-colonel.
Député du Ministre de la Milice et de la Défense.

RÉPONSE

(49)

COPIES d'ordres en conseil, ordres généraux, nominations et ordres de la milice relatifs aux contingents et se rapportant à l'envoi de la force militaire coloniale dans le Sud-africain.

COPIE *d'un rapport d'un comité de l'honorable Conseil privé, approuvé par Son Excellence le Gouverneur général en conseil, le 14 octobre 1899.*

Le comité du Conseil privé a pris en considération une dépêche du Très honorable M. Chamberlain, en date du 3 octobre 1899 et conçue en ces termes :—

" Ministre de la Guerre et commandant en chef désirent que vous exprimiez haute appréciation de l'éclatante preuve de patriotisme du peuple canadien donnée par offres de servir dans l'Afrique du Sud, et fournir les renseignements suivants pour aider à l'organisation de troupes en unités propres aux fins militaires : Premièrement, unités devront se composer d'environ 125 hommes. Deuxièmement, pourront être infanterie, infanterie montée et cavalerie. Etant donné nombres déjà disponibles, infanterie le plus, cavalerie le moins utile. Troisièmement, toutes devront être armées du fusil ou mousqueton 303, que le gouvernement impérial peut fournir, au besoin. Quatrièmement, toutes devront fournir leur propre équipment, et troupes montées leurs propres chevaux. Cinquièmement, pas plus d'un capitaine et trois subalternes pour chaque unité. Contingent entier pourra être commandé par officier d'un grade pas plus élevé que celui de chef de bataillon. A l'égard des nombres qui peuvent être employés, ministre de la Guerre guidé par nature des offres, mais desire que chaque colonie soit raisonnablement représentée, et limites nécessaires si l'on veut que contingent soit entièrement utilisé, par état-major disponible, comme partie intégrale des troupes impériales. Accepteraient unités avec plaisir, aux conditions suivantes :—

" Troupes devront être mises à terre au port de débarquement, dans l'Afrique du Sud, complètement équipées aux frais du gouvernement colonial ou des volontaires. A partir de la date du débarquement, gouvernement impérial fournira solde suivant tarifs impériaux, approvisionnements et munitions, et paiera frais de retour au Canada, ainsi que pensions pour blessures et idemnité de commisération aux taux impériaux. Troupes devant s'embarquer pas plus tard que le 31 octobre et se rendre directement au Cap pour y recevoir leurs ordres. Informez en conséquence tous ceux qui ont offert de lever des volontaires.

" CHAMBERLAIN."

Le Très honorable sir Wilfrid Laurier, à qui la susdite dépêche a été renvoyée, fait remarquer que le ministre des Colonies, en réponse aux offres qui lui ont été envoyées de différentes parties du Canada disant que les Canadiens sont désireux et impatients de servir le gouvernement de Sa Majesté dans la guerre dent il était depuis longtemps menacé avec la république du Transvaal et qui, malheureusement, a effectivement commencé, énonce les conditions auxquelles les autorités impériales sont prêtes à accepter ces offres. Ces conditions peuvent virtuellement se résumer en ceci qu'un certain nombre de volontaires, par unités de 125 hommes, avec quelques officiers, seront acceptés pour servir dans l'armée anglaise opérant actuellement dans l'Afrique du Sud, du moment qu'ils atteindront la côte, pourvu que les frais de leur équipement et de leur transport au Sud-Africain soient payés par eux-mêmes ou par le gouvernement de la colonie.

Etant donné le désir bien connu d'un grand nombre de Canadiens qui sont prêts à prendre du service dans ces conditions, le premier ministre est d'avis que le gouvernement du Canada peut, sans convoquer les Chambres, se charger volontiers de la dépense modérée qu'entraîneraient ainsi l'équipement et le transport de ces volontaires, surtout lorsqu'une pareille dépense dans de telles circonstances ne peut être regardée comme un abandon des principes bien connus du gouvernement constitutionnel et de la coutume coloniale, ni être considérée comme un précédent pour l'avenir.

Déjà, dans de semblables conditions. la Nouvelle-Zélande a envoyé deux compagnies. Le Queensland est sur le point d'envoyer 250 hommes, et l'Australie-Ouest et la Tasmanie envoient 125 hommes chacune.

Le premier ministre recommande en conséquence que le gouvernement se charge d'équiper, à même les effets dont le département de la milice peut actuellement disposer, un certain nombre de volontaires ne devant pas dépasser mille hommes, et, pour pourvoir à leur transport, de faire tous les arrangements nécessaires à cette fin.

Le comité prie Votre Excellence de transmettre une copie authentique du présent procès-verbal au Très honorable secrétaire d'Etat pour les colonies.

Le tout respecteusement soumis à l'approbation de Votre Excellence.

JOHN J. McGEE,
Greffier du Conseil privé.

MINISTÈRE DE LA MILICE ET DE LA DÉFENSE,
OTTAWA, 26 octobre 1899.

A Son Excellence le Gouverneur général en conseil :

Le soussigné a l'honneur de recommander à l'approbation de Votre Excellence les nominations au bataillon organisé pour le service spécial dans l'Afrique du Sud, telles que contenues dans le projet d'ordre général ci-joint, ces nominations ayant été recommandées par le major général commandant.

Respectueusement soumis,

F. W. BORDEN,
Ministre de la Milice et Défense.

COPIE *d'extrait d'un rapport d'un comité de l'honorable Conseil privé, approuvé par Son Excellence le Gouverneur général en conseil, le 27 octobre 1899.*

En conséquence d'un mémoire du ministre de la Milice et Défense en date du 26 octobre 1899, recommandant à l'approbation de Votre Excellence les nominations au bataillon organisé pour le service spécial dans l'Afrique du Sud, telles que contenues dans le projet d'ordre général annexé, ces nominations ayant été recommandées par le major général commandant :

Le comité soumet en conséquence les dites nominations à l'approbation de Votre Excellence.

JOHN J. McGEE,
Greffier du Conseil privé.

ORDRES GÉNÉRAUX, 1899.

QUARTIER GÉNÉRAL, 27 octobre 1899.

Les nominations suivantes sont promulguées à la milice par l'officier général commandant, avec l'approbation du ministre de la Milice et Défense :

MILICE ACTIVE—NOMINATIONS, PROMOTIONS ET DÉMISSIONS.

(Ordre général 107, octobre 1899.)

La formation d'un bataillon d'infanterie appelé à servir dans l'Afrique australe de concert avec les troupes régulières de Sa Majesté est approuvée.

Ce bataillon sera désigné et connu sous le nom de 2e bataillon (service spécial) du régiment royal canadien d'infanterie.

Les officiers suivants sont nommés, savoir :—

Pour commander : le lieutenant-colonel W. D. Otter, de l'état-major canadien, aide de camp de Son Excellence le Gouverneur général.

Pour être chef de bataillon et commandant en second : le lieutenant-colonel L. Buchan, du régiment royal canadien d'infanterie.

Pour être chef de bataillon : le lieutenant-colonel O. C. C. Pelletier, de l'état-major canadien.

Pour être capitaines : le chef de bataillon H. M. Arnold, du 99e ; le major W. A. Weeks, du génie de Charlottetown ; le chef de bataillon D. Stuart, du 26e ; le chef de bataillon S. M. Rogers, du 43e ; le chef de bataillon J. E. Pelletier, du 65e ; le capitaine H. B. Stairs, du 66e ; le capitaine R. K. Barker, du 2e, et le capitaine C. K. Fraser, du 53e.

Pour être lieutenants : le capitaine H. A. Panet, de l'artillerie royale canadienne ; le capitaine H. E. Burstall, de l'artillerie royale canadienne ; le capitaine A. H. Macdonell, du régiment royal canadien ; le capitaine M. G. Blanchard, du 5e régiment d'artillerie canadienne ; le capitaine J. H. C. Ogilvie, de l'artillerie royal canadienne ; le capitaine W. T. Lawless, des gardes à pied du gouverneur général ; le capitaine F. C. Jones, du 3e régiment d'artillerie canadienne ; le capitaine A. E. Hodgins, de la compagnie à pied de Nelson ; le capitaine J. M. Ross, du 22e bataillon ; le capitaine J. C. Mason, du 10e bataillon ; le lieutenant C. J. Armstrong, du 5e bataillon ; le lieutenant A. E. Swift, du 8e bataillon ; le lieutenant R. B. Willis, du 66e bataillon ; le lieutenant W. R. Marshall, du 13e bataillon ; le lieutenant J. H. Kaye, du régiment royal canadien ; le lieutenant L. Leduc, du régiment royal canadien ; le lieutenant C. S. Wilkie, du 10e bataillon ; le lieutenant A. C. Caldwell, de la réserve d'officiers ; le lieutenant S. P. Layborn, du régiment royal canadien ; le lieutenant A. Laurie, du 1er batallion ; le lieutenant E. A. Pelletier, du 55e bataillon ; le lieutenant R. G. Stewart, du 43e bataillon ; le lieutenant F. D. Lafferty, de l'artillerie royale canadienne ; le sous-lieutenant J. C. Oland, du 63e bataillon ; le sous-lieutenant R. H. H. Temple, du 48e bataillon, et le sous-lieutenant C. W. McLean, du 8e hussards.

Peloton de servants de mitrailleuse : le lieutenant et capitaine A. C. Bell, des gardes écossaises, aide de camp du major général commandant la milice canadienne.

Pour être adjudant : le chef de bataillon J. C. MacDougall, du régiment royal canadien.

Pour être quartier-maître : le capitaine et chef de bataillon titulaire S. J. A. Denison, du régiment royal canadien.

Pour être officiers du service de santé : le chirurgien-major C. W. Wilson, de la 3e batterie de campagne d'artillerie canadienne, et le chirurgien-major E. Fiset, du 89e bataillon.

Postiche, service d'état-major : le major L. G. Drummond, des gardes écossaises, secrétaire militaire de Son Excellence le Gouverneur général.

Par ordre,

HUBERT FOSTER, colonel,

Chef d'état-major.

MINISTÈRE DE LA MILICE ET DÉFENSE,
OTTAWA, 2 novembre 1899.

A Son Excellence le Gouverneur général en conseil :

Le soussigné a l'honneur le recommander que les projets d'ordres généraux ci-joints, étant des additions et modifications aux règlements de la milice 1898, soient approuvés, le major général commandant les ayant recommandés.

Respecteusement soumis,

F. W. BORDEN,
Ministre de la Milice et Défense.

ORDRES GÉNÉRAUX 1899.

QUARTIER GÉNÉRAL, 1er novembre 1899.

Les règlements, ordres généraux et instructions qui suivent sont promulgués à la milice par l'officier général commandant, avec l'approbation du ministre de la Milice et Défense.

RÈGLEMENTS ET ORDRES DE LA MILICE DU CANADA.

RÈGLEMENTS D'HABILLEMENT.

(Ordre général 109, novembre 1899.)

Par permission de Son Altesse Royale le duc de Connaught, le 6e hussards royaux canadiens du Duc de Connaught est autorisé à porter l'insigne et la devise de Son Altesse Royale.

(Ordre général 110, novembre 1899.)

L'insigne suivant, avec sa devise, est approuvé pour l'usage du 44e bataillon d'infanterie de Lincoln et Welland :

Une jarretière circulaire sur laquelle sont gravés les mots "Lincoln and Welland Infantry" ; en dedans de la jarretière un feston portant le chiffre "44" ; au bas, quatre feuilles d'érable et un liston portant la devise "Vincit Veritas"—le tout surmonté de la couronne impériale.

INSTRUCTIONS, ETC.

ORDRE DE PRÉSÉANCE DES OFFICIERS BREVETÉS ET DES SOUS-OFFICIERS.

(Ordre général 111, novembre 1899.)

L'ordre de préséance des officiers brevetés et des sous-officiers des "unités permanentes" de la milice active du Canada sera le suivant, en conformité des paragraphes 37 et 38 des "Queen's Regulations and Orders for the Army, 1898" :—

La position de l'officier breveté est inférieure à celle de tous officiers commissionnés, mais supérieure à celle de tous sous-officiers.

Ceux qui sont groupés ensemble entre crochets prennent rang entre eux suivant la date de leur nomination ou de leur avancement ; ceux dont le titre est précédé d'un astérisque n'ont pas le droit d'exercer de commandement aux appels ni en service, excepté sur les officiers brevetés, sous-officiers et soldats qui peuvent être spécialement placés sous leurs ordres. En fait de discipline, toutefois, ils exerceront en tout temps la pleine autorité attachée à leur grade.

(I.) OFFICIERS BREVETÉS.

Grade.

Maître canonnier.
Sergent-major ou maréchal des logis chef.
*Chef de musique.
*Commis chef.

(II.) SOUS-OFFICIERS.

Classe.	Grade.
1.	Sergent fourrier ou maréchal des logis fourrier.
	*Sergent fourrier archiviste ou maréchal des logis fourrier archiviste.
2.	*Sergent d'armement.
	Premier sergent ou premier maréchal des logis.
	*Premier sergent archiviste ou premier maréchal des logis archiviste.
	*Sergent secrétaire ou maréchal des logis secrétaire (quand il a le rang de premier sergent ou premier maréchal des logis).
	Sergents instructeurs ou maréchaux des logis instructeurs.
	Maréchal des logis instructeur d'artillerie.
	*Sergent ou maréchal des logis—Service de santé de la milice.
	Maréchal des logis chef d'escadron ou de batterie ou sergent-major de compagnie, mais plus ancien (régimentairement) que tous maréchaux des logis fourriers d'escadron ou de batterie, ou sergents fourriers de compagnie, excepté pour l'avancement.
	Maréchal des logis fourrier d'escadron ou de batterie, ou sergent fourrier de compagnie.
3.	*Maître maréchal ferrant.
	*Sergent secrétaire ou maréchal des logis secrétaire (quand il est au-dessous du rang de premier sergent).
	Clairon-major ou tambour-major.
	Trompette-major.
	Sergent archiviste ou maréchal des logis archiviste.
4.	Sergent postiche ou maréchal des logis postiche.
5	Caporal ou brigadier.
	*Caporal ou brigadier—Commis expéditionnaire.
	Bombardier.
	Fonctionnaire-bombardier.
	Elève-caporal ou élève-brigadier.

COMPOSITION DU 2e BATAILLON (SERVICE SPÉCIAL), RÉGIMENT ROYAL CANADIEN D'INFANTERIE.

(Ordre général 112, novembre 1899.)

L'effectif suivant pour le 2e bataillon du service spécial, régiment royal canadien d'infanterie, est approuvé:—

Lieutenant-colonel	1
Commandant en second	1
Chef de bataillon (major)	1
Capitaines	10
Lieutenants	24
Adjudant	1
Quartier-maître	1
Officiers du service de santé	2
Nombre total d'officiers	41
Adjudant sous-officier	1
Sergent fourrier	1
Sergents de 1re classe	8
Premiers sergents	8
Sergents	32
Total, adjudant sous-officiers et sergents	50
Caporaux	40
Tambours ou clairons	16
Simples soldats	872
Nombre total d'hommes de troupe	912
Total de tous rangs	1019
Chevaux d'officiers	7

Officiers, sous-officiers et soldats du 2e bataillon, R.R.C.I., *on command.*

(Ordre général 113, novembre 1899.)

Les officiers nommés ou affectés au 2e bataillon, régiment royal canadien, et les sous-officiers et soldats enrôlés dans ce bataillon, seront, jusqu'à nouvel ordre, réputés et portés "*on command*" de leurs corps respectifs.

Matériel de nettoyage, cavalerie.

(Ordre général 114, novembre 1899.)

Erratum.—Relativement à l'ordre général 103, du mois d'octobre 1899, le nombre d'éponges, petites, à être servies aux dragons royaux canadiens sera de "1 par selle" au lieu de "1 par 10 selles."

Organisation.

(Ordre général 115, novembre 1899.)

La compagnie n° 9 du 40e bataillon d'infanterie "Northumberland", dont le dépot est à Hastings, Ont., portera dorénavant le numéro 5.

Par ordre,

HUBERT FOSTER, colonel,

Chef d'état-major.

COPIE *d'un rapport d'un comité de l'honorable Conseil privé, approuvé par Son Excellence le Gouverneur général en conseil, le 4 novembre 1899.*

En conséquence d'un mémoire du ministre de la Milice et Défense, daté le 21 octobre 1899, exposant qu'il a été fait une dépense résultant de l'envoi des volontaires du Transvaal ; que c'est là une occasion où la dépense n'était pas prévue au budget par le parlement; que le bien public exige cette dépense immédiatement et d'une manière urgente, et qu'il va falloir, calcule-t-on, la somme de $250,000 pour la couvrir;

Et le ministre recommandant que Votre Excellence en conseil ordonne qu'il soit préparé un mandat spécial à être signé par Elle pour le montant en question, vu qu'il y a urgence et que le ministre des Finances et Receveur général a déclaré que le Parlement n'a pas pourvu à cette dépense:

Le comité conseille qu'il soit émis un mandat spécial ainsi que recommandé.

JOHN J. McGEE,
Greffier du conseil privé.

MINISTÈRE DE LA MILICE ET DÉFENSE,
OTTAWA, 6 janvier 1900.

A Son Excellence le Gouverneur général en conseil :

Le soussigné a l'honneur de recommander à l'approbation de Votre Excellence le projet ci-joint d'un ordre général spécial autorisant la création d'un régiment de chasseurs à cheval et d'une division de brigade d'artillerie de campagne pour le service spécial dans l'Afrique du Sud, sur le pied y établi et aux conditions y énoncées à l'égard de la solde.

Respectueusement soumis,

F. W. BORDEN,
Ministre de la Milice et Défense.

ORDRE GÉNÉRAL SPÉCIAL.

QUARTIER GÉNÉRAL, OTTAWA, 29 décembre 1899.

(SERVICE SPÉCIAL.)

Autorisation est donnée de former les troupes suivantes pour un service spécial dans l'Afrique du Sud, savoir:

1. Un régiment de chasseurs à cheval devant être désignés sous le nom de "Chasseurs Canadiens à cheval" et se composant de deux bataillons ayant chacun un état-major de régiment avec deux escadrons—le 1er bataillon comprenant les escadrons A et B en partie tirés de la cavalerie du Dominion et en partie formés de volontaires dignes de choix, le 2e bataillon comprenant les escadrons G et D en partie tirés de la gendarmerie à cheval du Nord-Ouest et en partie formés de volontaires des districts de l'Ouest.

2. Une division de brigade d'artillerie se composant d'un état-major de division de brigade et de trois batteries qui seront désignées sous le nom de "Bataillon C, D et E d'artillerie royale canadienne", et seront en partie tirées de l'artillerie du Dominion et en partie formées de volontaires dignes de choix.

3. (a) BATAILLON DE CHASSEURS À CHEVAL.

ETAT-MAJOR DE RÉGIMENT.

Grades.	Personnel.							Chevaux, propriété de l'Etat.			
	Officiers.	Officier breveté.	Maréc. des logis 1re cl. et maréchaux des logis.	Ouvriers militaires.	Trompettes.	Hommes de troupe.	Total.	de selle.	de trait.	de bât.	Total.
Lieutenant-colonel	1	....	....	....	....	....	1	3	....	....	3
Commandant en second	1	....	....	....	....	....	1	3	....	....	3
Adjudant	1	....	....	....	....	....	1	3	....	....	3
Officier de transport	1	....	....	....	....	....	1	3	....	....	3
Quartier-maître	1	....	....	....	....	....	1	1	....	....	1
Officier du service de santé	1	....	....	....	....	....	1	2	....	....	2
Officier vétérinaire	1	....	....	....	....	....	1	2	....	....	2
Adjudant sous-officier	....	1	....	....	....	....	1	1	....	....	1
Maréchal des logis fourrier	....	....	1	....	....	....	1	1	....	....	1
Sous-officier de transport	....	....	1	....	....	....	1	1	....	....	1
Maréchal des logis secrétaire	....	....	1	....	....	....	1	1	....	....	1
Commis expéditionnaire	....	....	1	....	....	....	1	1	....	....	1
Trompette-major	....	....	1	....	....	....	1	1	....	....	1
Premier maître maréchal ferrant	....	....	....	1	....	....	1	1	....	....	1
Maître armurier	....	....	....	1	....	....	1	....	....	....	....
Maître sellier	....	....	....	1	....	....	1	1	....	....	1
Fabricant d'arçons	....	....	....	1	....	....	1	1	....	....	1
Conducteurs de bêtes de somme	....	....	....	....	....	13	13	....	....	....	....
Cuisiniers	....	....	....	....	....	2	2	....	....	....	....
Conducteurs d'attelages	....	....	....	....	....	11	11	....	22	....	22
Rouliers	....	....	....	....	....	3	3	....	....	....	....
Ordonnances pour l'officier de santé	....	....	....	....	....	2	2	....	2	....	2
Peloton des servants de mitrailleuse	....	....	....	....	....	3	3	3	....	....	3
Total, état-major de régiment	7	1	5	4	....	34	51	29	24	....	53

(b) COMPOSITION D'UN ESCADRON EN ACTIVITÉ.

Grades.	Officiers.	Officier breveté.	Maréc. des logis 1re cl. et maréchaux des logis.	Ouvriers militaires.	Trompettes.	Hommes de troupe.	Total.	de selle.	de trait.	de bât.	Total.
Chef d'escadron (major)	1	....	....	....	....	....	1	3	....	....	3
Capitaine	1	....	....	....	....	....	1	3	....	....	3
Lieutenants	4	....	....	....	....	....	4	12	....	....	12
Maréchal des logis chef	....	....	1	....	....	....	1	1	....	....	1
Maréchal des logis fourrier	....	....	1	....	....	....	1	1	....	....	1
Maréchaux des logis	....	....	8	....	....	....	8	8	....	....	8
Maître maréchal ferrant	....	....	....	1	....	....	1	1	....	....	1
Brigadier maréchal ferrant	....	....	....	1	....	....	1	1	....	....	1
Maréchaux ferrants	....	....	....	3	....	....	3	3	....	....	3
Sellier	....	....	....	1	....	....	1	1	....	....	1
Trompettes	....	....	....	....	2	....	2	2	....	....	2
Brigadiers	....	....	....		....	8	8	8	....	....	8
Simples soldats	....	....	....	....	....	108	108	108	....	1	108
Conducteurs d'attelages	....	....	....	....	....	4	4	....	8	....	8
Conducteurs de bêtes de somme	....	....	....	....	....	12	12	....	....	....	....
Cuisiniers	....	....	....	....	....	2	2	....	....	....	....
Rouliers	....	....	....	....	....	2	2	....	....	....	....
Total, escadron en activité	6	....	10	6	2	136	160	152	8	1	161

(c) RECAPITULATION.

	Personnel.							Chevaux, propriété de l'État.				Observations.
	Officiers.	Officier breveté.	Maréc. des logis 1re cl. et maréchaux des logis.	Ouvriers militaires.	Trompettes.	Hommes de troupe.	Total.	de selle.	de trait.	de bât.	Total.	
1er bataillon de chasseurs à cheval.												Sont compris deux canons Maxim sur affûts à limonière.
Etat-major de régiment.	7	1	5	4	....	34	51	29	24	....	53	
Deux escadrons en activité........	12	....	20	12	4	272	320	304	16	2	322	
	19	1	25	16	4	306	371	333	40	2	375	
2e bataillon de chasseurs à cheval.												Sont compris deux canons Maxim sur affûts à limonière.
Etat-major de régiment...........	7	1	5	4	....	34	51	29	24	....	53	
Deux escadrons en activité.... ...	12	....	20	12	4	272	320	304	16	2	322	
	19	1	25	16	4	306	371	333	40	2	375	
Régim. de Chasseurs Canad. à cheval.												
Grand total.												
2 états-majors de régiment..........	14	2	10	8	....	68	102	58	48	...	106	Quatre canons Maxim.
4 escadrons en activité..............	24	....	40	24	8	544	640	608	32	4	644	
	38	2	50	32	8	612	742	666	80	4	750	

(d) DIVISION DE BRIGADE D'ARTILLERIE DE CAMPAGNE.

GRADES.	Officiers.	Officier breveté.	Maréchaux des logis 1re classe et maréchaux des logis.	Ouvriers militaires.	Trompettes.	Hommes de troupe.	Total.	CHEVAUX, PROPRIÉTÉ DE L'ÉTAT. de selle.	de bât.	Total.
Etat-major de division de brigade.										
Lieutenant-colonel commandant	1	....	....	....	....	....		2	....	2
Adjudant	1	....	....	....	....	....	4	2	....	2
Officier du service de santé	1	....	....	....	....	....		1	....	1
Officier vétérinaire	1	....	....	....	....	....		1	....	1
Maréchal des logis chef	....	1	....	....	....	....	1	1	....	1
Trompette-major	....	....	1	....	....	....	3	1	....	1
Commis	....	....	2	....	....	....		....	....	....
Conducteurs d'attelages	....	....	....	....	....	3	9	....	6	6
Domestiques et conduct. de bêtes de somme	....	....	....	....	....	6		....	....	....
*Ordonnances de l'officier de santé	....	....	....	....	....	....	....	....	2	2
Total, état-major de division de brigade.	4	1	3	....	....	9	17	8	8	16
Composition d'une batterie de campagne.										
Major	1	....	....	....	....	....		2	....	2
Capitaine	1	....	....	....	....	....	5	1	....	1
Lieutenants	3	....	....	....	....	....		3	....	3
Maréchal des logis chef	....	....	1	....	....	....		1	....	1
Maréchal des logis fourrier	....	....	1	....	....	....	8	1	....	1
Maréchaux des logis	....	....	6	....	....	....		6	....	6
Maître maréchal ferrant	....	....	....	1	....	....		1	....	1
Maréchaux ferrants	....	....	....	4	....	....	9	1	....	1
Bourreliers	....	....	....	2	....	....		....	....	....
Charrons	....	....	....	2	....	....		....	....	....
Trompettes	....	....	....	....	2	....	2	2	....	2
Brigadiers	....	....	....	....	....	6		6	....	6
Bombardiers	....	....	....	....	....	6			....	
Canonniers	....	....	....	....	....	76	147	....	....	....
Conducteurs	....	....	....	....	....	62		....	100	100
De réserve	....	....	....	....	....			5	8	13
Total, batterie de campagne *(a)*	5	....	8	9	2	150	174	29	108	137
Récapitulation.										
Etat-major de division de brigade	4	1	3	....	....	9	17	8	8	16
Trois batteries de campagne	15	....	24	27	6	450	522	87	324	411
Total, divi. de brigade en campagne *(b)*.	19	1	27	27	6	459	539	95	332	427

* Deux hommes des batteries de la division de brigade (dont l'un est un fonctionnaire-bombardier), dressés à ce service, sont placés sous les ordres de l'officier de santé ; l'un d'eux conduit le fourgeon du matériel médical.

4. SOLDE.

Pendant qu'ils serviront dans le régiment de chasseurs à cheval ou la division de brigade d'artillerie de campagne susmentionnés, les officiers, sous-officiers et hommes seront payés selon le tarif établi pour la gendarmerie à cheval du Nord-Ouest, depuis la date de leur nomination ou enrôlement jusqu'à celle du débarquement en Afrique, et à partir de cette dernière date la solde sera servie par le gouvernement impérial conformément au mandat royal pour la paye.

5. TARIF RELATIF DE SOLDE.

Voici le tarif relatif de solde:—

Officiers.

(a) GENDARMERIE À CHEVAL DU NORD-OUEST.	TROUPES DU SERVICE SPÉCIAL.	Par jour.
Commissaire	Lieutenant-colonel	$7 12
Sous-commissaire	Chef de bataillon ou d'escadron	4 38
Surintendant	Capitaine	3 84
Inspecteur	Lieutenant	2 75
Chirurgien	Officier du service de santé	3 84
Vétérinaire	Officier vétérinaire	2 75

Sous-officiers et soldats.

GENDARMERIE À CHEVAL DU NORD-OUEST.	Par jour.	TROUPES DU SERVICE SPÉCIAL.	Par jour.
Maréchaux des logis de 1ère classe (haute paye)	$2 00	Adjudant sous-officier	$2 00
Autres maréchaux des logis de 1ère classe (haute paye)	1 50	Maréchal des logis chef de batterie ou d'escadron	1 50
		Maréchal des logis fourrier de batterie ou d'escadron	1 50
		Sergent secrétaire ou maréchal des logis secrétaire	1 50
		Infirmier-major	1 50
		Payeur	1 50
		Commis expéditionnaire	1 00
Autres sous-officiers, maréchaux des logis	1 00	Sergent ou maréchal des logis	1 00
		Caporaux ou brigadiers	0 85
Autres sous-officiers, brigadiers	0 85	Bombardiers	0 80
		Trompette	1 00
Gendarme	0 75	Simple soldat	0 75
Ouvriers militaires		Premier maître maréchal ferrant	1 75
		Maître maréchal ferrant	1 50
		Caporal ou brigadier	1 25
		Bombardier	1 25
		Simple soldat	1 25

*Solde suivant le grade relatif auquel ces officiers sont nommés.

6. SERVICE.

Il sera loisible aux sous-officiers et hommes des corps permanents et de la gendarmerie à cheval du Nord-Ouest de compter la période de leur service dans les troupes organisées pour le service spécial comme partie de leur engagement dans les corps permanents ou dans la gendarmerie à cheval du Nord-Ouest.

7. TITRES À UNE SECONDE NOMINATION DANS LA MILICE ACTIVE.

Les officiers sont tenus de résigner leurs commissions dans la milice en s'enrôlant dans les rangs des troupes canadiennes organisées pour le service spécial. Les vacances ainsi produites resteront ouvertes en tant que compatible avec l'efficacité et les besoins du service public.

8, Indemnité de séparation.

Aux femmes et aux enfants des sous-officiers et hommes enrôlés dans les troupes canadiennes spécialement organisées pour le service actif dans l'Afrique australe il sera payé, à compter de la date de leur embarquement en Canada, inclusivement, une indemnité de séparation sur le pied suivant, savoir:—

	Avec logement.	Sans logement.
Femme	8 cents.	16 cents.
Chaque fille de moins de 16 ans	3 "	4 "
Chaque garçon de moins de 14 ans	3 "	4 "

Par ordre,

HUBERT FOSTER, colonel,
Chef d'état-major.

Copie *d'un rapport d'un comité de l'honorable Conseil privé, approuvé par Son Excellence le gouverneur général en conseil, le 9 février 1900.*

En conséquence d'un mémoire du ministre de la Milice et Défense, en date du 6 janvier 1900, recommandant pour approbation les nominations au régiment de chasseurs à cheval et à la division de brigade d'artillerie de campagne organisés pour service spécial dans l'Afrique du Sud, telles que contenues dans les ordres généraux ci-joints—ces nominations ayant été recommandées par le major général commandant la milice :

Le comité soumet les dites nominations à l'approbation de Votre Excellence.

JOHN J. McGEE,
Greffier du Conseil privé.

ORDRES GÉNÉRAUX, 1900.

Quartier général, 6 janvier 1900.

Les nominations suivantes sont promulguées à la milice par l'officier général commandant, avec l'approbation du ministre de la Milice et Défense.

MILICE ACTIVE.

(O. G. 6 janvier 1900.)

NOMINATIONS.

dans les

Chasseurs Canadiens à cheval.

Les officiers suivants sont nommés :—

1er *bataillon*.—A la date du 29 décembre 1899:

F. L. Lessard, lieutenant-colonel, commandant les dragons royaux canadiens, pour être lieutenant-colonel et exercer le commandement.

T. D. B. Evans, chef d'escadron et lieutenant-colonel titulaire, des dragons royaux canadiens, pour être major et commandant en second.

V. A. S. Williams et W. Forrester, capitaines et majors provisoires, des dragons royaux canadiens, pour être chefs d'escadrons.

H. S. Greenwood, lieutenant-colonel, du 3e dragons, pour être capitaine.

C. N. Nelles, lieutenant et capitaine titulaire, des dragons royaux canadiens, pour être capitaine et adjudant.

C. St. A. Pearse, lieutenant et capitaine titulaire, des dragons royaux canadiens, pour être capitaine.

J. H. Wynne, capitaine, du 2e régiment d'artillerie canadienne, pour être capitaine et quartier-maître.

Pour être lieutenants:

A. H. King, chef d'escadron, du 1er hussards.

H. L. Borden, chef d'escadron, des hussards canadiens du comté de Kings.

R. E. W. Turner, capitaine, des hussards canadiens de la Reine.

R. M. Van Luven, capitaine, du 4e hussards.

H. Z. C. Cockburn, capitaine, des gardes du corps du gouverneur général.

C. T. Van Straubenzie, lieutenant, des dragons royaux canadiens.

J. H. Elmsley, lieutenant, des dragons royaux canadiens, et

F. V. Young, sous-lieutenant, des dragons du Manitoba.

C. F. Harrison, quarter-maître et capitaine honoraire, du 8e hussards, pour être officier de transport avec rang de lieutenant.

H. R. Duff, chirugien-major, du 4e hussards, pour être officier de santé avec rang de chirurgien-major.

W. B. Hall, vétérienaire-lieutenant et vétérinaire-major honoraire, des dragons royaux canadiens, pour être officier vétérinaire avec rang de vétérinaire-major.

2e bataillon.

L. W. Herchmer, commissaire de la gendarmerie à cheval du Nord-Ouest, pour être lieutenant-colonel et exercer le commandement, avec rang d'ancienneté à compter du 16 septembre 1899.

S. B. Steele, surintendant dans la gendarmerie à cheval du Nord-Ouest, pour être major et lieutenant-colonel titulaire et commandant en second, avec rang d'ancienneté à compter du 16 septembre 1899.

J. Howe et G. E. Sanders, surintendants dans la gendarmerie à cheval du Nord-Ouest, pour être chefs d'escadrons sédentaires et provisoires, avec rang d'ancienneté à compter du 29 décembre 1899.

A. E. R. Cuthbert et A. C. Macdonell, inspecteurs dans la gendarmerie à cheval du Nord-Ouest, pour être capitaines, avec rang d'ancienneté à compter du 15 mai 1893.

J. B. Allan, inspecteur dans la gendarmerie à cheval du Nord-Ouest, pour être capitaine et quartier-maître, avec rang d'ancienneté à compter du 15 mai 1892.

M. Baker, inspecteur dans la gendarmerie à cheval du Nord-Ouest, pour être capitaine et adjudant, avec rang d'anciennâté comme capitaine à compter du 15 mai 1892.

Pour être lieutenants:

T. W. Chalmers, lieutenant, de la réserve d'officiers; J. D. Moodie, J. V. Bégin et H. J. A. Davidson, tous trois inspecteurs dans la gendarmerie à cheval du Nord-Ouest, avec rang d'ancienneté à compter du 15 mai 1892.

W. M. Ingles, gentleman, avec rang d'ancienneté à compter du 1er janvier 1898.

T. M. Wroughton, inspecteur dans la gendarmerie à cheval du Nord-Ouest, avec rang d'ancienneté à compter du 1er mars 1898.

F. L. Cosby, inspecteur dans la gendarmerie à cheval du Nord-Ouest, 29 décembre 1899.

R. W. E. Eustache, gentleman, pour être officier de transport avec rang de lieutenant, avec rang d'ancienneté à compter du 29 décembre 1899.

J. A. Devine, chirurgien-lieutenant, du 90e bataillon, pour être officier de santé, avec rang de chirurgien-major, 29 décembre 1899.

R. Riddell, gentleman, pour être officier vétérinaire, avec rang de vétérinaire-lieutenant, 29 décembre 1899.

DIVISION DE BRIGADE D'ARTILLERIE ROYALE CANADIENNE.

Les officiers suivants sont nommés:—

C. W. Drury, lieutenant-colonel, de l'artillerie royale canadienne, aide de camp de Son Excellence le Gouverneur général, pour exercer le commandement.

J. A. G. Hudon, major dans l'artillerie royale canadienne; W. G. Hurdman, major, de la 2e batterie de campagne et G. H. Ogilvie, major dans l'artillerie royale canadienne, pour être majors.

R. Costigan, major, de la 3e batterie de campagne, A. C.; H. A. Panet, lieutenant et capitaine titulaire, de l'artillerie royale canadienne, et D. I. V. Eaton, lieutenant et capitaine titulaire, de l'artillerie royale canadienne, pour être capitaines.

H. C. Thacker, lieutenant et capitaine titulaire, de l'artillerie royale canadienne, pour être capitaine et adjudant.

Pour être lieutenants :

L. E. W. Irving, capitaine, de la réserve d'officiers.
W. C. Good, capitaine, de la 10e batterie de campagne, A.C.
W. B. King, capitaine, de la 7e batterie de campagne, A.C.
T. W. Van Tuyl, capitaine, de la 6e batterie de campagne, A.C.
J. McCrea, lieutenant, de la 16e batterie de campagne, A.C.
A. T. Ogilvie, lieutenant, de l'artillerie royale canadienne.
E. W. B. Morrisson, lieutenant, de la 2e batterie de campagne, A.C.
J. N. S. Leslie, lieutenant, de l'artillerie royale canadienne.
W. P. Murray, lieutenant, de la 9e batterie de campagne, A.C.

Officiers à la suite :

H. J. Mackie, capitaine, du 42e bataillon.

A. Worthington, chirurgien-major, du 53e bataillon, pour être officier de santé, avec rang de chirurgien-major.

J. Massie, vétérinaire-lieutenant et vétérinaire-major honoraire, de l'artillerie royale canadienne, pour être officier vétérinaire, avec rang de vétérinaire-major.

Personnel supplémentaire du service de santé :

F. L. Vaux, lieutenant, du personnel du service de santé de l'artillerie canadienne.
Melles M. Horn, D. Hurcomb, H. MacDonald et P. Richardson, gardes-malades.
Aumôniers : les révérends W. G. Lane, W. J. Cox et J. C. Sinnett.

SERVICE DE SANTÉ.

Pour être lieutenant : le sous-lieutenant F. L. Vaux, de la réserve d'officiers.

EN DISPONIBILITÉ.

Pour être lieutenant : A. L. Howard, gentleman, 29 décembre 1899.

TITULAIRES.

Le chef d'escadron et lieutenant-colonel provisoire T. D. B. Evans, des dragons royaux canadiens, pour être lieutenant-colonel titulaire en reconnaissance de ses services dans la troupe du Yukon ; 13 novembre 1899.

S. B. Steele, surintendant dans la gendarmerie à cheval du Nord-Ouest, pour être lieutenant-colonel titulaire, 16 septembre 1899.

SÉDENTAIRES ET PROVISOIRES.

Le capitaine V. A. S. Williams, des dragons royaux canadiens ; le capitaine W. Forester, des dragons royaux canadiens ; J. Howe, surintendant dans la gendarmerie à cheval du Nord-Ouest, et G. E. Sanders, surintendant dans la gendarmerie à cheval du Nord-Ouest, pour être majors sédentaires et provisoires, 29 décembre 1899.

Par ordre,
HUBERT FOSTER, colonel,
Chef d'état-major.

ORDRES DE LA MILICE, 1899.

N° 210.

QUARTIER GÉNÉRAL, OTTAWA, 13 octobre 1899.

1. Le programme supplémentaire suivant des mouvements de l'officier général commandant est publié à titre d'avis :—

23 octobre—Quitte Victoria.
24 " —Arrive à Rossland.
25 " —Quitte Rossland ; arrive à Nelson.
26 " —Quitte Nelson ; arrive à Kootenay.
27 " —Quitte Kootenay ; arrive à McLeod.
28 " —Quitte McLeod.
1er novembre—Arrive à Ottawa.

2. Relativement aux Ordres de la milice 164 (3) du 19 août dernier, et 199 (1) du 30 du mois dernier, le chef-lieu d'état-major de la troupe du Yukon ayant été transporté à Dawson, tout ce corps est maintenant posté là, à l'exception du sous-officier et des hommes suivants qui sont de service à Fort-Selkirk, savoir :—

Le caporal Moore, du dépôt régim. n° 1, R.R.C.I.
Le soldat Fleming, O'Neil, Welch } du dépôt régim. n° 2, R.R.C.I.
" Bell, Larose, Lefebvre, Lincoln, Moreau } du dépôt régim. n° 5, R.R.C.I.
" Brownell, du dépôt régim. n° 4, R.R.C.I.

Par ordre,

HUBERT FOSTER, colonel,
Chef d'état-major.

N° 211.

Samedi, 14 octobre 1899.

Son Excellence le Gouverneur général en conseil ayant bien voulu approuver l'envoi des volontaires canadiens, formés en huit compagnies d'infanterie, pour le service actif dans l'Afrique du Sud, avis est par le présent donné qu'il sera accepté un millier de volontaires, et qu'autorisation a été donnée de les enrôler aux endroits ci-dessous mentionnés, aux conditions suivantes, savoir :—

(a) Service, sous l'empire de l'*Army Act*, d'une durée de six mois, susceptible d'être portée à un an.

(b) Vivres, habillement et équipement fournis gratuitement.

(c) Paye suivant le tarif établi dans les Règlements de la milice pour les corps permanents, depuis la prestation du serment au drapeau jusqu'à la date du débarquement en Afrique australe, et depuis cette dernière date suivant le tarif britannique.

Stature : 5 pieds 6 pouces, au moins, avec 34 pouces de tour de poitrine.

Age : Pas moins de 22 ni plus de 40 ans.

Lieux d'enrôlement : Victoria, Vancouver, Winnipeg, London, Toronto, Ottawa, Kingston, Montréal, Québec, Saint-Jean, N.-B., Charlottetown et Halifax.

Ceux qui veulent offrir leurs services doivent s'adresser en personne, ou par lettre, à l'officier commandant le district militaire, ou à un officier commandant un corps de milice.

Les officiers commandants transmettront immédiatement à l'officier de district commandant, avec leurs observations, les noms ainsi reçus.

Par ordre,

HUBERT FOSTER, colonel,
Chef d'état-major.

N° 212.

Lundi, 16 octobre 1899.

1. Jusqu'à nouvel ordre, le lieutenant et capitaine J. H. C. Ogilvy remplira les fonctions d'adjudant au dépôt régimentaire n°. 5, R.R.C.I.

2. Relativement à l'ordre de la milice 193 (1) du 23 du mois dernier, les aspirants qui se sont présentés pour l'instruction ont été examinés et répartis ainsi:—

Dépôt régimentaire n° 1:

CLASSE AVANCÉE.

Le capit. W. F. W. Carstairs, 56e bn.
Le sous-lieut. O. M. Snider, 31e bn.
Le sous-lieut. W. Scott, 25e bn.

CLASSE DES ÉLÈVES.

Le sous-lieut.	J. Vertu, 37e bn.	Le sous-lieut.	W. T. Bradley, 77e bn.
"	G. Davis, 37e bn.	"	C. V. Thompson, 22e bn.
"	M. J. Wilson, 77e bn.	"	J. M. Telford, 31e bn.
"	E. S. Wilson, 77e bn.	"	J. E. Farley, 35e bn.

CLASSE AVANCÉE.

Dépôt régimentaire n° 3:

Le sous-lieutenant W. J. Smith, 11e bataillon.

3. Jusqu'à nouvel ordre, le lieutenant-colonel Lessard, des dragons royaux canadiens, fera les fonctions d'officier de district commandant le district militaire n° 2, attendu que le lieutenant-colonel Otter a été choisi pour organiser le corps de volontaires en vue d'un service spécial dans l'Afrique du Sud.

4. Le lieutenant-colonel B. H. Vidal, officier de district commandant le district militaire n° 8 et faisant fonction d'officier d'état-major au quartier général, retourne aujourd'hui à son district pour surveiller l'enrôlement de volontaires pour le service spécial dans l'Afrique du Sud, et il reviendra au quartier général, Ottawa, quand sa tâche sera accomplie. Le lieutenant-colonel Vidal aura son quartier général à l'*Union Club,* Saint-Jean.

5. L'officier commandant le régiment royal canadien d'infanterie mettra les services des majors J. C. Macdougall et S. J. A. Denison, ainsi que du lieutenant et capitaine A. H. Macdonell à la disposition du lieutenant-colonel Otter pour aider à l'organisation du corps de volontaires à destination de l'Afrique du Sud. Ces officiers attendront de plus amples instructions.

6. L'officier de district commandant le district militaire n° 5 enjoindra au major R. L. Wadmore, commandant le dépôt régimentaire n° 3, d'aller à Québec prendre temporairement le commandement du dépôt régimentaire n° 5, relevant ainsi le major MacDougall.

7. Le commandant du collège militaire royal voudra bien ordonner aux officiers du régiment royal canadien d'infanterie qui passent par le cours complet d'instruction au collège militaire royal, de retourner à leurs dépôts respectifs pour le service.

8. Toute lettre, demande officielle de transport et autre, réclamation, etc., ayant trait au corps de volontaires organisé pour le service spécial dans l'Afrique du Sud, devra être marquée des lettres " S.S. " à l'encre rouge dans le coin gauche supérieur de l'enveloppe ou bande la contenant. Les officiers et employés que cela regardera tiendront à part toute correspondance ainsi marquée, et lui donneront une prompte attention et la préférence sur tout autre travail.

9. Relativement à l'ordre de la milice n° 211, les officiers de districts commandants prendront, pour l'enrôlement des hommes dans la troupe de volontaires, les arrangements suivants:—

(*a*) L'enrôlement sera effectué par les officiers commandant les compagnies, aidés de leurs subalternes. Ces officiers se présenteront à l'officier de district commandant le district militaire où se fait l'enrôlement de leurs compagnies, lequel officier leur prêtera toute assistance.

(*b*) Chaque officier de district commandant fournira, soit dans son bureau ou dans une salle d'exercice, soit ailleurs, le local voulu pour la visite du médecin et pour les écritures. Il augmentera, au besoin, son personnel de bureau et fournira la papeterie nécessaire.

(*c*) La visite des volontaires sera faite par les officiers du service de santé attachés aux unités permanentes, ou, là où il n'y a pas de tels officiers, par un médecin que choisira l'officier de district commandant. Dans ce dernier cas, quand le recrutement sera fini, il sera envoyé au quartier général un état du nombre d'hommes examiné, certifié par l'officier du district commandant, en vue de la rémunération du médecin.

Il est enjoint aux examinateurs d'être soigneux et stricts dans la visite des recrues. Ils prendront pour guides les paragraphes 496 à 527 des *Regulations of Army Medical Services, 1897.*

(*d*) Sont envoyées, avec le présent, des formules de serment qui seront remplies par l'officier enrôleur et signées par chaque volontaire en présence de l'officier enrôleur, qui les signera aussi. C'est ce qui constitue l'enrôlement du volontaire.

(*e*) Seront choisis seulement les meilleurs des hommes qui se présenteront, et pas nécessairement ceux qui s'offriront les premiers. Les points auxquels faire attention dans le choix sont que les hommes soient du meilleur caractère et du meilleur physique possibles; qu'ils jouissent d'une bonne réputation et soient tempérants; qu'ils aient quelque connaissance de l'exercice militaire et sachent passablement bien tirer.

Pour chaque compagnie il sera enrôlé 120 hommes.

(*f*) Tous hommes servant dans la milice active seront enrôlés comme simples soldats; ceux qui servent dans la troupe permanente conserveront leur grade actuel. Pour les fins de discipline les commandants de compagnies pourront nommer provisoirement des sous-officiers, sous réserve de la ratification de l'officier commandant.

(*g*) Tous les hommes s'enrôlant dans une compagnie et les sous-officiers provisoires nommés seront payés par l'officier de district commandant à même son crédit d'avances, suivant le tarif des corps permanents et à partir de la date de leur prestation du serment au drapeau.

Les membres des corps permanents ne seront pas assermentés ni payés avant la date à laquelle ils passeront de leurs présentes unités aux compagnies.

(*h*) Pour ce qui est de l'administration des compagnies pendant leur formation, les instructions suivantes sont données :—

Les compagnies seront sous les ordres de l'officier de district commandant, mais l'officier commandant une compagnie pourra correspondre directement avec l'officier commandant le régiment (le lieutenant-colonel Otter, Toronto), à l'égard de toutes affaires régimentaires.

Dans les localités où sont casernées des unités de la troupe permanente les compagnies seront encadrées dans ces unités pour la discipline, la nourriture et le logement. Il pourra être tiré des couvertures et effets de casernement du magasin, faute de quoi les hommes devront être couchés sur de la paille achetée à cette fin.

Ailleurs les officiers de districts commandants feront ce qu'ils jugeront à propos. Ils pourront soit les loger et les coucher sur de la paille dans des salles d'exercice ou autres bâtiments et faire marché pour leur nourriture, soit leur servir une indemnité de 60 cents par jour, qui, avec leur paye quotidienne, couvrira leurs frais de subsistance et de logement.

(*i*) Les hommes enrôlés seront gardés dans les centres de recrutement jusqu'à ce que la compagnie soit complétée, alors qu'il sera fait un rapport par l'officier de district commandant au chef d'état-major, et par l'officier commandant la compagnie à l'officier commandant le régiment à Toronto, sur quoi il sera donné des ordres pour sa concentration à Québec.

S'il n'est pas fait d'arrangement pour la nourriture des hommes, pendant le mouvement, l'officier de district commandant servira au commandant de la compagnie, à même son crédit pour les avances à faire, une indemnité de subsistance sur le pied de 50 cents par homme et par repas pour tout le voyage jusqu'à Québec, avec une demande officielle de transport pour tout le trajet.

(*j*) Les officiers de districts commandants paieront toutes dépenses sur les avances à eux envoyées, fournisant ensuite des reçus en double pour toute dépense qu'ils auront faite en exécution des présentes instructions. Ils sont tenus de rester dans les bornes d'une économie raisonnable, mais devront pourvoir à l'enrôlement, au logement, à la subsistance et à la mobilisation des compagnies sans s'exposer à des retards en demandant que leurs arrangements soient ratifiés.

(*k*) Pour faire vite, toute correspondance ayant trait à la troupe organisée en vue du service spécial sera marquée des lettres " S.S." à l'encre rouge dans l'angle droit supérieur de son enveloppe. Ceci est particulièrement recommandé pour les demandes de transport et comptes de voyage, afin qu'ils puissent être imputés sur le crédit affecté au service en question.

Par ordre,

HUBERT FOSTER, colonel,

Chef d'état-major.

N° 213.

QUARTIER GÉNÉRAL, OTTAWA, 17 octobre 1899.

1. Le paragraphe 1 de l'ordre de la milice 210, du 13 du présent mois, est révoqué. L'officier général commandant quittera Vancouver le 20 du mois courant et arrivera à Ottawa le 25.

2. Les membres de la milice qui s'enrôleront dans le corps spécialement organisé pour le service actif dans l'Afrique australe se présenteront vêtus de leur uniforme, qu'ils demanderont au capitaine de leur compagnie et dont ils donneront un récépissé. Ce récépissé sera pour le capitaine une pièce justificative le déchargeant de toute responsabilité relativement aux tenues ainsi servies.

(*a*) Relativement à l'ordre de la milice 212 (5), du 16 de ce mois, le major S. J. A. Denison ira immédiatement à Toronto se présenter à l'officier commandant le district.

(*b*) Aux officiers nommés dans ce corps il sera fourni, contre remboursement, deux tenues de serge et une de khaki, comme celles des hommes. Les officiers poseront sur les tenues de serge les signes distinctifs voulus de leur grade.

(*c*) La liste suivante des effets de petit équipement de campagne, tels qu'autorisés pour les officiers de l'armée anglaise, est publiée pour la gouverne des officiers canadiens sur le point de partir pour l'Afrique du Sud.

OFFICIERS MONTÉS.

Articles portés sur le corps.

Articles.	Poids approximatif	
	Liv.	Onc.
Grande tenue, coiffure	1	8
Tunique vareuse	3	0
Pantalon de cheval	2	8
Bretelles	0	4¾
Chemises	0	12
Ceinture de flanelle	0	6¼
Caleçon	0	6
Chaussettes	0	4¼
Mouchoir de soie	0	1
Bottes de campagne (ou bottines avec guêtres ou jambières)	4	0
Eperons d'ordonnance	0	15
Articles de pansement et carte d'identité	0	2
Montre	0	6
Sifflet	0	2
Boussole	0	4
Carnet et crayon	0	4
Etui-musette avec vivres	2	0
Petit bidon (plein)	3	3½
Couteau pliant	0	6
Sabre et ceinturon "Sam Browne"	4	0
Pistolet et cartouches	3	0
Poids total porté sur le corps	27	12¾

Articles portés sur le cheval.

Articles	Liv.	Onc.
Selle au complet, avec corde de licou, bride et poitrail	40	0
Poche à fers, avec 1 fer de devant et 1 fer de derrière et des clous (du côté gauche)	2	3
Musette-mangeoire, avec 6 livres de maïs	7	0
Cordes d'entrave et de piquetage	1	10
Piquets d'attache (sur le manteau)	4	1
Manteau ou capote (derrière la selle)	4	0
Gamelle, modèle de cavalerie (du côté droit)	1	8¾
Jumelles (dans étui, à côté de la gamelle)	2	0
Sacoches d'arçon, pleines*	8	15
Poids total des articles portés sur le cheval	71	5¾

* Articles paquetés dans les sacoches d'arçon.

Articles	Liv.	Onc.
En-cas de vivres	0	12
Boîte de graisse ou de vaseline	0	2
Chaussettes (1 paire)	0	4¼
Sacoche *(holdall,* avec couteau, fourchette, cuiller, peigne, brosse à dents, blaireau et rasoir)	0	12
Chemise	1	0
Bonnet de nuit en laine ou en soie	0	2
Bonnet de campagne	0	5¼
Essuie-main et savon	0	8
Caleçon (un)	0	6
Coussinet de surfaix	0	13
Gobelet	0	6
Carte du pays	0	2
Boîte d'allumettes	0	1
Sacoche d'arçon, vide, et courroies	3	5½
Poids total (compris dans le poids total des articles portés sur le cheval)	8	15

(3.)—Articles portés sur les voitures du corps.

(a.)—Paquetés dans le bissac-couchette, ou dans une boîte :

Vêtements et linge de rechange.	Lanterne.
Bottines et jambières *(patties)*.	Seau de toile.
Souliers de toile.	Ecritoire, etc., etc.

(b.)—Paquetés dans la marmite.

	Liv.	Onc.
2 assiettes	1	5
Gobelet, contenant poivrière et salière, etc	1	8
Total	2	13

B.—OFFICIERS À PIED.

(1.) Articles portés sur le corps.

Articles.	Poids approximatif.	
	Liv.	Onces
Grande tenue, coiffure	1	8
Tunique, vareuse	3	0
Pantalon	2	8
Bretelles	0	4¾
Chemises	0	12
Ceinture de flanelle	0	6¼
Caleçon	0	6
Chaussettes	0	4¼
Mouchoir de soie	0	1
Bottines	4	0
Guêtres	1	5¼
Articles de pansement et carte d'identité	0	2
Montre	0	6
Sifflet	0	2
Boussole	0	4
Carnet avec crayon	0	4
Etui-musette avec des vivres	2	0
Petit bidon (plein)	3	3½
Couteau pliant	0	6
Sabre et ceinturon "Sam Browne"	4	0
Pistolet et cartouches	3	0
Manteau ou capote	4	0
Jumelles	2	0
Carte du pays	0	2
Poids total des articles portés sur le corps	34	5

(2.)—Articles portés sur les voitures du corps.

(a.)—Paquetés dans le bissac-couchette, ou dans une boîte.

Bonnet de campagne,	Lanterne.
Vêtements et linge de rechange,	Seau de toile.
Bottines,	Ecritoire.
Souliers de toile,	Etc., etc., etc.

(b.)—Paquetés dans la marmite.

	Liv.	Onces.
2 assiettes	1	5
Gobelet, contenant poivrière et salière, etc	1	8
Total	2	13

NOTES SUR LES BAGAGES D'OFFICIERS.

(MONTÉS ET NON MONTÉS.)

1. Le poids total a être porté dans les voitures du corps ne doit pas dépasser 50 livres pour l'officier commandant et 35 livres pour les autres officiers. Cela ne comprend pas le poids des articles paquetés dans la marmite.
2. Il est alloué une marmite pour trois officiers dans l'équipement de mobilisation du bataillon. Les officiers fourniront leurs propres assiettes, tasses, etc., de dimensions qui permettent de les paqueter dans cette marmite.

3. Pour la défense du pays les officiers partent sur le pied de paix ; pour le service à l'étranger ils emportent avec eux, jusqu'à la base d'opérations, un coffre recouvert de peau de bœuf, contenant environ 100 livres d'effets personnels.
4. S'il est alloué plus d'un cheval à un officier, les porte-manteaux, etc., peuvent être portés sur le cheval de rechange.
5. L'équipement de mobilisation de l'unité comprend 2 piquets d'attache et 3 cordes (de licou, d'entrave et de piquetage) pour chaque cheval d'officier.

(*d*) Les sous-officiers et hommes servant dans le régiment royal canadien d'infanterie et l'artillerie canadienne (division de place), qui désirent s'engager volontairement pour le service spécial dans l'Afrique du Sud, enverront leurs noms au commandant de leur compagnie, qui les fera visiter par un médecin conformément à l'ordre de la milice 212 (9c) du 16 de ce mois. Les noms des hommes déclarés propres au service seront immédiatement communiqués par les commandants de compagnies au lieutenant-colonel Otter, Toronto, qui les affectera aux différentes compagnies du service spécial comme il le jugera à propos.

Ce qui précède ne s'appliquera pas à la compagnie n° 4, attendu qu'il a été enjoint à l'officier commandant le district militaire n° 8 d'affecter les volontaires de cette compagnie aux compagnies organisées dans la Nouvelle-Ecosse et le Nouveau-Brunswick pour le service spécial en question.

Les volontaires des corps permanents ne seront admis à prêter le serment au drapeau et à passer dans les compagnies auxquelles ils auront été affectés que lorsque l'ordre de leur mutation sera venu du quartier général.

(*e*) Le lieutenant Layborn, du régiment royal canadien d'infanterie, est nommé à la demi-compagnie que l'on est à lever dans le Manitoba. Cet officier ira immédiatement à Winnipeg se présenter à l'officier de district commandant le district militaire n° 10, et se chargera du recrutement.

3. Afin de hâter l'organisation des corps de volontaires pour le service spécial dans l'Afrique australe, il sera publié des ordres de la milice tous les jours jusqu'à nouvel avis.

Par ordre,
HUBERT FOSTER, colonel,
Chef d'état-major.

N° 214.

QUARTIER GÉNÉRAL, OTTAWA, 18 octobre 1899.

1. Les écoles royales d'instruction militaire, en Canada, ont délivré les certificats suivants.

GRADE, NOM ET CORPS.	Classe.	Cours.	Grade.	POUR-CENT DE POINTS OBTENU.			—
				Epreuve écrite.	Epreuve pratique.	Pour-cent moyen.	
Cavalerie.							
Sous-lieut. A. Acheson, des drag. du Manitoba	Sub.	Spéc.	A	82·	62·90	65·84	
" F. W. Young " ..	"	"	A	80·	68·	69·80	
Infanterie.							
Chef de bataill., J. Mutrie, du 30e bataillon.	1	"	A	73·50	68·22	70·70	
" A. J. Campbell, du 31e " .	1	"	A	76·25	74·25	75·50	
Sous-lieut. A. D. Armstrong, du 27e " .	Sub.	"	A	70·00	72·00	71·66	
" A. M. Haney, du 37e " .	"	"	A	72·00	61·20	63·00	
" A. G. Stewart, du 32e " .	"	"	A	64·00	65·20	65·00	
" A. Moffat, du 32e " .	"	"	A	70·00	65·20	66·00	
Sergent-major V. A. Hall, du 46e " .	1	"	B	78·25	74·28	76·40	
Premier sergent J. A. Adams, du 8e " .	D. Sergt	Comp.	B	76·25	76·50	76·37	Mousqueterie.

2

BATTERIE.	Type de canon.	OFFICIER COMMANDANT.	Habillement et grand équipement.	Canons, affûts et équipement.	Chevaux.	Harnais et harnachement.	Défilé.	Service des bouches à feu.	Exercice du sabre.	Discipline et campement.	Questions. Officiers.	Questions. Sous-offic.	Discipline du tir.	Exercice du pointage	Salles d'armes.	Absents.	Total.	Officiers absents.	Projectiles dépensés. Obus ordinaires.	Projectiles dépensés. Obus à balles.	Projectiles dépensés. Mitraille.	Date de l'inspection.
		Total des points...	24	36	24	36	18	60	18	36	50	60	50%	19·2 / 10%	20	....	451·2					
1re Québec..........	De 12, se ch C.	Major Boulanger......	16	24	16	16	12	40	12	18	45	12	25	14·4	20	13	257·4	....	....	40	....	7·7·99
2e Ottawa	" ..	Major Hurdman ..	24	30	22	30	18	60	16	36	41	60	48	12·0	20	....	417	....	....	40	....	16·6·99
3e Montréal........	" ..	Major Costigan.......	24	33	21	34	15	45	12	26	28	45	43	12·8	18	2	354·8	1	....	20	...	29·6·99
4e Hamilton.........	" ..	Major Hendrie.......	20	30	22	30	14	50	12	33	29	49	34	14·7	20	13	344·7	2	....	39	....	29·6·99
5e Kingston.........	" ..	Major Caines........	12	24	12	24	9	40	9	12	23	29	25	12·2	20	2	249·2	2	....	26	....	17.6.99
6e London.	De 9, se ch. C..	Major Fairbank.	16	30	16	30	15	50	12	30	27	35	30	12·5	10	....	313·5	2	16	24	....	29·6·99
7e Sainte-Catherine...	De 12, se ch. C.	Major Merritt	16	24	16	24	12	40	14	24	38	31	32	5·3	15	2	289·3	....	...	40	....	29·6·99
8e Gananoque	" ..	Major McKenzie......	12	24	16	24	10	40	15	12	30	35	30	9·0	20	12	265	1	....	38	....	17·6·99
9e Toronto..........	" .	Lieut-col. Mead.......	22	30	20	30	18	50	15	30	50	23	40	12·5	15	5	350·5	....	...	40	....	29·6.99
10e Woodstock	R., de 9, se ch. B.	Capitaine Good	12	18	24	24	9	40	9	24	38	24	37	9·7	18	....	286·7	....	16	24	....	21·9·99
11e Guelph..........	" .	Capitaine Mason..	16	25	20	27	12	50	12	30	39	37	30	8·3	20	8	318·3	2	16	24	....	29·6·99
12e Newcastle	" ..	Major Maltby.......	18	24	18	24	12	50	9	24	49	31	40	10·4	18	..	327·4	....	16	24	....	21·9·89
13e Winnipeg.........	" ..	Major Doidge.........	20	35	18	30	17	58	16	30	50	49	47	*	20	....	......	...	16	24	....	30·6·99
14e Durham..........	" ..	Lieut col. McLean. ...	16	30	20	27	10	55	7	18	19	35	35	14·0	20	1	305	2	16	24	....	17·6·99
15e Shefford..........	" ..	Capitaine Amyrauld..	15	18	6	12	9	40	12	6	40	27	25	13·6	15	12	226·6	....	14	21	....	7·7·99
16e Guelph..........	" ..	Major Davidson	22	30	21	33	15	60	15	36	47	55	40	11·6	20	....	405·6	1	16	23	....	29·6.99
17e Sydney	" ..	Major [illegible]ve	20	18	....	18	15	55	9	25	37	42	37·5	17·0	14	...	307·5	....	16	24	....	7·9·99

* Rapport reçu inexact.

3. Le lieutenant-colonel F. G. Stone, commandant l'artillerie canadienne, est parti pour Kingston le 17 de ce mois, en tournée d'inspection, et retournera à Quebec le 22.

4. Le paragraphe 6 de l'ordre de la milice 212, du 16 de ce mois, est révoqué en conséquence d'un certificat de médecin concernant la santé du major Wadmore.

5. Les officiers de ce corps recevront une gratification d'entrée en campagne de $125. Il leur sera aussi avancé $60 à compte de leur solde. Des chèques pour ces montants seront transmis.

6. Pour que l'habillement, la coiffure et la chaussure aillent comme il faut aux hommes, les commandants des compagnies enverront immédiatement au chef d'état-major des contrôles par rang de taille des volontaires déjà enrôles, et en enverront tous les jours pour ceux qui s'enrôleront à l'avenir. Ces contrôles donneront la stature des hommes, avec le tour de la poitrine et de la taille, la circonférence de la tête et le point de la chaussure, conformément aux instructions suivantes:—

1. La stature s'etend de la grandeur d'un homme déchaussé.

2. Le tour de poitrine se prend, à l'aide d'un ruban-mesure, par-dessus la camisole et la chemise seulement, et au plus près sous les bras; la mesure de la taille se prend, assez serrée, par-dessus le pantalon.

3. Il faut mesurer la stature et le tour de la poitrine et de la taille aussi exactement que possible, vu que les vêtements seront faits considérablement plus amples que la mesure.

4. Pour prendre la mesure de la tête pour un casque, il faut mesurer un chapeau qui va à l'homme, et non la tête de ce dernier. Il sera servi des bonnets de champagne en numéros d'un demi-pouce plus grands que les casques.

5. Il faut donner le point de la chaussure généralement portée. Il sera subvenu aux besoins sous ce rapport à même un approvisionnement emmagasiné à Québec. Au besoin, il sera servi des fausses semelles avec la chaussure.

Par ordre,

HUBERT FOSTER, colonel,

Chef d'état-major.

N° 215.

QUARTIER GÉNÉRAL, OTTAWA, vendredi, 20 octobre 1899.

1. Relativement à l'ordre de la milice 211, du 14 de ce mois, les huit compagnies d'infanterie y mentionnées comme autorisées pour le service actif dans l'Afrique du Sud feront partie de l'effectif du régiment royal canadien d'infanterie, et seront désignées par les lettres A à H, ainsi qu'il suit:—

Compagnie A, levée dans la Colombie-Britannique et le Manitoba.
" B " à London.
" C " à Toronto.
" D " à Ottawa et Kingston.
" E " à Montréal.
" F " à Québec.
" G " dans le Nouveau-Brunswick et l'Ile du Prince-Edouard.
" H " dans la Nouvelle-Ecosse.

2. Congé, avec permission de voyager à l'étranger, est accordé—

Au capitaine J. J. Sharples, du 8e carabiniers royaux, du 25 de ce mois au 25 du mois prochain.

Au lieutenant E. Rolleston Tate, du 3e dragons, du 15 octobre au 1er décembre prochain, et

Au sous-lieutenant W. A. Moore, des gardes à pied du gouverneur général, du 20 de ce mois au 19 mars 1900.

Par ordre,

HUBERT FOSTER, colonel,

Chef d'état-major.

N° 216

QUARTIER GÉNÉRAL, OTTAWA, 21 octobre 1899.

1. L'ordre de district suivant, donnant le résultat du concours de marche et de tir tenu le samedi, 14 courant, dans le district militaire n° 2, est publié à titre de renseignement pour tous les intéressés:—

MAXIMUM POSSIBLE, 160 POINTS.

		Nombre total des points faits.
1er.	Les grenadiers royaux, gagnant la coupe Ste Croix et $50 par 136 points, moins les amendes, 2	134
2e.	Le 48e highlanders, gagnant $35 par 136 points, moins les amendes, 4	132
3e.	Le 13e bataillon, gagnant $20 par 122 points, moins les amendes, 2	120
4e.	Le 48e highlanders, gagnant $10 par 117 points, moins les amendes, 7	110
5e.	Les grenadiers royaux, 107 points, moins les amendes, 7	100
6e.	Les Queen's Own Rifles, 101 points, moins les amendes, 2	99
7e.	La cie n° 2 des carabiniers R. C., 90 points, pas d'amendes	90
8e.	Les grenadiers royaux, 67 points, moins les amendes, 2	65
9e.	Les Queen's Own Rifles, 65 points, moins les amendes, 6	59
10e.	Le 20e bataillon, 51 points, moins les amendes, 5....	46

2. Les officiers suivants ont été choisis comme officiers de compagnie:—

Capitaines.	Lieutenants.
Cie A, le capit. M. G. Blanchard, du 5e régim. A.C.	Le chef de bn H. M. Arnold, du 90e bn. Le capit. A. E. Hodgins, de la cie carab. Nelson.
Cie B, le chef de bn Duncan Stuart.	Le lieut. S. P. Layborn, R. R. C. I. Le capit. J. C. Mason, du 10e bn. Le capit. J. M. Ross, du 22e bn. Le sous-lieut R. H. M. Temple, du 48e Highlanders.
Cie C*	Le capit. R. K. Barker, des Q. O. R. Le lieut W. R. Marshall, du 13e bn. Le lieut C. S. Wilkie, du 10e bn.
Cie D, le chef de bn S. M. Rogers, du 43e bn.	Le capit. W. T. Lawless, des G. P. G. G. Le lieut R. G. Stewart, du 43e bn. Le lieut A. C. Caldwell, de la rés. du génie.
Cie E, le capit. A. H. Macdonell, du R. R. C. I.	Le capit. C. K. Fraser, du 53e bn. Le lieut A. E. Swift, du 8e bn. Le lieut A. Laurie, du 1er rég. P. G.
Cie F, le capit. I. E. Pelletier, du 65e bn.	Le capit. H. A. Panet, de l'A. R. C. Le lieut L. Leduc, du R. R. C. I. Le lieut. E. A. Pelletier, du 55e bn.

Capitaines.	Lieutenants.
Cie G, le major W. A. Weeks, du génie de Charlottetown.	Le capit. A. C. Jones, du 3e rég. de l'A. C. Le lieut et capit. J. H. C. Ogilvie, de l'A. R. C. Le sous-lieut C. W. W. McLean, du 8e hus.
Cie H, le capit. H. B. Stairs, du 66e bn.	Le lieut et capit. H. E. Burstall, de l'A. R. C. Le lieut R. B. Willis, du 66e bn. Le sous-lieut J. C. Oland, du 66e bn.

* Une nomination à la compagnie C à être annoncée plus tard, alors qu'il sera annoncé qui commandera cette compagnie.

Par ordre,

HUBERT FOSTER, colonel,
Chef d'état-major.

N° 217.

QUARTIER GÉNÉRAL, OTTAWA, 23 octobre 1899.

1. Les compagnies de ce bataillon se rendront à Québec, le point de concentration, comme il suit, savoir :—

La moitié droite de la compagnie A quittera Vancouver par le Pacifique Canadien, à 2 heures de l'après-midi, le 23 du mois courant, et arrivera à Québec à 7h. matin le 29.

La moitié gauche de la compagnie A quittera Winnipeg par le Pacifique Canadien, à 4 heurs de l'après-midi, le 24 du présent mois, et arrivera à Québec le 27.

La compagnie B quittera London par le Grand-Tronc, à 2.10 p.m., le 25 du présent mois, et Montréal par l'Intercolonial, à 7.40 a.m., le 26, et arrivera à Lévis à 1.05 p.m.

La compagnie C quittera Toronto par le Pacifique Canadien à 9 a.m., le 25 du présent mois, et Montréal par l'Intercolonial, à 11.15 p.m. et arrivera à Lévis à 7.20 a.m. le 26.

La moitié droite de la compagnie D quittera Ottawa par le Canada-Atlantique, à 6.35 p.m. le 24 de ce mois ; la moitié gauche quittera Kingston par le Grand-Tronc, à 12.55 p.m. et arrivera à Lévis à 7.20 a.m., le 25.

La compagnie E quittera Montréal par l'Intercolonial, à 7.40 a.m., le 25 de ce mois, et arrivera à Lévis à 1.05 p.m.

Un détachement de la compagnie G quittera Charlottetown par le chemin de fer de l'Ile du Prince-Edouard, à 7.40 a.m., le 25 de ce mois; l'autre quittera Saint-Jean par l'Intercolonial, à 6.10 p.m., le même jour, et toute la compagnie quittera Moncton par l'Intercolonial, à 9.10 p.m., et arrivera à Lévis à 12.30 p.m., le 26.

La compagnie H quittera Halifax par l'Intercolonial, à 3 p.m., le 26 de ce mois, et arrivera à Lévis à 12.30 p.m., le 27.

Le résultat de cet arrangement sera que les compagnies arriveront à Lévis—

La compagnie D à 7.20 a.m. et la compagnie C à 1.05 p.m. le mercredi, 25;

La compagnie C à 7.20 a.m., la compagnie G à 12.30 p.m. et la compagnie B à 1.05 p.m. le jeudi, 20;

La moitié gauche de la compagnie A, de Winnipeg, à 7 a.m., et la compagnie H à 12.30 p.m. le vendredi, 27, et

La moitié droite de la compagnie A, de Vancouver, à 7 a.m. le dimanche, 29.

2. Relativement à l'ordre de la milice 216 (2), du 23 de ce mois, les mutations suivantes sont notifiées :—

(a) Le lieutenant J. H. Kaye, du régiment royal canadien d'infanterie, pour être lieutenant dans la compagnie G, en remplacement d'Ogilvy, passé à la compagnie C.

(*b*) Le capitaine R. K. Barker, lieutenant dans la compagnie C, pour être capitaine de cette compagnie.

Le capitaine Ogilvie et le lieutenant Kaye rejoindront leurs compagnies respectives à Québec.

3. Aux sous-officiers et hommes mariés il sera alloué, sur le pied suivant, une indemnité de séparation depuis la date de l'embarquement en Canada jusqu'à la date du débarquement au retour:—

Femme	15 cents par jour.
Chaque fille de moins de 16 ans	5 "
Chaque garçon de moins de 14 ans	5 "

4. Il sera permis aux femmes et aux enfants des sous-officiers et hommes mariés des corps permanents de garder leurs logements et de toucher les rations jusqu'au retour de ce bataillon au Canada.

5. Les instructions suivantes sont publiées pour la gouverne des officiers:—

(*a*) Relativement à l'ordre de la milice 213 (*b*), du 18 de ce mois, les deux tenues de serge et la tenue de khaki y mentionnées seront servies gratuitement aux officiers.

(*b*) Des revolvers et un approvisionnement de cartouches seront servis gratuitement aux officiers; l'officier commandant en recevra à Québec la quantité nécessaire.

(*c*) Le bataillon sera habillé en chasseurs à pied, et aura, en plus, une tenue de khaki. Il portera le casque blanc et le bonnet de campagne, ainsi que le ceinturon Sam Brown. Si l'on ne peut pas se procurer de fourreaux de cuir, le fourreau ordinaire pourra être utilisé. Les officiers porteront les signes distinctifs du grade qu'ils occupent comme officiers de ce bataillon. Les officiers qui ne pourront pas se procurer de capotes de chasseurs pourront emporter celles qu'ils ont actuellement.

(*d*) Ne pas emporter de tuniques ni des vestes de grande tenue, non plus que de médailles, attendu que le ruban, large d'un demi-pouce, est tout ce qui se porte sur la vareuse de serge et de khaki.

(*e*) Chaque compagnie sera tenue de fournir un équipement de campement et d'ordinaire d'officiers.

(*f*) On pourra se procurer des étuis-musettes blancs à Québec.

(*g*) Il sera permis aux officiers d'emporter 100 livres de bagage dans un coffre qui sera laissé à la base d'opérations.

(*h*) Tous les articles d'un officier doivent porter son nom, avec indication du corps auquel il appartient.

(*i*) La tenue la plus confortable pour le service actif se compose de knickerbockers avec jambières (*putties*), ou, quand on peut s'en procurer, des guêtres indiennes dites *puttie leggings*. Il faut que la capote soit assez ample pour aller pardessus l'épée et le ceinturon.

(*j*) MM. Martin, Son & Co., de Montréal, ont en magasin des tuniques vareuses, des pantalons et des bonnets de khaki ou de serge verte foncée, des ceinturons " Sam Brown ", mais pas de fourreaux, des sacs de couchage Wolseley, des draps imperméables, des couteaux pliants, des jumelles, éperons, guêtres, petits bidons, sifflets et filtres de poche.

Par ordre,

HUBERT FOSTER, colonel,
Chef d'état-major.

N° 218.

QUARTIER GÉNÉRAL, OTTAWA, mardi 24 octobre 1899.

1. Les officiers de districts commandants garderont les papiers de prestation du serment des hommes enrôlés dans la compagnie levée dans leur district pour le service spécial.

(*a*) Aussitôt que possible ils dresseront, en double, une liste donnant le nom, le corps et l'adresse postale des hommes enrôlés dans leur district. L'une de ces listes restera au bureau de district comme index des papiers de prestation du serment au drapeau, et l'autre sera envoyée au quartier général.

2. Les officiers appelés à voyager pour le bataillon du service spécial enverront leurs comptes de frais de voyage sans faute avant l'embarquement.

3. La gratification d'entrée en campagne de $125 allouée aux officiers, et leur avance de solde au montant de $60 seront payées à Québec par le commandant du bataillon.

4. Les sous-officiers et soldats des corps permanents pourront compter leur temps dans le bataillon du service spécial comme partie de la période pour laquelle ils se sont enrôlés dans la troupe permanente.

5. Les volontaires de la troupe permanente, admis à s'enrôler dans la troupe du service spécial, se rendront à Québec avec la compagnie levée dans le district militaire duquel ils relèvent.

6. Relativement à l'ordre de la milice 217 (1), du 23 de ce mois, la demie gauche de la compagnie A arrivera à 7 heures du matin, le 29, à Québec, et non à Lévis, comme le portent les deux derniers paragraphes de l'ordre en question.

Par ordre,

HUBERT FOSTER, colonel,
Chef d'état-major.

N° 219.

QUARTIER GÉNÉRAL, OTTAWA, mercredi, 25 octobre 1899.

1. Relativement à l'ordre de la milice n° 217 (1), du 23 de ce mois, afin de répondre aux désirs du maire et des citoyens de Toronto, la compagnie C partira pour Montréal et Québec à 4 heures de l'après-midi, par train spécial, au lieu de 9 heures du matin, aujourd'hui.

(*a*) Avis est aussi donné du changement suivant:—

La compagnie H quittera Halifax à 3 heures de l'après-midi, aujourd'hui, au lieu de demain, le 26, et arrivera à Lévis le 26, à midi et trente.

2. Relativement à l'ordre de la milice 216 (2), du 21 de ce mois, avis est donné des changements suivants :—

Compagnie A.—Le chef de bataillon H. M. Arnold est nommé capitaine en remplacement du capitaine M. G. Blanchard, qui sera lieutenant.

Compagnie E.—Le capitaine C. K. Fraser, du 53e bataillon, pour être capitaine en remplacement de Macdonell, qui sera nommé adjudant de bataillon; le lieutenant C. J. Armstrong, du 5e bataillon, pour être lieutenant en remplacement de Fraser, nommé capitaine.

3. Les sous-officiers et soldats de corps permanents qui ont été admis à s'engager dans la troupe du service spécial seront immédiatement inscrits par l'enrôleur. Toutefois, l'engagement datera du 31 octobre, jour jusqu'auquel les hommes seront censés appartenir encore à leurs unités respectives et seront payés sur le bordereau de ces unités. Ces sous-officiers et soldats passeront à la troupe organisée pour le service spécial à compter du 1er novembre, inclusivement.

Par ordre,

HUBERT FOSTER, colonel,
Chef d'état-major.

N° 220.

QUARTIER GÉNÉRAL, OTTAWA, jeudi, 26 octobre 1899.

1. Le major général commandant est rentré de la Colombie-Britannique hier soir.

2. Les sous-officiers et hommes qui voudront le faire, pourront transporter leur paye, à des parents seulement, pour toute période ne dépassant pas 25 jours.

(a) Une fois que les volontaires canadiens seront à la solde du gouvernement anglais il ne sera plus possible de s'arranger pour transporter la paye, mais l'officier commandant facilitera par tous les moyens possibles les remises au Canada.

(b) Avant que son bataillon ne parte de Québec, l'officier commandant enverra au quartier général une déclaration signée de la part de tous les sous-officiers et hommes désireux de transporter leur paye, prenant pour modèle la formule envoyée du quartier général.

3. Recommandation sera faite d'accepter la démission des officiers de la milice qui résigneront pour s'enrôler dans la troupe organisée pour le service spécial, mais les commandants de corps ne devront pas demander que les vacances ainsi produites soient remplies, afin que les demandes de réintégration de la part des démissionnaires puissent être prises en considération.

4. Les officiers nommés dans la troupe du service spécial seront considérés, tant qu'ils en feront partie, comme occupant le grade auquel ils ont été nommés dans cette troupe, et c'est le titre qu'on leur donnera en s'adressant à eux officiellement.

5. Les officiers de districts commandants intéressés demanderont, au moyen d'affiches, des soumissions pour la fourniture d'approvisionnements destinés aux corps permanents pour l'année finissant le 31 décembre 1900. Ces soumissions seront adressées à l'honorable Ministre de la Milice et Défense, Ottawa, et leurs enveloppes porteront la suscription, " Soumission pour approvisionnements, 1900 ". Les soumissions devront parvenir au département pas plus tard que midi, samedi, le 25 du mois prochain.

Des affiches et des formules de soumissions ont été envoyées aux officiers de districts commandants intéressés.

(6) Relativement à l'ordre de la milice 193 (1), du 23 du mois dernier, les aspirants qui se sont présentés pour l'instruction au dépôt régimentaire n° 5 du R.R.C.I. ont été examinés et répartis ainsi :—

COURS DES ÉLÈVES :

Sous-lieutenant E. H. Lambly, 55e bataillon.
" James Caron, 61e bataillon.
" A. Picard, 87e bataillon.

COURS SPÉCIAL.

Sous-lieutenant Jas. Stewart, 55e bataillon.

7. Congé, du 23 de ce mois au 22 mars 1900, est accordé au capitaine J. C. Gardner, du 3e chasseurs écossais, encadré dans le 5e Royal-Ecossais du Canada, pour lui permettre d'aller en Afrique du Sud.

8. Congé, du 23 de ce mois au 10 du mois prochain, avec permission de voyager à l'étranger, est accordé au lieutenant-colonel Geo. West Jones, commandant le 3e régiment d'artillerie canadienne.

Par ordre,

HUBERT FOSTER, colonel,
Chef d'état-major.

N° 221.

QUARTIER GÉNÉRAL, OTTAWA, vendredi, 27 octobre 1899.

1. Il a plu à Son Excellence le Gouverneur général d'approuver l'ordre général suivant, qui sera promulgué en conséquence.

CONTINGENT CANADIEN ORGANISÉ POUR UN SERVICE SPÉCIAL DANS L'AFRIQUE DU SUD.

La formation d'un bataillon d'infanterie pour servir dans l'Afrique du Sud, de concert avec les troupes régulières de Sa Majesté, est approuvée.

Ce bataillon sera désigné et connu sous le nom de 2e bataillon (service spécial) du régiment royal canadien d'infanterie.

Les officiers suivants sont nommés, savoir :—

Pour commander : le lieutenant-colonel W. D. Otter, de l'état-major canadien, aide de camp de Son Excellence le Gouverneur général.

Pour être chef de bataillon et commandant en second : le lieutenant-colonel L. Buchan, du régiment royal canadien d'infanterie.

Pour être chef de bataillon : le lieutenant-colonel O. C. C. Pelletier, de l'état-major canadien.

Pour être capitaines : le chef de batillon H. M. Arnold, du 90e ; le major W. A. Weeks, du génie de Charlottetown ; le chef de bataillon D. Stuart, du 26e ; le chef de bataillon, S. M. Rogers, du 43e ; le chef de bataillon, J. E. Pelletier, du 65e ; le capitaine H. B. Stairs, du 66e ; le capitaine R. K. Barker, du 2e, et le capitaine C. K. Fraser, du 53e.

Pour être lieutenants : le capitaine H. A. Panet, de l'artillerie royale canadienne ; le capitaine H. E. Burstall, de l'artillerie royale canadienne ; le capitaine A. H. Macdonell, du régiment royal canadien ; le capitaine M. G. Blanchard, du 5e régiment d'artillerie canadienne; le capitaine J. H. C. Ogilvy, de l'artillerie royale canadienne; le capitaine W. T. Lawless, des gardes à pied du gouverneur général ; le capitaine F. C. Jones, du 3e régiment d'artillerie canadienne ; le capitaine A. E. Hodgins, de la compagnie à pied de Nelson ; le capitaine J. M. Ross, du 22e bataillon ; le capitaine J. C. Mason, du 10e bataillon ; le lieutenant C. J. Armstrong, du 5e bataillon ; le lieutenant A. E. Swift, du 8e bataillon ; le lieutenant R. B. Willis, du 66e bataillon ; le lieutenant W. R. Marshall, du 13e bataillon ; le lieutenant J. H. Kaye, du régiment royal canadien; le lieutenant L. Leduc, du régiment royal canadien ; le lieutenant C. S. Wilkie, du 10e bataillon ; le lieutenant A. C. Caldwell, de la réserve d'officiers ; le lieutenant S. P. Layborn, du régiment royal canadien ; le lieutenant A. Laurie, du 1er batallion ; le lieutenant E. A. Pelletier, du 55e bataillon ; le lieutenant R. G. Stewart, du 43e bataillon ; le lieutenant F. D. Lafferty, de l'artillerie royale canadienne ; le sous-lieutenant J. C. Oland, du 63e bataillon ; le sous-lieutenant R. H. H. Temple, du 48e bataillon, et le sous-lieutenant C. W. McLean, du 8e hussards.

Peloton de servants de mitrailleuse : le lieutenant et capitaine A. C. Bell, des gardes écossaises, aide de camp du major général commandant la milice canadienne.

Pour être adjudant : le chef de bataillon J. C. MacDougall, du régiment royal canadien.

Pour être quartier-maître : le capitaine et chef de bataillon titulaire S. J. A. Denison, du régiment royal canadien.

Pour être officiers du service de santé : le chirurgien-major C. W. Wilson, de la 3e batterie de campagne d'artillerie canadienne, et le chirurgien-major E. Fiset, du 89e bataillon.

Postiche, service d'état-major : le major L. G. Drummond, des gardes écossaises, secrétaire militaire de Son Excellence le Gouverneur général.

(*a*) Il sera incessamment nommé deux aumôniers.

2. Les officiers suivants seront attachés au régiment royal canadien pour n'importe quel service qui pourra leur être assigné relativement à la campagne, savoir :—

Le lieutenant-colonel F. L. Lessard, des dragons royaux canadiens; le lieutenant-colonel C. W. Drury, A.D.C. de l'artillerie royale canadienne ; le chef de bataillon R. Cartwright, du régiment royal canadien; et le capitaine W. Forester, des dragons royaux canadiens.

3. L'autorisation nécessaire ayant été obtenue, un médecin militaire de plus et quatre gardes malades iront en Afrique avec le contingent canadien, pour aider à avoir soin des malades et des blessés des contingents coloniaux.

Officier du service de santé: le capitaine A. B. Osborne, S.S.A.C. (provisoire).

Gardes-malades: Mlle Georgiana Pope, Ile du Prince-Edouard; Mlle Sarah Forbes, Halifax, N.-E.; Mlle Minnie Affleck, London, Ont., et Mlle Elizabeth Russell, Hamilton, Ont.

(*a*) Ce personnel sera sous les ordres de l'officier commandant la troupe du service spécial jusqu'à l'arrivée au lieu de débarquement, où il recevra des instructions relativement à sa destination.

(*b*) Il sera payé au capitaine Osborne une indemnité et une avance conformément à l'ordre de la milice 218 (3).

(*c*) A chaque garde-malade il sera payé une indemnité d'entrée en campagne au montant de $30, et une avance de solde de la même somme.

(*d*) Les ordres relatifs à la solde des officiers de la troupe du service spécial s'appliqueront aussi au capitaine Osborne. Les gardes-malades seront payées suivant le tarif britannique à partir de la date du débarquement dans l'Afrique du Sud.

4. Le capitaine F. J. Dixon, de la réserve d'officiers, accompagnera le contingent canadien en qualité d'historiographe.

5. Un représentant de l'Union Chrétienne des Jeunes Gens accompagnera le contingent. Le département n'assume aucune responsabilité pour ce qui est du logement ou de la subsistance de ce gentleman après l'arrivée en Afrique ; il ne répond pas non plus qu'il pourra accompagner la troupe après le débarquement.

6. Les officiers et les gardes-malades dont les noms figurent dans le présent ordre s'annonceront au lieutenant-colonel Otter, à Québec, pas plus tard que le dimanche, 27 du présent mois.

7. Les officiers auxquels il a été fait des avances de deniers pour des fins se rattachant à l'organisation du contingent canadien voudront bien en rendre compte au commencement du mois prochain.

9. Un si grand nombre d'officiers et autres ont demandé à servir avec les troupes impériales dans l'Afrique du Sud, que le major général commandant désire faire savoir à tous qu'il a été impossible de répondre à chacun des postulants en particulier. Il a été pris note du nom de tous les solliciteurs, et il sera fait droit à leurs demandes séparément à mesure que l'occasion s'en présentera.

Pour le moment, il n'y a, dans les circonstances actuelles, pas d'autres chances d'emploi que celles des officiers, sous-officiers et hommes déjà désignés pour le service en question.

10. Avis est par le présent donné que le major général commandant, accompagné du capitaine Bell, aide de camp, et du colonel Hubert Foster, chef d'état-major, va se rendre à Québec aujourd'hui.

11. Le lieutenant-colonel Holmes, officier de district commandant le district militaire n° 1, remplira jusqu'à nouvel ordre les fonctions de l'officier de district commandant le district militaire n° 2, et toute correspondance devra lui être adressée à London. Le paragraphe 3 de l'ordre de la milice 212, du 16 de ce mois, est révoqué.

Par ordre,

HUBERT FOSTER, colonel,

Chef d'état-major.

N° 222.

QUARTIER GÉNÉRAL, OTTAWA, samedi, 28 octobre 1899.

1. Le commandant du 2e bataillon du service spécial régiment Royal-Canadien, fera en sorte que tous les casques soient teints en brun café foncé. Il s'arrangera aussi pour munir ce casque d'un léger "puggaree" noir ou vert foncé.

Les officiers porteront un faux-col de toile-celluloïde blanc, qui se boutonnera en dedans du collet de la tunique vareuse de serge et le dépassera d'un huitième de pouce.

2. L'officier de district commandant le district millitaire n° 7 voudra bien s'entendre avec le très révérend doyen de Québec pour qu'il y ait, dimanche, le 29 de ce mois, parade d'église suivie de la sainte communion pour les membres de l'église anglicane. Les lieutenants-colonels Otter, commandant le 2e bataillon du service spécial, et Wilson, commandant de la citadelle, voudront bien faire en sorte que leurs corps assistent à la cérémonie.

L'officier de district commandant prendra, de concert avec le lieutenant-colonel Otter, les mesures nécessaires pour que les membres du contingent qui professent d'autres religions aient aussi leur service si c'est possible.

3. L'officier de district commandant s'entendra aussi avec l'officier commandant le 2e bataillon, service spécial, pour que ce dernier passe la revue officielle du major général commandant à 11 heures et trente de l'avant-midi, lundi, le 30 du présent mois.

Il a plu à Son Excellence le Gouverneur général manifester le désir de passer le bataillon en revue à midi.

L'honorable ministre de la Milice et Défense accompagne Son Excellence.

Son Honneur le maire de Québec a la permission de présenter une adresse quand la revue de Son Excellence le Gouverneur général sera finie.

Les troupes marcheront ensuite à travers la ville pour s'embarquer sur le *Sardinian.* L'officier de district commandant s'entendra avec le maire sur la route à suivre.

Dîner sera servi à bord à tous ceux qui embarqueront.

Le *Sardinian* partira, si c'est possible, à deux heures et demie de l'après-midi. Sinon, il partira à dix heures et demie de l'avant-midi, le lendemain, 31.

L'officier commandant l'artillerie royale canadienne, division de place, fera tirer un salve de la citadelle au moment où le navire se mettra en route.

Les commandants d'unités et chefs de départements voudront bien prendre toutes les mesures possibles pour un déploiement de pavillons, etc., pour marquer dignement cet événement historique.

4. Le révérend P. M. O'Leary, de Québec, et le révérend T. F. Fullerton, de Charlottetown, Ile du Prince-Edouard, accompagneront le contingent au Cap en qualité d'aumôniers.

5. Relativement au paragraphe 4 de l'ordre de la milice 220, du 26 de ce mois les mots "et" jusqu'à "officiellement", à la fin du paragraphe, sont biffés.

Par ordre,

HUBERT FOSTER, colonel,
Chef d'état-major.

N° 223.

QUARTIER GÉNÉRAL, OTTAWA, lundi, 30 octobre 1899.

1. Permission est donnée aux sonneurs de cornemuse du 5e Royal-Ecossais de visiter Québec à l'occasion du départ du contingent canadien pour l'Afrique du Sud.

2. Le lieutenant-colonel G. R. White, officier d'état-major de district, fera les fonctions de l'officier de district commandant le district militaire n° 7 jusqu'à nouvel ordre.

3. Les mutations suivantes auront lieu le 1er du mois prochain, savoir:—

Dragons royaux canadiens: le lieutenant et capitaine Pearse passera de l'escadron B à l'escadron A.

Régiment royal canadien d'infanterie : le lieutenant Lister passera du dépôt régimentaire n° 2 au dépôt n° 1, et le lieutenant Burnham passera du dépôt n° 1 au dépôt n° 2.

Par ordre,

HUBERT FOSTER, colonel,
Chef d'état-major.

N° 225.

QUARTIER GÉNÉRAL, OTTAWA, jeudi, 2 novembre 1899.

1. La major général commandant, accompagné du colonel Foster, chef d'état-major, est rentré au quartier général le 31 du mois dernier.

2. Par ordre de Son Excellence le Gouverneur général, le major général commandant a envoyé le télégramme suivant au lieutenant-colonel Otter, commandant le 2e bataillon du régiment royal canadien:

" Son Excellence me charge de vous exprimer ses plus hautes félicitations de la manière toute militaire dont votre bataillon s'est embarqué aujourd'hui. Son Excellence désire souhaiter " bon voyage " à tous, des honneurs à l'arrivée et de la gloire pendant la campagne."

3. Le télégramme suivant du major général commandant au lieutenant-colonel Otter, commandant le 2e bataillon du régiment royal canadien, est publié pour que la milice en général en ait connaissance :—

" Vos camarades de la milice canadienne et moi souhaitons la protection divine à votre régiment représentatif et à vous-même, et puisse-t-il revenir comblé d'honneurs et de gloire pour le Canada et pour l'empire."

4. L'officier de district commandant le district militaire n° 1 voudra bien envoyer un officier inspecter le corps d'élèves du " Collegiate Institute " d'Aylmer, à une date dont il devra être convenu avec les autorités de la maison.

5. Congé a été donné aux officiers ci-dessous dénommés, avec permission de voyager à l'étranger, savoir:—

Au lieutenant-colonel Sam Hughes, commandant le 45e bataillon, à compter du 30 du mois dernier.

Au chef d'escadron C. A. C. Hosmer, des dragons du Manitoba, depuis le 1er du présent mois jusqu'au 1er février 1900, et

Au sous-lieutenant C. F. Hamilton, du 37e bataillon, depuis le 25 octobre 1899 jusqu'au 24 avril 1900.

Par ordre,

HUBERT FOSTER, colonel,
Chef d'état-major.

N° 226.

QUARTIER GÉNÉRAL, OTTAWA, vendredi, 3 novembre 1899.

1. Avis est par le présent donné, pour la gouverne du public, que les lettres, etc., destinées aux officiers et hommes servant dans le 2e bataillon, régiment Royal-Canadien, ou à sa suite, devront être lisiblement adressées ainsi:—

> *Faire suivre.*
>
> A
>
> 2E BATAILLON, RÉGIMENT ROYAL-CANADIEN,
>
> ARMÉE EN CAMPAGNE,
>
> AFRIQUE DU SUD.

Les lettres ainsi adressées seront expédiées par la première malle en Angleterre et de là au Sud-africain.

Le port est de deux cents par demi-once.

2. Durant l'absence du lieutenant-colonel L. Buchan, le commandement du régiment Royal-Canadien d'infanterie passe au chef de bataillon D. D. Young, commandant le dépôt régimentaire n° 2.

3. Le lieutenant J. N. S. Leslie, de l'artillerie royale canadienne, fera les fonctions d'aide de camp en premier du major général commandant pendant l'absence du capitaine A. C. Bell, encadré dans le 2e bataillon, régiment Royal-Canadien.

4. La dépêche suivante du Très honorable Ministre des Colonies à Son Excellence le Gouverneur général est livrée au public:—

LONDRES, 24 octobre 1899.

"Sa Majesté la Reine désire remercier le peuple de son dominion du Canada de l'éclatante preuve de fidélité et de patriotisme qu'il donne en offrant volontairement d'envoyer des troupes pour coopérer avec l'armée impériale de Sa Majesté et contribuer à maintenir sa position et les droits des sujets britanniques dans l'Afrique du Sud. Elle souhaite aux troupes la protection divine et un heureux retour."

Par ordre,

HUBERT FOSTER, colonel,
Chef d'état-major.

N° 227.

QUARTIER GÉNÉRAL, OTTAWA, samedi, 4 novembre 1899.

1. Le capitaine et chef de bataillon titulaire C. M. Dobell, des Royal Welsh Fusiliers, est autorisé à servir en qualité du surnuméraire dans le 2e bataillon du "service spécial", sans qu'il en coûte rien au Canada.

2. Le capitaine D. I. V. Eaton est nommé adjudant à la batterie A d'artillerie royale canadienne, à compter du 1er septembre 1899.

3. Les officiers ci-après dénommés ont passé par un cours d'instruction à l'école de tir de Hythe, et y ont obtenu un certificat extraordinaire de tir, qui comprend l'emploi et le mécanisme de la mitrailleuse Maxim:

Le capitaine G. M. Nelles, des dragons royaux canadiens, et
Le capitaine A. O. Fages, du régiment Royal-Canadien.

4. Congé, avec permission de voyager à l'étranger, est accordé au lieutenant C. J. Wendzell, du 75e bataillon, depuis le 10 du présent mois jusqu'au 9 mai 1900.

Par ordre,

HUBERT FOSTER, colonel,
Chef d'état-major.

N° 231

QUARTIER GÉNÉRAL, OTTAWA, jeudi, 9 novembre 1899.

1. Relativement à l'ordre de la milice 212 (2), du 16 du mois dernier, les officiers suivants d'entre ceux qui y figurent comme rangés dans la classe des élèves, dépôt régimentaire n° 1, ont passé l'examen, savoir :—

Le sous-lieutenant J. Verth, du 37e bataillon; le sous-lieutenant G. Davis, du 37e bataillon; le sous-lieutenant M. J. Wilson, du 77e bataillon; le sous-lieutenant E. S. Wilson, du 77e bataillon; le sous-lieutenant W. T. Bradley, du 77e bataillon; le sous-lieutenant C. V. Thompson, du 22e bataillon, et le sous-lieutenant J. M. Telford, du 31e bataillon.

(*a*) Les officiers suivants ont passé l'examen du cours des élèves à l'école royale de cavalerie, Toronto :—

Le sous-lieutenant F. L. Nunns, du 5e dragons; le sous-lieutenant C. M. Squier, du 3e dragons, et le sous-lieutenant J. G. Leete, du 5e dragons.

Par ordre,

W. H. COTTON, lieut.-colonel,
Chef d'état-major.

N° 232.

QUARTIER GÉNÉRAL, OTTAWA, vendredi, 10 novembre 1899.

1. Pendant l'absence du colonel Hubert Foster, président de la commission des médailles (*Medals Claim Board*), le lieutenant-colonel B. H. Vidal, faisant fonction d'officier d'état-major au quartier général, remplira les fonctions de président de la commission.

2. Relativement à l'ordre de la milice 218 (1), du 24 du mois dernier, les officiers de districts commandants voudront bien fournir, sans retard, en outre des renseignements qui y sont demandés, les renseignements suivants, à savoir :

(*a*) S'ils sont mariés ou non; (*b*) le nombre et l'âge de leurs enfants, s'ils en ont; (*c*) leur religion.

3. Congé, avec permission de voyager à l'étranger, est accordé au capitaine F. S. Meighen, du 5e Royal-Ecossais, depuis le 11 de ce mois jusqu'au 11 février 1900.

Par ordre,

W. H. COTTON, lieut.-colonel,
Chef d'état-major par intérim.

N° 238.

QUARTIER GÉNÉRAL, OTTAWA, vendredi, 17 novembre 1899.

1. Le chef de bataillon D. C. F. Bliss, de la troupe du Yukon, s'annoncera au quartier général aussitôt que possible.

2. Une nouvelle édition de la brochure sur l'exercice d'infanterie, 1896, les manœuvres de campagne et de brigade et l'infanterie dans l'attaque, revue jusqu'au 31 octobre 1899, a été imprimée et sera servie aux officiers de district commandants ainsi qu'il suit:

Vingt exemplaires pour chaque officier de district commandant; 15 exemplaires par bataillon d'infanterie, et 3 exemplaires par compagnie indépendante d'infanterie.

Par ordre,
F. G. STONE, R. A., lieut-colonel,
Chef d'état-major par intérim.

N° 239.

QUARTIER GÉNÉRAL, OTTAWA, samedi, 18 novembre 1899.

1. Le major général commandant, accompagné du capitaine Leslie, aide de camp, ira à Montréal lundi, le 20 de ce mois, et reviendra au quartier général le lendemain soir, mardi.

2. Le lieutenant-colonel Neilson, directeur général du service de santé, ira à Montréal lundi, le 20 de ce mois, en service, et reviendra au quartier général aussitôt qu'il sera libre.

Par ordre,
F. G. STONE, A.R., lieut.-colonel,
Chef d'état-major par intérim.

N° 240.

QUARTIER GÉNÉRAL, OTTAWA, lundi, 20 novembre 1899.

1. Avec le présent est publié une liste des officiers du 2e bataillon (service spécial), régiment royal canadien d'infanterie, et de ses officiers postiches, ainsi que des officiers et gardes-malades comprenant le personnel du service de santé général, etc.

Les officiers de districts commandants voudront bien transmettre sans retard au quartier général leurs recommandations pour la nomination des médecins militaires et civils qui demanderont à faire partie du personnel du service de santé de la milice canadienne (O. G. 62, 1899), se servant pour cela de la formule C.I.

Ce qui précède s'applique aussi aux médecins militaires, qui, étant devenus surnuméraires par l'effet de l'ordre général susmentionné, doivent être affectés au personnel du service de santé de l'armée.

Par ordre,
F. G. STONE, A.R., lieut.-colonel,
Chef d'état-major.

REGIMENT ROYAL CANADIEN D'INFANTERIE.

2e BATAILLON (SERVICE SPÉCIAL).

Commandant:

Otter, lieutenant-colonel W.D., de l'état-major canadien, aide de camp de Son Excellence le Gouverneur général.

Chefs de bataillon (2):

(COMMANDANT EN SECOND.)

Buchan, L. (lieutenant-colonel dans le régiment royal canadien d'infanterie).
Pelletier, O. C. C. (lieutenant-colonel, état-major canadien).

Capitaines (8):

Arnold, H. M. (chef de bataillon, 90e carabiniers de Winnipeg).
Weeks, W. A. (major, génie de Charlottetown).
Stuart, D. (chef de bataillon, 26e d'infanterie légère, Middlesex).
Rogers, S. M. (chef de bataillon, 43e carabiniers d'Ottawa et Carleton).
Peltier, J. E. (chef de bataillon, 65e carabiniers Mont-Royal).
Stairs, H. B. (capitaine dans le 66e fusiliers Princesse Louise).
Barker, R. K. (capitaine dans les carabiniers de la Reine).
Fraser, C. K. (capitaine dans le 53e bataillon de Sherbrooke).

Lieutenants (24):

Panet, H. A. (capitaine, artillerie royale canadienne).
Burstall, H. A. (capitaine, artillerie royale canadienne).
Macdonell, A. H. (capitaine, artillerie royale canadienne).
Blanchard, H. G. (capitaine, 5e régiment d'artillerie canadienne).
Ogilvy, J. H. C. (capitaine, artillerie royale canadienne).
Lawless, W. T. (capitaine, gardes à pied du Gouverneur général).
Jones, F. G. (capitaine, 3e régiment d'artillerie canadienne).
Hodgins, A. E. (capitaine, compagnie de carabiniers de Nelson).
Ross, J. M. (capitaine, 22e carabiniers d'Oxford).
Mason, J. C. (capitaine, grenadiers royaux).
Armstrong, C. A. (lieutenant, 5e Royal-Ecossais du Canada).
Swift, A. E. (lieutenant, 8e carabiniers royaux).
Willis, R. B. (lieutenant, 66e fusiliers Princesse Louise).
Marshall, W. R. (lieutenant, 13e bataillon).
Kaye, J. H. (lieutenant, régiment royal canadien d'infanterie).
Leduc, L. (lieutenant, régiment royal canadien d'infanterie).
Wilkie, C. S. (lieutenant, 10e grenadiers royaux).
Caldwell, A. C. (lieutenant, réserve d'fficiers).
Layborn, S. P. (lieutenant, régiment royal canadien d'infanterie).
Laurie, A. (lieutenant, 1er fusiliers Prince de Galles).
Pelletier, E. A. (lieutenant, 55e d'infanterie légère Mégantic).
Stewart, R. G. (lieutenant, 43e carabiniers d'Ottawa et Carleton).
Lafferty, F. D. (lieutenant, artillerie royale canadienne).
Oland, J. C. (sous-lieutenant, 63e carabiniers d'Halifax).
Templ, R. H. M. (sous-lieutenant, 48e highlanders).
McLean, C. W. W. (sous-lieutenant, 8e hussards Princesse Louise.

Commandant du peloton de servants de mitrailleuse :

Bell, A. C. (capitaine, gardes écossaises), aide de camp du major général commandant la milice canadienne.

Aide-major (1):

MacDougall, J. C. (Major, régiment royal canadien d'infanterie).

Adjudants (2):

Macdonell, A. H. (capitaine, régiment royal canadien d'infanterie).
Ogilvy, J. H. (capitaine, artillerie royale canadienne).

Quartier-maître (1):

Denison, S. J. A. (capitaine et chef de bataillon titulaire, régiment royal canadien d'infanterie).

Officiers du service de santé (2):

Wilson, C. W. (chirurgien-major, 3e batterie de campagne).
Fiset, C. (chirurgien-major, 89e bataillon Témiscouata et Rimouski).

Surnuméraire, service d'état-major:

Drummond, L. G. (major, gardes écossaises), secrétaire militaire de Son Excellence le Gouverneur général.

Surnuméraires, services spéciaux:

Drury, C. W. (lieutenant-colonel, artillerie royale canadienne, aide de camp de Son Excellence le Gouverneur général.
Lessard, F. L. (lieutenant-colonel, dragons royaux canadiens).
Cartwright, R. (chef de bataillon, régiment royal canadien d'infanterie, A.A.G. au quartier général).
Forester, W. (capitaine, dragons royaux canadiens).

Personnel du service général de santé:

Osborne, A. B. (capitaine, personnel du service de santé de l'armée canadienne).
Gardes-malades:—Pope, Melle Georgina.
Forbes, Melle Sarah.
Affleck, Melle Minnie.
Russell, Melle Elisabeth.

Historiographe:

Dixon, F. J. (capitaine, réserve d'officiers).

Aumôniers:

Almond, révérend J.
Fullerton, révérend T. F. (aumônier honoraire du 4e régiment d'artillerie canadienne.
O'Leary, révérend P. M.

REGIMENT ROYAL CANADIEN D'INFANTERIE.

2e BATAILLON (SERVICE SPÉCIAL).

Commandant:

Otter, lieutenant-colonel W.D., de l'état-major canadien, aide de camp de Son Excellence le Gouverneur général.

Chefs de bataillon:

(COMMANDANT EN SECOND.)

Buchan, L. (lieutenant-colonel; régiment royal canadien d'infanterie.)
Pelletier, O. C. C. (lieutenant-colonel, état-major canadien).

COMPAGNIE A, COLOMBIE-BRITANNIQUE ET MANITOBA.

Capitaine:

Arnold, H. M. (chef de bataillon, 90e carabiniers de Winnipeg).

Lieutenants:

Blanchard, M. G. (capitaine, 5e régiment d'artillerie canadienne).
Hodgins, A. E. (capitaine, compagnie de carabiniers de Nelson).
Layborn, S. P. (lieutenant, régiment royal canadien d'infanterie).

COMPAGNIE B, LONDON, ONT.

Capitaine:

Stuart, D. (chef de bataillon, 26e d'infanterie légère de Middlesex).

Lieutenants:

Ross, J. M. (capitaine, 22e carabiniers d'Oxford).
Mason, J. C. (capitaine, 10e grenadiers royaux).
Temple, R. H. M. (sous-lieutenant, 48e highlanders).

COMPAGNIE C, TORONTO.

Capitaine:

Barker, R. K. (capitaine, carabiniers de la Reine).

Lieutenants:

Marshall, W. R. (lieutenant, 13e bataillon).
Wilkie, C. S. (lieutenant, 10e grenadiers royaux).
Lafferty, F. D. (lieutenant, artillerie royale canadienne).

COMPAGNIE D, OTTAWA ET KINGSTON.

Capitaine:

Rogers, S. M. (chef de bataillon, 43e carabiniers d'Ottawa et Carleton.

Lieutenants:

Lawless, W. T. (capitaine, gardes à pied du Gouverneur général).
Stewart, R. G. (lieutenant, 43e carabiniers d'Ottawa et Carleton).
Caldwell, A. C. (lieutenant, réserve d'officiers).

COMPAGNIE E, MONTRÉAL.

Capitaine:

Fraser, C. K. (capitaine, 53e bataillon de Sherbrooke).

Lieutenants:

Swift, A. E. (lieutenant, 8e carabiniers royaux).
Laurie, A. (lieutenant, 1er fusiliers Prince de Galles).
Armstrong, C. J. (lieutenant, 5e Royal-Ecossais du Canada).

COMPAGNIE F, QUÉBEC.

Capitaine:

Peltier, J. E. (chef de bataillon, 65e carabiniers Mont-Royal).

Lieutenants:

Panet, H. A. (capitaine, artillerie royale canadienne).
Leduc, L. (lieutenant, régiment royal canadien d'infanterie).
Pelletier, E. A. (lieutenant, 55e d'infanterie légère de Mégantic).

COMPAGNIE G, NOUVEAU-BRUNSWICK ET ILE DU PRINCE-EDOUARD.

Capitaine:

Weeks, W. A. (major, génie de Charlottetown).

Lieutenants:

Jones, F. C. (capitaine, 3e régiment d'artillerie canadienne).
Kaye, J. H. (lieutenant, régiment royal canadien d'infanterie).
McLean, C. W. W. (sous-lieutenant, 8e hussards Princesse Louise).

COMPAGNIE H, NOUVELLE-ECOSSE.

Capitaine:

Stairs, H. B. (capitaine, 66e fusiliers Princesse Louise).

Lieutenants:

Burstall, H. E. (capitaine, artillerie royale canadienne).
Willis, R. B. (lieutenant, 66e fusiliers Princesse Louise).
Oland, J. C. (sous-lieutenant, 63e carabiniers d'Halifax).

Commandant du peloton de servants de mitrailleuse :

Bell, A. C. (capitaine, gardes écossaises), aide de camp du major général commandant la milice canadienne.

Aide-major:

MacDougall, J. C. (major, régiment royal canadien d'infanterie).

Adjudants:

Macdonell, A. H. (capitaine, régiment royal canadien d'infanterie).
Ogilvy, J. H. (capitaine, artillerie royale canadienne).

Quartier-maître:

Denison, S. J. A. (capitaine et chef de bataillon titulaire, régiment royal canadien d'infanterie).

Officiers du service de santé:

Wilson, C. W. (chirurgien-major, 3e batterie de campagne).
Fiset, C. (chirurgien-major, 89e bataillon Témiscouata et Rimouski).

Surnuméraire, service d'état-major:

Drummond, L. G. (major, gardes écossaises), secrétaire militaire de Son Excellence le Gouverneur général.

Surnuméraire, services spéciaux:

Drury, C. W. (lieutenant-colonel, artillerie royale canadienne, aide de camp de Son Excellence le Gouverneur général.

Lessard, F. L. (lieutenant-colonel, dragons royaux canadiens).

Cartwright, R. (chef de bataillon, régiment royal canadien d'infanterie, A.A.G. au quartier général).

Forester, W. (capitaine, dragons royaux canadiens).

Personnel du service général de santé:

Osborne, A. B. (capitaine, personnel du service de santé de l'armée canadienne).

Gardes-malades:—Pope, Melle Georgina.
Forbes, Melle Sarah.
Affleck, Melle Minnie.
Russell, Melle Elisabeth.

Historiographe:

Dixon, F. J. (capitaine, réserve d'officiers).

Aumôniers:

Almond, révérend J.

Fullerton, révérend T. F. (aumônier honoraire du 4e régiment d'artillerie canadienne.

O'Leary, révérend P. M.

Par ordre,

HUBERT FOSTER, colonel,
Chef d'état-major.

QUARTIER GÉNÉRAL, OTTAWA, 27 octobre 1899.

N° 253.

QUARTIER GÉNÉRAL, OTTAWA, mardi, 5 décembre 1899.

1. Le major général commandant a remarqué que souvent les commandants de compagnies des bataillons ruraux envoient des demandes d'habillement directement à l'officier de district commandant, au lieu de le faire par l'intermédiaire de l'officier commandant le bataillon.

Les officiers de districts commandants prendront la peine de s'assurer que toutes communications relatives à l'habillement leur soient transmises par les commandants de bataillons, auxquels il incombe de s'informer de l'état de l'habillement de l'unité placée sous leurs ordres.

2. Afin d'empêcher que les effets d'habillement réformés ne reviennent devant les bureau d'inspection, les articles réformés que les corps permanents garderont pour le travail de corvée seront marqués d'une flèche large.

Par ordre,

F. G. STONE, A.R., lieutenant-colonel,
Chef d'état-major par intérim.

N° 254.

QUARTIER GÉNÉRAL, OTTAWA, mercredi, 6 décembre 1899.

1. Avis est par le présent donné que la troupe du Yukon placée en garnison à Dawson s'appellera désormais la Garnison du Yukon.

2. Au départ du lieutenant-colonel Evans, conformément à l'ordre de la milice 236 (5), en date du 15 du mois dernier, le commandement de la garnison du Yukon passe au chef de bataillon T. D. R. Hemming, du régiment royal canadien.

3. Avis est aussi donné que le contingent canadien organisé pour le service spécial dans l'Afrique du Sud est arrivé au Cap le 29 du mois dernier, et a débarqué le lendemain.

Le câblegramme suivant de sir Alfred Milner, gouverner de la Colonie du Cap, à Son Excellence le Gouverneur général, est, par permission de Son Excellence, livré au public:—

LE CAP, 1er décembre.

"Vient de dire adieu au contingent canadien. Tous bien et enchantés de partir pour le théâtre des hostilités. La population a montré qu'elle apprécie la sympathie et l'aide du Canada dans ses jours d'épreuve.

MILNER.

La dépêche suivante a été reçue du lieutenant-colonel Otter, commandant le 2e bataillon du service spécial:—

LE CAP, 30 novembre.

"Chef d'état-major, Ottawa.

"Sommes justement à débarquer ici en excellente santé et pleins d'ardeur. Deslauriers, Ottawa, mort 3 courant; syncope. Effectif, 1,038; à la suite, 22."

4. Il a plu à Son Excellence le Gouverneur général faire savoir qu'il dévoilera, à Toronto, dimanche prochain, la plaque érigée à la mémoire de ceux de la colonne de Battleford qui sont tombés sur le champ de bataille, dans le Nord-Ouest, en 1885.

L'officier commandant le district militaire voudra bien prendre les mesures nécessaires pour la réception de Son Excellence et l'accomplissement approprié de la cérémonie du dévoilement de la plaque commémorative.

5. Le major général commandant, accompagné du directeur général des services de santé, et d'un aide de camp, se rendra à Toronto jeudi prochain, et assistera à la cérémonie dont il est question au paragraphe 4 de l'ordre de ce jour.

Par ordre,

F. G. STONE, lieut.-colonel,
Chef d'état-major par intérim.

N° 255.

QUARTIER GÉNÉRAL, OTTAWA, jeudi, 7 décembre 1899.

1. Le dernier paragraphe de l'ordre de la milice 236 (1), du 15 du mois dernier, est révoqué et remplacé par le suivant:—

"Le colonel l'honorable M. Aylmer est en congé de convalescence pour jusqu'au 30 décembre, sur la foi d'un certificat de médecin."

2. Relativement à l'ordre de la milice 237 (1), du 4 du mois dernier, le gouvernement de Sa Majesté a trouvé bon que le major Dobell fût attaché au contingent canadien à titre de surnuméraire.

3. Congé, avec permission de voyager à l'étranger, est accordé—

Au chirurgien-major R. Kains, du 25e bataillon, depuis le 1er de ce mois jusqu'au 15 avril 1900.

Au capitaine F. W. Fisher, du 3e carabiniers Victoria, depuis le 1er du présent mois jusqu'au 28 février 1900;

Au capitaine J. F. Foulkes, du 5e régiment d'artillerie canadienne, depuis le 1er de ce mois jusqu'au 28 février 1900, et

Au chirurgien-lieutenant Hugh Fleming, des dragons de la garde Princesse Louise, depuis le 12 de ce mois jusqu'au 11 septembre 1900.

Par ordre,

F. G. STONE, lieut.-colonel,
Chef d'état-major par intérim.

QUARTIER GÉNÉRAL, OTTAWA, vendredi, 8 décembre 1899.

Fête de l'Immaculée Conception—Pas d'ordres.

N° 256.

Samedi, 9 décembre.

1. Congé, avec permission de voyager à l'étranger, est accordé au colonel G. C. Kitson, commandant du collège militaire royal, depuis le 17 de ce mois jusqu'au 5 du mois prochain.

2. Les dates suivantes pour les inspections semestrielles des canons, armements et assortiments, harnachement et équipement des différentes batteries de campagne dans l'Ontario, sont approuvées, savoir:—

Quatre et 5 décembre, 5e batterie de campagne, Kingston; 11 et 12 décembre, 6e batterie de campagne, London; 14 et 15 décembre, 11e et 16e batteries de campagne, Guelph, 18 et 19 décembre, 4e batterie de campagne, Hamilton; 20 et 21 décembre, 14e batterie de campagne, Port-Hope; 27 et 28 décembre, 8e batterie de campagne, Gananoque.

Le lieutenant-colonel C. E. Montizambert, inspecteur d'artillerie (pour l'ouest), sera l'officier chargé de faire les inspections.

Les officiers commandants feront étaler les armements et assortiments pour qu'ils puissent être facilement vus et vérifiés.

Les officiers combattants de chaque unité voudront bien rejoindre l'inspecteur à leur parc d'artillerie à neuf heures et demie de l'avant-midi, le premier jour de l'inspcetion de leur unité. Ce service se fera en habit bourgeois.

3. Pendant l'absence du lieutenant-colonel Montizambert en tournée d'inspection, le lieutenant et capitaine D. I. V. Eaton, adjudant dans la division de campagne de l'artillerie royale canadienne, fera les fonctions d'officier d'état-major de district pour les districts militaires nos 3 et 4.

4. L'ordre de la milice 217, du 23 du mois dernier, est par le présent révoqué et remplacé par le suivant:—

Il a plu à l'honorable Ministre consentir à ce qu'il soit accordé aux sous-officiers et hommes mariés enrôlés dans le 2e bataillon du service spécial, à compter de la date de leur embarquement—c'est-à-dire depuis le 30 octobre, inclusivement, une indemnité de séparation suivant le tarif en vigueur dans le service impérial, ainsi que ci-dessous:—

	Avec logement.	Sans logement.
Femme	8 cents.	16 cents.
Chaque fille de moins de 16 ans	3 "	4 "
Chaque garçon de moins de 14 ans	3 "	4 "

Par ordre,

F. G. STONE, lieut.-colonel,
Chef d'état-major par intérim.

N° 257.

QUARTIER GÉNÉRAL, OTTAWA, mardi, 11 décembre 1899.

1. A l'avenir les déliberations de tous conseils de guerre se feront conformément aux Règles de procédure 1899, dont il a été distribué des exemplaires.

2. Avis est par le présent donné au public que d'après la nouvelle reçue de l'officier commandant, le 2e bataillon du service spécial, régiment Royal-Canadien, est arrivé aujourd'hui à Belmont, dans l'Afrique du Sud.

3. Le major général commandant, accompagné du directeur général du service de santé, est rentré aujourd'hui au quartier général.

4. Congé, avec permission de voyager à l'étranger, est accordé—

Au lieutenant et adjudant H. Rock, du 1er hussards, depuis le 1er du mois prochain jusqu'au 30 avril 1900; et

Au sous-lieutenant A. D. Ritchie, des hussards canadiens de la Reine, depuis le 4 du mois prochain jusqu'au 30 avril 1900.

Par ordre,

F. G. STONE, lieut.-colonel,
Chef d'état-major par intérim.

N° 265.

QUARTIER GÉNÉRAL, OTTAWA, mercredi, 20 décembre 1899.

Les instructions suivantes sont publiées, provisoirement, pour la gouverne du public, relativement aux corps de chasseurs à cheval et d'artillerie de campagne à être organisés pour le service spécial en Afrique australe.

1RE PARTIE.

ORGANISATION D'UN RÉGIMENT DE CHASSEURS À CHEVAL POUR LE SERVICE ACTIF DANS L'AFRIQUE AUSTRALE.

1. La formation d'un régiment, équipé et armé comme chasseurs à cheval, pour le service actif dans l'Afrique du Sud, a été autorisée. Ce régiment portera le nom de "Chasseurs Canadiens à cheval" et se composera de trois escadrons avec un état-major de régiment, conformément aux *Army Establishments for a Cavalry Regiment, 1898.* Il sera levé et concentré sans retard, et se composera de volontaires recrutés dans les corps de cavalerie de la milice active, ainsi que dans la gendarmerie (passée et présente) à cheval du Nord-Ouest, et autres sujets convenables, suivants les tableaux ci-joints.

2. ÉTAT-MAJOR DE RÉGIMENT.

Grades.	Personnel.							Chevaux, la propriété de l'État.			
	Officiers.	Officier breveté.	Maréch. de l., 1re cl. et maréch. d. l.	Ouvriers militaires.	Trompettes.	Hommes de troupe.	Total.	De selle.	De trait.	De bât.	Total.
Lieutenant-colonel	1	....	....	....	....	....	1	3	....	....	3
Commandant en second	1	....	....	....	....	....	1	3	....	....	3
Adjudant	1	....	....	....	....	....	1	3	....	....	3
Officier de transport	1	....	....	....	....	....	1	3	....	....	3
Quartier-maître	1	....	....	....	....	....	1	1	....	....	1
Officier du service de santé	1	..	....	....	....	....	1	2	....	....	2
Officier vétérinaire	1	....	....	....	....	....	1	2	....	....	2
Adjudant sous-officier	....	1	....	....	....	....	1	1	....	....	1
Maréchal des logis fourrier	....	....	1	....	....	....	1	1	....	....	1
Sous-officier de transport	....	....	1	....	....	....	1	1	....	....	1
Maréchal des logis, secrétaire	....	....	1	....	....	....	1	1	....	....	1
Commis expéditionnaire	....	....	1	....	....	....	1	1	....	....	1
Trompette-major	....	....	1	....	....	....	1	1	....	....	1
Premier maître maréchal ferrant	....	....	....	1	....	....	1	1	....	....	1
Maître-armurier	....	....	....	1	....	....	1	....	....	....	....
Maître-sellier	....	....	....	1	....	....	1	1	....	....	1
Faiseur d'arçons	....	....	....	1	....	....	1	1	....	....	1
Conducteurs de chevaux de bât	....	....	....	....	....	13	13	....	....	....	....
Cuisiniers	....	....	....	....	....	2	2	....	....	....	....
Conducteurs d'attelages	....	....	....	....	....	11	11	....	22	....	22
Rouliers	....	....	....	....	....	3	3	....	....	....	....
Ordonnances pour l'officier du service de santé	....	....	....	....	....	2	2	....	2	....	2
Peloton des servants de mitrailleuse	....	....	....	....	....	3	3	3	....	....	3
Total, état-major de régiment	7	1	5	4	...	34	51	29	24	....	53

COMPOSITION D'UN ESCADRON EN ACTIVITÉ.

Grades.	Officiers.	Officier breveté.	Maréch. de l., 1re cl. et maréch. d. l.	Ouvriers militaires.	Trompettes.	Hommes de troupe.	Total.	De selle.	De trait.	De bât.	Total.
Chef d'escadron	1	....	....	....	....	....	1	3	....	....	3
Capitaine	1	....	....	....	....	....	1	3	....	....	3
Lieutenants	4	....	....	....	....	....	4	12	....	....	12
Maréchal des logis chef	....	....	1	....	....	....	1	1	....	....	1
Maréchal des logis fourrier	....	....	1	....	....	....	1	1	....	....	1
Maréchaux des logis	....	....	8	....	....	....	8	8	....	....	8
Maître maréchal ferrant	....	....	....	1	....	....	1	1	....	....	1
Brigadier maréchal ferrant	....	....	....	1	....	....	1	1	....	....	1
Maréchaux ferrants	....	....	....	3	....	....	3	3	....	....	3
Sellier	....	....	....	1	....	....	1	1	....	....	1
Trompettes	....	....	....	....	2	....	2	2	....	....	2
Brigadiers	....	....	....	....	....	8	8	8	....	....	8
Simples soldats	....	....	....	....	....	108	108	108	....	1	109
Conducteurs d'attelages	....	....	....	....	....	6	6	....	12	....	12
Conducteurs de chevaux de bât	....	....	....	....	....	12	12	....	....	....	....
Cuisiniers	....	....	....	....	....	2	2	....	....	....	....
Rouliers	....	....	....	....	....	2	2	....	....	....	....
Total, escadron en activité	6	....	10	6	2	138	162	152	12	1	165

RÉCAPITULATION.

	Officiers.	Officier breveté.	Maréch. de l., 1re cl. et maréch. d. l.	Ouvriers militaires.	Trompettes.	Hommes de troupe.	Total.	De selle.	De trait.	De bât.	Total.
Etat-major de régiment	7	1	5	4	...	34	51	29	24	...	53
Trois escadrons en activité	18	....	30	18	6	414	486	456	36	3	495
	25	1	35	22	6	448	537	485	60	3	548

3. L'enrôlement sera effectué par les commandants d'escadrons, aidés de leurs subalternes, par les commandants de districts intéressés, par le commissaire de la gendarmerie à cheval du Nord-Ouest et des officiers par lui nommés, qui prendront les meilleures mesures possibles pour ce service.

Les commandants de régiments de cavalerie voudront bien prendre les meilleures mesures possibles pour mettre leurs hommes à même de s'enrôler.

Les sous-officiers des corps permanents de la milice active et les membres de la gendarmerie à cheval du Nord-Ouest seront enrôlés comme simples soldats, et seront provisoirement promus, au besoin, aux différents grades par les commandants d'escadrons, sous réserve de l'approbation finale de l'officier commandant le régiment.

4. L'enrôlement se fera et les troupes seront concentrées aux endroits ci-dessous mentionnés:—

Escadron A.	Lieu d'enrôlement.	Lieu de concentration.
1re compagnie	Toronto	Toronto.
2e compagnie	Toronto Sainte-Catherine Peterborough Ottawa	Toronto.
3e compagnie	London Kingston Montréal	Montréal.
4e compagnie	Québec Canning Sussex Saint-Jean, N.-B.	Halifax.
Escadron B.		
1re compagnie	Winnipeg	Winnipeg.
2e compagnie	Portage-la-Prairie Virden Brandon Yorkton Winnipeg	Winnipeg.
3e compagnie	Régina	Régina.
4e compagnie	Moose-Jaw Régina	Régina.
Escadron C.		
1re compagnie	Prince-Albert Battleford Régina	Régina.
2e compagnie	Moosomin Qu'Appelle Régina	Régina.
3e compagnie	Lethbridge Fort-Macleod Medicine-Hat Maple-Creek	Medicine-Hat.
4e compagnie	Calgary Edmonton	Calgary.

5. Les hommes seront enrôlés, sous réserve de la visite du médecin, des unités départies à chaque compagnie. Chaque compagnie d'un escadron représentera par conséquent les corps qui lui sont répartis. Ceux qui ont servi dans la cavalerie de la milice, ou dans la gendarmerie à cheval du Nord-Ouest, ont aussi des titres à l'admission.

A raison d'aptitudes spéciales il pourra être accepté des volontaires autres que ceux décrits plus haut, pourvu qu'ils aient déjà eu quelque éducation militaire, qu'ils soient bons cavaliers et bons tireurs et qu'ils aient les qualités voulues sous d'autres rapports.

Qualités requises :—Stature, au moins 5 pieds 6 pouces, avec 34 pouces de tour de poitrine.

Age :—Pas moins de 22 ni plus de 40 ans.

6. Les conditions du service sont les suivantes:—

(*a*) Service, sous l'empire de l'*Army Act*, d'une durée de six mois, susceptible d'être portée à un an.

(*b*) Vivres, habillement et équipement—sellerie comprise—fournis gratuitement.

(*c*) Paye suivant le tarif établi pour la gendarmerie à cheval du Nord-Ouest jusqu'à la date du débarquement dans l'Afrique australe, après quoi la solde sera servie par le gouvernement impérial conformément au mandat royal pour la paye.

7. Ceux qui, n'étant pas des dragons royaux canadiens ou de la gendarmerie à cheval du Nord-Ouest, se présenteront à l'enrôlement et seront acceptés à offrir leurs chevaux, dont le prix, s'ils sont acceptés, leur sera payé suivant évaluation, et qui deviendront ainsi la propriété de l'Etat.

Type:—

Age:—Entre cinq et dix ans.

Taille :—De 15 à 16½ paumes, et virtuellement sains. Il pourra en être accepté de 14·3 paumes, quand il seront particulièrement robustes et bien faits.

Les commandants de districts et le commissaire de la gendarmerie à cheval du Nord-Ouest voudront bien faire en sorte que les chevaux ainsi offerts passent la visite du vétérinaire aux lieux d'enrôlement. Ils convoqueront aussi des commissions à ces endroits pour évaluer ces chevaux.

8. Il sera fourni des selles de cavalerie, modèle d'ordonnance, pour l'état-major de régiment, l'escadron A et les compagnies n°s 1 et 2 de l'escadron B, et des selles du modèle mexicain de la gendarmerie du Nord-Ouest pour le reste. Pour ces derniers il sera pris et gardé en réserve une quantité de selles de cavalerie du modèle d'ordonnance.

9. Les officiers de districts commandants et le commissaire de la gendarmerie à cheval du Nord-Ouest voudront bien procurer le local voulu pour la visite du médecin et pour les écritures. Ils augmenteront, au besoin, le personnel de commis, et fourniront la papeterie nécessaire.

10. La visite des hommes sera faite par des officiers du service de santé des corps permanents et de la gendarmerie à cheval du Nord-Ouest, ou, là où l'on ne pourra pas avoir les services de pareils officiers, par des médecins militaires que choisira l'officier commandant ou le sous-commissaire de la gendarmerie à cheval du Nord-Ouest. Quand ce service sera fait par des officiers n'étant pas d'une manière permanente à l'emploi du gouvernement, il sera envoyé au quartier général, une fois le recrutement fini, un état du nombre d'hommes examinés, certifié par l'officier de district commandant, en vue de la rémunération du médecin.

Il est enjoint aux médecins d'être soigneux et stricts dans la visite des recrues. Ils se guideront sur les paragraphes 496 à 527 des *Regulations for Army Medical Services, 1897*, dont l'officier de district commandant et le commissaire de la gendarmerie à cheval du Nord-Ouest fourniront, au besoin, des exemplaires aux médecins civils.

11. Il sera envoyé aux officiers de districts commandants et au commissaire de la gendarmerie à cheval du Nord-Ouest des formules de serment qui seront remplies par l'officier enrôleur et signé par le volontaire en présence de l'officier enrôleur, qui les signera aussi. C'est ce qui constitue l'enrôlement du volontaire.

L'officier de district commandant ou le commissaire de la gendarmerie à cheval du Nord-Ouest paiera les hommes ainsi enrôlés à même les fonds qui seront mis à leur disposition, suivant le tarif établi pour la gendarmerie à cheval du Nord-Ouest, et ce à partir de la date de leur prestation du serment au drapeau. Il sera pareillement servi du fourrage pour tous les chevaux après enrôlement, ou bien, à la place, une indemnité selon les règlements des corps permanents, mais dans le Manitoba et les Territoires du Nord-Ouest selon ceux de la gendarmerie à cheval.

12. Pendant leur formation, les compagnies et escadrons seront administrés ainsi:—

(*a*) Les escadrons seront sous les ordres de l'officier de district commandant, ou du commissaire de la gendarmerie à cheval du Nord-Ouest, mais l'officier commandant un escadron pourra correspondre directement avec le commandant provisoire du régiment—caserne Stanley, Toronto—à l'égard de toutes affaires régimentaires.

(*b*) Dans les localités où sont casernés des unités de la troupe permanente et de la gendarmerie à cheval du Nord-Ouest, les hommes et les chevaux seront encadrés dans ces unités pour la discipline, la nourriture et le logement. Si c'est possible, il sera tiré des couvertures et des effets de casernement des magasins, faute de quoi les hommes devront être couchés sur de la paille achetée à cette fin. Ailleurs, les officiers de districts commandants et le commissaire de la gendarmerie à cheval du Nord-Ouest feront ce qu'ils jugeront à propos. Ils pourront soit les loger dans des salles d'exercice ou autres bâtiments et les y coucher sur de la paille, et faire marché avec quelqu'un pour leur nourriture, soit leur servir une indemnité de 60 cents par jour, qui, avec leur paye quotidienne, couvrira leurs frais de subsistance et de logement. Les officiers commandants de districts et le commissaire de la gendarmerie à cheval du Nord-Ouest feront les arrangements nécessaires pour le chauffage et l'éclairage.

(*c*) Les hommes et les chevaux seront gardés au lieu d'enrôlement, et il sera fait un rapport à l'officier de district commandant, aux commandants d'escadrons ou au commissaire de la gendarmerie à cheval du Nord-Ouest, qui prendront des mesures pour les faire transporter au lieu de concentration dès que le logement y sera prêt. Les commandants d'escadrons feront rapport au commandant du régiment à Toronto aussitôt que les troupes à chaque lieu de concentration seront complétées, sur quoi il sera donné des ordres pour la concentration ultérieure du régiment à Halifax, ou ailleurs, avant l'embarquement.

(*d*) Les commandants de districts paieront toutes dépenses sur les avances à eux envoyées, fournissant ensuite des reçus en double pour toute dépense qu'ils auront faite en exécution des présentes instructions.

13. Les sous-officiers et hommes des corps permanents et de la gendarmerie à cheval du Nord-Ouest pourront faire compter leur service dans ce régiment comme partie de la période de leur engagement dans les dits corps permanents ou la dite gendarmerie à cheval du Nord-Ouest.

14. Les miliciens et les membres de la gendarmerie à cheval du Nord-Ouest qui s'enrôleront se présenteront vêtus de leurs uniformes, qu'au besoin ils demanderont au commandant de leur corps et dont ils donneront un récépissé. Ce récépissé sera pour ce dernier une pièce justificative le déchargeant de toute responsabilité relativement aux uniformes ainsi servis.

15. Les manœuvres seront celles de l'infanterie montée et de la cavalerie (*Cavalry Drill, 1898*), qu'on trouvera dans le *Manual of Drill for Mounted Troops*, dont il sera fourni des exemplaires.

Organisation et administration en conformité de ce qui précède et des *Queen's Regulations.*

16. Par permission, le commissaire de la gendarmerie à cheval du Nord-Ouest voudra bien faire en sorte que les compagnies de son ressort soient pourvues de chevaux.

L'officier commandant les dragons royaux canadiens fera en sorte qu'il soit, autant que possible, affecté des chevaux à l'état-major de régiment, à l'escadron A et aux compagnies n°s 1 et 2 de l'escadron B.

Les chefs d'escadrons, sous les ordres de l'officier commandant le régiment, s'arrangeront pour acheter le reste par l'intermédiaire de l'officier de district commandant, qui nommera une commission à cette fin.

17. L'état-major sera formé à la caserne Stanley, Toronto, par le colonel C. C. Kitson, qui exercera temporairement le commandement jusqu'à ce qu'il soit relevé par un officier nommé à cette fin.

Le capitaine C. M. Nelles, des dragons royaux canadiens, fera les fonctions d'adjudant et l'adjudant sous-officier celles de quartier-maître.

Le colonel Kitson voudra bien se consulter avec le commissaire de la gendarmerie à cheval du Nord-Ouest dans le but de nommer le meilleur personnel disponible pour l'état-major de régiment.

2e PARTIE.

ORGANISATION D'UNE DIVISION DE BRIGADE D'ARTILLERIE POUR SERVICE SPÉCIAL DANS L'AFRIQUE DU SUD.

1. La formation d'une division de brigade d'artillerie de campagne de trois batteries a été autorisée.

Les batteries seront désignées sous les noms de "batterie C", "batterie D" et "batterie F", Artillerie Royale Canadienne, et seront mobilisées ainsi:—

La batterie C à Kingston, la batterie D à Ottawa et la batterie E à Québec.

Le complet autorisé sera selon les Effectifs du pied de guerre 1898, ainsi que ci-dessous.

Grades.	Officiers.	Officier breveté.	Maréchaux des logis 1re cl. et maréchaux des logis.	Ouvriers militaires.	Trompettes.	Hommes de troupe.	Total.	Chevaux. Propriété de l'Etat. De selle.	De trait.	Total.
Etat-major de division de brigade.										
Lieutenant-colonel commandant	1							2		2
Adjudant	1						4	2		2
Officier du service de santé	1							1		1
Officiers vétérinaires	1							1		1
Maréchal des logis chef		1					1	1		1
Trompette-major			1				3	1		1
Secrétaires			2							
Conducteurs						3	9		6	6
Domes. et conduct. de bêtes de somme						6				
Ordonnances pour l'officier de santé									2	2
Total, état-maj. de divis. ou de brig.	4	1	3			9	17	8	8	16
Composition d'une batterie de campag.										
Major	1							2		2
Capitaine	1						5	1		1
Lieutenants	3							3		3
Maréchal des logis chef			1					1		1
Maréchal des logis fourrier			1				8	1		1
Maréchaux des logis			6					6		6
Maître maréchal ferrant				1				1		1
Maréchaux ferrants				4			9	1		1
Bourreliers				2						
Charrons				2						
Trompettes					2		2	2		2
Brigadiers						6		6		6
Bombardiers						6				
Canonniers						76	147			
Conducteurs						62			100	100
De réserve								5	8	13
Total, batterie de campagne (*a*)	5		8	9	2	150	174	29	108	137
Récapitulation.										
Etat-major de division de brigade	4	1	3			9	17	8	8	16
Trois batteries de campagne	15		24	27	6	450	522	87	324	411
Total, division de brigade en campagne (*b*)	19	1	27	27	6	459	539	95	332	427

2. Une section de chaque batterie sera tirée de l'artillerie royale canadienne, et les deux autres sections le seront des batteries de campagne de la milice active, conformément aux tableaux publiés avec le présent.

3. L'enrôlement sera effectué par les officiers nommés pour commander les batteries, par les officiers de districts commandants intéressés, aidés des commandants des batteries appelées à fournir un contingent d'hommes et par les subalternes nommés pour commander chaque section.

Les sous-officiers et hommes de la milice active seront enrôlés comme simples soldats; les commandants de sections les élèveront provisoirement aux différents grades, sous réserve de la ratification des commandants de batteries.

4. L'enrôlement se fera et les batteries seront concentrées dans les localités ci-après dénommées:—

BATTERIE.	LIEU D'ENRÔLEMENT.	LIEU DE CONCENTRATION.
C	Kingston Gananoque Winnipeg Hamilton Ste-Catherine Toronto	Kingston.
D	Guelph Ottawa London Port-Hope	Ottawa.
E	Québec Montréal Granby Woodstock Newcastle Sydney	Québec.

5. Pour chaque section les hommes seront tirés des unités départies, suivant la répartition contenue dans les tableaux ci-joints. Par conséquent, chaque section représentera les batteries qui auront fourni leur contingent pour la compléter.

Les qualités requises seront:—

(*a*) Stature:—Canonniers, au moins 5 pieds 6 pouces avec 34 pouces de tour de poitrine; conducteurs, au moins 5 pieds 3 pouces, avec 33 pouces de tour de poitrine.

(*b*) Age: pas moins de 22 ni plus de 40 ans.

(*c*) Avoir fait au moins une fois les exercices annuels en qualité d'artilleur de campagne dans la milice active, ou avoir servi dans l'artillerie royale canadienne.

(*d*) A raison d'aptitudes spéciales il pourra être accepté des volontaires autres que ceux-là, surtout en fait de conducteurs.

Pour pouvoir être nommé sous-officier un homme devra être porteur d'un certificat d'une école royale d'artillerie.

6. Les conditions du service sont celles-ci:—

(*a*) Engagement de six mois, susceptible d'être porté à un an, sous l'empire de l'*Army Act.*

(*b*) Vivres, habillement et équipement gratuits.

(*c*) Paye suivant le tarif établi pour la gendarmerie à cheval du Nord-Ouest jusqu'à la date du débarquement dans l'Afrique australe, après quoi la solde sera servie par le gouvernement impérial conformément au mandat royal pour la paye.

7. Ceux qui, n'étant pas de la division de campagne de l'artillerie royale canadienne, se présenteront à l'enrôlement comme conducteurs, etc., et seront acceptés, sont invités à offrir leurs propres chevaux, dont le prix leur sera payé suivant évaluation et qui deviendront ainsi la propriété de l'Etat.

Taille:

Chevaux de selle, 15 paumes ou plus.

Chevaux de trait, 15:3 paumes ou plus.

L'enrôleur pour chaque section fera en sorte de choisir tous les chevaux—de selle et de trait—voulus parmi ceux offerts en vente.

Les commandants de districts voudront bien faire en sorte que les chevaux ainsi offerts passent la visite du vétérinaire aux lieux d'enrôlement. Ils convoqueront aussi des commissions à ces endroits pour déterminer la valeur des chevaux.

8. Il sera fourni de la sellerie et des harnais.

9. Les officiers de districts commandants et les commandants des batteries A et B voudront bien fournir le local voulu pour la visite du médecin et pour les écritures. Ils augmenteront, au besoin, le personnel de commis, et fourniront la papeterie nécessaire.

10. La visite des hommes sera faite par des officiers du service de santé des corps permanents, ou, là où l'on ne pourra pas avoir les services de pareils officiers, par des médecins que choisira l'officier de district commandant. Dans ce dernier cas, il sera envoyé au quartier général, une fois le recrutement fini, un état du nombre d'hommes examinés, certifié par l'officier de district commandant, en vue de la rémunération du médecin.

Il est enjoint aux médecins d'être soigneux et stricts dans la visite des recrues. Ils se guideront sur les paragraphes 496 à 527 des *Regulations for Army Medical Services, 1897*, dont l'officier de district commandant fournira, au besoin, des exemplaires aux médecins civils.

1. Il sera envoyé aux officiers de districts commandants des formules de serment qui seront remplies par l'officier enrôleur et signé par le volontaire en présence de l'enrôleur, qui les signera aussi. C'est ce qui constitue l'enrôlement du volontaire.

Les officiers de districts commandants paieront les hommes ainsi enrôlés à même les fonds qui seront mis à leur disposition, ainsi que prévu au paragraphe 6 *(c)*, à partir de la date de leur prestation du serment au drapeau.

Il sera pareillement servi du fourrage pour tous les chevaux après l'enrôlement, ou bien il sera payé, à la place, une indemnité selon les règlements des corps permanents.

12. Pendant leur formation les sections seront administrées ainsi:—

(*a*) La section à être formée à Kingston, sous l'officier commandant la batterie de campagne A de l'artillerie royale canadienne;

La section à être formée à Québec, sous l'officier commandant la batterie de campagne B de l'artillerie royale canadienne ;

La section à être formée à Ottawa, sous l'officier commandant la brigade d'Ottawa, et

Les sections à être formées ailleurs, sous l'officier commandant le district militaire.

(*d*) Dans les localités où sont casernées des unités de la troupe permanente les hommes et les chevaux seront encadrés dans ces unités pour la discipline, la nourriture et le logement. Si c'est possible, il sera tiré des couvertures et des effets de casernement des magasins, faute de quoi les hommes devront être couchés sur de la paille achetée à cette fin. Ailleurs, les officiers de districts commandants feront ce qu'ils jugeront à propos. Ils pourront soit les loger dans des salles d'exercice ou autres bâtiments et les y coucher sur de la paille, et faire marché avec quelqu'un pour leur nourriture, soit leur servir une indemnité de 60 cents par jour, qui, avec leur paye quotidienne, couvrira leurs frais de subsistance et de logement.

(*c*) Les hommes et les chevaux seront gardés aux lieu d'enrôlement, et il sera fait un rapport à l'officier de district commandant et aux commandants de batteries, qui prendront des mesures pour les faire transporter au lieu de concentration aussitôt que le logement y sera prêt. Les commandants de batteries feront rapport à l'officier commandant la division de brigade aussitôt que la batterie à chaque lieu de concentration sera complétée, sur quoi il sera donné des ordres pour la concentration ultérieure de la division à Halifax, ou ailleurs, avant l'embarquement.

(*d*) Les commandants de districts paieront toutes dépenses à même les avances à eux envoyées, fournissant ensuite des reçus en double pour toute dépense qu'ils auront faite en exécution des présentes instructions.

13. Les sous-officiers et hommes des corps permanents pourront faire compter leur service dans cette division de brigade comme partie de la période de leur engagement dans les dits corps permanents.

14. Les miliciens qui s'enrôleront se présenteront vêtus de leur uniforme, qu'ils demanderont à l'officier commandant la batterie à laquelle ils appartiennent et dont ils donneront un récépissé qui sera, pour ce dernier, une pièce justificative le déchargeant de toute responsabilité à l'égard des tenues ainsi servies.

15. L'exercice sera celui prescrit pour les pièces de 12, de 6 qtx, se chargeant par la culasse, et le *Field Artillery Drill, 1896,* dont il sera fourni des exemplaires.

L'organisation et l'administration seront en conformité de ce qui précède et des *Queen's Regulations.*

16. Le contingent de chevaux à être tiré des batteries A et B étant insuffisant pour les besoins des 1ères sections des batteries C, D et E, les officiers nommés pour commander ces trois dernières batteries suppléeront le reste en invitant les commandants de batteries de la milice active à le fournir.

Tous les chevaux des batteries A et B que le vétérinaire déclarera "propres" au service actif seront utilisés, sans égard à l'âge.

17. L'état-major de la division de brigade sera formé à la caserne Tête-de-Pont, Kingston, par le lieutenant-colonel F. G. Stone, de l'artillerie royale, commandant l'artillerie canadienne, qui exercera le commandement jusqu'à ce qu'il en soit relevé.

Le major C. C. Van Straubenzie, de l'artillerie royale, fera les fonctions de major de brigade d'artillerie auprès du lieutenant-colonel Stone.

18. Au cas où les batteries A et B seraient incapables de fournir le nombre voulu d'hommes, dans les catégories suivantes, pour les 1ères sections des batteries C, D et E, les officiers nommés au commandement de ces batteries combleront les déficits au moyen d'une augmentation dans les sections II et III, devant comprendre les ouvriers ou trompettes nécessaires pour compléter l'effectif de batterie, savoir:

Maître maréchal ferrant,
Maréchaux ferrants,
Bourreliers,
Charrons,
Trompettes.

Les officiers nommés au commandement des dernières batteries feront en sorte de combler le déficit par un accroissement dans les sections II et III, devant comprendre les ouvriers ou trompettes voulus pour compléter l'effectif de batterie.

3e PARTIE.

1. Les officiers nommés à cette troupe seront gratuitement pourvus des articles suivants, savoir :—

2 tuniques vareuses de serge foncée ou bleue,
2 pantalons de serge verte foncée ou bleue,
2 tuniques vareuses de khaki,
2 pantalons de khaki,
1 pantalon de drap,
1 revolver avec cartouches.

Les officiers apposeront à leurs vêtements de serge les signes distinctifs de leur grade.

Le ceinturon "Sam Brown" est celui qui sera porté.

OFFICIERS, CHASSEURS À CHEVAL ET ARTILLERIE.

2. La liste suivante des effets de petit équipement de campagne des officiers, tels qu'autorisés dans le service impérial, est publiée pour la gouverne des officiers sur le point de servir dans l'Afrique australe.

(a) Articles portés sur la personne.

Articles.	Liv.	Onc.	Articles.	Liv.	Onc.
Bonnet de campagne...		5¼	Boussole..		4
Tunique vareuse..	3	0	Carnet et crayon..		4
Culotte..	2	8	Sifflet..		2
Chemise...		12	Etui-musette (avec vivres)..	2	0
Ceinture de flanelle..		6¼	Petit bidon (plein)..	3	3½
Caleçon..		4	Couteau pliant..		6
Mouchoir de soie...		1	Sabre et ceinture "Sam Brown"	4	0
Bottes de campagne, ou bottines et jambières (*puttees*)..	4	0	Pistolet et cartouches...	3	0
Epérons d'ordonnance..		15	Jumelles..	1	12
Articles de pansement..		2	Bandoulière et étui de jumelle..	3	0
Montre..		6		31	3¼
Gants bruns..		2			

(b) Articles portés sur le cheval.

	Livres.	Onces.
Selle au complet, avec bride et poitrail..	40	0
Porte-fer, avec 1 fer de devant et 1 fer de derrière et des clous..	2	3
Musette-mangeoire, avec 6 livres de maïs..	7	0
Gamelle..	1	8
Cordes d'entrave et de piquetage..	1	10
Sacoches d'arçon, pleines..	8	9
Manteau ou capote..	4	0
Pélerine (artillerie seulement)..	1	8
Filet à fourrage..	2	2
Piquets d'attache (chasseurs à cheval seulement).....	4	1
Poids total des articles portés sur le cheval..	72	9

(c) Articles paquetés dans les sacoches d'arçon.

Chemise..		12
Caleçon..		6
Chaussettes..		4
Essuie-main et savon..		8
Sacoche (*holdall*, avec couteau, fourchette, cuiller, peigne, rasoir, blaireau et brosse à dents)..	1	0
Boîte d'allumettes..		1
En-cas de vivres..		12
Gobelet..		6
Carte du pays..		2
Coussinet de surfaix..		13
Bonnet de nuit..		2
Boîte de graisse..		2
Sacoches d'arçon, vides, et courroies..	3	5
Poids total..	8	9

(d) Articles portés sur les voitures du corps.

(i) Paquetés dans le sac de couchage ou dans une boîte.

Couverture,
Vêtements et linge de rechange,
Bottes (seconde paire),
Jambières (*puttees*),
Souliers de toile,
Lanterne,
Sceau de toile,
Ecritoire.

(ii) Paquetés dans la marmite.

	Livres.	Onces.
2 assiettes	1	5
Gobelet contenant poivrière et salière	1	8
Total	2	13

3. (*a*) Le poids total à être porté sur les voitures du corps ne doit pas dépasser 50 livres pour l'officier commandant et 35 livres pour les autres officiers. Cela ne comprend pas le poids des articles paquetés dans la marmite.

(*b*) Il est alloué une marmite pour trois officiers dans l'équipement de mobilisation de l'unité. Les officiers fourniront leurs propres assiettes, tasses, etc., de dimensions qui permettent de les paqueter dans la marmite.

(*c*) Les filets à fourrage, portemanteaux, etc., peuvent être portés sur les chevaux de rechange.

(*d*) Pour la défense du pays les officiers partent sur le pied de paix ; pour le service à l'étranger ils emportent avec eux, jusqu'à la base d'opérations, un coffre recouvert de peau de bœuf, contenant environ 100 livres d'effets personnels.

(*e*) L'équipement de mobilisation de l'unité comprend deux piquets d'attache et trois cordes pour chaque cheval d'officier.

SOUS-OFFICIERS ET SOLDATS.

Ajustement de l'habillement.

4. Pour que l'habillement, la coiffure et la chaussure aillent comme il faut aux hommes, les commandants de batteries ou d'escadrons enverront immédiatement au chef d'état-major, à Ottawa, des contrôles par rang de taille des volontaires déjà enrôlés, et en enverront tous les jours pour ceux qui s'enrôleront à l'avenir. Ces contrôles donneront la stature des hommes, avec le tour de la poitrine et de la taille, la circonférence de la tête et le point de la chaussure, conformément aux instructions suivantes:—

(*a*) La stature s'entend de la grandeur d'un homme déchaussé.

(*b*) Le tour de poitrine se mesure, à l'aide d'un ruban, par-dessus la camisole et la chemise seulement, et au plus près sous les bras; la mesure de la taille se prend, assez serrée, par-dessus le pantalon.

(*c*) Il faut mesurer la stature et le tour de la poitrine et de la taille aussi exactement que possible, vu que les vêtements seront faits considérablement plus amples que la mesure.

(*d*) Pour prendre la circonférence de la tête pour un casque, il faut mesurer un chapeau qui va à l'homme, et non la tête de ce dernier. Il sera servi des bonnets de campagne en numéros d'un demi-pouce plus grands que les casques.

(*e*) Il faut donner le point de la chaussure généralement portée. Il sera subvenu aux besoins sous ce rapport à même un approvisionnement emmagasiné à Québec. Au besoin, il sera servi des fausses semelles avec la chaussure.

5. Les pensions à cause de blessures et les indemnités par compassion seront payées par le gouvernement anglais suivant le tarif impérial.

6. Les sous-officiers et hommes qui voudront le faire, pourront transporter leur paye, à des parents seulement, pour toute période ne dépassant pas 25 jours.

(a) Une fois que les volontaires canadiens seront à la solde du gouvernement anglais il ne sera plus possible de s'arranger pour transporter la paye, mais les officiers commandants faciliteront par tous les moyens possibles les remises au Canada.

(b) Avant que leurs corps ne partent de Québec, les officiers commandants enverront au quartier général une déclaration signée de la part de tous les officiers et hommes désireux de transporter leur paye, prenant pour modèle la formule envoyée du quartier général.

7. Il sera permis aux officiers de s'enrôler dans la troupe organisée pour le service spécial en question, mais on exigera d'eux qu'ils offrent leur démission avant de prêter serment au drapeau. Toutefois, les commandants de corps ne devront pas, jusqu'à nouvel ordre, demander que les vacances ainsi produites soient remplis, à moins de raisons particulières.

8. Les officiers de districts commandants garderont les papiers d'engagement des hommes enrôlés dans leur district respectif.

Immédiatement après l'embarquement des troupes ils dresseront, en double, une liste nominative des hommes du régiment de chasseurs à cheval, aussi bien que la division de campagne d'artillerie, donnant leur nom, corps et adresse postale, et indiquant aussi s'ils sont mariés (et dans ce cas le nombre de leurs enfants et leur âge) ou célibataires, et quel est leur plus proche parent.

Il sera gardé une copie de chaque liste dans le bureau de district, et l'autre sera envoyée au chef d'état-major à Ottawa.

9. Pour faire vite, toute correspondance, y compris les demandes officielles et les réclamations se rapportant aux troupes du service spécial, sera marquée des lettres "S.S." en rouge dans le coin supérieur de droite. Les enveloppes recouvrant la correspondance seront pareillement marquées.

Par ordre,
F. G. STONE, lieutenant-colonel,
Chef d'état-major.

N° 266.

QUARTIER GÉNÉRAL, OTTAWA, jeudi, 21 décembre 1899.

1. Les armes suivantes seront celles portées par les hommes du régiment de chasseurs à cheval, savoir :—

Un fusil Lee-Enfield ·303, un sabre-baïonnette et un revolver Colt ·44.

Dans quelques jours il sera publié des manuels provisoires du service en campagne, qui décriront exactement l'équipement voulu pour le régiment de chasseurs à cheval et la division de brigade d'artillerie de campagne et comment le porter.

A l'exception de la sellerie mexicaine pour la gendarmerie à cheval du Nord-Ouest, les armes et l'équipement actuellement en la possession des hommes de la milice et de la gendarmerie à cheval du Nord-Ouest et non compris dans les listes d'effets d'équipement voulus, seront laissés à leurs corps respectifs.

2. Congé, avec permission de voyager à l'étranger, est accordé :—

Au capitaine W. J. Ray, du 8e carabiniers royaux, depuis le 15 janvier jusqu'au 14 mai 1900, et

Au vétérinaire-lieutenant J. P. Spanton, des hussards royaux canadiens du duc d'York, jusqu'au 10 août 1900.

Par ordre,
F. G. STONE, lieutenant-colonel,
Chef d'état-major par intérim.

N° 267.

QUARTIER GÉNÉRAL, OTTAWA, vendredi, 22 décembre 1899.

1. L'honorable Ministre a reçu avis que les dépositaires du fonds patrotique de Lloyd seront disposés à examiner les cas des officiers et soldats des troupes coloniales qui pourrant être mis hors de combat dans la présente guerre sud-africaine. Par conséquent, les particularités de tous cas d'officiers ou d'hommes en besoin de secours parmi les troupes envoyées par le dominion du Canada devront être transmises, avec tous les détails nécessaires, à l'adresse du chef d'état-major de la milice, quartier général, Ottawa.

2. Relativement au paragraphe 6 *(c)* de l'ordre de la milice n° 265, 1re et 2e parties, les officiers de districts commandants et le commissaire de la gendarmerie à cheval du Nord-Ouest voudront bien prendre des mesures pour le paiement de la solde, des frais de subsistance et autres dépenses casuelles, depuis la date de l'enrôlement jusqu'à et y compris celle de la concentration. Il leur sera fait des avances à cette fin.

(a) A compter de la date de la concentration aux endroits dénommés dans le paragraphe 4 de l'ordre de la milice n° 265, 1re et 2e parties, les hommes seront inscrits sur l'état de solde du régiment et des batteries intéressés. L'officier commandant les chasseurs canadiens à cheval s'entendront par conséquent avec le commissaire de la gendarmerie à cheval du Nord-Ouest pour que la solde soit servie, à même la caisse de cette dernière, aux officiers nommés aux escadrons B et C des chasseurs canadiens à cheval. Il sera, pour cela, fait des avances à l'officier commandant les chasseurs canadiens à cheval, à l'officier commandant la division de brigade d'artillerie de place, et aux commandants de batteries. Au besoin, il sera envoyé des avances aux commandants de batteries sur leur propre demande.

3. Ci-suit le tarif relatif de solde :—

OFFICIERS.

(a.) Gendarmerie à cheval du Nord-Ouest.	*Troupes organisées pour le service spécial.*	
Commissaire	Lieutenant-colonel	7 12
Sous-commissaire	Chef de bataillon ou d'escadron.	4 38
Surintendant	Capitaine	3 84
Inspecteur	Lieutenant	2 75
Chirurgien	Officier du service de santé	3 84
Vétérinaire	Officier vétérinaire	2 75

SOUS-OFFICIERS ET SOLDATS.

Gendarmerie à cheval du Nord-Ouest.	Par jour.	*Troupes organisées pour le service spécial.*	Par jour.
Maréchaux des logis de 1ère classe (haute paye)	$2 00	Adjudant sous-officier	$2 00
Autres maréchaux des logis de 1ère classe (haute paye)	1 50	Maréchal des logis chef de batterie ou d'escadron	1 50
		Maréchal des logis fourrier de batterie ou d'escadron	1 50
		Sergent secrétaire ou maréchal des logis secrétaire	1 50
		Infirmier-major	1 50
		Payeur	1 50
Autres sous-officiers, maréchaux des logis	1 00	Commis expéditionnaire	1 00
		Sergent ou maréchal des logis	1 00
Autres sous-officiers, brigadiers	0 85	Caporal ou brigadier	0 85
		Bombardier	0 80
Gendarme	0 75	Simple soldat	0 75
		Premier maître maréchal ferrant	1 75
		Maître maréchal ferrant	1 50
Autres ouvriers militaires		Caporal, Bombardier, Simple soldat.	1 25
		Trompette	1 00

4. Relativement au paragraphe 16 de la 1re partie, et aux paragraphes 7 et 16 de la 2e partie de l'ordre de la milice n° 265, il a été placé, entre les mains des officiers des districts commandants, de l'officier commandant les chasseurs canadiens à cheval et du commissaire de la gendarmerie à cheval du Nord-Ouest, un crédit pour l'achat des chevaux qu'il pourra falloir pour compléter l'effectif.

Les actes des commissions, après qu'ils auront été ratifiés par l'officier de district commandant, ou par le commissaire de la gendarmerie à cheval du Nord-Ouest, constitueront l'autorisation pour ce paiement.

5. Les officiers de districts commandants et le commissaire de la gendarmerie à cheval du Nord-Ouest paieront, sur et à même un crédit pareillement à eux ouvert, tous déboursés nécessaires se rapportant à l'organisation des troupes du service spécial, et du commissaire de la gendarmerie à cheval du Nord-Ouest, un crédit pour l'achat des ment.

Par ordre,

F. G. STONE, lieutenant-colonel,
Chef d'état-major par intérim.

N° 268.

QUARTIER GÉNÉRAL, OTTAWA, samedi, 23 décembre 1899.

1. Il est par le présent porté à la connaissance du public que la dépêche télégraphique suivante a été reçue, aujourd'hui, de l'officier commandant le 2e bataillon, régiment royal canadien :—

"Belmont, 23 décembre 1899.

"Tous bien. Régiment envoie salutations à tous."

2. Relativement à l'ordre de la milice 256 (4), du 9 de ce mois, les officiers de districts commandants voudront bien envoyer sans retard au quartier général un état indiquant :—

(c) Le nom du sous-officier ou homme intéressé, et la compagnie dans laquelle il

(b) Le nombre de garçons, avec leur âge, et le nombre de filles, avec leur âge ;

(c) Le nom du sous-officier ou homme intéressé, et la compagnie dans laquelle il est enrôlé, et

(d) Pour ce qui est des sous-officiers et soldats qui faisaient partie des troupes permanentes à la date de l'enrôlement, l'unité dont ils faisaient partie.

3. Des règlements pour le collège militaire royal, corrigés jusqu'au mois de septembre 1899, ont été approuvés par Son Excellence en conseil, et sont prêts pour distribution.

4. Les commandants de batteries d'artillerie de campagne et de régiments d'artillerie de place qui ne se sont pas conformés aux instructions énoncées dans des circulaires de l'officier commandant l'artillerie canadienne, au sujet de manuels d'exercice et de matériel d'instruction, en date du 5 et du 13 du mois dernier, voudront bien le faire sans retard.

5. Relativement à l'ordre de la milice 265, 2e partie, paragraphe 2, sous le chef de composition d'un escadron en campagne, lire "6" au lieu de "4" comme nombre de conducteurs, et "12" au lieu de "8" comme nombre de chevaux de conducteurs. Et changer les totaux en conséquence.

Par ordre,

F. G. STONE, lieutenant-colonel,
Chef d'état-major par intérim.

N° 269.

QUARTIER GÉNÉRAL, OTTAWA, lundi, 25 décembre 1899.

Fête légale.

Mardi, 26 décembre 1899.

1. Le lieutenant-colonel Cotton, aide-adjudant général pour l'artillerie, fera les fonctions de chef d'état-major jusqu'à ce que le colonel Hubert Foster, quartier-maître général, soit rentré au quartier général.

2. Le lieutenant C. S. MacInnes, du 10e grenadiers royaux, fera les fonctions d'aide de camp au major général commandant à compter du 24 de ce mois, inclusivement.

3. Le lieutenant-colonel Peters, aide de camp de Son Excellence, commandant le district militaire n° 11, prendra temporairement le commandement du district militaire n° 2, pendant l'absence, au service actif, du lieutenant-colonel Otter, aide de camp de Son Excellence, et entrera immédiatement dans l'exercice de ses fonctions.

Le major T. Benson, de l'artillerie royale canadienne, exercera temporairement le commandement du district militaire n° 11 en l'absence du lieutenant-colonel Peters, aide de camp.

4. Congé, avec permission de voyager à l'étranger, a été accordé :—

Au sergent-major Brisson, du 85e bataillon, depuis le 1er du mois prochain jusqu'au 31 décembre 1900, et

Au lieutenant C. J. Catto, du 48e highlanders, depuis le 23 du présent mois jusqu'au 30 avril 1900.

(a) Au lieutenant H. G. Carscallen, de la 4e batterie de campagne, a été accordé une prolongation de congé du 1er octobre 1899 au 14 janvier 1900.

5. Les officiers de districts commandants et l'officier commandant les chasseurs canadiens à cheval voudront bien veiller à ce qu'il soit fait des listes descriptives de tous les chevaux achetés, conformément au modèle reconnu du registre de chevaux.

Les chevaux seront marqués des lettres C. M. R. *(Canadian Mounted Rifles)* et C. F. A. (*Canadian Field Artillery*), pour les chasseurs canadiens à cheval et l'artillerie de campagne canadienne, respectivement, et d'un numéro d'ordre qui sera assigné par l'officier commandant les chasseurs canadiens à cheval ou l'officier commandant la division de brigade d'artillerie de campagne.

Les officiers de districts commandants et les officiers commandants les chasseurs canadiens à cheval et la division de brigade d'artillerie de campagne seront tenus de voir que le marquage au fer chaud soit fait immédiatement après que les actes des commissions auront été ratifiés.

Les officiers de districts commandants notifieront, par télégramme, à l'officier commandant les chasseurs canadiens l'achat de chaque cheval pour le régiment, et pareillement à l'officier commandant la division de brigade d'artillerie de campagne l'achat de chaque cheval pour la division de brigade. En retour ils recevront le numéro matricule assigné.

6 Relativement à l'ordre de la milice 265, 1re partie, en date du 20 de ce mois, les enrôleurs, l'officier commandant le régiment et l'officier de district commandant feront tout leur possible pour qu'il ne soit enrôlé que de bons tireurs et très bons cavaliers. Il faudrait mettre les hommes à l'épreuve dans l'une de ces qualités, ou les deux, là où il y a moyen de le faire.

7. Il doit être entendu que l'ordre de la milice 265, 1re et 2e parties, et (1) 3e partie, en date du 20 de ce mois, et aussi l'ordre de la milice 267, paragraphes 2 et 3, du 22 de ce mois, sont publiées *provisoirement*, par permission de l'honorable Ministre, en attendant l'annonce officielle dans les ordres généraux.

Par ordre,

W. H. COTTON, lieutenant-colonel,

Chef d'état-major par intérim.

N° 270.

QUARTIER GÉNÉRAL, OTTAWA, mercredi, 27 décembre 1899.

1. Le lieutenant-colonel Burney, du personnel du collège militaire royal, est nommé officier d'embarquement à Halifax, et partira pour cette ville, avec l'ingénieur en chef, vendredi, le 29 de ce mois. Le lieutenant-colonel Burney aidera à l'officier de district commandant à pourvoir au logement des hommes et des chevaux. Il surveillera la préparation des navires et dirigera l'embarquement.

2. L'attention est attirée sur le paragraphe 4 de la 3e partie de l'ordre de la milice 265; les commandants d'escadrons et de batteries voudront bien envoyer sans faute, tous les jours, les contrôles par rang de taille dont il y est question.

3. Relativement au paragraphe 6 de la 3e partie de l'ordre de la milice 265, les instructions suivantes sont données pour la gouverne de tous les intéressés:—

(a) Tant qu'ils serviront dans ces troupes, les sous-officiers et soldats pourront transporter à ceux qui dépendent d'eux la portion de leur paye qu'ils voudront.

(b) Aussitôt qu'il sera formé un escadron de chasseurs à cheval ou une batterie d'artillerie, l'officier commandant cette unité dressera, en triple expédition, une feuille de solde transportée, se servant pour cela de modèles qui lui seront envoyés du quartier général. Ils voudront bien envoyer au quartier général deux copies de cette feuille de solde, signées par eux-mêmes et aussi par l'officier commandant le régiment ou la division de brigade. Ce dernier gardera la troisième copie pour sa gouverne dans le règlement de ses comptes avec le département.

Par ordre,

W. H. COTTON, lieut.-colonel,
Chef d'état-major par intérim.

N° 271.

QUARTIER GÉNÉRAL, OTTAWA, jeudi, 28 décembre 1899.

LES CHASSEURS CANADIENS À CHEVAL.

1. La modification suivante du complet autorisé pour le régiment de chasseurs canadiens à cheval, tel qu'énoncé dans l'ordre de la milice n° 265, en date du 20 décembre, a reçu l'approbation provisoire de l'honorable Ministre, et va être mise à effet:

Le régiment de chasseurs canadiens à cheval sera divisé en deux bataillons ainsi constitués:—

1er bataillon.	*2e bataillon.*
Etat-major de bataillon,	Etat-major de bataillon,
Escadron A, et	Escadron C, et
Escadron B.	Escadron D.

2. Le complet de l'état-major de régiment pour chaque bataillon, et de chaque escadron en campagne, sera d'accord avec celui déjà autorisé dans l'ordre de la milice n° 265, 1re partie, en date du 20 décembre.

Ce qui suit est substitué à ce qui a déjà été publié, savoir :—

RÉCAPITULATION.

—	Personnel.							Chevaux, propriété de l'Etat.				Observations.
	Officiers.	Officier breveté.	Maréch. des logis de 1re cl. et maréch. des logis.	Ouvriers militaires.	Trompettes.	Hommes de troupe.	Total.	D . . .	De trait.	De bât.	Total.	
1er bataillon de chasseurs à cheval ...												Sont compris deux canons Maxim sur affûts à fourchette.
Etat-major de régiment	7	1	5	4	..	34	51	29	24	....	53	
Deux escadrons en campagne ...	12	....	20	12	4	272	320	304	16	2	322	
	19	1	25	16	4	306	371	333	40	2	375	
2e bataillon de chasseurs à cheval....												Sont compris deux canons Maxim sur affûts à fourchette.
Etat-major de régiment.........	7	1	5	4	....	34	51	29	24	....	53	
Deux escadrons en campagne	12	....	20	12	4	272	320	304	16	2	322	
	19	1	25	16	4	306	371	333	40	2	375	
Régiment de chasseurs canadiens à cheval. Grand total												
2 états-majors de régiment..... . ..	14	2	10	8	....	68	102	58	48	....	106	Quatre canons Maxim.
4 escadrons en campagne	24	....	40	24	8	544	640	608	32	4	644	
	38	2	50	32	8	612	742	666	80	4	750	

3. L'enrôlement prescrit dans l'ordre de la milice n° 265, du 20 décembre (1re partie paragraphe 4), est modifié ainsi qu'il suit: il se fera, et la concentration des troupes aura lieu aux endroits ci-après dénommés. (*Voir* aussi tableaux ci-joints.)

1ER BATAILLON DE CHASSEURS À CAEVAL.

Escadron A.	Lieu d'enrôlement.	Lieu de concentration.
1re compagnie	Toronto	Toronto.
2e compagnie	Toronto Sainte-Catherine	Toronto.
3e compagnie	Peterborough Ottawa Montréal	Montréal.
4e compagnie	London Kingston	Toronto.
Escadron B.		
1re compagnie	Winnipeg	Winnipeg.
2e compagnie	Portage-la-Prairie Virden Brandon Yorkton Winnipeg	Winnipeg.
3e compagnie	Montréal Québec Cookshire	Québec.
4e compagnie	Sussex, N.-B. Saint-Jean, N.-B. Canning, N.-E.	Halifax.

2E BATAILLON DE CHASSEURS A CHEVAL.

Les escadrons C et D, deuxième bataillon de chasseurs à cheval, seront enrôlés et concentrés suivant des arrangements à être pris par le commissaire de la gendarmerie à cheval du Nord-Ouest.

Les changements suivants dans la 1re partie de l'ordre de la milice 265 sont aussi à noter:—

Omettre "compagnies nos 1 et 2".

Au lieu de "officier commandant le régiment, caserne Stanley, Toronto", lire "commandants des bataillons".

Au lieu de "régiment à Toronto", lire "bataillons".

Au lieu de "officier commandant le régiment", lire "officiers commandant les bataillons."

Après les mots "l'état-major de régiment", lire "du 1er bataillon".

A la fin du paragraphe insérer le sous-paragraphe suivant : "L'état-major du 2e bataillon sera formé par le commissaire de la gendarmerie à cheval du Nord-Ouest."

4. Le tableau suivant, montrant comment sont portés les effets de petit équipement dans l'artillerie de campagne, est publié pour la gouverne de tous les intéressés.

Articles	A cheval.			A pied.		
	Sous-officiers et soldats.		Conducteurs.	Servants de pièces.	Autres canonniers ou conducteurs.	
	Avec grandes sacoches d'arçon.	Avec petites sacoches d'arçon.				
	I	II	III	IV	V	
1 chemise de flanelle	D. sac. d'arç.	D. sac. d'arç.	D. sac. d'arç.	Sac, p. mont.	Sac-valise	
1 paire de chaussettes	"	"	"	"	"	
1 sacoche *(holdall)* *	"	"	"	"	"	
1 essuie-main et savon	"	"	"	"	"	
1 paire cordons de souliers.	"	"	"	"	"	
1 étrille	"	"	" (2).	...	...	
1 brosse à cheval	"	"	" (2).	...	...	
1 frottoir	"	Sac-valise	"	...	...	
1 éponge de pansage	"	"	"	...	...	
1 brosse douce	...	...	"	...	...	
1 brosse rude.	...	...	"	...	...	
1 paire de bottines	Sur sac. d'arç	Sur sac d'arç.	Sur sac. d'arç	Sac-valise	Sac-valise	
1 caleçon	Sac-valise	Sac-valise	D. sac. d'arç.	"	"	
1 trousse garnie	"	"	Sac-valise	"	"	
1 salopette ou pantalon	"	"	"	"	"	
1 brosse à habits	"	"	"	"	"	
1 gamelle	Sur selle	Sur selle	Sur selle	Sur voitures.	D. étui-mus.	
1 bonnet de laine	D. sac. d'arç.	Sac-valise	D. sac. d'arç.	Sac, p. mont.	Sac-valise	
1 boîte de graisse	"	"	"	"	"	
1 en-cas de vivres	"	"	"	"	"	
1 paire de jamb. *(puttees)*.	Sac-valise	"	Sac-valise	...	...	
1 paire de souliers de toile.	...	...	...	Sac-valise	Sac-valise	
1 brosse à lustrer	D. sac. d'arc.	Sac-valise	D. sac d'arç.	Sac, p. mont.	Sac-valise.	En temps de paix seulement.
1 éponge à blanc d'Espagne	"	D. sac. d'arç.	"	"	"	
1 boîte de cirage	"	Sac-valise	"	"	"	
1 brosse à souliers	"	"	"	"	"	
1 polissoir	"	"	"	"	"	
1 brosse à cheveux	"	D. sac. d'arç.	"	"	"	

NOTE.—Le sac de petite monture, avec son coutenu, est porté sur les voitures de la ligne de combat; le sac-valise est placé sur les fourgons de bagages.

* Au complet en temps de paix, mais avec peigne, couteau, fourchette et cuiller seulement en temps de guerre.

5. Le tableau suivant des effets d'équipement de campagne de sous-officiers et de soldats, tels qu'autorisés dans le service impérial, est publié pour la gouverne des intéressés :

SIMPLES SOLDATS.

(a) ARTICLES PORTÉS SUR LA PERSONNE.

Articles.	Poids.		Articles.	Poids.	
	Liv.	Onc.		Liv.	Onc.
Bonnet de campagne (avec insigne)	0	5¼	Report....	13	11¼
Tunique vareuse...	2	0			
Culotte...........	2	8	Etui-musette (avec le reste des vivres de la journée)	2	0
Bretelles	0	4¾	Petit bidon (plein)............	3	3½
Chemise de flanelle.............	1	3¾	Couteau pliant (avec cordon) ...	0	6
Ceinture de flanelle...	0	6¼			
Caleçon.....	1	0½	Giberne et bandoulière (avec 100 cartouches ·303..........	7	11¾
Chaussettes.....................	0	4¼			
Bottines	4	0½	Fusil (avec bretelle, lavoir et fiole à huile, pleine)................	10	0
Jambières (*puttees*).	0	9			
Eperons d'ordonnance......	0	15	Bayonnette et fourreau	1	4¾
Art. de pansem. et carte d'identité	0	2	Ceinturon et porte-bayonnette...	1	3
A reporter....	13	11¼	Poids total porté par le soldat.	39	8¼

Les rouliers portent leurs fusils ; les conducteurs de bêtes de somme (montés sur des chevaux de rechange) les portent en bandoulière.

(b) ARTICLES PORTES SUR LE CHEVAL.

Articles.	Poids.		Articles.	Poids.	
	Liv.	Onc.		Liv.	Onc.
Selle complète, avec corde-licou, bride et poitrail..............	40	0	Capote.........................	6	8¼
			Gamelle et courroie.........	1	8¾
Poche à fers, avec 1 fer de devant et 1 fer de derrière et des clous.....	2	3	*Sacoches d'arçon (pleines).	9	15¾
Musette-mang., avec 6 liv. de maïs.	7	0	Total............... . .	79	5¼
Cure-pied..............	0	2½			
Filet à fourrage	2	2	Poids total porté par le cavalier..	39	8¼
Attirail de piquetage	6	0	Poids du cavalier...............	140	0
Botte de fusil....................	2	0			
Coussinet de surfaix.......... ...	0	13	Poids total porté p. la monture	258	13½

ARTICLES PAQUETÉS DANS LES SACOCHES D'ARÇON.*

	Liv.	Onc.		Liv.	Onc.
Brosse à harnais †................	0	11			
Brosse à cheval et étrille..........	1	6	Sacoche (*holdall*), a. peigne, cout., fourch., cuil., blair., ras. et étui	1	0
Frottoir à cheval	0	8	Bonnet de laine...	0	2½
Eponge de pansage	0	1	Essuie-main et savon............	0	1½
En-cas de vivres.................	0	12	Lacets de bottines..............	0	0¼
Boite de graisse.....	0	9	Sacoch. d'arçon (vides) et courroies	3	5½
Chaussettes, 1 paire.............	0	4¼			
Chemise de flanelle	1	3¾	Poids total (compris dans total sur cheval).........	9	15¾

† Pour les conducteurs seulement.

(c) ARTICLES PORTÉS DANS LA VALISE, SUR LES VOITURES DU RÉGIMENT.

Articles.	Nombre	Poids.	
		Liv.	Onc.
Culotte......paire	1	2	8
Trousse garnie......	1	0	3¾
Caleçon	1	1	0½
Souliers de toile ...... paire	1	1	10½
Brosse à habits......	1	0	3¾
Valise (ou havresac nouveau modèle)......	1	1	0
Total......	......	6	10½

Quand il n'est pas en usage le jersey se porte dans la valise.

(d) ARTICLES PAQUETÉS DANS LE SAC.*

Articles.	Nombre	Observations.
Tunique vareuse......	1	
†Bottines......paire	1	
Jambières *(putties)*......	1	

*Les sacs n'iront pas plus loin que la base d'opérations, où ils seront laissés sous la garde des magasiniers qui restent attachés en permanance au dépôt général.

† Les bottines seront attachées ensemble, les semelles en dehors, et sur les semelles seront marqués, à la craie ou de quelque autre manière lisible, le numéro matricule de l'homme et le nom de l'unité. Les bottines seront serrées les dernières et mises dans la gueule du sac, afin de pouvoir être facilement retirées dans le cas où l'ordre viendrait de les expédier aux combattants.

NOTES :—

I. A quelques modifications près, les tableaux qui précèdent s'appliqueront aux sous-officiers, conducteurs, etc.

II. Il est fourni un sac à linge pour servir à bord du navire.

III. En aucune circonstance les chasseurs à cheval ne porteront la coiffure de grande tenue de leur corps. A moins qu'il ne leur soit servi des casques (*F. P. helmets*), ils porteront le bonnet de campagne.

NOTES SUR LA MANIÈRE DONT CERTAINS ARTICLES SE PORTENT SUR LE CHEVAL.

La capote, roulée 26 pouces de long, derrière la selle.

La housse, sous la selle.

Le filet à fourrage, la corde d'entrave et la corde de piquetage pliés plats et placés entre le troussequin de la selle et le manteau. Plein, le filet à fourrage se porte devant la sacoche montoir. Il est servi deux cordes d'entrave pour les chevaux indociles.

La musette-mangeoire (vide) sur la poche à fers, attachée à la courroie de charge. Quand il y a de l'avoine dedans, la courroie de la musette doit être attachée à l'arcade de derrière de la selle.

Les piquets d'attache, sur la capote.

La gamelle, retenue par la courroie de capote de la sacoche hors montoir.

La poche à fers, du côté montoir de la selle.

Le cure-pied, sur la courroie de la poche à fers.

Le maillet (quand pris), sur la sacoche hors montoir, la tête en haut, le manche assujéti par les courroies de la sacoche d'arçon.

A la discrétion de l'officier commandant, l'attirail de piquetage des chevaux de trait peut être transféré, en tout ou en partie, aux voitures de transport régimentaire.

6. Les officiers nommés à des grades dans les troupes du service spécial se présenteront aux lieux de concentration pas plus tard que le lundi, premier du mois prochain, et entreront dans l'exercice des fonctions qui leur seront en conséquence assignées. Ils se présenteront en personne ou s'annonceront par écrit aux officiers de districts commandant des districts militaires, à l'officier commandant le régiment ou la division de brigade, et au chef d'état-major.

La collection complète des ordres se rapportant à l'organisation de leurs corps leur sera fournie par l'intermédiaire de l'officier de district commandant.

Par ordre,

W. H. COTTON, lieut.-colonel,
Chef d'état-major par intérim.

N° 272.

QUARTIER GÉNÉRAL, OTTAWA, vendredi, 29 décembre 1899.

1. Relativement à l'ordre de la milice 265 (1re et 2e parties), du 20 de ce mois, et à l'ordre 271 (1), du 28, les officiers suivants ont été choisis pour occuper des grades dans le régiment de chasseurs à cheval, 1er bataillon, et dans la division de brigade d'artillerie de campagne, dont il y est question, savoir:

CHASSEURS CANADIENS À CHEVAL, 1ER BATAILLON.

Officier commandant:

Lessard, F. L. (lieutenant-colonel, dragons royaux canadiens).

Chef de bataillon (commandant en second):

Evans, T. D. B. (lieutenant-colonel, dragons royaux canadiens).

Chefs d'escadrons:

Williams, V. A. S. (capitaine, dragons royaux canadiens).
Forester, W. (" " ").

Capitaine:

Greenwood, H. S. (lieutenant-colonel, 3e dragons).
Pearse, C. St. A. (capitaine, dragons royaux canadiens).

Lieutenants:

King, A. H. (chef d'escadron, 1er hussards).
Borden, H. L. (chef d'escadron, hussards C.K.).
Turner, R. E. W. (capitaine, hussards C.R.).
Van Luven, R. M. (capitaine, 4e hussards).
Cockburn, H. Z. C (capitaine, garde du corps du G.G.)
Van Straubenzie, C. T. (lieutenant, dragons royaux canadiens).
Elmsley, J. H. (" " ").
Young, F. V. (sous-lieutenant, dragons du Manitoba).

Adjudants:

Nelles, C. M. (capitaine, dragons royaux canadiens).

Quartier-maître:

Wynne, J. A. (capitaine, 2e régiment d'artillerie canadienne).

Officiers du service de santé:

Duff, H. R. (chirurgien-major, 4e hussards).

Officier de transport:

Harrison, C. F. (capitaine, 8e hussards).

Officier vétérinaire:

Hall, W. B. (vétérinaire-major, dragons royaux canadiens).

Les officiers ci-dessus dénommés sont répartis commme suit pour les fins d'organisation; ce sera aux officiers commandants de les répartir, après l'embarquement, comme les circonstances l'exigeront:—

Officier commandant:

Lessard, F. L. (lieutenant-colonel, dragons royaux canadiens).

Chef de bataillon (commandant en second):

Evans, T. D. B. (chef de bataillon et lieutenant-colonel temporaire, dragons royaux canadiens).

ESCADRON A.

Chef d'escadron:

Forester, W. (capitaine, dragons royaux canadiens).

Capitaine:

Pearse, C. St. A. (capitaine, dragons royaux canadiens).

Lieutenants:

1re compagnie, Elmsley, J. H. (lieutenant, dragons royaux canadiens).
2e compagnie, Cockburn, H. Z. C. (capitaine, gardes du corps du G. G.).
3e compagnie, Van Luven, R. M. (capitaine, 4e hussards).
4e compagnie, King, A. H. (chef d'escadron, 1er hussards).

ESCADRON B.

Chef d'escadron:

Williams, V. A. S. (capitaine, dragons royaux canadiens).

Capitaine:

Greenwood, H. S. (lieutenant-colonel, 3e dragons).

Lieutenants:

1re compagnie, Van Straubenzie, C. T. (lieutenant, dragons royaux canadiens).
2e compagnie, Young, F. V. (sous-lieutenant, dragons du Manitoba).
3e compagnie, Turner, R. E. W. (capitaine, hussards canadiens de la Reine).
4e compagnie, Borden, H. L. (chef d'escadron, hussards C. K.).

Adjudant:

Nelles, C. M. (capitaine, dragons royaux canadiens).

Quartier-maître:

Wynne, J. H. (capitaine, 2e régiment d'artillerie canadienne).

Officiers du service de santé:

Duff, H. R. (chirurgien-major, 4e hussards).

Officier de transport:

Harrison, C. F. (capitaine, 8e hussards).

Officier vétérinaire:

Hall, W. B. (vétérinaire-major, dragons royaux canadiens).

DIVISION DE BRIGADE D'ARTILLERIE DE CAMPAGNE.

Officier commandant:

Drury, C. W. (lieutenant-colonel, artillerie royale canadienne), aide de camp de Son Excellence le Gouverneur général.

Majors:

Hudon, J. A. G. (major, artillerie royale canadienne).
Hurdman, W. G. (major, 2e batterie de campagne, A.C.).
Ogilvie, G. H. (major, artillerie royale canadienne).

Capitaine:

Costigan, R. (major, 3e batterie de campagne, A.C.).
Panet, H. A. (capitaine, artillerie royale canadienne).
Eaton, D. I. V. (capitaine, artillerie royale canadienne).

Lieutenants:

Irving, L. E. W. (capitaine, réserve d'officiers).
Good, W. C. (capitaine, 10e batterie de campagne, A.C.).
King, W. B. (capitaine, 7e ").
Van Tuyl, T. W. (capitaine, 6e ").
McCrea, J. (lieutenant, 16e ").
Ogilvie, A. T. (lieutenant, artillerie royale canadienne).
Morrison, E. W. B. (lieutenant, 2e batterie de campagne, A.C.).
Leslie, J. N. S. (lieutenant, artillerie royale canadienne).

Surnuméraire:

Mackie, H. J. (capitaine, 42e bataillon, ci-devant de la 2e batterie de campagnie).

Adjudant:

Thacker, H. C. (capitaine, artillerie royale canadienne).

Officiers du service de santé:

Worthington, A. (chirugien-major, 53e bataillon).

Officier vétérinaire:

Massie, J. (vétérinaire-major, artillerie royale canadienne).

Les officiers ci-dessus dénommés sont répartis comme suit pour les fins d'organisation; ce sera aux officiers commandants de les répartir comme les circonstances l'exigeront, après l'embarquement:—

Officier commandant:

Drury, C. W. (lieutenant-colonel, artillerie royale canadienne).

BATTERIE C.

Major:

Hudon, J. A. G. (major, artillerie royale canadienne).

Capitaine:

Panet, H. A. (capitaine, artillerie royale canadienne).

Lieutenants:

1re section, Leslie, J. N. S. (lieutenant, artillerie royale canadienne).
2e section, King, W. B. (capitaine, 7e batterie de campagne, A.C.).
3e section, Irving, L. E. W. (capitaine, réserve d'officiers).

BATTERIE D.

Major:

Hurdman, W. G. (major, 2e batterie de campagne, A.C.).

Capitaine:

Eaton, D. I. V. (capitaine, artillerie royale canadienne).

Lieutenants:

1re section, Van Tuyl, T. W. (capitaine, 6e batterie de campagne, A.C.).
2e section, McCrea, J. (lieutenant, 16e batterie de campagne, A.C.).
3e section, Morrison, E. W. B. (lieutenant, 2e batterie de campagne, A.C.).

BATTERIE E.

Major:

Ogilvie, G. H. (major, artillerie royale canadienne).

Capitaine:

Costigan, R. (major, 3e batterie de campagne, A.C.).

Lieutenants:

1re section.
2e section, Ogilvie, A. T. (lieutenant, artillerie royale canadienne).
3e section, Good, W. C. (capitaine, 10e batterie de campagne, A.C.).

Surnuméraire:

Mackie, H. J. (capitaine, 42e batterie de campagne, A.C.).

Adjudant:

Thacker, H. C. (capitaine, artillerie royale canadienne).

Officier du service de santé:

Worthington, A. (chirurgien-major, 53e bataillon).

Officier vétérinaire:

Massie, J. (vétérinaire-major, artillerie royale canadienne).

DISTRIBUTION DES MUNITIONS ET DE L'ÉQUIPEMENT.

2. Les batteries se rendront à Halifax au complet, avec harnachement, équipement des bouches à feu et canons. Les 500 cartouches par pièces seront expédiées directement à Halifax, à l'adresse du navire sur lequel doivent s'embarquer les unités. Les projectiles seront dans la proportion de 450 boîtes à mitraille pour 9,000 obus à balles.

Il sera expédié directement à Halifax et mis à bord du navire assigné à l'unité 500 cartouches de la marque II, S.A.A., par mousqueton et par fusil.

Il sera pareillement délivré 10,000 cartouches par canon Maxim, c'est-à-dire, en tout, 40,000 cartouches, dont 20,000 dans le bâtiment à vapeur *Montezuma* et 20,000 dans le *Pomeranian*.

L'équipement régimentaire, y compris le campement au complet (à l'exception des couvertures), l'attirail de piquetage, et des fers à chevaux pour 3 mois, sera délivré directement et mis à bord des navires respectifs assignés aux différents unités. Il faudrait que le matériel de campement, au complet, fut placé à bord de telle manière qu'on puisse y avoir facilement accès en arrivant au port de débarquement.

Les voitures du régiment et autres véhicules seront délivrés directement, et mis à bord des navires assignés aux unités en question.

Les armes et l'équipement, y compris le sac de toile, seront servis à Halifax, avant que les hommes n'embarquent, et il sera pris des mesures pour que cela se fasse dans un local convenable.

(*a*) Les commandants d'escadrons ou de compagnies, par l'intermédiaire de l'officier de district commandant, tireront, à chaque lieu de concentration, des magasins locaux de district, s'ils en contiennent de disponibles, ou du régiment de cavalerie le plus rapproché, les selles qu'il faudra au 1er bataillon de chasseurs à cheval. Il en sera fait de même pour la division de brigade d'artillerie de campagne.

(*b*) Les commandants d'escadrons, de compagnies ou de batteries en donneront des récépissés qui constitueront l'autorisation de rayer cette sellerie, etc., des registres du magasin.

(*c*) Une quantité de sellerie et de harnachement de réserve, tant pour le 1er bataillon de chasseurs à cheval que pour la division de brigade d'artillerie de campagne (au moins 25 pour 100), sera mise en disponibilité à Halifax pour les chevaux qui n'auront pas pu être équipés aux lieux de concentration.

(*d*) Pour être expédiée par chemin de fer à Halifax, et être mise à bord du navire, la sellerie du 1er bataillon de chasseurs à cheval sera paquetée dans des sacs de toile fournis à cette fin et portant le nom du régiment, la lettre de l'escadron, le numéro de la compagnie et le numéro consécutif du harnachement. Ces sacs seront servis aux escadrons ou compagnies aux lieux de concentration, et il y en aura une réserve à Halifax.

Il sera pareillement fait une distribution de ces sacs pour la division de brigade d'artillerie de campagne.

Une quantité considérable d'enduit hydrofuge et d'huile sera à la disposition des troupes à Halifax, et on en trouvera aussi une réserve considérable à bord des navires.

A Halifax il sera délivré des collections complètes d'outils de maréchaux ferrants, avec un nombre proportionnel de fers à cheval.

Il sera aussi distribué, à Halifax, une collection complète d'outils de selliers, avec un stock de cuir.

Il sera fourni deux assortiments d'outils de savetiers, avec du cuir, pour chaque bataillon de chasseurs à cheval, et un par batterie d'artillerie.

Il sera aussi fourni un approvisionnement de matériaux et outils de tailleurs.

Dans le plus bref délai possible les articles ci-dessous mentionnés seront servis aux unités suivantes, savoir :—*1er bataillon de chasseurs à cheval; état-major de régiment*, escadron A, et compagnies nos 3 et 4, escadron B, et division de brigade d'artillerie de campagne.

Lieu de concentration.

1 bonnet de campagne,	Effets de petit équipement, au complet,
1 tunique vareuse de serge,	Sac de toile à voiles,
1 pantalon de serge,	Effets de pansage,
1 bourgeron bleu,	Musettes-mangeoires,
1 paire de bottes,	Couvertures de cheval,
1 manteau,	Rouleaux.
1 tunique.	

A être servis à bord des navires:

1 veste de khaki,	1 paire de jambières (*putties*).
1 pantalon de khaki,	1 paire de souliers,
1 pantalon de cheval, khaki.	*Saddle deck.*

Tous les effets énumérés plus haut seront servis aux compagnies nos 1 et 2 de l'escadron B, des chasseurs à cheval, et au 2e bataillon de chasseurs à cheval, à leur arrivée à Halifax.

A être servis à bord des navires:

1 veste de khaki,	1 chapeau de feutre (ou casque),
1 pantalon de cheval, khaki,	1 paire d'éperons,
1 paire de bottines,	1 pardessus imperméable.
1 paire de jambières (*putties*).	

Ces articles seront serrés à bord de façon à ce qu'on puisse y avoir facilement accès, pour les ajuster, vers la fin du voyage. Tous les autres effets de petit équipement, etc., seront gardés à la base d'opération.

(*a*) A Halifax il sera distribué quatre couvertures par homme pour l'usage des troupes avant l'embarquement. Ces couvertures seront transportées à bord des bâtiments pour l'usage des troupes, et ce qui en sera de trop à l'arrivée sous les tropiques sera versé en magasin à bord, et conséquemment mis de côté.

(*b*) Il faudra une réserve de couvertures de cheval et de rouleaux pour l'usage des chevaux à l'embarquement. Pour les chevaux qui arriveront sans couvertures des territoires du Nord-Ouest, ces objets seront servis avant que les chevaux ne soient mis à bord.

Il sera fourni et mis à bord quatre tondeuses à manivelle ainsi réparties, savoir :—2 sur le *Montezuma*, 1 sur le *Laurentian* et 1 sur le *Pomeranian*.

3. Relativement à l'ordre de la milice no 270 (1), du 27 de ce mois, le départ du lieutenant-colonel Burney est différé jusqu'à nouvel ordre.

Par ordre,

W. H. COTTON, lieutenant-colonel,
Chef d'état-major par intérim.

No 273.

QUARTIER GÉNÉRAL, OTTAWA, samedi, 30 décembre 1899.

1. Avis public est par le présent donné de la répartition provisoire suivante des troupes, etc., aux bâtiments qui doivent les transporter d'Halifax au Cap, dans l'Afrique australe —:

MONTEZUMA—1ER BATAILLON, LES CHASSEURS CANADIENS À CHEVAL, ET UNE BATTERIE DE COMPAGNE, A.R.C.

—	Officiers.	Officier breveté.	Maréch. des logis de 1re cl. et maréch. d. logis.	Autres grades.	Chevaux.	Canons, affûts et avant-trains.	Caissons et avant-trains.	Chariot de batterie et avant-trains.	Fourgon de forge et avant-train.	Voitures légères.	Prairie.	Munitions, nombre de cartouches. — de canon. — Cartouches à cordite.	Fusées régl. et à percussion.	Obus à balles chargés.	Boites à mitraille.	Etoupilles fulminant.	à b. pr. arm. port. — ·303.	Pistolet.	Observations.
Etat-major de régiment et 2 escad.. { 1er batail. chasseurs à cheval. }	7	1	5	38	53	....	....	....	....	3	2	......	......	......	......	.... }	176,000	29,680	Il faudrait qu'au salon 30 officiers, au moins, puissent trouver place.
	12	....	20	288	322	....	....	....	....	2	4	......	......	......	......	....			
1 batterie A.R.C....	5	....	8	161	137	6	6	1	1	1	3	3,000	3,150	2,850	150	3,360	6,000	5,040	
Ajout. 2e bataillon chasseurs à cheval.	1	....	....	20	63	....	....	....	....	....	....	......	......	......	......	......	......	......	
Total	*25	1	33	507	575	6	6	1	1	6	9	3,000	3,150	2,850	150	3,360	182,000	34,720	

LAURENTIAN—DIVISION DE BRIGADE D'ARTILLERIE DE CAMPAGNE (ARTILLERIE ROYAL CANADIENNE).

—	Officiers.	Officier breveté.	Maréch. des logis de 1re cl. et maréch. d. logis.	Autres grades.	Chevaux.	Canons, affûts et avant-trains.	Caissons et avant-trains.	Chariot de batterie et avant-trains.	Fourgon de forge et avant-train.	Voitures légères.	Prairie.	Cartouches à cordite.	Fusées régl. et à percussion.	Obus à balles chargés.	Boites à mitraille.	Etoupilles fulminant.	·303.	Pistolet.	Observations.
Etat-major de division de brigade......	4	1	3	9	16	....	....	....	....	1	1	......	......	......	......	......	....	....	
2 batteries A.R.C.	10	....	16	322	274	12	12	2	2	2	6	6,000	6,300	5,700	300	6,720	12,000	10,080	
Total	14	1	19	331	290	12	12	2	2	3	7	6,000	6,300	5,700	300	6,720	12,000	10,080	

POMERANIAN—2E BATAILLON, CHASSEURS CANADIENS À CHEVAL.

—	Officiers.	Officier breveté.	Maréch. des logis de 1re cl. et maréch. d. logis.	Autres grades.	Chevaux.	Canons, affûts et avant-trains.	Caissons et avant-trains.	Chariot de batterie et avant-trains.	Fourgon de forge et avant-train.	Voitures légères.	Prairie.	Cartouches à cordite.	Fusées régl. et à percussion.	Obus à balles chargés.	Boites à mitraille.	Etoupilles fulminant.	·303.	Pistolet.	Observations.
Etat-major de régiment et 2 escad.. { 2e batail. chasseurs à cheval. }	7	1	5	38	53	....	....	....	....	3	2	......	......	......	......	.... }	176,000	29,680	†1 of., ‡20 hommes et §63 chevaux sur le *Montezuma*.
	†11	....	20	‡268	§259	....	....	....	....	2	4	......	......	......	......	....			
Total	18	1	25	306	312	....	....	....	....	5	6	......	......	......	......	......	176,000	29,680	

NOTE.—Les navires à vapeur *Montezuma* et *Laurentian* partiront probablement le jeudi, 18 du mois courant, et le *Pomeranian* jeudi, le 20. Les dates exactes seront annoncées prochainement.

2. Relativement à l'ordre de la milice 255 (1), du 7 de ce mois, une prolongation de congé jusqu'au 31 du mois prochain a été accordée au colonel l'honorable M. Aylmer, adjudant général.

3. Le colonel Hubert Foster, quartier-maître général, étant rentré de congé aujourd'hui, reprend les fonctions de chef d'état-major.

1. Les écoles royales d'instruction militaire ont délivré les certificats suivants:—

Grade, nom et corps.	Classe.	Cours.	Grade.	Pour-cent de points obtenu.		
				Epreuve écrite.	Epreuve pratiqne.	Pour-cent moyen.
Cavalerie.						
Chef d'escadron J. E. Mabee, 47e bataillon..		Equitat'n		....	....	70
Capitaine P. D. McLaren, 30e bataillon.....		"		....	....	72
Sous-lieut. C. S. King, 1er hussards.........	2	S	A	61	63	62
" G. Carr, 5e dragons.............	2	"	"	57	51	54
" S. F. Smith, G.C.G.G..........	2	Spécial.	"	60	53	56
Brigadier G. Smith, "	2	S	B	56	54	55
Soldat G. McGill, huss. R.C.D.Y......	2	"	"	51	52	51
Infanterie.						
Chef de bataillon H. Cronyn, 7e bataillon....	S.-offic.	Spécial.	A	86·25	82·50	84·37
" R. Cox, 47e " ..	"	S	"	55	84	69·5
" J. E. Mabee, 47e " ..	"	Spécial.	"	56	82·5	69·25
Capitaine G. T. Brown, 7e bataillon........	Capit.	"	"	69·28	78	73·64
" A. A. Campbell, 7e "	"	"	"	75·23	78	76·61
" W. S. Smith, 7e "	"	"	"	78·33	82	80·16
" S. N. Davis, 37e "	S.-offic..	"	"	61·25	73·25	67·25
" J. E. Varley, 19e " .,......	"	"	"	64·5	73·75	69·12
Lieutenant J. S. Brown, 7e "	Sub.	"	"	80	63·20	71·60
" H. C. Beecher, 7e "	Capit.	"	"	68·95	67	67·95
" A. T. Little, 7e "	"	"	"	75	72·22	73·61
" W. S. Spittal, 7e "	"	"	"	60·71	71·60	66·15
" J. N. Kidd, 16e "	"	"	"	74·04	73·8	73·91
" J. Carlon, 10e "	S.-offic.	"	"	93·25	80·25	86·75
Sous-lieut. F. H. Hopkins, 45e "	Capit.	"	"	72·88	68·8	70·65
" T. Bradley, 20e "	"	"	"	65·23	64·32	64·67
" R. Y. Douglas, 12e "	"	S	"	72·3	70	71·08
" H. E. Smith, 36e "	S.-offic.	"	"	64·5	82·5	72·37
" W.A.H.Findlay,2e "	Capit.	Spécial.	"	83·57	74	78·37
" E. M. Harris, 7e "	Sub.	"	"	84	61·20	72·60
" M. J. Wilson, 77e "	"	"	"	88	56	72
" C.V.Thompson,22e "	"	"	"	82	70	76
" F. H. Screaton, 7e "	Capit.	"	"	75	78·60	76·80
" W. Wanless, 7e "	"	"	"	59·52	68	63·76
" T. J. Murphy, 7e "	"	"	"	68·57	70·60	69·58
" G. A. Bentley, 7e "	"	"	"	67·85	68	67·94
" E. S. Wilson, 77e "	"	"	"	68·33	66·66	67·49
" J. Verth, 37e "	"	"	"	65·47	69	67·23
" J.M.D.Telford, 31e "	"	"	"	72·14	76	74·07
" T. W. Bradley, 77e "	"	"	"	73·80	72·22	73·01
" W. H. Gundry, 33e "	"	"	"	68·80	78	73·40
" M. Scott, 25e "	"	S	"	69·47	73·60	71·53
" O. M. Snider, 31e "	"	"	"	76·42	80	78·21
" J. Stewart, 55e "	"	Spécial.	"	59·75	60·40	60·07
" R. Wood, 10e "	"	S	"	80·47	75	77·82
" G.F.McFarland,31e "	"	"	"	76·66	67·4	71;63
" E. L. Knight, 35e "	"	"	"	69·28	63·6	66·19
" H. Cowper, 44e "	"	"	"	70·7	70 4	70·54
" F. H. Deacon, 20e "	"	"	"	74·32	70·2	72·06
" T. Trousdale, 47e "	"	"	"	55·95	66·4	61·3
" E. G. Ruttan, 47e "	"	"	"	56·18	58	57·17
" J. G. Cline, 44e "	"	"	"	59·76	75	68·4
Premier sergent W. Tree, 35e "	S.-offic.	"	B	48	60·5	57·09
Sergent T. J. Spears, 31e "	"	"	"	54·50	65	59·75
" J. A. Livens, 22e "	"	"	"	67	75	71
" J. Monture, 37e "	"	"	"	55	75	65
Caporal W. C. Forse, 39e "	"	"	"	56·50	63·50	60
" D. M. Lockhart, 37e "	"	"	"	58	62·25	60·12
" W. Tompkins, 49e "	"	"	"	50·66	57·75	55·81
R. A. Steele, 42e "	"	"	"	48·66	59·75	56·72

Certificats—*Fin.*

Grade, nom et corps.	Classe.	Cours.	Grade.	Pour-cent de points obtenu.		
				Epreuve écrite.	Epreuve pratique.	Pour-cent moyen.
Infanterie—Fin.						
Caporal B. Johnston, 44e bataillon..........	Sous-officiers.	Spécial.	B	47·33	58·75	55·63
" B. A. Taylor, Cie de carab. du Saut-Ste-Marie......................	"	"	"	50	59·5	56·90
Soldat A. H. Armstrong, 43e bataillon....	"	"	"	55	70	62·50
" J. J. Edson, R.R.C..............	"	"	"	74·50	80	77·25
" A. Plante, R.R.C..............	"	"	"	88	90·50	89·25
" J. A. Roch, A.R.C..............	"	"	"	66	52·50	59·25
" F. O'Donnell, 34e bataillon.........	"	"	"	55·33	61	59·45
" F. H. Rice, 44e bataillon...........	"	"	"	40·66	68·5	60·91
" N. D. Calverley, 35e bataillon......	"	"	"	47·33	63·5	59·09

Par ordre,

HUBERT FOSTER, colonel,

Chef d'état-major.

ORDRES DE LA MILICE, 1900.

N° 1.

QUARTIER GÉNÉRAL, OTTAWA, mardi, 2 janvier 1900.

1. Il a plu à l'honorable Ministre approuver une gratification d'entré en campagne de $150, avec une avance de solde de $60, pour les officiers nommés à des grades dans les troupes organisées pour le service spécial en Afrique du Sud. Ces montants seront payés aux dits officiers aussitôt que leur nomination aura été annoncée dans les ordres de la milice.

2. L'attention des officiers de districts commandants est appelée sur l'ordre de la milice 265, du 20 du mois dernier, 1re partie, paragraphe 12 (*c*).

Hommes et chevaux seront transportés des lieux d'enrôlement aux lieux de concentration aussitôt que possible, sans attendre que le contingent soit complet.

Les officiers de districts commandants inviteront les commandants d'escadrons à les prévenir quand le logement sera prêt.

3. Relativement au paragraphe 2 de la 1re partie du même ordre de la milice (n° 265), il a été, par inadvertance, marqué un cheval pour le maître armurier. Le nombre total de chevaux indiqué (29) est exact. Corriger le tableau en conséquence.

4. Le major G. C. Jones, de la compagnie de brancardiers d'Halifax, est nommé aide de l'officier d'embarquement à Halifax en ce qui concerne les mesures sanitaires et médicales à terre et sur les transports.

5. La sellerie nécessaire pour compléter l'équipement du 1er bataillon de chasseurs canadiens à cheval sera tirée de certains corps, ainsi qu'il suit:—

Escadron A.—Compagnies 1, 2 et 4: des gardes du corps du Gouverneur général. Compagnie n° 3: des hussards canadiens du duc d'York.

Escadron B.—Compagnie n° 3: des hussards canadiens de la Reine.

Les autres compagnies seront pourvues à Halifax.

La botte de mousqueton ne faisant pas partie de l'équipement d'un chasseur à cheval ne sera conséquemment pas servie à la troupe.

6. Les commandants de batteries qui enrôleront des hommes pour le service spécial voudront bien leur fournir des casques.

Ces casques seront remplacés sur demande officielle à cet effet.

7. Jusqu'à nouvel ordre, les cours d'instruction aux écoles de cavalerie de Toronto et Winnipeg, ainsi que des écoles d'artillerie de place de Kingston et Québec, seront suspendus.

8. L'ouverture du cours abrégé de janvier-février au dépôt régimentaire n° 2 du régiment royal canadien d'infanterie est différée jusqu'à nouvel ordre.

9. Congré, avec permission de voyager à l'étranger, est accordé :—

Au capitaine C. J. Dunn, du 8e bataillon, du 10 de ce mois au 31 mai prochain;

Au capitaine Wm. Taylor, du 63e bataillon, du 15 de ce mois au 14 avril prochain;

Au capitaine L. Rioux, du 89e bataillon, du 15 de ce mois au 29 avril prochain, et

Au lieutenant T. E. Pooley, de la compagnie n° 4 du 5e régiment d'artillerie canadienne, du 13 de ce mois au 12 juin prochain.

10. Le congé accordé au chirurgien-lieutenant H. Fleming, des dragons de la garde Princesse Louise, dans l'ordre de la milice 255 (3), du 7 du mois dernier, est par le présent révoqué.

Par ordre,

HUBERT FOSTER, colonel,
Chef d'état-major.

N° 2.

QUARTIER GÉNÉRAL, OTTAWA, mercredi, 3 janvier 1900.

1. Avec le présent ordre est publiée une liste nominative des sous-officiers et soldats du 2e bataillon (service spécial) du régiment royal canadien.

2. L'attention est appelée sur l'ordre de la milice 265 (3e partie), du 20 du mois dernier. Afin qu'il puisse être compilé un contrôle nominatif des chasseurs canadiens à cheval et de la division de brigade d'artillerie de campagne immédiatement après le départ du deuxième contingent, les officiers de districts commandants veilleront à ce que tous papiers d'engagement des hommes enrôlés dans leur district respectif leur soient envoyés sans faute. D'après ces papiers d'engagement ils dresseront immédiatement l'état demandé dans l'ordre de la milice susmentionné, conformément à un modèle qui sera fourni, et l'enverront au chef d'état-major, quartier général.

3. L'attention est appelée sur le paragraphe 1497 des *Queen's Regulations, 1898*, relativement à l'expédition du bagage, des effets, etc., et de tous colis par bâtiment de mer :—

(*a*) Le bagage excédant les quantités allouées par les règlements est prohibé.

(*b*) Sur chaque colis doivent être distinctement marqués le nom, le grade et le corps du propriétaire, et sur le dessus la nature du contenu, tel que "bagage et effets personnels", "vêtements" et "équipement".

Sont prohibés les cadenas, les poignées et autres saillies qui font perdre de la place dans l'arrimage.

(*c*) Tout lourd bagage individuel devra être envoyé à Halifax de manière à y arriver avant l'embarquement.

(*d*) Chaque homme se rendant au port d'embarquement devra prendre soin de son sac de voyage en mer ainsi que de son havresac et autres sacs, et en chemin de fer ces articles seront dans la voiture avec lui, et non dans le wagon à bagage.

(e) Les colis contenant des effets et des articles d'équipement devront être marqués ainsi:—

TROUPES CANADIENNES DU SERVICE SPÉCIAL.
Enoncer ici le régiment, le corps, le bataillon ou la batterie.
....
AFRIQUE DU SUD.
N°..........................
Contenu..........................
Navire..............................

(f) Les officiers commandant les bataillons de chasseurs canadiens à cheval et la division de brigade d'artillerie de campagne veilleront à ce que les commandants d'escadrons et de batteries fassent en sorte que les effets d'équipement soient marqués quand on les distribuera.

Le service de l'intendance distribuera des patrons et des matériaux de marquage aussitôt que possible.

4. Relativement à l'ordre de la milice n° 273 (3), du 29 du mois dernier, le lieutenant-colonel Burney part pour Halifax immédiatement.

5. Le tarif de la ration du soldat et de la ration de fourrage pour les chevaux à bord des bâtiments de mer a été approuvé, et sera mis à la disposition de tous les intéressés.

6. Congé est accordé au chef d'escadron et lieutenant-colonel titulaire Evans, des dragons royaux canadiens, jusqu'au 6 de ce mois.

Le lieutenant-colonel H. N. Ruttan, commandant le 90e bataillon, prendra temporairement le commandement du district militaire n° 10, à compter du 8 de ce mois.

8. Relativement aux ordres de la milice 265, 1re et 2e parties, du 20 de ce mois, et 271 (1), du 28, les officiers suivants ont été choisis pour occuper des grades dans le 2e bataillon de chasseurs canadiens à cheval, savoir:—

2e BATAILLON DE CHASSEURS CANADIENS À CHEVAL.

Officier commandant:

Herchmer, L. W. (commissaire de la gendarmerie à cheval du Nord-Ouest).

Major:

(Commandant en second.)

Steele, S. B. (surintendant dans la gendarmerie à cheval du Nord-Ouest).

Chefs d'escadrons:

Walker, J.
Howe, J. (surintendant dans la gendarmerie à cheval du Nord-Ouest).

Capitaines:

Sanders, G. E. (surintendant dans la gendarmerie à cheval du Nord-Ouest).
Cuthbert, A. E. R. (inspecteur dans la gendarmerie à cheval du Nord-Ouest).

Lieutenants:

Chalmers, T. W. (lieutenant, de la réserve d'officiers)
Macdonell, A. C. (inspecteur dans la gendarmerie à cheval du Nord-Ouest).
Moodie, J. D. " " "
Begin, J. W. " " "
Davidson, H. J. A.
Wroughton, T. A. " "
Inglis, W. M. (ci-devant du *Berkshire Regiment*).
Taylor, J. (lieutenant dans les dragons du Manitoba).

Adjudant:

Baker, M. (inspecteur dans la gendarmerie à cheval du Nord-Ouest).

Quartier-maître:

Allan, J. B. (inspecteur dans la gendarmerie à cheval du Nord-Ouest).

Officier du service de santé:

Devine, J. A. (chirurgien-lieutenant, 90e bataillon).

Officier de transport:

Eustache, R. W. B.

Officier vétérinaire:

Riddel, R.

Les officiers susnommés sont répartis ainsi qu'il suit pour les fins d'organisation, mais ce sera à l'officier commandant de les répartir selon le besoin après l'embarquement:—

Officier commandant:

Herchmer, L. W. (commissaire de la gendarmerie à cheval du Nord-Ouest).

Major:

(Commandant en second.)

Steele, S. B. (surintendant dans la gendarmerie à cheval du Nord-Ouest).

ESCADRON A.

Chef d'escadron:

Walker, J.

Capitaine:

Sanders, G. E. (surintendant dans la gendarmerie à cheval du Nord-Ouest).

Lieutenants:

1re compagnie—Moodie, J. D. (inspectuor dans la gendarmerie à cheval du Nord-Ouest).

2e compagnie—Bégin, J. V. (inspecteur dans la gendarmerie à cheval du Nord-Ouest).

3e compagnie—Wroughton, T. A. (inspecteur dans la gendarmerie à cheval du Nord-Ouest).

4e compagnie—Inglis, W. M. (ci-devant du *Berkshire Regiment*).

ESCADRON D.

Chef d'escadron:

Howe, J. (surintendant dans la gendarmerie à cheval du Nord-Ouest).

Capitaine :

Cuthbert, A E. R. (inspecteur dans la gendarmerie à cheval du Nord-Ouest).

Lieutenants:

1re compagnie—Davidson, H. J. A. (inspecteur dans la gendarmerie à cheval du Nord-Ouest).

2e compagnie—Macdonell, A. C. (inspecteur dans la gendarmerie à cheval du Nord-Ouest).

3e compagnie—Chalmers, T. W. (lieutenant, de la réserve d'officiers).

4e compagnie—Taylor, J. (lieutenant, des dragons du Manitoba).

Adjudant:

Baker, M. (inspecteur dans la gendarmerie à cheval du Nord-Ouest).

Quartier-maître:

Allan, J. B. (inspecteur dans la gendarmerie à cheval du Nord-Ouest).

Officier du service de santé:

Devine, J. A. (chirurgien-lieutenant, du 90e bataillon).

Officier de transport:

Eustace, R. W. B.

Officier vétérinaire:

Riddell, R.

Par ordre,

HUBERT FOSTER, colonel,
Chef d'état-major.

N° 3.

QUARTIER GÉNÉRAL, OTTAWA, jeudi, 4 janvier 1900.

1. Le major général commandant va se rendre à Toronto, accompagné d'un aide de camp, et le mardi 8 de ce mois, il passera en revue l'état-major de régiment et l'escadron A du premier bataillon de chasseurs canadiens à cheval, ainsi qu'il suit, savoir:—

Revue à pied—à 10 heures de l'avant-midi.
Inspection des chevaux—à midi.
Revue à cheval—à 2 heures et trente de l'après-midi.

L'officier général commandant inspectera pareillement la batterie C d'artillerie royale canadienne le mardi, 9 de ce mois, à Kingston, et la batterie D, le mercredi, 10, à Ottawa.

2. L'attention est appelée sur les articles 1497 à 1694, inclusivement, des *Queen's Regulations*, au sujet de l'embarquement, des services à bord, et du traitement des chevaux.

Les officiers commandant le bataillon de chasseurs à cheval et la division de brigade d'artillerie de campagne veilleront à ce que les instructions y contenues soient données et expliquées sans retard à tous ceux qui sont sous leurs ordres. Il sera servi, à Halifax, des exemplaires supplémentaires des *Queen's Regulations*, *Cavalry Drill*, etc. L'attention est spécialement attirée sur le *Manual of Mounted Drill*, dont il n'y a qu'un nombre restreint d'exemplaires de disponibles.

3. Il sera pris des mesures pour l'instruction et la pratique du tir avec le tube Morris à bord du *Montezuma* et du *Pomeranian*.

4. Le lieutenant W. P. Murray, de la 9e batterie de campagne, a été choisi pour occuper le grade de lieutenant dans la division de brigade d'artillerie de campagne organisée pour le service spécial en Afrique du Sud, afin de compléter l'effectif autorisé, et il est affecté à la batterie E.

5. L'ordre de la milice 193 (1), du 23 septembre 1899, sera censé autoriser les officiers de districts commandants à nommer des commissions d'examen des aspirants aux cours de janvier-février et cours subséquents, jusqu'à nouvel ordre.

6. Relativement à l'ordre de la milice 269 (3), du 26 du mois dernier, avis est par le présent donné que le major T. Benson est arrivé à Victoria le 3 de ce mois, et qu'il a temporairement pris le commandement du district militaire n° 11.

Par ordre,

HUBERT FOSTER, colonel,
Chef d'état-major.

Samedi, 6 janvier 1900.

Jour de fête prescrit par la loi.

N° 5.

QUARTIER GÉNÉRAL, OTTAWA, lundi, 8 janvier 1900.

1. Il a plus à Son Excellence le Gouverneur général en conseil nommer les capitaines F. F. Uniacke, du 66e fusiliers Princesse Louise, et Kemmis-Betty, du 21e fusiliers d'Essex, au régiment royal canadien.

Les capitaines Uniacke et Kemmis-Betty se présenteront immédiatement aux officiers de districts commandant les districts nos 1 et 6, pour servir avec les dépôts régimentaires nos 1 et 3, respectivement.

(a) Il a plu à l'honorable Ministre consentir à ce que le chef de bataillon J. S. Dunbar, du 8e carabiniers royaux, soit attaché au régiment royal canadien pour y servir temporairement.

Le chef de bataillon Dunbar se présentera sans retard à l'officier commandant le district militaire n° 8 pour le service au dépôt régimentaire n° 4.

2. Relativement à l'ordre de la milice 265 et aux tableaux qui l'accompagnent, le contingent d'hommes et de chevaux devant venir de Newcastle et Woodstock, N.-B., pour la batterie E du service spécial, montera en chemin de fer le lundi, 15 de ce mois, et se rendra directement à Halifax. Les officiers commandant les districts 8 et 9 feront les arrangements nécessaires.

3. Des dépôts pour l'achat de chevaux en remplacement de ceux auxquels il pourrait arriver des accidents ont été autorisés ainsi:—

	Nombre de chevaux à acheter.	
	De selle.	De trait.
Halifax, N.-E.	*11	5
Ile du Prince-Edouard	5	10

*20 avec 9 déjà autorisés.

4. Relativement à l'ordre de la milice n° 2 (8), du 3 de ce mois, les changements suivants dans les officiers choisis pour occuper des grades dans le 2e bataillon de chasseurs canadiens à cheval, sont notifiés:—

Escadron C (inexactement désigné par la lettre A):—

Howe, J. (surint. G.C.N.-O.), pour être officier commandant, en remplacement de Walker.

Macdonell, A. C. (insp. G.C.N.-O.), pour être capitaine, en remplacement de Sanders.

Escadron D:—

Sanders, G. E. (surint. G.C.N.-O.), pour être officier commandant, en remplacement de Howe.

Cosby, F. L. (insp. G.C.N.-O.), pour être lieutenant, en remplacement de Macdonell.

5. Un officier du service de santé et quartre gardes-malades de plus iront en Afrique pour aider à prendre soin des malades et des blessés du contingent colonial.

L'officier de santé et les gardes-malades ci-après dénommés ont été choisis, savoir:

Officier du service de santé:—Lieutenant F. Vaux, P.S.S.C.

Gardes-malades :

Melle D. Hercum, première garde-malade, Montréal, P.Q.
Melle M. Horne, Montréal, P.Q.
Melle M. MacDonald, Pictou, N.-E.
Melle M. P. Richardson, Régina, T.N.-O.

6. Ci-suit le détail du mouvement de concentration des unités de la troupe du service spécial à Halifax :—

N° du train.	Unité.	Nombre d'officiers.	Nombre d'hommes.	Nombre de chevaux.	Nombre de voitures.	Lieu de départ.	Date et heure de l'embarquement en chemin de fer	Date et heure de l'arrivée à Halifax.
I	Détachement du 2e bataillon...........	1	20	63	....	Régina, (Pacif.)	7, 10 a.m.	13, 7 p.m.
I	Cies nos 1 et 2, escaadron B, 1er bataillon de chasseurs canadiens à cheval...	3	80	82	....	Winnipeg. (Pacif.)	8, 10 a.m.	13, 7 p.m.
II	Etat-major et Cies nos 1, 2 et 3 escadron A, 1er bataillon de chasseurs canadiens à cheval..................	13	159	175	....	Toronto (Gr. Tr.)	12, 7 p.m.	15, 8 a.m.
III	Batterie D, artillerie royale canadienne.	5	169	137	13	Ottawa, (Can. At.)	13, 10 a.m.	15, 7 p.m.
IV	Etat-major de division de brigade et batterie C, artillerie royale canadienne	10	181	153	13	Kingston, (Gr. Tr.)	11, 9 a.m.	13, 6 p.m.
V	Batterie E, artillerie royale canadienne.	4	114	96	13	Québec, (Lévis, (Intercol.)	15, 9 a.m.	16, 4 p.m.
VI	Cie n° 3, escadron A, 1er bataillon de chasseurs canadiens à cheval.,........	1	38	39	....	Montréal, (Intercol.)	14, 10 p.m.	16, 3 p.m.
VI	Cie n° 3, escadron B, 1er bataillon de chasseurs canadiens à cheval.........	2	38	42	....	Québec, (Lévis, (Intercol.)	15, 8 a.m.	16, 3 p.m.
VI, VIII, IX, X	2e bat. de chasseurs canadiens à cheval.	19	331	312	....	Régina, (Pacif.)	13, 10 a.m.	19, 7 p.m.

(*a*) Les officiers et les officiers brevetés auront des coupés-lits; les sous-officiers et les hommes voyageront en voitures de touristes pourvues de matelas, de couvertures, etc. Il ne sera pas nécessaire de servir des couvertures, etc., aux unités pour le voyage à Halifax.

Par arrangements avec les compagnies de chemins de fer, il sera servi trois repas par jour.

Les chevaux seront transportés en wagons-écuries de luxe, et par arrangement avec l'officier commandant l'unité il leur sera donné à manger et à boire en route. L'unité devra emporter des seaux dans la proportion de quatre par wagon-écurie, et assez de fourrage pour le trajet. Les commandants d'unités décideront avec les autorités du chemin de fer si ce fourrage peut être transporté dans les wagons-écuries, ou s'il faudra le mettre dans des fourgons.

(*b*) Des trains de wagons à marchandises transporteront les objets lourds, les canons et les voitures des batteries d'artillerie à Halifax. Les canons et les voitures de chaque batterie seront chargés sur 5 wagons à plate-forme découverte, et les harnais, soigneusement attachés séparément, dans deux fourgons.

La mise en wagons s'effectuera aux heures et dates suivantes, savoir:—

Batterie C, Kingston (G.T.), dans l'après-midi du 10.
" D, Ottawa (C.A.), " 12.
" E, Québec (Lévis, Int.), " 12.

(*c*) L'officier de district commandant à Halifax s'assurera des heures d'arrivée des trains susmentionnés, et fera en sorte que les canons et les voitures des différentes batteries puissent être déchargés sans retard.

(*d*) Il sera envoyé en avant, à Halifax, des détachements qui se présenteront à l'officier de district commandant pour recevoir de lui les logements assignés à leurs corps respectifs. Ces détachements se composeront d'un maréchal des logis et de deux hommes par escadron ou batterie.

(*e*) En outre, les officiers commandant le 1er bataillon de chasseurs canadiens à cheval et la division de brigade d'artillerie royale canadienne, mettront un officier à la tête des détachements de leurs corps, qui s'annonceront à l'officier de district commandant à Halifax en arrivant.

Ces détachements voyageront par train ordinaire de voyageurs, sur réquisition de transport, et par faveur spéciale les sous-officiers et soldats seront traités comme voyageurs de première classe, et couchés dans les wagons-lits. Pour couvrir les déboursés nécessaires, il sera fait une avance à l'officier ou sous-officier mis à la tête des dits détachements, et ce à même les fonds envoyés à l'officier de district commandant.

Pour la subsistance en route il sera alloué:—

Aux officiers, 75 cents, et aux sous-officiers, 40 cents par repas.

Par ordre,

HUBERT FOSTER, colonel,
Chef d'état-major.

N° 6.

QUARTIER GÉNÉRAL, OTTAWA, mardi, 9 janvier 1900.

1. Il a été publié un manuel d'exercices provisoire (*Field Service Manual for Mounted Rifles*) qui sera servi à tous les intéressés.

2. Avis est donné, pour la gouverne des intéressés, que pour qu'il puisse être transmis des dépêches chiffrées, les officiers suivants ont été munis d'un exemplaire du Code télégraphique de Slater, savoir:—

Tous les officiers de districts commandants.
Le commandant du collège militaire royal.

L'officier commandant l'artillerie canadiene.
L'officier commandant la citadelle, Québec et
L'officier commandant le régiment Royal Canadien.

Entre le quartier général et les officiers dénommés il sera fait usage d'un chiffre à être notifié de temps à autre du quartier général. Les officiers qui échangeront des dépêches se serviront aussi du même chiffre, à moins qu'ils n'aient pas d'autres mesures.

3. Le gouvernement impérial a bien voulu consentir à ce que l'on continue de nommer des gradués du collège militaire royal du Canada à la suite du corps d'état-major indien dans les conditions présentes après juin 1900.

4. Il a été reçu des règlements (publiés avec les Ordres de l'Armée, août 1899) en vertu desquels les officiers des troupes coloniales et les élèves des universités coloniales peuvent obenir des commissions dans l'armée anglaise. De plus amples renseignements peuvent être obtenus des officiers de districts commandants, aussi bien que du chef d'état-major, au quartier général, Ottawa.

L'attention est spécialement attirée sur le paragraphe 6: "L'examen littéraire aura lieu en juin et en novembre tous les ans."

5. Les modifications suivantes aux exercices d'infanterie, telles que notifiées dans l'Ordre de l'armée 209, du mois de décembre 1899, sont publiées à titre de renseignement général :—

Article 76 : Feu de bataillon :—

Ce qui suit sera inséré dans l'*Infantry Drill*, article 76, paragraphe 10, au bout de la 3e ligne :—

1. *(a)* "Pour exercer les soldats à ouvrir le feu avec la plus grande rapidité compatible avec la justesse du tir, on s'y prendra de la manière suivante chaque fois qu'une unité en formation de bataille se déploiera ou se mettra en ligne.

Le feu sera immédiatement ouvert par la demi-compagnie de section, ou compagnie de formation, et continué par chaque compagnie, ou portion de compagnie, sitôt que formée, chaque commandant ayant soin de lui assigner une cible."

2. "Insérer" *(b)* 'avant les huit dernières lignes du paragraphe 10.'"

6. Le lieutenant et capitaine J. A. Benyon, de la division de campagne de l'artillerie canadienne, a passé avec distinction, par un cours complet d'instruction à l'école d'artillerie de Shoeburyness, où il a acquis les capacités nécessaires pour faire un instructeur en artillerie et exercices d'artillerie, et en appréciation des portées.

Le maréchal des logis S. Jordon, de l'artillerie royale canadienne, a passé par un cours complet d'instruction à l'école d'artillerie de Shoeburyness, et s'est rendu compétent à donner l'instruction en artillerie et exercices d'artillerie.

7. Relativement à l'ordre de la milice 269 (3), du 26 du mois dernier, il est annoncé, à titre de renseignement général, que le lieutenant-colonel Peters est arrivé à Toronto le 6 de ce mois, et a temporairement pris le commandement du district militaire n° 2.

8. Le lieutenant et capitaine Fiset passe du dépôt n° 3 au dépôt n° 5 du régiment Royal Canadien, à compter du 3 de ce mois.

9. Relativement à l'ordre de la milice n° 273 (1), du 30 du mois dernier, les voitures suivantes sont départies aux bâtiments de transport, savoir :—

Au *Montezuma*, 1 fourgon de forge, avec avant-train, pour le 1er bataillon de chasseurs à cheval, et

Au *Pomeranian*, 1 fourgon de forge, avec avant-train, pour le 2e bataillon de chasseurs à cheval.

10. Relativement à l'ordre de la milice 273 (1), du 30 décembre, le départ du *Montezuma* et du *Laurentian* est différé jusqu'au 20 du présent mois, et celui du *Pomeranian* jusqu'au 25.

Le tableau du mouvement des troupes, contenu dans l'ordre de la milice 5 (6) du 8 de ce mois, se modifiera par conséquent ainsi :—

Le train n° 2 partira le 13 et arrivera le 16.
" 3 " 15 " 17.
" 4 " 13 " 15.
" 5 " 17 " 18.
" 6 " de Québec à 9 h. matin le 17, et arrivera à 4 h. de l'après-midi le 18.
" 7 } " partiront le 15 et arriveront le 21.
" 8 } "
" 9 } " supprimés.
" 10 } "

Les trains n°s 7 et 8 arriveront à Ottawa à 8 h. matin, le 19, et en partiront à 2 h. de l'après-midi pour Montréal.

11. Le bureau suivant sera assemblé conformément au paragraphe 1484 des *Queen's Regulations, 1899*, pour inspecter les aménagements faits et dispositions prises en vue de loger et nourrir les troupes qui doivent s'embarquer sur les bâtiments de transport partant de Halifax, savoir:—

Président, le lieutenant-colonel H. H. Burney, des *Gordon Highlanders*, officier d'état-major préposé à l'embarquement.

Membres :—Un officier de la marine, que désignera l'officier de la marine le plus élevé en grade à Halifax, et un officier supérieur des troupes à être embarquées, que désignera l'officier commandant.

Le directeur général du service de santé accompagnera le bureau et donnera son avis sur les points sanitaires.

Seront aussi présents le plus ancien officier du service de santé et le plus ancien officier vétérinaire accompagnant les troupes.

Le bureau s'assemblera aux dates et aux heures que fixera le président, et ses actes seront immédiatement soumis au major général commandant.

Par ordre,

HUBERT FOSTER, colonel,
Chef d'état-major.

N° 7.

QUARTIER GÉNÉRAL, OTTAWA, mercredi, 10 janvier 1900.

1. Le major général commandant est rentré de Toronto et Kingston au quartier général hier soir.

2. Relativement à l'ordre général n° 1 (8), du 2 de ce mois, le cours abrégé d'instruction auquel il est fait allusion, commencera le 15 du présent mois au dépôt régimentaire n° 2.

3. Relativement à l'ordre de la milice 265, 1re et 2e parties, paragraphe 12 D, les comptes de voyage présentés par les officiers qui se rendent en Afrique pourront être payés à même les avances en question, après que les officiers de districts commandants se seront convaincus de l'exactitude de ces comptes, qu'ils certifieront et rendront au comptable, marqués "payé".

4. Les officiers de districts commandants qui enverront des troupes à Halifax feront connaître à l'officier commandant le district militaire n° 9 le nombre d'hommes et de chevaux à nourrir, au moins vingt-quatre heures avant l'arrivée des troupes à Halifax.

5. Les officiers qui se sont présentés à l'instruction, au dépôt régimentaire n° 1 du régiment royal canadien d'infanterie, ont été examinés par une commission le 3 de ce mois, et partagés ainsi :—

CERTIFICAT DE CAPITAINE:

Sous-lieutenant F. B. Smith, du 30e carabiniers "Wellington".
" E. M. Harris, du 7e "fusiliers".

CERTIFICAT D'ÉLÈVE:

Sous-lieutenant G. E. Boyer, du 29e bataillon "Waterloo".
" J. B. Boyer, du 32e bataillon "Bruce".
Lieutenant C. E. Livingston, du 30e carabiniers "Wellington".
Sous-lieutenant G. H. Johnston, du 26e bataillon "Middlesex".

Par ordre,

HUBERT FOSTER, colonel,
Chef d'état-major.

N° 8.

QUARTIER GÉNÉRAL, OTTAWA, jeudi, 10 janvier 1900.

1. Le lieutenant-colonel Evans, des dragons royaux canadiens, prendra, des mains du colonel G. C. Kitson, commandant du collège militaire royal, le commandement du 1er bataillon de chasseurs canadiens à cheval, à compter du 15 de ce mois.

Le major Van Straubenzie, de l'artillerie royale, faisant fonction de major de brigade d'artillerie, reprendra le service au collège militaire royal le 15 du présent mois.

Le major général commandant désire exprimer au colonel Kitson ses remercîments et son appréciation de l'heureuse manière dont il a exécuté les difficiles services d'organisation, etc., du 1er bataillon de chasseurs canadiens à cheval.

2. Le chirurgien-lieutenant-colonel G. S. Ryerson (en disponibilité) est autorisé à prendre passage gratuit pour le Cap, comme représentant de la Société de la Croix de Genève. Il s'embarquera en conséquence sur le *Laurentian.*

Cet officier sera, pour les fins de discipline, sous les ordres de l'officier commandant les troupes à bord, mais il ne sera tenu d'accomplir de fonctions militaires ou professionnelles ni avec l'un ni avec l'autre des contingents canadiens.

3. Les clergymen suivants ont été choisis pour accompagner les troupes du service spécial au Cap, savoir :—

Le réverend W. G. Lane (méthodiste);
Le révérend W. J. Cox (anglican), et
Le révérend J. C. Sinnett (catholique romain).

4. Relativement à l'ordre de la milice n° 5 (3), du 8 de ce mois, les chevaux dont l'achat est autorisé seront envoyés et gardés à Halifax, par arrangement à être fait avec les officiers de districts commandant les districts militaires nos 9 et 12.

5. Le major D. C. F. Bliss va rentrer immédiatement à Ottawa. L'emploi d'officier d'approvisionnement de la garnison du Yukon étant supprimé, le major Bliss sera rayé de l'effectif de cette troupe.

Par ordre,

HUBERT FOSTER, colonel,
Chef d'état-major.

N° 99.

QUARTIER GÉNÉRAL, OTTAWA, vendredi, 11 janvier 1900.

1. Le tableau suivant fait voir comment sont répartis les chevaux et les voitures d'une batterie de campagne de l'artillerie royale canadienne pour le service spécial dans l'Afrique du Sud :—

—	Demi-sections.						Total.
	1	2	3	4	5	6	
Major	1						1
Capitaine						1	1
Lieutenants		1	1		1		3
Maréchaux des logis de 1re classe	1					1	2
Maréchaux des logis	1	1	1	1	1	1	6
Brigadiers	1	1	1	1	1	1	6
Bombardiers	1	1	1	1	1	1	6
Maréchal vétérinaire		1					1
Maréchaux ferrants			1	2	1		4
Bourreliers			1			1	2
Charrons			1		1		2
Trompettes	1					1	2
Canonniers	13	13	12	12	12	13	75
Conducteurs	10	10	10	10	11	11	62
Canonnier (dev. être laissé à la base comme magasinier.						1	1
Total	29	28	29	27	29	32	174

CHEVAUX DE SELLE.

—	Demi-sections.						Total.
	1	2	3	4	5	6	
Officiers	2	1	1		1	1	6
Maréchaux des logis de 1re classe	1					1	2
Sous-officiers de demi-sections	1	1	1	1	1	1	6
Brigadiers ou bombardiers	1	1	1	1	1	1	6
Maréchal vétérinaire		1					1
Maréchal ferrant				1			1
Trompettes	1					1	2
De rechange	1	1	1	1	1		5
Total	7	5	4	4	4	5	29

CHEVAUX DE TRAIT.

—	Demi-sections.						Total.
	1	2	3	4	5	6	
Canons	6	6	6	6	6	6	36
Voitures — Caissons	6	6	6	6	6	6	36
Voitures — Fourgons de forge	.....	.....	.....	.....	.....	6	6
Voitures — Chariots à munitions	.....	.....	.....	.....	6	.....	6
Voitures — Voitures de roulage	4	4	4	4	.....	.....	16
Roues de rechange	.....	2	2	2	2	.....	8
Total	16	18	18	18	20	18	108

CANONS, AFFUTS ET VOITURES.

—	Demi-sections.						Total.
	1	2	3	4	5	6	
Canons	1	1	1	1	1	1	6
Voitures — Caissons	1	1	1	1	1	1	6
Voitures — Fourgon de forge	.....	.....	.....	.....	.....	1	1
Voitures — Chariot à munitions	.....	.....	.....	.....	1	.....	1
Voitures — Voitures de roulage	1	1	1	1	.....	.....	4
Total	3	3	3	3	3	3	18

2. Les officiers de districts commandants voudront bien fournir sans retard au chef d'état-major, quartier général, une liste des commissions par eux nommées pour l'achat de chevaux, donnant la date de leur nomination, avec la localité dans laquelle chacune d'elles a opéré.

Les officiers commandant les 1er et 2e bataillons de chasseurs canadiens à cheval, et les officiers commandant les batteries C, D et E de l'artillerie royale canadienne, prépareront, en double, leur livret de signalement et d'achat de chevaux, et ils en enverront une copie au chef d'état-major, quartier général, pas plus tard que le 17 du présent mois. Ce livret indiquera les noms des personnes de qui les chevaux ont été achetés et le prix payé pour chaque cheval.

3. On demande les officiers suivants de la milice active pour servir dans les corps permanents durant l'absence de nos troupes au service actif, savoir:—

Cavalerie—Un capitaine et deux lieutenants;

Artillerie de campagne—Un capitaine et deux lieutenants;

Infanterie—Un chef de bataillon et quatre lieutenants,

Avec la solde et les suppléments de solde ordinaires de leurs grades respectifs.

Les officiers de districts commandants voudront bien envoyer les noms des officiers qui pourront s'offrir pour occuper ces emplois, avec leurs remarques sur les aptitudes de ceux qui demanderont à être nommés.

4. Le major général commandant, accompagné d'un aide de camp provisoire, partira le 16 pour Halifax, N.-E., où il arrivera le 17, à 4 heures de l'après-midi, dans le but d'inspecter les bâtiments et les troupes avant l'embarquement de ces dernières.

Par ordre,

HUBERT FOSTER, colonel,

Chef d'état-major.

N° 11.

QUARTIER GÉNÉRAL, OTTAWA, lundi, 15 janvier 1900.

1. Les ordres de la milice se rapportant à l'organisation des chasseurs canadiens à cheval et de la division de brigade d'artillerie de campagne pour le service spécial en Afrique, compilés jusqu'au 13 de ce mois, seront distribués à tous les intéressés.

2. Avis public est par le présent donné que le 2e bataillon de chasseurs canadiens à cheval doit arriver à Ottawa par le Pacifique Canadien, gare Union à 8 h. du matin le 19 de ce mois, et passera 6 heures en ville. Un officier d'état-major général ira à la rencontre du train à son arrivée.

Il a plu à Son Excellence le Gouverneur général signifier son intention de passer le bataillon en revue sur la place du Parlement à midi.

Après la revue, Son Excellence la comtesse de Minto se propose de présenter des guidons à l'officier commandant le bataillon et aux officiers commandant chacun des escadrons.

Le bataillon se portera au rendez-vous, place du Parlement, par la rue Wellington, entrant par la barrière du milieu, et se formera face au nord, conformément à des instructions qui seront données.

S'il fait mauvais temps la revue aura lieu dans la salle d'exercice.

3. En outre des troupes déjà autorisées, les officiers et les gardes-malades ci-dessous dénommés s'embarqueront, le 20 de ce mois, sur le bâtiment à vapeur le *Laurentian*, en destination de l'Afrique du Sud, savoir :

Le chirurgien-lieutenant G. S. Ryerson, en disponibilité.

Le capitaine H. J. Mackie, du 42e bataillon, nommé à la suite de la division de brigade d'artillerie de campagne.

Le lieutenant A. L. Howard, en disponibilité (avec 2 chevaux), et le lieutenant F. Vaux, du personnel du service de santé de la milice canadienne.

Les révérends W. G. Lane, W. J. Cox et J. C. Sinnett, aumôniers.

Mlle D. Hercum, première garde-malade, et Mlles M. Horne, M. MacDonald et M. P. Richardson, gardes-malades.

4. Le lieutenant-colonel Stone, de l'artillerie royale, commandant l'artillerie, part aujourd'hui pour Halifax. En arrivant il prendra les fonctions d'officier d'embarquement des mains du lieutenant-colonel H. H. Burney, qui va reprendre son service au collège militaire royal.

5. L'attention est attirée sur les ordres généraux n° 12 du 1er février 1899. Les commandants de districts militaires voudront bien veiller à ce que l'on se conforme aux instructions y énoncées.

Le directeur général des services de santé va publier un manuel pour la gouverne des médecins miitaires intéressés.

Par ordre,

HUBERT FOSTER, colonel,

Chef d'état-major.

N° 12.

QUARTIER GÉNÉRAL, OTTAWA, mardi, 16 janvier 1900.

1. Il a plu à l'honorable Ministre permettre que les officiers, sous-officiers et soldats des corps permanents détachés de leurs unités respectives pour le service spécial dans l'Afrique du Sud figurent comme surnuméraires dans les effectifs autorisés pour leurs corps pour 1899-1900.

Les officiers commandant les unités des corps permanents prendront immédiatement des mesures pour remplir les vacances ainsi créées.

(*a*) Pour le moment la batterie B, division de campagne de l'artillerie royale canadienne, sera transférée à la caserne Tête-du-Pont, Kingston, où elle sera fusionnée avec la batterie A. Le capitaine Benyon, de l'artillerie royale canadienne, division de campagne, commandera cette batterie.

L'officier de district commandant le district militaire n° 7 fera, de concert avec l'officier commandant la citadelle, les arrangements nécessaires pour que la batterie B soit transportée à Kingston, par l'Intercolonial et le Grand-Tronc, le plus tôt que ces derniers pourront le faire, informant de la date arrêtée le chef d'état-major et les officiers de district commandant les districts n°s 3 et 4.

(*b*) Les officiers commandant l'escadron A des dragons royaux canadiens et les batteries A et B de l'artillerie royale canadienne, division de campagne, feront rapport du nombre de leurs hommes et de leurs chevaux, par l'intermédiaire de l'officier de district commandant, immédiatement après que les troupes du service spécial auront quitté leurs garnisons.

2. Le lieutenant A. L. Howard, en disponibilité, est nommé à la suite du 2e bataillon de chasseurs canadiens à cheval, pour servir avec le peloton de servants de mitrailleuse, et s'annoncera à l'officier commandant à l'arrivée du bataillon au Cap.

3. Les officiers qui se sont prétentés pour l'instruction au dép!t régimentaire n° 3, R.R.C.I., ont été examinés par une commission, le 8 de ce mois, et répartis ainsi:—

COURS ABRÉGÉ.

Sous-lieutenant W. J. Pollock, 11e bataillon.
" E. F. Murray, 42e "
" J. H. Boutelle, 54e "

4. Les gentlemen ci-dessous dénommés ont suivi un cours complet d'instruction à l'école d'artillerie de Shoeburyness, en Angleterre, et il leur a été accordé des certificats d'aptitude datés le 22 décembre 1899, savoir:—

Le major Rutherford, de l'artillerie royale canadienne.
Le sergent S. S. Weatherbie, "
" F. Herbert. "

Par ordre,

HUBERT FOSTER, colonel,
Chef d'état-major.

N° 13.

QUARTIER GÉNÉRAL, OTTAWA, mercredi, 17 janvier 1900.

1. Le paragraphe 2 de l'ordre de la milice n° 8 et le paragraph 3 de l'ordre de la milice n° 11 sont modifiés en ce qu'il a été permis au chirurgien-lieutenant-colonel G. S. Ryerson, en disponibilité, de renoncer au passage à lui fourni, et de se rendre en Afrique-Sud par la voie de New-York.

Relativement au paragraphe 3 de l'ordre de la milice n° 11, les aumôniers W. J. Lane, J. Cox et J. C. Sinnett s'embarqueront pour l'Afrique du Sud sur le troisième bâtiment de transport, dont la date du départ sera annoncée plus tard, aux ordres.

2. Relativement au paragraphe 2 de l'ordre de la milice n° 11, l'officier commandant la brigade d'Ottawa fournira le détachement de troupes suivant de son commandement, savoir:—

(*a*) Une escorte tirée des dragons de la garde Princesse Louise, et

(*b*) Les corps de musique de la garde à pied du gouverneur général, et du 43e bataillon, "carabiniers d'Ottawa et Carleton".

Par ordre,

HUBERT FOSTER, colonel,
Chef d'état-major.

N° 14.

QUARTIER GÉNÉRAL, OTTAWA, jeudi, 18 janvier 1900.

1. Relativement au paragraphe 2 de l'ordre n° 11 de la milice, la capitaine H. J. Mackie, du 42e bataillon, attaché aux troupes comme surnuméraire, se rendra dans l'Afrique du Sud avec la batterie C.

2. Avis est par le présent donné que le ministère de la Guerre, en Angleterre, est prêt à accepter des maréchaux ferrants, selliers et charrons capables, pour le service dans l'Afrique du Sud, aux prix que ces ouvriers sont payés dans l'armée impériale.

Ceux qui désirent s'enrôler comme ouvriers compétents des métiers susdits devraient s'adresser immédiatement à l'officier commandant le district militaire dans lequel ils résident. Il faut que ces hommes jouissent d'une bonne réputation et aient de l'expérience dans leurs métiers, et l'on exigera d'eux des recommandations sur ces deux points. Les officiers de districts commandants télégraphieront au chef d'état-major, à Ottawa, combien d'hommes de chaque métier ils ont à recommander, et attendront des instructions avant de les enrôler.

3. Congé, avec permission de voyager à l'étranger, a été accordé—

Au chirurgien-lieutenant-colonel G. S. Ryerson, en disponibilité, du 24 de ce mois au 23 mai;

Au capitaine A. L. Armstrong, du 36e bataillon, depuis le 6 février jusqu'au 5 août; et

Au chirurgien-major A. Dewar, du 5e dragons, depuis le 18 de ce mois jusqu'au 17 juillet.

4. Le département des Postes a fourni les cinq hommes suivants pour former un corps postal qui accompagnera le 2e contingent en Afrique et s'embarquera sur le *Laurentian*, le 29 de ce mois, savoir:—

W. R. Eccleston, chef,
Rowan Johnston,
J. Lallier,
F. B. Bedell,
et
K. A. Murray.

Par ordre,

HUBERT FOSTER, colonel,
Chef d'état-major.

N° 15

QUARTIER GÉNÉRAL, OTTAWA, vendredi, 19 janvier 1900.

Congé, avec permission de voyager à l'étranger, a été accordé—

Au colonel G. C. Kitson, du collège militaire royal, du 20 au 28 janvier, inclusivement, et

Au sous-lieutenant A. Potvin, de la compagnie n° 1 du 88e bataillon, depuis le 15 janvier jusqu'au 14 avril, inclusivement.

Par ordre,

HUBERT FOSTER, colonel,
Chef d'état-major.

N° 16.

QUARTIER GÉNÉRAL, OTTAWA, samedi, 20 janvier 1900.

1. Il a été pris des mesures pour qu'il soit donné un cours d'instruction dans les services d'état-major au collège militaire royal de Kingston, sous la direction du com-

mandant du collège. Ce cours commencera le 1er février prochain et se terminera le 31 mai suivant.

Le sommaire du cours d'instruction a été approuvé et distribué aux intéressés.

Les officiers suivants ont été choisis pour suivre ce cours et se présenteront au commandant du collège militaire royal, Kingston, à 10 h. matin, le 1er février prochain, savoir:

Le lieutenant-colonel W. W. White, du 30e bataillon;
" W. E. Hodgins, de la réserve d'officiers ;
" A. Roy, officier commandant le district militaire n° 6 ;
G. E. A. Jones, du 8e bataillon;
" D. McL. Vince, de la réserve d'officiers;
" H. McLaren, du 13e bataillon;
Le chef de bataillon J. Galloway, du 14e bataillon;
" W. G. Mutton, du 2e bataillon;
" E. Chinic, du régiment Royal-Canadien d'infanterie;
Le capitaine A. E. Carpenter, " "
" J. J. Sharples, du 8e bataillon, et
" W. S. Smith, du 7e bataillon.

2. Les officiers, sous-officiers et soldats des corps permanents, qui touchaient une indemnité de logement avant de s'enrôler dans la troupe destinée à l'Afrique du Sud, continueront à toucher cette indemnité tant qu'ils seront absents de leurs postes en service actif.

Cette indemnité sera portée au bordereau de paye mensuel par l'officier commandant à chaque station de la troupe permanente, à compter de la date à laquelle l'homme est passé à la troupe du service spécial, et le montant en sera payé aux femmes de ceux qui y auront droit.

Il est à remarquer, toutefois, que pour ce qui est des officiers du 2e bataillon du service spécial, les montants dus en indemnité de logement leur ont déjà été payés par le commandant du bataillon à bord du bâtiment de transport, et que, par conséquent, il ne devra pas être présenté de compte pour le mois de novembre.

Les commandants d'unité de la troupe du service spécial ne paieront pas d'indemnités de logement à ceux qui sont sous leurs ordres.

Par ordre,

HUBERT FOSTER, colonel,
Chef d'état-major.

N° 19.

QUARTIER GÉNÉRAL, OTTAWA, mercredi, 24 janvier 1900.

1. Les batteries D et E de la division de brigade d'artillerie de campagne organisées pour le service actif dans l'Afrique du Sud, sous le commandement du major W. G. Hurdman, ont été inspectées par le major général commandant dans les salles d'armes, Halifax, à dix heures quarante-cinq du matin, le 20 de ce mois; après quoi Son Honneur le Lieutenant-Gouverneur de la Nouvelle-Ecosse et l'honorable Ministre de la Milice et Défense les ont passées en revue et leur ont adressé la parole. Escortées d'un détachement du 1er bataillon des chasseurs canadiens à cheval, et précédées des musiques du 1er bataillon, *Leinster Regiment*, du 63e carabiniers de Halifax et du 66e fusiliers Princesse Louise, elles se rendirent ensuite à l'arsenal de port de Sa Majesté, où elles montèrent, à 2 heures de l'après-midi, à bord du *Laurentian*, qui partit pour l'Afrique du Sud à 8 heures du matin le 21.

Voici le détail des troupes embarquées :—

DIVISION DE BRIGADE D'ARTILLERIE DE CAMPAGNE.

——	Officiers	Officiers brevetés	Maréch. de l. de 1re cl. et maréch. de l.	Trompettes.	Autres grades, etc.	Chevaux.
Etat-major de division	3	1	3	....	9	16
Batterie D	5	....	7	2	158	130
" E	5	....	8	2	136	93
Total embarqué	13	1	18	4	303	239
Empêchés à cause de symptômes de pneumonie chez des chevaux	....	...	1	....	24	51
Requis pour compléter	1	....	....	....	....	....
Complet autorisé	14	1	19	4	327	290

2e bataillon, Les chasseurs canadiens à cheval :

1 maréchal des logis, 11 soldats et 22 chevaux.

Postiches—Officiers, gardes-malades et soldats :

1 représentant de la Société de la Croix de Genève—le chirurgien-lieutenant-colonel G. Stirling Ryerson, du personnel du service de santé de l'armée canadienne.

1 aumônier—le révérend W. J. Cox.

1 officier de santé surnuméraire—le lieutenant F. Vaux, du personnel du service de santé de l'armée canadienne.

4 gardes-malades :

Melle D. Hercum, première garde-malade.
" M. Horne,
" M. Macdonald, et
" M. P. Richardson.

1 officier à être attaché au peloton de servants de mitrailleuses du 2e bataillon de chasseurs canadiens à cheval—le lieutenant A. L. Howard, en disponibilité, avec deux chevaux.

1 officier du corps postal—W. R. Eccleston.

4 hommes du corps postal :

Rowan Johnston.
Kenneth A. Murray.
Thomas E. Bedell, et
Joseph Lallier.

1 homme de la *Yeomanry Cavalry*, troupes impériales—le soldat Wainwright.

—

14

RÉCAPITULATION.

——	Officiers.	Autres rangs.	Chevaux.
Division de brigade d'artillerie de campagne	13	326	239
Postiches	9	5	2
2e bataillon, C.C.C	....	12	22
Total embarqué	22	343	263

2. Le lieutenant-colonel W. H. Cotton, aide-adjudant général pour l'artillerie, a pris, des mains du lieutenant-colonel Stone, de l'artillerie royale, les fonctions d'officier d'embarquement, à compter de mardi, le 23 du présent mois, inclusivement.

Le lieutenant-colonel Stone retourne à Québec.

3. Le lieutenant-colonel F. H. Oxley, du 1er régiment d'artillerie canadienne, Halifax, est nommé officier d'état-major de district provisoire auprès de l'officier commandant le district militaire n° 9.

4. Relativement au paragraphe 1 de l'ordre de la milice n° 273, le *Pomeranian* partira de Halifax le samedi, 27 du mois courant, avec le 2e bataillon de chasseurs canadiens à cheval.

5. Congé a été accordé au lieutenant-colonel Fournier, du 1er février au 31 mai 1900.

Par ordre,

HUBERT FOSTER, Colonel,
Chef d'état-major.

N° 20.

QUARTIER GÉNÉRAL, OTTAWA, jeudi, 25 janvier 1900.

1. Le major général commandant a inspecté les chevaux de l'escadron B et de la compagnie n° 3 de l'escadron A du 1er bataillon des chasseurs canadiens à cheval, à 3 heures de l'après-midi, le 22 de ce mois ; il a aussi inspecté ceux du 2e bataillon le 23 et le 24.

2. M. William Patterson, vétérinaire, s'embarquera sur le bâtiment désigné pour le transport du 1er bataillon des chasseurs canadiens à cheval et de la batterie C de l'artillerie royale canadienne, comme officier vétérinaire, pour aider à avoir soin des chevaux à bord.

3. Le lieutenant-colonel B. H. Vidal, commandant le district militaire n° 8, remplira les fonctions d'aide-adjudant général, à Ottawa, jusqu'à ce que le major Cartwright, aide-adjudant général, soit revenu de l'Afrique du Sud.

4. Les aumôniers et les gardes-malades attachés au 2e contingent sont accrédités comme capitaines et lieutenants, respectivement, et recevront la solde et les suppléments de solde de ces grades.

5. Congé est accordé au lieutenant-colonel Evans, commandant le 1er bataillon de chasseurs canadiens à cheval, du 27 au 29 de ce mois, inclusivement.

Par ordre,

HUBERT FOSTER, colonel,
Chef d'état-major.

N° 24.

QUARTIER GÉNÉRAL, OTTAWA, mardi, 30 janvier 1900.

1. L'officier commandant la brigade d'Ottawa voudra bien désigner les deux plus anciens officiers supérieurs de la garde à pied du gouverneur général pour assister à l'ouverture du parlement en qualité d'officiers supérieurs de service de brigade.

(*a*) Relativement au paragraphe 5*b* de l'ordre de la milice 23, du 29 de ce mois, par rapport au détachement de sergents de la garde à pied du gouverneur général, lire 6 au lieu de 2.

2. Avis public est par le présent donné que l'assemblée annuelle de la Société féderale de tir pour l'élection des officiers et la dépêche d'autres affaires, aura lieu le

mercredi, 21 du mois prochain, à 11 heures de l'avant-midi, dans la salle du comité des chemins de fers de la Chambre des Communes.

3. Relativement au paragraphe 2 de l'ordre de la milice n° 20, du 25 de ce mois, M. Robert Graham a été nommé pour aider au vétérinaire Patterson relativement à l'embarquement des chevaux pour le service spécial en Afrique, et à leur soin. M. Graham accompagnera les chevaux qui doivent être embarqués sur le *Milwaukee*.

4. Relativement au paragraphe 1 de l'ordre de la milice n° 16, le capitaine E. E. F. Taylor, de la garde à pied du gouverneur général, a été choisi pour suivre le cours d'état-major, en outre des officiers y dénommés.

5. Les additions suivantes à l'*Infantry Drill, 1896*, telles que contenues dans l'*Army Order 17*, de janvier 1900, sont publiées pour la gouverne de tous:—

(*a*) Unités du génie en campagne.—Ce qui suit sera ajouté à la 5e partie de l'*Infantry Drill, 1896*:

1. Dans l'article 107, paragraphe 1, ligne 6, après "livres d'exercice" (*drill books*) insérer "et le Manuel de génie militaire".

2. Dans l'article 107, à la fin du paragraphe 1, insérer:—

"Il faut qu'il ne perde pas de vue l'utilité des unités du génie en campagne pour enlever les obstacles, améliorer les routes, jeter des ponts sur les cours d'eau, et aider à fortifier des postes et des positions, tant dans l'attaque que dans la défense."

3. Dans l'article 108, à la fin du paragraphe 2, insérer:—

"Les renseignements qu'il y a moyen de tirer des aréostats, avec l'emploi judicieux de signaleurs et de télégraphes de campagne sont de nature à aider essentiellement un commandant à arrêter ses plans."

4. Après l'article 131, insérer:—

131A. Notes sur l'emploi des unités du génie.

1. Les unités d'aérostatiers, de télégraphistes, de constructeurs de ponts et de voies ferrées sont équipées pour les services que leurs désignations respectives impliquent. Les compagnies d'infanterie en campagne ont un petit équipement de pontonniers, avec un équipement technique d'utilité générale. La compagnie de cavalerie en campagne est équipée pour des services, au fond, semblables à ceux assignés aux compagnies d'infanterie en campagne avec des divisions d'infanterie.

2. Exprimés en termes généraux, les devoirs du génie de campagne sont:—

(i) Pendant "le mouvement en avant", d'aller en reconnaissance avec ses détachements d'aérostatiers, d'enlever les obstacles avec ses compagnies d'infanterie de campagne, et de traverser les rivières avec ses unités de pontonniers;

(ii) Danst l'attaque d'un poste fortifié occupé par l'ennemi, d'aider à la colonne d'assaut à effectuer un logement, et de fortifier toute position qu'un officier général peut désirer occuper avec quelques troupes; et

(iii) Dans la "défense", soit de surveiller l'exécution de grands ouvrages par l'infanterie, soit d'exécuter lui-même des travaux particuliers, tels que la fortification d'un village ou la construction d'une tête de pont, et d'entretenir la communication au moyen des sections de télégraphistes.

3. Un ballon retenu par les hommes du détachement, ou attaché soit à un wagon, à un fardier de chemin de fer, ou à une machine locomotive, forme un utile observatoire mobile. Employé judicieusement, en communication télégraphique ou téléphonique avec le sol, et en correspondance avec les télégraphes militaires, ce devrait être une aide précieuse tant dans l'attaque que dans la défense.

Pour un mouvement simultané en avant sur un grand espace, un signal du ballon, au moyen d'un pavillon ou autre chose, sera souvent utile.

(*b*) Article 76: Feu de bataillon.—La correction suivante sera faite dans l'*Army Order* 209 de 1899:

1. Dans la troisième ligne, au lieu de "ligne 3", lire "le paragraphe tel que modifié par l'*Army Order* 174 de 1898".

2. Biffer le paragraphe 2.

6. Le chef de bataillon J. S. Dunbar, du 8e carabiniers royaux, a temporairement pris le commandement du dépôt régimentaire nº 4 du régiment royal canadien d'infanterie, le 9 du mois courant.

Par ordre,

HUBERT FOSTER, colonel,
Chef d'état-major.

Nº 25.

QUARTIER GÉNÉRAL, OTTAWA, mercredi, 31 janvier 1900.

1. Relativement au paragraphe 2 de l'ordre de la milice 273, le congé du colonel l'honorable M. Aylmer, adjudant général, est prolongé jusqu'au 28 du mois prochain, inclusivement, sur la foi d'un certificat de médecin.

2. Avis est par le présent donné, à titre de renseignement général, que le capitaine A. O. Fages, du régiment royal canadien, a passé les examens sur tous les sujets pour le grade de chef de bataillon, comme le veulent les *Queen's Regulations.*

3. Congé, avec la permission de voyager à l'étranger, a été accordé :—

Au capitaine A. G. Peuchen, du 2e bataillon, Queen's Own Rifles, depuis le 7 du mois dernier jusqu'au 1er mai prochain; et

Au capitaine C. Gardner Johnson, du 5e carabiniers, depuis le 19 de ce mois jusqu'au 20 du mois prochain.

4. Relativement au paragraphe 1 de l'ordre de la milice 273, en date du 30 décembre, le 2e bataillon des chasseurs canadiens à cheval s'est embarqué le 27 du présent mois, sur le *Pomeranian,* pour l'Afrique du Sud.

Voici l'état de situation du bataillon à son départ :—Officiers, 17 ; officier breveté, 1; maréchaux des logis, 22; trompettes, 4; hommes de troupe, 277; chevaux, 295.

Postiche:—1 aumônier, le révérend J. C. Sinnett.

Un officier, 2 maréchaux des logis, 34 hommes et 58 chevaux de ce bataillon restent à Halifax et seront transportés en Afrique par un autre bâtiment.

5. Une liste nominative des officiers postiches du second contingent canadien à été publiée et sera distribuée à tous les intéressés.

Par ordre,

HUBERT FOSTER, colonel,
Chef d'état-major.

Nº 26.

QUARTIER GÉNÉRAL, OTTAWA, jeudi, 1er février 1900.

1. En réponse à la patriotique demande du Très honorable lord Strathcona et Mount-Royal, haut-commissaire du Canada à Londres, la formation d'un corps équipé et armé comme corps de chasseurs à cheval, à ses propres frais, pour le service actif dans l'Afrique du Sud, a été autorisée. Ce corps sera connu sous le nom de "Cavalerie de Strathcona" et se composera d'un état-major de régiment et de trois escadrons, conformément aux *Army Establishments for a Cavalry Regiment, 1898.*

2. ÉTAT-MAJOR DE REGIMENT

Grades.	Personnel.							Chevaux, propriété de l'État.			
	Officiers.	Officier breveté.	Maréch. des logis 1re cl. et maréchaux des logis.	Ouvriers militaires.	Trompettes.	Hommes de troupe.	Total.	De selle.	De trait.	De bât.	Total.
Lieutenant-colonel	1						1	3			3
Commandant en second	1						1	3			3
Adjudant	1						1	3			3
Officier de transport	1						1	3			3
Quartier-maître	1						1	1			1
Officier du service de santé	1						1	2			2
Officier vétérinaire	1						1	2			2
Adjudant sous-officier		1					1	1			1
Maréchal des logis fourrier			1				1	1			1
Sous-officier de transport			1				1	1			1
Maréchal des logis secrétaire			1				1	1			1
Commis expéditionnaire			1				1	1			1
Trompette major			1				1	1			1
Premier maître maréchal ferrant				1			1	1			1
Maître armurier				1			1	1			1
Maître sellier				1			1	1			1
Fabricant d'arçons				1			1	1			1
Conducteurs de bêtes de somme						13	13				
Cuisiniers						2	2				
Conducteurs d'attelages						11	11		22		22
Rouliers						3	3				
Ordonnances pour l'officier de santé						2	2		2		2
Peloton de servants de mitrailleuse						3	3	3			3
Total, état-major de régiment	7	1	5	4	....	34	51	29	24	...	53

COMPOSITION D'UN ESCADRON EN ACTIVITE.

Grades.	Officiers.	Officier breveté.	Maréch. des logis 1re cl. et maréchaux des logis.	Ouvriers militaires.	Trompettes.	Hommes de troupe.	Total.	De selle.	De trait.	De bât.	Total.
Chef d'escadron	1						1	3			3
Capitaine	1						1	3			3
Lieutenants	4						4	12			12
Maréchal des logis chef			1				1	1			1
Maréchal des logis fourrier			1				1	1			1
Maréchaux des logis			8				8	8			8
Maître maréchal ferrant				1			1	1			1
Brigadier maréchal ferrant				1			1	1			1
Maréchaux ferrants				3			3	3			3
Sellier				1			1	1			1
Trompettes					2		2	2			2
Brigadiers						8	8	8			8
Simples soldats						108	108	108		1	109
Conducteurs d'attelages						4	4		8		8
Conducteurs de chevaux de bât						12	12				
Cuisniers						2	2				
Rouliiers						2	2				
Total, escadron en activité	6	....	10	6	2	136	160	152	8	1	161

RÉCAPITULATION.

Grades.	Officiers.	Officier breveté.	Maréch. des logis 1re cl. et maréchaux des logis.	Ouvriers militaires.	Trompettes.	Hommes de troupe.	Total.	De selle.	De trait.	De bât.	Total.
Etat-major de régiment	7	1	5	4	....	34	51	20	24	....	53
Trois escadrons en activité	18	....	30	18	6	408	480	456	24	3	483
	25	1	35	22	6	442	531	485	48	3	536

3. L'enrôlement sera effectué par les commandants d'escadrons, aidés de leurs subalternes, et par des officiers de la gendarmerie à cheval du Nord-Ouest, qui prendront les meilleurs mesures possibles pour ce service.

Les sous-officiers des corps permanents de la milice active et les membres de la gendarmerie à cheval du Nord-Ouest pourront être enrôlés comme simples soldats et provisoirement promus, au besoin, aux différents grades par les commandants d'escadrons, sous réserve de la ratification finale de l'officier commandant le régiment.

4. L'enrôlement se fera et les troupes seront concentrées aux endroits ci-dessous mentionnés, savoir:—

Escadron A.	Lieu d'enrôlement.	Lieu de concentration.
1re compagnie	Winnipeg. Portage-la-Prairie. Brandon Virden.	Ottawa.
2e compagnie	Moosomin.	
3e compagnie	Régina.	
4e compagnie	Prince-Albert. Battleford.	
Escadron B.		
1re compagnie	Calgary.	Ottawa.
2e compagnie	Edmonton.	
3e compagnie	Macleod. Pincher-Creek.	
4e compagnie	Lethbridge Medicine-Hat. Maple-Creek.	
Escadron C.		
1re compagnie	Fort-Steele	Ottawa.
2e compagnie	Nelson.	
3e compagnie	Golden. Revelstoke Vernon.	
4e compagnie	Kamloops. Vancouver. Victoria.	

5. L'état-major de régiment sera organisé au Palais de l'Exposition, à Ottawa, sous le commandement temporaire du lieutenant-colonel Cotton, commandant la brigade d'Ottawa.

Le lieutenant-colonel Steele, commandant du corps, et M. Fred White, contrôleur de la gendarmerie à cheval du Nord-Ouest, feront tous les arrangements nécessaires pour le recrutement, ainsi que pour l'entretien et le transport des hommes et des chevaux depuis le lieu d'enrôlement, etc., jusqu'à Ottawa.

Le Dr McEachran est chargé d'acheter les chevaux voulus dans les Territoires du Nord-Ouest, etc.

Le commandant du corps et le contrôleur de la gendarmerie à cheval du Nord-Ouest prendront, de concert avec l'officier commandant la brigade d'Ottawa, et le quartier-maître général, les dispositions nécessaires pour les détachements d'hommes et de chevaux arrivant à Ottawa.

6. Les hommes seront enrôlés, sous réserve de la visite du médecin, aux endroits départis à chaque compagnie; de sorte que chaque compagnie d'un escadron représentera la localité ou les localités à elles départies.

Il sera accepté des volontaires autres que ceux mentionnés plus haut, pourvu qu'ils soient bons cavaliers, bons tireurs et célibataires, et qu'ils réunissent les qualités voulues sous d'autres rapports.

Qualités requises:—Stature, au moins 5 pieds 6 pouces, avec 34 pouces de tour de poitrine.

Age:—Pas moins de 22 ni plus de 40 ans.

7. Les conditions du service sont les suivantes:—

(*a*) Service, sous l'empire de l'*Army Act*, d'une durée de six mois susceptible d'être portée à un an.

(*b*) Vivres, habillement et équipement—sellerie comprise—fournis gratuitement.

(*c*) Paye suivant le tarif établi pour la gendarmerie à cheval du Nord-Ouest jusqu'à la date du débarquement en Afrique du Sud, après quoi la solde sera servie par le gouvernement impérial conformément au mandat royal pour la paye.

Type de chevaux. Age:—entre 5 et 10 ans. Taille: de 14½ à 15½ paumes, et virtuellement sains.

9. La sellerie sera du modèle en usage dans la gendarmerie à cheval du Nord-Ouest.

10. L'officier commandant le régiment et les officiers de la gendarmerie à cheval du Nord-Ouest voudront bien procurer le local voulu pour la visite du médecin et pour les écritures nécessaires. Ils augmenteront, au besoin, le personnel de commis, et fourniront la papeterie nécessaire.

11. La visite des hommes sera faite par des officiers du service de santé des corps permanents et de la gendarmerie à cheval du Nord-Ouest, ou bien, là où l'on ne pourra pas avoir les services de pareils officiers, par des médecins que choisiront l'officier commandant ou le sous-commissaire de la gendarmerie à cheval du Nord-Ouest. Quand la visite sera faite par des officiers de santé non à l'emploi du gouvernement d'une manière permanente, il faudra, le recrutement fini, qu'il soit envoyé au quartier général, à Ottawa, un état du nombre d'hommes visités, certifié par l'officier commandant, en vue de la rémunération du médecin.

Il est enjoint aux médecins d'être soigneux et stricts dans la visite des recrues. Ils se guideront sur les paragraphes 496 à 527 des *Begulations for Army Medical Services, 1897,* dont l'officier commandant et le sous-commissaire de la gendarmerie à cheval fourniront, au besoin, des exemplaires aux médecins civils.

12. Il sera envoyé à l'officier commandant et au sous-commissaire de la gendarmerie à cheval du Nord-Ouest des formules de serment qui seront remplies par l'officier enrôleur et signées par le volontaire en la présence de l'officier enrôleur, qui les signera aussi. C'est ce qui constitue l'enrôlement du volontaire.

L'officier commandant paiera les hommes ainsi enrôlés, à même les fonds qui seront mis à sa disposition, suivant le tarif établi pour la gendarmerie à cheval du Nord-Ouest, et ce à partir de la date de leur prestation du serment au drapeau. Il sera pareillement servi du fourrage pour tous les chevaux après enrôlement, ou bien, à sa place, une indemnité selon les règlements de la gendarmerie à cheval du Nord-Ouest.

13. Voici le tarif relatif de solde :

Gendarmerie à cheval du Nord-Ouest.	*Troupe du service spécial.*	$ c.
Commissaire	Lieutenant-colonel	7 12
Sous-commissaire	Chef d'escadron	4 38
Surintendant	Capitaine	3 84
Inspecteur	Lieutenant	2 75
Chirurgien	Officier du service de santé	3 84
Vétérinaire	Officier vétérinaire	2 75

Gendarmerie à cheval du Nord-Ouest.	Par jour.	*Troupe du service spécial.*	Par jour.
Maréchal des logis de 1re cl. (haute paye)	2 00	Adjudant sous-officier	$2 00
Autres maréchaux des logis de 1re classe (haute paye)	1 50	Mrchl des logis chef d'escadron	1 50
		Mrchl d. logis fourr. d'escadron	1 50
		Maréchal des logis secrétaire	1 50
		Infirmier-major	1 50
		Payeur	1 50
Autres sous-officiers, maréchaux des logis	1 00	Commis expéditionnaire	1 00
		Maréchal des logis	1 00
Autres sous-officiers, brigadiers	0 85	Brigadier	0 85
Gendarme	0 75	Simple soldat, suivant longueur de service	.50 à 0 75
		Premier maître mrchl ferrant	1 75
		Maître maréchal ferrant	1 50
Autres. ouvriers militaires		Brigadier	1 25
		Simple soldat	1 25
		Trompette	1 00

14. Pendant leur formation les compagnies et escadrons de cavalerie seront administrés ainsi :—

(*a*) Les escadrons seront sous les ordres de l'officier commandant et des officiers de la gendarmerie à cheval du Nord-Ouest.

(*b*) Dans les localités où sont casernées des unités de la troupe permanente et de la gendarmerie à cheval du Nord-Ouest, hommes et chevaux seront encadrés dans ces unités pour la discipline, la nourriture et le logement. Si c'est possible, il sera tiré des couvertures des magasins. Ailleurs, l'officier commandant et le sous-commissaire de la gendarmerie à cheval du Nord-Ouest feront ce qu'ils jugeront à propos. Ils pourront soit les loger dans des salles d'exercice ou autres bâtiments et les y coucher sur de la paille, et faire marché avec quelqu'un pour leur nourriture, soit leur servir une indemnité de 60 cents par jour, qui, avec leur paye quotidienne, couvrira leurs frais de subsistance et de logement. L'officier commandant et le sous-commissaire de la gendarmerie à cheval du Nord-Ouest feront les arrangements nécessaires pour le chauffage et l'éclairage.

(*c*) Après l'enrôlement il sera fait un rapport pour ordres à l'officier commandant à Calgary, qui prendra des mesures pour faire transporter les hommes et les chevaux au lieu de concentation.

(*d*) Les officiers paieront toutes dépenses sur les fonds à eux envoyés à titre d'avance par l'officier commandant, fournissant ensuite des reçus en double expédition pour toute dépense qu'ils auront faite en exécution des présentes instructions.

15. Les sous-officiers et soldats de la troupe permanente et de la gendarmerie à cheval du Nord-Ouest, pourront faire compter leur service dans ce corps comme partie de leur engagement dans la dite troupe permanente ou dans la gendarmerie à cheval du Nord-Ouest.

16. Les miliciens et les membres de la gendarmerie à cheval du Nord-Ouest qui s'enrôlement se présenteront vêtus de leurs uniformes, qu'au besoin ils demanderont au

commandant de leur corps et dont ils donneront un récépissé, lequel sera pour ce dernier une pièce justificative le déchargeant de toute responsabilité relativement aux tenues ainsi servies.

17. Les manœuvres seront celles de l'infanterie montée et de la cavalerie *(Cavalry Drill, 1898)*, qu'on trouvera dans le *Manual of Drill for Mounted Troops*, dont il sera fourni un nombre restreint d'exemplaires.

Organisation et administration en conformité de ce qui précède et des *Queen's Regulations*.

18. Aux officiers nommés à cette troupe seront gratuitement fournis les articles suivants, savoir:—

2 tuniques vareuses de serge verte foncée ou bleue,
2 pantalons de serge verte foncée ou bleue,
2 tuniques vareuses de khaki,
2 pantalons de khaki,
1 pantalon de drap, et
1 revolver avec des cartouches.

Les officiers apposeront à leurs vêtements de serge les signes distinctifs de leurs grades.

Le ceinturon " Sam Browne " est celui qui sera porté.

19. Les armes suivantes seront celles que porteront les hommes, savoir:—

1 fusil Lee-Enfield du calibre de ·303,
1 sabre-baïonnette, et
1 revolver Colt du calibre de ·44.

Des manuels provisoires du service en campagne, indiquant l'équipement qu'il faut et comment il se porte, seront distribués sur le pied de 1 exemplaire par officier et 1 exemplaire par escadron.

20. Pour que l'habillement, la coiffure et la chaussure aillent comme il faut aux hommes, les commandants d'escadrons enverront, à la fin de chaque jour, au chef d'état-major, Ottawa, des contrôles par rang de taille des volontaires enrôlés. Ces contrôles donneront la stature des hommes, avec le tour de la poitrine et de la taille, la circonférence de la tête et le point de la chaussure, conformément aux instructions suivantes:—

(*a*) La stature s'entend de la grandeur d'un homme déchaussé.

(*b*) Le tour de poitrine se mesure, à l'aide d'un ruban, par-dessus la camisole et la chemise seulement, et au plus près sous les bras ; la mesure de la taille se prend, assez serrée, par-dessus le pantalon.

(*c*) Il faut mesurer la stature et le tour de la poitrine et de la taille aussi exactement que possible, vu que les vêtements seront faits considérablement plus amples que la mesure.

(*d*) Pour prendre la circonférence de la tête pour un casque, il faut mesurer un chapeau qui va à l'homme, et non la tête de ce dernier. Il sera servi des bonnets de campagne en numéros d'un demi-pouce plus grands que les casques.

(*e*) Il faut donner le point de la chaussure généralement portée. Il sera subvenu aux besoins sous ce rapport à même un approvisionnement emmagasiné au lieu de concentration. Au besoin, il sera servi des fausses semelles avec la chaussure.

21. Immédiatement après la concentration à Ottawa, il sera préparé une liste nominative des sous-officiers et des hommes, sur des modèles qui seront fournis à cette fin. Les papiers d'engagement seront envoyés à l'officier commandant le régiment au lieu de concentration, pour servir à préparer la liste nominative, et après que la liste nominative aura été dressée ces papiers seront renvoyés au commissaire de la gendarmerie à cheval du Nord-Ouest.

22. Les officiers, sous-officiers et soldats pourront transporter leur solde à ceux qui dépendent d'eux, jusqu'à concurrence de 20 jours de paye par mois.

Il leur sera procuré à cette fin des formules qui devront être remplies en triple expédition, après la concentration du corps à Ottawa, et il sera envoyé deux copies de cette formule, signées par l'officier commandant, au chef d'état-major, au quartier général de la milice. La troisième copie sera gardée pour la gouverne de l'officier commandant dans le règlement de ses comptes avec le département.

23. Il sera loisible aux officiers qui ont des commissions de s'enrôler dans cette troupe, mais on exigera d'eux qu'ils donnent leur démission avant de prêter serment au drapeau. Jusqu'à nouvel ordre, les commandants de corps ne demanderont pas que les vacances ainsi produites soient remplies.

24. Chaque officier touchera $150 à titre de gratification d'entrée en campagne, avec une avance de $60 sur sa solde. Ces montants leur seront payés dès que leur nomination sera annoncée dans les ordres de la milice.

25. Pour faire vite, toute correspondance—demandes officielles et réclamations comprises—ayant trait à ce crops sera marquée du mot " Strathcona ", en rouge, dans le coin supérieur de droite. Les enveloppes couvrant la correspondance seront pareillement marquées.

26. Il sera fourni 50 cartouches de la marque II, S.A.A. par fusil, avec 50,000 cartouches de mitrailleuse par canon Maxim.

27. L'équipement régimentaire, y compris le campement au complet (à l'exception des couvertures), l'attirail de piquetage et des fers à cheval pour 3 mois, seront mis à bord. Il faudrait que le matériel de campement fût placé de telle façon qu'on pût y avoir facilement accès en arrivant en Afrique du Sud.

28. Il sera distribué de la sellerie à l'endroit fixé pour le rendez-vous. Pour être expédiée par chemin de fer à Halifax et être mise à bord du navire, cette sellerie sera paquetée dans des sacs de toile à voiles fournis à cette fin et portant le nom du corps, la lettre de l'escadron et le numéro consécutif du harnachement. Il y en aura une réserve à Halifax.

29. Les voitures du corps et autres voitures de transport seront délivrées directement et mises à bord du navire à Halifax.

30. Les armes et l'équipement seront servis à Halifax avant l'embarquement.

31. Une quantité considérable d'enduit hydrofuge et d'huile sera mise à la disposition de la troupe à Halifax, et il en sera emporté une réserve considérable à bord du navire.

32. (*a*) A Ottawa il sera délivré des collections complètes d'outils de maréchaux ferrants, avec une quantité proportionnelle de fers à cheval.

(*b*) Il sera aussi distribué, à Ottawa, des collections complètes d'outils de selliers, avec un stock de cuir.

(*c*) Il sera fourni deux assortiments d'outils de savetiers, avec du cuir.

(*d*) Il sera fourni un approvisionnement complet de matériaux et outils de tailleurs.

3. Les effets d'habillement, de petit équipement, etc., dont suit la nomenclature, seront servis au lieu de concentration, savoir:—

Par homme.	Articles.
Tuniques vareuses de serge verte, avec collet blanc et soutache..	2
Pantalons, vert foncé, avec bande rouge	2
Tuniques vareuses de khaki, avec collet rabattu	2
Pantalons de cheval, khaki, garnis de sous-pieds	2
Pantalon de drap bleu, pour l'hiver	1
Jambières (*putties*), khaki, paire	1
" " drap noir, paire	1
Bottes, modèle spécial, paire	1
Souliers à recouvrement, paires	2
Vareuses de matelot, bleue	1
Chapeau de bouvier	1
Bonnet de campagne	1
Tuque (usage immédiat)	1
Manteau	1

Articles.	Par homme.
Pèlerine	1
Manteau imperméable (modèle d'officier)	1
Caleçons	1
Chemises de flanelle	3
Ceintures de flanelle	2
Bretelles, paires	2
Chaussettes, paires	2
Sacoche (peigne, couteau, fourchette, cuiller)	1
Essuie-mains	2
Cordons de souliers, paires	5
Mouchoirs de poche	2
Eperons d'ordonnance (pour les hommes montés), paire	1
Petits bidons	1
Etui-musette	1
Souliers de toile, paire	1
Couteau pliant et cordon	1
Gamelle, modèle de cavalerie	1
Trousse garnie	1
Boîte de graisse	1
Etrille (hommes montés)	1
Brosse à cheval (hommes montés)	1
Eponge de pansage	1
Brosse rude	1
Brosse à habits	1
Drap imperméable	1
Couvertures	3
Courroie de literie	1
Couverture de cheval (1 par cheval)	1
Rouleau (*roller to fasten horse clothing*)	1
Housse (1 par cheval)	1
Brosse à cheveux	1

ARMES ET GRAND ÉQUIPEMENT.

Sabre-baïonnette avec porte-baïonnette	1
Bretelle de fusil	1
Fusil Lee-Enfield	1
Ceinturon de cuir brun	1
Revolver et étui	1
Bandoulière-cartouchière	1

34. Tous les effets d'habillement, d'équipement, etc., seront servis à Ottawa, ou expédiés au lieu d'embarquement, suivant que convenu entre le commandant du corps et la division civile du ministère de la Milice.

35. L'officier commandant fera en sorte que le corps sous ses ordres reçoive ce qu'il jugera à propos qu'il ait d'effets d'habillement à porter à Ottawa ou à bord du navire. Le reste sera envoyé en bloc en Afrique.

36. A Ottawa il sera distribué quatre couvertures par homme pour l'usage de la troupe avant l'embarquement. Ces couvertures seront transportées à bord du navire pour l'usage des hommes, et ce qui en sera de trop à l'arrivée sous les tropiques sera versé en magasin à bord, et conséquemment mis de côté.

(*a*) Il faudra une réserve de couvertures de cheval après l'embarquement. Cette réserve sera servie, avant l'embarquement, pour les chevaux qui arriveront sans couvertures des territoires du Nord-Ouest, ou d'ailleurs.

37. Il sera fourni et mis à bord du navire deux tondeuses à manivelle.

38. Il sera pris des mesures pour l'instruction et la pratique du tir au moyen du tube Morris à bord du navire.

39. L'échelle de rations pour les troupes et de fourrage pour les chevaux à bord des bâtiments de mer a été approuvée, et sera mise à la disposition de tous les intéressés.

40. L'attention est appelée sur le paragraphe 1497, des *Queen's Regulations, 1899,* relativement à l'expédition des bagages, des effets, etc., et de tous colis par bâtiment de mer :—

(*a*) Le bagage excédant les quantités allouées par les règlements est prohibé.

(*b*) Sur chaque colis doivent être distinctement marqués le nom, le grade et le corps de son propriétaire, et, sur le dessus, la nature du contenu, tel que "bagage et effets personnels", "vêtements" et "équipement".

Sont prohibés les cadenas, les poignées et autres saillies qui font perdre de la place dans l'arrimage.

(*c*) Tout lourd bagage individuel devra être expédié à Halifax de manière à y arriver avant l'embarquement.

(*d*) Chaque homme se rendant à Halifax devra prendre soin de sa sacoche et de son havresac ou autres sacs, et en chemin de fer ces articles seront dans la voiture avec lui, et non dans le wagon à bagages.

(*e*) Les colis contenant des effets et des articles d'équipement devront être marqués, ainsi:—

TROUPES CANADIENNES DU SERVICE SPÉCIAL.

STRATHCONA'S HORSE.

AFRIQUE DU SUD.

N°.....................................

Contenu.......................................

Navire ....

Propriétaire ....

(*f*) Les commandants d'escadrons feront en sorte que les effets d'équipement soient marqués quand on les distribuera.

Il sera distribué des patrons et des matériaux de marquage aussitôt que possible.

41. Les comptes de voyage présentés par les officiers nommés à ce corps pourront être payés à même les fonds avancés pourvu que l'exactitude en soit préalablement établie. Les comptes seront certifiés en la manière ordinaire, marqués "payé" et remis au comptable du ministère de la Milice et Défense.

42. Après avoir été formé à Ottawa, le corps sera transporté à Halifax, où ils s'embarquera pour l'Afrique du Sud à une date qui sera annoncée ultérieurement, probablement au commencement de mars.

Par ordre,

HUBERT FOSTER, colonel,
Chef d'état-major.

N° 27.

QUARTIER GÉNÉRAL, OTTAWA, vendredi, 2 février 1900.

1. Sur la foi d'un certificat de médecin, congé est accordé au lieutenant-colonel F. G. Stone, commandant l'artillerie canadienne, du 30 janvier au 28 du présent mois.

2. Tous les officiers auxquels il a été ouvert des crédits pour l'achat de chevaux destinés aux chasseurs canadiens à cheval et à l'artillerie royale canadienne, fourniront aussitôt que possible, s'ils ne l'ont pas encore fait, un état détaillé, avec pièces à l'appui, montrant comment le crédit a été employé, et accompagné d'un certificat de dépôt en faveur du receveur général pour la balance non dépensée, s'il en est.

3. L'attention des officiers de districts commandants et autres officiers intéressés est appelée sur l'ordre général 17 de 1898. Ils voudront bien faire promptement, à la fin de chaque trimestre, les rapports trimestriels dont il y est question.

4. Relativement au paragraphe 1 de l'ordre général 16, en date du 20 de ce mois, le capitaine et major titulaire W. J. Mutton, du 2e bataillon, *Queen's Own Rifles*, ne se présentera pas pour suivre le cours d'état-major en question.

5. Il a plus à l'honorable Ministre approuver la nomination du chirurgien-lieutenant R. K. Kilborn, chirurgien-lieutenant surnuméraire, du 47e bataillon "Frontenac", aux fonctions d'officier de santé du collège militaire royal, avec la solde de son grade pendant qu'il sera ainsi employé.

6. Relativement à l'ordre de la milice 265, 3e partie (8), du 20 décembre dernier, et à l'ordre de la milice 2 (2), du 3 du mois dernier, les officiers de districts commandants voudront bien envoyer sans retard les états qui y sont demandés.

Les officiers de districts commandants auxquels, une fois leurs rapports faits, il restera des exemplaires du modèle a eux fourni, voudront bien les renvoyer au chef d'état-major, quartier général.

Par ordre,

HUBERT FOSTER, colonel,
Chef d'état-major.

N° 28.

QUARTIER GÉNÉRAL, OTTAWA, samedi, 3 février 1900.

1. Pendant que le lieutenant-colonel Roy, officier de district commandant le district militaire n° 6, suivra le cours d'état-major au collège militaire royal de Kingston, le lieutenant-colonel W. D. Gordon, commandant le district militaire n° 5, commandera aussi temporairement le district militaire n° 6. Toute correspondance devra par conséquent être adressée à l'officier de district intérimaire commandant le district militaire n° 6, Montréal, P.Q.

2. Avis public est par le présent donné qu'il a plu au feld-maréchal Roberts, commandant l'armée anglaise dans l'Afrique australe, choisir le capitaine et chef de bataillon titulaire S. J. A. Denison, du régiment royal canadien, pour faire fonction d'aide de camp dans son état-major.

Par ordre,

HUBERT FOSTER, colonel,
Chef d'état-major.

N° 29.

QUARTIER GÉNÉRAL, OTTAWA, lundi, 5 février 1900.

1. Congé, avec permission de voyager à l'étranger, a été accordé:—

Au capitaine H. A. Bate, des gardes à pied du gouverneur général, du 27 du mois dernier au 31 mars prochain; et

Au capitaine D. D. Cameron, du 78e bataillon, depuis le 29 du mois dernier jusqu'au 28 juillet prochain.

Par ordre,

HUBERT FOSTER, colonel,
Chef d'état-major.

N° 32.

QUARTIER GÉNÉRAL, OTTAWA, jeudi, 8 février 1900.

1. Avis public est par le présent donné que l'officier commandant le 2e bataillon du service spécial, régiment Royal Canadien, fait promptement rapport des décès par le câble, et que les officiers de districts commandants intéressés en sont immédiatement informés par télégramme afin que la famille et les amis du décédé puissent être avertis dans le plus bref délai possible.

A l'avenir, ces pertes seront, de plus, annoncées dans le premier ordre de la milice publié après la réception du rapport.

Les commandants des corps qui sont actuellement en route pour l'Afrique du Sud ont pareillement reçu instruction de faire rapport de toutes pertes.

Voici l'état de la perte jusqu'à présent:—

N° matricule.	Grade et nom.	Date du décès.	Cause du décès.
7452	Soldat E. Deslauriers........	3 novembre 1899....	Syncope de cœur.
7914	" M. C. Chappel.........	13 décembre 1899....	Amygdalite.
7157	" J. E. Farley...........	4 février 1900....	Fièvre entérique.

2. Congé, avec permission de voyager à l'étranger, est accordé:—

Au lieutenant-colonel J. B. Maclean, des hussards canadiens du duc d'York, du 14 de ce mois au 14 mars; et

Au lieutenant E. T. Leprohon, du 65e bataillon, depuis le 5 de ce mois jusqu'au 4 août.

3. Le congé du capitaine Foulkes, du 5e régiment d'artillerie canadienne, est prorogé du 28 de ce mois au 10 avril.

Par ordre,

HUBERT FOSTER, colonel,
Chef d'état-major.

N° 33.

QUARTIER GÉNÉRAL, OTTAWA, vendredi, 9 février 1900.

1. Avis public est donné que le bâtiment à vapeur le *Milwaukee* sera prêt à recevoir du matériel lundi, le 12 de ce mois, et à embarquer hommes et chevaux le 20.

2. Le lieutenant John A. McDonald, du 82e bataillon, est temporairement attaché au 1er bataillon de chasseurs canadiens à cheval, organisé pour le service spécial dans l'Afrique du Sud.

A son arrivée en Afrique australe, cet officier passera au 2e bataillon du service spécial, régiment Royal Canadien, et sera absorbé s'il y a une vacance, ou s'il s'en produit une par la suite.

3. M. T. F. Best accompagnera le corps expéditionnaire sur le *Milwaukee*. Le département ne répond de rien en ce qui concerne le logement et la subsistance de ce gentleman après l'arrivée en Afrique australe; il ne garantit pas non plus qu'il pourra accompagner la troupe après le débarquement.

4. Excepté en cas d'urgence, les demandes d'indemnités au lieu de rations, etc.; et aussi d'indemnité d'habillement des sous-officiers et soldats des corps permanents seront présentées tous les trois mois, soit les 1er janvier, avril, juillet et octobre.

Quand il sera réclamé des arrérages, il faudra expliquer pourquoi ces montants n'ont pas été demandés à leur échéance, et ces demandes devront être présentées séparément.

Dans toutes les réclamations d'habillement il faut dire le prix des articles, comme aussi la période de service, et si c'est pour la première, deuxième ou troisième année de service.

Par ordre,

HUBERT FOSTER, colonel,
Chef d'état-major.

N° 34.

QUARTIER GÉNÉRAL, OTTAWA, samedi, 10 février 1900.

ÉCOLES ROYALES D'INSTRUCTION MILITAIRE, CANADA.

GRADE, NOM ET CORPS.	Classe.	Cours.	Grade.	POUR-CENT DE POINTS OBTENU.		
				Epreuve écrite.	Epreuve pra-tique.	Pour-cent moyen.
Cavalerie.						
Sous-lieut. I. R. Snider, des dragons du Manitoba..	Sub.	Sp	A	80	68	69·84
Artillerie.						
Lieutenant J. N. S. Leslie, de l'art. roy. cauadienne.	1	Lg	A	91	88·42	89·5
Maréc. des log. G. A. Hussey, de le 9e batt. de camp.	2	S	B	$60\frac{1}{3}$	$56\frac{7}{8}$	58
Brigadier E. J. Potvin, de la 15e batt. de campagne.	2	S	B	$38\frac{1}{3}$	$56\frac{5}{6}$	50
Trompette W. H. Barker, de la 2e batt. de camp,..	1	S	B	....	Tromp.	....
" W. Tucker, de la 4e batt. de campagne.	1	S	B	....	"	....

Par ordre,

HUBERT FOSTER, colonel,
Chef d'état-major.

N° 35.

QUARTIER GÉNÉRAL, OTTAWA, lundi, 12 février 1900.

1. Il a plu à l'honorable Ministre consentir à ce que le sous-lieutenant R. Wood, du 10e grenadiers royaux, soit, jusqu'à nouvel ordre, attaché au régiment Royal Canadien. Le sous-lieutenant Wood se présentera, pour le service, au dépôt régimentaire n° 2.

2. Une commission d'officiers s'assemblera à Halifax, aux jour, lieu et heure fixés par son président, dans le but d'examiner les officiers sur l'équitation, conformément à l'ordre général 118 de 1898.

Président de la commission: le chef d'escadron V. A. S. Williams, des dragons royaux canadiens.

Membres: le capitaine R. E. W. Turner, des hussards canadiens de la Reine, et le lieutenant C. T. Van Straubenzie, des dragons royaux canadiens.

Les procès-verbaux de la commission seront envoyés au quartier général à Ottawa.

3. L'officier commandant le 2e bataillon du service spécial, régiment royal canadien, a, le 11 de ce mois, annoncé le décès du soldat J. J. Purcell—n° matricule 3264—(de l'artillerie royale canadienne), mort de la fièvre entérique.

4. Le lieutenant R. A. Girouard, du 42e bataillon, a suivi le cours des élèves au dépôt régimentaire n° 5 du régiment royal canadien d'infanterie, et a passé les examens.

Par ordre,

HUBERT FOSTER, colonel,
Chef d'état-major.

N° 36.

QUARTIER GÉNÉRAL, OTTAWA, mardi, 13 février 1900.

1. Le 1er bataillon des chasseurs canadiens à cheval quittera Toronto par le Grand-Tronc à 7 heures du soir, le jeudi, 15 de ce mois. La batterie C (du service spécial) d'artillerie royale canadienne quittera Kingston par le Grand-Tronc à 9 heures du matin, le jeudi, 15 de ce mois. Les officiers de districts commandants que cela regarde prendront leurs mesures pour que ces troupes montent en chemin de fer en conséquence.

2. La commission suivante sera assemblée conformément au paragraphe 1484 des *Queen's Regulations, 1899,* pour inspecter les aménagements faits et les dispositions prises pour loger et nourrir les troupes devant s'embarquer sur le *Milwaukee,* qui partira d'Halifax le 21 de ce mois :—

Président: le lieutenant-colonel F. H. Oxley, du 1er régiment d'artillerie canadienne.

Membres: le chef de bataillon S. J. R. Sircom, officier d'embarquement; le capitaine Bloomfield Douglas, ci-devant de la marine royale, et le chirurgien-lieutenant-colonel W. Tobin, officier de santé le plus ancien.

Les officiers de santé et vétérinaires qui doivent s'embarquer avec les troupes assisteront à cette inspection.

La commission s'assemblera aux jour et heure fixés par l'officier de district commandant le district militaire n° 9. Le procès-verbal de l'inspection sera soumis à l'officier de district commandant.

3. Il a plu à l'honorable Ministre nommer le chef de bataillon S. J. R. Sircom, du 63e carabiniers d'Halifax, aux fonctions d'officier d'embarquement pour l'embarquement des troupes, des chevaux, etc., sur le *Milwaukee.*

4. Les détachements du 2e bataillon des chasseurs canadiens à cheval, et des batteries D et E de la division de brigade d'artillerie de campagne, qu'il reste à embarquer pour le service spécial en Afrique-Sud, seront encadrés dans le 1er bataillon des chasseurs canadiens à cheval, et dans la batterie C du service spécial, respectivement, jusqu'à l'arrivée en Afrique.

5. Relativement à l'ordre de la milice n° 14 (2), en date du 18 du mois dernier, les commandants de districts militaires procéderont immédiatement à la visite médicale et à l'enrôlement des ouvriers militaires y mentionnés.

Après enrôlement ces homes seront pouvus de réquisitions de transport pour le voyage d'Halifax (où il faudrait qu'ils arrivassent pas plus tard que mardi, le 20 de ce mois) et d'une somme d'argent suffisante pour couvrir les frais de leur subsistance en route, conformément à l'ordre général 127 de 1899. Cette avance sera faite par l'officier de district commandant à même les fonds mis à sa disposition pour le service spécial.

Les officiers de districts commandants feront connaître, par télégramme, à l'officier de district commandant le district militaire n° 9, le nombre des ouvriers envoyés de leurs districts respectifs, et le jour probable de leur arrivée.

En arrivant à Halifax les ouvriers se présenteront à l'officier de district commandant le district militaire n° 9, qui prendra les mesures nécessaires pour qu'ils soient encadrés dans le 1er bataillon des chasseurs canadiens à cheval. L'officier commandant le 1er bataillon les ajoutera à son bordereau de pays sur le pied de la solde allouée aux ouvriers militaires des troupes du service spécial, c'est-à-dire, $1.25 par jour, jusqu'à leur arrivée en Afrique australe, après quoi ils seront payés suivant le tarif impérial.

6. Le major général E. T. H. Hutton, C.B., aide de camp de Sa Majesté, ayant été choisi pour le service spécial en Afrique, résigne le commandement de la milice canadienne et repart pour l'Angleterre jeudi, le 15 de ce mois.

En quittant le Canada le major général Hutton dit à regret et cordialement adieu à ses camarades de tous grades dans la milice, qui l'ont si loyalement appuyé dans les divers changements et développements inaugurés dans le cours des derniers dix-huit mois. Il espère que le surcroît de valeur qui a résulté des persistants et enthousiastes efforts de tous sera maintenu, et, de plus, que le service militaire du Canada restera au niveau qu'il a atteint comme privilège honoré et devoir sacré envers l'Etat.

Le major général Hutton gardera toujours un souvenir agréable de l'aide qu'il a reçue du chef d'état-major général, ainsi que des officiers de districts commandants et des instructeurs de cavalerie et d'artillerie.

7. A l'occasion du départ du major général E. T. H. Hutton, C.B., aide de camp de Sa Majesté le Reine, le 15 du présent mois, et de sa renonciation au commandement de la milice canadienne, il sera fourni une garde d'honneur, avec musique, et tiré une salve. L'officier commandant la brigade d'Ottawa prendra les mesures voulues pour cela.

Par ordre,

HUBERT FOSTER, colonel,
Chef d'état-major.

N° 37.

QUARTIER GÉNÉRAL, OTTAWA, mercredi, 14 février 1900.

1. Avis est donné, pour la gouverne de tous les intéressés, que les chasseurs canadiens à cheval seront payés suivant le tarif de solde de la cavalerie tel que prévu par le mandat royal, tant qu'ils seront au service spécial dans l'Afrique du Sud.

2. Les officiers suivants se rendront en Afrique australe par le *Milwaukee* pour remplacer les officiers attachés pour les fins d'instruction et qui ont été nommés à des grades dans les chasseurs canadiens à cheval et dans la division de brigade d'artillerie de campagne, savoir:—

Le lieutenant-colonel W. D. Gordon, commandant le district militaire n° 5;

Le major T. L. Boulanger, de la 1re batterie de campagne de Québec ; et

Le lieutenant J. E. Birch, du 2e dragons.

3. Relativement au paragraphe 2 de l'ordre de la milice n° 20, M. Robert Graham, y mentionné, touchera la solde de chef de bataillon et sera traité comme officier à bord du navire.

M. Richard Johnson et M. John McGrath se rendront aussi en Afrique australe sur le *Milwaukee*, pour aider à prendre soin des chevaux; ils seront payés sur le pied de $1.50 par jour et traités comme sous-officiers à bord du navire.

4. Relativement à l'ordre de la milice n° 12 (1*a*), en date du 16 du mois dernier, la batterie B de la division de campagne d'artillerie royale canadienne partira pour Kingston mercredi, le 21 de ce mois.

5. Aux corps permanents suivants sont respectivement attachés, pour le service, les officiers ci-après dénommés, savoir :—

A la division de place d'artillerie royale canadienne, le capitaine F. W. L. Moore, du 4e régiment d'artillerie canadienne, et

Au dépôt régimentaire n° 5 du régiment royal canadien d'infanterie, le lieutenant J. Grant, du 66e bataillon.

Les officiers de districts commandants que cela regarde donneront instruction à ces officiers de se rendre à Québec et de se présenter à l'officier commandant la citadelle.

Par ordre,

HUBERT FOSTER, colonel,
Chef d'état-major.

N° 38.

QUARTIER GÉNÉRAL, OTTAWA, jeudi, 15 février 1900.

1. Les officiers ci-après dénommés ont suivi le cours des élèves au dépôt régimentaire n° 5 du régiment royal canadien d'infanterie, et ont passé les examens, savoir :

Le sous-lieutenant W. A. Cook, du 8e bataillon ;
" J. O. Lachance, du 18e bataillon ;
" H. Warren, "
O. Lachance, "
C. D. Ouellet,
E. Tremblay,
P. Desbiens,
A. C. Ouellet,
T. H. Martin, "
O. Tremblay

2. Congé, avec permission de voyager à l'étranger, est accordé au lieutenant L. F. Turgeon, du 92e bataillon, depuis le 1er de ce mois jusqu'au 31 mai.

Par ordre,

HUBERT FOSTER, colonel,
Chef d'état-major.

N° 39.

QUARTIER GÉNÉRAL, OTTAWA, vendredi, 16 février 1900.

1. Le lieutenant-colonel H. H. Burney, du personnel du collège militaire royal, ayant quitté cette institution pour rejoindre son régiment, et les officiers des corps permanents se trouvant dans la nécessité de rejoindre leurs unités respectives, le cours d'état-major qui se poursuit actuellement au collège militaire royal sera discontinué à partir du 17 de ce mois.

Le commandant du collège militaire royal voudra bien enjoindre aux officiers qui suivent le cours de retourner à leurs postes respectifs.

2. Sir Alfred Milner, haut commissaire, colonie du Cap, a annoncé à Son Excellence le Gouverneur général le décès du soldat Douglas Moore (n° matricule 7089), du régiment royal canadien, mort de la fièvre entérique le 14 de ce mois.

Par ordre,

HUBERT FOSTER, colonel,
Chef d'état-major.

N° 42.

QUARTIER GÉNÉRAL, OTTAWA, mardi, 20 février 1900.

Les renseignements suivants à l'égard des pensions et indemnités accordées par le gouvernement impérial dans les cas d'officiers et soldats blessés ou tués au service actif, lesquelles sont applicables aux contingents coloniaux servant dans la présente campagne en Afrique australe, sont publiés pour la gouverne de tous les intéressés :—

OFFICIERS.

Pour la perte d'un œil ou d'un membre, ou pour un mal corporel équivalent à la perte d'un membre, il est accordé d'abord une gratification pécuniaire équivalente à une année de solde entière; et à la fin de l'année il est accordé une pension selon l'échelle suivante :—

Colonel ou lieutenant-colonel	$1,460 00 par année.
Major, ou chef de bataillon ou d'escadron....	973 33
Capitaine	486 66
Lieutenant	340 66

Lorsque le mal corporel, bien que très grave et d'un effet durable, n'équivaut pas à la perte d'un membre, il est accordé une pareille gratification, mais la pension est réduite de moitié.

En raison de blessures très sérieuses, mais moins graves que ce qui précède, il est accordé une gratification de trois à douze mois de solde d'activité, suivant les circonstances, mais pas de pension.

PENSIONS EN RAISON DE BLESSURES REÇUES À LA GUERRE, ETC.—OFFICIERS BREVETÉS, SOUS-OFFICIERS ET SOLDATS.

Aux sous-officiers et soldats libérés comme n'étant plus propres au service à cause de blessures, etc., il est accordé des pensions d'après l'échelle suivante, suivant le degré auquel l'homme est incapable de gagner sa vie, savoir :—

Officiers brevetés.	De 24 cents à 85 cents par jour.
Sergents ou maréchaux des logis..	De 18 cents à 73 cents "
Caporaux ou brigadiers. .... } Simples soldats. .... }	De 12 cents à 60 cents "

PENSIONS, ETC., AUX VEUVES ET ENFANTS D'OFFICIERS.

Aux veuves et enfants d'officiers il est accordé des pensions selon l'échelle suivante, savoir :—

(1) Si l'officier a été tué à la guerre ou est mort (dans les 12 mois) de blessures reçues dans un engagement.

(2) Si dans les 12 mois après sa libération l'officier meurt des suites de la misère endurée au service actif.

	(1) A la veuve.		(1) Aux enfants.		(2) A la veuve.		(2) Aux enfants.	
Lieut-col ou col	$876.00	par an.	$116.80	par an. chacun.	$657.00	par an.	$97-33	par an. chacun.
Major ou chef de bataillon, etc......	681.33	"	102.50	"	510.99	"	85.16	"
Capitaine	486.66	"	87.60	"	365.00	"	73.00	"
Lieutenant	389.33	"	73.00	"	292.00	"	60.83	"

Si le cas tombe dans la catégorie (1) la veuve reçoit, en sus de la pension, une gratification d'un an de solde d'activité du grade de l'officier, et les enfants le tiers de ce montant chacun.

Les enfants sans mère reçoivent double pension.

Il n'est rien accordé de ce qui précède si les veuves, etc., restent avec de la fortune.

PENSIONS, ETC., AUX VEUVES D'OFFICIERS BREVETÉS, SOUS-OFFICIERS ET SOLDATS.

Officiers brevetés.—Veuves, $97.33 par année. Enfants, $24.33 par année chacun.

Sous-officiers et soldats.—Actuellement il n'est pas accordé de pensions aux veuves et enfants des sous-officiers et soldats, mais le conseil de la Trésorerie est à étudier une proposition d'en accorder. Toutefois, les veuves reçoivent, du *Royal Patriotic Fund,* des allocations variant de $1.21 à $1.58 par semaine, et les enfants en touchent de 36 cents à 48 cents par semaine chacun.

Par ordre,

HUBERT FOSTER, colonel,

Chef d'état-major.

N° 43.

QUARTIER GÉNÉRAL, OTTAWA, mercredi, 21 février 1900.

1. Relativement au paragraphe 1 de l'ordre de la milice n° 27, en date du 2 de ce mois, le congé du lieutenant-colonel F. G. Stone, commandant l'artillerie canadienne, est, sur la foi d'un certificat de médecin, prolongé du 1er au 15 du mois prochain, inclusivement.

2. Relativement à l'ordre de la milice (1), du 3 de ce mois, le lieutenant-colonel Roy ayant repris le service reprend le commandement du district militaire n° 6. Adresser la correspondance en conséquence.

3. Le lieutenant-colonel G. R. White, officier d'état-major de district et ayant temporairement le commandement du district militaire n° 7, est temporairement nommé aux fonctions d'officier de district commandant le district militaire n° 5.

Le lieutenant-colonel J. F. Wilson, commandant de la citadelle, Québec, prendra et exercera temporairement les fonctions d'officier de district commandant le district militaire n° 7.

4. Le capitaine W. D. Johnston, du 3e dragons, est attaché à l'escadron A des dragons royaux canadiens, en qualité de capitaine.

5. Congé, avec permission de voyager à l'étranger, a été accordé au lieutenant L. B. Bedell, du 67e bataillon, du 20 de ce mois au 19 août prochain.

Par ordre,

HUBERT FOSTER, colonel,
Chef d'état-major.

N° 46.

QUARTIER GÉNÉRAL, OTTAWA, samedi, 24 février 1900.

Il est annoncé avec regret que les sous-officiers et soldats suivants des troupes canadiennes spécialement organisées pour le service actif en Afrique du Sud ont été tués en combattant au Gué de la Paardeberg (*Paardeberg Drift*) dimanche, le 18 de ce mois, savoir:—

2e BATAILLON (SERVICE SPÉCIAL), RÉGIMENT ROYAL CANADIEN.

COMPAGNIE A.

N° matricule.	Grade et nom.	Corps à l'époque de l'enrôlement.
7004	Sergent W. Scott,	5e régim. d'art. can., Col.-Brit.
7059	Soldat W. Jackson,	6e fusiliers.
7074	" A. Maundrill,	5e régim. d'art. can., Col.-Brit.
7105	" J. H. Somers,	5e " "
7113	" J. Todd,	5e " "

COMPAGNIE B.

7236	Caporal J. Smith,	22e carabiniers d'Oxford.
7188	Soldat J. A. Donegan,	26e d'inf. légère Middlesex.
7255	" W. White,	21e fusiliers d'Essex.

COMPAGNIE C.

7339	Soldat J. H. Findlay,	10e grenadiers royaux.
7371	" W. T. Manion,	35e forestiers de Simcoe.

COMPAGNIE D.

7455	Soldat O. T. Burns,	43e carabiniers d'Ottawa et Carleton.
7500	" C. E. E. Jackson,	37e carabiniers de Haldimand.
7506	" Z. R. E. Lewis,	Gendarmerie à cheval du Nord-Ouest.

COMPAGNIE E.

7636 Caporal R. Goodfellow,	5e Royal Ecossais.
7608 Soldat C. H. Barry,	3e carabiniers Victoria.
7654 " C. Lester,	
7670 " A. McQueen,	8e carabiniers royaux.

COMPAGNIE G.

7993 Soldat Roland D. Taylor,	Cie génie Charlottetown.

Par ordre,

HUBERT FOSTER, colonel,
Chef d'état-major.

N° 47.

QUARTIER GÉNÉRAL, OTTAWA, lundi, 26 février 1900.

1. Le colonel l'honorable M. Aylmer, étant rentré de son congé de convalescence, a repris les fonctions d'adjudant général.

2. Relativement à l'ordre de la milice 42 du 24 de ce mois, le lieutenant-colonel Otter, commandant le 2e bataillon du service spécial, Régiment Royal Canadien, a, aujourd'hui annoncé le décès du capitaine H. M. Arnold, du 90e carabiniers de Winnipeg, et du soldat (n° matricule 7960) Patrick McCreary, du 74e bataillon, morts des suites de blessures reçues en combattant au Gué de la Paardeberg (*Paardeberg Drift*) le 18 de ce mois.

3. Relativement au paragraphe 3 de l'ordre de la milice du 19 de ce mois, les chefs d'escadrons Heward et Galloway commandant l'escadron et le dépôt aux postes qui leur ont été respectivement assignés.

4. Congé est accordé au lieutenant-colonel J. F. Wilson, commandant la citadelle, Québec, du 15 mars au 30 avril prochain, inclusivement.

Le lieutenant-colonel A. A. Farley, de l'artillerie royale canadienne (division de place), accomplira les fonctions du lieutenant-colonel Wilson pendant l'absence de cet officier.

5. Relativement à l'ordre de la milice 12 (1), les officiers commandant les unités des corps permanents prendront immédiatement des mesures pour compléter leurs effectifs.

Les officiers commandants que cela regarde voudront bien envoyer sans retard les états demandés dans le paragraphe (*b*) de l'ordre de la milice ci-dessus mentionné.

Par ordre,

HUBERT FOSTER, colonel,
Chef d'état-major.

N° 49.

QUARTIER GÉNÉRAL, OTTAWA, mercredi, 28 février 1900.

Mercredi des Cendres.

Jeudi, 1er mars.

1. Il a plu à Son Excellence le Gouverneur général demander la publication, dans les ordres de la milice, des télégrammes suivants, qui, il en a l'assurance, seront hautement appréciés par les troupes:—

(*a*) M. Chamberlain au Gouverneur général.

"LONDRES, 27 février 1900.

"Sa Majesté la Reine vous charge d'exprimer au peuple du Dominion son admiration de la vaillante conduite des troupes canadiennes dans récent engagement, et le chagrin que lui cause la perte de tant de braves soldats.

"CHAMBERLAIN."

(*b*) Son Altesse Royale la Princesse Louise au Gouverneur général.

LONDRES, 27 février 1900.

"A l'occasion de la capture de Cronié effectuée par la vaillante aide des Canadiens, désire exprimer profonde sympathie pour leurs pertes. Suis fière d'avoir vécu au milieu d'eux.

"LOUISE."

(*c*) M. Chamberlain au Gouverneur général.

LONDRES, 28 février 1900.

"Cordiales félicitations au Canada pour la noble part que les troupes canadiennes ont prise dans exploit de Roberts.

"CHAMBERLAIN."

(*d*) Son Excellence désire aussi profiter personnellement de cette occasion pour exprimer son admiration du brillant courage et de l'ardeur des troupes canadiennes qui servent en ce moment dans l'Afrique australe.

Son Excellence félicite tous les membres de la milice du succès de leurs camarades, dont il déplore si profondément les pertes.

2. Il est annoncé avec regret que les sous-officiers et soldats suivants des troupes canadiennes spécialement organisées pour le service actif en Afrique australe ont été tués à la guerre, mardi, le 27 du mois dernier, ou sont morts depuis de leurs blessures:—

2e BATAILLON DU SERVICE SPÉCIAL, RÉGIMENT ROYAL CANADIEN.

(*a*) Ceux dont les noms suivent ont été tués dans l'engagement:—

COMPAGNIE C.

7376 Soldat F. C. Page, Gardes du corps du Gouverneur général.

COMPAGNIE F.

7775 Soldat G. Orman, 93e d'infanterie "Cumberland".
7869 Caporal B. Withey, Artillerie royale canadienne.

COMPAGNIE G.

7944 Soldat Jos. Johnston, 62e fusiliers de Saint-Jean.
7979 " W. A. Riggs, Génie de Charlottetown.
6582 " J. B. Scott, Régiment Royal Canadien.
8004 Caporal F. W. Withers, 3e régim. d'art. can. Nouv.-Brunswick.

(*b*) Ceux dont les noms suivent sont morts de blessures reçues en combattant:—

COMPAGNIE D.

7463	Caporal W. S. Brady,	43e carabiniers "Ottawa et Carleton".
7502	Soldat F. J. Living,	" "
7553	" C. T. Thomas,	Gardes à pied du Gouverneur général.

COMPAGNIE E.

7708	Soldat F. Wasdell,	3e carabiniers "Victoria".

COMPAGNIE F.

7854	Soldat A. Roy,	89e bat. "Témiscouata et Rimouski".

COMPAGNIE H.

Le soldat G. Johnstone (n° matricule 8105), du 63e carabiniers d'Halifax, est mort le 26 du mois dernier de blessures reçues le 18.

(c) Ci-suit une liste des officiers, sous-officiers et soldats blessés:—

OFFICIERS.

Le major O. C. C. Pelletier. Le lieutenant C. Armstrong.

COMPAGNIE C.

7313	Soldat L. Allen,	2e carabiniers Queen's Own.
7326	" H. Coggins,	31e d'infanterie Grey.
7342	" N. Gray,	Cie de carab. du Saut-Sainte-Marie.
7399	" J. R. Vickers,	10e grenadiers royaux.

COMPAGNIE D.

7497	Soldat C. Holland,	16e bataillon Prince-Edouard.
7498	Caporal G. G. Hulme,	15e infanterie légère d'Argyle.
7531	Soldat J. F. McConnell,	Gardes à pied du Gouverneur général.

COMPAGNIE E.

5136	Caporal T. E. Baugh,	Régiment Royal Canadien.

COMPAGNIE F.

7841	Soldat A. Bagot,	65e carabiniers Mont-Royal.
7822	" C. Harrison,	2e rég. d'art. can. de Montréal.
7871	Caporal R. D. McDonald,	Artillerie royale canadienne.
7782	Soldat O. Matheson,	12e batterie de camp de Newcastle.
7868	Sergent W. Peppeatt,	Artillerie royale canadienne.
7778	Soldat Jas Sievert,	93e d'infanterie de Cumberland.
7803	" A. Sutherland,	Hussards R. C. du D. Y.
7815	" A. Thériault,	9e Voltigeurs de Québec.

COMPAGNIE G.

7909	Soldat N. T. Brace,	Génie de Charlottetown.
7915	Caporal F. W. Coombs,	62e fusiliers, Saint-Jean.
7920	Soldat Wm. W. Donohue,	3e d'art. roy., Nouv.-Brunswick.
7923	" Henry E. Durant,	74e bataillon.
7929	" Harry Fradshaw,	Régiment Royal Canadien.
7950	" Herb. Leavitt,	71e d'infanterie "York".
7935	" Jno. A. Harris	82e d'inf., comté de Queen.
7972	" Arthur Pelky,	62e fusiliers, Saint-Jean.
6363	" M. J. Quinn,	Régiment Royal Canadien.
7985	" Alf. Simpson,	3e rég. d'art, roy., N.-B.
7987	" F. W. Sprague,	" "
7996	" Wm. C. Unkauf,	62e fusiliers, Saint-Jean.

(*d*) Le blessé n° matricule 7852 représenté comme étant du 2e bataillon du service spécial, Régiment Royal Canadien, n'a pas été reconnu, d'aprêès les rapports reçus, pour faire partie de ce bataillon.

(*e*) L'officier commandant la milice a le plaisir d'annoncer que le lieutenant-colonel Otter, commandant le 2e bataillon du service spécial, Régiment Royal Canadien, a fait rapport que son bataillon s'est bien comporté dans le combat du 27 du mois dernier, surtout le capitaine H. B. Stairs, du 66e fusiliers Princesse Louise, et le lieutenant et capitaine A. H. Macdonell, du régiment royal canadien.

3. Le lieutenant A. H. H. Powell, des dragons de la garde Princess Louise, est attaché en qualité de subalterne à l'escadron A des dragons royaux canadiens, Toronto, et se présentera sans retard à l'officier de district commandant.

Par ordre,.

HUBERT FOSTER, colonel,

Chef d'état-major.

CORRESPONDANCE ET DOCUMENTS

RELATIFS AU

CÂBLE DU PACIFIQUE

SESSION 1900

IMPRIMÉS PAR ORDRE DU PARLEMENT

OTTAWA
IMPRIMÉ PAR S. E. DAWSON, IMPRIMEUR DE SA TRÈS EXCELLENTE
MAJESTE LA REINE
1900

TABLE DES MATIERES

Des Reponses (55), (55*a*) et (55*b*) à une Adresse de la Chambre des communes en date du 20 février 1900, demandant copies de toute correspondance (non encore déposée) échangée avec le gouvernement impérial, les colonies ou des particuliers concernant le câble du Pacifique,—ainsi que des mémoires, lettres, télégrammes et rapports ayant trait aux retards survenus dans l'accomplissement du projet.

RÉPONSE

(55 à 55b.)

A une ADRESSE de la CHAMBRE DES COMMUNES en date du 26 février 1900, demandant copies de toute correspondance (non encore déposée) échangée avec le gouvernement impérial, les colonies ou des particuliers concernant le câble du Pacifique, ainsi que des mémoires, lettres, télégrammes et rapports ayant trait aux retards survenus dans l'accomplissement du projet.

R. W. SCOTT,
Secrétaire d'Etat.

N.B.—La signature "Dominion" au bas des câblegrammes envoyés ou reçus est celle de lord Strathcona.

SYDNEY, N.-G.S., 10 octobre 1899.

LE CABLE DU PACIFIQUE.

Je vous envoie par le courrier de ce jour, le *Daily Telegraph*, contenant une nouvelle proposition de l' "Eastern Extension Coy." qui a été soumise aux gouvernements de l'Australasie, et le *Sydney Morning Herald*, qui fait connaître la décision arrêtée par les directeurs généraux des postes de Victoria et de la Nouvelle-Galles du Sud. A mon retour de Queensland j'ai constaté, à ma grande surprise, que la Chambre de Commerce ici avait tranquillement adopté une résolution approuvant ce projet. Elle s'est appuyée sur un rapport du directeur général des Postes de l'Australie-sud, dont les calculs sont d'accord avec ceux qu'il a faits précédemment, et sur un câblegramme publié à l'effet que sir Sandford Fleming a recommandé aux gouvernements australiens d'accepter la proposition de la "Eastern Extension Co".

Si cette compagnie est autorisée à ouvrir des bureaux dans les cités, à délivrer et recevoir ses messages et à les transmettre sur ses propres lignes terrestres, cela lui donne le pouvoir de monopoliser presque tout l'ouvrage du câble. Elle peut abaisser les prix, faire immédiatement des contrats pour un certain nombre d'années avec les principales maisons, et de la sorte contrôler les quatre cinquièmes de l'entreprise. Son énorme réserve lui permettra de l'exploiter à perte pendant quelques années. C'est trèes bien pour l'Australie, mais pour le Canada cela représente une perte de vingt mille livres par année dans sa part du déficit du câble.

J'ai appelé l'attention sur cette proposition injuste, et je crois qu'elle sera prévenue; mais avec l'influence de la "E. F. Co." employée dans des voies qui ne sont pas toujours droites, ce ne sera pas une tâche facile.

Je crois que le gouvernement canadien devrait se hâter d'agir et de demander aux gouvernements australiens d'attendre qu'il ait l'occasion de voir les termes du contrat et de juger jusqu'à quel point ce contrat influera probablement sur le câble du Pacifique.

Je vous écrit au lieu de faire un rapport ordinaire sur cette importante affaire, car il peut n'être pas à propos de le publier maintenant.

J'ai l'honneur d'être, monsieur,
Votre obéissant serviteur,
J. S. LARKE.

SYDNEY, N.-G.S., 11 octobre 1899.

Au Député du Ministre du Commerce.

MONSIEUR,—Depuis que je vous ai écrit hier *re* Câble du Pacifique, j'ai reçu le télégramme suivant du premier ministre de Queensland, auquel j'avais écrit longuement pour lui signaler le danger que courrait le câble du Pacifique si le projet de la "E. E. Co." était accepté, et suggérer son intervention.

(*De Brisbane.*)

"*Re* votre lettre du 4 du courant, j'ai interrogé sir George Turner sur la cause de la visite du directeur général des Postes de Victoria au directeur général des Postes de la Nouvelle-Galles du Sud à propos du câble du Pacifique, et j'attends sa réponse. Queensland prétend être également consulté en des matières de cette nature, et ne consentira pas à quoi que ce soit qui pourrait retarder ou entraver le projet de câble du Pacifique."

J. R. DICKSON.

J'agis en d'autres quartiers, et je crois que ce sera avec fruit. Je vous envoie un exemplaire du *Daily Telegraph* d'hier, contenant un court article qui expose les fins de la "E. E. Co." et dit qu'elle n'a pas obtenu ce qu'elle espérait avoir. Le *Telegraph* est l'organe de la "G. E. Co.", bien qu'il prétende avoir une certaine amitié pour le projet de câble du Pacifique.

Bien à vous,

J. S. LARKE.

SYDNEY, N.-G.S., 11 octobre 1899.

Au Député du Ministre du Commerce.

MONSIEUR,—Depuis que je vous ai écrit ce matin (lettre incluse), j'apprends que les gouvernements de Victoria et de la Nouvelle-Galles du Sud ont suspendu décision sur la proposition de câble du Cap de la "E. E. Co." jusqu'à ce que le conseil du câble du Pacifique qui, me dit-on, doit se réunir le mois prochain, ait fait rapport. Il y a lieu d'être satisfait. Le projet va sans doute être soumis au conseil, et les représentants canadiens ne manqueront pas de montrer les dangers dont elle menace le projet de câble du Pacifique. Le but de la "E. E. Co." et de charger le projet de câble du Pacifique de telle sorte que ni le Canada ni la Grande-Bretagne ne puissent en devenir parties.

Comme il est possible que le rapport du directeur général des Postes de l'Australie-sud vienne devant le conseil du câble du Pacifique, je m'en suis procuré un exemplaire que je vous envoie. Sir Sandford Fleming pourra en faire usage. Un article avait paru échapper assez curieusement à l'attention ici avant que je l'aie signalé. Il est proposé de faire une réduction de 9d. par mot, dont le gouvernement sud-australien fournira 3d.: c'est-à-dire que la "E. E. Co." et les compagnies associées prendront 6d. de 4.2, mais la ligne terrestre S.A., qui deviendra bientôt propriété de la République australienne, 3d. sur 7d. représentent une perte de £11,000 par année qui sortiront de la bourse des contribuables.

J'ai l'honneur d'être, monsieur,

Votre obéissant serviteur,

J. S. LARKE.

COMMUNICATION PAR CABLE AVEC L'ANGLETERRE.

La proposition de la "Eastern Extension Co."—Un autre cable via le Cap, sans subvention, mais a taux reduits.—Donnant a l'Australie le choix de trois routes de cables, par voie de Suez, du Cap et du Canada.

Nous avons été priés d'expliquer officiellement comme suit la proposition de la "Eastern Extension Telegraph Co." au sujet de la nouvelle communication par câble qui est suggérée entre l'Australie et l'Angleterre *via* le Cap de Bonne-Espérance.

La compagnie renoncera complètement au renouvellement de la subvention et de la garantie contre toute concurrence, et, en sus de l'établissement d'un câble direct depuis le Cap jusqu'à Glenelg *viâ* Perth, elle réduira immédiatement le tarif à 4*s*. pour toute l'Australie et la Tasmanie, et fera d'autres réductions sur une échelle de proportion à mesure que le trafic augmentera.

En retour de ce que ci-dessus, la compagnie exigera seulement le même privilège, à Perth, Adelaïde, Melbourne et Sydney, que celui dont elle a joui jusqu'à présent en Grande-Bretagne, de délivrer directement au public et d'en recevoir directement ses télégrammes internationaux.

Lorsque le tarif sera réduit à 4*s*, les taux seront de 3*s*. par mot pour l'Etat, et de 1*s*. 6*d*. par mot pour les journaux.

Les taux pour l'Afrique-sud seront d'à peu près 2*s*. par mot.

Les détails de l'échelle de proportion sont comme suit:—La somme présentement garantie par les gouvernements australiens est £227,000, laquelle, avec £123,000 pour les dépenses annuelles (estimées) de la nouvelle ligne du Cap, forme un minimum de £350,000, ou £15,000 de moins que les présentes recette réelles des compagnies associées.

Si les recettes des trois années 1898, 1899 et 1900 atteignent une moyenne de £350,000, le tarif de 4*s*. sera réduit à 3*s*. 6*d*. en 1901. Si elles se maintiennent à £350,000 en 1899, 1900 et 1901, le tarif sera réduit à 3*s*. en 1902. Si la même moyenne se maintient encore en 1900, 1901 et 1902, le tarif sera réduit à 2*s*. 6*d*. en 1903. Les recettes devront exprimer une moyenne de £350,000 pendant trois années consécutives avant que la réduction suivante de 6*d*. par mot ne soit opérée.

Si la proposition de la compagnie est acceptée, le nouveau câble sera complété dans une période de deux ans.

Le câble de la section Cap-Grande-Bretagne est en cours de fabrication.

La réduction du tarif sur une échelle de proportion, entre l'Angleterre et le Cap, prendra effet à la fin du présent mois, et pourra être appliquée à l'Australie dès que la proposition de la compagnie sera acceptée.

En retour du câble du Cap et de la réduction immédiate du tarif à 4*s*., avec réductions ultérieures jusqu'à 2*s*. 6*d*., suivant l'échelle de proportion, la compagnie demande seulement qu'on lui accorde, à Perth, Adelaïde, Melbourne et Sydney, les mêmes privilèges dont elle a joui jusqu'à présent en Grande-Bretagne, de distribuer directement au public et d'en recevoir aussi directement ses télégrammes internationaux. Ceci amènerait virtuellement le bout du câble au centre des cités susmentionnées et le réseau du câble à la portée immédiate du commerce.

Le gouvernement impérial préfère le câble du Cap à celui du Pacifique, parce que ce premier offre de plus grands avantages à un point de vue purement stratégique. (*Voir* la lettre de M. Chamberlain à la "Eastern Telegraph Company", datée le 10 juillet 1899.)

Le gouvernement de l'Australie-ouest a accepté la proposition, et concédé le droit d'ouvrir une station à Perth. Le gouvernement britannique accorde ce privilège à des compagnies de câble britanniques ou étrangères chaque fois qu'on le lui demande, cela va sans dire.

Dans le Royaume-Uni l'arrangement est comme suit: Les compagnies paient annuellement aux postes britanniques cinq livres par mille pour chaque fil opéré aux deux extrémités par leurs propres télégraphistes, recevant et délivrant directement les messages.Tous les télégrammes adressés à d'autres localités que celles où les compagnies ont des bureaux sont du ressort des bureaux de poste, qui sont alors payés suivant leur tarif ordinaire de l'intérieur.

Les compagnies de câble exercent le même droit au Cap et à Natal, où les conditions sont les mêmes que celles qui existent en Australie, et les compagnies de câble direct des Etats-Unis et commercial jouissent de ce privilège en Canada.

En vertu d'arrangements conclus avec les gouvernements anglais et français, la Compagnie "Eastern" afferme une ligne entre Londres et Marseilles qui est exploitée par les télégraphistes de la compagnie.

A propos du projet du Cap, les gouvernements de Natal et du Cap placeront deux fils à la disposition des compagnies de câbles, et des stations de câbles sont déjà établies à Capetown et à Durban.

Le privilège est aussi concédé aux compagnies de câbles par les gouvernements de Gibraltar, Malte, Egypte, Etablissements du Détroit, Hong-Kong, Chine, Portugal, Iles Philippines, Pays-Bas, Indes, etc.

La Compagnie "Eastern" possède huit stations à Londres, et d'autres à Manchester, Liverpool et Glasgow.

La Compagnie "Great Northern Telegraph" de Copenhague a des bureaux en Angleterre et rivalise, pour le trafic continental, avec les câbles appartenant au gouvernement britannique.

La Compagnie de câble Anglo-Américaine a six stations à Londres et d'autres à Liverpool, Manchaster, Glasgow, Bristol, Newcastle, Bradford, Dundee, Leith, Hâvre (France), New-York (E.-U. A.), Montréal (Canada). Nous pourrions mentionner d'autres compagnies qui ont les mêmes facilités.

En accordant ce droit à la "Eastern Extension Company" on n'en fait aucunement souffrir les intérêts et le revenu du département des télégraphes de l'Etat; mais, possédant et contrôlant la ligne entière depuis la Grande-Bretagne jusqu'à Adelaïde, la compagnie désire naturellement étendre son contrôle aux courtes sections terrestres entre Adelaïde et les têtes de lignes à Melbourne et à Sydney, et on espère que le réseau sera prolongé jusqu'à Brisbane, Wellington et Hobart.

Le trafic du câble se ferait avec beaucoup plus d'expédition s'il avait une ligne et un réseau à sa disposition, et s'il n'avait pas à alterner avec le vaste trafic intercolonial. Ce serait aussi un grand avantage pour le public de se trouver en communication directe avec l'agence qui transmet ses messages d'une extrémité du monde à l'autre, au lieu de les faire passer par le canal de départements télégraphiques locaux dont la juridiction cesse aux frontières des différentes colonies.

Le trafic du télégraphe international se fait presque tout entier selon le code; il est d'une nature spéciale, et il est exploité suivant des règles et règlements compliqués et de longue portée. Ces règlements prescrivent que toutes les objections soulevées soient soumises à tour de rôle à chaque administration intéressée; par conséquent lorsque le public réclame des remises ou des remboursements, ou lorsqu'il surgit des questions d'erreurs ou de mutilations—ce qui arrive journellement—ces réclamations et ces questions sont exposées à de longs retards, car elles ont à passer par l'examen des diverses administrations.

Nous pourrions citer plusieurs exemples des inconvénients sérieux qui en résultent pour les affaires publiques ; mais un des plus importants, c'est que le difficile trafic international selon le code est fait côte à côte et d'après le même mode que la simple langue des affaires internationales. On n'en conserve pas copie et il est impossible de remonter à la source des erreurs, tandis que pour leur propre service les compagnies ont adopté des instruments enregistreurs, elles ont établi des bureaux de contrôle où les messages transmis entre leurs stations peuvent être comparés, l'heure notée, et le travail de chaque télégraphiste, sa vitesse et son exactitude examinés avec soin.

La "Eastern Extension Company" désire seulement exercer un contrôle sur le trafic d'une extrémité à l'autre de son réseau de câbles.

Le CABLE DU PACIFIQUE.—M. Crick (directeur général des Postes) refuse de rendre public le résultat de sa conférence avec M. Duffy (le directeur général des Postes de Victoria). Il paraît, cependant, qu'ils en sont venus à une entente générale à l'effet que les gouvernements des deux colonies représentées reconnaîtraient le câble du Cap à la condition que des "taux de rabais" ne soient pas adoptés contre le câble du Pacifique. Toutes les parties intéressées attendent en ce moment une réponse à un câblegramme expédié en Angleterre au sujet de cette affaire et qui fait connaître le résultat de la conférence.

"DAILY TELEGRAPH",
SYDNEY, N.G.S., 10 octobre 1899.

On dit que les directeurs généraux des postes de Victoria et de la Nouvelle-Galles du Sud, dans une conférence, en sont venus à l'extraordinaire décision que si la proposition de la "Eastern Extension Telegraph Company" d'établir un câble via le Cap est officiellement reconnue, il ne faut pas qu'il y ait en sous-main un abaissement de taux qui nuirait aux affaires de la ligne du Pacifiqne. En d'autres mots, la plainte formulée depuis longtemps à l'effet que les taux de la "Eastern Extension Company" sont trop élevés doit être ignorée et le tarif maintenu tel qu'il est, parce que les gouvernements intéressés désirent établir à travers l'Atlantique un câble stratégique et payant. Les directeurs généraux des postes ont pris là une situation remarquable. La "Eastern Extension Company" propose simplement de poser un câble supplémentaire et de réduire le taux des dépêches ordinaires à quatre shillings par mot, un chiffre encore plus élevé que celui qui avait été promis il y a deux ou trois mois au nom des auteurs du projet du Pacifique. On dit que des ministres objectent qu'il ne doit pas y avoir d'abaissement de taux ; cela veut dire que ceux qui se serviront du câble auront à payer très cher pour le privilège d'avoir un deuxième câble, quand ils pourraient payer moins et jouir de plus grandes facilités si un troisième câble était établi. Il n'existe pas de bonnes raisons pour que la compagnie ne pose point un câble du Cap et le gouvernement celui du Pacifique, chacun établissant les taux qui lui conviennent. La ligne du Pacifique est en grande partie nécessaire pour d'autres fins que celles du commerce, et il ne faut pas perdre de vue que pour ces fins le câble du Cap serait aussi très utile. Les hauts fonctionnaires de la compagnie ont donné à entendre qu'ils sont prêts à établir la ligne du Cap, que le projet du Pacifique soit ou ne soit pas exécuté ; ils ont même envoyé un steamer poser la première section. Ceci implique probablement concurrence, mais le gouvernement doit s'attendre à de la concurrence dans une entreprise qui a été jusqu'ici conduite par des particuliers. S'il ne l'est pas et si le présent tarif qui double et triple la communication par câble est maintenu, ce ne sera pas un avantage pour ceux qui prétendent aujourd'hui que les taux sont trop élevés.

AUSTRALIE-SUD.

RAPPORT DU DIRECTEUR GENERAL DES POSTES SUR LA QUESTION DU CABLE.

(Impression ordonnée par la Chambre d'Assemblée le 30 août 1899.)

DEPARTEMENT DES POSTES ET TELEGRAPHES,
BUREAU GENERAL DES POSTES, ADELAIDE, 3 août 1899.

MONSIEUR,—La "Eastern Extension Company" a soumis l'offre suivante aux gouvernements australiens :—

1. Réduire immédiatement les taux à 4s. par mot sur les messages ordinaires, 3s. par mot sur les messages de l'Etat, et 1s. 6d. par mot sur les messages de la presse—

taux qu'elle désire être uniformes dans toutes les parties de l'Australie et de la Tasmanie.

2. Poser un câble à partir de l'Afrique-sud jusqu'à Freemantle et Glenelg.

Ce câble sera un prolongement du câble direct entre l'Angleterre et le Cap de Bonne-Espérance, présentement en cours de construction. Ce dernier reliera Gibraltar, Sierra-Leone, l'île de l'Ascension, Sainte-Hélène, et ira de là au Cap.

Le prolongement proposé jusqu'à l'Australie partira de Durban (les lignes terrestres étant utilisées à partir du Cap) et raccordera en route Maurice, l'île Rodriques, Cocos et Freemantle, aboutissant à Glenelg. L'entréprise peut être complétée en deux (2) ans à peu près. Si le câble se termine à Freemantle, il sera probablement nécessairei de construire une ligne terrestre directe entre Adelaïde et Perth. Le câble sera britannique d'un bout à l'autre, ne touchant aucun territoire étranger, et offrira des moyens alternatifs de communication avec les Indes et d'autres possessions britanniques en Orient.

La compagnie, comme on le voit, se désiste de toute prétention à une subvention ou une garantie ; cependant, elle désire que, en considération de cette concession libérale, il lui soit permis d'établir à Perth, Adelaïde et Melbourne, des bureaux qui recevront et délivreront les télégrammes internationaux, comme elle l'a toujours fait dans la Grande-Bretagne. Cette demande est faite, paraît-il, uniquement pour le cas où un câble transpacifique rival, propriété de l'Etat, serait établi. La réduction sur les taux actuels entre la Grande-Bretagne et le colonies serait comme suit :—

		Taux actuel.		Economie.		
		s.	d.	s.	d.	
Australie-sud	Sur messages ordinaires..	4	9	0	9	par mot.
Victoria	" "	4	10	0	10	"
Tasmanie	" "	5	5	1	5	"
Nouvelle-Galles du sud....	"	4	11	0	11	"
Queensland	" "	5	1	1	1	"
Australie-ouest	" "	4	9	0	9	"

Naturellement, des réductions correspondantes seraient opérées sur le tarif de la Nouvelle-Zélande. Le tarif proposé sera sujet à d'autres réductions suivant une échelle de proportion, comme suit :—La présente garantie australienne donnée à la "Eastern Extension Company" est de £227,000 par année, ainsi que convenu dans la conférence postale Hobart de 1895. Les dépenses annuelles se rattachant au nouveau câble partant d'Afrique sont estimées à £123,000, soit un total de £350,000, ou à peu près £15,000 de moins que la moyenne des trois dernières années de recettes produites par le trafic australien, revenant à la "Eastern Extension Company" et aux compagnies associées. Adoptant cette somme comme base, la compagnie déclare dans son télégramme que quand, pendant trois années consécutives, le trafic total des compagnies associées se sera exprimé par une moyenne de £350,000, le tarif sera baissé à 3. 6d. par mot : de plus, si la valeur moyenne en trois années consécutives excède £350,000, le tarif sera réduit à 3s.; et, finalement, si la moyenne en trois autres années consécutives excède la somme déjà mentionnée, le tarif sera encore abaissé à 2s. 6d. par mot ; ou, ainsi qu'expliqué dans le télégramme, si les recettes continuent de donner une moyenne de £350,000 après ces différentes réductions, le tarif pour :—

	s.	d.
Les trois premières années sera..............	4	0
La quatrième année, il sera	3	6
La cinquième année, il sera.........................	3	0
La sixième année, il sera	2	6

Le présent tarif de 4s. 9d. entre l'Australie-sud et le Royaume-Uni est réparti comme suit :—

	s.	d.
Royaume-Uni ou Europe	0	2
"Eastern", "Eastern Extension", et compagnies associées	3	7
Ligne terrestre des Indes, Bombay à Madras	0	3½
Java	0	1½
Australie-sud....	0	7
Total	4	9

Les 3s. 7d. sont réunis et divisés entre les compagnies "Eastern", "Eastern Extension" et "Indo-European", et le département des télégraphes du golfe Persique administré par le gouvernement des Indes.

Comme il est dit plus haut, la compagnie propose que les taux réduits soient uniformes dans toutes les colonies. Les prix, sur la ligne terrestre australienne, seront :—

	s.	d.		s.	d.
Sur messages ordinaires	0	6	sur	4	0
Sur messages de l'Etat	0	5	"	3	0
Sur messages de la presse	0	4	"	1	6

et il est suggéré que les recettes provenant de ces lignes terrestres ou terminales soient réunies et réparties comme suit :—

Australie-sud	67·59	pour 100.
Australie-ouest	3·24	"
Victoria	8·37	"
Nouvelle-Galles du sud	0·89	"
Queensland	0·08	"
Tasmanie	0·44	"
Câble tasmanien		
Total	100·00	pour 100.

La moyenne annuelle du trafic, en prenant les deux dernières années seulement, a été :—

Messages ordinaires	1,862,412	mots.
Messages de l'Etat	48,608	"
Messages de la presse	141,998	"
Total	2,053,018	mots.

Suivant les taux actuels de transit et de terminus, les recettes des colonies, en prenant la moyenne des deux dernières années, ont été comme suit :—

	Total pour deux ans, 1897 et 1898. £ s. d.	Moyenne par année. £ s. d.
Autsralie-sud	89,582 0 0	44,791 0 0
Victoria	4,336 0 0	2,168 0 0
Tasmanie et câble	770 0 0	385 0 0
Nouvelle-Galles du sud	11,084 0 0	5,542 0 0
Nouvelle-Zélande	8,004 0 0	4,002 0 0
Queensland	1,184 0 0	592 0 0
Australie-ouest	26,324 0 0	13,162 0 0
Total	141,284 0 0	70,642 0 0

	£ s. d.
Total	
Moins la Nouvelle-Zélande	70,642 0 0
Recettes australiennes	4,002 0 0
	66,640 0 0

D'après les arrangements de mise en commun, en adoptant la répartition suggérée par la *Eastern Extension Company*, les recettes de chaque colonie auraient été :—

			£ s. d.
Australie-sud	67·59	pour 100.	45,042 0 0
Victoria	3:24	"	2,159 0 0
Tasmanie	:08	"	53 0 0
Câble tasmanien	:44	"	293 0 0
Nouvelle-Galles du Sud	8:37	"	5,578 0 0
Queensland	:89	"	593 0 0
Australie-ouest	19:39	"	12,922 0 0
Total	100:00	"	66,640 0 0

correspondant presque, dans chaque cas, avec les recettes réelles des différentes colonies suivant leur tarif actuel. Néanmoins, avec un taux terminal commun de 6d. sur messages ordinaires, 5d. sur messages de l'Etat, et 4d. sur messages de la presse, les recettes collectives des colonies, prenant les deux dernières années, seraient naturellement bien moindres—comme suit :—

	nombre de mots.	£ s. d.
Messages ordinaires	1,862,412 à 6d.	46,560 6 0
Messages de l'Etat	48,608 à 5d.	1,012 13 4
Messages de la presse	141,998 à 4d.	2,366 12 8
Total	2,053,018	49,939 12 0

au lieu de £66,640, et en répartissant les recettes sur la base de percentage proposée, les recettes de chaque colonie auraient été:—

		£ s. d.
Australie-sud	67·59 pour 100.	33,754 0 0
Victoria	3·24 "	1,618 0 0
Tasmanie	:08 "	40 0 0
Câble tasmanien	·44 "	220 0 0
Nouvelle-Galles du Sud	8·37 "	4,180 0 0
Queensland	:89 "	444 0 0
Australie-ouest	19·39 "	9,684 0 0
Total	100·00 "	49,940 0 0

Pour l'Australie-sud, la perte de recettes serait d'environ £11,000. Si la division au pour-cent n'était pas acceptée, la compagnie s'en tiendrait encore aux taux de 4s., 3s. et 1s 6d. sur les messages ordinaires, de l'Etat et de la presse, et paierait aux colonies leurs taux respectifs, se chargeant elle-même des risques. En ce cas, cependant, on croit que l'Australasie-sud abaisserait ses taux à 4d. sur les messages ordinaires et ceux de l'Etat, et à 3d. sur les messages de la presse. Ceci, je crois, entraînerait la colonie—prenant les deux dernières années—dans une perte de plus de £18,000 par année sur les rectes actuelles. Ainsi, en excluant le trafic de l'Australie-ouest (qui passe *via* Broome et ne touche pas l'Australie-sud), et prenant encore la moyenne du trafic des deux dernières années, les recettes de cette colonie sur les télégrammes internationaux, aux taux actuels et aux taux réduits proposés, seraient comme suit :—

——	Nombre approximatif de mots.	Aux anciens taux directs à l'Australie-sud.	Aux taux réduits proposés, directs à l'Australie-sud.
Messages ordinaires	1,437,843	A 7d., £41,937	A 4d., £23,964
Messages de l'Etat	42,608	A 5d., £ 888	A 4d., £ 710
Messages de la presse	117,998	A 4d., £ 1,966	A 3d., £ 1,475
Total		£44,791	£26,149

Si ces taux sont adoptés dans le but d'obtenir le tarif uniforme réduit, il est permis de supposer que les autres colonies, sous le couvert de la garantie qui existe toujours, compléteront les recettes de l'Australie-sud jusqu'à la concurrence de £37,552—la somme garantie—jusqu'à ce que le gouvernement fédéral prenne possession des services télégraphiques, alors que les recettes seraient versées dans un Trésor et qu'un tarif australien uniforme serait probablement adopté. En attendant, ou jusqu'à ce que nous ayons la fédération, la division au pour-cent serait préférable.

Devant cette proposition, la situation des colonies à l'égard du câble du Pacique est notablement modifiée, et il est bon de se demander si les gouvernements coloniaux, au lieu de s'engager individuellement dans l'importante responsabilité monétaire qu'entraîne cette entreprise, ne feraient pas mieux de suspendre l'affaire pendant quelque temps et de la laisser au gouvernement fédéral, tout en laissant la "Eastern Extension Company" mettre son plan à exécution.

D'un côté, les colonies ont une offre pure et simple d'établir un câble—devant coûter disons £1,000,000 sterling—sur une route alternative entièrement nouvelle, ne touchant qu'au territoire britannique, et de donner un tarif réduit, sans subvention ni garantie, qui constituerait une économie considérable pour les colonies et tendrait à développer le commerce avec l'Afrique. De l'autre côté, le projet du Pacifique entraîne non seulement une énorme dépense initiale de £2,000,000 ou £4,000,000, selon qu'il y ait un ou deux câbles, mais une lourde perte annuelle pendant plusieurs années—une perte qui augmenterait avec un autre câble ajouté aux trois que nous avons déjà.

On peut supposer avec raison que si les taux sont les mêmes, et toutes autres choses étant égales, le trafic sera assez équitablement divisé entre les différentes routes, ou gravitera vers la route qui sera la plus expéditive. Les câbles actuels de la "Eastern Extension Company, *via* Darwin, cnt le grand avantage de se raccorder à plusieurs centres d'alimentation et feront tout le trafic avec les Indes, la Chine et autres pays de l'Orient ; tandis que le câble du Pacifique, après avoir quitté Vancouver, ne toucherait aucune localité do quelque importance, et devra compter presque entièrement sur le trafic avec le Royaume-Uni, le Canada et les Etats-Unis. Le trafic avec l'Amérique est très faible, il n'est pas de plus de 4 à 5 pour 100, tandis que nous avons un volume considérable de trafic de câble avec l'Afrique-sud.

Quant au projet du Pacifique, il est aujourd'hui généralement admis que deux câbles sont écessaires. ou du moins désirables, pour que le service soit autant que possible à l'abri des interruptions. Cette opinion est confirmée par le relevé suivant de l'expérience acquise par la Compagnie de télégraphe Anglo-Américaine avec les câbles de l'Atlantique :—

1887........	2	câbles sur	7	se sont brisés à la fois,	laissaint	5	en état de fonctionnement.
1888........	2	"	7	"	"	5	"
1889........	3	"	7	"	"	4	"
1890........	2	"	7	"		5	
1891........	3	"	7	"		4	
1892........	2	"	7	"		5	
1893........	3	"	7	"		4	
1894........	4	"	7	"		3	
1895........	3	"	7	"	"	4	"

La route recommandée par la commission du câble du Pacifique à Londres en 1896-97, était de Victoria à l'île Fanning (ou île Palmyra), Fiji, et l'île Norfolk, avec em ranc ements depuis cette dernière station presqu'à la Nouvelle-Zelande et Queensland. h

La commission fait observer qu'il "y aurait, sans doute, un avantage positif à faire poser le câble viâ les îles Hawaïennes, au lieu de l'île Fanning ou Palmyra, car la section serait plus courte et par suite moins coûteuse pour la même vitesse, ou plus rapide pour le même coût, et, s'il n'était pas établi de ligne à partir de la Californie, il serait possible d'obtenir quelque trafic de Honolulu"; "mais, ajoute-t-elle, cette route entraînerait un écart du principe de ne se servir que du territoire britannique."

Un peu plus loin, cependant, la commission est obligée de reconnaître que le câble du Pacifique, quoique se raccordant au seul territoire britannique, dépendrait nécessairement des lignes terrestres américaines et des câbles transatlantiques.

Les lignes télégraphiques établies entre les ports maritimes de l'est du Canada et Vancouver appartiennet à la Compagnie du chemin de fer Canadien du Pacifique, qui se raccorde, à Canso, dans la Nouvelle-Ecosse, aux trois câbles de la "Commercial Company" (une compagnie américaine) qui viennent de la Grande-Bretagne. Les autres compagnies de câbles translantiques sont anglaises ou étrangères, sont en rapport et alliance avec la "American Western Union Telegraph Company," qui effectue un raccordement avec les ligness de la Compagnie du chemin de fer Canadien du Pacifique à Montréal, et qui se raccordera bientôt, si ce n'est pas déjà fait, à Vancouver par ses lignes qui passent sur le territoire des Etats-Unis jusqu'à la Colombie-Britannique.

Le trafic sera donc divisé, une partie passera par un câble américain et le Canada, et l'autre partie par des câbles anglais et étrangers et les Etats-Unis. On dit que cette dernière route est moins sujette à des influences adverses de climat et plus sûre en hiver. S'il en est ainsi, elle aura un plus gros volume de trafic. Assurément on ne peut appeler cela une ligne de communication entièrement britannique répondant au sentiment d'impérialisme qui soutient l'entreprise.

La longueur du câble par la route que recommande la commission, en accordant 10 pour 100 pour le mou, est d'environ 7,986 nœuds, comme suit :

Vancouver à l'île Fanning	3,561 nœuds.
Ile Fanning à Fiji	2,093 "
Fiji à l'île Norfolk	961 "
Ile Norfolk à la Nouvelle-Zélande	537
Ile Norfolk à Queensland	834
Total	7,986 nœuds.

Les soumissions reçues en 894 pour cette section étaient les suivantes :—

	£	s.	d.
The Indiarubber, Guttapercha and Telegraph Works Co.	1,517,000	0	0
W. T. Henley's Telegraph Works Company	1,826,000	0	0
Simens Brothers & Co	2,170,000	0	0
Fowler-Waring Cable Co	2,350,000	0	0

La distance totale est estimée à 7,145 nœuds, ce qui ne laisse pas de marge pour le mou. Les soumissions sont faites pour un câble de l'Etat, l'entrepreneur se chargeant de réparer et d'entretenir le câble en bon état pendant trois ans. Depuis que ces soumissions ont été reçues, les prix du cuivre et de la gutta-percha ont considérablement haussé. Le prix de cette dernière hausse encore, et il atteindra probablement, me dit-on, 10s. la livre.

Il va sans dire que le coût du câble dépend en grande partie du type du câble qui sera employé, du poids du fil de cuivre par nœud et de la gutta-percha formant l'âme nécessaire pour atteindre une vitesse spécifiée ou raisonnable de fonctionnement sur la plus grande longueur, savoir, 3,561 nœuds. Lord Kelvin recommandait une âme de 552 livres de cuivre et 368 livres de gutta-percha par nœud pour une vitesse de soixante lettres par minute, possiblement quatre-vingts lettres. Sir William Preece, comme ingénieur électricien en chef du département britannique des Postes et Télégraphes, recommandait 800 livres de cuivre et 550 livres de gutta-percha pour la section la plus longue. Le Dr Muirhead est d'opinion qu'un câble de 552 livres de cuivre et 368 livres de gutta-percha, avec des télégraphistes expérimentés, donnerait quatre-vingts lettres par minute, et qu'un câble de 600 livres de cuivre et 400 livres de gutta-percha donnerait jusqu'à quatre-vingt-quinze lettres par minute, tandis que sir William Preece dit qu'il donnerait au plus soixante et trois lettres, opinion qui paraît être confirmée par d'autres experts.

De ces avis passablement contradictoires la commission en est venue à la conclusion qu'une âme de 552 livres de cuivre et 368 livres de gutta-percha donnerait quarante lettres payantes par minute, et qu'une âme de 650 livres de cuivre et 400 livres de gutta-percha donnerait quarante-huit lettres payantes. Elle jugea que l'âme ne doit pas peser moins de 552 livres de cuivre et 368 livres de gutta-percha, ni, sur la longue section, peser plus de 650 livres de cuivre et 400 livres de gutta-percha. Les vitesses données sont les vitesses théoriques pour fonctionnement simple.

Comme presque tous les câblegrammes sont dans la formule du code, huit lettres à peu près en moyenne vont au mot, et en calculant la capacité de fonctionnement il ne faut tenir compte que des mots payants, car un tiers au moins des mots expédiés sont non payables.

Puis, en raison de la différence de longitude—dix heures entre l'Angleterre et les colonies orientales—l'écoulement du trafic se fait pour la plus grande part dans une direction. La masse des messages d'Australie est expédiée entre 4 et 6 heures du soir, et ils arrivent ou sont délivrés à Londres de bonne heure le matin, tandis que les messages de Londres sont déposés dans le cours de l'après-midi et délivrés en Australie dans la matinée. Il y a donc peu d'avantage à gagner par le système duplex, dont on ne peut se servir qu'occasionnellement, et sur les vingt-quatre heures il y en a plusieurs pendant lesquelles les câbles chôment. Les messages se précipitent à certaines heures du jour, et pour les expédier promptement et éviter les retards deux câbles sont nécessaires.

A cause de cela, en estimant la capacité de fonctionnement du câble du Pacifique, la commission adopte avec raison dix-huit heures par jour pour six jours par semaine, et ne fait entrer en ligne de compte que les mots payants; elle laisse de côté les mots employés dans les préambules, les communications officielles, les répétitions, etc., qui constituent, ainsi qu'il a été dit déjà, au moins un tiers ou plus de tout l'ouvrage. Elle estime comme suit l'ouvrage payable de l'année avec deux différents types d'âme:

Première âme (552 livres de cuivre et 368 livres de gutta-percha par nœud)—quarante lettres payantes ou cinq mots payants par minute, 1,620,000 mots par année.

Seconde âme (650 livres de cuivre et 400 livres de gutta-percha par nœud)—quarante-huit lettres payantes ou six mots payants par minute, 1,944,000 mots par année.

La commission estimait le coût du câble le plus léger à £1,500,000, et à £1,800,000 celui du type le plus pesant; mais comme les prix du cuivre et de la gutta-percha ont considérablement augmenté, aujourd'hui le coût (y compris les explorations, l'établissement de stations, deux navires affectés aux réparations, etc., et, disons, entretien de six mois par l'entrepreneur), excéderait probablement £4,000,000 pour deux câbles attendu que la demande supplémentaire fera hauser davantage le prix de la gutta-percha.

Les câbles devraient être fabriqués suivant un devis approuvé sous tous les rapports par le département britannique des Télégraphes. Le capital étant levé à 2½ pour 100, le coût annuel serait :

UN CABLE.

	£	s.	d.
Intérêt sur £2,000,000 à 2½ pour 100	50,000	0	0
Fonds d'amortissement	20,500	0	0
Frais d'exploitation	25,000	0	0
Entretien, y compris (2) navires, renouvellements, etc	80,000	0	0
Total	£175,500	0	0
Si l'intérêt est 2¾ pour 100	£180,000	0	0

DEUX CABLES.

	°	s.	d.
Intérêt sur £4,000,000 à 2½ pour 100	100,000	0	0
Fonds d'amortissement	41,000	0	0
Frais d'exploitation	30,000	0	0
Entretien	135,000	0	0
Total	£306,000	0	0
Si l'intérêt est 2¾ pour 100	£316,000	0	0

Ces estimations sont très modérées. Les frais annuels d'entretien, comprenant les réparations et renouvellements du câble, sont nécessairement un facteur incertain et variable, car ils dépendent de la nature et du nombre des défectuosités et des ruptures, ainsi que de la quantité de câble neuf devenu nécessaire. Une rupture dans les sections profondes du Pacifique devrait causer, et causerait probablement, une interruption prolongée et coûteuse, et dans ce cas l'estimation des frais pour l'année se trouverait considérablement dépassée. Nous pouvons prévoir que le premier câble sera probablement tout remplacé avant quarante ans. Telle est l'expérience générale, et la durée d'un câble est diversement estimée à vingt-cinq ou trente ans. Le fonds d'amortissement pourvoit à différentes éventualités et au remplacement du capital ; les frais d'exploitation pourvoient à l'établissement de dix stations—Vancouver, l'île Fanning, Fiji, l'île Norfolk, la Nouvelle-Zélande et la côte australienne—ainsi qu'à la gestion générale.

Si nous passons maintenant aux recettes probables, il est, naturellement, impossible de déterminer la quantité de trafic qui sera détournée. Une convention pour l'exploitation serait sans doute arrêtée par les gouvernements propriétaires d'un côté et la "Eastern Extension Company" de l'autre. Une concurrence réelle serait évitée, et les tarifs seraient assimilés autant que possible. Il est permis de supposer que tout le trafic australien sud et ouest passerait par les routes actuelles et le câble proposé d'Afrique, et à peu près la moitié du trafic avec les colonies de l'est, la Nouvelle-Zélande exceptée. Le nombre de mots, pendant les dernières années (1896, 1897 et 1898) a été comme suit:

	Mots.		
	1896.	1897.	1898.
Victoria	551,894½	508,554¾	499,033½
Tasmanie	10,893	12,410	11,718½
Nouvelle-Galles du Sud	481,409½	484,715	486,260
Queensland	14,135	52,012½	89,889
Nouvelle-Zéalande	288,842	246,365	221,508½
Total, colonies de l'est	1,347,174	1,304,057¼	1,308,409½
Australie-sud	307,487	306,232¾	299,319
Australie-ouest	672,323	511,926	376,091½
Total, colonies de l'ouest	979,810	818,158¾	657,410½
Grand total	2,326,984	2,122,216	1,983,820

Le trafic avec l'Australie-ouest s'est considérablement accru, grâce au développement des mines d'or et aux actives spéculations qui en ont été la suite. Les deux dernières années, cependant, accusent une diminution constante. En concluant la statistique des autres colonies, nous constatons aussi une diminution en 1898 et 1897. Il ne serait pas prudent de compter, pour l'avenir, sur une augmentation annuelle de plus de 5 pour 100; mais, pour mettre les choses sous un jour favorable, j'accorde 900,000 mots comme part du câble du Pacifique en 1903 ou 1904. Ce trafic consisterait principalement en messages ordinaires, et le reste en messages de l'Etat et de la presse dans la proportion moyenne d'un neuvième à peu près. Le taux suggéré pour transmission directe est de 3s. sur les messages ordinaires; ou, en déduisant les surpaiements faits à l'Europe, aux câbles transatlantiques, aux lignes terrestres canadiennes ou américaines et à l'Australie, soit 1s. 6d., la part du Pacifique serait de 1s. 6d. Pour plus de clarté, prenant tous les mots aux taux ordinaires, nous avons:

AVEC UN CABLE.

	£	s.	d.
Recettes—900,000 mots à 1s. 6d.	67,500	0	0
Dépenses—Un câble	175,500	0	0
Pertes, première année, à 2½ pour 100 d'intérêt sur le capital.	108,000	0	0
Ou, si l'intérêt est de 2¾ pour 100	113,000	0	0

AVEC DEUX CABLES.

	£	s.	d.
Recettes—900,000 mots à 1s. 6d.	67,500	0	0
Dépenses—Deux câbles	306,000	0	0
Pertes, première année, à 2½ pour 100 d'intérêt sur le capital.	238,500	0	0
Ou, si l'intérêt est de 2¾ pour 100	248,500	0	0

L'Australie supporterait un tiers des pertes.

Avec un taux de plein parcours de 3s. 6d., ou tarif de 2s. par mot du Pacifique, les chiffres seraient comme suit:

AVEC UN CABLE.

	£ s. d.
Recettes	90,000 0 0
Dépenses (mettant l'intérêt à 2½ pour 100)	175,500 0 0
Pertes, première année	85,500 0 0
Ou, si intérêt est à 2¾ pour 100	90,500 0 0

AVEC DEUX CABLES.

	£ s. d.
Recettes	90,000 0 0
Dépenses (2½ pour 100 d'intérêt)	306,000 0 0
Pertes, première année	216,000 0 0
Ou, à 2¾ pour 100	226,000 0 0

Ainsi que je l'ai dit déjà, il ne serait pas prudent de calculer sur une augmentation moyenne de trafic de plus de 5 pour 100 par année. Supposons que cette moyenne soit acceptée, alors, avec deux câbles et en prenant l'intérêt sur le capital à 2½ pour 100, et le tarif du Pacifique à 2s. par mot, les pertes, pendant les dix premières années, seraient comme suit:

	£ s. d.
Permière année	216,000 0 0
Deuxième année	211,500 0 0
Troisième année	206,775 0 0
Quatrième année	201,814 0 0
Cinquième année	196,604 0 0
Sixième année	191,135 0 0
Septième année	185,392 0 0
Huitième année	179,361 0 0
Neuvième année	173,029 0 0
Dixième année	166,380 0 0
Total	£1,927,990 0 0

ou une perte accumulée de £1,927,990 en dix ans, sans compter l'intérêt.

Avec un câble la perte serait:

	£ s. d.
Première année	85,500 0 0
Deuxième année	81,000 0 0
Troisième année	76,275 0 0
Quatrième année	71,314 0 0
Cinquième année	66,104 0 0
Sixième année	60,635 0 0
Septième année	54,892 0 0
Huitième année	48,861 0 0
Neuvième année	42,529 0 0
Dixième année	35,880 0 0
Perte en 10 ans	622,990 0 0

Si nous prenons une augmentation de 7 pour 100 par année, laquelle, je le crains, ne se réalisera probablement pas, la perte serait encore très sérieuse, ainsi que le fait voir le tableau suivant:

Augmentation de 7 pour 100.		Dépenses. £ s. d. 175,500 0 0	—	Dépenses. £ s. d. 306,000 0 0
		Recettes.	Perte avec un câble.	Perte avec deux câbles.
		£ s. d.	£ s. d.	£ s. d.
Première année,	900,000 mots à 2s	90,000 0 0	85,500 0 0	216,000 0 0
Deuxième année,	963,000 "	96,300 0 0	79,200 0 0	209,700 0 0
Troisième année,	1,030,410 "	103,041 0 0	72,459 0 0	202,959 0 0
Quatrième année,	1,102,539 "	110,254 0 0	65,246 0 0	195,746 0 0
Cinquième année,	1,179,716 "	117,972 0 0	57,528 0 0	188,028 0 0
Sixième année,	1,262,297 "	126,230 0 0	49,270 0 0	179,770 0 0
Septième année,	1,350,657 "	135,065 0 0	40,435 0 0	170,935 0 0
Huitième année,	1,445,202 "	144,520 0 0	30,980 0 0	161,480 0 0
Neuvième année,	1,546,366 "	154,636 0 0	20,864 0 0	151,364 0 0
Dixième année,	1,654,611 "	165,461 0 0	10,039 0 0	140,539 0 0

Si nous prenons l'estimation un peu plus basse que la commission fait des dépenses annuelles et si nous mettons le coût du câble à £2,000,000—chiffe qui, suivant un devis que les autorités impériales devrait approuver, serait, aux prix actuels—probablement excédé—et en acceptant l'estimation hardie de 7 pour 100 pour l'augmentation annuelle, nous aurions le résultat suivant:

—	Recettes.	Dépenses.	Pertes.	Surplus.
	£ s d.	£ s. d.	£ s. d.	£ s. d.
Première année avec un (1) câble....	90,000 0 0	160,464 0 0	70,464 0 0	
A la fin de la dixième année......	165,461 0 0	160,000 0 0	....	5,461 0 0

Avec deux câbles, la perte serait d'environ £200,000 pendant la première année et de £120,000 à la fin de la dixième année. Ainsi, en toutes conditions, les colonies australiennes auraient à subir une perte sérieuse par le projet de câble du Pacifique, tandis que par l'adoption de la proposition de la "Eastern Extension Company" elles retireraient, sans frais, tous les avantages d'un câble additionnel passant par une route toute britannique et de taux réduits uniformes commençant à 4s. et baissant graduellement à 2s. 6d.

Quelle que soit la décision à laquelle on en arrive à l'égard du câble du Pacifique, je recommanderais fortement que l'on n'hésitât pas à accepter la proposition de la "Eastern Extension Company", laquelle est sous tous les rapports favorables aux colonies, qui ont à décider uniquement sur l'adoption d'un taux terminal australien uniforme pour que le tarif des télégrammes soit le même pour toutes les colonies.

Je devrais peut-être ajouter, pour montrer combien l'Australie-sud a droit à considération, que dans quelques semaines nous aurons deux câbles directs de Adelaïde à Port-Darwin, dont l'un sera un n° 10 S.W.G en fil de cuivre étiré. Tous deux fonctionneront d'après le système Duplex, et ensemble ils pourront faire plus que trois fois la somme actuelle d'ouvrage.

Lorsque le second câble sera posé, l'Australie, sans l'aide d'aucune autre colonie, aura déboursé plus de £570,000,000 sur le capital. Il ne faut pas oublier que depuis plusieurs années la colonie, en établissant cette voie de communication, a encouru une grosse perte annuelle.

J'ai, etc.,

CHARLES TODD,

Directeur général des Postes et surintendent des Télégraphes.

P.S.—Après avoir écrit ce qui précède, j'ai reçu de Londres un message qui contient de nouveaux détails de l'échelle de proportion sur une base plus favorable aux gouvernements australiens. Il ressort de ce message que:

1. Si les recettes des compagnies associées provenant du trafic australasien à un tarif de 4s. en 1898, 1899 et 1900, atteignent une moyenne de £350,000, le taux sera réduit à 3s. 6d. en 1901.

2. Si les recettes se maintiennent à une moyenne de £350,000 en 1899, 1900 et 1901, le taux des messages sera réduit à 3s. en 1902.

3. Si les recettes se maintiennent à une moyenne de $350,000 en 1900, 1901 et 1902, le taux sera réduit à 2s. 6d. en 1903.

4. Si la moyenne des recettes ne se maintient pas à £350,000, les réductions ci-dessus seront retardées jusqu'à ce qu'elle atteigne le chiffre de £350,000 pendant trois (3) années consécutives.

C. TODD.

A l'honorable Ministre de l'Instruction publique et de l'Agriculture.

Télégramme de la Eastern Extension Company *au directeur général des Postes, Adelaïde,*

N° 1.—Comme les journaux de Melbourne préconisent encore la route du Cap, et que des ministres ont récemment avoué à des députations que la proposition avait échoué uniquement parce que l'Australie refusait son concours, la compagnie est prête à obvier à la difficulté en abandonnant entièrement la subvention et d'autres conditions, et outre qu'elle posera le câble direct entre Cap-Perth et Glenelg, elle réduira immédiatement le tarif à 4s. et préparera d'autres réductions d'après une échelle de proportion à mesure que le tarif augmentera. Tout ce que la compagnie exige en retour de ces concessions franchement libérales, c'est le droit pour elle de recevoir et délivrer directement ses messages internationaux à Adelaïde, Perth et Melbourne, comme elle l'a toujours fait dans la Grande-Bretagne. Ceci est absolument nécessaire pour empêcher la compagnie de se trouver à la merci de l'Australie fédérée qui, autrement, pourrait recourir à une concurrence injuste dans le cas où le câble du Pacifique ne serait pas rémunérateur.

N° 2.—Si la proposition concernant le câble du Cap est acceptée, la compagnie proposera que le nouveau tarif de 4s. soit rendu uniforme pour toute l'Australie. Cette proposition étant acceptée, elle suggérera comme tarif australien uniforme 6d. de 4s. pour messages "ordinaires", 5d. de 3s. pour messages de l'Etat, et 4d. de 1s 6d. pour messages de la presse. Elle suggérera aussi que les recettes provenant de ce tarif terminal uniforme soient réparties entre les administrations australiennes suivant le percentage donné plus bas. Si non, la compagnie déclarera un taux uniforme pour toute l'Australie et paiera à l'Australie des taux fixes, gardant pour elle-même les risques de la moyenne. Dans ce dernier cas, elle suppose que l'Australie adoptera 4d. pour "ordinaires", pour "Etat" et 3d. pour "presse". Pour répondre à toute objection possible contre le prolongement du câble de Perth et Glenely, la compagnie est prête à payer à l'Australie-sud le même terminal à Adelaïde qu'à Port-Darwin, même si la compagnie est chargée de recevoir et délivrer les messages. Nous estimons à £66,332—moyenne de deux ans, 1897 et 1898—la valeur de tous les taux australiens de transit et de terminus, y compris ceux du câble tasmanien, mais à l'exclusion de ceux de la Nouvelle-Zélande. Divisés en percentage.

	Pour cent.
Australie-sud	67:59
Australie-ouest	19:39
Victoria	3:24
Nouvelle-Galles du Sud	8:37
Queensland	0:89
Tasmanie	0:08
Câble tasmanien	0:44
Total	100:00

Taux moyen par mot: ordinaire, 8d.; Etat, 6½d.; presse, 4½d.

N° 3.—Le gouvernement de l'Australie-sud nous ayant informés qu'il accepte la dernière proposition de la compagnie, nous espérons apprendre bientôt que votre gouvernement y concourt aussi.

N° 4.—Relativement à la dernière partie de notre offre de réduire le tarif au-dessous de 4s. suivant une échelle de proportion, voici les détails de la proposition basée sur un arrangement qui devra être appliqué au trafic sud-africain. Le chiffre de la présente garantie australasienne est £227,000, auquel il faudra ajouter £123,000 pour couvrir les dépenses annuelles (estimées) se rattachant à la nouvelle ligne entre l'Afrique et l'Australie, soit un total de £350,000, ou £15,000 de moins que la moyenne des recettes australasiennes des trois dernières années. Lorsque pendant trois années consécutives la valeur totale du trafic des compagnies associées aura atteint la moyenne ci-dessous, le tarif sera réduit à 3s. 6d. par mot. Si la valeur moyenne, pendant trois années consécutives, dépasse £350,000, le tarif sera réduit à 3s., et si la moyenne, pendant toutes autres trois années consécutives, dépasse cette somme, le tarif sera réduit à 2s. 6d. Conséquemment, si le trafic continue à donner une moyenne de £350,000 après réductions, le tarif pour—

	s.	d.
Les trois premières années sera	4	0
La quatrième année	3	6
La cinquième année	3	0
La sixième année	2	6

N° 5.—Depuis que je vous ai donné les détails de l'échelle de proportion, la base suivante, plus avantageuse à l'Etat, a été préparée pour l'Afrique-Sud, et nous sommes prêts à l'appliquer à l'Australie. Si les recettes des compagnies associées provenant du trafic australasien, à un tarif de 4s., en 1898, 1899 et 1900, donne une moyenne de £350,000, le taux sera réduit à 3s. 6d. en 1901. Si la moyenne des recettes se maintient à £350,000 en 1899, 1900 et 1901, le tarif sera réduit à 3s. en 1902. Si la moyenne des recettes se maintient à £350,000 en 1900, 1901 et 1902, le tarif sera réduit à 2s. 6d. en 1903. Si les recettes ne donnent pas une moyenne de £350,000, toutes les réductions ci-dessous seront retardées jusqu'à ce que la moyenne des recettes se maintienne au chiffre de £350,000 pendant trois années consécutives.

TROIS LETTRES SUR LE CABLE DU PACIFIQUE, PAR SIR SANDFORD FLEMING.

N° 1.—(15 novembre 1899.) Au Très honorable Sir Wilfrid Laurier, parlant de la nouvelle proposition de la "Eastern Extension Company" de poser un câble à travers l'océan Indien, de l'effet de la proposition sur les intérêts canadiens et britanniques, et recommandant fortement que le droit soit réservé d'amener cette entreprise sous le contrôle de l'Etat.

N° 2.—(5 septembre 1899.) A Sir Wilfrid Laurier, parlant de la nouvelle politique du gouvernement impérial annoncée au Haut-Commissaire du Canada et aux agents généraux de l'Australasie le 4 juillet 1899, des termes de la proposition et du retard qui en est attendu.

N° 3.—(1er juillet 1899.) A l'honorable J. Israël Tarte, ministre des Travaux publics, narrant des faits qui portent sur l'influence exercée par la "Eastern Extension Company", antérieurement à juillet 1899, pour faire manquer le projet.

CORRESPONDANCE RECENTE—LE CABLE DU PACIFIQUE.

OTTAWA, 15 novembre 1899.

Au Très honorable Sir WILFRID LAURIER,
Premier ministre du Canada.

SIR,—Dans le rapport que j'ai présenté, le 5 septembre, au sujet de ma récente mission en Angleterre, et dans la lettre que j'ai adressée à l'honorable M. Tarte, le 1er juillet,—rapport et lettre annexés à la présente,—je mentionne les efforts persistants tentés par la "Eastern Extension Company" pour faire avorter l'établissement du câble du Pacifique.

Aujourd'hui, j'ai reçu du ministère du Commerce une communication par laquelle j'apprends d'une façon plus précise la ligne d'action que cette compagnie est en train d'adopter pour faire manquer le projet. Les journaux des colonies du sud se servant de mon nom dans leurs débats, je me dois à moi-même d'offrir quelques explications. En même temps je sens qu'il importe davantage, dans l'intérêt public, que je porte cette affaire à votre attention, afin que vous puissiez, si vous le jugez à propos, transmettre mes explications aux gouvernements en cause.

La communication que j'ai reçue par le canal du ministère du Commerce m'apprend que la "Eastern Extension Company" a fait au gouvernement australien une offre de très grande importance, et cette offre est très énergiquement appuyée par le directeur général des Postes de l'Australie-sud, sir Charles Todd. De plus, tous les efforts sont faits, par le moyen de la presse, pour influencer l'opinion publique en sa faveur.

L'offre est à l'effet, en réalité, de substituer au câble du Pacifique un câble à travers l'océan Indien, de l'Australie à l'Afrique-sud, où un raccordement serait effectué avec les lignes allant en Angleterre. Pour rendre sa proposition aussi alléchante que possible, la compagnie offre d'abaisser immédiatement les taux du minimum actuel de 4s. 9d. par mot à un prix uniforme de 4s., et d'opérer d'autres réductions à mesure que le trafic augmentera. La compagnie ne demande ni subvention ni garantie, mais elle demande le privilège de recevoir et de distribuer des câblegrammes dans les principales villes de l'Australie, et, avec ce privilège, le droit d'employer et de contrôler les lignes terrestres de l'Etat à partir de ces villes jusqu'au terminus du câble. Sir Charles Todd a toujours été un ferme adversaire du câble du Pacifique, et comme on peut s'y attendre, il approuve hautement la nouvelle proposition, et il suggère que le câble du Pacifique soit différé et qu'en même temps il soit permis à la "Eastern Extension Company" de mettre son plan à exécution.

Il est manifeste que si la "Eastern Extension Company" reçoit le privilège qu'elle demande, elle obtiendra le pouvoir de monopoliser tout le trafic du câble. Elle sera en mesure d'abaisser immédiatement les taux et de faire des contrats pour nombre d'années avec les principales maison de commerce, et de contrôler ainsi la plus grande partie des affaires télégraphiques maritimes. Armée de ces privilèges, il lui sera possible d'empêcher le câble du Pacifique d'être un succès commercial.

Sir Charles Todd ne peut voir aucun avantage dans le câble du Pacifique, ni la nécessité de son établissement. Il s'est formé une opinion exsessivement pessimiste du trafic et de la part de ce trafic qu'une ligne transpacifique pourrait obtenir ; il exagère sans raison l'estimation des frais d'entretien et d'exploitation et d'autres frais annuels, et il insiste sur le fait que pour éviter toute interruption du service il faudra deux câbles transpacifiques, ce qui entraînera, dit-il, une dépense initiale de £4,000,000 à même le capital, au lieu de la somme de £1,500,000 jugée suffisante à une certaine époque.

Dans une lettre du 28 octobre 1898, adressée au Très honorable Joseph Chamberlain, secrétaire des colonies, j'exposais, entre autres choses, l'immense avantage pour tout l'empire d'un réseau de câbles encerclant le monde entier et contrôlé par l'Etat, et je faisais voir comment ce réseau pouvait être établi sans passer sur un sol étranger. Cette proposition embrassait les nouvelles lignes suivantes :—

	Nœuds.
1. Un câble à travers le Pacifique, du Canada à l'Australie et la Nouvelle-Zélande	7,150
2. Un câble à travers l'océan Indien, de l'Australie au Cap de Bonne-Espérance	6,500
3. Un câble à travers l'océan Atlantique, du Cap de Bonne-Espérance aux Bermudes	6,600

Aux Bermudes, un raccordement se ferait avec l'Angleterrre par des lignes établies ou à être établies—les trois câbles, savoir, à travers les océans (1) Pacifique, (2) Indien et (3) Atlantique, constitueraient un réseau télégraphique encerclant le globe et ne touchant qu'au sol britannique. Ces lignes formeraient le tronc ; elles donneraient à chaque endroit qu'elles atteindraient l'avantage de deux routes télégraphiques allant dans des directions opposées, et de la sorte il ne serait plus nécessaire ni désirable de faire des câbles doubles côte à côte sur une section quelconque.

Le câble du Pacifique formerait un des trois grands chaînons de la chaîne, et il est parfaitement clair que pour compléter le réseau il ne serait pas nécessaire d'encourir la dépense de poser deux câbles à travers le Pacifique pour quelque temps à venir, certainement pas avant que le trafic se développe au point d'exiger de nouveaux moyens de transmission pour raisons d'affaires—c'est-à-dire pas avant que le trafic télégraphique atteigne un degré bien au delà des estimations les plus confiantes qui aient été faites jusqu'ici.

L'espace couvert par la nouvelle proposition de la "Eastern Extension Company" est à peu près identique à la deuxième division de la proposition d'un télégraphe encerclant le monde mentionnée dans ma lettre à M. Chamberlain. En apprenant que nos adversaires avaient fait à ce sujet des ouvertures au gouvernement de Victoria, j'adressai au premier ministre, sir George Turner, la lettre suivante:

OTTAWA, 14 septembre 1899.

MONSIEUR,—Le dernier courrier d'Australie m'apporte des lettres, allant jusqu'au 28 juillet, qui m'apprennent que la "Eastern Extension Company" a fait à votre gouvernement la proposition d'établir un câble entre l'Afrique-sud et l'Australie. Cette proposition est d'une grande importance, et je vous demande la permission de dire un seul mot à son sujet. Voulant être bref, laissez-moi vous signaler trois de mes lettres qui se trouvent dans des documents relatifs au câble du Pacifique présentés au parlement canadien pendant la session de 1898 et 1899, et qui ont été publiés sous la forme d'un livre bleu. Ces lettres ont été adressées:

1. Au Très honorable Sir Wilfrid Laurier, 28 décembre 1897.
2. Au Très honorable Joseph Chamberlain, 28 octobre 1898.
3. A l'honorable R. W. Scott, 31 janvier 1899.

Dans ces lettres, spécialement dans celle adressée à M. Chamberlain, il est question d'un réseau de câbles électriques d'Etat pour l'Empire. J'y fais remarquer que le câble du Pacifique formerait la section initiale du projet impérial, et qu'une ligne de câbles à travers l'océan Indien, comme celle qui est aujourd'hui proposée par la "Eastern Extension Company", constituerait la seconde grande section. On peut donc attacher beaucoup d'importance à la dernière proposition. Mais il est essentiel que ces câbles soient définitivement sous le contrôle de l'Etat. L'intérêt public exige que pour assurer la transmission télégraphique la plus économique, le plus grand développement du commerce et la plus entière liberté d'intercourse dans tout l'Empire, le réseau de câbles en projet soit la propriété de l'Etat. Comme je le fais observer dans ma lettre à M. Scott, c'est l'opinion à peu près universelle de la presse, spécialement de la presse britannique. C'est pourquoi j'ose insister auprès de votre gouvernement pour que, dans la convention qui pourrait être conclue avec la "Eastern Extension Company" à l'effet de poser un nouveau câble à travers l'océan Indien, on réserve le droit d'en prendre possession en donnant avis et en payant une somme égale à sa valeur, exactement comme dans les articles 5 et 6 de la convention de 1893 concernant le second câble de Singapore et Hong-Kong.

J'ai l'honneur, etc.,

SANFORD FLEMING.

Je ne saurais trop insister auprès de votre gouvernement, et auprès de chaque gouvernement en cause, sur l'importance de la recommandation contenue dans la lettre ci-dessus. C'est une question qui intéresse le Canada autant que les colonies australasiennes; il importe à l'Empire britannique tout entier que de nouveaux obstacles ne viennent pas entraver la pose du câble du Pacifique ou rendre impossible l'établissement graduel d'un réseau de câbles d'Etat encerclant le globe. Il n'y a pas la moindre objection à ce que la "Eastern Extension Company" pose, sujette à la condition mentionnée, un câble à travers l'océan Indien: tout, au contraire, est en faveur d'une telle proposition. L'état de chose qui existe présentement dans l'Afrique-sud rend peu sûres les lignes de communications actuelles. Elles passent par un certain nombre de ports étrangers, et sans trop de peines des gens sympathisant avec l'ennemi peuvent percer les câbles, ou, s'ils le veulent, les interrompre et les rendre inutiles: il en est ainsi, dans le moment, de la ligne est-africaine. Si par malheur il surgissait des conflits en Europe, les voies de communication télégraphique pourraient être coupées instantanément, car tous les câbles établis ou en cours d'établissement traversent les mers peu profondes qui bordent la France, l'Espagne, le Portugal, le Maroc et d'autres parties de l'Afrique. S'il y avait aujourd'hui des câbles à travers les océans Indien et Pacifique, une communication indépendante pourrait être entretenue, par la route canadienne, entre le cœur de l'empire et l'Afrique-sud, de même qu'avec les colonies australasiennes.

La recommandation au sujet de laquelle j'ose faire le présent appel est à l'effet de réserver le droit, au nom du gouvernement de Sa Majesté, de prendre possession du câble que la "Eastern Extension Company" propose de poser à travers l'océan Indien. D'amples précédents justifiant cette mesure se trouvent aux deux articles suivants qui ont été sagement insérés par le marquis de Ripon, alors secrétaire d'Etat pour les colonies, dans la convention du 28 octobre 1893 concernant le second câble de Singapore et Hong-Kong.

" Article 5. Le gouvernement de Sa Majesté aura en tout temps l'option d'annuler tous les articles précédents de la présente convention, en donnant préalablement à la compagnie un avis de douze mois, et payant à la campagnie la somme de £300,000, qui représente le coût estimé de la pose du dit second câble."

" Article 6. Immédiatement après le paiement de la somme stipulée au dernier article qui précède, le dit second câble deviendra propriété du gouvernement de Sa Majesté, et la convention cessera et prendra fin de suite."

Il ne pourrait y avoir de meilleur précédent à suivre dans le cas présent. Le directeur général des Postes du Canada, M. Mulock, en présentant à la Chambre des communes, au mois de juillet dernier, les résolutions concernant le câble du Pacifique, signalait l'importance de la réserve faite par le marquis de Ripon. Il disait (je cite des *Débats*):

" En lisant la convention, je n'y vois rien qui puisse nous faire douter un moment que nous établissons une commuincation par câble avec l'Orient lorsque nous établissons un raccordement par câble avec l'Australasie. La convention stipule que le gouvernement impérial peut acheter la ligne de câble, le second câble construit entre Singapore et Hong-Kong, pour la somme de £300,000, qui, je suppose, représente assez bien son coût. Une fois que le gouvernement anglais aura acquis ce câble, il ne restera plus que le chaînon du raccordement entre la terre ferme et l'Australie, et nous avons un câble et une communication télégraphique directs *via* l'Australie entre le Canada et Hong-Kong et le Japon. On ne peut concevoir que si les deux grandes colonies, le Canada et l'Australasie, se sont unies par câble—particulièrement si l'on songe que les colonies et l'Australasie ont la propriété des lignes télégraphiques qui traversent le continent de l'Australie—une puissance quelconque, c'est-à-dire une puissance britannique, puisse nous empêcher de pousser notre chemin par communication télégraphique avec la Chine et le Japon. * * * Je regarde la proposition, bien qu'elle ne comporte nominalement qu'une communication entre le Canada et l'Australasie, comme complétant de fait la communication par câble entre le Canada, la Chine et le Japon."

Un câble à travers l'océan Indien, posé dans les mêmes conditions, relierait pareillement, avec le câble du Pacifique, le Canada avec l'Afrique-sud. Les deux étendues de câble compléteraient deux tiers de la chaîne de câbles toute britannique encerclant le globe, par laquelle, avec des embranchements d'une longueur totale de 2,600 nœuds, Londres aurait de fait une double communication télégraphique avec tous, ou presque tous, les postes fortifiés et les stations de houille de l'empire; il serait créé une ligne de communication impériale qui unirait par l'électricité toutes les possessions de Sa Majesté.

Pour ces raisons, et pour d'autres qui sont mentionnées dans ma lettre à M. Chamberlan, il convient que les nouveaux câbles soient propriété de l'Etat. Il est reconnu que, contrôlés par l'Etat, ils rempliront mieux leurs fins.

J'ai fait allusion, dans d'autres lettres (celles du 1er juillet et du 5 septembre), aux retards considérables qui sont survenus et à leur cause apparente. L'état des affaires en Afrique-sud et l'insécurité de tous les câbles posés dans les mers peu profondes qui bordent l'Europe et l'Afrique font voir aujourd'hui combien ces retards sont déplorables. On peut se convaincre qu'il ne serait pas difficile pour un partisan de l'ennemi d'isoler non seulement l'Afrique-sud, mais encore toute l'Australasie. Heureusement que de meilleurs conseils l'emportent aujourd'hui, et nous nous réjouissons tous à la pensée que le temps des lenteurs est passé.

Le projet de ces câbles d'Etat n'a pas été conçu dans un esprit d'hostilité contre la "Eastern Extension Company". Le câble du Pacifique a été demandé pour des raisons nationales, et comme première section d'un grand réseau télégraphique impérial. Déjà la campagne qui est faite en faveur de son établissement a eu pour effet de faire diminuer de moitié le prix des messages échangés entre l'Australie et l'Angleterre, sans compter l'excellent résultat d'une amélioration notable dans les profits de la compagnie. C'est dû au fait que, tandis que les taux ont été abaissés de cinquante pour cent, le trafic a augmenté de cent cinquante pour cent depuis que la réduction a eu lieu.

Je me permets de croire que le premier câble océanique d'Etat sera le commencement d'une ère nouvelle pour la correspondance télégraphique maritime, et qu'il s'en suivra un développement merveilleux de l'intercourse. Il y a eu de longs retards ; mais heureusement nous avons maintenant l'assurance que le gouvernement de Sa Majesté va donner son entier concours aux gouvernements coloniaux pour mener à bonne fin une entreprise dont l'importance pour tout l'Empire est aujourd'hui reconnue.

J'ai l'honneur d'être, monsieur,

Votre obéissant serviteur,

SANDFORD FLEMING.

HALIFAX, 5 septembre 1899.

Au Très honorable Sir WILFRID LAURIER,

Premier ministre du Canada.

MONSIEUR,—Je vous ai écrit, de Londres, que je me disposais à partir pour le Canada le 14 août. J'arrivais à Ottawa le 25, et, en votre absence, je faisais immédiatement connaître mon retour au secrétaire d'Etat.

Aujourd'hui, j'ai l'honneur de vous faire le rapport suivant au sujet de ma mission en Angleterre—

L'arrêté en conseil qui nommait l'honorable J. Iraël Tarte, ministre des Travaux publics, et lord Strathcona, Haut-Commissaire du Canada à Londres, commissaires dans l'affaire du câble du Pacifique, me constituait aussi expert-consultant. Vous m'avez vous-même remis cet arrêté en conseil le 21 juin ; le lendemain, je quittais Ottawa pour aller rejoindre M. Tarte à bord du steamer à Montréal et faire route avece lui pour l'Angleterre, où nous arrivâmes le 5 juillet.

Pendant la traversée j'ai communiqué à M. Tarte, qui les désirait, tous les renseignements que j'avais au sujet du câble. Entre autres choses, je lui fournis des faits et des explications concernant l'hostilité de la "Eastern Extension Company" et l'influence adverse qu'elle avait exercée. Il fut jugé à propos que ce dernier renseignement fût présenté sous la forme d'une lettre afin que, au besoin, il pût être utilisé dans les débats à Londres. Arrivés à Londres, nous apprîmes que le gouvernement impérial avait heureusement changé d'attitude à l'égard de l'entreprise, et les débats prévus n'eurent pas lieu. Comme document, je joins à la présente ma lettre adressée à M. Tarte le 1er juillet 1899.

Le 6 juillet lord Strathcona nous apprit, à M. Tarte et à moi, que deux jours auparavant il y avait eu une conférence dans laquelle lui et les agents généraux de la Nouvelle-Galles du Sud, de Victoria, de Queensland et de la Nouvelle-Zélande avaient rencontré le secrétaire des colonies, M. Chamberlain, et le premier lord du Trésor, sir Michael Hicks-Beach. Ces deux derniers messieurs avaient alors annoncé que le gouvernement impérial avait décidé de se joindre au Canada et aux colonies australiennes pour établir le câble du Pacifique comme entreprise indivise d'Etat, et que le Trésor impérial prendrait des mesures pour fournir le capital nécessaire.

Lord Strathcona nous lut la copie d'un câblegramme qui avait été envoyé la veille (5 juillet) au Canada, à l'Australie et à la Nouvelle-Zélande, au sujet de la nouvelle proposition. Ce câblegramme fut ensuite confirmé par un procès-verbal de la conférence du 4 juillet. Le procès-verbal fut publié par le Colonial Office le 15 juillet et adressé aux gouvernements intéressés.

Lors de votre départ du Canada, la situation de l'entreprise et l'attitude du gouvernement impérial à son sujet étaient telles qu'elles se trouvent exposées dans les documents relatifs au câble du Pacifique soumis au parlement canadien pendant la dernière session, spécialement aux pages 88 à 100.

Nous fûmes très surpris et heureux d'apprendre que, quelques heures avant notre arrivée en Angleterre, le gouvernement de la mère patrie avait entièrement modifié son attitude, qu'il n'hésitait plus à s'associer activement dans l'entreprise avec le Canada et les colonies australiennes, qu'il avait pleinement acquiescé au principe d'une propriété d'Etat indivise, et qu'il faisait droit aux désirs du Canada et des colonies, puisque le premier lord du Trésor proposait d'utiliser le crédit du Royaume-Uni pour fournir tout le capital nécesssaire à l'exécution de l'entreprise.

Cependant, toute satisfaisante que fût cette nouvelle, la satisfaction s'est trouvée quelque peu diminuée par une partie de la proposition. C'est un simple détail, mais un détail qui me parut de très grande importance, attendu qu'il entraînerait un retard, et les retards sont toujours dangereux. Il avait été proposé, à la conférence, que le conseil provisoire des commissaires fût composé de huit membres, trois à être nommés par les colonies australasiennes, deux par le Canada et trois par le gouvernement impérial. Je m'objectai immédiatement au nombre accordé à l'Australasie, et fis observer que, comme il y avait quatre colonies contributaires, la limitation à trois du nombre des représentants au conseil aurait en toute probabilité pour effet de causer un retard sérieux, et qu'elle pourrait même compromettre le succès du projet. Il était très clair, à mon sens, que les quatre gouvernements s'entendraient difficilement sur le choix de trois représentants, et que ce choix ne pourrait être fait que si l'une des colonies consentait à rester sans représentant. Je me hasardai à suggérer que les quatre colonies contributaires eussent chacune un représentant, et que la représentation des gouvernements impérial et canadien fût augmentée proportionnément.

Je n'ai rien entendu dire en faveur de huit commissaires au lieu de neuf, sauf que "un conseil nombreux est gênant et peu désirable". Tout en admettant qu'un conseil peu nombreux vaut mieux dans les circonstances ordinaires qu'un conseil composé d'un grand nombre de membres, tout en reconnaissant qu'un conseil *permanent* pourrait avec avantage être réduit à moins de huit commissaires, peut-être même à trois, car leurs fonctions auront principalement un caractère exécutif, il m'a semblé de première importance que le conseil *provisoire* fût promptement constitué, et je craignais fort qu'il ne pût l'être si les quatre gouvernements australasiens n'avaient pas la faculté de nommer chacun leurs représentants. J'ai fait observer que si ce point leur était concédé, il était à peu près certain que les gouvernements de la Nouvelle-Galles du Sud, de Victoria, de Queensland et de la Nouvelle-Zélande nommeraient immédiatement leurs agents généraux résidant à Londres, et que de la sorte le conseil provisoire pourrait être organisé et se mettre à l'œuvre quelques jours après notre arrivée en Angleterre.

Pendant les cinq semaines que j'ai passées à attendre, il n'est rien résulté des idées que j'avais exposées; je ne sache même pas que la constitution du conseil ait fait des progrès jusqu'ici. En attendant, la "Eastern Extension Company" déploie une grande activité en Australie. Ses agents font tout en leurs pourvoir pour prolonger le retard. Depuis mon arrivée au Canada, j'ai reçu d'Australie nombre de lettres, dont quelques-unes portent la date récente du 28 juillet; toutes tendant à confirmer l'opinion que j'ai exprimée. Comme elles sont personnelles, je regrette de ne pouvoir les annexer au présent rapport. Toutefois, j'ai l'honneur de vous renvoyer à une lettre du 17 juillet que le ministère du Commerce a reçue de l'agent commercial de votre gouvernement à Sydney. Vous trouverez dans cette lettre certaines indications de la situation en Australasie et de l'activité que la "Eastern Extension Company" met dans ses efforts persistants à faire averter le projet.

J'ai l'honneur, etc.,

SANDFORD FLEMING.

STR "MONTFORT", EN MER, 1er juillet 1899.

A l'honorable J. ISRAEL TARTE,
Ministre des Travaux publics du Canada.

MONSIEUR,—Je crois qu'il est de mon devoir, sous l'autorité de l'arrêté en conseil en vertu duquel je vous accompagne en Angleterre, de porter à votre connaissance certains faits se rattachant aux efforts déployés par le Canada, l'Australasie et la Nouvelle-Zélande pour établir un câble du Pacifique, à l'hostilité de la "Eastern Extension Telegraph Company", et à l'attitude du gouvernement impérial sur cette question.

Depuis longtemps le Canada, l'Australasie et la Nouvelle-Zélande ont désiré et essayé de s'unir télégraphiquement par un câble du Pacifique.

Tous les efforts tentés dans le but de cette fin ont subi une opposition déterminée de la "Eastern Extension Company", puissante organisation financière jouissant d'une grande influence dans des sphères officielles. L'hostilité de cette compagnie vient de ce qu'elle jouit d'un riche monople qui, incidemment, serait dérangé par l'établissement du câble du Pacifique comme entreprise nationale. La compagnie n'apprécie point les grandes fins impériales qui seraient servies par le télégraphe projeté : elle n'envisage que ses profits à elle. Son dessein a toujours été de contrecarrer le Canada et l'Australasie dans leurs efforts à établir le câble.

Dans les pages qui suivent sont exposés quelques-uns des moyens pris pour faire avorter l'établissement du câble du Pacifique. Il est désagréable de penser que le gouvernement impérial, ou ceux qui agissent pour lui, ont eu moins de sympathie pour les visées et les aspirations du Canada et des colonies australasiennes que pour celles de la "Eastern Extension Company", mais il est difficile de voir que l'évidence des faits puisse conduire à une autre conclusion.

En conséquence des faits qui sont venus au jour—et dont quelques-uns seront cités—il existe une impression que le gouvernement de la mère-patrie n'a pas agi équitablement vis-à-vis le Canada et les colonies australasiennes, mais qu'il a jugé que les intérêts de la "Eastern Extension Company" étaient d'importance première. Le sentiment sur ce point s'est en partie emanifesté dans le Sénat du Canada le 8 août dernier, au cours d'un débat auquel prirent part l'honorable David Mills, ministre de la Justice; l'honorable R. W. Scott, secrétaire d'Etat, et l'honorable sir Mackenzie Bowell. Où qu'en repose la responsabilité, il reste acquis que le câble du Pacifique a été longtemps retardé, et que lorsqu'il sera posé il aura coûté beaucoup plus cher sans que son efficacité soit plus grande.

Plusieurs circonstances ont donné lieu à l'impression courante que les autorités impériales ont sans raison favorisé le monopole dans son opposition au Canada et aux colonies australiennes. Parmi elles peuvent être mentionnées les circonstauces se rattachant à l'hydrographie, telles qu'elles sont exposées par le ministre du Commerce dans le compte rendu de sa mission en Australie. (*Voir* Rapport soumis au parlement canadien, 1894, p. 106.) En peu de mots voici les faits :

Dès le début la "Eastern Extension Company" avait déclaré qu'un câble du Pacifique était chose impractiable, à cause, disait-elle, d'obstacles physiques insurmontables qui se trouvaient sur le route. Pour faire disparaître les doutes, il fut jugé nécessaire d'avoir une hydrographie exacte, et pour que le projet reçut la confiance publique, il importait que ces études fussent faites par la plus haute autorité nautique. On s'adressa à l'amirauté, et pendant plusieurs années des démarches furent faites auprès du gouvernement de la mère-patrie, le Canada offrant de contribuer la moitié de frais. Mais pas de résultats. A la Conférence coloniale de 1887 la question fut débattue, et une résolution fut unanimement adoptée demandant que l'hydrographie fût commencée immédiatement. Il s'engagea une correspondance au cours de laquelle les gouvernements australasiens offrirent de participer aux déboursés. Une année après un navire reçut ordre d'aller feaire quelques études hydrographiques, mais d'après les instructions qui lui avaient été données, plusieurs années se seraient écoulées avant que les travaux pussent être terminés. Des requêtes furent présentées à l'effet de les accélérer, mais sans succès. En 1890 les câbles de la "Eastern Extension Company" se brisèrent, et pendant très longtemps les colonies australiennes se trouvèrent isolées, télégraphiquement. Cette circomstance fit ressortir l'importance qu'il y avait d'activer les travaux hydrographiques, afin de hâter l'établissement d'une ligne alternative entre l'Australie et la Grande-Bretagne par voie du Pacifique. Maintes et maintes fois les colonies demandèrent que l'hydrographie fût accélérée, mais elles ne furent pas écoutées. Au lieu d'être poussés activement, les travaux furent arrêtés, sans aucune explication. En fait (comme on l'a constaté longtemps après), le navire avait été rappelé de sa mission en septembre 1890, et la discontinuation des travaux ne fut portée à la connaissance du Canada et des colonies qu'en 1894.

En 1893, les parlements du Canada et de la Nouvelle-Galles du Sud ayant voté chacun une subvention pour l'établissement d'un service de navires entre la Colombie-Britannique et les colonies australiennes, le gouvernement canadien, "jugeant qu'il était important de prendre des mesures promptes et efficaces pour encourager des relations commerciales plus étroites entre le Canada et l'Australasie", le 7 septembre 1893, un arrêté en conseil fut rendu priant le ministre du Commerce de se rendre en Australie pour y conférer avec les différents gouvernements dans le but d'étendre le commerce et d'établir le câble du Pacifique. Le 11 septembre, le Colonial Office, de Londres, fut informé de la mission confiée au ministre canadien, et prié de la favoriser. Le ministre fit voile de la Colombie-Britannique le 17 septembre. Deux jours auparavant, des dépêches furent envoyées du Colonial Office aux gouvernements australasiens, contenant uniquement des documents adverses au câble du Pacifique. Ces documents consistaient en une lettre du bureau général des Postes, de Londres, datée le 5 juillet 1893, et en un rapport de l'hydrographe, daté le 28 février 1897. (*Voir* Mission en Australie, p. 79.)

Arrivé en Australie, le ministre eut des conférences :—

Avec le gouvernement de la Nouvelle-Galles du Sud, le 11 octobre 1893 ;

Avec le gouvernement de Queensland, le 20 octobre 1893 ;

Avec le gouvernement de Victoria, le 30 octobre, 1893 ;

Avec le gouvernement de l'Australie-sud, le 2 novembre 1893.

Ces différents gouvernements avaient reçu des exemplaires des documents antagonistes avant l'arrivée du ministre canadien, et, ainsi qu'il le dit dans son rapport, ces documents n'ont pas été utiles à sa mission (p. 76).

Et puis, pendant que le ministre canadien était en Australie, à conférer avec les gouvernements australasiens au sujet de l'établissement du câble, une convention destinée à rendre plus fort le monopole de la "Eastern Extension Company" fut conclue par le secrétaire d'Etat pour les colonies. Cette convention, qui porte la date du 28 octobre 1893, empêche effectivement le Canada ou toute colonie australaienne d'établir une communication télégraphique avec l'Asie (sans l'intervention du gouvernement impérial) pendant une période qui ne doit expirer que le 28 octobre 1918. Une copie de cette convention se trouve dans le document relatif au câble du Pacifique récemment déposé devant le parlement canadien (p. 6).

Ces faits sont bien connus, et ils justifiient la crainte que les autorités de la mère-patrie n'ont pas été sympathiques aux visées du Canada et des colonies australasiennes au sujet du câble du Pacifique ; de plus, ils semblent jeter de la lumière sur l'inexplicable politique suivie, vers le même temps, dans une autre affaire de grande importance se rattachant au câble projeté.

Pour unir télégraphiquement le Canada et l'Australasie, des stations au milieu de la mer sont absolument nécessaires, et pour une ligne nationale de communication, il est indispensable que ces stations soient en la possession de la Grande-Bretagne. L'île sous pavillon anglais la plus rapprochée du Canada est l'île Fanning ; mais sa distance de la Colombie-Britannique est très grande et nécessiterait un câble beaucoup plus long que tous ceux qui ont été posés jusqu'ici dans une partie quelconque du globe. Les documents adverses qui ont confronté le ministre canadien en arrivant en Australie expriment des doutes sérieux sur la possibilité de construire ou d'entretenir la section Vancouver-Ile Fanning. Ces doutes ajoutaient à la très grande importance d'obtenir un poste d'atterrissement moins éloigné que l'île Fanning de la Colombie-Britannique. Dans le voyage du ministre canadien à l'Australie, en septembre 1893, on a découvert qu'il y avait possibilité d'établir au milieu de l'océan une station à 800 milles plus près de Victoria que l'île Fanning. Il existe en plein océan, sur une route directe entre la Colombie-Britannique et le Queensland, une petite île inhabitée ayant environt un dixième de mille carré. Jusqu'à cette époque, elle avait été jugée trop insignifiante pour être convoitée par une puissance. Cet îlot est connu sous le nom d'île Necker. D'autres îles avaient été réclamées par le gouvernement d'Hawaii comme apanages, mais elle ne comprenaient pas l'île Necker. Jusqu'à l'année suivante, alors qu'elle fut visitée pour la première fois et accaparée par le gouvernement hawaiien, le gouvernement britannique aurait pu parfaitement en prendre possession.

Des renseignements pris à Honolulu, au cours de la visite du ministre, en 1893, l'ayant convaincu, ainsi que le commissaire britannique résidant, que l'île Necker n'était réclamée ni par Hawaii ni par aucun autre pouvoir, il fut adressé au gouvernement britannique un mémoire dans lequel on exposait sa situation géographique singulièrement favorable pour des fins télégraphiques, et on recommandait fortement d'en prendre possession immédiate au nom de Sa Majesté, car il était d'importance vitale d'en faire une station d'atterrissement pour le câble du Pacifique.

Sans perdre de temps, le ministre du Commerce porta à la connaissance des gouvernements du Canada, de la Nouvelle-Galles du Sud, de Victoria et de Queensland les circonstances se rattachant à la disponibilité de l'île Necker. Ces gouvernements furent convaincus de son utilité, et, en octobre 1893, ils donnèrent à leurs Hauts-Commissaires ou agens généraux à Londres instruction de faire valoir auprès du gouvernement de la mère-patrie l'opportunité de prendre des mesures immédiates pour s'assurer la possession de cet îlot afin d'en faire un poste d'atterrissement pour le câble du Pacifique. Les gouvernements australiens, ainsi que le ministre du Commerce du Canada, après avoir lu les dépêches plus haut mentionnées récemment transmises par le Colonial Office, se convainquirent de l'impraticabilité de la route de l'île Fanning et attachèrent une importance vitale à la possession de l'île Necker. Il fut donc décidé que j'irais à Londres avec mission spéciale de ne rien négliger pour en assurer la possession.

J'arrivai à Londres avant le mois de janvier 1894. On n'aurait pu savoir que des mesures avaient été prises pour l'acquisition de l'île. Une entrevue à ce sujet fut demandée au secrétaire des colonies. Après quelques retards, un jour fut fixé, le 12 janvier. Des agents généraux de la Nouvelle-Galles du Sud, de Victoria, de Queensland et de la Nouvelle-Zélande, ainsi que le Haut-commissaire et d'autres messieurs représentant le Canada, y assistaient, ayant été autorisés à cette fin par leurs gouvernements. Tous ceux qui étaient présents à la conférence furent unanimes à représenter qu'il ne fallait pas retarder à faire de l'îlot Necker une possession britannique. Un mémoire, préparé par moi et exposant les faits, fut lu au secrétaire des colonies et laissé entre ses mains. En voici une copie :—

NOTE.—SUR L'ILE NECKER ET SUR LA VITALE IMPORTANCE DE S'ASSURER DE CETTE ILE COMME STATION DE TELEGRAPHE AU MILIEU DE L'OCEAN

"1. La question d'un câble du Pacifique devant relier les colonies sœurs de l'Australasie au Canada a été longtemps devant le public. A la Conférence coloniale de 1887, elle a été l'objet d'une attention spéciale. Dans la dépêche de feu M. Stanhope, 26 novembre 1886, qui convoquait la conférence, le secrétaire des colonies parlait d'une inter-communication postale et télégraphique comme essentielle à la consolidation de l'Empire. Il en parlait comme d'une grande question, et reproduisait les paroles qui s'étaient trouvées dans le discours de la reine à la prorogation du parlement, exprimant la conviction de Sa Majesté 'qu'il y a de tous côtés un désir grandissant de resserrer par tous les moyens praticables les liens qui unissent les différentes parties de l'empire.'

"2. Les procès-verbaux de la conférence font voir que la question a été mise en relief par le président dans son discours d'ouverture et par les délégués dans les débats, et qu'à la fin de la conférence une résolution fut unanimement adoptée déclarant que 'la connexion du Canada avec l'Australie au moyen d'un télégraphe sous-marin direct à travers le Pacifique est un projet de haute importance pour l'empire'.

"3. Depuis la conférence coloniale, plusieurs efforts ont été tentés pour induire le gouvernement de la mère-patrie à prendre des mesures pour donner une poussée pratique au câble du Pacifique. Récemment on a compris, au Canada et en Australie, que le temps était arrivé où la connexion télégraphique devait être formée. La conférence postale et télégraphique des colonies australiennes s'est réunie au mois de mars dernier et a adopté une résolution à cet effet.

"4. Les gouvernements de Queensland et de la Nouvelle-Galles du Sud, impatients du retard et fatigués d'attendre l'aide du gouvernement de la mère-patrie, acceptèrent l'offre d'une compagnie française de poser un câble jusqu'à la Nouvelle-Calédonie, lequel, dans l'intention des auteurs du projet, devait constituer le premier chaînon de 800 milles d'un câble à travers le Pacifique jusqu'à la côte de l'Amérique du Nord.

"5. Au mois de septembre dernier le gouvernement canadien délégua en Australie l'honorable M. Bowell, ministre du Commerce, dans le but d'échanger des idées sur des matières de commerce et d'union télégraphique entre les colonies et le Dominion. Le soussigné accompagna M. Bowell et, après avoir étudié avec soin tous les faits et toutes les circonstances, un mémoire, daté le 11 octobre, que M. Bowell porta à l'attention des différentes gouvernements pour leur renseignement et examen.

"6. Le 9 janvier 1893 le gouverneur général du Canada envoya une minute approuvée du Conseil privé soumettant la correspondance au gouvernement de la mère-patrie et demandant l'institution d'une commission spéciale chargée d'étudier les meilleurs moyens à prendre pour compléter le réseau télégraphique de l'Empire. Le secrétaire des colonies, lord Ripon, dans sa réponse du 22 mars, dit, entre autres choses, que le gouvernement de Sa Majesté 'prend un grand intérêt à cette affaire, et recevrait avec plaisir toute proposition offrant une solution pratique d'une question qui est d'une importance considérable pour l'empire au point de vue stratégique.

"7. Il est respectueusement exposé que le mémoire du 11 octobre, soumis par M. Bowell aux gouvernements australasiens, formule une solution de la question telle qu'elle est aujourd'hui. Cette solution a été favorablement reçue dans toutes les colonies et commentée par la presse comme étant une exposition claire et pratique d'un projet ayant pour but d'établir à travers le Pacifique un câble essentiellement britannique.

"8. Les gouvernements de Queensland et de la Nouvelle-Galles du Sud, quoique parties à l'établissement du câble néo-calédonien par une compagnie française, ont signifié leur préférence pour un câble britannique et sont prêts à se joindre au Canada et aux colonies sœurs pour établir un télégraphe au Canda; sans aucun raccordement à l'étranger.

"9. Une des premières choses essentielles à l'établissement d'un télégraphe britannique transpacifique est la possession, à des intervalles convenables, de stations au milieu de l'océan. Dans le Pacifique du sud, la Grande-Bretagne a pris possession d'un nombre suffisant d'îles pour y établir des stations intermédiaires; mais dans le Pacifique du nord il y a bien peu d'îles disponibles.

"10. Les îles hawaïennes sont les plus rapprochées du Canada, et jusqu'à tout récemment on a pensé que sur l'une d'elle un atterrissage pourrait être effectué en sol neutre. Toutefois, ces îles ne sont pas sous l'influence britannique, et leur avenir politique est une matière de doute et d'incertitude.

"11. En dehors du groupe hawaïen, les iles les plus rapprochées et les seules qui soient adaptées à une station au milieu de l'océan sont les îles Necker et Fanning. La première se trouve de 800 milles plus près de Vancouver que la seconde. Cependant, l'île Fanning est la seule des deux qui jusqu'à présent soit devenue formellement possession britannique.

"12. Dans une communication du directeur général des Postes au secrétaire d'Etat pour les colonies, datée le 3 juillet dernier, il est dit qui l'ingénieur en chef du département des Postes est défavorable à la pose d'un câble entre Vancouver et l'île Fanning, à cause de la distance. Jamais encore il n'a été posé de câble aussi long, et, dans son opinion, 'il est permis de douter que, avec les moyens existants, la section Vancouver-Fanning puisse être établie et entretenu'. Si cette opinion a du poids, elle ajoute énormément à l'importance de l'île Necker, à laquelle la même objection ne s'applique pas.

"13. En traversant le Pacifique, au mois de septembre dernier, le soussigné a pris avec soin nombre de renseignements au sujet de l'île Necker. C'est une île petite, rocheuse et sans arbres au milieu de l'océan, ayant moins de trois quarts de mille de long, et 1,000 pieds de large, avec une extrême élévation de 280 pieds. D'autres particularités à son sujet sont consignées dans une note, datée Honolulu 23 septembre, en la possession du gouvernement. L'île Necker n'a absolument aucune valeur pour des fins ordinaires; sa situation géographique ne lui donne de l'importance que parce qu'elle serait un point désirable pour y atterrir un câble sous-marin entre le Canada et l'Australie.

"14. Des informations prises à Honolulu ont aussi fourni le renseignement que l'île Necker est inoccupée et qu'aucune puissance maritime ne la réclame; que l'ex-roi, avec la visée ambitieuse de former un empire océanique, a lancé il y a quelques années une proclamation réclamant comme appanages du royaume hawaïen toutes les îles du Pacifique; toutefois, cette proclamation n'a jamais été reconnue par d'autres nations, et la France, l'Allemangne et le Grande-Brotagne ont depuis pris possession de celles des îles du Pacifique qui leur convenaient. On a depuis appris à Honolulu que l'île Necker est tout à fait en dehors de la sphère légitime du royaume hawaïen, et que le droit de préemption de l'ex-roi est jugé insoutenable.

"15. Tout tend à démontrer que l'établissement d'un télégraphe à travers le Pacifique ne peut pas beaucoup être retardé plus longtemps; le seul fait que deux des colonies ont cherché à s'unir télégraphiquement à l'Amérique du Nord, même par l'intermédiaire d'une compagnie étrangère, indique qu'un câble du Pacifique est demandé en Australie. Une preuve suffisante de sa nécessité est fournie par l'échouage de l'un des premiers steamers de la ligne Canada-Australie et la poignante anxiété qui a existé pendant si longtemps dans le public sur le sort des passagers et de l'équipage. En Canada et en Australie on désire ardemment que le câble du Pacifique soit britannique sous tous les rapports, et le mémoire soumis par M. Bowell aux gouvernements australiens fait voir clairement que le Canada et les colonies peuvent établir un câble britannique sans tirer sur le Trésor impérial. Cependant, il est nécessaire d'avoir des stations au milieu de l'océan, et le seul point sur la route dont il n'a pas été pris possession au nom de Sa Majesté est l'île Necker. La possession de l'île Necker est indispensable, si l'opinion de la plus haute autorité au service du gouvernement impérial est bien fondée. Bien que le soussigné ne puisse partager l'avis de cette autorité, il est tenu de la respecter, et le gouvernement de la mère-patrie y attache évidemment une grande importance, puisque le ministre colonial a transmis cette opinion aux colonies dans le mois de septembre dernier. Si l'opinion de ce fonctionnaire impérial est juste, il ne saurait y avoir qu'une conclusion : c'est qu'un câble ne peut être posé à travers le Pacifique sans la possession de l'île Necker, et que le Canada et les colonies peuvent être poussés à l'alternative d'atterrir le télégraphe sur un sol étranger (comme dans le cas du câble néo-calédonien), abandonnant ainsi les avantages stratégiques d'un télégraphe transpacifique essentiellement britannique et l'assurance qu'il donnerait de fortifier l'unité britannique dans l'Empire extérieur. L'île Necker ne peut être obtenue que par l'action des autorités impériales, et le moyen d'arriver à sa possession est aussi simple et aussi clair que dans le cas des autres îles du Pacifique sur lesquelles le drapeau anglais a été arboré en ces dernières années."

Le soussigné renouvelle les recommandations si fortement exprimées dans le mémoire envoyé d'Honolulu par le ministre canadien du Commerce et par le ministre britannique résident le 23 septembre dernier.

SANDFORD FLEMING.

LONDRES, 12 janvier 1894.

Le secrétaire des Colonies (le marquis de Ripon) exprima le vif intérêt qu'il portait à l'affaire. Il donna à ceux qui étaient présents l'assurance qu'il allait conférer immédiatement avec le ministre des Affaires étrangères et lui faire comprendre l'urgente nécessité qu'il y avait d'agir promptement.

Des mois et des mois s'écoulèrent, pendant lesquels on rappela souvent aux autorités impériales la vitale importance qu'il y avait de s'assurer de l'île pour en faire une station télégraphique au milieu de l'océan.

Enfin, vers la fin de mai, on apprit à Honolulu que l'île Necker avait une certaine valeur pour les fins d'un câble transpacifique, et le gouvernement hawaiien envoya immédiatement une expédition pour en prendre possession. Un débarquement fut effectué le 27 mai 1894, et le drapeau hawaiien fut arboré. Il n'existe pas de pièce établissant que jamais, avant cette date, personne ait débarqué sur ce rocher nu et inhabité, en plein océan.

La perte de l'île Necker comme marche-pied possible, au milieu de l'océan, d'un télégraphe entre le Canada et l'Australie, fut déplorée par quelques personnes, et, sans aucun doute désirée par la "Eastern Extension Company", comme devant amener la mort du projet d'un câble du Pacifique. Cependant, le gouvernement canadien fit immédiatement des efforts (1) pour obtenir de la république hawaiienne une île qui pût convenir aux fins désirées, (2) pour s'assurer s'il serait possible de poser et d'exploiter un câble allant à l'île britannique la moins éloignée du Canada (l'île Fanning). Le premier effort n'eut pas de succès ; le second, toutefois, établit qu'il était encore possible d'unir télégraphiquement le Canada et l'Australie, mais à plus grands frais.

Les soumissions reçues par le gouvernement du Canada, en 1894, pour l'établissement d'un câble, y compris son entretien pendant trois ans, indiquaient que :

Un câble passant par l'île Necker coûterait.......... £1,068,000
Un câble passant par l'île Fanning coûterait........ £1,517,000

soit une différence de £449,000 en faveur de la route de l'île Necker.

Vu le prix augmenté du cuivre et de la gutta-percha, la fabrication des câbles coûtera probablement de 10 à 12 pour 100 de plus qu'en 1894. Conséquence, l'établissement du câble du Pacifique (par l'île Fanning) exigera au moins £750,000 de capital de plus que si l'île Necker avait été placée sous le pavillon britannique.

Evidemment, ce n'a pas été la faute du Canada ni des colonies australiennes si l'île Necker n'est pas possession britannique. Si leurs vives instances avaient été écoutées, le gouvernement de la mère-partie aurait pu facilement l'acquérir en 1893 ou au commencement de 1894. Mais il adopta une politique différente et, par suite, la pose du câble coûtera un demi-million de livres de plus ; puis, quand il sera posé, en raison des nouveaux 800 milles ajoutées à la section la plus longue, la valeur commerciale de toute la ligne sera considérablement diminuée.

La "Eastern Extension Company", qui désire faire manquer le câble du Pacifique, accueille le retard avec plaisir et fait tout en son pouvoir pour empêcher que des mesures ne soient prises pour pousser le projet. On ne saurait nier que les désirs de la Compagnie aient été singulièrement gratifiés, car d'année en année il y a eu des retards nombreux et superflus.

Comme résultat de la conférence coloniale d'Ottawa, de 1894, il fut proposé de constituer une commission chargée de prendre connaissance de toutes les choses se rattachant au projet et de faire rapport sur les meilleurs moyens à prendre pour son exécution. Après correspondance, la proposition fut agréée par tous les gouvernements intéressés, et leurs représentants se réunirent en commission à Londres, en juin 1896. Ils terminèrent leurs travaux à la fin de cette même année, et le 5 janvier 1897 leur rapport était signé. Ce rapport contenait les renseignements désirés par le public du Royaume-Uni, du Canada, de l'Australie et de la Nouvelle-Zélande. Il a été souvent demandé dans les différents parlements ; mais, pour des raisons inconnues, public et parlements furent tenus dans l'ignorance pendant vingt-huit mois. Avant que le rapport de la commission ne fut rendu public, en mai 1899, des sentiments de surprise, de regret et de désappointement se firent jour lorsque fut connu le contenu d'une dépêche de Downing Street portant la date du 26 août 1899.

Cette dépêche se trouve à la page 89 du livre bleu ; le *Times* de Londres du 27 avril en parla, et la presse canadienne quelques jours après. M'étant un peu occupé du projet d'un câble du Pacifique, je pris la liberté d'adresser au secrétaire d'Etat et au public, le 5 mai 1899, des lettres où je dis qu'il était impossible de croire que la dépêche adressée au Gouverneur général, le 26 avril, fût l'expression du jugement final du gouvernement de Sa Majesté, et cela pour plusieurs raisons très fortes que j'exposais au long dans ma lettre (*voir* livre bleu, p. 90). J'y faisais observer que le principe de propriété indivise dans l'entreprise était le seul plan qui pût donner satisfaction, et qu'il avait été accepté par tous les intéressés, qu'une hésitation chez la mère-patrie de s'associer aux colonies serait envisagée sous un jour défavorable, qu'elle compromettrait sérieusement tout le projet, et que si le gouvernement impérial retirait sa coopération, ce serait un pas rétrograde dans le mouvement de l'unité impériale.

Telle était 'opinion universelle, il y a quelques semaines. Depuis, le Haut-Commissaire et les agents généraux ont officiellement fait connaître aux autorités impériales le sentiment des gouvernements et des populations du Canada, de l'Australie et de la Nouvelle-Zélande, et, avant notre départ d'Ottawa, des télégrammes avaient été reçus indiquant que le gouvernement de la mère-patrie était disposé à reprendre la question en considération.

J'ai l'honneur, etc.,

SANDFORD FLEMING.

11 janvier 1900.

LAURIER, Ottawa,

J'ai eu, mardi, une nouvelle entrevue avec le conseil du câbble du Pacifique. L'affaire progresse d'une façon satisfaisante. J'ai eu aussi une entrevue avec les agents généraux de la Nouvelle-Galles du Sud, de Victoria, de la Nouvelle-Zélande et de Queensland au sujet de la proposition de la "Eastern Extension Company". Sauf le premier, ils ont télégraphié à leurs gouvernements, les conjurant de ne pas l'accepter, car elle aurait pour résultat de paralyser le câble du Pacifique, et annonçant, à ma demande, que je partage leur opinion.

Respectueusement,

DOMINION.

15 janvier 1900.

Au Très honorable
LORD STRATHCONA AND MOUNT-ROYAL,
Londres, Angleterre.

MON CHER LORD STRATHCONA,—Relativement aux propositions de la "Eastern Extension Company" de construire un câble depuis le Cap jusqu'à Adelaïde, j'ai l'honneur de vous inclure copie d'un mémoire, préparé par le directeur général des Postes et à moi adressé, qui exprime les idées du gouvernement canadien sur cette question.

Respectueusement,

WILFRID LAURIER.

AU TRES HONORABLE SIR WILFRID LAURIER, G.C.M.G.,
Premier ministre du Canada, Ottawa, Ont.

OTTAWA, 8 janvier 1900.

MON CHER SIR WILFRID,—J'ai reçu votre note du 2 du courant, ainsi que copies de certains documents qui vous ont été adressés par le premier ministre de Victoria au sujet de la proposition faite par la "Eastern Extension Telegraph Company", de construire un câble depuis le Cap jusqu'à Adelaïde; et, comme vous m'en exprimez le désir, j'ai l'honneur d'exposer cette proposition.

Le texte précis n'en ressort pas de ces documents, mais en les lisant attentivement, je crois qu'elle est en substance comme suit:—La compagnie renoncerait au renouvellement de la subvention et de la garantie contre toute concurrence, et construirait le câble (qui toucherait uniquement aux territoires britanniques), réduisant ses taux (je suppose entre la Grande-Bretagne et l'Australie) de 4s. 9d. à 4s. par mot, et arrêterait un plan qui, si les recettes étaient suffisantes, pourrait résulter en de plus amples réductions jusqu'à un taux minimum de 2s. 6d. par mot; en retour de quoi la compagnie recevrait à Berth, Adelaïde et Melbourne (Sydney est aussi mentionné dans la note de M. Duffy), les mêmes privilèges que ceux dont elle a joui jusqu'ici en Grande-Bretagne, de recevoir et délivrer directement ses télégrammes internationaux. Dans sa lettre du 17 octobre 1899, adressée au premier ministre de Victoria, M. Larke dit que l'offre de la compagnie contient aussi une condition portant que la compagnie devrait contrôler les lignes terrestres et ouvrir des bureaux pour la réception et la distribution des messages.

Quels que soient les détails précis, je crois que l'on peut supposer sans crainte de se tromper que dès le début les concessions demandées seront de nature à permettre à la compagnie d'acquérir et de contrôler une part considérable du trafic du câble australien, avec la probabilité assez justifiable que la compagnie pourra de temps en temps obtenir d'autres concessions. Ici, il est permis de se demander: l'obtention de ces concessions aura-t-elle un effet sur le projet de câble du Pacifique, et quel sera cet effet? Admettant l'importance de la réduction que la compagnie propose d'opérer dans les taux, l'importance aussi de la construction du câble à partir du Cap, il me semble néanmoins que l'exécution prochaine du projet de câble du Pacifique est d'une telle importance suprême que son succès ne doit pas être compromis par l'établissement d'un état de choses qui pourrait faire perdre à ce projet l'appui dont il jouit aujourd'hui. Supposons que la compagnie obtienne ces concessions, ou d'autres de même nature, ne cherchera-t-elle pas, naturellement, à faire tourner à son propre avantage la situation nouvelle? Sa première visée, indubitablement, est de faire manquer le projet de câble du Pacifique, ou, à défaut, d'acquérir en Australie, avant que le câble du Pacifique ne soit achevé, un pied-à-terre assez ferme pour diminuer le succès financier de cette dernière entreprise. Alors, quel usage la "Eastern Extension Telegraph Company" ferait-elle, tout d'abord, des concessions qu'elle demandé? Avec son câble construit du Cap à l'Australie ou sur le point de l'être, avec ses bureaux ouverts dans les princiaples villes de l'Australie, ayant à sa disposition un patronage lucratif sous forme de nominations, contrats, etc., la compagnie sera en situation avantageuse pour faire dans toute l'Australie une propagande active et puissante et influencer l'opinion publique contre le projet de câble du Pacifique. Par la presse et autrement, elle essaiera de prévenir contre lui les hommes d'affaires, les hommes publics et le public en général. Elle sera en mesure de montrer son câble du Cap construit ou sur le point de l'être; ses réductions de tarif présentes et à venir, des relevés statistiques démontrant que le pays subira des pertes financières parce que le trafic ne peut suffire à soutenir deux lignes; elle pourra invoquer le prétexte que les conditions changées exigent que la construction du câble du Pacifique soit retardée afin de permettre au public de décider s'il existe davantage des raisons suffisantes pour qu'il se surcharge de cette entreprise. Ajoutez à cela plusieurs autres arguments qui peuvent se présenter, tels que procédé loyal à l'égard des capitaux particuliers, opposition à la propriété d'Etat, etc., et il n'est pas déraisonnable de penser que bien des gens qui favorisaient auparavant le projet de câble du Pacifique peuvent en venir à la conclusion qu'il serait préférable après tout d'y aller lentement, et la proposition de retard, si souvent invoquée pour en finir avec une question bien débattue, peut finir pas l'emporter. Cet argument serait rendu encore plus fort si le conseil du câble du Pacifique en venait à sanctionner l'offre de la "Eastern Extension Company". En certains quartiers cela serait représenté comme une décision formelle en faveur de cette dernière compagnie et contre celle du câble; cela donnerait un immense encouragement à la "Eastern Extension Company" dans sa campagne contre le projet de câble du Pacifique, et résulterait très probablement en un retard d'abord, puis finalement en une défaite. Pendant les nombreuses années qu'a prises le développement du projet de câble du Pacifique, et tant que son succè a semblé problématique, la "Eastern Extension Company" paraît avoir borné ses efforts à obstruer la voie. Sa présente proposition est en harmonie avec sa politique de faire échouer le projet de câble du Pacifique, et me paraît être une tentative très transparente de briser l'association existant entre la Grande-Bretagne, le Canada et les colonies australasienne, en engageant quelques-uns des associés à accepter certains avantages offerts dans le but de les faire se retirer ensuite de l'entreprise du câble du Pacifique. Considérant les obstacles et les retards qu'il a fallu vaincre pour pousser ce projet à l'état qu'il est présentement, il me paraîtrait très imprudent de l'exposer sans nécessité au risque le plus léger. C'est pourquoi je crois que la proposition de la "Eastern Extension Company" ne devrait pas être acceptée.

Il n'est pas nécessaire de décider, à présent, s'il serait sage de l'accepter après que le câble aura été construit et parfaitement établi; mais s'il est permis de prévoir l'avenir, il me semble aussi inutile à une compagnie particulière de câble de faire concurrence au câble du peuple qu'il le serait d'avoir un service de la poste appartenant à des particuliers et contrôlé par eux.

Dans le cas où une telle proposition serait soumise au conseil du câble du Pacifique, je ferai remarquer que, sous l'empire de la loi concernant la câble du Pacifique, le conseil n'a pas le pouvoir de s'occuper de ce sujet, ses attributions étant bornées à favoriser le projet ayant pour objet d'établir et entretenir une communication directe par câble entre le Canada et l'Australie. Cependant, comme il est probable que la proposition sera soumise au conseil, je suggère que si les idées exprimées ici sont approuvées par vous, une copie de la présente lettre soit envoyée à lord Aberdeen et à lord Strathcona, avec prière de vouloir bien les faire valoir au conseil au nom du gouvernement canadien.

Quant au projet de câble du Pacifique, j'ai l'honneur de dire qu'il ne paraît pas y avoir de raisons pour retarder de demander des soumissions, et, comme la nécessité du câble devient constamment plus urgente, je recommande que les représentants du Canada au conseil insistent à ce qu'il soit pris des mesures qui aboutissent, le plus tôt possible, à la conclusion d'un contrat pour la construction du câble.

Respectueusement à vous,

W. MULOCK.

OTTAWA, 15 janvier 1900.

Au Premier Ministre,
Melbourne, Victoria,
Australie.

CHER MONSIEUR,—J'ai l'honneur de déclarer que le gouvernement canadien ne peut regarder cette proposition autrement qu'une autre tentative, de la part de la "Eastern Extension Telegraph Company", de mettre obstacle à la construction du câble du Pacifique: elle espère sans doute que sa proposition sera reçue avec assez de faveur pour inciter Victoria à se retirer du projet de câble du Pacifique, premier pas fait vers l'avortement de ce projet.

Le gouvernement canadien attache une très grande importance à la construction hâtive du câble du Pacifique, et il déplorerait que le projet, qui a pendant tant d'années occupé l'attention des gouvernements impérial et coloniaux, fût aujourd'hui mis en danger, comme il le serait très certainement si la proposition était acceptée. En supposant même que le fait de cette concession n'empêcherait pas la construction du câble du Pacifique, elle affaiblirait pour le moins la source de ses recettes et serait un obstacle à l'abaissement des taux du câble du Pacifique. Bien que la réduction des taux de la "Eastern Telegraph Company" serait un avantage pendant une courte période, ce serait indubitablement au prix d'un tort permanent fait au succès du câble du Pacifique, soit en empêchant sa construction ou en affaiblissant son utilité par la hausse qu'il serait obligé d'opérer dans ses taux. Le câble du Pacifique une fois construit, l'existence d'un double réseau de câbles à capital particulier, opérant en Australie, n'aurait aucun avantage pour le public; tout au contraire. Mais, quoi qu'il en soit, le gouvernement canadien ne doute aucunement que la concession demandée, si elle était accordée, ferait un tort sérieux à l'entreprise du câble du Pacifique, et il espère en toute confiance que l'importance des intérêts engagés dans l'heureux accomplissement du projet de câble du Pacifique induira les différents gouvernements à faire tous les sacrifices raisonnables pour compléter une entreprise nationale aussi importante.

Ainsi que j'en avais été prié, j'ai communiqué au directeur général des Postes les documents en double qui m'avaient été envoyés dans ce but. Je l'ai invité à exprimer son opinion sur la proposition, et je vous inclue, confidentiellement, copie de la lettre qu'il m'a addressée sur le sujet.

Respectueusement à vous,

WILFRID LAURIER.

OTTAWA, 22 janvier 1900.

DOMINION, Londres.

Je câble aujourd'hui aux gouvernements d'Australie, Nouvelle-Galles du Sud, Victoria, Nouvelle-Zélande et Queensland, protestant contre acceptation de la proposition de la "Eastern Extension Telegraph Company".

LAURIER.

DOMINION, Londres.

Vu la hausse des prix, désirons que le conseil voie s'il serait à propos d'acheter bientôt matériaux pour câble du Pacifique.

LAURIER.

OTTAWA, 22 janvier 1900.

Premier Ministre,
Melbourne, Victoria.

J'espère sincèrement que le projet de la "Eastern Extension Telegraph Company" ne sera pas accepté. Tout retard en ce moment peut être fatal.

LAURIER.

Le même télégramme envoyé aux premiers ministres de la Nouvelle-Zélande, de Queensland et de la Nouvelle-Galles du Sud.

Premier Ministre, Ottawa.

Nouvelle-Zélande n'acceptera pas l'offre de la "Eastern Extension Company", et à protesté contre l'acceptation de l'Australie comme hostile au câble du Pacifique.

SEDDON,
Premier.

23 janvier 1900.

De BRISBANE, Queesland.

Re votre télégramme du 22, ce gouvernement désirant sincèrement voir bientôt achever le câble du Pacifique, n'appuiera aucune proposition de la "Eastern Extension Company," qui pourrait retarder le projet de câble du Pacifique et lui faire tort.

4 février 1900.

Premier Ministre,
Sydney, N.-G.S.

Le Canada s'oppose vivement à la dernière proposition de la "Eastern Extension Company", ou à toute autre qui pourrait enlever le contrôle des affaires télégraphiques aux gouvernements locaux et permettre à la "Eastern Extension Company" de faire la concurrence au câble du Pacifique. Ayez la bonté de communiquer aux premiers ministres australasiens ?

LAURIER.

WELLINGTON, 20 février 1900.

Premier Ministre,
Ottawa.

Les propositions de la "Eastern Telegraph Company" à la conférence des premiers ministres étaient à l'effet d'accorder des facilités terminales seulement lorsque le câble du Pacifique serait posé; cet arrangement n'assurera pas le monopole au câble du Pacifique, mais le sauvegardera pleinement. Il a aussi été suggéré que les représentants australasiens au conseil du Pacifique s'assurent si la décision arrêtée ne pourrait pas être differée jusqu'à réception de la réponse du gouvernement de Victoria. Donnerai le concours demandé à toute démarche pouvant presser à l'établissement du Pacifique.

SEDDON,
Premier.

(Laurier à Dominion.)

Gouvernement canadien a toujours regardé le projet de câble du Pacifique comme intimement lié à la prospérité, non seulement du Canada, mais de tout l'Empire. Aussi, le gouvernement considère que la proposition de la "Eastern Extension", qui semble mettre le projet en danger, n'intéresse pas les seuls gouvernements coloniaux; c'est pourquoi le gouvernement canadien s'attend à l'exercice d'une influence active de la part du gouvernement impérial pour qu'aucun gouvernement ne consente à un changement des conditions sans le consentement des gouvernements associés. Nous considérons que la concession qu'il est question de faire à la "Eastern Extension" comporte une modification importante de la base sur laquelle le Canada s'est associé au projet de câble du Pacifique.

22 février 1900.

Au Très honorable LAURIER,

Si le câble du Cap est établi et si les taux sont immédiatement abaissés, le gouvernement de Victoria propose de donner des facilités terminales à la "Eastern Telegraph Company" seulement lorsque le câble du Pacifique sera terminé. La Nouvelle-Galles du Sud favorise apparemment la proposition. Aucun contrat encore signé. Cet arrangement assurera des conditions de concurrence équitables au câble de l'Etat. Monopole suggéré par route du Pacifique, chose nouvelle et insoutenable. Soyez assuré que le gouvernement de Victoria ne s'écartera pas de la convention du Pacifique.

PREMIER,
Melbourne.

22 février 1900.

Au Premier Ministre de Victoria,
Melbourne, Australie.

Comprends parfaitement la proposition que les facilités terminales à la "Eastern Extension" commenceront seulement lorsque le câble du Pacifique sera complété; cependant le gouvernement canadien considère qu'une telle concession mettrait en danger le projet de câble du Pacifique et devra lui faire tort financièrement. Ne voit pas qu'il soit nécessaire de faire concurrence au câble de l'Etat. Regrette d'être un obstacle dans la voie d'un avantage immédiat à l'Australie, mais ne peut portager la responsabilité d'accorder une concession qui, suivant lui, mettrait le câble du Pacifique en danger.

LAURIER.

24 février 1900.

(De Wellington.)

Au Très honorable LAURIER,
Premier Ministre, Ottawa.

Parfaitement d'accord, câble du Pacifique.

SEDDON,
Premier Ministre, Nouvelle-Zélande.

WELLINGTON, 25 fevrier 1900.

Au Très honorable Premier Ministre,
Ottawa.

Câblegramme de la presse ici à l'effet que premier ministre de Nouvelles-Galles du Sud a déclaré définitivement qu'il a décidé d'accéder aux termes de la "Eastern Company". Ai télégraphié Victoria et Nouvelles-Galles du Sud, insistant pour que l'affaire reste en suspens jusqu'à réception de l'opinion du conseil du câble du Pacifique sur la situation.

P. J. SEDDON.

26 février 1900.

DOMINION, Londres.

Seddon câble à l'effet que Premier de Nouvelle-Galles du Sud à définitivement décidé d'accéder aux termes de la "Eastern Company". Veuillez protester auprès secrétaire des colonies.

LAURIER.

OTTAWA, 26 février 1900.

DOMINION, Londres.

Espère que la résolution de la commission du câble réussira à faire retarder la concession proposée de donner à la "Eastern" que mon gouvernement regarde comme déviation importante et devant mettre tout le projet en péril, si elle est accordée. Comme protection contre d'autres mouvements de ce genre, suggère que votre commission examine proposition à l'effet qu'a l'avenir aucun gouvernement partie au projet de câble du Pacifique, ne consente, sans l'assentiment des gouvernements associés, à quoi que ce soit qui touche au dit projet.

LAURIER.

26 février 1900.

LAURIER, Ottawa.

Vendredi, la commission du câble du Pacifique a unanimement adopté la résolution suivante, commençant ainsi:—

"Que cette commission insiste à ce qu'aucun des gouvernements australiens ne fasse de concessions à la "Eastern Telegraph Company" comme condition de la pose d'un câble entre l'Afrique et l'Australie, avant que cette commission n'ait eu l'occasion d'étudier l'effet de ces concessions sur les perspectives financières du câble du Pacifique et de faire rapport."

* * *

DOMINION.

28 février 1900.

Premier SEDDON,
Wellington, Nouvelle-Zélande.

Le gouvernement canadien considère que, en accordant des facilités terminales à la "Eastern Extension", même lorsque le câble du Pacifique serait posé, on porterait un sérieux préjudice aux perspectives financières du projet de câble du Pacifique, et on affaiblirait son utilité. La concession proposée change essentiellement les conditions en vertu desquelles les gouvernements ont formé société pour câble du Pacifique et peut mettre le projet en danger. Espère qu'il n'y aura pas de changement sans le consentement de chaque associé.

1er mars 1900.

LAURIER, Ottawa.

Télégramme suivant, daté Melbourne, hier, paraît dans le *Times* d'aujourd'hui: " Détails maintenant arrangés d'une convention entre les gouvernements de la Nouvelle-Galles du Sud, de Victoria, de l'Australie-sud, de Tasmanie, de l'Australie-ouest et la " Eastern Extension Company " au sujet du câble projeté entre l'Australie et le Cap."

Ai de nouveau appelé l'attention du Colonial Office sur la nécessité d'une action immédiate.

DOMINION.

SYDNEY, 2 mars 1900.

Proposition de la " Eastern Extension " paraissent créer malentendu. Nous sommes prêts et désireux d'exécuter notre entreprise *re* câble du Pacifique ; admettons tous qu'elle ne peut être complétée avant trois ans, probablement plus. En même temps la " Eastern Extension " offre de réduire immédiatement nos taux à quatre shillings, ou environ seize pour cent, et d'après échelle de proportion à deux shillings et six deniers dans les prochains trois ans, à mesure que le trafic augmentera; aussi, de poser câble du Cap à Adelaïde, et alors de réduire les présents taux excessifs du Cap de sept shillings et trois deniers à deux shillings et six deniers par mot. Pas de concession demandée ni donnée avant que le câble du Pacifique ne soit complété; elle demande des bureaux directs afin de faire concurrence à conditions égales, et en même temps les réductions resteront jusqu'à ce que le câble du Pacifique soit posé. Notre présente convention prend fin le trente avril, et s'il n'en est pas conclu une nouvelle, la compagnie peut, au lieu de réduire les taux, les élever à huit shillings par mot.

PREMIER.

5 mars 1900.

Premier Ministre,
Sydney, Nouvelle-Galles du Sud.

Ai appris des meilleurs manufacturiers que le câble du Pacifique peut être fabriqué et posé en dix-huit mois. Déjà sa demande a fait baisser considérablement les taux du câble d'Australie. Son achèvement déterminera sans aucun doute de nouvelles réductions, et si les différents gouvernements se tiennent ensemble, amènera d'autres prolongements de câble pour faire droit aux besoins de l'Australie et des autres gouvernements, plus que des capitaux particuliers pourraient le faire. Regrettons profondément de paraître opposer avantage temporaire offert à l'Australie. Espérons que les colonies australiennes vont remettre considération des propositions de la "Eastern Company " jusqu'à ce que le câble du Pacifique soit en opération.

LAURIER.

SYDNEY, N.-G.S., 7 février 1900.

A l'honorable Ministre du Commerce,
Ottawa, Canada.

MONSIEUR,—Au mois d'octobre dernier, je portai à la connaissance du gouvernement la proposition faite par la " Eastern Extension Cable Company ", d'établir un câble allant du Cap de Bonne-Espérance à l'Australie. Cette compagnie abandonnait toutes ses prétentions à une subvention, et demandait simplement que les gouvernements lui donnassent une ligne terrestre à bail et lui permîssent de délivrer ellemême ses messages. A mon retour de Queensland, je m'aperçus qu'une propagande avait été faite sans bruit, et que la Chambre de Commerce de Sydney et d'autres avaient poussé à l'acceptation de l'offre. Je signalais l'effet sérieux que l'acceptation de ces conditions aurait sur la câble du Pacifique. Les premiers ministres de Victoria et de Queensland prirent la même attitude, mais on me donna à entendre que le gouvernement de cette colonie favorisait l'acceptation du projet. J'essayai de voir le directeur général des Postes de la colonie, ainsi que j'en avais été prié par un télégramme de sir George Turner, premier ministre de Victoria; mais, le 8 décembre, je reçus une note à l'effet qu'il est "inutile de discuter l'affaire, attendu qu'elle a été renvoyée à une commission consultative dans laquelle la Grande-Bretagne, le Canada et les colonies australasiennes sont représentées, et que nous attendons son rapport". J'ai compris que cela voulait dire que rien ne serait fait avant que la commission eût présenté son rapport.

Une conférence des premiers ministres australiens eut lieu en cette ville le 23 du mois dernier. Entre autres sujets mis à l'étude se trouvait la proposition de la "Eastern Extension Company" concernant le câble du Cap. Six colonies étaient représentées à cette assemblée, de trois desquelles les premiers ministres s'étaient déclarés favorables au projet du Cap; en aucun temps ces colonies n'avaient convenu de participer à la proposition du câble du Pacifique. La Nouvelle-Zélande, qui était un chaud avocat du câble du Pacifique, n'était pas représentée à la conférence. Cette réunion n'était pas constituée favorablement pour le câble du Pacifique. N'ayant pas été prévenu que le gouvernement canadien professait l'opinion que j'avais osé exprimer quant aux effets que l'acceptation des conditions de la proposition de la "Eastern Extension Company" auraient sur le projet du câble du Pacifique, j'hésitai sur ce que je ferais; mais l'honorable M. Lyne, le premier ministre de cette colonie, eut la bonté de me montrer un câblegramme qu'il avait reçu du premier ministre du Canada, et je me sentis à l'aise pour insister à ce qu'il ne fût pas fait immédiatement de démarches hostiles au câble du Pacifique.

La position prise par les premiers ministres est exposée dans la minute officielle qui suit:

"Que la proposition de la 'Eastern Extension Telegraph Company' soit acceptée avec les restrictions suivantes: (*a.*) Le conseil de M. Chamberlain sera agréé; (*b.*) le droit d'ouvrir des bureaux locaux sera exercé seulement lors de la pose du câble du Pacifique; (*c.*) il ne sera pas accordé d'exemption des droits de douane excepté sur les instruments télégraphiques, câbles et produits chimiques; (*d.*) des emplacements à Perth, Freemantle, Adelaïde et Glenelg seront sujets à des arrangements satisfaisants approuvés par les gouvernements de l'Australie-Ouest et de l'Australie-Sud; (*e.*) le câblé de Roebuck-Bay ne sera pas clos. Le directeur général des Postes arrangera les détails, sujet à ces dispositions. Une majorité des premiers ministres était en faveur de la motion : mais les premiers ministres de Victoria et Queensland ayant exprimé le désir d'obtenir de plus amples renseignements, il fut unanimement convenu de remettre la décision finale à quelques jours, les premiers ministres de Victoria et de Queensland devront communiquer avec le président (M. Lyne), qui alors enregistrera la décision et en notifiera le secrétaire d'Etat."

J'ai, du premier ministre de Queensland, une note indiquant que la dernière clause signifie le temps de s'assurer si les conditions affecteraient le projet de câble du Pacifique.

Il a été affirmé et publié que les conditions avaient été portées à l'attention de M. Chamberlain et qu'il avait câblé qu'il n'y pouvait voir de mal. Après avoir vu les dépêches, je n'ai pu en arriver à cette interprétation de l'expression de l'honorable secrétaire des colonies. Plus tard cette opinion a été confirmée par un télégramme adressé au gouvernement de la Nouvelle-Zélande, qui dit qu'il n'a pas exprimé une telle opinion.

Les gouvernements de Queensland, de Victoria et de la Nouvelle-Zélande s'opposent activement à l'acceptation de l'offre de la "Eastern Extension Company". Le directeur général des Postes de Queensland a publié une minute que je lui ai demandé de vous envoyer, et j'espère qu'elle vous sera expédiée par ce même courrier.

Il est passablement difficile d'arriver au public en cette colonie, vu l'attitude prise par la plupart des journaux. Il n'était guère convenable pour moi de combattre le projet de câble du Cap, sauf en ce qu'il affectait la proposition du câble du Pacifique. Lorsque l'un des principaux journaux attaqua la position prise par le Canada, je crus devoir lui adresser, pour publication, une lettre que je vous inclue avec le présent rapport. Bien que l'on m'ait promis qu'elle serait publiée le lendemain matin, elle n'a pas encore été imprimée. J'en ai fait envoyer des exemplaires clavigraphiés aux premiers ministres et à d'autres intéressés, afin de montrer que le Canada n'était pas hostile à un câble du Cap, mais seulement opposé aux conditions injustes demandées par la "Eastern Extension Company". J'ai confiance que ces conditions ne seront pas acceptées maintenant; mais il faudra l'action bien déterminée des colonies intéressées pour empêcher qu'elles le soient.

J. S. LARKE.

Au rédacteur du Daily Telegraph:

MONSIEUR,—Dans votre feuille de ce matin vous combattez l'opinion émise par le gouvernement du Canada que l'acceptation de l'offre de la "Eastern Extension Company" d'établir un câble au Cap militera sérieusement contre la pose du câble du Pacifique.

Il doit être bien entendu que le Canada ne pourrait pas s'opposer et ne s'oppose à la pose d'un câble du Cap. Au contraire, il fut unanimement résolu, à la conférence qui eut lieu à Ottawa en 1894, qu'il était de l'intérêt de l'empire que le câble du Pacifique fût prolongé de l'Australie au Cap. Il ne peut y avoir de doute que si la résolution adoptée par cette conférence avait été énergiquement suivie par tous les gouvernements intéressés, la pose du câble du Cap aurait été commencée avant aujourd'hui.

L'objection porte contre les termes demandés par la "Eastern Extension Company", particulièrement contre la condition donnant à cette compagnie possession d'une ligne terrestre avec facilités terminales indépendantes. Une telle concession mettrait la compagnie en situation de conclure des contrats pendant un certain nombre d'années avec ceux qui font un grand usage du câble, de délivrer ses messages par des garçons qui ont ordre d'attendre la réponse ou de venir la prendre à un moment donné: choses qu'un câble de l'Etat ne pourrait faire, ou qui, s'il les faisait, ajouteraient aux frais d'exploitation. Il est bien connu que la compagnie a un fonds de réserve considérable pour la concurrence, et elle pourrait se permettre de perdre de l'argent pendant un certain temps, dans l'espoir de reprendre le monopole un peu plus tard. La "Eastern Extension Company" et ses amis affirment qu'il y aura une perte importante dans l'exploitation du câble du Pacifique pendant des années. D'autres ne le croient pas. Le gouvernement du Canada est disposé à courir un risque raisonnable. Concéder la ligne de terre à la "Eastern Extension Company" aiderait beaucoup à la réalisation de sa sinistre prophétie. Cela pourrait créer une perte de cent vingt mille livres ou plus par année. La part du peuple canadien dans cette perte serait d'environ trente mille livres, et il a raison d'hésiter à l'affronter.

La perte, pour la Grande-Bretagne, serait de quarante mille livres, et il est fort douteux que le gouvernement impérial soit disposé à l'encourir, car il y a quelque temps il fixait à vingt mille livres le maximum de son risque—d'autant plus que cet état de choses a été volontairement créé par la volonté de l'Australie.

Vous dites que cet aspect de la question a été porté à la connaissance de M. Chamberlain, et qu'il a câblé qu'il n'y voyait pas de mal. N'avez-vous pas été mal informé sur ce point? Je n'ai vu aucune déclaration publiée de M. Chamberlain qui appuie cette assertion. Il y aurait intérêt à publier ces dépêches, si elles existent.

A tous événements, la "Eastern Extension Company" attache une très haute valeur aux privilèges qu'elle demande. Il y a peu de temps elle demandait des subventions énormes pour établir un câble du Cap. Aujourd'hui elle substitue l'usage d'une ligne terrestre à ces grandes concessions monétaires, et présente en outre certaines offres de réductions conditionnelles des taux. Une fois en possession du privilège, elle s'en servira en Angleterre et au Canada comme d'un argument puissant pour que la construction du câble du Pacifique soit remise à plus tard.

Au point de vue des affaires présentes le Canada n'a pas raison de se lancer dans le projet de câble du Pacifique, mais il y a des raisons impériales qui le poussent à prendre des risques qu'il serait imprudent d'encourir au point de vue plus pratique du commerce.

D'un autre côté, l'Australie a des raisons commerciales et impériales pour le favoriser. Ses intérêts d'affaires sont véritablement si considérables, que ces colonies seraient justifiables d'établir le câble sans coopération de l'extérieur. C'est le seul moyen possible de délivrer l'Australie d'un monopole pour plusieurs années à venir.

En 1887 le câble du Pacifique paraissait être possible. La "Eastern Extension Company" s'en effraya, et prêta l'oreille aux demandes qui lui étaient faites d'abaisser ses taux exorbitants. Les gouvernements australiens acceptèrent ses propositions, et le projet de câble du Pacifique fut mis à l'écart jusqu'en 1894. Ce retard et d'autres, survenus depuis, ont permis à la compagnie d'enlever un million de livres—principalement à l'Australie—de plus que ce que le trafic aurait pu lui rapporter. Il n'est donc pas étonnant qu'elle cherche à retenir son contrôle sur le trafic australien.

Cette histoire du passé ne justifie-t-elle pas pleinement la demande de sir Wilfrid Laurier?

Très sincèrement à vous,
J. S. LARKE.

AGENCE DU GOUVERNEMENT DU CANADA,
SYDNEY, 25 janvier 1900.

DEPARTEMENT DES POSTES ET TELEGRAPHES,
BRISBANE, 1er février 1900.

MONSIEUR,—J'ai l'honneur d'appeler votre attention sur ce que fait en ce moment la "Eastern Extension Company" pour induire les colonies australasiennes à conclure une nouvelle convention avec elle, et de faire observer que l'acceptation d'une nouvelle convention dans les termes proposés aurait pour effet de retarder indéfiniment la construction d'un câble entièrement britannique *viâ* Vancouver, pour les raisons suivantes:—

1. Accéder à la proposition de la compagnie d'ouvrir ses bureaux à elle pour la réception et la distribution de messages dans les colonies, ce serait donner à la compagnie le pouvoir d'imposer ses propres conditions au public en faisant de la propagande particulière par le trafic, offrant de l'escompte ou des rabais au-dessous du tarif reconnu, et lui permettant ainsi de contrôler la plus grande partie du trafic.

2. Comme le tarif pour le câble du Pacifique serait arrangé par le conseil à Londres, et comme il ne pourrait être modifié sans la sanction de ce conseil, toutes les parties au câble du Pacifique subiraient des pertes sérieuses en concourant pour le trafic avec la compagnie.

3. Et dans ces conditions il est extrêmement probable que le gouvernement impérial et le Canada se retireraient du pacte.

Ci-inclus j'ai l'honneur de vous communiquer, pour votre connaissance, copie d'un rapport fourni sur le sujet par ce département, ainsi qu'un article de fond qui a paru dans le *Courier*, de Brisbane, d'hier matin.

J'ai l'honneur d'être, monsieur,
Votre obéissant serviteur,
JAMES G. DRAKE,
Directeur général des Postes.

DEPARTEMENT DES POSTES ET TELEGRAPHES,
BRISBANE, 12 octobre 1899.

RAPPORT *au sujet de la "E. E. Company" d'établir un câble entre le Cap et l'Australie.*

D'après le *Morning Herald*, de Sydney, du 9 du courant, il paraît que la conférence des directeurs généraux des Postes de Victoria et de la Nouvelle-Galles du Sud, qui vient d'avoir lieu à Sydney, a eu pour résultat "une convention générale à l'effet que les gouvernements des deux colonies représentées reconnaîtront le câble du Cap, à la condition qu'il ne soit pas adopté de 'taux de rabais' contre le câble du Pacifique; et il est de plus déclaré qu'une réponse à n câblegramme expédié en Angleterre sur ce sujet et faisant connaître le résultat de la conférence est maintenant attendu par toutes les parties intéressées".

La proposition *re* le câble du Cap, telle que fournie par M. J. E. Squier, le gérant intérimaire de la "E. E. A. and C. T. Company" en Australie, se lit comme suit:—"La compagnie renoncera complètement au renouvellement de la subvention et de la garantie contre toute concurrence, et, en sus de l'établissement d'un câble direct depuis le Cap jusqu'à Glenelg *viâ* Perth, elle réduira immédiatement le tarif à 4s. pour toute l'Australie, et fera d'autres réductions sur une échelle de proportion à mesure que le tarif augmentera 'jusqu'à ce que la réduction arrive à 2s. 6d. par mot en 1903.' En retour de ce que ci-dessus, la compagnie exigera seulement le même privilège à Perth, Adelaïde et Melbourne, que celui dont elle a joui jusqu'à présent en Grande-Bretagne, de délivrer directement au public et d'en recevoir directement ses télégrammes internationaux." Les gouvernements de l'Australie-ouest et de l'Australie-sud ont donné avis qu'ils acceptaient la proposition de la compagnie.

"Avec la concession de ce droit la compagnie n'aura pas à craindre la concurrence du câble du Pacifique qui, naturellement, serait sous le contrôle de l'Etat." Cette concession aurait pour résultat de permettre à la compagnie de faire des contrats avec les principales maisons commerciales; ce qui la mettrait en situation de monopoliser la grande masse du trafic pendant un certain nombre d'années.

Lorsqu'on lui demanda dans la Chambre d'Assemblée de Victoria, au mois d'août dernier, ce que le gouvernement de Victoria se proposait de faire à cet égard, M. Duffy dit: "Nous ne pouvons répondre avant que l'affaire ait été prise en considération par les colonies. Cependant, elle doit être délibérée au point de vue de l'effet qu'elle peut avoir sur le câble du Pacifique".

Aujourd'hui, apparemment, sans consulter ni cette colonie ni la Nouvelle-Zélande, qui, toutes deux, sont parties au pacte australien pour le câble du Pacifique selon les mêmes conditions et responsabilités avec Victoria et la Nouvelle-Galles du Sud, les directeurs généraux des Postes de ces deux dernières colonies se réunissent en conclave secret et expédient en Angleterre un câblegramme déclarant qu'ils "reconnaîtraient le câble du Pacifique".

Dans sa lettre adressée au premier ministre de cette colonie, le 4 du courant, M. J. S. Larke, dit: "Si la concession est accordée et si la "Eastern Extension Company" obtient le monopole du trafic, la part de pertes du Canada dans l'exploitation du câble du Pacifique sera de £30,000 par année—somme que, j'ose le dire, sa population ne se soucie pas d'encourir, et il est douteux que le gouvernement impérial soit disposé à assumer le risque, si nous en jugeons par le fait qu'il fixait il y a quelque temps sa responsabilité à un maximum de £20,000. Cela mettrait fin au câble du Pacifique".

Si la démarche des directeurs généraux des Postes de Victoria et de la Nouvelle-Galles du Sud est sanctionnée par leurs gouvernements, et elle l'est probablement, ou le câblegramme n'aurait pas été envoyé en Angleterre, elle exige un protêt énergique de la part des autres colonies australasiennes qui se sont portées cautions du projet de câble du Pacifique, car elle est contraire au but que les promoteurs de ce dernier ont voulu atteindre dès la première occasion où l'entreprise fut suggérée et dans toutes les conférences et assemblées qui ont eu lieu de temps en temps : réduction de taux exorbitants et destruction d'un monopole gigantesque et sans scrupules. A ce but est venu se joindre plus tard l'idée d'un câble exclusivement britannique, mais la principale raison invoquée pendant des années a été l'abaissement des tarifs. Tous les efforts tentés dans ce dernier sens ont été jusqu'ici contrecarrés par des demandes oppressives de subventions et de garanties, et c'est uniquement la perspective d'un câble rival qui a poussé la compagnie monopolisatrice à faire son offre de poser un câble entre le Cap et l'Australie, sans subvention ou garantie, mais avec le droit d'établir ses centres de réception et de distribution dans les colonies—droit qui équivaut, cependant, à une très forte subvention. Il y a deux ans, le président de la Compagnie, dans l'une de ses assemblées semi-annuelles, déclarait que l'établissement d'un câble par le Pacique, tel que proposé, serait pour la Compagnie une perte annuelle de £250,000, et que dès lors il pouvait donner aux actionnaires l'assurance que rien ne serait épargné pour prévenir l'établissement d'un câble du Pacifique. Tous les efforts possibles ont donc été tentés pour entraver le projet pendant la négociation, et cette dernière tentative n'a pas d'autre but. L'offre plausible qui est faite aujourd'hui, tout en paraissant être très libérale par l'abandon de subventions et de garanties, serait, si elle était acceptée, un coup fatal porté au projet du Pacifique. Grâce aux énormes subventions qu'elle a reçues et que l'*Electrical Review* du 7 juillet dernier déclare excéder considérablement un total de £3,000,000, la "E. E. A. and C. T. Company" a accumulé une réserve qui la met en situation d'exploiter à grosses pertes, s'il le faut, pour faire concurrence au câble du Pacifique. De cette façon, elle peut espérer dégoûter les gouvernements intéressés. Cependant, il est bon de faire observer que cette ligne d'opposition n'a pas été négligée dans le passé, et en préconisant la route du Pacifique on a fait voir de temps à autre que les gouvernements, dans l'exploitation, feraient tout aussi bien d'expédier les messages gratuitement que de payer des subventions exorbitantes à une compagnie monopolisatrice. Une revue des actes de la Compagnie ne peut conduire à d'autre conclusion que son but est d'exiger les taus les plus élevés possibles, afin de payer de gros dividendes. Ainsi, par exemple, tandis que la taxe entre Queensland et l'Angleterre est de 5s. 1d. par mot, le même taux est exigé entre Queensland et l'Inde. Depuis quelque temps, l'Inde a demandé un taux réduit, mais on lui répond par la demande d'une subvention ou d'une garantie pour compléter la perte subie, et avec une duplicité caractéristique on a dit que le taux réduit accordé aux messages australiens reposait sur la garantie de £32,400 donnée par les gouvernements australiens. Ce n'est pas exact. Les £32,400 n'étaient pas une garantie, mais une subvention pour la pose du soi-disant câble double, et il a fallu donner aussi la garantie d'un certain revenu fixe pour obtenir les taux actuels. Que pareille assertion ait pu être faite par le président de la Compagnie, cela fait voir jusqu'à quel point la Compagnie présume de l'ignorance du public.

La communication mentionnée plus haut, faite par le gérant intérimaire de la Compagnie et qui est publiée intégralement dans le *Morning Herald* de Sydney du 29 août, cite un certain nombre de cas où le privilège d'avoir leurs bureaux de réception et de distribution a été donné à des compagnies de câbles; mais ils ne paraissent pas être également applicables à l'Australie. Nous avons à traiter avec trois grandes compagnies, réunies en une seule. qui forment un monopole gigantesque ; et pour briser ce monopole, les gouvernements intéressés se sont coalisés pour établir et exploiter leur câble dans l'intérêt de leurs populations.

La Compagnie représente que c'est une intervention dans une entreprise particulière ; mais, dans ce cas, l'intervention a été provoquée uniquement par un monopole sans scrupules, et il est du devoir d'un gouvernement, surtout dans de jeunes pays comme l'Australie, de protéger le commerce par tous les moyens légitimes possibles.

Il est à regretter que les retards vexatoires qui sont survenus aient fourni à la Compagnie autant d'occasions d'exercer son influence insidieuse sur les gouvernements, sur la presse et sur le public. Au commencement de 1895, et aussitôt après la conférence d'Ottawa, la colonie de Queensland fut poussée à entreprendre la pose du câble sous sa propre responsabilité. Si elle l'avait fait, l'entreprise aurait pu être exécutée à un peu plus de la moitié du coût actuel, et la plupart des difficultés qui ont surgi auraient été tranchées.

Vu toutes ces circonstances, le gouvernement de Queensland doit protester énergiquement contre la concession proposée au sujet de la réception et de la distribution des télégrammes.

LES CABLES RIVAUX.

(Du "Courrier" de Brisbane, 31 janvier 1900.)

Nos télégrammes de Sydney, ce matin, ne jettent pas beaucoup de lumière sur les perspectives du câble du Pacifique. Cependant, la "Eastern Extension Company" refuse d'accueillir les restrictions faites à ses offres dans la conférence des premiers ministres, et s'en tient apparemment à sa demande de concessions, étant maîtresse de la situation. Aussi bien vaut-il mieux, dans les circonstances, que nous sachions où nous en sommes en cette affaire. Devons-nous avoir un câble d'Etat allant en Australie, ou non ? allons-nous rester à la merci d'un monopoleur particulier? Chaque jour il devient plus evident que telle est la question que ces colonies sont appelées à résoudre. Si la pose du câble du Pacifique était chose certaine, nous pourrions voir s'il nous serait avantageux d'ajouter à nos facilités en acceptant l'offre d'une compagnie particulière d'établir un câble partant de la colonie du Cap. Dans ce cas, il s'agirait seulement de savoir si, étant co-propriétaires, nous agirons sagement en détournant le trafic du câble du Pacifique. Mais, en fait, le câble du Pacifique n'est pas encore une affaire certaine ; et, toujours en fait, la "Eastern Extension Company" soumet ses offres parce que le projet du Pacifique n'est pas une certitude, et dans l'espoir que l'acceptation de ses offres le reléguera dans la catégorie des choses avortées. D'après le câblegramme d'hier, M. Chamberlain considère toujours que la construction du câble du Pacifique dépend de la décision des premiers ministres des colonies intéressées. Si, par colonies intéressées, on veut parler de toutes les colonies de l'Australie, la situation est déjà grave, puisque trois d'entre elles—l'Australie-ouest, l'Australie-sud, et, en ces derniers temps, la Nouvelle-Galles du Sud—ont signifié qu'elles acceptaient les offres de la "Eastern Extension Company". Si l'on veut parler des seules colonies qui ont convenu de contribuer au Pacifique, nous n'avons jusqu'ici que la Nouvelle-Galles du Sud comme point faible. Aujourd'hui, la Nouvelle-Zélande, Victoria et Queensland appuient énergiquement le Canada dans son opposition aux offres de la "Eastern Company" et dans sa protestation que ces offres comportent en réalité la mort du projet du Pacifique.

Que ce serait là l'effet de l'acceptation des offres de la compagnie—que, en d'autres mots, la question n'est pas la possession des deux câbles, mais la perte de la ligne indépendante du Pacifique par l'acceptation d'un monopole continu—cela ressort des circonstances et des offres mêmes de la compagnie. Grâce aux privilèges dont elle a joui dans le passé, la compagnie s'est constitué un énorme fonds de réserve, et elle est en moyens de faire de grandes dépenses pour conserver son monopole. C'est le motif évident qui la pousse à offrir de réduire les taux, offre qu'elle n'a pas faite lorsque, comme dans l'Inde, son monopole n'était pas menacé, et qu'elle n'aurait jamais faite ici que pour prévenir toute concurrence. Dans un rapport ministériel de Queensland, du mois d'octobre dernier, dont nous donnons des extraits dans une autre colonne, après allusion aux taux proposés par la Compagnie (4s. par mot et une réduction à 2s. 6d. à mesure que le trafic augmentera) et à la condition d'accès direct auprès du public, les mots suivants sont cités : "Avec la concession de ce droit, la Compagnie ne craint pas la concurrence du câble du Pacifique, lequel sera, naturellement, sous le contrôle de l'Etat ". Ces mots sont significatifs. Le câble de l'Etat aurait un tarif élevé ; la Compagnie pourrait arrêter des taux plus bas. Lorsque les directeurs généraux des Postes de Victoria et de la Nouvelle-Galles du Sud ont convenu, au mois d'octobre dernier, qu'ils pouvaient appuyer le projet de la compagnie si elle n'adoptait pas des taux de rabais, ils étaient dans l'erreur ; la compagnie offrait effectivement d'abaisser les taux. Mais le droit spécial qui délivre la compagnie de la crainte de la concurrence est celui d'un accès direct auprès du public. Le rapport dont nous venons de parler dit : Une telle concession aurait pour résultat de permettre à la compagnie de faire, avec les principales maisons commerciales, des contrats qui la mettraient en situation de monopoliser la grande masse du trafic pendant un certain nombre d'années ".

Or, au nom du sens commun, quel serait le résultat de taux abaissés et d'un monopole continue sur le projet d'un câble d'Etat qui n'est pas encore absolument décidé? Ce projet serait trop coûteux, et il faudrait l'abandonner. C'est ainsi que M. J. S. Larke, écrivant au premier ministre du Queensland au nom du Canada, disait, au mois d'octobre : " Si la concession est accordée et si la " Eastern Extension Company" obtient le monopole du trafic, la part de pertes du Canada dans l'exploitation du câble du Pacifique sera de £30,000 par année, somme que, j'ose le dire, sa population ne se soucie pas d'encourir, et il est douteux que le gouvernement impérial soit disposé à assumer le risque, si nous en jugeons par le fait qu'il fixait, il y a quelque temps, sa responsabilité à un maximum de £20,000. Cela mettrait fin au câble du Pacifique. Tel est le but de toutes les démarches. Ceux qui font une comparaison des frais favorables au projet de la " Eastern Company " négligent d'observer que c'est l'acceptation de ce projet qui met le câble du Pacifique hors de question à cause des frais.

Mais supposons maintenant que le câble du Pacifique soit obstrué et que la Compagnie " Eastern " et ses alliés soient de nouveau maîtres de la situation, ainsi qu'ils le seront si leur projet est accepté,—qu'en est-il du coût? Ils ne donnent aucune promesse définie que celle de la réduction à 4 shillings par mot; ils peuvent faire leurs conditions à propos de l'augmentation du commerce, et ils peuvent faire leurs conditions dans leurs arrangements particuliers avec leurs principaux clients. Leurs services seront-ils plus coûteux pour les colonies que ceux d'un câble qui pour la première fois brise le monopole et est exploité uniquement dans l'intérêt public? Nous invitons les Queenslanders à réfléchir sur l'expérience qu'ils ont faite des grands monopoles particuliers. Y a-t-il parmi nous quelqu'un qui consentirait en ce moment à confier les Postes à une compagnie qui pourrait poser des conditions à son gré? S'il agissait d'enlever les Postes à un monopoleur particulier qui aurait autrefois obéré ses clients impuissants de taux onéreux, nous laisserions-nous enjôler par l'offre de réduire les taux qui serait faite dans la crainte de perdre une affaire lucrative? Pourquoi, lorsque le contrôle de l'Etat sur les Postes est universellement accepté, préférerions-nous la continuation d'un monopole particulier au contrôle de l'Etat sur notre télégraphie océanique? Nous ne nous arrêterons pas à énumérer ici d'autres raisons urgentes en faveur du changement. Mais nous prétendons que, s'il y a jamais eu un cas où l'action de l'Etat doit être préférée à celle d'une compagnie d'exploiteurs, c'est bien le présent cas de l'Australasie relativement à la télégraphie océanique.

OTTAWA, 21 juin 1900.

A l'honorable R. W. SCOTT,
Secrétaire d'Etat.

MONSIEUR,—J'ai l'honneur de vous annoncer que le courrier d'Australie *via* Vancouver m'a apporté ce matin, concernant le câble du Pacifique, nouveaux avis que je suis heureux de communiquer au gouvernement.

Entre autres lettres, j'en ai une de l'honorable Simon Fraser, qui représentait Victoria, en qualité de délégué, à la conférence d'Ottawa en 1894. La lettre de M.

Fraser est personnelle, mais il y parle d'une affaire publique qu'il explique à la suite de plusieurs entrevues avec le directeur général des Postes de Victoria. Je vous en inclus un extrait qiu fait voir où en est cette question à Victoria et, je crois, en la Nouvelle-Galles du Sud. L'important renseignement communiqué est à l'effet que les deux gouvernements australiens mentionnés ont décidé d'insérer une clause d'achat dans la convention avec la "Eastern Extension Company", et que la convention ne prendra pas effet avant d'avoir été ratifiée par le parlement.

J'ai l'honneur d'être, monsieur,

Votre obéissant serviteur,

SANDFORD FLEMING.

EXTRAIT.—Lettre de l'honorable Simon Fraser, Melbourne, 22 mai 1900.

Je vous écris aujourd'hui pour dire que j'ai eu plusieurs entrevues avec le directeur général des Postes, M. Watt. La situation, qui m'a été expliquée par M. Watt, est maintenant comme suit:—

1. Après que le câble du Pacifique sera posé, la "Eastern Extension Company" aura le droit d'ouvrir des bureaux dans les villes capitales.

2. Une clause d'arbitrage, dans la convention, qui donnera au gouvernement le droit d'annuler la convention si la "Eastern Extension Company" la viole.

3. Une clause d'achat sera insérée lors de l'estimation.

4. Aucune convention ne sera signée avant que le parlement n'ait eu l'occasion de la ratifier.

OTTAWA, 5 juin 1900.

A l'honorable R. W. SCOTT,
Secrétaire d'Etat.

MONSIEUR,—J'ai l'honneur de vous présenter, pour être communiqués au gouvernement, des documents ayant trait au câble du Pacifique, comme suit:—

1. Une lettre (avec annexes) adressée au peuple britannique des colonies australasiennes, portant la date du 30 mars 1900. Il m'a semblé que cet appel était devenu nécessaire par le fait qu'un arrêt de temps complet était survenu à Victoria et à la Nouvelle-Galles du Sud par suite, en grande partie, de la ligne de conduite adoptée par la "Eastern Extension Telegraph Company". La compagnie avait fait certaines ouvertures à ces colonies, et les propositions soumises par elle paraissaient si avantageuses aux hommes d'affaires que les deux gouvernements les avaient accueillies favorablement et inclinaient à les accepter. Cependant, le Canada les désapprouva, pour la raison que les six gouvernements qui s'étaient unis dans le projet de câble du Pacifique étant associés, les associés sont engagés d'honneur les uns vis-à-vis des autres, et aucun des gouvernements, partis au projet, ne doit faire la plus légère modification aux conditions sans le consentement des co-associés. Le gouvernement impérial et les gouvernements de Queensland et de la Nouvelle-Zélande ont pris la même attitude que celui du Canada, et tous quatre ont envoyé d'amicales protestations à Victoria et à la Nouvelles-Galles du Sud. Conséquence: de graves différends ont surgi dans ces deux colonies, et le projet de câble du Pacifique a été mis en péril sérieux.

L'appel que, dans l'intérêt général, je me suis aventuré à adresser au peuple australien a été mis en grande circulation dans ces deux colonies, et nul doute que d'autres influences ont été exercées, car, d'après les nouvelles que je viens de recevoir, de bons résultats ont suivi. On m'assure que la situation est changée maintenant, que le sentiment populaire à l'endroit du câble du Pacifique est plus favorable, que tous les obstacles qui entravaient son établissement sont en bonne voie d'aplanissement, et que l'importance de sauvegarder les intérêts de tous les gouvernements contribuant à l'entreprise est reconnue.

D'après ce que je puis voir par les communications que j'ai reçues, ces résultats sont dus en grande partie à l'opinion favorable qu'on s'est formée en Australie du projet impérial de câble encerclant le globe, projet dont le câble du Pacifique est manifestement la clef. Il ne peut y avoir de doute que les Australiens en sont venus à comprendre l'immense importance de ce projet, et ils sont disposés à faire des sacrifices et à renoncer à des avantages immédiats afin de pousser l'établissement d'un vaste réseau de câble demandé par les conditions nouvelles de l'empire.

2. Une lettre adressée à sir Francis Mowatt, président du conseil du câble du Pacifique, Londres, datée le 7 avril 1900, et dont réception a été officiellement accusée avec expression de remerciements du conseil. Dans cette lettre je me hasardais à suggérer aux délibérations du conseil l'idée que, dans tout arrangement que les autorités impériales pourraient faire pour l'établissement d'un câble Cap-Australien par une compagnie particulière, le gouvernement de Sa Majesté ferait bien de réserver le pouvoir de prendre possession du câble, à des conditions spécifiées, quand, dans l'intérêt public, il pourrait devenir nécessaire ou paraître désirable de le placer sous le contrôle de l'Etat. Je faisais remarquer, entre autres choses, que prendre des mesures pour faire passer finalement le câble Cap-Australien sous le contrôle de l'Etat serait à la fois sauvegarder les intérêts publics en jeu dans le câble du Pacifique et favoriser des intérêts impériaux de la plus haute importance.

Dans ma lettre au président du conseil, je n'ai pas jugé nécessaire de dire precisément qu'une compagnie particulière, en établissant ce câble, exigerait des privilèges d'atterrissage sur trois îles britanniques, Mauritius, Rodriques et Cocos, dans l'océan Indien, que de tels privilèges ne pourraient être accordés que par le gouvernement de Sa Majesté, et que, par suite des circonstances d'association dans le câble du Pacifique, entreprise qui pourrait être plus ou moins affectée par le câble Cap-Australien, il serait nécessaire d'obtenir le consentement de tous les associés aux termes de la concession.

Dans le compte rendu des débats du parlement impérial du 22 mai, publié par le *London Times*, qui vient d'arriver à Ottawa, je vois que le chancelier de l'Echiquier s'est exprimé comme suit:

" La 'Eastern Extension Company' a été notifiée que le gouvernement de Sa Majesté est prêt à approuver la concession des droits d'atterrissage à Mauritius, Rodriques et Cocos, et il délivrera des licences aussitôt que leur formule, qui est en ce moment à l'étude, aura été arrêtée."

Bien que, selon les apparences, il ne reste plus qu'à déterminer les termes exacts de la licence à la " Eastern Extension Company ", nous pouvons supposer en toute confiance que les intérêts du câble du Pacifique sont en mains sûres. Il est évident, d'après les circonstances que j'ai relatées, que le gouvernement de la mère-patrie ne prendra pas de décision finale sans consulter tous les associés. Les choses étant ainsi, il n'y a donc rien qui empêche de procéder immédiatement au câble du Pacifique.

J'ai l'honneur d'être, monsieur,

Votre obéissant serviteur,

SANDFORD FLEMING.

LE CABLE DU PACIFIQUE.

OTTAWA, 30 mars 1900.

Au peuple britannique des colonies australasiennes:

La situation du projet de câble du Pacifique est devenue si critique, que je prends la liberté, aujourd'hui, veille du départ du courrier hebdomadaire pour l'Australasie, de vous faire le présent appel. Je n'ai pour justifier ma témérité d'autres excuses à offrir que les circonstances dans lesquelles j'écris.

Australasiens et Canadiens ont longtemps désiré être unis télégraphiquement. Depuis plusieurs années ils aspirent au temps où les populations britanniques de l'Europe extérieur seront rapprochées les unes des autres et où toutes seront mises en relations plus étroites et plus intimes avec le centre impérial. Ils ont regardé le câble du Pacifique comme une lien d'union pratique qui développerait le commerce et constituerait en même temps un moyen facile et peu dispendieux par lequel ils échangeraient leurs pensées sur toutes les matières d'un commun intérêt. Sur les côtés opposés du Pacifique les populations britanniques sont en grande partie étrangères les unes aux autres, et sans le lien électrique elles ne peuvent que rester isolées. On dira peut-être qu'il existe déjà des moyens de communication par le télégraphe entre les deux pays. Il est possible d'envoyer à travers l'Atlantique un télégramme du Canada en Angleterre, à travers l'Europe par voie de la Méditerranée, en Egypte, à travers le sol africain jusqu'à la mer Rouge, par l'océan Indien jusqu'aux Indes, et de là à travers les terres, les mers et les îles (partiellement entre des mains étranères) jusqu'en Australie. Mais cette route indirecte est peu employée ; on peut dire qu'elle n'est employée que dans des cas d'urgence, dans des occasions extrêmement rales, parce que la transmission des messages est excessivement coûteuse. Comme preuve de son inutilité, j'apprends par le département du Commercee, à Ottawa, que moins d'une demi-douzaine de télégrammes ont été envoyés à M. Larke, l'agent commercial du gouverenment canadien, ou reçus de lui, pendant les six années qu'il a été officiellement stationné en Australie. Avec un câble direct à travers le Pacifique, les conditions seraient entièrement changées et la corespondance télégraphique serait fréquente.

Et puis, le service de la poste est tout à fait insuffisant. Si la lettre que j'écris en ce moment part d'Ottawa demain et n'est pas retardée en route jusqu'au steamer à Victoria, elle devra arriver en Australie dans quatre semaines à peu près; si, cependant, par une cause quelconque le train-poste subit un retard de quelques heures dans ce long voyage par terre et arrive à Victoria trop tard pour le steamer, ma lettre n'arrivera pas à destination avant huit semaines. Ces faits démontrent clairement l'impérieux besoin d'une communication télégraphique directe; ils font voir que quand le câble du Pacifique sera établi les sujets d'un souverain, aujourd'hui éloignés par des conditions géographiques, seront en situation de transiger des affaires comme amis et voisins. Les Australiens et les Canadiens pourront avec la rapidité de l'éclair échanger leurs pensées comme des parents et des amis.

Dans les efforts qui ont été tentés pour accomplir l'objet désiré, il y a eu des retards fâcheux, mais on croyait que tous les obstacles étaient aplanis lorsque, le 4 juillet de l'année dernière, le gouvernement de Sa Majesté, représenté par le secrétaire des colonies, le chancelier de l'Echiquier et d'autres, se réunit en conférence avec le Haut-Commissaire du Canada et les agents généraux de la Nouvelle-Galles du Sud, de Victoria, de Queensland et de la Nouvelle-Zélande. A cette conférence il fut fait, au nom du gouvernement de la mère-patrie, une proposition qui était satisfaisante dans son ensemble; mais sur un point particulier, elle était tout autre. Il fut proposé que toute l'affaire fut confiée à un conseil de huit membres, où les quatre colonies australasiennes contribuantes seraient représentées par trois. Dès que je connus cette propositon, je n'hésitai point, humble Canadien, à faire observer que, à mon sens, l'arrangement était malheureux, et qu'il était impossible de prévoir les difficultés auxquelles il pourrait donner lieu. L'événement m'a donné raison. Si on avait accordé un représentant à chaque gouvernement australasien, les complications et les retards qui sont survenus depuis auraient été évités. J'ose dire qu'il aurait été très possible de donner tout le câble à l'entreprise peu de semaines après la date de la conférence au mois de juillet dernier.

Près de neuf mois se sont écoulés depuis; nous sommes arrivés à une crise qui pourrait être fatale au projet, et voilà pourquoi je me vois forcé de m'addresser à vous et de solliciter votre sympathique intérêt pour une affaire dans laquelle, avec les Canadiens, vous êtes également concernés.

Permettez-moi, d'abord, de porter à votre attention partie d'un discours prononcé par l'honorable directeur général des Postes dans la récente assemblée annuelle de la Ligue de l'Empire Britannique. Voici ce que M. Mulock disait :

"Je considère que le câble du Pacifique a une importance vitale pour la grande doctrine que nous prônons : l'unification de l'empire. Nous avons par la vapeur détruit les distances; des océans qui séparaient naguère les différentes parties de l'empire sont aujourd'hui, grâce à la vapeur, des chaînons qui les unissent. Mais nous ne pouvons, même par ces méthodes, rendre les communications parfaites ; à cette époque de la rapidité il nous faut, et nous l'aurons, une communication que seule l'électricité peut nous donner; c'est le seul moyen par lequel nous puissions faire le commerce en temps de paix, et en temps de guerre conduire avec succès les mouvements militaires entre les différentes parties de ce vaste empire. Ce serait une calamité nationale, et la pire des calamités, si un câble d'Etat appartenant non pas à une partie seulement de l'empire, mais à toutes les parties de l'empire formées en association pour le bien commun—ce serait virtuellement une calamité nationale si le projet échouait".

Je me permets d'ajouter ici quelques observations que j'ai présentées dans la même occasion. J'ai cru qu'il était de mon devoir d'appeler l'attention de la Ligue sur une proposition de commencer de suite et de construire graduellement, selon que les circonstances le permettraient, un grand réseau de câbles d'Etat s'étendant à toutes les possessions britanniques. Il doit vous paraître évident qu'un tel réseau placerait les colonies australasiennes dans une situation singulièrement dominante vis-à-vis tout l'empire, et je n'hésite pas à dire que, propriété de l'Etat, il ferait abaisser le tarif des messages à un taux qu'on ne peut imaginer. Si, dans le Royaume-Uni, les tarifs des messages ont été en quelques cas abaissés à un douzième lorsque les lignes télégraphiques étaient entre des mains particulières, n'avons-nous pas raison de dire que dans un champ plus vaste la même cause produirait le même effet. Si l'application du principe du contrôle de l'Etat, dans le Royaume-Uni, a diminué le taux des messages à un demi-penny par mot pour toutes les distances, ne pouvons-nous pas dans les mêmes conditions espérer pour un avenir prochain que le taux des messages océaniques sera réduit à un shilling par mot, et même à moins ? Je suis d'avis que ce n'est pas une espérance téméraire; j'ai consacré beaucoup d'études à cette question, et je suis parfaitement convaincu que si, en cette conjoncture, les colonies australasiennes suivent une sage ligne de conduite, elles contribueront à conférer aux populations britanniques du monde entier l'inestimable bienfait d'un réseau de câbles d'Etat grâce auquel il sera possible d'avoir le tarif le plus bas pour les messages. J'hésite beaucoup à exprimer mon opinion bien tranchée sur ce point, de crainte de passer pour un visionnaire. Si la présente difficulté est surmontée, si le câble du Pacifique est commencé, puis suivi par le projet plus vaste dont il est question, je suis certain que l'un des principaux objets dont nous aurons à nous occuper dans quelques années sera un tarif uniforme de six pennies pour les câbles dans le monde entier—sur le principe, exactement, du "penny-postage" impérial. (Pour raisons et explication, *voir* ma lettre à M. Chamberlain, 28 octobre 1898.—Documents relatifs au câble du Pacifique, imprimés par le parlement, 1899, page 22.)

J'ose maintenant demander à mes compatriotes de l'Australie si un but comme celui que je me suis efforcé de leur montrer ne mérite pas quelque sacrifice de leur part ? Un réseau de câble tout britannique et peu compliqué n'est-il pas chose désirable ? S'ils répondent dans l'affirmative, je désire spécialement leur rappeler le fait remarquable que le câble du Pacifique est la seule clef du nouveau lien de l'unité impériale. Ce fait donne certainement au câble du Pacifique une importance qui intensifie la calamité signalée par M. Mulock comme résultat inévitable de l'insuccès de cette entreprise. Ces considérations s'imposeront, je crois, au bon sens et au patriotisme des Australiens, à qui incombe maintenant la responsabilité de déterminer si, oui ou non, le câble du Pacifique, depuis si longtemps projeté, doit devenir un fait accompli.

Un seul mot concernant le câble projeté d'Australie au Cap, qui depuis quelque temps est prôné pour remplacer celui du Pacifique. La compagnie qui propose d'établir ce câble offre d'abaisser les taux des messages entre l'Australie et l'Angleterre de 4*s*. 9*d*. à 4*s*. par mot, à condition qu'on lui accorde certaines concessions. L'offre peut tenter, mais ce faible gain immédiat ne saurait être comparé avec la perte que l'Australie subirait si le câble du Pacifique, et avec lui le grand projet impérial, étaient abandonnés. Esope n'a-t-il pas, il y a des siècles, fait voir à l'humanité qu'en s'attachant à l'ombre on perd le corps? Quant à moi personnellement, je prétends que rien ne peut remplacer le câble du Pacifique, et je suis convaincu qu'il est de l'intérêt de l'Empire britannique qu'aucun nouvel obstacle ne vienne entraver l'accomplissement immédiat de l'entreprise. Tout en professant fermement cette opinion, je reconnais que nous ne saurions avoir trop de câbles, s'ils sont établis judicieusement, pour faire face aux besoins publics. Aussi, je ne vois aucune raison sérieuse qui s'oppose à l'établissement du câble du Cap, pourvu que des mesures soient prises pour le mettre, au besoin, sous le contrôle de l'Etat; sous ce contrôle il constituerait, avec le câble du Pacifique, les parties majeures du grand réseau télégraphique impérial.

Ayant ainsi exprimé mes idées, les deux points sur lesquels, en conclusion, j'insiste fortement sont :

1. Qu'il ne soit rien fait qui puisse retarder davantage l'établissement du câble du Pacifique.

2. Que dans toute convention à conclure pour l'établissement d'un câble entre l'Australie et le Cap, il soit strictement pourvu à ce qu'il devienne finalement propriété de l'Etat.

J'ai l'honneur d'être,
Votre dévoué serviteur,
SANDFORD FLEMING.

POST-SCRIPTUM A LA LETTRE DU 30 MARS 1900.

Pour rendre claires les idées de l'auteur sur la question d'un bas tarif uniforme mentionné dans le neuvième paragraphe.

Le réseau de câbles tout britannique encerclant le globe embrasserait trois océans; mais dans les circonstances ordinaires les messages n'auraient pas à en traverser plus de deux. Si jusqu'à ce qu'un taux plus bas puisse suffire, un taux uniforme de un shilling était adopté pour chaque océan, les prix des messages par mot seraient comme suit :

Australasie au	Canada	via	Océan Pacifique	un taux	1s.
"	Cap	"	Océan Indien	un taux	1s.
"	Asie	"	"	un taux	1s.
"	Angleterre	"	Pacifique et Indien.	deux taux	2s.
Canada à	Australasie	"	Océan Pacifique	un taux	2s.
"	Asie	"	Pacifique et Indien	deux taux	2s.
"	Angleterre	"	Océan Atlantique	un taux	1s.
"	Cap	"	"	un taux	1s.
Angleterre au	Canada	"	"	un taux	1s.
"	Cap	"	"	un taux	1s.
"	Asie	"	Atlantique et Indien	deux taux	2s.
"	Australasie	"	Atlantique et Pac. ou Ind.	deux taux	2s.
Le Cap à	Angleterre	"	Océan Atlantique	un taux	2s.
"	Canada	"	"	un taux	1s.
"	Australasie	"	Océan Indien	un taux	1s.
"	Asie	"	"	un taux	1s.
Inde ou Chine à	Australasie	"	"	un taux	1s.
"	Canada	"	Indien et Pacifique	deux taux	2s.
"	Cap	"	Océan Indien	un taux	1s.
	Angleterre	"	Atlantique et Indien	deux taux	2s.

OBSERVATIONS SUR UN RESEAU DE CABLES TOUT BRITANNIQUE, PRESENTEES A L'ASSEMBLEE ANNUELLE DE LA LIGUE DE L'EMPIRE BRITANNIQUE EN CANADA, LE 14 MARS 1900, PAR SIR SANDFORD FLEMING.

Je demande la permission de présenter quelques observations sur une question publique qui intéresse toutes les populations britanniques. Le peuple de l'empire britannique appartient à toutes les origines; il occupe une serie d'états dans toutes les régions du globe, et, comme l'objet premier de notre Ligue est d'unir toutes ces populations, je suis convaincu qu'il n'y a pas de sujet que nous puissions traiter ici avec plus d'à-propos que celui auquel je me propose d'appeler votre attention.

Il existe déjà deux câbles télégraphiques entre le centre de l'Europe et les grandes colonies de l'hémisphère méridional, mais ces câbles sont entre les mains de compagnies particulières; sur leur route depuis les rives d'Angleterre jusqu'à l'Australie, à l'Afrique-Sud et aux Indes, ces câbles touchent à des ports étrangers, ou passent sur les terres d'Etats étrangers, ou sont posés dans des mers peu profondes qui bordent les rivages de nations étrangères; par conséquent ils sont susceptibles d'être interrompus à un moment critique. De plus, les prix extorqués par les compagnies pour la transmission des messages ordinaires sont si élevés que l'usage des câbles est effectivement interdit sauf à quelques personnes. Dans les intérêts du commerce, de l'intercourse social et politique, et de la sécurité générale, on comprend qu'une voie de communication beaucoup plus libre que celle qui existe aujourd'hui est indispensable.

Les populations britanniques répandues dans le monde entier n'ont qu'un seul drapeau, elles rendent leurs hommages à un seul souverain ; elles ont sans doute bien des intérêts en commun, elles ont aujourd'hui, ou elles vont bientôt avoir, un port de lettres à bon marché, et, nous le proclâmons avec fierté et avec satisfaction, c'est à notre présent directeur général des Postes, M. Mulock, à qui les populations britanniques de partout seront en partie redevables de ce bienfait.

Le principe du port d'un penny étant adopté et partiellement mis en pratique, nous sommes virtuellement conduits à examiner s'il n'est pas possible d'avancer aussi dans la voie de la télégraphie. Nous nous posons la question : est-ce chose praticable de lier ensemble tout l'empire au moyen d'un vaste réseau de câbles, et si elle est praticable, devons-nous prendre des mesures pour jouir des avantages qu'il donnera ? Pour ma part, je ne puis, d'un côté, voir d'obstacles insurmontables qui s'opposent à la réalisation de cette entreprise, et, d'autre part, je ne puis rien voir qui tende plus à unir le peuple anglais sous toutes les latitudes qu'un réseau de câbles encerclant le globe sous le contrôle de l'Etat.

Ce n'est pas la première fois que ce projet est émis, il a été l'idée dominante aux conférences coloniales de 1887 et de 1894 ; depuis lors, il a été mûri par la réflexion et confirmé par l'expérience. Aujourd'hui, je n'ai pas à le développer ni à appuyer sur ses avantages. Je me contenterai de dire qu'un réseau complet de câbles télégraphiques pour tout l'empire peut être établi sans entraîner des dépenses extraordinaires. Et quant à la question de la propriété par l'Etat, la preuve est indiscutable et convaincante. Il me suffit dementionner l'admirable réseau de télégraphe terrestre qui existe dans le Royaume-Uni.

Les télégraphes du Royaume-Uni étaient, à une certaine époque, propriété de compagnies particulières qui ont fait de gros profits aux dépens du public. Ces compagnies avaient pris pour politique d'extorquer de très hauts prix qui, en quelque cas, étaient dix ou douze fois plus élevés que les taux qui sont actuellement prélevés. Comme d'autres compagnies de nos jours, elles faisaient tous les efforts possibles pour conserver les privilèges du monopole dont elles jouissaient. Le parlement, cependant, décréta d'établir un réseau national qui passa sous le contrôle de l'Etat. Depuis lors, les lignes télégraphiques ont été étendues aux endroits les plus éloignés, en Angleterre, en Irlande et en Ecosse, et le tarif des messages a été tellement réduit que deux personnes séparées par de très grandes distances peuvent, au modique prix de 1 centin par mot, échanger leurs pensées sur n'importe quel sujet.

Tel est le résultat du contrôle de l'Etat. Sous le contrôle de l'Etat, l'utilité des télégraphes s'est accrue énormément, et le taux des messages a diminué en raison inverse. De plus, il est bon de savoir que tous ces avantages ont été gagnés sans nouvelle charge pour le contribuable. Nous avons donc devant nous, dans le Royaume-Uni, un modèle qui peut être reproduit sur n'importe quelle échelle ; nous avons un modèle unique sur lequel nous pouvons nous guider pour établir un réseau de câbles tout britannique encerclant le globe ; nous pouvons regarder le réseau télégraphique d'Etat de la mère-patrie comme illustration microscopique du réseau électrique nerveux que demandent déjà les conditions de notre Empire vaste comme le monde.

Nous reconnaissons tous la valeur d'un pareil réseau. Il n'y a probablement pas un seul objet qui puisse à un égal degré bénéficier directement à toutes les populations britanniques, ni à un plus haut degré influencer directement le progrès de la civilisation.

Néanmoins, nous ne devons pas perdre de vue le fait que le câble du Pacifique est absolument essentiel au projet d'un empire plus grand. Si nous examinons une carte du globe et si nous étudions toutes les conditions géographiques, nous verrons que le câble du Pacifique est la clef, la seule clef, d'un réseau télégraphique exclusivement britannique entourant le monde tout entier. Par aucune autre route que celle du câble du Pacifique les possessions de Sa Majesté ne peuvent être mises en un circuit télégraphique direct sans toucher à un pouce de terre étrangère.

Le rapport annuel de la Ligue fait allusion à des retards vexatoires à propos du projet du câble du Pacifique. On peut dire que le premier retard sérieux remonte à huit mois, mais je ne me propose pas de parler de sa cause malheureuse ; je mentionnerai seulement que la "Eastern Extension Telegraph Company" a profité du retard et fait un effort énergique pour aliéner les colonies australiennes au projet. Cette compagnie paraît n'avoir rien épargné pour façonner l'opinion publique, dans les colonies, en faveur d'une proposition alléchante qu'elle leur faisait ; elle a jusqu'ici réussi à entraîner deux des colonies dans une entreprise dont il pourrait n'être pas facile de les détourner.

Selon moi, il est d'autant plus à désirer et nécessaire que la résolution proposée à la Ligue soit adoptée et recommandée à tous les gouvernements intéressés. Je suis convaincu que si les recommandations contenues dans la résolution sont suivies, il ne sera pas possible à la compagnie de faire au câble du Pacifique un tort auqul il ne pourrait as être remédié ; l'intérêt public sera sauvegardé avec succès.

Avec ces quelques mots, j'ai l'honneur de proposer la résolution.

Proposé par sir Sandford Fleming, appuyé par sir Charles Tupper :—

" Que la Ligue de l'Empire britannique au Canada est d'opinion qu'un réseau complet de câbles océaniques appartenant à l'Etat, touchant aux possessions britanniques seulement, et s'étendant à toutes les colonies de Sa Majesté dans le monde entier, est un projet de première importance. C'est pourquoi la Ligue, réunie en assemblée annuelle, recommande :—

" 1. Que les gouvernements impérial et coloniaux devraient, comme politique, reconnaître le principe du contrôle de l'Etat sur tous les câbles britanniques, et appliquer ce principe dès que l'occasion s'en présentera et aussitôt que les circonstances le permettront.

" 2. Que le câble du Pacifique devrait être complété de suite, comme entreprise nationale d'un réseau de câbles impérial tel que celui indiqué.

" 3. Que dans tous les contrats à conclure pour relier par télégraphe les possessions de Sa Majesté dans toutes les parties du monde, il y ait une stipulation à l'effet que ce télégraphe devienne finalement propriété de l'Etat.

"4. Que; en permettant à une compagnie particulière de poser un câble partant d'une possession britannique ou y aboutissant, des privilèges d'atterrissage ne seront accordés qu'à la condition que Sa Majesté pourra en aucun temps prendre possession du câble à des conditions spécifiées".

Proposition unanimement adoptée après débat.

OTTAWA, 7 avril 1900.

Sir FRANCIS MOWATT,
Président, Conseil du Câble du Pacifique.

MONSIEUR,—J'ai l'honneur de vous transmettre, pour être communiqués au conseil, les documents suivants qui ont trait au câble du Pacifique, savoir:—

1. Lettre au peuple australasien—30 mars 1900.
2. Post-scriptum à " "
3. Observations présentées à la Ligue de l'Empire britannique en Canada, 14 mars 1900.

Le projet est en ce moment entouré de tant d'incertitude, que j'ai dû transmettre ces communications à l'Australie. Les raisons qui m'ont porté à agir ainsi sont exposées dans les documents mêmes, et à ces raisons je crois devoir ajouter les quelques explications qui suivent.

Il est bien connu qu'aussitôt après qu'il eût été annoncé que les six gouvernements intéressés au câble du Pacifique avaient pris des mesures pour exécuter ensemble l'entreprise, la "Eastern Extension Company" a fait des ouvertures aux colonies australiennes. La compagnie offrait d'établir à ses propres frais ce qu'elle disait être un substitut au câble du Pacifique, c'est-à-dire un câble allant de l'Australie au Cap, où il se raccorderait aux lignes télégraphiques conduisant à l'Angleterre. La compagnie offrait, de plus, d'opérer une réduction importante sur le prix des messages; cette réduction devait prendre effet aussitôt après que les colonies auraient accordé certaines concessions locales, et ces concessions étaient représentées commes justes et raisonnables.

Pendant plusieurs mois cette proposition alléchante a été sous les yeux du public et prônée par les agents de la compagnie dans les colonies, ainsi que par la presse coloniale; il n'est donc pas surprenant que les populations de la Nouvelle-Galles du Sud et de Victoria en soient venues à la voir d'une œil favorable et que, par suite, les gouvernements de ces deux colonies n'aient pu voir jour à la rejeter.

Les autres gouvernements intéressés au câble du Pacifique se sont opposés à la proposition pour la raison que, si les concessions locales sont accordées, il sera au pouvoir de la compagnie de faire tort au câble du Pacifique sous le rapport financier. De plus, on prétend que la Nouvelle-Galles du Sud et Victoria sont dans la situation d'associés au pacte conclu pour cette dernière entreprise, et qu'elles ne doivent pas, sans l'assentiment des autres associés, accorder à la compagnie des concessions qui affectent l'entreprise.

Les gouvernements de la Nouvelle-Galles du Sud et d Victoria se trouvent ainsi dans une situation difficile. Il est reconnu que l'acceptation sans condition de l'offre de la "Eastern Extension Company" serait un avantage immédiat pour ces deux colonies; mais, en même temps, elle mettrait en péril le succès du câble du Pacifique et possiblement ferait échouer son entreprise.

Dans les documents qui accompagnent cette lettre j'ai signalé les avantages immenses qui découleraient, pour l'Australie et pour tout l'Empire, du câble Cap-Australien, ainsi que du câble du Pacifique, tous deux placés sous le contrôle de l'Etat. En outre, j'ai fait observer qu'en acceptant la proposition de la compagnie sans spécifier que le câble en question deviendra finalement propriété de l'Etat, le gain immédiat qu'il donnerait serait insignifiant, comparé à la perte que l'Australie et l'empire subiraient si le projet de câble du Pacifique était renversé.

Comme le conseil du câble du Pacifique représente les six gouvernements intéressés dans l'entreprise, il se trouve en situation exceptionnellement bonne pour intervenir.

C'est pourquoi j'ose suggérer à l'examen la proposition que, dans tout contrat qu'il s'agirait de conclure pour la pose du câble Cap-Australien par une compagnie particulière, le gouvernement de Sa Majesté se réserve le pouvoir de prendre possession du câble en aucun temps que l'intérêt public pourra l'exiger; et que, avec cette entente, le Canada, Queensland et la Nouvelle-Zélande soient priés de se désister de leurs objections contre l'acceptation de l'offre de la "Eastern Extension Company", dont s'occupent en ce moment Victoria et la Nouvelle-Galles du Sud.

Je suis certain que l'on me pardonnera la hardiesse que j'ai eu de faire cette recommandation, en songeant que je me suis depuis longtemps intéressé au projet et que le gouvernement canadien m'a nommé représentant et conseil expert aux conférences qui se sont en différents temps occupées de la question depuis 1887.

J'ai toujours compris que le caractère impérial du câble du Pacifique constituait sa principale valeur, et en raison de sa très grande importance impériale, j'en ai appelé, dans la lettre ci-incluse, au bon sens et au patriotisme des colonies australiennes pour les engager à faire, au besoin, quelque sacrifice à l'intérêt commun. Je suis profondément convaincu que le Canada, Queensland et la Nouvelle-Zélande répondront promptement et favorablement au même appel.

J'ai l'honneur d'être, monsieur,

Votre obéissant serviteur,

SANDFORD FLEMING.

RÉPONSE

(56*a*)

A un ORDRE de la CHAMBRE DES COMMUNES, du 12 février 1900, pour la production d'un relevé indiquant :—

(*a*) Le nombre de tous les billets de première classe vendus aux stations de Sydney et de North-Sydney, respectivement, sur le chemin de fer Intercolonial, du 1er septembre 1899 au 31 janvier 1900.

(*b*) Le nombre des billets de première classe vendus à destination de chacune de ces stations, respectivement, pendant la même période.

(*c*) Le nombre de billets de voitures-salons, départ et destination de chacune de ces stations respectivement, pendant la même période.

(*d*) Le nombre de wagons de marchandises et le nombre total de tonneaux de marchandises expédiés et arrivés à chacune de ces stations respectivement, pendant la même période.

(*e*) La somme totale perçue à chacune de ces stations ou qui a été reçue de chacune d'elles pour voyageurs et marchandises pendant la même période.

R. W. SCOTT,
Secrétaire d'Etat.

Nombre de billets de première classe et de billets de voitures-salons, départ et destination de Sydney et de North-Sydney, respectivement, sur le chemin de fer Intercolonial, du 1er septembre 1899 au 31 janvier 1900.

Billets de première classe.				Billets de voitures-salons.			
Pour départ de Sydney.	Pour départ de N.-Sydney.	Pour destination de Sydney.	Pour destination de N.-Sydney.	Pour destination de Sydney.	Pour destination de N.-Sydney.	Pour départ de Sydney.	Pour départ de N.-Sydney.
1,720	1,557	1,931	928	812	221	745	371

NOTE.—Les chiffres relatifs à la station de North-Sydney comprennent les billet de Terre-Neuve.

Nombre de wagons de marchandises expédiés et reçus, et nombre total de tonneaux de marchandises expédiés et reçus à Sydney et à North-Sydney, du 1er septembre 1899 au 31 janvier 1900.

Nombre de wagons de marchandises.				Nombre de tonneaux de marchandises.			
Expédiés de Sydney.	Expédiés de N.-Sydney.	Reçus à Sydney.	Reçus à N.-Sydney.	Expédiés de Sydney.	Expédiés de N.-Sydney.	Reçus à Sydney.	Reçus à N.-Sydney.
1,675	539	3,649	348	34,800	1,943	53,530	5,385

Sommes totales des recettes à Sydney et North-Sydney, pour voyageurs et pour marchandises, du 1er septembre 1899 au 31 janvier 1900.

Recettes.		Recettes.	
A Sydney..........................	$128,257 43	A North-Sydney....................	$34,669 50

RÉPONSE

(57)

A un ORDRE de la CHAMBRE DES COMMUNES, daté le 7 février 1900, exigeant copie des documents, correspondance, télégrammes, notes et conventions entre le gouvernement fédéral et celui de l'Ile du Prince-Edouard au sujet de la construction d'un pont de chemin de fer et de trafic sur la rivière Hillsborough, dans l'Ile du Prince-Edouard.

R. W. SCOTT,
Secrétaire d'Etat.

OTTAWA, 23 février 1900.

M. JOSEPH POPE,
Sous-Secrétaire d'Etat.
Ottawa.

MONSIEUR,—En réponse à l'ordre de la Chambre des Communes daté le 7 courant, j'ai l'honneur de vous dire qu'aucune convention n'a été arrêtée entre le gouvernement du Canada et celui de l'Ile du Prince-Edouard pour la construction d'un pont de chemin de fer et de trafic sur la rivière Hillsborough, dans la province de l'Ile du Prince-Edouard, et que, pour ce qui le concerne, le ministère des Chemins de fer et Canaux n'a aucune correspondance à produire.

J'ai l'honneur d'être, monsieur,
Votre obéissant serviteur,
L. K. JONES,
Secrétaire.

EXTRAITS DE RAPPORTS

RÉPONSES 64b, c, g, j, k, n et 66.

SOMMAIRE DES RAPPORTS

Des commissaires nommés pour s'enquérir des accusations portées contre quelque employé de l'Etat et faire rapport, en réponse à l'adresse du Sénat en date du 28 avril, et compilé des documents de la session nos 64*b*, 64*c*, 64*g*, 64*j*, 64*k*, 64*n*, et 66, présenté au parlement durant la session de 1900.

Nom, domicile et désignation de chaque commissaire.	Lieu où l'enquête a été tenue.	Date de la nomination.	Sujet de la commission.	Nom du fonctionnaire.	Fonctions de l'employé et endroit où il les exerçait.	Rapport de la commission.	Total payé au commissaire.	Nombre de témoins.	Nouveaux fonctionnaires nommés.	Age.	Appointements.
Douanes, Québec.											$ c.
C. A. LeBel, Ristigouche, Qué.	Rimouski, Qué.	13 juill. 1898	Part active et blessante dans la politique	Adhemar Martin	Percepteur des douanes	Remercié	$682.16 (cela compr. les honor. des tém.)				
" "	"		" "	Mayouque Coté	Employé des douanes	"			Jos. Gauvreau	37	400 00
" "	Rivière-du-Loup, Qué.		" "	Philias Dubé	Employé du service préventif	"		12	Amable H. Laurent	59	150 00
" "	Sorel, Qué.		" "	Joseph Mathieu	Percepteur des douanes	Gardé dans le service		11	Emploi vacant.		
Douanes, Nouvelle-Écosse.											
Bloomfield Douglas, R.N.R.	Hubbard's-Cove, N.-E.		Part blessante dans la politique	Stephen Ruggles	Sous-percepteur des douanes	Remercié	$1,618.41 (cela compr. les honor. des tém.)				
"	Havre-au-Navire, N.-E.		" et ingérence	Dr. G. Jamieson	" "	S'est démis avant la fin de l'enquête.			John H. Hicks	54	600 00
"	Sherbrooke, Guysborough, N.-E.		" "	A. F. Cameron	" "	Remercié		2	J. R. McDonald	44	300 00
"	Baie-Mahone, Lunenburg		Part active dans la politique	A. F. Zwicker	" "	Gardé dans le service		10			
"	Liscombe, Guysborough, N.-E.		Partisanerie politique	James Hemlow	" "	Remercié		6	W. H. Pye	69	100 00
"	Bridgewater, Lunenburg		" et ingérence	N. C. Owen	" "	Gardé dans le service		6			
"	Grand-Bras-d'Or, C.-B.		" "	Wm. Livingstone	Batelier des douanes de S.M.	"		6			
"	Berwick, comté de King, N.-E.		" "	Stephen Illsley	Sous-percepteur des douanes	Remercié		6	C. H. Norwood	45	300 00
"	Aspey-Bay, comté Victoria, C.-B.		" "	David Macdonald	" "	"		5	James Maloney	63	200 00
"	Halifax, N.-E.		" "	Alex. Fleming	Préposé aux arrivages	Gardé dans le service		11			
"	Bridgewater, Lunenburg		" et ingérence	Walter Heckman	Sous-percepteur des douanes	Remercié		4	Soloman Falt		100 00
"	Chester, N.-E.		" "	Chas. A. Smith	" "	"		7	George Millett	40	150 00
"	Mulgrave, Guysborough, N.-E.		"	David Murray	" "	Gardé dans le service		6			
Douanes, Ile du Prince-Édouard.											
H. James Palmer, magistrat stipendiaire	Souris, I.P.-E.	4 fév. 1897	Part active et blessante dans la politique	J. M. Aitken	Sous-percepteur des douanes	Remercié	$140.70	4	Samuel Mutch	57	300 00
" "	Baie-St-Pierre, I.P.-E.		Part blessante dans la politique	John A. McLaine	" "	Gardé dans le service		4			
" "	Souris, I.P.-E.		" "	Bennett McEachren	Employé du service préventif	Remercié		4	S. P. Campbell	43	100 00
Douanes, Nouveau-Brunswick.											
E. H. McAlpine, avocat, Saint-Jean, N.-B.	Bouctouche, comté de Kent, N.-B.	janv. 1898	Partisanerie politique	David Keswick	Employé du service préventif	Gardé dans le service	$703.95	8			
" " "	Centreville, Carleton, N.-B.		"	H. T. Scholey	Sous-percepteur des douanes	Remercié		6	David Irvine	66	400 00
Douanes, Ontario.											
Thomas Woodyatt	Parry-Sound, Ont.		Part active dans la politique	John Galna	Préposé au débarquement	Remercié		17	Joseph W. Fitzgerald	50	500 00
"	Niagara-Falls, Ont.		" "	W. M. Parker	"	Gardé dans le service ; plainte retirée.					
"	"		" "	F. F. Wood	"	"		8			
Douanes, Manitoba.											
A. N. McPherson	Emerson, Man.		Part active dans la politique	G. G. Allen	Employé du service préventif	Gardé dans le service	$206.90	18			
"	Killarney, Man.		" "	Thomas Shannon	Sous-percepteur des douanes	Remercié		8	Hugh Sutherland	34	750
"	Emerson, Man.		Part blessante dans la politique	W. J. Cooper	" "	Gardé dans le service		23			
Marine et Pêcheries, Nouvelle-Écosse.											
Bloomfield Douglas, R.N.R.	Weymouth-Bridge, Digby, N.-E.		Part blessante dans la politique	Hilarion F. Deveau	Gardien de quai	Congédié.	Non donné				
"	" "		Part active et blessante dans la politique	Alex. Beaton	Gardien de port	"					
"	Pictou, N.-E.		Partisanerie politique	Alex. Fraser	Gardien de phare	"					
"	Grand-Bras-d'Or, C.-B.		Part active et blessante dans la politique	Angus Campbell	Gardien de phare de l'Ile aux Oiseaux	"		7			
"	Anse-au-Hareng, N.-E.		" "	Thomas Hays	" " Anse-au-Hareng	"		11			
"	Walton, comté de Hants, N.-E.		Partisanerie politique	Barton Wheadon	" " Walton, comté de Hants	Rien n'a été fait.		3			
"	Lunenburg, N.-E.		" et ingérence	William Young	Préposé à l'engagem. des matelots, Lunenburg	"		13			
"	Pointe-à-Peggy, B. Ste-Marguerite		" "	George Swinehammer	Gardien de phare, Pointe-à-Peggy	"		5			
"	Ile aux Atocas		" "	James Sullivan	" " Ile aux Atocas	"		8			
"	Ch. de la Marine et Pêch., Halifax		" "	Ernest Sound	Journalier, Halifax	"		2			
"	Sherbrooke, Guysborough		" et ingérence	David Rodenheiser	Capitaine de port, Liscombe	"		2			
"	Riv.-au-Saumon, Sheet Harbour		" "	John Perry	Gardien de phare, Sheet-Harbour	"		1			
"	Havre-au-Castor, N.-E.		" "	John O'Leary	" " Havre-au-Castor	"		4			
"	Grande-Rivière, Cté de Richmond		" "	Angus McLeod	" " Ile St-Esprit	"		5			
"	Chester, Lunenburg		" "	William Mitchell	" " Ile du Quaker	"		7			
"	Havre-au-Navire, N.-E.		" "	Conrad Marks	Capitaine de port, Ship Harbour	"		3			
"	Halifax, N.-E.		Ingérence politique	Chas. T. Knowlton	Commandant du str fédéral de S.M. *Aberdeen*, à Halifax, N.-E.	"		1			
"	Duncan's-Cove		Ingérence active	Edward Johnson	Phare de Chibouctou	"		13			
"	Baddeck, C.-B.		Partisanerie politique	Philip B. McNeil	Gardien de phare de la pointe Est de Gillies	Congédié.		5			

SOMMAIRE DES RAPPORTS

Des commissaires nommés pour s'enquérir des accusations portées contre quelque employé de l'État et faire rapport, etc.—*Suite.*

Nom, domicile et désignation de chaque commissaire.	Lieu où l'enquête a été tenue.	Date de la nomination.	Sujet de la commission.	Nom du fonctionnaire.	Fonctions de l'employé et endroit où il les exerçait.	Rapport de la commission.	Total payé au commissaire.	Nombre de témoins.	Nouveaux fonctionnaires nommés.	Age.
MARINE ET PÊCHERIES, NOUV.-ECOSSE—*Suite.*										
Bloomfield Douglas, R.N.R.	Little-Narrows, comté de Victoria		Part politique et ingérence	Norman Matheson	Capitaine de port	Congédié	Pas mentionné	4		
"	Sydney, C.-B.		" et incapacité	James Carlin	Gardien de port, jetée Internationale	Rien n'a été fait		2		
"	Gabarouse, C.-B.		" et ingérence	John Hardy	Gard. de phare, Gabarouse	"		10		
"	Aspey-Bay, C.-B.		" "	Charles Jamieson	" Cap St-Laurent, C.-B.	"		1		
"	Arichat, comté de Richmond		" "	Simon Joyce	" Ile au Chien, Grande-Anse	"		1		
"	Baddeck, C.-B.		" "	Hector McCrea	" Pte-Mackenzie, Passage-Lennox	"		1		
"	Iles Rouges, comté de Richmond		" "	John J. Johnston	" Iles Rouges, Grand Bras d'Or	"		5		
"	Aspey-Bay, co. de Victoria, C.-B.		" "	John McDonald	" Cap Nord	"		4		
"	Baddeck, C.-B.		" "	Lauchlin McNeil	" McNeil's-Beach	"		1		
"	Sydney-Nord, C.-B.		" "	Daniel McKay	Gardien de port, Boulardarie, Sydney-Nord	"		3		
"	Grand-Narrows		" et néglig. dans ses fonctions	Frederick Palmer	Gardien de phare (feu de tête de mât), East-mere, port de Mackinon, Bras-d'Or	"		2		
"	Baie-du-Nord, Ingonish, co. de Vic.		" et ingérence	Malcolm Smith	Gard. de phare, Ingonish, comté de Victoria	"		3		
"	H.-au-Corb., Guysborough, N.-E.		" "	John Ehler	" Havre-au-Corbeau	Congédié		3		
"	Baie-du-Sud, comté de Vic., N.-E.		"	F.C. Brewer	Capitaine de port, Baie du-Sud	Remplacé				
"	Noël, comté de Hants, N.-E.		" et ingérence	Prescott Mosher	Gardien de phare, Burnt-Coat	Congédié				
"	Hubbard's-Cove, Halifax		" "	Joseph Coolin	" Hubbard's-Cove	Rien n'a été fait		10		
"	Halifax, N.-E.		" "	Joseph Blakeney	Chef du steamer S.M. *Newfield*	"		3		
"	Arichat, comté de Richmond		" et néglig. dans ses fonctions	Charles Latimer	Gardien de phare, Cap La Ronde, C.-B.	Mis à la retraite		2		
MARINE ET PÊCHERIES, ONTARIO.										
P. Harty, surintendant des phares	Giant's-Tomb		Ingérence active dans la politique	Roland B. Little	Gardien de phare, Giant's-Tomb	Rien n'a été fait	$72.00	3		
" "	Hope-Island, Ont.		"	Thomas Marcheldon	" Hope-Island, Ont.	Congédié				
Wm. H. Wilkinson	Napanee, Ont.	30 déc. 1897.	Part active et blessante dans la politique	W. H. Orser	" Weller's-Bay, Ont.	"	$20.00			
"	Milford, comté de Prince		Part blessante dans la politique	James Hudgins	" Ile des Faux-Canards	Rien n'a été fait		3		
MARINE ET PÊCHERIES.										
H. James Palmer, magistrat stipendiaire	Victoria, comté de Queen		Ingérence active dans la politique	James Day	Gardien de quai, Victoria, I.P.-E.	Congédié		5		
" "	"		"	Abner J. Howell	Gard. de phare, Victoria, I.P.-E.	Rien n'a été fait		2		
" "	Charlottetown, I.P.-E.		"	James Calvin	" Brighton's-Road	"		2		
" "	"		Part blessante dans la politique	Alex. Kennedy	" Hazard's-Shore	"		3		
" "	Havre Saint-Pierre		"	William McGrath	" Havre St-Pierre, I.P.-E.	"		2		
" "	Souris, I.P.-E.		"	Angus N. McDonald	" Souris, comté de King	"		2		
Bloomfield Douglas, R.N.R.	Shelburne, N.-E.		Ingérence active dans la politique	John W. McGill	Gardien de pêche	Congédié		1	George R. Hinds	
"	Tusket, comté de Shelburne		Part active et blessante dans la politique	J. A. Hatfield	" Tusket	S'est démis de ses fonctions				
"	Halifax, N.-E.		Part active dans la politique	George Rowlings	" Musquodoboit	Rien n'a été fait		4		
"	Annapolis Royal, N.-E.		Ingérence active dans la politique	William M. Bailey	" Round-Hill, N.-E.	Congédié		7	Hamilton Parks	
"	Digby, N.-E.		Part active et ingérence dans la politique	Thomas C. Shreve	" Digby, N.-E.	"		2	George B. Bishop	
"	Pictou, N.-E.		Part active dans la politique et ingérence	John D. McQueen	" Little-Harbour, Pictou	"		1	Nathaniel Forbes	
"	"		" "	Robert Sutherland	" River-John	"				
"	"		" "	Allan McPhee	" Barney's-River	"			Alex. J. McDonald	
"	Sherbrooke, Guysborough, N.-E.		" "	Allan McQuarrie	" Sherbrooke, N.-E.	"		6	Alexander Reid	
"	" "		Part active dans la politique	James Rood	Maître chargé de l'arrim. en gén. de l'*Acadia*	Rien n'a été fait		5		
"	Chester, N.-E.		Part active et blessante dans la politique	David Evans	Gardien de pêche, Chester	Congédié		9	John A. Webber	
"	Rivière-de-l'Est, Sheet Harbour		Part active dans la politique	Robert Gaston	" Tangier	Rien n'a été fait		1		
"	Kempt-Shore, comté de Hants		Part active dans la politique	James R. Mosher	" Kempt-Shore	"				
"	Bridgewater, Lunenburg		Part active dans la politique	W. M. Solomon	" Passage de LaHave-Ouest	Congédié		5	John B. Morris	
E. H. McAlpine *	Shédiac, N.-B.		Part active dans la politique	W. B. Deacon	" Shédiac, N.-B.	"			Narcisse D. LeBlanc	
"	Port-Elgin, c. de Westmoreland		" "	Charles E. Munroe	" Port-Elgin, Westmoreland	"				
"	Alma, comté d'Albert, N.-B.		" "	Sutherland Stewart	" Alma, N.-B.	"			Caleb S. Dowling	
"	York, N.-B.		" "	Robert Orr	" Frédéricton, N.-B.	Rien n'a été fait				
"	Moncton, N.-B.		" "	R. A. Chapman	Inspecteur des pêcheries, Moncton, N.-B.	"				
"	Grand-Manan		" "	Fred. J. Martin	Gardien de pêche, Grand-Manan	Remercié lors de la réorganisation de ce service				
O. B. Sheppard	Owen-Sound, Ont.		" "	R. Edmonstone	" Balaclava, Ont.	Rien n'a été fait				
"	Napanee, Ont.		" "	E. H. Sills	" Napanee, Ont.	"				
"	Cold-Springs, Ont.		Insuffisance	E. R. Eagleson	" Cold-Springs	Remercié de ses services			Charles Gilchrist	
"	Harwood, Ont.		"	Z. White	" Harwood, Ont.	"				
"	Brighton, Ont.		"	James Stanley	" Brighton, Ont.	"			Sylvanus Freeman	
"	Orillia		Ingérence dans la politique	George H. Clarke	" Orillia, Ont.	Rien n'a été fait				
"	St-Thomas, Ont.		Part blessante dans la politique	William Freeland	" St-Thomas, Ont.	"				
"	Bothwell, Ont.		"	John Crotty	" Bothwell, Ont.	"				
	Picton, Ont.		"	Joseph Redmond	" Picton, Ont.	"				
P. Harty	Midland, Ont.		Partisannerie et néglig. dans ses fonctions	Frank J. Smith	" Midland, Ont.	"				
I. S. Webster	Saint-André, Qué.		Part active dans la politique	Robert W. Jones	" St-André, Qué.	Congédié			Urgèle Paquet	
C. A. LeBel	Matane, Qué.		Part active et blessante dans la politique	Johnny Jonceas	" Matane, Rimouski	"			Fabien Marin	

EXTRAITS DE RAPPORTS—*Suite.*

Liste des employés renvoyés du ministère de la Marine et des Pêcheries entre le 19 janvier 1897 et le 29 juin 1897.

DESTITUTIONS.

Nom.	Emploi.	Appointements.	Cause de la destitution.
		$	
Narcisse Lavallée	Garde-pêche	150 00	Inefficacité.
Théo. Peltier	"	150 00	Partisanerie.
D. F. Macdonell	"	900 00	Inefficacité et négligence.
T. C. Shreeve	"	500 00	Partisanerie.
W. B. Deacon	"	120 00	"
Nelson Simmons	"	100 00	Pour économie.
William Bailey	"	200 00	Partisanerie.
James Stanley	"	100 00	Négligence.
A. R. Eagleson	"	100 00	"
Zac. White	"	100 00	"
A. Bradshaw	"	75 00	Réorganisation.
Myron F. Martin	"	150 00	Inefficacité.
J. R. Aymer	Gardien de pêcheries	25 00	Réorganisation.
J. Dexter	"	30 00	"
Lochlin Cameron	"	50 00	"
Donald Chisholm	"	25 00	"
Archibald McDougald	"	25 00	"
Donald McInnis	"	25 00	"
Hugh Chisholm	"	25 00	"
Allan McDonald	"	10 00	"
Joseph Graham	Garde-pêche	50 00	Pour économie.
James McGlynn	"	150 00	Partisanerie.
D. F. McLean	"	200 00	Réorganisation.
Peter McEachern	"	100 00	"
Lewis McKeen	"	100 00	"
James Coady	"	100 00	"
David Ross	"	100 00	"
William Aucoin	"	100 00	"
G. S. Davidson	Inspecteur	700 00	Inefficacité.
James Finlay	Garde-pêche	150 00	Partisanerie.
Joseph Charbonneau	"	75 00	Emploi aboli.
A. M. Wills	"	150 00	Négligence.
Johnny Joncas	"	100 00	Partisanerie.
H. Martin	"	100 00	Inefficacité.
L. S. E. Grondin	"	100 00	"
Denis Shooner	"	100 00	Partisanerie.
George Bland	"	75 00	"
Francis Quinan	"	120 00	Réorganisation.
Richard Hickey	"	120 00	"
William Burk	"	120 00	"
Alexander McDonald	"	120 00	"
W. F. Wood	"	50 00	Partisanerie.
Xavier Pelletier	"	100 00	Inefficacité.
Robert Sutherland	"	140 00	Inefficacité et insubordination.
Robert W. Jones	"	75 00	Partisanerie.
Adolphe Ache	Gardien de pêcheries	100 00	Réorganisation.
Duncan Fraser	"	20 00	"
Xavier D. Albert	Garde-pêche	100 00	"
John Calnan, jeune	Gardien de pêcheries	35 00	"
Valentine Gibbs	"	50 00	"
J. L. Hache	Garde-pêche	100 00	"
James Hickson	"	350 00	"
Arcade Landry	"	50 00	"
William Marks	"	75 00	"
Olivier Robichaud	"	100 00	"
William Sweeney	"	100 00	"
James D. Thériault	"	100 00	"
William Walsh	"	100 00	"
Michael Whelton	Gardien de pêcheries	30 00	"
Robert Gass	Garde-pêche	50 00	"

EXTRAITS DE RAPPORTS—*Suite.*

LISTE des employés renvoyés du ministère de la Marine et des Pêcheries, etc.—*Suite.*

DESTITUTIONS—*Suite.*

Nom.	Emploi.	Appointements.	Cause de la destitution.
		$	
C. E. Bishop	Gardien de pêcheries	30 00	Réorganisation.
Philip Brown	"	30 00	"
Louis A. Murphy	"	30 00	"
J. W. Thorpe	"	30 00	"
Charles Robinson	Garde-pêche	30 00	"
W. B. McLaughlin	"	50 00	"
Frederick Martin	"	100 00	"
A. T. LeBlanc	"	75 00	"
Pierre L. Richard	"	80 00	"
John Beattie, jeune	"	75 00	"
Thomas Després	"	75 00	"
Isaac R. Pearson	Gardien de pêcheries	30 00	"
Edwin Fenwick	"	30 00	"
Justus H. Gray	Garde-pêche	75 00	"
William H. Heine	"	75 00	"
James D. Howlan	"	50 00	"
Ludlow Belyea	"	50 00	"
Patrick Hogan	"	225 00	"
R. C. Boyes	"	200 00	"
F. Robichaud	"	150 00	"
Mayes Case	"	100 00	"
A. C. Worden	"	50 00	"
Charles Griffith	Gardien de pêcheries	30 00	"
Joseph Martin	Garde-pêche	50 00	"
Olivier Pelletier	"	25 00	"
David Dunberry	"	25 00	"
D. Mooney	"	30 00	"
Charles Vadeboncœur	"	50 00	"
Robert Joynt	Gardien de pêcheries	50 00	"
Vital Veilleux	"	40 00	"
Joseph Simard	"	40 00	"
Henri Côté	"	30 00	"
J. G. Wallace	"	50 00	"
George Douglas	Garde-pêche	25 00	"
Hugh Gallagher	Gardien de pêcheries	50 00	"
John Moore	Garde-pêche	30 00	"
D. J. Macdonell	"	50 00	"
J. O. Hyndman	"	50 00	"
R. P. Boyd	"	50 00	"
W. B. Jelly	"	40 00	"
Sutherland Stewart	"	100 00	Partisanerie.
David Evans	"	200 00	"
Allan McQuarrie	"	150 00	"
J. H. Bartlett	"	100 00	Préparation irrégulière de demandes de permis de pêche.
Francis Quinan	"	120 00	Vieillesse.
Samuel Boddy	"	60 00	Economie.
Robert Goodwin	"	100 00	"
William Hicks	"	125 00	Vieillesse.
Duncan Cameron	"	100 00	Vente illégale de boisson.
J. D. McQueen	"	75 00	Inefficacité.
Nap. Lévesque	"	75 00	Ne pouvant lire ni écrire.
J. A. Chevrier	"	150 00	Réorganisation.
John T. Coughlan	"	50 00	Vieillesse.
Charles L. Campbell	"	100 00	Réorganisation.
William Hellen	"	100 00	"
Daniel McCharles	"	100 00	"
R. S. Cook	"	100 00	D'autres occupations prenant tout son temps.
William Sargent	"	100 00	Inéfficacité.
E. D. Bastedo	"	50 00	Economie.

EXTRAITS DE RAPPORTS—*Suite.*

LISTE des employés renvoyés du ministère de la Marine et des Pêcheries, etc. —*Suite.*

DESTITUTIONS—*Suite.*

Nom.	Emploi.	Appointements.	Cause de la destitution.
		$	
P. L. Joncas	Garde-pêche	Nil.	Services non requis.
J. F. White	Préposé aux primes	Nil.	"
M. L. Cunningham	"	Nil.	"
John Furlong	"	Nil.	"
A. M. Hatfield	"	Nil.	"
W. Cole	"	Nil.	"
F. B. McLean	"	Nil.	"
Charles C. McLean	"	Nil.	"
Dougald R. Boyle	"	Nil.	"
G. K. Wetmore	"	Nil.	"
James R. McPherson	"	Nil.	"
A. T. LeBlanc	"	Nil.	"
W. G. Scott, jeune	"	Nil.	"
James McDaniel	"	Nil.	"
Captain E. Joncas	Garde-pêche	250 00	Inefficacité et insubordination.
W. J. Dunlop	Préposé à la piscifacture.	$30 p. mois	Clôture de la piscifacture.
Joseph Lauzon	Garde-pêche	150 00	Inefficacité.
Toussaint Cloutier	"	100 00	Réorganisation.
Théophile Sabourin	"	100 00	Inefficacité.
Joseph Filiatrault	"	50 00	Réorganisation.
O. V. Beaubien	"	150 00	Partisanerie.
W. M. Solomon	"	200 00	"
Allan McPhie	"	100 00	"
Alfred Lenoir	"	125 00	Inefficacité.
John Mooney	"	225 00	Abolition de l'emploi.
John Cox	"	75 00	"
David Sharp	"	250 00	"
Peter McCann	"	100 00	"
George Lake	"	100 00	"
Hugh McFayden	"	40 00	"
Ephraim Deacon	"	75 00	"
W. P. Croome	"	100 00	"
Oliver Miron	"	30 00	"
William McDermot	"	75 00	"
George Jeacle	"	125 00	"
H. R. Purcell	"	100 00	"
Nassau Acton	"	75 00	"
David Coleman	"	50 00	"
R. R. Finkle	"	50 00	"
R. H. Sweet	"	50 00	"
G. R. Steele	"	50 00	"
R. O. Campbell	"	75 00	"
Fred Kerr	"	550 00	"
J. C. Pollock	"	175 00	"
H. B. Quarry	"	125 00	"
Joseph Boismier	"	150 00	"
H. W. Ball	"	150 00	"
John Moorehead	"	40 00	"
James Greer	"	40 00	"
James C. Bowen	"	75 00	"
William Gainsfirth	"	75 00	"
W. P. Clarke	"	400 00	"
G. W. Fitzgerald	"	200 00	"
David Breeze	"	75 00	"
Matthew Riddell	"	25 00	"
Henry Castle	"	100 00	"
George Clarke	"	200 00	"
T. H. Elliott	"	900 00	"
Edmund Forsyth	"	75 00	"
Charles Perry	"	50 00	"

EXTRAITS DE RAPPORTS—*Suite.*

LISTE des employés renvoyés du ministère de la Marine et des Pêcheries, etc. —*Suite.*

DESTITUTIONS—*Fin.*

Nom.	Emploi.	Appointements.	Cause de la destitution.
		$	
William Freiland	Garde-pêche	100 00	Abolition de l'emploi.
E. H. Sills	"	150 00	"
Charles Briggs	"	100 00	"
Robert Edmonstone	"	150 00	"
Isaac Lennox	"	200 00	"
John Purdy	"	100 00	"
J. H. Davis	"	50 00	"
Joseph Redmond, jeune	"	300 00	"
Robert Poole	"	50 00	"
R. C. W. McCuaig	"	50 00	"
F. J. Smith	"	250 00	"
Charles W. Raymond	"	150 00	"
Henry Hicks	"	50 00	"
Isaac Stobo	"	75 00	"
John Crotty	"	100 00	"
Archibald Bradshaw	"	75 00	"
C. S. Richardson	"	150 00	"
Jediah Green	"	100 00	"
Morrison Kyle	"	700 00	"
J. K. Laird	"	125 00	"
A. J. Flood	"	65 00	"
John Farrell	"	100 00	"
Archibald Couper	"	100 00	"
Peter Lamarsh	"	100 00	"
John Stewart	"	100 00	"
S. W. Cross	"	500 00	"
Timothy McQueen	"	150 00	"
S. Freeman	"	75 00	"
Charles Gilchrist	"	150 00	"
John Veale	"	75 00	"
John Bowerman	"	75 00	"
Andrew Hughson	"	50 00	"
Philip Vaness	"	100 00	"
James Stalker	"	100 00	"
S. Y. Bullis	"	125 00	"
Louis Cock	"	200 00	"
John Falls	"	50 00	"
Joseph Porteous	"	50 00	"
R. J. Walker	"	100 00	"
Alexander Blakely	"	Nil.	"
Horace Bartlett	"	Nil.	"
A. H. Crosby	"	Nil.	"
R. J. N. Pither	"	Nil.	"
J. McIntyre	"	Nil.	"
J. P. Donelly	"	Nil.	"
J. K. Macdonald	"	Nil.	"
Willam Ward	"	Nil.	"
Justus B. Smith	"	Nil.	"
E. A. Malott	"	Nil.	"
C. J. Pim	"	Nil.	"
P. R. de Lamorandière	"	Nil.	"
Joseph Lamondin	"	Nil.	"
Thomas Marchildon	"	Nil.	"
Thomas W. Huff	"	Nil.	"
C. L. White	"	Nil.	"
Thomas Hall	"	Nil.	"
A. A. Lawson	"	Nil.	"
John King	"	Nil.	"
W. M. Boyd	"	Nil.	"
W. S. Boyd	"	Nil.	"
O. V. Goulette	"	Nil.	"
Edward Borron, jeune	"	Nil.	"
O. B. Sheppard	Inspecteur	1,500 00	"

EXTRAITS DE RAPPORTS—*Suite.*

LISTE des personnes nommées en remplacement d'employés destitués ou par suite de leur renvoi dans le ministère de la Marine et des Pêcheries, entre le 19 janvier 1897 et le 29 juin 1897.

NOMINATIONS.

Nom.	Emploi.	Appointements.	Observations.
		$	
George K. Hines	Garde-pêche	125 00	*Vice* W. J. McGill.
Paul Mongeau	"	100 00	" Narcisse Lavallée.
Timothy McQueen	"	150 00	" Théo. Peltier.
S. W. Cross	"	500 00	" D. F. Macdonell.
George B. Bishop	"	175 00	" T. C. Shreeve.
William German	"	75 00	" "
Narcisse D. LeBlanc	"	120 00	" W. B. Deacon.
George E. Copp	"	150 00	" Charles Monroe.
Hamilton Parks	"	150 00	" William Bailey.
Sylvanus Freeman	"	75 00	" James Stanley.
Charles Gilchrist	"	100 00	" A. R. Eagleson et Z. White.
A. Bradshaw	"	75 00	Réorganisation.
John Veale	"	75 00	*Vice* John Watson.
John Bowerman	"	75 00	" M. F. Martin.
Henry DeWitt	"	100 00	" J. Kelly et A. Matte.
Honoré Barrette	"	50 00	" " "
Zotique Reid	"	50 00	" " "
Andrew Hughson	"	50 00	" Joseph Graham.
Philip Vaness	"	100 00	" James McGlynn.
D. F. McLean	"	150 00	Réorganisation.
J. B. McLellan	"	50 00	"
Lewis McKeen	"	50 00	"
Archibald A. Chisholm	"	60 00	"
Albert Ingram	"	60 00	"
William Aucoin	"	60 00	"
Angus McIntosh	"	40 00	"
Duncan McDonnell	"	40 00	"
E. W. Miller	"	700 00	*Vice* G. S. Davidson.
Pierre Lévesque	Inspecteur	100 00	" J. Findlay.
John D. Reed	Garde-pêche	100 00	" A. M. Wills.
Zéphirin Lavoie	"	100 00	" H. Martin.
Daniel Ruest	"	100 00	" L. S. E. Grondin.
Frank Angevine	"	50 00	" George Bland.
Francis Quinan	"	120 00	Réorganisation.
John McLean	"	40 00	"
Henry Lavette	"	40 00	"
Joseph McDonald	"	40 00	"
John McCuish	"	40 00	"
John Peach	"	40 00	"
Timothy Sullivan	"	40 00	"
Murdoch McLean	"	40 00	"
Michael R. McInnis	"	40 00	"
George Sirois	"	75 00	*Vice* Xavier Pelletier.
Thomas Canty	"	200 00	Réorganisation.
Jerome E. Doucet	"	200 00	"
William C. Robichaud	"	140 00	"
Urgèle Paquet	"	75 00	*Vice* R. W. Jones.
Fabien Marin	"	100 00	" Johnny Joncas.
Warren Cheney	"	100 00	" W. B. McLaughlin et F. Martin.
Isaac T. Hetherington	"	75 00	" M. Case et A. C. Worden.
Caleb S. Dowling	"	100 00	" Sutherland Stewart.
James B. Leighton	"	50 00	" W. F. Wood.
James Kitchin	"	90 00	" James Sutherland.
William Kehoe	Gardien de la piscifacture	$5 p. m.	
John A. Webber	Garde-pêche	200 00	" David Evans.
Alexander Reid	"	150 00	" Allan McQuarrie.
William Kennedy	"	100 00	" J. H. Bartlett.
Joseph McPherson	"	120 00	" Francis Quinan.

EXTRAITS DE RAPPORTS—*Suite.*

LISTE des personnes nommées en remplacement d'employés destitués, etc.—*Suite.*

NOMINATIONS—*Fin.*

Nom.	Emploi.	Appointements.	Observations.
		$	
Shedon Y. Bulles	Garde-pêche.	125 00	*Vice* William Hicks.
Archibald Morrison	"	100 00	" Duncan Cameron.
Nathaniel Forbes	"	75 00	" J. D. McQueen.
Alphée Côté	"	75 00	" Nap. Lévesque.
Ida Alie	"	100 00	" Denis Shooner.
J. A. Chevrier	"	125 00	Réorganisation.
Procul Chevrier	"	125 00	"
Louis Cock	"	200 00	*Vice* N. Simmons.
Murdo McDonald	"	60 00	" W. Hellen, C. L. Campbell et Dan. McCharles.
John Morrison	"	60 00	" " "
Capitaine Angus McLean	"	60 00	" " "
D. P. Montgomery	"	60 00	" "
William P. Moffatt	"	120 00	" "
Alexander L. Robinson	"	100 00	" R. S. Cook.
Adolphus Bishop	"	100 00	
Russell J. Walker	"	100 00	" William Sargent.
Max Mowatt	"	....	
Charles McRae	"	60 00	
Duncan Gilles	"	60 00	
Joseph Bélisle	"	125 00	" T. Cloutier et J. Filiatrault.
Arthur Quesnal	"	50 00	" T. Sabourin.
Victor Vinette	"	50 00	" "
Eph. Gagnon	"	150 00	" O. V. Beaubien.
John B. Morris	"	200 00	" W. M. Solomon.
Alexander J. McDonald	"	75 00	" Allan McPhie.
Dugald R. Boyle	"	100 00	" Alfred Lenoir.

EXTRAITS DE RAPPORTS—*Suite.*

ÉTAT indiquant les sommes payées depuis le 1er juillet 1896, par le ministère des Chemins de fer et Canaux, pour enquêtes au sujet d'accusations de partisanerie portées contre des employés du gouvernement, à qui ces sommes ont été payées, et combien chaque commissaire a reçu pour services et déboursés, séparément.

Nom.	Services.	Déboursés.	Total.
	$ c.	$ c.	$ c.
Henry Atkinson	235 00	56 41	291 41
William Wilson	640 00	80 55	720 55
Joseph Bédard	447 00	526 70	973 70
Charles LeBel	190 00	92 10	282 10
John T. Ross	533 00	244 29	777 29
H. James Palmer	140 00	38 64	178 64
George Patterson	50 00	20 20	70 20
W. B. Gilleland	99 00	43 20	142 20
Wilfrid Mercier	94 30	42 35	136 65
Henry Tucker	....	264 50	264 50
George A. Mothersill	....	304 53	304 53
Gérard G. Ruel	....	35 85	35 85
	2,428 30	1,845 32	4,273 62

EXTRAITS DE RAPPORTS—*Suite.*

ÉTAT relatif au ministère du Revenu de l'Intérieur, indiquant les sommes totales payées depuis juillet 1896, pour toutes commissions ou enquêtes autorisées par le gouvernement, ainsi que la somme payée pour chaque commission ou enquête.

Nom.	Services.	Dépenses.	Total.
	$ c.	$ c.	$ c.
J. B. B. Provost, Terrebonne	165 00	107 50	272 50
J. E. Bédard, Québec—			
R. Sexton	30 00	43 10	73 10
R. Chabot	37 50	57 26	94 76
W. McDiarmid, Lucan, Ont	40 00	9 85	49 85
	272 50	217 71	490 21

EXTRAITS DE RAPPORTS—*Suite.*

ÉTAT N° 1.

ETAT indiquant les déboursés des commissaires chargés de s'enquérir de la conduite d'employés du ministère de la Marine et des Pêcheries depuis juillet 1896, compilé des Documents de la Session n°s 64*b*, 64*c*, 64*g*, 64*j*, 64*k*, présentés au parlement pendant la session de 1900.

Nom.	——	$ c.
E. H. McAlpine	Traitement, 127 jours à $10 per jour, depuis le 27 nov. 1896 jusqu'au 30 juin 1897	1,270 00
	Déboursés et voyages durant la période ci-dessus, d'après arrêté en conseil, $3.50 par jour	437 90
		1,707 90
	Moitié de cette somme payée par le ministère des Douanes	853 95
	Dépenses payées par le ministère de la Marine, etc....	853 95
Capit. B. Douglas.......	Traitement du 16 nov. 1896 au 12 mars 1898.	1,732 00
	Déboursés, y compris frais de témoins....	2,100 41
		3,832 41
	Payé par le ministère des Douanes, traitement .... $ 852 00	
	" " Marine " 880 00	
	" " Douanes, déboursés ... 1,005 94	
	" Marine " 1,094 47	
		3,832 41
Charles A. LeBel........	Traitement, 50 jours à $4, du 26 nov. au 1er mai 1897	200 00
	Frais de voyage et d'hôtellerie	300 00
	Clavigraphie	25 00
		525 00
H. J. Palmer	Allocation pour services et déboursés du 28 janvier au 3 juin, 30 jours ½	396 50
	Frais de témoins et constables.	133 31
O. B. Shepperd..... ...	Mr. Shepperd est un fonctionnaire du ministère de la Marine et des Pêcheries, et il n'a pas reçu d'allocation. Ses déboursés, dans les causes de Marine et Pêcheries, se sont élevés en totalité à..	174 45
J. S. Webster	M. Webster était un fonctionnaire du département, et il n'a pas reçu d'allocation. Ses déboursés dans l'enquête au sujet des accusations portées contre le garde-pêche R. W. Jones se sont élevés à.....	28 15
C. Seager, Goderich. ...	M. Seager a fait une enquête au sujet d'accusations portées contre le capitaine Dunn, du *Petrel*. Sa rémunération a été de $10 par jour et déboursés :—	
	Six jours à $10	60 00
	Dépenses	35 00
		95 90
Juge W. H. Wilkinson..	Allocations et déboursés : allocation, $20 par jour pour ses services, ainsi que frais de voyage, A.C., 8 août 1898	227 95
P. Harty	M. Harty est un fonctionnaire du ministère, et il n'a pas reçu d'allocation. Ses déboursés à l'occasion des accusations portées contre les gardiens des phares de Presqu'Isle, Hope Island et Giant's se sont élevés à	72 00

EXTRAITS DE RAPPORTS—*Suite.*

ÉTAT N° 2.

ETAT indiquant les dépenses totales des commissaires chargés de s'enquérir de la conduite d'employés du ministère de la Marine et des Pêcheries, depuis 1896.

	$ c.
E. H. McAlpine	853 95
Capitaine B. Douglas	1,974 47
Charles A. LeBel	525 00
H. J. Palmer	529 81
O. B. Shepperd	174 45
J. S. Webster	28 15
C. Seager	95 90
Juge W. H. Wilkinson	227 95
P. Harty	72 00
	4,481 68

EXTRAITS DE RAPPORTS—*Suite.*

ETAT des sommes payées, depuis 1896, pour commissions et enquêtes.

PÉNITENCIERS, ETC.

—	Services.	Déboursés.
Enquêtes de pénitenciers	$22,191 00	$13,140 35
Accusations contre le shérif Hughes	20 00	8 14
Accusations contre des fonctionnaires de Moosomin	....	92 92
Commission minière de la Colombie-Britannique, payé à date	500 00	2,500 00
Accusations contre le juge Wood	80 00	1,138 20
" " Spinks	130 00	802 90
Enquête au sujet de la mort de McDonald et Fraser, Passe-du-Nid-de-Corbeau	2,200 00	2,039 79
Commission au sujet de l'éboulis à Québec	1,600 00	238 50
	$26,721 00	$19,960 80

Total, services	$26,721 00
" déboursés	19,960 80
	$46,681 80

EXTRAITS DE RAPPORTS—*Suite.*

ETAT indiquant les sommes totales payées, depuis juillet 1896, pour toutes commissions et enquêtes autorisées par le gouvernement, distinguant entre services et déboursés, et avec assez de détails pour indiquer la somme affectée à chaque commission et enquête.

MINISTÈRE DES AFFAIRES DES SAUVAGES.

Nom du commissaire ou fonctionnaire qui a fait l'enquête.	Nom du fonctionnaire et de l'agence où l'enquête a eu lieu.	Services.	Déboursés.
		$ c.	$ c.
J. A. Macrae, inspecteur des agences des sauvages, $1,400 par année.	W.D. Carter, Richibouctou, N.-B.	....	113 94
" "	J. Crow, agence de Saugeen, Ont.	....	58 75
W. J. Chisholm, inspecteur des agences des sauvages $1,800 par année.	H. Kuth, Carleton, T.N.-O ..	....	5 90
L'hon. D. Laird, commissaire des sauvages, $3,200 par année.	Rev. J. Fairlie, école des sauv. de la Terre de Rupert, Man....	....	31 90
G. L. Chitty, inspecteur des bois, $1,200 par année.	T. H. Walton, Parry-Sound, Ont.	....	58 62
R. Rimmer, greffier en loi, $2,000 par année.	" " ..	....	56 00
Horace Harvey.	W. M. Baker, réserve des Pieds-Noirs, T.N.-O.	... .	6 40
E. J. Rainboth....................	J. Martin, Maniwaki, P.Q	255 00	43 00
J. B. Brosseau.....	Sauvages électeurs, Pierreville...	552 65	111 55
Hugh O'Leary	D. J. McPhee, Atherley, Ont....	130 00	74 90
C. A. LeBel.	V.J.A. Venner, Ristigouche, P.Q.	130 00	101 10
		1,087 65	662 06

EXTRAITS DE RAPPORTS—*Suite.*

ETAT fourni par le ministère des Finances et indiquant que la seule commission ou investigation qui a eu lieu a été celle concernant le tarif de 1897, dont suivent les frais :—

MINISTÈRE DES FINANCES.

Services........................	$ 2,531 15
Déboursés....................................	3,687 87
Total....	$ 6,219 02

NOTES À LA PAGE 17.

* Les seuls paiements faits jusqu'ici sont :—

J. N. E. Brown, sténographe..........	$582 57	
F. M. Shepard "	582 58	
Services....................................		$1,165 15
F. D. Gibson, frais de témoins et déboursés......	38 50	
A. E. Lee " "	33 00	
		71 50
Total		1,236 65

† *Services.*—Président de la commission, $25, et rémunération des autres commissaires et du secrétaire, $10 par jour.

Déboursés.—Tous les frais de voyage et d'hôtellerie des commissaires à partir du moment où chaque commissaire quitte la localité où il réside habituellement pour se livrer aux travaux de la commission, et tous les autres déboursés nécessairement et régulièrement encourus par les commissaires dans l'exercice de leurs fonctions—les dits déboursés devant être approuvés par le ministre de l'Intérieur. Autorisation est aussi donnée d'employer un sténographe dont la rémunération est fixée par le ministre.

La somme de $4,250 a été avancée au secrétaire de la commission pour déboursés et services des commissaires, mais le total des frais de la commission n'a pas encore été réglé jusqu'ici.

EXTRAIT DE RAPPORTS—*Suite.*

RÉPONSE à un ordre de la Chambre des Communes, daté le 28 mars 1900, demandant un état des sommes totales payées depuis juillet 1896 pour toutes commissions et enquêtes autorisées par le gouvernement, distinguant entre paiements pour services et déboursés, avec assez de détails pour indiquer la somme affectée à chaque commission ou enquête.

Noms des commissaires, etc.	Objet de la commission.	Somme payée pour services.	Somme payée pour déboursés.	Somme totale.
		$ c.	$ c.	$ c.
Archer Martin	Pour faire enquête sur les affaires du bureau des Bois de la Couronne, New-Westminster, C.-B.	480 00	427 47	907 47
E. F. Stephenson	Pour faire enquête sur la vente de certains lots dans la ville de Banff	....	103 80	103 80
John T. Ross	Pour faire enquête au sujet d'accusations portées par M. C. Stemshorn contre M. E. M. Clay, agent d'immigration, Halifax, N.-E.	110 00	15 20	125 20
E. W. Burley	Pour faire enquête et rapport sur certaines accusations portées par M. John A. Flanagan contre M. John R. Thompson, inspecteur de homesteads *re* annulation d'inscriptions de homesteads (¼ N.O., 6-35-27, O. du 4e M.), le terrain en question ayant été recommandé par M. Thompson comme réserve d'abreuvage	....	69 48	69 48
W. F. McCreary	Pour faire enquête et rapport au sujet d'une contestation entre l'agent des terres fédérales à Dauphin, M. F. K. Herchmer, et son adjoint M. Geo. A. Hogarth	....	5 85	5 85
William Ogilvie	Pour faire enquête et rapport sur des accusations portées contre des fonctionnaires du gouvernement dans le Territoire du Yukon :—les accusations ont été portées sous la forme d'une lettre adressée au premier ministre et signée par Geo. T. C. Armstrong, en qualité de président, Percy Macdougall, secrétaire, et un certain nombre d'autres prétendant avoir été chargés, à une grande assemblée des mineurs du Yukon, d'agir en leur nom dans cette affaire	* 1,165 15	71 50	1,236 65
Alex. McLeod, avocat, Morden, Man.	Pour examiner avec soin des lettres patentes à des terres dans le Territoire du Yukon, ainsi que pour faire enquête et rapport sur toutes autres matières se rattachant à des terrains dans le Territoire du Yukon.	2,112 18	2,262 72	4,374 90
Son honneur le juge Senkler, président (décédé depuis). W. F. Sirett, Glendale, Man. Wm. Lothian, Pipestone " Chas. C. Castle, Foxton " Chas. N. Bell, secrét., Winnipeg, Man. Son honneur le juge Richards, président.	Pour instituer une enquête dans le but de réglementer l'embarquement et le transport du grain, par les compagnies de chemins de fer, dans la province du Manitoba et les Territoires du Nord-Ouest ; et de contrôler autrement, dans l'intérêt public, le commerce du grain afin de mettre fin aux irrégularités qui existent, dit-on, dans ce commerce	†	4,250 00	4,250 00
	Somme totale payée	....	....	11,073 35

EXTRAITS DE RAPPORTS—*Suite.*

DÉPARTEMENT DU DIRECTEUR GÉNÉRAL DES POSTES.

Nom et emploi.	Services.	Déboursés.
	$ c.	$ c.
M. P. Laberge, sous-directeur de la poste, Québec	50 00	
Directeur de la poste de Gentilly, Qué	50 00	81 81
" de Saint-Célestin	50 00	67 45
A. P. Black (commis du courrier)	50 00	33 20
J. A. Green (commis du bureau de poste)		
L. P. Thibault (agent du transfert des malles)	60 00	53 00
Directeur de la poste de Saint-Jean-de-Dieu	30 00	25 00
" de Sainte-Famille	20 00	21 00
" de Sainte-Anne-de-Beaupré	40 00	45 20
" de Château-Richer	40 00	42 75
" de Saint-Wenceslas	40 00	26 00
E. Teasdale	60 00	52 15
Directeur de la poste de Goderich		
" de Cobourg		
" d'Auburn		
" de Dungannon	453 19	956 20
" de Beamsville		
" de Niagara-Falls		
J. A. Dalton (commis)		
J. J. Austen		
Directeur de la poste de Brussels	101 20	121 22
" de Pickering	70 00	273 58
" de Saint-Tite		24 70
" de Sainte-Anne-de-la-Pérade	137 85	37 76
" de Batiscan		25 35
" de Sainte-Thècle		18 95
" de Petite-Rivière-Est		
" de la Rivière-Madeleine		
" de Griffin-Cove		
" de Cap-Chat		
" de Newport	118 40	171 20
" de Carleton		
" de Carleton-Ouest		
" de la Rivière au Capelan		
" de Robitaille		
" de Valleyfield	40 00	33 00
" de Hunts-River	13 00	7 98
" d'Elinsdale	6 50	
" de Saint-Louis		
" de Palmer-Road	6 50	9 76
" de Little-Tignish		
" de la station De Blois		
" de Colman	19 50	8 65
" de Souris-Est	6 50	3 61
" de Montague-Bridge	19 50	
" de Peakes-Station	19 00	2 25
" de New-Glasgow	13 00	6 35
" de Caledonia	13 00	9 34
" de Napierville	40 00	
" de Chapeau		
" de Fort-Coulonge	....	129 78
" de Bryson		
" de Middleton	80 00	69 60
" d'Ecum-Secum	....	15 70
" de Louiseville	40 00	38 40
" de Berthier		
" d'Abbotsford	20 00	7 00
" de Notre-Dame-du-Bois	20 00	8 95
H. E. Simpson (commis)	161 04	13 96
Directeur de la poste d'Athens	40 00	16 10
" d'Harrowsmith	10 00	4 00
" de Sydenham	30 00	8 00
" d'Ingonish	22 50	27 75
" d'Englishtown	10 00	11 70

EXTRAITS DE RAPPORTS—*Suite.*

DÉPARTEMENT DU DIRECTEUR GÉNÉRAL DES POSTES—*Fin.*

Nom et emploi.	Services.	Déboursés.
	$ c.	$ c.
Directeur de la poste de Bedique	20 00	25 20
" de Tarbot	5 00	10 20
" de Tarbotvale	5 00	11 90
" de McKinnon's-Harbour	10 00	9 00
" de New-Campbellton	10 00	8 00
" du Cap-Dauphin	5 00	4 00
" du Grand-Bras-d'Or	10 00	9 00
" de l'Ile Boularderie	10 00	8 00
Rapports	10 00	
J. E. Hopkirk (commis, bureau de l'inspecteur, Kingston)	70 00	40 00
Directeur de la poste de Lower-Stewiacke	20 93	
" de Scots-Village	35 62	
W. N. Peters (commis)	70 00	38 70
Directeur de la poste de Kamloops	38 40	36 60
" de Grand-Harbour	50 00	17 50
" d'Elgin, N.-B	50 00	17 50
" de Milford	30 00	10 50
" de South-Bay	10 00	3 50
" de Baie-Verte	120 00	42 00
B. McLeod (commis du courrier)	190 00	66 50
R. J. Wilkins (commis du courrier)	110 00	38 50
P. B. Dunne (commis dans le bureau du surint. du S. P., Ottawa)	237 50	
Enquête au B.P. de Kamloops	38 40	36 60

EXTRAITS DE RAPPORTS—*Suite.*

Réponse à une adresse de la Chambre des Communes, datée le 28 mars 1900, demandant un état des sommes totales payées depuis juillet 1896 pour toutes commissions et enquêtes autorisées par le gouvernement, distinguant entre paiements pour services et déboursés, avec assez de détails pour indiquer la somme affectée à chaque commission ou enquête.

Noms des commissaires.	Noms des fonctionnaires.	Emploi et résidence des fonctionnaires.	Services	Déboursés
	Enquête.		$ c.	$ c.
M. A. N. McPherson, Winnipeg, Man.....	G. G. Allan.......	Douanier, Emerson, Man................	50 00	3 60
	Thos. Shannon....	Sous-recev. des douanes, Killarney, Man..	70 00	18 70
	W. J. Cooper.....	" " Emerson........	60 00	4 60
		Totaux	180 00	26 90
M. H. J. Palmer, Charlottetown, I.P.-E....	J. P. Brennan.....	Sous-recev. des douanes, Alberton, I.P.-E.	20 00	13 15
	George Conroy....	" " Tignish, I.P.-E..	10 00	1 44
	Wm. Callaghan...	Douanier, Alberton, I.P.-E.	10 00	11 35
	J. M. Aitken....	Sous-recev. des douanes, Montague, I.P.-E.	15 00	13 44
	B. McEachern....	Préposé au débarquement, Souris, I.P.-E..	10 00	5 60
	John A. McLaine.	Sous-recev. des douanes, Baie Saint-Pierre, I.P.-E.	20 00	10 72
		Totaux	85 00	55 70
M. C. A. Lebel........	Jos. Mathieu......	Receveur des douanes, Sorel, Qué....... .	70 00	74 07
	P. Dubé....	Douanier, service des gardes-côtes	110 00	144 59
	J. A. Martin......	Receveur des douanes, et M. Côté, douanier, Pointe-au-Père...........	150 00	64 50
	Jos. Sirois.... ...	Prép. au déb. et offic. de douane, Percé, Qué.	50 00	29 00
		Totaux..........	380 00	314 16
M. Thomas Woodyatt.	John Galna.	Préposé au débarquement, Parry-Sound...	....	*27 25
† M. E. H. McAlpine, Saint-Jean, N.-B....	....	....	635 00	218 95
M. C. Seager..........	D. McAllister	Préposé au débarquement, Cobourg, Ont..	60 00	36 05
C. Seager	... .	Commissaire...........................	60 00	36 05
Kerr et Kerr..........	....	Avocat	35 00	38 76
J. O. Proctor	....	Shérif...	5 00	....
W. S. Orr	... .	Signifier les témoins	12 00	1 00
Nelson R. Butcher et Cie	....	Rapporteurs	88 00	11 40
		Totaux.	200 00	87 21
† M. Bloomfield Douglas................	....	....	811 00	1,183 94
		Total pour services....	....	2,291 00
		" déboursés	....	1,912 11
		Grand total..........	....	4,203 11

* Cette somme a été payée à Albert Greer, Parry-Sound, pour service d'assignation.

† Il est impossible d'indiquer la somme payée pour services et déboursés de chaque enquête conduite par MM. McAlpine et Douglas, attendu qu'ils étaient commissaires pour les ministères des Douanes et de la Marine et des Pêcheries, et que chacun de ces ministères a payé la moitié des frais des enquêtes instituées par eux.

EXTRAIT DE RAPPORTS—*Suite.*

ETAT indiquant la somme payée par jour à chaque commissaire, et la somme payée pour services et déboursés depuis le 1er juillet 1896.

PENITENCIER.

Noms des commissaires, etc.	Taux par jour.	Services.	Déboursés.
	$ c.	$ c.	$ c.
E. A. Meredith	10 00	1,060 00	238 05
James Noxon	10 00	3,730 00	1,165 91
O. K. Fraser	10 00	3,280 00	954 35
R. J. Eilbeck, secrétaire, $5 et $6 50 par jour		2,923 00	197 90
Charles Murphy	10 00	1,440 00	421 14
John Hyde, comptable, $20, $10, $15 et $5 par jour		1,025 00	162 43
G. L. Foster, voyage et pension			238 59
Bowden et Seale, sténographes			531 69
A. L. Berch, vérification de factures			15 00
E. H. Brown, clavigraphie			54 66
W. H. Cameron "			20 50
L. A. Cusson, sténographe			3,554 51
W. L. Goodwin, analyste d'eau de puits			15 00
C. G. Hortesky, expert			50 91
Hôtel Frontenac, loyer de chambre			57 00
F. Hurtubise, témoignage d'expert			15 00
L. Loughrane, témoin et voyage			13 80
John Riddell, mesurages			7 00
James Adams, architecte, témoignage et voyage			13 75
Albert Horton, sténographe			405 95
J. Y. Bain, ingénieur, témoin			3 00
James J. Fleming, contrôleur expert			42 00
Alex. Trotter, sténographe			103 50
C. J. R. Bethume, rapport sur la preuve			297 00
B. B. Osler, services d'avocat			100 00
Témoins			59 97
D. A. Lafortune	10 00	2,340 00	39 75
Errol Bouchette, secrétaire français, $6.50 par jour		1,807 00	28 04
Moïse Desautels, lunches			54 50
Joseph Fortier, papeterie, etc.			27 15
Bureau de la papeterie, $5.95; menus articles, $11.72			17 67
W. E. Amend, loyer de chambre			10 00
Y. C. Arless et Cie, photo. de comptes			11 00
J. H. Botsford, clavigraphie			8 25
George Crain, expert en construction			840 00
Déboursés			60 99
E. J. Duggan, sténographe			461 60
J. B. Edwards, expert			25 00
C. E. Germaine, copies d'actes, etc.			12 00
Holland, Frères, sténographes			21 00
Le *Herald*, Montréal, reliure des témoignages			28 00
St. Lawrence Hall, loyer de chambres			410 00
" bagage			26 21
Pénitencier de Saint Vincent-de-Paul, télégrammes, louage de cheval			22 40
Bureau de la papeterie			19 55
Taxes de témoin			31 05
F. C. Wade	20 00	1,046 00	69 55
J. W. E. Darby, services d'avocat			448 15
James Perkins, sténographe			529 00
Archibald et Howell, services d'avocat			350 00
J. R. Aikens, sténographie des témoignages			27 60
Menus comptes			19 00
E. M. Bill	15 00	2,100 00	717 23
James Friel, secrétaire	10 00	1,390 00	
T. C. Johnston	10 00	50 00	87 55
		22,191 00	13,140 35

EXTRAITS DE RAPPORTS—*Suite.*

COMMISSION des pénitenciers entre juillet 1890 et juillet 1896.

COMMISSION DU PÉNITENCIER DE LA COLOMBIE-BRITANNIQUE, 1894-1895.

M. le juge Drake, commissaire	$ 200 00
" frais de voyage et d'hôtellerie, pour lui et secrétaire	95 80
Traitement du secrétaire	50 00
Papeterie et menus articles	26 70
James R. Benton, sténographe	30 00
" transcription de 1,050 pages	105 00
	$ 507 50

Services	$ 200 00
Déboursés	307 50
	$ 507 50

EXTRAITS DE RAPPORTS—*Suite.*

ETAT indiquant, en tant que le ministère des Finances est concerné, les sommes payées et à qui, à compte de la commission pour s'enquérir et recevoir des informations concernant le tarif, depuis le 1er juillet 1896.

Services :—		
Chemin de fer Grand-Tronc—Train spécial		$ 100 00
Thomas Bengough—Sténographe, 7,120 pages à 15 cents		1,068 00
A. C. Campbell—7,560 pages à 15 cents		1,134 00
A. J. Morgan, 558 pages à 15 cents		83 70
Arthur Légaré—Traduction, etc		26 25
G. W. Mitchell—Copiste		64 00
Frank Hawkins—Sténographie		10 00
American Press Information Bureau—Extraits de journaux		35 35
Sténographie à Saint-Jean par C. B. Burns		9 85
		$2,531 15
Dépenses :—		
Hon. W. S. Fielding, voyages	$ 813 05	
Hon. sir O. Mowat "	175 42	
Hon. sir Richard Cartwright "	324 57	
Hon. F. W. Borden "	130 00	
Hon. William Paterson "	200 00	
C. B. Burns, frais de voyages et autres payés par lui	579 64	
L. J. Burpee, voyages, etc	259 89	
F. C. T. O'Hara "	271 59	
H. W. Brown "	43 70	
John Bain "	135 27	
Peter Connolly—Frais de voyages et autres payés par lui	221 28	
Vail Frères—Buanderie	16 86	
Thomas Bengough—Transport, etc	267 85	
A. C. Campbell "	191 40	
Bureau de la papeterie de l'Etat—Papier, etc	57 87	
		$3,687 87
		$6,219 02

EXTRAITS DE RAPPORTS—*Suite.*

ETAT indiquant tous les employés, soit permanents ou temporaires, qui, depuis le 9 avril 1897 ont été renvoyés du ministère des Douanes par destitution ou autrement, la somme de pension accordée, ainsi que l'âge, l'emploi et les appointements de ceux qui ont été appelés à les remplacer.

Noms.	Age	Emploi.	Appointements.	Cause du renvoi.	Allocation annuelle.	Employés nouveaux.	Age	Appointements.
Employés permanents.			$ c.		$ c.			$ c.
Jas. McCurdy	63	Sous-receveur, Clifton, N.-E.	700 00	Retraité, abolition de l'emploi	140 00			
B. St. Clair Jones	39	Douanier, Weymouth, N.-E.	400 00	Destitué pour partisanerie politique active.		James Forbes	56	400 00
John Siddons	70	Estimateur, London, Ont.	1,300 00	Retraité p. cause de vieillesse et mauv. santé	624 00	J. Ferguson	45	1,600 00
G. D. Sutherland	65	" "	1,300 00	" " "	390 00	Arch. Sharp	57	1,000 00
C. M. Gove	83	Receveur, St-André, N.-B.	1,200 00	" " et pour économie	696 00	Pas remplis		
Thos. Doyle	52	Sous-receveur, Rustico, I.P.-E.	100 00	Destitué pour partisanerie politique active.		J. S. Houston	43	100 00
Jos. Tennant	47	" Gretna, Man.	1,000 00	" " "		A. Lawrence	49	500 00
[illegible]er Graves	69	" Port-Lorne, N.-E.	150 00	Retraité p. cause de vieillesse, abol. de l'emploi	96 00			
Wm. P. Killackey	35	Douanier, Windsor, Ont.	1,000 00	Destitué pour partisanerie politique active.		Walter Welsh	53	1,000 00
Henry Roebuck	56	" Sombra, Ont.	400 00	" " "		A. A. Meyer	69	400 00
A. E. Watters	32	" Whycocomagh, N.-E.	60 00	" " "		A. McDonald	18	60 00
A. Wilson	58	Sous-receveur, Pugwash, N.-E.	400 00	" " "		H. F. Elliott	39	400 00
S. A. Wabb	44	Douanier, Riv.-des Français Ont.	300 00	Destitué pour négligence dans ses comptes		W. S. Burd	23	300 00
Wm. Pitts	65	Garde-clefs, Halifax, N.-E.	600 00	Retraité p. cause de vieillesse et mauv. santé	348 00	C. P. [illegible]he	38	500 00
J. Rolston	72	" "	600 00	" " "	348 00	D. Dearness	52	600 00
S. W. Rawling	62	Sous-receveur, Canada-Creek, N.-E.	200 00	Retraité, abolition de l'emploi	72 00			
Geo. R. Webster	44	Premier commis, service intérieur	1,800 00	Retraité, pour économie, avec gratification	150 00			
J. A. Martin	50	Receveur, Rimouski, P.Q.	400 00	Destitué pour partisanerie politique active.		J. Gauvreau	37	400 00
M. Côté	73	Douanier, Rimouski, Qué.	150 00	" " "		A. St-Laurent	59	150 00
J. A. [illegible]	53	Préposé au débarquement, Sarnia, Ont.	500 00	" pour insubordination		J. C. Mahoney	31	500 00
J. C. Stephens	50	Receveur, Owen-Sound, Ont.	800 00	" pour négligence dans ses comptes		N. P. Horton	49	800 00
A. F. Cameron	57	Sous receveur, Sherbrooke, N.-E.	400 00	" pour partisanerie politique active.		J. R. McDonald	44	30, 00
Stephen Illsley	61	" Berwick, N.-E.	300 00	" " "		C. H. Norwood	45	300 00
D. F. Merritt	57	Receveur, Woodstock, N.-B.	1,400 00	Retraité p. cause de mauvaise santé	616 00	W. T. Drysdale	52	1,200 00
Thos. [illegible]ly	67	Préposé au débarquem., Pickering, Ont.	390 00	" vieillesse, abol. de l'emploi	60 00			
J. Beatty	59	Douanier, Port-Hope, Ont.	550 00	Retraité, abolition de l'emploi				
H. A. Bailey	45	Préposé au débarq., Amherstburg, Ont.	600 00	" p. cause de mauvaise santé	192 00	D. R. Luckham	33	500 00
J. L. Marentette	63	" Windsor, Ont.	700 00	" " vieillesse et mauv. santé.	490 00	L. N. Castanier	40	600 00
Wm. Blackman	74	Messager, Halifax, N.-E.	550 00	" " "	374 00	Thos. Mansley	31	500 00
Dennis Eagan	65	Batelier, Sydney-Nord, N.-E.	300 00	" " " et mauv. santé.	102 00	J. J. McDonald	33	300 00

C. H. Rigby	55	Sous-receveur, Baie Glacée, N.-E.	300 00	Destitué p. avoir fait remplir ses fonct. par une autre pers. sans le consentem. du gouv.		M. McKinnon	28	300 00
G. W. Ryan	49	Commis à Montréal, Qué	700 00	Retraité pour cause d'inefficacité et d'incapacité mentale	196 00	F. L. Canchon	48	600 00
D. McAllister	66	Préposé au débarq., Cobourg, Ont.	850 00	Retraité pour raison d'économie	255 00	Vacance non remp.		
Jos. Walker	53	" Queenstown, Ont.	400 00	Retraité pour cause d'incapacité physique et pour économie	96 00	G. D. Prest	70	400 00
W. E. Shanks	53	Préposé aux arrivages, Halifax, N.-E.	400 00	" " "	300 00	T. Mulcahy	46	600 00
F. H. Hesson	39	Sous-receveur, Brandon, Man	1,300 00	Destitué pour partisanerie politique active		H. C. Graham	41	1,200 00
H. T. Scholey	59	" Centreville, N.-B.	400 00	" " "		D. Irvine	66	400 00
Albert Fowlie	56	" Orillia, Ont.	500 00	Négligence dans l'accomplissement de ses fonctions et ses comptes		Alex. Reid	53	500 00
Lewis McInnis	63	Douanier, Anse-Maligne, N.-E.	100 00	Destitué pour partisanerie politique active		A. McDonald	47	100 00
W. C. Milner	51	Receveur, Sackville, N.-B.		" " "		J. J. Anderson	62	600 00
George Rowe	66	Sous-receveur, Frankville, P.Q.	400 00	Négligence		B. C. Manning	37	400 00
C. W. Anderson	54	Douanier, Waterside, N.-B	100 00	Destitué pour partisanerie politique active		M. E. Copp	35	100 00
A. St. G. Hawkins	47	Sous-receveur, Listowell, Ont.	400 00	" " "		R. Hutchison	62	400 00
E. A. Calder	36	" North-Head, N.-B.	400 00	" " "		Chas. Dixon	43	400 00
Andrew Doyle	34	Préposé aux arrivages, Halifax, N.-E.	500 00	" " "		Jos. Campbell	43	500 00
B. McEachern	61	Douanier, Souris, I.P.-E.	100 00	" " "		S. P. Campbell	43	100 00
J. M. Aitken	59	Sous-receveur, Montague, I.P.-E.	300 00	" " "		Sam. Mutch	57	300 00
S. W. Townsend	76	Commis, Hamilton, Ont	700 00	Retraité p. cause de vieillesse et mauv. santé	280 00	D. McBride	47	600 00
T. J. Galbraith	56	Préposé au débarq., Hamilton, Ont.	100 00	Dispensé de ses services				
M. Dwyer	37	Préposé aux arrivages, Halifax, N.-E.	500 00	Retraité, blessures reçues dans l'accompl. de ses fonctions, avec une gratification de	463 51	W. Clark	41	500 00
James Kerr	68	Sous-receveur, Port-Greville, N.-E.	200 00	Destitué pour partisanerie politique active		F. Hatfield	60	200 00
Thos. R. Lowe	61	" Tidnish, N.-E.	200 00	" " "		W. King	29	200 00
F. Robidoux	48	" Shédiac, N.-B.	700 00	" " "		A. M. Legere	50	400 00
Asa Cronk	64	" Courtright, Ont.	506 00	" n'ayant pas rendu compte de certains droits de douane		J. M. Lott	55	400 00
R. B. Murray	43	" Springhill, N.-E.	400 00	" pour partisanerie politique active		A. W. Foster	30	400 00
John Moffatt	62	" Joggins, N.-E	300 00	" " "		A. D. Pugsley	27	300 00
Chas. Young	52	Préposé aux arrivages, Fort-Erié, Ont.	50 00	Retiré, mauvaise santé, gratification de	225 69	F. T. Pattison	25	600 00
M. D. McKenzie	70	Sous-receveur, Jordan River, N.-E.	150 00	Retraité pour cause de vieillesse	75 00	O. Thorburn	44	150 00
D. McDonald	57	" Aspey-Bay, N.-E.	200 00	Destitué pour partisanerie politique active		J. Maloney	63	200 00
Duncan McLeod	76	Douanier, Sainte-Anne, N.-E.	240 00	Retraité, abolition de l'emploi	124 80			
R. H. Bolman	65	" Sand-Point, N.-E.	150 00	Destitué pour partisanerie politique active		J. A. R. Morrison	48	150 00
J. T. Johnson	56	" Fort-Erié, Ont.	600 00	" pour insubordination		E. E. Riseley	37	600 00
Josh M Steeves	60	Sous-receveur, Hillsboro, N.-B.		" pour partisanerie politique active		Wm. Woodsworth	65	500 00
Charles E. Kerr	64	" Wallace, N.-E.	250 00	" " "		Ira Drysdale	40	200 00
Alex. Ford	45	Douanier, Sackville, N.-B.	200 00	" " "		John Bowser	34	200 00
Valentine McDonald	47	" [illegible], N.-E.	100 00	" " "		E. L. Munro	33	100 00
Jas. Hemlow	67	Sous-receveur, Liscombe, N.-E.	100 00	" " "		W. H. Pye	69	100 00
Thos. Shannon	56	" Killarney, Man	750 00	" " "		H. Sutherland	34	750 00
Geo. [illegible]	37	" Tignish, I.P.-E.	400 00	" " "		A. J. Gaudet	52	400 00
John Galna	48	Préposé au débarq., Parry-Sound, Ont.	500 00	" " "		J. W. Fitzgerald	50	500 00
W. A. Hogg	38	" Collingwood, Ont.	550 00	" " "		F. C. Towler	33	550 00
W. R. Fellows	77	S.-receveur, Rondeau et Bleinheim, O.	400 00	Retraité p. ause de vieill., abol. de la charge	120 00			
J. Ormston	63	Receveur, Gananoque, Ont.	1,100 00	Destitué, erreur dans ses compte s.		W. H. Btton	47	1,000 00
J. A. Dupuis	36	Préposé au débarq., Montréal, P.Q.	800 00	" pour patisanerie politique active		L. Prevost	55	600 00

EXTRAITS DE RAPPORTS—*Suite.*

LISTE des personnes renvoyées du ministère des Douanes, etc.—*Suite.*

Nom.	Age	Emploi.	Appointements.	Cause du renvoi.	Allocation annuelle.	Employés nouveaux.	Age	Appointements.
			$ c.		$ c.			$ c.
C. J. Snider	33	Com. et pr. au débarq., Peterborough, O	600 00	Destitué pour erreur dans ses comptes		J. H. Hall	24	600 00
J. F. Taylor	44	Sous-receveur, Strathroy, Ont	300 00	" " "		W. H. Murray	61	500 00
L. T. Merriman	66	Receveur à Stanstead, P.Q	1,000 00	Retraité pour économie	421 93	C. H. McClintock	52	1,000 00
Miles A. Dunn	48	Sous-receveur, Margaree, N.-E.	150 00	Destitué pour partisanerie politique active		F. McRae	61	150 00
John Bald	50	Receveur, Baddeck, N.-E.	700 00	" pour mauvaise conduite et irrégularités		J. A Fraser	55	600 00
I. T. Forrest	54	Douanier, Amherst, N.-E.	60 00	" services non requis				
L. J. Williams	69	Commis et garde-clefs, London, Ont.	750 00	Retraité pour cause d'incapacité physique et mentale	270 00	P. C. Lewis	31	500 00
Geo. Rawlings	53	Douanier, Musquodoboit, N.-E.	60 00	Destitué pour absence		F. J. Logan		60 00
Wm. Robinson	51	" Kingston, Ont	550 00	" pour habitudes d'intempérance				
Alfred J. Gouin	38	" Trois-Rivières	500 00	" pour négligence		J. Dufresne	45	500 00
J. P. Brennan	44	Sous-receveur, Alberton, I.P.-E.	400 00	" pour partisanerie politique active		J. F. White	58	400 00
C. A. Hagerman	55	Préposé au débarq., Port-Hope, Ont.	750 00	" pour s'être approprié de faibles parties des recettes de la douane		W. S. Bletcher	44	600 00
C. C. Cowan	61	Prép. aux arrivages, Saint-Jean, N.-B.	600 00	" pour insubordination, etc.				
J. G. C. Blackhall	71	Sous-receveur, Caraquet, N.-B.	600 00	Retraité p. cause de vieillesse et d'infirmité	420 00	A. W. Turgeon	21	400 00
D. Sargent	71	Receveur, Barrington, N.-E.	650 00	" "	390 00	T. W. Robertson	55	650 00
J. T. Richardson	71	Commis, Halifax, N.-E.	800 00	" "	484 00			
W. H. Bashford	69	Garde-clefs "	650 00	" "	325 00			
S. S. Ruggles	53	Sous-receveur, Bridgetown, N.-E	650 00	Destitué pour partisanerie politique active		J. Hicks	54	600 00
F. McDiarmid	69	Douanier, New-Glasgow, N.-E.	100 00	" abolition de l'emploi				
W. C. Baker	44	Commis de 2e classe, service intérieur	1,400 00	Retraité pour cause de maladie	700 00	John Bain, secrét. part. du m. des D.	29	1,100 00
Wm. P. Lewis	67	Sous-receveur, Cardigan, I.P.-E.	150 00	" frappé d'incapacité par la paralysie	57 00	J. McCormick	59	150 00
Peter Smith	76	Douanier, Saint-Armand, Qué.	600 00	" pour cause de vieill. et d'incapacité	228 00	A. Shelters	53	500 00
G. K. Hanson	69	Sous-receveur, Lepreaux, N.-B.	400 00	" abolition de l'emploi	224 00			
H. B. Rogers	70	Prép. au débarq., Chutes-Niagara, Ont.	900 00	" pour cause de vieill. et d'infirmité	630 00	J. J. Bamfield	33	600 00
Jas. Jackson	76	" "	600 00	" " "	216 00	Alex. Gray	50	600 00
Wm. Hook	71	Receveur, Ingersoll, Ont.	700 00	" " "		J. F. Williams	48	700 00
Chas. A. Smith	53	Sous-receveur, Chester, N.-E.	150 00	Destitué, partisanerie politique active		Geo. Millett	49	150 00
T. H. Dreany	28	Commis, London, Ont.	600 00	" insubordination et intempérance				
E. T. Boyce	33	Commis et caissier, Winnipeg, Man.	1,000 00	" pour erreur dans ses comptes		F. J. Allen	41	1,200 00
Vincent Mullins	35	Douanier, Victoria-Mines, N.-E	250 00	Retiré abolition de l'emploi, gratification de.	161 43			
J. A. Jordan	66	Commis, Montréal, Qué.	700 00	Retraité pour cause de vieill. et d'infirmité	378 00			

Louis J. Tessier	56	Préposé aux arrivages, Montréal, Qué	600 00	" " abolition de l'emploi et pour économie	324 00			
A. G. Hamilton	63	Receveur, Sydney-Nord, N.-E.	1,100 00	" à sa demande personnelle et pour économie	440 08	J. McPherson	53	1,100 00
D. A. Donaldson	30	Commis et prép. au déb., London, Ont.	700 00	Renvoyé pour négligence à donner le cautionnement exigé pour l'exerc. de ses fonctions		S. Southcott		600 00
Wm. Newcombe	44	Préposé au débarq., Fort-William, Ont.	500 00	Destitué pour négligence		F. J. McPhalen	33	500 00
H. W. Dimock	59	Receveur, Windsor, N.-E	1,200 00	" pour irrégularité dans ses comptes		Wm. O'Brien	52	1,100 00
J. P. Alexander	62	Sous-receveur, Deloraine, Man	600 00	" pour avoir reçu illégalem. des honor.		J. L. Nelson	36	600 00
M. Macfarlane	76	" Sheet-Harbour, N.-E.	200 00	Retraité pour cause de vieill. et d'incapacité		T. H. Hall	38	200 00
J. E. Baldwin	50	Receveur, Bathurst, N.-B	800 00	Destitué pour négligence dans ses comptes		P. J. Venoit	35	800 00
A. W. Winter	24	Commis, Toronto, Ont	750 00	Retraité pour blessures reçues dans l'exercice de ses fonctions	150 00	W. J. McClary	30	600 00
Officiers temporaires.								
M. McNeil		Douanier intérim., Grand-Narrows, N.-E	200 00	Destitué pour partisanerie politique active		J. A. McNeil	34	200 00
Wm. Smith	66	" " Dublin-Shore, N.-E	100 00	" abolition de l'emploi				
A. B. Thompson	36	Sous-recev. intér., Pénétanguishène, O.	500 00	" pour partisanerie politique active		H. H. Ross	60	$25 p.m.
P. Dubé		Douanier " Rivière-du-Loup, Q.	600 00	" " "				
M. D. Nelligan	50	Fonctionnaire intérim., Hamilton, Ont.	$45 p.m.	" services non requis				
J. A. Blakeney	52	Douanier intérimaire, Jedore, N.-E	100 00	" pour partisanerie politique active		P. Maskell	45	100 00
W. Sherwood	60	" " Fort-Francis, Ont.	$20 p.m.	" services non requis				
J. W. Hottrum	49	Emball. et portefaix int., Hamilton, O.	45 "	Dispensé de ses services par économie				
Alex. McInnis	46	Douanier intérim., Port-Morien, N.-E	50 "	Services non requis				
G. W. Maxwell	46	Fonctionnaire intérim., Winnipeg, Man.	$2.50 p.d.	Destitué pour négligence		J. O'Donahue	58	$2.50 p.d.
C. C. LaRivière	54	Emballeur intérimaire, Montréal, Qué	1.50 "	" pour incapacité		R. B. Webster	50	1.50 "
S. Garrity	55	Douanier intérimaire, Hamilton, Ont.	$45 p.m.	" pour économie et efficacité				
J. Latham	68	" " "	50 "	" pour efficacité				
H. Dunham	59	Sous-recev. intérim., Campbellford, Ont	400 00	" pour ne pas remplir lui-même ses fonctions		M. T. Mather		400 00
Geo. Holland	38	Messager intérimaire, Montréal, Qué	$1.50 p.d.	Destitué, défalcation		J. Shaughnessy		$1.50 p.d.
W. H. Hill	58	Douanier intérim., Saut-Ste-Marie	$50 p.m.	" inutile				
David Dunn	52	Fonctionnaire intérimaire, Chatham	600 00	" incapacité		A. E. Pilkey	37	600 00
Henry Gray	66	Garde-clefs intérimaire, Hamilton	$50 p.m.	" négligence		G. McCully	46	600 00
Alfred Tupper	66	Fonctionnaire intér., Mansonville, Qué.	300 00	" "		F. F. Soules	44	300 00
Walter Heckman	35	Douanier intérim., Petite-Rivière, N.-E.	100 00	Dispensé de ses services parce que sa résid. ne lui permett. pas de bien protéger le revenu.		Solomon Falt		100 00
E. H. Kendrick	69	" " Shag-Harbour, N.-E.	100 00	" " "		S. W. Kendrick	60	100 00
Hiram Cook	57	" " Yonge-Mills, Ont.	$50 p.m.	Dispensé de ses services parce qu'ils n'étaient pas requis.				

EXTRAIT DE RAPPORTS—*Suite.*

RENSEIGNEMENTS donnés en réponse à une demande dans la clause n° 4 d'une adresse du Sénat, datée 28 avril 1899.

Nom.	Age	Emploi.	Appointements.	Par rapport de la commission ou autrement.	Raison du renvoi.	Pension par année.	Remplacé par	Age	Emploi.	Appointements.
						$ c.				
J. G. Demare	50	Inspect., div. 1	$100 p. m.	Incapacité	Retraité	680 40	M. Henry	50	Inspect., div. 1	$100 p. m.
James Williams	46	Gardien de nuit	1 50 p. j.	Pas acceptable au dépt.	Retiré		R. Patterson	64	Gardien de nuit	1 50 p. j.
Frank Smith	36	Passeur	40 00 p. m.	"	"		Mich. Howe	32	Passeur	40 00 p. m.
Thomas King	55	Eclusier	45 00 "	Démission	Démissionné		Thomas Wright	55	Eclusier	45 00 "
Isaac Johnston	47	"	47 00 "	Pas acceptable au dépt.	Retiré		D. W. Parr	41	"	45 00 "
Samuel Duffin	70	"	47 00 "	Incapacité	Retraité		Jas. Gallagher	42	"	45 00 "
W. Bowman	58	"	45 00 "	Réorganisation du personnel.	Retiré		Pat. Deasey	37	"	45 00 "
P. C. Brown	57	"	45 00 "	Décédé	Décédé		G. W. Smith	54	"	45 00 "
William Boyle	51	"	45 00 "	Réorganisation du personnel.	Retiré		Jas. Wilson	56	"	45 00 "
R. H. Watson	42	"	47 00 "	" "	"		John McDowell	40	"	45 00 "
Sam. Hopkins	60	"	45 00 "	" "	"		Geo. A. Milter	43	"	45 00 "
James Reynolds	45	"	47 00 "	" "	"		Jas. D. Fairlie	36	"	45 00 "
Thomas Keating	53	"	47 00 "	" "	"		Robert Andrews	44	"	45 00 "
Martin Nestor	62	"	45 00 "	Décédé	Décédé		Frank Bissel	40	"	45 00 "
Robert Boyle	46	"	45 00 "	Réorganisation du personnel.	Retiré		Thomas Coady	45	"	45 00 "
A. W. Bradley	54	"	45 00 "	Incapacité	Retraité	241 26	Jas. Rowntree	30	"	45 00 "
Samuel Bradley	44	"	47 00 "	Réorganisation du personnel.	Retiré		J. C. Phelps	60	"	45 00 "
Thomas Bradley	69	"	45 00 "	" "	"		Jas. Cartmail	38	"	45 00 "
R. MacDonald	40	"	45 00 "	Réorganisation du personnel.	Démissionné		W. Commarford	29	"	45 00 "
J. S. Pearson	69	"	47 00 "		Retiré		John Seggs	38	"	45 00 "
Thos Hanna	55	"	45 00 "	" "	"		Hugh McBride	23	"	45 00 "
John Cole	37	"	47 00 "	" "	"		F. Haretey	51	"	45 00 "
William Camp	52	"	45 00 "	" "	"		H. Duseau	63	"	45 00 "
A. Clark	44	"	45 00 "	" "	"		Frank Clarke	24	"	45 00 "
Thomas Freel	40	"	45 00 "	Simple transfert	Transféré à l'écluse 25, vieux canal		Alonzo Dell	33	"	45 00 "
F. T. Walton	61	Inspect., div. 2	75 00 "	Réorganisation	Destitué		John Scott	56	Inspect., div. 2	75 00 "
Geo. Thompson	73	Gardien de pont	45 00 "	Incapacité	Retraité	353 07	Wm. Lynch	39	Gardien de pont	45 00 "
Thomas Secord	68	Inspect., div. 3	65 00 "	Réorganisation	Destitué		Geo. W. Ramey	46	Inspect., div. 3	65 00 "

E. Bonaburg	42	Gardien de pont.	45 00	"	Décédé.	Décédé		H. H. Babcow	38	Gardien de pont	45 00	"
Phillip Smith	52	"	45 00	"	Réorganisation	Destitué		Martin Burns	63	"	45 00	"
James McNeil	61	Eclusier	42 00	"	Noyé	Noyé		Nelson Haight	68	Eclusier	42 00	"
John Neil	64	"	42 00	"	Par arrêté en C.	Frappé d'incapac.	197 25	*Thos. Freel	40	"	42 00	"
Wm. Hannah	45	"	38 00	"	Ordre du départm.	Réorganisation		John W. Yokom	53	"	38 00	"
F. Lattimore	62	Rég. de l'eau	38 00	"	"	"		James F. Haney	68	Rég. de l'eau	38 00	"
James F. Haney	68	"	38 00	"	Décédé	Décédé		Thomas Drake	61	"	38 00	"

* Report de l'écluse 20, nouveau canal.

SAINTE-CATHERINE, 9 juin 1899.

W. G. THOMPSON,
Ingénieur surintendant.

EXTRAITS DE RAPPORTS—*Suite.*

LISTE des employés renvoyés par destitution, mise à la retraite ou autrement, depuis le 9 avril 1897.

CANAL DE CORNWALL.

Renvoi.					Nominations.				
Nom.	Age	Emploi.	Appointements.	Observations.	Nom.	Age	Emploi.	Appointements.	Observations.
W. Tackerberry	69	Chef d'écluse	$2 00 p. j.		J. Lally		Chef d'écluse	$1 25 p. j.	
J. Gleason	55	Eclusier	1 25 "		W. Gleason		Eclusier	1 25 "	
W. Bridges	58	"	1 25 "		J. Campbell		"	1 25 "	Renv'é dep., écluse 20
A. Mulaney		"	1 25 "		J. Séguin		"	1 25 "	Nommé le 1er sept. '97.
J. Groves		"	1 25 "		A. Runions		"	1 25 "	" 1er mai '97.
T. Shields	54	Chef d'écluse	1 25 "		P. Purcell		Chef d'écluse	1 25 "	" 13 avril '97.
G. McDonald		Gardien de pont	1 25 "		A. F. McRene		Gardien de pont	1 25 "	" 1er août '97.
W. Mea		"	1 25 "		J. Eamer		"	1 25 "	" 1er mai '97.
J. Pitts		Eclusier	1 25 "		J. Campbell		Eclusier	1 25 "	" en avril 1898.

LISTE des employés renvoyés par destitution, mise à la retraite ou autrement, depuis le 9 avril 1899.

CANAL DE WILLIAMSBURG.

Nom.	Age	Emploi.	Appointements.	Observations.	Nom.	Age	Emploi.	Appointements.	Observations.
J. A. Weaver		Chef d'écluse	$1 25 p. j.		C. Stata		Chef d'écluse	$1 25 p. j.	Nommé le 13 mai 1897.
W. J. Casselman	70	"	1 25 "		C. J. Whitteker		"	1 25 "	" 11 " 1897.
A. B. Robertson		"	1 25 "		R. M. Boucks		"	1 25 "	" 11 " 1897.
G. Stethene		"	1 25 "		C. D. Spencer		"	1 25 "	" 1er juin '97.
C. Bowers		Eclusier	1 25 "		A. Henderson		Eclusier	1 25 "	" 1er mai '97.
M. Delaney		"	1 25 "		A. Cuter		"	1 25 "	" 8 juin 1897.
E. Pruner		"	1 25 "		J. Pruner		"	1 25 "	" 1er mai '98.
J. Mullen		"	1 25 "		J. Gilligan		"	1 25 "	" 3 juin 1897.
J. Ferguson		Maître de port	1 25 "		W. A. Scott		"	1 25 "	" 7 " 1897.
G. Reid		Receveur			J. D. R. Williams		Receveur		" 13 mai 1898.
J. D. R. Williams		"					Pas de nomination		

CANAL MURRAY.

L. P. Flagler	Commis	$45 00 p. m.		T. McAulay	Commis	$45 00 p. m.	Nommé, 11 mai 1898.
T. Fitzgerald	Chef de pont	1 25 p. j.		H. Day	Chef de pont	1 25 p. j.	" 8 avril 1898.
C. Pelletier	Gardien de pont	1 25 "		J. Walsh	Gardien de pont	1 25 "	" 8 " 1898.
R. Jones	"	1 25 "		J. Hemp	"	1 25 "	" 8 " 1898.
T. M.	"	1 25 "		J. Mto		1 25 "	" 22 août 1898.
I. Clouston	Chef de pont	1 25 "		N. Harrington	Chef de pont	1 25 "	" 11 mai 1898.
W. Goodinch	Gardien de pont	1 25 "		R. Jones	Gardien de pont	1 25 "	" 8 avril 1898.
W. Johnston	"	1 25 "		R. P. Jones	"	1 25 "	" 26 " 1897.
W. Brown	Chef de pont	1 25 "		J. L. Way	Chef de pont	1 25 "	" 26 " 1897.
R. Mary	Gardien de pont	1 25 "		J. Clouston	Gardien de pont	1 25 "	" 1er mai 98.
P. Harris	Garde-phare	50 "		A. Talmage	Garde-phare	50 "	" 1er oct. 1897.
C. A. Harris	"	50 "		H. Johnson	"	50 "	" 1er " 1897.

CORNWALL, 30 juin 1899.

EXTRAIT DE RAPPORTS—*Suite.*

Liste des employés renvoyés par destitution, mise à la retraite ou autrement, et noms des personnes qui ont été nommées pour les remplacer, depuis le 16 décembre 1896 jusqu'à septembre 1898.

CANAL DE LACHINE.

Noms des employés renvoyés.	Emploi.	Age	Appointements.	Nature du renvoi.	Gratification ou pension.	Date du renvoi.	Observations ou cause du renvoi.	Noms des employés nouveaux.	Emploi.	Age	Appointements.
			$		$						$
Frs. Corbeil	Gardien de quai.	49	700 00 p.a.	Destitution		A. C., 19 juin '97	Ivrognerie	Emploi non rempli.			
Michael Bahen	Garde-magasin.		55 00 p.m	"		1er mai '97.	Réorg. du personnel	Denis Casey	Garde-magasin.	39	55 00 p.m
Denis Casey	"	39	55 00 "	"		15 juillet '97.	Incompétence	Robt. Anderson	"		55 00 "
Robt. Anderson	"		55 00 "	"		6 nov. '97.	Intempérance	Chas. LeBouthilier	"	59	55 00 "
Félix Larose	Chef de dock		1 50 p. j.	"		3 déc. '97.		*Julien Jacob	Chef de dock	52	1 50 p. j.
John Cunningham.	Aide-électricien.	37	50 00 p.m	"		30 avril '97.	Réorg. du personnel	Edwin Butler	Electricien	43	60 00 p.m
Edwin Butler	Electricien	43	60 00 "	Décès		28 juin '98.	Décès	Julius Brunet	"	33	60 00 "
Mathew Fallon	Aide-électricien.	34	40 00 "	Démission		1er août '96.	Démission	Mathew Walsh	Aide-électricien.	28	40 00 "
James Johnson	Prép. au moteur.		45 00 "	Congédié		1er déc. '97.	Réorg. du personnel	Arthur McKeown	Prép. au moteur.	31	45 00 "
Mathew Walsh	Aide-électricien.	28	40 00 "	Démission		1er sept. '97.	Démission	James Gilfoye	Aide-électricien.	34	40 00 "
James Thomson	Prép. au dynamo	32	45 00 "	Congédié			Emploi aboli				
John Neagle	Gardien de salle.	75	45 00 "	Retraite	436 82	A. C., 1er fév '97	Réorg. du personnel	Ephrem Picard	Gard. de sal. int.	43	38 00 "
Ephrem Picard	Gar. de sal. inter.	43	38 00 "	Destitution		1er mai '97.	"	Oliva Barbarie	Gardien de salle.	48	45 00 "
Theo. Martin	Eclusier, E. 1	65	38 00 "	Congédié		16 déc. '96.	"	Alex. Lalonde	Eclusier, E. 1	37	38 00 "
R. Blackburn	"		38 00 "	"		16 " '96.	"	John Craven	"	43	38 00 "
John Craven	"	43	38 00 "	Destitution		28 juin '97.	Démission	John Walsh	"		38 00 "
Alex. Lalonde	"	37	38 00 "	"		25 avril '98.	"	Francis Houle	"		38 00 "
Thos. O'Keefe	"	53	38 00 "	Congédié		16 déc. '96.	Réorg. du personnel	John McCaffrey	"	56	38 00 "
John Hannan	"	31	38 00 "	Destitution.		23 juillet '96.	Absence fréquente sans permission.	Pat'k Madigan	"	42	38 00 "
John McCaffrey	"	56	38 00 "	Décès		28 mai '98.	Décès	Martin Dolin	"		38 00 "
Martin Dolin	Aide-éclusier, B. K.		38 00 "	"		21 " '99.	Emploi rempli temporairement.				
Maurice Gahen	Eclusier, E. 1	63	38 00 "	Démission		8 juin '97.	Démission	Victor Lamothe	"		38 00 "
John Hagan	"	39	38 00 "	Destitution		17 " '98	Absence fréquente sans permission.	Patrick Hagan	"		38 00 "
John O'Brien	Eclusier, E. 2	58	38 00 "	Congédié		16 déc. '96.	Réorg. du personnel	John Mead	Eclusier, E. 2		38 00 "
John Mead	"	36	38 00 "	Démission		18 juillet '97.	Démission	Edward Brown	"		38 00 "
Bernard McGurn	"	50	38 00 "	Congédié		16 déc. '96.	Réorg. du personnel	John Hardgraves	"	24	38 00 "
Wm. Gannon	"		38 00 "	"		16 " '96.	"	Wm. Ahearn	"	48	38 00 "

Denis Casey	"	39	38 00 "	Promotion	30 avril '97.	Fait garde-magasin	Wm Flanagan	"	29	38 00 "
Wm. Flanagan	"	29	38 00 "	Destitution	17 mai '98.	Pour insubordination	Michael Leahy	"	....	38 00 "
Jas. Walsh	"	...	38 00 "	Congé	16 déc. '96.	Réorganisation du pers.	Michael Cooney	"	31	38 00 "
Michael Cooney	"	31	38 00 "	Destitution.	17 mai '98.	Insubordination.	Martin Hannah	"	....	38 00 "
Martin Hannah	"	....	38 00 "	Démission	20 juin '98.	Mauvaise santé	Alfred Rodrigue	"	....	38 00 "
Edw. Heffrend	"	....	38 00 "	Congé	16 déc. '96.	Réorganisation du pers.	Ed. Sheridan	"	46	38 00 "
David Nelligan	"	55	38 00 "	"	16 " '96.	"	Paul Furlong	"	56	38 00 "
James Cardiff	"	55	38 00 "	"	16 " '96.	"	William Daly	"	24	38 00 "
John Duffy	"	..	38 00 "	"	16 " '96.	"	Patrick Murray	"	25	38 00 "
P. Murray	"	25	38 00 "	Démission	28 juin '97.	Démission	R. Milloy	"	....	38 00 "
Louis Donnelly	"	....	38 00 "	Congé	16 déc. '96.	Réorganisation du pers.	Ed. Abbey	"	39	38 00 "
Ed. Abbey	"	39	38 00 "	Démission	25 avril '98.	Démission	M. Sheridan	"	...	38 00 "
James Hickey	Aide-gardien du pont n° 1.	69	38 00 "	Congé	16 déc. '96.	Réorganisation du pers	Thos. Barrett	Aide-gardien du pont n° 1.	34	38 00 "
Pat. Stanford	"	51	38 00 "	"	16 " '96.	"	John Bell	"	54	38 00 "
John Gallagher	"	45	38 00 "	"	16 " '96.	"	James Meehan	"	62	38 00 "
John Slattery	Gardien de nuit.	65	38 00 "	"	18 " '96.	"	John Allan	Gardien de nuit.	39	38 00 "
John Allan	"	39	38 00 "	"	4 août '97.	Intempérance	Julien Jacob	"	52	38 00 "
Michael Egan	"	58	38 00 "	Démission	9 juin '98.	Mauvaise santé	James Neville	"	...	38 00 "
Thos. Godfrey	A.-gard., pont 2.	59	38 00 "	Congé	16 déc. '96.	Réorganisation du pers.	James Clark	A.-gard., pont 2.	51	38 00 "
Charles Burns	"	35	38 00 "	"	16 " '96.	"	Pierre E. Emard	"	45	38 00 "
Pat. McCarthy	"	....	38 00 "	"	16 " '96.	"	Dan. Donnelly	"	34	38 00 "
James Shields	"	....	38 00 "	"	16 " '96.	"	Thos. Godfrey	"	....	38 00 "
Xavier Lefebvre	Chef d'écluse, E. 3	39	38 00 "	Destitution.	1er mai '97.	"	Joseph St. Denis	Chef d'écluse, E. 3	..	38 00 "
Jos. Lefebvre	Eclusier, E. 3.	46	38 00 "	"	16 déc. '96.	"	Honoré Brunet	Eclusier, E. 3.	59	38 00 "
Jos. Benoit	"	....	38 00 "	"	16 " '96.	"	Séraphin Bissonette	"	51	38 00 "
Thos. Gill	"	...	38 00 "	"	18 " '96.	"	John Tremblay	"	29	38 00 "
Wm. Fitzpatrick	"	28	38 00 "	"	16 " '96.	"	John Cannon	"	59	38 00 "
Oct. Paquette	"	60	38 00 "	Transféré au pont 3.	30 avril '97.	Transféré au pont 3.	Wm. O'Brien	"	31	38 00 "
Wm. O'Brien	"	31	38 00 "	Destitution.	23 sept. '98.	....	Patrick Griffin	"	....	38 00 "
James Irvine, jeune	"	20	38 00 "	Congé	16 déc. '96.	Réorganisation du pers.	Ed. Tobin	"	21	38 00 "
Dan. Donnelly	"	34	38 00 "	Transféré au pont 2.	30 avril '97.	Transféré au pont 2.	Jos. Brunet	"	43	88 00 "
Jos. Brunet	"	43	38 00 "	Démission.	1er mai '99.	Démission	Godfroi Brunet	"	....	38 00 "
John Rowan	"	....	38 00 "	Congé.	16 déc. '96.	Réorganisation du pers.	Alex. Lalonde	"	37	38 00 "
Alex. Lalonde	"	37	38 00 "	Démission.	25 avril '98.	Démission.	Francis Houle	"	....	38 00 "
John Tremblay	Eclusier et aide-gardien de pont n° 3.	62	38 00 "	Transféré.	5 août '98.	Mis aux réparations du nouveau pont mu par l'électricité.	Thos. McConoury	Préposé au moteur, pont 3.	....	45 00 "
Joseph Bourdeau	A.-gard., pont 3.	53	38 00 "	"	5 " '98.	" "	Ant. Daoust	"	....	45 00 "
James Enright	"	26	38 00 "	Congé	16 déc. '96.	Réorganisation du pers.	Jean Paradis	A.-gard., pont 3	44	38 00 "
James Irwin, aîné	"	56	38 00 "	"	16 " '96.	"	Jean Boudreau	"	...	38 00 "
Mich. Enright	Constable spécial	54	38 00 "	"	1er mai '97	"	Duncan Darragh	Constable spécial	....	38 00 "
Duncan Darragh	"	..	38 00 "	Destitution.	19 juin '97.	Intempérance	Mich. Enright	"	..	38 00 "
Ulric Delisle	Gard., pont n° 4.	....	38 00 "	"	1er mai '97.	Réorganisation du pers.	Phil. Déchêne	Gard., pont n° 4.	56	38 00 "
Ben. Gervais	Aide "	44	38 00 "	Congé	16 déc. '96	"	Josehp Fournier	A.-gard. "	60	38 00 "
Adl. Wilscam	" " *	69	38 00 "	"	16 " '96	"	Désiré Groulx	" "	63	38 00 "

* Est aujourd'hui gardien de nuit au service de l'eau.

EXTRAITS DE RAPPORTS—*Suite.*

LISTE des employés renvoyés par destitution, mise à la retraite ou autrement, et noms des personnes qui ont été nommées pour les remplacer, depuis le 16 décembre 1896 jusqu'à septembre 1898—*Suite*

CANAL DE LACHINE—*Fin.*

Noms des employés renvoyés.	Emploi.	Age	Appointements.	Nature du renvoi.	Gratification ou pension.	Date du renvoi.	Observations ou cause du renvoi.	Noms des employés nouveaux.	Emploi.	Age	Appointements.
			$		$						$
Jos. Deschamps	Chef d'écluse, E. 4	26	38 00 p.m	Destitution		1er mai '97	Réorganisation du pers.	Adolphe Fichaud	Chef d'écluse, E. 4	47	38 00 p.m
Edw. Cardinal	Eclusier, E. 4	34	38 00 "	"		16 déc. '96	"	Aldéric Dagenais	Eclusier, E. 4	41	38 00 "
Wm. Bergevin	"	51	38 00 "	"		16 " '96	"	Joseph Beaudoin	"	55	38 00 "
J. B. Parent	"	27	38 00 "	"		16 " '96	"	Ferdinand Gagnon	"	41	38 00 "
Ferd Gagnon	"	41	38 00 "	Démission		25 avril '98	Démission	Antoine Daoust	"		38 00 "
Antoine Daoust	"		38 00 "	Promotion		5 août '98	Mis aux réparations et nommé au moteur du pont n° 3.	Idre Jodoin	"		38 00 "
Isidore Jodoin	"		38 00 "	Démission		1er juin '98	Démission	Wilfrid Allard	"		38 00 "
Jos. Lacoste	"	45	38 00 "	Congé		16 déc. '96	Réorganisation du pers.	J. A. Boudrias	"	35	38 00 "
J. A. Boudrias	"	35	38 00 "	Décédé		27 nov. '97	Décédé	L. Desroches	"		38 00 "
Frs. Houle	"		38 00 "	Démission		13 sept. '97	Nomination désignée plus bas *vice* Béchard.	Chas. Senécal	"		38 00 "
Pat. Donnelly	"	43	38 00 "	Congé		16 déc. '96	Réorganisation du pers.	Wm. Lex	"	41	38 00 "
Ben. Daoust	"	67	38 00 "	"		16 " '96	"	Emmanuel Maheux	"	34	38 00 "
John Forrest	"	58	38 00 "	"		16 " '96	"	Damase Gratton	"	41	38 00 "
Frs. Parent	"	47	38 00 "	"		16 " '96	"	J.-Bte. Demers	"	61	38 00 "
Alp. Béchard	"	53	38 00 "	"		16 " '96	"	Frs. Houle	"		38 00 "
Alb. Boudrias	"	37	38 00 "	"		16 " '96	"	Jérôme Latour	"	73	38 00 "
F. X. Bergevin	"		38 00 "	"		16 " '96	"	Jos. Jodoin, jne	"		38 00 "
Jos. Sauvé	Gard., pont n° 5	49	38 00 "	Destitution		1er mai '97	"	Jos. Crochetière	Gard., pont n° 5	61	38 00 "
Frs. Aubin	Aide-g. "		38 00 "	"		16 déc. '96	"	Moïse Vian	Aide "	48	38 00 "
Ant. Nantel	" "	65	38 00 "	"		16 " '96	"	Nérée Dufort	" "	62	38 00 "
J.-Bte. Aubertin	Eclusier, E. 5	26	38 00 "	"		16 " '96	"	Maxime Cousineau	Eclusier, E. 5	42	38 00 "
Adolphe LeBlanc	"	46	38 00 "	"		16 " '96	"	Isias Valois	"	65	38 00 "
Nap. Duquette	"	30	38 00 "	"		16 " '96	"	Eric Bolduc	"	30	38 00 "
Frédéric Bolduc	"	30	38 00 "	"				Horm. Leclaire	"		38 00 "
Oscar Bélanger	"	38	38 00 "	"		16 déc. '96	Réorganisation du pers.	Antoine Meloche	"	46	38 00 "
Rd. Hogan	"	52	38 00 "	"		16 " '96	"	David [illegible]an	"	50	38 00 "
Alex. Clément	Chef d'écluse, E. 5	44	38 00 "	"		16 " '96	"	Marcellin Pilon, jne	Chef d'écluse, E. 5		38 00 "
Marcellin Pilon, jr.	"		38 00 "	"		1er " '98		Frs. Pilon	"		38 00 "

Alex. Carignan . . .	" . .	55	38 00 "	"	. . . .	16 " '96. .	Réorganisat. du person.	Herbert Hall	" . .	33	38 00 "
Damase Chartrand	" . .	42	38 00 "	"	. . . .	16 " '96 .	" . .	Napoléon Dagenais	" . .	32	38 00 "
Urgel Viase	" . .	49	38 00 "	"	. . . .	16 " '96. .	" . .	Chas. Huguron. . . .	" . .	37	38 00 "
Chas. Huguron . . .	" . .	37	38 00 "	Démission	. . . . . .	31 nov. '97	Démission.	Benj. Gareau.	" . .	53	38 00 "
Alex. Snider	Aide-gard. de p. 6	55	38 00 "	Congé	. . . .	16 déc. '96 . .	Réorganisation du pers.	Léon Bélanger. . . .	Aide-gard., p'nt 6	43	38 00 "
Ed. Laazon. . . .	" . .	70	38 00 "	"	. . . .	16 " '96. .	" . .	Cyprien Larin	" . .	56	38 00 "
Camille Cousineau.	" . .	48	38 00 "	"	. . . .	16 " '96. .	" . .	Romuald Bélanger.	" . .	44	38 00 "
Thos. McNally. . . .	Commis au bur. de péages du c.	66	1,200 p. a.	Retraité.	840 00	A. C. . . .	Emploi aboli.				
Jos. St. Louis. . . .	" . .	. . . .	. . . .	Décès	. . . . . .	. . . .	Décès	Jos. H. Ste. Marie.	Commis au bur. des péag. du can.	. . . .	75 00 "
Louis Paré.	Receveur des péages, Lachine.	76	1,000 p. a.	Retraité.	300 00	A. C., 19 juin 1896.	Réorganisation du pers.	Alph. Thessereault	Receveur des péages, Lachine.	. . . .	1,000 p. a.

CANAL DE CARILLON ET GRENVILLE.

Alex. Bernigne . . .	Eclusier, E. 1. . .	41	$1.25 p. j.	Démission . .	. . . .	17 sept. '97. .	Démission	Chris. Rafferty. . . .	Eclusier, E. 1. .	29	$1.25 p. j.
Walter McGregor.	" . .	. .	" . .	Congé.	. . . . . .	9 déc. '96. .	Réorganisation du pers.	Paul Dorion.	" . .	32	"
Paul Dorion . . .	" . .	32	" . .	Démission . .	. . . .	29 avril '98 .	Démission.	Mag. Campeau . . .	" . .	. . . .	"
Chris. Rafferty . . .	" . .	29	" . .	Transféré.	. . . . . .	27 " '97. .	Par ré-employé à l'ouverture des travaux.	Henri Boileau	" . .	26	"
Alp. Lalonde	" . .	26	" . .	Congé	. . . . . .	9 déc. '96. .	Dispense de l'emploi. . .	. . . .	. . . .		
Hy. J. Mason	Chef d'écl., E. 2.	50	" . .	Destitution. . .	*a*	17 avril '97. .	Partisanerie offensive. .	J. A. Ethier	Chef d'écl., E. 2	29	"
Gilbert Desforges. .	Eclusier, E. 2. .	50	" . .	Congé.	. . . .	9 déc. '96. .	Pas ré-employé à l'ouverture des travaux. .	Wm. Bryerton. . . .	Eclusier, E. 2. .	30	"
Emas Pressault. . . .	" . .	40	" . .	"	. . . .	9 " '96. .	Réorganisation du pers.	Wilfrid [illegible]. . .	" . .	39	"
Evariste Latreille. .	" . .	40	" . .	"	. . . .	9 " '96. .	Dispensé de l'emploi. .	. . . .	. . . .	. . . .	
Thos. Foreman . . .	Chef d'écl., E. 3.	56	" . .	Destitution. . .	*b*	A. C. 26 mai '97.	Partisanerie offensive. .	Chas. Wade	Chef d'écl., E. 3	53	"
Jos. Desforges. . . .	Eclusier, E. 3. .	27	" .	Congé	. . . .	28 nov. '96	Pas ré-employé à l'ouverture des travaux. .	Fred. Ranger.	Eclusier	50	"
Fred. Ranger.	" . .	50	" . .	Démission. . . .	. . . .	4 " '98. .	Démission.	A. C. Dupuis.	"	. . . .	"
Xavier Desforges. .	" . .	47	" . .	Congé	. . . .	9 déc. '96. .	Dispensé de l'emploi. . .	. . . .	. . . .	. . . .	
Emery Lafrance . .	" E. 4.	. . . .	" . .	"	. . . .	9 " '96. .	" " . . .	. . . .	. . . .	. . . .	
Robt. Lettlington.	Chef d'écl., E. 5	63	" . .	"	. . . . . .	17 avril '97. .	Inacceptable pour l'emploi.	John Ennis.	Chef d'écl., E. 5	65	"
Richard Rankin . .	Eclusier, E. 5. .	49	" . .		. . . .	9 déc. '98. .	Pas ré-employé à l'ouverture des travaux. .	Albert Loughren. .	Eclusier, E. 5. .	37	"
Robert Dewar. . . .	" . .	39	" . .	"	. . . .	9 " '96. .	" " . .	[illegible]h Gagnier. . .	" . .	38	"
Jas. J. Machan. . .	Chef d'écl., E. 6.	32	" . .	"	. . . .	10 juill. '97 . .	. . . .	Jas. H. Barron. . . .	Chef d'écl., E. 6	. . .	"
Thos. Raysen.	Eclusier, E. 6. .	. . . .	" . .	Transféré	. . . . . .	27 avril '97. .	Transféré à l'écluse 7. .	John Sherwood. . . .	Eclusier "	59	"
Peter Trainer. . . .	" E. 7. .	69	" . .	Congé.	. . . . . .	9 déc. '96. .	Pas ré-employé à l'ou- des travaux.	Geo. Belt.	" E. 7	61	"
Geo. Belt.	" . .	61	" . .	Suspension . . .	. . . .	30 juill. '97. .	Permis de démiss., son fils nommé 1er août '97.	John Belt	" "	. . . .	"
Edward Poulin. . . .	" . .	64	" . .	Congé	. . . .	9 déc. '96. .	Pas ré-employé à l'ouverture des travaux.	Sévère Champagne	" "	26	"
John Raysen	" . .	37	" . .	"	. . . . . .	9 " '96. .	" "	Thos. Raysen.	" "	. . . .	"

EXTRAITS DE RAPPORTS—*Suite.*

LISTE des employés renvoyés par destitution, mise à la retraite ou autrement, et noms des personnes qui ont été nommées pour les remplacer, entre janvier 1896 et janvier 1898.

CANAL DE CARILLON ET GRENVILLE—*Fin.*

Noms des employés renvoyés.	Emploi.	Age	Appointements.	Nature du renvoi.	Gratification ou pension.	Date du renvoi.	Observations ou cause du renvoi.	Noms des employés nouveaux.	Emploi.	Age	Appointements.
Chas. Taylor	Eclusier, E. 7	30	$1.25 p. j.	Congé		9 déc. '96	Dispensé de l'emploi				
S. Gaston	Gardien de phare	30	"	Décédé		— mars '99	Décès	Alex. Gaston	Garde-phare		$1.25 p. j.
Jas. Fitzgerald	Flotteur, E. 1		"	Congé		9 déc. '98	Dispensé de l'emploi				
David Robert	" E. 2		"	"		9 " '96	" "				
Alex. Pridham	Receveur des péages, Grenville		$1,000 p.a.	Destitution	c	A. C. 26 mai '97	Partisanerie politique	John Wade	Receveur des péages, Grenville		$33.33p.m.
John Grace	Contremaître	34	$1.75 p. j.	"		22 avril '97	Pas ré-employé à l'ouverture des travaux	J. M. Dorion	Contremaître	38	$1.75 p. j.
John Grace	Plongeur	31	"	"		22 " '97	" "	Alp. Perrier	Plongeur	60	"
J. M. Dorion	Contremaître	38	"	Démission		26 mai '97	Démission	John Grace	Contremaître	34	"
Dan. Murphy	Receveur des péages, Carillon		$800 p. a.	Destitution	d		Partisanerie politique	J. Adolp. Mackay	Percepteur des péages, Carillon		$50 p.m.

Remboursement : *a*—$243 71 ; *b*—$190.97 ; *c*—313.00 ; *d*—$409.75, contribution au fonds de retraite.

CANAL BEAUHARNOIS.

Noms des employés renvoyés.	Emploi.	Age	Appointements.	Nature du renvoi.	Gratification ou pension.	Date du renvoi.	Observations ou cause du renvoi.	Noms des employés nouveaux.	Emploi.	Age	Appointements.
Zéphirin Boyer	Surintendant	53	1,250 00	Destitution		A. C. 7 déc. '97	Maladministration	J. F. Béique	Surintendant		1,400 00
[illegible]on Côté	Garde-magasin		40 00	"		22 avril '97	Non acceptable au dép.	Adélard Dulude	Garde-magasin	37	40 00
Octave Parent	Electricien	39	50 00	"		22 " '97	" "	Damien Lalonde	Electricien	23	50 00
Richard Ellis	Aide-électricien	32	40 00	Démission		31 mai '98	Démission	Henri Daigneault	Aide-électricien		40 00
Edmond Emond	Eclusier, E. 6	43	38 00	Destitution		9 " '99	Non [illegible]able au dép.	C. Trépanier	Eclusier, E. 6		38 00
Célestin Préjeant	" " 7	39	38 00	"		9 " '99	" "	Nap. Fortier	"		38 00
Emm. Théoret	" " 7	58	38 00	"		16 juill. '97	" "	Ubalde Charette	"		38 00
William Reid	Gardien de pont	40	38 00	"		9 avril '98	" "	Horm. Lecavalier	Gardien de pont		38 00
Amable Rufiange	[illegible]ef d'éc'., E. 9	52	38 00	"		22 " '97	" "	Hyac. Giroux	Eclusier, E. 9	56	38 00
Henri Daigneau	Eclusier, E. 9		38 00	Promu		31 mai '98	Nommé aide-électricien	Domina Moss	" "		38 00
Damien Cardinal	" " 9	45	38 00	Destitution		9 " '99	Non acceptable au dép.	Wilfrid Lalonde	" "		38 00
Marcelin Bougie	" " 8		38 00	"		9 " '99	" "	Adélard Boyer	" E. 8		38 00

Alphonse Larente	„ „		38 00	„		9 avril	'98	„ „	Etienne Daoust	„ „		38 00
Etienne Daoust	„ „		38 00	Transféré		9 mai	'99	Transféré à l'écluse 8	O. Gendron	„ E. 9		38 00
Toussaint Boyer	Chef d'écl., E. 10	54	38 00	Destitution		9 avril	'98	Inacceptable au départ	Sévère Leduc	„ E. 10		38 00
Joseph Lefebvre	Eclusier „	42	38 00	„		5 mai	'99	„ „	Euclide Lebœuf	Eclusier „		38 00
Joseph Lebœuf	„ „		38 00	„		23 avril	'98	„ „	Joseph Auger	„ „		38 00
Damase Héneault	„ „	62	38 00	„		5 mai	'99	„ „	Olier Dandurand	„ „		38 00
Joseph Julien	„ E. 11	55	38 00	„		5 „	'99	„ „	Jos. Dubois	„ E. 11		38 00
Isaïe Miron	„ „	38	38 00	„		9 avril	'98	„ „	Franc. Bonhomme	„ „		38 00
Fr. Bonhomme	„ „		38 00	Démission		31 mai	'98	Démission	Euchar. Primeau	„ „		38 00
André Hébert	„ E. 12		38 00	Destitution		9 „	'99	Inacceptable au départ	Damase Paquette	„ E. 12		38 00
Alphonse Miron	„ „		38 00	„		9 „	'99	„ „	Hermén. Renaud	„ „		38 00
Napoléon Mathieu	Chef d'écl., E. 13	41	38 00	„		1er „	'97	„ „	William Charette	Chef d'écl., E. 13		38 00
Hyac. Dandurand	Eclusier „	45	38 00	„		5 „	'99	„ „	Dieudonné Poirier	Eclusier „		38 00
Philippe Leduc	„ „	35	38 00	„		9 avril	'98	„ „	Antoine Poirier	„ „		38 00
Olivier Lafleur	Passeur	62	38 00	Retraité	Allocation.	A.C. 27 oct.	'97	Retraité à sa demande	Nérée Lalonde	Passeur		38 00
Joseph Cardinal	Chef d'écl., E. 14	51	38 00	Destitution		22 avril	'97	Inacceptable au départ	Henri Loiselle	Chef d'écl., E. 14	35	38 00
Léon Pitre	Eclusier „	49	38 00	Décès		15 juillet	'97	Décès	Nap. Ducharme	Eclusier „	40	38 00
Etienne Boivin	Gard. de pont „	61	38 00	Destitution		9 avril	'98	Inacceptable au départ	Mich. Cousineau	Gardien de pont		38 00
Julien Lalonde	„	60	38 00	„		9 „	'98	„ „	Domin. Cardinal	„		38 00
Alfred Robineau	Eclusier, E. 14	41	38 00	„		9 „	'98	„ „	Alfred Morin	Chef d'écl., E. 14		38 00
Antoine D. Danis	Rec. des péages	60	850 00	„		4 mai	'97		S. A. Brodeur	Rec. des péages		875 00
Henri Lefebvre	Aide „	47	700 00	„		4 „	'97	Emploi vacant				

CANAL CHAMBLY.

Fred Sicotte	Com. contrôleur des hrs de trav.	39	60 00	Destitution		24 fév.	'97	Partisanerie politique	George Pepin	Com. contrôleur des hrs de trav.	42	45 00
P. G. Benoit	Aide-électricien	33	45 00	„		1er mai	'97	Inacceptable au départ	Chas. Soupras	Aide-électrien	40	45 00
Alex. Benoit	Pr. au charbon	37	40 00	„		1er „	'97	„ „	Goďfroi Brissette	Prép. au charbon	42	40 00
F. A. Pmsonnault	Chef d'écl. E. 1	38	38 00	Démission		26 avril	'98	Démission	Edw. Gosselin	Chef d'écl., E. 1	38	38 00
William Finlay	Eclusier	67	38 00	Congé		11 déc.	'96	Dispensé de l'emploi				
Cyrlle Patenaude	„	69	38 00	Noyé	*	16 sept.	'96		Edw. Gosselin	Eclusier, E. 1	38	38 00
Edward Gosselin	„	38	38 00	Promotion		1er oct.	'96	Promotion	Pierre Plantier	„		38 00
J. O. Lacouture	Passeur	54	38 00	Destitution		8 janv.	'97		Moïse Dupuis	Passeur	57	38 00
Magloire Daine	Aide-gardien de pont, écluse 3.	52	38 00	Congé		11 déc.	'96	Pas réemployé à l'ouverture des travaux.	Chas. O'Reilley	Aide-gardien de pont, écluse 3.	53	38 00
George Guertin	Eclusier, E. 2	54	38 00	„		11 „	'96	„ „	Samuel Lanctot	Eclusier, E. 2	50	38 00
George Guertin	Gard. de p. „		$100 f.3 m.	„		11 „	'96	Dispensé de l'emploi				
Napoléon Deneau	Eclusier	50	38 00	„		11 „	'96	„ „				
Chas. Trudeau	„ E. 3	58	38 00	„		11 „	'96	Pas réemployé à l'ouverture des travaux.	Chas. Pepin	Eclusier, E. 3	49	38 00
Télesp. Moquin	„ „	61	38 00	„		11 „	'96	Dispensé de l'emploi				
Louis Surprenant	Aide-gardien de pont, éclusier 7	32	38 00	„		11 „	'96	Pas réemployé à l'ouverture des travaux.	Zélie Manny	Aide-gardien de pont, écluse 7.	77	38 00

* Deux mois de salaire offerts, mais refusés par la veuve.

EXTRAITS DE RAPPORTS.—*Suite.*

LISTE des employés renvoyés par destitution, mise à la retraite ou autrement, et noms des personnes qui ont été nommées pour les remplacer, depuis janvier 1896 jusqu'à janvier 1899.

CANAL CHAMBLY—*Fin.*

Noms des employés renvoyés.	Emploi.	Age	Appointements.	Nature du renvoi.	Gratification ou pension.	Date du renvoi.	Observations sur cause du renvoi.	Noms des employés nouveaux.	Emploi.	Age	Appointements.
			$ c.			A.C.					$ c.
André Hender....	Chef d'écl., E. 4.	74	38 00	Retraité.....	$354.20 p. an.	10 mai '99	....	Jacques Leblanc...	Chef d'écl., E. 4.	43	38 00
Joseph Dupuis ..	Eclusier........	45	38 00	Congé..	....	11 déc. '96	Pas réemployé à l'ouverture des travaux.	David Moreau....	Eclusier, E. 4...	60	38 00
Joseph Beauveau..	"	44	38 00	"	....	11 " '96	Dispensé de l'emploi..	....	....	...	
Francis Blanc ...	"	54	38 00	"	....	11 " '96	" " ..	....	....	...	
Jacques Leblanc..	" E. 5...	43	38 00	Promotion....	....	1er juin '99	Promotion..........	Ludger Robert....	Eclusier, E. 5...	...	38 00
Chas. Bélanger...	" " ...	39	38 00	Congé	....	11 déc. '96	Dispensé de l'emploi..	....	....	...	
Antoine Dupuis...	Chef d'écl., E. 6.	59	38 00	Décès	....	13 fév. '96	Nomination de Mailhot datée 1er mai 1898.	Joseph Mailhot....	Chef d'écl., E. 6.	..	38 00
J. B. Desrochers..	Eclusier, E. 6..	56	38 00	Congé	....	11 déc. '96	Pas réemployé à l'ouverture des travaux.	Henri Demers.....	Eclusier, E. 6...	67	38 00
Cyrille Ménard....	" ..	62	38 00	"	....	11 " '96	Dispensé de l'emploi..	....	....	...	
Vital Brosseau...	Aide-g. de p., E.8	...	38 00	"	....	11 " '96	" " ..	....	....	...	
Louis Decelles....	Eclusier, E. 7...	43	38 00	"	....	11 " '96	Pas réemployé à l'ouverture des travaux.	Chas. Fournier....	Eclusier, E. 7...	59	38 00
Arthur Demers....	" E. 8...	42	38 00	"	....	11 " '96	" "	Nazaire Mailhot..	" E. 8...	57	38 00
Michel Normandin	" E. 9...	55	38 00	"	....	11 " '96	" "	Jos. de Seninville..	" E. 9...	35	38 00
Joseph Charron...	" " ...	....	38 00	"	....	11 " '96	" "	Nap. Mignau....	" " ...	42	38 00
Jacques Audette..	Lampiste.......	89	$150 p.7 m.	"	....	11 " '96	" "	Mathieu Carroll...	Lampiste......	63	$150 p.7m.
Francis Chaloux..	Contr. des trav .	67	75 00	Décès...	....	16 oct. '96	Décès	Joseph Bouchard..	Contr. des trav..	65	75 00
Isaac Desautels....	Garde-magasin..	68	$1.25 p. j.	"	....	30 mars '97	"	Joseph Charette...	Garde-magasin..	56	$1.25 p. j.

ECLUSE SAINT-OURS.

Noms des employés renvoyés.	Emploi.	Age	Appointements.	Nature du renvoi.	Gratification ou pension.	Date du renvoi.	Observations sur cause du renvoi.	Noms des employés nouveaux.	Emploi.	Age	Appointements.
						A. C.					
Alfred Coderre....	Surintendant....	56	$ 2 p. j.	Destitution...	....	30 sept. '98	Partisanerie politique.	Olivier Laventure.	Surintendant ..	....	$ 2 p. j.
Joseph Gouin.....	Eclusier	43	38 p.m.	Congé..	....	5 déc. '96	Pas réemployé à l'ouverture des travaux.	Omer Godard.....	Eclusier........	....	38 p.m.

ÉCLUSE SAINTE-ANNE.

J. L. Daoust	Surintendant	56	$800 p.a.	Suspension		6 oct. '97		Saml. Hamilton	Surintendant		
Em. Crevier	Eclusier	55	$1.25 p.j.	Congé		5 déc. '96	Réorgan. du personnel	Placide Legault	Eclusier	71	$1.25 p. j.
Hya. Ranger	"	71	"	"		5 " '96	" "	Joseph Lalonde	"	54	"
Frs. Crevier	"	70	"	"		5 " '96	" "	Paul Robillard	"	78	"
Alex. Brunet	"	58	"	"		5 " '96	Dispensé de l'emploi				
Isidore Pilon	"		"	"		5 " '96	" "				
T. deRepentigny	Contremaître	69	2.20 p.j.	Destitution		27 oct. '96. A.C.	Requête du député d'Hochelaga.	Hilaire Caron	Contremaître	61	$2.20 p. j.
Wm. Crevier	Recev. des péages	59	$800 p.a.	"	*	8 nov. '97	Partisanerie politique	Roger Dandurand	Recev. des péages		$50 p.m.

* Remboursé, $157.00, versés au fonds de retraite.

CANAL RIDEAU.

Robert Shore	Gardien de pont.	70	$1.25 dur. nav., 50c. en hiver.	Décès			Décès	*Michael Keily	Gardien de pont.	51	$1.25 dur. nav., 50c. en hiver.
Henry Pilson	Eclusier	60	$1.25 p. j. et maison	Retraite	$295.62 p. an.		Mauvaise santé	F. Foran	Eclusier	47	$1.25 p.j. et maison
Wm. Mills	"	63	"	Décès			Décès	H. Hutton	"	50	"
John Cot	"	57	"	"			"	James King	"	50	"
Jas Howarth	Eclusier	71	$1.25 p. j. dur. nav.	Retraite	$201.34 p. an.		Mauvaise santé	N. H. Howard	Eclusier	33	$1.25 p.j. dur. nav.
Patrick Deane	Chef d'écluse	71	$1.25 p.j. et maison	Décès			Décès	Thos. Todd	Chef d'écluse	52	$1.25 p.j. et maison
A. Doyle	Eclusier	29	$1.25 p. j. dur. nav.	Démission			Démission	E. Braddon	Eclusier	25	$1.25 p. j. dur. nav.
John Stafford	Gardien de pont.	66	$1 "	Décès			Décès	Michael McGlade	Gardien de pont.	58	$1 "

* Michael Keily, qui était éclusier à Ottawa, fut transféré à la place de Robt. Shore comme gardien de pont ; la vacance opérée à Ottawa fut remplie par F. Goodhouse.

CHEMIN DE FER

ETAT donnant le nom, l'âge, l'emploi et le salaire de tous les employés qui, retraite ou autrement, soit sur le rapport d'un commissaire ou autrement, de la gratification accordée, s'il en est ; aussi l'âge, l'emploi, le salaire ou occasionnées par ces renvois.

Nom.	Emploi.	Résidence.	Salaire.	Age.	Pourquoi rayé du service.
			$ c.		
John O'Toole	Facteur	Halifax	1 20	....	Inacceptable au département.
James Eagan	"	"	1 20	39	" "
Pat Dwyer	Journalier	"	0 11	31	Réduction du personnel
A. Nicholson	"	Richmond	0 11	39	Inacceptable au département.
H. H. Rogers	Conduct., wagon-palais.	Halifax	33 00	29	Ivrognerie
G. Richardson	Cuisinier	"	25 00	40	" et insubordination
D. Keating	Charpentier	Richmond	0 15	57	Réduction du personnel
James Tuppen	Nettoy. de wagon	"	0 11	33	" "
Peter Landry	"	"	0 11	35	" "
Thomas McGrath	"	"	0 11	29	"
H. Ackerman	"	"	0 11	47	"
William Cooke	"	"	0 11	58	"
E. Doyle	"	"	0 11	42	" "
D. J. Ryan	Commis	Halifax	25 00	27	" "
J. L. Olive	Contremaît.-charp.	"	2 50	54	Inacceptable au département.
Fred Miller	Chauffeur	"	0 11	39	Pas d'ouvrage
Jacob Taylor	Cantonnier-chef	Tatamagouche	1 60	48	Inacceptable au département.
J. W. Cameron	"	"	1 60	44	" "
R. W. Johnson	Nettoyenr	Truro	0 11	51	Réduction du personnel
D. McKenzie	"	"	0 11	49	" " "
A. Gladwin	"	"	0 11	24	" "
J. McEachern	"	"	0 11	25	" '
M. D. Ackles	Facteur	Amherst	35 00	28	Vol de boissons
Edw. Troop	"	"	1 10	38	"
A. Mitchell	Cantonnier	Conn's-Mills	1 15	53	Inacceptable au département.
James Feicey	Prép. au combust.	Spring-Hill	40 00	47	" "
W. H. Forrest	"	"	33 00	37	" "
H. Holmes	"	"	33 00	48	" "
Oliver Wade	"	"	33 00	47	Houille par contrat
James McPhee	"	Oxford-Junction	35 00	34	Inacceptable au département.
A. C. Stewart	Prép. au réservoir.	Spring-Hill	0 15	60	" "
Eli Jarvis	Insp. de wagon	Oxford-Junction	47 00	30	" "
Alex. Fowlie	"	Spring-Hill	52 00	65	"
A. Morrison	Cantonnier-chef	Thomson	1 60	50	"
P. McManaman	Cantonnier	Athol	1 15	25	"
P. Robertson	"	Wallace	1 15	61	"
A. K. McDonald	Surintendant	Rivière-du-Loup	141 66	52	"
D. Graham	Cantonnier	Wallace	1 15	54	"
J. H. Clark	Agent	Pugwash-Junction	35 00	39	"
J. R. McKeen	"	Oxford "	40 00	33	" "
J. W. Hyatt	Facteur	" "	1 25	36	Ivrognerie
F. D. Laurie	Surintendant	New-Glasgow	141 66	50	Inacceptable au département.
William Proudlock	Cantonnier-chef	Rivière-John	1 60	47	Ivrognerie
W. S. Willet	Prép. au réservoir	"	1 00	46	Inacceptable au département.
J. W. McKinnon	Charp.-contremaît.	Pictou	2 00	40	" "
W. S. Ross	Agent	Denmark	33 33	30	Ivrognerie
Charles Hoar	Nettoy. de wagon.	Pictou	0 11	33	Inacceptable au département.
George McKay	Serre-frein	Stellarton	1 60	25	Services non satisfaisants
Thos. B. Murray	Cantonnier	Scotsburn	1 15	53	Inacceptable au département.
J. D. Graham	"	West-River	1 15	40	" "
James McDonald	Agent	James'-River	16 00	53	" "
Wm. McLeod	Cantonnier-chef	Tracadie	1 60	44	" "
John Walsh	"	Pomquet	1 60	49	Ivrognerie
R. Peeples	Nettoy. de wagon	Mulgrave	0 11	50	Inacceptable au département.
Daniel Bain	Agent	"	55 00	47	Réemployé comme agent de Valley, janvier 1899.

INTERCOLONIAL.

depuis le 9 avril 1897, ont été rayés du service par destitution, mise à la spécifiant dans chaque cas la raison du renvoi et le montant de la pension ou la rémunération de chacune des personnes appelées à remplir les vacances

Quand destitué.	Montant de la pension ou gratification.	Personnes nommées.			
		Nom.	Emploi.	Salaire.	Age.
				$ c.	
Mai 1897					
Août 1897					
Juin 1897					
Mai 1897					
Août 1897					
Avril 1898		D. Cohoon	Cuisinier	25 00	
Mai 1898					
" 1898					
" 1898					
" 1898					
" 1898					
" 1898					
" 1898					
" 1898					
Avril 1888		W. A. McKenzie	Contremaît.-charpentier	2 50	49
Mai 1898					
Août 1897		J. W. Johnson	Cantonnier-chef	1 60	41
Déc. 1897		H. Spinney	"	1 60	38
Mai 1897					
" 1897					
" 1897					
" 1897					
Juill. 1897		A. V. Cameron	Facteur	35 00	
" 1897		C. B. Purdy	"	1 15	36
Juin 1897		J. Deenings	Cantonnier	1 15	
Août 1897		H. H. Cameron	Prép. au combustible	40 00	55
" 1897		Robert Fraser	"	33 00	44
" 1897		Richard Davis	"	33 00	45
Mar. 1898					
Août 1897		H. R. Fillmore	Prép. au combustible	35 00	26
" 1897		H. A. McKenzie	Prép. au réservoir	0 15	
Nov. 1897		C. D. Fillmore	Inspecteur de wagons	0 15	56
" 1897		George Watt	"	0 15	49
Juill, 1897		Bruce Hyatt	Cantonnier-chef	1 60	29
Déc. 1897		Rupert Noiles	Cantonnier	1 15	23
Août 1897		George McNeil	"	1 15	
Déc. 1897		A. Ouellette	Surintendant	133 33	42
Août 1897		H. Colter	Cantonnier	1 15	
Nov. 1897		E. P. Elliott	Agent	30 00	22
Déc. 1897		W. R. Fitzmaurice	"	40 00	29
Jan. 1898		G. McLean	Facteur	1 25	28
Avril 1897	2 mois de salaire	G. C. Campbell	Surintendant	133 33	49
Juill. 1897		William Cassidy	Contremaître	1 60	32
Août 1897					
Sept. 1897		J. Arbuckle	Contremaître charpentier	1 75	
Jan. 1898		F. A. Gillis	Agent	33 33	35
Fév. 1898		E. Cameron	Nettoyeur de wagons	0 11	25
Sept. 1897					
Fév. 1898		R. Leithead	Cantonnier	1 15	49
Juin 1898		J. A. Fraser	"	1 15	26
Déc. 1897		J. E. McDonald	Agent	20 00	22
Nov. 1897		Alex. McLeod	Contremaître	1 60	34
Sept. 1897		John Dorion	"	1 60	44
Août 1897		Thomas Butler	Nettoyeur de wagons	0 11	54
" 1897		Thomas McLeod	Agent	55 00	

CHEMIN DE FER

ETAT donnant le nom, l'âge, l'emploi et le salaire de tous les employés qui,

Nom.	Emploi.	Résidence.	Salaire.	Age.	Pourquoi rayé.
			$ c.		
James Clarke	Préposé au bagage.	Mulgrave	1 25	47	Inacceptable au département.
D. Wylie	Nettoy. de wagons.	"	0 11	52	" "
William Young	Gardien de nuit	SS. "	30 00		Ivrognerie
William Peeples	Prép. au combust.	"	30 00		Inacceptable au département.
Mrs. Peeples	Nettoy. de wagons.	"	0 06	47	" "
Miss Peeples	"	"	0 06	19	" "
D. Gillis	En char. de chalan.	"	1 35	46	Ivrognerie
Ed. Purcell	Second et commis.	SS. "	45 00	51	Querelle avec le capitaine
John Ryan	Cantonnier-chef	Mulgrave	1 60	43	Ivresse
Rory McNeil	"	Rivière-Denys	1 60	32	Inacceptable au departement.
A. McLeod	Cantonnier	"	1 15	31	" "
J. L. Barbour	Cantonnier-chef	Orangedale	1 60	44	" "
P. Nicholson	Cantonnier	"	1 15	41	" "
A. McDonald	Patron	SS. Mulgrave	60 00	60	Services non satisfaisants
P. S. Archibald	Mécanicien-chef	Moncton	291 66	51	Inacceptable au département.
J. H. Logan	Agent	Sydney-Nord	1 20	36	Ivrognerie
D. R. McLellan	Facteur	Sydney	55 00	44	Inacceptable au département.
R. Campbell	Cantonnier	Rivière-George	1 15		" "
R. B. McNeil	Forgeron et gard. de pont.	Grand-Narrows	1 50	35	" "
A. McDonald	Cantonnier	Sydney	1 15	46	"
T. V. Cooke	Garde mag. général	Moncton	158 33	51	Retraité "
T. Porrell	Prép. au combust.	"	33 00	57	Houille par contrat
O. Cormier	"	"	33 00	50	"
C. Lantagne	"	"	33 00	30	"
S. Gooang	"	"	33 00	40	"
John Wilson	Control. de wagons.	"	1 00	45	Absence sans permission
D. Casey	Journalier	"	0 11	43	Ivrognerie
F. R. Jonah	Prép. au wagons	"	0 13	30	Inutile
W. P. Duffy	"	"	0 14	35	"
F. R. F. Brown	Sur. des machines.	Moncton	266 57	54	Inacceptable au département.
W. F. Hoar	Prép. aux batteries	"	50 00	36	" "
Albert Sears	Inspect. de wagons.	Sussex	40 00	32	" "
C. B. Belding	Cantonnier	Morton	1 15	27	Querelle avec le chef
J. H. McMacken	Prép. aux départs.	Saint-Jean	35 00	54	Besogne transférée au département des machines.
O. F. Bradley	Cantonnier-chef	"	30 00	38	Houille par contrat
John Tweedie	"	"	30 00	28	"
J. Mitchell	"	"	1 00	34	"
Thomas Wilson	"	"	1 00	..	"
H. I. Humphrey	Télégraphiste	Dist. de M. et St-F	1 00	20	Pas d'ouvrage
J. E. Buckley	"	" "	1 00	23	"
A. Harvie	"	" "	1 00	..	
J. McCormack	Cantonnier-chef	Newcastle	35 00	37	Houille par contrat
C. Jones	"	"	30 00	60	"
J. Roy	"	"	30 00	51	"
F. Howe	"	"	30 00	34	"
N. Savoy	"	"	1 00	..	
J. McMinn	Agent	Belledune	33 33	36	Déficit dans ses comptes
Harris Sears	Messager (tempor.)	Campbelton	15 00	22	
A. Lepage	Cantonnier	Assametquaghan	1 15	28	Inacceptable au département.
T. W. McKay	Télégraphiste	Dist. de M. et St-F	1 00	21	Pas d'ouvrage
T. Theriault	Cantonnier	Causapscal	1 15	53	Inacceptable au département.
S. Michaud	"	Amqui	1 15	21	" "
E. Michaud	"	"	1 15	31	" "
A. Simoneau	"	"	1 15	47	" "
Michael Doran	"	Cedar-Hall	1 15	30	"
G. Boulay	"	Sayabec	1 15	58	" "
N. Lamontagne	"	Saint-Moïse	1 15	57	"
Frs. Perron	"	"	1 15	25	"
S. Fraser	"	"	1 15	39	"

DOC. DE LA SESSION Nos 64b, c, g, j, k, n et 66

INTERCOLONIAL—*Suite.*

depuis le 9 avril 1897, ont été rayés du service par destitution, etc.—*Suite.*

Quand destitué.	Montant de la pension ou gratification.	Personnes nommées.			
		Nom.	Emploi.	Salaire.	Age.
				$ c.	
Août 1897.		L. L. Maguire	Préposé au bagage	1 25	29
" 1897.		H. A. Peeples	Nettoyeur de wagon	0 11	52
" 1897.		Andrew Gillis	Gardien de nuit	30 00	52
Déc. 1897.		George Peeples	Préposé au combustible	30 00	
Janv. 1898.		Mme A. Duff	Nettoyeuse de wagon	0 06	
" 1898.		Mme T. Smith	"	0 06	
" 1898.		S. H. Peeples	En charge du chalan	1 35	
Déc. 1897.		L. R. Maguire	Second et commis	45 00	35
Août 1897.		John McDonald	Cantonnier chef	1 60	43
" 1897.		D. C. McDonald	"	1 60	45
Sept. 1897.		A. McFadden	Cantonnier	1 15	35
" 1897.		Neil McLean	Cantonnier chef	1 60	53
" 1897.		Neil McNeil	Cantonnier	1 15	31
Mars 1898.		J. W. Reynolds	Patron	60 00	56
Août 1897.		W. B. McKenzie	Mécanicien en chef	208 33	51
Fév. 1898.		C. B. Ingram	Facteur	1 20	24
Janv. 1898.		L. C. Doiron	Agent	45 00	26
" 1898.		R. Johnson	Cantonnier	1 15	28
" 1898.		J. J. McKinnon	Forgeron et gardien de pont	1 50	45
Avril 1898.		S. O'Handley	Cantonnier	1 15	61
Août 1897.	$646 annuellement.	C. R. Palmer	Garde-magasin général	125 00	65
Mars 1898.					
" 1898.					
" 1898.					
" 1898.					
Déc. 1897.		Clarence Lockhart	Contrôleur des wagons	1 00	18
" 1897.					
" 1897.					
" 1897.					
Mai 1898.	$5\frac{1}{2}$ mois de salaire.	G. R. Joughins	Surint. du dép. des mach.	208 33	44
Nov. 1897.		J. W. Gaskin	Préposé aux batteries	45 00	36
Août 1897.		James Howes	Inspecteur de wagons	40 00	47
Mars 1898.		Frank Ruland	Cantonnier	1 15	20
Avril 1898.					
Mars 1898.					
" 1898.					
" 1898.					
" 1898.					
Oct. 1897.					
Mars 1898.					
Juin 1898.					
Mars 1898.					
" 1898.					
" 1898.					
" 1898.					
Août 1897.		J. W. Lutes	Agent	33 33	42
Avril 1898.		Otto Bastin	Messager	15 00	20
Mai 1897.		Z. Bérubé	Cantonnier	1 15	22
" 1897.					
" 1897.		Joseph Couture	Cantonnier	1 15	31
" 1897.		A. Poirier	"	1 15	35
Juill. 1897.		Charles Côté	"	1 15	38
" 1897.		Cas. Côté	"	1 15	40
Mai 1897.		Gouz. D'Amour	"	1 15	42
Mars 1898.		M. Roy	"	1 15	41
Juill. 1897.		R. St. Amand	"	1 15	50
Août 1897.		N. Bellavance	"	1 15	41
" 1897.		Esdras Vallée	"	1 15	41

CHEMIN DE FER

ETAT donnant le nom, l'âge, l'emploi et le salaire de tous les employés qui,

Nom.	Emploi.	Résidence.	Salaire.	Age.	Pourquoi rayé du service.
			$ c.		
O. Desrosiers	Cantonnier	St-Moïse	1 15	26	Inacceptable au département.
Jos. Bérubé	"	Petit-Métis	1 15	26	" "
Alp. Roy	"	St-Octave	1 15	29	" "
Fra. Roy	"	Ste-Flavie	1 15	49	"
L. Thibault	"	"	1 15	51	"
Theo. Montgrain	Cantonnier-chef	Ste-Luce	1 60	60	"
B. Charest	Cantonnier	Rimouski	1 15	48	"
G. Boulay	"	"	1 15	55	"
H. Levesque	Cantonnier-chef	Bic	1 60	83	" "
Silvio Côté	Cantonnier	"	1 15	33	" "
P. H. E. Picard	Cantonnier-chef	St-Fabien	1 60	56	" "
Joseph Bernard	Cantonnier	"	1 15	37	" "
Oct. Soucy	Cantonnier-chef	"	1 60	51	"
A. Berger	Cantonnier	"	1 15	38	" "
C. Dastous	Cantonnier-chef	St-Simon	1 60	64	" "
A. Thibault	"	"	1 60	57	" "
L. Blanchet	Cantonnier	Trois Pistoles	1 15	50	" "
George Côté	Serre-frein	Ste-Flavie	1 60	31	Ne s'est pas présenté aux trav.
J. Marmen	Facteur	Petit-Métis	1 05	47	Inacceptable au département.
Ant. Roy	"	Ste-Flavie	1 10	49	" "
Jos. Gagnon	Inspect. de wag'ns	"	47 00	53	" "
J. B. Levesque	Répar. "	"	0 11	..	"
M. LeBrun	Graisseur	"	0 10	46	"
A. LeBrun	Nettoyeur	"	0 11	38	" "
Chas. Levesque	"	"	0 11	41	"
M. Morin	Prép. au réservoir	St-Moïse	1 00	61	"
Wm. Berger	"	St-Fabien	1 00	38	" "
F. Ouillet	Charpentier-cant	Rivière-du-Loup	1 75	61	"
Alfred LeBel	Cantonnier	" "	1 15	..	" "
O. Berube	"	Old-Lake-Road	1 15	56	" "
P. G. Mooney	Commis	Rivière-du-Loup	55 00	28	Services non satisfaisants
Jos. Pelletier	Nettoyeur	"	0 11	..	Réduction du personnel
H. Boucher		"	0 11	35	"
A. Thivierge	Aide-ajusteur	"	0 12½	31	"
P. Paradis	Carpentier	"	0 14	51	"
P. Gervais	Nettoyeur de wag.	"	0 11	39	
Pierre Daley	Journalier	"	0 11	30	
V. Desrochers	"	"	0 11	..	"
G. C. Levesque	Aide-chaudron	"	0 11	26	"
John Carrier	Forgeron	"	0 11	35	"
L. J. Carrier	Répar. de wagons	"	0 12½	37	"
O. Michaud	"	"	0 11	..	"
Wilfrid Lainé	Aide-fab. de chaud.	"	0 11	33	Inacceptable au département.
D. Parent	Prép. à la machine.	"	0 12½	49	" "
Jos. Levesque	Aide-ajusteur	"	0 13	33	" "
Clovis Paradis	Répar. de wagons	"	0 12	36	"
A. McKinnon	Gardien de nuit	"	35 00	51	"
Louis Plourde	Ajust. contrem.	"	0 21	37	" "
A. Parent	Ajusteur	"	0 15	24	Insubordination
Eloi Michaud	Charpentier	"	0 14	52	Inacceptable au département.
Andre Michaud	"	"	0 14	57	" "
John Larouche	Gardien de nuit	"	35 00	57	" "
Aug. Ploivede	Aide-ajusteur	"	0 13	33	"
Luke Bouchard	Journalier	"	0 11	30	"
Jos. Fortin	Contrôleur de wag.	"	1 10	23	"
M. Desjardins	Cantonnier	St-Eloi	1 15	26	"
A. Bélanger	Cantonnier-chef	Trois-Pistoles	1 60	43	"
A. Tardiff	Cantonnier	Isle Verte	1 15	38	" "
Isaac Lavoie	Nettoyeur	Rivière-du-Loup	0 11	66	"
V. Desrosiers	Répar. de wagons	" "	0 12	39	" "
P. Dubé	Cantonnier-chef	St-Alexandre	1 60	49	"
C. Chamberland	Cantonnier	St-Phillippe	1 15	47	"

INTERCOLONIAL—*Suite.*

depuis le 9 avril 1897, ont été rayés du service par destitution, etc.—*Suite.*

Quand destitué.	Montant de la pension ou gratification.	Personnes nommées.			
		Nom.	Emploi.	Salaire.	Age.
				$ c.	
Juillet 1897		P. Pelletier	Cantonnier	1 15	31
Mai 1897		Jos. Charest	"	1 15	39
" 1897		Oct. Fortin	"	1 15	24
" 1897		D. Desrosiers	"	1 15	51
" 1897		Thomas Pelletier	"	1 15	25
" 1897		H. Rioux	" chef	1 60	42
Juillet 1897		Louis Parent	"	1 15	52
" 1897		A. Pelletier	"	1 15	24
" 1897		Ludger Blois	" chef	1 60	39
" 1897		Oct. Durette	"	1 15	24
" 1897		F. Robichaud	" chef	1 60	46
" 1897		Paul Michaud	"	1 15	38
Mai 1897		M. Beauchêne	" chef	1 60	52
" 1897		A. Bellavance	"	1 15	21
" 1897		C. Gagné	" chef	1 60	48
Juillet 1897		F. Gagnon	" "	1 60	49
Janv. 1898		Pierre Rioux	"	1 15	55
Juillet 1897					
Avril 1897		Joseph Beaubien	Facteur	1 00	41
Juillet 1897		R. Levasseur	"	1 10	
Mai 1897		Jos. Trépannier	Inspecteur de wagons	47 00	62
" 1897		A. Madore	Rép. de wagons	0 11	60
" 1897		Louis Doucet	Graisseur	0 10	50
" 1897		Joseph Deschênes	Nettoyeur	0 11	..
Juillet 1897		F. Ouellet	"	0 11	62
" 1897		Pierre Soucy	Prép. au réservoir	1 00	31
Mai 1897		F. Ouellet	"	1 00	66
Mars 1898		C. Rosseau	Charpentier cantonnier	1 75	56
Mai 1898		Jos. Levesque	Cantonnier	1 15	43
Juillet 1897		Jos. Sirois	"	1 15	37
Déc. 1897		Oscar Chevrier	Commis	50 00	25
Avril 1897					
" 1897					
" 1897					
" 1897					
" 1897					
" 1897					
" 1897					
" 1897					
" 1897					
" 1897					
" 1898		Elzéar LeBel	Aide-chaudron	0 13	31
" 1898		W. Hodgson	Préposé à la machine	0 11	51
" 1898		Pitre Blier	Aide-ajusteur	0 11	43
" 1898		E. Gagné	Rép. de wagons	0 12	20
" 1898		Oct. Nadeau	Gardien de nuit	35 00	55
" 1898		Thomas Ryan	Ajusteur contremaître	0 21	40
Fév. 1898		Phil. Gauvreau	Ajusteur	0 15	34
Mai 1898		M. Michaud	Charpentier	0 14	47
" 1898					
" 1898		E. Gauvreau	Gardien de nuit	35 00	43
Avril 1898					
Mai 1898		Frs. Sylvain	Journalier	0 11	41
" 1898		Aug. Pouliot	Contrôleur de wagons	1 10	30
" 1898		Eloi Albert	Cantonnier	1 15	38
" 1898		T. Morency	" chef	1 60	53
" 1898		A. Laforest	"	1 15	51
" 1898		John Ross	Nettoyeur	0 11	29
" 1898		Jos. Dumont	Rép. de wagons	1 60	37
Juillet 1897		A. Rossegnol	Cantonnier-chef	1 15	37
" 1897		Jos. Potvin	"	1 00	..

CHEMIN DE FER

ÉTAT donnant le nom, l'âge, l'emploi et le salaire de tous les employés qui,

Nom.	Emploi.	Résidence.	Salaire.	Age.	Pourquoi rayé du service.
			$ c.		
Jos. Pelletier	Facteur	Ste-Anne	1 00	30	Inacceptable au départem
E. J. V. Blagdon	Agent	St-Phillippe	33 33	38	Déficit dans ses comptes
A. Jean	Cantonnier-chef	Rivière-Ouelle	1 60	54	Inacceptable au départem
L. P. Jean	Télégraphiste	St-Charles	33 33	32	" "
F. Castonguay	Agent	"	44 16	57	" "
A. P. LeBel	"	St-Henri	30 00	..	"
A. Nolin	Facteur-chef	Chaudière	1 25	34	"
J. Vernette	Gardien de nuit	"	1 20	..	"
J. J. Dunnigan	Contrôleur du fret.	"	1 15	27	"
A. Lemieux	Facteur	"	1 10	31	"
N. Desmeules	"	"	1 10	50	"
E. Drolet	"	"	1 10	47	"
E. Morneau	"	"	1 00	..	" "
E. Roberge	Gard. de traverse	"	1 00	46	"
E. Samson	Commis au fret	Lévis	41 66	51	"
E. Lemieux	"	"	41 66	40	"
Jos. Morency	Facteur	"	1 10	50	"
Louis Sampson	"	"	1 10	55	" "
J. Maréchal	"	"	1 10	55	" "
George Langlois	"	"	1 10	59	"
Joseph Leclerc	"	"	1 10	68	"
C. Labrecque	"	"	1 10	45	"
F. X. Lafrance	"	"	1 10	43	"
E. Tardif	Homme de cour	"	1 65	68	"
C. E. Delisle	Constable	"	1 25	59	" "
C. Laflamme	Gardien de nuit	"	1 00	..	" "
B. W. Mason	Préposé au bagage.	"	50 00	34	Intemp., ne pay. pas ses dettes
William Fontaine	Contrem. de wag'ns	Chaudière	47 00	45	Inacceptable au départem
Theo. Fontaine	Rép. de wagons	"	0 13	42	" "
Cyril Fortier	"	"	0 12	30	" "
Jos. Fontaine	"	"	0 12	66	"
L. Thériault	"	"	0 12	41	"
L. Lemieux	"	"	0 12	45	"
W. G. Robinson	Agent de voyageurs et de fret, Est.	Montréal	150 00	68	"
J. T. McDonnell	Chef de train	"	60 00	47	Ivrognerie
Wm. Appleton	Conducteur	Halifax	2 75	39	Ivresse en fonction
Edw. Duggan	Finisseur.	"	0 17½	28	Ne donnant pas satisfaction et s'absentant sans permission
Ed. Tobin	Ajusteur	"	0 14	59	Ivrognerie
N. S. McKay	Garçon, wag. réfec.	"	20 00	..	"
Wm. Purcell	Second cuisinier	"	25 00	..	"
Geo. Livingston	Prép. au garage	Truro	1 30	21	Inattention
J. L. McNutt	Prép. au combust.	"	30 00	43	Houille par contrat
James Frizzell	"	"	30 00	45	" "
C. G. McNutt	"	"	30 00	30	" "
Henry Wright	"	"	30 00	33	" "
Wm. McKinnon	"	"	30 00	..	" "
J. T. McIntosh	Cantonnier	Ross-Road	1 15	49	Incompétence
Malcolm McDonald	Agent	Pugwash-Junction	30 00	22	Déficit dans ses comptes
J. B. Cameron	Chauffeur	Stellarton	1 30	29	Ivrognerie
Isaac Freeland	Serre-frein	"	1 60	34	Collision à Acadia-Siding
Wm. F. Smith	"	"	1 25	23	" "
Alex. McLeod	Chef de train	"	2 00	34	" "
H. A. Wilson	Agent intérimaire	Westville	30 00	23	" "
Robert Cameron	Nettoyeur	Stellarton	0 11	20	Absence sans permission
George A. Ward	Inspecteur de wag.	Pictou	47 00	49	Incompétence
D. R. McDonald	Agent	Tracadie	25 00	31	Déficit dans ses comptes
Alexander Gillis	Cantonnier	W.-Bay-Road	1 15	47	Inacceptable au départem

INTERCOLONIAL—*Suite.*

depuis le 9 avril 1897, ont été rayés du service par destitution, etc.—*Suite.*

Quand destitué.	Montant de la pension ou gratification.	Personnes nommées.			
		Nom.	Emploi.	Salaire.	Age.
				$ c.	
Juillet 1897.		D. L. Pelletier	Facteur	1 00	30
Sept. 1897.		M. Grant	Agent	1 60	34
Mars 1898.		J. Rémillard	Cantonnier-chef	1 60	27
Avril 1897.		F. O. Bouchard	Télégraphiste	33 33	36
" 1897.					..
Mai 1897.		A. Rhéaume	Agent	35 00	35
Juillet 1897.		C. F. Coleman	Facteur-chef	1 25	43
" 1897.		M. Emond	Gardien de nuit	1 20	..
" 1897.					..
" 1897.		Jos. Dagman	Facteur	1 10	29
" 1897.		C. Morneau	"	1 10	27
" 1897.		T. Verutte	"	1 10	54
" 1897.					..
" 1897.		P. Morineau	Gardien de traverse	1 00	47
Nov. 1897.		Oct. Couture	Commis au fret	41 66	42
Juillet 1897.		A. Lamontagne	"	41 66	22
" 1897.		E. Lavallière	Facteur	1 10	49
" 1897.		A. Bolduc	"	1 10	47
" 1897.		A. Couture	"	1 10	59
" 1897.		P. Gagné	"	1 10	37
" 1897.		P. Lemieux	"	1 10	42
" 1897.		Jos. Beaulieu	"	1 10	45
" 1897.		Jos. Maurice	"	1 10	36
Juin 1897.		George Murray	Homme de cour	1 65	31
Juillet 1897.		George Bégin	Constable	1 25	61
" 1897.		Walter Moore	Gardien de nuit	1 00	38
Août 1897.		L. J. Furois	Préposé au bagage	1 60	34
Mai 1897.		S. Malouin	Contremaître de wagon	47 00	37
Juillet 1897.		R. Lafrènes	Répar. de wagon	0 12	47
" 1897.		P. Demers	"	0 12	33
Mai 1897.		B. Lemieux	"	0 12	43
" 1897		Simon Côté	"	0 12	25
" 1897.		Alf. Couture	"	0 12	57
Août 1897.	2 mois d'appointem.	*W. H. Olive	Agent de voy. et de fret Est	133 33	62
Mai 1898.		E. Cameron	Chef de train	60 00	25
Juillet 1898					..
Sept. 1898.		George Nauffts	Finiseur	0 17½	33
Juillet 1898		Fred. Miller	Ajusteur	0 14	39
Sept.					..
Mars 1899.		George Took	Second cuisinier	20 00	22
Sept. 1898.		A. H. McKenzie	Préposé au garage	1 30	25
Janv. 1899.					..
" 1899.					..
" 1899.					..
" 1899.					..
" 1899.					..
Mars 1899.		M. Seaman	Cantonnier	1 15	..
" 1899.		H. R. Findlay	Agent intérimaire	30 00	19
Août 1898.					..
Oct. 1898.					..
" 1898.					..
" 1898.					..
" 1898.					..
" 1898.		C. H. Pemberton	Nettoyeur	0 11	24
Nov. 1898.		Mason Smith	Inspecteur de wagon	47 00	49
Mars 1899.		C. H. Cameron	Agent intérimaire	25 00	20
Sept. 1898.		Allan McDonald	Cantonnier	1 15	31

* Emploi aboli 1er décembre 1897 ; ré-employé agent voyageur décembre 1898, à $100 par mois.

CHEMIN DE FER

ETAT donnant le nom, l'âge, l'emploi et le salaire de tous les employés qui,

Nom.	Emploi.	Résidence.	Salaire.	Age.	Pourquoi rayé du service.
			$ c.		
James Matheson	Cantonnier-chef	McKinnon-Harb'r.	1 60	49	Inacceptable au département.
Edw. Fader	Cantonnier	Leitche's-Creek	1 15	37	" "
Rory McNeil	Cantonnier-chef	Beaver-Cove	1 60	32	" "
Rory McIsaac	Agent	Boisdale	30 00	28	Ivrognerie
J. H. Walker	Cantonnier	McKinnon-Harb'r.	1 15	28	Inacceptable au département.
D. C. McNeil	Cantonnier-chef	Grand-Narrows	1 60	37	" "
John Campbell	Cantonnier	Boisdale	1 15	44	" "
Grant Hall	Contr'm.gén.deloc.	Moncton	125 00	35	" "
B. Freeze	Cantonnier	Petitcodiac	1 50	62	" "
J. McCready	Agent	Morton	40 00	69	Services non satisfaisants
J. F. Desmond	Télégraphiste	Dist. M. et St. F.	1 00	21	Pas d'ouvrage
J. P. Swift	"	" "	1 00	22	"
T. G. Cronin	Facteur	Saint-Jean	1 20	33	Ivrognerie
T. W. Hay	Agent	Bartibogue	33 33	25	Inattention et déficit dans ses comptes.
E. Tardiff	Serre-frein	Saint-Flavie	1 25	40	Pas d'ouvrag.
Felix Saindon	Cantonnier	Saint-Arsène	1 15	53	Inacceptable au département.
Wm. Earl	Chef de cour	Rivière-du-Loup	1 75	32	Vol de boiss. à la Riv. du-Loup
Cyrel Roberge	Serre-frein	" "	1 60	27	" "
Alfred Wright	"	" "	1 60	39	" "
P. Courtrow	"	" "	1 60	..	"
A. Gagné	Facteur	" "	1 20	..	" "
Joseph LeBel	Serre-frein	" "	1 25	..	Ivrognerie
J. V. Côté	Agent	Ile-Verte	1 00	..	Ivrognerie et se battant à la gare.
J. O. Chamberland	"	Cacouna	35 00	33	Ne voyant pas aux affaires du chemin.
Frs. Bérubé	Facteur	"	1 00	50	"
Camille Caron	Serre-frein	Rivière-du-Loup	1 60	40	Vol de volailles.
H. Robitaille	Commis	" "	30 00	19	Incompétence
Frs. Michaud	Nettoyeur	" "	0 11	49	Ivrognerie
A. Roberge	Serre-frein	" "	1 25	38	"
Lazare Morin	Cantonnier	Sainte-Helène	1 25	43	Inacceptable au département.
C. Bouillard	Prép. au combust.	Saint-Charles	33 00	61	Houille par contract.
Jos. Couture	"	"	1 00	49	"
Frs. Gosselin	"	"	1 00	56	"
Damase Girard	"	"	1 00	38	"
Charles Levesque	Chef du Pullman	Québec	50 00	28	Ivrognerie
A. H. Harris	Agent gén. du traf.	Montréal	416 66	44	Emploi aboli
T. H. Underwood	Premier commis	"	100 00	39	"
Q. B. O'Dell	Secrétaire	"	50 00	27	"
J. A. Ryan	Messager	"	10 00	17	"
D. Arbuckle	Premier	"	60 00	28	Cuisinier trop dispendieux
C. R. Budd	Serre-frein	Moncton	1 25	25	Pas d'ouvrage.
W. D. King	"	"	1 25	22	"
B. Hachey	"	"	1 25	20	"
N. Lutz	"	"	1 25	20	"
Frank Lemieux	Agent	Saint-Michel	20 00	..	Déficit dans ses comptes
J. B. Lavigne	"	Sainte-Luce	35 00	35	Faisait le commerce
Alex. McIntyre	Préposé au bagage.	Sydney	1 30	47	Irregularités
O. Rousselle	Serre-frein	Sainte-Flavie	1 60	35	Ivrognerie
J. A. Damours	Télégraphiste	Mitchell	1 00	27	"
A. Oullette	Surintendant	Rivière-du-Loup	133 33	42	Inacceptable au département.

INTERCOLONIAL—*Fin.*

depuis le 9 avril 1897, ont été rayés du service par destitution, etc.—*Fin.*

Quand destitué.	Montant de la pension ou gratification.	PERSONNES NOMMÉES.			
		Nom.	Emploi.	Salaire.	Age.
				$ cts.	
Oct. 1898.		M. A. Gillis	Cantonnier-chef	1 60	28
" 1898.		Ingram Ball	Cantonnier	1 15	31
" 1898.		Alten Steele	Cantonnier-chef	1 00	31
Oct. 1898.		Peter McKenzie	Agent	25 00	25
Janv. 1899.		Neil McKinnon	Cantonnier	1 15	40
Nov. 1898.		Rory McKenzie	Cantonnier-chef	1 60	39
Sept. 1898		D. A. McIntyre	Cantonnier	1 15	46
Juill. 1898.	2 mois de salaire	F. G. Hunter	Cont. général de locom.	100 00	49
"		James Nelson	Préposé au réservoir	1 50	67
"		J. E. McCready	Agent	35 00	31
Août 1898.					
" 1898.					
Mars, 1899.					
Fév. 1899.		R. D. Smith	Agent intérimaire	33 33	25
Déc., 1898.					
Août 1898.		Aug. Morneau	Cantonnier	1 15	29
Sept.		D. Laplante	Chef de cour	1 75	34
" 1898.					
" 1898.					
" 1898.					
" 1898.		Jos. April	Facteur	1 20	25
" 1898.					
" 1898.		P. Voyer	Agent	33 33	33
Oct. 1898.		J. C. Roy	"	33 33	29
" 1898.					
Janv. 1899.					
Oct. 1898.		F. H. Primeau	Commis	50 00	29
" 1898.					
Fév. 1899.					
Déc. 1898.		V. Desjardins	Cantonnier	1 15	20
Fév. 1899.					
" 1899.					
" 1899.					
" 1899.					
Mars 1899.					
Juill. 1898.	6 mois de salaire				
" 1898.	2 " "				
" 1898.					
" 1898.					
Déc. 1898.		A. W. Eaton	Chef	45 00	30
Mai 1899.					
" 1899.					
" 1899.					
" 1899.					
Mars 1899		J. B. Paradis	Agent intérimaire	1 00	
Avril 1899.		J. A. Picard	Agent	33 33	29
" 1899.		C. Downing	Préposé int. au bagage	1 30	32
" 1899.					
Mai 1899.					
Mars 1899.		W. A. Dubé	Surintedant	133 33	

MARINE ET PÊCHERIES

ETAT donnant le nom, l'âge, l'emploi et le salaire de tous les employés aux 1897, ainsi que la

Nom.	Age.	Emploi.	Salaire.	Service intérieur ou extérieur.	Temporaire ou permanent.
H. B. Short	33	Gardien de quai, Digby, N.-E.	25 p.c., péag.	Extérieur.	Permanent.
Robert Rainsborrow	82	Gar. de ph., Lower Fox I'd, Baie Miramachi.	$2[illegible]0 p. a.	"	"
John A. Gowan.	51	Maître de port, Shelbourne, N.-E	200 "	"	"
A. D. Case	36	Gardien de phare, Hendry's-Point, N.-B.	80 "	"	"
Francis, Cahill	38	Gardien de phare, Sandy-I'd., Cascumpec.	200 "	"	"
Joseph Bouffard	32	Gardien de quai, Berthier.	25 p.c., péag.	"	"
B. R. Palmer	46	Gardien de quai, Palmer's-Point, N.-B	$ 80 p.a.	"	"
R. C. Williams	53	" Williams'-Wharf, N.-B	80 "	"	"
Thos. Judson Downie	53	Gardien de quai, Margaretville	25 p.c.. péag.	"	"
Joseph Livingstone	64	Maître de port, Riv. Cardigan	*d* $100 p.a.	"	"
William D. White	49	" Alberton, I.P.-E.	*d* 200 "	"	"
Paul Salvail, jr.	27	Gardien de phare, Ile-à-la-Pierre	220 "	"	"
Don. Fraser Macdonnell	..	Maître de port, Port William	*d* 400 "	"	"
James Cousins	64	" Digby, N.-E	*d* 200 "	"	"
Nelson Turnbull	33	Gardien de phare, Digby-Pier	100 "	"	"
Jos. R. Healey	39	" Shafner's-Point, N.-E	150 "	"	"
Augustine, Hackett	54	" North-Cape, I.P.-E	300 "	"	"
Morris, Scovil	37	" Noman's-Friend, N.-B.	80 "	"	"
Alex. Beaton	42	Maître de port, Weymouth, N.-E.	*d* 200 "	"	"
Don. Fraser Macdonnell	..	" Port-Arthur	*d* 200 "	"	"
Samuel Hagan	..	Gardien de quai, Thessalon, Ont.	25 p.c., péag.	"	"
H. F. Devean.	47	" Meteghan-Cove, N.E	" "	"	"
W. M. B. Dakin	48	" Centreville, N.-E.	" "	"	"
A. A. Lawson	37	Gardien de phare, Red Rock, Parry-Sound.	$450 p.a.	"	"
L. S. Nickerson	57	Gardien du phare flottant à Barrington	500 "	"	"
Alex. Fraser	44	Gardien de phare, Pictou-Harbour	150 "	"	"
Andrew Jones	34	" Port-Dover	200 "	"	"
Harding E. Graves	40	Maître de port, Harvey, N.-B	*d*100 "	"	"
Angus Campbell	51	Gardien de phare, Bird-Island, N.-E.	400 "	"	"
John Nickerson	59	Maître de port, Port-La-Tour	*d*200 "	"	"
Alphonse Blondin	40	Gardien de phare, Quai de Lachine	·200 "	"	"
Thomas Pack	49	Méc. de l'in. de brume, Cranberry-Head, N.-E.	500 "	"	"
John Beck	68	Gardien de phare, Anse-du-Cap, Qué	400 "	"	"
John McDonald	4[illegible]	" Scatarie-Il'd, N.-E	800 "	"	"
Lewis Hudgins	88	" Salmon-Point, Ont.	300 "	"	"
James McKinnon	68	" Negro-Il'd, N.-E	300 "	"	"
b Alex. M. Willis	.	Commissaire de pilotage, Pugwash	....	"	"
Thomas Hayes	61	Gardien de phare, Herring-Cove, N.-E	$100 p.a.	"	"
James Day	57	Gardien de quai, Crapaud, I.P.-E	25 p.c., péag.	"	"
C. L. dit Raymond	53	Gardien de phare, Pointe-aux-Anglais	$200 p.a.	"	"
b John P. Brennen	..	Commissaire de pilotage, Alberton, I.P.-E.	....	"	"
b W. P. Reid	..	" " "	....	"	"
b James E. Birch	.	" " "	....	"	"
James Grady	..	Maître de port, Summerside	*d*$200 p.a.	"	"
Wm. B. Welsh	38	Gardien de quai, Cape-Tormentine	25 p.c., péag.	"	"
Nerre Morash	..	" Cascades, Qué	" "	"	"
Albert Leblanc	36	Gard. du phare flottant n° 2, Lac St-Louis.	$300 p.a	"	"
J. P. Dillon	58	Gardien de phare, Whitehead-Il'd, N.-E.	510 "	"	"
John Mountain	53	Gardien des feux d'alignement, Alberton	80 "	"	"
A. B. Richard	48	Gardien de phare, Folly-Point, N.-B.	175 "	"	"
W. W. Wrayton	40	" Bon-Portage, N.-E.	350 "	"	"
Jos. E. McNeil	54	" Jerome-Point, N.E.	250 "	"	"
b York Barrington	45	Gard. de port, Vic.-Pier, Sydney-Harbour.	Hon. du bur.	"	"
York Barrington	45	Gardien de port, Sydney-Harbour	*d*200 p.a.	"	"
Norman Matheson	57	" Little-Narrows, N.-E.	*d*100 "	"	"
Daniel Sutherland	..	Commissaire de port, Pictou-Harbour	....	"	"
Allan A. Ferguson	..	" " "	....	"	"
Donald Grant	..	" " "	....	"	"

a A décliné la nomination. *b* On ne lui a pas demandé son âge. *c* Temporaire. *d* Honoraires.

—DIVISION DE LA MARINE.

services de l'intérieur et de l'extérieur qui en ont été rayés depuis le 9 avril
cause de leur renvoi.

Nature du renvoi.	Sur rapport d'un commissaire ou autrement.	Raison du renvoi.	Montant de la pension ou gratification.	Nom du nouvel employé.	Age.	Salaire.
			$ c.			
Destitué par A. C.	Rappo't de com.	Partisanerie politique..	....	W. W. Hayden....	35	25 p.c. des p'g
Mis à la retraite ..	....	Vieillesse............	$100 p.a..	George Mills	34	$200 p. a.
Destitué par A. C.	Rapp. de com.	Irrégularité dans le bur.	....	John C. Morrison..	41	d100 "
" " ..	" de l'agent	A quitté la localité sans permission.	....	E. M. Hendry. ...	54	60 "
" " ..	" "	Négligence	....	Jas. C. Tuplin.....	26	200 "
" " ..	" "	"	....	aD. Larochelle	..	25 p.c., péag.
" " ..	" de com.	Partisanerie politique..	....	R. E. Pickett	52	$ 80 p. a.
" " ..	" "	" " ..	....	Forest Williams...	47	80 "
" " ..	" "	" " ..	....	C. S. McLean.....	70	25 p.c., péag.
" " ..	" "	" " ..	....	Donald Stewart..	..	d$100 p. a.
" " ..	" "	Inattention à ses fonct.	....	John McKay.....	66	d 200 "
" " ..	" "	Partisanerie politique..	....	Omer Salvail.....	..	220 "
" " ..	....	Inefficacité, etc.	....	T. E. Oakley ...	29	d 400 "
" " ..		"	....	Israel Horsey	67	d 200 "
" " ..	Rapp'rt de com.	Partisanerie politique..	....	Edwin Beaman....	51	100 "
" " ..	" "	" " ..	....	J. V. Roblee	49	150 "
" " ..	" "	" " ..	....	James Phee. ...	40	300 "
" " ..	" "	Avoir vendu illég. propriété du gouv., etc.	....	David Purvis......	67	80 "
" " ..	" "	Partisanerie politique..	....	Randolph Payson..	49	200 "
" " ..	....	Inefficacité...........	....	Basil Guerard.....	70	d 200 "
" " ..	....	Négligence.	....	F. Leighfield......	48	25 p.c., péag.
" " ..	Rapp'rt de com.	Partisanerie politique..	....	H. F. Robichau....	69	25 "
" " ..	" "	" " ..	....	Alfred Ward .	60	25 "
" " ..	" "	Absences.......... ..	....	J. McConachie....	42	$450 p. a.
" " ..	Rapport d'insp.	Négligence grave, etc..	....	John W. Lyons....	..	500 "
" " ..	Rapp'rt de com.	Partisanerie politique..	....	David Lowden....	35	150 "
" " ..	" "	" " ..	....	S. L. Butler......	35	200 "
" " ..	" "	" " ..	....	J. E. Bishop ...	50	d100 "
" " ..	" "	" " ..	....	W. H. Dunlop	40	400 "
" " ..	" "	" " ..	....	J. K. Snow........	.	d200 "
" " ..	" "	" " ..	....	Thos. Leger......	32	200 "
" " ..	" "	" " ..	....	aC. A. Burchell ...	..	500 "
6 " ..	" "	" " ..	....	Chas. Bourget.....	..	400 "
" " ..	" "	" " ..	....	J. T. Martell......	41	800 "
" " ..	....	Vieillesse	138 00	Amos McDonald ..	36	300 "
" " ..	....	Age et infirmités.....	150 00	Byron Nickerson ..	36	250 "
" " ..	....	Ne pouv. remp. s. fonct.	....	Alex. Hollis.	.	
" " ..	Rapp'rt de com.	Partisanerie politique..	....	Wm. Brackett.....	47	$100 p. a
" " ..	" "	" " ..	....	E. McKinnon......	46	25 p.c., péag.
" " ..	....	Violé les règlements .	....	L. H. Masson	..	$200 p. a.
" " ..	Rapp'rt de com.	Partisanerie politique..	....	Jas. S. Gordon	..	
" " ..	" "	" " ..	....	James F. White...	..	
" " ..	....	" " ..	....	Charles Morrison..	..	
" " ..	....	Inattentif à ses devoirs	....	Wm. Stymest......	61	d$200 p. a.
" " ..	Rapp'rt de com.	Partisanerie politique..	....	E. T. Allan	..	25 p.c., péag.
" " ..	" d'insp.	Résidant trop loin.....	....	Moise Leroux	..	25 "
" " ..	" "	Inattentif à ses devoirs	....	Daniel Daoust	36	$300 p. a.
" " ..	" de com.	Partisanerie politique..	....	James Wells. .	..	510 "
" " ..	" "	" " ..	....	Wm. Champion ..	.	80 "
" " ..	" "	Disp. de la pr'p. du gouv.	....	P. T. Belleveau....	34	175 "
" " ..	" d'insp	Négligence grave......	....	Leslie Hopkins...	25	350 "
" " ..	" de com.	Partisanerie politique..	....	cJames McAskill .	53	250 "
" " ..	" "	" " ..	....	Nelson Townsend..	..	Hon. de bur.
" " ..	" "	" " ..	....	Ernest Richardson.	27	d$200 p. a.
" " ..	" "	" " ..	....	Ken'th McLennan.	46	d 100 "
" " ..	....	Ne fais. rien d. l'int. port	....	Henry G. Ives....	..	
" " ..	....	" " ..	....	Fred. W. Fraser...	..	
" " ..	....	" " ..	....	Edward Doherty ..	..	

d Honoraires.

ETAT donnant le nom, l'âge, l'emploi et le salaire,

MARINE ET PÊCHERIES

Name.	Age.	Emploi.	Salaire.	Service intérieur ou extérieur.	Temporaire ou permanent.
Thomas Cantley	..	Comm. de port, port de Pictou		Extéri'r	Permanent.
Thomas Farmer	..	" "		"	"
Martin Phoran	..	" Sydney-Nord		"	"
Geo. H. Dobson	..	" "		"	"
Horace E. Moore	..	" "		"	"
H. H. Hamilton	63	Gardien de phare, Whitehead	$350 p. a.	"	"
Jas. F. Burke	44	" Louisbourg, N.-E	350 "	"	"
John Ehlor	44	" Guysboro, N.-E	300 "	"	"
Angus Beaton	73	" Pugwash, N.-E	300 "	"	"
Murdock McLeod	69	" Riv. Saugeen, Ont	80 "	"	"
O. H. Feltmate	43	Maître de port, Fox-Bay	*d*200 "	"	"
E. A. McNeil	48	Gardien de phare, Piper's-Cove, N.-E	120 "	"	"
P. E. McNeil	37	" Pointe-Gillis, N.-E	120 "	"	"
Wm. Peters	60	" Ile Narrow, Ont	200 "	"	"
Abraham Daly	71	" Birch-Point, I.P.-E	50 "	"	"
J. W. Kirkpatrick	35	Mécanicien du signal de brume, Cap-D'Or	500 "	"	"
J. C. McFarlane	34	Gardien de phare. Ile Marguerite, N.-E	400 "	"	"
Thos. Miller	59	Prép. à l'eng. des matelots, Riv.-à-L'Ours, N.-E	Honoraires.	"	"
*b*Wm. Purvis	..	Commission de pilotage, Sydney, N.-E		"	"
*b*Alex. Hamilton	..	" "		"	"
*b*John Lorway	..	" "		"	"
*b*Thomas Routledge	..	" "		"	"
*b*David Rudderham	..	" "		"	"
W. W. Cunnabell	50	Prép. à l'eng. des matelots, Parsboro, N.-E	Honoraires.	"	"
Wm. Purvis	63	Gardien de phare, Great Dutch Island, Ont	$500 p. a.	"	"
T. F. Mader	..	Maître de port, Baie-Mahone	200 "	"	"
Chas. E. Kerr	63	" Wallace, N.-E	*d*100 "	"	"
M. A. Smith	23	Gardien de phare, Ile Ingonish, N.-E	300 "	"	"
Malcolm Macfarlane	77	Maître de port, Sheethead	*d*200 "	"	"
James McKillop	54	" St-Annis, N.-E	*d*100 "	"	"
Geo. E. Smith	78	G. de ph. et sig. de brume, Ile de la Croix, N.-E.	800 "	"	"
Theo. Verville	60	Gardien de phare, Ile au Raisin	240 "	"	"
Edmond Biron	44	Gard. du ph.-flottant n° 3, lac St-Pierre, Qué.	400 "	"	"
Boaz Gross	..	Maître de port, Hillsboro	*d*100 "	"	"
John Galna	49	" Parry-Sound	*d*200 "	"	"
David Desjardins	72	Gard. de ph., Pèlerins, fleuve St-Laurent (en b.)	340 "	"	"
Henry Ancoin	54	Gardien des feux d'alignement, Chéticamp	150 "	"	"
James Walsh	68	Gardien de phare, Indian-Point, I.P.-E	350 "	"	"
Flavien Arcand	67	" Seven-Island	500 "	"	"
W. A. Gallant	54	Mécanicien du signal de brume, Pte Lepreaux	450 "	"	"
J. P. Mosher	44	Gardien de phare, Burnt-Coat, N.-E	260 "	"	"
Hugh Macdonald	65	" Cap-Saint-George, N.-E	450 "	"	"
R. B. Little	45	" Giant's-Tomb, Ont	250 "	"	"
Alex. Ford	..	Maître de port, Sackville	*d*200 "	"	"
T. Piercy	60	Gardien de phare, Yellow-Island, C.-B	500 "	"	"
E. A. McNeil	..	Gardien de quai, Grand-Narrows, N.-E	25 p.c. des p'g	"	"
Louis Dickson	..	Maître de port, Louisbourg	*d*$200 p. a.	"	"
W. D. McMillan	27	Gardien de phare, Iles Boisées, I.P.-E	250 "	"	"
Wm. Young	74	Préposé à l'engagem. des matelots, Lunenburg	Honoraires.	"	"
John Prinyer	79	Gardien de phare, Pointe-Plaisante, Ont	$300 p. a.	"	"
John McGrath	..	Maître de port, Havre Saint-Pierre	*d*200 "	"	"
Charles Latimer	68	Gardien de phare, Cap La Ronde	300 "	"	"
Wm. Orser	53	Gard. des feux d'alignement, Baie Wellers	150 "	"	"
Jas. S. Webster	51	Commis de 1re classe	1,450 "	Intérie'r	"
F. C. Brewer	32	Maître de port, Baie Sud d'Ingonish	*d*100 "	Extéri'r	"
David Stevenson	51	Gardien de quai, Pointe Brûlée	25 p.c. des p'g	"	"
Thos. Marcheldon	50	Gardien de port, Ile Hope, Ont	$450 p. a.	"	"

b On ne lui a pas demandé son âge. *d* Honoraires.

DOC. DE LA SESSION Nos 64b, c, g, j, k, n et 66

—DIVISION DE LA MARINE—*Suite.*

la cause de leur renvoi, etc.—*Suite.*

Nature du renvoi.	Sur rapport d'un commissaire ou autrement.	Raison du renvoi.	Montant de la pension ou gratification.	Nom du nouvel employé.	Age.	Salaire.
			$ c.			
Destitué par A.C.		Ne faisait rien dans l'intérêt du port		Thos Cantley	..	
" "		" "		John G. Read	..	
" "		Mépris des ordres.		James W. Gordon	..	
" "		" "		Wm Hackett	..	
" "		" "		Peter McDonald	..	
Retraité		Mauvaise santé	$154 p. a.	Chas. A. Amiro	43	$200 p. a.
Destitué par A.C.	Rapp. de com.	Intempérance		Philip Price	44	350 "
" "	" "	Partisanerie politique.		D. S. Hensby	36	300 "
Retraité		Vieillesse	$114 p. a.	M. McLeod	29	250 "
Destitué par A.C.	Rapport d'insp.	Insubordination		Donald McAulay	65	80 "
" "	Rapp. de com.	Partisanerie politique.		Andrew Haley	55	*d*200 "
" "	" "	" "		John C. McNeil	39	120 "
" "	" "	" "		Hector McLean	39	120 "
" "	" d'inspect.	Inattention au devoir.		A. B. Boyter	22	200 "
" "	" d'agent	" "		Lemuel McLeod	21	50 "
" "	" M. Logan, M.P.	Partisanerie politique.		F. H. P. Dewis	43	500 "
" "	" mem. parlt	" "		Roderick McRae.	27	400 "
" "	" de com.	" "		Albert Harris	68	Honoraires.
" "		Mépris de l'autorité.		Anthony Gannon	..	
" "				Daniel McLean	..	
" "				Daniel McGillivray	..	
" "				James Ratchford	..	
" "				John Lorway	..	
Retraité	Rap. mem. parlt	Partisanerie politique.		D. K. Holmes	..	Honoraires.
Destitué par A.C.		Vieillesse et infirmités.	$210 p. a.	John Purvis	31	$500 p. a.
" "		Réside en dehors des limites du port		Lewis Knaut	..	*d*200 "
" "		Inattention au devoir.		James Patton	.	*d*100 "
" "	Rapp. de com.	Partisanerie politique.		David Jackson	54	300 "
" "		Vieillesse.		Henry Hall	..	*d*200 "
" "	Rapp. de com.	Inattention au devoir.		George Fader.	52	*d*100 "
Retraité		Vieillesse		W. H. Wynacht	40	800 "
Destitué par A.C.		Age avancé	$239.20 p a	Louis Boucher	34	240 "
" "		Inattention au devoir.		D. Héroux	49	400 "
" "		Service peu satisfaisant		J. O'Shaughnessey.	..	*d*100 "
" "	Rapp. de com.	Partisanerie politique.		Frank Strain	..	*d*200 "
Retraité		Vieillesse.	115 60	Hypolite Morin	34	340 "
Destitué par A.C.		Partisanerie politique.		Philippe Bourgeois.	37	150 "
Retraité		Vieillesse	119 00	J. S. Allen	37	350 "
"		"	176 00	A. Arcand	38	324 "
Destitué par A.C.		Négligence au devoir.		Frank Frawley	32	400 "
" "	Rapp. de com.	Partisanerie politique.		W. Y. Faulkner	39	260 "
" "	" mem. parlt	" "		A. L. McEacher.	55	450 "
" "	" sur. des ph.	" "		A. H. Griffith	40	250 "
" "		" "		John Bowser	35	*d*200 "
" "		Absent de la station		Wm McDonagh	33	500 "
" "	Rapp. de com.	Partisanerie politique.		Neil McNeil	..	25p.c. des péa
" "		Négligence au devoir.		H. C. V. Lavatte	40	*d*$200 p. a.
" "	Rapp. de com.	Partisanerie politique.		John McKay	40	250 "
" "	" "	" "		A. G. Heisler	60	Fees.
Retraité		Vieillesse	192 00	Frank Connors	..	$200 p. a.
Destitué par A.C.		Pas dans l'intérêt pub.		Albert Anderson	..	*d*200 "
Retraité		Mauvaise santé	144 00	John J. Manger	..	300 "
Destitué par A.C.	Rapp. de com.	Partisanerie politique.		Harry J. Chase	26	150 "
Retraité		Abolition de l'emploi	547 83		..	
Destitué par A.C.	Rapp. de com.	Partisanerie politique.		Jno. Jas. Donovan.	..	*d*100 "
" "	" d'agent	Malhonnêteté		Alex. Craig	..	25p.c. des pé
" "	" d'inspect.	Partisanerie politique.		Chas Valée	22	$450 p. a.

d Honoraires.

EXTRAITS DE RAPPORTS—*Suite.*

CHEMINS DE FER ET CANAUX.

ETAT produit par le ministère des Chemins de fer et Canaux, donnant le nom des employés renvoyés du service pour cause de partisanerie politique, depuis le 1er juillet 1896.

CHEMIN DE FER INTERCOLONIAL.

Nom.	Emploi.	Cause de la destitution.	Motivé.	Observations.
P. S. Archibald.	Ing. en chef du ch. de fer Intercolonial, Moncton	Partisanerie politique offensante.	Rapport du commissaire.	Enquête officielle.
C. T. Hillson....	Pas indiqué.	" " ..	" ..	" "
M. R. Densmore	"	" " ..	" ..	" "
A. LeBel......	"	" " ..	" ..	" "
Jos. Huard.....	"	" " ..	" ..	" "
J. H. Clarke....	"	" " ..	" ..	" "
J. H. McKeen..	"	" " ..	" ..	" "
W. S. Willett .	"	" " ..	" ..	" "
R. Peeples......	"	" " ..	" ..	" "
Jas Clarke......	"	" " ..	" ..	" "
F. Castenguay..	"	" " ..	" ..	" "
A. P. LeBel...	Agent....	" " ..	" ..	" "
Thos Foreman...	Canal de Carillon et Grenville.	" " ..	" ..	" "
Alex. Predham..	" " ..	" " ..	" ..	" "
Wm Crevier.....	Ecluses de Ste-Anne	" " ..	" ..	" "
F. T. Walton...	Canal Welland.........	....	....	

MINISTÈRE DES FINANCES.

ETAT produit par le ministère des Finances, donnant le nom des employés renvoyés du service pour cause de partisanerie politique, depuis le 1er juillet 1896.

Nom.	Emploi.	Cause de la destitution.	Motivé.	Observations.
C. B Deacon...	Commis dans le bureau du sous-receveur général, Winnipeg.	Partisanerie politique.	Destitué par A.C.	Pas d'enquête.
John Cameron..	Agent de la caisse d'épargnes de l'Etat, New-Glasgow, N.-E.	" " ..	" ..	Pas d'enquête formelle.
W. M. de Blois.	Agent de la caisse d'épargnes de l'Etat, Annapolis, N.-E.	" " ..	" ..	" "
A. S. Townsend.	Agent de la caisse d'épargnes de l'Etat, Parrsboro', N.-E.	" " ..	" ..	" "

MINISTÈRE DE L'AGRICULTURE.

ETAT produit par le ministère de l'Agriculture, daté le 27 avril 1900, donnant le nombre de destitutions opérées dans le département depuis le 1er juillet 1896.

Nom.	Emploi.	Cause de la destitution.	Motivé.	Observations.
Pas indiqué. ...	Pas indiqué....	Partisannerie politique.	Pas indiqué.....	Un employé; pas d'enquête.

IMPRIMERIE NATIONALE.

ETAT produit par l'imprimeur de la reine, daté le 2 avril 1900, donnant le nombre de destitutions opérées dans le département pour partisanerie politique, depuis le 1er juillet 1896.

Nom.	Emploi.	Cause de la destitution	Motivé.	Observations.
....	....	....	....	Pas de destitutions.

COMMISSION GÉOLOGIQUE.

ETAT produit par le sous-chef, daté 3 avril 1900, donnant le nombre d'employés destitués ou renvoyés pour cause de partisanerie politique depuis le 1er juillet 1896.

Nom.	Emploi.	Cause de la destitution	Motivé.	Observations.
....	....	....	....	Pas de destitutions ou renvois.

COMMERCE.

ETAT produit par le ministère du Commerce, daté le 2 avril 1900, donnant le nombre de destitutions opérées dans le département pour cause de partisanerie politique, depuis le 1er juillet 1896.

Nom.	Emploi.	Cause de la destitution	Motivé.	Observations.
....	....	....	....	Pas de destitutions ou envois.

AUDITEUR GÉNÉRAL.

ETAT produit par l'Auditeur général, daté le 2 avril 1900, donnant le nombre d'employés destitués ou renvoyés pour cause de partisanerie politique, depuis le 1er juillet 1896.

Nom.	Emploi.	Cause de la destitution.	Motivé.	Observations.
....	....	....	....	Pas de destitutions ou renvois.

MILICE ET DÉFENSE.

ETAT produit par le ministère de la Milice et Défense, daté le 6 avril 1900, donnant le nombre d'employés destitués ou renvoyés pour cause de partisanerie politique, depuis le 1er juillet 1896.

Nom.	Emploi.	Cause de la destitution.	Motivé.	Observations.
Charles Roy....	Cartouchier, cartoucherie de Québec.	Partisanerie politique.	....	Ayant pris une part active en faveur de M. Angers aux élections de 1896.

TRAVAUX PUBLICS.

ETAT produit par le ministère, daté le 15 mai 1900, donnant le nombre d'employés destitués ou renvoyés pour cause de partisanerie politique depuis le 1er juillet 1896.

Nom.	Emploi.	Cause de la destitution.	Motivé.	Observations.
....	....	....	....	Pas de destitutions ou renvois.

MINISTÈRE DE L'INTÉRIEUR.

ETAT produit par le ministère de l'Intérieur, daté le 28 mars 1900, donnant le nombre d'employés destitués ou renvoyés pour cause de partisanerie politique depuis le 1er juillet 1896.

Nom.	Emploi.	Cause de la destitution.	Motivé.	Observations.
Pas indiqué.....	Pas indiqué.	....	....	Six employés destitués pour cause de partisanerie politique. Pas d'enquête officielle.

EXTRAITS DE RAPPORTS—*Suite.*

COMMISSAIRES chargé d'instituer des enquêtes depuis le 1er juillet 1896.

Date de la commission.	Nom du commissaire.	Emploi.	Sujet de la commission.	Résidence.	Allocation.	—	
1899.					$ c.		
2 août.	Alexander McLeod ...	Avocat, etc.....	*Re* réclamation de personnes qui ont dem. des lett. pat. dans le Territoire du Yukon.	Morden, Man...	10 par jour.	Services—Commission 15 juill. au nov. '99..	$1,130 00
	Raoul Rinfret......	Arpenteur provincial		Montréal, P.Q..	7.50 "	" " 18 juill. au 28 oct. '99..	772 50
	W. F. Povah	Sténographe. ...		Winnipeg, Man.	100 par mois	" " 29 juill. au 30 sept. '99..	209 68
							$2,112 18
7 oct.	Son honn. le juge Senkler (décédé depuis) président.	....	Enquête sur des matières relatives à l'embarquement et au transport du grain par la Cie du chemin de fer dans le Manitoba et les T.N.-O.	Ste-Catherine, O	....	Frais de voyages et d'hôtell. des comm. et aides	2,213 26
							$4,325 44
	W. F. Sirrett.........	Cultivateur.....		Glendale, Man..	10 par jour.	Impressions et papeterie.............. ..	49 46
	Wm. Lothian.........	"		Pipestone, Man.	10 "		
	Chas. C. Castle.......	"		Foxton, Man...	10 "		$4,374 90
	Charles A. Bell.......	Sec. de la com...		Winnipeg, Man.	10 "		
	Son honneur le juge Richards.	Président.......		" ..	25 "		
17 nov.	Roger Conger Clute...	....	*Re* mines et propriétaires de mines dans la Colombie-Britannique.	....	40 "	Les autres dépenses de la commission n'ont pas été établies.	
1900.							
13 fév.	Hon. Alfred E. Richards (au lieu et place du juge Senkler, décédé.)	....	*Re* expédition du grain, etc.	Winnipeg. Man.	25 "	Les travaux de la commission ne sont pas encore terminés, et les paiements ont été jusqu'ici tels que ci-dessus indiqués.	

EXTRAITS DE RAPPORTS—*Suite.*

Les départements suivants font rapport que, en ce qui les concerne, il n'y a pas eu de destitutions pour cause de partisanerie politique depuis le 1er juillet 1899 :—

Travaux publics.
Conseil privé.
Gendarmerie à cheval.
Secrétaire d'Etat.
Imprimeur de la Reine.

REPONSE

[73]

A un ORDRE DE LA CHAMBRE DES COMMUNES, daté le 12 février 1900, demandant copies des arrêtés en conseil, rapports et correspondance concernant les lois de cabotage de la côte canadienne du Pacifique et des Etats-Unis, non produites jusqu'ici.

R. W. SCOTT,
Secrétaire d'Etat.

MINISTERE DES DOUANES, CANADA.
OTTAWA, 24 février 1898.

M. FRANK OLIVER, M.P.,
Chambre des communes,
Ottawa.

MONSIEUR,—J'ai l'honneur d'accuser réception de votre lettre du 10 du mois courant adressée à l'honorable ministre des Douanes relativement à la nécessité de prendre certaines dispositions douanières sur la rivière Porcupine, dans le Territorie du Yukon, à l'endroit où celle-ci pénètre dans le territoire des Etats-Unis.

Je suis chargé de dire que cette question est à l'étude et que l'on prendra une décision aussitôt que cela sera praticable. En attendant, néanmoins, on a donné ordre au percepteur des douanes à Fort-Cudahy d'admettre *franco* les marchandises canadiennes atteignant ce port par voie de la rivière Porcupine, sur preuve produite que telles marchandises ont été achetées en Canada.

Par les règlements établis par le bureau du Trésor des Etats-Unis le 2 février 1898, il est pourvu que:

"Un vaisseau descendant les rivières Yukon ou Porcupine et venant de ports ou endroits de la Colombie-Britannique, sur lest ou avec cargaison ou passagers, ou l'un ou l'autre, fera escale à Circle-City ou à un autre port près de la fontière entre l'Alaska et la Colombie-Britannique que l'on pourra designer ci-après, et là fera constater sa présence conformément aux dispositions de l'article 2772 des Statuts Revisés."

Quand un vaisseau ou un steamer canadien venant de la rivière Porcupine prévient la douane des Etats-Unis à Circle-City, on suppose qu'on lui donne alors le permis voulu pour qu'il puisse se rendre à destination en remontant la rivière Yukon par voie de Fort-Cudahy, sans restrictions irrégulières, vu que, en vertu du traité, la navigation est libre.

Vous remarquerez que, sous le régime des règlements des Etats-Unis, un navire anglais qui prend sa passe douanière à Saint-Michel, en la manière voulue par la loi, peut se rendre à sa destination dans le district du Yukon. Et dans ces règlements, il n'appert pas que les douaniers doivent exercer de surveillance dans les eaux américaines après que les navires ont quitté Circle-City, excepté dans le cas où ils font escale "en quelque endroit de l'Alaska dans le but de se procurer du combustible ou des provsions, ou dans les cas de détresse".

J'ai l'honneur d'être, monsieur,
Votre obéissant serviteur,
JOHN McDOUGALD,
Commissaire.

CHAMBRE DES COMMUNES,
OTTAWA, 2 mars 1898.

Hon. WM. PATERSON,
Ministre des Douanes,
Ottawa.

MONSIEUR,—Je désire accuser réception d'une lettre venant du commissaire des Douanes, datée le 24 février, et dans laquelle il me donne certains détails relativement aux dispositions douanières américaines concernant les marchandises qui descendent la rivière Porcupine en destination du Haut-Yukon. D'après ce qu'il dit, il semble qu'il n'y a pas lieu de craindre que des difficultés surgissent; toutefois, je voudrais respectueusement suggérer que votre département prènne sans retard les mesures propres à régler tous les points qui pourraient fournir l'occasion de difficultés avant que celles-ci aient effectivement surgi, de manière à ce que l'officier de douanes américain à Circle-City reçoive les instructions voulues en temps convenable pour l'ouverture du trafic de la saison par voie de la Porcupine. Il est facile de concevoir que, à moins que la question ne soit réglée à l'avance, quand arrivera un nouvel ordre de choses évidemment défavorable au commerce des Etats-Unis, les officiers des douanes américaines profiteront de leur isolement et de la distance où ils se trouvent des quartiers généraux pour nous créer des embarras. Laissez-moi vous dire que, dans l'intérêt du commerce du Canada, il est de la plus haute importance qu'il y ait une entente complète, avant l'ouverture de la saison, quant au passage à travers le territoire des Etats-Unis des marchandises transportées sur la rivière Porcupine en destination du Yukon. Les règlements auxquels le commissaire fait allusion dans st lettre semblent s'appliquer aux steamers et non directement aux embarcations à la rame, c'est-à-dire à celles dont on se servira probablement pour le commerce dont vous parlez. Le commissaire dit qu'il ne paraît pas que la surveillance des douaniers américains soit nécessaire dans les eaux américaines à moins que l'on n'aborde dans des endroits de l'Alaska dans le but d'acheter du combustible ou des provisions, ou en cas de détresse. Vous comprenez facilement qu'il serait absolument impossible, sans toucher terre presque tout le long du parcours, de faire remonter la rivière Yukon par des embarcations à la rame, puisque l'on est obligé de les remorquer à la cordelle. Sous l'empire des règlements actuels, il ne srait certainement pas permis d'en agir ainsi sans la surveillance d'un douanier américain. Je crois que l'on devrait modifier les règlements d'une manière définie, en tenant compte de la classe de trafic qui suivra cette route.

Je serais bien aise de discuter le point personnellement avec vous à votre convenance. Je désire de nouveau vous dire que cette question est de la plus haute importance.

Votre, etc.,
FRANK OLIVER.

OTTAWA, 7 mars 1898.

M. FRANK OLIVER, M.P.,
Chambre des communes,
Ottawa.

CHER MONSIEUR OLIVER,—J'ai votre lettre du 2 du mois courant relative aux dispositions douanières américaines concernant les marchandises qui descendent la rivière Porcupine en destination du Haut-Yukon.

Je serai bien aise de discuter la question personnellement avec vous si vous voulez bien me rencontrer à mon bureau dans le bloc de l'ouest aucune matinée de cette semaine.

Sincèrement à vous,
WILLIAM PATERSON.

SAN FRANCISCO, 19 mars 1898.

Le Gouvernement fédéral,
Ottawa, Canada.

MON CHER MONSIEUR,—En ma qualité de procureur de la "California Yukon Trading Company" (une corporation), je vous écris pour vous demander de me renseigner touchant les lois du Dominion quant au transport des passagers et du fret en remontant la rivière Yukon pour entrer dans les Territoires du Nord-Ouest. Je crois comprendre qu'il est nécessaire de se munir d'un permis pour transiger des affaires de ce genre, et nous désirons savoir au juste les conditions à remplir afin que nous puissions faire les arrangements voulus avant de faire remonter la rivière par nos bateaux.

Nous vous serons bien obligés si vous nous donnez les renseignements demandés.

Je suis, monsieur,
Votre obéissant serviteur,
M. H. KINGORE,
Procureur de la compagnie.

Accusé réception; transmise au ministère des Douanes, 25 mars 1898.

JOHN J. McGEE,
Greffier du Conseil Privé.

MINISTERE DES DOUANES, CANADA.
OTTAWA, 28 mars 1898.

M. H. KINGORE,
Bureaux 427-428, Edifice Farrott,
San-Francisco, Cal.

MONSIEUR,—En rapport avec votre lettre du 19 de ce mois, adressée au Gouvernement fédéral, Ottawa, et demandant au nom de la "California-Yukon Trading Company" des renseignements touchant les lois du Dominion relativement au transport des passagers et du fret remontant la rivière Yukon pour pénétrer dans les Territoires du Nord-Ouest, je vous envoie ci-inclus une copie de chacun des documents suivants, savoir:—

1° Memo. n° 966 B, *re* entrée des marchandises canadiennes dans le district du Yukon pendant la saison 1898, quand elles sont transportées dans des navires étrangers par voie de Saint-Michael.

3° Règlements *re* navires étrangers engagés dans le commerce.

4° Règlements du cabotage.

J'ai l'honneur d'être, monsieur,
Votre obéissant serviteur,
JOHN McDOUGALD,
Commissaire.

(*Télégramme.*)

VICTORIA, C.-B., 28 avril 1898.

Le Commissaire des Douanes,
Ottawa.

Avons acheté à Victoria marchandises ayant payé droit. Pouvons-nous expédier à Glenora sur navires américains sans transbordement à Wrangel en payant de nouveaux droits canadiens?

CASSIAR CENTRAL RY. CO.

(*Télégramme.*)

OTTAWA, 29 avril 1898.

Cassiar Central Ry. Co.,
Victoria, C.B.

Lois de cabotage défendent navires américains transporter marchandises d'un port du Canada et de les débarquer à autre port en Canada.

JOHN McDOUGALD,
Commissaire des Douanes.

Extrait d'un Arrêté du Conseil du 29 avril 1898.

Que les marchandises achetées en Canada, qu'elles aient été soumises aux droits ou admises *franco*, et les marchandises, produits du Canada, qui sont transportées à travers l'Alaska sans avoir à payer de droits de douane aux Etats-Unis, peuvent être admises dans les Territoires du Nord-Ouest du Canada sans payer de droits de douane canadienne lorsqu'elles sont transportées par eau à partir de ports canadiens et conformément aux règlements prescrits par le Ministre des Douanes, pourvu que l'identité des marchandises soit établie à la satisfaction du percepteur des douanes au port d'entrée.

JOHN J. McGEE,
Greffier du Conseil Privé.

MINISTERE DES DOUANES,
OTTAWA, 30 avril 1898.

Aux Percepteurs des Douanes.

Nouveaux règlements *re* entrée des merchandises dans le district du Yukon, *viâ* l'Alaska.

En rapport avec le mémorandum n° 966 B, daté le 9 février 1898, il vous est maintenant enjoint:

" Que les marchandises achetées en Canada, qu'elles aient été soumises aux droits ou admises *franco*, et les marchandises, produits du Canada, qui sont transportées à travers l'Alaska sans avoir à payer de droits de douane aux Etats-Unis, peuvent être admises dans les Territoires du Nord-Ouest du Canada sans payer de droits de douane canadienne lorsqu'elles sont transportées par eau à partir de ports canadiens et conformément aux règlements prescrits par le ministre des Douanes, pourvu que l'identité des marchandises soit établie à la satisfaction du percepteur des douanes au port d'entrée."

On a décrété les règlements et conditions qui suivent concernant le transport des marchandises par eau à partir de ports canadiens:—

(*a*) On devra présenter à l'officier de douane au port de la frontière canadienne dans le district du Yukon ou de Stickine un manifeste ou une facture contenant une description des marchandises et leur valeur, avec les numéros et les marques des colis.

(*b*) Il est nécessaire que ce manifeste ou cette facture porte au dos le certificat d'un officier de douane canadien à l'effet que les marchandises y décrites ont " été expédiées franches de droit d'un port en Canada".

(*c*) On peut accorder ce certificat quand le transport par eau à partir d'un port canadien se fait par aucun navire autorisé à faire tel transport.

En vertu des règlements concernant les navires étrangers qui se livrent au cabotage actuellement en vigueur, il est permis aux navires des Etats-Unis de transporter des marchandises entre un port du Canada et un port de l'Alaska, et *vice versa*.

JOHN McDOUGALD,
Commissaire des Douanes.

DEPARTEMENT DES DOUANES, CANADA,

M. WILLIAM T. STEEN, OTTAWA, 17 mai 1898.
Secrétaire, Chambre de Commerce,
Vancouver, C.-B.

MONSIEUR,—Relativement au renseignement demandé touchant la navigation de la rivière Stickine et le transbordement des marchandises à Wrangel, j'ai l'honneur de vous transmettre une copie des règlements récemment décrétés par la Trésorerie des Etats-Unis et publiés dans les décisions de la Trésorerie.

J'ai l'honneur d'être, monsieur,
Votre obéissant serviteur,
JOHN McDOUGALD,
Commissaire.

MINISTERE DES DOUANES, CANADA.

M. A. R. MILNE, C.M.G., OTTAWA, 6 mai 1899.
Percepteur des Douanes,
Victoria, C.B.

MONSIEUR,—Le 28 février 1898, je vous ai envoyé une dépêche, ainsi qu'une lettre, en rapport avec le transbordement des marchandises canadiennes à Wrangel, dans le but unique de vous faire savoir que le ministère ne connaissait aucuns règlements spéciaux décrétés par les autorités des Etats-Unis concernant le trafic à Wrangel, attendu qu'il a été représenté que les règlements de la Trésorerie des Etats-Unis, portant la date du 2 février 1898, n'étaient pas destinés à s'appliquer à ce transbordement.

Si ce transbordement, à Wrangel, se fait en vertu d'une autre autorisation ou d'autres règlements, il va sans dire que les intérêts du commerce canadien y gagneront, et il n'est pas à ma connaissance qu'il se présente d'obstacle actuellement à Wrangel quant à la transmission des marchandises canadiennes en destination de Glenora.

En vertu des "Règlements supplémentaires concernant l'entrée des marchandises dans le district du Yukon *viâ* l'Alaska", décrétés le 30 avril 1898, l'on peut transporter jusqu'à Wrangel des marchandises sur des navires américains partant de la Colombie-Britannique, et, dans ces circonstances, si vous considérez que la présence d'un officier de douanes canadien à Wrangel est avantageuse au commerce canadien, ou dans l'intérêt du service douanier, vous pourrez, cette lettre reçue, envoyer une dépêche au département.

Nous n'avons reçu aucun renseignement subséquent touchant les règlements à Wrangel.

J'ai l'honneur d'être, monsieur,
Votre obéissant serviteur,
JOHN McDOUGALD,
Commissaire.

(*Télégramme.*)

Hon. WM. PATERSON, VICTORIA, C.-B., 4 mai 1898.
Ministre des Douanes,
Ottawa.

Ne pouvez-vous donner les instructions voulues au percepteur ici au sujet du transbordement des marchandises canadiennes à Wrangel ? L'état de choses actuel est des plus grave, arrêtant toutes les affaires dans les villes de la côte et les dirigeant vers Seattle. On attend pour donner la dernière main à des contrats considérables dans l'espérance d'un prompt règlement, sans quoi ils iront vers les villes américaines. Veuillez me mander par dépêche immédiate où en sont les choses, et quelles espérances d'un bon résultat nous pouvons avoir.

E. G. PRIOR.

(*Télégramme.*)

OTTAWA, 5 mai 1898.

Percepteur des Douanes,
Victoria, C.-B.

Avez-vous quelques renseignements concernant ce que les douanes américaines exigent au sujet des marchandises canadiennes et destination de Glenora et transbordées à Wrangel, et si l'on exige quelque chose de nouveau ?—Répondez par dépêche télégraphique.

JOHN McDOUGALD,
Commissaire.

(*Télégramme.*)

VICTORIA, C.-B., 6 mai 1898.

Commissaire des Douanes,
Ottawa.

Pour le moment rien de plus; la rivière à peu près libre; aucun bateau ne l'a encore remontée. Je donne ici des permis de douane avec certificat pour marchandises canadiennes en destination de Glenora, et devant être transportées tout le long sur des vaisseaux canadiens. Ne connais aucune nouvelle restriction. Donnez ordre à l'officier du poste de Glenora que toutes marchandises arrivant de Wrangel sur navires américans doivent payer droits de douane.

A. R. MILNE,
Percepteur.

(*Télégramme.*)

MONTREAL, 6 mai 1898.

Hon. WM. PATERSON,
Ministre des Douanes,
Ottawa.

Au cas où l'on ne vous en aurait pas déjà informé, certaines difficultés surgissent à Wrangel quant au transbordement des marchandises canadiennes portées sur la feuille de déclaration pour trafic continu jusqu'à Glenora. Comme un trafic considérable commence à se diriger vers cet endroit, le percepteur Milne ne pourrait-il recevoir l'ordre d'envoyer à Wrangel un officier qui pourrait surveiller le transfert du fret canadien destiné au transit continu et déclaré comme tel ? Notre steamer *Athenian* part aujourd'hui.

T. G. SHAUGHNESSY.

(*Télégramme.*)

OTTAWA, 6 mai 1898.

M. T. G. SHAUGHNESSY,
Montréal, P.-Q.

Veuillez expliquer nature de la difficulté concernant transbordement des marchandises canadiennes à Fort Wrangel, déclarées comme destinées au transit continu

JOHN McDOUGALD,
Commissaire.

(*Télégramme.*)

MONTREAL, QUE., 6 mai 1898.

JOHN MCDOUGALD,
Commissaire des Douanes,
Ottawa.

J'ai reçu deux dépêches de Vancouver, dans l'une desquelles on fait rapport que les officiers des douanes américaines à Wrangel perçoivent des droits sur les marchandises canadiennes expédiées à Glenora, et que cela ne s'est pratiqué que depuis l'ouverture de la navigation de la rivière Stickine. Une seconde dépêche venant de notre agent général du fret à Vancouver dit que, si l'on veut prévenir du trouble à Wrangel, il est nécessaire d'y nommer immédiatement un officier canadien de douanes pour surveiller le transfert du fret canadien porté sur la feuille de déclaration pour transport direct jusqu'à Glenora. J'ai télégraphié à Vancouver pour demander d'où vient cette information.

T. G. SHAUGHNESSY.

(*Télégramme.*)

MONTREAL, QUE., 8 mai 1898.

HON. WM. PATERSON,
Ministre des Douanes,
Ottawa.

D'après autres télégrammes reçus ce matin, je crois que rumeur à propos autorités des Etats-Unis percevant droits sur marchandises canadiennes n'est pas exacte, mais que le trouble est causé par les taux exorbitants exigés à Wrangel pour faire les déclarations et les arrangements douaniers pour marchandises lorsqu'elles sont sur territoire américain.

T. G. SHAUGHNESSY.

(*Télégramme.*)

MONTREAL, QUE., 9 mai 1898.

JOHN MCDOUGALD,
Commissaire des Douanes,
Ottawa.

Pour faire suite à mon message d'hier: D'après autres télégrammes reçus ce matin, je crois que rumeur à propos autorités des Etats-Unis percevant droits sur marchandises canadiennes n'est pas exacte, mais que le trouble est causé par les taux exorbitants exigés à Wangel pour faire les déclarations et les arrangements douaniers pour marchandises lorsqu'elles sont sur territoire américain.

T. G. SHAUGHNESSY.

(*Télégramme.*)

OTTAWA, 16 mai 1898.

Percepteur des Douanes,
Vancouver, C.B., et Victoria, C.B.

Règlements relatifs au transbordement à Wrangel les mêmes qu'à St-Michael, *voir* mémorandum 966B.

Règlements relatifs au transbordemetn à Wrangel les mêmes qu'à St-Michael, voir mémorandum 966B.

JOHN McDOUGALD,
Commissaire.

COMPAGNIE CANADIENNE DE NAVIGATION DU PACIFIQUE,
BUREAU DU GERANT,
VICTORIA, C.-B., 9 mai 1898.

Le Ministre des Douanes,
Ottawa, Ont.

MONSIEUR,—Il y aura bon nombre de steamers canadiens sur le Yukon supérieur cet été.

Je désire savoir si vous avez l'intention de mettre en vigueur les lois douanières de cabotage sur le Yukon, et de ne pas permettre aux steamers américains de pratiquer le cabotage entre les différents ports.

Une prompte réponse obligera.

A vous sincèrement,
JNO. IRVING,
Gérant.

(*Télégramme.*)

VICTORIA, C.-B., 17 mai 1898.

Commissaire des Douanes,
Ottawa, Ont.

Dans les nouveaux règlements, a-t-on pourvu à la mise en entrepôt des marchandises canadiennes à St-Michael?

M. R. MILNE,
Percepteur.

(*Télégramme.*)

OTTAWA, 18 mai 1898.

Percepteur des Douanes,
Victoria, C.B.

Les nouveaux règlements pourvoient seulement aux mêmes privilèges que ceux accordés pour St-Michael en vertu des anciens règlements sans qu'il soit question de la mise en entrepôt.

JOHN McDOUGALD,
Commissaire.

MINISTERE DES DOUANES, CANADA.
OTTAWA, 20 mai 1898.

M. JOHN IRVING,
Compagnie de Navigation du Pacifique
(à responsabilité limitée),
Boîte de Poste K, Victoria, C.B.

MONSIEUR,—J'ai l'honneur d'accuser réception de votre lettre du 9 du mois couratn, relativement à la mise en vigueur des lois du cabotage sur le Yukon supérieur.

En réponse, je dois dire que l'on a informé les officiers de douane dans le district du Yukon que les règlements concernant le trafic des vaisseaux étrangers, datés le 10 novembre 1886 (dont copie ci-jointe), s'appliquent aux navires américains qui naviguent dans les eaux de la rivière Yukon.

J'ai l'honneur d'être, monsieur,
Votre obéissant serviteur,
JOHN McDOUGALD,
Commissaire.

MEMORANDUM SPECIAL, RELATIF AUX REGLEMENTS DE CABOTAGE SUR LA RIVIERE YUKON.

MINISTERE DES DOUANES, CANADA.

OTTAWA, 20 mai 1898.

Au Percepteur des Douanes,
District du Yukon.

On s'est enquis auprès de ce ministère au sujet de la mise en vigueur des règlements canadiens de cabotage au sujet des navires naviguant sur le Yukon supérieur, et l'on vous fait savoir par les présentes que les règlements qui concernent le trafic de vaisseaux étrangers, et portant la date du 10 novembre 1886 (dont copie ci-jointe), s'appliquent aux navires américains qui naviguent dans les eaux de la rivière Yukon.

J'ai l'honneur d'être, monsieur,
Votre obéissant serviteur,
JOHN McDOUGALD,
Commissaire.

Copies expédiées aux percepteurs stationnés à Fort-Cudahy et à Victoria, aussi au major Walsh.

MARINE ET PECHERIES, CANADA,

OTTAWA, 21 mai 1898.

JOHN MCDOUGALD,
Commissaire des Douanes.

MONSIEUR,—J'ai l'honneur de vous transmettre sous ce pli une lettre adressée par M. G. A. Piles, procureur général de la "Pacific Coast Steamship Company", au secrétaire du ministre de l'Intérieur, et déférée à ce département, dans laquelle on demande certains renseignements concernant la navigation de la rivière Yukon, attendu qu'il paraît s'agir de commerce ou de cabotage.

J'ai l'honneur d'être, monsieur,
F. GOURDEAU,
Sous-ministre de la Marine, etc.

SEATTLE, WASHINGTON, 11 mai 1898.

A l'honorable
Secrétaire du département de l'Intérieur,
Ottawa, Dominion du Canada.

CHER MONSIEUR,—S'ils sont publiés et imprimés, voulez-vous avoir la bienveillance de m'envoyer une copie des lois et règlements du Dominion du Canada gouvernant la navigation libre de la riviére Yukon dans les territoires de l'Alaska et du Nord-Ouest britannique du Canada, tel que pourvu par l'article 26 du traité entre les Etats-Unis et la Grande-Bretagne conclu le 8 mai 1871, et proclamé le 4 juillet 1871.

Si ces règles et règlements ne sont pas imprimés, voulez-vous avoir la bienveillance de me faire savoir si un bateau à vapeur américain appartenant à des citoyens américains peut naviguer sur cette rivière entre son embouchure et Dawson-City, ainsi qu'entre Dawson-City et la tête de la navigation, sans enfreindre aucune de vos lois ou règlements relatifs à ce sujet.

Bien à vous,
G. H. PILES,
Procureur de la "Pacific Coast Steamship Campany".

DEPARTEMENT DES DOUANES, CANADA,
OTTAWA, 25 mai 1898.

M. G. H. PILES,
"Pacific Coast Steamship Company",
Seattle, Wash., E.U.A.

MONSIEUR,—J'ai l'honneur d'accuser réception de votre lettre du 11 du mois courant, adressée au secrétaire du département de l'Intérieur et déférée à ce département, touchant les lois et règlements qui régissent la navigation de la rivière Yukon.

Ci-jointe se trouve une copie des règlements canadiens, ainsi qu'une copie des règlements des Etats-Unis touchant la navigation du Yukon (Memo. 966 B).

J'ai l'honneur d'être, monsieur,

Votre obéissant serviteur,

JOHN McDOUGALD,
Commissaire.

"THE BRACKMAN AND KER MILLING COMPANY",
(à responsibilité limitée),

NATIONAL-MILLS, VICTORIA, C.-B., 20 mai 1898.

L'hon. CLIFFORD SIFTON,
Ottawa, Ont.

CHER MONSIEUR,—Nous avons essayé d'obtenir de la Compagnie Commerciale d'Alaska, de San-Francisco, la commande pour la fourniture du grain dont elle peut avoir besoin pour ses postes de commerce dans le Yukon anglais.

Elle nous a écrit le 14 du présent mois nous disant qu'elle ne peut faire ses achats à Victoria, attendu qu'il y a déjà assez de fret ordonné pour remplir les bateaux naviguant sur la rivière à leur premier voyage, et, comme on n'a pas encore conclu d'arrangemnt avec le gouvernement américain pour mettre en entrepôt les marchandises canadiennes à Saint-Michael, elle ne peut en conséquence faire d'autres achats en Canada pour le présent.

Vous concevez facilement l'importance de cette question, et combien cela nuit au commerce canadien.

Nous tn avons conféré avec le percepteur Milne il y a quelques jours, et il a de suite télégraphié à Ottawa. En réponse, on l'a informé que dans les règlements conclus avec le gouvernement américain, on n'avait pas pourvu à l'octroi de privilèges d'entrepôt pour les marchandises canadiennes inscrites en douane.

Nous considérons cette question comme tellement importante que nous y attirons immédiatement votre attention.

A moins que l'on n'accorde ces privilèges à Saint-Michael, il nous semble que l'on doit s'attendre à ce que bien peu de fret canadien prenne cette route, car les frais nécessaires pour maintenir un bateau anglais à l'embouchure de la rivière suffisamment longtemps pour établir une connexion avec aucune ligne particulière de bateaux de rivière seraient tels que pratiquement les taux atteindraient un chiffre impossible.

Dans l'espérance qu'il n'est pas trop tard pour obvier à cette difficulté, et que nous recevrons sans délai une réponse de vous, nous sommes

Bien à vous,

THE BRACKMAN AND KER MILLING CO.,
(à responsibilité limitée).

D. B. KER,
Gérant général.

DEPARTEMENT DES DOUANES, CANADA,
OTTAWA, 1er juin 1898.

M. D. B. KER,
"The Brackman and Ker Milling Co.",
Victoria, C.B.

MONSIEUR,—En rapport avec votre lettre du 20 du mois dernier, adressée à l'honorable Clifford Sifton, et transmise à ce département pour y répondre, touchant les entrepôts de douane à Saint-Michael, je désire vous tnvoyer ci-inclus les "mémoranda" numéros 966 B et 989 B, contenant les règlements des Etats-Unis touchant la navigation du Yukon et l'entrée des marchandises dans le district du Yukon, ainsi que la navigation de la Stickine.

Mon télégramme au percepteur Milne a déclaré que d'après les nouveaux règlements (mémo. 989 B) les privilèges étaient à Wrangel les mêmes que ceux qui existaient à Saint-Michael en vertu des anciens règlements, et ne touchent pas à la question de la mise en entrepôt.

Depuis l'envoi de ce télégramme, nous avons reçu copie de la loi "Alaska Bill, n° 95", approuvé à Washington le 14 mai 1898. L'article 14 de cette loi (dont copie ci-incluse) semble contenir les dispositions nécessaires au fonctionnement des entrepôts de douane, à partir de la proclamation dont il y est fait mention. Je ne puis vous renseigner quant à la procédure à suivre pour l'établissement d'entrepôts de douane, mais vous pouvez probablement obtenir les renseignements voulus par l'intermédiaire du consul américain.

Il peut se faire que, en vertu des règlements des Etats-Unis du 2 février 1898 (mémo. 966 B), l'on permettra aux merchandises canadiennes en cours de transport de la Colombie-Britannique au Klondike de rester à Saint-Michael dans un entrepôt de tolérance, aux frais de l'importateur, pour subir l'examen des officiers de douane américains.

Nous continuons à nous enquérir touchant les entrepôts de douanes à St-Michael, et nous vous ferons connaître les renseignements définitifs que nous aurons reçus.

J'ai l'honneur d'être, monsieur,
Votre obéissant serviteur,
JOHN McDOUGALD,
Commissaire.

COMPAGNIE CANADIENNE DE NAVIGATION DU PACIFIQUE
(à responsibilité limitée),
BUREAU DU GERANT,
VICTORIA, C.-B., 10 juin 1898.

Au Ministre des Douanes,
Ottawa, Ont.

CHER MONSIEUR,—Je désire attirer votre attention sur le fait que dans l'état de choses actuel à Fort-Wrangel, on ne peut transiger aucune affaire avec la douane, si ce n'est par l'intermédiare des courtiers de douanes, qui exigent des honoraires d'au moins $6 sur l'équipement de tout mineur remontant la rivière Stikine, de manière à ce qu'un mineur n'ayant que 600 livres de fret est obligé de payer autant qu'un marchand qui a de six à dix tonnes de fret.

Le même état de choses va s'établir à St-Michael, attendu que j'ai reçu des lettres de courtiers qui quittent San-Francisco et Seattle pour se rendre à St-Michael dans le but de rançonner les navires anglais. Pourquoi n'imposerait-on pas aux navires américains, après qu'ils ont traversé la ligne frontière, les mêmes restrictions que nous avons à subir du côté américain? Sur chaque steamer que nous envoyons dans l'Alaska, l'on installe un inspecteur américain quand nous remontons la Stickine ou que nous suivons la côte. Du côté canadien, on ne place pas d'inspecteur à bord pour les surveiller, et les navires américains font ce qu'il leur plaît. Voici la copie d'une lettre reçue d'un ami du côté américain.

"L'on m'a informé aujourd'hui que l'on allait poster des surveillants sur la route entre Skagway et d'autres ports de l'Alaska et Wrangel dans le but de s'assurer si quelque navire anglais ne transporterait pas de passagers d'un port de l'Amérique à un autre, en d'autres termes, s'il ne se livrerait pas au "cabotage". Ce serait là un inconvénient très sérieux et de plus une cause de beaucoup de dépense et de délai. Je vous ai donc envoyé une dépêche à la suite de cette information de source privée et je désirerais vous mettre en position de ne pas être pris par surprise. Je ne doute pas que l'on en agisse ainsi peut-être sans mauvaise intention, mais il n'en est pas moins vrai que les conséquences n'en seraient pas moins désastreuses."

Je sais que les officiers canadiens de douane sur la rivière Stickine ont permis à des bateaux américains de pratiquer un peu de cabotage sur cette rivière. En attendant il nous faut à St-Michael donner des garanties à l'effet que les marchandises canadiennes se rendent à destination par transport direct. On commence par nous faire donner des garanties, puis l'on nous traite comme des voleurs, en mettant des surveillants dans le but de voir si nous nous en tenons aux termes des garanties.

Sur la rivière Yukon, à moins que l'on ne place des inspecteurs canadiens sur les steamers américains, rien ne s'opposera à ce qu'ils pratiquent le cabotage le long de la rivière. De plus, les amendes que vous imposez sont beaucoup plus légères et beaucoup moins élevées que les amendes imposées par les Etats-Unis. En réalité, aux yeux d'un étranger, il semblerait que le gouvernement canadien prend tout à fait les intérêts des compagnies de steamers américaines.

Dans l'intérêt du Canada et des Canadiens, je crois qu'une transaction de cette nature doit être à l'abri de tout soupçon, et que, des deux côtés, les droits devraient être égaux. Jusqu'ici, j'ai seulement reçu une copie de la loi qui régit la navigation, mais je ne sais pas encore si le gouvernement va mettre sa loi en vigueur, et cependant il me faudrait savoir à quoi m'en tenir sous ce rapport.

Dans les circonstances actuelles, il vaudrait mieux pour celui qui a l'intention de faire des affaires dans cette partie-là du pays qu'il engage ses capitaux conjointement avec les propriétaires américains de navires et de devenir de fait Américain que d'essayer de réaliser quelque profit par le moyen du commerce canadien.

Je ne veux pas passer pour un récalcitrant, mais jusqu'à cette date nous ne sommes pas traités avec équité ni sur la Strickine, ni sur le Yukon.

Bien à vous,

JNO. IRVING,

Gérant,

DEPARTEMENT DES DOUANES, CANADA,

OTTAWA, 22 juin 1898.

M. JOHN IRVING,

Gérant, Compagnie Canadienne de Navigation du Pacifique

(à responsabilité limitée),

Boîte de Poste K, Victoria, C.B.

MONSIEUR,—J'ai l'honneur d'accuser réception de votre lettre du 10 du mois courant relative aux règlements douaniers des Etats-Unis et du Canada qui régissent le trafic sur les rivières Yukon et Stickine.

En réponse, j'ai à vous dire que le ministre des Douanes examinera sans retard les représentations que vous avez faites.

J'ai l'honneur d'être, monsieur,

Votre obéissant serviteur,

JOHN McDOUGALD,

Commissaire.

M. JOHN McDOUGALD,
Commissaire des Douanes,
Ottawa, Canada.

SAN FRANCISCO, 18 novembre 1898.

CHER MONSIEUR,—Pendant le dernière saison, comme vous le savez par l'information que nous vous en avons donnée, nous avons expédié toutes nos marchandises canadiennes en entrepôt, par voie de chemin de fer à San-Francisco, et de là par nos navires à St-Michael en destination de Dawson-City.

Pour cette saison, nous avons l'intention d'expédier directement de Vancouver toutes les marchandises que nous aurons achetées, tant canadiennes que venant d'Angleterre ou du continent, et nous désirons vous demander s'il y a quelque objection ou transgression des lois de cabotage à transporter ces marchandises à St-Michael, en destination de Dawson, dans des navires américains.

Nous désirons, tout comme à la saison dernière, acheter autant que possible des marchandises de provenance canadienne, et pour cette année les marchandises seront transportées par le chemin de fer Canadien du Pacifique au lieu de l'être par les lignes américaines.

Il nous est impossible, sur cette côte, d'avoir des navires à voiles, inscrits au registre britannique, ayant les dimensions qui sont les plus favorables et tels que ceux dont nous avons besoin pour transporter nos cargaisons de la côte du Pacifique. Il y bien peu de navires de l'espèce voulue.

Nous apprécierops beaucoup une prompte réponse, car nous désirons agir avec harmonie et sans conflit avec les règles et règlements, et, de plus, ne doutant pas que votre gouvernement, et surtout votre département, tiendra compte de tous les faits en prenant une décision, nous demeurons,

Très sincèrement,
LA COMPAGNIE D'EXPLORATION DE L'ALASKA,
par L. A. PHILLIPS.

DEPARTEMENT DES DOUANES, CANADA,
OTTAWA, 3 décembre 1898.

La Compagnie d'Exploration de l'Alaska,
139 rue Post,
San-Francisco, Cal.

MESSIEURS,—J'ai l'honneur d'accuser réception de votre lettre du 18 du mois dernier, relativement à l'expédition des marchandises canadiennes, anglaises et continentales, sur des navires des Etats-Unis, de Vancouver à Saint-Michael en destination de Dawson-City.

L'honorable Ministre des Douanes étudie la question dans le moment, et nous vous ferons connaître sa décision prochainement.

J'ai l'honneur d'être, messieurs,
Votre obéissant serviteur,
JOHN McDOUGALD,
Commissaire.

(Extrait d'un arrêté du Conseil du 1er mars 1898.)

"Que sous la régie de règlements que décrétera le ministre des Douanes, on admette franches de droits, dans le district provisoire du Yukon, les marchandises achetées en Canada (ayant payé droit ou de provenance canadienne), lorsqu'elles sont transportées par eau *via* Saint-Michael et la rivière Yukon, après être parties d'un port du Canada ou des Etats-Unis, lors même que ce transport par eau se fait en partie ou en totalité sur un navire étranger; pourvu toujours que le département des Douanes soit satisfait de l'identité des marchandises."

JOHN J. McGEE,
Greffier du Conseil Privé.

DEPARTEMENT DES DOUANES, CANADA,
OTTAWA, 9 décembre 1898.

La Compagnie d'Exploration de l'Alaska,
159 rue Post,
San-Francisco, Cal., E.-U.A.

MESSIEURS,—En rapport avec votre lettre du 18 du mois dernier, j'ai l'honneur de vous transmettre sous ce pli deux copies de règlements provisoires régissant l'entrée, durant l'année 1899, dans le district du Yukon, des marchandises canadiennes transportées sur des navires étrangers *via* Saint-Michael et la rivière Yukon.

J'ai l'honneur d'être, messieurs,
Votre obéissant serviteur,
JOHN McDOUGALD,
Commissaire.

MEMORANDUM.

DEPARTEMENT DES DOUANES, CANADA,
OTTAWA, 9 décembre 1898.

Règlements provisoires *re* entrée dans le district du Yukon, durant l'année 1899, des marchandises canadiennes transportées sur des navires étrangers *via* Saint-Michael.

---

1. En rapport avec le mémorandum n° 966 B, daté le 9 février 1898, *re* entrée des marchandises dans le district du Yukon et de la Stickine,—Par les présentes les percepteurs de douanes dans le district provisoire du Yukon sont avertis que l'on peut admettre franches de droits dans le dit district, durant l'année 1899, à moins d'avis contraire, les marchandises achetées en Canada (ayant payé droit ou de provenance canadienne) lorsqu'elles sont transportées d'un port canadien ou des Stats-Unis par voie de Saint-Michael et du Yukon, quand bien même le transport par eau se fait en partie ou en tout sur un navire étranger. Ce privilège est néanmoins soumis aux dispositions suivantes établies par le ministre des Douanes:—

(*a*) L'on devra présenter à l'officier douanier du port d'entrée canadien dans le district du Yukon une facture d'expédition ou déclaration dûment certifiée et contenant une description spéciale des marchandises par colis, marques, numéros et contenus.

(*b*) Quand les marchandises sont expédiées d'un part de la Colombie-Britannique, la facture d'expédition ou déclaration pourra porter au dos un certificat d'un officier de douane à l'effet que les marchandises décrites ont été expédiées franches de droits d'un port de la Colombie-Britanique (ainsi qu'il est dit dans l'article 5 (*a*) du mémo. 966 B).

(*c*) Quand les marchandises achetées en Canada, comme susdit, sont expédiées par voie des Etats-Unis, il faut que la facture d'expédition ou déclaration porte un certificat de l'exportateur canadien ou de son agent, attesté devant un officier douanier canadien, dont la teneur devra se rapprocher autant que possible de la formule qui suit plus bas (Formule 1, 6).

(*d*) L'identité des marchandises devra être établie à la satisfaction de l'officier douanier au port d'entrée dans le district du Yukon, et devra être attestée sous le serment de l'importateur ou de son agent.

2. Bien qu'une seule facture soit requise pour les fins de la douane canadienne, il est désirable que les personnes qui achètent des marchandises en Canada se munissent de factures en double, dûment certifiées, de manière à prévenir du trouble ou du délai en faisant viser les entrées, dans le cas où les factures seraient perdues ou égarées.

3. Les officiers douaniers dans le district du Yukon devront examiner les marques et les numéros sur les colis débarqués, les comparant soigneusement avec les factures, et, s'il est nécessaire, ouvrir les colis pour examen.

4. Les dispositions qui précèdent sont provisoires et ne s'appliquent qu'à l'entrée des marchandises canadiennes par voie de Saint-Michael et de la rivière Yukon.

JOHN McDOUGALD,
Commissaire des Douanes.

Copies envoyées aux percepteurs
à Victoria, Vancouver, Dawson,
au Commissaire Ogilvie,
au sous-inspecteur McMartin.

CERTIFICAT (de l'exportateur canadien ou de son agent) pour le trafic Yukon, *via* Saint-Michel, pour l'année 1899.

Je,.......................déclare solennellement et certifie que ce qui précède est une facture vrai et exacte des marchandises, ayant payé droit ou de provenance canadienne, ainsi que des marques et numéros des colis qui les contiennent, telles qu'expédiées par.....................à.....................et telles que vendues par le dit.....................pour le compte de.....................

La dite facture est datée à......................................et se monte à.............................dollars.

(Signature)...............................

Assermentée à.......................ce........jour de...........1899,
Par devant moi,

....
Officier de douane. (Timbre de la douane.)

SAN-FRANCISCO, 8 décembre 1898.

M. JOHN McDOUGALD,
Commissaire des Douanes,
Ottawa, Canada.

CHER MONSIEUR,—Nous vous avons écrit le 18 novembre au sujet de l'expédition de nos marchandises pour cette saison, et nous supposons que, par suite de la presse des affaires, vous n'avez pu nous répondre. Nous demandons de plus une réponse à la question suivante :

Pour la saison prochaine, trouverez-vous satisfaisante la formule de certificat "I.C." dont nous vous envoyons copie ci-incluse ?

Vous concevez que cela nous prend un peu de temps pour préparer nos documents et formules d'ordres, et nous espérons que, sans abuser de votre bienveillance, nous recevrons une prompte réponse.

A vous respectueusement,

LA COMPAGNIE D'EXPLORATION DE L'ALASKA,
Par L. A. PHILLIPS.

Réponse le 15 décembre 1898.
Formule renvoyée, marquée "approuvée".
J. M. D.

COMPAGNIE CANADIENNE DE NAVIGATION DU PACIFIQUE,
(à responsibilité limitée),
BUREAU DU GERANT,
VICTORIA, C.-B., 3 décembre 1898.

L'honorable
Ministre des Douanes,
Ottawa, Canada.

MONSIEUR,—Je désire attirer votre attention sur les faits suivants:—

Sous la loi américaine, aucun navire anglais ne peut transporter de marchandises américaines entre un port des Etats-Unis et un port canadien pour expédition par voie ferrée à travers le Canada dans les Etats-Unis sans que l'on soit exposé à ce que ces marchandises américaines paient droit comme fret étranger ou soient confisquées.

Ainsi, des marchandises partant de San-Francisco consignées à un marchand de Boston *via* le chemin de fer Canadien du Pacifique, ne peuvent être transportées sur un navire anglais entre San-Francisco et Vancouver. Le même loi s'applique si elles sont transportées par un chemin de fer canadien entre un port américain et un terminus canadien pour être transbordées et transportées ultérieurement par eau dans un autre port américain.

La loi canadienne a les mêmes dispositions, dans le but, je suppose, de protéger les propriétaires de navires canadiens ou d'amener un traité de réciprocité entre les Etats-Unis et le Canada.

Cette loi peut être mise en pratique honnêtement sur les grands lacs ou sur la côte orientale du Canada, mais sur la côte du Pacifique elle est à l'état de lettre morte, au grand détriment de tous les propriétaires de navires. Je ne peux me rendre compte des motifs ou raisons d'un tel état de choses. J'en vois bien toutefois les résultats. Les voici:

Il y a quatre ou plus de quatre lignes américaines voyageant entre Puget-Sound, dans l'Etat de Washington, et l'Alaska et Skagway. Ils ont tout le trafic local entre le Sound et les ports de l'Alaska, tandis que le trafic des propriétaires de navires canadiens ne comprend que les marchandises expédiées de Vancouver ou Victoria aux Territoires du Nord-Ouest ou à la Colombie-Britannique, en traversant en consignation douanière l'étroite zone de terre que les Etats-Unis réclament entre Skagway et le Sommet. Il en résulte que les propriétaires de navires américains et les compagnies américaines peuvent établir des taux de combinaison entre Puget-Sound et Skagway, vu que le gouvernement canadien leur permet de prendre à Victoria ou Vancouver des marchandises canadiennes pour les transporter en consignation douanière à travers cette même zone jusqu'au territoire canadien de l'autre côté, bien que ce soit transgresser la loi canadienne que d'en agir ainsi.

En admettant même que la loi ne s'y opposerait pas, est-ce juste qu'il en soit ainsi si les Etats-Unis ne nous donnent pas des avantages réciproques sur cette côte? Je puis ajouter que, jouissant de ce privilège, les propriétaires de navires américains obtiennent facilement tout le trafic qu'ils peuvent espérer avoir à partir de Puget-Sound, mais que, de plus, dans le but d'éloigner de cette route les propriétaires canadiens de navires, ils sont à même de pouvoir demander des taux moins élevés à partir des ports d'escale canadiens pour nous empêcher d'obtenir aucun trafic.

Il en est résulté que, au commencement de la saison de 1898, il y avait 12 navires canadiens inscrits au registre anglais, et se livrant au cabotage sur le parcours mentionné plus haut ,et qu'ils se sont vus tous chassés du trafic de cette route à l'exception de deux, le *Danube*, appartenant à la Compagnie Canadienne de Navigation du Pacifique (à responsabilité limitée), de Victoria, C.-B., et le *Cutch*, appartenant à la Compagnie de steamers Union, de Vancouver, tandis que du côté américain, sur ce parcours, neuf grands navires à vapeur s'tfforcent de rendre aux abois les deux seuls navires canadiens qui restent.

Nous croyons que nous devrions non seulement demander, mais exiger, que l'on mette la loi en vigueur, afin de protéger les compagnies et les propriétaires canadiens de navires. Jusqu'ici, il est vrai, les seuls moyens de transport entre Skagway et le Sommet consistaient en chevaux de somme, charrettes et traîneaux. Il y a maintenant une voie ferrée allant de Skagway au Sommet, ayant des Etats-Unis tous les privilèges de transport des marchandises canadiennes en consignation douanière entre Skagway et le Sommet, de sorte que nous sommes pratiquement à l'heure actuelle dans la même position à l'égard de cette voie ferrée que les steamers américains le sont à l'égard du chemin de fer Canadien du Pacifique.

J'ai la confiance que vous trouverez les moyens de nous rendre justice, et ce promptement, soit par un traité de réciprocité avec les Etats-Unis, soit en empêchant les navires américains de transporter *via* Skagway des marchandises canadiennes consignées à la Colombie-Britannique ou aux Territoires du Nord-Ouest.

Respectueusement votre, etc.,

JNO. IRVING.

N.B.—Reçu de la Bennett Lake & Klondike Navigation Co. (Ltd.), une lettre couchée dans les mêmes termes, datée le 13 décembre, et signée par MacD. Potts, gérant.

DEPARTEMENT DES DOUANES, CANADA,
OTTAWA, 17 décembre 1898.

M. JOHN IRVING,
Gérant, Compagnie Canadienne de Navigation du Pacifique,
Boite de poste K, Victoria, C.-B.

MONSIEUR,—J'ai l'honneur d'accuser réception de votre lettre du 3 de ce mois, adressée à l'hon, ministre des Douanes, touchant le transport continu sur des navires anglais de marchandises canadiennes partant d'un endroit en Canada en destination de quelque autre endroit du Canada.

En réponse, je dois vous dire que l'hon. ministre des Douanes a pris note des représentations que vous faites sur cette question.

C'est là l'un des sujets qui seront étudiés par les commissaires anglo-américains à Washington. Les lois canadiennes actuelles sur ce point ne sont pas aussi restrictives que celles des Etats-Unis. Toutefois, il sera peut-être trouvé judicieux d'attendre le résultat de la conférence avant que l'on entreprenne de modifier la législation en cette matière.

J'ai l'honneur d'être, monsieur,
Votre obéissant serviteur,
JOHN McDOUGALD,
Commissaire.

COMPAGNIE D'EXPLORATION D'ALASKA,
159 RUE POST, SAN-FRANCISCO, 10 décembre 1898.

M. JOHN McDOUGALD,
Commissaire des Douanes,
Département des Douanes,
Ottawa, Canada.

CHER MONSIEUR,—Nous avons l'honneur d'accuser réception de votre lettre du 3 décembre nous faisant savoir que les représentations que nous avons faites avaient été déférées à l'honorable ministre des Douanes, et nous attendrons que votre département communique ultérieurement avec nous sur cette question.

Bien respectueusement,
LA COMPAGNIE D'EXPLORATION DE L'ALASKA,
par L. A. PHILLIPS.

COMPAGNIE D'EXPLORATION D'ALASKA,
159 RUE POST, SAN-FRANCISCO, 14 décembre 1898.

M. JOHN MCDOUGALD,
Commissaire des Douanes,
Ottawa, Ont., Canada.

CHER MONSIEUR,—Nous désirons accuser réception de votre estimée du 9 décembre, accompagnée de deux copies des "Règlements provisoires régissant l'entrée dans le district du Yukon, durant l'année 1899, des marchandises canadiennes transportées sur des navires étrangers *via* Saint-Michael et la rivière Yukon".

En vous remerciant de la diligence avec laquelle vous avez répondu à notre lettre,
Nous avons l'honneur de demeurer,
Bien sincèrement à vous, etc.,
LA COMPAGNIE D'EXPLORATION DE L'ALASKA,
par L. A. PHILLIPS.

COMPAGNIE CANADIENNE DE NAVIGATION DU PACIFIQUE,
(à responsibilité limitée),
BUREAU DU GERANT, VICTORIA, C.-B., 13 décembre 1898.

L'honorable Ministre des Douanes,
Ottawa, Canada.

MONSIEUR,—Pour faire suite à ma lettre du 5 décembre, je désire ajouter que j'ai oublié d'y mentionner le fait que si l'on avait appliqué la loi dans toute sa portée, il aurait été possible aux navires anglais de gagner assez pour se maintenir dans leur course, et, dans ce cas, le Canada et les marchands et industriels canadiens auraient retiré le bénéfice de tous les approvisionnements et réparations dont ces navires auraient eu besoin, et qui auraient été achetées ou faites en Canada.

Les gages des officiers et des hommes d'équipage auraient été payés et dépensés dans les ports canadiens ; leurs familles auraient fait leurs demeures dans les ports canadiens.

D'un autre côté, les navires américains qui, à raison de la manière dont on interprète la loi actuellement, ont des privilèges égaux à ceux des navires canadiens, achètent leurs provisions, font faire leurs réparations, et paient les gages dans les ports des Etats-Unis, et le Canada n'en retire aucun avantage quelconque.

En vous parlant ainsi, nous désirons seulement vous montrer que nous n'avons pas nos droits, ce qui est tout ce que nous demandons.

Les navires américains ont sur les canadiens un avantage patent dans le transport dés marchandises à l'Alaska, avantage que l'on ne donne pas aux Canadiens qui cherchent à obtenir une part du trafic venant des ports américains. De fait, il est absolument impossible aux navires canadiens d'obtenir aucun trafic dans les ports américains, pendant que, d'un autre côté, ils ont à subir une concurrence sur un pied d'égalité avec les navires américains dans les ports canadiens eux-mêmes.

A vous respectueusement,
JNO. IRVING.

(*Voir* la réponse à la lettre du 3 décembre 1898.)

DEPARTEMENT DES DOUANES, CANADA,
OTTAWA, 29 décembre 1898.

"Bennett Lake and Klondike Navigation Co. (Ltd.)"
Victoria, C.-B.

MESSIEURS,—J'ai l'honneur d'accuser réception de votre lettre du 12 du présent mois au sujet du transport des marchandises canadiennes sur des navires américains, dans le cas où ce transport origine en Canada, les marchandises étant en destination de quelque autre endroit du Dominion.

Je dois dire que, sous ce rapport, les lois canadiennes ne sont pas les mêmes que les lois américaines, et que cette question est une de celles actuellement étudiées par les commissaires anglo-américains à Washington.

Les remarques que vous faites seront considérées avec soin par l'honorable Ministre des Douanes, mais il n'est pas probable que l'on modifie la législation actuelle avant que les commissaires aient terminé leurs travaux.

J'ai l'honneur d'être, messieurs,

Votre obéissant serviteur,

JOHN McDOUGALD,

Commissaire.

N.B.—La lettre à laquelle ce qui précède est une réponse est couchée dans les mêmes termes que celle de la Compagnie Canadienne de Navigation du Pacifique (à responsabilité limitée).

OTTAWA, CANADA, 13 octobre 1898.

A l'hon. WILLIAM PATERSON,

Ministre des Douanes, Ottawa.

CHER MONSIEUR,—Je vous transmets une requête au nom des deux principales compagnies de navires à vapeur faisant le cabotage entre des ports de la Colombie-Britannique et le Territoire du Yukon par la voie de l'Alaska, demandant la révocation des règlements de votre département qui permettent à des navires étrangers de transporter dans ce territoire des marchandises canadiennes consignation douanière, en donnant pour raison que ce règlement cause beaucoup de tort aux intérêts maritimes de la Colombie-Britannique, dont le trafic est tombé pendant ce laps de temps de 26,000 tonnes à 3,000 tonnes.

Je suis chargé de vous demander d'examiner cette question aussitôt que possible.

Bien à vous,

J. A. GEMMILL.

A l'honorable

Ministre des Douanes.

Nous, les soussignés, propriétaires de navires anglais, inscrits dans les registres des ports de la Colombie-Britannique, et engagés dans le commerce du Yukon et de l'Alaska, désirons attirer votre attention sur un règlement établi par le département des Douanes qui préjudicie nos intérêts et ceux d'un grand nombre de marins canadiens employés par nous.

La loi de douane canadienne exige que les marchandises transportées en consignation douanière d'un port canadien à un autre le soient sur des navires anglais, et, à la suite de la découverte des terrains aurifères dans le Territoire du Yukon et ailleurs, on a engagé un montant considérable de capital canadien dans l'achat et l'équipement de navires anglais destinés à ce trafic en partant de ports de la Colombie-Britannique.

Le 30 avril 1898, le ministère des Douanes du Dominion a décrété un règlement permettant aux navires étrangers de transporter des marchandises canadiennes entre des ports canadiens et le Territoire du Yukon en passant par l'Alaska. On a compris que ce règlement ne devait s'appliquer qu'à St-Michael et à la rivière Yukon.

Ce dont nous nous plaignons c'est qu'on l'applique à des points sur le Canal Lynn, et ce à notre détriment.

Il est difficile de concevoir quel objet le département a en vue en suspendant dans le Pacifique une loi qui est en vigueur sur l'Atlantique et sur les grands lacs.

Le tonnage des navires anglais sur cette côte dépasse de beaucoup la quantité de marchandises expédiées en consignation douanière entre les ports de la Colombie-Britannique et le Yukon.

Il semble qu'il n'était pas nécessaire de susciter compétition de la part des navires étrangers, ou d'accorder à des navires américains des privilèges que les Américains refusent aux Canadiens.

Nous vous demandons donc respectueusement de revoquer ce règlement établi par votre département, et par lequel il est permis aux navires étrangers de transporter des marchandises canadiennes en consignation douanière entre des ports de la Colombie-Britannique et le Territoire du Yukon en passant par l'Alaska.

CIE CANADIENNE DE NAVIGATION DU PACIFIQUE,
(à responsibilité limitée).
J. W. VINCENT, gérant.

COMPAGNIE DE STEAMERS UNION,
(à responsabilité limitée), de la C.-B.
GORDON S. LEGGE, président.

DEPARTEMENT DES DOUANES, CANADA,
OTTAWA, 31 octobre 1898.

M. J. A. GEMMILL,
Avocat,
Ottawa, Ont.

MONSIEUR,—J'ai l'honneur d'accuser réception de votre lettre du 13 du présent mois, adressée à l'honorable Ministre des Douanes, et transmettant une requête de la part de la Compagnie Canadienne de Navigation du Pacifique, à responsabilité limitée, et de la Compagnie de steamers Union, à responsabilité limitée, demandant la révocation des règlements qui permettent aux navires étrangers de transporter dans le Territoire du Yukon des marchandises canadiennes en consignation douanière.

En réponse, je dois dire que cette question est encore à l'étude de la part du ministre.

Je vous ai remis personnellement, lors de la présentation de la requête, des copies des lois canadiennes de cabotage et des règlements.

Je vous transmets maintenant copie des décisions de la Trésorerie des Etats-Unis—Précis 19,011 et 19,782—en rapport avec les lois de cabotage des Etats-Unis, ainsi que les règlements douaniers canadiens du 30 avril 1898.

J'ai l'honneur d'être, monsieur,
Votre obéissant serviteur,
JOHN McDOUGALD,
Commissaire.

DECISIONS DE LA TRESORERIE DES ETATS-UNIS.

(Précis 18,859.)

Il n'est pas permis aux navires étrangers de se livrer au cabotage.

On ne peut légalement transporter, sur un navire étranger, dans l'Alaska des marchandises américaines à partir de Victoria, quand bien même elles auraient été transportées de Seattle à Victoria sur un navire américain.

DEPARTEMENT DU TRESOR, 24 janvier 1898.

Au Percepteur des Douanes,
Sitka, Alaska.

MONSIEUR,—Il vous plaira de donner votre attention aux dispositions suivantes de l'article 4347 des Statuts Revisés tels qu'amendés par la loi du 15 février 1893:

On ne pourra transporter, sans encourir la pénalité de confiscation d'icelles, aucunes marchandises partant d'un port des Etats-Unis et allant à un autre port des Etats-Unis, sur un vaisseau appartenant en tout ou pour une part à un sujet d'aucun pouvoir étranger; et le transport de marchandises sur tout tel navire ou navires entre un port des Etats-Unis et un autre port des Etats-Unis, en passant par un port étranger, constituera une transgression des dispositions précédentes.

Vous voudrez bien également ne pas perdre de vue une lettre du percepteur des douanes à Port-Townsend, transmetant une notre du gérant de la Compagnie Canadienne de Navigation du Pacifique à Victoria, C.-B., demandant si des bateaux à vapeur, propriété de cette compagnie, et par conséquent navires canadiens, peuvent, sans transgresser nos lois, prendre à Victoria, C.-B., du fret américian consigné de Seattle à Skagway ou Dya, Alaska, et transporté de Seattle à Victoria, C.-B., sur le steamer *City of Kingston*. Le percepteur a été avisé que, dans l'opinion du dépratement, cette manière d'agir constituerait une transgression de l'article 4347 des Statuts Revisés, tels qu'amendé par la loi du 15 février 1893, ci-haut cité.

Vous agirez en conséquence.

Avec respect votre, etc.,
O. L. SPAULDING,
Secrétaire intérimaire.

DECISION DE LA TRESORERIE DES ETATS-UNIS.

(Précis 19,011.)

NAVIRES SE LIVRANT AU CABOTAGE.

(Circulaire n° 39.)

DEPARTEMENT DU TRESOR,
BUREAU DE LA NAVIGATION,
WASHINGTON, D.C., 26 février 1898.

Aux Percepteurs des Douanes :

Nous atirons votre attention sur la loi suivante sanctionnée le 17 février 1898, "aux fins de modifier les lois relatives à la navigation":

Qu'il soit décrété par le Sénat et la Chambre des Représentants des Etats-Unis de l'Amérique assemblés en Congrès, qu'on ne pourra transporter sans encourir la pénaltié de confiscation d'icelles, aucunes marchandises partant d'un port des Etats-Unis et allant à un autre port des Etats-Unis, soit directement, soit en passant par un port étranger, soit pour toute partie de parcours, sur tout autre navire qu'un navire des Etats-Unis. Mais cet article ne devra pas être interprété comme prohibant la course d'aucun navire à voiles étranger entre un port des Etats-Unis et un autre port des Etats-Unis; pourvu toujours que tel navire ne transportera d'un port ou d'un endroit des Etats-Unis dans un autre aucune autre marchandise que celle qui aura été importée sur tel navire à partir de quelque port étranger et n'aura pas été débarquée.

Article 2. Que l'article huit de la "Loi à l'effet d'abolir certains honoraires pour services officiels rendus à des navires américains, et d'amender les lois relatives aux commissaires du trafic maritime, aux marins, aux propriétaires de navires et pour d'autres fins", approuvée le dix-neuf juin mil huit cent quatre-vingt-six, est par les présentes amendé comme suit:

"Article 8. Aucun navire étranger ne transportera de passagers entre des ports ou endroits des Etats-Unis, soit directement, soit en passant par un port étranger, sous peine d'une amende de deux cents dollars pour chaque passager ainsi transporté et débarqué."

Art. 3. Chaque fois que quelque marchandise est importée dans les Etas-Unis par mer et doit être immédiatement exportée vers un port étranger par mer ou par une rivière dont le droit de navigation soit en remontant soit en descendant est garanti, en vertu d'un traité, aux citoyens des Etats-Unis et aux sujets d'un pouvoir étranger, le secrétaire du Trésor est par les présentes autorisé de prescrire les règlements concernant le transbordement et le transport de telle marchandise.

Art. 4. L'article trois mille cent neuf des Statuts Revisés est par les présentes amendé comme suit :

"Art. 3109. Le capitaine de tout navire étranger, chargé ou sur lest, arrivant soit par mer ou autrement, dans les eaux des Etats-Unis, et venant d'aucun territoire étranger adjacent aux frontières nord, nord-est ou nord-ouest des Etats-Unis, se présentera au bureau de tout percepteur ou sous-percepteur des douanes qui se trouvera le plus près de l'endroit où tel navire entre dans les eaux américaines ; et tel navire ne pourra transborder sa cargaison ou ses passagers sur aucun autre navire, ou remonter plus loin à l'intérieur, soit pour décharger, soit pour prendre cargaison, sans un permis spécial de tel percepteur ou sous-percepteur, donné en vertu et en conformité des règlements généraux ou spéciaux que le secrétaire du Trésor pourra, à sa discrétion, prescrire de temps à autre. Cet article s'appliquera également au trafic avec l'Alaska ou à travers l'Alaska. Pour toute transgression de cet article, tel navire sera saisi et confisqué."

Art. 5. Cette loi entrera en vigueur un mois après son adoption.

E. T. CHAMBERLAIN,
Commissaire de la navigation.

Approuvé : L. J. GAGE,
Secrétaire du Trésor.

COPIE DES DECISIONS DE LA TRESORERIE, VOL. 2, NO. 5, WASHINGTON, 4 août 1898.

(Précis 19,782.)

ENVOIS DE MARCHANDISES DANS L'ALASKA.

(Télégramme.)

DEPARTEMENT DU TRESOR, 29 juillet 1898.

Compagnie de Transport Seattle et Yukon,
Seattle, Wash.

On peut expédier des marchandises américaines par voie ferrée jusqu'à Vancouver, et de là sur un navire à vapeur anglais à Saint-Michael sans transgresser la loi de cabotage.

O. L. SPAULDING,
Secrétaire intérimaire.

DEPARTEMENT DES DOUANES, CANADA,
OTTAWA, 30 avril 1898.

Aux Percepteurs des Douanes :

Nouveaux règlements *re* entrée des marchandises dans le district du Yukon *via* l'Alaska.

En rapport avec le mémorandum n° 966 B, daté le 9 février 1899, il vous est maintenant enjoint :—

Que les marchandises achetées en Canada, qu'elles aient été soumises aux droits ou admises franco, et les marchandises, produits du Canada, qui sont transportées à travers l'Alaska sans avoir à payer de droits de douane aux Etats-Unis, peuvent être admises dans les Territoires du Nord-Ouest du Canada sans payer de droits de douane canadienne lorsqu'elle sont transportées par eau à partir de ports canadiens et conformément aux règlements prescrits par le ministère des Douanes, pourvu que l'identité des marchandises soit établie à la satisfaction du percepteur des douanes au port d'entrée.

On a décrété les règlements et conditions qui suivent concernant le transport des marchandises susmentionnées quand elles sont transportées par eau à partir de ports canadiens :

(*a*) On devra présenter à l'officier de douane au port de la frontière canadienne dans le district du Yukon on de la Stikine un manifeste ou une facture contenant une description des marchandises et leur valeur, avec les numéros et les marques des colis.

(*b*) Il est nécessaire que le manifeste ou cette facture porte au dos le certificat d'un officier de douane canadien à l'effet que les marchandises y décrites ont "été expédiées franches de droit d'un port en Canada".

(*c*) On peut accorder ce certificat quand le transport par eau à partir d'un port canadien se fait par aucun navire autorisé à faire tel transport.

En vertu des règlements concernant les navires étrangers qui se livrent au cabotage actuellement en vigueur, il est permis aux navires des Etats-Unis de transporter des marchandises entre un port du Canada et un port de l'Alaska et *vice verra.*

JOHN McDOUGALD,
Commissaire des Douanes.

COMPAGNIE D'EXPLORATION DE L'ALASKA,
159 RUE POST, SAN-FRANCISCO, 12 janvier 1900.

M. JOHN McDOUGALD,
Commissaire des Douanes,
Ottawa.

CHER MONSIEUR,—A l'approche de la date à laquelle nous allons faire nos achats annuels des marchandises destinées au Territoire du Yukon, nous vous demandons respectueusement de nous faire tenir, comme il y a deux ans, une expédition des "Règlements provisoires *re* entrée dans le district du Yukon, durant l'année 1900, des marchandises canadiennes transportées sur des avires étrangers, *via* Saint-Michael, etc."

L'auteur de la présente lettre s'attend de partir d'ici dans une semaine ou dix jours pour le Canada, et se fera le plaisir de passer par votre bureau lors de son paassage à Ottawa.

A vous respectueusement,
LA COMPAGNIE D'EXPLORATION DE L'ALASKA,
par L. A. PHILIPS.

(Mémorandum.)

DEPARTEMENT DES DOUANES, CANADA,
OTTAWA, 7 février 1900.

REGLEMENTS provisoires *re* entrée dans le district du Yukon, durant l'année 1900, des marchandises canadiennes transportées sur des navires étrangers *via* St-Michael.

---

1. En rapport avec le mémorandum n° 966B, daté le 9 février 1898, *re* entrée des marchandises dans le district du Yukon et de la Stickine, les percepteurs de

douane dans le district provisoire du Yukon sont par les présentes avertis que l'on peut admettre franches de droits dans le dit district, durant l'année 1900, à moins d'avis contraire, les marchandises achetées en Canada (ayant payé droit et de provenance canadienne) lorsqu'elles sont transportées d'un port canadien ou des Etats-Unis par voie de St-Michael et de la rivière Yukon, quand bien même le transport par eau se fait en partie et en tout sur un navire étranger. Ce privilège est néanmoins soumis aux dispositions suivantes établies par le ministre des Douanes :—

(*a*) L'on devra présenter à l'officier douanier du port d'entrée canadien dans le district du Yukon une facture d'expédition ou déclaration spéciale des marchandises par colis, marques, numéros et contenus.

(*b*) Quand les marchandises sont expédiées d'un port de la Colombie-Britannique, la facture d'expédition ou déclaration pourra porter au dos un certificat d'un officier de douane à l'effet que les marchandises décrites ont été expédiées franches de droits d'un port de la Colombie-Britannique (ainsi qu'il est dit dans l'article 5 (*a*) du mémo. 966 B).

(*c*) Quand les marchandises achetées en Canada, comme susdit, sont expédiées par voie des Etats-Unis, il faut que la facture d'expédition ou déclaration porte un certificat de l'exportateur canadien ou de son agent, attesté devant un officier douanier canadien, dont la teneur devra se rapprocher autant que possible de la formule qui suit plus bas (Formule I. C.).

(*d*) L'identité des marchandises devra être établie à la satisfaction de l'officier douanier au port d'entrée dans le district du Yukon, et devra être attestée sous le serment de l'importateur ou de son agent.

2. Bien qu'une seule facture soit requise pour les fins de la douane canadienne, il est désirable que les personnes qui achètent des marchandises en Canada se munissent de factures en double, dûment certifiées, de manière à prévenir du trouble ou du délai en faisant viser les entrées, dans le cas où les factures seraient perdues ou égarées.

3. Les officiers douaniers dans le district du Yukon devront examiner les marques et les numéros sur les colis débarqués, les comparant soigneusement avec les factures, et, s'il est nécessaire, ouvrir les colis pour examen.

4. Les dispositions qui précèdent sont provisoires et ne s'appliquent qu'à l'entrée des marchandises canadiennes par voie de Saint-Michael et de la rivière Yukon.

JOHN McDOUGALD,
Commissaire des Douanes.

Copies envoyées aux percepteurs à Victoria, C.-B. ; Vancouver, C.-B.; Dawson ; à l'inspecteur Clute; au commissaire W. Ogilvie.

Je,....................................déclare solennellement et certifie que ce qui précède est une facture vraie et exacte des marchandises, ayant payé droit ou de provenance canadienne, ainsi que des marques et numéros des colis qui les continnent, tel qu'expédiées par..............................à..............................
et telles que vendues par le dit..............................pour le compte de
....

La dite facture est datée à....................................et se monte à
....................................dollars.

(Signature)..............................

Assermenté à........................, ce..............................jour de
..................................1900.

Par devant moi,

....
Officier de douane.
(Timbre de la douane.)

DEPARTEMENT DES DOUANES, CANADA,
OTTAWA, 7 février 1900.

M. L. H. PHILLIPS,
Compagnie d'Exploration de l'Alaska,
150 rue Post,
San-Francisco, Cal.,

MONSIEUR,—J'ai l'honneur d'accuser réception de votre lettre du 13 du mois dernier, concernant l'expédition de marchandises canadiennes dans le Territoire du Yukon, *viâ* Saint-Michael, en 1900.

En réponse, je dois vous dire que, pour 1900, nous donnerons les mêmes ordres que pour l'année précédente, et nous vous remettrons les documents voulus à votre passage ici.

La réponse a retardé parce que nous attendions à vous voir en personne ici.

J'ai l'honneur d'être, monsieur,
Votre obéissant serviteur,
JOHN McDOUGALD,
Commissaire.

LA COMPAGNIE D'EXPLORATION DE L'ALASKA,
159 RUE POST,
SAN-FRANCISCO, 13 février 1900.

M. JOHN MCDOUGALD,
Commissaire des Douanes,
Ottawa, Canada.

MONSIEUR,—Permettez-nous d'accuser réception de votre estimée du 7 de ce mois, et, en réponse, de vous dire que notre M. L. A. Phillips est maintenant en route pour le Canada, et vous rendra visite, alors qu'il pourra recevoir les documents mentionnés dans votre communication.

Tout en vous remerciant de vous être occupé de notre affaire, nous demeurons,
A vous bien respectueusement,
LA COMPAGNIE D'EXPLORATION DE L'ALASKA,
Par GEORGE LEBES.

(*Télégramme.*)

VANCOUVER, C.-B., 14 février 1900.

M. JOHN MCDOUGALD,
Percepteur des Douanes,
Ottawa.

Veuillez aviser percepteur des douanes, Vancouver, si règlements de dix-huit-cent-quare-vingt-dix-huit et quatre-vingt-dix-neuf permettant transport de marschandises canadiennes pour Dawson sur navires américains auront effet pour dix-neuf-cent. Voyez notre correspondance janvier quatre-vingt-dix-neuf.

SEATTLE-YUKON TRANSPORTATION COMPANY.

(*Télégramme.*)

Percepteur des Douanes,
Vancouver, C.-B.

Marchandises canadiennes en destination de Dawson *via* Saint-Michael peuvent être expédiées cette année sujettes mêmes règlements que l'année dernière.
JOHN McDOUGALD,
Commissaire.

(*Télégramme.*)

OTTAWA, 15 février 1900.

Seattle-Yukon Transportation Company,
Vancouver, C.-B.

Ordre donné percepteur à Vancouver marchandises canadiennes en destination de Dawson *viâ* Saint-Michel peuvent être expédiées cette année sujettes mêmes règlements que l'année dernière.

JOHN McDOUGALD,
Commissaire.

DEPARTEMENT DES DOUANES, CANADA,
OTTAWA, 16 février 1900.

M. L. H. PHILLIPS,
La Compagnie d'Exploration de l'Alaska,
159 rue Post, San-Francisco, Cal.

MONSIEUR,—Toujours en rapport avec votre lettre du 13 du mois dernier, j'ai l'honneur de vous transmettre sous ce pli copie des règlements provisoires *re* entrée, pendant l'année 1900, dans le district du Yukon, des marchandises canadiennes lorsqu'elles sont transportées sur des navires étrangers *via* Saint-Michael.

J'ai l'honneur d'être, monsieur,
Votre obéissant serviteur,
JOHN McDOUGALD,
Commissaire.

(*Mémorandum.*) No 966 B.

DEPARTEMENT DES DOUANES, CANADA,
OTTAWA, 9 février 1898.

Aux Percepteurs des Douanes.

RE ENTREE DES MARCHANDISES DANS LE DISTRICT DU YUKON ET DE LA STICKINE.

Les instructions suivantes sont décrétées pour la gouverne des percepteurs des douanes et autres personnes intéressées:—

1. On peut admettre dans le district du Yukon ou de la Stickine, franches de droits, les marchandises achetées en Canada, ayant déjà payé les droits ou étant de provenance canadienne, lorsque le transport par eau de telles marchandises, à partir d'aucun port de la Colombie-Britannique, soit en parcours direct, soit en passant par un port étranger, se fait *tout entier sur des vaisseaux* qui ont le droit de se livrer au cabotage dans la Puissance du Canada; pourvu, toutefois, que les marchandises soient identifiées à la satisfaction de l'officier des douanes au port d'entrée du Yukon ou de la Stickine, et que l'on observe en la manière voulue les règlements et que l'on remplisse les conditions prescrites pour le transport des marchandises qui partent de ports dans la Colombie-Britannique.

2. Sauf l'exception ci-dessus, on traitera, quant aux droits à payer, comme importations ordinaires toutes les marchandises arrivant dans le district du Yukon ou de la Stikine, venant de l'Alaska, en passant à travers l'Alaska, ou suivant la voie des rivières Yukon ou Stickine.

3. Les marchandises importées dans la région du Klondike, dans le district du Yukon ou de la Stickine, sont sujettes aux mêmes droits et exemptions que si elles

étaient importées dans toute autre partie du Canada, et l'on prélèvera les droits déterminés par les dispositions des articles 58 et 59 de la loi des douanes et d'après la valeur marchande de ces marchandises selon l'époque de l'exportation et l'endroit d'où elles ont été exportées directement au Canada.

4. On peut laisser passer francs de droit, comme bagage de voyageurs, sans en faire l'entrée à la douane, les objets d'habillement, de parure de la personne, les articles de toilette et autres objets personnels semblables des personnes arrivant au Canada, en vertu des dispositions du tarif douanier, mais ce privilège ne s'appliquera qu'à ceux de ces objets qui accompagnent le voyageur ou dont il se sert ou qui sont nécessaires et convenables pour l'usage de telles personnes aux fins immédiates du voyage ou du confort et de la commodité du moment, et ne s'appliquera pas aux marchandises ou objets destinés à d'autres personnes ou à la vente.

5. Les marchandises achetées en Canada, ayant déjà payé les droits ou étant de provenance canadienne, admises franches de droit dans le district du Yukon ou de la Stickine, seront soumises aux règlements et conditions qui suivent dans le transport qui en sera fait, en partant de ports dans la Colombie-Britannique :

(a) On présentera à l'officier de douane au port d'entrée dans le district du Yukon ou de la Stickine, sur la frontière canadienne, une déclaration ou facture d'expédition contenant une description des marchandises et la mention de leur valeur, avec les numéros et les marques des colis.

(b) La déclaration ou facture d'expédition devra porter un certificat de l'officier de douanes canadien à l'effet que les marchandises qui y sont décrites ont été "expédiés franches de droits et qu'elles viennent d'un port de la Colombie-Britannique".

(c) Les officiers de douanes ne donneront pas le certificat ci-dessus mentionné si le transport en partant d'un port de la Calombie-Britannique ne se fait pas sur un navire ayant le droit de se livrer au cabotage le long de la côte canadienne.

(d) Le dit certificat peut porter la signature des officiers spéciaux du service des douanes canadiennes quand il y en aura d'établies à Dyea, Skagway ou Wrangle, mais dans chacun de ces cas le transbordement du navire amenant les marchandises devra se faire en présence de tel officier, qui devra s'assurer par lui-même en examinant la déclaration ou facture d'expédition du vaisseau que les marchandises n'ont pas été expédiées de la Colombie-Britannique en consignation douanière.

(e) On pourra accepter le certificat d'un officier de douanes canadien (s'il y en a) stationné à Wrangel, quant à l'origine et à l'exemption de droits des marchandises venant de ports dans la Colombie-Britannique en transit *via* Wrangel pour le district de la Stickine, lorsqu'elles sont transbordées à Wrangel sur un bateau de rivière en présence d'un officier de douanes canadien.

6. On joint à ce qui précède les règlements suivants décrétés par le département de la Trésorerie des Etats-Unis, savoir :

Circulaire 23.—Les règlements concernant l'entrée et le transport des marchandises en destination de la région du Klondike et du territoire du Nord-Ouest de la Colombie-Britannique, *via* les ports auxiliaires des Etats-Unis, Juneau, Dyea et Skagway, ou les autres postes douaniers de l'Alaska.

Circulaire 24.—Les règlements concernant la navigation des rivières Yukon et Porcupine et de leurs tributaires.

7. Il peut être bon que les personnes achetant des marchandises en Canada destinées au district du Yukon se munissent de factures en double ; à cet égard on attire leur attention sur la disposition suivante des règlements des douanes des Etats-Unis relativement aux marchandises qui traversent l'Alaska, *via* Dyea ou Skagway, pour pénétrer dans le district du Yukon :

"Article 3. On présentera au percepteur du port auxiliaire dans lequel l'entrée est faite une déclaration et copie en double de l'entrée contenant une description des marchandises, avec les numéros et marques des colis, et cette déclaration et entrée, après avoir été dûment certifiée, devra suivre les marchandises dans leur transport à travers le territoire des Etats-Unis et sera, en même temps que le double de la copie de l'entrée, remise au sous-percepteur à la frontière pour qu'on puisse la vérifier en la comparant avec les marchandises qui y sont inscrites."

3. Nous joignons également aux présentes les règlements suivants du ministère des Douanes du Canada, savoir :

"Règlements régissant le transport des marchandises des Etats-Unis et autres marchandises étrangères en transit à travers le Canada, venant de Juneau, Alaska, en destination de Circle-City ou d'autres points dans l'Alaska, Etats-Unis, *via* Chilcoot ou la Passe Blanche."

JOHN McDOUGALD,
Commissaire des Douanes.

REGLEMENTS régissant l'entrée et le transport des marchandises en destination de la région du Klondike et du territoire du Nord-Ouest de la Colombie-Britannique, *via* les ports auxiliaires des Etats-Unis, Juneau, Dyea et Skagway, ou les autres postes douaniers de l'Alaska.

1889.
Circulaire départementale n°
Division des douanes.

DEPARTEMENT DE LA TRESORERIE,
WASHINGTON, D.C., 2 février 1898.

Aux Percepteurs des Douanes et autres personnes intéressées :

Les règlements suivants sont publiés pour la gouverne de tous les intéressés:—

1. Le principal officier de douanes du port prendra possession à leur arrivée et tiendra en magasin aux frais des propriétaires les marchandises importées arrivant à Juneau, Dyea et Skagway, ou tout autre port douanier de l'Alaska, en destination de la région du Klondike, à moins qu'elles ne soient déclarées immédiatement en vertu d'un permis douanier d'entrepôt, de transport et d'exportation.

2. Après que l'entrée voulue aura été faite, ces marchandises peuvent continuer leur trajet sous la protection d'un permis douanier d'entrepôt, de transport et d'exportation, sans payer de droit, et sous la surveillance d'un officier de douanes, dont las frais de transport et d'entretien doivent être payés par l'importateur, ou bien après que l'importateur aura consenti au cautionnement, conjointement avec des personnes solvables, d'une somme égale aux droits et charges dont les marchandises sont affectés, à l'effet que l'exportation se fera effectivement. Ce cautionnement sera annulé dès que l'on aura fourni la preuve que l'exportation a eu lieu. Chaque fois que le propriétaire préférera déposer entre les mains du sous-percepteur une somme d'argent égale au montant des droits et des charges éventuelles douanières dont les marchandises sont affectées, l'on pourra se dispenser du dit cautionnement, et le sous-percepteur rendra, en la manière ci-après indiquée, le montant ainsi déposé. Mais à cause de la défense qu'il y a de débarquer des boissons fortes dans le territoire de l'Alaska, tout colis contenant des boissons de cette nature, destiné à une exportation immédiate, devra être transporté sous la garde et la surveillance d'un officier de douanes, tel qu'il est ci-dessus prescrit.

3. On présentera au percepteur du port auxiliaire dans lequel l'entrée est faite, une déclaration et copie en double de l'entrée, contenant une description des marchandises, avec les numéros et marques des colis, et cette déclaration et entrée, après avoir été dûment certifiée, devra suivre les marchandises dans leur transport à travers le territoire des Etats-Unis, et sera, en même temps que le double de la copie de l'entrée, remise au sous-percepteur à la frontière, pour qu'on puisse la vérifier en la comparant avec les marchandises qui y sont inscrites.

4. Un sous-percepteur sera stationné à la ligne frontière sur le parcours que suivra tel transport, et il sera de son devoir d'identifier les marchandises en les comparant à la description d'icelles contenue dans l'entrée et la déclaration certifiée.

5. Si les marchandises correspondent avec la description, et entrent sur le frontière britannique, le sous-percepteur à la frontière apposera à la déclaration un certificat à cet effet, laquelle sera ensuite transmise par lui au percepteur au port d'entrée ; il donnera de plus au propriétaire un certificat déclarant que les conditions du cautionnement ont été remplies, ou si l'on a déposé le montant des droits entre les mains du percepteur au port d'entrée, le sous-percepteur donnera au propriétaire un certificat d'exportation, lequel certificat, dûment endossé par le propriétaire, du moment qu'il sera présenté au sous-percepteur qui a reçu le dépôt, sera accepté par lui comme autorisation complète de rembourser le montant dû sur tel dépôt, et il devra faire ce remboursement au propriétaire lui-même, ou à la personne désignée par l'endossement du propriétaire sur le certificat.

6. Si quelqu'une des marchandises mentionnées dans la déclaration a été consommée ou abandonnée en route, ou, pour toute autre cause, ne parvient pas jusqu'à la frontière, le sous-percepteur à la frontière devra prélever les droits sur les marchandises qui manquent avant qu'il donne son certificat pour annuler le cautionnement ; si l'équivalent des droits a été déposé au port d'entrée, le sous-percepteur déduira le montant des droits sur les marchandises qui manquent de la somme ainsi deposée, et donnera son certificat pour la balance qui revient au propriétaire des marchandises.

7. Tous les animaux importés, ou les marchandises abandonnées, ou vendues dans le trajet à travers le territoire des Etats-Unis, seront saisis par les officiers de douanes, et confisqués pour le compte du gouvernement à moins que les droits ne soient payés.

8. Chaque fois que le percepteur au port d'entrée recevra du sous-percepteur à la frontière un rapport à l'effet que les conditions d'aucun cautionnement ont été remplies, il annulera tel cautionnement, et chaque fois qu'il recevra le certificat d'exportation ci-dessus prescrit, et un certificat du montant de droits qui revient au propriétaire, il remboursera tel droits, ou autant d'iceux qui deviennent dus, au propriétaire des marchandises, ou à la personne dûment désignée par l'endossement du propriétaire.

9. Dans les ports qui tombent sous le coup de ces règlements, autorité est par les présentes donnée aux officiers de douane d'exiger, chaque fois qu'ils le jugeront convenable, que l'on débarque, sous la surveillance de la douane, toutes les marchandises importées sur tel quai ou dans tel entrepôt qui sera indiqué en la forme voulue, et ces marchandises y resteront sous la garde de la douane jusqu'à ce que l'on ait le permis de les enlever.

10. Sont exempts de droits tous les articles emportés par les passagers suivant les trajets ci-dessus nommés, quand ces articles sont utilisés par les passagers, et comprenant le objets d'habillement et les effets personnels nécessaires au comfort présent et à la commodité de tels passagers.

11. Toute personne essayant d'éluder les lois du revenu des Etats-Unis consignés dans ces règlements sera arrêtée, et, après conviction, sera sujette à l'extrême penalité de la loi concernant telle offense. Toute marchandise introduite dans les Etats-Unis et transgressant les lois du revenu, sera confisquée par le gouvernement.

NAVIGATION DES RIVIERES YUKON ET PORCUPINE ET DE LEURS TRIBUTAIRES.

1898.
Circulaire départementale n°
Bureau de la Navigation.

DEPARTEMENT DE LA TRESORERIE,
WASHINGTON, D.C., 2 février 1898.

Aux Percepteurs des Douanes et autres personnes :

L'attention des percepteurs des douanes et autres personnes est attirée sur les règlements suivants qui régissent la navigation des rivières Yukon et Porcupine et de leurs tributaires :—

A.

TRANSFERT DES CARGAISONS ET DES PASAGERS A ST-MICHAEL.

On permettra seulement dans le port de St-Michael et sous la surveillance des officiers de douane.

(*a*) Le transfert de la cargaison ou des passagers, arrivant sur un navire qui navigue sur l'océan, et venant d'aucun port des Etats-Unis (excepté d'un autre port ou endroit de l'Alaska), ou d'aucun port étranger, à un navire en destination, par la voie de l'embouchure de la rivière Yukon, d'aucun autre port ou endroit le long des rivières Yukon ou Porcupine et de leurs tributaires, ainsi que ;

(*b*) Le transfert de la cargainson ou des passagers d'un navire de rivière en destination, par la voie de l'embouchure de la rivière Yukon, entre aucun port ou endroit le long des rivières Yukon ou Porcupine ou de leurs tributaires, et aucun port ou endroit des Etats-Unis (à l'exception d'aucun autre port ou endroit de l'Alaska), ou aucun port étranger.

(2.) Lorsqu'ils le jugeront nécessaire, les officiers de douane américains à St-Michael aborderont, dans le but de demander sa déclaration douanière et d'exercer les dispositions des lois et règlements des Etats-Unis, tout navire en destination des Etats-Unis et qui sera en dedans de quatre lieues de la côte américaine.

(3.) Les navires qui, en vertu de la loi, peuvent se livrer au cabotage américain, pourront se rendre d'un port ou endroit de l'Alaska à un autre port de l'Alaska en la manière prescrite par la loi pour l'entrée et le congé de douane des navires qui se trouvent dans ce district douanier.

B.

ENTREE ET CONGE DE DOUANE A ST-MICHAEL.

NAVIRES AMERICAINS.

(1.) Pourra faire son entrée à St. Michel, en la manière prescrite par la loi, tout navire qui, de par la loi, peut se livrer au cabotage américain, sur lest, ou portant des passages ou une cargaison, ou l'un et l'autre, en destination d'un port ou endroit des Etats-Unis (ailleurs que dans l'Alaska), ou venant d'un port étranger en destination d'aucun port ou endroit le long des rivières Yukon ou Porcupine ou de leurs tributaires.

Tel navire pourra alors

(*a*) Continuer son voyage vers sa destination, ou

(*b*) Transborder sa cargaison et ses passages, si leur destination est un port ou un endroit de l'Alaska, sur un autre navire américain, lequel pourra continuer le voyage en remplissant les formalités relatives à l'entrée et au congé de douane des navires dans ces districts douaniers ; ou

(*c*) Transborder sa cargaison et ses passagers, si leur destination est un port ou un endroit de la Colombie-Britannique, sur un navire américain ou anglais, qui prendra à Saint-Michael son congé de douane en la manière prescrite par la loi.

(2.) Tout navire, sur lest, ou portant des passagers ou une cargaison, ou l'un et l'autre, venant d'un port ou endroit étranger et en destination d'un port ou d'un endroit le long des rivières Yukon ou Porcupine ou de leurs tributaires, pourra faire l'entrée de douane à Saint-Michael en la manière prescrite par la loi.

Dans ce cas le navire anglais pourra

(a) Continuer son voyage vers sa destination, ou

(b) Transborder sa cargaison et ses passagers, si leur destination est un port ou un endroit de l'Alaska, sur un navire américain, lequel pourra continuer le voyage en remplissant les formalités relatives à l'entrée et au congé de douane des navires dans ces districts douaniers, ou

(c) Transborder sa gargaison et ses passagers, si leur destination est un port ou un endroit de la Colombie-Britannique, sur un navire américain ou anglais, qui prendra à Saint-Michael son congé de douane en la manière prescrite par la loi.

(3.) Par l'article XXVI du traité de 1871, entre les Etats-Unis et la Grande-Bretagne, en autant qu'il s'applique aux rivières Yukon, Porcupine et Stickine, il est défini que :

"La navigation des rivières Yukon, Porcupine et Stickine, soit en les remontant, soit en les descendant vers l'océan et jusque dans l'océan, demeurera à toujours libre, pour le fins du commerce, aux sujets de Sa Majesté Britannique et aux citoyens des Etats-Unis, sujet à toutes lois et règlements décrétés par chacun des deux pays dans son propre territoire, et qui ne seront pas incompatibles avec tel privilège de navigation libre."

Cet article crée un privilège spécial découlant d'un équivalent réciproque, et l'on ne peut invoquer la clause général des traités relative aux "nations favorisées". Ces privilèges de navigation, accordés en vertu de l'article XXVI du traité aux citoyens américains et aux sujets britanniques, ne sont pas accordés aux citoyens et aux navires des autres nations.

C.

ARRIVEE A CIRCLE-CITY DES NAVIRES VENANT DE PORTS OU ENDROITS DE LA COLOMBIE-BRITANNIQUE.

(1.) Un navire descendant les rivières Yukon et Porcupine et venant de ports ou endroits dans la Colombie-Britannique, sur lest, ou portant cargaison ou passagers, ou l'un et l'autre, devra, en vertu des dispositions de l'article 2772 des Statuts Revisés, faire constater sa présence en venant à Circle-City ou dans tel autre port près de la frontière entre l'Alaska et la Colombie-Britannique que l'on pourra ci-après désigner.

NAVIRES AMERICAINS.	NAVIRES ANGLAIS.
(2.) Un navire qui, de par loi, peut se livrer au cabotage dans les Etats-Unis peut alors	(3.) Un navire anglais peut alors faire son entrée de douane à Saint-Michael st là opérer le transbordement de sa cargaison et de ses passagers, en autant que tel transbordement est permis par l'article A de ces règlements ;
(a) Continuer son voyage en se conformant aux lois qui régissent le cabotage dans les Etats-Unis ; ou	*(a)* si leur destination est un port américain, sur un navire américain ; ou
(b) faire son entrée douanière à Saint-Michael, et là transborder sa cargaison et ces passengers, si leur destination est un port ou un endroit des Etats-Unis, sur un navire américain, en autant que tel transbordement est permis par la section A des règlements ; ou	*(b)* si leur destination est un port étranger, sur un navire américain ou étranger.
(c) faire son entrée douanière à Saint-Michael et là transborder sa cargaison et ses passagers, si leur destination est un port ou endroit étranger, sur un navire américain ou étranger.	

D.

SURVEILLANCE A EXERCER SUR LES VAISSEAUX QUI REMONTENT ET DESCENDENT LES RIVIERES YUKON, PORCUPINE OU LEURS TRIBUTAIRES.

Sous la direction du secrétaire de la Trésorerie, le percepteur des douanes de l'Alaska établira, de temps à autre, des sous-percepteurs et des inspecteurs de douane à tels endroits sur les rivières Yukon et Porcupine et leurs tributaires qu'il jugera nécessaire pour la mise en vigueur des lois des Etats-Unis. Les emoluments de ces officiers seront fixés par le secrétaire de la Trésorerie.

E.

PRIVILEGES.

Les navires anglais qui naviguent sur les rivières Yukon ou Porcupine ou leurs tributaires, entre Saint-Michael et des ports ou endroits de la Colombie-Britannique, peuvent faire escale à aucun endroit dans l'Alaska, le long des rivières Yukon ou Porcupine ou leurs tributaires, dans le but d'acheter du combustible ou des provisions, ou s'ils sont en détresse, sous la surveillance d'un officier de douane.

Il est loisible à cet officier, s'il le juge à propos, de permettre aux passagers de descendre provisoirement à terre, mais si aucun passager ne retourne pas au navire avant son départ, le navire sera passible de payer la pénalité prescrite par la loi.

On ne pourra débarquer aucune marchandise dans ces endroits sans encourir la confiscation décrétée par l'article 4347 des S. R., tel qu'amendé par la loi du 15 février 1893.

On ne devra vendre ou consommer aucune boisson forte sur le navire dans ces endroits sans être sujet à payer les amendes prescrites par l'article 1955 des S. R. et l'article 14 du chapitre 53 des lois de 1884.

Secrétaire.

Reglements concernant le transport des marchandises des Etats-Unis ou d'autres marchandises étrangères en transit à travers le Canada, venant de Juneau, dans l'Alaska, à Circle-City ou autres points dans l'Alaska, Etats-Unis, par la Passe Chilcoot ou la Passe Blanche.

1. Les marchandises importées en transit, de la nature susdite, devront être déclarées à la douane canadienne au Lac-Tagish, et pourront y être entrées pour les fins d'exportation, en se servant de la formule *in transitu* ordinaire, en double.

2. On pourra alors, sans paiement de droits, faire la livraison de ces marchandises, lesquelles pourront être transportées à leur destination en dehors du Canada par toute compagnie de transport qui a dûment fourni un cautionnement en la forme prescrite par le ministre des Douanes, garantissant la livraison exacte et fidèle de tous les colis transportés par telle compagnie et l'observation générale des lois et règlements douaniers régissant tel trafic.

Chaque telle expédition de marchandises, transportéées par une compagnie qui a fourni le cautionnement ci-dessus mentionné, sera accompagnée d'un double de l'entrée douanière *in transitu* dûment signé et portant le timbre douanier voulu, de manière à ce que ce double puisse être remis au poste de la douane à Fort-Cudahy, avec un certificat y apposé à l'effet que les marchandises ont été débarquées dans les Etats-Unis ou qu'elles ont été transportées en dehors du Canada dans les six mois de la date de l'entrée.

3. Si les marchandises lors de l'entrée douanière *in transitu* pour exportation ne sont pas livrées pour continuation du trajet à un entrepreneur de transport qui a fourni cautionnement, tel que pourvu dans la clause immédiatement précédente, il

faudra le montant des droits auxquels elles sont sujettes entre les mains de l'officier de douane au Lac-Tagish ; ce montant ainsi payé pourra être remboursé au port de Fort-Cudahy lorsque les marchandises passent au delà de ce point, ou sur présentation d'un certificat d'un officier de la douane américaine ou canadienne à l'effet que ces marchandises ont été débarquées dans les Etats-Unis dans le cours de six mois à compter de la date de l'entrée douanière *in transitu.*

L'on devra indiquer sur le dos de l'entrée douanière la somme déposée, et cette entrée devra porter le certificat de l'officier de douane du poste, et l'on devra donner à la personne qui dépose le montant des droits le double de l'entrée douanière dûment certifié et frappé du timbre de la douane.

4. L'officier douanier au port d'expédition devra envoyer par la malle, sans délai, au percepteur des douanes à Fort-Cudahy, un rapport de chaque entrée *in transitu,* afin de faire opérer la rentrée des droits sur les marchandises entrées *in transitu* et non exportées avec toutes les formalités voulues.

5. Les articles ordinairement classés comme bagage de passager passeront franco, sans qu'il faille en faire l'entrée douanière.

OTTAWA, 17 décembre 1897.

N.B.—Les règlements précédents s'appliquent aux marchandises *in transitu, via* Chilcoot et la Passe Blanche, tel que dit ci-dessus, de même que par la rivière Stickine et la *trail* Dalton, quand on en aura fait le rapport douanier de passage vers l'intérieur au port de la frontière canadienne sur la Stickine ou sur la *trail* Dalton, ou sur la Chilcoot ou la Passe Blanche.

JOHN McDOUGALD,
Commissaire des Douanes.

CABOTAGE—REGLEMENTS GENERAUX.

Sur la recommandation du ministre des Douanes et en vertu des dispositions du chapitre 32 des Statuts Revisés du Canada, intitulé "Acte des Douanes".

Il a plu à Son Excellence en conseil décréter les règlements suivants concernant le cabotage en Canada :

REGLEMENTS DE CABOTAGE.

Navires inscrits sur le registre anglais.

Art. 1. Les navires et les bateaux employés dans le transport des marchandises et des passagers entre un port ou endroit et un autre port ou endroit dans les limites de la Puissance du Canada seront réputés être engagés dans le trafic de cabotage, et seront soumis aux règlements qui régissent le cabotage.

Art. 2. Les navires inscrits sur le registre anglais ou les bateaux dont la propriété absolue et totale se trouve entre les mains de sujets britanniques, ainsi que les autres navires ou bateaux appartenant à des sujets de pays compris dans aucun traité passé avec la Grande-Bretagne en vertu duquel il y a concession mutuelle de privilège de cabotage, sont les seuls qui peuvent légalement se livrer au cabotage dans la Puissance du Canada, et le nom de tels navires ou bateaux ainsi que le nom de leur port d'inscription seront peints d'une manière distincte sur la poupe des dits navires ou bateaux.

Art. 3. Ces navires et bateaux peuvent,—sans être astreints à fournir l'entrée ou prendre le congé douanier, ainsi que la loi le requiert pour les navires qui font le trafic entre des ports dans la Puissance du Canada, aussi bien qu'avec des ports étrangers,—transporter des marchandises de fabrique canadienne, ou des marchandises franches de droits, ou des marchandises ayant déjà payé les droits, ou des passagers, entre aucun port ou endroit des provinces d'Ontario, de Québec, du Nouveau-Brunswick, de la Nouvelle-Ecosse et de l'Ile du Prince-Edouard et d'autres ports ou endroits dans les dites diverses provinces; pourvu toujours que les propriétaires ou capitaines de tels navires ou bateaux prennent une licence pour la durée d'une année ou partie d'une année, toujours treminable au 30 juin, pour cette fin, en s'adressant à un percepteur des douanes en Canada, et que les propriétaires ou capitaines, en prenant telle licence, consentent un cautionnement de $500 garantissant que les dits navires ou bateaux ne seront pas employés pour les fins de trafic étranger, excepté dans les conditions ci-après définies, et pourvu également que le capitaine de tout tel navire ou bateau fera rapport de son arrivée à un port ou de son départ de ce port, soit en allant, soit en revenant, sur les formules ci-après indiquées.

Art. 4. Le capitaine de tout navire ou bateau exhibera sa licence à tout officier de douane chaque fois qu'il en sera requis, et répondra à toutes les questions qui lui seront posées, et tel officier de douane aura le droit d'aborder chacun de ces navires faisant le cabotage quand il le jugera à propos, et s'il y trouve des marchandises sujettes au paiement des droits et dont on n'aura pas fait la déclaration à la douane, ou des marchandises prohibées ou de contrebande, ou si l'on a déchargé quelque marchandise avant que le capitaine ait fait son rapport à l'officier de douane, les marchandises et le navire seront confisqués et le capitaine encourra une amende de $100

Art. 5. Avant qu'aucun navire ou bateau faisant le cabotage quitte aucun port de chargement dans aucune des provinces de la Puissance du Canada pour aucun autre port dans la dite Puissance, on devra fournir un rapport en double d'après la formule indiquée plus loin et signée du capitaine au percepteur ou à quelque officier de douane, lequel gardera le double et remettra l'original du rapport après l'avoir signé et daté ; et tel rapport servira de congé douanier pour le navire ou bateau pour le voyage, excepté pour les marchandises sous contrôle douanier ou les marchandises ayant à payer les droits de l'accise ou du revenu de l'intérieur. Pour ces dernières, il sera nécessaire d'en faire l'entrée douanière et d'obtenir un permis de débarquement signé par les officiers que de droit tel que la loi le requiert; et si aucun rapport est inexact, le capitaine qui l'a signé paiera la somme de $100.

Rapport d'entrée.

Pour un navire qui se livre au cabotage ou un bateau arrivant à un port et venant d'un autre port dans la Puissance du Canada.

Port de	Tonnage inscrit tonneaux
Nom du navire,	Arrivant de
Nom du capitaine,	
Port d'inscription,	

Je soussigné, capitaine du navire ci-dessus décrit, déclare solennellement que je n'ai fait escale dans aucun port étranger, et que je n'ai pris à bord, ni débarqué, ni mis hors du dit navire aucunes marchandises ayant à payer des droits de douane, ou d'autres contributions de revenu, depuis que j'ai quitté le port de départ ci-dessus nommé.

......................................, 18....

Percepteur des douanes.

Capitaine.

Rapport de sortie.

Pour un navire ou bateau se livrant au cabotage entre un port et un autre dans la Puissance du Canada.

Port de	Port d'inscription,
Nom du navire,	Tonnage inscrit, tonneaux.
Nom du capitaine,	En destination de

Je, soussigné, capitaine du navire ci-dessus nommé, jure solennellement que ma destination est le port de , et que je m'y rendrai directement, et que, dans le cours du dit voyage, je ne ferai escale dans aucun port étranger, ni ne prendrai à bord, ni débarquerai, ni ne mettrai hors du navire aucunes marchandises ayant à payer des droits de douane, ou autres contributions du revenu, avant d'être rendu au port ci-dessus nommé qui est celui de ma destination.

jour de , 18

Percepteur des douanes.

Capitaine.

Art. 6. Les navires et bateaux engagés dans le cabotage qui ne seront pas pourvus d'une licence pour le transport des marchandises, devront faire rapport de leur présence tant pour l'aller que pour le retour au port le plus rapproché de l'endroit où ils doivent arriver ou de leur destination, et se munir de congés de douane chaque fois qu'ils s'éloignent d'aucun port ou endroit dans les limites de la Puissance du Canada ; et s'il fait défaut de faire le rapport voulu au sujet de son navire et de sa cargaison, le capitaine, en telle occurrence, sera passible d'une amende de $100 pour être arrivé ou être parti sans avoir fait l'entrée douanière tant pour l'aller que pour le retour, selon le cas. Pourvu toujours que si un navire part d'un endroit où il n'y a pas de bureau de douane ou d'officier de douane, il sera suffisant, pour se conformer au présent règlement, que le propriétaire ou captaine de tel navire envoie, aussitôt que possible après son départ, au bureau de douane le plus rapproché, un rapport semblable en double, ou qu'il le dépose dans le premier port dans lequel il fera escale et où se trouve un officier de douane.

Art. 7. Les marchandises dont on a fait la déclaration douanière comme devant aller d'un port canadien à un autre peuvent être transportées dans aucun navire ou bateau qui a été inscrit dans le registre britannique et qui se livre au cabotage en vertu de la licence voulue, si ces marchandises ont été entrées conformément aux règlement dans le rapport de sortie et le congé douanier en double;—et dans ce cas le percepteur du port d'où l'on enlève ces marchandises devra envoyer par la malle au percepteur du port auquel ces marchandises sont destinées tous les détails et la description des marchandises ainsi expédiées, et les colis devront être marqués distinctement en rouge tel qu'il est prescrit maintenant; mais, à moins que l'on se soit conformé aux exigences du rapport et du congé douanier susmentionnés, on ne pourra transporter aucunes marchandises sur aucun navire ou bateau se livrant au cabotage.

Art. 8. Aucun navire ou bateau de cabotage ne fera escale dans un port étranger à moins qu'il n'y soit forcé par des circonstances incontrôlables ou qu'il n'y soit autorisé par un percepteur ou un officier de douane que de droit ; et le capitaine de tout navire ou bateau cabotier qui a fait escale dans aucun port étranger devra en donner un avis écrit signé de lui-même au percepteur ou officier de douane autorisé dans le premier port ou endroit du Canada où son vaisseau arrivera après cette escale, à défaut de quoi il sera passible d'une amende de $100.

Art. 9. Si les jours de dimanche ou fériés l'on débarque aucunes marchandises transportées sur un navire ou bateau cabotier, ou si, en ces mêmes jours, l'on embarque des marchandises, ou si on les amène par eau pour être embarquées sur tel navire ou bateau, ou si l'on débarque ou embarque des marchandises en l'absence ou sans l'autorité de l'fficier de douane compétent, ou encore si la chose se fait à des heures et dans des endroits autres que ceux que l'officier de douane aura choisis et désignés à cette fin,—les marchandises seront confisquées et le capitaine du navire ou du bateau devra payer la somme de 100.

Art. 10. Les officiers auront le droit, à quelque période que ce soit du voyage, d'aborder aucun navire ou bateau et dans aucun port ou endroit, faire des perquisitions et examiner toutes les marchandises à bord, et demander la production de tous les documents qui devraient se trouver à bord; et le percepteur pourra exiger qu'on lui apporte tels documents pour qu'il les examine.

Art. 11. Aucun bateau pêcheur ou bateau-passeur moins de quinze tonnes de capacité ne pourra, à moins de licence ou permis spécial, transporter aucunes marchandises venant d'un pays étranger, lesquelles sont sujettes à payer droit, sous peine de saisie, à moins que (dans le cas d'un bateau-passeur) ces marchandises ne soient que pour l'utilité de quelque passager présent alors sur ce bateau.

Art. 12. Sur aucun navire ou bateau cabotier on ne pourra transporter de marchandises, excepté celles qui sont embarquées en cabotage à quelque port ou endroit du Canada, et l'on ne pourra mettre à bord ou débarquer des marchandises d'aucun navire ou bateau cabotier au cours de son voyage sur une rivière, un lac ou l'océan.

Art. 13. Les rapports des voyages de cabotage d'aller et de retour demandés par ces règlements peuvent, s'il s'agit d'aucun navire à vapeur qui porte un agent comptable, être signés par cet agent, au même effet sous tous les rapports, avec les mêmes amendes contre l'agent comptable, dans le cas de défaut, et même confiscation des marchandises, dans le cas de déclarations mensongères ou de transgression de la loi douanière, que si le rapport avait été signé par le capitaine; et, pour les fins de ces règlements, l'expression "capitaine" devra être interprétée comme comprenant en même temps l'agent comptable d'aucun navire à vapeur; mais rien de ce qui est contenu dans les présentes n'enlèvera au percepteur ou officier de douane compétent le droit d'exiger que le capitaine d'aucun navire à vapeur réponde à toutes telles questions qu'on pourra lui poser concernant le navire, les passagers, la cargaison et l'équipage, et qu'on pourrait lui poser légalement si le rapport avait été préparé par lui, ni n'exemptera le capitaine des amendes imposées par ces règlements s'il manque de répondre à toute telle question, ou s'il répond faussement, ni n'empêchera le capitaine de faire tel rapport s'il juge à propos de le faire.

Art. 14. Les règlements qui précèdent régiront également le trafic de cabotage de la province de la Colombie-Britannique, seulement en autant qu'il s'agira de navires faisant le trafic ou voyageant entre les différents ports de cete province.

Arrêté du Conseil, 17 avril 1883.

CABOTAGE—NAVIRES ETRANGERS.

HOTEL DU GOUVERNEMENT, OTTAWA,
Le 25e jour juillet 1888.

Sur la recommandation du ministre des Douanes et en vertu des dispositions du chapitre 83 des Statuts Revisés du Canada, intitulé : "Acte concernant le cabotage canadien",

Il a plu àSon Excellence décréter ce qui suit :

NAVIRES ITALIENS.

Art. 1. Attendu que par l'article 2 du chapitre 83 des Statuts Revisés du Canada, intitulé : "Acte concernant le cabotage canadien", il est, autres choses, ordonné que l'on ne pourra transporter par eau aucunes marchandises ou passagers entre un port du Canada et un autre port, à moins que ce ne soit sur des bâtiments britanniques;

Et attendu que par le 5ème article du même acte, il est de plus décrété que le Gouverneur en conseil peut, de temps à autre, déclarer que les dispositions précédentes du dit acte ne s'appliqueront pas aux bâtiments ou navires d'aucun pays étrangers dans lesquels on permet aux navires britanniques de faire du cabotage dans ce pays, et de transporter des marchandises et des passagers d'un port ou endroit à un autre dans tel pays ;

Il a plu à Son Excellence en conseil ordonner et déclarer que les dispositions du dit acte ne s'appliqueront pas aux bâtiments ou navires italiens, mais qu'il sera loisible, et qu'il est loisible, en vertu des présentes, à ces navires de faire du cabotage dans la Puissance du Canada aux mêmes conditions que celles qui sont applicables aux navires canadiens.

Arrêté du Conseil, 13 octobre 1873.

NAVIRES ALLEMANDS.

Art. 3. Et attendu que l'on permet aux navires britanniques de faire du cabotage en Allemagne sur le même pied que les navires de cet empire,—

Il a plu à Son Excellence en conseil ordonner et déclarer que les dispositions du dit acte ne s'appliqueront pas aux bâtiments et navires d'Allemagne, mais qu'il sera, et qu'il est loisible, en vertu des présentes, à ces navires de faire du cabotage dans la Puissance du Canada aux mêmes conditions que celles qui sont applicables aux navires canadiens

Arrêtré du Conseil, 14 mai 1874.

NAVIRES NEERLANDAIS.

Art. 4. Et attendu que l'on permet aux navires britanniques de faire du cabotage dans les Pays-Bas sur le même pied que les navires de cette contrée,—

Il a plu à Son Excellence en conseil ordonne ret déclarer que les dispositions du dit acte ne s'appliqueront pas aux bâtiments et navires des Pays-Bas, mais qu'il sera, et qu'il est loisible, en vertu des présentes, à ces navires de faire du cabotage dans la Puissance du Canada aux mêmes conditions que celles qui sont applicables aux navires canadiens

NAVIRES SUEDOIS ET NORVEGIENS.

Art. 5. Et attendu que l'on permet aux navires britanniques de faire du cabotage dans la Suède et la Norvège, sur le même pied que les navires de cette contrée,—

Il a plu à Son Excellence en conseil ordonner et déclarer que les dispositions du dit acte ne s'appliqueront pas aux bâtiments et navires de la Suède et de la Norvège, mais qu'il sera, et qu'il est loisible, en vertu des présentes, à ces navires de faire du cabotage dans la Puissance du Canada aux mêmes conditions que celles qui sont applicables aux navires canadiens.

Arrêté du Conseil, 5 novembre 1874.

NAVIRES D'AUTRICHE-HONGRIE.

Art. 6. Et attendu que l'on permet aux navires britanniques de faire du cabotage dans l'empire de l'Autriche-Hongrie sur le même pied que les navires de cette contrée,—

Il a plu à Son Excellence en conseil ordonner et déclarer que les dispoistions du dit acte ne s'appliqueront pas aux bâtiments ou navires de l'empire de l'Autriche-Hongrie, mais qu'il sera, et qu'il est loisible, en vertu des présentes, à ces navires de faire du cabotage dans la Puissance du Canada aux mêmes conditions que celles qui sont applicables aux navires canadiens.

Arrêté du Conseil, 1er juin 1876.

NAVIRES DANOIS.

Art. 7. Et attendu que l'on permet aux navires britanniques de faire du cabotage dans le Danemark sur le même pied que les navires de cette contrée,—

Il a plus à Son Excellence en conseil ordonner et déclarer que les dispositions du dit acte ne s'appliqueront pas aux bâtiments ou navires du Danemark, mais qu'il sera loisible, et qu'il est loisible, en vertu des présentes, à ces navires de faire du cabotage dans la Puissance du Canada aux mêmes conditions que celles qui sont applicables aux navires canadiens.

Arrêté du Conseil, 25 janvier 1877.

NAVIRES BELGES.

Art. 8. Et attendu que l'on permet aux navires britanniques de faire du cabotage dans la Belgique sur le même pied que les navires de cette contrée,—

Il a plu à Son Excellence en conseil ordonner et déclarer que les dispositions du dit acte ne s'appliqueront pas aux bâtiments ou navires de Belgique, mais qu'il sera loisible, et qu'il est loisible, en vertu des présentes, à ces navires de faire du cabotage dans la Puissance du Canada aux mêmes conditions que celles qui sont applicables aux navires canadiens.

Arrêté du Conseil, 13 septembre 1879.

NAVIRES DE LA REPUBLIQUE ARGENTINE.

Art. 9. Et attendu que l'on permet aux navires britanniques de faire du cabotage dans la République Argentine sur le même pied que les navires de cette contrée,—

Il a plu à Son Excellence en conseil ordonner et déclarer que les dispositions du dit acte ne s'appliqueront pas aux bâtiments ou navires de la République Argentine, mais qu'il sera loisible, et qu'il est loisible, en vertu des présentes, à ces navires de faire du cabotage dans la Puissance du Canada aux mêmes conditions que celles qui sont applicables aux navires canadiens.

Arrêté du Conseil, 10 mai 1881.

TRANSPORT DES CARGAISONS, ETC., SUR DES NAVIRES ETRANGERS.

HOTEL DU GOUVERNEMENT, OTTAWA,
Le 25e jour de juillet 1888.

Sur la recommandation du ministre des Douanes et en vertu des dispositions du chapi re 32 des Statuts Revisés du Canada, intitulé : " Acte concernant les Douanes ",—

Il a plu à Son Excellence en conseil faire les règlements suivants, c'est à savoir :

NAVIRES ETRANGERS.

Tous les navires étrangers se livrant au cabotage et entrant dans les ports du Canada en venant de la mer ou des eaux intérieures, doivent se conformer aux règlements suivants:

Art. 1. Les navires étrangers peuvent transporter des cargaisons et des passagers venant d'un port étranger et les débarquer dans deux ou plus de deux ports canadiens, en prenant un congé douanier à chacun de ces ports successivement jusqu'au complet débarquement des dites cargaisons et passagers.

Art. 2. Des navires étrangers peuvent embarquer des cargaisons et des passagers dans deux ou plus de deux ports canadiens et les transporter dans un port étranger, en prenant un congé douanier à chacun des ports canadiens successivement, le congé douanier définitif devant se prendre pour tel port étranger dans le dernier port canadien dans lequel ils feront escale pendant leur voyage.

Art. 3. Les navires étrangers ne prendront ni fret, ni passagers dans un port canadien pour les débarquer dans un autre port canadien, et le capitaine ou propriétaire d'aucun navire qui transgressera ce règlement sera passible d'une amende de $400 pour chaque offense, et le navire pourra être gardé sous séquestre jusqu'à ce que l'amende soit payée.

Art. 4. Des navires étrangers amenant d'un port étranger des cargaisons ou des passagers peuvent, après les avoir débarqués, obtenir un congé douanier leur permettant de se rendre lèges dans un autre port canadien dans le but d'y prendre une cargaison destinée à un port étranger, et peuvent successivement prendre un congé douanier de port en port pour complèter leur chargement, en se munissant d'un dernier congé douanier comme il est dit plus haut.

Art. 5. Des navires étrangers peuvent remorquer d'autres navires ou choses venant d'un port étranger dans un port canadien; mais s'ils abandonnent tout tel navire ou chose, ou s'en séparent dans les eaux canadiennes, ils ne pourront reprendre la remorque de tel navire ou chose dans le but de les conduire plus loin dans les eaux canadiennes.

NAVIRES ENGAGES DANS LE COMMERCE ETRANGER.

Art. 6. Des navires étrangers peuvent remorquer d'autres navires ou choses d'un port canadien à un port étranger, mais s'ils se séparent de tels navies ou choses, ou de quelque partie de ce qu'ils remorquent, dans les eaux canadiennes, ils ne peuvent reprendre la remorque de tels navires ou choses pour les conduire plus loin dans les eaux canadiennes; mais cette règle et la précédente ne s'appliquent pas à l'occurrence d'un accident qui sépare les navires l'un de l'autre par suite de la rupture d'un câble ou d'autres dommages temporaires.

Art. 7. Les navires étrangers jouiront des privilèges qui précèdent seulement à la condition de se conformer strictement aux dispositions de l' "Acte concernant les douanes" quant aux rapports que les capitaines de tels navires doivent faire de leur arrivée et de leur départ en arrivant et en quittant des ports douaniers.

Art. 8. Quand des navires amènent des cargaisons ou des passagers venant d'un port étranger en destination de plus d'un port canadien, les capitaines de tels navires doivent faire, au premier port d'escale, un rapport complet de tout ce qu'ils transportent, en y faisant une distinction de ce qu'ils doivent y débarquer et des ports dans lesquels ils devront débarquer ce qui reste à bord. Ce rapport doit se faire en double, avec une copie additionnelle pour chaque port suivant où ils ont des colis à débarquer successivement; et le percepteur ou l'officier de douane que de droit marquera sur tel rapport chaque item avec le numéro de la déclaration douanière, si déclaration est faite, et dans le cas de quelque colis débarqué et laissé sous le contrôle de la douane sans déclaration, il sera annoté de la lettre "L" dans le dit rapport. On devra déposer les copies en double dans le premier port d'escale, et les autres copies resteront avec le navire. De ces dernières on déposera une copie dans chacun des autres ports d'escale successivement.

Art. 9. Ainsi qu'il est défini par l'article 112 de l' "Acte concernant les Douanes", l'honoraire à exiger de tous les navires qui naviguent sur les eaux intérieures, à leur entrée dans aucun port ou à leur départ d'aucun port en amont de Montréal, sera de cinquante cents pour chaque rapport d'arrivée ou de départ, quel que soit le tonnage du navire; tel honoraire sera exigé de tous les navires, à leur arrivée ou à leur départ, à l'exception des navires qui sont munis d'une licence de cabotage. Tous les ordres ou règlements contraires aux présentes seront rescindés.

Arrêté du Conseil, 22 mai 1899 Mémo. 295 B.

Art. 10. Pour chaque transgression des dispositions de ces règlements; le capitaine ou propriétaire de tout tel navire sera passible d'une amende de $400, ou de telle autre amende décrétée par le dit acte et qui s'appliquera en l'occurrence, et l'on pourra tenir le navire sous séquestre jusqu'au paiement de telle amende.

Art. 11. Les navires équipés pour la pêche en mer ou qui y sont engagés ne sont pas compris dans ces règlements.

Arrêté du Conseil, 10 novembre 1886.

REPONSE

[76]

A une ADRESSE de la CHAMBRE DES COMMUNES, datée du 7 février 1900, demandant copies de tous rapports, arrêtés en conseil, documents et correspondances relatifs à la concession aux navires des Etats-Unis des privilèges de cabotage sur les lacs canadiens en 1899.

R. W. SCOTT,
Secrétaire d Etat.

Extrait d'un rapport du comité de l'honorable Conseil privé, approuvé par Son Excellence le 16 octobre 1899.

Sur un rapport du ministre des Finances, en date du 14 octobre 1899, déclarant que les vaisseaux anglais et canadiens sur les lacs en haut de Montréal semblent actuellement insuffisants pour faire le transport du grain expédié de Fort-William aux ports de lac Ontario et de là, par voie ferrée à travers le Canada jusqu'à la mer.

Que d'après les lois concernant le cabotage, il n'est pas à présent permis aux navires américains de faire ce trafic entre deux ports canadiens.

Que par suite du manque de navires anglais et canadiens une grande partie de ce trafic de grain peut être faite de Fort-William à Buffalo, et de là par chemins de fer ou navires américains jusqu'à la mer.

Qu'il est opportun d'encourager ce trafic par les routes canadiennes jusqu'à la mer, et aider au développement d'un commerce canadien sur les lacs en encourageant le mouvement permanent du transport du grain par les routes canadiennes.

Le ministre recommande donc, espérant une augmentation du nombre de vaisseaux aujourd'hui autorisés à faire le cabotage, qu'il soit permis aux navires américains de transporter des cargaisons entre Fort-William ou Port-Arthur, dans la province d'Ontario, et tout autre port en Canada, et *vice versa*, durant le reste de la présents année (1899), aux mêmes termes et conditions imposés aux navires canadiens, sans être exposés à des poursuites et pénalités à cause de leur nationalité.

Le comité soumet à l'approbation de Votre Excellence la recommandation ci-dessus.

JOHN J. McGEE,
Greffier du Conseil privé.

OTTAWA, 20 octobre 1899.

(*Télégramme.*)

Copie d'un message envoyé au percepteur des douanes à Fort-William, et au sous-percepteur des douanes à Depot-Harbour, Ont.

Durant le reste de l'année courante les navires américains pourront transporter des cargaisons entre Fort-William ou Port-Arthur et tout port en Canada, aux mêmes conditions que les vaisseaux canadiens. Des permis pourront être accordés en conséquence.

JOHN McDOUGALD,
Commissaire.

(*Mémorandum.*)

Aux Percepteurs des Douanes:—

Cargaisons transportées sur des vaisseaux américains.

Durant le reste de l'année courante (1899) les vaisseaux américains pourront transporter des cargaisons entre Fort-William ou Port-Arthur et tout port en Canada, et *vice versa*, aux mêmes conditions que les vaisseaux canadiens. Des permis pourront être accordés en conséquence.

JOHN McDOUGALD,
Commissaire des douanes.

Copies du message ci-dessus ont été envoyées par la malle, le 20 octobre 1899, aux percepteurs des douanes à Toronto, Midland, Collingwood, Owen-Sound, Sarnia, Windsor, Fort-Erié, Kingston, Prescott, Port-Arthur et Goderich.

MINISTERE DES DOUANES,
OTTAWA, 5 décembre 1899.

A Son Excellence
Le Gouverneur général en conseil.

Je soussigné, ministre des Douanes, a l'honneur de faire rapport de la demande suivante reçue de M. James Conmee, M.A.L., Toronto, Ont.:—

"Je suis engagé dans la construction du chemin de fer Algoma-Central, ligne en voie de construction entre Michipicoten-Harbour et un endroit à ou près de Mossinovie, sur le C. C. P. Les travaux commencés à Michipicoten-Harbour sont dirigés vers le nord. Il faut s'approvisionner pour l'hiver avant la clôture de la navigation, et il nous a été impossible de trouver des bateaux canadiens pour transporter du foin. Il y a, à Gore-Bay, sur l'île Manitouline, une quantité considérable de foin qui pourrait être facilement transportée à Michipicoten, si l'on pouvait trouver des vaisseaux. Le Compagnie Booth, du Saut-Ste-Marie, offre un vaisseau, le *City of Green-Bay*, mais comme c'est un vaisseau américain il ne peût transporter de cargaison d'un port canadien à un autre. Je vous écris, espérant que vous pourrez accorder à ce vaisseau la permission de faire un ou deux voyages de Gore-Bay à Michipicoten. Cela ne saurait nuire en aucune façon aux vaisseaux canadiens, vu que l'on ne peut en trouver à aucun prix, pour transporter le foin. D'un autre côté, ce sera très avantageux pour les cultivateurs et les gens du commerce de la ville et de la banlieu de Gore-Bay. Il y a là plus de 15,000 tonnes de foin prêtes à être expédiées, et ce serait une véritable perte si l'on ne pouvait transporter ce foin avant la clôture de la navigation. Vu la nécessité de la chose et l'avantage en résultant pour le public, j'espère que cette permission sera accordée. La saison est maintenant avancée, et si l'on doit permettre à ce vaisseau de faire le transport, il importe que la chose soit faite sans retard."

Sur recommandation de l'honorable R. W. Scott, ministre suppléant des Douanes, la permission ci-dessus demandée ayant été accordée, le soussigné recommande respectueusement que, par arrêté en conseil, il soit permis aux vaisseaux américains de transporter du foin entre l'île Manitouline et Michipicoten-Harbour, dans la province d'Ontario, après le 13 novembre 1899, durant le reste de la présente saison de navigation, aux mêmes termes et conditions imposés aux vaisseaux canadiens, sans être exposés à des poursuites ou pénalités, amendes ou confication à raison de leur nationalité.

WM. PATERSON,
Ministre des Douanes.

La lettre citée dans la recommandation ci-dessus ne peut être trouvée dans le moment, mais on en a donné plus haut la substance.

JOHN McDOUGALD,
Commissaire des Douanes.

(Télégramme.)

OTTAWA, 13 novembre 1899.

JAMES CONMEE, M.A.L.,
Toronto, Ont.

J'ai télégraphié au percepteur des douanes au Saut-Sainte-Marie que les vaisseaux des Etats-Unis pourraient transporter du foin de l'île Manitoulin à Michipicoten jusqu'à la clôture de la navigation sans s'exposer aux pénalités imposées par l'Acte des Douanes.

JOHN McDOUGALD,
Commissaire.

(Télégramme.)

OTTAWA, 13 novembre 1899.

Au Percepteur des Douanes,
Saut-Sainte-Marie, Ont.

Les vaisseaux des Etats-Unis pourront transporter du foin de l'île Manitouline à Michipicoten jusqu'à la clôture de la navigation sans s'exposer aux pénalités imposées par l'Acte des Douanes. Veuillez informer les sous-percepteurs et la Compagnie Booth, du Saut-Sainte-Marie.

JOHN McDOUGALD,
Commissaire.

(Télégramme.)

OTTAWA, 16 mars 1900.

H. PLUMMER,
Percepteur des douanes,
Saut-Sainte-Marie, Ont.

Veuillez télégraphier la quantité de foin transportée l'an dernier par des vaisseaux américains entre l'île Manitouline et la terre ferme, en vertu de la permission accordée.

JOHN McDOUGALD,
Commissaire.

(Télégramme.)

SAUT SAINTE-MARIE, ONT., 17 mars 1900.

Au Commissaire des Douanes,
Ottawa, Ont.

On n'a pas fait usage de la permission. Il n'y a pas eu de foin de transporté par des vaisseaux américains entre l'île Manitouline et la terre ferme.

HARRY PLUMMER.

MINISTERE DE LA MARINE ET DES PECHERIES,
OTTAWA, 27 février 1900.

Les suivantes sont des copies de tous les documents déposés au ministère de la Marine et des Pêcheries concernant la concession aux vaisseaux américains des privilèges du commerce côtier sur les lacs canadiens, en 1899.

JOHN HARDIE,
Pour le sous-ministre de la Marine et des Pêcheries.

N° 1. Copie d'un telégramme daté du 17 novembre 1899—Geo. H. Shaw, à l'hon. min. M. et P.
N° 2 " " 18 " 1899—Le sous-min. M. et P. à Geo. H. Shaw.
N° 3 " " 18 " 1899—Geo. H. Shaw au sous-min. M. et P.
N° 4 " " 20 " 1899—Le sous-min. M. et P. à Geo. H. Shaw.
N° 5 Copie d'une lettre datée du 2 janvier 1900—Le sous-min. M. et P. au com. des douanes.
N° 6 " " 2 " 1900—Le sous-min. M. et P. à Acton Burrows.

N° 1.

(Télégramme.)

WINNIPEG, MAN., 17 novembre 1899.

Au ministre de la Marine et des Pêcheries,
Ottawa.

Veuillez dire si des vaisseaux américains, en vertu d'un récent arrêté du conseil, ont la permission de transporter du blé de Fort-William par Owen-Sound pour la consommation locale dans le Canada-Est, ou si l'arrêté restreint à l'exportation seulement le transport du grain par les vaisseaux américains.

GEO. H. SHAW.

N° 2.

(Télégramme.)

OTTAWA, 18 novembre 1899.

GEO. H. SHAW,
Winnipeg, Man.

Le ministère des Douanes a permis, pour la présente saison seulement, aux vaisseaux américains de transporter du grain de Fort-William à d'autres ports canadiens. La permission est restreinte à Fort-William.

F. GOURDEAU,
Sous-ministre.

N° 3.

(Télégramme.)

WINNIPEG, MAN., 18 novembre 1899.

F. GOURDEAU,
Sous-ministre de la Marine et des Pêcheries,
Ottawa.

Je crois comprendre, d'après votre dépêche, qu'il importe peu que le grain expédié de Fort-William aux ports de la baie Georgienne sur des vaisseaux américains soit pour la consommation locale dans le Canada-est ou pour l'exportation en Europe. Veuillez confirmer.

GEO. H. SHAW.

N° 4.

(Télégramme.)

OTTAWA, 20 novembre 1899.

GEO. H. SHAW,
Winnipeg, Man.

Le grain dont il est question dans ma dépêche du 18 est ou pour l'exportation ou pour la consommation domestique.

F. GOURDEAU,
Sous-ministre de la Marine et des Pêcheries.

N° 5.

MINISTERE DE LA MARINE ET DES PECHERIES,
OTTAWA, 2 janvier 1900.

M. JOHN MCDOUGALD,
Commissaire des Douanes.

MONSIEUR,—J'ai l'honneur d'inclure dans la présente des lettres reçues de M. Acton Burrows, demandant des copies des règlements qui permettent aux vaisseaux américains de faire le cabotage, et aussi une copie de l'arrêté en conseil suspendant les règlements relatifs au cabotage.

J'ai l'honneur d'être, etc.,

F. GOURDEAU,
Sous-ministre de la Marine et des Pêcheries.

N° 6.

MINISTERE DE LA MARINE ET DES PECHERIES,
OTAWA, 2 janvier 1900.

M. ACTON BURROUS,
33, rue Melinda, Toronto, Ont.

MONSIEUR,—J'accuse réception de vos lettres du 27 dernier, demandant des copies des règlements autorisant les navires américains à faire le cabotage, et aussi une copie de l'arrêté en conseil suspendant les règlements relatifs au cabotage. En réponse, je dois vous informer que j'ai communique vos lettres au commissaire des Douanes, vu que l'affaire est du ressort de ce départemєnt.

Je suis, etc.,

F. GOURDEAU,
Sous-ministre de la Marine et des Pêcheries.

RAPPORT SUPPLEMENTAIRE

(76a)

A une ADRESSE de la CHAMBRE DES COMMUNES, en date du 7 février 1900, demandant copies de tous rapports, arrêtés en conseil, documents et correspondance relatifs à la concession, aux navires américains, des privilèges du cabotage sur les lacs canadiens en 1899.

R. W. SCOTT,
Secrétaire d'Etat.

HOTEL DU GOUVERNEMENT,
OTTAWA, 16 octobre 1899.

(Mémorandum.)

A l'honorable Conseil privé—sur la minute n° 2252.

Sur instruction de Son Excellence le Gouverneur général, le soussigné a l'honneur d'attirer l'attention des ministres sur la minute 2252 du Conseil privé, et sur le fait que Son Excellence, après avoir consulté l'honorable David Mills, ministre de la Justice, sur la légalité de la dite minute, a été informé que l'arrêté n'était d'aucun effet, qu'il assumait un pouvoir qu'il ne possédait pas, de révoquer un acte du parlement. D'un autre côté, le but de l'arrêté en question est formellement dans l'intérêt public. Il est arrivé fréquemment que les gouvernements ont agi d'une manière tout à fait illégale, dans des cas d'urgence et lorsqu'il s'agissait de l'intérêt public. Le gouvernement compte alors évidemment sur l'appui du parlement. Dans le cas actuel l'application de toute pénalité est du ressort du gouvernement, et la ligne de conduite suivie ne saurait courir le risque d'être blâmée tant que le gouvernement conservera le pouvoir; mais le statut dit que les pénalités peuvent être imposées dans un délai de trois ans, de sorte qu'il est possible qu'un nouveau gouvernement, condamnant l'attitude actuellement prise, veuille appliquer une pénalité; considérant toutefois les précédents dans des cas semblables, et le fait que la chose était de nécessité publique, Son Excellence a cru ne pas devoir hésiter à signer l'arrêté en question du Conseil privé.

Par ordre,
L. G. DRUMMOND, major,
Secrétaire du Gouverneur général.

REUNION DU COMITE DE LA MARINE DE LA CHAMBRE DE COMMERCE DE TORONTO, LE 20 OCTOBRE 1899.

RESOLU,—Que ce comité voit avec alarme et surprise la déclaration faite dans la presse à l'effet que les lois concernant le cabotage du Canada ont été suspendues, et que les navires américains vont être admis à faire le cabotage entre les ports canadiens aux mêmes conditions que les navires anglais.

Aucun avis officiel n'a été reçu de tel changement qui amènerait la ruine des intérêts maritimes du Canada et qui est contraire à l'esprit des lois du cabotage, dans lesquelles il est stipulé que "nulles marchandises ou nuls passagers ne pourront être transportés par eau d'un port à un autre du Canada, si ce n'est sur des navires britanniques", et qui, dans une autre disposition, déclarent que le gouvernement en conseil pourra admettre les navires d'un pays étranger où les navires anglais sont autorisés à faire le cabotage. Il se peut, cependant, que semblable action n'ait pas été prise, et ce comité attire l'attention du gouvernement sur les communications suivantes :

TORONTO, 25 mai 1899.

Sir WILFRID LAURIER, G.C.M.G., C.P.,
Premier ministre du Canada,
Ottawa, Ont.

RE LE COMMERCE DE TRANSPORT SUR LES LACS.

MONSIEUR LE MINISTRE,—Sur instruction du conseil de cette Chambre de commerce j'ai l'honneur de vous adresser une copie de la résolution adoptée à l'unanimité concernant les intérêts du commerce de transport sur les lacs.

Espérant que cette résolution sera probablement prise en considération.

J'ai l'honneur d'être, monsieur,
Votre obéissant serviteur,
EDGAR A. WILLS,
Secrétaire.

Voici la résolution en question:—

Que le conseil de la Chambre de commerce de Toronto, dans l'intérêt du commerce de transport sur les lacs, proteste contre l'action des Halles aux blés de Montréal et Winnipeg en passant une résolutino à l'effet de permettre aux navires américains de faire le cabotage sur les grands lacs du Canada.

Ce bureau considère cette action comme un danger pour nos intérêts maritimes, et bien qu'il ne croit pas que le gouvernement soit prêt à porter une semblable atteinte à nos droits nationaux, cela, cependant, a eu un très mauvais effet sur le commerce de transport et sur les capitaux placés dans ce commerce.

De plus, cela fait grandement tort à l'industrie de la construction de navires dans le pays et nuit aux efforts faits par les propriétaires de navires pour augmenter leur flotte, et, au moment où le pays s'occupe d'améliorer les moyens de transit par les voies canadiennes, cela apporte un retard direct à l'ouverture de ces voies améliorées.

La réponse suivante a été reçue:—

OTTAWA, 26 mai 1899.

M. EDGAR A. WILLS,
Chambre de commerce, Toronto.

CHER MONSIEUR,—J'accuse réception de votre lettre datée d'hier, qui renferme la résolution de la Chambre de commerce de Toronto relativement aux intérêts de la navigation sur les lacs, et je dois vous que la question sera dûment prise en considération.

Bien à vous,
WILFRID LAURIER.

Un autre mémoire fut unanimement adopté par le Chambre de commerce de Toronto, et adressé au gouvernement le 1er juin, sur la question du transport dans les eaux canadiennes, mémoire dont voici des extraits :

LOIS DU CABOTAGE.

(*a*) Les navires américains pourront transporter des produits des Etats-Unis entre Duluth, Chicago ou autres ports américains sur les lacs et les ports canadiens sur la baie Georgienne, et Kingston ou Prescott, les produits étant destinés à l'exportation par la route du Saint-Laurent, oû à la consommation locale dans les Etats de l'Est. Les navires canadiens n'ont pas la permission de prendre des cargaisons aux ports américains pour les ports canadiens, si telles cargaisons sont destinées à la consommation locale dans les Etats de l'Est. Ils peuvent faire ce trafic comme les navires américains pourvu que la cargaison soit pour l'exportation *viâ* un port canadien.

(*b*) Les lois américaines concernant le cabotage ne permettent aux navires canadiens (ni pour l'exportation, ni pour la consommation locale) aucun trafic entre deux ports des Etats-Unis, ainsi un navire canadien ne peut transporter une cargaison de Duluth, ou Chicago à Buffalo, ni pour l'exportation pour la consommation locale.

(*c*) Les lois canadiennes renferment la même disposition pour le trafic des navires américains entre deux ports canadiens.

(*d*) L'échange entre le Canada et les Etats-Unis est plus facile par le système d'entrepôt appliqué aux chemins de fer, que le trafic par vaisseaux, vu l'existence des lois des deux pays concernant le cabotage.

DEMANDE FAITE AU GOUVERNEMENT PAR DIVERSES ORGANISATIONS.

La demande faite au gouvernement est à l'effet de permettre temporairement aux navires américains de transporter le grain, pour l'exportation seulement, entre Fort-William et les ports canadiens, croyant pouvoir empêcher ainsi le trafic du grain de tomber entre les mains des compagnies de transport américaines, et permettre aux Canadiens de bénéficier de ce trafic.

La question qui soulève une divergence d'opinion est celle de savoir si le fait de faire cette concession ne nuirait pas directement à notre commerce d'expédition. On prétend qu'il résulterait de grands bénéfices du transport, par les routes canadiennes, surtout par la route du Saint-Laurent, du montant supplémentaire de grain actuellement transporté par les routes américaines.

Le conseil est d'opinion que cet argument ne saurait motiver l'octroi de ce privilège.

Dans aucun cas l'on n'a pu arriver à une décision en s'efforçant de contre-balancer ces points. De l'avis du conseil, l'octroi de ce privilège créerait un état de choses difficile à changer, en conduisant tout probablement à des complications, et cela aurait l'air de vouloir temporiser, sinon de traiter à la légère une question qui exige la plus sérieuse attention de la part du gouvernement, en vue d'une prompte solution.

Les intéressés dans la navigation ont cru que les principes énumérés avaient été acceptés par le gouvernement, et ils espèrent être consultés dans le cas de toute nouvelle démarche.

A l'appui du changement projeté, on a dit qu'il y avait à Fort-William une accumulation de 4,000,000 de boisseaux de grain. Cela est tout à fait inexact. D'après le rapport officiel de samedi, le 14 octobre, il y avait en entrepôt à Fort-William 1,510,000 boisseaux. Il a été reçu, durant cette semaine, 827,000 boisseaux, et expédié 727,000.

En faisant le calcul du commerce du mois on constate que la capacité des navires canadiens et de plus de 900,000 boiseaux par semaine, et qu'ils sont en état de transporter tout ce qu'on pourrait leur offrir. Il faut mentionner en outre que, durant la première moitié du mois d'octobre, les vaisseaux canadiens ont été obligés d'aller à Duluth pour obtenir des cargaisons au chiffre de leur port.

Durant la dernière saison, le chemin de fer Parry-Sound—la ligne de Booth—a employé, exclusivement, cinq navires licenciés américains pour le transport sur les lacs supérieurs à et de Parry-Sound; il refuse de se servir des navires canadiens qui lui étaient offerts. On dit que, dans l'expectative de cet arrêté du conseil, cette compagnie a acheté deux navires américains et se propose d'en acheter deux autres, ce qui ferait quatre, représentant une valeur de $1,200,000, dit-on.

On se proposerait de se servir de ces vaisseaux entre les deux ports canadiens de Fort-William et Parry-Sound, à l'exclusion des navires canadiens qui sont prêts à remplir tous les ordres du commerce entre les ports canadiens. Ces vaisseaux américains de Booth, s'ils sont employés, peuvent transporter tout le grain que le chemin de fer Canadien du Pacifique peut délivrer chaque semaine durant le reste de la saison.

Si ces navires doivent ainsi faire le trafic canadien, ce ne devrait être qu'à la condition qu'il deviennent des navires canadiens et payent les droits de douanes généralement requis dans les cas de tel changement.

L'introduction de ces navires dans notre commerce non seulement signifie l'exclusion de nos propres navires, mais, par la remise des droits, c'est un véritable don de $160,000 environ à leur propriétaire, M. Booth, d'Ottawa.

On ne saurait supposer que le gouvernement, dès le premier mois de l'ouverture de nos canaux à eau profonde jusqu'à Montréal, après 30 ans de travaux et d'attente, va porter un tel à notre commerce maritime et à notre industrie de construction de navires, et cela à l'avantage des marins américains, qui seuls ont le droit de naviguer sur des vaisseaux américains.

Mais signalons tout spécialement à l'attention les déclarations contenues dans les résolutions de la Chambre de commerce de Toronto, au mois de mai dernier, touchant les nouveaux navires canadiens en voie de construction. Nous sommes en état de déclarer qu'il a été donné des contrats pour la construction de navires d'un port de 300,000 boisseaux, et qu'il est question de donner d'autres contrats encore.

Or, l'idée de suspendre les lois concernant le cabotage rend impossible l'exécution de tout nouveau contrat de ce genre.

4. Ainsi donc nous protestons contre la suspension des lois du cabotage, et soumettons que cela ne devrait pas être fait.

1. La Chambre de commerce a, dès le mois de mai, protesté contre telle action.

2. On a reçu l'assurance que la chose serait prise en considération, puis il n'y a eu aucune consultation et il n'a été fait de la part du gouvernement aucune intimation recommandant tel changement.

3. Il n'y a pas dans les ports du lac Supérieur cette accumulation de grain signalée à tort par des intéressés au gouvernement.

4. Les navires canadiens peuvent et sont prêts à transporter tout le grain canadien qui a été ou qui sera délivré durant la présente saison de navigation aux ports canadiens du lac Supérieur pour les ports canadiens.

5. Nul ne mettra de capitaux dans l'exploitation ou la construction de navires canadiens si sa propriété est exposée, à tout moment et sans avis, à être confisquée ou ruinée de valeur.

6. Les Etats-Unis n'admettront à aucune condition les navires canadiens à faire le cabotage sur leurs côtes, ni ne permettront l'achat de navires de construction canadienne, sauf, dans chaque cas, par un acte spécial du Congrès.

7. Les lois concernant le cabotage sont le bien du parlement, et considérées par tout le peuple comme un héritage national qui ne doit pas être exposé à des changements inconsidérés et non autorisés.

Adopté à l'unanimité.

BARLOW CUMBERLAND,
Président du comité de la marine.

TORONTO, 20 octobre 1899.

EXTRAIT *du rapport du comité de direction de l'association de la Halle aux blés de Montréal, 1899.*

Le transport du grain entre les ports canadiens par des navires américains permis temporairement.

"*Dans un rapport adopté pour être communiqué au premier ministre,* par cette association à sa réunion annuelle en 1897, à propos de l'exportation *viâ* les ports américains de la masse de la récolte du grain du Manitoba, la recommandation suivante est faite :

"En conséquence, le comité soumet au gouvernement de considérer s'il ne serait pas sage, en attendant l'augmentation du nombre de nos vaisseaux sur les lacs, de permettre aux vaisseaux américains de transporter le grain entre Fort-William et les ports canadiens, strictement pour l'exportation. Cet arrangement laisserait entièrement aux navires canadiens le transport du grain pour la consommation domestique."

Cette recommandation n'a pas été alors adoptée, mais l'automne dernier, par le fait d'une certaine pression venant d'autres quartiers, le gouvernement suspendit, pour le reste de la saison, l'application de l'article des lois du cabotage inte disant aux navires américains le transport des marchandises d'un port à un autre du Canada. Bien que la chose ait été faite à un moment trop avancé de la saison pour permettre d'en tirer de grands avantages, une proportion de la récolte du blé du Manitoba a pris la route canadienne.

RÉPONSE

(81)

A une adresse de la Chambre des communes, en date du 19 mars 1900, demandant copies de l'arrêté en conseil en vertu duquel la commission royale sur l'expédition et le transport du grain a été émise, de la commission et de la lettre du ministre d l'Intérieur à feu le juge Senkler, le président de la dite commission, au sujet de cette émission.

R. W. SCOTT,
Secrétaire d'Etat.

EXTRAIT *d'un rapport du comité de l'honorable Conseil privé, approuvé par Son Excellence le 7 octobre 1899.*

Sur un rapport en date du 2 octobre 1899, du ministre de l'Intérieur, déclarant au sujet des actes qui furent proposés au parlement par M. James M. Douglas, député d'Assiniboïa-Est, durant les deux dernières sessions, contenant des stipulations pour régulariser l'expédition et le transport du grain par des compagnies de chemin de fer dans la province du Manitoba et dans les Territoires du Nord-Ouest, l'établissement, l'entretien et le mode d'emploi d'élévateurs, entrepôts et glissoires à grains pour emmagasiner et expédier le grain, l'établissement et l'entretion de voies latérales et branches de la voie principale du chemin de fer jusqu'à tout élévateur, entrepôt plat ou glissoire à grains là où telle voie latérale ou branche est nécessaire, et pour de toutes autres manières contrôler dans l'interet public le commerce de grains dans la province du Manitoba et les Territoires du Nord-Ouest, et pour empêcher les irrégularités qu'on prétend exister maintenant en rapport avec ce commerce, que les stipulations des actes susmentionnés ont été discutées dans la Chambre des communes, que celles contenues dans l'acte présenté par M. Douglas à la dernière session ont été l'objet d'une enquête par un comité spécial de cette Chambre, et que, tel que déclaré, les principales causes de la nécessité d'une législation basée sur la nature des stipulations de cet acte étaient censées être comme suit :

Premièrement, qu'un vendeur de grain est actuellement sujet à un taux injuste et excessif pour l'emmagasinage de son grain à l'époque de la vente ;

Deuxièmement, qu'il existe des doutes sur la précision des pesées permises ou employées par les propriétaires d'élévateurs ; et

Troisièmement, que les propriétaires d'élévateurs possèdent un monopole sur la vente des grains en refusant de permettre la construction d'entrepôts plats là où des élévateurs qualifiés (*standard*) sont situés et sont en mesure de tenir le prix du grain au-dessous de sa vraie valeur marchande pour leur propre bénéfice et au détriment d'autres personnes qui sont spécialement intéressées dans le commerce de grains, et du public en général.

Le ministre déclare de plus que dans la discussion qui s'est faite devant le comité spécial susmentionné, une grande différence d'opinions se manifesta quant aux vrais faits de la question, et il parut au ministre impossible d'en arriver à une décision satisfaisante au sujet de la nécessité d'une législation, ou si telle législation était nécessaire, d'en déterminer l'étendue et la teneur sans une enquête complète et impartiale sur toute la question.

Après avoir donné à la question la plus soigneuse attention, le ministre est d'opinion que c'en est une de telle nature que l'intérêt public exige que le gouvernement soit mis en possession de renseignements complets et exacts, et pour cela qu'une enquête devrait être faite sous l'autorité d'une commission royale conformément aux stipulations du chapitre 114 des statuts revisés du Canada.

Le ministre recommande donc que Son Honneur le juge E. J. Senkler, de Sainte-Catherine, Ont. ; W. F. Sirett, de Glendale, dans la province du Manitoba, agriculteur; William Lothian, de iPpestone, dans la dite province, agriculteur, soient nommés commissaires conformément aux stipulations du dit acte pour tenir une enquête assermentée ou par affirmation ou déclaration, ou partie assermentée et partie par affirmation ou déclaration, ainsi que les commissaires le jugeront convenable relativement au sujet en question et à toutes matières qui s'y rattachent de quelque façon et que les commissaires croiront devoir soumettre à leur enquête afin d'arriver à une complète intelligence des questions à eux soumises, avec instruction de faire rapport à Son Excellence sur le résultat de telle enquête et examen ; et que de plus il soit conféré à ces dits cormissaires et à chacun d'eux tous pouvoirs que Votre Excellence en conseil est autorisée à conférer conformément à et sous l'autorité des stipulations de l'acte ci-dessus mentionné.

Le ministre recommande de plus que Son Honneur le juge Senkler soit nommé président de la dite commission, et qu'en vue de la nécessité de nommer un délégué pour remplacer Son Honneur dans l'exercice de ses fonctions judiciaires et dont la rémunération devrait être fournie par Son Honneur, que celle du président du comité soit fixée à $25.00 par jour, que la rémunération des autres membres de la commission et du secrétaire soit fixée à $10.00 par jour; que toutes les dépenses de voyages et d'alimentation des commissaires à partir du moment où chaque commissaire, respectivement, laissera sa résidence pour prendre part aux travaux de la commission, soient payées à même le fonds approprié pour les fins de la commission, et que toutes les autres dépenses nécessairement et légitimement encourues par les commissaires dans l'exécution de leurs devoirs soient auusi payées après avoir été approuvées par le ministre de l'Intérieur.

Le ministre recommande de plus que Charles N. Bell, de la ville de Winnipeg, soit nommé secrétaire de la dite commission, et aussi que lui, le ministre, soit autorisé à faire la nomination et à fixer la rémunération d'un sténographe, dont ce sera le devoir d'enregistrer la preuve faite devant la commission et de remplir toute autre tâche que le président pourra lui désigner.

Le comité soumet les recommandations précédentes à l'approbation de Votre Excellence.

JOHN J. McGEE,
Greffier du Conseil privé.

COMMISSION NOMMANT SON HONNEUR E. J. SENKLER *et al*

Commissaires pour s'enquérir et faire rapport sur certaines prétendues irrégularités, etc., que l'on dit exister dans l'expédition et le transport du grain de la province du Manitoba et des Territoires du Nord-Ouest.

En date du 7 octobre 1899. Enregistrée le 12 octobre 1899.

P. PELLETIER,
Sous-registraire général du Canada.

MINTO, CANADA.

VICTORIA, par la grâce de Dieu, reine du Royaume-Uni de la Grande-Bretagne et d'Irlande, défenseur de la foi, etc., etc.

A tous ceux qui les présentes verront ou qu'elles pourront concerner.

Salut :

Sachez que par et avec l'avis de notre Conseil privé du Canada, par la présente nous nommons et constituons Son Honneur E. J. Senkler, de la ville de Sainte-Catherine, dans la province d'Ontario, dans notre Puissance du Canada, juge de la cour du comité de Lincoln, dans la dite province ; W. F. Sirett, de Glendale, dans la province du Manitoba, dans notre dite Puissance, agriculteur; William Lothian, de Pipestone, dans la dite province du Manitoba, agriculteur, et Charles C. Castle, de Foxton, dans la dite province du Manitoba, agriculteur, pour être nos commissaires aux fins de conduire une enquête au sujet de certaines questions mentionnées dans un rapport du comité de notre Conseil privé, approuvé par notre gouverneur en conseil le 7me jour d'octobre en l'an de Notre-Seigneur mil huit cent quatre-vingt-dix-neuf, un extrait duquel rapport, montrant tout ce qui se rapporte à ces dites questions, est annexé à ces présentes et doit être lu comme en faisant partie, et relativement à toutes matières qui peuvent être de quelque manière liées à ces dites questions et que nos commissaires croiront devoir examiner pour arriver à une complète intelligence des questions qui leur seront soumises.

Et par la présente, sous l'empire des statuts revisés du Canada, chapitre 114, intitulé "Acte concernant les affaires publiques", nous conférons à nos dits commissaires le pouvoir d'appeler devant eux tout témoin et d'exiger qu'il rende témoignage sous serment de vive voix ou par écrit ou par affirmation solennelle, si ce sont des personnes habiles à affirmer en matière de questions civiles, et de produire les documents et choses que nos dits commissaires jugeront nécessaires à l'investigation complète des affaires qu'ils sont par la présente chargés d'examiner et de scruter.

Les dits E. J. Senkler, W. F. Sirett, William Lothian et Charles C. Castle auront et exerceront durant bon plaisir la dite charge, ainsi que les droits, pouvoirs, privilèges et émoluments qui s'y rattachent.

Et par la présente nous requérons des dits commissaires et leur donnons instruction de faire rapport à notre gouverneur en conseil du résultat de leur enquête, ainsi que de la preuve faite devant eux et de toute opinion qu'ils pourraient juger à propos d'exprimer sur le sujet.

EN FOI DE QUOI, nous avons fait émettre nos présentes lettres patentes, et y avons fait apposer le grand sceau du Canada. TEMOIN: Notre très fidèle et bien-aimé cousin le Très honorable sir Gilbert John Elliot, Murray-Kynnynmond, comte de Minto et vicomte Melgund, comté de Forfar, dans la pairie du Royaume-Uni, baron Minto de Minto, comté de Roxburgh, dans la pairie de la Grande-Bretagne, baronnet de la Nouvelle-Ecosse, chevalier grand'croix de notre ordre très distingué de Saint-Michel et Saint-George, etc., etc., gouverneur général du Canada.

En notre hôtel du gouvernement, en notre cité d'Ottawa, en notre Dominion du Canada, ce septième jour d'octobre, en l'année de Notre-Seigneur mil huit cent quatre-vingt-dix-neuf, et la soixante et troisième année de notre règne.

Par ordre,

E. L. NEWCOMBE, PHILIPPE PELLETIER,

Député du ministre de la Justice. Faisant fonctions de sous-secrétaire d'Etat.

MINISTERE DE L'INTERIEUR,
OTTAWA, 11 octobre 1899.

A Son Honneur le Juge Senkler,
Sainte-Catherine, Ont.

MONSIEUR,—J'ai l'honneur de vous transmettre ci-annexée une commission sous le grand sceau, nommant vous-même, W. E. Sirett, écr, de Glendale, William Lothian, écr, de Pipestone, et Charles C. Castle, de Foxton, tous de la province du Manitoba, commissaires, en vertu du chapitre 114 des statuts revisés du Canada, pour vous enquérir et faire rapport sur des questions qui ont été soulevées en rapport avec l'expédition et le transport du grain par les compagnies de chemins de fer dans la province du Manitoba et les Territoires du Nord-Ouest.

Vous avez été nommé président de la commission ; et il a été fait des arrangemetns pour que la première réunion soit tenue à l'hôtel Leeland dans la ville de Winnipeg dans la soirée de samedi le 14 courant. J'annonce par télégramme leur nomination aux autres commissaires et leur demande de se présenter à vous à Winnipeg à temps pour la première réunion.

Pour l'information de la commission j'inclus un bill pour régulariser le transit du grain au Manitoba et dans les Territoires du Nord-Ouest, qui a été présenté par M. Douglas, député aux Communes, à la session de 1898, un bill pour régulariser le commerce de grain au Manitoba et dans les Territories du Nord-Ouest, présenté par le même monsieur à la session de 1899, et un bill pour amender l'Acte des chemins de fer en rapport avec le transport du grain, présenté par M. Richardson, député, à la session de 1898, de même qu'un rapport du débat qui s'est fait en Chambre sur ces mesures.

Ces mesures ne sont pas devenues lois pour la raison que le gouvernement a compris qu'avant qu'une législation soit formulée sur le sujet, le gouvernement devait avoir à mettre devant le parlement des renseignements complets et exacts. C'est dans le but d'obtenir ces renseignements complets et exacts que les présents commissaires ont été nommés. La commission par elle-même, avec l'arrêté en conseil y annexé, définit pleinement la nature de l'enquête à faire et en indique l'étendue.

Je n'ai plus qu'à ajouter que le gouvernement désire que la chance la plus large soit donnée pour parvenir à obtenir les renseignements les plus complets et les plus exacts, afin que le rapport des commissaires, avec la preuve reçue, puissent mettre l'administration en mesure de recommander au parlement à ce sujet la vraie législation dans l'intérêt du public.

J'ai l'honneur d'être, monsieur,

Votre obéissant serviteur,

CLIFFORD SIFTON,
Ministre de l'Intérieur.

RÉPONSE

(EN PARTIE)

(81*a*)

A un ordre de la Chambre des communes, en date du 19 mars 1900 pour avoir une copie du rapport et de la preuve de la commission royale sur l'expédition et le transport du grain.

R. W. SCOTT,
Secrétaire d'Etat.

A Son Excellence le Très honorable sir GILBERT JOHN ELLIOT, *comte de Minto et vicomte Melgund de Melgund, comté de Forfar, dans la pairie du Royaume-Uni, baron Minto de Minto, comté de Roxburgh, dans la pairie de la Grande-Bretagne, baronnet de la Nouvelle-Ecosse, chevalier grand-croix de l'ordre très distingué de Saint-Michel et Saint-George, etc., etc., gouverneur général du Canada en conseil.*

Nous, les soussignés, W. F. Sirett, William Lothian et Charles C. Castle, nommés par commission en date du 7me jour d'octobre 1899, et Albert Elswood Richards, nommé par commission supplémentaire, en date du 13me jour de février 1900, lesquelles commissions sont renvoyées avec ce rapport, pour conduire une enquête en rapport avec certaines questions mentionnées dans un rapport du comité du Conseil privé, approuvé par le gouverneur général en conseil le 7me jour d'octobre 1899, un extrait duquel rapport est annexé à la dite commission, en date du 7me jour d'octobre 1899, avons l'honneur de vous faire rapport comme suit :

Les dits W. F. Sirett, William Lothian et Charles C. Castle, et E. J. Senkler, un des commissaires originairement nommés, ont tenu leur première réunion en la ville de Winnipeg le soir du quatorzième jour d'octobre 1899.

A la dite réunion les dits commissaires ont recherché les meilleurs moyens de conduire la dite enquête et de recevoir la preuve en rapport avec les questions à eux soumises par la dite commission et quant aux griefs dont la production avait donné origine aux dits rapport et commission, griefs dont les principaux sont censés être les suivants :

Premièrement, qu'un vendeur de grain est actuellement sujet à un taux injuste et excessif pour l'emmagasinage de son grain à l'époque de la vente ;

Deuxièmement, qu'il existe des doutes sur la précision des pesées permises ou employées par les propriétaires d'élévateurs ; et

Troisièment, que les propriétaires d'élévateurs possèdent un monopole sur la vente des grains en refusant de permettre la construction d'entrepôts plats là où des élévateurs qualifiés (*standard*) sont situés, et sont en mesure de tenir le prix du grain au-dessous de sa vraie valeur marchande pour leur propre bénéfice et au détriment d'autres personnes qui sont spécialement intéressées dans le commerce du grain, et du public en général.

Les commissaires considèrent que la meilleure manière de prendre la preuve serait pour eux, les commissaires, de tenir des séances en différents endroits du

Manitoba et des Territoires du Nord-Ouest du Canada, après avoir dûment donné avis de ces séances de manière que les personnes désireuses de donner des témoignages qui se rapporteraient aux affaires en question connaîtraient le temps précis pour se présenter devant les commissaires à tels endroits désignés de façon à ce qu'il leur soit facile de rendre ces témoignages.

Par conséquent, les commissaires ont lancé des avis ou affiches publics imprimés, dont un échantillon est joint comme cedule "A" de ce rapport, et ont envoyé et fait afficher un certain nombre de copies de ces avis dans chacun des endroits qui y sont mentionnés pour y recevoir les témoignages et dans les endroits adjacents.

On outre, ces avis ont été envoyés à tous les députés fédéraux représentant des circonscriptions du Manitoba et des Territories du Nord-Ouest, à tous les députés des Assemblées législatives du Manitoba et des Territoires du Nord-Ouest, aux maires des villages où des réunions devaient être tenues, aux *reeves* des municipalités où des réunions devaient être tenues, et aux maîtres de poste et à plusieurs marchands et autres aux endroits de ces réunions et aux environs. A certains endroits des circulaires indiquant la date et la salle des réunions ont aussi été distribuées.

Les commissaires ont de plus fait tous les efforts qui étaient raisonnablement en leur pouvoir pour que la date, l'endroit et le but de leurs séances fussent connus publiquement à l'avance.

Puis les commissaires sont allés aux différents endroits mentionnés dans tel avis (excepté à Pipestone, où la séance a été forcément cancellée) aux dates mentionnées dans le dit avis.

Après, sur demande des membres du gouvernement des Territoires du Nord-Ouest et autres, les commissaires ont ajouté d'autres endroits pour y recueillir des témoignages, et après avis donné de la même façon des dates où tels témoignages seraient reçus, ils ont siégé à Carnduff, un des dits endroits. Un de ces avis est ci-annexé comme cédule "B".

Après avoir reçu la preuve à Carnduff les commissaires furent priés par des personnes désireuses de témoigner plus tard d'ajourner la date de leurs séances à Régina jusqu'au commencement de 1900.

Vu cette demande et l'indisposition de Son Honneur le juge Senkler, alors membre de la commission, et de l'appel à ses affaires comme juge, la commission telle que constituée ajourna ses séances jusqu'au 11 janvier 1900, à laquelle date elle se réunit de nouveau, reprit son enquête et recuillit d'autres témoignages comme suit;

A Régina, vendredi 12 janvier 1900 ; à Wolseley, samedi 13 janvier 1900 ; à Wiinipeg, 18, 19 et 20 janvier 1900; à Fort-William, mardi 23 janvier 1900, et à Winnipeg du 24 janvier au 8 février 1900, inclusivement.

Au cours de la réception des témoignages les commissaires crurent sage de s'enquérir du fonctionnement des lois régissant les élévateurs, les entrepôts, l'emmagasinage et le transport des grains dans les Etats du Manitoba et de Dakota-Nord, et avec ce but en vue le dit Charles C. Castle et Charles N. Bell, le secrétaire de la dite commission, visitèrent les villes de Duluth, Minneapolis et St-Paul dans le dit Etat du Manitoba, et s'enquirent soigneusement du fonctionnement du dit système d'élévateurs et de l'emmagasinage et du transport des grains dans les dits Etats, et firent rapport à ce sujet aux autres commissaires. Les dits rapports son annexés comme cédules "C" et "H."

Aux différents endroits où il a été annoncé que les témoignages seraient reçus, les commissaires se sont rendus, et chaque personne désireuse de déposer a été régulièrement examinée sous serment sur les questions soumises à l'enquête des commissaires. Et les témoins mentionnés aux commissaires comme étant en mesure de témoigner et qui ne le pouvaient ou ne le voulaient pas furent amenés devant les commissaires à l'aide de subpœnas.

A toutes les dites réunions, il y avait des intéressés des deux cotés de la question, et ces dits intéressés eurent toute liberté de transquestionner tous les témoins, et aucun effort ne fut épargné pour arriver à une preuve aussi complète et aussi entière que possible sur les faits en litige.

De fait, presque chaque témoin fut contre-interrogé par les personnes représentant les différents intéressés.

Les témoins examinés et l'endroit où ils l'ont été font partie de la cédule "C" de ce rapport.

Les dépositions de ces témoins sont soumises avec ce rapport.

Examen fait de la preuve telle qu'obtenue, nous avons l'honneur de vous soumettre certains faits, lesquels, d'après la preuve, ont donné lieu à la plupart des griefs formulés.

Comme il est souvent question du système d'élévateurs dans ce rapport, il nous paraît opportun de donner une description des différentes classes d'élévateurs et d'entrepôts maintenant ou autrefois en usage au Manitoba et dans les Territoires du Nord-Ouest.

Les élévateurs "standard" tels que construits en conformité au plan d'ordonnance requis par la Compagnie du Pacifique Canadien ont des machines à vapeur ou à gazoline, et une capacité de 25,000 boisseaux et plus, et ont aussi des machines pour le nettoyage du grain.

Les élévateurs de "cultivateurs" de dimension et de construction "standard" sont ordinairement construits par des compagnies à fonds social, les actionnaires étant presque tous des agriculteurs. Ces élévateurs ont un grand nombre de petits compartiments et ne servent qu'à emmagasiner le grain, bien que des vendeurs de grains obtiennent des compartiments et fassent leurs opérations à ces élévateurs. Dans cette catégorie, le grain est généralement nettoyé avant d'être pesé.

Les élévateurs "à pouvoir de chevaux". Généralement, d'anciens entrepôts plats agrémentés de machinerie d'élévateur mais sans appareil de nettoyage, et la plupart possédés et mis en opération par de compagnies de meunerie pour leurs propres affaires.

"Entrepôts plats." Construction charpentée d'une capacité de 1,000 à 10,000 boisseaux, avec un plancher de niveau avec celui du wagon de chemin de fer. Entièrement sans machinerie, et bien que divisée en compartiments, le grain doit être transporté à force de bras ou dans de petits "trucks" à roues quand on décharge les voitures des agriculteurs dans les compartiments ou qu'on transporte le grain des compartiments aux wagons sur la voie qui longe l'entrepôt.

Quelques élévateurs ont une machinerie combinée pour monter, peser, nettoyer et repeser d'un seul coup. D'autres montent, nettoyent et puis pèsent le grain nettoyé. D'autres pèsent avent le nettoyage et montent le grain aux compartiments, et dans pareils cas le taux d'emmagasinage pour saletés et grains est fixé selon le jugement de celui qui gère l'élévateur, ou à l'aide d'une pesée et d'un tamis appelés le contrôleur d'emmagasinage.

Dans les premiers temps de la construction des chemins de fer au Manitoba et dans les Territoires du Nord-Ouest, les élévateurs ou autres auxiliaires pour le maniement du grain étaient peu nombreux. Le peu de durée de la saison laissée par le climat pour la récolte et le transport du grain aux places de vente rendait nécessaire que la plus grande partie du transport de ce grain fut faite dans le moins de temps possible, afin qu'il fût rendu aux ports des lacs assez tôt pour être transporté dans les vaisseaux avant l'arrivée de l'hiver, et alors, comme aujourd'hui, il y avait presse pour avoir le grain prêt pour le marché.

Comme résultat, le nombre des wagons de chemin de fer était insuffisant à répondre aux besoins du transport durant la période qui s'écoulait entre le moment où le grain devenait pour la première fois prêt pour le transport et celle où il serait trop tard pour être mis à bord des vaisseaux aux ports des lacs. Il y eut par conséquent de grandes difficultés à trouver l'espace nécessaire à l'emmagasinage du grain qui était apporté sur différents points du pays plus rapidement qu'on ne pouvait l'expédier.

Pour obvier à ces difficultés et promouvoir la construction d'élévateurs pour emmagasiner, expédier et manier le grain, la Compagnie du Pacifique Canadien offrit les avantages suivants aux personnes qui construiraient des élévateurs d'une capacité d'au moins 25,000 boisseaux, avec moteurs à vapeur ou gazoline et munis de machines faisant le nettoyage du grain. C'est-à-dire qu'aux endroits où tels élévateurs seraient établis, la compagnie du chemin de fer ne permettrait pas que ses wagons prennent du grain des entrepôts plats ou directement des voitures des agriculteurs ou autrement que de ces dits élévateurs. Les élévateurs de la capacité et de l'équipement tels que proposés sont, ainsi que dit plus haut, connus sous le nom d'élévateurs "standard". Quand, dans ce rapport, il est question d'élévateurs au Manitoba ou dans les Territoires du Nord-Ouest, nous voulons parler de ces sortes d'élévateurs, excepté, toutefois, dans le cas d'élévateurs exploités par certaines compagnies de meunerie, pour quelques-unes desquelles le Pacifique Candien n'a pas rendu ces conditions de capacité et d'équipement obligatoires.

En offrant pareil avantage, le Pacifique Canadien imposa la condition que les propriétaires d'élévateurs devaient fournir les facilités d'emmagasinage et de transport aux personnes désireuses d'emmagasiner et d'expédier du grain.

Sur la force de cette offre, un certain nombre d'élévateurs furent établis sur différents points par diverses personnes et corporations commerciales intéressées dans la mouture et dans l'achat et l'exportation du grain.

Après l'année 1887, année où le rendement dépassa toute attente, le nombre des élévateurs augmenta considérablement et il a toujours augmenté depuis, tous étant établis avec les mêmes avantages originairement offerts par le Pacifique Canadien.

Nous constatons que les griefs formulés proviennent surtout de cette protection accordée par le Pacifique Canadien aux propriétaires d'élévateurs pour les induire à les construire, protection qui eut pour résultat de placer l'expédition du grain aux endroits où s'élèvent ces élévateurs dans les seules mains des propriétaires d'élévateurs. Les propriétaires d'entrepôts plats furent pratiquement éliminés. Aucun de ceux qui voulaient expédier du grain en gros lots ne pouvait le placer sur les wagons autrement qu'en le faisant passer par les élévateurs.

La preuve démontre qu'un élévateur "standard" exploité au prix de un cent et demi par boisseau (le tarif actuel pour le maniement, le nettoyage et l'emmagasinage pendant 15 jours), et auquel aucuns grains achetés par le propriétaire ne sont maniés, devrait être rempli trois fois chaque saison pour rémunérer celui qui l'a construit et l'exploite. Il y a trop d'élévateurs "standard" au Manitoba et dans les Territoires du Nord-Ouest pour que chacun puisse être rempli trois fois dans une saison. Ceci paraîtra apparent quand on saura que la capacité totale des élévateurs ruraux situés dans le district d'inspection du Manitoba est de 15,000,000 de boisseaux ou à peu près. Il y a donc plus d'élévateurs qu'on en peut exploiter avec profit si on ne les emploie qu'au maniement et à l'emmagasinage des grains appartenant aux autres qu'aux propriétaires de ces élévateurs.

Cette incapacité de réaliser un profit sans remplir les élévateurs trois fois par année est due au coût considérable de construction et d'opération de ces élévateurs dans les conditions imposées par le Pacifique Canadien. Le résultat de ce qui précède est que, règle générale, un élévateur rural ne peut être exploité avec profit au Manitoba et dans les Territoires du Nord-Ouest que lorsque le propriétaire, en sus de l'emmagasinage et du maniement du grain appartenant aux autres, est lui-même un fort acheteur de grain et fait de cette façon un profit d'acheteur sur le grain manié par lui en sus du profit fait sur le maniement et l'emmagasinage, de sorte que ceux qui ont construit des élévateurs "standard" étaient en grande partie, sinon tous, des acheteurs de grain dont l'intérêt était d'acheter le grain au lieu de s'en tenir simplement à le manier pour les autres.

Tout en étant obligés de manier et d'emmagasiner le grain des autres expéditeurs et de fournir des compartiments séparés quand c'était possible, les conditions auxquelles ils construisirent ne les obligeaient pas à garantir les types de grain expédiés par leurs élévateurs. Bien que les expéditeurs eussent droit à des compartiments séparés quand c'était possible, on trouva que, dans la pratique, cela ne donnait pas satisfaction. Les propriétaires d'élévateurs ayant le seul contrôle sur ces compartiments séparés, souvent l'établissement de leurs grains aux termini induisait les expéditeurs à soupçonner que leurs propres grains n'avaient pas été du tout expédiés pour eux ou n'avaient pas été tenus à part de ceux des autres. Dans plusieurs cas, des compartiments particuliers ne furent pas fournis, dans lesquels cas, le grain emmagasiné dans les élévateurs pour les expéditeurs fut mêlé à d'autre et son identité ne put être établie. Quand le grain ainsi mêlé fut expédié pour le compte de l'expéditeur, il fut souvent classé à son arrivée aux termini plus bas que l'avait été le grain du même expéditeur quand il avait été reçu à l'élévateur. Ce qui amena naturellement l'expéditeur à soupçonner que le grain expédié pour lui était d'un type inférieur à celui qui avait été reçu pour lui, sachant personnellement que là où il avait obtenu un compartiment séparé, son grain n'avait pas été gardé à part ; mais n'ayant aucune garantie quant au type, il devait se contenter du classement tel que donné au terminus et du prix reçu pour un classement inférieur. Ce fait a causé un grand mécontentement.

La preuve a démontré que là où ont été construits des élévateurs d'agriculteurs, lesquels n'achètent pas mais ne font que l'expédition et l'emmagasinage, il y a eu très peu de plaintes à propos de grain classé plus bas une fois expédié qu'il l'avait été lorsqu'il fut apporté aux dits élévateurs.

Cependant, comme les élévateurs de fermiers doivent être des élévateurs "standard", le coût de leur construction et de leur exploitation en empêche l'emploi, excepté dans un petit nombre d'endroits.

Comme conséquence du refus de fournir des wagons de chemins de fer aux expéditeurs pour les charger directement des voitures des agriculteurs, les expéditeurs ont dû payer un cent et demi par boisseau pour le nettoyage et le chargement sur les wagons (avec droit à quinze jours d'emmagasinage, si désiré) ; tandis que s'ils avaient été laissés libres de charger les wagons directement de leurs propres voitures, les expéditeurs pouvaient, avant 1899, faire nettoyer et emmagasiner leur grain aux termini pendant quinze jours pour trois quarts de cent par boisseau. Par conséquent, la perte directe par le fait d'expédier par les élévateurs était de trois quarts de cent par boisseau, moins le fret à payer sur les saletés contenues dans le grain en sus de ce qui aurait été chargé, en tout cas, sur le poids du grain nettoyé. En 1899, les taux aux termini furent réduits à un demi-cent, ce qui mit la perte pour ceux qui expédiaient par les élévateurs à un cent par boisseau au lieu de trois quarts de cent comme c'était le cas avant 1899. En expédiant par un élévateur, l'expéditeur épargnait le travail du chargement ; mais plusieurs expéditeurs préféraient donner leur travail afin d'économiser sur le taux chargé par l'élévateur et préserver l'identité de leur grain.

Si, avant 1898, un agriculteur n'expédiait par un élévateur, son unique alternative était de vendre à quelque propriétaire d'élévateur aux prix que ce propriétaire voulait bien offrir, et de se soumettre à la pesée et taux d'emmagasinage que le dit propriétaire imposait. Aujourd'hui, la plupart des élévateurs garantissent le classement et le poids. Mais dans notre opinion, là où l'identité du grain d'un expéditeur n'est pas sauvegardée, cette garantie devrait être rendue légalement obligatoire.

Nous ne désirons aucunement censurer les propriétaires d'élévateurs comme corps. Mais il est raisonnable de croire que là où il y a tant d'élévateurs, il y aura des employés qui prendront avantage sur les agriculteurs s'ils le peuvent. Il nous paraît que, à part tout abus de pouvoir donné par le système d'élévateurs, il est injuste de forcer un agriculteur à payer pour faire passer son grain par un élévateur, aussi longtemps que, grâce au chargement direct des wagons ou par l'usage des entrepôts plats tels que recommandés dans ce rapport, il peut éviter ou diminuer cette dépense.

La preuve nous donne raison de croire que dans le cas où des employés d'élévateurs n'ont pas agi avec probité vis-à-vis les agriculteurs, les propriétaires de ces élévateurs n'en ont pas profité, vu qu'il a été établi que dans quelques cas les employés n'avaient pas rendu compte aux propriétaires de leurs élévateurs de tout le grain reçu par eux. Il n'y a rien en preuve pour montrer que quelque propriétaire d'élévateur a été de connivence dans quelque acte d'extorsion. Néanmoins, vue ce qui précède, nous pensons que ce serait améliorer les choses considérablement si les personnes qui dirigent les élévateurs et les entrepôts, aussi bien que leurs propriétaires, étaient obligés de donner des garanties pour assurer l'exécution intègre de leurs devoirs en ces qualités.

A la plupart des points d'expédition il y avait et il y a encore plus d'un élévateur, de sorte qu'un agriculteur pouvait choisir à qui vendre. Cependant, la preuve démontre que dans plusieurs cas il y a peu—s'il y en a—de concurrence entre les élévateurs quant aux prix, et qu'il y a rarement de la part d'autres acheteurs une offre de plus haut prix que celui offert à un agriculteur par le premier acheteur qu'il va trouver. Durant ces dernières années, il y a eu des amalgamations de propriétaires d'élévateurs en de fortes compagnies. Le résultat a été de produire de moins nombreuses et de plus puissantes compagnies, ce qui tend naturellement à diminuer davantage la concurrence.

La preuve établit qu'il y a quatre cent quarante-sept (447) élévateurs (en dehors des termini) dans le district d'inspection du Manitoba et appartenant aux propriétaires que voici :

Trois compagnies d'élévateurs sur la voie possèdent......	206	élévateurs.
La "Lake of the Woods Milling Co." possède..........	50	"
La "Ogilvie Milling Co." possède......................	45	"
Les compagnies d'élévateurs d'agriculteurs possèdent ..	26	"
Des meuniers et négociants en grains possèdent individuellement..........................	120	
	447	

Les acheteurs de grains, y compris les propriétaires d'élévateurs, ont déposé devant les commissaires que comme acheteurs ils étaient satisfaits d'une marge de trois cents par boisseau entre "le prix de la rue" à la campagne et les prix de "Fort-William", moins le fret et les frais flottants. La marge de trois cents, après déduction d'un cent et demi pour taux d'élévateur, et d'un quart de cent pour assurance, laisserait un cent et un quart à l'acheteur comme profit brut.

Comme résultat du refus des compagnies de chemin de fer de recevoir du grain d'un entrepôt plat (ce qui a contribué à éliminer plusieurs petits acheteurs du marché), et de leur refus jusqu'à 1898 de fournir des wagons à des agriculteurs désireux de voir à leur propre expédition, et de la nécessité, en conséquence, d'expédier par les élévateurs ou de vendre aux exploiteurs de ces élévateurs, et de l'absence de concurrence entre acheteurs, les propriétaires d'élévateurs ont été maîtres de fixer les prix audessous de ce que, dans notre opinion, les agriculteurs devraient recevoir pour leurs grains. Il est naturellement dans leur intérêt de déprimer ainsi les prix, et en achetant de faire payer autant que possible pour perte causée par le nettoyage "dockage".

Il est peut-être opportun d'expliquer ici ce qu'on entend par "dockage". Vu la grande zone ensemencée de blé et la grande moyenne pour chaque agriculteur, vu aussi la courte saison pour la récolte et la mise au marché de ce grain, de même que la rareté des aides pour la culture (ce qui a toujours été un des grands embarras pour la culture au Manitoba et au Nord-Ouest), la plupart des agriculteurs sont dans l'impossibilité de trouver le temps de nettoyer leur grain chez eux. Le résultat est que la plus grande partie du grain doit être expédiée ou transportée à l'élévateur dans la condition qu'il est reçu du moulin à battre, c'est-à-dire avec un mélange plus ou moins considérable de mauvaises graines et de saletés. Il faut donc qu'il soit nettoyé à quelque élévateur. Le montant enlevé comme perte du poids total par ce nettoyage s'appelle "dockage". Dans quelques cas le "dockage" nécessaire est évalué par l'estimation que fait l'acheteur du percentage de saletés et de mauvaises graines par boisseau dans une charge de grain qui lui est offerte. Dans d'autres cas, on fixe le " dockage " en nettoyant d'abord le grain dans l'élévateur, puis en pesant ce qui reste de grain net. Dans d'autres cas encore l'acheteur y arrive en pesant une livre de grain à l'aide d'un tamis et en repesant le produit nettoyé, le bras de la balance étant confectionné de façon à établir la proportion de la perte. Cette proportion ou percentage fixe le " dockage " à déduire de toute la charge de grain.

La preuve démontre qu'en nettoyant le grain il est impossible d'enlever toutes les mauvaises graines sans aussi enlever une certaine quantité de petit grain, d'un développement partiel; et ce percentage de petit grain est compris dans le "-dockage ".

Le terme " Shrinkage "—épandage, séchage, etc.—employé dans ce rapport demande peut-être aussi une explication. " Shrinkage " est un mot employé pour décrire une perte qui est supposée se produire dans le grain entre le moment où il est reçu en emmagasinage aux élévateurs de campagne après que le " dockage " a été enlevé et le moment de sa livraison aux élévateurs de termini. On dit que cette perte possible proviendrait soit du séchage naturel du grain emmagasiné soit de son transport dans l'élévateur, ou encore, en le chargeant sur les wagons ou en le déchargeant. Dans le cas de grain nettoyé avant d'être pesé, il a été d'usage aux élévateurs de campagne de déduire du poids brut du grain nettoyé de une demi-livre à une livre par boisseau pour ce " shrinkage " possible.

D'après la loi du Minnesota, un " dockage " ou marge pour " shrinkage " peut être fait au termini quand ce " shrinkage " se produit réellement, mais il ne doit pas dépasser 60 livres par charge de wagon. Cependant, il paraît être de pratique commerciale dans le Minnesota de porter comme moyenne ce " shrinkage " à 30 livres par wagon aux termini, sans égard à la perte réelle (s'il y en a) ou aux dimensions du wagon. C'est la pratique pour le Pacifique Canadien à ses élévateurs de Fort-William de déduire 60 livres par wagon d'une capacité de 40,000 livres, et 100 livres par wagon de 60,000.

Il n'a pas été fait de preuve devant la commission pour établir quelle proportion dans le prétendu " shrinkage " du grain se produit réellement entre le temps de son arrivée aux élévateurs de campagne et celui de sa livraison aux termini. Il est difficile d'estimer d'après la marge de " shrinkage " prise à Fort-William ce qui constituerait une juste marge à prendre aux élévateurs des campagnes. Cependant, bien que nous soyons d'opinion que la marge d'une livre aux élévateurs de campagne est excessive, nous ne trouvons pas jour de dire ce qui serait la juste marge à prendre, et nous recommandons que pouvoir soit donné de régler cette question au commissaire d'entrepôt dont il est question plus loin.

En 1898 et 1899 les compagnies de chemins de fer ont fourni aux agriculteurs désireux d'expédier directement, des wagons sur lequels ces agriculteurs pouvaient directement charger leur grain.

En même temps que la preuve reçue par nous nous amène à croire que dans un certain nombre de cas donnés plus haut, les agriculteurs ont été surchargés quant au " dockage " et ont reçu moins pour leur grain qu'ils auraient dû, cette preuve établit aussi que depuis que l'on a donné aux agriculteurs le privilège de charger eux-mêmes les wagons et d'expédier directement, ils ont obtenu non seulement de ce chef, mais aussi des exploiteurs d'élévateurs, des prix mieux proportionnés que ceux qu'ils avaient coutume d'avoir auparavant.

Ce privilège donné aux agriculteurs d'avoir des wagons pour l'expédition n'a cependant que partiellement supprimé le mal, vu qu'il n'y a que ceux qui demeurent qu'à quatre ou cinq milles des points d'expédition qui ont pu transporter leur grain assez vite pour charger un wagon dans les délais raisonnablement accordés par la compagnie de chemin de fer pour ce chargement. De sorte que ce privilège d'expédier directement n'a procuré aucun soulagement pratique à ceux qui vivent au delà de cette zone.

Les agriculteurs qui ont été entendus se sont généralement accordés à dire que le plein droit de charger directement sur les wagons et par l'intermédiaire des entrepôts plats ferait disparaître toute la difficulté.

Nous considérons que le vrai remède contre la possibilité d'être forcé à vendre au-dessous de la valeur et d'être pressuré à l'article "dockage" pour nettoyage, ne peut être procuré qu'en donnant toute la liberté possible quant à l'expédition et à la vente du grain. Ce n'est que de cette façon que prendront fin la grande agitation et les impressions amères qu'elle a soulevées. Aussi longtemps que l'agriculteur sera privé en partie ou complètement du privilège d'expédier lui-même aux marchés généraux, il sera plus ou moins à la merci des exploiteurs d'élévateurs.

Le mécontentement sur ce point est très sérieux, et sans discuter davantage les causes qui lui ont donné lieu, ce mécontentement nous semble être le résultat inévitable des restrictions imposées aux agriculteurs au sujet de la mise en vente de leur grain. Nous pensons que pour faire disparaître cette difficulté la loi devrait obliger les chemins de fer à fournir les wagons aux agriculteurs pour l'expédition de leur propre grain et permettre l'établissement, où c'est considéré de nécessité, d'entrepôts plats d'après des spécifications raisonnables, grâce auxquels un agriculteur qui ne peut pas commodément charger directement un wagon, peut, pour une somme relativement faible, obtenir quelques jours l'usage d'un compartiment de la capacité d'un wagon. Il peut alors transporter son grain à un de ces compartiments jusqu'à ce qu'il en ait la charge d'un wagon, pour l'expédier ensuite d'un seul coup. Bien qu'à titre de privilège des wagons aient été accordés à des agriculteurs, ils devraient, tout en étant soumis à de justes restrictions, jouir de ce privilège à titre de droit légal.

Comme précieux auxiliaire à l'expédition convenable du grain par charges de wagons par les agriculteurs, nous recommandons la construction de quais de chargement aux termini, dont l'usage serait gratuit pour les agriculteurs.

Nous croyons que l'on ne demandera pas partout l'établissement d'entrepôts plats. Le fait de savoir que les agriculteurs auront le droit, sous certaines restrictions, d'en établir ou d'en faire établir amènera les propriétaires et les employés d'élévateurs à désirer donner un prix raisonnable pour le grain plutôt que de créer un courant qui provoquera l'établissement de ces entrepôts plats.

Nous proposons aussi que là où il y a des entrepôts plats actuellement en opération près des voies ferrées, on ne les élimine pas arbitrairement, et qu'on ne refuse pas de wagons pour l'expédition du grain.

Dans notre opinion, les propriétaires d'élévateurs et d'entrepôts devraient être obligés par la loi, quand ils expédient du grain dont l'identité n'est pas protégée par le fait d'être mis à part, de garantir, comme la plupart le font maintenant, le type de ce grain à l'expéditeur, et de lui donner à chaque livraison de grain un certificat écrit du poids brut, de la quantité de "dockage" et le poids net. En achetant de qui que ce soit, on devrait donner au vendeur en écrit, en sus du certificat précédent, un état du prix par boisseau et du prix total de la dite livraison de grain. Pour mettre ces suggestions à exécution, nous recommandons d'adopter, grace à une loi, des billets uniformes pour le grain, billets qui seraient donnés aux agriculteurs à chaque livraison à l'élévateur ou à l'entrepôt.

Tout en suggérant ce qui précède au sujet des billets pour le grain, la garantie du type, etc., nous comprenons que tout cela par soi-même ne fera disparaître qu'une petite partie de la difficulté. A moins qu'on y ajoute le droit déjà mentionné pour l'agriculteur de charger directement sur les wagons ou par l'intermédiaire des entrepôts plats, il ne sera pas suffisamment secouru, vu que la tendance des exploiteurs d'élévateurs, quand ils seraient obligés de garantir types et poids, serait tout naturellement de se protéger contre les pertes par un classement ou un "dockage" si méticuleux qu'ils paraîtraient, selon le cas, inférieurs ou excessifs à l'agriculteur.

Le système d'établir le "dockage" grâce à un tamis et une balance est très en vogue au Manitoba et dans les Territories du Nord-Ouest. Nous voyons que l'on est très mécontent du tamis employé, et nous croyons qu'a moins d'être régi par le loi, ce système peut prêter à beaucoup d'abus. Dans notre opinion, quand on suit ce système, on devrait, pour obtenir un "dockage" convenable, se servir d'un tamis de tissu métallique de dix mailles au pouce dans les deux directions, fait de fil d'acier étamé du type n° 28, tel que celui dont on se sert au département d'inspection au Minnesota.

Un des griefs mentionnés dans la preuve est le fait qu'on ne remet pas aux agriculteurs le petit grain qui est enlevé avec les saletés et les mauvaises graines dans l'opération du "dockage." Le petit grain servirait à l'engraissement des bestiaux s'il pouvait être retourné en bonne condition au producteur. Mais étant compris dans le "dockage", il est entièrement perdu pour lui. Cela a suscité un grief considérable. Si ce petit grain pouvait être complètement séparé des mauvaises graines qui passent à travers le tamis en même temps, il devrait être remis aux personnes de qui il a été reçu. Mais étude faite des stipulations du chapitre 109 des Statuts Revisés du Manitoba et du chapitre 22 des Ordonnances des Territoires du Nord-Ouest votées en 1899, lesquels chapitres défendent expressément l'enlèvement des graines provenant de mauvaises herbes, nous ne sommes pas en mesure de proposer de remède qui puisse ne pas venir en contradiction avec les précédents actes.

La preuve démontre qu'il s'est élevé des doutes sur la correction des poids donnés en certains cas aux élévateurs en pesant le grain. Des recommandations à ce sujet se trouvent dans nos propositions au sujet de la loi à passer.

Une cause de dépression considérable dans les prix a été causée par le manque annuel de wagons en octobre et novembre, mois durant lesquels le grain est envoyé aux marchés. Le résultat de ce manque de wagons a été que l'on a offert le grain aux élévateurs durant ces mois plus vite qu'on ne pouvait l'envoyer aux termini avant la fermeture de la navigation. Dans le cas d'un manque de wagons ou d'un danger de manque de wagons, le prix du grain a tombé, vu que les propriétaires d'élévateurs, en achetant le grain, ont dû tenir compte qu'ils auraient à payer plein prix de fret pour l'expédier par chemin de fer, ou à supporter les frais d'emmagasinage "carrying rates" jusqu'au mois de mai suivant. Ce qui, dans notre opinion, a causé une sérieuse caûse de dépression dans les prix, à laquelle on devrait remédier autant que possible en augmentant les facilités de transport durant ces dits mois.

Comme il n'existe pas de règles établies pour régir le commerce de grains autres que celles faites par les compagnies de chemins de fer et les propriétaires d'élévateurs, nous considérons de grande importance que des lois soient passées et des règlements rédigés sous l'autorité de ces lois pour la réglementation convenable de ce commerce.

Nous avons étudié les lois qui régissent ce commerce au Minnesota, et nous basons en grande partie sur ces lois nos recommandations au sujet de la législation à adopter.

Nous voyons que par les lois du Minnesota, les règlements régissant le commerce de grain sont faits par le bureau de commissaires nommés par la loi pour surveiller le fonctionnement des lois régissant ce commerce. Il nous paraît que le commerce de grain dans le district d'inspection du Manitoba, tel que défini par la cédule de 62-63 Vic., ch. 25 (auquel nous supposons que l'opération ou la législation sera limitée) étant moindre qu'au Minnesota, un commissaire pourrait faire le travail requis, en dehors de la promulgation des règles et règlements. Nous recommandons, conséquemment, la nomination d'un seul commissaire.

Afin de ne pas imposer à cette seule personne la tâche de passer des règlements, tels qu'il en faudra, nous recommandons qu'il en soit fait en temps voulu par arrêté en conseil.

Comme le besoin de modification dans le fonctionnement pratique de la loi peut devenir nécessaire, nous recommandons que la plus forte partie possible des détails de cette loi soit mise en vigueur par voie de règlements qui seront faits à mesure que le besoin pourra s'en faire sentir.

Pour la meilleure sanction des pénalités encourues pour infraction aux actes et règlements proposés, des poursuites devraient, à la discrétion du commissaire d'entrepôt, être instituées et conduites par lui aux frais du pays. Ce mode assurerait le fonctionnement de la loi, et tout en inspirant de la confiance dans le caractère sérieux de l'acte, empêcherait les poursuites taquinardes ou ayant le caractère d'une persécution.

La cédule "D" ci-jointe contient celles des lois du Minnesota qui nous paraissent s'appliquer à l'état de choses au Manitoba et dans les Territoires du Nord-Ouest, avec les changements et les amendements dont la recommandation nous a paru sage.

La cédule "E" ci-jointe renferme les recommandations au sujet de la législation à adopter, en sus de celles que contient la cédule "D."

Vu la maladie et la mort de Son Honneur le juge E. J. Senkler, un des membres de la commission telle que constituée au début, vos commissaires ressentent qu'ils ont perdu beaucoup en n'ayant pas son précieux concours pour rédiger ce rapport ; et nous demandons qu'il nous soit permis d'exprimer notre respect pour la mémoire du dit juge Senkler qui devint un ami estimé pour chacun de nous et qui, par ses grandes capacités, ses mérites, sa courtoisie et la façon consciencieuse dont il accomplissait sa lourde tâche, commanda le respect et la confiance de toux ceux avec lesquels la commission est venue en relations.

Le tout respectueusement soumis par vos commissaires.

A. E. RICHARDS,
Président.

W. F. SIRETT,
WM. LOTHIAN,
CHARLES C. CASTLE. } *Commissaires.*

Daté à Winnipeg, ce.... jour de mars, A.D. 1900.

CHAS. N. BELL, secrétaire.

CEDULE "A".

AVIS PUBLIC.

Les membres de la commission royale nommée par Son Excellence le gouverneur général en counseil pour faire une enquête et un rapport sur certaines prétendues irrégularités qu'on dit exister dans l'expédition et le transport du grain de la province du Manitoba et des Territoires du Nord-Ouest donnent par les présentes avis qu'ils seront aux endroits et aux heures suivantes dans le but de recevoir les dépositions de toutes les personnes qui désirent rendre témoignage au sujet des dites irrégularités ou de toute question s'y rapportant :—

Edmonton, samedi	21	octobre,	10 a.m.
Moose-Jaw, mercredi	25	"	10 a.m.
Indian-Head, jeudi	26	"	10 a.m.
Moosomin, vendredi	27	"	10 a.m.
Virden, samedi	28	"	10 a.m.
Morden, mardi	31	"	3 p.m.
Cartwright, jeudi	2	novembre,	10 a.m.
Boissevain, vendredi	3	"	10 a.m.
Melita, samedi	4	"	10 a.m.
Pipestone, lundi	6	"	1 p.m.
Methven, mardi	7	"	10 a.m.
Treherne, mercredi	8	"	1 p.m.
Neepawa, mardi	14	"	2 p.m.
Portage-la-Prairie, mercredi	15	"	2 p.m.
Brandon, vendredi	17	"	10 a.m.
Forrest, lundi	20	"	9 a.m.
Baldur, mardi	21	"	1 p.m.
Emerson, vendredi	24	"	9 a.m.

Les dates des séances à Dauphin, Winnipeg et Fort-William seront annoncées ultérieurement.

Les griefs plus spécialement mentionnés dans la dite commission comme étant ceux qu'on dit exister sont:—

Premièrement.—Qu'un vendeur de grain est actuellement sujet à un taux injuste et excessif pour l'emmagasinage de son grain à l'époque de la vente.

Deuxièmement.—Qu'il existe des doutes sur la précision des pesées permises ou employées par les propriétaires d'élévateurs; et

Troisièmement.—Que les propriétaires d'élévateurs possèdent un monopole sur la vente des grains en refusant de permettre la construction d'entrepôts plats là où des élévateurs qualifiés (standard) sont situés, et sont en mesure de tenir le prix du grain au-dessous de sa vraie valeur marchande pour leur propre bénéfice et au détriment d'autres personnes qui sont spécialement intéressées dans le commerce de grains, et du public en général.

Les membres de la commission désirent entendre la preuve au sujet de l'existence de ces griefs et le mode d'y remédier, si des griefs sont constatés, et sur tout autre grief ou question se rapportant au dit commerce de grain, et à ces fins, demandent à toutes les personnes intéressées dans ces questions et qui ont des dépositions à faire à leur sujet, de se presenter à ce endroits et à ces heures, alors que la latitude la plus complète leur sera accordée pour déclarer ce qu'ils connaissent à ce sujet.

Date le 16ème jour d'octobre, A.D. 1899.

E. J. SENKLER,
Président de la Commission.

W. F. SIRETT,
WILLIAM LOTHIAN,
CHARLES C. CASTLE,
} *Commissaires.*

Affichez ceci très visiblement.

CEDULE "B".

AVIS PUBLIC.

Les membres de la commission royale nommée par Son Excellence le gouverneur général en conseil pour faire une enquête et un rapport sur certaines prètendues irrégularités qu'on dit exister dans l'éxpédition et le transport du grain de la province du Manitoba et des Territories du Nord-Ouest, donnent par les présentes avis qu'ils seront aux endroits et aux heures suivantes dans le but de recevoir les dépositions de toutes les personnes qui désirent rendre témoignage au sujet des dites irrégularités ou de toute question s'y rapportant (en plus des endroits déjà annoncés):—

Carnduff, mardi, 28 novembre, 1 p.m.

Régina, vendredi, 1er décembre, 10 a.m.

Les dates des séances à Dauphin, Winnipeg et Fort-William seront annoncées ultérieurement.

Les griefs plus spécialement mentionnés dans la dite commission comme étant ceux qu'on dit exister sont:—

Premièrement.—Qu'un vendeur de grain est actuellement sujet à un taux injuste et excessif pour l'emmagasinage de son grain à l'époque de la vente.

Deuxièment.—Qu'il existe des doutes sur la précision des pesées permises ou employées par les propriétaires d'élévateurs; et

Troisèmement.—Que les propriétaires d'élévateurs possèdent un monopole sur la vente des grains en refusant de permettre la construction d'entrepôts plats là où des élévateurs qualifiés (standard) sont situés, et sont en mesure de tenir le prix du grain au-dessous de sa vraie valeur marchande pour leur propre bénéfice et au détriment d'autres personnes qui sont spécialement intéressées dans la commerce de grains, et du public en général.

Les membres e la commission désirent entendre la preuve au sujet de l'existence du ces griefs et le mode d'y remédier, si des griefs sont constatés, et sur tout autre grief ou question se rapportant au dit commerce de grain, et à ces fins, demandent à toutes les personnes intéressées dans ces questions et qui ont des dépositions à faire à leur sujet, de se présenter à ces endroits et à ces heures, alors que la latitude la plus complète leur sera accordée pour déclarer ce qu'ils connaissent à ce sujet.

Daté le 28me jour d'octobre, A.D. 1899.

E. J. SENKLER,
Président de la Commission.

W. F. SIRETT,
WILLIAM LOTHIAN,
CHARLES C. CASTLE.
} *Commissaires.*

Affichez ceci très visiblement.

CEDULE "C".

Liste des témoins qui ont rendu témoignage devant la commission avec les noms des endroits où ces témoignages ont été rendus:—

A.

Adamson, Robert, Virden, Man.
Alexander, Robert, Régina, Assa.
Anderson, Joseph, Melita, Man.
Anderson, Wm., Indian-Head, Assa.
Anderson, Wm., Forrest, Man.
Atkinson, Arthur, Winnipeg, Man.

B.

Bradley, James, Régina, Assa.
Banting, Thos. E. M., Methven, Man.
Barron, Walter J., Treherne, Man.
Bastedo, Lincoln, Moosejaw, Assa.
Battell, Joseph E., Moosejaw, Assa.
Battell, Wm. J., Moosejaw, Assa.
Beavis, Thos., Moosejaw, Assa.
Beech, Samuel, Régina, Assa.
Bell, Harry, Edmonton, Alta.
Bennet, Isaac, Virden, Man.
Bennett, Richard Benson, Wolseley, Assa.
Biden, Charles, Wolseley, Assa.
Black, Geo. R., Brandon, Man.
Bogue, Richard, Moosejaw, Assa.
Booth, Jonathan, Indian-Head, Asst.
Bourchier, Wm. J., Edmonton, Alta.
Bradley, Locke A., Portage-la-Prairie, Man.
Bray, Frank E., Winnipeg, Man.
Bready, T. T. W., Winnipeg, Man.
Bready, T. T. W. (app. de nouv.), Winnipeg, Man.
Brown, Fredrick W., Portage-la-Prairie, Man.
Brown, John S., Brandon, Man.
Bulyea, Hon. Geo. H. V., Indian-Head, Assa.
Burke, Jacob Geo., Carnduff, Assa.
Burritt, Arthur L., Morden Man.
Burden, Thomas, Forrest, Man.
Burton, Geo., Forrest, Man.

C.

Callahan, Frank, Moosejaw, Assa.
Cameron, Alex. J., Boissevain, Man.
Cameron, Albert E., Melita, Man.
Cameron, Archibald Wm., Régina, Assa.
Carrol, George, Régina, Assa.
Carruthers, Jas., Winnipeg, Man.
Christie, George, Emerson, Man.
Clarke, Andrew C., Cartwright, Man.
Clark, Andrew C. (app. de nouv.), Cartwright, Man.
Colter, S. S., Virden, Man.
Connett, John W., M.L.A., Carnduff, Assa.
Cotton, Almon J., Treherne, Man.
Court, James, Indian-Head, Assa.
Craig, Wm., Virden, Man.
Cumming, Jas. A., Brandon, Man.
Curran, Robert, Emerson, Man.
Currie, Wm., Brandon, Man.

D.

Dale, Jas., Baldur, Man.
Daen, Edward, Edmonton, Alta.
Diehl, Charles, Portage-la-Prairie, Man.
Dobbyn, Richard, Melita, Man.
Donaldson, Thos., Neepawa, Man.
Dorrell, Henry, Moosejaw, Assa.
Dougan, John, Régina, Assa.
Douglas, Rév. Jas. M., M.P., Winnipeg, Man.
Downie, James, Methvin, Man.
Driver, Victor, Morden, Man.
Drysdale, James W., Neepawa, Man.

E.

Elliott, Thos., Régina, Assa.
Elliott, John, Wolseley, Assa.

F.

Fairburn, Geo., Carnduff, Assa.
Ferris, Robt. M., Treherne, Man.
Forrest, Horatio F., Brandon, Man.
Fowler, Frank O., M.P.P., Methvin, Man.
Friend, Cecil E., Winnipeg, Man.

G.

Galbraith, Julias F., Morden, Man.
George, James, Indian-Head, Assa.
Gibbins, W. T., Winnipeg, Man.
Gibbs, Frank E. (insp'r grain), Fort-William, Ont.
Gibbs, Frank E. (insp'r. grain), Fort-William, Ont.
Gimby, John, Cartwright, Man.
Gorrell, Frank, Carnduff, Assa.
Graham, Frank, Melita, Man.
Graham, Wm. C., Winnipeg, Man.
Green, Harry, Moosejaw, Assa.
Green, Ernest, Wolseley, Assa.
Greenwood, Thos. E., Brandon, Man.
Guthrie, Wm., Virden, Man.

H.

Hartry, Robert, Melita, Man.
Hawes, George, Neepawa, Man.
Herrold, John, Edmonton, Alta.
Heron, Wm. A., Moosejaw, Assa.
Hope, Thos., Melta, Man.
Horn, D., insp. en chef du grain, Winnipeg, Man.
Hunter, Arthur T., Régina, Assa.
Hurlburt, Asa S., Moosejaw, Assa.

I.

Irwin, John W., Emerson, Man.

J.

James, E., Moosomin, Assa.
James, E. (app. de nouv.), Moosomin, Assa.
Japp, Douglas, Neepawa, Man.
Johnson, James, M.P.P., Boissevain, Man.
Johnston, Wm. T., Methvin, Man.
Jones, Evan, Baldur, aMn.

K.

Kain, John, Melita, Man.
Kennedy, John, Edmonton, Alta.
Kennedy, Archibald, Forrest, Man.
Keys, Joseph, Régina, Assa.
King, Oliver, Methvin, Man.
King, J. G., Fort-William, Ont.
Knowles, Thos. W., Emerson, Man.

L.

Lamb, Wm., Methvin, Man.
Latham, Mss. Maria, Moosejaw, Assa.
Latimer, Wm., Edmonton, Alta.
Law John, Neepawa, Man.
Lawrence, James, Morden, Man.
Lawrence, Joseph, Cartwright, Man.
Ledingham, Wm., Forrest, Man.
Lee, Robert, Edmonton, Alta.
Leech, Robert, R. E. A., Winnipeg, Man.
Leech, R. E. A. (app. de nouv.), Winnipeg, Man.
Lennox, Ignatius, Melita, Man.
Long, Wm., Boissevain, Man.

M.

Mackenrot, Wm. H., Fort-William, Ont.
Mabon, Walter, Baldur, Ont.
Magness, Robt., Winnipeg, Man.
Magness, Robt. (app. de nouv.), Winnipeg, Man.
Maitland, James R., Carnduff, Assa.
Manning, Charles, Cartwright, Man.
Marshall, Ralph, Medita, Man.
Martin, Cornelius, Régina, Assa.
Martin, George, Wolsely, Assa.
Martin, Wm. Winnipeg, Man.
Martin, Wm. (app. de nouv.), Winnipeg, Man.
Massie, James, aide-insp. grain, Emerson, Ont.
Merrell, Henry, Carnduff, Assa.
Milliken, Peter, Virden, Man.
Mitchell, John A., Indian-Head, Assa.
Mitchell, Alexander, Wolseley, Assa.
Moodie, Wm., Cartwright, Man.
Moore, Frederick, Cartwright, Man.
Moore, Robert, Moosejaw, Assa.
Moore, Robert, Régina, Assa.
Moore, E. D., Winnipeg, Man.
Motherwell, Wm. R., Indian-Head, Assa.
Munro, James, Cartwright, Man.
Murie, John, Fort-William, Ont.

Mc.

Macdonald, Wm., Indian-Head, Assa.
Mackenzie, Roderick, Brandon, Man.
Maclennan, Wm., Winnipeg, aMn.
McConnell, James, Melita, Man.
McClain, Robert H., Morden, Man.
McDiarmid, Jas., Edmonton, Alta.
McDonald, Donald, Melita, Man.
McDonald, Alex., Forrest, Man.
McDonald, Alex., Winnipeg, Man.
McGaw, S. A., Winnipeg, Man.
McGaw, S. A. (app. de nouv.), Winnipeg, Man.
McGee, Robert A., Wolseley, Assa.
McKay, Robert, Winnipeg, Man.
McKellar, John A., Brandon, Man.
McKelvey, James, Cartwright, Man.
McKenzie, Albert E., Brandon, Man.
McKinley, M., Edmonton, Alta.
McLane, Asa M., Indian-Head, Assa.
McLennan, J. K., Treherne, Man.
McPhail, Archibald, Forrest, Man.
McVicar, John, Winnipeg, Man.
McVicar, John (app. de nouv.), Winnipeg, Man.
McVicar, John (app. de nouv.), Winnipeg, Man.

N.

Naismith, Alexander, Methvin, Man.
Neff, Oliver (app. de nouv.), Moosomin, Assa.
Neff, Oliver .app. de nouv.), Moosomin, Assa.
Nichol, Henry, Brandon, Man.
Nicholson, Robert, Moosomin, Assa.
Noble, Francis, Methvin, Man.
Noble, Robert James, Carnduff, Assa.
Noble, Wm., Carnduff, Assa.

O.

Oliver, Frank, M.P., Edmonton, Alta.
Oliver, Geo., Brandon, Man.
Orchard, James, Forrest, Man.

P.

Paisley, Moosejaw, Assa.
Palmer, Matthew R., Treherne, Man.
Parker, Francis J., Winnipeg, Man.
Paterson, H. S., Winnipeg, Man.
Percival, Spencer, Baldur, Man.
Perley, Senator, Wm. D., Wolseley, Assa.
Philips, James, Boissevain, Man.
Picard, Jos. H., Edmonton, Alta.
Pinkness, Frederick W., Moosomin, Assa.
Porter, Wm. John, Baldur, Man.
Price, James, Edmonton, Alta.
Pummell, James, Melita, Man.
Purdy, Russell E., Régina, Assa.
Putnam, A. E., Edmonton, Alta.

Q.

Quigley, A., Indian-Head, Assa.

R.

Rathwell, Samuel K., Moosejaw, Assa.
Reily, George, Régina, Assa.
Richardson, Robert L., M.P., Winnipeg, Man.
Robertson, Lawrence, Neepawa, Man.
Roberts, Eli, Portage-la-Prairie, Man.
Robinson, W. A., Winnipeg, Man.
Robinson, W. A. (app. de nouv.), Winnipeg, Man.
Roblin, Rodmond P., M.P.P., Winnipeg, Man.
Roblin, Rodmond P. (app. de nouv.), M.P.P., Winnipeg, Man.
Robson, John, Cartwright, Man.
Roe, Robert, Régin, Assa.
Rogers, Isaac, Methvin, Man.
Rorison, Hugh, Moosejaw, Assa.
Ryan, Wm., Boissevain, Man.

S.

Sanderson, Thomas, Treherne, Man.
Seed, John C., Régina, Assa.
Sellers, M., Fort-William, Ont.
Shaw, Elmer, Indian-Head, Assa.
Shaw, Geo. H., C.C.P., Winnipeg, Man.
Shouldice, Wm., Carnduff, Assa.
Simpson, Walter, Régina, Assa.
Simpson, Samuel S., Brandon, Man.
Smith, Henry T., Indian-Head, Assa.
Snow, Matthew, Wolseley, Man.
Stancombe, James, Cartwright, Man.
Stewart, Duncan, Morden, Man.
Sturgeon, Thos. D., Melita, Man.
Swinford, Herbert, ch de f. N.P.. Winnipeg, Man.

T.

Thompson, John S., Melita, Man.
Thompson, John A., Winnipeg, Man.
Thompson, John A. .app. de nouv.), Winnipeg, Man.
Thompson, Richard S., Portage-la-Prairie, Man.
Townshead, Edward, Boissevin, Man.
Trerice, Alex., Melita, Man.
Truscott, John O., Carnduff, Assa.

U.

Underhill, Wm. B., Melita, Man.

V.

Vanderslice, Geo. W., ch. de f. N. P., Winnipeg, Man.

W.

Wayland, E. R., Fort-William, Ont.
Watts, Morris, Carwright, Man.
Webster, John, Cartwright, Man.
Webster, John, Forrest, Man.
Wenman, William, Brandon, Man.
Williams, Jesse Jas., Cartwright, Man.
Williamson, Lancelot, Baldur, Man.
Wilson, Richard M., Baldur, Man.
Wilson, James, Morden, Man.
Winkler, Valentine, M.P.P., Morden, Man.
Wright, John, Virden, Man.
Whyte, Wm., gérant C.C.P., Winnipeg, Man.

Y.

Young, John, Carnduff, Assa.

CEDULE "D".

STIPULATIONS SUGGEREES COMME POUVANT S'APPLIQUER AUX ELEVATEURS DES TERMINI, AUX ENTREPOTS, ETC.

Art. I.—Tout élévateur ou entrepôt situé à quelque emdroit dans les limites du district d'inspection de grain du Manitoba et déclaré être par le commissaire d'entrepôt un point terminus, dans lequel le grain est emmagasiné en tas et dans lequel les grains de différents propriétaires sont mêlés ou dans lequel les grains sont mêlés de façon à ce que l'identité des différents lots ou parties ne peut être exactement protégée, et faisant affaire moyennant une compensation, est par le présent déclaré être un entrepôt de terminus.

Art. 2.—Le propriétaire, locataire ou gérant de tout entrepôt de terminus sera tenu, avant de faire affaire, de se procurer du commissaire d'entrepôt un permis permettant à tel propriétaire, locataire ou gérant de faire affaire comme emmagasineur public suivant la loi, lequel permis sera émis par le commissaire d'entrepôt sur demande par écrit déclarant le site et le nom de tel entrepôt, et le nom individuel de chaque personne intéressée comme propriétaire ou principal dans le fonctionnement du dit entrepôt; ou si l'entrepôt est possèdé ou exploité par une corporation, les noms du président, du secrétaire et du trésorier de telle corporation devront être donnés, et le dit permis devra donner autorité pour conduire les opérations d'un entrepôt de terminus suivant la loi et sera revocable par le dit commissaire après une procédure sommaire devant le commissaire sur une plainte portée par toute personne par écrit sous serment spécifiant l'infraction particulière à la loi, et sur preuve satisfaisante qui devra être reçue en la manière prescrite par le commissaire.

Art. 3.—La personne recevant un permis tel que spécifié plus haut devra produire devant le commissaire qui l'accordera une garantie pour avec des cautions valables et suffisantes qui devront être approuvées par le dit commissaire d'un montant pénal de pas plus de cinquante mille ($50,000) dollars, à la discrétion du commissaire d'entrepôt, pour chaque entrepôt de terminus licencié dans le dit district comme garantie de l'accomplissement fidèle de ses devoirs d'emmagasineur public de terminus et de sa pleine et entière obéissance à toutes les lois qui s'y rapportent. Un honoraire annuel pour l'émission du dit permis de deux (2) dollars devra être payé par la personne le demandant; pourvu que quand une personne ou corporation se procure une licence pour plus d'un entrepôt, il ne soit pas nécessaire de donner plus d'une garantie.

Art. 4.—Toute personne qui fera affaire comme emmagasineur public à un terminus sans le permis spécifié plus haut ou qui continuera à faire affaire après que tel permis a été révoqué (excepté s'il lui a été permis de livrer le grain préalablement dans tel entrepôt) sera, sur conviction, condamnée à une amende de pas moins de ni de plus de pour tout et chaque jour que telles affaires auront été faites, et le commissaire peut refuser de renouveler tout permis ou d'en accorder un à toute personne dont le permis a été révoqué dans l'année qui suivra cette révocation.

Art. 5.—Il sera du devoir de tout emmagasineur public à un terminus d'emmagasiner tout grain sec, en condition convenable pour l'emmagasinage, qui lui sera offert en la manière ordinaire que les entrepôts ont coutume de recevoir ce grain dans le cours ordinaire et habituel des affaires, ne faisant aucune distinction entre les personnes désireuses de jouir des facilités d'emmagasinage, ce grain devant être dans tous les cas inspecté et classé par un inspecteur dûment autorisé et être emmagasiné avec du grain de même type. Rien dans cette section ne devra être interprété de façon à imposer la réception de grain dans quelque entrepôt dans lequel il n'y a pas assez d'espace pour le placer ou l'emmagasiner convenablement ou dans le cas où un entrepôt est nécessairement fermé.

Art. 6.—A la demande du propriétaire ou consignataire du grain emmagasiné dans un entrepôt public de terminus, cette demande étant accompagnée de la preuve que tous les frais de transport autres que ceux dus (s'il y en a) au propriétaire du dit entrepôt et tous autres frais qui peuvent être un gage sur le grain, y compris les frais pour inspection et pesage, ont été payés, l'emmagasineur devra donner à la personne ayant droit de le recevoir, un reçu d'entrepôt, sujet à l'ordre du propriétaire ou du consignataire, lequel reçu devra porter la date correspondant à la réception du grain dans l'entrepôt et devra porter à sa face la quantité et le classement d'après inspection du grain, et montrer que le grain y mentionné a été reçu à l'entrepôt pour être emmagasiné avec du grain de même type d'après inspection ; et qu'il est livrable sur retour du reçu dûment endossé par la personne à l'ordre de laquelle il est donné, et le paiement des frais légitimes d'emmagasinage et le paiement des frais de transport (s'il y en a) dus au propriétaire du dit entrepôt. Tous reçus d'entrepôt pour grain donné par le dit emmtgasineur devront être consécutivement numérotés, et il ne devra pas être émis deux reçus portant le même numéro par le même entrepôt dans le cours d'une année, excepté dans le cas d'un reçu perdu ou détruit, dans lequel cas le nouveau reçu devra porter la même date et le même numéro que l'original, et devra porter bien visiblement à sa face le mot "duplicata". Si le grain a été reçu par wagons de chemin de fer, le numéro de chaque wagon devra être mentionné sur le reçu avec la quantité qu'il contenait ; si c'est par barges ou autres vaisseaux, le nom de tel vaisseau ; si par voiture ou tout autre véhicule, la façon dont il a été reçu devra être mentionnée à sa face.

Art. 7.—Sur livraison du grain de quelque entrepôt de terminus sur reçu, ce reçu devra porter écrit bien lisiblement en travers le mot "annulé", et avec le nom de la personne l'annulant, et sera dans la suite nul et ne devra pas être remis en circulation, et il ne devra pas être livré de grain deux fois sur le même reçu. Aucun reçu d'entrepôt de terminus ne devra être émis autrement que sur la livraison véritable du grain pour emmagasinage dans l'entrepôt duquel il est censé provenir et lequel doit être représenté par des reçus. Il ne pourra non plus être émis de reçu pour une plus grande quantité de grain que n'en contenait le lot ou colis déclaré comme ayant été reçu. Il ne sera pas non plus émis plus d'un reçu pour le même lot de grain, excepté dans le cas où un reçu pour une partie du lot est désiré, et alors le reçu complet pour un lot particulier devra se reporter à ce lot et pas plus. Dans le cas où une partie du grain représenté par le reçu est livrée hors de l'entrepôt et que la balance reste, un nouveau reçu peut être émis pour telle balance, mais le nouveau reçu devra porter la même date que l'original et devra montrer à sa face que c'est une balance du reçu du nombre original, et le reçu sur lequel une partie a été livré devra être annulé tout comme si le tout avait été livré. Dans le cas

---

(1)Note.—Il est proposé que cette clause pénale soit refaite d'après la recommandation des commissaires, et qu'un article soit inséré accordant un appel au ministre du Revenu de l'Intérieur contre la décision du commissaire d'entrepôts révoquant le permis.

où il serait désirable de fractionner un reçu en deux ou plus, ou dans le cas où il serait désirable de consolider deux reçus ou plus en un seul, et que l'emmagasineur y consentirait, le reçu original devra être annulé tout comme si le grain avait été livré de l'entrepôt, et les nouveaux reçus devront montrer à leur face qu'ils sont une partie d'un autre reçu ou une consolidation d'autres reçus, selon le cas ; et les numéros des reçus originaux devront aussi apparaître sur les nouveaux émis, comme explication du changement ; mais aucune consolidation de reçus de dates différant de plus de dix (10) jours ne sera permise, et tous nouveaux reçus émis pour d'anciens annulés, tel que spécifié plus haut, devront porter la même date que ceux émis originalement, autant que possible.

Art. 8.—Nul emmagasineur de terminus ne devra dans un reçu émis par lui insérer de quelque manière que ce soit quelque terme limitant ou modifiant ses engagements ou responsabilité telles qu'imposées par la loi.

Art. 9.—Sur remise du reçu d'entrepôt de terminus dûment endossé par lui et de tous les frais légitimes chargés sur le grain représenté par le reçu, ce grain sera immédiatement livrable au porteur du dit reçu, et il ne sera pas assujetti à d'autres frais pour emmagasinage après que demande de telle livraison aura été faite, et le grain réprésenté par ce reçu devra être livré dans les vingt-quatre (24) heures après que telle demande aura été faite et que les wagons ou vaisseaux auront été fournis. L'emmagasineur, en défaut, sera passible de payer au propriétaire de tel reçu, pour dommages causés par ce défaut, un montant de un (1) cent par boisseau et, en sus de ce montant, de un (1) cent par boisseau pour tout et chaque jour que durera cette négligence ou ce refus de livrer le grain. Cependant, aucun emmagasineur ne sera considéré en défaut dans la livraison du grain si le grain est livré dans l'ordre demandé et aussi rapidement que la juste diligence, le soin et la prudence le justifient.

Art. 10.—Il sera du devoir de tout propriétaire, locataire et gérant d'entrepôt public de terminus dans le district d'inspection du Manitoba de fournir par écrit assermenté aux époques que le commissaire d'entrepôt jugera à propos de le requérir et prescrire, un état établissant la condition et l'administration de ses affaires à titre d'emmagasineur.

Art. 11.—L'emmagasineur de chaque entrepôt public de terminus situé dans le district d'inspection du Manitoba devra chaque mardi matin donner un état assermenté devant quelque officier autorisé par la loi à administrer le serment, par un des principaux propriétaires ou exploiteurs du dit élévateur ou par le comptable du dit élévateur ayant une connaissance personnelle des faits, au commissaire d'entrepôt de le quantité de chaque espèce et type de grain placé dans l'entrepôt à la clôture des opérations le samedi précédent.

Art. 12.—Tout emmagasineur d'entrepôt public de terminus situé dans le district d'inspection du Manitoba sera requis dans la première (Ière) semaine de septembre de chaque année de présenter au commissaire d'entrepôt un tableau ou cédule de taux pour l'emmagasinage, le nettoyage et le maniement du grain dans son entrepôt durant l'année, lesquels taux ne devront pas être augmentés durant l'année, et ces taux et toutes réductions ainsi publiés devront s'appliquer à tous grains reçus dans tel entrepôt de n'importe quelle personne ou source, et aucune distinction quant aux taux ne devra être faite directement ou indirectement par le dit emmagasineur pour emmagasinage, nettoyage et maniement du grain. Le tarif maximum pour emmagasinage, nettoyage et maniement du grain, y compris le coût de la réception et de la livraison, devra être fixé par arrêté en conseil.

Art. 13.—Aucun emmagasineur public à un terminus ne sera tenu responsable pour perte ou dommage causé par le feu au grain pendant que celui-ci sera en sa possession, pourvu qu'un soin et une vigilance raisonnables aient été exercés pour protéger et conserver ce grain.

Art. 14.—Toute personne possédant du grain ou qui peut être intéressée dans le grain à quelque entrepôt public de terminus, et tout inspecteur de grain dûment autorisé, auront, en tout temps durant les heures ordinaires des affaires, droit d'examiner tout ou partie du grain emmagasiné dans tout entrepôt public. Et l'emmagasineur, ses agents et employés devront donner toutes facilités à ces personnes, et toutes les parties des entrepôts publics de terminus devront être d'accès libre pour l'examen et l'inspection par toute personne ayant des intérêts dans le grain emmagasiné ou par tout inspecteur autorisé de ce grain.

Art. 15.—Le Gouverneur général en conseil pourra nommer un peseur en chef dont les devoirs et pouvoirs seront définis par un arrêté en conseil, et pourra aussi, dans tout endroit dans le district d'inspection du Manitoba où il y a inspection de grain, nommer un sous-peseur officiel et tels aides qui seront jugés nécessaires.

Art. 16.—Les dits sous-peseurs officiels et leurs aides devront, à tous les terminus situés dans le district d'inspection du Manitoba, sous la direction du peseur en chef, surveiller et contrôler exclusivement le pesage du grain sujet à inspection ; et l'acte et les certificats de tel sous-peseur et de ses aides dans l'accomplissement des devoirs ci-dessus décrits seront concluants et liants pour toutes personnes, intéressées ou non, quant aux faits contenus dans les dits certificats.

Art. 17.—Le Gouverneur général en conseil devra fixer les honoraires à payer pour le pesage du grain, lesquels honoraires devront être payés par l'emmagasineur et pourrent être ajoutés aux frais d'emmagasinage.

Art. 18.—Les dit peseurs en chef, sous-peseurs officiels et leurs aides devront donner pour assurer le fidèle accomplissement de leurs devoirs telles garanties et recevoir telle compensation que fixera le Gouverneur général en conseil.

Art. 19.—Tous les sous-peseurs ou aides établis par cette loi seront requis de faire un pesage précis sous les pénalités établies par le présent acte, et en plus tenir un registre exact de tous pesages par eux aux endroits pour lesquels ils ont été nommés, dans lequel sera tenu un compte précis de tous grains pesés ou dont le pesage a été surveillé par eux et leurs aides, donnant le montant de chaque pesage, le numéro de chaque wagon pesé, la lettre initiale du dit wagon, l'endroit où il a été pesé, la date du pesage et le contenu du wagon.

Art. 20.—Tout sous-peseur ou aide devra, sur demande, donner à toute personne ou personnes ayant fait peser par lui, un certificat de sa main et portant son sceau, montrant le résultat de tel pesage, le numéro de chaque wagon pesé, l'initiale du dit wagon, l'endroit où il a été pesé, la date du pesage, et le contenu du wagon. Et il est par les présentes pourvu à ce que le certificat du dit sous-peseur ou de son aide devra être admis dans toutes actions en loi ou équité comme preuve *prima facie* des faits qui y sont contenus, mais l'effet de telle preuve pourra être repoussé par une autre preuve compétente.

Art. 21.—Le peseur en chef devra adopter pour le pesage du grain telles règles et règlements qu'il jugera à propos.

Art. 22.—Dans le cas où quelque personne, compagnie d'entrepôt ou de chemin de fer ou quelqu'un de leurs agents ou employés refuseront ou empêcheront un sous-peseur ou quelqu'un de ses aides d'avoir accès à leurs pesées dans l'exercice régulier de leurs devoirs en surveillant le pesage du grain conformément avec la teneur et le sens du présent acte, ils encourront l'amende de dollars pour chaque offense, telle pénalité ou forfaiture devant être payée au pour le bénéfice du fonds d'inspection du grain du Manitoba.

Note.—Il est proposé que la précédente clause pénale soit revisée, d'après la recommandation des commissaires.

Art. 23.—Il sera illégal pour tout propriétaire, locataire ou gérant de quelque entrepôt public de terminus de faire quelque contrat, arrangement, entente ou combinaison avec quelque compagnie de chemin de fer ou autre corporation ou avec un individu ou des individus, grâce auquel les grains de quelques personnes devront être livrés à quelque entrepôt pour emmagasinage ou pour autres fins, contrairement aux directions données par le propriétaire, son agent ou consignataire.

Art. 23.—Il sera du devoir du commissaire d'entrepôt d'assumer et exercer une surveillance constante sur les intérêts du grain dans le district d'inspection du Manitoba, de surveiller le maniement et l'emmagasinage du grain, et de recommander au ministre du Revenu de l'Intérieur les règles et règlements pour l'administration des entrepôts publics de terminus dans le district d'inspection du Manitoba, dont la mise en vigueur lui apparaîtra nécessaire pour le meilleur fonctionnement des stipulations du présent acte ; de s'enquérir de chaque plainte de fraude ou d'oppression dans le commerce du grain, et d'y remédier en autant qu'il pourra être en son pouvoir.

Art. 25.—Les précédentes règles et règlements non contraires aux stipulations de la loi devront être affichés par le dit commissaire d'entrepôt à quelque endroit bien visible dans chaque élévateur et entrepôt autorisé de terminus.

Art. 26.—Toutes sommes perçues par les peseurs ou autres officiers, tel que pourvu ci-dessus, devront être versées au fonds d'inspection du grain du Manitoba.

Art. 27.—Il sera du devoir de   du fonds d'inspection du grain du Manitoba de recevoir toutes ces dites sommes et toutes amendes et pénalités perçues en vertu du présent acte, et de tenir un compte séparé de ces sommes et de les remettre à l'ordre de   et pas autrement.

Art. 28.—Rien dans le présent acte ne devra être interprété de manière à empêcher quelque personne de vendre du grain sur échantillon, sans égard aux types de grains.

Art. 29.—Les stipulations du présent Acte ne modifieront pas les obligations des emmagasineurs quant au grain présentement emmagasiné.

Art. 30.—Le dit commissaire d'entrepôt devra garder en liasse pour examen public dans son bureau à Winnipeg des publications montrant les prix de marché du grain sur les marchés de Liverpool, Londres, Glasgow, Winnipeg, Fort-William, Toronto, Montréal, New-York, Chicago, Minnéapolis et Duluth.

Art. 31.—Il sera du devoir de l'inspecteur en chef du grain et de tout aide ou officier servant sous lui, avant d'ouvrir les portes des wagons contenant du grain à leur arrivée à quelque endroit désigné par la loi comme point d'inspection pour l'inspecteur du grain, de s'assurer d'abord de la condition de ce ou ces wagons, et de s'assurer s'il y a eu quelque épandage pendant qu'ils étaient en transit, aussi de s'assurer si les portes aux extrémités ou côtés sont convenablement fermées et scellées, tenant un mémoire de ces faits dans tous les cas.

Après que tel examen aura été dûment fait et enregistré, il sera du devoir des dits officiers du département de l'inspection du grain ci-dessus mentionnés de bien refermer et resceller telles portes qu'ils auront ouvertes, se servant d'un sceau spécial du département de l'inspection du grain pour cete fin. Un registre de tous les sceaux originaux brisés par les dits officiers et la date où ils l'ont été, aussi un registre de tous les sceaux qui leur auront été substitués et la date de cette substitution, de même qu'une complète description des dits sceaux, avec leurs numéros, devront être tenus par les dits officiers.

Art. 32.—Toute personne autre que celles dûment chargées par le présent acte du soin de la propriété ci-dessus décrite qui altérera ou brisera quelque sceau placé sur tels wagons chargés de grain sera considérée coupable d'un délit et devra être punie par une amende de pas moins de   et de pas plus de   dollars, ou par un emprisonnement de pas moins de dix jours et n'excédant pas quatre-vingt-dix jours sur condamnation.

Note.—L'article ci-dessus à reviser. Il est à remarquer qu'il y a peut-être quelque article dans l'Acte général des chemins de fer couvrant celui-ci.

ARTICLES RECOMMANDES COMME APPLICABLES AUX ELEVATEURS ET ENTREPOTS DE CAMPAGNE.

Art. 1.—Tout élévateur et entrepôt où le grain est reçu, emmagasiné, expédié ou manié et qui sont situés sur le droit de passage d'un chemin de fer ou voie latérale ou branche dérivant de la voie principale, terrains d'une station ou toute terre acquise ou réservée par quelque compagnie de chemin de fer dans le district d'inspection du Manitoba pour servir en rapport avec sa voie ferrée à quelque station ou voie latérale dans le dit district, autrement qu'aux points de terminus, sont par les présentes déclarés être élévateurs publics et seront sous la surveillance et sujets à l'inspection du commissaire d'entrepôt, et devront, pour les fins des articles suivants de cet acte, être connus et désignés comme élévateurs et entrepôts publics de campagne.

Il sera illégal de recevoir, expédier, emmagasiner ou manier du grain dans quelque élévateur ou entrepôt de cette dénomination à moins que leur propriétaire ou propriétaires se soit muni d'une licence comme tel du commissaire d'entrepôt, laquelle license sera émise sur le paiement d'un honoraire de deux (2) dollars par année, et seulement sur demande écrite assermentée, spécificant le site de tel élévateur ou entrepôt et le nom de la personne, compagnie ou corporation possédant et exploitant cet élévateur ou entrepôt, et toutes sommes reçues pour ces licences devront être remises au fonds d'inspection du grain du Manitoba. La dite licence donnera au licencié pleins pouvoirs pour exploiter le dit élévateur ou entrepôt conformément à la loi et aux règles et règlements prescrits par la dite commission, et toute personne, compagnie ou corporation recevant telle licence devra être considérée comme ayant accepté les stipulations du présent acte et avoir convenu de s'y conformer.

Si tel élévateur ou entrepôt est exploité en violation ou oubli de la loi, sa licence, après preuve dûment faite du fait et tout avis et chance d'être entendu donnés au licencié, sera révoquée par le dit commissaire d'entrepôt. Toutes telles licences devront prendre fin le trente-unième jour (31ème) de juillet de chaque année.

Note. Un article à insérer ici pourvoyant à un appel au ministre du Revenu de l'Intérieur de la décision du commissaire d'entrepôt en révoquant la licence. Un autre article à insérer pourvoyant à la remise de garanties en la même manière que dans l'article 3 de la législation proposée pour les terminis de ces recommandations, et un article autorisant le Gouverneur général en conseil à passer des règlements obligeant tout exploiteur d'entrepôt ou élévateur à donner une garantie à son patron (garantie qui devra être approuvée par le commissaire d'entrepôt) de l'accomplissement de ses devoirs, toutes telles garanties devant être produite devant le commissaire d'entrepôt.

Art. 2.—Aucune personne, compagnie ou corporation ne devra en aucune manière exploiter tel élévateur ou entrepôt de campagne sans avoir de licence tel que décrit plus haut, et toute tentative d'exploiter tel élévateur ou entrepôt sans telle licence sera considérée un délit punissable tel que dit plus loin, et toute tentative d'exploiter tel élévateur ou entrepôt en violation de la loi et sans la licence ci-dessus prescrite pourra, sur plainte de la personne lésée et sur plainte du commissaire d'entrepôt, être sommé et restreint par injonction temporaire et permanente, conformément à la procédure pour les actions civiles dans les cours.

Note. L'article précédent à refaire conformément aux recommandations des commissaires quant aux pénalités.

Art. 3.—Le Gouverneur en conseil peut, avant le premier (1er) août de chaque année, et aussi souvent qu'il le jugera à propos, faire et romulguer tous les règlements convenables et nécessaires pour la gouverne et le contrôle des élévateurs et entrepôts publics de campagne, y compris les entrepôts plats, et la réception, l'emmagasinage, l'assurance, le maniement et l'expédition du grain à l'arrivée et au départ, et le taux maximum des charges pour telles opérations, dans le cas où tel maniement comprend le nettoyage du grain et aussi dans le cas contraire, et telles règles et règlements lieront et auront force et effet de loi ; et une copie imprimée de tels règles et règlements et une copie des stipulations de la loi concernant la classification des différents types de grain devront en tout temps être affichés dans un endroit visible dans chacun des dits élévateurs et entrepôts pour être examinées librement par le public. Il sera du devoir du commissaire d'entrepôt de soumettre de temps à autre au ministre du Revenu de l'Intérieur des recommandations pour changer ou étendre les règles et règlements mentionnés dans cet article, et ce comme il le jugera à propos.

Art. 4.—La personne exploitant cet élévateur ou entrepôt de campagne devra tenir un état, par écrit, vrai et exact, dans des livres convenables, de tout le grain reçu, emmagasiné et expédié à tel entrepôt ou élévateur, spécifiant le poids, le type, le "dockage" pour saleté et autre cause sur chaque lot de grain reçu en entrepôt pour vente, emmagasinage ou expédition, excepté dans les cas spécifiés plus bas, et devra sur la demande de toute personne livrant du grain pour emmagasinage ou expédition recevoir ce grain sans distinction durant les heures raisonnables et convenables d'affaires, et devra assurer ce grain contre la perte par le feu durant l'emmagasinage dans son entrepôt, et, sur demande, donner à cette personne ou à son représentant un reçu ou des reçus d'entrepôt que ce grain a été reçu, et spécifiant à sa face le poids brut et net de ce grain, le "dockage" pour saleté et autre cause et le type de tel grain quand il a été classé conformément à l'échelle fixée par la loi en vigueur aux points de terminus, et tout tel reçu devra aussi établir à sa face que le grain mentionné dans tel reçu a été admis en magasin et que sur retour du dit reçu ou reçus et sur paiement ou offre de paiement de tous frais légitimes pour réception, emmagasinage, assurance, livraison ou autre maniement du dit grain, lesquels frais ont pu être encourus jusqu'à la date de retour de tel reçu ou reçus, ce grain est livrable à la personne qui y est nommée ou à son ordre, soit de l'élévateur ou entrepôt où il a été reçu pour emmagasinage ; ou, si l'une des deux parties le désire, en quantités de pas moins d'une charge de wagon, sur la voie, à tout élévateur de terminus dans le district de l'inspection du grain du Manitoba sur la dite voie ferrée ou toute autre voie s'y rattachant. Excepté dans le cas d'un élévateur de campagne sur le chemin de fer Northern Pacific & Manitoba ou toute autre voie exploitée par cette ligne, si quelque personne désire expédier ce grain à un point terminus, il devra être livré sur la voie à l'élévateur de terminus mentionné à ou adjacent à Duluth. Le dit grain, quand ainsi livré au terminus, sera sujet aux charges pour fret, pesage et inspection et toutes autres charges (s'il y en a) légitimes à tel point terminus ; et la personne livrant le grain sera responsable pour la livraison de ce grain qui devra, sur inspection du gouvernement canadien et sur pesage au dit point terminus, être conforme au type et poids mentionnés dans le dit reçu.

Rien de ce qui précède ne devra empêcher le propriétaire du dit grain, en tout temps avant que celui-ci ne soit expédié à un point terminus, d'exiger qu'il soit expédié à quelque autre terminus tel que pourvu ci-dessus.

Sur remise ou présentation de tels reçus par leur porteur légitime, régulièrement endossés, à l'entrepôt ou élévateur où le grain représenté par les reçus est livrable, et sur paiement ou offre de paiement de toutes charges légitimes, tel que spécifié plus haut, le grain devra être immédiatement livré au porteur de tel reçu, et ne devra pas être sujet à d'autres charges pour emmagasinage après que telle demande de livraison aura été faite et que des wagons auront été fournis par la compagnie de chemin de fer, lequel grain devra être promptement livré par la personne exploitant l'entrepôt ou l'élévateur sur demande pour expédition faite par le porteur de tel reçu dans l'ordre de la date à laquelle les reçus sont remis pour l'expédition.

Pourvu que dans le cas où au moins sept jours avant l'expiration d'une période d'emmagasinage pour laquelle les frais d'emmagasinage sont légitimement dus ou se sont produits, le porteur du reçu a par écrit requis que son grain soit expédié, le dit porteur ne pourra dans la suite, pour aucune raison, être tenu à des frais d'emmagasinage pour une autre période que celle pendant laquelle il a requis que le dit grain soit expédié. Le grain représenté par le dit reçu devra être expédié dans les vingt-quatre (24) heures après que telle demande aura été faite et que des wagons ou autres moyens de transport pour le recevoir de l'élévateur ou de l'entrepôt auront été fournis.

L'exploiteur d'un élévateur de campagne peut en tout temps expédier tout grain emmagasiné dans son élévateur à quelque élévateur de terminus dans le district d'inspection du Manitoba sur la voie de chemin de fer où sur des voies qui s'y rattachent, et en ce faisant sera responsable pour la livraison de ce grain à son propriétaire au dit élévateur de terminus en la même manière et dans la même mesure dans tous les cas que si ce grain avait été ainsi expédié à la demande du propriétaire de tel grain. L'exploiteur d'un élévateur de campagne en expédiant ce grain devra avertir de suite par écrit le propriétaire de ce grain de telle expédition.

Pourvu, néanmoins, que lorsque la personne exploitant un élévateur ou entrepôt de campagne s'engage vis-à-vis le propriétaire du grain de l'emmagasiner de façon à préserver son identité, ce grain devra être emmagasiné dans un compartiment ou des compartiments spéciaux et être désigné "grain de compartiment spécial", et dans tel cas seulement le poids, l'assurance et la conservation de l'identité de ce grain devront être garantis par le dit exploiteur, et ce dernier devra marquer sur le billet d'emmagasinage donné pour ce grain les mots "compartiment spécial" et le numéro ou numéros par lesquels tel compartiment spécial ou compartiments spéciaux est ou sont connus dans tel élévateur ou entrepôt.

Il est pourvu que dans le cas où un compartiment spécial ou des compartiments spéciaux aura ou auront été accordés par l'exploiteur d'un élévateur ou entrepôt à quelque acheteur de grain qui place une assurance générale sur tout le grain acheté ou emmagasiné par lui, le dit acheteur peut par arrangement avec le dit propriétaire ou exploiteur se dispenser d'assurer le dit grain de l'acheteur pendant qu'il sera dans les dits compartiments. Rien dans le présent acte ne doit être interprété comme permettant au propriétaire ou exploiteur d'un entrepôt plat l'usage de compartiments spéciaux au delà du temps accordé par les stipulations du présent acte ou pour des fins autres que celles y mentionnées relativement aux entrepôts plats, ou devra obliger le propriétaire du dit entrepôt plat à assurer le grain pendant qu'il sera dans son entrepôt.

Si le grain n'a pas été livré sur telle demande dans les vingt-quatre (24) heures après que le dit wagon, vaisseau ou autre moyen de transport pour le recevoir aura été fourni, l'entrepôt en défaut sera responsable envers le porteur du dit reçu à des dommages pour tel défaut au montant de un (1) vent par boisseau, et en sus de ce montant à un (1) cent par boisseau pour tout et chaque jour que durera cette négligence ou refus de livrer. Il est pourvu qu'aucun emmagasineur ne sera considéré être en défaut dans la livraison du grain si celui-ci est livré dans l'ordre demandé par les porteurs de différents reçus ou ordres de terminus aussi rapidement que la diligence, le soin et la prudence convenables le justifieront.

Sur remise de tels reçus, si l'expédition ou la livraison du grain au point de terminus est requise par le porteur de tels reçus, la personne recevant ce grain devra remettre au dit porteur un certificat de son droit à telle expédition ou livraison, portant à sa face la date et l'endroit de son émission, le nom de l'expéditeur et du consignataire, le lieu de destination, et devra aussi spécifier à la face du dit certificat l'espèce de grain, le type, la quantité nette, abstraction faite du "dockage" auquel le dit porteur a droit par ses premiers reçus d'entrepôt et par l'inspection et le pesage officiels au dit point de terminus mentionné.

Le grain représenté par tel certificat ne sera sujet qu'aux frais de fret ou transport ou autres qui se seront produits pour ce grain à partir de la date de l'émission du dit certificat à la date de la vraie livraison, selon le sens du présent acte, au dit point de teminus.

Tout reçu d'entrepôt émis pour grain reçu et tous certificats devront être consécutivement numérotés, et il ne sera pas donné deux reçus du même genre ou deux certificats portant le même numéro dans le cours de la même année pour le même entrepôt, excepté quand ils auront été perdus ou détruits, auquel cas le nouveau reçu ou certificat devra porter les mêmes date et numéro que l'original et portera écrit lisiblement à sa face le mot "duplicata". Il ne devra être accordé de reçus ou certificats d'entrepôt que pour le grain qui a été réellement placé dans le dit entrepôt de campagne; il n'en devra pas non plus être émis pour une plus grande quantité de grain qu'en contenait le lot ou quantité qu'on déclare avoir reçu. Aucun reçu ou certificat ne devra renfermer de termes limitant ou modifiant la responsabilité de la personne émettant le certificat ou reçu prescrit par la loi, et tels termes, s'ils sont insérés, seront nuls et sans valeur.

Art. 5.—Si un emmagasineur d'entrepôt de campagne découvre qu'une partie du grain spécialement mis dans un compartiment est en mauvaise condition ou le devient et qu'il n'est pas en son pouvoir de le préserver, il devra immédiatement en donner avis par écrit envoyé sous enveloppe enregistrée au commissaire d'entrepôt et au propriétaire du grain, quand la chose est possible. Quand il sera possible, il devra spécifier dans cet avis l'espèce et le type du grain, le compartiment dans lequel il est emmagasiné et les reçus existants sur lesquels ce grain sera livré, donnant les numéros, montants et dates de chacun, le nom de la personne pour laquelle ce grain a été emmagasiné, la date à laquelle il a été reçu et sa quantité. Il devra aussi afficher de suite une copie de tel avis dans quelque endroit bien en vue dans son entrepôt. Ce grain devra être livré sur remise et annulation des reçus. Rien dans ceci ne devra être considéré comme relevant le dit emmagasineur de l'obligation d'exercer une juste attention et vigilance pour préserver ce grain avant ou après le dit avis sur sa condition. Mais ce grain devra être gardé séparément et hors de tout contact avec d'autres grains, et ne devra pas être mêlé à d'autres grains pendant qu'il sera emmagasiné au dit entrepôt. Tout emmagasineur coupable de quelque acte de négligence dont la conséquence est de déprécier la propriété emmagasinée dans l'entrepôt sous son contrôle, devra être tenu responsable d'après la loi commune ou sur la garantie de tel emmagasineur, et en sus de cela, la licence de tel emmagasineur peut être révoquée. Dans le cas où le grain détérioré comme il est expliqué dans cet article ne sera pas enlevé de l'entrepôt par son propriétaire dans le mois suivant la date de l'avis qu'il n'est pas en bonne condition, il sera loisible à l'emmagasineur chez lequel ce grain est emmagasiné de le vendre à l'enchère publique pour le compte du dit propriétaire, après avoir donné un avis public de dix (10) jours par annonce dans un journal (s'il y en a un) publié dans l'endroit où cet entrepôt est placé, ou s'il n'y a pas de journal publié dans tel endroit, alors dans le journal publié le plus près de cet endroit, et aussi après avoir affiché le dit avis dans un endroit bien en vue à son entrepôt pendant les dix (10) jours précédant immédiatement telle vente et après dix (10) jours à compter de l'envoi au propriétaire du grain par lettre chargée, de l'avis désignant l'endroit et la date de telle vente.

Art. 6.—Dans le cas de malentendu entre l'acheteur ou la personne immédiatement en charge du grain ou le recevant à tel entrepôt ou élévateur de campagne, et la personne livrant le grain à tel entrepôt ou élévateur pour emmagasinage ou expédition, au moment de telle livraison, au sujet du vrai type ou du vrai "dockage" pour saleté ou autrement de quelque lot de grain livré, un échantillon, comme moyenne, d'au moins trois pintes du grain en conteste peut être pris par une des parties ou toutes deux et envoyé dans un sac convenable, bien attaché et scellé, frais d'express payés d'avance, à l'inspecteur en chef du grain, lequel envoi sera accompagné de la demande écrite, par l'une des ou toutes deux des parties susmentionnées, que l'inspecteur en chef examine l'envoi et fasse rapport sur le classement et le "dockage" de ce grain, ou tous deux, dans son opinion, tel que ce grain serait apprécié s'il était expédié aux points de terminus et soumis à l'inspection officielle.

Il sera du devoir du dit inspecteur en chef, aussitôt que possible, d'examiner et inspecter le dit échantillon de grain et de déterminer le classement ou "dockage" propres ou tous deux, auxquels ce grain a droit (dans son opinion), et lequel grain de semblable qualité recevrait s'il était expédié à des points de terminus à pleines charges de wagons et soumis à l'inspection officielle.

Aussitôt que le dit inspecteur en chef aura examiné, inspecté le grain et déterminé le classement ou le "dockage" ou tous deux, tel que spécifié plus haut, il devra faire immédiatement par écrit et en triple une déclaration de son opinion et de sa constatation en rapport avec le cas soumis à son jugement et transmettre par le courrier à chacune des parties au dit litige une copie de la dite déclaration de son opinion et de sa constatation, conservant l'original, en même temps que l'échantillon en collection à son bureau.

Les jugement et constatation du dit inspecteur en chef devront être considérés concluants quant au classement ou "dockage" ou tous deux du dit échantillon soumis à son examen, tel que pourvu plus haut, aussi bien que comme preuve définitive du classement ou "dockage" ou des deux, que du grain de même qualité recevrait s'il était expédié à quelque point de terminus et soumis à l'inspection officielle.

Art. 7.—Quand une plainte est faite, par écrit et assermentée, au commissaire d'entrepôt par quelque personne lésée, que la personne exploitant quelque élévateur ou entrepôt de campagne en vertu du présent acte, ne donne pas un poids ou classement juste et équtable ou est coupable de "dockage" excessif pour saleté ou autrement, ou néglige de quelque manière d'exploiter justement, équitablement ou convenablement le dit élévateur ou entrepôt ou se rend coupable de quelque acte de favoritisme, il sera alors du devoir du commissaire d'entrepôt de s'enquérir de ces plaintes et de l'accusation qu'elles contiennent, et à ces fins et dans ce but le commissaire devra avoir pleine autorité pour inspecter et examiner tous les livres, registres et papiers se rapportant aux affaires de tel élévateur ou entrepôt et toutes les balances, machineries, aménagements et appareils qui y sont en usage.

Dans le cas où le dit commissaire constate que la plainte et l'accusation qu'elle contient, ou partie de cette accusation, est fondée, il devra mettre sa décision par écrit et devra servir immédiatement une copie de cette décision, avec avis d'abandonner et de cesser l'erreur et le méfait constatés, à la personne qui s'en rend coupable et contre laquelle la plainte a été portée, et pour assurer prompte justice et compensation à la personne lésée, et si tel délinquant n'abandonne ni ne cesse ses pratiques et ne donne pas la justice et la compensation convenables à la personne lésée, il sera du devoir du dit commissaire de dresser un rapport spécial des faits constatés et établis par l'enquête sur la dite plainte et l'accusation quelle contient ; lequel rapport devra aussi contenir une copie de la décision du dit commissaire à ce sujet adressée au ministère du Revenu de l'Intérieur, qui pourra instituer et pousser au nom du plaignant telles procédures, civiles ou autres, qu'on pourra juger nécessaires et appropriées pour redresser les torts dont plainte a été faite et pour prévenir leur répétition à l'avenir.

Art. 8.—Toute personne, compagnie ou corporation exploitant un entrepôt ou élévateur de campagne régi par le présent acte devra chaque fois et en tout temps que requis par le commissaire d'entrepôt, rendre et fournir par écrit assermenté au dit commissaire, un rapport et un état par item de tous les grains reçus et emmagasinés ou livrés ou expédiés de tel élévateur ou entrepôt au cours de l'année devenue alors la dernière écoulée ; tel état devra spécifier l'espèce, le type, le poids brut et net de tous les grains reçus ou emmagasinés et de tous les grains livrés et expédiés, et devra particulièrement spécifier et énumérer tous les soi-disant surplus ou déficits qui ont pu se produire durant l'année. Les dits état et rapport devront être faits sur des formules et blancs fournis et prescrits par le commissaire d'entrepôt.

Le commissaire peut examiner tout entrepôt et les affaires qui s'y font et la manière de les faire, aux époques qu'il paraîtra à propos au commissaire de l'ordonner, et la propriété, les livres, les registres, les comptes et actes, en autant qu'ils se rapportent à leur situation, opérations ou administration devront, en tous temps durant les heures d'affaires, être sujets à l'examen et inspection du dit commissaire.

Art. 9.—Toute personne, compagnie ou corporation qui est coupable de quelqu'un des délits spécifiés dans le présent acte, ou est coupable de violation de quelqu'un des stipulations y contenues sera, sur condamnation, punie par une amende de pas moins de   et de pas plus de   dollars, et dans le cas où un individu est ainsi condamné, il peut être emprisonné jusqu'à ce que l'amende soit payée ou jusqu'à ce qu'il soit libéré par le cours régulier de la loi ; et dans le cas où une corporation sera ainsi condamnée, l'amende pourra être perçue par exécution, comme les jugements le sont dans les actions civiles, ou les biens de la corporation pourront être séquestrés et être grevés de la dite amende au cours de procédés judiciaires appropriés.

Note.—La clause précédente à être adaptée la loi du Canada.

Art. 10.—La formule suivante pour billets d'achats au comptant, reçus d'emmagasinage à l'entrepôt, reçus d'emmagasinage dans les compartiments spéciaux et reçus d'entrepôts plats, et aucune autre, devra être employée par les propriétaires d'élévateurs et d'entrepôts de campagne.

BILLET POUR LE COMPTANT.

N°.................

Station............................

..............................(Date).

Acheté de..

Net .... boisseaux .... livres ....

type. Espèce de grain...

(Poids net en toutes lettres).

Prix par boisseau $...........comptant total payable $...........(prix total en toutes lettres)...................poids brut............ boisseaux .... livres .... dockage .... boisseaux .... livres .... poids net.................boisseaux............... livres.................

....

Par..................Agent.

RECU D'EMMAGASINAGE.

N°.................

Elévateur (ou entrepôt) de......................

..................Man.................1900.

Reçu en magasin de.....................boisseaux..................livres.

Type......................espèce de grain.....................(poids et type garantis par cet entrepôt) pour être emmagasiné et assuré contre les pertes par le feu aux conditions suivantes:

Le prix pour recevoir, nettoyer, assurer contre les pertes par le feu, manier, emmagasiner pendant 15 jours et expédier le grain est..................cents par boisseau.

(Le loi pourvoit à ce que ce prix ne devra pas excéder................cents par boisseau).

Chaque 30 jours suivants ou partie d'iceux est..........de un cent par boisseau, y compris l'assurance contre les pertes par le feu.

(La loi pourvoit à ce que ce prix ne devra pas excéder.......... de un cent par boisseau).

Sur remise de ce reçu et offre ou paiement des frais ci-dessus s'accumulant jusqu'à la date de la dite remise de ce reçu, les qualité, type et espèce de grain ci-dessus décrits seront livrés dans le temps prescrit par la loi à la personne susnommée ou à son ordre, soit de cet élévateur ou entrepôt, soit si la personne en désire en quantité de pas moins qu'en charges de wagons à quelque entrepôt de terminus dans le district d'inspection du Manitoba sur la même voie de chemin de fer ou une autre ayant raccordement avec, sujet aux frais de fret, de pesage et d'inspection à tel point de terminus, le classement et le poids de tel grain devant être livrés de manière à être conformes au classement et au poids susmentionnés sur inspection et pesage officiels de ce grain à tel point de terminus.

Aucun frais d'emmagasinage ne devra se produire à cet élévateur ou entrepôt après qu'un avis de sept jours a été donné par écrit par le propriétaire du grain à l'emmagasineur de l'expédier de cet élévateur ou entrepôt.

Poids brut.............. boisseaux ....livres. Dockage.......... boisseaux .... livres. Poids net.............boisseaux............ livres. (Poids net en toutes lettres).......................

....

Par..................Agent.

RECU D'EMMAGASINAGE POUR GRAIN MIS DANS UN COMPARTIMENT SPECIAL.

N°.................

Elévateur (ou entrepôt) de.....................

................Man................1900.

Reçu en magasin de.....................boisseaux..................livres. Type..................espèce de grain..................(poids et type garantis par cet entrepôt) pour être emmagasiné et assuré contre les pertes par le feu aux conditions suivantes:

Le prix pour recevoir, nettoyer, assurer contre les pertes par le feu, manier, emmagasiner pendant 15 jours et expédier le grain est..........cents par boisseau.

(La loi pourvoit à ce que ce prix ne devra pas excéder................cents par boisseau).

Chaque 30 jours suivants ou partie d'iceux est..........de un cent par boisseau, y compris l'assurance contre les pertes par le feu.

(La loi pourvoit à ce que ce prix ne devra pas excéder.............de un cent par boisseau.)

Sur remise de ce reçu et offre ou paiement des frais ci-dessus s'accumulant jusqu'à date de la dite remise de ce reçu, les qualité, type et espèce de grain ci-dessus décrits seront livrés dans le temps prescrit par la loi à la personne susmentionnée ou à son ordre, soit de cet élévateur ou entrepôt, soit si la personne en désire en quantité de pas moins qu'en charges de wagons à quelque entrepôt de terminus dans le district d'inspection du Manitoba sur la même voie de chemin de fer ou une autre ayant raccordement avec, sujet aux frais de fret, de pesage et d'inspection à tel point de terminus, le classement et le poids de tel grain devant être livrés de manière à être conformes au classement et au poids susmentionnés sur inspection et pesage officiels de ce grain à tel point de terminus.

Aucun frais d'emmagasinage ne devra se produire à cet élévateur ou entrepôt après qu'un avis de sept jours a été donné par écrit par le propriétaire du grain à l'emmagasineur de l'expédier de cet élévateur ou entrepôt.

Poids brut.............boisseaux.............livres. Dockage...........
boisseaux............livres. Poids net.............boisseaux..........livres.
(Poids net en toutes lettres.)..

....

Par...............Agent.

RECU D'ENTREPOT PLAT.

N°.........................

Entrepôt plat de...................

...............Man.............1900.

Reçu dans le compartiment n°.............de cet entrepôt de...............
boisseaux.............livres. Espèce de grain (poids et identité garantis par cet entrepôt) aux conditions suivantes:

Le prix pour l'usage de tel compartiment pendant cinq jours (y compris un jour pour charger le wagon mais le dimanche non compté) et pour le pesage à l'arrivée et au départ est de.......de un cent par boisseau.

(Le taux maximum permis à ce sujet par la loi étant de.......de un cent par boisseau.)

Cet entrepôt n'assure pas le grain.

Sur remise de ce reçu et paiement ou offre des frais ci-dessus le propriétaire du dit grain aura droit d'avoir ce grain pesé pour lui quand il sera sorti par lui pour l'expédier en wagon.

Tel compartiment est fourni et tel grain est reçu avec l'entente que le propriétaire, dans les cinq jours à partir du temps où le dit compartiment lui a été fourni, y placera et tiendra prêt pour l'expédition et placera sur un wagon une charge de wagon de ce grain. Il est pourvu que si on n'a pas fourni un wagon au propriétaire à la fin du quatrième jour de telle période de cinq jours, la dite période devra s'étendre à vingt-quatre heures après que le wagon aura été fourni.

Si la charge d'un wagon de ce grain n'est pas placée dans le dit compartiment et placée sur le wagon dans le temps ci-dessus mentionné, le grain alors dans le dit compartiment sera chargé sur le wagon par cet entrepôt à un taux additionnel d'une demie de un cent par boisseau et expédié à un élévateur de terminus pour le propriétaire, sujet aux frais de fret, de pesage et d'inspection et à tous les frais de cet entrepôt, y compris la dite demie de un cent additionelle pour le chargement sur le wagon.

....

Par ....Agent.

Dans le cas d'élévateurs ou entrepôts de campagne non munis de nettoyeuse mécanique, le mot "nettoyage" pourra être omis dans les formules ci-lessus de "reçu d'emmagasinage" et de "reçu pour emmagasinage de grain dans un entrepôt spécial".

Pourvu que pour prévoir le cas d'élévateurs ou entrepôts de campagne sur des voies de chemin de fer dont les termini sont en dehors du district d'inspection du Manitoba, le Gouverneur général pourra par ordre en conseil varier la formule ci-dessus pour l'usage dans les élévateurs et entrepôts nommés en dernier lieu afin de permettre l'expédition aux dits termini.

Pourvu que le Gouverneur général en conseil pourra en tout temps faire des changements aux dites formules ou à aucune d'elles et y substituer d'autres formules. L'emploi de toute autre formule que celles qui seront mises en vigueur en l'Intérieur ou tel ministère qu'on jugera à propos, avec son bureau principal à Winnivertu du présent acte ou d'un ordre en conseil est expressément défendu sous peine de confiscation de permis.

Rien dans cet acte ne devra être interprété de façon à empêcher quelqu'un d'acheter ou vendre du grain sur échantillon sans égard au classement.

CEDULE "E."

CONTENANT DES RECOMMANDATIONS RELATIVEMENT A UNE LEGISLATION REMEDIATRICE EN SUS DE CE QUE CONTIENT LA CEDULE D.

COMMISSAIRE D'ENTREPOT.

Qu'il y ait un commissaire d'entrepôt nommé sous le ministère du Revenu de l'Intérieur ou tel ministère qu'on jugera à propos, avec son bureau principal à Winnipeg, dont les devoirs, entre autres, seront :

(*a*) D'exiger que tous les élévateurs, entrepôts et minoteries prennent un permis annuel, l'honoraire étant, disons, de $2.

(*b*) De fixer le montant des garanties à être données par les différents propriétaires et exploiteurs d'élévateurs, moulins et entrepôts plats dans les limites du district d'inspection du Manitoba, ainsi que défini par la cédule de l'acte amendé de l'inspection générale de 1899, 62-3 Vic., ch. 25 (l'acte maintenant pproposé étant limité dans sa portée à la dite inspection du district du Manitoba).

(*c*) D'exiger de toutes personnes ayant ces permis de tenir des livres de formes à être approuvées par le commissaire d'entrepôt et tels que le Gouverneur général en conseil pourra le juger à propos.

(*d*) D'avoir libre accès à tous les édifices licenciés et à tous les livres pendant les heures d'affaires.

(*e*) De recevoir et faire enquête sur toutes les plaintes faites par écrit, sous serment, pour "dockage" excessif, pesage ou classement incorrect, refus où négligence de fournir des wagons dans un délai raisonnable, toutes plaintes de fraudes ou oppression par quelque personne compagnie ou corporation possédant ou exploitant un élévateur, entrepôt, moulin ou chemin de fer.

(*f*) De mettre en vigueur les règles et règlements formulés et d'exercer les pouvoirs tels que donnés par le présent acte.

(*g*) D'accomplir généralement tous les devoirs et d'exercer tous les pouvoirs qui lui sont assignés par arrêté en conseil conformément au présent acte, y compris l'institution de poursuites aux frais du gouvernement chaque fois qu'il considère qu'un cas l'exige.

Que le dit commissaire devrait, pas plus tard que le 1er d'août de chaque année, s'assurer de chaque compagnie de chemin de fer faisant affaire dans le district d'inspection du Manitoba du nombre de wagons, locomotives et autres facilités de transport disponibles pour le déplacement de la récolte de cette année-là. Les compagnies de chemin de fer devraient être obligées par la loi, dans un délai raisonnable à être fixé par l'acte, de fournir un état de tel matériel roulant et autres facilités au commissaire d'entrepôt. Le commissaire d'entrepôt devrait alors faire rapport au commissaire des chemins de fer (s'il en est nommé par les amendements à l'Acte des chemins de fer) ou à tout autre officier que l'acte pourra créer, sur le degré d'efficacité des facilités de transport offertes pour le déplacement de la récolte prochaine.

Il nous est impossible d'offrir un moyen pour forcer les chemins de fer de fournir plus de facilités de transport, si c'est requis par le commissaire d'entrepôt, mais nous sommes d'avis qu'on pourrait établir une législation en vertu de l'Acte des chemins de fer pour obliger les chemins de fer de donner les facilités raisonnables.

Que pendent telle partie de l'année que le commissaire d'entrepôt devra fixer, on devra afficher chaque jour à tous les points d'expédition dans quelque endroit bien visible le prix du blé dur No. 1 à bord des wagons ou des vaisseaux à Fort William.

LES ENTREPOTS EXISTANTS.

Que là où quelque entrepôt ou élévateur a déjà été en opération pour l'emmagasinage ou l'expédition du grain sur quelque point sur la voie d'un chemin de fer dans le district d'inspection du Manitoba, tel élévateur ou entrepôt devra recevoir la permission de continuer ses opérations à tel endroit, ne devra pas être éloigné ou se voir refuser de wagons pour l'expédition du grain, nonobstant le fait que des élévateurs de plus grande ou d'autre capacité seront établis à cet endroit ou pour toute autre raison que la désobéissance à la loi ou ainsi qu'il est specifié plus loin. Mais rien dans cet article ne devra gêner ou rendre nul quelque entente, arrangement ou contrat entre le propriétaire ou le constructeur de tel élévateur ou entrepôt et la compagnie de chemin de fer, sur la foi desquels un emplacement a été loué ou concédé à tel entrepôt ou élévateur.

ENTREPOT PLAT.

Que sur la demande écrite au commissaire d'entrepôt faite par dix agriculteurs demeurant dans les vingt milles d'un point d'expédition, le commissaire d'entrepôt pourra permettre à toute personne ou personnes, en vertu des stipulations du présent acte, d'ériger un entrepôt plat d'une capacité de pas moins de 6,000 boisseaux à tel point d'expédition. Tel entrepôt plat à être érigé sur le terrain de la compagnie de chemin de fer après avoir obtenu l'établissement d'une voie latérale, la compagnie devant être obligée de fournir telle voie latérale sur son terrain, à un endroit d'accès facile, à être approuvé par le commissaire d'entrepôt, à un prix de loyer pas plus élevé que celui demandé aux élévateurs dit "standard". Aucun propriétaire ou exploiteur de tel entrepôt plat ne pourra emmagasiner dans tel entrepôt plat ou en expédier du grain acheté par ou pour lui-même.

Tel entrepôt devra contenir pas moins de six compartiments spéciaux d'une capacité de 1,000 boisseaux chacun, et chaque compartiment devra être marqué d'un numéro particulier.

Le propriétaire de tout entrepôt de ce genre devra à la demande de tout agriculteur désireux d'expédier un wagon de grain, fournira à tel agriculteur un compartiment dans le dit entrepôt aussitôt qu'il y en aura un de disponible. L'octroi de compartiments aux applicants devra être fait dans l'ordre des demandes qui en auront été faites et sans distinction d'aucune sorte. Il ne sera permis à aucun agriculteur d'avoir plus d'un compartiment à la fois à l'exclusion des autres applicants. Les demandes de compartiments devront être faites sur une formule approuvée par le commissaire d'entrepôt et des blancs de formules pour telles demandes devront être fournis aux applicants par l'exploiteur de tel entrepôt plat.

Le tarif maximum pour l'usage d'un compartiment et les services de l'exploiteur d'un entrepôt dans le pesage du grain quand il sera entré et sorti par la personne à laquelle le compartiment est donné, devra être de temps à autre fixé par arrêté en conseil.

Le propriétaire ou exploiteur d'un entrepôt plat devra, immédiatement sur octroi d'un compartiment, demander par écrit sur un blanc approuvé par le commissaire d'entrepôt mais fourni par le dit exploiteur d'entrepôt, à l'officier *ad hoc* de la compagnie de chemin de fer de fournir un wagon à la personne à laquelle tel compartiment a été octroyé, ce temps ne devant pas être plus tard que quatre jours après l'octroi du compartiment.

Le propriétaire et exploiteur de tel entrepôt plat devront donner des garanties et être licenciés de la même manière que les propriétaires d'élévateurs.

Il devra être donné à l'expéditeur pour remplir le dit compartiment et charger sur le wagon cinq jours francs, les dimanches non comptés, et autant de temps qu'il en faudra pour obtenir et charger un wagon de tel compartiment (vingt-quatre heures étant accordées pour tel chargement). Afin d'empêcher les retards dans la retenue des compartiments, nous recommandons que l'acte stipule que si une charge de wagon n'est pas mise dans le dit compartiment et chargée sur le wagon dans les délais mentionnés plus haut, il sera du devoir de l'exploiteur de l'entrepôt de charger sur le wagon le grain dans tel compartiment et de l'expédier pour le propriétaire à un élévateur de terminus sujet aux frais de fret, inspection et pesage au terminus et à tous frais pour usage de tel entrepôt plat, y compris le prix additionnel de une demie de un cent pour tel chargement.

QUANT AUX QUAIS DE CHARGEMENT.

Sur demande écrite faite au commissaire d'entrepôt par dix agriculteurs demeurant dans les 20 milles de quelque point d'expédition et sur approbation du commissaire d'entrepôt, la compagnie de chemin de fer sera obligée de construire un quai de chargement propice au chargement du blé des voitures sur les wagons directement. Tels quais devront avoir une largeur d'au moins 10 pieds et une longueur qui dans chaque cas sera spécifiée par le commissaire, et ce en sus des allonges d'approche à chaque extrémité, et être munie au côté le plus éloigné de la voie d'un garde-fou de pas moins de 3 pieds de haut. L'acte devra stipuler que tels quais pourront être employés pour le chargement ou le déchargement du grain et de toutes sortes de marchandises à titre gratuit.

TEMPS ACCORDE POUR LE CHARGEMENT DES WAGONS.

Que 24 heures seront accordées pour charger un wagon directement des véhicules ou à un entrepôt plat. Ces 24 heures devant être comptées à partir du temps où le wagon sera mis à la disposition de l'expéditeur sur la voie latérale.

Que chaque exploiteur d'un élévateur ou entrepôt devra, à la fin de chaque jour que tel élévateur ou entrepôt est ouvert aux opérations, fournir à l'agent de la station de chemin de fer la plus proche, sur la voie duquel tel entrepôt ou élévateur est situé, un état de la quantité de grain reçu ce jour-là dans tel élévateur ou entrepôt et de la quantité totale de grain emmagasiné dans tel entrepôt ou élévateur à la fin de tel jour.

PENALITES.

Tout personne offrant en vente ou pour emmagasinage du grain dont les divers types ont été sciemment manipulés dans l'intention de tromper les personnes auxquelles ce grain est ainsi offert en vente ou la ou les personnes recevant ce grain pour emmagasinage, quant à la vraie qualité de tel grain, sera passible d'une pénalité.

Il est recommandé ici quant à la pénalité ci-dessus mentionnée et à telles pénalités mentionnées dans la cédule "D" que, en autant que possible, telles pénalités devraient être mises en vigueur par mise en jugement sommaire plutôt que par une pénalité recouvrable par une poursuite devant une cour civile.

Nous comprenons que la rédaction de toutes les clauses pénales peut être plus exactement faite par les greffiers en loi ou les rédacteurs de la Chambre ou des départements que par nous-mêmes.

REGLEMENTS.

Que toutes règles et règlement à être faits conformément au présent acte touchant les rapports entre producteurs, acheteurs, expéditeurs et propriétaires d'entrepôt et d'élévateur (en même temps que ce qui concerne certaines parties du présent acte relativement au commissaire d'entrepôt ou que le Gouverneur général en conseil jugera nécessaire) seront imprimés en caractères raisonnablement gros par le commissaire d'entrepôt et affichés dans un endroit bien en vue dans tout élévateur ou entrepôt licencié par les propriétaires de ces derniers.

CHANGEMENT PROPOSE A L'ACTE D'INSPECTION.

Que dans le cas de blé non nettoyé inspecté dans le district d'inspection du Manitoba, l'inspecteur déclare dans son certificat la proportion de saleté qu'il faut faire disparaître aux termini de façon à nettoyer le grain jusqu'au degré spécifié dans le dit certificat.

CONSTRUCTION DES TAMIS QUAND ILS SONT EMPLOYES POUR LE "DOCKAGE."

Quant à l'épreuve par tamis pour les fins de "dockage", nous recommandons que le tissu métallique employé dans ces tamis ait dix mailles au pouce dans chaque direction et soit fait d'acier fortement étamé du calibre n° 28, chaque tamis devant porter la marque du timbre de Revenu de l'Intérieur. L'emploi de tamis endommagés ou défectueux sera considéré un délit.

PESAGE DU GRAIN.

Que les personnes intéressées dans le pesage du grain auront libre accès aux balances quand ce grain sera pesé. Que les falsifications ou faux rapports volontaires dans le poids du grain tel que pesé et l'emploi de poids dissimulés ou autres de manière à falsifier ou modifier le poids apparent du grain pesé seront des délits punissables par amende ou par la perte du permis ou par les deux.

BALANCES ET POIDS SERVANT A PESER LE GRAIN.

Que toute personne en charge de balances aux entrepôts ou élévateurs de termini ou de campagne qui découvrira qu'elles sont défectueuses devra en faire rapport au peseur en chef, à l'inspecteur des poids et mesures et au propriétaire du dit élévateur. On ne mettra en exploitation aucun élévateur ou entrepôt nouveau avant que les balances soient inspectées et approuvées par les officiers réguliers de l'inspection des poids et mesures.

LE PESEUR EN CHEF.

Que le bureau du peseur en chef créé par le présent acte et celui de l'inspecteur en chef créé par lActe d'inspection générale soient réunis.

MODIFICATION PROPOSEE A L'ACTE DES POIDS ET MESURES.

Que cet acte soit amendé de façon à pourvoir à ce que le propriétaire ou exploiteur d'élévateur ou d'entrepôt dont les poids auront donné lieu à des plaintes ne reçoive pas avis de l'intention d'inspecter ses balances ou de la date où se fera cette inspection, mais que cette inspection devra se faire sans qu'aucun avis préalable lui soit donné.

CEDULE "G".

LA COMMISSION ROYALE SUR L'EXPEDITION ET LE TRANSPORT DU GRAIN.

WINNIPEG, MAN., le 10 janvier 1900.

A Son Honneur E. J. SENKLER,
Président de
La Commission Royale sur l'expédition et le transport du grain,
Winnipeg.

CHER MONSIEUR,—J'ai l'honneur de soumettre à votre honorable commission le rapport suivant sur les enquêtes faites par moi—sur l'ordre de l'honorable Ministre de l'Intérieur—sur des questions se rapportant au transport et au maniement des grains tels que régis par les règlements d'Etat au Minnesota.

Après avoir quitté Winnipeg le 26 décembre avec M. C. N. Bell, le secrétaire (lequel avait également reçu autorité du ministre de l'Intérieur), nous nous dirigeâmes vers Duluth, où l'arrivée eut lieu le matin du 27 décembre. Peu après nous visitâmes la Halle au blé de Duluth, où nous eûmes des entrevues avec les officiers des départements d'inspection et de pesage, à savoir : le premier sous-inspecteur, le peseur en chef et le registraire, qui tous nous montrèrent la plus grande courtoisie et la plus grande attention, et en même temps se donnèrent un mal infini pour nous expliquer par le menu l'administration de leurs départements. Ils nous montrèrent et nous expliquèrent les différents livres, les formules, etc.

Je ne crois pas nécessaire de parler de cela plus longuement, vu que notre département d'inspection a nécessairement un système de comptabilité, de documents, etc., régulièrement approuvé par le ministère du Revenu de l'Intérieur. Je dois cependant profiter de cette occasion pour enregistrer ma cordiale appréciation et celle de mon collègue, M. C. N. Bell, de la courtoisie et de l'attention que ces officiers ci-haut nommés nous ont montrées.

Ayant constaté qu'un grand nombre de fonctionnaires et de particuliers attachés au commerce de grain et que nous désirions voir demeuraient à Saint-Paul et à Minnéapolis, nous nous rendîmes ensuite à Saint-Paul, où nous arrivâmes le 27 décembre.

Le lendemain matin, visite à la Chambre de Commerce de St-Paul, où nous avons interviewé M. R. C. Burdick, surintendant des élévateurs publics de campagne, lequel étant un ancien citoyen de Winnipeg, nous reçut très cordialement. Nous expliquâmes le but de la visite que nous faisions à la ville de Saint-Paul et à lui-même, et M. Burdick nous exprima le désir de nous fournir tous les renseignements désirés. Comme il a été attaché au département d'inspection du grain depuis son origine, nous comprîmes que l'expression de ses vues nous serait d'un grand secours.

Dans le bureau de M. Burdick, nous fûmes rejoints par M. Teisberg, secrétaire de la commission de chemin de fer et d'entrepôt de l'Etat de Minnsota, à la gracieuseté et à la courtoisie duquel nous pûmes recevoir copie des lois et règlements suivants qui régissent le transport et le maniement du grain dans l'Etat du Minnesota :

(1.) "Les lois de l'emmagasinage et du grain" pour l'Etat du Minnesota.

(1.) "Règles et règlements" pour la régie et le contrôle des élévateurs ou entrepôts publics de campagne dans l'Etat du Minnesota.

(3). "Lois concernant la commission des chemins de fer et entrepôts" de l'Etat du Minnesota.

(4). "Amendements aux lois existantes et lois nouvelles."

(5). "Règles et règlements" adoptés par la commission des chemins de fer et d'entrepôts, pour l'administration du département d'inspection du grain, d'emmagasinage et de pesage, et pour la réglementation des élévateurs de termini. M. Burdick ajoute le renseignement suivant relativement aux wagons :

Ls compagnies de chemins de fer accordent aux agriculteurs pour charger leur grain 24 heures avant de les faire payer pour.

Voir art. 77 B, page 8, Lois générales des chemins de fer du Minnesota.

En réponse à la question "Si trois élévateurs et trois agriculteurs commandaient chacun un wagon le même jour au même endroit et qu'il ne serait reçu que trois wagons, comment seraient-ils partagés entre les applicants?" on nous a répondu: "Si les élévateurs n'étaient pas remplis et pouvaient encore acheter du grain, quelques-uns des wagons seraient donnés aux trois agriculteurs, vu que les compagnies de chemins de fer se font une règle de donner aux agriculteurs toutes les chances de charger les wagons."

A la question sur la manière dont la compagnie de chemin de fer pourrait savoir si les élévateurs sont remplis ou non, on nous a dit : " Les élévateurs de campagne sont tenus de faire rapport à l'agent du chemin de fer de la quantité de blé acheté et emmagasiné chaque jour."

Une autre question fut celle-ci : " Si à quelque endroit de la campagne des élévateurs ce qu'on appelle un ordre permanent pour cinq wagons ou plus et qu'il y eut à cet endroit, disons trois élévateurs, l'agriculteur qui voudrait placer son grain directement sur les wagons ne trouverait-il pas impossible de s'en procurer un, vu qu'il y aurait avant lui des commandes pour quinze wagons.

On nous a dit qu'il y avait c àe sujet une règle de chemin de fer, savoir :

" Tous les ordres pour wagons expirent le samedi et doivent être renouvelés le lundi matin."

Maintenant, à propos de quais de chargement : je vous renverrai au chapitre 222, page 6 : " Amendements aux lois existantes."

A PROPOS DU MANQUE DE WAGONS.

On a constaté que dans les régions où deux chemins de fer ou plus existent, leurs compagnies ont l'œil aux affaires et comme conséquence on ne s'est jamais plaint de l'insuffisance de wagons dans ces endroits, mais là où il n'y a qu'une voie ferrée il y a généralement, en automne, qui est la saison d'activité, quelques plaintes de temps en temps à ce sujet. Si on se plaint par écrit à la commission de chemins de fer et d'entrepôt que certain endroit est injustement oublié et mal partagé sous le rapport des wagons, la commission peut après avis écrit à cet effet tenir une enquête, et si le fait est prouvé, ordonner au chemin de fer de fournir immédiatement à cet endroit un nombre raisonnable de wagons.

AU SUJET DES PLAINTES EN RAPPORT AVEC LE " DOCKAGE " EXCESSIF.

Chaque fois que plainte est faite par écrit à la commission des chemins de fer et d'entrepôt par quelque personne lésée que la personne exploitant un entrepôt ou élévateur de campagne en vertu du présent acte a négligé de donner des poids et des classements justes et équitables ou se rend coupable d'exaction dans le " dockage " pour saleté ou autrement, il sera alors du devoir de la commission d'entrepôts et chemins de fer de faire enquête sur la dite plainte, et à cette fin et dans ce but la commission devra avoir plein pouvoir pour inspecter et examiner tous livres, papiers, registres de tel élévateur ou entrepôt, et les balances, machines et appareils qui y sont en usage.

Dans le cas où la commission trouvera que la plainte et l'accusation qu'elle contient sont vraies, elle devra mettre un jugement par écrit avec avis au délinquant d'avoir à cesser et d'indemniser promptement la personne lésée.

En réponse à la question :

'Quelle est la dimension d'un tamis dont on se sert pour évaluer la proportion de saleté dans un échantillon de blé ?" M. Burdick répond : "Un tamis ayant dix ouvertures au pouce possède les dimensions légales. Ce point est régi par règlement d'Etat."

ELEVATEURS ET ENTREPOTS PUBLICS DE CAMPAGNE.

La personne exploitant un de ces entrepôts ou élévateurs devra tenir un état vrai et exact de tout le grain reçu dans tel élévateur ou entrepôt, montrant la date de sa réception, le reçu, le type, le poids brut et le poids net de chaque lot de grain reçu, et un état analogue de tout le grain expédié de tel élévateur ou entrepôt, montrant la date de l'expédition, le numéro et l'initiale du wagon ; aussi le type et le poids brut et le poids net tels qu'établis par le dit département d'inspection et de pesée. Si du grain est reçu à tel élévateur ou entrepôt pour emmagasinage ou expédition, il faut donner chaque fois un reçu d'entrepôt pour chaque lot séparé de grain reçu. Le dit reçu devra porter à sa face le nom du propriétaire, la date de la réception du grain, le type, le poids brut et le poids net de chaque lot de grain mentionné dans le dit reçu. Le dit reçu devra aussi porter à sa face une cédule des frais imposés par la commission pour la réception, l'emmagasinage, le nettoyage et la livraison du grain.

Si un propriétaire demande son grain à un élévateur ou entrepôt où il a été en premier lieu reçu, il aura droit de le recevoir dans les lots et quantités qu'il désirera, ou selon qu'il lui est permis de l'avoir, et la livraison du grain ainsi faite et acceptée devra être considérée comme livraison finale et légale.

Si la livraison est demandée par quelque propriétaire sur une voie de chemin de fer à Saint-Paul, Minnéapolis, Saint-Cloud, Duluth, Little-Falls, Fergus-Falls ou Winona, le dit grain devra être considéré en la possession du dit emmagasineur jusqu'à ce que le type et le "dockage" de tel grain aient été finalement fixés par le département d'inspection d'Etat au dit endroit, quand il pourra être livré au dit propriétaire ou à son ordre. Le dit propriétaire ne devra pas être tenu responsable des frais de garage ou autres encourus pour le dit grain avant sa livraison à lui au point de terminus, excepté les frais d'inspection et de transport sur le poids brut à partir de l'endroit où les reçus originaux ont été accordés jusqu'à l'endroit où la livraison est faite.

Les résultats du classement et des pesées devront être garantis aux points de termini.

L'emmagasineur devra être tenu responsable au propriétaire pour la livraison de l'espèce, du type et de la quantité nette exigés par les dits reçus, moins une marge de 60 livres par charge de wagon pour épandage ou perte sur la route, si tel épandage ou perte s'est produit.

Par règlement du département.

Tout grain emmagasiné pendant plus de vingt-quatre heures est du grain "remmagasiné".

Tous les élévateurs ou entrepôts de campagne devront emmagasiner du blé et un billet d' "emmagasinage" devra être donné.

Nul reçu ou certificat ne devra renfermer de termes limitant ou modifiant de quelque façon la responsabilité de la personne donnant ce reçu ou certificat tel qu'il est prescrit par les lois de cet Etat ; s'il y en a, ils seront nuls et sans effet.

La commission des chemins de fer et d'entrepôt a tracé et établi une "formule" convenable de reçu d'entrepôt qui doit être employée par les propriétaires et exploiteurs d'entrepôts ou élévateurs publics de campagne. *Il est expressément défendu par la loi de se servir d'une autre formule sous peine de pénalité ou de confiscation de permis.*

S'il s'élevait quelque différend entre la personne recevant et la personne livrant le grain à quelque élévateur ou entrepôt de campagne au sujet du type ou du "dockage" pour saleté ou des deux, un échantillon d'au moins trois (3) pintes de grain pourra être pris par l'une des parties intéressées ou par toutes deux et envoyé dans un sac convenable, frais d'express payés d'avance, à l'inspecteur en chef, à Saint-Paul, qui, sur demande, examinera le dit ou les dits échantillons de grain et décidera du classement et du "dockage" de ce grain, au meilleur de son jugement, d'après les règlements d'inspection de l'Etat et ce qui serait décidé s'il était expédié en charges de wagons à des points de terminus et soumis en ces endroits à l'inspection.

Toutes les explications nécessaires doivent accompagner le dit ou les dits échantillons.

Tous les élévateurs ou entrepôts sur une voie ferrée doivent être enregistrés, même s'ils ne disposent que de leur "propre grain", et sont soumis au contrôle et à la surveillance de l'Etat.

L'amende pour l'exploitation sans permis d'un élévateur ou entrepôt sur une voie ferrée est, sur condamnation, de $50 à $100.

Il paraît y avoir beaucoup de mécontentement parmi les propriétaires d'élévateurs publics de campagne en raison du fait que les élévateurs, moulins et entrepôts sur propriété privée mais près d'une voie ferrée et reliés à celle-ci par voie latérale, branche ou voie d'évitement ne sont pas tenus de prendre un permis.

Ces établissements sont appelés élévateurs et entrepôts privés et ne sont pas sous le contrôle de l'Etat, bien que dans la plupart des cas ils fassent les mêmes opérations que les élévateurs et entrepôts publics de campagne.

Les propriétaires ou exploiteurs de tous les élévateurs ou entrepôts publics de campagne devront en tout et n'importe quel temps, quand ils en seront requis par la commission, fournir promptement un rapport et état détaillé et assermenté et sur des blancs qui seront donnés par la commission, montrant la quantité, l'espèce et le type de blé reçu dans tel élévateur ou entrepôt, et la quantité, l'espèce et le type du blé qui en a été expédié, et tous autres faits se rapportant à la nature et condition des dites opérations, selon que pourra le désirer la commission.

Les rapports ainsi fournis montrent le type, le poids brut, le "dockage" et le poids net donnés par les départements d'inspection et de pesage de l'Etat aux élévateurs de terminus, ainsi que le gain ou la perte dans le type tel qu'établi par rapport provenant du département de l'inspection.

Avec ce système de rapports, tel que préparé par M. Burdick, c'est une affaire facile de trouver et de comparer les divers résultats des opérations de la saison à un élévateur ou entrepôt public de campagne avec celles des autres au même endroit. La moyenne du "dockage" et du type à un élévateur de campagne et cette moyenne telle que donnée par l'inspecteur doivent être à peu près semblables de tel point nommé de la campagne, c'est-à-dire :

Si la moyenne du "dockage" à un élévateur de campagne telle qu'établie par le rapport de l'inspecteur des entrepôts et élévateurs publics de campagne était pour les opérations de la saison de 25 onces par boisseau, et que la moyenne établie par l'inspecteur au point terminus était de 25 onces par boisseau, et les types maintenus, cela tendrait à démontrer qu'à cet élévateur en particulier le "dockage" a été absolument correct, étant donné que le grain n'est pas nettoyé aux élévateurs de campagne du Minnesota ou du Dakota.

Si, d'un autre côté, la moyenne du "dockage" à un élévateur public de campagne était de 32 onces et celle établie par les inspecteurs aux termini de 16 onces, et que les types établis par le gérant de l'élévateur de campagne fussent maintenus, il deviendrait alors nécessaire que la commission s'enquière des faits, vu que dans ce cas le "dockage" a été excessif.

Le 9 décembre nous sommes arrivés à Minnéapolis, où, en compagnie de M. Bell, j'ai interrogé plusieurs personnes engagées dans le commerce de grain et les élévateurs, et à l'amabilité desquelles je dois les renseignements suivants :

Il appert qu'aucun élévateur ou entrepôt public de campagne au Minnesota et au Dakota ne fait le nettoyage des grains non plus que le pesage à leur sortie.

L'idée des propriétaires d'élévateurs qui ne permettent pas à leurs acheteurs, à la campagne, de peser le grain à la sortie, a pour but d'agir comme contrôle sur les acheteurs, qui ne peuvent ainsi, par un "dockage" excessif, accumuler un "excédent" ou surplus dans la quantité au delà de ce que les livres de l'élévateur montrent, et, possiblement, si les acheteurs ainsi intentionnés expédient le surplus, soit en leur nom soit au nom d'une autre personne. J'ajouterai que les propriétaires d'élévateurs déclarent que l'envoi de grain des élévateurs publics de campagne tel qu'il a été reçu dans l'élévateur, et que le nettoyage de ce grain aux termini d'après le "dockage" et l'inspection de l'Etat ont été considérés par eux comme le meilleur système.

Les proprietaires d'élévateurs ont déclaré qu'ils avaient pourvu pour leurs acheteurs des avantages de compagnies de garantie. Cela, nous a-t-on dit, est une coutume dans le Minnesota et les deux Dakotas.

Les propriétaires d'entrepôts et d'élévateurs sont aussi [illegible] de donner des garanties à l'Etat, et je puis ajouter que tous des propriétaires [illegible] vons rencontrés se sont déclarés satisfaits de cette obligation.

En terminant mon rapport, je dois de nouveau en mon nom [illegible] de M. C. N. Bell exprimer notre entière appréciation des nombreuses co[illegible] que nous ont montrées tous ceux avec lesquels nous sommes entrés en rela[illegible] à Duluth qu'à St-Paul et Minnéapolis, pour la bonne volonté montrée p[illegible] chacun pour nous donner les renseignements pratiques que nous désirions

J'ai l'honneur d'être, monsie[illegible]

Votre obéissant serviteur,

CHARLES C. CASTLE.

CEDULE "H".

LA COMMISSION ROYALE SUR L'EXPEDITION ET LE TRANSPORT DU GRAIN.

WINNIPEG, 4 janvier 1900.

A l'honorable CLIFFORD SIFTON,
Ministre de l'Intérieur,
Ottawa.

RE LE SYSTEME DES ELEVATEURS AU MINNESOTA, ETC.

MONSIEUR,—Ayant reçu de vous instruction de me rendre à Saint-Paul, Minnéapolis et Duluth et de recueillir des renseignements sur la manière dont les élévateurs de l'intérieur et aux termini dans le Minnesota et le Dakota sont contrôlés et régis par les autorités d'Etat, j'ai l'honneur de faire rapport comme suit :

AUX TERMINI.

1. Tout le grain arrivant à des points de terminus au Minnesota est inspecté et pesé par des officiers de l'Etat.

2. On a droit d'en appeler de l'inspection de ces officiers inspecteurs en matière de classement à un bureau d'appel, un bureau séparé existant pour Duluth et Minnéapolis. Chaque bureau est composé de trois membres recevant chacun $2,000 par année. J'ai appris du président du bureau de Minnéapolis qu'il n'avait été porté que trois appels à son bureau durant la saison courante.

3. Les officiers de l'Etat chargés des balances pèsent tout le grain qui arrive à un élévateur de terminus ou en sort et donnent des certificats du poids de chaque consignation et expédition, et grâce à un très complet système de comptabilité ils ont un complet registre montrant les opérations de chaque jour aux différents élévateurs et la quantité totale de grain en main à la clôture de chaque jour dans tout le district du terminus.

4. Le système d'inspection suivi exige que l'officier inspecteur qui classe quelque charge de wagon devra, si le grain a besoin d'être nettoyé, déclarer sur son certificat le poids exact de saletés ou matières étrangères qu'il faut enlever de telle charge de wagon pour arriver au type défini dans son certificat, et les gens de l'élévateur doivent enlever du grain la quantité exacte de ces matières étrangères.

[illegible] A L'INTERIEUR.

1. To[illegible] [illegible]teurs ou entrepôts sur des voies ferrées doivent obtenir de la commission [illegible] de fer et des entrepôts de l'Etat un permis pour exercer leur industrie, et [illegible] place sous les règlements qui peuvent être imposés par une loi ou par des [illegible] par les commissaires. Le prix du permis est de $1 par année. Dans le Mi[illegible] ce département est [a]dministré par un officier et un aide qui voyage. L'hono[illegible] perçu ne suffit pas à payer les frais d'administration, le déficit étant comblé par [illegible] fond du département d'inspection générale et de pesée. Dans ces dits élévateurs ou entrepôts des livres d'une forme prescrite doivent être tenus ; ces livres montrent tous les arrivages de tous les différents types de grain tels que classés par l'acheteur lui-même, le poids de chaque lot reçu ainsi que le "dockage" déduit de chaque lot et l'état de toutes les expéditions donnant les numéros des wagons, la destination, les dates, etc. Les officiers de la commission peuvent exiger de chaque emmagasineur un état donnant des détails sur les transactions faites à son élévateur ou entrepôt, et ces officiers peuvent ouvrir et examiner les livres de tout entrepôt autorisé quand ils le désirent, et si les règlements imposés par le permis ne sont pas observés à la satisfaction de la commission le dit permis peut être révoqué, et de toute nécessité empêche toutes autres opérations d'être faites à tel entrepôt ou élévateur ainsi affecté.

2 Dans le Dakota-Nord et dans le Minnesota, je crois, si la commission le veut elle peut exiger des personnes exploitant un élévateur ou entrepôt qu'elles donnent une garantie à l'Etat pour la sécurité des agriculteurs et autres emmagasinant du grain dans le dit élévateur ou entrepôt.

3. En pratique si une personne désire établir un entrepôt ou élévateur de quelque sorte que ce soit sur une voie ferrée et que la compagnie refuse de le lui permettre, il peut en appeler à la commission, qui s'informe des circonstances se rapportant au cas, et si elle considère qu'il est dans l'intérêt public que la requête soit accordée, elle ordonne à la compagnie d'acquiescer à la requête. Les officiers m'ont appris que plusieurs demandes de permission d'établir des élévateurs ou entrepôts sur des terrains de chemin de fer n'ont pas été accordées dans des cas où la commission, après enquête, [illegible]nstaté que la capacité d'emmagasinage de la localité était aussi forte que la situ[illegible]n la rendait nécessaire.

4. Les entrepôts plats sont permis par la loi, mais, comme question de fait, peu—si toutefois il y en a—sont maintenant construits dans les endroits où il y a des élévateurs, vu qu'ils ne peuvent pas soutenir la concurrence avec les élévateurs de construction moderne. Si un entrepôt plat est construit, on doit obtenir un permis pour y faire des affaires, et des garanties doivent être données pour la sécurité des gens qui y mettent leur blé, tou[illegible] comme s'il s'agissait d'un élévateur ordinaire.

5. Un quai [illegible] le grain peut être déchargé des voitures des agriculteurs dans les wagons doit être fourni par les compagnies de chemins de fer quand ces wagons sont demandés par un nombre raisonnable de personnes, et la commission

prend en considération toutes les demandes de tels quais rejetés par les compagnies de chemin de fer et agit pratiquement comme arbitre entre les parties intéressées, et dans ce cas sa décision est finale. On m'appris que le nombre de quais ainsi demandés aux compagnies de chemin de fer a été comparativement restreint, et l'inspecteur en chef de grain de l'Etat du Minnesota aussi bien que l'officier en charge du bureau des permis m'ont positivement assuré que pas plus de cinq pour cent du grain provenant de localités rurales étaient chargés directement des voitures d'été ou d'hiver des agriculteurs sur les wagons.

6. La commission exige qu'un billet d'emmagasinage soit donné pour tout grain emmagasiné dans un entrepôt autorisé pendant plus de 24 heures, et qu'un blanc régulier de billet d'emmagasinage tel que préparé par la commission soit employé par tout emmagasineur de grain qui donne de tels billets. Ce billet garantit à la personne qui fait emmagasiner une remise d'un grain de la même qualité et du même poids que spécifie le billet, soit à lui-même, soit à son ordre, de l'entrepôt ou élévateur original, ou bien, si le propriétaire du grain le désire, en quantités de pas moins d'une charge de wagon sur la même voie ferrée à n'importe quel point de terminus dans les limites de l'Etat désigné par le dit propriétaire là où l'inspection et le pesage sous la contrôle de l'Etat sont en vigueur, sujet aux frais de fret, inspection et pesage. Le billet doit aussi mentioner le poids brut, le " dockage " et le poids net.

7. Un meunier ou tout autre propriétaire d'élévateur qui a son établissement sur un terrain de chemin de fer pour la seule fin d'emmagasiner son propre grain doit tenir un registre montrant quel classemont il a donné au grain en le recevant des agriculteurs ou d'autres, le " dockage " et les poids, ainsi que les expéditions faites, etc., tout comme s'il emmagasinait du grain pour le compte d'autrui.

8. Dans le Minnesota et le Dakota les appareils de nettoyage sont pratiquement inconnus. Le grain est expédié aux termini exactement dans la condition dans laquelle il est reçu des agriculteurs, et tout le nettoyage est fait aux élévateurs de termini d'après les instructions des inspecteurs et peseurs officiels. Les principaux officiers de la commission et les propriétaires d'élévateurs des deux Etats m'ont déclaré que toute leur expérience prouve que c'était là le meilleur système de manier le grain, et qu'il y aurait chance de frauder si le grain était nettoyé aux localités rurales par les gens d'élévateurs, et que le vrai système était que tout le grain fût nettoyé aux termini par des gens nommés par l'Etat, même si l'on devait payer le fret pour les matières étrangères à partir du point de départ.

9. Dans les cas où une contestation surgit entre l'acheteur et le vendeur dans une localité rurale au sujet de la quantité de " dockage " à réduire pour cause de matières étrangères dans le grain, il est obligatoire pour l'acheteur de faire une épreuve sérieuse au sujet de ces matières étrangères contenues dans un échantillon du grain en conteste, en se servant d'un tamis qui a dix mailles au pouce linéaire. Si on ne peut régler la difficulté de cette manière, ou s'il s'en élève à propos du classement du grain, l'une des parties intéressées ou toutes deux peuvent prendre un échantillon de pas moins de trois pintes du grain en conteste et l'envoyer dans un sac convenable, frais d'envoi payés d'avance, à l'inspecteur en chef, qui examinera le grain et décidera du classement ou " dockage " auquel ce grain a droit dans son jugement et opinion d'après les règles d'inspection de l'Etat.

10. Les propriétaires d'élévateurs doivent chaque jour faire rapport à l'agent de chemin de fer à leur station de la quantité de grain dans leur élévateur à cet endroit.

11. Le grain doit être reçu dans un élévateur tant qu'il y reste de l'espace pour en emmagasiner.

Je désire qu'il me soit permis d'annexer à ce rapport, pour votre information, une copie de chacune des lois concernant la commission de chemins de fer et d'entrepôts de l'Etat du Minnesota et des lois sur les entrepôts et le grain dans l'Etat du Minnesota, avec tous les amendments jusqu'à ce jour, ainsi qu'une brochure renfermant les règles et règlements adoptés par la commission des chemins de fer et entrepôts dans certains départements, et enfin, une carte contenant les règles et règlements pour l'administration et le contrôle des élévateurs et entrepôts publics de campagne dans l'Etat du Minnesota.

Je dirai en terminant que j'ai recueilli dans les Etats visités nombre de détails moins considérables sur le système d'inspection, de pesage et de permis qui a vigueur au Minnesota et dans le Dakota, détails qui seront précieux pour notre commission rcyale siégeant en ce moment pour s'enquérir de tout ce qui se rapporte à l'expédition et au thansport du grain, et que je soumettrai aux commissaires.

J'ai l'honneur d'être, monsieur,

Votre obéissant serviteur,

CHAS. N. BELL,
Secrétaire.

RÉPONSE

(87)

A une adresse de la CHAMBRE DES COMMUNES du 19 mars 1900, demandant la production de copies de la correspondance, des dépêches télégraphiques et des rapports échangés entre le gouvernement fédéral et le gouvernement provincial de la Colombie-Britannique ou leurs agents, depuis le 1er juin 1899, au sujet de la législation anti-chinoise et anti-japonaise.

R. W. SCOTT,
Secrétaire d'État.

(Le consul impérial du Japon au Gouverneur général.)

VANCOUVER, 9 février 1899.

(Dépêche télégraphique.)

Au nom du gouvernement impérial du Japon, je prends respectueusement la liberté de protester contre la législation rendue ou qu'on est en voie de rendre pendant la présente session de la législature de la Colombie-Britannique, tendant à prohiber l'emploi d'ouvriers japonais dans les mines ou autres travaux autorisés par les lois provinciales. Je fais respectueusement les mêmes objections à cette législation que j'ai eu l'honneur de formuler à l'égard d'une législation similaire de la dernière session, et prie Votre Excellence de bien vouloir la désavouer. Une dépêche par le courrier confirmera la présente.

SHIMIZU,
Consul impérial du Japon.

VANCOUVER, 9 février 1899.

A Son Excellence
le Gouverneur général du Canada,
Ottawa,

VOTRE EXCELLENCE,—Au nom du gouvernement de Sa Majesté l'empereur du Japon, j'ai l'honneur d'attirer l'attention de Votre Excellence sur un paragraphe du discours de Son Honneur le lieutenant-gouverneur de la Colombie-Britannique prononcé à l'ouverture de la présente session de l'Assemblée législative de cette province disant que "pour mieux protéger les mineurs des houillères il vous sera présenté un bill ayant pour objet de prohiber l'emploi de Japonais dans les souterrains de ces houillères". Je désire aussi attirer l'attention de Votre Excellence sur le bill numéro 43, qui a pour titre "An Act to amend the Coal Mines Regulations Act", qui a été récemment présenté, apparemment en conformité de ce qu'avait annoncé le paragraphe ci-dessus cité, par l'honorable président du Conseil à l'Assemblée législative de la province, et adopté par cette assemblée le 8 du présent mois; aussi sur les différents projets de lois d'intérêt privé qui sont en ce moment devant la Chambre et qui contiennent des dispositions prohibant l'emploi de Japonais dans les ouvrages autorisés par ces lois. Je vous demande respectueusement la permission de vous mettre sous ce pli des exemplaires du bill n° 43 et des bills d'intérêt privé dont je parle ci-dessus.

Et alléguant contre cette législation les mêmes objections que j'ai eu l'honneur de formuler à l'égard de la législation similaire de la dernière session, je prie avec respect Votre Excellence de bien vouloir la désavouer.

J'ai l'honneur, etc.,
Le consul de S. M. I. du Japon,
S. SHIMIZU.

LÉGATION JAPONAISE,
18 février 1899.

Le Très honorable
Marquis de Salisbury,
Chevalier de la Jarretière.

M. LE MARQUIS,—Le consul japonais à Vancouver m'a rapporté que la législature de la province de la Colombie-Britannique a récemment adopté, à la demande du gouvernement provincial, un bill intitulé "Coal Mines Regulations Amendment Act". Je n'ai pas les détails du bill, mais on m'informe qu'il a été fait pour empêcher l'emploi d'ouvriers japonais dans les souterrains des houillères, et ce serait ainsi un nouvel exemple d'hostilité contre les sujets japonais dans cette province.

Plusieurs bills de même nature adoptés, l'année dernière, par la législature de cette province, ont fait le sujet d'une correspondance échangée entre Votre Seigneurie et moi-même, et tandis que mon gouvernement est profondément sensible à la sollicitude avec laquelle le gouvernement de Sa Majesté britannique et, à sa demande, le gouvernement du Canada se sont occupés de la question, je me trouve forcé par cette nouvelles mesure prise par le gouvernement de la Colombie-Britannique d'attirer de nouveau sur le sujet l'attention du gouvernemnt de Sa Majesté britannique.

Les objections qu'a formulées le gouvernement impérial contre la législation de l'année dernière, s'appliquent sous tous les rapports à celle que je vous signale aujourd'hui. Aussi, sans répéter les raisons exposées contre pareille législation dans la lettre que j'ai eu l'honneur d'adresser à Votre Seigneurie le 3 août 1898, je prends la liberté d'attirer votre attention sur la chose, et de prier votre gouvernement de suivre de nouveau en la matière la même ligne de conduite éclairée qu'il a adoptée à l'égard de la législation de l'an dernier, en l'assurant avec confiance que pareille politique ne pourra manquer d'augmenter les bons rapports existant entre le Japon et le Canada.

J'ai l'honneur, etc.,
KATO.

CONSULAT DE SA MAJESTÉ IMPÉRIALE DU JAPON POUR LE CANADA,
VANCOUVER, 26 février 1899.

A Son Excellence
le Gouverneur général du Canada,
Ottawa.

VOTRE EXCELLENCE,—En sus des représentations que j'ai eu l'honneur de formuler contre la législation de la province de la Colombie-Britannique tendant à l'exclusion de l'ouvrier japonais dans certaines entreprises, je vous demande respectueusement la permission d'attirer particulièrement l'attention de Votre Excellence sur le bill n° 60, intitulé "A n Act respecting Liquor Licenses", dans lequel les sujets japonais sont inclus parmi ceux qui sont déclarés inhabiles à être licenciés pour le débit des boissons (*voir* les articles 22, 23 et particulièrement l'article 36 du bill n° 60). Ce bill a été présenté par l'honorable procureur général de la province et adopté le 25 du courant. A ce bill ainsi qu'à d'autres bills similaires adoptés à la fin de la session, Son Honneur le lieutenant-gouverneur de la province a donné sa sanction hier.

Votre Excellence observera que la différenciation que comporte le bill n° 60 est un pas de plus que ne faisait la mesure précédente au détriment de l'ouvrier japonais, attendu que ce bill assujettit encore les sujets japonais à des restrictions en matière de commerce. On peut aussi en conclure, je crois, que ces mesures anti-japonaises ne s'arrêteront pas là dans cette province, à moins qu'il plaise aux autorités supérieures d'exercer leurs attributions.

Je prends donc la liberté de réitérer avec nouvelle instance ma prière à Votre Excellence de bien vouloir prendre souci de cette législation et de la désavouer.

Je profite de cette occasion pour renouveler à Votre Excellence l'assurance de ma plus haute considération.

Le consul de S. M. I. du Japon,
S. SHIMIZU.

(M. Chamberlain à lord Minto.)

DOWNING-STREET, 8 mars 1899.

Le Gouverneur général,
etc., etc., etc.

MILORD,—A propos de votre dépêche n° 1, du 3 janvier, dans laquelle vous transmettez copie d'une minute approuvée du Conseil privé du Canada accompagnée d'un rapport du ministre de la Justice sur la législation anti-japonaise rendue dans le cours de la dernière session de la législature de la Colombie-Britannique, j'ai l'honneur de vous transmettre, pour être communiquée à vos ministres, copie d'une nouvelles note du marquis accrédité auprès de cette cour, attirant l'attention sur un bill passé dans le cours de la présente session de la même législature, et intitulé "Coal Mines Regulations Amendment Bill".

2. Monsieur Kato dit que l'objet de ce bill est d'empêcher l'emploi d'ouvriers japonais dans les souterrains houillers, et il exprime l'espoir que le gouvernement de Sa Majesté poursuivra la politique adoptée à l'égard de la législation de l'année dernière.

3. Le gouvernement de Sa Majesté sera bien aise si vos ministres s'occupent de ce bill avec ceux auxquels son attention a déjà été attirée.

J'ai l'honneur, etc.,
J. CHAMBERLAIN.

(M. Chamberlain à lord Minto.)

DOWNING-STREET, 23 mars 1899.

Le Gouverneur général,
etc., etc., etc.

MILORD,—J'ai l'honneur d'accuser réception de votre dépêche n° 40 du 27 février, dans laquelle vous envoyez copie d'une lettre du consul japonais à Vancouver, dans laquelle il attire l'attention sur certaines mesures prises par l'Assemblée législative de la Colombie-Britannique dans le cours de la présente session, prohibant l'emploi des Japonais, et il renouvelle à l'égard de ces mesures les objections qu'il a déjà fait valoir à l'encontre de législation similaire.

2. Le gouvernement de Sa Majesté regrette beaucoup que le gouvernement et la législature de la Colombie-Britannique adoptent une politique justement regardée comme offensante par une puissance amie, et il espère que vos ministres pourront prendre des mesures pour annuler les dispositions législatives qui présentent pareilles objections, et y substituer une législation qui, tout en assurant l'exclusion désirée des immigrants dont on ne veut pas la présence dans le pays, arrivera à ce résultat au moyen de conditions générales du genre de celles que je suggère dans ma dépêche n° 214 du 20 juillet 1898. Quoi qu'il en soit, le gouvernement de Sa Majesté regrette vivement que l'on adopte une législation exceptionnelle au détriment des Japonais qui sont déjà dans la province.

J'ai l'honneur, etc.,

J. CHAMBERLAIN.

(M. Chamberlain à lord Minto.)

DOWNING-STREET, 4 avril 1899.

Le Gouverneur général,
etc., etc., etc.

MILORD,—J'ai l'honneur d'accuser réception de votre dépêche n° 46 du 9 du mois dernier, accompagnée d'une lettre du consul du Japon à Vancouver, sur le sujet de la loi de 1899 de la Colombie-Britannique relative aux licences pour le débit des boissons. En réponse j'ai l'honneur de vous reporter à ma dépêche n° 58 du 23 du mois dernier au sujet de législation similaire adoptée par la législature de la province.

J'ai l'honneur, etc.,

J. CHAMBERLAIN.

(M. Chamberlain à lord Minto.)

DOWNING-STREET, 2 mai 1899.

Le Gouverneur général,
etc., etc., etc.

MILORD,—J'ai l'honneur de vous prier d'être assez bon pour informer vos ministres que le ministre japonais à cette cour a adressé au gouvernement de Sa Majesté une lettre dans laquelle il se plaint de l' "Act Respecting Liquor Licences", récemment rendu par la législature de la Colombie-Britannique, dont votre dépêche n° 46 du 9 mars contenait une copie.

2. Le gouvernement de Sa Majesté ne peut guère supposer qu'il y ait besoin bien pressant d'une loi destinée à empêcher qu'on accorde de licence pour le débit des boissons à des sujets japonais dans la Colombie-Britannique, et les objections qui ont été formulées à l'égard des autres actes de la législature provinciale qui ont récemment fait l'objet de correspondance s'appliquent également à la loi en question.

3. Le gouvernement de Sa Majesté sera donc bien aise si vos ministres s'occupent de cette loi avec celles auxquelles son attention a déjà été attirée.

J'ai l'honneur, etc.,

J. CHAMBERLAIN.

14 décembre 1899.

Le comité du Conseil privé a examiné un rapport ci-annexé, en date du 14 novembre 1899, de la part du ministre de la Justice, sur les statuts de l'Assemblée législative de la province de la Colombie-Britannique, rendus dans la soixante-deuxième année du règne de Sa Majesté 1899, et reçus par le secrétaire d'Etat du Canada le 27 avril 1899.

Le ministre représente qu'à l'exception des statuts mentionnés comme étant au détriment des Japonais, et du chapitre 50 intitulé "An Act to amend the Placer Mining Act", ces statuts, pour les raisons mentionnées au dit rapport, peuvent avoir leur cours. Quant aux statuts ainsi exceptés, il pourra être nécessaire d'en faire le sujet d'un nouveau rapport après correspondance avec le gouvernement provincial.

Le comité approuvant la recommandation du ministre de la Justice, recommande qu'une copie certifiée de la présente minute, si elle est approuvée, ainsi qu'une copie du rapport annexé soient transmises au lieutenant-gouverneur de la province de la Colombie-Britannique, pour la gouverne de ses ministres, et que le lieutenant-gouverneur soit prié de répondre aussitôt que possible aux parties du rapport qui sont de nature à appeler une réponse.

JOHN J. McGEE,
Greffier du Conseil privé.

MINISTÈRE DE LA JUSTICE,
OTTAWA, 14 décembre 1899.

A Son Excellence
le Gouverneur général en conseil.

Le soussigné a examiné les statuts de l'Assemblée législative de la province de la Colombie-Britannique rendus dans le soixante-deuxième année du règne de Sa Majesté, 1899, et reçus par le secrétaire d'Etat le 27 avril, et est d'avis que ces statuts peuvent être laissés avoir leur cours sans commentaire à l'exception des suivants :—

Le chapitre 16, "An Act to amend the Constitution Act".—L'article 2 de ce statut modifie l'article 9 du chapitre 47 des statuts revisés de la Colombie-Britannique 1897, en y ajoutant un sous-article à l'effet que l'article modifié soit interprété comme comprenant le pouvoir de commuer et de remettre les sentences pour délits en contravention des lois de la province ou pour délits auxquels s'étend l'autorité législative de la province.

Le soussigné est d'avis que cette loi peut être laissée à son cours, mais à ce sujet désire appeler l'attention sur les observations de sir Oliver Mowat en sa qualité de ministre de la Justice, dans son rapport du 16 octobre 1896 (approuvé par Son Excellence en conseil le 13 novembre 1896) sur le chapitre 1er des statuts de la Nouvelle-Ecosse de 1896, lequel contenait une disposition à peu près la même que celle dont il est ici question.

Le chapitre 39, "An Act respecting Liquor Licences".—L'article 36 de cette loi porte qu'il ne sera donné ou transféré aucune licence autorisée que la dite loi à une personne de race indienne, chinoise ou japonaise.

Le chapitre 44, "An Act to grant a subsidy to a railway from Midway to Penticton".—L'article 6 de ce chapitre porte que nulle personne de race chinoise ou japonaise ne sera employée ni ne pourra travailler à la construction ou à l'exploitation d'un chemin de fer subventionné par le dit statut sous une peine déterminée.

Le chapitre 46, "An Act to amend 'The Coal Mines Regulation Act'".—Ce statut modifie le chapitre 138 des statuts revisés de la Colombie-Britannique par l'insertion du mot "japonais" après le mot "chinois" dans les articles 4 et 12 du statut modifié.

Le chapitre 78, "An Act to incorporate 'The Ashcroft Water, Electric and Improvement Company'".

Le chapitre 79, "An Act to incorporate 'The Atlin Short Line Railway and Navigation Company'".

Le chapitre 80, "An Act to incorporate 'The Atlin Southern Railway Company'".

Le chapitre 81, "An Act to incorporate 'The Big Bend Transportation Company (Limited)'".

Le chapitre 83, "An Act to incorporate 'The Kamloops and Atlin Railway Company'".

Le chapitre 84, "An Act to amend 'The Kitimaat Railway Act, 1898'".

Le chapitre 85, "An Act to amend 'The Kootenay and North-West Railway Company's Act, 1898'".

Le chapitre 86, "An Act to amend 'The North Star and Arrow Lake Railway Act, 1898'".

Le chapitre 87, "An Act to incorporate 'The Pine Creek Flume Company (Limited)'".

Le chapitre 88, "An Act to incorporate 'The South Kootenay Railway Company'".

Le chapitre 89, "An Act to incorporate 'The Vancouver, Northern and Yukon Railway Company'".

Chacun de ces statuts contient une disposition à l'effet d'empêcher l'emploi de Chinois et de Japonais par la compagnie.

Pour les raisons exposées dans la correspondance qui a été échangée entre le gouvernement de Votre Excellence et le gouvernement de la Colombie-Britannique au sujet des statuts de cette province pour l'année 1898, et dans les arrêtés de l'exécution au sujet de ces statuts, le soussigné est d'avis qu'il ne serait pas bon de laisser subsister les dispositions de ces statuts relatives aux Japonais. Vu l'attitude prise par le gouvernement de Votre Excellence à l'égard des statuts de 1898 qui contenaient des dispositions similaires, et les raisons qui ont alors influencé le gouvernement de Votre Excellence et qui ont encore tout leur poids, le soussigné espère que lorsque l'attention du gouvernement de la Colombie-Britannique aura été attirée sur la chose, ce gouvernement conviendra de faire modifier ces statuts et abroger les articles préjudiciables aux Japonais.

Le soussigné est d'avis qu'on devrait demander au gouvernement de la Colombie-Britannique de s'occuper de la question et de déclarer si ces statuts seront aussi modifiés dans les limites du délai prescrit pour le désaveu. En attendant le soussigné ne recommande rien de plus au sujet des statuts en question.

Il serait à propos de dire que le gouvernement de Votre Excellence a reçu des dépêches du principal secrétaire d'Etat pour les colonies et du consul de Sa Majesté impériale du Japon à Vancouver. Copies de ces dépêches accompagnent le présent rapport et devraient, selon le soussigné, être envoyées comme faisant partie de la dépêche dont le soussigné recommande l'envoi à la législature provinciale.

Le chapitre 43, "An Act to amend 'The Master and Servant Act'".

Ce statut porte que toute convention ou marché qui pourra être fait entre toute personne ne résidant pas dans la Colombie-Britannique pour l'exécution de travaux ou l'accomplissement d'un service ou se rapportant à l'exécution de travaux ou l'accomplissement d'un service de pareille personne dans la province de la Colombie-Britannique et qui datera d'une époque antérieure à l'immigration ou à l'arrivée dans la Colombie-Britannique de la personne ainsi engagée sera nul et de nul effet contre la personne immigrant ou arrivant dans ces conditions.

Le statut porte une disposition soustrayant l'ouvrier dans certaines circonstances à l'effet de cette loi.

Le soussigné doute qu'il soit du ressort d'une législature provinciale de rendre une loi de cette nature, attendu qu'elle paraît empiéter directement sur le domaine de la réglementation du commerce.

Le soussigné ne recommande pas pour cela le désaveu de ce statut.

Le chapitre 50, "An Act to amend 'The Placer Mining Act'".

Il a été soumis au soussigné copie d'uen dépêche de l'ambassadeur britannique à Washington à Votre Excellence, transmettant une note reçue du secrétaire d'Etat des Etats-Unis accompagnée d'une pétition au président des Etats-Unis de la part des citoyens des Etats-Unis résidant dans la région de l'Atlin, dans la Colombie-Britannique, dans laquelle ceux-ci se plaignent que l'effet de ce statut est très préjudiciable à leurs intérêts. L'ambassadeur britannique dit que M. Hay suggère que la pétition soit communiquée au gouvernement de Votre Excellence sans pour cela soulever aucune question relativement à l'effet général de la législation dont il s'agit. Le soussigné a formellement placé devant Votre Excellence copies de la dépêche et de son contenu, et Votre Excellence a bien voulu, le 2 mai dernier, approuver la recommandation du soussigné à l'effet que copies de ces documents fussent envoyées au lieutenant-gouverneur de la Colombie-Britannique, avec prière de faire connaître ce qu'il aurait à dire, avant que le gouvernement de Votre Excellence poussât plus loin l'examen de la question, et que l'on informât l'ambassadeur britannique de ce qui aurait été fait, en attendant. De bonne heure en mai dernier les documents dont la communication au lieutenant-gouverneur de la Colombie-Britannique avait été recommandée ont été adressés à ce dernier, d'après ce qu'on a rapporté au soussigné, mais il n'a pas été reçu de réponse.

Le soussigné maintenant recommande que la chose soit de nouveau portée à l'attention du lieutenant-gouverneur, avec prière de répondre aussitôt que possible.

Les chapitres suivants qui ont déjà été mentionnés présentent aussi une autre objection, savoir:—

Le chapitre 79, "An Act to incorporate 'The Atlin Short Line Railway and Navigation Company'".

Le chapitre 80, "An Act to incorporate 'The Atlin Southern Railway Company'".

Le chapitre 83, "An Act to incorporate 'The Kamloops and Atlin Railway Company'".

Le chapitre 84, "An Act to amend 'The Kitimaat Railway Act, 1898'"

Le chapitre 85, "An Act to amend 'The Kootenay and North-west Railway Company's Act, 1898'"

Le chapitre 86, "An Act to amend 'The North Star and Arrow Lake Railway Act, 1898'".

Le chapitre 88, "An Act to incorporate "The South Kootenay Railway Company'".

Le chapitre 89, "An Act to incorporate 'The Vancouver, Northern and Yukon Railway Company''.

Ces statuts sont des actes de constitution de compagnies de chemins de fer, et chacun d'eux porte que si jamais le parlement du Canada déclare que le chemin en question est une entreprise d'avantage général pour le Canada, toutes les attributions et privilèges accordés par la loi constitutive ou par le "British Columbia Railway Act", prendront fin.

Le soussigné conçoit qu'il est des cas où le parlement canadien peut à bon droit déclarer comme d'avantage général un chemin de fer qui autrement ressortirait exclusivement à l'autorité d'une province, et que la constitution entend que par l'effet de pareille déclaration l'entreprise cesse d'être du ressort de l'autorité législative de la province et tombe dans le domaine exclusif des attributions du parlement. La chose étant ainsi le soussigné est d'avis qu'il est hors de la compétence d'une législature provinciale de statuer sur ce qui aura lieu dans le cas ou le parlement exercera son autorité constitutionnelle, attendu que par le résultat de cet exercice la matière échappe aux attributions provinciales. Les articles en question ne conviennent donc pas mais sont sans effet. S'il était possible qu'ils en eussent, le parlement, en déclarant l'entreprise comme d'avantage général pour le Canada, pourrait, en chaque cas, faire renaître ou confirmer ces mêmes dispositions dont la législature a décrété la fin.

Le chapitre 82, "An Act to incorporate "The Chartered Commercial Company of Vancouver'".

Ainsi qu'exposés dans l'article 2, quelques-uns des objets de cette compagnie paraissent se rattacher plutôt au commerce de banque qu'à toute autre matière du domaine législatif de la province. Le soussigné remarque, cependant, que l'article 17 porte que rien dans le statut n'autorise ni ne saurait être interprété comme autorisant la compagnie de s'occuper du commerce de banque, d'assurance ou de la construction de chemins de fer. La limitation ainsi formulée épargne au soussigné de se prononcer sur la question de désavouer ce statut comme il serait autrement obligé de faire.

A l'exception des statuts mentionnés comme préjudiciables aux Japonais et du chapitre 50, "An Act to amend the Placer Mining Act", le soussigné est d'avis que pour les raisons mentionnées ci-dessus les statuts peuvent avoir leur cours. Quant aux statuts ainsi exceptés, il pourra être nécessaire d'en faire le sujet d'un nouveau rapport après correspondance avec le gouvernement provincial.

Le soussigné recommande qu'une copie du présent rapport, s'il est approuvé, soit transmise au lieutenant-gouverneur de la Colombie-Britannique pour la gouverne de ses ministres, et que le lieutenant-gouverneur soit prié de répondre aussitôt que possible aux parties du rapport qui sont de nature à appeler une réponse.

Respectueusement soumis,
DAVID MILLS,
Ministre de la Justice.

OTTAWA, 20 décembre 1899.

Son Honneur,
le Lieutenant-Gouverneur de la Colombie-Britannique,
Victoria.

MONSIEUR,—J'ai l'honneur de vous transmettre avec la présente une copie conforme d'une minute du Conseil privé en date du 14 du courant au sujet des statuts rendus par l'Assemblée législative de votre province dans la soixante-deuxième année du règne de Sa Majesté, et qui sont laissés à leur cours, à l'exception de ceux qui sont mentionnés comme préjudiciables aux Japonais, et le chapitre 50, "An Act to amend the Placer Mining Act", dont il pourra être nécessaire de faire le sujet d'un nouveau rapport après correspondance avec votre gouvernement.

Je dois en même temps prier Votre Honneur de répondre aussitôt que possible aux parties du rapport du ministre de la Justice ci-inclus qui sont de nature à appeler une réponse.

J'ai l'honneur d'être, monsieur,
Votre obéissant serviteur,
JOSEPH POPE,
Sous-secrétaire d'Etat.

OTTAWA, 20 décembre 1899.

Le Député du Ministre de la Justice,
Ottawa.

MONSIEUR,—J'ai l'honneur de vous informer que j'ai transmis aujourd'hui au lieutenant-gouverneur de la Colombie-Britannique une copie conforme de la minute du Conseil privé du 14 courant relative aux statuts de cette province rendus en la soixante-deuxième année du règne de Sa Majesté 1899, et prié Son Honneur de répondre aussitôt que possible aux parties du rapport du ministre de la Justice qui sont de nature à appeler une réponse.

J'ai l'honneur d'être, monsieur,
Votre obéissant serviteur,
JOSEPH POPE,
Sous-secrétaire d'Etat.

HÔTEL DU GOUVERNEMENT,
VICTORIA, 27 décembre 1899.

L'honorable Secrétaire d'Etat,
Ottawa, Canada.

MONSIEUR,—J'ai l'honneur d'accuser réception de votre lettre du 20 courant, par laquelle vous me trasmettez une copie conforme de la minute du Conseil privé du 14 courant, relative aux statuts rendus par l'Assemblée législative de votre province dans la soixante-deuxième année du règne de Sa Majesté et qui sont laissés à leur cours, à l'exception de ceux qui sont mentionnés comme préjudiciables aux Japonais, et le chapitre 50, "An Act to amend the Placer Mining Act", dont il pourra être nécessaire de faire le sujet d'un nouveau rapport après correspondance avec mon gouvernement.

A ce propos voulez-vous avoir la bonté de faire remarquer à l'honorable ministre de la Justice qu'il fait erreur en disant dans son rapport au sujet du chapitre 50, et relativement à une pétition adressée au président des Etats-Unis par des citoyens des Etats-Unis résidant dans la région de l'Atlin.

"Le soussigné a formellement placé devant Votre Excellence copies de la dépêche et de son contenu, et Votre Excellence a bien voulu, le 2 mai dernier, approuver la recommandation du soussigné à l'effet que copies de ces documents fussent envoyées au lieutenant-gouverneur de la Colombie-Britannique, avec prière de faire connaître ce qu'il aurait à dire, avant que le gouvernement de Votre Excellence poussât plus loin l'examen de la question, et que l'on informât l'ambassadeur britannique de ce qui aurait été fait, en attendant. De bonne heure en mai dernier les documents dont la communication au lieutenant-gouverneur de la Colombie-Britannique avait été recommandée ont été adressés à ce dernier, d'après ce qu'on a rapporté au soussigné, mais il n'a pas été reçu de réponse."

La lettre dont parle le ministre dans ce rapport était datée du 5 mai dernier, j'en ai accusé réception à la date du 12 du même mois, et l'ai transmise le même jour au secrétaire provincial. Le 7 juin j'ai approuvé une minute de mon conseil exécutif exposant les vues de mon gouvernement au sujet des prétendus griefs énoncés dans la pétition, et de la portée de la législation formulée dans le dit chapitre 50. Le lendemain je vous ai transmis une copie conforme de la dite minute dont vous avez accusé réception le 16 du même mois. J'ai prié mes conseillers d'exprimer aussitôt que possible leur opinion au sujet des parties du rapport du ministre qui sont de nature à appeler une réponse.

J'ai l'honneur, d'être monsieur,
Votre obéissant serviteur,
THOMAS B. McINNES,
Lieutenant-gouverneur.

Dépêche.

VANCOUVER, 13 février 1900.

J'attire respectueusement l'attention de Votre Excellence sur ce qu'on a présenté à la législature de la Colombie-Britannique le bill intitulé "An Act to amend the Tramway Incorporation Act", et divers bills d'intérêt privé contenant des dispositions qui ferment certains emplois aux Japonais; aussi un bill intitulé "An Act to amend the Coal Mines Regulations Act", qui vise à l'exclusion de la main-d'œuvre orientale. En présentant les mêmes objections que j'ai déjà fait valoir, je prie respectueusement Votre Excellence de les accueillir favorablement. J'écris.

S. SHIMIZU,
Consul impérial du Japon.

(Le consul du Japon pour le Canada à lord Minto.)

VANCOUVER, 15 février 1900.

A Son Excellence
le Gouverneur général du Canada,

VOTRE EXCELLENCE,—Au nom du gouvernement de Sa Majesté impériale du Japon, j'ai l'honneur d'attirer votre attention sur ce qu'il a été présenté à l'Assemblée législative de la Colombie-Britannique un bill intitulé "An Act to amend the Tramway Incorporation Act", et divers bills qui tous contiennent des articles qui prohibent l'emploi de Japonais dans les entreprises autorisées par ces statuts. Comme on pourra voir par l'exemplaire que je mets sous ce pli, les termes du bill ci-dessus nommé sont exactement les mêmes que ceux du statut portant le même nom qu'a désavoué le gouvernement de Votre Excellence le 5 juin de l'année dernière.

Dans un autre bill intitulé "An Act to amend the Coal Mines Regulations Act", présenté par l'honorable président du Conseil, Votre Excellence remarquera qu'on paraît avoir établi par l'article 3 du bill une épreuve éducationnelle pour les personnes à employer dans les souterrains houillers. Mais l'honorable membre du gouvernement provincial a ouvertement déclaré en pleine Assemblée législative qu'il "est inutile d'essayer à déguiser le fait que le bill vise à l'exclusion d'une certaine classe—les orientaux", le dernier mot comprenant évidemment les Japonais. Il a été clairement démontré par certains membres (principalement M. A. E. McPhillips et le colonel Baker) que le patron du bill veut accomplir indirectement ce qui a déjà rencontré le veto direct du plus haut tribunal. Votre Excellence trouvera un compte rendu complet du débat sur ce bill dans les journaux que je lui adresse. Je mets aussi sous ce pli deux exemplaires des bills d'intérêt privé.

Et alléguant contre ces bills les mêmes objections que j'ai eu l'honneur de faire valoir à l'égard de la législation similaire de la dernière session, je prie avec respect Votre Excellence de suivre de nouveau en la matière la même ligne de conduite éclairée qui a été adoptée à l'égard de la législation de ces dernières années, et que si ces bills sont adoptés ici, Votre Excellence s'en occupera de façon à conduire à leur désaveu.

Je profite de cette occasion pour renouveler à Votre Excellence l'assurance de ma plus haute considération.

S. SHIMIZU,
Consul de Sa Majesté impériale du Japon.

RÉPONSE

[91.]

A un ORDRE de la CHAMBRE DES COMMUNES, en date du 26 février 1900: Copie de tous documents, de toute correspondance, etc., concernant le choix d'officiers de la milice canadienne pour le cours d'instruction qui se donne actuellement à Kingston sur les devoirs d'état-major.

R. W. SCOTT,
Secrétaire d'Etat.

16 janvier 1900.

Au Sous-Ministre de la
Milice et Défense.

Les noms des officiers suivants, que je me propose d'envoyer au collège militaire royal pour y suivre un cours d'instruction de quatre mois sur les devoirs d'état-major, sont soumis pour l'information de l'honorable Ministre de la Milice et Défense, sav. :

Lieutenant-colonel McLaren, du 13e bataillon ;
" Hodgins, de la réserve d'officiers ;
" Allen Jones, du 8e "Royal Rifles" ;
" White, du 30e bataillon ;
" Roy, officier de district commandant ;
" Vince, du génie de Brighton ;
Le major Galloway, du 14e bataillon ;
" Mutton, des "Queen's Own Rifles" ;
" Chinic, du régiment royal canadien d'infanterie ;
" Carpenter, du régiment royal canadien d'infanterie ;
" Crathern, de 3e batterie de campagne de Montréal ;
" Sharples, du 8e "Royal Rifles".

EDW. T. H. HUTTON, major général,
Commandant la milice canadienne.

Je n'approuve pas le choix de White et de Vince.

F. W. BORDEN,

Ministre de la Milice et Défense.

Renvoyé à l'officier général commandant.

L. F. PINAULT, lieut.-col.,
Sous-ministre de la Milice et Défense.

OTTAWA, 16 janvier 1900.

Au lieutenant-colonel W. W. WHITE,
Guelph, Ont.

Etes-vous prêt à faire un cours d'état-major ? Commence le 1er février ; dure quatre mois.

CHEF D'ETAT-MAJOR.

De l'officier commandant le 30e carabiniers Wellington au chef d'état-major.

GUELPH, 17 janvier 1900.

MONSIEUR,—J'ai l'honneur d'accuser réception de votre télégramme d'hier soir, demandant si j'étais prêt à suivre un cours d'état-major commençant le 1er février prochain, auquel j'ai répondu aussi par télégraphe, que j'espérais prendre des mesures pour le faire.

Une proposition si inattendue nécessite naturellement des dispositions d'affaires que je vais tâcher de prendre pour me présenter le 1er février.

Comme j'ignore les arrangements faits pour ces cours, auriez-vous l'obligeance de m'informer si on loge à la caserne ou non, et de me dire quel est le tarif de solde, le coût de la table, la tenue à porter, et aussi quelles sont les principales matières qu'embrasse le cours.

J'ai l'honneur d'être, monsieur,
Votre obéissant serviteur,
W. W. WHITE, lieut.-col.,
Commandant le 30e carabiniers Wellington.

Au lieutenant-colonel WHITE, 18 janvier 1900.
Guelph.

En réponse à votre lettre du 17 de ce mois:

1. On n'est pas forcé de loger à la caserne.
2. Vous toucherez $2.50 par jour pour votre subsistance et ferez vos propres arrangements.
3. Emportez votre uniforme au complet.
4. Il vous sera envoyé un programme du cours d'instruction projeté.

Par ordre,
B. H. VIDAL, lieut.-col.,
Pour le chef d'état-major.

Du chef d'état-major au lieutenant-colonel W. W. White, Guelph, Ont.

QUARTIER GENERAL, OTTAWA, 22 janvier 1900.

MONSIEUR,—J'ai l'honneur de vous faire savoir, par ordre du major général commandant, que vous avez été choisi pour suivre un cours d'instruction sur les devoirs d'état-major, sous la direction du commandant du collège militaire royal, à Kingston.

Il vous sera alloué une indemnité de $2.50 par jour pendant que vous suivrez le cours d'état-major, avec frais de transport aller et retour. L'officier commandant le district militaire n° 1 a reçu instruction de vous fournir une formule de demande officielle de transport.

Vous vous présenterez au commandant du collège militaire royal, Kingston, à 10 h. du matin, le 1er février prochain.

J'ai l'honneur d'être, monsieur,
Votre obéissant serviteur,
B. H. VIDAL, lieut.-col.,
pour le chef d'état-major.

(Copie de télégramme.)

Au lieutenant-colonel WHITE, 26 janvier 1900.
Guelph, Ont.

Regrette votre nomination cours d'état-major révoquée. Lettre suit.

CHEF D'ETAT-MAJOR.

Du chef d'état-major à l'officier commandant le district militaire n° 1.

OTTAWA, 26 janvier 1900.

Lt.-colonel D. McL. 30e bataillon.

MONSIEUR,— J'ai ordre du major général commandant de vous donner instruction d'informer l'officier dénommé en marge de la présente que son nom a été rayé de la liste des officiers choisis pour le cours d'état-major, à Kingston, parce qu'il s'est récemment activement mêlé de politique, en parlant en public, ce qui fait qu'il est inopportun de l'inclure dans un cours d'état-major.

J'ai l'honneur d'être, monsieur,
Votre obéissant serviteur,
HUBERT FOSTER, colonel,
Chef d'état-major.

29 janvier 1900.

Au lieutenant-colonel W. W. WHITE,
Guelph, Ont.

MONSIEUR,—J'ai ordre du major général commandant de vous informer, en réponse à votre lettre du 27 de ce mois, que la raison pour laquelle votre nom a été rayé de la liste des officiers choisis pour le cours d'état-major est qu'il a été représenté que vous vous êtes récemment activement mêlé de politique.

Le major général estime qu'il n'est pas dans l'intérêt du service public que des officiers se mêlant activement de politique soient employés dans l'état-major, et qu'en conséquence il est inopportun de les instruire spécialement pour y occuper des positions.

J'ai l'honneur d'être, monsieur,
Votre obéissant serviteur,
HUBERT FOSTER, colonel,
Chef d'état-major.

Du lieutenant-colonel White, commandant le 30e bataillon, au chef d'état-major, Ottawa.

GUELPH, 30 janvier 1900.

MONSIEUR,—J'ai reçu votre lettre d'hier, en réponse à la mienne du 27 de ce mois, dans laquelle vous dites que la raison pour laquelle mon nom a été rayé de la liste des officiers choisis pour un cours d'état-major est qu'il a été représenté que je me suis récemment activement mêlé de politique.

Je regrette profondément qu'un coup si décisif m'ait été porté sur de pareilles représentations, sans qu'il m'ait été donné de répondre directement ou indirectement à ces dernières.

Je crois consciencieusement qu'aucune telle accusation ne peut peser sur moi, car tout en reconnaissant être un conservateur et avoir prêté mon appui au parti de ce nom, je n'ai pris aucune part publique aux élections depuis quelques années, et n'ai jamais parlé politique dans aucune assemblée ou réunion publique.

Vous m'obligerez beaucoup en me faisant connaître les détails de ces représentations, et les noms de ceux qui les font, et j'espère qu'en simple justice pour moi et le choix de mon nom pour le cours d'état-major vous le ferez.

J'ai l'honneur d'être, monsieur,
Votre obéissant serviteur,
W. W. WHITE, lt.-col.,
Commandant le 30e bataillon.

1er février 1900.

Au lieutenant-colonel W. W. WHITE,
Guelph, Ont.

MONSIEUR,—J'ai ordre du major général commandant de vous informer, en réponse à votre lettre du 30 du mois dernier, que votre nom a été rayé de la liste des officiers choisis pour suivre un cours d'état-major au collège militaire royal, Kingston, par l'honorable ministre, parce que vous vous étiez récemment activement mêlé de politique en faveur de l'opposition.

J'ai l'honneur d'être, monsieur,
Votre obéissant serviteur,
HUBERT FOSTER, colonel,
Chef d'état-major.

31 janvier 1900.

Au Sous-Ministre de la Milice et Défense.

Les officiers désignés pour le cours d'état-major ont été choisis parmi ceux avec lequels je suis personnellement venu en contact, et que j'ai jugés compétents à suivre le cours en question, et aussi parmi des officiers que les commandants de districts, invités à en nommer, ont recommandés.

Les deux seuls officiers qui paraisent avoir demandé leur admission sont le lieutenant-colonel Stacey, commandant le 25e bataillon, dont l'adresse postale est St-Thomas, Ont., et le sous-lieutenant Gunn, des Queen's Own Rifles, Toronto.

Le seul nom ajouté à la liste depuis que les noms des lieutenants-colonels White et Vince en out été biffés est celui du capitaine E. E. F. Taylor, des gardes à pied du Gouverneur général, de cette ville.

Les officiers définitivement proposés pour le cours sont les suivants, savoir :—

Le lieutenant-colonel W. E. Hodgins, de la réserve d'officiers ;
" A. Roy, officier commandant le district militaire n° 6.
" G. E. A. Jones, du 8e bataillon ;
" McLaren, du 13e bataillon;
Le major J. Galloway, du 14e bataillon;
" E. Chinic, du régiment Royal Canadien d'infanterie ;
Le capitaine A. E. Carpenter, du régiment Royal Canadien d'infanterie;
" J. J. Sharples, du 8e bataillon;
" W. S. Smith, du 7e bataillon, et
" E. E. F. Taylor, des gardes à pied du Gouverneur général.

EDW. T. H. Hutton, major général,

MINISTERE DE LA MILICE ET DEFENSE,
OTTAWA, 31 janvier 1900.

Au Major général commandant la milice.

Le ministre désire donner à autant de districts que possible l'occasion de participer au cours d'état-major, et comme Ottawa est déjà représenté dans la liste, il me charge de vous prier de vouloir bien retrancher de cette dernière le nom du capitaine E. F. Tayolr, des gardes à pied du Gouverneur général. Veuillez donner les instructions nécessaires pour que le capitaine Taylor ne soit pas à la peine de se rendre inutilement à Kingston.

L. F. PINAULT, lieutenant-colonel,
Sous-ministre de la Milice et Défense.

31 janvier 1900.

Note pour le Sous-Ministre.

Le ministre désire que vous informiez le major général que les noms de tous officiers proposés pour le cours d'état-major devraient être soumis au ministre et agréés par lui avant qu'il ne soit permis à ces officers de suivre le cours.

Veuillez communiquer la chose au major général commandant la milice.

H. W. BROWN,
Secrétaire particulier.

Renvoyé à l'officier général commandant.

L. F. PINAULT, lieutenant-colonel,
Sous-ministre de la Milice et Défense.

31-1-1900.

Au Sous-Ministre,

Je me conformerai avec plaisir aux désirs de l'honorable Ministre.

EDW. T. H. HUTTON,
Major général.

Ottawa, 31-1-1900.

Du major général commandant au sous-ministre de la Milice et Défense.

3 février 1900.

La liste mentionnée dans la note en date du 31 du mois dernier est transmise ci-joint.

Par la note que vous avez transmise le 27 du mois dernier il n'a pas été compris que le mémorandum contenant la liste d'fficiers présentement envoyée était celui qu'on voulait.

EDW. T. H. HUTTON, major général,
Commandant la milice canadienne.

Du major général commandant la milice au sous-ministre de la Milice et Défense.

OTTAWA, 2 février 1900.

Nomination non approuvée, pour les raisons déjà données. M. M. et D. F. W. B.,

1. Relativement à votre note du 31 du mois dernier et au fait que j'ai nommé le capitaine E. E. F. Tayolr, de la garde à pied du Gouverneur général, pour suivre le cours d'état-major qui s'ouvre présentement au collège militaire royal, qu'il me soit permis de faire observer que les titres de tous les districts militaires ont été respectés autant que possible. Dans les circonstances actuelles il est très difficile de trouver de bons officiers qui soient propres à être employés dans l'état-major et auxquels le cours d'état-major soit dans le cas de profiter. J'ai fait le choix d'après ma connaissance personnelle des officiers eux-mêmes et sur les recommandations des commandants de districts. Le capitaine Taylor a été très fortement recommandé, et à ma connaissance personnelle il fera vraisemblablement un bon officier d'état-major. En outre, il y a quatre vacances, de sorte que les fonds ne manquent pas pour cet officier. Je le recommande donc, et j'espère que ma proposition ne rencontrera pas d'obstacle.

2. Conformément aux désirs de l'honorable Ministre, les lieutenants-colonels White et Vince ont été rayés de la liste des officiers choisis par moi pour le cours d'état-major, parce qu'ils se sont activement mêlés de politique de parti. Sur ce point je partage entièrement l'avis du ministre, à savoir, qu'il ne faut pas choisir pour le cours d'état-major, ni pour d'éminents emplois dans l'état-major général canadien, des officiers qui se mêlent activement de politique, excepté quand on ne peut pas faire autrement, ou quand l'intérêt public l'exige. Avis a été donné en conséquence aux deux officiers en question.

Tel n'est pas le cas. Les raisons quant au lt.-colonel White sont qu'il est trop âgé, qu'il est hors du service et qu'il est estropié. Quant au lt.-colonel Vince il est sous le contrôle de réserve.
F. W B., M. M. et D.

EDW. T. H. HUTTON, major général,
Commandant la milice canadienne.

Référé à l'officier général commandant. Papiers renvoyés.

L. F. PINAULT, lieutenant-colonel.
2-2-1900. Sous-ministre de la Milice et Défense.

Du sous-ministre de la Milice et Défense au major général commandant la milice.

OTTAWA, 3 février 1900.

L'honorable Ministre de la Milice et Défense m'a donné instruction d'attirer votre attention sur le fait que dans une communication officielle écrite par le colonel Foster, par votre ordre, au lieutenant-colonel White, ce dernier a été informé que la raison pour laquelle le ministre avait rayé son nom de la liste des officiers recommandés pour le cours d'état-major au collège militaire royal était qu'il s'était récemment activement mêlé de politique en faveur de l'opposition.

J'ai de plus instruction de vous informer que la raison donnée, dans cette lettre, de l'action du ministre, est tout à fait erronée et de nature à induire en erreur; et comme le ministre est informé que le colonel Foster vous a apporté ce qui s'est réellement passé quand le ministre a rayé le nom du lieutenant-colonel White, il ne peut pas comprendre pourquoi vous lui ayez attribué la raison que vous donnez. Le ministre a alors dit au colonel Foster qu'il avait rayé le lieutenant-colonel White à raison de son évidente inaptitude, lui à qui on venait de retirer sa commission de lieutenant-colonel à cause de ses longues années de service, de son âge trop avancé et de sa mutilation.

Le ministre ne peut comprendre pourquoi vous supprimeriez les vraies raisons de ce qu'il a fait et leur en substituriez une différente et inexacte. Il me donne instruction d'exprimer son désir que la lettre écrite par vos ordres soit retirée et qu'il en soit écrite une au colonel White l'informant des vraies raisons de l'action du ministre.

L. F. PINAULT, lieutenant-colonel.
Sous-ministre de la Milice et Défense.

7 février 1900.

Au lieutenant-colonel W. W. WHITE,
Guelph, Ont.

MONSIEUR,—Au sujet de précédente correspondance concernant votre radiation de la liste des officiers recommandés pour faire un cours d'état-major, je reçois instruction du major général commandant de vous informer que la lettre dans laquelle il était dit que la raison de cette radiation était que "vous vous étiez activement mêlé de politique en faveur de l'opposition" a été envoyée par erreur, et doit être considérée comme retirée.

L'honorable Ministre de la Milice et Défense a jugé que le cours devait être restreint à des hommes moins avancés en âge, et a par conséquent ordonné que votre nom fût rayé.

J'ai l'honneur d'être, monsieur,
Votre obéissant serviteur,
HUBERT FOSTER, colonel,
Chef d'état-major.

OTTAWA, 26 janvier 1900.

Du chef d'état-major à l'officier commandant le district militaire n° 8.

Lt-colonel D. McL. Vince, de la réserve d'officiers.

MONSIEUR,—J'ai ordre du major général commandant de vous donner instruction d'informer l'officier dont le nom figure en marge de la présente que son nom a été rayé de la liste des officiers choisis pour suivre le cours d'état-major à Kingston, parce qu'il s'est récemment activement mêlé de politique en parlant en public, ce qui fait qu'il est inopportun de l'inclure dans ce cours.

J'ai l'honneur d'être, monsieur,
Votre obéissant serviteur,
HUBERT FOSTER, colonel,
Chef d'état-major.

Radiation du lieutenant-colonel Vince de la liste des officiers choisis pour le cours d'état-major.

2 février 1900.

A l'Officier commandant le district militaire n° VIII.

Relativement à la lettre du chef d'étatit-major en date du 26 janvier (sans numéro), l'explication ci-jointe du lieutenant-colonel Vince, de la réserve d'officiers, est soumise.

J. S. DUNBAR, major,
8e R. Rifles,
Faisant fonction d'officier d'état-major de district, district militaire n° VIII.

Au chef d'état-major,

Transmise pour l'information du major général commandant.

B. H. VIDAL, lieutenant-colonel,
Officier commandant le district n° VIII.

5-2-1900.

Notée.

E.D.H., M.G.
6-2-1900.

Du lieutenant-colonel Vince, de la réserve d'officiers, à l'officier d'état-major de district, district militaire n° 8.

WOODSTOCK, N.-B., 31 janvier 1900.

MONSIEUR,—J'ai l'honneur d'accuser réception de votre lettre du 30 de ce mois, m'informant "que j'avais été rayé de la liste des officiers choisis pour faire un cours d'état-major à Kingston, parce que je m'étais récemment mêlé de politique, en parlant en public, ce qui faisait qu'il était inopportun de m'inclure dans ce cours."

En réponse, je vous prie de vouloir bien transmettre au major général commandant la représentation suivante, que j'ai l'honneur de soumettre respectueusement à sa considération, à savoir, que la règle ou coutume reconnue du service de Sa Majesté est celle énoncée dans le paragraphe 215 de la 1re partie des Règlements de la Milice, 1898:—

(1) Il est défendu aux officiers, sous-officiers et soldats d'organiser des assemblées, démonstrations ou processions de parti ou de politique, ou d'y prendre part, dans la caserne, au quartier ou au camp, ou en uniforme en quelque lieu ou quelque temps que ce soit. D'où il suit

(2) Que tout officier de la milice active, ou de la réserve d'officiers, ne touchant pas de solde ni ne suivant de cours d'instruction, peut se mêler de politique comme n'importe quel sujet de Sa Majesté, se porter candidat aux élections, parler dans les assemblées publiques, etc.

A l'appui de ce qui précède je mentionnerai le fait que le 9 de ce mois, le contre-amiral lord Charles Beresford (récemment membre du parlement pour la ville d'York, Angleterre), après qu'il eut été nommé commandant en second de l'escadre de la Méditerrannée, et le soir avant d'entrer à la *Naval Signalling School*, sur la *Victory*, à Portsmouth (préalablement à son entrée en fonctions comme commandant en second de l'escadre de la Méditerranée) fit un discours dans lequel il critiqua l'administration navale et l'administration militaire (Voir le *Times*, édition hebdomadaire, 12 janvier 1900, pages 17 et 29, 3e colonne).

J'ai l'honneur d'exposer respectueusement qu'en portant la parole à des assemblées publiques précédant une élection pour la législature du Nouveau-Brunswick et tenues le 12 janvier 1900, je n'avais aucune intention de violer ou transgresser, ni ne pense que j'ai violé ou transgressé quelque règle ou coutume que ce soit du service de Sa Majesté.

J'ai l'honneur d'être, monsieur,
Votre obéissant serviteur,
D. McL. VINCE, lieutenant-colonel,
Réserve d'officiers.

QUARTIER GENERAL, OTTAWA, 22 janvier 1900.

Au lieutenant L. B. WEBSTER,
Compagnie n° 3 du 68e bataillon,
Kentville, N.-E.

MONSIEUR,—J'ai l'honneur de vous notifier, par ordre du major général commandant, que vous avez été choisi pour suivre un cours d'instruction sur les devoirs d'état-major, sous la direction du commandant du collège militaire royal, à Kingston.

Il vous sera alloué une indemnité de $2.50 par jour pendant que vous suivrez le cours, avec vos frais de transport aller et retour. L'officier commandant le district militaire n° 9 a reçu instruction de vous fournir une formule officielle de transport.

Vous vous présenterez au commandant du collège militaire royal de Kingston à 10 heures du matin, le 1er février prochain.

J'ai l'honneur d'être, monsieur,
Votre obéissant serviteur,
B. H. VIDAL, lieutenant-colonel,
Pour le chef d'état-major.

Copie aux lieutenants-colonels W. W. White, Hodgins, Jones, D. McL. Vince et McLaren ; aux majors Galloway et Mutton, et aux capitaines Sharples et Smith.

Du chef d'état-major à l'officier commandant le district militaire n° 9.

QUARTIER GÉNÉRAL, OTTAWA, 22 janvier 1900.

Lt. Webster, du 68e bataillon.

Il a plu au major général commandant choisir l'officier dénommé en marge de la présente pour suivre un cours d'instruction sur les devoirs d'état-major, commençant le 1er février prochain au collège militaire royal de Kingston.

Veuillez lui fournir la formule de demande officielle de transport, et lui écrire de se présenter au commandant du collège militaire royal, à 10 heures du matin, le 1er février.

Par ordre,
B. H. VIDAL, lieutenant-colonel,
Pour le chef d'état-major.

Officier commandant, 68e bataillon,

Transmise pour l'information du lieutenant Webster. A être renvoyée. Demande officielle de transport annexée.

JAMES D. IRVING, lt-col.,
O.D. n° 9.

25--1--1900.

(Télégramme.)

25 janvier 1900.

Chef d'état-major,
Ottawa.

Comme le nom du lieutenant Webster, du 68e, ne figure pas dans l'ordre de la milice en date du 16 janvier, le général révoque les instructions télégraphiques du 21 le concernant. Officier commandant le district n° 9 notifié en conséquence.

W. H. COTTON, lieut.-colonel.

25 janvier 1900.

Colonel COTTON,
Halifax, N.-E.

Le vôtre *re* Webster. Ordre de la milice, 17 janvier, notifie choix de cet officier pour cours d'état-major. Instructions demandées du général.

Du chef d'état-major à l'officier commandant le district militaire n° 9, Halifax.

HALIFAX, 25 janvier 1900.

Veuillez informer immédiatement le lieutenant et adjudant L. B. Webster, du 68e bataillon, qu'il ne peut malheureusement pas être compris dans le nombre d'officiers choisis pour le cours d'état-major qui doit commencer le 1er du mois prochain au collège militaire royal, mais que le major général commandant a l'intention de le recommander pour un emploi permanent dans l'une des compagnies du régiment royal canadien d'infanterie.

Par ordre,
W. H. COTTON, lieutenant-colonel,
Pour le chef d'état-major.

Du chef d'état-major à l'officier commandant le district militaire n°9.

OTTAWA, 26 janvier 1900.

Lt. A. L. Webster, du 6e bataillon.

MONSIEUR,—J'ai ordre du major général commandant de vous donner instruction d'informer l'officier dénommé en marge qu'il a été rayé de la liste des officiers recommandés pour le cours d'état-major à Kingston, parce que le général le trouve trop jeune.

J'ai l'honneur d'être, monsieur,
Votre obéissant serviteur,
H. FOSTER, colonel,
Chef d'état-major.

Officier commandant, 68e bataillon.

Transmise pour l'information du lieutenant Webster. Veuillez renvoyer demande officielle de transport expédiée au lieutenant Webster le 25 de ce mois avec le présent document.

JAS. D. IRVING, lieutenant-colonel,
Officier commandant le district n° 9.

29--1--1900.

O.D.C.

Notée. Information envoyée au lieutenant Webster.

W. H. BELCHER, lieutenant-colonel,
Commandant le 68e bataillon.

31--1--1900.

Chef d'état-major.

Renvoyée, les ordres donnés ayant été exécutés.

JAS D. IRVING, lieutenant-colonel,

2--2--1900.

RÉPONSE

(102)

A un ORDRE de la CHAMBRE DES COMMUNES, daté le 2 avril 1900, exigeant un état indiquant le montant de la remise faite sur les instruments aratoires exportés du Canada pendant les exercices clos le 30 juin 1896, 1897, 1898 et 1899, avec indication de la somme payée à chaque maison industrielle.

R. W. SCOTT,
Secrétaire d'Etat.

REMISES faites sur instruments aratoires exportés du Canada pendant les exercices 1896, 1897, 1898 et 1899.

EXERCICE 1896.

Cockshutt Plow Co. (à resp. limitée), Brantford, Ont ..	$ 563.43
Massey-Harris Co. (à resp. limitée), Brantford et Toronto	41,499.34
Verity Plow Co. (à resp. limitée), Brantford.	2,378.22
J. W. Mann Manufacturing Co., Brockville..........	1,351.38
Total en 1896......................	$ 45,792.37

EXERCICE 1897.

Cockshutt Plow Co. (à resp. limité), Brantford.........	$ 139.48
Massey-Harris Co. (à resp. limitée), Brantford et Toronto	32,902.25
Verity Plow Co. (à resp. limitée). Brantford....... ...	1,983.57
J. W. Mann Manufacturing Co., Brockville....... .	956.64
Coulthard Scott Co., Oshawa......	92.98
Total en 1898.....................	$ 37,074.92

EXERCICE 1898.

Massey-Harris Co. (à resp. limitée), Brantford et Toronto	$ 14,834.92
Verity Plow Co. (à resp. limitée), Brantford Ont........	624.80
J. W. Mann Manufacturing Co., Brockville..........	929.25
Coulthard Scott Co., Oshawa.....................	92.45
Total en 1898.....................	$ 16,371.42

EXERCICE 1899.

Massey-Harris Co. (à resp. limitée), Brantford et Toronto	$ 65,271.24
Coulthard Scott Co., Oshawa......	110.95
J. W. Mann Manufacturing Co., Brockville..........	460.04
Total en 1899......	$ 65,842.23

JOHN McDOUGALD,
Commissaire des Douanes.

CORRESPONDANCE

[112.]

CONCERNANT LES RELATIONS COMMERCIALES AVEC TRINIDAD.

Les honorables MM. McCarthy et Fenwick à sir Richard Cartwright.

HOTEL RUSSELL, OTTAWA, 29 janvier 1900.

A l'honorable
Sir RICHARD J. CARTWRIGHT, G.C.M.G.

MONSIEUR,—Conformément à votre recommandation, nous prenons la liberté de soumettre un exposé des représentations que vous avons faites dans le cours de l'entrevue que nous avons eue vendredi dernier avec vous-même et les ministres des Finances et des Douanes.

Les colonies de la Guyane anglaise, de la Jamaïque et des Barbades ont conclu avec les Etats-Unis des traités de réciprocité qui attendent maintenant la sanction du Sénat, et nous sommes en route pour Washington dans le but de tenter de semblables arrangements de la part de Trinidad. Avec le consentement du secrétaire d'Etat pour les colonies, nous avons aussi reçu instruction d'arrêter à Ottawa pour s'assurer de la possibilité d'améliorer les relations commerciales entre le Canada et Trinidad, question à laquelle on s'intéresse vivement dans notre colonie.

Nous avans fait observer qu'à moins d'une politique de préférence l'on ne saurait, pour les raisons suivantes, compter sur un développement important de ce commerce :—

1. Le Canada est plus éloigné de nous que les Etats-Unis, et les moyens de communications ne sont pas aussi avantageux ;

2. Pour notre principal produit, le sucre, les Etats-Unis nous offrent un marché beaucoup plus important ; et

3. L'imposition, par les Etats-Unis, de droits de compensation sur les sucres reçevant des primes pour l'exportation, et l'offre de 12½ pour 100 faite aux pays contractants, promettent des aavntages plus sérieux que ceux qui pourraient dériver du tarif canadien actuel.

Nous avons reconnu la difficulté de faire à une colonie anglaise des concessions que nous refusons aux autres, et aussi que même si l'on accordait aux Antilles anglaises les mêmes privilèges sur le marché canadien, aucune concession ne serait d'un grand avantage pour nous maintenant, vu que la consommation du sucre en Canada n'est pas de 80,000 tonnes, tandis que les Antilles en produisent environ 280,000. Nous avons fait remarquer, cependant, que si les traités avec la Guyane anglaise, la Jamaique et les Barbades étaient ratifiés par le sénat américain, ces colonies seraient privées du droit d'offrir des privilèges spéciaux au Canada, et nos espérances dans votre marché seraient bonnes.

Nous n'avons pas osé préciser quelle étendue devrait avir cette préférence, mais il est évident que dans le cas du sucre, les conditions devraient être plus libérales que celles accordées par les Etats-Unis, savoir, des droits de compensation, plus $4.70 par tonne anglaise. D'un autre côté, nous n'avons pas cru que Trinidad hésiterait pour s'assurer ce qui est pour elle d'une importance vitale, un marché avantageux pour son principal produit.

Nous avons discuté la possibilité d'un libre échange absolu entre les deux colonies, mais nous avons exprimé nos craintes au sujet des effets d'une semblable politique sur nos revenus respectifs. Nous avons aussi fait mention des arrangements possibles de réciprocité, dans le cas même où Trinidad serait forcée, comme cela est probable, de conclure un traité avec les Etats-Unis, et nous avons fait observer, à ce sujet, qu'il était question d'imposer des droits sur la viande et le poisson, articles actuellement admis en franchise.

Nous prenons de plus, aujourd'hui, la liberté de vous soumettre respectueusement qu'il conviendrait au Canada, vu son importance et sa richesse, et sa position dans l'empire, de prendre l'initiative pour resserrer l'union avec les Antilles anglaises, et démontrer qu'une telle politique aurait pour effet d'étendre son commerce dans une direction où il est aujourd'hui insignifiant.

Ayant ainsi exposé franchement nos opinions et ce que nous croyons représenter les sentiments du gouvernment de Trinidad, nous exprimons l'espoir qu'avant notre retour il nous sera donné, en confidence et sans préjudice à toute action postérieure, quelque indice des vues du gouvernement canadien sur la question.

En terminant, nous désirous reconnaître l'extrême cordialité avec laquelle nous avons été reçus, et la franche sympathie dont les ministres que nous avons eu le plaisir de recontrer ont fait preuve au sujet de notre mission.

R. McCARTHY.
GEO. T. FENWICK.

Sir Richard Cartwright aux hon. MM. McCarthy et Fenwick.

OTTAWA, 30 janvier 1900.

Aux honorables
MM. McCARTHY ET G. T. FENWICK,
Délégués de la colonie de Trinidad.

MESSIEURS,—J'ai l'honneur d'accuser réception de votre lettre confidentielle, en date d'hier, concernant un tarif de préférence entre le Canada et Trinidad. Je dois dire que la question a déjà, à plusieurs reprises, eté soumise à l'étude, et l'on peut voir dans le fait du tarif de préférence déjà accordé aux colonies anglaises que le Canada désire quelque arrangement du genre indiqué dans votre lettre.

Je ne puis, dans le moment, répondre sériatim à vos recommandations, mais j'espère pouvoir faire le chose dans quelque jours, à tout événement avant votre départ. Je désire sincèrement que nous arrivions à une entente avantageuse pour le commerce entre les deux colonies.

Bien à vous,

R. J. CARTWRIGHT.

Sir Richard Cartwright à l'hon. M. McCarthy.

OTTAWA, 27 février 1900.

(*Par câble.*)

A R. H. McCARTHY,
Trinidad.

MONSIEUR,—A propos de vos récentes représentations, demandant si l'on pouvait en venir à une entente satisfaisante au sujet des détails, le gouvernemnt canadien, sujet à la sanction du parlement, consent à un échange libre des produits de Trinidad et du Canada, exception faite des spiriteux et du tabac. Les marchandises devant être transportées directement par navires entre les Antilles anglaises et le Canada. Une liste détaillée devant être préparée des articles spéciaux comprenant les principaux produits de Trinidad et du Canada sur lequels les droits contre les autres pays restent aux taux actuellement en vigueur dans Trinidad et le Canada ou ne sont pas réduits au-dessous du minimum déterminé en conformité de l'arrangement. Chacun des deux gouvernements sera libre de faire tout arrangement désirable avec toute partie des possessions anglaises. L'arrangement sera fait pour cinq ans, et ensuite continué pour expirer après un an d'avis d'une des deux parties.

CARTWRIGHT.

Sir Hubert Jerningham à sir Richard Cartwright.

(*Par câble.*)

PORT-D'ESPAGNE, TRINIDAD, 5 mars 1900.

A CARTWRIGHT,
Ministre du Commerce, Ottawa.

Votre télégramme du 28 février aux délégués m'a été soumis. Il serait utile de pouvoir communiquer à la chambre de commerce, confidentiellement ou autrement.

JERNINGHAM.

Sir Richard Cartwright à sir Hubert Jerningham.

(*Par câble.*)

OTTAWA, 5 mars 1900.

A JERNINGHAM, Trinidad.

Aucune objection à ce que vous consultiez confidentiellement quelques personnes. Une prompte réponse est désirable.

CARTWRIGHT.

Sir Hubert Jerningham à sir Richard Cartwright.

(*Par câble.*)

12 mars 1900.

A CARTWRIGHT,
Ministre du Commerce,
Ottawa.

De Port-d'Espagne.

Télégramme du 5 mars, communication par premier courrier. J'ai communiqué avec le secrétaire d'Etat pour les colonies.

JERNINGHAM.

Sir Richard Cartwright à sir Hubert Jerningham.

(*Par câble.*)

OTTAWA, 13 mars 1900.

A JERNINGHAM,
Port-d'Espagne.

Il serait bon de communiquer la substance de la communication dont il est question dans le télégramme du 12 mars. Il peut être nécessaire d'en faire mention dans la discussion de l'exposé budgétaire qui va être présenté.

CARTWRIGHT.

Sir Hubert Jerningham à sir Richard Cartwright.

(*Par câble.*)

PORT-D'ESPAGNE, TRINIDAD, 15 mars 1900.

A CARTWRIGHT,
Ministre du Commerce,
Ottawa.

A propos du télégramme du 13 mars, regrette de ne pouvoir brusquer la question. Elle n'est pas mûre. Consulter par télégraphe le secrétaire d'Etat pour les colonies ne faciliterait pas les choses en l'absence d'une dépêche explicative.

JERNINGHAM.

Sir Richard Cartwright à sir Hubert Jerningham.

(*Par câble.*)

OTTAWA, 22 mars 1900.

Au Gouverneur de Trinidad.

La restriction confidentielle inutile à partir du 23 mars alors que notre offre sera annoncée par le ministre des Finances dans l'exposé budgétaire.

CARTWRIGHT.

Sir Hubert Jerningham à sir Richard Cartwright.

(*Par câble.*)

PORT-D'ESPAGNE, 26 mars 1900.

Première offre soumise ce jour à l'Assemblée législative. Discussion remise au 3 avril avec les offres des Etats-Unis d'Amérique.

JERNINGHAM.

Lord Minto au Très honorable M. Chamberlain.

(*Télégramme.*)

OTTAWA, 24 mars 1900.

Au Très hon. JOSEPH CHAMBERLAIN,
Londres.

Mon gouvernement a fait à Trinidad l'offre d'un arrangement de réciprocité étant presque du libre-échange. Je comprends que la question doit venir devant le Conseil législatif de Trinidad lundi. Mon gouvernement a confiance que le bureau colonial avisera les membres officiels du conseil de Trinidad qu'ils sont libres d'approuver cette offre si elle est trouvée satisfaisante dans les intérêts de Trinidad.

MINTO.

Sir Hubert Jerningham à sir Richard Cartwright.

(*Par câble.*)

PORT-D'ESPAGNE, 2 avril 1900.

A sir RICHARD CARTWRIGHT,
Ottawa.

Le traité de réciprocité des Etats-Unis d'Amérique signé le 15 février a été ratifié aujourd'hui par le Conseil législatif local, par un vote libre de 12 contre 5. Vos offres ne peuvent, par conséquent, être prises en considération à présent

JERNINGHAM.

M. Parmalee à sir Hubert Jerningham.

OTTAWA, 3 avril 1900.

Sir HUBERT E. H. JERNINGHAM, C.C.M.G.,
Gouverneur de Trinidad et Tobago,
Port-d'Espagne, Trinidad.

EXCELLENCE,—J'ai l'honneur, en l'absence du ministre, sir R. J. Cartwright, d'accuser réception de votre câblegramme daté d'hier, informant que le traité de réciprocité avec les Etats-Unis, signé le 13 février, a été ratifié par le Conseil législatif local de votre colonie.

J'ai l'honneur d'être,

De Votre Excellence, l'obéissant serviteur,

W. G. PARMALEE.
Sous-ministre.

Sir Hubert Jerningham à sir Richard Cartwright.

HOTEL DU GOUVERNEMENT, TRINIDAD, 3 avril 1900.

L'honorable sir RICHARD CARTWRIGHT, C.C.M.G.
Ministre du Commerce.
Ottawa.

MONSIEUR,—J'avais l'honneur, hier après-midi, de vous télégraphier que le Conseil législatif de cette colonie, par un vote de 12 voix à 5, avec 4 abstentions, a ratifié le traité de réciprocité avec les Etats-Unis signé le 13 février par l'ambassadeur de Sa Majesté à Washington, et que, par conséquent, les offres du gouvernement canadien ne seront pas prises en considération pour le moment.

Ce résultat n'était pas imprévu, bien que les offres canadiennes fussent grandement dans l'intérêt de Trinidad, et, par déférence pour le désir de lord Minto à moi communiqué par le secrétaire d'Etat, qui laissait la chose à ma discrétion, le vote officiel a été libre et ouvert.

Je vous adresserai plus tard un rapport exact et officiel des délibérations, qui ne manquent pas d'intérêt. Toutefois, dans le rapport imparfait que j'ai l'honneur de vous inclure, et qui est pris de la presse locale, vous observerez que la motion soumise au conseil——

" Que ce conseil approuve le traité de réciprocité avec les Etats-Unis signé à Washington le 13 février 1900, et prie respectueusement Sa Majesté de vouloir bien le ratifier."

a été présentée par moi-même, au lieu du secrétaire colonial, vu que j'ai cru de mon devoir de guider le conseil, sans lui dicter une attitude sur une question d'obligation morale envers les Etats-Unis d'Amérique provenant des délibérations dans la législature même de Trinidad.

Le 24 novembre dernier le Conseil législatif de Trinidad rejetait la convention de Majesté à Washington, et M. Kasson, commissaire de la réciprocité, en invoquant Majesté à Washington et M. Kasson, commissaire de la réciprocité, en invoquant pour raison que la colonie, au point de vue des finances, n'était pas capable de porter le fardeau imposé par la convention. Le conseil désirait cependant entamer de nouvelles négociations s'il était possible d'obtenir de meilleures conditions.

M. Kasson, avec beaucoup de courtoisie, accéda à ce désir de la colonie, qui reçut le plus cordial encouragement de la part de lord Pauncefote.

La colonie envoya des délégués pour le seconder, et le 13 février, de meilleures conditions étant accordées, une nouvelle convention fut signée

Toutefois, les délégués avaient reçu instruction de visiter le Canada pour s'assurer si l'on ne pourrait pas établir pour l'avenir de meilleures relations commerciales entre ce pays et Trinidad. En cela ils ont eu plus qu'un succès, car les offres libérales que vous me communiquiez confidentiellement, le 28 février, non seulement renferment le désir d'une entente, mais sont de nature à préparer pour quelque jour à venir la fédération des intérêts britanniques.

J'ai compris néanmoins que ces offres venaient trop tard pour me permettre d'agir sans consulter mon pays, et qu'elles avaient trop d'importance pour être traitées d'une manière confidentielle.

Je vous demandai la permission de les soumettre à la chambre de commerce, afin de leur donner la publicité qu'elles méritent, mais vous ne m'avez donné cette permission que le 24 mars, deux jours avant le jour fixé pour la discussion du principal objet de la mission des délégués.

A raison de cette publicité, cependant, et par déférence pour le gouvernement canadien, je remis cette discussion à une semaine, et vous communiquai la chose.

Je mentionne ces faits pour que vous réalisiez que malgré le plus vif désir de faire honneur aux offres canadiennes si généreusement faites à ma colonie, il m'était impossible de laisser de côté l'obligation morale qui, à mon sens, incombait au conseil d'approuver une convention faite sur ses propres instances, approuvée par ses propres délégués et signée par l'ambassadeur anglais une quinzaine de jours avant les brillantes perspectives qui m'étaient offertes sous une forme confidentielle.

Je vous serais obligé si vous soumettiez cette dépêche au Gouverneur général.

J'ai l'honneur d'être, monsieur,

Votre très obéissant serviteur,

HUBERT E. H. JERNINGHAM,
Gouverneur.

L'honorable M. Fielding à sir Hubert Jerningham.

(Par câble.)

OTTAWA, 17 avril 1900.

Demande permission de donner publicité à la lettre des délégués à Cartwright, le 29 janvier.

FIELDING,
Ministre des Finances.

Sir Hubert Jerningham à sir Richard Cartwright.

(Par câble.)

PORT-D'ESPAGNE, 19 avril 1900.

Ministre des Finances,
Ottawa.

Au sujet de votre télégramme du 16 avril, aucune objection à la publication de la lettre confidentielle du 29 janvier.

JERNINGHAM.

L'honorable M. Fielding à sir Hubert Jerningham.

MINISTERE DES FINANCES,
OTTAWA, CANADA, 18 avril 1900

A Son Excellence,
Sir HUBERT E. H. JERNINGHAM, C.C.M.G.,
Hôtel du gouvernement, Trinidad.

MONSIEUR,—En l'absence de l'honorable sir Richard Cartwright, ministre du Commerce, j'ai l'honneur d'accuser réception de la dépêche de Votre Excellence, en date du 3 courant, confirmant le télégramme du 2, concernant les récentes négociations au sujet des relations commerciales entre Trinidad et le Canada.

A propos de la déclaration de Votre Excellence que sir Richard Cartwright ne donna que le 24 mars la permission de soumettre les offres du Canada à la chambre de commerce, je désire attirer l'attention sur les dates des télégrammes se rattachant à ce sujet. Le 5 mars Votre Excellence télégraphiait :

"Il serait utile de pouvoir communiquer à la chambre de commerce, confidentiellement ou autrement."

Le même jour, 5 mars, sir Richard Cartwright répondait:

"Aucune objection à ce que vous consultiez confidentiellement quelques personnes choisies."

Le gouvernement canadien comprenait qu'une grande organisation commerciale comme une chambre de commerce pouvait difficilement être consultée "confidentiellement", mais il n'avait pas d'objection à ce qu'un certain nombre de membres de ce corps fussent choisis pour aviser Votre Excellence sur la question des offres du Canada.

Je regrette que le gouvernement canadien ait mal compris les vues du gouvernement de Trinidad.

D'après la lettre des honorables messieurs McCarthy et Fenwick, datée du 29 janvier, Ottawa, et d'après les paroles mêmes de ces messieurs aux ministres canadiens qui ont eu le plaisir de les rencontrer, nous étions portés à croire que non seulement le gouvernement de Votre Excellence était libre de conclure un arrangement commercial avec le Canada, mais qu'il désirait aussi sérieusement la chose.

Il paraîtrait maintenant que nous étions sous une fausse impression, puisque quelques jours à peine après la visite des délégués à Ottawa, et après la date de leur lettre à sir Richard Cartwright, il a été conclu, à Washington, un arrangement qui, de l'avis de Votre Excellence, à raison de certaines procédures de la législature de Trinidad, procédures remontant au 24 novembre, créait envers les Etats-Unis d'Amérique une obligation morale mettant de côté la prise en considération des offres que notre gouvernement avait été invité à faire.

J'ai l'honneur d'être,
De Votre Excellence, l'obéissant serviteur,

W. S. FIELDING,
Ministre des Finances.

RÉPONSE

(129)

À un ORDRE de la CHAMBRE DES COMMUNES en date du 23 avril 1900 : État indiquant le montant total payé chaque année, depuis le 1er juillet 1892 jusqu'au 30 juin 1899, sous les chefs suivants :—

1. Traitement du gouverneur général.
2. Dépenses de voyage du gouverneur général.
3. Dépenses pour Rideau-Hall—Compte du capital.
   " " —Entretien.
   Dépenses pour les terrains de Rideau-Hall—Compte du capital.
   " " " —Entretien.
4. Ameublement et fournitures de toute espèce pour Rideau-Hall.
5. Allocation au gouverneur général pour combustible et éclairage.
6. Dépenses autres pour le bureau du gouverneur général.
7. Dépenses autres pour les terrains de Rideau-Hall.
8. Dépenses totales de toute espèce, depuis le 1er juillet 1892, se rattachant à la charge de gouverneur général.
9. Dépenses totales de toute espèce pour Rideau-Hall et dépendances, pour la même période.

R. W. SCOTT,
Secrétaire d'Etat.

BUREAU DE L'AUDITEUR GÉNÉRAL,
OTTAWA, 2 mai 1900.

M JOSEPH POPE,
Sous-secrétaire d'Etat.

MONSIEUR,—Vous trouverez ci-inclus un relevé dans lequel se trouvent les renseignements voulus par un ordre de la Chambre (du 23 avril 1900 et reçu à ce bureau le 27 avril), au sujet des dépenses de toutes sortes se rattachant au gouverneur général et à Rideau-Hall, pour la période écoulée entre le 1er juillet 1892 et le 30 juin 1899.

Comme les seules sources de renseignements auxquelles j'aie accès sont les volumes imprimés de mon rapport, il n'a pas été possible d'adhérer complètement à la classification mentionnée dans l'ordre. Par exemple les dépenses pour les terrains dépendants de Rideau-Hall n'ont pas été séparées de celles qu'ont occasionnées l'édifice même. Ceux qui ont la garde des livres de Rideau-Hall pourraient peut-être effectuer la séparation des item.

Il est probable qu'il sera impossible de comparer le présent relevé avec les totaux d'un relevé précédent compilé au ministère des Travaux publics pour les années antérieures à 1892, car ce premier relevé ne comprend probablement pas certains items que contient le présent, tels que la gendarmerie fédérale.

J'ai inclus les sommes dépensées par le ministère des Travaux publics pour le logement du gouverneur général à la citadelle de Québec, attendu que ces dépenses tombent sous le chef des " Dépenses de toute espèce se rattachant à la charge de gouverneur général " ; mais les sommes similairement dépensées par le ministère de la Milice ne sont pas séparées, dans mes rapports annuels, des autres frais de la citadelle, et conséquemment elles ne sont pas comprises dans le présent relevé.

J'ai l'honneur d'être, monsieur,
Votre obéissant serviteur,
J. L. McDOUGALL,
Auditeur général.

EXTRAIT.—Gouverneur général, bureau du gouverneur général, Rideau-Hall, etc., du 1er juillet 1892 au 30 juin 1899.

	$ c.	$ c.	$ c.
Traitements, voyages, bureau, etc.—			
Traitement du gouverneur général, 7 années.	335,129 49		
Traitement des administrateurs.	5,537 13		
		340,666 62	
Voyages des gouv. généraux (Ar. de l'Ex., 3 mars 1879, $5,000)	34,552 70		
Voyages des administrateurs	585 57		
		35,138 27	
Dépenses contingentes	63,399 96		
Traitements du personnel du bureau—Crédits	76,008 52		
" " " Caisse consolidée	16,319 32		
		155,727 80	
			531,532 69
Rideau-Hall, crédits pour constructions —			
Appareil de chauffage, installation de l'éclairage électrique, nouvelle laiterie, etc	....	14,231 91	
Rideau-Hall, entretien par le ministère des Travaux publics—			
Réparations, ameublement, terrains, etc	119,168 13		
Combustible et éclairage	56,000 00		
Inspection des compteurs à gaz	10 50		
Réverbères sur la rue Sussex	2,493 33		
Eau	6,300 00		
Enlèvement de la neige	2,330 00		
Gardien	3,649 50		
Service téléphonique	1,507 50		
Porté au compte des édifices à Ottawa.	64 54		
		191,523 50	
Rideau-Hall, Gendarmerie fédérale—			
Deux gendarmes de jour et deux de nuit, à $1.65 (estimé)	....	16,869 60	
			222,625 01
Divers travaux publics, dépenses se rattachant à la charge de gouverneur général—			
Citadelle de Québec, réparations et entretien (sommes dépensées par la milice non comprises)	....	12,390 60	
Toronto, visite du gouverneur général en 1897-8	....	122 70	
Ligne téléphonique à New-Richmond, 1892-93	....	18 90	
			12,532 20
Ministère des Chemins de fer, dépenses—			
Voiture du gouverneur général	....	....	5,890 31
			772,580 21

DÉPENSES.—Gouverneur général, bureau du gouverneur général, Rideau-Hall, du 1er juillet 1892 au 30 juin 1899, 7 années.

—	Total.	1898-9.	1897-8.	1896-7.	1895-6.	1894-5.	1893-4.	1892-3.
	$ c.	$ c.	$ c.	$ c.	$ c.	$ c.	$ c.	$ c.
Traitement, voyages, bureau, etc.—								
Traitement du gouverneur général	335,129 49	48,666 66	48,385 39	48,159 72	48,666 66	48,468 24	44,116 16	48,666 66
Traitement des administrateurs	5,537 13	.....	281 27	506 94	.....	198 42	4,550 50	.....
Voyages des gouv. généraux (Ar. de l'Ex., 3 mars 1879)	34,552 70	5,000 00	5,500 00	4,500 00	5,750 00	4,250 00	4,552 70	5,000 00
Voyages des administrateurs	585 57	.....	64 80	79 82	.....	146 90	294 05	.....
Dép contingentes, à l'exclusion des voy. du gouverneur	63,399 96	10,072 31	10,699 42	8,918 19	9,481 70	9,211 02	8,642 29	6,375 03
Traitements du pers. du bureau—Crédits	76,008 52	11,050 00	11,391 70	11,017 33	11,012 50	10,862 50	10,170 75	10,503 74
" " " Caisse consolidée	16,319 32	2,400 00	2,400 00	2,019 36	2,400 00	2,400 00	2,299 96	2,400 00
Rideau-Hall : Constructions, appareil de chauffage, installation de l'éclairage électrique, laiterie, etc	14,231 91	.....	.....	.....	1,277 55	12,954 36	.....	.....
Rideau-Hall, entretien par le ministère des Travaux publics—								
Réparations, ameublement, terrains, etc	119,168 13	16,991 73	17,736 68	22,341 83	13,861 82	17,997 77	14,999 88	15,238 42
Combustible et éclairage	56,000 00	8,000 00	8,000 00	8,000 00	8,000 00	8,000 00	8,000 00	8,000 00
Inspection des compteurs à gaz	10 50	.....	.....	.....	.....	.....	.....	10 50
Réverbères sur la rue Sussex	2,493 33	340 00	340 00	340 00	340 00	333 33	400 00	400 00
Eau	6,300 00	900 00	900 00	900 00	900 00	900 00	900 00	900 00
Enlèvement de la neige	2,330 00	319 00	319 00	267 00	288 00	382 00	355 00	400 00
Gardien	3,649 50	547 50	547 50	547 50	549 00	547 50	547 50	363 00
Service téléphonique	1,507 50	215 00	217 50	215 00	215 00	215 00	215 00	215 00
Porté au compte des édifices à Ottawa	64 54	.....	.....	15 20	38 09	.....	.....	11 25
Gendarmerie fédérale (estimé)	16,869 60	2,409 00	2,409 00	2,409 00	2,415 60	2,409 00	2,409 00	2,409 00
Div. trav. pub., dép. se ratt. à la charge de gouv. général—								
Citadelle de Québec	12,390 60	478 73	494 37	2,911 91	1,726 29	2,411 26	2,373 10	1,994 94
Toronto, visite du gouverneur général	122 70	.....	122 70	.....	.....	.....	.....	.....
Ligne téléphonique à New-Richmond	18 90	.....	.....	.....	.....	.....	.....	18 90
Ministère des Chemins de fer : Dépenses—								
Voiture du gouverneur général "Victoria"	5,890 31	.....	1,400 00	.....	1,290 31	3,200 00	.....	.....
	772,580 21	107,389 93	111,209 33	113,148 80	108,212 52	124,887 30	104,825 89	102,906 44

DÉTAILS.—Gouverneur général, bureau du gouverneur général, Rideau-Hall, etc.: Dépenses en 1892-3.

	$ c.	$ c.	$ c.
Traitement, voyages, bureau, etc—			
Traitement du gouverneur.....B— 9	....	48,666 66	
Voyages du gouverneur.....B— 10	5,000 00		
Dép. contingentes, à l'exclusion des voy. du gouverneur. B— 10	6,375 03		
		11,375 03	
Traitements du personnel du bureau—Crédits.....xxviii	10,503 74		
" " " Caisse consolidée..xxviii	2,400 00		
		12,903 74	
			72,945 43
Rideau-Hall, entretien par le ministère des Travaux publics—			
Réparations, ameublement, terrains, etc.....C—221	15,238 42		
Combustible et éclairage.....C—218	8,000 00		
Inspection des compteurs à gaz.....C—218	10 50		
Réverbères sur la rue Sussex.....C—218	400 00		
Eau.....C—219	900 00		
Enlèvement de la neige.....C—220	400 00		
Gardien, du 1er novembre.....C—221	363 00		
Service téléphonique.....C—219	215 00		
Porté au compte des édifices à Ottawa.....C—215	11 25		
		25,538 17	
Rideau-Hall, Gendarmerie (estimé)—			
Deux gend. de j. et deux de n., 4x365 à $1.65 ou à peu près. B— 14	....	2,409 00	
			27,947 17
Div. trav. publics se rattachant à la charge de gouv. général—			
Citadelle de Québec, réparations et entretien.....C—228	....	1,994 94	
Ligne téléphonique à New-Richmond, réparations.....E— 78	....	18 90	
			2,013 84
			102,906 44

DÉTAILS.—Gouverneur général, bureau du gouverneur général, Rideau-Hall, etc.: Dépenses en 1893-4.

	$ c.	$ c.	$ c.
Traitements, voyages, bureau, etc.—			
Traitement du gouverneur.....E— 2	44,116 16		
Traitement de l'administrateur.....E— 2	4,550 50		
		48,666 66	
Voyages du gouverneur.....E— 3	4,552 70		
Voyages de l'administrateur.....E— 3	294 05		
Dép. contingentes, à l'exclusion des voy. du gouverneur. E— 3	8,642 29		
		13,489 04	
Traitements du pers. du bureau—Crédits.....E— 2	10,170 75		
" " " Caisse consolidée.....E— 2	2,299 96		
		12,470 71	
			74,626 41
Rideau-Hall, entretien par le ministère des Travaux publics—			
Réparations, ameublement, terrains, etc.....P— 92	14,999 88		
Combustible et éclairage.....P— 92	8,000 00		
Réverbères sur la rue Sussex.....P— 87	400 00		
Eau.....P— 88	900 00		
Enlèvement de la neige.....P— 89	355 00		
Gardien.....P—112	547 50		
Service téléphonique.....P— 89	215 00		
		25,417 38	
Rideau-Hall, Gendarmerie (estimé)—			
Deux gend. de j. et deux de n., 4 x 365 à $1.65 ou à peu près. H— 16	....	2,409 00	
			27,826 38
Div. trav. publics se rattachant à la charge de gouv. général—			
Citadelle de Québec—Réfections et réparations.....P— 40	....	1,917 43	
" Entretien.....P— 98	....	455 67	
			2,373 10
			104,825 89

DÉTAILS.—Gouv. général, bur. du gouv. général, Rideau-Hall, etc.: Dép. en 1894-5.

	$ c.	$ c.	$ c.
Traitement, voyages, bureau, etc.—			
Traitement du gouverneur..........F— 2	48,468 24		
Traitement de l'administrateur..........F— 2	198 42		
		48,666 66	
Voyages du gouverneur (partie de $5,000)..........F— 3	4,250 00		
Voyages de l'administrateur..........F— 3	146 90		
Dép. contingentes, à l'exclusion des voy. du gouverneur.F— 3	9,211 02		
		13,607 92	
Traitements du pers. du bureau—Crédits..........F— 2	10,862 50		
" " " Caisse consolidée......F— 2	2,400 00		
		13,262 50	
Rideau-Hall : Crédit pour constructions—			75,537 08
App. de chauffage, inst. de l'éclair. élect., nouv. lait., etc.Q—49	....	12,954 36	
Rideau-Hall : Entretien par le ministère des Travaux publics—			
Réparations, ameublement, terrains, etc..........Q—91	17,997 77		
Combustible et éclairage..........Q—91	8,000 00		
Réverbères sur la rue Sussex..........Q—86	333 33		
Eau..........Q—86	900 00		
Enlèvement de la neige..........Q—88	382 00		
Gardien..........Q—84	547 50		
Service téléphonique..........Q—87	215 00		
		28,375 60	
Rideau-Hall : Gendarmerie (estimé)—			
Deux gend. de j. et deux de n., 4 x 365 à $1.65 ou à peu près.L—14	....	2,409 00	
			43,738 96
Div. trav. publics se rattachant à la charge de gouv. général—			
Citadelle de Québec—Réfections, réparations, etc ....Q—44	1,785 07		
" Entretien..........Q—98	626 19		
		....	2,411 26
Ministère des Chemins de fer : Dépenses—			
Voiture du gouverneur général..........R—37	....	3,200 00	3,200 00
			124,837 80

DÉTAILS.—Gouv. général, bur. du gouv. général, Rideau-Hall, etc.: Dép. en 1895-6.

	$ c.	$ c.	$ c.
Traitements, voyages, bureau, etc.—			
Traitement du gouverneur..........F— 2	....	48,666 66	
Voyages du gouverneur..........F— 3	5,000 00		
" solde pour 1894-5..........F— 3	750 00		
Dép. contingentes, à l'exclusion des voy. du gouverneur.F— 3	9,481 70		
		15,231 70	
Traitements du pers. du bureau—Crédits..........F— 2	11,012 50		
" " " Caisse consolidée.....F— 2	2,400 00		
		13,412 50	
Rideau-Hall : Crédit pour constructions—			77,310 86
App. de chauffage, inst. de l'éclair. élect., nouv. lait.. etc.Q—43	....	1,277 55	
Rideau-Hall : Entretien par le ministère des Travaux publics—			
Réparations, ameublement, terrains, etc..........Q—80	13,861 82		
Combustible et éclairage..........Q—80	8,000 00		
Réverbères sur la rue Sussex..........Q—76	340 00		
Eau..........Q—76	900 00		
Enlèvement de la neige..........Q—78	288 00		
Gardien..........Q—75	549 00		
Service téléphonique..........Q—77	215 00		
Porté au compte des édifices à Ottawa..........Q—69	38 09		
		24,191 91	
Rideau-Hall : Gendarmerie (estimé)—			
Deux gend. de j. et deux de n., 4 x 366 à $1.65 ou à peu près.I—17	....	2,415 60	
			27,885 06
Div. trav. publics se rattachant à la charge de gouv. général—			
Citadelle de Québec—Réfections et réparations.........Q—39	1,265 89		
" Entretien..........Q—86	460 40		
		1,726 29	1,726 29
Ministère des Chemins de fer : Dépenses—			
Voiture du gouverneur général..........R—35	....	1,290 31	1,290 31
			108,212 52

DÉTAILS.—Gouv. général, bur. du gouv. général, Rideau-Hall, etc.: Dép. en 1896-7.

	$ c.	$ c.	$ c.
Traitements, voyages, bureau, etc.—			
Traitement du gouverneur.................... ....F— 2	48,159 72		
Traitement de l'administrateur.................... ....F— 2	506 94		
		48,666 66	
Voyages du gouverneur (partie de $5,000)..... ....F— 3	4,500 00		
Voyage de l'administrateur. ... .F— 3	79 82		
Dép. contingentes, à l'exclusion des voy. du gouverneur.F— 3	8,918 19		
		13,498 01	
Traitements du pers. du bureau—Crédits..............F— 2	11,017 33		
" " " Caisse consolidée......F— 2	2,019 36		
		13,036 69	
Rideau-Hall: Entretien par le ministère des Travaux publics—			75,201 36
Réparations, ameublement, terrains, etc...............Q—86	22,341 83		
Combustible et éclairage ....Q—86	8,000 00		
Réverbères sur la rue Sussex..........................Q—80	340 00		
Eau.......................................Q—81	900 00		
Enlèvement de la neige ....Q—83	267 00		
Gardien...Q—79	547 50		
Service téléphonique.................................Q—82	215 00		
Porté au compte des édifices à Ottawa ... .Q—78	15 20		
		32,626 53	
Rideau-Hall: Gendarmerie (estimé)—			
Deux gend. de j. et deux de n., 4 x 365 à $1.65 ou à peu près.J—10	....	2,409 00	
			35,035 53
Div. trav. publics se rattachant à la charge de gouv. général—			
Citadelle de Québec—Réfection et réparations..........Q—31	1,496 43		
" Entretien, etc...................Q—93	1,415 48		
		... .	2,911 91
			113,148 80

DÉTAILS.—Gouv. général, bur. du gouv. général, Rideau-Hall, etc.: Dép. en 1897-8.

	$ c.	$ c.	$ c.
Traitements, voyages, bureau, etc.—			
Traitement du gouverneur...............................F— 2	48,385 39		
Traitement de l'administrateur.........................F— 2	281 27		
		48,666 66	
Voyages du gouverneur..................................F— 3	5,000 00		
" (solde de 1896-7)................F— 3	500 00		
Voyages de l'administrateur.......................F— 3	64 80		
Dép. contingentes, à l'exclusion des voy. du gouverneur.F— 4	10,699 42		
		16,264 22	
Traitements du pers. du bureau—Crédits...............F— 2	11,391 70		
" " " Caisse consolidée......F— 2	2,400 00		
		13,791 70	
Rideau-Hall: Entretien par le ministère des Travaux publics—			78,722 58
Réparations, ameublement, terrains, etc...............Q—83	17,736 68		
Combustible et éclairage..............................Q—83	8,000 00		
Réverbères sur la rue Sussex ... .Q—79	340 00		
Eau.......................................Q—79	900 00		
Enlèvement de la neige................................Q—81	319 00		
Gardien...Q—77	547 50		
Service téléphonique........ ... .Q—81	217 50		
		28,060 68	
Rideau-Hall: Gendarmerie (estimé)—			
Deux gend. de j. et deux de n., 4 x 365 à $1.65 ou à peu près.J—16	....	2,409 00	
			30,469 68
Div. trav. publics se rattachant à la charge de gouv. général—			
Citadelle de Québec—Réfections et réparations........Q—42	182 12		
" Voyage de Geo. Reid.. ....Q—42	312 25		
		494 37	
Toronto: Visite du gouverneur.........................Q—52	....	122 70	
			617 07
Ministère des Chemins de fer: Dépenses—			
Voiture du gouverneur général...... ....R—308	....	1,400 00	
			1,400 00
			111,209 33

Détails.—Gouv. général, bur. du gouv. général, Rideau-Hall, etc.: Dép. en 1898-9.

	$ c.	$ c.	$ c.
Traitements, voyages, bureau, etc.—			
Traitement du gouverneur ..... F— 2	....	48,666 66	
Voyages du gouverneur ($1,819.44 et $3,180.56) .... F— 3	5,000 00		
Dép. contingentes, à l'exclusion des voy. du gouverneur. F— 3	10,072 31		
		15,072 31	
Traitements du pers. du bureau—Crédits ..... F— 2	11,050 00		
" " " Caisse consolidée ..... F— 2	2,400 00		
		13,450 00	
			77,188 97
Rideau-Hall : Entretien par le ministère des Travaux publics—			
Réparations, ameublement, terrains, etc ..... Q—77	16,991 73		
Combustible et éclairage ..... Q—78	8,000 00		
Réverbères sur la rue Sussex ..... Q—73	340 00		
Eau ..... Q—73	900 00		
Enlèvement de la neige ..... Q—76	319 00		
Gardien ..... Q—71	547 50		
Service téléphonique ..... Q—75	215 00		
		27,313 23	
Rideau-Hall : Gendarmerie (estimé)—			
Deux gend. de jour et deux de nuit, 4 x 365 à $1.65 ou à peu près.	....	2,409 00	
			29,722 23
Div. trav. publics se rattachant à la charge de gouv. général—			
Citadelle de Québec—Réparations, etc ..... Q—87	....	386 42	
" Voyage de Geo. Reid ..... Q—87	....	92 31	
			478 73
			107,389 93

COPIES

[139]

Des arrêtés en conseil et de la correspondance concernant l'admission des valeurs inscrites du Canada sur la liste des garanties sur lesquelles les fidéicommissaires en Angleterre sont autorisés à placer les fonds qui leur sont confiés.

EXTRAIT *d'un rapport du comité de l'honorable Conseil Privé, approuvé par Son Excellence le 23 février 1899.*

Vu un mémoire daté du 17 février 1899, du ministre des Finances, attirant l'attention sur les efforts faits depuis nombre d'années pour obtenir une législation impériale autorisant l'admission des valeurs inscrites du Canada sur la liste des garanties sur lesquelles les fidéicommissaires en Angleterre sont autorisés à placer les fonds qui leur sont confiés, les valeurs, entre autres les valeurs coloniales, ont été, depuis le mois de décembre 1884, par un arrêté de la cour des Sessions, en vertu du *Trusts Amendment Act, 1864* (d'Ecosse), mises sur la liste des placements que peuvent faire les fidéicommissaires en Ecosse.

Le ministre dit qu'en 1888, il fut adopté à la Chambre des Lords un projet de loi concernant la responsabilité des fidéicommissaires, et dont une des dispositions traite des diverses classes de garanties sur lesquelles peuvent être faits des placements, entre autres "les valeurs inscrites de toute colonie anglaise, pourvu que telles valeurs, lors du placement, soient cotées sur la liste officielle de la bourse de Londres (*London Stock Exchange*) à un prix au-dessous de £105 sterling par £100 des valeurs inscrites portant intérêt au taux de 4 pour 100 par année, ou, dans le cas de valeurs inscrites portant intérêt à un taux moindre que 4 pour 100 par année, au-dessous du prix équivalant à £105 sterling pour chaque £100 de valeurs inscrites à 4 pour 100 par année". Dans la Chambre des Communes ce bill fut soumis au comité permanent des lois, où, après discussion, le paragraphe ci-dessus cité a été rejeté par un vote de 17 à 9. Dans le cours de la discussion devant ce comité, il fut donné à entendre que le gouvernement désirait l'omission de cette disposition, bien que, dans la Chambre des Lords, elle eût été approuvée par des membres de l'administration. Les objections de la part du gouvernement furent soumises par le solliciteur général, dont les remarques devant le comité sont exposées comme suit dans le *Times*:—

"Le solliciteur général a dit que le gouvernement songeait aux intérêts des futurs bénéficiaires. Que plusieurs de ces valeurs coloniales étaient portées à un chiffre plus élevé qu'elles ne le seraient autrement, car il n'y avait pas d'espoir apparent qu'elles pussent être payées au pair. Il pourrait être dépensé du capital d'un fidéicommis £105 ou £106, pour lesquels, après quelques anées, on ne pourait avoir que £100. Les bénéficiaires actuels ne doivent pas retirer un intérêt élevé au préjudice du montant capital du fidéicommis."

L'acte, tel qu'adopté (*Trustee Act, 1888*—sanctionné le 24 décembre 1888), ne contenait aucune disposition relative au mode de placement des fonds en fidéicommis. D'un autre côté, au mois d'août 1888, alors que la disposition en question était soumise à, la Chambre des Communes, il fut émané, par les juges de la Cour Suprême, en vertu de pouvoirs conférés par des actes antérieurs du parlement, un ordre qui, entre autres garanties, permettait le placement de fonds en fidéicommis sur des valeurs inscrites coloniales, avec le proviso contenu dans le bill de la Chambre des

Lords. Au mois de novembre 1888, cet ordre était révoqué et remplacé par un autre omettant toute mention des valeurs des gouvernements coloniaux, à l'exception de celles garanties par le gouvernement impérial, et, depuis, il n'a été émané aucun ordre permettant le placement des valeurs non garanties, bien que (comme il appert, par l'admission faite dans la minute du Bureau du Trésor, 1er novembre 1889, dont il est question plus loin) telles valeurs puissent être autorisées par la cour en vertu des dispositions de l'article (*o*) du *Trust Investment Act, 1889* (article 1 (*o*) du *Consolidated Trustee Act, 1893*), qui permet le placement de fonds en fidéicommis "sur toutes valeurs et garanties, dans le temps autorisées, sous le contrôle ou sujetes à l'ordre de la cour". Il paraîtrait que la cour a retiré l'ordre et refuse maintenant d'autoriser tels placements à cause de l'attitude hostile de la Chambre des Communes.

Le ministre fait aussi observer que, comme il a été dit plus haut, la disposition déterminant le mode de placement des fonds en fidéicommis n'a été adoptée en parlement qu'à la session de 1889, alors que, à l'exception de cette partie relative aux valeurs des gouvernements des colonies, elle fût intercalée dans le *Trust Fund Investment Act, 1889,* et subséquemment dans le *Trustee Act, 1893,* qui n'est qu'une refonte des lois relatives aux fidéicommissaires. Lors de l'étude du bill qui a servi de base à l'acte de 1889, les représentants des colonies à Londres soumirent au gouvernement impérial l'idée d'inclure les garanties des gouvernements coloniaux, et ils eurent une entrevue avec le chancelier de l'Echiquier, qui promit de faire nommer, à l'automne, un comité pour étudier les recommandations soumises.

Conformément à cette promesse, par une minute du Trésor en date du 1er novembre 1889, il fut nommé un comité se composant de sir Charles Tupper, sir F. D. Bell, et sir Graham Berry, représentant les colonies; M. Green, la banque d'Angleterre; M. Mackenzie, le lord chancelier; M. Bramston, le bureau colonial; M. E. W. Hamilton, le bureau du Trésor, et M. Jenkins, le greffier du parlement; et on ajouta ensuite sir N. F. Ommanney, un des agents officiels des colonies. Dans la minute du 1er novembre 1889, il est dit que, "à part les considérations générales, les deux principaux points qui, de l'avis du chancelier de l'Echiquier, demandaient une étude spéciale avant d'aborder la question de l'admission des valeurs inscrites des colonies, étaient :

"1. Certaine disposition permettant aux porteurs de débentures d'intenter des poursuites contre les gouvernements coloniaux dans ce pays (Angleterre).

"2. Le maintien, par les gouvernements coloniaux, d'un crédit déterminé comme condition de l'inscription de valeurs spéciales des colonies dans la catégorie des garanties autorisées."

Le 19 mars 1890, le comité fit un rapport approuvant l'idée de l'admission des valeurs coloniales, et soumettant, dans un projet de loi, ses vues sur la législation désirée. Ce projet de loi obligeait les colonies d'enregistrer chez les commissaires du Revenu de l'Intérieur les valeurs coloniales auxquelles l'acte s'applique, et donnait aux fidéicommissaires pouvoir de faire des placements sur telles valeurs coloniales à la condition renfermée dans le bill (1888) déjà cité de la Chambre des Lords, ou à une autre condition soumise par le comité, d'après laquelle les fidéicommissaires n'auraient pas le droit d'acheter de valeurs, si les plus bas prix, durant les six mois avant l'achat, ont, malgré une allocation raisonnable pour le rachat des valeurs, donné à l'acheteur un taux excédant de plus de 1 pour 100 par année l'intérêt sur les consolidés au plus bas chiffre durant la même période.

Le rapport du comité fut présenté au parlement en 1891, et durant la session de 1891, session à laquelle eut lieu la refonte des lois relatives aux fidéicommissaires, la question fut de nouveau soumise au gouvernement impérial en même temps qu'il était présenté à la Chambre des Communes, avec l'appui de M. Graham, le baron Henry de Worms et le colonel Howard Vincent, un projet de loi presque identique à celui soumis par le comité départemental en 1890.

Le ministre expose encore qu'à la conférence entre le secrétaire d'Etat pour les colonies est les premiers ministres des colonies, au bureau colonial, en juin et juillet 1897, la résolution suivante fut adoptée:

"Les personnes ici réunies sont d'opinion que le moment est venu de faire disparaître les restrictions qui empêchent le placement de fonds sur les valeurs coloniales."

Cette résolution, d'après un document (C. 8596) présenté au parlement en juillet, 1897, devait être communiquée et recommandée aux autorités, et le Haut-Commissaire du Canada a depuis soumis la question à l'attention du gouvernement impérial.

Le ministre fait de plus observer qu'il appert de ce qui précède:

1. Qu'en Ecosse les fidéicommissaires ont le droit de placer des fonds sur les valeurs coloniales; qu'ils jouissent de ce privilège depuis 14 ans, et que cela n'a eu aucun mauvais résultat apparent.

2. Que rien n'empêche que ce privilège soit donné en Angleterre par la cour, ainsi que le démontre l'ordre émis en août 1888, ordre qui, para t-il, aurait été révoqué par les juges à cause de l'attitude hostile de la Chambre des Communes. Il est hors de doute que la cour avait alors, comme elle a encore aujourd'hui, sous la loi actuelle, le pouvoir d'émaner l'ordre en question.

3. Que l'admission des valeurs coloniales sur la liste des placements autorisés, avec certaines restrictions quant au prix, a été approuvée par la Chambre des Lords, et appuyée dans la Chambre des Communes par des membres du gouvernement.

4. Qu'une minorité importante du comité des lois de la Chambre des Communes était favorable à cette idée. La principale objection alors soulevée semble être que les valeurs achetées au chiffre indiqué plus haut pourraient être payées au pair, ce qui ferait perdre la différence aux bénéficiaires, mais cette objection s'applique à d'autres placements autorisés (dont plusieurs, par le seul fait qu'ils sont inscrits sur la liste n'atteindraient probablement pas un plus haut chiffre que les valeurs coloniales), et l'acte concernant les fidéicommissaires renferme des dispositions réglementant l'achat des valeurs rachetables.

5. Qu'il a été signalé à l'attention du comité de 1890 la question du maintien d'un crédit déterminé des gouvernements coloniaux, comme condition de l'admission de leurs valeurs, mais que le comité n'a en apparence rencontré aucune difficulté dans l'étude de la question, vu qu'il a fait rapport d'un projet de loi stipulant l'admission de ces valeurs.

Le ministre ajoute qu'en ce qui concerne le Canada la valeur de ses garanties sur le marché anglais ne fait aucun doute. C'est la seule colonie qui représente la confédération de plusieurs colonies. C'est la seule colonie qui ait émis des prêts à 2½ pour 100, et ses autres valeurs sont cotées à des chiffres qui mettent leur importance au-dessus des valeurs de toute autre des colonies ayant un gouvernement autonome. Dans la dernière liste des cotes préparée par le *Investors' Monthly Manual*, il appert de plus que les valeurs canadiennes à 2½ pour 100 sont mieux vues sur le marché de Londres que celles de l'Inde à 2½ pour 100, et soutiennent avantageusement la comparaison avec les autres valeurs émises par les principales corporations municipales de la Grande-Bretagne, et cela en dépit du fait que ces valeurs de l'Inde et des corporations municipales sont laissées au choix des fidéicommissaires, tandis qu'il n'en est pas ainsi des valeurs canadiennes. Sans cette restriction, il n'y a aucun doute que la valeur des garanties canadiennes serait beaucoup plus élevée, tout en donnant un autre moyen, et un moyen sûr de placement, et ce serait d'un grand service pour le Canada quand viendra le moment, ce qui arrivera bientôt, de faire la conversion des prêts canadiens venus à échéance. Une loi ne serait pas nécessaire pour faire disparaître cette restriction s'il était permis aux tribunaux d'exercer les pouvoirs que leur donnent les statuts, mais l'expérience a démontré que, par suite de l'hésitation de la Chambre des Communes à approuver ces placements, les tribunaux ne sont pas disposés à se servir du pouvoir discrétionnel que leur donne la loi.

Le ministre représente en outre que vu l'état amélioré des finances des colonies et l'intérêt fort étendu porté aux affaires coloniales, le moment semblerait favorable pour l'admission des valeurs coloniales sur la liste des garanties autorisées. Si, toutefois, la concession de ce privilège aux colonies en général n'est pas jugée à propos, il soumet que la valeur actuelle des garanties canadiennes n'admet aucune objection raisonnable à la concession de ce privilège. Le Canada peut avec raison réclamer de la mère-patrie qu'elle lui aide en rehaussane son crédit sur le marché monétaire anglais.

Par conséquent, le ministre recommande que le gouvernement de Sa Majesté soit prié de prendre telle mesure qu'il jugera à propos pour assurer l'admission des valeurs inscrites en Canada sur la liste des garanties sur lesquelles les fidéicommissaires en Angleterre sont autorisés à placer les fonds qui leur sont confiés.

Le comité, avec cet objet en vue, avise Votre Excellence d'adresser une copie certifiée de cette minute au Très honorable Secrétaire d'Etat pour les colonies.

Le comité recommande de plus qu'une copie certifiée de cette minute soit envoyée, pour information, au Haut-Commissaire du Canada à Londres.

Le tout respectueusement soumis à l'approbation de Votre Excellence.

JOHN J. McGEE,
Greffier du Conseil Privé.

Lord Minto à M. Chamberlain.

HOTEL DU GOUVERNEMENT,
OTTAWA, 1er mars 1899.

A l'honorable
JOSEPH CHAMBERLAIN, C.P., etc., etc., etc.

MONSIEUR,—J'ai l'honneur de transmettre ci-inclus copie d'une minute approuvée du Conseil Privé renfermant un rapport de mon ministre des Finances qui établit l'opportunité de prendre des mesures pour assurer l'admission des valeurs inscrites du Canada sur la liste des garanties sur lesquelles les fidéicommissaires en Angleterre sont autorisés à placer les fonds qui leur sont confiés.

J'ai, etc.,

MINTO.

17 RUE VICTORIA,
LONDRES, S. W., 17 février 1900.

A l'honorable
W. S. FIELDING, M. P.,
Ottawa.

CHER M. FIELDING,—A propos de notre correspondance touchant l'admission des valeurs canadiennes sur la liste des garanties sur lesquelles des fonds peuvent être placés, je désire confirmer le câblegramme suivant que je n'ai pu vous envoyer aujourd'hui:

"Admission des garanties coloniales pour placement autorisé. Chamberlain m'informe que l'on est arrivé à une décision qui, il l'espère, sera agréable au Canada. Il ajoute qu'il est essentiel que le privilège soit restreint aux garanties des colonies adoptant le *Colonial Stock Act*, mais l'adoption par le Canada ne ferait pas tout à fait dispara tre la difficulté dans son cas. Pour permettre l'application de l'acte aux valeurs canadiennes émises depuis 1877, il faudrait une législation impériale amendant l'acte et stipulant inutile que les prospectus, avis, coupons, etc., ou autres documents émis avant l'adoption de l'acte spécifiant les détails exigés par le *Colonial Stock Act*, article 19. Admettant l'adoption de tel acte, il faudrait en Canada une législation supplémentaire avec une disposition spécifique au sujet de l'inscription et du transfert dans le régistre du Royaume-Uni des valeurs canadiennes, afin que la déclaration exigée par l'acte de 1877 puisse exposer la disposition ainsi faite en dûe forme. Le Canada devra en outre assurer l'exécution des jugements des tribunaux anglais, des deux manières (A. et B.) offertes dans votre lettre confidentielle de juin dernier. Le gouvernement canadien devra officiellement faire cela avant qu'une législation soit présentée ici et aussi exposer formellement l'opinion non officielle émise par vous que toutes législations candiennes qui, de l'avis du gouvernement impérial, altéreraient les dispositions ci-dessus requises, au préjudice des porteurs de débentures, ou infirmeraient autrement e contra original, pourront avec raison être révoquées par le gouvernement impérial. Il termine en disant que si le gouvernement canadien veut faire une demande officielle et donner les garanties formelles requises, l'adoption d'une législation impériale sera possible. Je vous écris par poste."

Ce message repose sur une lettre qui m'était adressée par M. Chamberlain et dont j'inclus copie pour votre information.

Je ne doute pas que la décision à laquelle on est arrivé soit agréable au gouvernement canadien et que vous ayez pris les mesures nécessaires pour assurer la démarche officielle qui doit précéder la présentation ici d'une législation regardée comme nécessaire dans les circonstances.

Croyez-moi, etc.,

STRATHCONA.

BUREAU COLONIAL,
DOWNING STREET, S. W.,
15 février 1900.

MON CHER LORD STRATHCONA,—J'ai communiqué avec le chancelier de l'Echiquier relativement à l'admission des valeurs coloniales comme garanties autorisées, et je suis heureux de pouvoir vous informer que l'on est arrivé à une décision qui, je l'espère, sera satisfaisante pour le Canada.

Comme vous le savez, le chancelier désirait prendre un avis légal pour savoir si les offres soumises par le gouvernement canadien assureraient le but que l'on a en vue, et cet avis a maintenant été reçu.

Il est essentiel, naturellement, que le privilège soit restreint aux garanties des colonies qui adoptent le *Colonial Stock Act*, mais l'adoption de cet acte par le gouvernement canadien ne ferait pas, au sens du chancelier, disparaître complètement la difficulté; il faudrait, pour permettre l'application de l'acte aux valeurs canadiennes émises depuis 1877 jusqu'à ce jour, l'adoption d'une législation impériale modifiant cet acte et stipulant que "il ne sera pas nécessaire que tous prospectus, avis, coupons, etc., ou tout autre document émis avant l'adoption de l'acte spécifient les détails requis par l'article 19 du *Colonial Stock Act* de 1877."

Cela assurerait la sanction parlementaire qui, vous le savez, a, après ce qui s'est passé en 1889, été regardée comme nécessaire avant l'admission des valeurs coloniales sur la liste des garanties autorisées.

Si tel acte est adopté, le Canada devra passer une législation supplémentaire avec une disposition spécifique au sujet de l'inscription et du transfert sur un registre tenu dans le Royaume-Uni des valeurs canadiennes, afin que la déclaration requise par l'acte de 1877 puisse exposer la disposition ainsi faite en due forme. Le Canada devra en outre assurer l'exécution des jugements des tribunaux anglais des deux manières (A. et B.) que vous offrait M. Fielding dans sa lettre confidentielle du mois de juin dernier.

Le gouvernement du Canada devra agir ainsi officiellement avant qu'une législation soit présentée ici, et il devra aussi exposer formellement l'opinion exprimée non officiellement par M. Fielding, que toute législation canadienne altérant, dans l'opinion du gouvernement impérial, les dispositions ci-dessus requises, au détriment des porteurs de débentures, ou infirmant de quelque autre manière le contrat original, pourrait avec raison être révoquée par le gouvernement impérial.

Si le gouvernement du Canada veut maintenant faire une demande officielle et donner les garanties formelles requises, rien n'empêchea plus la présentation de la loi impériale nécessaire.

Je suis, etc.,

J. CHAMBERLAIN.

EXTRAIT *d'un rapport du comité de l'honorable Conseil Privé, approuvé par Son Excellence le 22 mars 1900.*

Sur un rapport daté du 20 mars 1900, du ministre des Finances, exposant que le 23 février 1899, il a été passé un arrêté en conseil attirant l'attention sur les efforts réitérés depuis plusieurs années pour obtenir une législation impériale assurant l'admission des valeurs inscrites en Canada sur la liste des garanties sur lesquelles les fidéicommissaires en Angleterre sont autorisés à placer les fonds qui leur sont confiés, et recommandant que le gouvernement de Sa Majesté soit prié de prendre les mesures nécessaires pour assurer la chose.

Le ministre déclare que des copies de cet arrêté en conseil ont été envoyées au Très honorable Secrétaire d'Etat pour le colonies et au Haut-Commissaire du Canada en Angleterre, et que, depuis, par l'entremise du Haut-Commissaire et au nom du gouvernement canadien, il a eu des communications confidentielles avec le secrétaire colonial et le chancelier de l'Echiquier, et une étude a été faite au sujet de la législation ou autres arrangements nécessaires, tant en Angleterre qu'en Canada, avant l'admission des valeurs canadiennes sur la liste des fidéicommissaires. Comme resultat de ces démarches le ministre des Finances a été informé qu'il est essentiel que le privilège demandé soit restreint aux valeurs des colonies adoptant le *Imperial Colonial Stock Act,* et il faudra, par conséquent, que le Canada se mette sous le coup des dispositions de cet acte, et pour cela il faudra une législation du parlement canadien faisant une disposition spécifique relative à l'inscription et au transfert des valeurs canadiennes sur le registre tenu dans le Royaume-Uni, afin que la déclaration requise par l'acte en question puisse exposer la disposition ainsi faite en termes convenables.

Le ministre des Finances soumet qu'il ne voit aucune objection à demander au parlement du Canada d'adopter une telle législation, vu qu'il ne voit aucune objection à ce que les *Colonial Stock Acts de 1877* et *1892* (Actes Impériaux 40 et 41 Victoria, chapitre 59, et 55-6 Victoria, chap. 35), soient appliqués aux valeurs canadiennes. D'après les conditions des prêts faits en Angleterre, les valeurs canadiennes ont été inscrites dans des livres tenus par nos agents financiers à Londres, et par arrêtés en conseil en date du 4 novembre 1890 et du 17 janvier 1893, des règlements renfermant de fait les dispositions des actes ci-dessus nommés, ont été prescrits touchant le transfert de telles valeurs inscrites dans le Royaume-Uni. Comme il est dit dans l'arrêté en conseil du 4 novembre 1890, ces règlements ont été faits "dans le but d'obtenir l'admission des valeurs inscrites en Canada sur les listes des garanties sur lesquelles, d'après les lois de la Grande-Bretagne et de l'Ecosse, les fidéicommissaires sont autorisés à placer les fonds qui leurs sont confiés". Il a aussi été nommé un régistrateur; c'est aujourd'hui le gérant actuel de la Banque de Montréal à Londres, Angleterre, qui n'agira en cette première qualité que tant que la Banque de Montréal sera l'agent fiscal du Canada en Angleterre, de sorte que, en réalité, les actes en question s'appliquent aux valeurs canadiennes, mais il faut la sanction législative du parlement du Canada pour permettre leur inscription formelle.

Le ministre expose en outre que le chancelier de l'Echiquier désire savoir si le gouvernement canadien consentirait à assurer par législation (*a*) le paiement, à même les revenus du Canada, de toute somme qu'un jugement d'un tribunal anglais pourrait ordonner de payer aux porteurs de débentures, (*b*) l'allocation au régistrateur en Angleterre des fonds nécessaires à cette fin, et (*c*) la révocation de toute loi modifiant les dispositions ci-dessus ou infirmant le contrat original avec tout porteur de débentures.

Le ministre fait observer que, relativement au paiement des jugements des tribunaux anglais, l'article 20 du *Colonial Stock Act* de 1877 (Impérial) autorise des procédures en pétition de droit en Angleterre par toute personne réclamant des intérêts dans toute valeur enregistrée en vertu de cet acte, ou tout dividende y attaché, et stipule que le régistrateur, ou autre agent du gouvernement colonial, ayant en Angleterre des fonds de tel gouvernement, devra se conformer aux jugements, décrets, régles ou ordres de la cour. Après avoir consulté ses collègues, le ministre déclare que, dans le but de se rendre au désir du gouvernement de Sa Majesté, le gouvernement du Canada demanderait au parlement canadien une législation autorisant le ministre des Finances et Receveur général du Canada à payer, à même le fonds du revenu consolidé du Canada, tout montant exigé par jugement, etc., de telle cour, et serait prêt en outre à s'entendre avec les agents financiers actuels du Canada pour le paiement en tout temps de tels jugements, etc., et faire de semblebles arrangements avec leurs successeurs, advenant un changement d'agents. Le chancelier de l'Echiquier a accepté ces propositions.

Relativement aux autres points: l'abrogation de toute loi altérant les dispositions ci-dessus mentionnées, ou infirmant de quelque manière le contrat original avec les porteurs de débentures, le ministre dit qu'aucune loi de ce genre n'a été faite, et que dans le cas de toutelégi slation future, le gouvernement de Sa Majesté tenait le remède entre ses mains par le pouvoir de désavouer la législation canadienne. Le chancelier de l'Echiquier maintenant désire que l'opinion exprimée d'une manière si peu officielle par le ministre, à l'effet que telle législation du parlement canadien pouvait être désavouée par le gouvernement impérial, soit exposée formellement, et à cela le ministre ne voit aucune objection.

L'adoption, par le gouvernement canadien, de la législation ci-dessus mentionnée, ne fera pas, cependant, disparaître complètement la difficulté qui existe au sujet de l'inscription des valeurs canadiennes en vertu du *Colonial Stock Act.* L'article 19 de l'acte de 1887 exige que les prospectus, etc., des valeurs contiennent la déclaration "que les revenus seuls de la colonie sont responsables au sujet des valeurs et des dividendes y attachés, et que le fonds consolidé du Royaume-Uni et les commissaires du gouvernement de Sa Majesté ne sont ni directement ni indirectement responsables de ces valeurs ou de ces dividendes, ou de quoi que ce soit à ce sujet". Le paragraphe 4 de l'article 2 du *Colonial Stock Act* de 1889 stipule que l'article ci-dessus cité ne s'appliquera à aucune valeur au sujet de laquelle les dispositions de cet article n'ont pas été observées avant l'adoption de l'acte de 1877, et on a fait remarquer au gouvernement impérial que bien que l'article 19 ne s'appliquerait à aucun prêt canadien consolidé fait longtemps avant 1877, et probablement non plus à la conversion, en 1885, du prêt canadien fait avant 1877, il s'appliquerait probablement aux prêts depuis—en 1878, 1879, 1884, 1885, 1888, 1892, 1894 et 1897. Les prospectus de ces prêts, tout en exposant clairement que le Canada seul était responsable, et, dans le prêt de 1878, établissant clairement la part garantie par le gouvernement impérial et celle non garantie, ne contenaient pas les mots exacts requis par l'article.

Le ministre est informé que le chancelier de l'Echiquier est avisé qu'il faudra, pour permettre l'application des *Colonial Stock Acts* aux valeurs émises depuis 1877 jusqu'à présent, une législation impériale modifiant l'acte et stipulant que "il ne sera pas nécessaire que tous prospectus, avis, coupons, etc., ou autres documents émis après l'adoption de l'acte (projeté), exposent les détails requis par l'article 19 du *Colonial Stock Act* de 1877.

Comme il a été déclaré au ministre qu'il sera nécessaire, avant la présentation d'une législation dans le parlement impérial, que le gouvernement canadien présente au parlement canadien la législation nécessaire de la part du Canada, et donne l'assurance formelle demandée par le chancelier de l'Echiquier relativement au désaveu, par le gouvernement impérial, de toute législation future mentionnée plus haut, et aussi que, si le gouvernement canadien fait aujourd'hui une demande officielle et donne l'assurance formelle requise, la présentation d'une nouvelle législation impériale sera possible, le ministre, en vue des grands avantages que retireront certainement les valeurs canadiennes sur le marché anglais, si elles sont admises sur la liste des garanties autorisées, recommande ce qui suit:

1. Que durant la présente session le parlement canadien soit prié de décréter l'inscription et le transfert des valeurs canadiennes sur un registre à être tenu dans le Royaume-Uni, afin que ces valeurs puissent être enregistrées en conformité et tombent sous le coup des dispositions du *Colonial Stock Act*; et aussi le paiement,

par le ministre des Finances et Receveur général, à même le fonds consolidé du Canada, de tout montant réclamé au sujet de toute valeur en vertu de tout jugement, décrêt, règle ou ordre dûment certifié de la cour dans le Royaume-Uni.

2. Que le gouvernement canadien s'entende avec ses agents financiers actuels pour le paiement en tout temps de tels jugements, décrets, règles ou ordres de telle cour dans le Royaume-Uni, et fasse des arrangements semblables avec les successeurs de ces agents, s'il advenait des changements ; et

3. Que le gouvernement canadien approuve l'opinion émise par le ministre des Finances à l'effet que toute législation canadienne qui, au sens du gouvernement impérial, altérera les dispositions ci-deussus requises, au préjudice des porteurs de débentures, ou infirmera de quelque manière le contra original fait au sujet de toute valeur inscrite, sera avec raison révoquée par le gouvernement impérial.

Le ministre recommande en outre qu'il plaise à Votre Excellence demander, au nom du gouvernement canadien, l'admission des valeurs inscrites en Canada sur la liste des garanties autorisées, et la présentation, dans le parlement impérial, par le gouvernement de Sa Majesté, de la législation nécessaire pour faire disparaître tout obstacle à telle admission.

Le comité approuvant, avise Votre Excellence de vouloir bien envoyer une copie certifiée de cette minute au Très honorable Secrétaire d'Etat des colonies, pour l'information du gouvernement de Sa Majesté.

Le tout respectueusement soumis à l'approbation de Votre Excellence.

JOHN J. McGEE,
Greffier du Conseil privé.

Lord Minto à M. Chamberlain.

Hôtel du Gouvernement,
Ottawa, 26 mars 1900.

Au Très honorable
Joseph Chamberlain, C.P., etc.

Monsieur,—En rapport avec ma dépêche n° 42, du 1er mars 1899, exposant le désir de mon gouvernement de voir prendre des mesures pour assurer l'admission des valeurs inscrites en Canada sur la liste des garanties sur lesquelles les fidéicommissaires en Angleterre sont autorisés à placer les fonds qui leur sont confiés, j'ai l'honneur de vous communiquer ci-inclus une minute approuvée du Conseil privé, représentant que, subséquemment à cette dépêche, une correspondance non officielle a été échangée entre mon ministère des Finances, par l'entremise du Haut-Commissaire du Canada, et le gouvernement de Sa Majesté au sujet des mesures à prendre pour amener la réalisation de ce désir du gouvernement.

Dans le cours de cette correspondance, le chancelier de l'Echiquier aurait fait comprendre la nécessité de l'adoption, par le Canada, de certaine législation comme mesure préliminaire à l'application des *Imperial Colonial Stock Acts* aux valeurs canadiennes, et exprime le désir de voir prendre des mesures pour assurer aucune intervention législative dans le contrat original fait avec les porteurs de débentures. En réponse, mon ministre a signalé le fait que telles garanties aux porteurs de débentures étaient comprises dans le pouvoir de désaveu que Sa Majesté peut exercer sur la législation du Canada, et, sur la recommandation du chancelier de l'Echiquier, les ministres approuvent aujourd'hui formellement l'opinion d'abord émise d'une manière non officielle par le ministre, et ils indiquent de plus les arrangements, législatifs et autres, qu'ils se proposent de faire pour rencontrer le désir du chancelier de l'Echiquier.

Sur l'avis de mes ministres, j'ai alors l'honneur de vous demander l'admission des valeurs inscrites du Canada sur la liste des garanties autorisées, et la présentation dans le parlement impérial, par le gouvernement de Sa Majesté, de la législation nécessaire pour faire disparaître tout obstacle à telle admission.

J'ai, etc., MINTO.

COPIE

[151]

D'un arrêté du conseil nommant une commission pour faire une enquête sur les fraudes d'élections.

EXTRAIT *d'un rapport du comité de l'honorable Conseil privé, approuvé par Son Excellence le* 4 *juin* 1900.

Vu le mémoire du Ministre de la Justice, en date du 2 juin 1900, exposant qu'attendu qu'il a été affirmé que pendant plusieurs années avant et après les élections générales de 1896 faites pour élire des députés à la Chambre des Communes du Canada, des scrutateurs officiels, scrutateurs adjoints et autres personnes ont commis des fraudes dans plusieurs des circonscriptions électorales, soit pendant qu'on recueillait les votes, soit après qu'on les eut recueillis, en gâtant les bulletins marqués par les votants, ou en substituant d'autres bulletins à ceux ainsi marqués, ou par quelque autre manœuvre frauduleuse à l'égard des bulletins en tout temps avant le renvoi du bref d'élection et jusqu'à ce renvoi, et qu'il est grandement à désirer qu'une enquête soit faite sur toutes telles prétendues fraudes, et que le retour en soit empêché, s'il y en a eu de commises, afin que l'élection au Parlement puisse accuser le vote réel des électeurs qui donnent leurs voix dans chaque circonscription électorale;

Et attendu qu'il est opportun de nommer une commission revêtue du plein pouvoir de faire des enquêtes, recherches, rapports et recommandations ainsi que ci-après énoncé:

Et le Ministre recommandant en conséquence que sous l'autorité des dispositions du chapitre cent quatorze des Statuts revisés du Canada, intitulé " Acte concernant les enquêtes sur les affaires publiques ", l'honorable sir John Alexander Boyd, chevalier-bachelier et président de la cour suprême de judicature pour Ontario, chancelier de la province d'Ontario (pour être président de la commission), l'honorable William Glenholme Falconbridge, l'un des juges de Sa Majesté de la dite cour suprême, et membre de la division du banc de la Reine de la haute cour de justice pour Ontario, et Son Honneur Duncan B. MacTavish, juge de la cour de comté du comté de Carleton, soient nommés commissaires sous l'autorité du dit acte, à l'égard de l'élection des députés à la Chambre des Communes du Canada, pour faire des recherches et des enquêtes sur toute prétendue falsification, altération, marque, viciation, substitution ou modification frauduleuse à l'égard de bulletins d'élection, ou à raison de toute manœuvre frauduleuse à l'égard des cahiers de votation et des boîtes de scrutin, ou du contenu légal ou de ce qui aurait dû être le contenu légal, des boîtes de scrutin, soit par voie d'altération, d'addition ou de retrait frauduleux, soit autrement, pendant la durée et jusqu'à la clôture de l'élection, et jusqu'au renvoi du bref au greffier de la Couronne en chancellerie; et que les dits commissaires soient autorisés à faire ces recherches et tenir cette enquête dans chaque cas où ils jugeront qu'il leur a été, à leur avis, montré des motifs raisonnables d'en agir ainsi;

Que le greffier de la Couronne en chancellerie produise devant les commissaires tous les cahiers de votation et listes d'électeurs, et tous autres papiers, lettres, documents et notes, et toutes boîtes de scrutin se rapportant à toute telle élection, lorsque les commissaires les demanderont pour les fins d'une telle enquête;

Que les dits commissaires aient le pouvoir de nommer deux des conseils de Sa Majesté versés en loi pour leur aider dans leurs recherches et enquêtes, et aussi un greffier-archiviste et les sténographes nécessaires; que pour faire ces recherches et enquêtes ils puissent prescrire, pour la procédure, les règles qui leur paraîtront propres à la conduite des dites recherches et enquêtes, et qu'en faisant ces recherches et enquêtes ils usent de toute la diligence voulue, procédant dans chaque cas *de die in diem*, à moins que pour des raisons spéciales et suffisantes ils n'en décident autrement; et qu'à la fin de chaque enquête ils fassent rapport de son résultat au Ministre de la Justice;

Que les dits commissaires soient revêtus du pouvoir de citer tous témoins devant eux et de les contraindre à rendre témoignage sous serment, verbalement ou par écrit, ou par affirmation solennelle si ce sont des personnes ayant droit d'affirmer en matières civiles, et à produire les documents, etc., que ces commissaires jugeront nécessaires pour scruter à fond les choses qu'ils sont appelés à examiner;

Que pour contraindre ces témoins à comparaître et les forcer à rendre témoignage ces commissaires aient le même pouvoir dont est revêtue toute cour d'archives dans les causes civiles;

Qu'en même temps que pour les fins de ces recherches et enquêtes l'attention des commissaires est spécialement attirée sur une période comprenant les élections générales de 1896 et subséquente à ces élections, les dites recherches et enquêtes ne sont pas restreintes à cette période, s'ils jugent à propos de les étendre à une période les précédant;

Que lorsque ces recherches et enquêtes seront closes, les commissaires recommandent, au sujet de la conduite des élections, les modifications qu'il leur paraîtra à propos d'apporter à la loi pour sauvegarder l'inviolabilité du scrutin, et pour permettre aux électeurs d'exercer leur droit de vote de la manière la plus efficace;

Et généralement que les dits commissaires puissent faire rapport de tous faits, circonstances ou opinions qu'ils jugeront à propos relativement aux choses qui leur sont présentement renvoyées:

Le comité soumet les recommandations qui précèdent à l'approbation de Votre Excellence.

JOHN J. McGEE,
Greffier du Conseil privé.

RÉPONSE

[174]

A une Adresse du Sénat, en date du 3 juillet 1900, demandant copie de la correspondance échangée entre le premier ministre, le secrétaire d'Etat ou tout autre membre du gouvernement et le lieutenant-gouverneur de la Colombie-Britannique, au sujet de la révocation des premiers ministres Turner et Semlin par le dit lieutenant-gouverneur, et à l'invitation faite à M. Robert Beaven et M. Jos. Martin ou à toute autre personne de former un cabinet, ainsi que tous rapports, arrêtés du conseil ou autres documents relatifs à cette révocation et à la formation de ces cabinets.

R. W. SCOTT,
Secrétaire d'Etat.

Victoria, 21 octobre 1898.

(Le lieutenant-gouverneur à R. W. Scott.)

Puis-je constitutionnellement accorder une dissolution avant que la nouvelle législature soit régulièrement convoquée? Veuillez télégraphier réponse.

T. R. McINNES.

Réponse.—Bien que, absolument, vous puissiez avoir le droit d'accorder une dissolution sur l'avis de vos ministres, cependant, dans les circonstances actuelles, l'exercice de ce pouvoir serait considéré comme extraordinaire et sans précédent, et je vous conseillerais de ne pas l'exercer.

R. W. SCOTT.

Confidentielle.

30 août 1899.

L'honorable T. R. McInnes,
Lieutenant-gouverneur de la Colombie-Britannique,
Victoria, C.-B.

Mon cher McInnes,—Depuis que Martin a quitté le gouvernement, on dit qu'il a l'intention de porter la guerre dans le camp et que ses amis insistent sur une prompte convocation de la législature pour lui fournir l'occasion d'ouvrir les hostilités.

Je présume que les membres de votre gouvernement ont nullement l'intention de fournir à Martin l'occasion favorable qu'il désire en convoquant la législature avant le temps ordinaire; vos ministres sont les juges compétents de l'époque à laquelle doit être convoquée l'assemblée—en restant, bien entendu, dans la limite de l'année.

J'ai été heureux de constater que les accusations portées contre vous par le gouvernement Turner sont tombées à plat; et, en dehors de la discussion dans les journaux, votre action n'a pas provoqué beaucoup de critique en parlement. Néanmoins, il faut admettre la conduite que vous avez suivie en renvoyant le gouvernement Turner a été quelque peu plus autoritaire que celle adoptée généralement dans des circonstances analogues, et je n'aimerais pas à vous voir prendre à l'avenir un procédé aussi leste pour changer vos conseillers. Il est toujours mieux de laisser aux représentants du peuple dans l'assemblée la mission délicate de décider si, oui ou non, les conseillers du lieutenant-gouverneur ont la confiance du pays.

J'ai reçu avec plaisir votre rapport concernant le district d'Atlin, qui deviendra probablement un champ d'exploitation minière de grande valeur. Je remarque qu'il y est dit que l'Acte concernant les aubains a plutot nui au développement du district et qu'il est question de demander son abrogation à la prochaine session. Cette abrogation ferait disparaître l'un des griefs allégués à Washington et qui sera probablement soumis à la commission mixte, à sa prochaine réunion.

Espérant que vous jouissez d'une bonne santé et que votre situation vous est agréable,

Je demeure bien sincèrement vôtre,

R. W. SCOTT.

Confidentielle.

VICTORIA, C.-B., 12 septembre 1899.

L'honorable R. W. SCOTT,
Secrétaire d'Etat, Ottawa, Canada.

MON CHER SCOTT,—J'ai reçu votre lettre en date du 30 août dernier et j'ai mûrement réfléchi sur son contenu. Vous dites : " Depuis que Martin a quitté le gouvernement, on dit qu'il a l'intention de porter la guerre dans le camp et que ses amis insistent sur une prompte convocation de la législature pour lui fournir l'occasion d'ouvrir les hostilités." Ceci n'est pas tout à fait exact. Je n'ai pas parlé à Martin ni je l'ai vu depuis six mois, et je n'ai aucune idée de ce que peuvent être ses projets; cependant, si j'en juge par son passé, il est plus que probable qu'il soit disposé à porter la guerre dans le camp. Ce ne sont pas les amis de Martin qui demandent à grands cris la prompte convocation de la législature, mais, au contraire, ses pires ennemis—des personnes représentées par des journaux comme le Victoria *Colonist*, le Victoria *Globe*, le Nelson *Miner*, le Kamloops *Standard*, etc. Ces gens espèrent qu'une session prochaine aurait pour résultat non pas exactement la réinstallation du cabinet Turner, mais la formation d'un ministère qui aurait les mêmes idées que l'ancien gouvernement. Personnellement, je suis d'avis que l'on devrait convoquer immédiatement la législature, sans s'inquiéter si le gouvernement sera maintenu ou si tel parti viendra au pouvoir; car, permettez-moi de le dire, n'étant pas dans la province, vous pouvez difficilement vous faire une juste idée du malaise et de l'inquiétude causés par la situation politique actuelle. Les intérêts commerciaux, surtout pour ce qui a rapport aux opérations minières, en sont assez sérieusement affectés. Et j'ai fait entendre à mes ministres que, dans les circonstances, ils devraient convoquer la législature pour la fin octobre, ou en appeler à l'électorat. Cependant, me rendant à votre suggestion que je devais laisser à mes ministres le soin de fixer la réunion de la chambre à la date qu'ils croient la plus convenable—en restant dans la limite de l'année—et prenant aussi en considération les raisons qu'ils donnent pour ne pas avoir de session avant janvier, j'ai retiré ma demande d'une session en octobre, mais en exigeant qu'avis soit bientôt donné de la convocation pour le 4 janvier, date qu'ils ont eux-mêmes suggérée, et un jour seulement plus tôt que la session de l'année dernière. J'inclus un article du *Globe* où vous verrez que l'on doit faire circuler dans la province des requêtes demandant ma destitution surtout parce que je n'ai pas renvoyé mes ministres actuels ou insisté sur une convocation immédiate. Je vous mentionne le fait, non pas que je m'inquiète le moins du monde de ces pétitions, mais comme une preuve du grand désir qui existe chez le peuple d'avoir bientôt l'occasion de se prononcer sur la situation politique présente. Cependant, comme je viens de le dire, je suivrai votre avis en la matière et j'attendrai une session en janvier. Vous exprimez l'espoir que je me plais dans mes fonctions. Je ne puis dire que ma position ait été absolument une sinécure jusqu'à présent, et je dois vous avouer franchement que je songe sérieusement à l'abandonner bientôt et à rentrer dans la politique fédérale. Il est des questions que je ne tiens pas à traiter dans une lettre; mais si je pouvais avoir un entretien d'une heure avec vous, je pourrais vous éclairer quelque peu sur l'état actuel des affaires en cette province, particulièrement au point de vue fédéral. Je crains que le gouvernement n'ait eu trop de confiance dans les conseils de politiciens sans expérience en tant que cette province est concernée, dans les représentations de ceux qui proclament que "tout est bien" tandis que tout n'est pas bien. Remarquez, mon cher sénateur, que je suis loin de dire ceci dans un esprit d'hostilité ou de rancune; mon seul désir est que vous soyiez renseigné sur l'état vrai des affaires ici.

La lettre que vous m'avez envoyée au commencement de mon terme, avec indications pour l'usage du code de Slater, a été brûlée dans l'incendie de l'hôtel du gouvernement; mais, autant que je m'en souviens, l'envoyeur devait ajouter le nombre quatre cent au mot du code et le receveur soustraire ce nombre; à moins que je ne reçoive d'autres instructions, j'interpréterai ainsi tout message chiffré que vous pourrez avoir l'occasion de m'envoyer.

Croyez moi,

Bien sincèrement à vous,

THOMAS R. McINNES.

OTTAWA, 27 février 1900.

Le lieutenant-gouverneur McINNES,
Victoria, C.-B.

Je comprends que votre gouvernement reçoit une force notable par l'adhésion de plusieurs membres de l'opposition. Je crois que vous devriez leur donner un peu de temps, plutôt que de presser la dissolution ou quelque changement.

R. W. SCOTT.

VICTORIA, C.-B., 28 février 1900.

L'honorable R. W. SCOTT,
Ottawa.

Plusieurs heures avant la réception de votre dépêche, j'ai appelé d'autres conseillers. J'écrirai les détails complets qui justifieront mon action.

THOS. R. McINNES.

Privée.

HÔTEL DU GOUVERNEMENT,
VICTORIA, C.-B., 3 mars 1900.

MON CHER SCOTT.—J'inclus copie de la lettre que j'ai adressée à M. Semlin (quelques heures avant la réception de votre dépêche) exposant les raisons qui m'ont forcé à chercher d'autres conseillers. Elle contient tout ce que j'ai à dire sur le sujet. M. Semlin m'a demandé, le vendredi soir en question, de lui donner jusqu'au lundi soir pour considérer sa position et la question de dissolution ou de démission. Je lui ai accordé ce délai, amplement suffisant à mon avis; mais, le lundi soir, il m'a demandé d'attendre encore, me déclarant simplement qu'il croyait qu'il serait en état de rallier la majorité de la législature. Il refusa de me donner des détails lorsque je lui en demandai et me répéta simplement qu'il croyait qu'il serait en état de rallier une majorité.

J'inclus un article du *Columbian*, de New-Westminster, qui avait supporté le gouvernement Semlin. Vous y verrez que tous les principaux journaux de la côte, à l'exception du *News-Advertiser*, journal de l'ex-ministre Cotton, approuvent le renvoi comme pratiquement nécessaire dans les circonstances. Une clameur était inévitable, quelqu'eût été celui que j'eusse appelé à former une administration; car il n'y avait pas d'opposition définie et près d'une douzaine d'hommes marquants étaient indiqués pour le poste de premier ministre, parmi eux Dewdney, Turner, Higgins, Peters, Milne, Dunsmuir, Brown, Macdonell, etc. Je crois réellement que Martin est l'homme le mieux en état de faire face à la situation—bien que son choix puisse introduire les divisions politiques fédérales sur le terrain provincial. Malgré tout ce que les ennemis de Martin ont à dire contre lui, je suis complètement d'accord avec le *World*, de Vancouver, dans l'observation suivante qu'il faisait, le premier du mois courant :—

" Individuellement, il (Martin) est peut-être aujourd'hui le politicien le plus fort de la Colombie-Britannique. Qu'il soit parfait sous tous rapports, ses meilleurs amis ne le prétendent pas. Son honnêteté et son intégrité personnelles n'ont jamais été mises en doute."

Bien sincèrement à vous,
THOS. R. McINNES.

Confidentielle.

HÔTEL DU GOUVERNEMENT,
VICTORIA, C.-B., 4 mars 1900.

L'honorable R. W. SCOTT,
Secrétaire d'Etat,
Ottawa, Canada.

MON CHER SCOTT,—Pour confirmer ce que je vous disais dans ma lettre confidentielle d'hier au sujet de l'opinion de la presse, j'inclus dans la présente un article du *World* de Vancouver, du 2 courant, approuvant le renvoi du ministère Semlin, et un autre dans le même sens paru dans le *Colonist* d'aujourd'hui; aussi, un extrait du *Colonist* donnant le texte d'une motion, adoptée à l'unanimité par les libéraux de Vancouver et approuvant ma conduite pendant la crise. M. Martin, comme vous en avez sans doute été informé, a été choisi comme le leader libéral. Cela amènera l'unification d'un parti qui était tout à fait désorganisé, et j'espère que vous serez disposé à reconnaître le service que mon acte a rendu incidemment aux libéraux d'ici. Quant aux services rendus à la province, c'est sur elle que je compte pour qu'ils soient reconnus. Je suis assuré, par la presse et par communications privées, que mon action et entièrement approuvée par le peuple.

Sincèrement à vous,
THOS. R. McINNES.

(Dépêche chiffrée.)

15 mars 1900.

Le lieutenant-gouverneur McINNES,
Victoria, Colombie-Britannique.

Le gouvernement désire savoir si vous avez complété votre conseil exécutif et quand vous pensez que vos conseillers recevront l'approbation du peuple ou de ses représentants. Veuillez faire rapport complet.

R. W. SCOTT.

(Dépêche chiffrée.)

VICTOIRA, C.-B., 15 mars 1900.

R. W. SCOTT,
Secrétaire d'Etat,
Ottawa.

Je compte que le conseil exécutif sera complet la semaine prochaine. Révision statutaire des listes électorales le 7 mai. Elections générales et réunion de la législature probablement en juin. Premier ministre est allé à Vancouver. Vous renseignerai exactement à son retour.

THOMAS R. McINNES.

VICTORIA, C.-B., 24 mars 1900.

L'honorable R. W. SCOTT,
Secrétaire d'Etat,
Ottawa, Ont.

George Washington Beebe assermenté aujourd'hui comme secrétaire provincial; Stuart Yates, ministre des finances; autres portefeuilles comme avant. J'écris.

THOMAS R. McINNES.

VICTORIA, C.-B., 24 mars 1900.

L'honorable R. W. SCOTT,
Secrétaire d'Etat,
Ottawa, Canada.

MONSIEUR,—En réponse à votre dépêche (chiffrée) du 15 courant, se lisant comme suit:

"Le gouvernement désire savoir si vous avez complété votre conseil exécutif et quand vous pensez que vos conseillers recevront l'approbation du peuple ou de ses représentants. Veuillez faire rapport complet,"

J'ai répondu, par dépêche chiffrée, ce qui suit :

"Je compte que le conseil exécutif sera complet la semaine prochaine. Révision statutaire des listes électorales le 7 mai. Elections générales et réunion de la législature probablement en juin. Premier ministre est allé à Vancouver. Vous renseignerai exactement à son retour."

Le premier ministre étant revenu hier soir, j'ai eu une entrevue avec lui aujourd'hui. Son intention est de faire les élections générales en juin et de convoquer la législature le dernier de ce mois ou dans les premiers jours de juillet. Il m'informe qu'une révision des listes électorales est nécessaire; autrement, neuf ou dix mille personnes habiles à voter seraient privées de leurs droits de citoyens. Comme je le dis plus haut, la date de la révision est fixée par le statut au 7 mai. Je vous ai adressé aujourd'hui la dépêche suivante:

"George Washington Beebe assermenté aujourd'hui comme secrétaire provincial; Stuart Yates, ministre des finances; autres portefeuilles comme avant. J'écris."

M. Yates a donné sa démission comme secrétaire provincial, mais il reste ministre des finances et commissaire en chef intérimaire des terres et des travaux. Je suis informé qu'un président du conseil pourra être assermenté la semaine prochaine. Le conseil exécutif sera alors aussi complet qu'il l'a été en aucun temps jusqu'ici, la distribution des portefeuilles étant la même que sous l'administration Semlin. Cependant, cet arrangement ne sera que temporaire; car le premier ministre a l'intention de constituer le conseil conformément aux dispositions de l'Acte constitutionnel amendé l'année dernière, qui porte que le cabinet devra se composer de six membres. Je vous télégraphierai aussitôt que les nouvelles nominations seront faites.

J'ai l'honneur d'être, monsieur,

Votre obéissant serviteur,

THOMAS R. McINNES.

Lieutenant-gouverneur.

26 mars 1900.

Le lieutenant-gouverneur McINNES,

Victoria, C.-B.

Le conseil privé demande que vous lui transmettiez de suite un rapport officiel complet de ce qui a été fait relativement au renvoi de vos ex-ministres et au choix de vos conseillers actuels. Télégraphiez lorsque votre rapport sera expédié.

R. W. SCOTT,

Secrétaire d'Etat.

VICTOIRA, C.-B., 28 mars 1900.

R. W. SCOTT,

Secrétaire d'Etat, Ottawa.

J'ai expédié aujourd'hui au conseil privé, par lettre enregistrée, le rapport complet demandé.

THOMAS R. McINNES.

HÔTEL DU GOUVERNEMENT,

VICTORIA, C.-B., 27 mars 1900.

A Son Excellence

Le gouverneur général en conseil,

Ottawa, Canada.

EXCELLENCE,—Ayant reçu hier de l'honorable secrétaire d'Etat la dépêche chiffrée ci-dessous:

"Le conseil privé demande que vous lui transmettiez de suite un rapport officiel complet de ce qui a été fait relativement au renvoi de vos ex-ministres et au choix de vos conseillers actuels. Télégraphiez lorsque le rapport sera expédié."

J'ai maintenant l'honneur, me conformant aux instructions ci-dessus, de vous soumettre ici, pour l'information de Votre Excellence, un rapport sur tout ce qui me semble se rattacher en quelque manière que ce soit au renvoi de mes anciens conseillers et à l'invitation faite subséquemment à M. Martin de former une administration.

Pendant que j'étais à Atlin, en juillet dernier, j'ai reçu de M. Semlin une lettre, en date du 1er juillet, m'informant qu'il avait ce jour-là demandé à M. Joseph Martin de donner sa démission. Le 7 juillet, je recevais de lui une autre lettre se lisant comme suit:—

VICTORIA, C.-B., 7 juillet 1899.

"Le lieutenant-gouverneur McINNES,

MONSIEUR,—J'ai l'honneur de vous informer que, contre mon désir et mon vote, le conseil a décidé de tenir un caucus à Victoria, le 26 juillet, pour considérer la situation où nous nous trouvons par suite de la demande que j'ai faite à l'honorable Joseph Martin de donner sa démission. J'ai prétendu que, l'affaire étant portée devant vous, nous devions attendre votre décision. Je ne puis naturellement me former aucune opinion sur le résultat du caucus; mais j'espère qu'il vous sera possible d'être ici vers la date fixée pour sa réunion; et soyez assuré que votre décision, quelqu'elle soit, sera loyalement acceptée par moi.

J'ai l'honneur d'être, etc., etc.,

C. A. SEMLIN."

Cependant, avant mon retour à Victoria, M. Martin trancha la difficulté en m'envoyant sa démission. Simultanément avec la démission de M. Martin vinrent la défection ouverte de M. Higgins et la menace faite par d'autres partisans du gouvernement de passer à l'opposition s'il n'était pas fait certains changements dans la politique du gouvernement. Dans le même temps, les hommes d'affaires, plus particulièrement ceux intéressés dans les industries minières, commencèrent à se plaindre que l'état critique et incertain de la politique leur causait un dommage considérable. En conséquence de tous ces faits et prévoyant la possibilité de plus grands malheurs si l'on n'agissait pas promptement, j'insistai auprès de M. Semlin sur l'opportunité de convoquer la législature pour le 20 octobre au plus tard ou d'en appeler au peuple. Je fis ces représentations au cours d'une entrevue et dans une lettre, en août dernier. Mais M. Semlin refusa d'accepter l'une ou l'autre de ces propositions. Il m'assura que son gouvernement conservait la confiance de la législature, mais qu'une session avant janvier causerait beaucoup d'embarras. En même temps, je recevais de l'honorable M. Scott, secrétaire d'Etat, les instructions suivantes:

"Vos ministres sont les juges compétents de l'époque à laquelle doit être convoquée l'assemblée—en restant, bien entendu dans les limites de l'année". Dans ces circonstances, je ne pouvais pas insister davantage auprès de mes ministres. Je crois cependant que les événements qui ont suivi, tels qu'on les comprend dans cette province, ont prouvé clairement qu'il eût été mieux de suivre mes conseils. Quoiqu'il en soit, la législature s'étant réunie le 4 janvier dernier, le gouvernement de M. Semlin fut défait aussitôt les cérémonies d'ouverture terminées. Cependant, un député absent étant arrivé le même soir, le gouvernement fut maintenu par le vote prépondérant du président.

Dans l'intervalle, et avant ces événements, certains faits avaient grandement diminué ma confiance dans les avis qué me donnaient M. Semlin et ses collègues; mais j'ai hésité à prendre une décision à cause de l'avertissement suivant contenu dans la lettre de M. Scott, citée plus haut :—

"Néanmoins, il faut admettre que la conduite que vous avez suivie en renvoyant le gouvernement Turner a été quelque peu plus autoritaire que celle adoptée généralement dans des circonstances analogues, et je n'aimerais pas à vous voir prendre à l'avenir un procédé aussi leste pour changer vos conseillers. Il est toujours mieux de laisser aux représentants du peuple dans l'assemblée la mission délicate de décider si, oui ou non, les conseillers du lieutenant-gouverneur ont la confiance du pays."

Les raisons qui ont diminué ma confiance dans mes conseillers sont exposées pour la plupart dans la lettre de révocation, dont j'inclus copie. Il y a d'autres faits que je n'ai pas cru devoir mentionner officiellement dans cette lettre, vu que je ne possèdais pas tous les détails. Mais je puis dire ici que mes anciens conseillers, n'ayant pu m'induire à signer des mandats spéciaux pour certaines entreprises sur la constitutionalité desquelles j'avais des doutes sérieux et que le procureur général lui-même ne voulait pas déclarer constitutionnelles, même après que je l'eusse consulté sur ce point spécialement, entreprirent délibérément et firent exécuter, sans la moindre autorisation, certains travaux publics entraînant une dépense d'au delà de soixante et quinze mille dollars. En s'affranchissant ainsi ouvertement de toute restreinte constitutionnelle et statutaire en fait de dépense des deniers publics, mes conseillers ne me donnaient-ils pas une raison suffisante de leur retirer ma confiance? Cette conduite allait de pair avec l'engagement pris par eux au nom de la province (par l'entremise de M. Cotton, je crois, quoique je ne connaisse rien officiellement de cette transacrion) de contribuer pour un million de dollars à l'établissement d'un câble transpacifique. Cet engagement fut pris non seulement sans l'autorisation, expresse ou implicite, de la lêgislature, mais même sans avoir soumis un projet d'arrêté du conseil pour obtenir cette autorisation. Heureusement que cette offre n'eut pas de suite. Si elle eût été acceptée et mise à effet, le résultat eût été fâcheux pour la province, qui aurait encouru au moins une responsabilité morale que la législature aurait sans aucun doute répudiée.

Dans cet état de choses, la législature continua de siéger pendant près de deux mois,—aucune loi ne fut passée—le gouvernement se maintenant au pouvoir quelquefois par la majorité d'une voix, quelquefois par le vote prépondérant du président de la Chambre. Finalement, le vendredi, 23 du mois dernier, le gouvernement fut défait sur son bill de redistribution—tous les membres de la législature étant présents. M. Semlin vint me voir le même soir et m'informa de sa défaite, qu'il considérait comme un manque de confiance dans son gouvernement. Il me demanda cependant jusqu'au lundi soir suivant pour considérer la situation. J'acquiesçai à se demande. Mais, le lundi soir, M. Semlin, au lieu de m'offrir sa démission ou de demander la dissolution, la seule chose qu'il eût à faire suivant moi, voulut obtenir un nouveau délai en me déclarant qu'il croyait pouvoir me démontrer le lendemain qu'il avait la confiance de la Chambre. Lui ayant demandé comment, il refusa de s'expliquer, répétant simplement qu'il croyait pouvoir démontrer qu'il avait la confiance de la Chambre. Je promis de lui donner une réponse le lendemain, avant-midi. Cette réponse est est contenue dans la lettre de révocation ci-dessus mentionnée, qui fut remise au bureau de M. Semlin à onze heures le lendemain matin. Dans l'après-midi du même jour, à deux heures et cinquante-cinq minutes, la dépêche télégraphique suivante (en chiffres), fut délivrée à l'Hôtel du gouvernement, ayant été transmise du bureau dix minutes auparavant:—

OTTAWA, 27 février 1900.

"Le lieutenant-gouverneur McINNES,
Victoria, C.-B.

Je comprends que votre gouvernement reçoit une force notable par l'adhésion de plusieurs membres de l'opposition. Je crois que vous devriez leur donner un peu de temps, plutôt que de presser la dissolution ou quelque changement.

R. W. SCOTT,
Secrétaire d'État."

J'adressai le lendemain matin la réponse suivante:—

"Plusieurs heures avant la réception de votre dépêche, j'ai appelé d'autres conseillers. J'écrirai les détails complets qui justifieront mon acte."

J'écrivis en conséquence, le 3 courant, à l'honorable M. Scott, lui donnant les raisons de mon action. Je dois dire que ma lettre était personnelle—et que j'ai agi de la sorte parce que, dans une occasion précédente, à propos du renvoi du cabinet Turner, M. Scott me fit entendre que je pouvais lui écrire soit privément soit officiellement les détails pour son information.

Par rapport à la lettre de révocation, je prierai Votre Excellence de vouloir bien observer que, bien que j'eusse expressément informé M. Semlin qu'il pouvait la déposer devant la Chambre pour son information, il refusa de le faire et laissa les députés sous l'impression que je lui avais manqué d'égards. Cette conduite inattendue de M. Semlin explique en grande partie, je crois, sinon entièrement, la manière insultante dont les membres de la législature jugèrent à propos de me traiter lors de la prorogation—qui eut lieu deux jours plus tard. Après la prorogation, M. Semlin résigna la position de leader de son parti et M. Cotton fut élu à sa place. J'étais dans le temps convaincu, et les événements qui ont suivi m'ont confirmé dans mon opinion, que M. Semlin était absolument incapable d'obtenir un support suffisant dans la Chambre pour constituer un gouvernement fort et adopter une législation qui aurait rétabli la confiance des entreprises commerciales et minières de la province; que prolonger la situation aurait eu simplement pour résultat, tout au plus, de retarder un peu une crise inévitable, qui menaçait d'être d'autant plus désastreuse qu'elle serait plus longtemps différée. Quoiqu'il en soit, voici exactement quelle était la situation le mardi matin, 27 février dernier :—

1. M. Semlin et ses collègues avaient été défaits dans l'assemblée sur leur propre bill de redistribution—tous les députés étant présents et ayant voté.

2. M. Semlin avait considéré cette défaite comme un manque de confiance de la part de l'assemblée.

3. M. Semlin n'avait pas eu, à aucune époque de la session, le contrôle efficace de l'assemblée, et il a été démontré que l'assurance qu'il m'avait donnée, en août dernier, que son gouvernement conservait la confiance de la législature était mal fondée.

4. J'avais des raisons graves, que j'indique ici et que j'ai enoncées en partie dans la lettre de révocation, pour n'avoir pas confiance dans les avis ou les assurances que me donnaient M. Semlin ou ses collègues.

Je soumets respectueusement à Votre Excellence que, dans ces circonstances, non seulement j'étais justifiable de chercher d'autres conseillers, mais qu'il était de mon strict devoir d'en agir ainsi; et c'est l'opinion presque unanime exprimée dans toute cette province et dans la presse de tous les partis politiques sur la révocation elle-même. Cependant, la responsabilité du choix d'un nouveau conseiller pour former une administration était dans ce cas fort grave, car il n'y avait dans l'assemblée aucun leader reconnu que je pouvais appeler avec quelque certitude qu'il commanderait la confiance soit de la législature, soit de l'électorat. Parmi plus de douze hommes marquants ayant un certain nombre de partisans dans l'assemblée ou parmi le peuple, ou ayant droit à la considération à cause de leur expérience dans la vie politique provinciale, je décidai de choisir l'honorable Joseph Martin comme étant l'homme le plus en état de faire face aux nécessités de la situation en prenant une attitude décisive, en rétablissant l'ordre et des conditions politiques normales dans l'état de confusion où le chaos des factions avait jeté la province. En agissant ainsi, je me rendais parfaitement compte que les amis et les adhérents d'autres aspirants au poste de premier ministre se recrieraient bien fort et qu'ils feraient probablement cause commune contre l'élu. Mais la situation était telle que cela était inévitable; la même clameur aurait eu lieu quelqu'eût été celui que j'eusse appelé. Et je puis faire remarquer à Votre Excellence que, bien que mon action ait été blâmée, bien que j'aie été injurié par toute la presse de la province, qui demandait avec tant d'instance le renvoi de M. Semlin, ces mêmes journaux, s'accordant tous à condamner M. Martin, ne m'ont cependant en aucun temps indiqué ni même laissé entrevoir qui, à leur avis, j'aurais dû appeler. Je puis dire ici que j'ai consulté M. John Brown, de New-Westminster, en même temps que M. Martin, dans l'espoir qu'il pourraient réunir leurs efforts pour donner à la province une administration nouvelle et efficace. M. Brown ne voyait pas qu'il pût agir de concert avec M. Martin. Comme je considérais que M. Martin était plus en état de surmonter les difficultés de la situation et comme, de plus, c'était celui qui, indubitablement, avait amené la défaite de M. Semlin, je crus qu'il avait plus de titres que les autres au poste de premier ministre. Je ne puis naturellement pas dire s'il sera accepté par l'électorat. Je ne prétends pas avoir jugé infailliblement l'opinion publique et je ne crois pas que l'on exige autant de ma part. Je dis ceci parceque je remarque que la question a déjà été discutée en parlement et qu'on y a émis sur ma conduite en cette circonstance certaines opinions qui, je l'espère, seront reconnues comme insoutenables lorsque l'on sera mieux informé. Je soumets très respectueusement à Votre Excellence que mon "existence officielle" ne peut en justice dépendre en rien du succès ou de l'insuccès de M. Martin, dans les circonstances particulières de cette affaire. On m'a mis dans une position telle que j'ai été forcé par devoir de prendre une détermination—ce que j'ai fait, à mon jugement, dans les meilleurs intérêts de la province. Et certainement, si M. Semlin lui-même ne fait pas de sa révocation un article de son programme—si, en supposant que M. Martin soit défait, quelque nouveau chef était élu sur un nouveau programme—je ne puis voir comment, dans ce cas, on pourrait dire avec quelque justice que le peuple a condamné la révocation de M. Semlin et que mon existence politique dépend de la défaite de M. Martin.

Le tout respectueusement soumis.

J'ai l'honneur d'être,
de Votre Excellence l'obéissant serviteur,

THOS. R. McINNES,
Lieutenant-gouverneur.

(" The British Columbia Gazette", 1er mars 1900.)

SECRÉTARIAT DE LA PROVINCE,
HÔTEL DU GOUVERNEMENT,
VICTORIA, C.-B., 27 février 1900.

L'honorable CHARLES A. SEMLIN,
Premier ministre de la province de la Colombie-Britannique.

MONSIEUR,—En réponse à la demande que vous m'avez faite hier soir, au cours de notre entrevue, de vous accorder un nouveau délai pour préparer le rapport que vous aviez promis de me soumettre vendredi dernier au sujet de votre défaite dans l'assemblée législative, et aux représentations faites dans le même temps que vous possédiez encore la confiance de l'assemblée et seriez en état de me le démontrer, j'ai le regret de vous informer que je ne vois pas que je puisse continuer d'être guidé par votre avis. Il s'est produit durant les derniers neuf mois, et plus particulièrement pendant les derniers cinq mois, des circonstances qui ont grandement diminué la confiance que j'avais dans vos conseils—circonstances parfaitement étrangères au fait que vous avez perdu la confiance de l'assemblée législative. Elles consistent principalement dans les faites suivants:—

1. Depuis près d'un an—pour être plus exact, depuis le 9 mars dernier—vous ne m'avez pas entouré d'un conseil exécutif complet, conformément aux dispositions et à l'intention de l'article 10 de l'Acte constitutionnel, tel que modifié en 1899, qui se lit comme suit:—

" Le Conseil exécutif de la Colombie-Britannique * * * * comprendra les officiers suivants, savoir : un secrétaire provincial, un procureur général, un commissaire en chef des terres et des travaux publics, un ministre des finances et de l'agriculture, un ministre des mines et un président du conseil, dont cinq au plus recevront un traitement."

C'est-à-dire que j'ai droit aux avis, et que la province a droit aux services, de six fonctionnaires comme dit ci-dessus. Et, bien que je ne veuille pas dire que je ne puisse agir d'après l'avis d'un nombre moindre, ou qu'un membre du Conseil exécutif ne puisse remplir deux ou plus de deux de ces charges distinctes, je suis d'avis que cet état de choses ne doit exister que temporairement et en attendant que l'on ait choisi un fonctionnaire ou des fonctionnaires pour compléter le nombre fixé par la loi ; car même en Angleterre, où il n'y a pas d'Acte constitutionnel pour définir ou limiter les fonctions ministérielles—où la Reine en conseil a le pouvoir absolu de créer, régler ou abolir ces fonctions—" ces arrangements (la réunion de deux ministères sous la direction d'une même personne) sont simplement provisoires et ils prennent fin lorsque leur objet temporaire a été accompli ou lorsque les besoins du service public l'exigent." (*Todd's Parliamentary Government in England*, vol. 2, 2e ed. page 211.)

A la même page, il est fait mention du cas du duc de Wellington qui, en 1834, prit la direction des ministères de l'intérieur, des affaires étrangères et des colonies pendant la formation d'une nouvelle administration. L'auteur fait à cet égard l'observation suivante:—

"Ce procédé, bien que purement provisoire, comme on l'admettait, et ayant seulement pour but d'assurer à sir Robert Peel, à son arrivée, la liberté de choisir ses collègues pour compléter son cabinet, fut fortement critiqué dans le temps. Regardé comme expédient temporaire, il ne pouvait être considéré comme inconstitutionnel, bien que, si on y eût recours en d'autres circonstances, il pourrait conduire à de sérieux abus."

Lorsque l'honorable M. Cotton prit les fonctions de commissaire en chef des terres et des travaux en sus de celles de ministre des finances et de l'agriculture, j'ai certainement compris que ce ne devait être simplement qu'un arrangement temporaire. Mais vous avez prolongé cet état de choses indéfiniment—près de douze mois se sont écoulés sans que, en aucun temps durant cette période, vous m'ayiez fait voir votre intention de remplir la position vacante et sans que vous ayiez fait, à ma connaissance du moins, aucun effort pour y parvenir. Laissant de côté l'objection constitutionnelle, il peut se faire que l'honorable M. Cotton ait toutes les qualités nécessaires pour remplir convenablement les devoirs de ces deux positions, bien qu'elles comprennent l'administration des deux départements les plus laborieux du gouvernement ; mais la condition des affaires signalée dans ma lettre du 19 octobre dernier, citée plus loin, me porte à croire le contraire.

2. Le 30 août dernier, je vous écrivais ce qui suit :—

"Une semaine s'étant écoulée depuis notre dernière entrevue, au cours de laquelle je vous ai demandé de convoquer l'assemblée législative pour le 20 octobre prochain au plus tard, et n'ayant reçu aucune réponse quant à votre décision ou celle de vos collègues à ce sujet, je désire recommander de nouveau cette question à votre prompte considération. Je ne crois pas que je doive ignorer plus longtemps la situation politique actuelle de la province, non plus que le malaise et l'incertitude qui résultent des récents changements politiques—changements qu'il n'est pas nécessaire de spécifier. Il suffit, je pense, qu'il existe aujourd'hui un doute grave si votre administration possède la confiance de l'assemblée législative. Pour cette raison, je crois qu'il est de mon devoir d'exiger soit la convocation de l'assemblée le ou avant le 20 octobre prochain, comme je l'ai déjà suggéré, soit la dissolution de l'assemblée, et qu'une élection générale ait lieu à ou avant cette date."

Cependant, je cédai aux représentations qui me furent faites par vous et vos collègues quant à l'innopportunité de convoquer l'assemblée avant janvier, et l'offre alternative d'une dissolution ne fut pas acceptée. Mais votre lettre du 2 septembre dernier contenait ce qui suit:—

"Je me hâte d'assurer Votre Honneur que le conseil a la plus grande confiance de pouvoir vous convaincre qu'il n'y a aucun sujet de crainte relativement à la situation politique de la province. Pour ce qui est des relations du gouvernement vis-à-vis de l'assemblée législative, je n'ai aucune raison de croire que le gouvernement n'obtiendra pas une majorité dans la Chambre."

Les événements subséquents ont démontré que vos assurances étaient mal fondées.

3. Le 18 octobre dernier, on me demanda de signer les trois mandats spéciaux suivants —:

1. Amélioration du chemin depuis Hope jusqu'à Summit City	$ 1,000 00
2. Amélioration de la grande route de Vancouver-sud. .	10,000 00
3. Construction d'un palais de justice à Rossland.	45,000 00

Cette dernière somme était trois fois plus élevée que celle autorisée par la législature.

Comme l'a dit M. Cotton, on avait laissé périmer les crédits votés par la législature pour ces travaux parce qu'il était "impossible", dans le premier cas, d'en dépenser le montant avant la fin de l'année fiscale expirant le 30 juin 1899; parce qu'il était "impossible", dans le second cas, d'employer ces argents avant cette date par suite des retards du conseil municipal de Vancouver-sud; et, dans le troisième cas, parce qu'il était "impraticable" de dépenser la somme votée. J'ai pensé dans le temps, et je pense encore, qu'on avait laissé périmer les crédits parce que M. Cotton était incapable de surveiller et d'administrer convenablement les affaires des deux départements dont il avait eu la direction pendant quatre mois avant l'expiration de l'année fiscale. Et il faut aussi remarquer que M. Cotton ne fut prêt à faire quoique ce soit au sujet de ces travaux avant le milieu d'octobre. De la sorte, les intentions de la législature ne furent pas mises à effet et il y eut perte directe, particulièrement pour les districts concernés. Je n'ai pas signé ces mandats parce qu'il me paraissait évident, pour les raisons que je vous ai données dans ma lettre du 19 octobre dernier, que leur émission n'était pas autorisée par le "Revenue Act". Cependant, en remarquant que le procureur général n'était pas présent à la réunion du conseil où on avait recommandé l'émission de ces mandats, je vous écrivis ce qui suit:—

"Maintenant si, après considération, vous ne trouvez pas que les raisons que je donne ici pour refuser de signer ces mandats sont valables, je vous suggérerais de soumettre le cas au procureur général pour qu'il donne son opinion légale sur la question de savoir si ces mandats peuvent être constitutionnellement émis. S'il me fait un rapport dans l'affirmative, je serai très heureux qu'ils me soient renvoyés pour ma reconsidération." •

(Lettre du 19 octobre dernier, p. 4).

A cette lettre et à ces suggestions, je n'ai jamais reçu de réponse. On me laissa de la sorte supposer que le procureur général admettait que l'émission des mandats serait inconstitutionnelle et que, si j'eusse suivi l'avis que me donnait le conseil exécutif, j'aurais signé des mandats spéciaux sans être légalement autorisé à le faire.

3. Dans la même lettre du 19 octobre dernier, je disais aussi :

"Je regrette donc de vous dire que je me trouve dans l'impossibilité d'approuver ces mandats (les mandats spéciaux) ou tous autres de même nature. A ce propos, je dois dire que je crois avoir approuvé par inadvertance, hier après-midi, un ou plusieurs mandats spéciaux semblables à ceux dont il est question ici, mais que j'avais reçus quelques heures auparavant. J'aimerais qu'ils me fussent renvoyés; car, s'ils sont de même nature que ceux que je vous retourne, je crois que je les ai approuvés à tort."

A cette demande, non plus, je n'ai jamais reçu de réponse; de sorte que votre administration a fait usage de mandats d'argent spéciaux obtenus de moi par inadvertance et que le procureur général n'a pas reconnus et ne pouvait reconnaître avoir été émis constitutionnellement.

4. Le 4 décembre dernier, sur la recommandation de M. Cotton en sa qualité de commissaire en chef des terres et des travaux, le conseil exécutif m'avisa d'approuver un mandat spécial de $2,500 pour améliorations au *Provincial Home* et à la prison de Kamloops. M. Cotton déclara que l'on avait un besoin urgent de cette somme pour protéger les édifices contre le danger de l'incendie. Dans votre lettre en date du 11 décembre dernier, au cours de laquelle vous me demandez de revenir sur mon refus de signer ce mandat, vous dites que l'on avait besoin de cet argent pour "installations sanitaires" et que "la nécessité d'une dépense de cette nature n'avait pu être prévue." Je vous fis remarquer qu'elle avait été prévue au moins un an auparavant et signalée comme suit:

"Quand je suis allé à Kamloops, il y a au delà de quatorze mois, les fonctionnaires provinciaux et municipaux attirèrent mon attention sur l'état insalubre des édifices publics de la province et demandèrent avec instance que les améliorations nécessaires fussent exécutées aussitôt que possible."

De sorte que, bien que je ne mette pas en doute la bonne foi de votre affirmation, elle ne s'accordait pas avec les faits à ma connaissance; et le motif de "protection contre le danger de l'incendie," donné dans le rapport de M. Cotton pour cette dépense, a été changé en celui de "installations sanitaires."

5. Pendant que la législature était en session, vous m'avez avisé de faire, par arrêté du conseil soumis à mon approbation le 18 du mois dernier, un changement important dans le "Mineral Act." Dans ma lettre en date du 19 du mois dernier, contenant mes raisons pour ne pas approuver le dit arrêté, j'ajoutais:

"Maintenant, si le procureur général est d'opinion que le gouvernement a le droit d'annuler ces certificats après leur émission, je crois qu'il devrait soumettre la question à la législature et obtenir la permission d'amender l'Acte dans ce sens."

Et faisant allusion à cela dans ma lettre du 19 courant, à vous adressée, je disais :

"La législature a été en session pendant un mois depuis que ceci a été écrit; mais le procureur général n'a pas encore présenté, ni fait voir qu'il avait l'intention de présenter, un bill pour modifier le "Mineral Act" dans le sens qu'il m'a indiqué—c'est-à-dire pour autoriser le lieutenant-gouverneur en conseil à annuler les certificat d'améliorations."

Vous aviez bien l'air en ceci de me demander de sanctionner un changement à la loi, que vous hésitiez à soumettre à la sanction de la législature. Non seulement vous m'avisiez d'assumer pratiquement les pouvoirs de la législature dans cette circonstance, et cela lorsque celle-ci était en session, mais vous le faisiez avec l'intention bien arrêtée (ce que je ne savais pas alors cependant) de donner un effet rétroactif aux règlements projetés, au préjudice des droits statutaires acquis à un mineur libre, comme en fait foi la lettre suivante que m'adressait le procureur général le 16 du mois courant :

"Comme mon désir, aussi bien que mon devoir, est d'être parfaitement sincère avec Votre Honneur, qu'il me soit permis de déclarer que, s'il eût plu à Votre Honneur approuver l'arrêté du conseil qui vous a été soumis le 18 du mois dernier, j'aurais conseillé l'annulation des certificats d'améliorations." (Dunlop, p. 7).

Comme ce point a été exposé au long dans la lettre que je vous ai adressée le 19 courant au sujet de la pétition Dunlop, je n'en dirai pas davantage ici si ce n'est que, depuis que cette lettre a été écrite, j'ai appris que le certificat d'améliorations y mentionné a été délivré à Dunlop par M. Kirkup, sur l'ordre du ministre des mines, qui agissait conformément à une décision prise à ce sujet par le conseil exécutif. C'est-à-dire que, après avoir décidé de délivrer le certificat en question et avoir donné instruction à un employé subalterne de donner effet à votre décision, vous avez pris une détermination contraire et avez cherché à nullifier par un arrêté du conseil le droit statutaire acquis; et, par inférence, vous avez jeté le blâme de la livraison du certificat—si blâme il y avait—sur un employé subalterne, M. Kirkup; car voici ce que m'écrivait le procureur général à ce sujet:

'Lorsqu'il paraîtra au lieutenant-gouverneur en conseil qu'un fonctionnaire, autorisé par le "Mineral Act" à délivrer des certificats d'améliorations, a, par méprise, erreur, inadvertance ou imprévoyance, délivré à tort un certificat d'améliorations, etc.'

Je ne puis guère envisager cette conduite comme de la parfaite franchise à mon égard, pour ne rien dire des suppositions injustes concernant le commissaire des mines d'or. Et, pour ce qui est de cette pétition Dunlop, non seulement vous suspendez l'exercice d'un droit légalement acquis à un mineur libre en vertu de l'article 30 du "Mineral Act," mais vous ne vous êtes pas conformé aux instructions contenues dans ma lettre du 19 courant, vous enjoignant de délivrer sans délai un permis de la couronne au pétitionnaire Dunlop, en conformité de l'article 30 du dit acte.

Outre tous ces faits, je ne puis ignorer que l'assemblée législative a maintenant été en session pendant plus de deux mois et que, malgré la confiance que vous m'exprimiez dans votre lettre du 2 septembre citée plus haut, vous n'avez pu faire adopter une seule mesure. Je crois qu'il est maintenant suffisamment démontré que les intérêts de la province ont souffert, et souffrent encore, par suite de la faiblesse et de l'instabilité du gouvernement. Je crois donc qu'il est de mon devoir de consulter d'autres conseillers pour la formation d'une nouvelle administration, ce que je vais faire immédiatement.

Je puis ajouter que, en autant que ma permission est nécessaire, vous êtes parfaitement libre de déposer maintenant cette communication devant la Chambre, pour son information.

J'ai l'honneur d'être, monsieur,

Votre obéissant serviteur,

THOS. R. McINNES,

Lieutenant-gouverneur.

OTTAWA, 19 avril 1900.

A Son Honneur,
le lieutenant-gouverneur de la Colombie-Britannique,
Victoria, C.-B.

MONSIEUR,—J'ai l'honneur d'accuser réception de votre dépêche du 12 courant, confirmant certaine correspondance télégraphique échangée entre nous, annonçant que vous avez dissous votre législature et m'informant des raisons qui ont induit vos conseillers à considérer le 9 juin comme la date la plus prochaine à laquelle la votation pourrait sûrement se faire.

Votre communication sera soumise à Son Excellence le Gouverneur général en conseil.

J'ai l'honneur d'être, monsieur,
Votre obéissant serviteur,
R. W. SCOTT,
Secrétaire d'Etat.

HÔTEL DU GOUVERNEMENT,
VICTORIA, C.-B., 12 avril 1900.

L'honorable secrétaire d'Etat,
Ottawa, Canada.

MONSIEUR,—J'ai l'honneur de confirmer le télégramme chiffré que je vous ai adressé le 10 courant, et dont voici la substance :—

"Législature dissoute aujourd'hui, conformément à l'avis du Conseil privé contenu dans votre télégramme de ce jour. Bref pour élection générale délivré aujourd'hui. Nomination le 26 mai. Votation le 9 juin; brefs rapportables le 30 juin. Législature convoquée pour le 5 juillet. Les dispositions de l'Acte électoral ne permettent pas que l'élection ait maintenant lieu avant le 10 mai. Après le 7 mai, en vertu du dit acte, les élections doivent se faire sur les listes revisées. J'écris.

Ce télégramme était envoyé en réponse au vôtre de la même date, que j'ai mis au clair comme suit:—

"Votre rapport reçu le 7 courant. Après lui avoir donné, ainsi qu'à toutes les circonstances, pleine considération, le Conseil privé est d'avis que la législature actuelle devrait être ou convoquée immédiatement, ou immédiatement dissoute et un appel fait au peuple sans aucun délai. Un retard de cette convocation ou de cet appel ne pourrait, dans l'opinion du Conseil privé, se justifier. Veuillez faire rapport de votre action par télégramme."

En conséquence, sur l'avis de mon conseil exécutif donné par déférence pour l'opinion du Conseil privé ci-dessus exprimée, j'ai lancé une proclamation dissolvant la législature et émis les brefs pour les élections générales qui auront lieu à la date la plus prochaine possible. Cependant, tout en se conformant au désir exprimé par le Conseil privé et en faisant les élections sans délai, il faut nécessairement laisser s'écouler le nombre de jours suivant:—

Date de votre télégramme et de la dissolution de la législature, 10 avril.

Au moins deux jours, nécessaires pour la préparation des brefs et des proclamations pour les officiers-rapporteurs, 12 avril.

Au moins dix jours pour que les brefs puissent parvenir aux officiers rapporteurs dans les districts éloignés de Cariboo et Cassiar, avril 22.

Un jour pour l'affichage de la proclamation par l'officier-rapporteur, 23 avril.

Huit jours d'affichage de la proclamation, d'après les termes du statut. (Voir articles 47 et 48, Acte des élections provinciales), 1er mai.

Quatorze jours, d'après le statut, entre la nomination et la votation. (Voir article 52 du dit acte), 15 mai.

Avant le 15 mai, cependant, un autre article du dit acte, tel qu'amendé en 1899, devient en vigueur, et porte que toute élection devra se faire sur les listes revisées sous peine d'illégalité. Le premier lundi de mai, qui cette année se trouve être le 7 du mois, tout collecteur est obligé par le statut de reviser le registre des électeurs. On m'informe que cette opération prend généralement une seule journée et jamais plus de trois jours. De sorte que, le 10 mai, le registre des électeurs dans les différents districts électoraux aura été revisé. Donc, avant qu'une élection générale puisse maintenant se tenir, il faudra avoir un nouveau registre d'électeurs, lequel, par une disposition impérative du statut, sera revisé le 7 mai et constituera les listes d'après lesquelles l'élection doit avoir lieu. Les paragraphes (*i*) et (*j*) de l'article 11 de l'Acte des élections provinciales, tels qu'amendé par les articles 8 et 9 de l'Acte modifiant l'Acte des élections provinciales, 1899, se lisent comme suit:—

(*i*) Le premier lundi de mai et de novembre de chaque année, le collecteur tiendra une cour de revision, etc., etc.

(*j*) Le registre des électeurs, tel que revisé comme dit ci-dessus, sera certifié par le collecteur, imprimé par l'imprimeur de la Reine, et constituera la liste employée à toute élection qui pourra avoir lieu avant que la prochaine revision ait été complétée.

Vous remarquerez que, après que le registre des électeurs aura été revisé et certifié tel qu'il est dit ci-dessus, l'acte décrète qu'il sera imprimé par l'imprimeur de la Reine et qu'il constituera la liste employée dans toute élection subséquente, jusqu'à ce que la prochaine revision soit complétée. Or, l'Acte des élections provinciales, tel que modifié en 1899, porte qu'une élection générale se tiendra le même jour dans chaque district électoral de la province. Et, comme je l'ai dit plus haut, en accordant le délai à peine suffisant pour communiquer avec les officiers-rapporteurs dans les districts les plus éloignées, la date la plus prochaine à laquelle une élection générale puisse avoir lieu après la dissolution est le 15 mai. Mais le 15 mai, les listes actuelles ne pourront plus servir—elles ne pourront être employées légalement—vu que le revision des nouvelles listes sera alors complétée. Il faut donc nécessairement laisser s'écouler le nombre de jour additionnels suivant avant la date de l'élection:—

Revision des listes complétée (soit) le 10 mai;

Temps nécessaire pour imprimer les listes revisées et les distribuer aux officiers-rapporteurs, environ 21 jours, 31 mai;

Une semaine pour les erreurs possibles de direction ou accidents, 7 juin.

Vu ces circonstances, mes conseillers étaient d'opinion que le 9 juin serait le jour le plus prochain auquel on pourrait sûrement fixer la date des élections, toute question mise de côté quant à la validité ou la légalité de l'élection générale. Et mes conseillers espèrent que leur désir d'agir en harmonie avec l'opinion du Conseil privé en cette affaire ressort suffisamment de ce qui précède.

J'ai l'honneur d'être, monsieur,
Votre obéissant serviteur,

THOS. R. McINNES,
Lieutenant-gouverneur.

HÔTEL DU GOUVERNEMENT,
VICTORIA, C.-B., 15 mai 1900.

A Son Excellence
Le Gouverneur général en Conseil,
Ottawa, Canada.

EXCELENCE,—J'ai l'honneur de vous présenter, comme supplément à mon rapport à Votre Excellence en date du 27 mars dernier, un exposé de ma conduite officielle subséquemment au renvoi du ministère Semlin et en rapport avec la formation du cabinet actuel. Je n'ai pas été officiellement informé que mon rapport du 27 mars dernier ait été considéré insuffisant en ce que j'aurais omis d'y mentionner quelque point pertinent ou essentiel se rattachant au renvoi de mes ex-ministres. Mais, comme des dépêches d'Ottawa à la presse ont représenté réitérativement que ce rapport n'était pas assez explicite en tant qu'il n'y est pas question du personnel de mon ministère actuel, du temps donné à M. Martin pour choisir ses collègues, du délai qui s'est écoulé avant la dissolution de la législature, etc., et de crainte que l'on ne croie que je n'ai pas d'explications à présenter sur ces matières, j'ai l'honneur de soumettre le rapport suivant à la considération de Votre Excellence, quoique je n'aie pas été officiellement requis de le faire et que je sois encore d'opinion que tous les faits tenant à la situation politique actuelle pour lesquels je peux être tenu personnellement responsable ont été exposés dans mon premier rapport en date du 27 mars dernier à Votre Excellence.

Je n'ai rien à ajouter aux raisons, données dans mon premier rapport, qui m'ont fait choisir M. Martin pour remplir le poste de premier ministre; mais je désire soumettre les passages suivants de "Todd's Parliamentary Government in England" et de "Todd's Parliamentary Government in the British Colonies," lesquels sont applicables à la conduite que j'ai suivie dans ces circonstances:

"Le pouvoir du souverain en Angleterre, comme le fait observer un écrivain politique moderne, est considérablement augmenté quand les parties politiques rivaux sont également partagés; et ce pouvoir s'accroît encore lorsque la concurrence entre les hommes d'état des divers partis est resserrée."

(Todd's Par. Gov. in England, 2e éd., vol. 1, p. 315).

"Le fontionnaire exécutif spécialement chargé de représenter la couronne dans une colonie ou province—qu'il soit gouverneur général, gouverneur ou lieutenant-gouverneur—doit être considéré comme posédant en substance, dans les limites prescrites de son gouvernement et de sa juridiction, en sa qualité de chef d'une communauté se gouvernant elle-même, les privilèges et fonctions qui appartiennent au souverain en vertu de la constitution Britannique."

(Todd's Par. Gov. in British Colonies, 2e éd. p. 679).

Dans les conditions ci-haut mentionnées "les partis étant également partagés" et "la concurrence entre les hommes d'état des divers partis étant resserrée," j'ai demandé à M. Martin de former une administration.

Subséquemment, cependant, on a représenté que ma conduite officielle était inconstitutionnelle ou blâmable pour l'une ou plusieurs des raisons suivantes:

(*a*) Parce que la chambre est restée en session sans ministère assermenté pour conduire les affaires;

(*b*) Parce que les motifs de la révocation du ci-devant ministère n'ont pas été fournis à la Chambre;

(*c*) Parce qu'on a laissé s'écouler trop de temps avant de compléter le personnel du nouveau cabinet;

(*d*) Parce que ceux qui ont été choisis pour former un nouveau ministère étaient, pour la plupart, des hommes nouveaux et sans antécédents;

(*e*) Parce que les ministres ont été maintenus dans leurs fonctions sans que l'électorat ait été appelé à ratifier immédiatement leur nomination par réélection;

(*f*) Parce que la législature, si récemment élue, a été aussitôt dissoute sans qu'aucun effort ait été fait pour former un ministère parmi ses membres;

(*g*) Parce que les législatures ne se divisent pas suivant la ligne de démarcation des partis et qu'on aurait dû tenter une coalition;

(*h*) Parce que je n'ai pas forcé mon gouvernement à faire les élections générales immédiatement.

Je vais soumettre à Votre Excellence ma réponse à chacune de ces objections, dans l'ordre où elles sont données ci-dessus.

(*a*) Parce que la Chambre est restée en session, sans ministère assermenté pour conduire les affaires.

En Angleterre, pendant une période d'un peu plus d'un siècle, des interrègnes ministériels variant de un à vingt-sept jours ont eu lieu pendant que la Chambre était en session. Je citerai les cas suivants:

1. Le ministère Shelburne démissionna le 24 février 1783 et, le 2 avril suivant, le duc de Portland entreprit la formation d'un nouveau ministère—interrègne ministériel de trente-sept jours, pendant que la Chambre était en session.

2. Le ministère Portland fut révoqué le 18 décembre 1783, la Chambre étant en session, et, le jour suivant, M. Pitt entreprit la formation d'un nouveau ministère.

3. Le ministère Perceval a pris fin par l'assassinat de M. Perceval, le premier ministre, le 11 mai 1812; et ce ne fut que le 8 juin suivant que le comte de Liverpool entreprit la formation d'un autre ministère—interrègne ministériel de 28 jours pendant que la Chambre était en session.

4. Le ministère Russell démissionna le 26 juin 1866, et ce ne fut que le 6 juillet suivant que le comte de Derby entreprit la formation d'un nouveau cabinet-interrègne ministériel de dix jours pendant que la Chambre était en session.

Mais, dans le cas actuel, il y a eu un interrègne ministériel d'un jour seulement pendant que la Chambre était en session; le cabinet Semlin fut révoqué le 26 février dernier et, le lendemain, M. Martin et ses collègues, M. Yates et M. Curtis, furent assermentés comme membres du conseil exécutif et prirent la direction de leurs ministères respectifs. Et ce nombre suffisait alors pour administrer les affaires du gouvernement.

(*b*) Parce que les motifs de la révocation du ci-devant ministère n'ont pas été fournis à la Chambre.

Il me semble que l'ex-premier ministre, M. Semlin, était celui à qui il appartenait d'informer la Chambre des raisons de sa révocation; et, en autant que cela était nécessaire de ma part, je l'ai autorisé expressément par la lettre même de révocation de la déposer devant la Chambre pour son information. Il n'y avait pas, à ma connaissance, d'autres moyens de communication, M. Martin n'ayant pas encore assumé la charge de premier ministre.

(*c*) Parce qu'on a laissé s'écouler trop de temps avant de compléter le personnel du nouveau cabinet.

En Canada, au cours des dernières trente années, les périodes suivantes se sont écoulées avant que le personnel des divers cabinet ait été complété:

1. L'honorable Alexander Mackenzie fut nommé premier ministre le 7 novembre 1873; mais son cabinet n'a pas eu de président du conseil jusqu'au 20 janvier suivant, lorsque l'honorable L. S. Huntingdon fut appelé à la présidence. De sorte que le personnel du cabinet ne fut complété que soixante et quatorze jours après l'entrée en fonction du premier ministre.

2. Le très honorable sir John-A. Macdonald prit les fonctions de premier ministre le 17 octobre 1878 et sept de ses collègues furent assermentés le même jour. Deux jours plus tard, cinq autres ministres furent assermentés, et neuf jours après, (le 26 octobre) le ministre du Revenu de l'intérieur, l'honorable L. G. Baby, fut assermenté. Le receveur général, l'honorable sir Alexander Campbell, fut assermenté trent-deux jours plus tard (8 novembre). De sorte que le personnel de ce cabinet ne fut complété qu'après une période de treente-deux jours écoulés depuis l'entrée en fonction du premier minisre.

3. Le conseiller en chef actuel de Votre Excellence, le très honorable sir Wilfrid Laurier, entra en fonction le 9 juillet 1896 et la majorité de ses collègues furent assermentés quatre jours plus tard; mais le ministre de l'Intérieur, l'honorable Clifford Sifton, ne fut assermenté que le 17 novembre suivant. De sorte que le personnel du ministère actuel de Votre Excellence ne fut complété que cent vingt-sept jours après l'entrée en fonction du premier ministre.

M'appuyant sur ces précédents indiscutables, je soumets à Votre Excellence qu'il n'y a pas eu de délai indu ou inconstitutionnel dans le complétement du personnel de mon cabinet actuel, dont les membres ont été respectivement assermentés dans l'ordre suivant:

L'honorable Joseph Martin—premier ministre et procureur-général—le 27 février 1900;

L'honorable J. Stuart Yates—commissaire en chef des Terres et des Travaux—le 27 février 1900;

L'honorable Smith Curtis—ministre des mines—le 27 février 1900;

L'honorable G. W. Beebe—secrétaire de la province—le 24 mars 1900 ;

L'honorable C. S. Ryder—ministre des finances—le 3 avril 1900.

(Le président du conseil—sans portefeuille—n'est pas encore nommé.)

De sorte que, à l'exception du président du conseil, qui n'a pas de portefeuille, le personnel de mon cabinet actuel a été complété trente-cinq jours après l'entrée en fonction du premier ministre; et que le jour de l'entrée en fonction de ce dernier, il fut assermenté de ses collègues un nombre suffisant pour administrer les affaires du gouvernement. Subséquemment eurent lieu certains changements dont le secrétaire d'Etat fut dûment informé: M. Yates résigna la charge de secrétaire provincial, à laquelle il avait d'abord été assermenté, en faveur de M. Beebe, et M. Ryder résigna les fonctions de ministre des finances et de l'agriculture en faveur de M. Brown.

(*d*) Parce que ceux qui ont été choisis pour former un nouveau ministère étaient, pour la plupart, des hommes nouveaux et sans antécédents.

Je soumets respectueusement à Votre Excellence que M. Martin ayant été appelé à former une administration, il avait incontestablement le privilège constitutionnel de choisir ses collègues sans aucune intervention de ma part ou de qui que ce soit. Au soutien de cette prétention, je citerai à Votre Excellence les passages suivants de "Todd's Parliamentary Government in England.":

"Le souverain a sans doute le droit incontestable d'exprimer son désir en faveur de l'admission ou de l'exclusion de certaines personnes; mais, d'après l'usage constitutionnel moderne, il ne peut de son autorité choisir aucun autre que le premier ministre. Il est vrai qu'en ceci, comme en d'autres matières, l'expression d'un sentiment personnel marqué de la part de la Couronne peut avoir un grand poids pour faire admettre quelqu'un à une fonction ou l'en faire exclure, pour un temps au moins; mais cette considération même doit à la fin céder à celle de l'intérêt public, et le souverain doit être disposé à accepter comme ses conseillers et fonctionnaires ceux qui ont été choisis comme tels par le premier ministre." (2e éd., vol. 1, p. 332.)

"D'après l'usage moderne, il est entendu que personne autre que le premier ministre n'est choisi directement par la Couronne." (2e éd., vol. 2, p. 183.)

M'appuyant sur cette autorité, je soumets que, si M. Martin a jugé à propos de choisir ses collègues parmi ceux qui n'étaient pas membres de la législature ou qui n'avaient pas jusqu'alors été dans la politique provinciale, c'était son privilège constitutionnel d'en agir ainsi, et que de l'avoir gêné dans son choix eût été de ma part un abus injustifiable d'autorité.

(*e*) Parce que les ministres ont été maintenus dans leurs fonctions sans que l'électorat ait été appelé à ratifier immédiatement leur nomination par réélection.

Je fus avisé que, vu la dissolution imminente de la législature et l'élection générale qui devait s'en suivre, les élections partielles n'étaient pas nécessaires. Et quant à la question d'un ministre exerçant ses fonctions sans la ratification immédiate de l'électorat, je savais que, dans l'Ontario, des ministres de la Couronne avaient été maintenus dans leur position pendant plusieurs mois non seulement sans ratification, mais même après avoir été rejetés par l'électorat, et cela dans plus d'une circonscription électorale. Je citerai le cas de l'honorable J. M. Gibson, commissaire des terres de la Couronne, et celui de l'honorable John Dryden, ministre de l'agriculture, tous deux défaits pendant les élections générales dans l'Ontario, en 1898, et tous deux maintenus dans leurs fonctions pendant huit mois (du 1er mars au 26 octobre et au 1er novembre respectivement) non seulement sans avoir un siège dans la législature, mais pendant que celle-ci était en sesison. Je suis convaincu que cela n'eut pas été permis sous le régime d'une autorité constitutionnelle aussi éminente que l'est sir Oliver Mowat, si une objection constitutionnelle valable eût pu être faite contre cet état de choses.

(*f*) Parce que la législature, si récemment élue, a été dissoute sans qu'aucun effort ait été fait pour former un ministère parmi ses membres.

Cette objection touche à la liberté qu'a le premier ministre de choisir ses collègues et a déjà été envisagée au paragraphe "*d*". Pour ce qui est de la dissolution d'une législature récemment élue, je trouve que, dans la province du Manitoba, la législature fut dissoute le 11 novembre 1878, et de nouveau le 26 novembre 1879—après un intervalle d'un an et onze jours. Plus tard, dans la même province, la législature fut dissoute le 11 novembre 1886 et de nouveau le 16 juin 1888—encore un intervalle d'environ un an et demi. Dans la province de Québec, la législature fut dissoute le 10 mai 1890, puis le 22 décembre 1891—un intervalle d'environ un an et demi. Dans le cas actuel, la législature de cette province fut dissoute le 7 juin 1898, puis le 10 avril 1900—un intervalle de près de deux ans. M'appuyant sur les précédents ci-dessus, je soumets à Votre Excellence qu'on ne peut faire aucune objection valable à la dissolution de la législature de cette province dans la période mentionnée.

(*g*) Parce que les législatures ne se divisent pas suivant la ligne de démarcation des partis et qu'on aurait dû tenter une coalition.

Je soumets respectueusement qu'il n'est pas exact de dire que les législatures ne se divisent pas d'après la ligne de démarcation des partis. Dans cette province, il est vrai, les membres de la législature ont jusqu'ici ignoré les divisions de politique fédérale; mais, pendant les élections de 1898, les lignes de démarcation des partis étaient aussi distinctes sur le programme local qu'elles l'ont jamais été dans aucune élection fédérale. Il n'est pas non plus exact de dire que je n'ai pas voulu permettre une coalition. M. Semlin ne m'a pas informé qu'il avait effectué une coalition; il m'a simplement déclaré, comme je l'ai dit dans mon premier rapport, qu'il croyait que, si on lui accordait plus de temps, il pourrait démontrer qu'il contrôlerait la Chambre. Je comprends que, dans des matières de ce genre, une coalition veut dire une union entre les leaders des partis respectifs, dans le but d'éviter un enrayement dans la marche des affaires publiques. M. Semlin ne m'a donné aucune assurance qu'on en était venu à une telle union ou entente. J'eus plus tard la preuve évidente du contraire. Car après la défaite et la révocation du ministère Semlin et mon invitation à M. Martin de former une nouvelle administration, M. Semlin, secondé par M. Henderson, fit la motion suivante:

"Que cette Chambre, convaincue de la perte considérable, des inconvénients et de la dépense que causerait au pays l'interruption des affaires de cette Chambre au moment actuel, désire exprimer son regret de voir que Son Honneur a jugé à propos de renvoyer ses conseillers, d'autant que, dans la présente crise, ils possèdent le contrôle effectif de la Chambre."

Bien que cette motion ait été adoptée par un vote de vingt-deux contre quinze, M. Turner, le leader de l'opposition, et ses anciens collègues ministériels, à l'exception du colonel Baker, votèrent contre. Ceci prouve qu'aucune coalition, dans le sens propre du mot, n'avait été effectuée. Et quant à la motion elle-même, je soumets à Votre Excellence que les membres d'une Chambre qui m'avaient indiqué, en la manière prévue par la constitution, leur manque de confiance dans mes conseillers constitutionnels ne pouvaient, avec quelque prétention de consistance ou de bonne foi, me censurer de les avoir pris au mot et d'avoir montré le même manque de confiance qu'eux-mêmes dans mes ministres.

(*h*) Parce que je n'ai pas forcé mon gouvernement à faire les élections générales immédiatement.

Sur ce point, je rappellerai respectueusement à Votre Excellence le cas qui s'est produit dans la province de Québec sous le régime du lieutenant-gouverneur Angers. Son Honneur renvoya le ministère Mercier le 16 décembre 1891, et les élections générales n'eurent lieu que le 8 mars suivant—un intervalle d'un peu moins de trois mois.

Dans le cas actuel, le ministère Semlin fut renvoyé le 26 février dernier, et les élections générales auront lieu le 9 juin prochain, un intervalle d'un peu plus de trois mois. De sorte que l'intervalle s'écoulant entre le renvoi du ministère et les élections générales dans cette province est à peu près le même que celui qui s'est écoulé dans la province de Québec dans le cas Mercier ; et je ne sache pas que le lieutenant-gouverneur Angers ait été blâmé ou que Votre Excellence l'ait requis de s'expliquer pour avoir laisé s'écouler un tel intervalle entre le renvoi des ministres et les élections générales.

Je désire maintenant soumettre à la considération de Votre Excellence, comme un précédent qui s'applique particulièrement à la situation politique actuelle dans cette province, les circonstances qui ont accompagné la formation de la première administration de M. Pitt.

Ces circonstances comprennent le renvoi d'un ministère ; la formation d'un nouveau cabinet dont les membres n'avaient pas de sièges dans la Chambre des Communes; les votes de censure de la Chambre ; la prorogation du parlement sans qu'il eût voté les subsides, et l'intervalle de plusieurs mois écoulés entre le renvoi des ministres et l'appel au peuple. Je cite le passage suivant de "Todd's Parliamentary Government in England, 2e éd., vol. 1, p. 143."

"Le 19 décembre 1783 fut formée la première administration de M. Pitt. Le comte Temple, qui avait été nommé secrétaire d'Etat, voulait la dissolution immédiate du parlement. Mais Pitt ne voulait pas y consentir, étant d'avis que le moment où l'on pourrait en appeler au peuple avec succès n'était pas encore venu. Il décida sagement de donner au sentiment public le temps de s'affermir; sur quoi Temple démissionna, le 22 du même mois, laissant le jeune premier ministre affronter seul la lutte la plus violente qui eût encore été engagée en parlement. Car, bien que Pitt possédât la plus entière confiance du Roi et le support de la Chambre des Lords, une puissante phalange de la Chambre des Communes s'élevait contre lui. Son cabinet se composait de sept personnes qui, toutes, sauf lui-même, étaient pairs du Royaume. Son seul aide dans la Chambre des Communes était son ami Dundas. Il fut assailli de suite de toutes les manières imaginables par une opposition hostile—votes de non-confiance, censures du gouvernement, obstruction et embuches de toute sorte. Mais il tint bon ; et bien que pressé souvent par ses partisans, et par le Roi lui-même, de dissoudre le parlement, il refusa de le faire jusqu'à ce qu'il fut convaincu que le pays était prêt à le supporter. Ce ne fut que le 24 mars qu'eut lieu la prorogation, suivie immédiatement de la dissolution. Mais tel était la violence de l'opposition que Pitt fut obligé de proroger avant la passation de l'acte des subsides. Cependant, lorsque le nouveau parlement fut rassemblé, on constata que le montant des dépenses non-autorisées était minime, de sorte qu'il n'y eut ni objection ni demande d'indemnité par rapport à ces dépenses. L'opinion du pays sur les grandes questions engagées entre Pitt et la Coalition avait été exprimée dans l'intervalle par de nombreuses adresses au Roi. Cette opinion fut clairement confirmée par l'élection d'une Chambre des Communes qui donna un appui triomphant à la nouvelle administration. Au delà de 160 députés, presque tous oppositionnistes, perdirent leur siège à cette élection."

Dans le cas rapporté ci-dessus, il s'écoula quatre mois entre l'entrée en fonction de M. Pitt, à la face d'une chambre hostile, et l'époque de l'appel au peuple. Naturellement, je n'entends pas inférer que M. Martin a voulu imiter M. Pitt en retardant la dissolution du parlement "jusqu'à ce qu'il fût convaincu que le peuple était prêt à le supporter", et je ne voudrais pas non plus recommander qu'on suivit un pareil précédent. Mais, comme je le disais dans ma lettre du 24 mars dernier au secrétaire d'Etat, j'ai été avisé que de tenir les élections générales avant la revision semi-annuelle des listes des électeurs, laquelle devait avoir lieu dans environ deux mois—le premier lundi de mai—priverait de leur franchise des milliers de résidents habiles à voter, dans un temps où des questions de la plus haute importance devaient être soumises au peuple. Et j'ai agi d'après l'avis de mes conseillers constitutionnels. A ce propos, j'attirerai l'attention de Votre Excellence sur le fait que, dans la Colombie-Britannique, la population augmente dans une proportion beaucoup plus considérable que dans les provinces plus anciennes du Dominion; il est en conséquence nécessaire de faire la revision des listes des électeurs plus souvent ici que dans les autres provinces afin d'obtenir par le scrutin une expression juste et vraie des désirs du peuple. Par une dépêche du secrétaire d'Etat, en date du 10 avril dernier, je fus informé que les conseillers de Votre Excellence étaient d'avis que la législature devait être immédiatement convoquée, ou immédiatement dissoute et un appel fait au peuple sans aucun délai. Heureusement, il ne me fut pas nécessaire de choisir entre l'opinion des conseillers de Votre Excellence et l'avis de mes conseillers constitutionnels ; car on a pu se conformer à l'opinion exprimée par le Conseil privé sans s'écarter du principe de la tenue des élections sur les listes revisées. Des explications complètes sont données dans ma lettre du 12 avril dernier au secrétaire d'Etat, dans laquelle je l'informe que la législature a été dissoute et que les brefs pour une élection générale ont été émis le jour de la réception de sa dépêche—par déférence pour l'opinion y exprimée.

Dans ce qui précède, j'ai envisagé, en tant qu'elles sont venues à ma connaissance, les critiques dirigées contre mon attitude ou ma conduite officielle après le renvoi du ministère Semlin. Mais je ne voudrais pas que l'on pense que je reconnais ou admets être tenu de rendre compte d'actes accomplis d'après l'avis de ministres responsables. Je soumets respectueusement que le seul acte dont je puisse en justice être responsable à Votre Excellence est le renvoi du ministère Semlin. On m'a dit que j'avais agi avec précipitation dans cette circonstance, et que j'avais basé la révocation du cabinet non pas sur le fait que mes ministres avaient perdu la confiance de la Chambre, mais sur d'autres raisons non connues de la législature et insuffisantes pour justifier la révocation. Cet énoncé des faits n'est pas exact. Il est vrai que, dans la lettre de révocation, j'ai énoncé la plupart des raisones qui m'on fait perdre confiance dans l'avis de mes ex-ministres. Mais, comme le fait voir la lettre même, bien que les autres faits mentionnés couvrent une période de un à six mois antérieurement au renvoi, je n'ai cependant pas cherché d'autres conseillers avant que la législature elle-même eût fait connaître son manque de confiance dans mes ministres. Ces derniers essuyèrent un échec le jour de l'ouverture de la session, mais ils ne le considérèrent pas comme un manque de confiance—de fait, ils ne m'en informèrent pas. Mais le deuxième échec était incontestablement un vote de non-confiance de la part de la législature et fut considéré comme tel par mes ci-devant conseillers. Je soumets donc que, bien que j'eusse de graves raisons pour manquer de confiance dans l'avis de mon ci-devant ministère, j'ai cependant rempli à la lettre les instructions suivantes du secrétaire d'Etat, citées dans mon premier rapport:—

"Il est toujours mieux de laisser aux représentants du peuple dans l'assemblée la mission délicate de décider si, oui ou non, les conseillers du lieutenant-gouverneur ont la confiance du pays."

Et même après l'expression de manque de confiance de la part de la législature, j'ai accordé à M. Semlin, à sa propre demande, trois jours pour considérer la situation. Mais, ce délai expiré, il n'était pas prêt, soit à accepter le vote de la Chambre et démissionner, soit à conseiller une dissolution et un appel au peuple. Il voulait un nouveau délai—pour induire durant ce temps deux ou trois membres de l'opposition à le supôrter. Je jugeai alors qu'il m'incombait d'agir, et j'ai agi, de la manière exposée dans mon premier rapport. Mais je soumets qu'on ne peut dire en justice que cet acte—la révocation—a été précipité.

Mon administration a coincidé avec une période de transition dans cette province. Le développement rapide a créé des conditions nouvelles et de nouveaux besoins dont l'effet s'est fait sentir dans la politique et a eu pour résultat des situations difficiles, en présence desquelles la ligne de conduite à suivre n'était pas toujours claire et indiscutable. Mais, sans prétendre avoir toujours adopté les résolution les plus sages dans les circonstances qui se sont présentées, j'ai tâché de me tenir, et je soumets que je me suis tenu dans les limites des précédents établis et que, à mon sens, j'ai agi dans les meilleurs intérêts de la province. Et dans le cas actuel, si le choix que j'ai fait de mon premier ministre ne convient pas au peuple, le remède est entre ses mains.

En terminant, je soumets à Votre Excellence que le principe qui doit s'appliquer ici, au moins en tant que ma responsabilité personnelle est concernée, a été correctement énoncé par le très honorable sir Wilfrid Laurier dans les termes suivants:—

" Quant à la position faite au lieutenant-gouverneur par l'Acte constitutionnel, il y est dit qu'il pourra être révoqué pour causes. Quelles peuvent être ces causes? Je crois que les causes de révocation peuvent bien être des offenses d'un caractère personnel, mais jamais des offenses se rattachant à l'accomplissement de devoirs d'un caractère officiel. Par exemple, si le lieutenant-gouverneur expose la Couronne à un mépris par quelqu'acte notoirement déshonorant, cette offense et d'autres semblables peuvent être des causes de révocation; mais s'il se tient dans les bornes de ses fonctions, quelque tyranniques que puissent être ses actes, il ne peut être révoqué, parce qu'il est couvert par la responsabilité ministérielle. Il est justifiable du peuple qui peut le redresser et abolir ce qu'il a fait, si le peuple croit qu'il a eu tort."

(Débats de la Chambre des Communes, vol. 1, 1879, p. 332.)

Le tout respectueusement soumis.

J'ai l'honneur d'être,
de Votre Excellence l'obéissant serviteur,

THOS. R. McINNES,
Lieutenant-gouverneur.

HÔTEL DU GOUVERNEMENT,
VICTORIA, C.-B., 14 juin 1900.

A Son Excellence
le Gouverneur général en conseil,
Ottawa, Canada.

EXCELLENCE,—J'ai l'honneur de faire rapport que les élections générales, tenues dans cette province le 9 courant, ont eu pour résultat la défaite de l'administration Martin. En toute probabilité, M. Martin ne pourra pas compter sur plus de dix adhérents dans une Chambre composée de trent-huit membres. En même temps, en autant qu'on peut en juger présentement, il n'y a pas de chef élu qui puisse compter sur le support de toute l'opposition ou même sur une majorité de celle-ci. Dans la nouvelle Chambre, il n'est pas revenu un seul membre de l'administration Semlin. De fait, un seul d'entre eux, M. Carter-Cotton, a tenté de se faire réélire; et il a à peine sauvé son dépôt, n'ayant reçu que huit cent deux voix sur les quatre mille deux cent dix-huit qui ont été données dans la cité de Vancouver. Et, sur dix-huit membres de l'ancienne Chambre qui ont voté en faveur de l'administration Semlin lors de son dernier échec, le 23 février dernier, six seulement ont été élus à la nouvelle Chambre—MM. Wells, Kidd, Ralph Smith, Green, Munro et Neill. Mais tous ceux qui ont voté contre cette administration ont été réélus sauf trois, MM. Robertson, Higgins et Bryden. Dix-neuf membres seulement de l'ancienne Chambre, sur trente-huit, ont été réélus. Le résultat dans Cassiar, qui élit deux députés, ne sera probablement pas connu avant quelques semaines. Maintenant, si M. Semlin eût fait de sa révocation un article de son programme; ou si M. Cotton, qui a été choisi comme leader du parti de M. Semlin après la révocation de ce dernier, en ayant agi de même, eût été soutenu par l'électorat, j'admets que l'on pourrait avec justice dire que ma décision a été condamnée par le peuple de cette province, et j'eusse dans ce cas offert de suite ma résignation à Votre Excellence. Mais en présence du fait que M. Semlin et M. Cotton et leurs adhérents ont été si manifestement condamnés par l'électorat—de fait, complètement anéantis comme parti,—je soumets respectueusement que l'acte de la révocation du ministère Semlin a été justifié et approuvé par le peuple et que là finit ma responsabilité. Car si le peuple lui-même n'a pu indiquer un chef dans lequel il avait confiance—et il ne l'a certainement pas fait—je prétends que, en justice, je ne puis être condamné pour n'avoir pas réussi à en choisir un qui pût mettre fin aux divisions de partis. Dans mon rapport à Votre Excellence, en date du 15 mai dernier, je mentionnais le fait que le développement rapide de la population, des conditions nouvelles et d'autres circonstances avaient eu pour effet de troubler la politique de la province. La complète désagrégation des anciens partis a été clairement démontrée par les récentes élections. Le gouvernement Semlin ayant entièrement perdu la confiance du pays, il était néanmoins impossible, vu les conditions politiques particulières existantes, de choisir une chef qui eût incontestablement commandé cette confiance Cette tâche sera probablement encore aussi difficile maintenant. M. Wilson et M. McIntosh, que l'on regardait comme des chefs influents, ont été défaits et, autant qu'on peut en juger, n'ont pas aujourd'hui d'adhérents. Il se peut que quelqu'autre député, non encore indiqué, réussisse à unir les différentes factions opposées à M. Martin, ou du moins un groupe suffisant pour maintenir un gouvernement. Mais, à tout événement, le peuple ne me demandera pas de rappeler le ministère Semlin que j'ai renvoyé, ni aucun de ses membres, vu que nul d'entre eux n'a été élu; ce qui, je le soumets encore respectueusement, comporte une ratification entière et complète par le peuple de mon acte en révoquant mes ministres.

Le tout respectueurement soumis,
J'ai l'honneur d'être,
de Votre Excellence l'obéissant serviteur,
THOS. R. McINNES,
Lieutenant-gouverneur.

(Télégramme.)

HÔTEL DU GOUVERNEMENT,
OTTAWA, 18 juin 1900.

E. T. W. PEARSE,
Kamloops, C.-B.

Le Gouverneur général me charge d'accuser réception de votre télégramme du 16 courant, que Son Excellence a transmis à ses ministres.

Major L. G. DRUMMOND,
Secrétaire du Gouverneur général.

(Télégramme.)

KAMLOOPS, C.-B., 16-17 juin 1900.

A Son Excellence le Gouverneur général,
Ottawa.

Reçu instruction de vous envoyer copie du télégramme de la Chambre de commerce de Rossland, auquel le conseil de cette Chambre de commerce a répondu "oui". "Voulez-vous vous joindre à la Chambre de commerce de Rossland dans l'envoi au gouvernement fédéral d'un protêt énergique contre le maintien en fonction du lieutenant-gouverneur McInnes et demandant sa révocation immédiate parce que sa continuation en charge est une menace pour la prospérité de la province".

E. T. W. PEARSE,
Sec. Chambre de commerce de l'interieur,-C-B.

CHAMBRE DE COMMERCE DE L'INTÉRIEUR,
KAMLOOPS, B.-C., 17 juin 1900.

A Son Excellence le Gouverneur général en conseil,
Ottawa, Ont.

PLAISE À VOTRE EXCELLENCE,—A une assemblée spéciale du conseil de la Chambre de commerce de l'intérieur de la Colombie-Britannique, tenue hier après-midi, j'ai reçu instruction de vous transmettre copie d'un télégramme reçu de la Chambre de commerce de Rossland, auquel cette chambre a répondu " oui ". Le télégramme en question se lit comme suit : " Voulez-vous vous joindre à la Chambre de commerce de Rossland dans l'envoi au gouvernement fédéral d'un protêt énergique contre le maintien en fonction du lieutenant-gouverneur McInnes et demandant sa révocation immédiate parce que sa continuation en charge est une menace pour la prosperité de la province."

J'ai l'honneur d'être,
de Votre Excellence le très obéissant serviteur,
E. T. W. PEARSE,
Secrétaire.

L.S.)

(Télégramme.)

VICTORIA, C.-B., 3 avril 1900.

L'honorable R. W. SCOTT,
Secrétaire d'Etat,
Ottawa.

Serments d'office administrés cette après-midi à Cory Spencer Ryder comme ministre des finances et de l'agriculture, ce qui complète le cabinet, à l'exception du président du conseil.

THOS. R. McINNES.

(Télégramme.)

OTTAWA, 4 avril 1900.

L'honorable T. R. McINNES,
Lieutenant-gouverneur, Colombie-Britannique,
Victoria, C.-B.

Veuillez télégraphier liste complète des noms et portefeuilles du Conseil exécutif.

R. W. SCOTT.

(Télégramme.)

VICTORIA, C.-B., 4 avril 1900.

L'honorable R. W. SCOTT,
Secrétaire d'Etat,
Ottawa.

Joseph Martin, procureur général; Smith Curtis, ministre des mines; J. Stuart Yates, commissaire en chef des terres et travaux; George W. Beebe, secrétaire provincial; Cory S. Ryder, ministre des finances et de l'agriculture. Ceci fait un portefeuille de plus qu'il n'y en a encore eu séparément. Nomination du président du conseil, sans portefeuille, attendue cette semaine.

THOS. R. McINNES.

(Télégramme, en chiffres.)

OTTAWA, 9 avril 1900.

L'honorable THOS. R. McINNES,
Hôtel du gouvernement, Victoria, C.-B.

Votre rapport reçu le sept courant. Après lui avoir donné, ainsi qu'à toutes les circonstances, pleine considération, le conseil privé est d'avis que la législature actuelle devrait être ou convoquée immédiatement, ou immédiatement dissoute et un appel fait au peuple sans aucun délai. Un retard de cette convocation ou de cet appel ne pourrait, dans l'opinion du conseil privé, se justifier. Veuillez faire rapport de votre action par télégramme.

R. W. SCOTT.

(Télégramme, en chiffres.)

VICTORIA, 10 avril 1900.

L'honorable R. W. SCOTT,
Ottawa.

Législature dissoute aujourd'hui, conformément à l'avis du Conseil privé contenu dans votre télégramme de ce jour. Bref pour élection générale délivré aujourd'hui. Nomination le 26 mai. Votation le 9 juin. Brefs rapportables le 30 juin. Législature convoquée pour le 5 juillet. Les dispositions de l'acte électoral ne permettent pas que l'élection ait maintenant lieu avant le 10 mai. Après le 7 mai, en vertu du dit acte, les élections doivent se faire sur les listes revisées. J'écris.

THOS. R. McINNES.

(Télégramme, en chiffres.)

OTTAWA, 12 avril 1900.

L'honorable THOS. R. McINNES,
Hôtel du gouvernement, Victoria, C.-B.

Quelle disposition de la loi fait dépendre votre action, quant à la date de l'élection, d'une autre revision des listes électorales. Vous avez eu une revision dans les six mois. Veuillez télégraphier réponse.

R. W. SCOTT.

(Télégramme, en chiffres.)

VICTORIA, C.-B., 12 avril 1900.

L'honorable R. W. SCOTT,
Ottawa, Ont.

Impossibilité physique de faire les élections avant 10 mai; mais à cette date, les listes auront été revisées en vertu d'une disposition impérative du statut et les élections ne pourront alors se faire sur les listes actuelles. Application et effet de l'acte des élections provinciales, articles sept, quarante-sept, quarante-huit et cinquante-deux et de l'acte d'amendement des listes provinciales, 1899, articles, huit, neuf et onze.

THOS. R. McINNES.

(Strictement confidentielle.)

OTTAWA, 13 avril 1900.

L'honorable T. R. McINNES,
Victoria,, C.-B.

MON CHER McINNES,—Personnellement, j'apprécie pleinement toutes les difficultés que vous avez rencontrées dans la formation d'un gouvernement stable; mais on juge ici que, avec une législature récemment élue, vous auriez dû vous efforcer de former un gouvernement en choisissant vos ministres parmi les députés. Les législatures provinciales ne se divisent pas nécessairement d'après la ligne de démarcation des partis et une coalition paraissait possible. De plus, l'on est convaincu ici qu'il était inconstitutionnel de laisser s'écouler un temps aussi long avant de compléter le personnel du gouvernement et d'en appeler aux électeurs, surtout lorsque la plupart de vos conseillers étaient des hommes nouveaux et sans antécédents.

A la demande du Conseil privé, je vous ai télégraphié pour avoir une explication du délai apporté dans la dissolution de l'ancienne Chambre et dans la convocation de la nouvelle. Les listes ayant été revisées l'automne dernier, il semblait injustifiable de retarder les élections pour attendre la confection de nouvelles listes.

La correspondance échangée entre le gouvernement et vous-mêmes sera certainement demandée et, par conséquent, vos dépêches ne doivent pas m'être adressées confidentiellement, vu que toute lettre marquée privée ou confidentielle n'est pas mise aux dossiers. Celle-ci, naturellement, doit être considérée comme confidentielle, et détruite.

Sincèrement à vous,

R. W. SCOTT.

VICTORIA, C.-B., 4 mai 1900.

L'honorable R. W. SCOTT,
Secrétaire d'Etat, Ottawa.

John C. Brown, de New-Westminster, a prêté ce soir les serments d'office comme ministre des finances et de l'agriculture, à la place de Cory S. Ryder, démissionnaire.

THOS. R. McINNES.

Confidentielle.

VICTORIA, C.-B., 15 mai 1900.

MON CHER SCOTT,—J'apprécie pleinement l'expression de sympathie que me transmet votre lettre confidentielle du 13 avril dernier, au sujet des difficultés que j'ai eu à combattre en m'efforçant de constituer un gouvernement stable. Mais, franchement parlant, tout en étant heureux de recevoir une lettre confidentielle de votre part, je ne puis me féliciter de la manière dont vous m'avez transmis des avis et des instructions officiels sous forme de communications confidentielles. Et je vais vous dire pourquoi. Votre lettre du 30 août dernier, bien que marquée "confidentielle" et de la sorte exclue de la liste des documents qui peuvent être déposés devant le parlement, contenait cependant des instructions définies et spécifiques m'interdisant d'exercer sur mes ministres aucune pression soit pour convoquer une session de la législature, soit pour faire une élection à une date prochaine. Et maintenant, dans votre lettre à laquelle je réponds ici et qui ne peut, elle non plus, être déposée devant le parlement, je suis blâmé pour n'avoir pas exercé une pression sur mes conseillers constitutionnels actuels pour les amener à convoquer à une date prochaine une session de la législature ou à faire une élection générale avant la date déjà fixée. Vous terminez votre lettre en disant:

" Toute lettre marquée privée ou confidentielle n'est pas mise aux dossiers et celle-ci, naturellement, doit être considérée comme confidentielle et, détruite."

Je puis vous dire que personne autre que mon secrétaire et moi-même n'a vu aucune de ces lettres confidentielles venant de vous, et je ne vois pas qu'il puisse y avoir lieu de les retirer de l'obscurité d'une liasse privée; mais je crois devoir vous faire remarquer que, apparemment, vous trouvez aujourd'hui ma conduite blâmable, bien que je me sois conformé strictement aux instructions suivantes que vous me donniez dans votre lettre du 30 août:

" Vos ministres sont les juges compétents de l'époque à laquelle doit être convoquée l'assemblée—en restant, bien entendu, dans la limite de l'année."

Certaines parties de cette lettre sont citées dans mon rapport du 27 mars dernier au Conseil privé. Je ne pouvais guère m'abstenir de faire ces citations, en justice pour moi-même; mais les ayant faites de la sorte, il m'est inutile de revenir sur cette lettre. J'aurais certainement préféré recevoir une notification officielle du Conseil privé, s'il trouvait que j'avais laissé sans explications ou expliqué insuffisamment quelque circonstance se rattachant à mes actes au cours de la présente crise. Mais n'en ayant reçu aucune, j'ai pris sur moi de transmettre aujourd'hui à Son Excellence en conseil un rapport supplémentaire dans lequel j'apprécie les critiques que l'on a faites de ma conduite après le renvoi du gouvernement Semlin, en autant que j'ai pu les connaître par les dépêches d'Ottawa à la presse et par votre lettre à laquelle je réponds ici. J'ai énoncé pleinement tout ce que j'avais à dire sur les points que vous mentionnez, sans me référer à votre lettre en aucune façon. Je ne m'érige pas en avocat constitutionnel, mais j'affirme que j'ai cherché à remplir fidèlement mes devoirs, dans des conjonctures probablement aussi critiques que celles dans lesquelles un lieutenant-gouverneur se soit encore jamais trouvé. Mais l'attitude prise à mon égard par quelques-uns de mes anciens amis et collègues à Ottawa, si j'en crois du moins les articles de journaux et une information privée, a été pour moi une véritable surprise, et je ne puis m'empêcher de croire qu'ils ont été grossièrement induits en erreur. Quelques-uns des journaux de la province contiennent des observations et des extraits de lettres d'Ottawa comme le passage suivant, pris dans le *Times* de Greenwood du 27 avril dernier:—

Un député libéral marquant nous écrit en date du 11 avril:

"Nous apprenons aujourd'hui que la Chambre est dissoute et que les élections auront lieu le 9 juin. Eh bien! je ne donnerais pas grand'chose pour la tête de McInnes si Martin est battu."

Un autre libéral, ami intime de sir Wilfrid, dit :

"Blâmez le lieutenant-gouverneur. Je connais le sentiment de nos amis ici et il est très hostile à McInnes. Cela explique la position de sir Wilfrid."

Très bien; qu'ils "blâment le lieutenant-gouverneur," s'ils le veulent. Mais il peut arriver qu'en cela ils n'agissent pas plus sagement que M. Duncan Ross, l'éditeur du journal ci-dessus mentionné, qui, pour en avoir agi de la sorte, a été expulsé de l'association libérale de Greenwood. Et ici, à Victoria, lors de l'élection annuelle des officiers de l'association libérale, tous—à l'exception de M. Drury qui est resté absolument neutre—ont été expulsés et remplacés par d'autres, parce qu'ils avaient pris à peu près la même attitude que M. Ross.

En terminant, laissez-moi dire que je suis et que j'ai toujours été prêt à reconnaître l'autorité des avis et des instructions que vous m'avez donnés concernant mes devoirs officiels et mes prérogatives; mais je n'entends pas que l'hostilité d'une certaine presse ou de ses correspondants m'en impose en voulant m'écarter de ce que je crois être la voie droite—quelque puisse être le résultat.

Bien sincèrement à vous,

THOMAS R. McINNES.

Confidentielle.

OTTAWA, 2 juin 1900.

L'honorable T. R. McINNES,
Hôtel du gouvernement, Victoria, C.-B.

MON CHER McINNES,—Je me réfère à votre lettre du 15 mai, dans laquelle vous revenez sur notre correspondance.

Ma lettre du 30 août n'a pas été écrite dans l'intention de vous "transmettre des avis et instructions officiels sous la forme de communication confidentielle"; ce n'était qu'une suggestion que je faisais pour avoir entendu dire que vous exerciez une pression sur votre gouvernement en vue de faire convoquer la législature avant qu'il ne fut prêt à la rencontrer, et l'avis était certainement bon. Je crois en effet qu'un gouverneur-général ou un lieutenant-gouverneur serait injustifiable de forcer son gouvernement à convoquer la législature dans des circonstances comme celles qui existaient alors.

Vous semblez croire que l'avis donné subséquemment quant au gouvernement Martin était inconciliable avec la suggestion faite dans ma lettre du 30 août. Je ne vois pas qu'il en soit ainsi. Les deux cas sont sans similarité; ils n'ont pas d'analogie. Dans le premier, il s'agissait d'un gouvernement responsable dont les membres avaient été apuyés par le peuple; dans l'autre, pas un seul membre du gouvernement existant n'avait alors, n'a pas même encore à l'heure qu'il est, reçu l'approbation du peuple. Un seul d'entre eux avait déjà été membre de la législature, et il n'avait pas d'adhérents. Et je crois qu'il est sans parallèle dans l'histoire du gouvernement constitutionnel qu'un groupe d'hommes, dont les cinq-sixièmes n'avaient jamais été membres de la législature, ait été admis à conduire les affaires d'un gouvernement pendant trois mois sans aucune sanction ou approbation par le peuple. Il est inutile maintenant de commenter ce fait. J'ai été très peiné de la ligne de conduite que vous avez suivie et, comme vous avez pu le voir par les journaux de tout le Dominion, la convenance de votre action a été très sévèrement critiquée. J'ai toujours reconnu que l'état des affaires dans la Colombie-Britannique, pendant les derniers dix-huit mois, avait rendu votre position très difficile; l'aigreur des sentiments personnels engendrée par la rivalité des aspirants au pouvoir est venue aggraver une situation d'autant plus embarrassante que les rivaux étaient à peu près égaux par le nombre. Vous n'avez certainement pas eu une tâche facile dans vos efforts pour guider le vaisseau de l'Etat.

Sincèrement à vous,

R. W. SCOTT.

EXTRAIT *d'un rapport du comité de l'honorable Conseil privé, approuvé par Son Excellence le 21 juin 1900.*

Sur un mémoire du très honorable sir Wilfrid Laurier, en date du 20 juin 1900, énonçant que l'acte du lieutenant-gouverneur de la Colombie-Britannique en renvoyant ses ministres n'a pas été approuvé par le peuple de cette province et que, de plus, vu les événements récemment survenus dans la dite province de la Colombie-Britannique, il est évident que le gouvernement de cette province ne peut être exercé avec succès en la manière prévue par la constitution sous l'administration du lieutenant-gouverneur actuel, Son Honneur Thomas R. McInnes, dont la conduite officielle a été subversive des principes du gouvernement responsable;

Le très honorable premier ministre soumet en conséquence que l'utilité de M. McInnes comme lieutenant-gouverneur de la Colombie-Britannique a cessé, et il recommande que M. McInnes soit révoqué de cette charge, et que les causes à donner pour cette révocation, en vertu des dispositions du 59e article de l'Acte de l'Amérique Britannique du Nord, sont les faits énoncés dans cette minute.

Le comité soumet le mémorandum ci-dessus à l'approbation de Votre Excellence.

JOHN J. McGEE,
Greffier du Conseil privé.

L'honorable secrétaire d'Etat.